浄土真宗聖典全書

三

宗祖篇 下

凡　例

一、本聖典について

浄土真宗の聖教は、(一) 浄土三部経、(二) 七高僧の撰述、(三) 宗祖の撰述であり、上記のほか、宗祖の教えを伝承し、その意義を明らかにされた第三代宗主覚如上人の撰述及び第八代宗主蓮如上人の『御文章』等、並びに宗祖や蓮如上人が信心の鑑として敬重された典籍は聖教に準ずる。本聖典はこれに加えて、教義理解に重用される関連の典籍及び史資料（伝記・史書・消息類）等を網羅した。なお翻刻にあたり、善本を選定して底本とし、重要な異本等との校異を行った。本聖典は法義の研鑽・領解・伝道に用いることを目的としたものである。

二、本聖典の構成

本聖典は全六巻とし、内容と構成は次のとおりである。

(1) 内　容

① 本聖典に収録した聖教等は、次のように分類した。

1　三経七祖篇　　（巻一）
2　宗祖篇　上・下　（巻二・巻三）
3　相伝篇　上・下　（巻四・巻五）
4　補遺篇　　（巻六）

② 本聖典では原則として各聖教ごとに中扉をもうけ、その次に解説を置いた。

③ 各聖教の中扉に示した標題は、底本の首題あるいは学界の通念によった。

④本巻には、宗祖の真筆による聖教と源空（法然）聖人の消息、及び加点本、また宗祖の加点を元に延書されたとする聖教等を収録した。

⑤本巻の巻末には付録として、底本・対校本一覧、収録聖教書誌一覧、『観無量寿経註』・『阿弥陀経註』対応表（付漢字対照）、『西方指南抄』・『黒谷上人語灯録』・醍醐本『法然上人伝記』対照表、年表、系図を掲載した。

(2) 構　成

①本聖典では、底本・対校本、及びそれぞれの表紙・外題等については、原則として校異欄の冒頭に示した。

②本聖典では、原則として底本の奥書・刊記等は本文に示し、対校本の奥書・刊記等はそれぞれ校異欄の末尾に示した。

③本聖典における各聖教等の校異は、原則として下欄に示し、二段組の場合は見開き頁の左側に縦書きで示した。

④本聖典では、各聖教等の小見出し等を各頁の柱に適宜表記した。

⑤本巻では、『三部経大意』を二段組で翻刻した。

⑥本巻では、他聖典との連絡の便をはかるため、本文の欄外（上）に『真宗聖教全書』（大八木興文堂）・『浄土真宗聖典（註釈版）』（本願寺出版社）の該当頁を示した。各聖教等のはじめにそれぞれ「真聖全」「註釈版」と略示し、『真宗聖教全書』に関しては、巻数も合わせて表記した。なお、『往生論註（親鸞聖人加点）』「善導大師五部九巻（親鸞聖人加点）」については「三経七祖篇」所収のそれぞれの聖教との連絡の便をはかるために、本文の欄外（下）に「聖典全」と略示し、巻数と合わせて該当頁を表記した。また『観無量寿経註』『阿弥陀経註』については、「三経七祖篇」所収の経文・註文と連絡の便をはかるために、本文の欄外（上）に経文、本文の欄外（下）に註文と、それぞれ連絡頁を示した。その際、『観無量寿経註』（表）の経文・註文及び『阿弥陀経註』の経文・註文は、原則として頁の初出の文に、『観無量寿経註』（裏）は引文ごとにそれぞれ該当頁を表記した。また『観無量寿経註』『阿弥陀経註』『西方指南抄』については、本文の欄外（下）に『親鸞聖人真蹟集成』（法藏館）の該当頁を付し、聖教のはじめに「真蹟集」と略示し、巻数と合わ

せて該当頁を表記した。

⑦本巻では、『観無量寿経註』『阿弥陀経註』及び『往生論註（親鸞聖人加点）』「善導大師五部九巻（親鸞聖人加点）」について、「宗祖篇上」における宗祖関連の引文との連絡をはかるため、聖教の引用頁を示した。聖教引用頁は、本巻の聖教の文が他聖教に引用されている場合に、引用元の文に番号を付し、本文の欄外（上）に当該番号・引用範囲・聖教名・頁数を合わせて示した。

【例】

01〔如來…德也〕化巻204
01如來欲明持名

但し『観無量寿経註』『阿弥陀経註』については、本巻の引用範囲を、経文は《　》、註文は〔　〕で括った。

【例】

01《一者…行者》愚禿鈔301
01一者孝養父母

02〔正明…根機〕化巻190
02正明觀修三福

⑧聖教引用頁に用いた主な略称は以下の通りである。

『顕浄土真実教行証文類（行文類・信文類・証文類・真仏土文類・化身土文類）』→「行巻」・「信巻」・「証巻」・「真巻」・「化巻」、『浄土文類聚鈔』→『略典』、『浄土三経往生文類』→『三経往』、『尊号真像銘文』→『銘文』、『一念多念文意』→『一多意』、『唯信鈔文意』→『唯信意』、『弥陀如来名号徳』→『名号徳』、「親鸞聖人真筆消息」→「真筆消」、『親鸞聖人御消息集』→『消息集』、『御消息集（善性本）』→『善性本』、『親鸞聖人血脈文集』→『血脈集』、『恵信尼消息』→『恵信消』

三、表記について

本巻の表記は、次の基準にしたがった。

(1) 漢字について

① 漢字は原則として旧漢字の通行体に統一し、古字・俗字・略字などの異体字は翻刻しなかった。

② 従来当派で慣用されている「憍」「㝵」「慚」「无」等については底本にしたがって翻刻した。

③ 底本の明らかな誤字は対校本によって訂正し、その旨を校異欄に校註として示した。

④ 底本の音通字は、そのまま翻刻した。

⑤ 異体字・誤字・音通字には区別し難いものもあるが、その取り扱いは慣例にしたがった。

(2) 仮名について

① 漢語の場合、漢字の右仮名・左仮名はすべて片仮名で表記し、濁音符・半濁音符を補った。

② 和語の場合、本文で用いられる仮名及び漢字の右仮名については平仮名で、左仮名については片仮名で表記し、濁音符・半濁音符を補った。

③ 変体仮名については、すべて現行の仮名にあらためて翻刻した。

④ 「下リ・玉リ（タマヘリ）」「上ル（タテマツル）」「〆（シテ）」「𪜈（トモ）」等の略字は、現行の仮名にあらためて翻刻した。

⑤ 漢字に対する右仮名について、字音と字訓が不規則に併記されているものは、訓読の便をはかるために、内外の位置を入れ替えた場合がある。

(3) 反復記号、省略符について

① 反復記号は、一字に対するものは残し、漢字は「々」、片仮名は「ヽ（ヾ）」、平仮名は「ゝ（ゞ）」と表記した。二字以

上のものは、それぞれ漢字、仮名の連記にあらためた。
② 省略符を用いて文言が省略されている箇所については、前後の文脈などから根拠を求めてその文言を翻刻した。

(4) 漢文の返点について
① 返点はすべて現行の返点にあらためて翻刻した。
② 原則として、底本の返点の省略・湮滅等は補った。
③ 底本の返点の明らかな誤りは訂正し、その旨を校異欄に校註として示した。

(5) 改行・改頁について
① 底本の改行・改頁は、その意図を尊重しつつ翻刻の通念にしたがった。
② 段組の聖教等では、対照の便をはかるため、適宜改行した。

(6) 頭書・傍書・欠失・不明部分について
① 底本の上下欄や右左傍に書かれた文言については、校異欄に校註としてその旨を示した。またその文言は、意図を尊重して、本文の該当箇所に適宜挿入した。
② 底本の欠失・不明部分は、対校本によって可能な限り補い、校異欄に校註としてその旨を示した。
③ 対校本のない底本の欠失・不明部分は、字数が推測できるものは、「□」で字数を示し、字数が不明なものは「[　]」で示した。

(7) 句読点・中点・括弧について
① 本文には、読解の便を考慮して、適宜、句読点・中点を付した。
② 本文中の書名には『　』を、品名・巻名・引用文には「　」を付した。但し、引用文中は書名のみに『　』を付した。

(8) 本文註について

① 本文中に引用される経・論・釈などの出拠を（　）内に略称で示した。また引用文が取意の場合は「意」と表記した。

② 原則として、本文註は「訳本名→聖教名→該当巻→品名」の順で示し、文脈に応じて適宜省略して表記した。

【例】（般若譯華嚴經 巻四〇行願品）

③ 原則として、引用聖教に異なる訳本や品名を持つものが存在し、その引用がいずれか特定しがたい場合は、それらを併記した。

④ 本文註に用いた主な略称は次の通りである。

『仏説無量寿経』→『大経』、『仏説観無量寿経』→『観経』、『仏説阿弥陀経』→『小経』、『仏説無量清浄平等覚経』→『平等覚経』、『般舟三昧経』→『般舟経』、『妙法蓮華経』→『法華経』、『大方広仏華厳経』→『晋訳華厳経』『般若訳華厳経』、『薬師琉璃光如来本願功徳経』（玄奘訳）→『玄奘訳薬師経』、『称讃浄土仏摂受経』→『称讃浄土経』、『維摩詰所説経』→『維摩経』、『大般涅槃経』（曇無讖訳）→『北本』、『大般涅槃経』（慧厳等訳）→『南本』、『摩訶般若波羅蜜経』→『大品経』、『注維摩詰経』→『注維摩』、『仏説観仏三昧海経』→『観仏経』、『尸迦羅越六方礼経』→『六方礼経』、『十住毘婆沙論』→『十住論』、『無量寿経優婆提舎願生偈』→『浄土論』、『摂大乗論』（真諦訳）→『真諦訳摂論』、『摩訶僧祇律』→『僧祇律』、『金剛頂瑜伽中発阿耨多羅三藐三菩提心論』→『発菩提心論』、『無量寿経優婆提舎願生偈註（往生論註・浄土論註）』→『論註』、『観経疏（観経玄義分・観経序分義・観経定善義・観経散善義）』→「玄義分」・「序分義」・「定善義」・「散善義」、『転経行道願往生浄土法事讃巻上』『安楽行道転経願生浄土法事讃巻下』→『法事讃』、『観念阿弥陀仏相海三昧功徳法門』→『観念法門』、『往生礼讃偈』→『礼讃』、『依観経等明般舟三昧行道往生讃』→『般舟讃』、『往生要集』→『要集』、『選択本願念仏集』→『選択集』、『浄土論』（迦才）→『迦才浄土論』、『無量寿経連義述文賛』→『述文賛』、『阿弥陀経疏』（慈恩）→『慈恩小経疏』、『阿弥陀経略記』→『小経略記』、『仏説阿弥陀経義疏』（元照）→『小経義疏』、『浄土五会念仏略法事儀讃』→『五会法事讃』、『釈浄土群疑論』→『群疑論』、『龍舒増広浄土文』→『龍舒浄土文』、『止観輔行伝弘決』→『輔行』他

(9) その他

①『西方指南抄』『法然聖人御消息』には、利用の便を考慮して、㈠㈡㈢…と通番号を付した。

(10) 各聖教の特性にしたがって講じた措置について

・『観無量寿経註』『阿弥陀経註』

①表書の経文は一字下げで翻刻し、それに対応する註文を続けて天から翻刻した。

②底本の経文・註文の漢字については、本巻の漢字の規準に従いつつ、原則として原本のまま翻刻した。底本の漢字と「三経七祖篇」所収の漢字とが相異する箇所は、巻末の「付漢字対照」に一括して掲載した。

③表書の経文の右傍・左傍、上欄・下欄に書かれている註文の原本位置を、「右傍・左傍にあり」「上欄・下欄にあり」として校註に示した。また、経文の右傍・左傍から下欄にわたって註文がある場合は「右傍・左傍から下欄にあり」などと併記した。

【例】「明…衆」一七字　◎経文「大比丘衆千二百五」の右傍にあり
「亦…分」一四字　◎上欄にあり
「正…事」二五字　◎経文「作是観者名爲正観」の右傍から下欄にあり

④裏書には表書の経文・註文と対応する部分があり、その裏書の校註に、該当する表書の文言と頁数を示した。

【例】「正…也」二八字　この一文◎表書「有樂器懸處虚空如天寶幢不鼓自鳴（五二頁）」の裏書

なお、読解の便を考慮して、表書の経文・註文と裏書の註文との対応を示す「『観無量寿経註』・『阿弥陀経註』対応表」を巻末に掲載した。

・『往生論註（親鸞聖人加点）』「善導大師五部九巻（親鸞聖人加点）」
①本書の仮名には、「下・玉・上」の漢字を含む略字があるが、「下リ・玉リ・上ル」などの送り仮名が付されていないものがあるため、原本のまま翻刻した。
②底本に付されている返点は適宜現行の返点に変換したが、底本が白文の場合は返点を補うことはしなかった。
③『往生論註』の註記について、宗祖によって訂記された漢字は、その意を損なわないように校註に異体字を翻刻した場合がある。
④『往生論註』『法事讃』『観念法門』『般舟讃』の合符については、その位置を底本通りに翻刻した。

・『観無量寿経註』「善導大師五部九巻（親鸞聖人加点）」
①原則として複数の返点または送り仮名の状態によって、二種類以上の読みが想定される場合、本文は訓読の通念にしたがって翻刻し、校註に原本の状態を「〜とあり」と示した。
【例】①随宜　◎「随《ヒテ》二宜《キニ シテ》一」とあり

・『選択集延書』
①合符については、その位置を底本通りに翻刻した。

・『西方指南抄』
①底本の漢文箇所で、漢字に付された朱書のうち、訓読に関するものはすべて漢字の右側に翻刻し、漢字に右訓がある場合は、原則としてその外側に翻刻した。また、合符については、その位置を底本通りに翻刻した。

四、解説について

(1) 解説は、原則として〔概説〕〔底本・対校本〕の項目からなり、〔概説〕では各聖教の著者や内容、撰述意図等を述べ、〔底本・

対校本〕では底本・対校本に関する書誌的な情報を中心に記した。

五、校異について

校異は、原則として底本・対校本間における文言の相異について行った。なお校註については、本凡例「三、表記について」を参照されたい。

(1) 校異を行った具体的な範囲は次の通りである。

① 漢字の異体字に関する相異については校異を行わなかった。

② 漢字に付される仮名は、原則として左仮名のみ校異を行い、右仮名については重要なもののみ行った。

③ 対校本の欠失・不明部分は校異を行った。

(2) 校異欄は、次のように表記した。

① 本文の校異における校異番号は、原則として「①②③…」の記号を用いた。

② 校異番号は原則として頁ごとの通番号とした。但し、二段組の場合は、見開き頁ごとの通番号とした。

③ 校異番号は該当する本文の右傍に付した。

④ 見出し語は原則として校異に関わる部分のみを示した。

⑤ 見出し語が十一字以上三〇字以下の場合、最初と最後の字のみを示して、中間の文言は「…」で省略し、見出し語全体の字数を示した。

⑥ 見出し語が三十一字以上の場合、⑤と同様に「…」を用いて省略したが、字数は示さず、見出し語の最後の字に「△」を付し、本文の該当する字にも「△」を付した。なお最後の字が次頁以降にある場合は、その頁数も見出し語に示した。

⑦一つの見出し語に対して、複数の校異がある場合、その見出し語にまとめて示した。

⑧異なる校異であっても、見出し語の一文字目が重複する場合、同一番号内で示し、見出し語はそれぞれ改行して示した。

【例】①上　◎「改名今は南无阿彌陀と號せり」と左傍註記
上人　(甲)に無し

⑨原本に細字で書かれた註記等がある場合、原則として［　］内に示した。

【例】②衍　◎「衍字［口旦反　學也］」と下欄註記

⑩原本に「イ」「イ本」等と異本に関する註記がある場合、その意を損なわないように細字で翻刻したものがある。

【例】①番　(甲)「緣ィ」と上欄註記

⑪表紙・奥書等の原本の改行位置は「／」で示した。また細字で書かれた箇所は［　］内に示し、割書で書かれた箇所は［　］内にその折り返し位置を「／」で示した。

⑫校異に使用した記号及び用語の主なものは次の通りである。

㈠記号

◎　底本を表す
(甲)(乙)(丙)…　各対校本を表す
↓　翻刻した本文と、底本と対校本との相異を表す
｜　漢字の右仮名あるいは左仮名が無いことを表す
︙　「五、校異について」(2)の⑤⑥参照
△　「五、校異について」(2)の⑥参照
〔　〕　文言の加わった部分を表す

㈡　用語

無し　　見出し語の文言が無いことを表す
抹消　　擦り消されたもの、及び貼紙・墨等で文字が消されているものを表す
湮滅　　摩滅等のため文字が判読できないものを表す
欠失　　本来あるべきものが全てもしくは一部失われているものを表す
註記　　本文に対して記された註を表す
補記　　本文に対する補いを表す
あり　　註記か補記かいずれとも判断できないものを表す
訂記　　本文に対する訂正の補記を表す
右・左　漢字の右仮名・左仮名を表す
【例】①親　右㊙シン反　左㊙シタシ

浄土眞宗聖典全書 三　宗祖篇 下

目　次

観無量寿経註

阿彌陀経註

〔底本・概説〕

本書は、宗祖が『観経』・『小経』の経文を書写し、その行間や上下欄、紙背に、『観経疏』・『法事讃』など関係する註記の文（以下、註文）を細小な字で丁寧に書き入れたものである。かつては本派本願寺宝庫に「観無量寿経」として保管されていたが、昭和十八（一九四三）年の寺宝調査の際に注目され、後述の通り宗祖真筆と確認された。簡単な表紙のみで題簽などもなく、『観経』部分は二十八枚、『小経』部分は八枚の料紙を継ぎ合わせた巻子本であったが、保存状態は良く、破損箇所も殆ど無かったとされる。昭和十九（一九四四）年の修復時に二経に分離し、新たに表装して二巻となった。この頃から「集註」とも呼ばれている。経文の体裁は両経ともに一行十七字である。

『観無量寿経註』（観経註）の経文は、首題は善導大師『観経疏』の記述と一致するが、全体を三十三段とする本派本願寺蔵の刊本など現行の流布本と比べると聊か異なり、九品段を上・中・下輩の三段にまとめるなど二十四段で構成されている。一方、『阿弥陀経註』（小経註）の経文は、「七重欄楯」と「有七寶池」の段を連書する他は、流布本と一致する。段落を改める場合には符号で指示する箇所もある。

次に『観経註』の註文は、善導大師『観経疏』の科段や註釈によっており、『観念法門』・『往生礼讃』・曇鸞大師『往生論註』・宗暁『楽邦文類』が適宜引用されている。『小経註』の註文は、善導大師『法事讃』を主とし、『往生礼讃』・『観念法門』・元照『小経義疏』・『称讃浄土経』が適宜引用されている。両註を合わせると、欄外と紙背だけでも百九十以上にのぼる。科段や註釈はおおよそ経文の右傍・左傍に書写され、長文にわたる註釈などは上下の欄外に及ぶ。紙背にも多く書写されており、表書と対応するものも少なくない（本巻末の付録「『観無量寿経註』・『阿弥陀経註』対応表」参照）。

また、『観経註』巻頭には、漢字音の発声やアクセント、清濁などを示す四声点図がある。本文には、声点（圏発点）や句切り点、時には訓点が付され、欄外には異本や字句の情報などが加えられている。

本書には、宗祖の特徴的な文字である「无」が多用され、文字の訂正法や、善導大師や元照の書をそれぞれ「光明寺疏云」「大智律師疏云」などとする引用法は、『教行信証』など他の宗祖著作と共通する特徴である。全体にわたって訂記等は少なく、細心の注意を払って書写されているが、流布本と相異する箇所も見受けられる（本巻末の付録「付漢字対照」参照）。宗祖披見の経疏が書写されたものとして貴重である。

本書の成立時期については、奥書もないことから、筆跡などによって推定されている。本書の筆致は、多く現存する宗祖七十歳以降の真筆と比べると多少異なるといわれているが、たとえば、「照」・「爲」の烈火を三点にする字形などから、宗祖壮年期の筆と考えられている。

また、註文の内容からも検討が加えられ、善導大師五部九巻のうち『般舟讃』のみが本書に引用されていないことが特徴とされている。日本における『般舟讃』の伝来については、「正倉院文書」に天平二十（七四八）年の書写記録があり、承和六（八三九）年に円行によって将来されたことが知られる。その後伝来を絶ったようであるが、源空（法然）聖人示寂から五年を経た建保五（一二一七）年に静遍によって仁和寺経庫から円行将来本が発見され、その後開版されるなどして広く世に流布することになった。こうしたことから、本書の成立は、宗祖が源空聖人の門下にいた二十九歳から三十五歳頃と推定されている。ただし、註文のうち朱筆で書写される『楽邦文類』は、建暦元（一二一一）年に泉涌寺俊芿が将来した典籍の中に含まれ、俊芿が京都に入ったのはその七年後である。この『楽邦文類』や、同じく朱筆で書写される『称讃浄土経』は、墨書と比べてやや時代が下る書き入れと考えられる。なお、本書には宋版一切経による宋朝文字が見られることから、宗祖が東国在住であった頃から帰洛に近い時期に成立したと推定する説もある。

本書を宗祖真筆とする傍証としては、存覚上人による披見・書写が挙げられている。まず、高田派専修寺に蔵され、外題を『観阿弥陀経註』とする一巻本の奥書には、「此本者以上人御自筆慥所奉寫也自去年丁巳／季春之候至今茲戊午暮春之天渉兩載數月之／居諸終一巻二經之書寫訖經文釋文之交行也／愚蒙易迷大字小字之連點也不審難明之間爲顧／短慮雖致固辞依願主慇懃之懇望勵小量隨分之／微功者也努力努力可被止外見而已／右筆釋存覺 廿九歳」とある。この奥書によると、存覚上人書写本は、約一年七ヶ月を要して、宗祖真筆の本書を忠実に模写したものであり、重要な文献である。

次に、『浄土三部経』本派本願寺蔵正平六年書写本のうち、『観経』には「正平六歳 辛卯 十一月七ケ日御報恩念佛中參籠／本願寺之間以上人御自筆本差聲切句畢日來／所奉寫持之本先年於關東紛失之間今楚忽／奉寫之後日以此本可奉書寫安置者也／於上下堺之上下幷行間雖被記疏文略之 釋存覺」、『小経』には「正平六歳 辛卯 十一月廿八日於大谷御廟以御／自筆寫聲幷句畢御本所被披觀經也稱讃／淨土經文幷法事讃元照律師釋等雖被／載之今所略也／釋存覺」という奥書がある。これによると、存覚上人は正平六（一三五一）年に大谷本願寺にて宗祖真筆の『観経』・『小経』を披覧し、経文には声点・句読点を施したが、行間や上下欄外の註文は省略したといい、実際に『観経』冒頭には本書と同じ内容の四声点図が書写されている。そうしたことから、『観経』奥書の「上人御自筆本」とは本書のことで、古くから宗祖真筆と見られていたことがわかる。また、「先年於關東紛失之間」とある存覚上人所持本は、先述の専修寺蔵『観阿弥陀経註』にあたると考えられる。なお、『大経』の奥書によれば、存覚上人が書写した『大経』は、宗祖外題・兼有律師加点と伝えられる本であるが、存覚上人当時、本書に類する「大経註」があったかどうかは定かでない。

以上のように本書は、現在宗祖真筆と認められる筆跡の中で最も古い部類に属し、宗祖壮年期までの著作や書写本のうち、唯一まとまった形で現存するものでもある。宗祖の浄土教典籍に対する精緻な研鑽の姿や、その教学的関心が窺える書として重要である。

なお、本聖典では、読解の便を図るために『観経註』・『小経註』それぞれを表書・裏書の順に翻刻した。表書では、経文を一字下げとし、対応する註文を続けて配置した。また、註文の原本位置（右傍・左傍・上欄・下欄）や、表書と対応する裏書については、校註に示した。

觀無量壽經註

〈底本〉
◎本派本願寺蔵親鸞聖人真筆本
〈◎巻頭〉
廿八丁四行
四百四十一行　七千二百五十九字
豊後國大□供奉聲
八幡大菩薩納受之
聲也

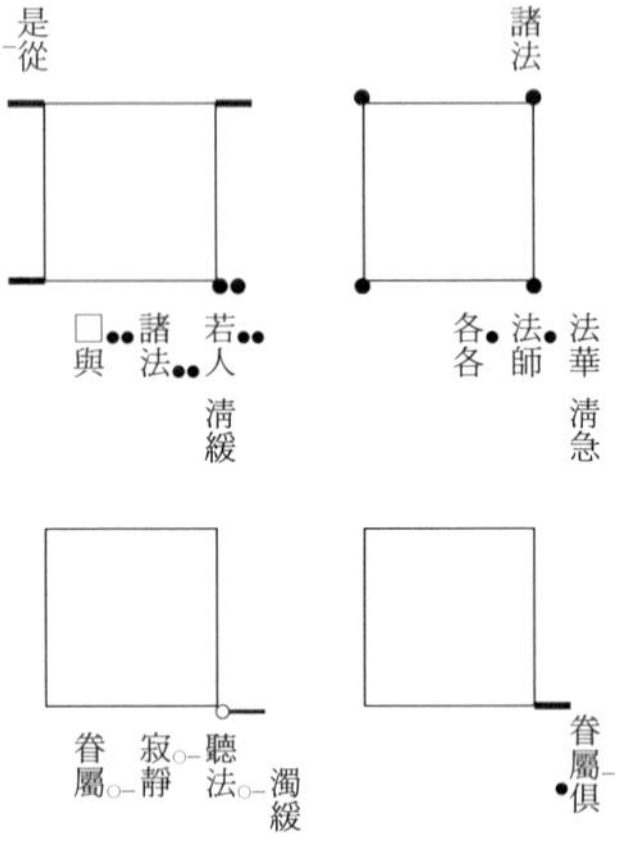

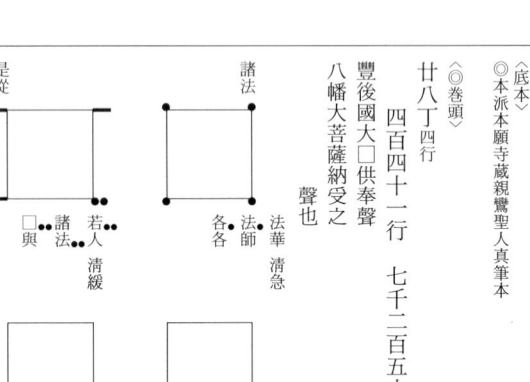

觀[1]無量壽經註

佛說無量壽觀經一卷　　宋元嘉中畺[2]良邪舍譯

光[3]明寺『疏』(玄義分)云、「此『觀經』一部之內、先作七門。」

「第[4]一先標序題。第二次釋其名。第三依文釋義、幷辨宗旨不同、教之大小。第四正顯說人差別。第五料簡定散二善、通別有異。第六和會經論相違、廣施問答釋去疑情。第七料簡韋提聞佛正說得益分齊△。」(玄義分)

「第[5]二次釋其名者、□言佛說无量壽觀經一卷。言佛者乃是西國正音。此云名覺。□覺・覺他・覺行窮滿、名之爲佛。言自覺者簡異凡夫。此由聲聞狹劣、唯能自利、闕无利他大悲故。言覺他者簡異二乘。此由菩薩有智故能自利、有悲故能利他、常能悲智雙行不著有無也。言覺行窮滿者簡異菩薩。此由如來智行已窮、時劫已滿、

①觀無量壽經註　◎に無し
②畺良邪舍　◎「此云時稱三藏」と右傍註記
③光　◎左傍に「有佛字」(「有」の上二字判読不可)とあり
「光…門」一六字　◎経文内題の右傍にあり
④「第…齊△」　◎上欄にあり
⑤「第…佛△(八頁)」　◎経文内題の右傍・左傍・下欄にあり

出過三位故、名爲佛。言說者口音陳唱。故名爲說。又如來對機說法多種不同。漸頓隨宜、隱障有異。或六根通說。相好亦然。應念、隨緣皆蒙證益也。言无量壽者、乃是此地漢音。言南无阿彌陀佛者、又是西國正音。又南者是歸、謨者是命、阿者是无、彌者是量、陀者是壽、佛者是覺。故言歸命无量壽覺。此乃梵漢相對、其義如此。今言无量壽者是法、覺者人。人法竝彰、故名阿彌陀佛。」(玄義分)

①「言觀者照也。常以淨信心手、以持智慧之輝、照彼彌陀正依等事。言經者經也。經能持緯得成匹丈、有其文用。經能持法理事相應、定散隨機義不零落。能令修趣之者、必藉教行之緣因、乘願往生證彼无爲之法□。既生彼國、更无所畏。長時起行、果極菩提。法身常住比若虛空。能招此益。故曰爲經。言一卷者、此『觀經』一部雖言兩會正說、總成斯一。故名一卷。故言佛說无量壽觀經一卷。」(玄義分)

②「就文料簡、略作五門明義。」(序分義)

① 「言…卷」　◎下欄にあり
② 就文料簡略作五門明義　◎上欄にあり

01「又言…言如是」化巻189

「一①序分、二正宗分、三得益分、四流通分、五耆闍流通分。」（序分義意）

「亦②三分。一序分、二正宗分、三流通分。」（序分義意）

「然③化必有由、故先明序。由序既興正陳所説。次明正宗。爲説既周、欲以所説傳持末代、嘆勝勸學。後明流通。」（序分義）

「又④就前序中復分爲二。」（序分義）

如是我聞。

「一⑤句名爲證信序。」（序分義）

「初⑥言證信者卽有二義。一謂如是二字卽標教主。能説之人。二謂我聞兩字卽別指阿難。能聽之人。故言如是我聞。此卽雙釋二意也。01又言如是者卽指法。定散兩門也。是卽定辭。機行必益。此明如來所説言无錯謬。故名如是。又言如者如衆生意也。隨心所樂、佛卽度之。機教相應復稱爲是。故言如是。又言如是者、欲明如來所説、説漸如漸、説頓如頓、説相如相、説空如空、説人法如人法、説

①「一…分」二一字　◎上欄にあり
②「亦…分」一四字　◎上欄にあり
③「然…通」　◎上欄にあり
④又就前序中復分爲二　◎経文「如是我聞」の右傍にあり
⑤一句名爲證信序　◎経文「如是我」の左傍にあり
⑥「初…也（一〇頁）」　◎上欄にあり

天法如天法、說小如小、說大如大、說凡如凡、說聖如聖、說因如因、說果如果、說苦如苦、說樂如樂、說遠如遠、說近如近、說同如同、說別如別、說淨如淨、說穢如穢、說一切諸法千差萬別、如來觀知歷歷了然。隨心起行、各益不同、業果法然、衆无錯失又稱爲是。故言如是。言我聞者、欲明阿難是佛侍者、常隨佛後多聞廣識、身臨座下能聽能持、敎旨親承、表无傳說之錯。故曰我聞也。又言證信者、欲明阿難稟承佛敎傳持末代、爲對衆生故如是觀法、我從佛聞、證成可信。故名證信序。此就阿難解也。」（序分義）

　一時佛

「[1]正明發起序。」（序分義）

「[2]發起序中細分爲七。初化前序、二正明發起序禁父之緣、三明禁母緣、四明厭苦緣、五明其欣淨緣、六明散善顯行緣、七正明定善示觀緣、廣料簡發起序。」（序分義意）

「[3]二次解化前序者、就此序中卽有其四。　初言一時者、正明□化

①正明發起序　◎経文「一時佛」の左傍にあり
②「發…序」　◎上欄にあり
③「二…也（一一頁）」　◎上欄にあり

之時。佛將說□、先託於時處。但以衆生開悟必藉因緣、化主臨機待於時處。又言一時者、或就日夜十二時、年月日時等。此皆是如來應機攝化時也。言處者、隨彼所宜如來說法。或在山林處、或在王宮・聚落處、或在曠野・塚間處、或在多少人天處、或在聲聞・菩薩處、或在八部・人・天王等處、或在純凡若多一二處、或在純聖若多一二處。隨其時處如來觀知不增不減、隨緣授法各益所資。斯乃洪鐘雖響、必待扣而方鳴。大聖垂慈、必待請而當說。故名一時也。又一時者、阿闍世正起逆時、佛在何處。當此一時、如來獨與二衆在彼祇闍。此卽以下形上意也。故曰一時。又言一時者、佛與二衆於一時中、在彼祇闍、卽聞阿闍世起此惡逆因緣。此卽以上形下意也。故曰一時。　二言佛者、此卽標定化主。簡異餘佛獨顯釋迦意也。」(序分義)

在王舍城者闍□□中

「[①]正明如來遊□□處。」(序分義)

①正明如來遊□□處　◎経文「在王舍城」の左傍にあり

「①如來遊化之處。卽有其二。一遊王城・聚落、爲化在俗之衆。二遊祇山等處、爲化出家之家。又在家者、貪求五欲相續是常。縱發淸心、猶如畫水。但以隨緣普益、不捨大慈、道俗形殊无由共住。此名境界住也。又出家者、亡身捨命、斷欲歸眞。心若金剛等同圓鏡。悕求佛地卽弘益自他。若非絕離囂塵、此德无由可證。此名依止住也」。（序分義）

與大比丘衆千二百五十人倶。菩薩三萬二千、文殊師利法王子、而爲上首。

「②明佛徒衆。就此衆中卽分爲二。一者聲聞衆、二③者菩薩衆」。（序分義）

「④就聲聞衆中卽有其九。初言與者佛身兼衆。故名爲與。二者總大、三者相大、四者衆大、五者耆年大、六者數大、七者尊宿大、八者內有實德大、九者果證大。　問曰、一切經首皆有此等聲聞、以爲猶置有何所以。答曰、此有別意。云何別意。此等聲聞多是外道。如『賢愚經』說」。（序分義）

一二

①「如…也」　◎下欄にあり
②「明…衆」一七字　◎経文「大比丘衆千二百五」の右傍にあり
③二者菩薩衆　◎経文「菩薩三」の右傍にあり
④「就…說」　◎下欄にあり

「問①曰、此衆中亦有非外道者。何故總標。答曰、如『經』中說。此諸外道常隨世尊不相捨離。然結集之家、簡取外德。故有異名。是外道者多、非者少。　又問曰、未審、此等外道隨常佛後、有何意也。答曰、解有二義。一就佛解。二就外道解。就佛解者、此諸外道邪風久扇、非是一生。雖入眞門、氣習由在。故使如來知覺不令外化。畏損衆生正見根芽惡業增長、此世・後世不收果實。爲此因緣攝令自近、不聽外益。此即就佛解竟。次就外道解者、迦葉等意、自惟曠劫久沈生死循還六道、苦不可言。愚癡・惡見封執邪風、不値明師永流於苦海。但以宿緣有遇得會慈尊。法澤无私。我曹蒙潤尋思佛之恩德、碎身之極惘然。致使親事靈儀、无由暫替。此即就外道解竟。又問曰、此等尊宿云何名衆所知識。答曰、德高曰尊、耆年曰宿。一切凡聖知彼內德過人、識其外相殊異。故名衆所知識」（序分義）

「二②就禁父緣中即有其七」（序分義）

①「問…識」　◎下欄にあり
②二就禁父緣中即有其七　◎経文「爾時王舍大城」の右傍にあり

爾時王舍大城

「總①明起化處。」（序分義）

「言②起化處者、卽有其二。一謂闍王起惡卽有禁父母之緣。因禁則厭此娑婆、願託无憂之世界。二則如來赴請、光變爲臺影現靈儀、夫人卽求生安樂。又傾心請行、佛開三福之因。正觀卽是定門。更顯九章之益。爲此因緣故名起化處也。」（序分義）

有一太子、名阿闍世。隨順調達惡友之教、

「正③明闍王悅忽之間信受④惡人所悞。」（序分義）

「又⑤阿闍世者乃是西國正音。此地往翻名未生怨、亦名折指。」（序分義）

收執父王頻婆娑羅、幽閉置於七重室内、制諸群臣、一不得往。

「正⑥明父王爲子幽禁。此明闍世取提婆之惡計、頓捨父子之情。非直失於罔極之恩。逆響因茲滿路。忽掩王身曰收、既得不捨曰執。故名收執也。」（序分義）

國大夫人、名韋提希。恭敬大王、澡浴清淨、以□蜜和□、用塗□

---

①總明起化處　◎経文「王舍大」の左傍にあり
②「言…也」　◎下欄にあり
③「正…悞」一四字　◎経文「有一太子名」の右傍にあり
④受　◎右傍補記
⑤「又…指」二三字　◎経文「阿闍世隨順調達惡友之教」の右傍にあり
⑥「正…也」　◎経文「收執父王頻婆娑羅幽閉置於七重室内制諸」の左傍・右傍にあり

□、□瓔珞中、盛蒲桃①漿、密以上王。

「此②明最大也。　標其位也。　彰其名也。」（序分義）

「此③明夫人既見王身被禁、門戸極難音信不通、恐絶王身命。」（序分義）

爾時大王食麨④飲漿、求水《シヰ反》漱《ソク反》《シュ反》口。漱口□□、合掌恭敬、向耆闍崛山、遙⑤禮世尊而作是言、大目揵⑥連、是吾親友。願興慈悲、授我八戒。

「然⑦在俗爲親、出家名友。故名親友也。」（序分義）

「此⑧明父王敬法情深、重人過己。若未逢幽難、奉請僧佛不足爲難。今既被囚无由致屈。是以但請目連受於八戒也△。」（序分義）

時目揵連如鷹《オウ反》・隼《ジュン反》飛、疾至王所。日日如是、授王八戒。世尊亦遣尊者富樓那、爲王説法。

「引⑨快鷹爲喩。」（序分義）

「此⑩明父王延命致使目連數來受戒。」（序分義）

如是時□、逕三七日。王食麨⑪蜜、得聞法故、顏色和悦。

①蒲桃　◎「蒲桃」と下欄註記
②「此…也」一三字　◎経文「國大夫人名韋提」の右傍にあり
③「此…命」二三字　◎経文「恭敬大王澡浴清淨以□蜜」の右傍にあり
④麨　◎「麨」と上欄註記
⑤遙　◎「遙」と上欄註記
⑥揵　◎「犍」と下欄註記
⑦「然…也」一四字　◎経文「吾親友願」の右傍・左傍にあり
⑧「此…也△」　◎経文「興慈悲授我八戒時目揵連如鷹隼飛疾至」の右傍・左傍にあり
⑨引快鷹爲喩　◎経文「鷹隼飛」の左傍にあり
⑩「此…戒」一四字　◎経文「日日如是授王八」の右傍にあり
⑪麨　◎「麨」と下欄註記

「正①明父王因食聞法多日不死。此正明夫□□時奉食以除飢渴、二聖又以戒法因資善開王意、食能延命、戒法養神、失苦亡憂、致使顔容和悦也△。」（序分義）

「三②就禁母緣中卽有其八。」（序分義）

時阿闍世問守門者、父王今者猶存在耶。

「正③明問父音信。此明闍王禁父日數既多、人交總絕、水食不通二七有餘、命□□□、□是念已、卽致宮門問守門者、父王今者猶存在耶△。」（序分義）

時守門人白言、大王、國大夫人、身塗麨蜜、瓔珞盛漿、持用上王。沙門目連及富樓那、從空而來、爲王說法。不可禁制。

「正④明門家以事具答。此明闍世前問父王在者、今次門家奉答。」（序分義）

「正⑤明夫人密奉王食、王既得食、食能延命、雖經多日父命猶存、此

---

①「正…也△」◎経文「如是時□遥三七日王食麨蜜得聞」の右傍・左傍にあり
②三就禁母緣中卽有其八 ◎経文「時阿闍世問守」の右傍にあり
③「正…耶△」◎経文「時阿闍世問守門者父王今者猶存在耶時守門人白言大王國」の左傍・右傍にあり
④「正…答」二四字 ◎経文「時守門人白言大王國」の左傍、「大夫人身塗麨」の右傍にあり
⑤「正…過△（一七頁）」◎経文「大夫人身塗麨蜜瓔珞盛漿持用上王沙門」の左傍、「目連及」の右傍にあり

乃夫人之意、非是門家之過。」（序分義）

時阿闍世聞此語已、怒其母曰、□□是賊。與賊爲伴。沙門惡人。幻惑呪術、令此惡王多日不死。卽執利劍、欲害其母。

「正[①]明世王瞋怒。此明闍王既聞門家分疏已、卽於夫人心起惡怒、口陳惡辭。又起三業逆三業惡。罵父母爲賊名口業逆。罵沙門者名□業惡。執劍殺母名身業逆。身口所爲以心爲主、卽名意業逆。又復前□便爲惡、□□□爲逆。」（序分義）

「此[②]明世王瞋盛、逆及於母。」（序分義）

時有一臣、名曰月光。聰明多智。及與耆婆、爲王作禮白言、大王、臣聞、毗陀論經說、劫初已來有諸惡王、貪國位故、殺害其父、一萬八千。未曾聞有無道害母。王今爲此殺逆之事、汚《オ反》刹利種。臣不忍聞。是栴陀羅。不宜住此。時二大臣說此語竟、以手按劍、却[③]行而退。

「正[④]明二臣切諫不聽。」（序分義）

①「正…逆」　◎経文「時阿闍世聞此語已怒其母曰□□是賊」の右傍・左傍にあり
②此明世王瞋盛逆及於母　◎経文「卽執利劍」の右傍にあり
③却　◎「卻」を「却」と上書訂記
④正明二臣切諫不聽　◎経文「時有一臣」の右傍にあり

「①言時者、當闍王欲殺母時也」。(序分義)

「②彰其德也」。(序分義)

「③亦是父王之子、奈女之兒。忽見家兄於母起逆、遂與月光同諫」。(序分義)

「④此明廣引古今書史、歷帝之文記。古人云、言不關典君子所慚。今既諫事不輕。豈可虛言妄說」。(序分義)

「⑤彰其時也」。(序分義)

「⑥此明總標非禮暴逆之人也」。(序分義)

「⑦此明非意所貪奪父坐處也」。(序分義)

「⑧此明既於父起惡不可久留、故須斷命也」。(序分義)

「⑨此明王今殺父、與彼類同也」。(序分義)

「⑩言刹利者、□□□□□元、王者之種、代代相承。豈同凡碎」。(序分義)

「⑪即有二義。一者王今造惡不存風禮。寓邑神州、豈遺旃陀羅爲主也。此即擯出宮城意。二者王雖在國損我宗親、不如遠擯他方永

①「言…也」一一字　◎経文「時有一臣名」の左傍にあり
②彰其德也　◎経文「聰明」の右傍にあり
③「亦…諫」二四字　◎経文「及與耆婆爲王作禮白言大」の右傍・左傍にあり
④「此…說」　◎経文「臣聞毗陀論經說劫初已來有諸惡王貪」の右傍・左傍にあり
⑤彰其時也　◎経文「劫初已」の左傍にあり
⑥「此…也」一一字　◎経文「有諸惡王貪」の左傍にあり
⑦「此…也」一一字　◎経文「國位故殺害」の右傍にあり
⑧「此…也」一六字　◎経文「殺害其父一萬八千」の左傍にあり
⑨「此…也」一一字　◎経文「一萬八千未」の右傍にあり
⑩「言…碎」二二字　◎経文「汚刹利種臣不忍」の右傍・左傍にあり
⑪「即…也(一九頁)」　◎経文「不宜住此時二大臣說此語竟」の右傍・左傍にあり

絶无聞之地。故云不□住此也。」(序分義)

「①此明二臣直諫功、語極麤、廣引古今、望得王心開悟。」(序分義)

　時阿闍世驚怖惶懼、告耆婆言、汝不爲我耶。

「②言耆婆者是王之弟也。古人云、家有衰禍、非親不救。汝既是弟者、豈同月光也。」(序分義)

　耆婆白言、大王、愼莫害母。

「③二臣重諫。此明耆婆實答大王。若欲得我等爲相者、願勿害母也。此直諫竟。」(序分義)

　王聞此語、懺悔求救、卽便捨劍、止不害母。

「④正明闍王受諫放母殘命。此明世王既得耆婆諫已、心生悔恨、愧前所造、卽向二臣求哀乞命、因卽放母脫於死難、手中之劍還歸本匣。」(序分義)

　勅語内官、閉置深宮、不令復出。

「⑤明其世王餘瞋禁母。」(序分義)

---

①「此…悟」二〇字　◎経文「時二大臣説此語竟」の左傍にあり
②「言…也」三〇字　◎経文「耆婆言汝不爲我耶耆婆白言大王愼」の右傍にあり
③「二…竟」二九字　◎経文「耆婆白言大王愼莫害」の左傍にあり
④「正…匣」　◎経文「王聞此語懺悔求救卽便捨劍止不害母」の右傍・左傍にあり
⑤明其世王餘瞋禁母　◎経文「勅語内官」の右傍にあり

「四①就厭苦緣中卽有其四。」（序分義）
時韋提希被幽閉已、愁憂燋悴②。
「正③明□□□□幽禁。此明夫人雖勉死難、更閉在深宮、守當極牢无由得出、唯有念念懷憂、自然燋悴。傷嘆曰、禍哉今日苦、遇値闍世喚利刃中間結、復置深宮難△。」（序分義）
遙向耆闍崛山、爲佛作禮而作是言、如來世尊、在昔之時、恆遣阿難來慰問我。我今愁憂。世尊威重、无由得見。願遣目連尊者阿難、與我相見。作是語已、悲泣雨淚、遙向佛禮。未擧頭頃、
「正④明夫人因禁請佛、意有所諫。此明夫人既在囚禁、自身无由得到佛邊、唯有單心、面向祇闍、遙禮世尊、願佛慈悲、表知弟子愁憂之意△。」（序分義）
「此⑤有二義。一明父王未被禁時、或可王及我身親到佛邊、或可如來及諸弟子親受王請、然我及王身俱在囚禁、因緣斷絕、彼此情乖。二明父王在禁□□、數蒙世□□阿難來慰問我。云何慰

①四就厭苦緣中卽有其四　◎経文「時韋提希被」の右傍にあり
②悴　◎「悴」と下欄註記
③「正…難△」　◎経文「時韋提希被」の左傍、「幽閉已愁憂燋悴遙向耆闍崛山」の右傍にあり
④「正…意△」　◎経文「遙向耆闍崛山爲佛作禮」の右傍・左傍、「而作是言」の右傍にあり
⑤「此…也△（二一頁）」　◎経文「如來世尊在昔之時恆遣阿難來」の右傍・左傍にあり

問。以見父王囚禁、佛恐夫人憂惱。以是因緣故遣慰問也。」(序分義)

「①此明夫人內自卑謙、歸尊於佛弟子、穢質女身、福因尠薄、佛德威高、无由輕觸、願遣目連等與我相見。」(序分義)

「②此明夫人自惟罪重、請佛加哀、致敬情深悲淚滿目、但以渴仰靈儀、復加遙禮、叩頭跱跺、須臾未擧。」(序分義)

爾時世尊在耆闍崛山、知韋提希心之所念、卽敕大目揵連及以阿難、從空而來、佛從耆闍崛山沒、於王宮出。時韋提希禮已擧頭、見世尊釋迦牟尼佛。身紫金色、坐百寶蓮華。目連侍左、阿難在③右。釋・梵・護世諸天、在虛空中、普雨天華、持用供養。

「④正明世尊自來起請。此明世尊雖在耆闍、已知夫人一心念之意。」(序分義)

「⑤此明應夫人請也。」(序分義)

「⑥此明夫人宮內禁約極難、佛若現身來赴、恐畏闍世知聞更生留難、以是因緣故、須此沒彼出也。」(序分義)

①「此…見」　◎経文「世尊威重无由得見願遣」の右傍・左傍にあり
②「此…擧」　◎経文「悲泣雨淚遙向佛禮未擧頭頃」の右傍にあり
③在　◎「有本作侍」と上欄註記
④「正…意」二五字　◎経文「爾時世尊在耆闍崛」の右傍・左傍にあり
⑤此明應夫人請也　◎経文「卽敕大」の右傍にあり
⑥「此…也」　◎経文「佛從耆闍崛山沒於王宮出」の右傍・左傍にあり

1-703　7-7

「①此明夫人致敬之時也。」（序分義）
「②此明世尊宮中已出、致使夫人舉頭卽見。」（序分義）
「③簡異餘佛。但諸佛名通、身相不異。今故標定釋迦使无疑也。」（序分義）
「④顯定其相也。」（序分義）
「⑤簡異餘座也。」（序分義）
「⑥此明更无餘衆、唯有二僧。」（序分義）
「⑦此明天王衆等、見佛世尊隱顯王宮、必說希奇之法、我等天・人因韋提故得聽未聞之益、各乘本念普住臨空、天耳遙飡、雨華供養△。」（序分義）
時韋提希見佛世尊、自絕瓔珞、舉身投地、號《テイ反》泣向佛白言、世尊、我宿何罪生此惡子。世尊復有何等因緣、與提婆達多、共爲眷屬。
「⑧正明夫人舉頭見佛、口言傷歎、怨結情深也。」（序分義）
「⑨此明夫人身莊瓔珞猶愛未除、忽見如來羞慚自絕。」（序分義）

①此明夫人致敬之時也　◎経文「時韋提希」の右傍にあり
②「此…見」一六字　◎経文「見世尊釋迦牟尼佛」の右傍にあり
③「簡…也」二三字　◎経文「釋迦牟尼佛」の左傍にあり
④顯定其相也　◎経文「紫金色」の右傍にあり
⑤簡異餘座也　◎経文「百寶蓮」の右傍にあり
⑥此明更无餘衆唯有二僧　◎経文「目連侍左阿難」の左傍にあり
⑦「此…養△」　◎経文「梵護世諸天在虛空中普雨天華持用供養」の右傍・左傍にあり
⑧「正…也」一七字　◎経文「時韋提希見佛世尊」の右傍にあり
⑨「此…絕」二〇字　◎経文「自絕瓔珞舉身投地號」の右傍にあり

「問①曰、云何自絶也。答曰、夫人乃是貴中之貴、尊中之尊。身四威儀多人供給、所著衣服皆使傍人。今既見佛恥愧情深、不依鉤帶、頓自掣却。故云自絶也。」（序分義）

「此②明夫人内心感結怨苦難堪、是以從坐踊身而立、踊身投地。此乃歎恨處深、更不事禮拜威儀也。」（序分義）

「此③明夫人婉轉佛前、悶絶號哭。」（序分義）

「此④明夫人婉轉涕哭量久、少醒始正身威儀、合掌白佛。我自一生已來、未曾造其大罪。未審、宿業因縁有何殃咎而與此兒共爲母子。此明夫人既自障深不識宿因、今被兒害、謂是横來、願佛慈悲、示我徑路。」（序分義）

「言⑤世尊復有何等因縁已下、此明夫人向佛陳訴、我是凡夫、罪惑不盡、有斯惡報、是事甘心、世尊曠劫行道正習倶亡、衆智朗然果圓號佛、未審、有何因縁乃與提婆共爲眷屬。此意在二。一明夫人致怨於子。怨於父母狂起逆心。二明又恨提婆教我闍世造斯惡

①「問…也」　◎上欄にあり
②「此…也」　◎経文「舉身投地號」の左傍にあり
③「此…哭」二一字　◎経文「泣向佛白言世」の左傍にあり
④「此…路」　◎経文「白言世尊我宿何罪生此惡子世尊」の右傍・左傍にあり
⑤「言…也（二一四頁）」　◎上欄にあり

計、若不因提婆者、我兒終无此意也。爲此因緣故致斯問。又夫人問佛云何與提婆眷屬者卽有其二。一者在家眷屬、二者出家眷屬。言在家者、佛之伯叔有其四人。佛者卽是白淨王兒、金毗者白飯王兒、提婆者斛飯王兒、釋摩男者是甘露飯王兒。此名在家外眷屬也。言出家眷屬者、與佛作弟子、故名内眷屬也。」（序分義）

「①五就欣淨緣中、卽有其八。」（序分義）

唯願世尊、爲我廣説無憂惱處。我當往生。不樂閻浮提濁惡世也。

「②正明夫人通請所求、別標苦界。此明夫人遇自身苦覺世非常、六道同然、无有安心之地、此聞佛説淨土无生、願捨穢身證彼无爲之樂。」（序分義）

此濁惡處地獄・餓鬼・畜生盈③滿、多不善聚。願我未來不聞惡聲。不見惡人。

①五就欣淨緣中卽有其八　◎経文「唯願」の左傍、「世尊爲」の右傍にあり
②「正…樂」　◎経文「世尊爲我廣説無憂惱處我當往生不樂閻」の右傍・左傍にあり
③盈　◎「盈」と下欄註記

01《教我…業處》化卷188

「①正明夫人擧出所厭之境。此明閻浮總惡、未有一處可貪、但以幻惑愚夫、飮斯長苦△。」(序分義)

「②正明苦界也。又明器世間。亦是衆生依報處。亦名衆生所依處也。言地獄等已下、三品惡果最重也。言盈滿者、此三苦聚非直獨指閻浮、娑婆亦皆通有。故言盈滿△。」(序分義)

「③此明三界・六道不同種類恆沙、隨心差別。經云、業能莊識、世世處處各趣、隨緣受果報、對面不相知△。」(序分義)

④今向世尊五體投地求哀懺悔。

「⑤正明夫人淨土妙處非善不生、恐有餘愆障不得往、是以求哀更須懺悔。」(序分義)

唯願佛日、01教我觀於淸淨業處。

「⑥正明夫人通請去行。此明夫人上卽通請生處、今亦通請得生之行。」(序分義)

「⑦言佛日者法・喩雙標也。譬如日出衆闇盡除、佛智輝光无明之夜

①「正…苦△」　◎経文「此濁惡處地獄餓鬼畜生盈滿多不善聚」の右傍にあり
②「正…滿△」　◎経文「此濁惡處地獄餓鬼畜生盈」の左傍、「滿多不善聚願我未來不聞惡聲不見惡人」の右傍にあり
③「此…知△」　◎経文「多不善聚願我未來不聞惡聲不見惡人」の左傍にあり
④今　◎「今」と下欄註記
⑤「正…悔」二八字　◎経文「今向世尊五體投地求哀懺悔」の左傍にあり
⑥「正…行」二六字　◎経文「唯願佛日教」の左傍にあり
⑦「言…朗」二七字　◎下欄にあり

日朗。」(序分義)

「[①]正明既能厭穢欣淨、若爲安心注想得生清淨處也。」(序分義)

爾時世尊放眉間光。其光金色。徧照十方无量世界、還住佛頂、化爲金臺。如須彌山。十方諸佛淨妙國土、皆於中現。或有國土、七寶合成。復有國土、純是蓮華。復有國土、如自在天宮。復有國土、如頗[②]梨鏡。十方國土、皆於中現。有如是等无量諸佛國土、嚴顯可觀。令韋提希見。

「[③]正明世尊廣現淨土酬前通請。此明世尊以見夫人廣求淨土、如來卽放眉間光照十方國、以光攝國、還來頂上化作金臺、如須彌山、如之言似、似須彌山、此山腰細上闊、所有佛國竝於中現、種種不同莊嚴有異、佛神力故了了分明、加備韋提盡皆得見。　問曰、韋提上請爲我廣說无憂之處。佛今何故不爲廣說、乃爲金臺普現者有何意也。答曰、此彰如來意密也。然韋提發言致請、卽是廣開淨土之門。若爲之總說、恐彼不見心猶致惑。是以一一顯現對

①「正…也」二〇字　◎経文「我觀於清淨業處」の左傍にあり
②頗梨　◎「玻瓈」と下欄註記
③「正…選(二七頁)」　◎経文「爾時世尊放眉間光其光金色徧照十方无量世界還住佛頂化爲金臺如須彌山十方諸佛淨妙國土皆於中現或有國土七寶合成復有國土純是蓮華復有國土如自在天」の右傍から下欄にあり

7-9

01「從我…選也」眞卷177

彼眼前、任彼所須隨心自選」。（序分義）

時韋提希①白佛言、世尊、是諸佛土、雖復淸淨皆有光明、

「②正明夫人總領所現、感荷佛恩。此明夫人總見十方佛國、竝悉精華、欲比極樂莊嚴、全非比況。故云我今樂生安樂國也。　問曰、十方諸佛斷惑无殊、行畢果圓、亦應无二。何以一種淨土卽有斯優劣也。答曰、佛是法王、神通自在。優之與劣非凡惑所知。隱顯隨機望存化益。或可故隱彼爲憂、獨顯西方爲勝」。（序分義）

我今樂生極樂世界阿彌陀佛所。

01「③從我今樂生彌陀已下」、（序分義）

「④正明夫人別選所求」。（序分義）

「⑤此明彌陀本國四十八願、願願皆發增上勝因、依因起於勝行、依行感於勝果、依果感成勝報、依報感成極樂、依樂顯通悲化、依於悲化顯開智慧之門、然悲心无盡、智亦无窮、悲智雙行卽廣開甘露、因茲法潤普攝群生也、諸餘經典勸處彌多、衆聖齊心皆同指

①希　◎「疏無希字」と上欄註記

②「正…勝」　◎経文「時韋提希白佛言世尊是諸佛土雖復」の右傍・左傍から下欄にあり

③從我今樂生彌陀已下　◎上欄にあり

④正明夫人別選所求　◎経文「我今樂生」の右傍にあり

⑤「此…也（二八頁）」　◎上欄にあり

01《教我…正受》化卷188
02「散善顯行緣」化卷192

讃、有此因緣、致使如來密遣夫人、別選也。」（序分義）

唯願世尊、01教我思惟、教我正受。

「①正明夫人請求別行。此明韋提既選得生處、還修別行、勵己注心必望往益。」（序分義）

「②六就02散善顯行緣中即有其五。」（序分義）

爾時世尊③、即便微笑、有五色光、從佛口出。一一光照頻婆娑羅頂。爾時大王雖在幽閉、心眼无障、遙見世尊、頭面作禮、自然增進成阿那含。

「④正明光益父王。此明如來以見夫人願生極樂、更請得生之行、稱佛本心、又顯彌陀願意、因斯二請廣開淨土之門、非直韋提得去、有識聞之皆往、有斯益故、所以如來微笑也。」（序分義）

「⑤正明父王蒙光照頂心眼得開、障隔雖多自然相見、斯乃因光見佛、非意所期、致敬歸依即超證第三之果。」（序分義）

①「正…益」二九字　◎経文「唯願世尊教我思惟教我正受爾時世」の右傍にあり
②「六…五」一二字　◎経文「爾時世」の左傍にあり
③尊　◎上欄補記
④「正…也」　◎経文「即便微笑有五色光従佛口出一一光照頻」の右傍・左傍にあり
⑤「正…果」　◎経文「大王雖在幽閉心眼无障遙」の右傍から下欄にあり

03《諦觀…成者》化卷188
04《廣說衆譬》化卷188

爾時世尊告韋提希、汝今知不。阿彌陀佛去此不遠。汝當繫念
03諦觀彼國淨業成者。我今爲汝、04廣說衆譬、

「①正明益前夫人別選所求之行。此明如來從上耆闍沒王宮出訖至此文、世尊默然而坐、總未言說。但中間夫人懺悔・請問・放光・現國等、乃是阿難從佛王宮見此因緣、事了還山、傳向耆闍大衆說如上事、始有此文。亦非是无時佛語也、應知。」(序分義)

「②正明告命許說也。」(序分義)

「③正明標境以注心。卽有其三。」(序分義)

「④正明凡惑障深心多散動、若不頓捨攀緣、淨境无由得現。此卽正教安心住行。若依此法名爲淨業成也。」(序分義)

「⑤此明機緣未具、不可偏說定門、佛更觀機、自開三福之行。」(序分義)

亦令未來世一切凡夫欲修淨業者得生西方極樂國土。

「⑥正明擧機勸修、得益。此明夫人所請、利益彌深、及未來廻心皆到」。(序分義)

①「正…知」◎経文「爾時世尊告韋提希汝今知不阿彌陀佛去」の右傍から下欄にあり
②正明告命許說也　◎経文「爾時世尊」の左傍にあり
③「正…三」一一字　◎経文「阿彌陀佛去」の左傍にあり
④「正…也」　◎経文「汝當繫念諦觀彼國淨業成」の右傍・左傍にあり
⑤「此…行」二二字　◎経文「我今爲汝廣說衆譬亦令」の右傍にあり
⑥「正…到」二五字　◎経文「亦令未來世一切凡夫欲修」の右傍にあり

01《一者…行者》愚禿鈔301b
02［正明…根機］化卷190
03［一切…者散］愚禿鈔289a

欲生彼國者、當修三福。01一者孝養父母、奉事師長慈心不殺、修十善業。二者受持三歸、具足衆戒、不犯威儀。三者發菩提心、深信因果、讀誦大乘、勸進行者。如此三事名爲淨業。

02「①正明勸修三福之行。此明03一切衆生機有二種、一者定、二者散、若依定行、卽攝生不盡、是以如來方便顯開三福、以應散動根機△。」（序分義）

「②言欲生彼國者標指所歸也。言當修三福者總標行門也。云何名三。一者孝養父母、卽有其四。一言孝養父母者、此明一切凡夫皆籍緣而生。云何籍緣。或有化生、或有濕生、或有卵生、或有胎生。此四生中各各復有四生。如經廣說。但是相因而生卽有父母。旣有父母卽有大恩。若无父者能生之因卽闕、若無母者所生之緣卽乖。若二人俱无卽失託生之地。要須父母緣具、方有受身之處。旣欲受身、以自業識爲內因、以父母精血爲外緣、因緣和合故有此身。以斯義故父母恩重。母懷胎已經於十月、行住坐臥常生苦惱。復憂產時死難。若生已、經於三年恆常眠屎臥尿。被衣服皆亦不

①「正…機△」◎経文「欲生彼國者當」の右傍・左傍から下欄にあり
②「言…也△（三一頁）」◎上欄にあり

淨。及其長大愛婦親兒、於父母處反生憎嫉、不行恩孝者卽與畜生无異也。」(序分義)

「①此明敎示禮節學識成德、因行无虧乃至成佛、此猶師之善友力也、此之大恩最須敬重。然父母及師長者名爲敬上行也。」(序分義)

「②言慈心不殺者、此明一切衆生皆以命爲本。若見惡緣怖走藏避者、但爲護命也。『經』云、一切諸衆生无不愛壽命。勿殺、勿行杖。怒己可爲喩。卽爲證也。」(序分義)

「③此明十惡之中殺業最惡。故列之在初。」(序分義)

「④十善之中長命最善。故以之相對也。已下九惡九善者、至下九品中、以應廣述。此明世善。又名慈下行也。」(序分義)

「⑤二言受持三歸者、此明世善輕微感報不具、戒德巍巍能感菩提之果。但衆生歸信從淺至深。先受三歸、後敎衆戒。」(序分義)

「⑥言具足衆戒者、然戒有多種。或三歸戒、或五戒・八戒・十善戒・二百五十戒・五百戒・沙彌戒、或菩薩三聚戒・十无盡戒等。故名具足衆

①「此…也」◎経文「奉事師長慈心不殺」の右傍・左傍にあり
②「言…也」◎下欄にあり
③「此…初」一五字　◎経文「修十善業二者受」の右傍にあり
④「十…也」◎経文「修十善業二者受持三歸具足衆戒不犯威」の左傍にあり
⑤「二…戒」◎下欄にあり
⑥「言…也(三二頁)」◎経文「三種業過去未來現在三世諸佛淨」の左傍にあり

戒也。又一一戒品中亦有小分戒・多分戒・全分戒也。」（序分義）

「①言不犯威儀者、此明身口意業行住坐臥能與一切戒作方便威儀也。若輕重麤細皆能護持、犯卽悔過。故云不犯威儀。此明戒善也。」（序分義）

「②三言發菩提心者、此明衆生欣心趣大、不可淺發小因、自非廣發弘心、何能得與菩提相會。唯願我、身同虛空心齊法界、盡衆生界。我以身業恭敬供養禮拜、迎送來去運度令盡。又我以口業讚嘆說法、皆受我化、言下得道者、令盡。又我以意業入定觀察、分身法界應機而度、无一不盡。我發此願。運運增長猶如虛空、无處不遍、行流无盡徹窮後際、身无疲倦心无厭足。又言菩提者卽是佛果之名。又言心者卽是衆生能求之心。故云發菩提心也。」（序分義）

「③總結成上行也。」（序分義）

佛告韋提希、汝今知不。此三種業、過去・未來・現在三世諸佛淨業正因。

①「言…也」　◎下欄にあり
②「三…也」　◎下欄にあり
③總結成上行也　◎経文「如此三事」の右傍にあり

01［定善示観縁］化巻192

1-81

「①明其引聖勵凡。但能決定注心、必往无疑。」(序分義)

「②七就01定善示觀緣中、卽有其七。」(序分義)

佛告阿難及韋提希、諦聽③諦聽、善思念之。如來今者、爲未來世一切衆生爲煩惱賊之所害者、說淸淨業。

「④正明敕聽許說。此明韋提前請願生極樂、又請得生之行、如來已許、今就此文正欲開顯正受之方便。此乃因緣極要利益處深。曠劫希聞。如今始說。爲斯義故、致使如來總命二人。」(序分義)

「⑤但如來臨化、偏爲常沒衆生。今既等布慈雲、望欲普沾未潤。」(序分義)

善哉韋提希、快問此事。

「⑥正明夫人問當聖意。」(序分義)

阿難、汝當受持廣爲多衆宣說佛語。

「⑦正明勸勸說。此法深要、好須流布。此明如來前則總告令安心聽受、此文則別敕阿難、受持勿忘、廣多人處、爲說流行。」(序分義)

① 「明…疑」一六字 ◎経文「佛告韋提希汝今」の右傍・左傍にあり
② 「七…七」一二字 ◎経文「佛告阿難及韋提」の右傍にあり
③ 聽 ◎「聽」と下欄註記
④ 「正…人」 ◎経文「佛告阿難及韋提希諦聽諦聽善思念之如來今者爲未來世一切衆生」の右傍・左傍にあり
⑤ 「但…潤」二三字 ◎経文「爲未來世一切衆生爲煩惱賊」の左傍にあり
⑥ 正明夫人問當聖意 ◎経文「善哉韋提希」の右傍にあり
⑦ 「正…行」 ◎経文「阿難汝當受持廣爲多衆宣說佛語」の右傍にあり

7-12　1-716

如來今者、教韋提希及未來世一切衆生、觀於西方極樂世界。以佛力故、當得見彼淸淨國土。如執明鏡自見面像。見彼國土極妙樂事、心歡喜故、應時卽得无生法①忍。

「②正明勸修得益之相。此明如來欲爲夫人及未來等顯觀方便、注想西方、捨厭娑婆貪欣極樂。」（序分義）

「③01言心歡喜故得忍者、此明阿彌陀佛國淸淨光明、忽現眼前、何勝踊躍、因茲喜故、卽得无生之忍。亦名喜忍、亦名悟忍、亦名信忍。此乃玄談未標得處、欲令夫人等悕心此益。勇猛專精心想見時、方時應悟忍。此多是十信中忍、非解行已上忍也。」（序分義）

佛告韋提希、02汝是凡夫。心想羸劣未得天眼、不能遠④觀。03諸佛如來有異方便、令汝得見。

「⑤正明夫人是凡非聖、由非聖故、仰惟聖力冥加、彼國雖遙得覩。」（序分義）

「⑥由是凡故曾无大志也。」（序分義）

01［言心…忍也］信卷102
02《汝是凡夫心想羸劣》化卷88
03《諸佛…方便》化卷188

①法　◎「疏無法字」と上欄註記
②「正…樂」　◎経文「如來今者教韋提希及未來世一切衆生」の右傍・左傍にあり
③「言…也」　◎上欄にあり
④遠　◎「遠」と上欄註記
⑤「正…覩」二四字　◎経文「佛告韋提希汝是凡夫」の右傍・左傍にあり
⑥由是凡故曾无大志也　◎経文「心想羸劣未」の右傍にあり

04《以佛…國土》化卷188
05《若佛…生等》化卷188

「此①明夫人肉眼所見遠近不足爲言、況淨土彌遙、云何可見。」(序分義)

「此②明若依心所見國土莊嚴者、非汝凡能普悉、歸功於佛也。」(序分義)

時韋提希白佛言、世尊、如我今者04以佛力故、見彼國土。

「明③其夫人重牒前恩、欲生起後問之意。」(序分義)

05若佛滅後諸衆生等、濁惡不善五苦所逼、云何當見阿彌陀佛極樂世界。

「正④明夫人悲心爲物、同己往生、永逝娑婆、長遊安養。此明如來期心運度、徹窮後際而未休、但以世代時移、群情淺促故、使如來滅永生之壽、泯長劫以類人年、攝憍慢以示无常、化剛強同歸於磨滅。故云若佛滅後也。言諸衆生者、此明如來息化、衆生无處歸依、蠢蠢周慞、縱横走於六道。」(序分義)

「從⑤此已下、次辨正宗。卽有其十六。還就一一觀中、對文料簡。不勞預顯。今定立正宗、與諸師不同。今直以就法定、從日觀初句下至

① 「此…見」三三字　◎経文「未得天眼不能遠觀諸佛如」の左傍にあり
② 「此…也」三三字　◎経文「諸佛如來有異方便令汝得見」の右傍にあり
③ 「明…意」一五字　◎経文「時韋提希白佛言世」の右傍にあり
④ 「正…道」　◎経文「若佛滅後諸衆生等濁惡不善五苦所逼云何當見阿彌陀佛極樂世界」の右傍・左傍にあり
⑤ 「從…知(三六頁)」　◎上欄にあり

下品下生已來、是其正宗。從日觀已上雖有多義不同、看此文勢、但是由序也、應知。」（定善義）

①「就初日觀中、先擧、次辨、後結。」（定善義）

佛告韋提希、汝及衆生應當專心、繫念一處、想於西方。

②「正明總告總勸。此明韋提前請彌陀佛國、又請正受之行、如來當時卽許爲說。但以機緣未備顯行未周、更開三福之因、以作未聞之益。」（定善義）

云何作想。凡作想者、一切衆生、自非生盲、有目之徒、皆見日沒。

③「正明牒所觀事。此明諸衆生等久流生死、不解安心、雖指西方、不知云何作意、故使如來爲生反問遣除疑執、以示正念之方。」（定善義）

④「其利根者一坐卽見明相現前。當境現時、或如錢大、或如鏡面大。於此明上卽自見業障輕重之相。一者黑障、猶如黑雲障日。二者黃障、如黃雲障日。三者白障、如似白雲障日。此日猶雲障故、不得朗然顯照。衆生業障亦如是。障蔽淨心之境、不能令心明照。行者

①「就…結」一一字　◎経文「佛告韋提希汝及」の右傍にあり

②「正…益」　◎経文「佛告韋提希汝及衆生應當專心繫念一處」の左傍にあり

③「正…方」　◎経文「云何作想凡作想者一切衆生自」の左傍から下欄にあり

④「其…也（三七頁）」　◎下欄にあり

若見此相、即須嚴飾道場、安置佛像、清淨洗浴、著淨衣、又燒名香表白諸佛・一切賢聖、向佛形像、現在一生懺悔无始已來、及身口意業所造十惡・五逆・四重・謗法・闡提等罪。極須悲涕雨涙、深生懺愧、内徹心髓、切骨自責。懺悔已、還如前坐法安心取境。境若現時、如前三障盡除、所觀淨境朗然明淨。此名頓滅障也。或一懺即盡者名利根人也。或一懺但除黑障、或一懺得除黃・白等障。或一懺但除白障。此名漸除、不名頓滅也。既自識業相如是、唯須勤心懺悔。日夜三時・六時等但憶得[①]即懺者、最是上根上行人也。譬如湯火燒身、亦覺即却。豈容徒待時待處、待緣待人、方始除也。」(定善義)

　當起想念、正坐西向、諦觀於日、令心堅住專想不移、見日欲沒狀如懸鼓。

「[②]正教觀察。此明正身威儀、面向西方、守境注心、堅執不移、所期皆應。」(定善義)

　既見日已、閉目・開目、皆令明了。

①得　◎「得」と上書訂記
②「正…應」二六字　◎経文「當起想念正坐西向諦觀於日令」の右傍にあり

「辨①觀成相。此明標心見日、制想除緣念念不移、淨相了然而現。又行者初在定中、見此日時卽得三昧定樂、身心內外融液不可思議。當見此時、好須攝心、令定不得上心貪取。若起貪心、心水卽動。以心動故淨境卽失。或動或闇、或黑或靑・黃・赤・白等色不得安定。見此事時卽自念言。此等境相搖動不安者、由我貪心動念、致使淨境動滅。卽自安心正念、還從本起、動相卽除、靜心還現。旣知此過、更不得起增上貪心也。」（定善義）

是爲日想、名曰初觀②。

「③總結。」（定善義）

「④二就水觀中、亦先擧、次辨、後結。」（定善義）

次⑤作水想。見水澄淸、亦令明了无分散意。旣見水已、當起冰⑥《ヒヨウ反》想。

見冰⑦映⑧徹、作瑠璃想。此想成已、見瑠璃地內外映徹。

「⑨總標地體。」（定善義）

①「辨…也」　◎経文「旣見日已閉目開目皆令明了」の右傍・左傍にあり
②觀　◎下に挿入符号あり、「古本云作是觀者名爲正觀若他觀者名爲邪觀」と上欄註記（「邪」を「正」と上書訂記）
③總結　◎経文「是爲」の右傍にあり
④「二…結」一二字　◎経文「次作水想見水」の右傍にあり
⑤次　◎上に挿入符号あり、「古本云佛告阿難及韋提希初觀成已」と上欄註記
⑥冰　◎「冰」を「冰」と上書註記
⑦冰　◎「冰」を「冰」と上書註記
⑧映　◎「映」と上欄註記
⑨總標地體　◎経文「次作水」の左傍にあり

下有金剛七寶金幢、擎瑠璃地。其幢八方《ホウ反》、八楞①具足。一一方《ホウ》面百寶所成。一一寶珠、有千光明。一一光明、八萬四千色、映瑠璃地、如億千日。不可具見。

「正②明地下莊嚴。卽有其七。」(定善義)

「一明幢體等是无漏金剛。」(定善義)

「二③明擎地相顯映莊嚴。」(定善義)

「三④明方楞具足表非圓相。」(定善義)

「四⑤明百寶合成、量出塵沙。」(定善義)

「五⑥明寶出千光、周无邊之際。」(定善義)

「六⑦明光多異色色照他方、隨機變現、无時不益也。」(定善義)

「七⑧明衆光散彩映絶日輪、新往者覩之卒難周悉。」(定善義)

『⑨讃』云、地下莊嚴七寶幢、无量无邊无數億。八方八面百寶成。見彼无生自然悟。无生寶國永爲。一一寶流无數光。行者傾心常對目、騰神踊躍入西方。」(定善義)

---

①楞　◎「楞」と上欄註記
②「正…剛」二〇字　◎経文「下有金剛七寶金」の右傍・左傍にあり
③二明擎地相顯映莊嚴　◎経文「擎瑠璃地」の右傍にあり
④三明方楞具足表非圓相　◎経文「其幢八方八」の右傍にあり
⑤四明百寶合成量出塵沙　◎経文「一一方面百寶」の右傍にあり
⑥「五…際」一一字　◎経文「一一寶珠有千」の右傍にあり
⑦「六…也」一九字　◎経文「一一光明八萬四千色映」の右傍にあり
⑧「七…悉」一九字　◎経文「映瑠璃地如億千日不可具」の右傍にあり
⑨「讃…城(四〇頁)」　◎上欄にあり

1-727

01［西方…槃城］證巻136　［西方…无殊］眞巻178
02［歸去…槃城］眞巻178

「又讚云、[01]西方寂靜无爲樂。畢竟逍遙離有無。大悲薰心遊法界。分身利物等无殊。或現神通而說法、或現相好入无餘。變現莊嚴隨意出。群生見者罪皆除」（定善義）

「又讚云、[02]歸去來、魔鄕不可停。曠劫來流轉、六道盡皆經。到處无餘樂、唯聞愁歎聲。畢此生平後、入彼涅槃城」（定善義）

瑠璃地上、以黃金繩①、雜廁間錯、以七寶界、分齊分明。

「②正明地上莊嚴顯標殊勝。此明依持圓淨。七寶池林等是能依、瑠璃寶地是所依。地是能持、池・臺・樹等是所持。此由彌陀因行周備、致使感報圓明。明淨之義卽无漏爲體也」（定善義）

「③正明黃金作道、狀似金繩也」（定善義）

「④行者等莫言但有金道而无餘寶作道也」（定善義）

一一寶中、有五百色光。其光如華。又似⑤星月。懸處虛空、成光明臺。樓閣千萬、百寶合成。於臺⑥兩邊、各有百億華幢、無量樂器、以爲莊嚴。

①繩　◎「繩」と上欄註記、「繩」と下欄註記
②「正…也」　◎経文「瑠璃地上以黃金繩雜廁間錯以七寶界」の右傍にあり
③「正…也」一一字　◎経文「黃金繩雜廁」の左傍にあり
④「行…也」一六字　◎経文「間錯以七寶界分齊」の左傍にあり
⑤似　◎「疏如字也」と下欄註記
⑥臺　◎「臺」と上欄註記

「正[①]明空裏莊嚴。卽有其六」。(定善義)
「一明寶出多光」。(定善義)
「二明喩顯其相」。(定善義)
「三明光變成臺」。(定善義)
「四明光變成於樓閣」。(定善義)
「五明光變成於華幢」。(定善義)
「六明光變成於寶樂之音」。(定善義)
「又[②]明地上雜寶、一一各出五百色光、一一色光、上湧空中作一光臺、一一臺中寶樓千萬、各以一・二・三・四乃至不可說寶、以爲莊嚴合成也。言如華、佛以慈悲畏人不識故、借喩以顯之」。(定善義)
「寶[③]地衆多光明无量。一一光等化作光臺、遍滿空中。行者等行住坐臥常作此想」。(定善義)
　八種清風、從光明出、[④]鼓《コ反》此樂器、演說苦・空・无常・无我之音。
「正[⑤]明光變樂音、轉成說法之相。卽有其三」。(定善義)

①「正…音」◎経文「一一寶中有五百色光其光如華又似」の右傍・左傍にあり
②「又…之」◎経文「懸處虚空成光明臺樓閣千萬百寶」の右傍、「又似星月懸處」の左傍にあり
③「寶…想」◎経文「於臺兩邊各有百億華幢無量樂器以」の右傍にあり
④鼓　◎「鼓」と下欄註記
⑤「正…海(四二頁)」◎経文「八種清風從光明出鼓此樂器演說苦」の右傍・左傍にあり

「一明八風從光而出。」（定善義）

「二明風光卽出、卽鼓樂發音。」（定善義）

「三明顯說四倒・四眞、恆沙等法。」（定善義）

「讚云、安樂國淸淨、常轉无垢輪。一念及一時、利益諸群生。讚諸佛功德、无有分別心。能令速滿足功德大寶海△。」（定善義）

是爲水想、名第二觀。

「①總結。」（定善義）

「②三就地想觀中、亦先擧、次辨、後結。」（定善義）

此想成時、

「③正明結前生後。」（定善義）

一一觀之、極令了了。閉目・開目、不令散失。唯除睡時、恆憶此事。如此想者、名爲粗《ショ反》見極樂國地。若得三昧、見彼國地、了了分明。不可具說。

①總結　◎経文「是爲」の左傍にあり
②「三…結」一三字　◎経文「此想成時一一觀」の右傍にあり
③正明結前生後　◎経文「此想成」の左傍にあり

「正[1]明辨觀成相。卽有其六。」（定善義）

「一明心標一境、不得總雜觀之。」（定善義）

「二明旣專一境、境卽現前、旣得現前、必令明了。」（定善義）

「三明境旣現心、閉目開目守令莫失。」（定善義）

「四明身四威儀晝夜常念、唯除睡時憶持不捨。」（定善義）

「五明凝心不絕、卽見淨土之相。此名想心中見、猶有覺想故。」（定善義）

「六明想心漸微覺念頓除、正受相應證於三昧、眞見彼境微妙之事、何由具說。斯乃地廣无邊。寶幢非一。衆珍曜彩、轉變彌多。是以勸物傾心、恆如對目△。」（定善義）

是爲地想、名第三觀。

「總[2]結。」（定善義）

佛告阿難、汝持佛語、爲未來世一切大衆欲脫苦者、說是觀地法。

「正[3]明勸發流通、隨緣廣說。卽有其四。」（定善義）

①「正…目△」　◎経文「一一觀之極令了了閉目開目不令散失唯除睡時恆憶此事如此想者名爲粗見極樂國地若得三昧見彼國地了了分明不可具說」の左傍・右傍にあり
②總結　◎経文「是爲」の右傍にあり
③「正…四」一四字　◎経文「佛告阿難汝持佛」の右傍にあり

「一[①]明告命。」（定善義）

「二[②]明勸持佛語、廣爲未來大衆說前觀地之益。」（定善義）

「三明簡機堪受[③]堪信、欲得捨此娑婆生死之身八苦・五苦・三惡道苦等。」（定善義）

「聞[④]卽信行者、不惜身命、急爲說之。若得一人捨苦出生死者、是名報眞佛恩。何以故。諸佛出世種種方便勸化衆生者、不欲直令制惡修福、受人天樂也。人天之樂猶如電光。須臾卽捨、還入三惡長時受苦。爲此因緣、但勸卽令求生淨土向无上菩提。是故今時有緣、相勸誓生淨土者、卽稱諸佛本願意也。若不樂信行者、如『淸淨覺經』云。若有人聞說淨土法門、聞如不聞、見如不見、當知、此等始從三惡道來、罪障未盡。爲此无信向耳。佛言、我說、此人未可得解脫也。此『經』又云、若人聞說淨土法門、聞卽悲喜交流、身毛爲竪者、當知、此人過去已曾修習此法、今得重聞卽生歡喜、正念修行必得生也。」（定善義）

①一明告名　◎経文「佛告阿」の左傍にあり
②「二…等」　◎経文「爲未來世一切大衆欲脫苦者說」の右傍・左傍にあり
③受　◎「受」と上書訂記
④「聞…也」　◎上欄にあり

01「含華：宮胎」化卷186　三經往596

「四①明正教觀寶地以住心也。」（定善義）

若觀是地者、除八十億劫生死之罪、捨身他世必生淨國。心得无疑。

「正②明顯觀利益。卽有其四。」（定善義）

「一明指法。唯觀寶地不論餘境。」（定善義）

「二明因觀无漏之寶地、能除有漏多劫罪也。」（定善義）

「三③明捨身已後必生淨土。」（定善義）

「四明修因正念、不得雜疑。雖得往生、01含華未出。或生邊界、或墮宮胎。或因大悲菩薩入開華三昧、疑障乃除、宮華開發、身相顯然。法侶提携、將遊於佛會。斯乃注心見於寶地、卽滅宿障罪愆。願行之業已圓、命盡无疑不往。今旣覩斯勝益、更勸辨知邪正。」（定善義）

作是觀者、名爲正觀。若他觀者、名爲邪觀。

「四④就寶樹觀中、亦先擧、次辨、後結。」（定善義）

---

①「四…也」一一字　◎経文「是觀地者說」の左傍、「是觀地法」の右傍にあり

②「正…也」　◎経文「若觀是地者除八十億劫生死之罪」の右傍・左傍にあり

③「三…正」　◎経文「捨身他世必生淨國心得无疑作是觀者名爲正觀若他觀者名爲邪觀」の右傍・左傍から下欄にあり

④「四…結」一三字　◎経文「佛告阿難及韋提希」の右傍にあり

佛告阿難及韋提希、地想成已、次觀寶樹。

「①正明告命總擧觀名、結前生後。」（定善義）

觀寶樹者、

「②重牒觀名也。」（定善義）

一一觀之、作七重行樹想。

「③生後觀相正教儀則。此明彌陀淨國廣闊无邊。寶樹・寶林、豈以七行爲量也。今言七重者、或有一樹、黄金爲根、紫金爲莖、白銀爲枝、馬腦爲條、珊瑚爲葉、白玉爲華、眞珠爲菓。如是七重互爲根・莖乃至華・菓等、七七四十九重也。」（定善義）

「④此義『彌陀經義』中已廣論竟。故名七重也。言行者、彼國林樹雖多、行行整直而无雜亂。言想者、未閑眞觀自在隨心、要藉假想以住心、方能證益也。」（定善義）

一一樹高、八千由旬。

「⑤正明樹之體量。此明諸寶林樹、皆從彌陀无漏心中流出。由佛心

①「正…後」一二字　◎経文「佛告阿難及韋提」の左傍にあり
②重牒觀名也　◎経文「觀寶樹」の左傍にあり
③「生…也」　◎経文「一一觀之作七重行樹想」の右傍から下欄にあり
④「此…也」　◎下欄にあり
⑤「正…輪（四七頁）」　◎経文「一一樹高」の左傍、「八千由旬其諸寶樹七寶華葉无不具足一一」の右傍にあり

是无漏故、其樹亦是无漏也。讚云、正道大慈悲、出世善根生、浄光明満足、如鏡日月輪。」(定善義)

其諸寶樹、七寶華葉、无不具足。一一華葉、作異寶色。瑠璃色中出金色光、頗①梨色中出紅色光、馬脳色中出車璩光、車璩色中出緑眞珠光、珊瑚・虎②魄、一切衆寶、以爲映③飾。

「正④明雜樹・雜嚴・雜飾異相」。(定善義)

「讚云、備諸珍寶性、具足妙莊嚴。无垢光焔熾、明浄曜世間」。(定善義)

「又讚云、彌陀浄國、寶樹多。四面垂條、天衣掛遶。寶雲含蓋、化鳥連聲、旋轉臨空、奏法音而入會。他方聖衆、聽響以開心、本國能人、見眞形」。(定善義)

妙眞珠網、彌覆樹上。一一樹上、有七重網。一一網間、有五百億妙華宮殿。如梵王宮。諸天童子、自然在其中。一一童子、五百億釋迦毗楞⑤伽摩尼寶、以爲瓔珞。其摩尼光、照百由旬。猶⑥如和合百億日月。不可具名。衆寶間錯、色中上者。

① 頗梨　◎「玻瓈」と上欄註記
② 虎魄　◎「琥珀」と下欄註記
③ 映　◎「映」と上欄註記
④「正…形」　◎経文「其諸寶樹七寶華葉无不具足一」の左傍、「一華葉作異寶色瑠璃色中出金色光頗梨」の右傍・左傍にあり
⑤ 楞　◎「楞」と上欄註記
⑥ 猶　◎上欄補記

「①正明樹上空裏莊嚴相。」（定善義）
此諸寶樹、行行相當、葉葉相次、於衆葉間生諸妙華、華上自然有七寶果。

「②明其林樹雖多而无雜亂、華實開時不從内出。斯乃法藏因深、致使自然而有。」（定善義）
一一樹葉、縱廣正等二十五由旬。其葉千色有百種畫《ヱ反》。如天瓔珞。有衆妙華。作閻浮檀金色、如旋③火輪婉轉葉間。

「④正明華葉色相不同。」（定善義）
涌生諸菓如帝釋瓶。有大光明、化成幢幡・无量寶蓋、是寶蓋中映現三千大千世界一切佛事。十方佛國亦於中現。

「⑤正明菓有不思議德用之相。」（定善義）
見此樹已、亦當次第一一觀之。觀見樹莖・枝葉・華菓、皆令分明。

「⑥辨觀成相。」（定善義）
是爲樹想、名第四觀。

①正明樹上空裏莊嚴相　◎経文「妙眞珠網」の右傍にあり
②「明…有」三〇字　◎経文「此諸寶樹行行相當葉葉相次於衆」の右傍にあり
③旋　◎「婉」と上欄註記
④正明華葉色相不同　◎経文「一一樹」の右傍にあり
⑤「正…相」一一字　◎経文「涌生諸菓如帝」の右傍にあり
⑥辨觀成相　◎経文「現見」の右傍にあり

「總①結。斯乃寶樹連暉、網簾宮殿。華分千色、菓現他方。」(定善義)

「五②就寶池觀中、亦先擧、次辨、後結。」(定善義)

次當想水。想水者、

「總③擧觀名。卽是牒前生後。此明寶樹雖精、若无池水、亦未名好。一爲不空世界、二爲莊嚴依報。爲斯義故、有此池渠觀也。」(定善義)

極樂國土有八池水。一一池水、七寶所成、其寶柔軟。從如意珠王生、

「正④明池數、幷辨出處。」(定善義)

「此⑤水卽有八種之德。一者淸淨潤澤、卽是色入攝。二者不臭、卽是香入攝。三者輕。四者冷。五者輭、卽是觸入攝。六者美、是味入攝。七者飲時調適。八者飲已无患、是法入攝。此八德之義已在『彌陀義』中廣說竟。又讚云、極樂莊嚴安養國、八德寶池通滿。四岸含暉間七寶、水色分明映寶光。體性柔輭无堅觸。菩薩徐行散寶香。寶香・

①「總…方」二〇字　◎経文「是爲樹想名第四觀」の右傍にあり
②「五…結」一三字　◎経文「次當想水想水者極」の右傍にあり
③「總…也」　◎経文「次當想水想水者極樂國土有八池水一一」の左傍にあり
④正明池數幷辨出處　◎経文「極樂國土有」の右傍にあり
⑤「此…堂(五〇頁)」　◎上欄にあり

寶雲、成寶蓋、寶蓋臨空覆寶幢。寶幢嚴儀、圍寶殿。寶殿寶鈴、垂珠網。寶網寶樂千重轉、隨機讚嘆寶宮樓。一々宮樓有佛會。恆沙聖衆坐思量。願此有緣常憶念、捨命同生彼法堂。」（定善義）

分爲十四支。一一支作七寶色。黄金爲渠①、渠下、皆以雜色金剛、以爲底砂。

「②正明池分異溜、旋還无亂。」（定善義）

01「③卽是无漏之體也。」（定善義）

一一水中有六十億七寶蓮華。一一蓮華、團圓正等十二由旬。

其摩尼水流注華間、尋樹上下。

「④正明水有不思議用。」（定善義）

其聲微妙、演說苦・空・无常・无我・諸波羅蜜、復有讚嘆諸佛相好者。

「⑤正明水有不可思議德。卽有其二。」（定善義）

「一明寶水華間流注、微波相觸卽出妙聲、聲中皆說妙法。」（定善義）

「二明寶水上岸、尋樹枝・條・華・葉・菓等、或上或下、中間相觸皆出妙

01［卽是…體也］信巻 90

①渠　◎「渠［強魚切　―溝也」魚［語居切　水蟲也］」と下欄註記
②正明池分異溜旋還无亂　◎経文「分」の左傍にあり
③卽是无漏之體也　◎経文「金剛以爲」の右傍にあり
④正明水有不思議用　◎経文「一一水中」の右傍にあり
⑤「正…法（五一頁）」　◎経文「其聲微妙演」の右傍から下欄にあり

聲、聲中皆說妙法、或說衆生苦事擧動菩薩大悲、勸令引他、或說人天等法、或說二乘等法、或說地前・地上等法、或說佛地三身等法。」(定善義)

如意珠王、涌出金色微妙光明。其光、化爲百寶色鳥、和鳴哀雅、常讚念佛念法念僧。

「正①明摩尼多有神德。卽有其四。」(定善義)

「一明珠王内出金光。」(定善義)

「二明光化作百寶之鳥。」(定善義)

「三明鳥聲哀雅天樂、无以比方。」(定善義)

「四明寶鳥連音同聲讚嘆念佛法僧。然佛是衆生无上大師。除邪向正。法是衆生无上良藥。能斷煩惱毒病法身淸淨。僧是衆生无上福田。但使傾心四事不憚疲勞、五乘依果自然應念所須而至。其寶珠、前生八味之水、後出種種金光。非直破闇除昏、到處能施佛事。」(定善義)

①「正…事」◎経文「如意珠王涌出金色微妙光明其光化爲百寶色鳥和鳴哀雅常讚念佛念法念」の右傍・左傍にあり

1-737

是爲八功德水想、名第五觀。

「總[①]結」。（定善義）

「六[②]就寶樓觀中、亦先擧、次辨、後結」。（定善義）

衆寶國土

「此[③]明淨土雖有寶流灌注、若无寶樓・宮閣、亦未爲精。爲此依報莊嚴種種圓備也」。（定善義）

一一界上、有五百億寶樓閣。其樓閣中、有无量諸天、作天伎樂。又有樂器、懸處虚空、如天寶幢、不鼓[④]自鳴。此衆音中、皆説念佛念法念比丘僧。

「正[⑤]明樂雖无識、即有説法之能」。（定善義）

此想成已、名爲粗見極樂世界寶樹・寶地・寶池。

「正[⑥]明顯觀成想。此明專心住境、悕見寶樓、剋念不移、自上莊嚴總現」。（定善義）

①總結　◎経文「是爲」の左傍にあり
②「六…結」一三字　◎経文「衆寶國土一一界」の右傍にあり
③「此…也」　◎経文「上有五百億寶樓閣其樓」の右傍、「衆寶國土一一」の左傍にあり
④鼓　◎「鼓」と下欄註記
⑤「正…能」一二字　◎経文「此衆音中皆説念」の右傍にあり
⑥「正…現」三六字　◎経文「此想成已名爲粗見極樂」の右傍にあり

是爲總觀想、名第六觀。

「總[1]結。」（定善義）

若見此者、

「牒[2]前觀相生後利益。」（定善義）

除无量億劫極重惡業、命終之後必生彼國。

「正[3]明依法觀察、除障多劫、身器清淨應佛本心、捨身他世必往无疑。」（定善義）

作是觀者、名爲正觀。若他觀者、名爲邪觀。

「辨[4]觀邪正之相。」（定善義）

「七[5]就華座觀中、亦先擧、次辨、後結。」（定善義）

佛告阿難及韋提希、諦聽諦聽。善思念之。佛當爲汝分別解説除苦惱法。

「正[6]明勅聽許説。卽有其三。」（定善義）

①總結　◎経文「是爲」の右傍にあり
②牒前觀相生後利益　◎経文「若見此者」の右傍にあり
③「正…疑」二六字　◎経文「除无量億劫極重惡業命終之後」の右傍にあり
④辨觀邪正之相　◎経文「作是觀」の右傍にあり
⑤「七…結」一三字　◎経文「佛告阿難及韋提希」の右傍にあり
⑥「正…除（五四頁）」　◎経文「諦聽諦聽善思念之佛」の右傍から下欄にあり

「一明告命二人」。（定善義）

「二明敕聽、令之諦受、正念修行」。（定善義）

「三明佛爲說華座觀法、但能住心緣念、罪苦得除」。（定善義）

汝等憶持、廣爲大衆、分別解說。

「①正明勸發流通」。（定善義）

「②此明觀法深要、急救常沒、衆生、妄愛迷心漂流六道、汝持此觀處處勸修、普得知聞、同昇解脫」。（定善義）

說是語時、无量壽佛住立空中。觀世音・大勢至、是二大士侍立

1-85

左右。光明熾盛不可具見。百千閻浮檀金色、不得爲比。

「③正明娑婆化主爲物故住想西方、安樂慈尊知情故則影臨東域。斯乃二尊許應无異。直以隱顯有殊、正由器朴之類差致使互爲郢匠」。（定善義）

時韋提希見无量壽佛已、接足作禮、

「④正明韋提實是垢凡女質、不足可言、但以聖力冥加、彼佛現時、得

①正明勸發流通　◎経文「汝等憶持」の右傍にあり
②「此…脫」　◎経文「汝等憶持廣爲」の左傍から下欄にあり
③「正…匠」　◎経文「說是語時无量壽佛住立空」の右傍・左傍にあり
④「正…忍（五五頁）」　◎経文「時韋提希見无量壽佛已接足作禮白佛言」の右傍から下欄にあり

1-739　1-740

蒙稽首。斯乃序臨淨國、喜嘆无以自勝。今乃正覩彌陀、更益心開悟忍。」(定善義)

白佛言、世尊、我今因佛力故、得見无量壽佛及二菩薩。

「①正明夫人領荷佛恩、爲物陳疑生於後問。此明夫人意者、佛今現在、蒙尊加念得覩彌陀、佛滅後衆生云何可見也。」(定善義)

未來衆生當云何觀无量壽佛及二菩薩。

「②明其夫人爲物置請、使同己見。」(定善義)

佛告韋提希、欲觀彼佛者、當起想念。

「③正明總告許說之言。　問曰、夫人置請、通己爲生。及至如來酬答、但指韋提不通生也。答曰、佛身臨化說法、以逗機。不請尙自普弘。何論別指而不等備。但以文略故无。兼爲之心必有也。」(定善義)

於七寶地上、作蓮華想。

「④正明教觀方便。」(定善義)

令其蓮華一一葉作百寶色。有八萬四千脈⑤、猶如天畫。一一脈

①「正…也」　◎経文「白佛言」の左傍、「世尊我今因佛力故得見无量壽佛及二菩薩」の右傍・左傍にあり
②「明…見」一二字　◎経文「未來衆生當云何」の右傍にあり
③「正…也」　◎経文「佛告韋提希欲觀彼佛者當起想念於七寶」の右傍から下欄にあり
④正明教觀方便　◎経文「於七寶」の左傍にあり
⑤脈　◎「脈」と上欄註記

7-24

有八萬①四千光、
「正②明寶華有種種莊嚴。」（定善義）
「一③明一一華葉備衆寶色。」（定善義）
「二④明一一葉有衆多寶脈。」（定善義）
「三⑤明一一脈有衆多光色。」（定善義）
了了分明、皆令得見。
「辨⑥觀成相。」（定善義）
華葉小者、縱廣二百五十由旬。如是蓮華有八萬四千葉。一一葉間各有百億摩尼珠王、以爲映飾。一一摩尼、放千光明。其光如蓋七寶合成、遍覆地上。
「正⑦明葉葉有種種莊嚴。」（定善義）
釋迦毗楞伽寶、以爲其臺、此蓮華臺八萬金剛・甄升⑧迦寶・梵摩尼寶・妙眞珠網、以爲交飾。
「正⑨明臺上莊嚴之相。」（定善義）

①萬　◎「萬」と上欄註記
②正明寶華有種種莊嚴　◎経文「令其蓮華一一」の右傍にあり
③一明一一華葉備衆寶色　◎経文「葉作百寶色」の右傍にあり
④二明一一葉有衆多寶脈　◎経文「有八萬四千」の右傍にあり
⑤三明一一脈有衆多光色　◎経文「一一脈有八」の右傍にあり
⑥辨観成相　◎経文「了了分」の右傍にあり
⑦正明葉葉有種種莊嚴　◎経文「華葉小者縱」の右傍にあり
⑧升　◎「有本作叔」と上欄註記
⑨正明臺上莊嚴之相　◎経文「釋迦毗楞」の右傍にあり

1-741　1-742　7-25

於其臺上、自然而有四柱寶幢。一一寶幢、如百千萬億須彌山。幢上有寶縵、如夜摩天宮。有五百億微妙寶珠、以爲映飾。

「①正明幢上莊嚴之相」。（定善義）

一一寶珠有八萬四千光。一一光作八萬四千異種金色。一一金光②遍其寶土、處處變化、各作異相。或爲金剛臺、或作眞珠網、或作雜華雲、於十方面、隨意變現施作佛事。

「③正明珠光有不思議德用之相」。（定善義）

是爲華座想、名第七觀。

「④總結觀名」。（定善義）

1-86

佛告阿難、如此妙華、是本法藏比丘願力所成。

「⑤正明華座得成所由」。（定善義）

若欲念彼佛者、當先作此華座想。作此想時、不得雜觀。皆應一一觀之。一一葉・一一珠・一一光・一一臺・一一幢、皆令分明、如於鏡中自見面像。

①正明幢上莊嚴之相　◎経文「於其臺上」の右傍にあり
②光　◎「或本作色字」と上欄註記
③「正…相」一二字　◎経文「一一寶珠有」の右傍にあり
④總結觀名　◎経文「是爲」の右傍にあり
⑤正明華座得成所由　◎経文「佛告阿難如」の右傍にあり

7-26　1-743　7-27

「正明重顯觀儀。如前次第住心不得雜亂也。」（定善義）[①]
此想成者、滅除五萬劫生死之罪、必定當生極樂世界。
「正明結觀成相。」（定善義）[②]
「一明除罪益。」（定善義）[③]
「二明得生益。」（定善義）[④]
作是觀者、名爲正觀。若他觀者、名爲邪觀。
「正明辨觀邪正相。斯乃華依寶地、葉間奇珍、臺瑩四幢、光施佛事。」（定善義）[⑤]
「八就像觀中、亦先擧、次辨、後結。」（定善義）[⑥]
佛告阿難及韋提希、見此事已、次當想佛。
「正明結前生後。」（定善義）[⑦]
所以者何。
「是其問也。所以須想佛者何。」（定善義）[⑧]

① 「正…也」一七字　◎経文「若欲念彼佛者當先作此」の右傍にあり
② 正明結觀成相　◎経文「此想成者」の右傍にあり
③ 一明除罪益　◎経文「滅除五萬」の右傍にあり
④ 二明得生益　◎経文「必定當」の右傍にあり
⑤ 「正…事」二五字　◎経文「作是觀者名爲正觀」の右傍から下欄にあり
⑥ 「八…結」一二字　◎経文「佛告阿難及韋提」の右傍にあり
⑦ 正明結前生後　◎経文「佛告阿難」の左傍にあり
⑧ 「是…何」一一字　◎経文「所」の右傍から下欄にあり

諸佛如來、是法界身。入一切衆生心想中。

「①正明諸佛大慈、②應心卽現。有斯勝益故、勸汝想之。　問曰、韋提上請唯指彌陀。未審、如來今總擧諸佛、有何意也。答曰、欲顯諸佛三身同證、悲・智果圓等齊无二、端身一坐影現无方、意赴有緣時、臨法界。」（定善義）

「③言法界者有三義。一者心徧故解法界。二者身徧故解法界。三者无障㝵故解法界。正由心到故、身亦隨到。身隨於心故、故言是法界身也。言法界者是所化之境、卽衆生界也。言身者是能化之身、卽諸佛身也。」（定善義）

是故汝等心想佛時、是心卽是三十二相・八十隨形好、是心作佛。是心是佛。諸佛正徧知海從心想生。

「④正明結勸利益。」（定善義）

「⑤佛相既現、衆好皆隨也。此正明如來教諸想具足觀也。」（定善義）

「⑥此明諸佛得圓滿无障㝵智、作意・不作意常能遍知法界之心、但

①「正…界」　◎経文「諸佛如來是法界身入一切衆生心」の右傍から下欄にあり
②慈　◎「慈」と上書訂記
③「言…也」　◎上欄にあり
④正明結勸利益　◎経文「是故汝」の右傍にあり
⑤「佛…也」二一字　◎経文「八十隨形好是心作佛是心」の右傍にあり
⑥「此…也（六〇頁）」　◎経文「諸佛正偏知海從心想生是故應當一心繫念諦」の右傍にあり

01「如來…舍也」化卷196

能作想、即從汝心想而現、似如生也。」（定善義）

「①或有行者、將此一門之義作唯識法身之觀、或作自性清淨佛性觀者、其意甚錯。絶无少分相似也。既言想像假立三十二相者、眞如法界身、豈有相而可縁、有身而可取也。然法身无色絶於眼對。更无類可方。故取虚空以喩法身之體也。又今此觀門等唯指方立相、注心而取境。總不明无相離念也。01如來懸知末代罪濁凡夫立相住心尚不能得、何況離相而求事者、如似无術通人居空立舍也。」（定善義）

是故應當一心繫念、諦觀彼佛・多陀阿伽度・阿羅呵・三藐三佛陀。

「②正明如前所益、專注必成、展轉相教、勸觀彼佛也。」（定善義）

想彼佛者、先當想像。

「③定所觀境。」（定善義）

閉目・開目、見一寶像如閻浮檀金色、坐彼華上。見像坐已、心眼得開、了了分明見極樂國七寶莊嚴寶地・寶池・寶樹行列、諸天

①「或…也」◎下欄にあり
②「正…也」一九字　◎経文「是故應當一心繫念諦觀」の左傍にあり
③定所觀境　◎経文「先當想」の右傍にあり

寶縵彌覆其上、衆寶羅網滿虛空中。見如此事、極令明了如觀掌中。

「[1]正明辨觀成相」。(定善義)

「[2]又觀像注心之法一如前說。從頂一一想之。面眉間毫相・眼・鼻・口・耳・咽・項・肩・臂・手・指。又抽心向上想胸・腹・齊・陰・脛・膝・腨・足、十指・千輪等。一一想之、從上向下名順觀、從下千輪向上名逆觀。如是逆順注心、不久必得成也。又佛身及華座・寶地等必須上下通觀。然十三觀中、寶地・寶華・金像等觀最要。若欲教人、卽教此法。但此一法成者、餘觀卽自然了也△」。(定善義)

見此事已、

「[3]結成上像身觀、生後二菩薩觀也」。(定善義)

復當更作一大蓮華在佛左邊。如前蓮華、等無有異。復作一大蓮華在佛右邊。想一觀世音菩薩像、坐左華座。[4]亦作金色、如前无異。想一大勢至菩薩像、坐右華座。

①正明辨觀成相　◎経文「閉目開」の右傍にあり
②「又…也△」　◎上欄にあり
③「結…也」一三字　◎経文「見此事已」の右傍・左傍にあり
④亦作金色　◎「亦放金光」と上欄註記

「①正明成上三身觀生後多身觀。欲觀此二菩薩者、一如觀佛法也。」（定善義）

此想成時、佛・菩薩像、皆放金光②。其光金色照諸寶樹。一一樹下復有三蓮華。諸蓮華上、各有一佛・二菩薩像、徧滿彼國。

「③正明結成上多身觀生後說法相。此明諸行者等行住坐臥常緣彼國一切寶樹、一切寶樓・華・池等。若禮念、若觀想、常作此解也。」（定善義）

此想成時、行者當聞水流・光明、及諸寶樹・鳧④・鴈・鴛鴦皆說妙法。出定・入定、恆聞妙法。行者所聞、出定之時憶持不捨、

「⑤正明因定得見極樂莊嚴、又聞一切莊嚴皆能說於妙法。既見聞此已、恆持莫失名守定心也。」（定善義）

令與修多羅合。若不合者、名爲妄想01。若有合者、名爲麤想見極樂世界。

「⑥辨觀邪正之相。」（定善義）

是爲像想、名第八觀。

01《若有…麤想》化卷188

①「正…也」二五字　◎経文「當更作一大蓮華在佛左邊如前」の右傍にあり
②金光　◎「有本作光明」と上欄註記
③「正…也」　◎経文「此想成時佛菩薩」の右傍から下欄にあり
④鳧鴈鴛鴦　◎「鳧雁鴛鴦」と上欄註記
⑤「正…也」　◎経文「此想成時行者當聞水流光明及」の右傍から下欄にあり
⑥辨觀邪正之相　◎経文「令與修」の右傍にあり

「總①結。」(定善義)

作是觀者、除无量億劫生死之罪、02於現身中得念佛三昧。

「正②明剋念修觀、現蒙利益。斯乃群生障重、眞佛之觀難階。是以大聖垂哀、且遺注心形像。」(定善義)

「九③就眞身觀中、亦先擧、次辨、後結。」(定善義)

佛告阿難及韋提希、此想成已、次當更觀无量壽佛身相光明。

「正④明告命結成前像觀、生後眞身之觀也。」(定善義)

阿難、當知、无量壽佛身如百千萬億夜摩天閻浮檀金色。

「正⑤明顯眞佛之身相踰天金之色也。」(定善義)

佛身高、六十萬億那由他恆河沙由旬。

「正⑥明身量大小。」(定善義)

眉間白毫、右旋宛轉、如五須彌山。佛眼如四大海水、淸⑦白分明。

身諸毛孔演出光明、如須彌山。彼佛圓光如百億三千大千世

---

①總結　◎経文「是爲」の右傍にあり
②「正…像」　◎経文「作是」の右傍から下欄にあり
③「九…結」一三字　◎経文「佛告阿難及韋提希」の右傍にあり
④「正…也」一六字　◎経文「佛告阿難及韋提希此」の左傍にあり
⑤「正…也」一四字　◎経文「阿難當知无量壽佛」の右傍にあり
⑥正明身量大小　◎経文「佛身高」の右傍にあり
⑦淸　◎「□本作靑字」と上欄註記

界。於圓光中、有百萬億那由他恆河沙化佛。一一化佛亦有衆多无數化菩薩、以爲侍者。

「正①明總觀身相。」（定善義）

「一②明毫相大小。」（定善義）

「二③明眼相大小。」（定善義）

「三④明毛孔光大小。」（定善義）

「四⑤明圓光大小。」（定善義）

「五⑥明化佛多少。」（定善義）

「六⑦明侍者多少。」（定善義）

01无量壽佛有八萬四千相。一一相、各有八萬四千隨形好。一一好復有八萬四千光明。一一光明、遍照十方世界02念佛衆生、攝取不捨。

「正⑧明觀身別相、光益有緣。」（定善義）

「一⑨明相多少。」（定善義）

01《无量…不捨》名號德731
02《念佛…不捨》銘文636

① 正明總觀身相　◎経文「眉間白」の右傍にあり
② 一明毫相大小　◎経文「毫右旋宛」の右傍にあり
③ 二明眼相大小　◎経文「佛眼如」の右傍にあり
④ 三明毛孔光大小　◎経文「身諸毛孔」の右傍にあり
⑤ 四明圓光大小　◎経文「彼佛圓」の右傍にあり
⑥ 五明化佛多少　◎経文「於圓光中」の右傍にあり
⑦ 六明侍者多少　◎経文「一一化佛」の右傍にあり
⑧ 正明觀身別相光益有緣　◎経文「无量壽佛有八」の右傍にあり
⑨ 一明相多少　◎経文「萬四千相」の右傍にあり

「二①明好多少。」（定善義）

「三②明光多少。」（定善義）

「四③明光照遠近。」（定善義）

「五④明光所及處、偏蒙攝益。」（定善義）

「問⑤曰、備修衆行、但能廻向皆得往生。何以佛光普照唯攝念佛者、有何意也。答曰、此有三義。一明親緣。衆生起行口常稱佛、佛卽聞之。身常禮敬佛、佛卽見之。心常念佛、佛卽知之。衆生憶念佛者、佛亦憶念衆生。彼此三業不相捨離。故名親緣也。二明近緣。衆生願見佛、佛卽應念現在目前。故名近緣也。三明增上緣。衆生稱念、卽除多刧罪。命欲終時、佛與聖衆自來迎接。諸邪業繫无能㝵者。故名增上緣也。自餘衆行雖名是善、若比念佛者全非比校也。是故諸經中處處廣讚念佛功能。如『无量壽經』四十八願中、唯明專念彌陀名號得生。又如『彌陀經』中、一日七日專念彌陀名號得生。又十方恆沙諸佛證成不虛也。又此『經』定散文中、唯標專念名號得

---

①二明好多少　◎経文「一一相」の右傍にあり
②三明光多少　◎経文「一一好復」の右傍にあり
③四明光照遠近　◎経文「一一光明」の右傍にあり
④五明光所及處偏蒙攝益　◎経文「遍照十方世界念」の右傍にあり
⑤「問…竟（六六頁）」　◎上欄にあり

1-88

生。此例非一也。廣顯念佛三昧竟。」(定善義)

其光相好及與化佛、不可具說。

「①結少顯多。輒欲觀者、難爲周悉。」(定善義)

但當憶想、令心眼見。

「②正明廣莊嚴微妙出過凡境。雖未證目前、但當憶想令心眼見也。」(定善義)

見此事者、卽見十方一切諸佛。以見諸佛故、名念佛三昧。作是觀者、名觀一切佛身。以觀佛身故亦見佛心。佛心者大慈悲是。以无緣慈攝諸衆生。

「③正明功呈不失、觀益得成。」(定善義)

「④一明因觀得見十方諸佛。」(定善義)

「⑤二明以見諸佛故、結成念佛三昧。」(定善義)

「⑥三明但觀一佛卽觀一切佛身也。」(定善義)

「⑦四明由見佛身故、卽見佛心也。」(定善義)

---

①「結…悉」一一字　◎経文「其光相好及與化佛」の右傍にあり
②「正…也」二五字　◎経文「但當憶想令心眼見見此事者卽見」の右傍にあり
③正明功呈不失觀益得成　◎経文「見此事者卽見」の左傍にあり
④一明因觀得見十方諸佛　◎経文「十」の左傍にあり
⑤「二…昧」一三字　◎経文「以見諸佛故名念」の左傍にあり
⑥「三…也」一三字　◎経文「作是」の左傍にあり
⑦「四…也」一二字　◎経文「以觀佛身故亦見」の左傍にあり

1-749　*7-33*

「五①明佛心者慈悲爲體、以此平等大悲普攝一切也。」(定善義)

作此觀者、捨身他世生諸佛前、得无生忍。

「正②明捨身他世得生彼益也。」(定善義)

是故智者、應當繫心、諦觀无量壽佛。觀无量壽佛者、從一相好入。但觀眉間白毫極令明了。見眉間白毫者、八萬四千相好、自然當見。見无量壽佛者、卽見十方无量諸佛。得見无量諸佛故、諸佛現前授記。

「重③明結勸修觀利益。」(定善義)

「一④明簡出能修觀人。」(定善義)

「二明專心諦觀无量壽佛。」(定善義)

「三⑤明相好衆多、不得總雜而觀、唯觀白毫一相。但得見白毫者、一切衆相自然而現也。」(定善義)

「四⑥明既見彌陀、卽見十方佛也。」(定善義)

「五⑦明既見諸佛、卽於定中得蒙授記也。」(定善義)

---

①「五…也」二〇字　◎経文「佛心」の左傍から下欄にあり
②「正…也」一一字　◎経文「觀者捨身他世」の右傍にあり
③重明結勸修觀利益　◎経文「是故智」の右傍にあり
④「一…佛」一八字　◎経文「者應當繫心諦觀无量壽」の右傍にあり
⑤「三…也」　◎経文「從一相好入但觀眉間白毫極令明了見眉」の右傍にあり
⑥「四…也」一二字　◎経文「見无量」の右傍にあり
⑦「五…也」一五字　◎経文「得見无量諸佛」の右傍にあり

01[但有…上緣]信卷101 銘文630 一多意666
02[總不…行者]化卷193
03[彌陀…然彰]信卷101

是爲遍觀一切色身想、名第九觀。

「總①結。」（定善義）

作此觀者名爲正觀。若他觀者名②爲邪觀。

「正③明辨邪正之相。斯乃眞形量遠、毫若五山。震響隨機、光沾有識。欲使含靈歸命注想无遺、乘佛本弘齊臨彼國。」（定善義）

『觀④念法門』云、「又如第九眞身觀説云。彌陀佛金色身。毫相光明遍照十方衆生。身毛孔光亦偏照衆生。圓光亦偏照衆生。八萬四千相好等光亦遍照衆生。又如前身相等光一一遍照十方世界、01但有專念阿彌陀佛衆生、彼佛心光常照是人、攝護不捨。02總不論照攝餘雜業行者。此亦是現生護念增上緣。」

『往⑤生禮讃』云、「03彌陀身色如金山、相好光明照十方、唯⑥有念佛蒙光接、當知本願最爲強、六⑦方如來舒舌證、專稱名號至西方、到彼華開聞妙法、十地願行自然彰。」

---

①總結　◎経文「是爲」の右傍にあり
②名爲邪　◎「爲邪觀」を「名爲邪」と上書訂記
③「正…國」　◎経文「作此觀者名爲正觀若他觀者名爲邪」の右傍から下欄にあり
④「觀…緣」　◎経文「佛告阿難…（六三頁）」の下欄にあり
⑤「往…彰」　◎経文「佛告阿難…（六三頁）」の上欄にあり
⑥唯　◎「唯」と上書訂記
⑦六　◎「或本十字」と右傍註記

「十①就觀音觀中、亦先擧、次辨、後結。」(定善義)

佛告阿難及韋提希、見无量壽佛、了了分明已、次復當觀觀世音菩薩。

「正②明結成前眞身觀、生後菩薩觀。」(定善義)

此菩薩、身長八十萬億那由他由旬。身紫金色。頂有肉髻、項有圓光、面各百千由旬。其圓光中有五百化佛、如釋迦牟尼佛。一一化佛有五百化菩薩无量諸天、以爲侍者。擧身光中五道衆生一切色相、皆於中現。

「正③明總標身相。」(定善義)

「一④明身量大小。」(定善義)

「二⑤明身色與佛不同。」(定善義)

「三⑥明肉髻與佛螺髻不同。」(定善義)

「四⑦明圓光大小。」(定善義)

「五⑧明化佛侍者多少。」(定善義)

①「十…結」一三字　◎経文「佛告阿難及韋提希」の右傍にあり
②「正…觀」一三字　◎経文「佛告阿難及韋提希」の左傍にあり
③正明總標身相　◎経文「此菩薩」の右傍にあり
④一明身量大小　◎経文「身長八十」の右傍にあり
⑤二明身色與佛不同　◎経文「身紫金色」の右傍にあり
⑥三明肉髻與佛螺髻不同　◎経文「頂有肉髻項」の右傍にあり
⑦四明圓光大小　◎経文「有」の右傍にあり
⑧五明化佛侍者多少　◎経文「其圓光中有」の右傍にあり

1-89

「①六明身光普現五道衆生」。（定善義）
頂上毗楞伽摩尼寶、以爲天冠。其天冠中有一立化佛、高二十五由旬。
「②正明天冠之内化佛殊異」。（定善義）
觀世音菩薩面、如閻浮檀金色。
「③正明面色與身色不同」。（定善義）
眉間毫相備④七寶色流出八萬四千種光明。一一光明有無量无數百千化佛。一一化佛无數化菩薩、以爲侍者。變現自在滿十方世界。譬如紅蓮華色。
「⑤正明毫光轉變遍滿十方、化侍彌多更比紅蓮之色」。（定善義）
「⑥一明毫相作七寶色」。（定善義）
「⑦二明毫光多少」。（定善義）
「⑧三明光有化佛多少」。（定善義）
「⑨四明侍者多少」。（定善義）

---

①六明身光普現五道衆生　◎経文「擧身光中五道」の右傍にあり
②正明天冠之内化佛殊異　◎経文「頂上毗楞伽」の右傍にあり
③正明面色與身色不同　◎経文「觀」の右傍にあり
④備　◎「備」と下欄註記
⑤「正…色」二〇字　◎経文「眉間毫相備七」の右傍にあり
⑥一明毫相作七寶色　◎経文「眉間毫相備」の左傍にあり
⑦二明毫光多少　◎経文「流出八萬」の右傍にあり
⑧三明光有化佛多少　◎経文「一一光明有」の右傍にあり
⑨四明侍者多少　◎経文「无數化菩」の右傍にあり

7-36

「五①明化侍變現遍滿十方。」（定善義）

有八十億光明、以爲瓔珞。其瓔珞中普現一切諸莊嚴事。

「正②明身服光瓔非衆寶作。」（定善義）

手掌作五百億雜蓮華色、手十指端、一一指端有八萬四千畫③。猶如印文。一一畫有八萬四千色。一一色有八萬四千光。其光柔輭普照一切、以此寶手接引衆生。

「正④明手有慈悲之用也。」（定善義）

「一⑤明手掌作雜蓮之色。」（定善義）

「二⑥明一一指端有八萬印文。」（定善義）

「三⑦明一一文有八萬餘色。」（定善義）

「四⑧明一一色八萬餘光。」（定善義）

「五⑨明光體柔輭等照一切。」（定善義）

「六⑩明以此寶光之手接引有緣也。」（定善義）

擧足時、足下有千輻輪相、自然化成五百億光明臺。下足時、有

①五明化侍變現遍滿十方　◎経文「變現自在滿十」の右傍にあり
②正明身服光瓔非衆寶作　◎経文「有八十億光明」の右傍にあり
③畫　◎「畫」と上欄註記
④正明手有慈悲之用也　◎経文「手掌作五百億」の右傍にあり
⑤一明手掌作雜蓮之色　◎経文「億雜蓮華色」の右傍にあり
⑥「二…文」一一字　◎経文「一一指端有」の右傍にあり
⑦三明一一文有八萬餘色　◎経文「一一畫有八」の右傍にあり
⑧四明一一色八萬餘光　◎経文「一一色有」の右傍にあり
⑨五明光體柔輭等照一切　◎経文「其光柔輭普」の右傍にあり
⑩「六…也」一三字　◎経文「以此寶手接引衆」の右傍にあり

金剛摩尼華、布散一切莫不彌滿。
「①正明足有德用之相」。（定善義）
其餘身相・衆好具足如佛无異。
「②指同於佛」。（定善義）
唯頂上肉③髻及无見頂相、不及世尊。
「④正明師徒位別、果願未圓、致使二相有虧、表居不足之地也」。（定善義）
是爲觀觀世音菩薩眞實色⑤身相⑥、名第十觀。
「⑦總結」。（定善義）
佛告阿難、若有欲觀觀世音菩薩者、當作是觀。
「⑧正明重結前文、生其後益」。（定善義）
作是觀者、不遇諸禍、淨除業障、⑨除无數劫生死之罪。如此菩薩、但聞其名獲无量福。何況諦觀。
「⑩正明勸觀利益」。（定善義）
若有欲觀觀世音菩薩者、先觀頂上肉髻、次觀天冠。其餘衆相

①正明足有德用之相　◎経文「擧足時足」の右傍にあり
②指同於佛　◎経文「其餘身」の右傍にあり
③肉　◎「肉」と上欄註記
④「正…也」二三字　◎経文「唯頂上」の右傍から下欄にあり
⑤色　◎「色」と上欄註記
⑥相　◎「或本作想字」と上欄註記
⑦總結　◎経文「是爲」の右傍にあり
⑧正明重結前文生其後益　◎経文「佛告阿難若」の右傍にあり
⑨除　◎下に挿入符号あり、「或本却《セム》字」と上欄註記
⑩正明勸觀利益　◎経文「作是觀者」の右傍にあり

亦次第觀之、亦令明了如觀掌中。

「①正明重顯觀儀、勸物傾心使沾兩益。」（定善義）

作是觀者名爲正觀。若他觀者名爲邪觀。

「②正明辨觀邪正相。斯乃觀音願重影現十方、寶手停輝隨機引接。」（定善義）

『③禮讃』云、「觀音菩薩《ノ》大慈悲、已《ニ》得《テ》菩提《ヲ》捨《テ、》不《ズ》證《セ》。一切《ノ》五道内身中《ニアリ》。六時《ニ》觀察《シテ》三輪應《ズ》。應現《ノ》身光《ハ》紫金《ノ》色《ナリ》。相好威儀轉《ウタ、》无《シ》極《マリ》。恆《ニ》舒《ノベテ》百億光王《ノ》手《ミテヲ》、普《ク》攝《シテ》有緣《ヲ》歸《セシム》本國△。」

1-90

「④十一就勢至觀中、亦先擧、次辨、後結。」（定善義）

次復⑤應觀大勢至菩薩。

「⑥總擧觀名。」（定善義）

此菩薩身量大小、亦如觀世音。

「⑦次辨觀相。」（定善義）

①「正…益」一四字　◎経文「若有」の右傍にあり
②「正…接」二五字　◎経文「作是觀者名爲正觀若他觀者名爲邪」の右傍にあり
③「禮…國△」　◎経文「如釋迦牟…（六九頁）」の上欄にあり
④「十…結」一四字　◎経文「次復應觀大勢至菩薩此菩」の右傍にあり
⑤復應　◎上欄補記
⑥總擧觀名　◎経文「次復應觀大」の左傍にあり
⑦次辨觀相　◎経文「此菩薩」の左傍にあり

1-751　1-951　1-950

「一①明身量等類觀音。」(定善義)
「二明身色等類觀音。」(定善義)
「三明面相等類觀音。」(定善義)
「四明身光・相好等類觀音。」(定善義)
「五明毫相舒光轉變等類觀音△。」(定善義)
圓光面各百二十五由旬、照二百五十由旬。
「正②明圓光等不同觀音之相。」(定善義)
「一③明圓光大小。」(定善義)
「二④明光照遠近。」(定善義)
「三明化佛多少。」(定善義)
「四明化佛侍者多少。」(定善義)
擧身光明照十方國、作紫金色。有緣衆生皆悉得見。但見此菩薩一毛孔光、卽見十方无量諸佛淨妙光明。是故號此菩薩名无邊光。以智慧光普照一切、令離三塗得无上力。是故號此菩

①「一…音△」　◎経文「身量大小亦如觀」の右傍から下欄にあり
②「正…相」二一字　◎経文「圓光面各百二」の右傍にあり
③一明圓光大小　◎経文「十五由」の右傍にあり
④「二…少」三〇字　◎経文「照二百五十」の右傍・左傍にあり

薩名大勢至。
「正[①]明身光遠備照益有緣、等及他方、皆作紫金之色」。(定善義)
「一[②]明身光總別不同」。(定善義)
「二明光照遠近」。(定善義)
「三明光所觸處皆作紫金之色」。(定善義)
「四明但與勢志宿業有緣者卽得覩觸此光」。(定善義)
「五明但見一毛孔光、卽能多見諸佛淨妙身光。此卽舉少以顯多益、欲使行之者悕心渴仰、入觀以證之」。(定善義)
「六明依光以立名」。(定善義)
「七明光之體用。卽无漏爲體故名智惠光。又能除息十方三惡之苦名无上力。卽爲用也」。(定善義)
「八明名大勢志者、此卽依德立名也」。(定善義)
此菩薩天冠有五百寶華。一一寶華有五百寶臺。一一臺中、十方諸佛淨妙國土廣長之相、皆於中現。

①「正…色」二〇字 ◎経文「舉身光明照十方國作紫金」の右傍にあり
②「一…也」 ◎経文「金色有縁衆」の右傍から下欄にあり

「[1]正明天冠莊嚴之相、與觀音不同。」（定善義）

「[2]一明冠上寶華多少。」（定善義）

「[3]二明一一華上寶臺多少。」（定善義）

「[4]三明一一臺中映現十方諸佛淨土。」（定善義）

「四明他方土現、彼此都无增減。」（定善義）

頂上肉髻如鉢頭摩華。於肉髻上有一寶瓶。盛諸光明、普現佛事。

「[5]正明完髻寶瓶之相。」（定善義）

餘諸身相如觀世音、等無有異。

「[6]指同觀音也。」（定善義）

此菩薩行時、十方世界一切振動。當地動處有五百億寶華。一一寶華莊嚴、高顯如極樂世界。

「[7]正明行與觀音不同相。」（定善義）

「一明行不同相。」（定善義）

①「正…同」一三字　◎経文「此菩薩天冠有」の右傍にあり

②一明冠上寶華多少　◎経文「此菩薩天冠」の左傍にあり

③二明一一華上寶臺多少　◎経文「一一寶華有」の右傍にあり

④「三…減」二六字　◎経文「一一臺中十方諸佛淨妙國土廣」の右傍にあり

⑤正明完髻寶瓶之相　◎経文「上肉髻如鉢」の右傍にあり

⑥指同觀音也　◎経文「餘諸身」の右傍にあり

⑦「正…相」二二字　◎経文「此菩薩行時十方世界一切」の右傍にあり

「二明震動遠近相。」(定善義)
「①三明所震動處、華現多。」(定善義)
「②四明所現之華高而且顯、多諸瑩飾以類極樂莊嚴也。」(定善義)
此菩薩坐時、七寶國土一時動搖、從下方金光佛刹、乃至上方光明王佛刹、於其中間无量塵數分身无量壽佛、分身觀世音・大勢至、皆悉雲集極樂國土、側塞空中坐蓮華座、演說妙法度苦衆生。
「③正明坐不同觀音。」(定善義)
「④一明坐相。」(定善義)
「二明先動本國相。」(定善義)
「⑤三明次動他方遠近相。」(定善義)
「四明動搖下上佛刹多少相。」(定善義)
「⑥五明彌陀・觀音等分身雲集相。」(定善義)
「⑦六明臨空側塞皆坐寶華。」(定善義)

---

①三明所震動處華現多　◎経文「當地」の右傍にあり
②「四…也」二一字　◎経文「一一寶華莊嚴高顯如」の右傍にあり
③正明坐不同觀音　◎経文「此菩薩坐」の右傍にあり
④「一…相」一一字　◎経文「時七寶國土一」の右傍にあり
⑤「三…相」二〇字　◎経文「從下方金光佛刹乃至上」の右傍にあり
⑥「五…相」一二字　◎経文「其中間无量塵」の右傍にあり
⑦六明臨空側塞皆坐寶華　◎経文「側塞空中坐」の右傍にあり

1-753

1-91

「七[1]明分身說法各應所宜。　問曰、『彌陀經』云、彼國衆生无有衆苦。但受諸樂。故名極樂。何故此『經』分身說法乃云度苦者有何意也。答曰、今言苦樂者有二種。一者三界中苦樂、二者淨土中苦樂。言三界苦樂者、苦則三塗・八苦等、樂則人天五欲・放逸・繫縛等樂。雖言是樂、然是大苦。必竟无有一念眞實樂也。言淨土苦樂者、苦則地前望地上爲苦、地上望地前爲樂。下智證望上智證爲苦、上智證望下智證爲樂。此例擧一可知也。今言度苦衆生者、但爲進下位令昇上位、轉下證令得上證。稱本所求卽名爲樂。故言度苦也。若不然者、淨土之中一切聖人皆以无漏爲體、大悲爲用。畢竟常住離於分段之生滅。更就何義名爲苦也△。」（定善義）

作此觀者、名爲正觀。若他觀者、名爲邪觀。見大勢至菩薩、是爲觀大勢至色身相[2]、名第十一觀。

「正[3]明辨觀邪正、總結分齊。」（定善義）

觀此菩薩者、除无量[4]劫阿僧祇生死之罪。

①「七…也△」　◎経文「演説妙法度苦衆生作此觀者名爲」の右傍から下欄にあり
②相　◎「有本作想」と上欄註記
③正明辨觀邪正總結分齊　◎経文「作此觀者名爲」の左傍にあり
④量　◎「有本作數字」と上欄註記

7-41　1-754

「正①明修觀利益除罪多劫」。(定善義)

作此觀者、不處胞胎、常遊②諸佛淨妙國土。

「正③明總結前文、重生後益」。(定善義)

此觀成已、名爲具足觀觀世音・大勢至。

「正④明總牒二身辨觀成相。斯乃勢志威高、坐搖他國、能使分身雲集、演法利生。永絕胞胎常遊法界」。(定善義)

『禮⑤讚』云、「勢至菩薩難《シ》思議《シ》。威光普照《シテ》无《シ》邊際《ク》。有緣《ノ》衆生蒙《カブル》光觸《ヲ》。增長《シテ》智慧《ヲ》超《エテ》三界、法界傾搖《スルコト》如《シ》轉蓬《ノ》。化佛雲《ノゴトクニ》集《リテ》滿《リ》虛空《ニ》。普勸《テ》有緣《ヲ》常《ニ》憶念《セシム》。永《ク》絕《タチ》胞《エナ》胎《ハラム》《ヲ》證《ス》六通《ヲ》」

「十⑥二就普觀中、亦先擧、次辨、後結」。(定善義)

見此事時、

「正⑦明牒前生後」。(定善義)

當起自心、生於西方極樂世界、於蓮華中結跏趺坐、作蓮華合

①正明修觀利益除罪多劫　◎経文「觀此菩薩」の右傍にあり

②遊　◎「遊」を「遊」と上書訂記

③正明總結前文重生後益　◎経文「作此觀者不」の右傍にあり

④「正…界」　◎経文「此觀成已名爲」の右傍・左傍にあり

⑤「禮…通」　◎経文「次復應觀…(七三頁)」の上欄にあり

⑥「十…結」一三字　◎経文「見此事時當起自心生」の右傍にあり

⑦正明牒前生後　◎経文「見此事時」の左傍にあり

1-754　1-951

想、作蓮華開想。蓮華開時有五百色光。來照身想。眼目開想。見佛・菩薩滿虛空中。水・鳥・樹林及與諸佛所出音聲、皆演①妙法、

「正②明凝心入觀、卽常作自往生想。」（定善義）
「一③明自生想。」（定善義）
「二明向西想。」（定善義）
「三④明坐華想。」（定善義）
「四⑤明華合想。」（定善義）
「五⑥明華開想。」（定善義）
「六⑦明寶光來照身想。」（定善義）
「七明旣蒙光照、作眼開想。」（定善義）
「八明眼目旣開、作見佛・菩薩想。」（定善義）
「九明聞法想。」（定善義）

與十二部經合。出定之時、憶持不失。

「正⑧明定散无遺、守心常憶。」（定善義）

①演　◎下に挿入符号あり、「或本有說字」と上欄註記
②「正…想」一三字　◎経文「當起自心生於西方」の左傍にあり
③一明自生想二明向西想　◎経文「於西方極樂」の右傍にあり
④三明坐華想　◎経文「蓮華中」の右傍にあり
⑤四明華合想　◎経文「作蓮華」の右傍にあり
⑥五明華開想　◎経文「作蓮華開」の右傍にあり
⑦「六…想」　◎経文「蓮華開時有五百色光來照身想眼目開想見佛菩薩」の右傍にあり
⑧「正…障（八一頁）」　◎経文「與十二部經合出定之時」の右傍・左傍にあり

7-42

「一則觀心明淨」。(定善義)

「二則諸惡不生。由内與法樂相應、外則无三邪之障」。(定善義)

見此事已、名見无量壽佛極樂世界。

「[1]明觀成之益」。(定善義)

是爲普觀想、名第十二觀。

「[2]總結」。(定善義)

无量壽佛化身无數、與觀世音・大勢至常來至此行人之所。

「[3]正明重擧能觀之人、卽蒙彌陀等三身護念之益。斯乃群生注念願見西方依正二嚴、了了常如眼見」。(定善義)

「[4]十三就雜想觀中、亦先擧、次辨、後結」。(定善義)

佛告阿難及韋提希、若欲至心生西方者、

「[5]正明告命結勸生後」。(定善義)

先當觀於一丈六像在池水上。

①明觀成之益　◎経文「見此事」の右傍にあり
②總結　◎経文「是爲」の右傍にあり
③「正…見」　◎経文「无量壽佛化身无數與觀世音大勢至常來至此行人之所」の右傍・左傍にあり
④「十…結」一四字　◎経文「佛告阿難及韋提希」の右傍にあり
⑤正明告命結勸生後　◎経文「佛告阿難」の左傍にあり

「正①明觀像以表眞、想水以表地。」（定善義）

「此②是如來教諸衆生易境、轉心入觀。或在池水華上、或在寶宮・寶閣內、或在寶林・寶樹下、或在寶臺・寶殿中、或在虛空・寶雲・華蓋之內。如是等處一一住心想之、皆作佛想。爲令機境相稱易得成故也。」（定善義）

如先所說无量壽佛身量无邊、非是凡夫心力所及。

「正③明境大心小卒難成就、致使聖意悲傷、勸觀於小。」（定善義）

然彼如來宿願力故、有憶想者必得成就。

「正④明凡心狹小、聖量彌寬、注想无由、恐難成就。斯乃不以小故難成、不由大故不現。直是彌陀願重、致使想者皆成。」（定善義）

但想佛像得无量福。何況觀佛具足身相。

「正⑤明比校顯勝。想像尚自得福无量、何況觀於眞佛者得益之功更甚。」（定善義）

阿彌陀佛神通如意、於十方國變現自在。或現大身滿虛空中、

①「正…地」一二字　◎経文「先當觀於一丈」の右傍にあり
②「此…也」　◎上欄にあり
③「正…小」二〇字　◎経文「如先所說无量壽佛身量无邊」の右傍にあり
④「正…成」　◎経文「然彼如來宿願力故有憶想者必得成就」の右傍から下欄にあり
⑤「正…甚」二七字　◎経文「但想佛像」の左傍から下欄にあり

1-92

或現小身丈六八尺。

「正①明能觀所觀佛像雖身有大小、則皆是眞」。(定善義)

「一②明彌陀身通无㝵、隨意遍周」。(定善義)

01「言③如意者有二種。一者如衆生意。隨彼心念皆應度之。二如彌陀之意。五眼圓照、六通自在、觀機可度者、一念之中无前无後、身心等赴、三輪開悟、各益不同也△」。(定善義)

「二④明或現大、或現小」。(定善義)

「三明身量雖有大小、皆作眞金之色。此卽定其邪正也」。(定善義)

所現之形皆眞金色。圓光化佛及寶蓮華如上所說。

「正⑤明身雖大小有殊、光相卽與眞无異」。(定善義)

觀世音菩薩及大勢至、於二一切處ニ一身同《オナジ》。

「正⑥明指同前觀。佛大侍者亦大。佛小侍者亦小」。(定善義)

衆生但觀首⑦相、知是觀世音、知是大勢至。

「正⑧明勸觀二別。云何二別。觀音頭首之上有一立化佛、勢志頭首

7-44

①「正…眞」一七字　◎経文「阿彌陀佛神」の右傍・左傍にあり
②「一…周」一二字　◎経文「通如意於十方國」の右傍にあり
③「言…也△」◎上欄にあり
④「二…也」三九字　◎経文「或現大身滿虛空中或現小身丈六八」の右傍にあり
⑤「正…異」一五字　◎経文「所現之形皆眞金」の右傍にあり
⑥「正…小」一八字　◎経文「觀世音菩薩及大勢至」の右傍にあり
⑦首　◎「譯家手字也　釋家首字也」と上欄註記
⑧「正…瓶△(八四頁)」◎経文「衆生但觀首相知是觀世音知是大勢至」の右傍にあり

之上有一寶瓶△。」(定善義)

此二菩薩助阿彌陀佛普化一切。

「①正明彌陀・觀音・勢志等宿願縁重、誓同捨惡等至菩提、影響相隨遊方化益。」(定善義)

是爲雜觀想、名第十三觀。

「②總結。」(定善義)

「③上從日觀下至雜想觀已來、總世尊答前韋提第四請、云教我思惟正受兩句。」(定善義)

「④總讃云、初教日觀除昏闇、想水成冰淨内心。地下金幢相映發、地上莊嚴億萬重。寶雲・寶蓋臨空轉、人天音樂互相尋。寶樹垂瓔間雜菓、池流德水注華中。寶樓・寶閣皆相接、光光相照等无蔭。三華獨迴超衆座、四幢承縵網珠羅。稟識心迷由未曉、住心觀像、靜座彼。一念心開見眞佛。身光相好轉彌多。救苦觀音縁法界、无時不

①「正…益」二九字　◎経文「此二菩薩助阿彌陀佛普化一切是爲雜觀想」の右傍にあり
②總結　◎経文「是爲」の左傍にあり
③「上…句」三〇字　◎上欄にあり
④「總…報△(八五頁)」　◎下欄にあり

變入娑婆。勢志威光能震動、隨緣照攝會彌陀。」(定善義)
「歸去來、極樂安身實是精。正念西歸華含想。見佛莊嚴說法聲。復有衆生心帶惑、緣眞上境恐難成、致使如來開漸觀。華池丈六等金形、變現靈儀雖大小、應物時宜度有情。普勸同生知識等。專心念佛向西傾。又就前請中、初從日觀下至華座觀已來總明依報、二從像觀下至雜想觀已來總明正報。」(定善義)

「①十四就上輩觀行善文前、總料簡卽爲十一門。」(散善義)

「②次下[01]先就上品上生位中、亦先擧、次辨、後結。」(散善義)

佛告阿難及韋提希、上品上生者、

[02]「③一明告命。」(散善義)

「④二明辨定其位。此卽修學大乘上善凡夫人也。」(散善義)

若有衆生願生彼國者、[03]發三種心卽便往生。

[04]「⑤正明總擧有生之類。」(散善義)

01「先就…位中」愚禿鈔293a
02「一明…人也」愚禿鈔293a
03《發三…往生》化卷188
04「正明…之益」愚禿鈔293a

①「十…門」一八字 ◎経文「佛告阿難及韋提希上品」の右傍にあり
②「次…結」一七字 ◎経文「佛告阿難及韋提」の左傍にあり
③一明告命 ◎経文「希上」の左傍にあり
④「二…也」一八字 ◎経文「上品上生者若有衆生」の左傍にあり
⑤正明總擧有生之類 ◎経文「若有衆生」の右傍にあり

1-761 1-760

「一明能信之人」。(散善義)①
「二明求願往生」。(散善義)
「三明發心多少」。(散善義)
「四明得生之益」。(散善義)②
何等爲三。一者至誠心、二者深心、三者廻向發願心。[01]具三心者必生彼國。
[02]「正明辨定三心以爲正因。卽有其二」。(散善義)③
「一明世尊隨機顯益意密難知、非佛自問自徵、无由得解」。(散善義)
「二明如來還自答前三心之數」。(散善義)
[03]復有三種衆生、當得往生。
「正明簡機堪能奉法、依敎修行」。(散善義)④
何等爲三。一者慈心不殺、具諸戒行。二者讀誦大乘方等經典。
三者修行六念。
「正明受法不同」。(散善義)⑤

01《具三…彼國》唯信意709
02〔正明…之數〕信卷70　愚禿鈔293b
03《復有…往生》化卷188

①「一…少」一八字　◎經文「願生彼國者發三」の右傍にあり
②四明得生之益　◎經文「卽便往」の右傍にあり
③「正…數」　◎經文「何等爲三一者至誠心二者深心三者廻向發願心具三心者必」の右傍にあり
④「正…行」一二字　◎經文「復有三種衆生當得」の右傍にあり
⑤正明受法不同　◎經文「何等爲」の右傍にあり

「一明慈心不殺」。[①](散善義)

[②]「然殺業有多種。或有口殺、或有身殺、或有心殺。言口殺者、處分許可名爲口殺。言身殺者、動身手等指授名爲身殺。言心殺者、思念方便計校等名爲心殺。若論殺業不簡四生、皆能招罪障生淨土。但於一切生命起於慈心者、卽是施一切衆生壽命安樂。亦是最上勝妙戒也。此卽合上初福第三句云慈心不殺也。卽有止・行二善。自不殺故名止善。教他不殺故名行善。自他初斷名止善、畢竟永除名行善。雖有止・持二善、總結成慈下行也」。(散善義)

[③]「言具諸戒行者、若約人・天・二乘之器、卽名小戒、若約大心大行之人、卽名菩薩戒。此戒若以位約者、當此上輩三位者、卽名菩薩戒。正由人位定故自然轉成。卽合上第二福戒分善根也」。(散善義)

[④]「二明讀誦大乘者、此明衆生性習不同、報法各異。前第一人、但用修慈、持戒爲能。次第二人、唯將讀誦大乘爲是。然戒卽能持五乘・三佛之機、法卽薰成三賢・十地萬行之智慧。若以德用來比校者、

---

①一明慈心不殺　◎経文「一者慈」の右傍にあり
②「然…也」　◎上欄にあり
③「言…也」　◎下欄にあり
④「二…也（八八頁）」　◎上欄にあり

1-772

各有一能。即合上第三福第三句云讀誦大乘也。
「三①明修行六念者、所謂念佛・法・僧、念戒・捨・天等。此亦通合上第三福大乘之意義也。言念佛者、即專念阿彌陀佛口業功德・身業功德・意業功德。一切諸佛亦如是。又一心專念諸佛所證之法并諸眷屬菩薩僧、又念佛之戒、及念過去諸佛、現在菩薩等、難作能作、難捨能捨、内捨外捨、内外捨。此等菩薩但欲念法不惜身財。行者等既念知此事、即須常作仰學前賢・後聖、捨身命意也。又念天者即是最後身十地之菩薩。等難行之行已過、三祇之劫已超、萬德之行已成、灌頂之位已證。行者等既念知已、即自思念。我身无際已來、共他同時發願斷惡、行菩薩道。他盡不惜身命。行道進位、因圓果熟、證聖者踰於大地微塵。然我等凡夫、乃至今日、虛然流浪。煩惱惡障轉轉增多、福惠微微、若對重昏之臨明鏡也。忽思忖此事、不勝心驚悲歎者哉。」（散善義）
迴向發願願生彼國。

①「三…哉」　◎下欄にあり

「正[①]明各各廻前所修之業、向所求處」。（散善義）

具此功德一日乃至七日即得往生。

「正[②]明修行時節延促。上盡一形下至一日・一時・一念等。或從一念・十念至一時・一日・一形。大意者、一發心已後、誓畢此生无有退轉。唯以淨土爲期」。（散善義）

「又[③]言具此功德者、或一人具上二、或一人具下二、或一人三種盡具。或有人三種无分者、名作著人皮畜生、非名人也。又不問具三・不具三、盡廻得往生、應知」。（散善義）

生彼國時、此人精進勇猛故、阿彌陀如來與觀世音・大勢至、无數化佛、百千比丘・聲聞大衆、无數諸天、七寶宮殿、觀世音菩薩執金剛臺、與大勢至菩薩、至行者前。阿彌陀佛放大光明照行者身、與諸菩薩授手迎接。觀世音・大勢至與无數菩薩讚嘆行者、勸進其心。行者見已歡喜踊躍、自見其身、乘金剛臺、隨從佛後、如彈指頃往生彼國。

①「正…處」一四字　◎経文「廻向發願願生彼國」の右傍にあり
②「正…期」　◎経文「具此功德一日乃至七日即得」の右傍・左傍にあり
③「又…知」　◎上欄にあり

「①正明臨命終時聖來迎接不同、去時遲疾。」（散善義）

「一明標定所歸之國。」（散善義）

「二明重顯其行、指出決定精懃者。亦是校量功徳強弱。」（散善義）

「三明彌陀化主身自來赴。」（散善義）

「四明觀音已下、更顯无數大衆等皆從彌陀來迎行者。」（散善義）

「五明寶宮隨衆。」（散善義）

「六重明觀音・勢至共執金臺、至行者前。」（散善義）

「七明彌陀放光照行者之身。」（散善義）

「八明佛既舒光照、及即與化佛等同時接手。」（散善義）

「九明既接昇臺、觀音等同聲讚勸行者之心。」（散善義）

「②十明自見臺、從佛。」（散善義）

「③十一正明去時遲疾。」（散善義）

　生彼國已、

「④正明金臺到彼、更无華合之障。」（散善義）

①「正…心」　◎経文「生彼國時此人精進勇猛故阿彌陀如來」の左傍、「與觀世音大勢至无數化佛百千比丘聲聞大衆无數諸天七寶宮殿觀世音菩薩執金」の右傍・左傍にあり

②十明自見臺從佛　◎経文「自見其身」の右傍にあり

③十一正明去時遲疾　◎経文「如彈指頃」の右傍にあり

④「正…障」一二字　◎経文「生彼國已見佛」の右傍にあり

見佛色身衆相具足、見諸菩薩色相具足。光明寶林演說妙法、聞已卽悟无生法忍。逕須臾間歷事諸佛、徧十方界、於諸佛前次第授記。還到本國、得无量百千陀羅尼門。

「①正明金臺到後得益不同。」（散善義）

「②一初聞妙法卽悟无生。」（散善義）

「③二須臾歷事次第授記。」（散善義）

「④三本國他方更證聞持二益。」（散善義）

是名上品上生者。

「⑤總結。」（散善義）

「⑥次就上品中生位中、亦先擧、次辨、後結。」（散善義）

上品中生者、

「⑦總擧位名。是大乘次善凡夫人也。」（散善義）

不必受持讀誦方等經典、善解義趣、於第一義心不驚動。深信

①正明金臺到後得益不同　◎経文「見佛」の左傍、「色身衆相」の右傍にあり
②一初聞妙法卽悟无生　◎経文「演說妙法聞」の右傍にあり
③二須臾歷事次第授記　◎経文「逕須臾間」の右傍にあり
④「三…益」一一字　◎経文「到本國得无量百」の右傍にあり
⑤總結　◎経文「是名」の右傍にあり
⑥「次…結」一五字　◎経文「上品中生者不必受」の右傍にあり
⑦「總…也」一三字　◎経文「上品中生者不必受」の左傍にあり

因果不謗大乘。以此功德廻向願求生極樂國。
「正①明第六・第七・第八門中廻所修業、定指西方。」（散善義）
「一②明受法不定、或得讀誦、不得讀誦。」（散善義）
「二③明善解大乘空義。或聽聞諸法一切皆空生死无爲亦空、凡聖明闇亦空、世間六道、出世間三賢・十聖等、若望其體性畢竟不二。雖聞此說、其心怛然不生疑滯也。」（散善義）
「三明深信世・出世苦樂二種因果、此等因果及諸道理不生疑謗。若生疑謗、卽不成福行。世間果報尚不可得、何況得生淨土。此卽合第三福第二・第④三句也。」（散善義）
「三明廻前所業、標指所歸△。」（散善義）
行此行者命欲終時、阿彌陀佛與觀世音・大勢至、无量大衆眷屬圍遶、持紫金臺至行者前、讚言、法子、汝行大乘解第一義。是故我今來迎接汝。
「正⑤明彌陀與諸聖衆持臺來應。」（散善義）

①「正…方」一八字　◎経文「持讀誦方等經典」の右傍にあり
②「一…誦」一四字　◎経文「持讀誦方等經典善解義」の左傍にあり
③「二…歸△」　◎経文「善解義趣於第一義心不驚動深信因果不謗大乘以此功德廻向願求生極樂國行此」の右傍・左傍にあり
④第　◎下に「三」とあるを抹消
⑤「正…前△（九三頁）」　◎経文「行此行者命欲終時阿彌陀佛與觀世音大勢至」の左傍、「无量」の右傍にあり

「一明行者命延不久。」(散善義)
「二明彌陀與衆自來。」(散善義)
「三明侍者持臺至行者前。」(散善義)
「四[①]明佛與聖衆同聲讚嘆、述本所修之業。」(散善義)
「五明佛恐行者懷疑故、言我來迎汝。」(散善義)
與千化佛一時授手。行者自見、坐紫金臺。合掌叉手讚歎諸佛、
如一念頃、即生彼國七寶池中。
「正[②]明第九門中衆聖授手、去時遲疾。」(散善義)
「一明彌陀與千化佛同時授手。」(散善義)
「二[③]明行者既蒙授手即自見身、已身坐紫金之臺。」(散善義)
「三明既自見坐臺、合掌仰讚彌陀等衆。」(散善義)
「四[④]明正去時遲疾。」(散善義)
「五[⑤]明到彼止住寶池之内。」(散善義)
此紫金臺如大寶華。經宿即[⑥]開。行者身作紫磨金色、足下亦有

①「四…汝」三〇字　◎経文「讚言法子汝行大乘解第一義是故我今來」の右傍にあり
②「正…手」二六字　◎経文「與千化佛一時授手行者自見坐紫金」の右傍にあり
③「二…衆」　◎経文「行者自見坐紫金」の左傍、「臺合掌叉手讚」の右傍にあり
④四明正去時遲疾　◎経文「如一念頃」の右傍にあり
⑤五明到彼止住寶池之内　◎経文「即生彼國」の左傍、「七寶」の右傍にあり
⑥即　◎「有本作則字」と上欄註記

七寶蓮華。

「正[①]明第十門中到彼華開時節不同。由行強故、上上卽得金剛臺。由行劣故、上中卽得紫金臺。生在寶池逕宿如開也」(散善義)

佛及菩薩、倶時放光明照行者身、目卽開明。因前宿習普聞衆聲、純說甚深第一義諦。卽下金臺、禮佛合掌讚嘆世尊。經於七日、應時卽於阿耨多羅三藐三菩提得不退轉、

「正[②]明第十一門中華開已後得益不同」(散善義)

「一明佛光照身」(散善義)

「二明行者既蒙照體、目卽開明」(散善義)

「三明人中所習、到彼衆聖所彰、還聞其法」(散善義)

「四明既得眼開聞法、卽下金臺、親到佛邊、歌揚讚德」(散善義)

「五明逕時七日、卽得无生」(散善義)

「言[③]七日者、恐此間七日、不指彼國七日也。此間逕於七日者、彼處卽是一念須臾間也、應知」(散善義)

①「正…也」◎経文「此紫金臺如大寶華經宿卽開行者身作紫磨金色足下亦有七」の右傍にあり

②「正…生」◎経文「佛及菩薩倶時放光明照行者身目卽開明因前宿習普聞衆聲純說甚深第一義諦卽下金臺禮佛合掌讚嘆世」の右傍にあり

③「言…知」◎上欄にあり

應時卽能飛行①、遍至十方歷事諸佛、於諸佛所修諸三昧。經一小劫得无生忍、現前授記。

「正②明他方得益」。(散善義)

「一③明身至十方」。(散善義)

「二④明一一歷供諸佛」。(散善義)

「三⑤明修多三昧」。(散善義)

「四⑥明延時得忍」。(散善義)

「五⑦明一一佛邊現蒙授⑧記」。(散善義)

是名上品中生者。

「總⑨結」。(散善義)

「次⑩就上品下生位中、亦先擧、次辨、後結」。(散善義)

上品下生者、

「總⑪擧位名。卽是大乘下善凡夫人也」。(散善義)

7-49

①行遍　◎「疏行遍二字无之」と上欄註記
②正明他方得益　◎経文「應時卽能」の右傍にあり
③一明身至十方　◎経文「應時卽能」の左傍にあり
④二明一一歷供諸佛　◎経文「歷事諸佛」の右傍にあり
⑤三明修多三昧　◎経文「修諸三」の右傍にあり
⑥四明延時得忍　◎経文「經一小劫」の右傍にあり
⑦五明一一佛邊現蒙授記　◎経文「現前授記是」の右傍にあり
⑧授記　◎「總結」を「授記」と上書訂記
⑨總結　◎経文「是名」の左傍にあり
⑩「次…結」一五字　◎経文「上品下生者亦信因果」の右傍にあり
⑪「總…也」一四字　◎経文「上品下生者」の左傍にあり

1-777

亦信因果不謗大乘、但發无上道心、
「[①]正明第六門中受法不同」。（散善義）
「一明所信因果不定。或信不信。故名爲亦。或可亦同前深信也。又雖信不深。善心數退、惡法數起。此乃由不深信苦樂因果也。若深信生死苦者、罪業畢竟不重犯。若深信淨土无爲樂者、善心一發永无退失也」。（散善義）
「二明信雖間斷、於一切大乘不得疑謗。若起疑謗者、縱使千佛遶身、无由可救也」。（散善義）
「三明上諸善似亦无功。唯發一念厭苦、樂生諸佛境界、速滿菩薩大悲願行、還入生死、普度衆生。故名發菩提心也。此義第三福中已明竟」。（散善義）

1-94

以此功德廻向願求生極樂國。
「[②]正明第八門中廻前正行、向所求處」。（散善義）
行者命欲終時、阿彌陀佛及觀世音・大勢至、與諸眷屬持金蓮

①「正…竟」　◎経文「亦信因果不謗大乘但」の左傍から下欄にあり
②「正…處」一四字　◎経文「以此功德廻向願求」の右傍にあり

華、化作五百化佛來迎此人。五百化佛、一時授手、讚言、法子、汝今清淨發无上道心。我來迎汝。見此事時、即自見身、坐金蓮華。坐已華合、隨世尊後、即得往生七寶池中。

①「正明第九門中臨終聖來迎接、去時遲疾」。（散善義）

「一明命延不久」。（散善義）

「二明彌陀與諸聖衆持金華來應」。（散善義）

②「三明化佛同時授手」。（散善義）

③「四明聖衆同聲等讚」。（散善義）

④「五明行者罪滅故云清淨、述本所修故云發无上道心」。（散善義）

「六明行者雖覩靈儀、疑心恐不得往生、是故聖衆同聲告、言我來迎汝」。（散善義）

「七明既蒙告、及即見自身、已坐金華之上、籠籠而合」。（散善義）

「八明隨佛身後、一念即生」。（散善義）

「九明到彼在寶池中」。（散善義）

---

①「正…應」◎経文「行者命欲終時阿彌陀佛及觀世音大勢至與諸眷屬」の右傍にあり　7-50

②三明化佛同時授手　◎経文「五百化佛」の右傍にあり

③四明聖衆同聲等讚　◎経文「讚言法子汝」の右傍にあり

④「五…中」◎経文「清淨」の右傍、「發无上道心我來迎汝見此事時即自見身」の右傍・左傍、「坐金蓮華坐已華合隨世」の右傍にあり　1-778

一日一夜蓮華乃開、

「[1]正明第十門中到彼華開時節不同。」（散善義）

七日之中乃得見佛。雖見佛身、於衆相好心不明了。於三七日後、乃了了見。聞衆音聲皆演妙法。

「[2]正明第十一門中華開已後得益不同。」（散善義）

遊歷十方供養諸佛、於諸佛前聞甚深法。經三小劫得百法明門、住歡喜地。

「[3]正明他方得益、亦名後益也。」（散善義）

是名上品下生者。是名上輩生想、名第十四觀。

「[4]總結。」（散善義）

「『[5]讚』云、上輩上行上根《ノ》人。求《レバ》レ生《トヲ》二淨土《ニ》一斷《ズ》二貪瞋《ヲ》一。就《テ》二行《ノ》差別《ニ》一分《ツ》二三品《ヲ》一。五門相續《シテ》助《ク》二三因《ヲ》一。一日七日專《ラ》精進《スレバ》、畢《オヘテ》レ命乘《ジテ》レ臺《ニ》出《ツ》二六塵《ヲ》一。慶《ヨロコバシイ》哉《カナ》、難《キニ》レ逢《アヒ》今得《テ》レ遇《ヲ》、永《ク》證《セムコトハ》二无爲法性《ノ》身《△ヲ》一。」（散善義）

①「正…同」一四字　◎経文「一日一夜蓮華乃開」の右傍にあり
②「正…同」一五字　◎経文「七日之中乃得見佛雖」の右傍にあり
③「正…也」一一字　◎経文「遊歷十方供養諸」の右傍にあり
④總結　◎経文「是名」の右傍にあり
⑤「讚…身△」　◎上欄にあり

「[1]十五就中輩觀行善文前、總料簡卽爲十一門」。（散善義）

「[2]次就中品上生位中、亦先擧、次辨、後結」。（散善義）

佛告阿難及韋提希、

「[3]總明告命」。（散善義）

中品上生者、

「[4]正明辨定其位。卽是小乘根性上善凡夫人也」。（散善義）

若有衆生受持五戒、持八戒齋、修行諸戒不造五逆、无衆過患。

「[5]正明第五・第六門中受法不同」。（散善義）

「一明簡機堪與不堪」。（散善義）

「[6]二明受持小乘齋戒等」。（散善義）

「三明小戒力微不消五逆之罪」。（散善義）

「四明雖持小戒等得有犯、設有餘愆、恆須改悔必令淸淨。此卽合上第二戒善之福也。然修戒時、或是終身、或一年・一月・一日・一夜・一時等。時亦不定。大意皆畢命爲期不得毀犯者也」。（散善義）

①「十…門」一八字　◎経文「佛告阿難及韋提希中品上生者」の右傍にあり
②「次…結」一五字　◎経文「佛告阿難及韋提希」の左傍にあり
③總明告命　◎経文「佛告」の右傍にあり
④「正…也」一八字　◎経文「中品上生者若有衆生」の左傍にあり
⑤「正…堪」三〇字　◎経文「若有衆生」の右傍にあり
⑥「二…也」　◎経文「受持五戒持八戒齋修行諸戒不造五逆无」の右傍から下欄にあり

以此善根廻向願求生於西方極樂世界。

「①正明第八門中廻所修業、向所求處。」（散善義）

臨命終時、阿彌陀佛與諸比丘・眷屬圍遶、放金色光至其人所、演説苦・空・无常・无我、讃嘆出家得離衆苦。行者見已、心大歡喜。自見己《コ反》身、坐蓮華臺。長跪合掌爲佛作禮。未擧頭頃、卽得往生極樂世界、

「②正明第九門中終時聖來迎接不同、去時遲疾。」（散善義）

「③一明命延不久。」（散善義）

「④二明彌陀與比丘衆來、无有菩薩。由是小乘根性、還感小根之衆也。」（散善義）

「⑤三明佛放金光照行者身。」（散善義）

「⑥四明佛爲説法、又讃出家離多衆苦、種種俗緣・家業・王官長征遠防等。汝今出家仰於四輩、萬事不憂。迥然自在、去住无障。爲此得修道業。是故讃云離衆苦也。」（散善義）

---

①「正…處」一四字　◎経文「以此善根廻向願求生」の右傍にあり
②「正…疾」一八字　◎経文「臨命終時阿彌陀佛與諸比丘」の右傍にあり
③一明命延不久　◎経文「臨命終時」の左傍にあり
④「二…也」三六字　◎経文「阿彌陀佛與諸比丘眷屬圍」の左傍にあり
⑤三明佛放金光照行者身　◎経文「放金色光至」の右傍にあり
⑥「四…也」　◎経文「演説苦空无常无我」の左傍、「讃嘆出家得離衆苦」の右傍にあり

「五①明行者旣見聞已不勝欣憙、卽自見身已坐華臺、低頭禮佛」。(散善義)

「六②明行者低頭在此、擧頭已在彼國也」。(散善義)

蓮華尋開。

「正③明第十門中到彼華開遲疾不同」。(散善義)

當華敷時、聞衆音聲讚嘆四諦應時卽得阿羅漢道。三明・六通具八解脫。

「正④明第十一門中華開已後得益不同」。(散善義)

「一明寶華尋發。此由戒行精強故也」。(散善義)

「二⑤明法音同讚四諦之德」。(散善義)

「三⑥明到彼聞說四諦、卽獲羅漢之果」。(散善義)

「言⑦羅漢者、此云无生、亦云无著。因亡故无生。果喪故无著也。言三明者、宿命明・天眼明・漏盡明也。言八解脫者、内有色外觀色一解脫。内无色外觀色二解脫。不淨相三解脫。四空及滅盡總成八也△」。

①「五…佛」二四字　◎経文「行者見已心大歡喜自」の右傍にあり
②「六…也」一五字　◎経文「未擧」の右傍にあり
③「正…同」一四字　◎経文「蓮華尋開」の右傍にあり
④「正…也」二九字　◎経文「當華敷」の左傍から下欄にあり
⑤二明法音同讚四諦之德　◎経文「聞衆音聲讚嘆」の右傍にあり
⑥「三…果」一四字　◎経文「應時卽得阿羅漢」の右傍にあり
⑦「言…也△」　◎上欄にあり

（散善義）

是名中品上生者。

「總①結。」（散善義）

「次②就中品中生位中、亦先擧、次辨、後結。」（散善義）

中品中生者、

「總③擧行名辨定其位。卽是小乘下善凡夫人也。」（散善義）

若有衆生、若一日一夜受持八戒齋、若一日一夜持沙彌戒、若一日一夜持具足戒、威儀无缺。

「正④明第五・六・七門中簡機・時分・受法等不同。」（散善義）

「一⑤明受持八戒齋。」（散善義）

「二⑥明受持沙彌戒。」（散善義）

「三⑦明受持具足戒。皆同一日一夜。淸淨无犯、乃至輕罪、如犯極重之過、三業威儀不令有失也。此卽合上第二福、應知。」（散善義）

①總結　◎経文「是名」の右傍にあり
②「次…結」一五字　◎経文「中品」の右傍にあり
③「總…也」一八字　◎経文「中品」の左傍から下欄にあり
④「正…同」一七字　◎経文「若有衆生若一日一夜受」の右傍にあり
⑤一明受持八戒齋　◎経文「若一日一」の左傍にあり
⑥二明受持沙彌戒　◎経文「若一日一」の右傍にあり
⑦「三…知」　◎経文「若一日一夜持具足」の右傍から下欄にあり

以此功徳廻向願求生極樂國。
「①正明廻所修業、向所求處。」(散善義)
戒香熏修如此行者、命欲終時、見阿彌陀佛與諸眷屬、放金色光持七寶蓮華、至行者前。行者自聞、空中有聲讃言、善男子、如汝善人。隨順三世諸佛教故。我來迎汝。行者自見、坐蓮華上。蓮華卽合、生於西方極樂世界七寶池中。
「②正明第九門中行者終時聖來迎接、去時遲疾。」(散善義)
「③一明命延不久。」(散善義)
「④二明彌陀與諸比丘衆來。」(散善義)
「三明佛放金光照行者身。」(散善義)
「⑤四明比丘持華來現。」(散善義)
「⑥五明行者自見聞空聲等讃。」(散善義)
「⑦六明佛讃、言汝深信佛語、隨順无疑、故來迎汝。」(散善義)
「⑧七明旣蒙佛讃卽見、自坐華座、坐已、華合。」(散善義)

①正明廻所修業向所求處　◎経文「以此功徳廻向願」の右傍にあり
②「正…疾」一八字　◎経文「戒香熏修如此行者命欲終」の右傍にあり
③一明命延不久　◎経文「命欲終時」の左傍にあり
④「二…身」二〇字　◎経文「見阿彌陀佛」の右傍にあり
⑤四明比丘持華來現　◎経文「持七寶蓮」の右傍にあり
⑥「五…讃」一一字　◎経文「行者自聞空中有聲」の右傍にあり
⑦「六…汝」一八字　◎経文「讃言善男子如汝善人」の右傍にあり
⑧「七…合」一六字　◎経文「行者自見坐」の右傍にあり

「八①明華既合已、卽入西方寶池之內。」（散善義）
經於七日蓮華乃敷。
「正②明第十門中到彼華開時節不同。」（散善義）
華既敷已開目、合掌讃嘆世尊、聞法歡喜、得須陀洹、經半劫已
成阿羅漢。
「正③明第十一門中華開已後得益不同。」（散善義）
「一④明華開見佛。」（散善義）
「二⑤明合掌讃佛。」（散善義）
「三⑥明聞法得於初果。」（散善義）
「四⑦明經半劫已方成羅漢。」（散善義）
是名中品中生者。
「總⑧結。」（散善義）
「次⑨就中品下生位中、亦先擧、次辨、後結。」（散善義）

---

①「八…內」一四字　◎経文「蓮華卽合生於西方」の右傍にあり
②「正…同」一四字　◎経文「經於七日蓮華乃敷」の右傍にあり
③「正…同」一五字　◎経文「華既敷已開目合」の右傍にあり
④一明華開見佛　◎経文「華既敷」の左傍にあり
⑤二明合掌讃佛　◎経文「合」の左傍にあり
⑥三明聞法得於初果　◎経文「聞法歡喜得」の右傍にあり
⑦四明經半劫已方成羅漢　◎経文「經半劫已」の右傍にあり
⑧總結　◎経文「是名」の右傍にあり
⑨「次…結」一五字　◎経文「中品下生者若」の右傍にあり

中品下生者、

「①正明總擧行名、辨定其位。卽是世善上福凡夫也」。(散善義)

若有善男子・善女人、孝養父母、行世仁慈、

「②正明第五・第六門中簡機・受③法不同」。(散善義)

「④一明簡機」。(散善義)

「⑤二明孝養父母、奉順六親。卽合上初福第一・第二句」。(散善義)

「三明此人性調柔善不簡自他、見物遭苦起於慈敬」。(散善義)

「四正明此品之人不曾見聞佛法、亦不解悕求、但自行孝養也、應知△」。(散善義)

此人命欲終時、遇善知識爲其廣說阿彌陀佛國土樂事、亦說法藏比丘四十八⑥願。

「⑦正明第八門中臨終遇逢佛法時節分齊」。(散善義)

聞此事已、尋卽命終。譬如壯《シヤウ反》《サウ反》士屈申臂頃、卽生西方極樂世界。

「⑧正明第九門中得生之益、去時遲疾也」。(散善義)

①「正…也」一九字　◎経文「中品下生者若」の左傍にあり
②「正…同」一四字　◎経文「有善男子善女人孝」の右傍にあり
③受　◎「受」と上書訂記
④一明簡機　◎経文「有善」の左傍にあり
⑤「二…知△」　◎経文「孝養父母行世仁慈此人」の左傍から下欄にあり
⑥八　◎下に挿入符号あり、「古本大字」と上欄註記
⑦「正…齊」一六字　◎経文「此人命欲終時遇善知」の右傍にあり
⑧「正…也」一五字　◎経文「聞此事已尋卽命終譬」の右傍にあり

生經[①]七日、

「正[②]明第十門中到彼華開不開爲異。」(散善義)

遇觀世音及大勢至、聞法歡喜、經一小劫成阿羅漢。

「正[③]明第十一門中華開已後得益不同。」(散善義)

「一[④]明逕時已後、得遇觀音・大勢。」(散善義)

「二明既逢二聖、得妙法。」(散善義)

「三[⑤]明逕一小劫已後、始悟羅漢也。」(散善義)

是名中品下生者。是名中輩生想、名第十五觀。

「總[⑥]結。」(散善義)

「『讃[⑦]』云、中輩中行中根人《ノ》。一日齋戒《シテ》處《ス》二金蓮《ニ》一。孝養《スル》二父母《ニ》一敎《オシヘテ》廻向《シテ》爲《ニ》二説《ク》二西方快樂《ノ》因《ヲ》一。佛與《ニ》二聲聞衆一來《テ》取《ムカヘトル》[⑧]、直《ニ》到《タル》二彌陀華座《ノ》邊《ホトリニ》一。百寶《ノ》華《ニ》籠《テ》逕《フ》二七日《ヲ》一。三品《ノ》蓮開《テ》證《ス》二小眞《ヲ》一。」(散善義)

「十[⑨]六就下輩觀善惡二行文前、料簡卽爲十一門。」(散善義)

①經　◎「疏作逕字」と下欄註記
②「正…異」一四字　◎経文「生經七日遇觀世音及」の右傍にあり
③「正…同」一五字　◎経文「遇觀世音及大勢至聞」の左傍にあり
④「一…法」二一字　◎経文「聞法」の左傍から下欄にあり
⑤「三…也」一三字　◎経文「經一小劫成阿羅漢」の右傍にあり
⑥總結　◎経文「是名」の左傍にあり
⑦「讃…眞」　◎上欄にあり
⑧取　右◎「リテ」を「ル」と上書訂記
⑨「十…門」一九字　◎経文「佛告阿難及韋提希下品上生」の右傍にあり

「①次就下品上生位中、亦先擧、次辨、後結。」(散善義)

佛告阿難及韋提希、

「②正明告命。」(散善義)

下品上生者、

「③正明辨定其位。卽是造十惡輕罪凡夫人也。」(散善義)

或有衆生、作衆惡業、雖不誹謗方等經典、如此愚人、多造衆惡无有慚愧、

「④正明第五門中簡機、擧出一生已來造惡輕重之相。」(散善義)

「一明總擧造惡之機。」(散善義)

「⑤二明造作衆惡。」(散善義)

「⑥三明雖作衆罪、於諸大乘不生誹謗。」(散善義)

「⑦四明重牒造惡之人、非智者之類也。」(散善義)

「⑧五明此等愚人雖造衆罪、總不生愧心。」(散善義)

命欲終時、遇善知識爲讃大乘十二部經首題名字。以聞如是

---

①「次…結」一五字　◎経文「佛告阿難及韋提」の左傍にあり
②正明告命　◎経文「佛告」の右傍にあり
③「正…也」一七字　◎経文「下品上生者或有衆生」の左傍にあり
④「正…機」二八字　◎経文「或有衆生」の右傍から下欄にあり
⑤二明造作衆惡　◎経文「作衆惡」の右傍にあり
⑥「三…謗」一四字　◎経文「雖不誹謗方等經典」の右傍にあり
⑦「四…也」一四字　◎経文「如此愚人多」の右傍にあり
⑧「五…心」一五字　◎経文「多」の左傍、「造衆惡无有慚」の右傍にあり

7-55　1-784

諸經名故、除却千劫極重惡業。智者復教合掌叉手、稱南无阿彌陀佛。稱佛名故除五十億劫生死之罪。

「正①明造惡人等臨終遇善聞法。」（散善義）

「一②明命延不久。」（散善義）

「二③明忽遇往生善知識。」（散善義）

「三④明善人、爲讚衆經。」（散善義）

「四⑤明已聞經功力、除罪千劫。」（散善義）

「五⑥明智者轉教、稱念彌陀之號。」（散善義）

「六⑦明以稱彌陀名故、除罪五百萬劫。」（散善義）

「問曰、何故、聞經十二部、但除罪千劫、稱佛一聲、即除罪五百萬劫者、有何意也。答曰、造罪之人障重、加以死苦來逼。善人雖說多經、餐受之心浮散。由心散故、除罪稍輕。又佛名是一、即能攝散以住心。復教令正念稱名。由心重故、即能除罪多劫也△。」（散善義）

爾時彼佛、即遣化佛・化觀世音・化大勢至至行者前、讚言、善男

①「正…法」一二字　◎経文「命欲終時遇善知」の右傍にあり
②一明命延不久　◎経文「命欲終」の左傍にあり
③二明忽遇往生善知識　◎経文「遇善知識爲」の左傍にあり
④三明善人爲讚衆經　◎経文「讚」の左傍にあり
⑤「四…劫」一一字　◎経文「聞如是諸經名」の右傍にあり
⑥「五…號」一二字　◎経文「智者復教合掌叉手」の右傍にあり
⑦「六…也△」　◎経文「稱佛名故除五十億劫生」の右傍から下欄にあり

子、汝稱佛名故諸罪消滅。我來迎汝。作是語已、行者卽見化佛光明遍滿其室。見已歡喜卽便命終、乘寶蓮華、隨化佛後生寶池中。

「正①明第九門中終時化衆來迎、去時遲疾」（散善義）

「一②明行者正稱名時、彼彌陀卽遣化衆應聲來現」（散善義）

「二③明化衆既已身現卽同讃行人」（散善義）

「三明所聞化讃但述稱佛之功、我來迎汝不論聞經之事」（散善義）

01「然④望佛願意者、唯勸正念稱名。往生義疾不同雜散之業。如此『經』及諸部中、處處廣嘆、勸令稱名。將爲要益也、應知」（散善義）

「四⑤明既蒙化衆告、及卽見光明遍室」（散善義）

「五⑥明既蒙光照、報命尋終」（散善義）

「六⑦明乘華、從佛生寶池中」（散善義）

經七七日蓮華乃敷。

「正⑧明第十門中到彼華開遲疾不同」（散善義）

---

①「正…疾」一六字　◎経文「爾時彼佛卽遣化佛」の右傍にあり
②「一…現」一九字　◎経文「爾時彼佛卽遣化佛化觀」の左傍にあり
③「二…事」　◎経文「至行者前讃言善男子汝稱佛名故諸罪消滅我」の右傍にあり
④「然…知」　◎上欄にあり
⑤「四…室」一四字　◎経文「作是語已行者卽見化」の右傍にあり
⑥五明既蒙光照報命尋終　◎経文「見已歡喜卽便命」の右傍にあり
⑦六明乘華從佛生寶池中　◎経文「乘寶蓮華隨化」の右傍にあり
⑧「正…同」一四字　◎経文「經七七日蓮華乃敷」の右傍にあり

當華敷時、大悲觀世音菩薩及大勢至、放大光明住其人前、爲說甚深十二部經。聞已信解、發无上道心、經①十小劫具百法明門、得入初地。

「正②明第十一門中華開已後得益有異。」(散善義)

「一明觀音等先放神光。」(散善義)

「二明身赴行者寶華之側。」(散善義)

「三③明爲說前生所聞之教。」(散善義)

「四④明行者聞已領解發心。」(散善義)

「五⑤明遠逕多劫、證臨百法之位也。」(散善義)

是名下品上生者。

「總⑥結。」(散善義)

得聞佛名・法名及聞僧名、聞三寶名、卽得往生。

「重⑦擧行者之益。非但念佛獨得往生。法・僧通念亦得去也。」(散善義)

『觀⑧念法門』云、「卽如『觀經』下品上生人、一生具造十惡重罪。其人

---

①經　◎「疏作逕字」と下欄註記
②「正…側」　◎経文「當華敷時大悲觀世音菩薩及大勢至放大光明住」の右傍にあり
③三明爲說前生所聞之教　◎経文「爲說甚深十二」の右傍にあり
④四明行者聞已領解發心　◎経文「聞已信」の右傍にあり
⑤「五…也」二三字　◎経文「經十小劫具百法明」の右傍にあり
⑥總結　◎経文「是名」の右傍にあり
⑦「重…也」二二字　◎経文「得聞佛名法名及聞」の右傍にあり
⑧「觀…緣(一一一頁)」　◎経文「佛告阿難…(一〇七頁)」の上欄にあり

得病欲死、遇善知識教稱彌陀佛一聲。卽除滅五十億劫生死重罪。卽是現生滅罪增上緣。」

「①次就下品中生位中、亦先擧、次辨、後結。」(散善義)

佛告阿難及韋提希、

「②總明告命。」(散善義)

下品中生者、

「③正明辨定其位。卽是破戒次罪凡夫人也。」(散善義)

或有衆生、毀犯五戒・八戒及具足戒。如此愚人、偸僧祇物、盜現前僧物、不淨說法无有慚愧、以諸惡業而④自莊嚴。如此罪人、以惡業故應墮地獄。

「⑤正明第五・第六門中簡機造業。」(散善義)

「⑥一明總擧造惡之機。」(散善義)

「二明多犯諸戒。」(散善義)

---

①「次…結」一五字　◎経文「佛告阿難及韋提」の右傍にあり
②總明告命　◎経文「佛告」の右傍にあり
③「正…也」一六字　◎経文「下品中生者或有衆生」の右傍にあり
④而　◎「疏作心字」と下欄註記
⑤「正…業」一二字　◎経文「或有衆生毀犯五戒」の左傍にあり
⑥「一…戒」一四字　◎経文「毀犯五戒八戒及」の右傍にあり

「①三明偸盗僧物。」（散善義）

「②四明邪命說法。」（散善義）

「③五明總无愧心。」（散善義）

「④六明兼造衆罪、内心發惡、外卽身口爲惡。既自身不善、又見者皆憎。故云以諸惡心自莊嚴也。」（散善義）

「⑤七明驗斯罪狀、定入地獄。」（散善義）

命欲終時、地獄衆火、一時倶至、遇善知識以大慈悲爲說阿彌陀佛十力威德、廣說彼佛光明神力、亦讚戒・定・慧・解脫・解脫知見此人聞已除八十億劫生死之罪。地獄猛火、化爲清涼風、吹諸天華。華上皆有化佛・菩薩、迎接此人。如一念頃、卽得往生。

「⑥正明第九門中終時善惡來迎。」（散善義）

「⑦一明罪人命延不久。」（散善義）

「⑧二明獄火來現。」（散善義）

「三明正火現時、遇善知識。」（散善義）

①三明偸盗僧物　◎経文「偸僧祇」の右傍にあり
②四明邪命説法　◎経文「不」の右傍にあり
③五明總无愧心　◎経文「无有慚」の右傍にあり
④「六…也」　◎経文「以諸悪業而自莊嚴如此」の右傍から下欄にあり
⑤七明驗斯罪狀定入地獄　◎経文「如此」の左傍、「罪人以悪業」の右傍にあり
⑥「正…迎」一一字　◎経文「命欲終時地獄」の右傍にあり
⑦一明罪人命延不久　◎経文「命欲終時」の左傍にあり
⑧「二…德」二六字　◎経文「地獄衆」の左傍、「火一時倶至遇善知識以」の右傍にあり

「四明善人爲説彌陀功德。」（散善義）

「[①]五明罪人既聞彌陀名號、卽除罪多劫。」（散善義）

「[②]六明既蒙罪滅、火變爲風。」（散善義）

「[③]七明天華隨風來應、羅烈目前。」（散善義）

「[④]八明化衆來迎。」（散善義）

「[⑤]九明去時遲疾。」（散善義）

七寶池中蓮華之内經於六劫

「[⑥]正明第十門中到彼華開時節不同。」（散善義）

蓮華乃敷。觀世音・大勢至以梵音聲安慰[⑦]彼人、爲説大乘甚深經典。聞此法已、應時卽發无上道心。

「[⑧]正明第十一門中華開已後得益有異。」（散善義）

「[⑨]一明華既開已、觀音等梵聲安慰。」（散善義）

「[⑩]二明爲説甚深妙典。」（散善義）

「[⑪]三明行者領解發心。」（散善義）

---

①「五…劫」一五字　◎経文「此人聞已除八十億劫」の右傍にあり

②六明既蒙罪滅火變爲風　◎経文「地獄猛火化爲」の右傍にあり

③「七…前」一二字　◎経文「吹諸天華」の右傍にあり

④八明化衆來迎　◎経文「皆有化佛」の右傍にあり

⑤九明去時遲疾　◎経文「此人如一念」の右傍にあり

⑥「正…同」一四字　◎経文「七寶池中蓮華之内」の右傍にあり

⑦慰　◎「慰《ナグサム》」と下欄註記

⑧「正…異」一五字　◎経文「蓮華」の右傍にあり

⑨「一…慰」一三字　◎経文「蓮華」の左傍、「乃敷觀世音大」の右傍にあり

⑩二明爲説甚深妙典　◎経文「爲説大乘」の右傍にあり

⑪三明行者領解發心　◎経文「聞此法已應」の右傍にあり

1-787　7-59

是名下品中生者。

「總[1]結」。(散善義)

『樂[2]邦文類』(巻四)云、「櫨菴有嚴法師曰、垂《スイ》終《ニ》求《ト》レ救《ヲ》者、臨《テ》二命終《ノ》時一火車相現《ズルニ》、稱《スル》レ佛《ヲ》力《ノ》故猛火化《シテ》爲《ナルナリ》二清涼《ノ》風《ト》一。如《キ》下僧雄俊、臨《ミ》レ入《ルニ》二火鑊《クワクニ》一、并《ニ》汾州《ノ》人屠《フルヲ》レ牛爲《セシ》レ業《ト》、臨《テ》レ終《ニ》見《ミ》群牛逼二觸《シテ》其《ノ》身《ヲ》一、苦痛切《セムルヲ》レ己《ヲ》、及張《ノ》鍾《シユ》馗《クヰ》殺《ヲ》レ鷄爲《セシ》レ業《ト》、臨レ終見《テ》神人驅《カリテ》二群鷄《ケイヲ》一啄破《ツイバミヤブラシムルニ》二兩《ノ》目《ヲ》一、流《シテ》レ血盈《ミテルヲ》レ牀《ニ》、稱《セシ》二佛號《ヲ》一時《キ》俱《ニ》生《レシガ》中淨土上是也△」。

「次[3]就下品下生位中、亦先擧、次辨、後結」。(散善義)

佛告阿難及韋提希、

「總[4]明告命」。(散善義)

下品下生者、

「正[5]明辨定其位。卽是具造五逆等重罪凡夫人也」。(散善義)

或有衆生、作不善業五逆・十惡、具諸不善。如此愚人、以惡業故

①總結　◎経文「是名」の右傍にあり
②「樂…也△」　◎経文「佛告阿難…(一一一頁)」の上欄にあり
③「次…結」一五字　◎経文「佛告阿難及韋提希」の右傍にあり
④總明告命　◎経文「佛告阿」の左傍にあり
⑤「正…也」一九字　◎経文「下品下生者或有衆生作不」の右傍にあり

01「問曰…解竟」信巻128

應墮惡道、經歷多①劫受苦无窮。

「②正明第五・第六門中簡機造惡輕重之相」。（散善義）

「一明造惡之機」。（散善義）

「③二明總擧不善之名」。（散善義）

「④三明簡罪輕重」。（散善義）

「⑤四明總結衆惡、非智人之業」。（散善義）

「五明造惡既多、罪亦非輕」。（散善義）

「六明非業不受其報、非因不受其果、因業既非是樂、果報焉能不苦也」。（散善義）

「⑥七明造惡之因既具、酬報之劫未窮」。（散善義）

01「⑦問曰、如四十八願中、唯除五逆誹謗正法、不得往生。今此『觀經』下品下生中、簡謗法攝五逆者、有何意也。答曰、此義仰就抑止門中解。如四十八願中、除謗法五逆者、然此之二業其障極重。衆生若造直入阿鼻、歷劫周章无由可出。但如來恐其造斯二過、方便止

①多　◎上欄補記

②「正…機」二二字　◎経文「或有衆生作不善業五逆十」の左傍にあり

③「二…重」一四字　◎経文「善業五逆十」の右傍にあり

④三　◎「四」を「三」と上書訂記

⑤「四…也」　◎経文「如此愚人以惡業故應墮惡道」の右傍から下欄にあり

⑥「七…窮」一四字　◎経文「經歷多劫受苦无窮」の右傍にあり

⑦「問…竟（一一六頁）」　◎上欄から下欄にあり

01《汝若…之罪》唯信意714抄出

言不得往生。亦不是不攝也。又下品下生中、取五逆除謗法者、其五逆已作。不可捨令流轉。還發大悲攝取往生。然謗法之罪未爲。又止言若起謗法、卽不得生。此就未造業而解也。若造、還攝得生。雖得生彼、華合逕於多劫。此等罪人在華内時、有三種障。一者不得見佛及諸聖衆。二者不得聽聞正法。三者不得歴事供養。除此已外更无諸苦。經云、猶如比丘入三禪之樂也、應知。雖在華中多劫不開、可不勝阿鼻地獄之中、長時永劫受諸苦痛也。此義就抑止門解竟。」（散善義）

如此愚人臨命終時、遇善知識種種安慰爲說妙法、教令念佛。此人苦逼不遑《クワウ反》念佛。善友告言、[01]汝若不能念者、應稱無量壽佛。如是至心、令聲不絕、具足十念稱南无阿彌陀佛、稱佛名故、於念念中除八十億劫生死之罪。命終之時、見金蓮華猶如日輪住其人前、如一念頃、卽得往生極樂世界。

「①正明聞法念佛、得蒙現益。」（散善義）

①正明聞法念佛得蒙現益◎経文「如此愚人臨命終」の右傍にあり

「①一明重牒造惡之人」。(散善義)

「二明命延不久」。(散善義)

「三明臨終遇善知識」。(散善義)

「②四明善人安慰教令念佛」。(散善義)

「③五明罪人死苦來逼、无由得念佛名」。(散善義)

「④六明善友知苦失念、轉教口稱彌陀名號」。(散善義)

「⑤七明念數多少、聲聲无間」。(散善義)

「⑥八明除罪多劫」。(散善義)

「⑦九明臨終正念卽有金華來應」。(散善義)

「⑧十明去時遲疾、直到所歸之國」。(散善義)

於蓮華中滿十二大劫、蓮華方開。

「⑨正明第十門中到彼華開遲疾不同」。(散善義)

觀世音・大勢至、以大悲音聲、爲其廣說諸法實相除滅罪法。聞已歡喜、應時卽發菩提之心。

① 「一…識」二二字　◎経文「如此愚人臨命終時遇善」の左傍にあり
② 四明善人安慰教令念佛　◎経文「種種安慰爲」の右傍にあり
③ 「五…名」一四字　◎経文「此人苦」の右傍にあり
④ 「六…號」一六字　◎経文「善友告言汝若不能念者」の右傍にあり
⑤ 七明念數多少聲聲无間　◎経文「如是至心令聲不」の右傍にあり
⑥ 八明除罪多劫　◎経文「稱佛名故」の右傍にあり
⑦ 「九…應」一二字　◎経文「命終之時見金蓮」の右傍にあり
⑧ 「十…國」一二字　◎経文「如一念頃卽得往生」の右傍にあり
⑨ 「正…同」一四字　◎経文「於蓮華中滿十二大」の右傍にあり

「①正明第十一門中華開已後得益有異」。（散善義）

「一明二聖、爲宣甚深妙法」。（散善義）

「②二明除罪歡喜」。（散善義）

「③三明後發勝心」。（散善義）

是名下品下生者。是名下輩生想、名第十六觀。

「④總結」。（散善義）

『⑤讚』云、下輩下行下根人《ノ》。十惡・五逆等《ノ》貪瞋、四重《ト》偸僧《ト》謗正法《ト》、未《ダ》《ズ》三曾《テ》慚愧悔《シテ》二前《ノ》愆《トガヲ》一。終《ハル》時《ニ》苦《ノ》相皆雲《ノゴトクニ》集《マル》、地獄《ノ》猛火罪人《ノ》前《ニアリ》。忽《ニ》遇《テ》二往生《ノ》善知識《ニ》一、急《ニ》勸《テ》專《ラ》稱《セシム》二彼《ノ》佛《ノ》名《ヲ》一。化佛・菩薩尋《ツイデ》レ聲到《ル》。一念傾《レバ》レ心《ヲ》入二寶蓮《ニ》一。三華障《サハリ》重《クシテ》開《ク》二多劫《ニ》一。于《ニ》レ時始《テ》發《オコス》二菩提《ノ》因《ヲ》一。」（散善義）

『⑥觀念法門』云、「又如下品下生人、一生具造五逆極重之罪。經歷地獄受苦无窮。罪人得病欲死、遇善知識、教稱彌陀佛名十聲。於聲聲中除滅八十億劫生死重罪。此亦是現生滅罪增上緣」。

①「正…法」二五字　◎経文「觀世音大勢至以大悲音聲爲其廣」の右傍にあり
②二明除罪歡喜　◎経文「法聞已歡」の右傍にあり
③三明後發勝心　◎経文「應時卽發」の右傍にあり
④總結　◎経文「是名下品」の右傍にあり
⑤「讚…因」　◎下欄にあり
⑥「觀…緣」　◎経文「佛告阿難…（一一四頁）」の上欄にあり

「①前明十三觀以爲定善。卽是韋提致請、如來已答。後明三福・九品、名爲散善。是佛自說。雖有定散兩門有異、總解正宗分竟△。」（散善義）

「②三就得益分中、亦先擧、次辨。」（散善義）

說是語時、

「③正明總牒前文生後得益之相。」（散善義）

韋提希與五百侍女聞佛所說、

「④正明能聞法人。」（散善義）

應時卽見極樂世界廣長之相。

「⑤正明夫人等於上光臺中見極樂之相。」（散善義）

得見佛身及二菩薩、心生歡喜嘆未曾有、廓然大悟得无生⑥忍。

「⑦正明夫人於第七觀初見无量壽佛時、卽得无生之益。」（散善義）

五百侍女發阿耨多羅三藐三菩提心、願生彼國。

「⑧正明覩斯勝相、各發无上之心求生淨土。」（散善義）

1-789

①「前…竟△」　◎上欄にあり

②「三…辨」一一字　◎経文「說是語時韋提」の右傍にあり

③「正…相」一二字　◎経文「說是語時韋」の左傍にあり

④正明能聞法人　◎経文「提希與」の左傍にあり

⑤「正…相」一五字　◎経文「應」の左傍から下欄にあり

1-790

⑥生　◎「生」と上書訂記

⑦「正…益」二一字　◎経文「得見佛身及二菩薩心生歡」の右傍にあり

⑧「正…土」一六字　◎経文「五百侍女發阿耨多」の右傍にあり

世尊悉記皆當往生、生彼國已得諸佛現前三昧、

「①正明侍女得蒙尊記、皆生彼國卽獲現前三昧」。（散善義）

无量諸天發无上道心。

「②正明前厭苦緣中、釋・梵・護世諸天等、從佛王宮臨空聽法。或見釋迦毫光轉變、或見彌陀金色靈儀、或聞九品往生殊異、或聞定散兩門俱攝、或聞善惡之行齊歸、或聞西方淨土對目非遠、或聞一生專精決志永與生死分流。此等諸天既聞如來廣說希奇之益、各發无上之心。斯乃佛是聖中之極。發語成經、凡惑之類蒙餐。能使聞之獲益△」。（散善義）

「③四次明流通分。於中有二。一明王宮流通。二明耆闍流通」。（散善義）

爾時阿難、卽從座起、前白佛言、世尊、當何名此經。此法之要、當云何受持。

「④今先就王宮流通分中卽有其七」。（散善義）

---

①「正…昧」一八字　◎経文「世尊悉記皆當往生生彼」の右傍にあり
②「正…益△」　◎経文「无量諸天發无上道心」の右傍から下欄にあり
③「四…通」二二字　◎経文「爾時阿難卽從座起前白佛言世尊」の右傍にあり
④「今…由」二〇字　◎経文「爾時阿難卽從座起前」の左傍にあり

「一正明請發之由[1]。」（散善義）

佛告阿難、此經名觀極樂國土・无量壽佛・觀世音菩薩・大勢至菩薩、亦名淨除業障生諸佛前。

「二[2]正明如來雙標依正、以立經名、又能依經起行、三障之雲自卷、答前初問云何名此經一句。」（散善義）

汝當受持。無令忘失。

「三[3]答前後問云何受持一句。」（散善義）

行此三昧者、現身得見无量壽佛及二大士。若善男子・善女人、但聞佛名・二菩薩名除无量劫生死之罪。何況憶念。

「四[4]正明比校顯勝、勸人奉行。」（散善義）

「一明總標定善以立三昧之名。」（散善義）

「二明依觀修行、即見三身之益。」（散善義）

「三明重擧能行教之機。」（散善義）

「四[5]正明比校顯勝、但聞三身之號尚滅多劫罪愆、何況正念歸依

①由　◎下に「二」とあるを抹消
②「二…句」　◎経文「佛告阿難此經名觀極樂國土无量壽佛觀世音菩薩」の右傍にあり
③「三…句」二一字　◎経文「汝當受持無令忘」の右傍にあり
④「四…機」　◎経文「行此三昧者現身得見无量壽佛」の右傍・左傍にあり
⑤「四…也」三〇字　◎経文「若善男子善女人但聞佛名二菩薩名除无」の右傍にあり

01《若念…利華》信巻99・一多意666
02《分陀利華》唯信意707
03［正顯…豈賖］信巻102

而不獲益也。」（散善義）

[01]若念佛者、當知。此人是人中[02]分陀利華。觀世音菩薩・大勢至菩薩、爲其勝友、當坐道場生諸佛家。

[03]「①正顯念佛三昧功能超絕、實非雜善得爲比類。」（散善義）

「②一明專念彌陀佛名。」（散善義）

「二明指讚能念之人。」（散善義）

「③三明若能相續念佛者、此人甚爲希有、更无物可以方之、故引分陀利華爲喩。」（散善義）

「④言分陀利者、名人中好華、亦名希有華、亦名人中上上華、亦名人中妙好華。此華相傳名蔡華是。若念佛者、卽是人中好人、人中妙好人、人中上上人、人中希有人、人中最勝人也。」（散善義）

「⑤四明專念彌陀名者、卽觀音・勢至常隨影護、亦如親友知識也。」（散善義）

「⑥五明今生旣蒙此益、捨命卽入諸佛之家。卽淨土是也。到彼、長時

①「正…類」一八字　◎経文「若念佛」の右傍から下欄にあり
②「一…人」一六字　◎経文「若念佛」の左傍から下欄にあり
③「三…喩」三〇字　◎経文「當知此人是人中分陀利華觀世音菩薩」の右傍にあり
④「言…也」　◎上欄にあり
⑤「四…也」二四字　◎経文「觀世音菩薩」の左傍、「大勢至菩薩爲其勝友」の右傍にあり
⑥「五…賖（一二三頁）」　◎経文「當坐道場生諸佛家」の右傍、「大勢至菩薩爲其勝友」の左傍にあり

04《佛告…佛名》化卷 202 1-99
05「正明…佛名」化卷 203

聞法、歴事供養、因圓果滿。道場之座、豈賒。」（散善義）
04佛告阿難、汝、好持是語。持是語者、卽是持无量壽佛名。
05「①正明付屬彌陀名號、流通於遐代。上來雖說定散兩門之益、望佛本願、意②在衆生一向專稱彌陀佛名。」（散善義）
佛說此語時、尊者目揵連・阿難及韋提希等聞佛所說、皆大歡喜。
「③正明能請能傳等、聞所未聞、見所未見、遇餐甘露、憙躍无以自勝也。上來雖有七句不同、廣解王宮流通分竟。」（散善義）
「④五就耆闍會中、亦有其三。」（散善義）
爾時世尊、足步虚空還耆闍崛山。
「⑤一明耆闍⑥序分。」（散善義）
爾時阿難、廣爲大衆說如上事、
「⑦二明耆闍正宗分。」（散善義）
無量諸天・龍及夜叉、聞佛所說、皆大歡喜、⑧禮佛而退。

①「正…名」 ◎経文「佛告阿難汝好持是語持是語者卽是持无」の右傍にあり
②意 ◎「在」を「意」と上書訂記
③「正…竟」 ◎経文「說此語時尊者目揵連阿難及」の右傍から下欄にあり
④五就耆闍會中亦有其三 ◎経文「爾時世尊足步」の右傍にあり
⑤一明耆闍序分 ◎経文「爾時世」の左傍にあり
⑥闍 ◎「聞」を「闍」と上書訂記
⑦二明耆闍正宗分 ◎経文「爾時阿難」の右傍にあり
⑧禮佛而退 ◎「疏作禮而退」と下欄註記

01[眞宗叵遇]行卷49
02[淨土…難逢]化卷192

「三①明耆闍流通分。　上來雖有三義不同、總明耆闍分竟。」(散善義)

「初②從如是我聞下至云何見極樂世界已來、明序分。　二從日觀下至下品下生已來、明正宗分。　三從說是語時下至諸天發心已來、明得益分。　四從爾時阿難下至韋提等歡喜已來、明王宮流通分。　五從爾時世尊下至作禮而退已來、總明耆闍分。　上來雖有③五分不同、總解『觀經』一部文義竟。」(散善義)

「竊④以、眞宗叵遇[01]、淨土之要難逢[02]。欲使五趣齊生。是以勸聞於後代。但如來神力轉變无方。隱顯隨機王宮密化。於是耆闍聖衆、小智懷疑。佛後還山、弗闕委況。於時阿難、爲宣王宮之化、定散兩門。異衆因此同聞、莫不奉行而頂戴。」(散善義)

「敬⑤白一切有緣知識等。余既是生死凡夫。智慧淺短。然佛敎幽微、不敢輒生異解。遂卽標心結願、請求靈驗。方可造心。南无歸命盡虛空徧法界一切三寶、釋迦牟尼佛・阿彌陀佛・觀音・勢志、彼土諸

①「三…竟」二二字　◎経文「無量諸天龍及夜叉聞」の右傍にあり
②初　◎「止也」と右傍註記　「初…竟」　◎上欄から下欄にあり
③有　◎右傍補記
④「竊…戴」　◎経文尾題の右にあり
⑤「敬…知(一二六頁)」　◎経文尾題の左にあり

菩薩大海衆及一切莊嚴相等。某今欲出此『觀經』要義、楷定古今。若稱三世諸佛・釋迦佛・阿彌陀佛等大悲願意者、願於夢中、得見如上所願一切境界諸相。於佛像前結願已、日別誦『阿彌陀經』三遍、念阿彌陀佛三萬徧、至心發願。卽於當夜、見西方空中、如上諸相境界悉皆顯現。雜色寶山百重千重。種種光明、下、照於地、地如金色。中有諸佛・菩薩、或坐或立、或語或默。或動身手、或住不動者。既見此相合掌立觀。量久乃覺。覺已不勝欣喜。於卽條錄義門。自此已後、每夜夢中常有一僧而來指授玄義科文。既了、更不復見。後時脫本竟已、復更至心要期七日、日別誦『阿彌陀經』十遍、念阿彌陀佛三萬遍、初夜・後夜觀想彼佛國土莊嚴等相、誠心歸命一如上法。當夜卽見、三具磑輪、道邊獨轉。忽有一人、乘白駱駝來前見勸。師當努力決定往生、莫作退轉。此界穢惡多苦。不勞貪樂。答言、大蒙賢者好心視誨。某畢命爲期、不敢生於懈慢之心。云云第二夜見、阿彌陀佛身眞金色、在七寶樹下、佛樹上乃有天衣、桂繞。

正面向西、合掌坐觀。第三夜見、兩幢軒極大高顯、幡懸五色。道路蹤横、人觀无礙。既得此相已、卽便休止不至七日。上來所有靈相者、本心爲物不爲己身。既蒙此相。不敢隱藏、謹以申呈義後、被聞於末代。願使含靈聞之生信、有識覩看西歸。以此功德廻施衆生。悉發菩提心、慈心相向、佛眼相看、菩提眷屬作眞善知識、同歸淨國、共成佛道。此義已請證定竟。一句一字不可加減。欲寫者、一如經法、應知。」（散善義）

佛說無量壽[1]觀經一[2]卷[3]

①壽　◎下に挿入符号あり、「有佛字」と上欄註記
②一卷　◎経文尾題「經」の下に補記
③卷　◎ここで表書終り

01[道俗…掌禮]愚禿鈔290 [道俗…四流]信卷90
02[正受…槃者]信卷90
03[相應…槃者]愚禿鈔290
04[我依…乘海]行卷56 愚禿鈔287

「玄義分」云、「先勸大衆發願歸三寶。01道俗時衆等、各發《セ》二无上心《ヲ》一。生死甚難《ク》レ厭、佛法復難《シ》レ欣。共發《シテ》二金剛《ノ》志《ヲ》一、橫《ニ》超二斷《シ》四流《ヲ》一、願入《シテ》二彌陀界《ニ》一、歸｜依《シ》合掌《シ》禮《シ》、世尊我一心《ニ》、歸二｜命《マツル》盡十方法性眞如海、報化等《ノ》諸佛、一一《ノ》菩薩《ノ》身、眷屬等《ノ》无量、莊嚴及變化、十地三賢海、時劫滿《ヘルト》未《ルト》レ滿《マハ》、智行圓《ナルト》未《ザルト》レ圓、正使盡《ヌルト》未《ルト》レ盡、習氣亡《ゼルト》未《ルト》レ亡、功用《ト》无功用《ト》、證智《ト》①未證智《ト》、妙覺及等覺、02正受金剛心、03相應一念《ノ》後、果德涅槃者《ニ》一。我等咸《ク》歸二命《ツル》三佛菩薩等《ニ》一。无㝵《ノ》神通力、冥《ニ》加《シテ》願《クハ》攝受《マヘ》。我等咸《ク》歸下命《ツル》三乘等《ノ》賢聖《ノ》學《シテ》二佛《ノ》大悲心《ヲ》②一、長時《ニ》无《キ》レ退者《ノニ》上。請《ヒ》願《クハ》遙《カニ》加備《シタマヘ》。念念《ニ》見《ラム》二諸佛《ヲ》一。我等愚癡《ノ》身③、曠劫《ヨリ》來《タ》流轉《セリ》。今逢《ヘリ》二釋迦佛、末法之遺跡、彌陀《ノ》本誓願、極樂之要門《ニ》一。定散等迴向《シテ》、速《カニ》證《セム》二无生《ノ》身《ヲ》一。04我《レ》依《テ》二菩薩藏、頓敎一乘海《ニ》一、說《テ》レ偈歸《ツル》二三寶《ニ》一。與二佛心《ニ》一相應《ス》。十方恆沙《ノ》佛、六通《ヲモテ》照二｜知《シタマヘ》我《ヲ》一。今乘《ジテ》二二尊《ノ》敎《ニ》一、廣《ク》開《ク》二淨土《ノ》門《ヲ》一。願以二此《ノ》功德《ヲ》一、平等《ニ》施《シテ》二一切《ニ》一、同發《シテ》二菩提心《ヲ》一、往二生《セム》安樂國《ニ》一。」

「第一先標二序題一者、竊《ニ》以《レバ》、眞如廣大《ナリ》、五乘不レ測二其《ノ》邊《ヲ》一。法性深高《ナリ》、十聖莫《シ》レ窮《コト》二其《ノ》際《ヲ》一。眞如之體量、量性不レ出二蠢《ムクメキ》蠢《シュン》之心《ヲ》一、法性无邊。邊體則元《ヨリ》

①未證智　◎「未證智《ト》二」とあり
②心　◎右傍補記
③身　◎「心」と右傍註記

1-655 7-84　1-656　1-656

01［依心…解脫］化卷196
02［然娑…經說］化卷189
03［言弘…常樂］證卷136［言弘…緣也］行卷34

來《タ》不動。无塵法界《ナリ》。凡聖齊《ク》圓《ニ》、兩垢《ノ》如如則普《ク》該《カネタリ》於含識《ヲ》。恆沙《ノ》功德寂用湛然《ナリ》。但以《ノ》垢障覆《ヒ》深《シテ》淨體无《キヲ》由《シ》顯照《スルニ》故、大悲隱《シテ》於西化《ヲ》、驚《テ》入《ル》火宅之門《ニ》。灑《テ》甘露《ヲ》潤《シ》於群萠《ヲ》、輝《テ》智炬《ヲ》則朗《ニス》重昏於永夜《ニ》。三檀等《ク》備《ヘ》、四攝齊《ク》收《ム》。開示《シ》長劫之苦因《ヲ》、悟入《ス》永生之樂果《ニ》。不①謂群迷性隔《タリ》、樂欲不同。雖无一實之機、等《ク》有五乘之用、致《ス》使《コトヲ》布《キ》慈雲《ヲ》於三界、注《ソヽガ》法雨《ヲ》於大悲《ニ》。莫《シ》不《コト》等《ク》洽《シ》塵勞《ヲ》普《ク》沾《サ》未聞之益《ニ》。菩提《ノ》種子籍《ヨリテ》此《ニ》以《テ》抽《ヌキイデ》心《ヲ》、正覺之芽念念《ニ》因茲增長《ス》。01依心《ニ》起《スニ》於勝行《ヲ》、門餘《レリ》八萬四千《ニ》。漸頓則各稱《ヘリ》所宜《ニ》、隨緣者、則皆蒙《ル》解脫。然衆生障重《クシテ》、取《ル》悟之者難明《ラメ》。雖可《ト》教益多門《ナル》、凡惑无由遍攬《ニ》。遇《タマタマ》因《チナイニ》韋提致《ス》請《ヲ》、我今樂欲《ス》往生《セムト》安樂《ニ》。唯願《クハ》如來、教《ヘ》我思惟、教《ヘト》我正受。02然《ルニ》娑婆《ノ》化主因《ガ》其《ノ》請故卽廣開《タマフ》淨土之要門《ヲ》。安樂《ノ》能人顯彰《ス》別意之弘願《ヲ》。其《ノ》要門《ト》者卽此《ノ》『觀經《ノ》』定散二門是也。定《ハ》卽息《シ》慮《ヲ》以凝《ス》心《ヲ》。散卽癈《シ》惡以修《ス》善。廻《シテ》斯《ノ》二行《ヲ》求願往生也。03言弘願者如《キ》『大經《ニ》』說《ガ》、一切《ノ》善惡《ノ》凡夫得《ル》生者、莫《シ》不《コト》皆乘《ジテ》阿彌陀佛《ノ》大願業力《ヲ》爲《セ》增上緣《ト》也。又佛《ノ》密意弘深《ニシテ》、教門難《リ》曉。三賢・十聖弗《ズ》

①不　◎「所」と右傍註記

測所闚《ニウカヾフ》。況我信外《ノ》輕毛《ナリ》、敢知《テ》旨趣《ラムヤ》《ヲ》。仰惟《レバ》、釋迦《ハ》此《ノ》方《ニシテ》發遣《シ》、彌陀《ハ》卽彼《ノ》國《ヨリ》來迎《マヘリ》。彼《ニ》喚《ヒ》此《ニ》遣《ス》、豈《ニ》容《ケム》不去也。唯可《シ》勲《テ》奉《ケテ》法《ヲ》、畢命爲期、捨《テ》、此《ノ》穢身卽證彼《ノ》法性之常樂。此卽略標序題竟」(玄義分)

「三辨釋《スト》宗旨《ノ》不同、教之大小者、如《キハ》『維摩經《ノ》』以《テ》不思議解脫爲《シ》宗、如『大品經《ノ》』以空慧《ノ》爲宗。此例非一。04今此『觀經《ハ》』卽以觀佛三昧爲宗、亦以念佛三昧爲宗。一心《ニ》廻願《シテ》往生《ルヲ》淨土《ニ》爲體《ト》。　言教之大小者、　問曰、此《ノ》『經《ハ》』二藏之中《ニハ》何《ノ》藏《ニカ》攝《シ》、二教之中《ニハ》何《ノ》教《ニカ》收《ルト》。答曰、今此『觀經』菩薩藏《ニ》收《メ》、頓教《ノ》攝《ナリ》」(玄義分)

「四05辨說人差別《ヲ》者《ハ》、凡諸經《ノ》起說不過五種《ニ》。一者佛說、二者聖弟子《ノ》說、三者天仙說、四者鬼神說、五者變化說。今此『觀經』是佛《ノ》自說《ナリ》。問曰、佛在何處說、爲何人說。答曰、佛在王宮、爲韋提等《ノ》說」(玄義分)

「五料簡《スルニ》定散兩門卽有其六。一明能請者、卽是韋提《ナリ》。二明所請者、卽是世尊《ナリ》。三明能說者、卽是如來。四明所說、卽是定散二善十六觀門。五明能爲、卽是如來。六明所爲、卽韋提等是也。　問曰、定散

1-660　7-86　1-661　1-661　1-661

二善因《セテカ》誰致《シ》請。答曰、定善一門韋提致《ス》請、散善一門是佛《ノ》自說《ナリ》。

問曰、未《イブカシ》審、定散二善出《デ、》在《ル》何文《ニカ》。今既教備不《ズ》虛、何機《カ》得《ル》受《コトヲ》。答曰、解有二義。一者謗法與无信、八難及非人、此等不受也。斯《レ》乃《チ》朽林・碩《セキ》石不《ズ》可《ベカラ》有《ル》生潤之期。此等《ノ》衆生必无受化之義。除《テ》斯已外《カ》、一心信樂《シテ》求願《シ》往生、上盡一形下收《ム》十念。乘佛《ノ》願力莫不皆往。此卽答《ジ》上《ノ》何機得受《ノ》義《ヲ》竟《ヌ》。二善出在《ルト》何文《ニカ》者卽有通有別。言通者卽有三《ノ》義《ノ》不同。何者《ントナラバ》一從《ヨリ》韋提白佛唯願爲我廣說无憂惱處《トイフ》者、卽是韋提標《シテ》心自《ラ》爲《ニ》通請《ズ》所求《ヲ》。二從唯願佛日教我觀於清淨業處者、卽是韋提自爲《ニ》通請《ズ》去行《ヲ》。三從《リハ》世尊光臺現《ズル》國《ヲ》、卽是酬《タマフナリ》前《ノ》通請《ノ》爲我廣說之言《ヲ》。雖有三義不同、答《ジ》前《ノ》通竟《ヌ》。言別者別有二義。一從《リ》韋提白佛我今樂生極樂世界阿彌陀佛所者、卽是韋提自爲《ニ》別《シテ》選《ブ》所求。二從唯願教我思惟教我正受《トイフ》者、卽是韋提自爲《ニ》請《ズ》修《セムト》別行《ヲ》。雖有二義不同、答《ジ》上《ノ》別竟。

從此已下、次《ニ》答《フ》定散兩門之義《ヲ》。

問曰、云何名定善、云何名散善。答曰、從①日觀下《モ》至《ルマデヨリ》十三觀《ニ》已來名爲定

①從日觀下至十三觀　◎「從日觀《ト》下《モ》至《ルマデヨリ》十三觀」とあり

善《ト》、三福九品名爲散善《ト》。　問曰、定善之中有《ル》何差別、出在①何文。答曰、出何《タルゾト》文《ニ》者、『經』言、教我思惟教我正受、即是其文《ナリ》。言差別者即有二義。一謂思惟、二謂正受。言思惟者即是觀《ノ》前方便。思想《スル》彼國《ノ》依正二報總別《ノ》相也。即地觀《ノ》文《ノ》中《ニ》說《テ》言《ク》、如此想者《ヲ》名爲《ス》粗見《ルト》極樂國土。即合《ス》上《ノ》教我思惟《ノ》一句《ニ》。言正受者、想心都《テ》息《ミ》、緣慮並《ベテ》亡《ジテ》、三昧《ト》相應《ス》、名《テ》②爲正受。即地觀文《ノ》中《ニ》說《テ》言《ク》、若得《レバ》三昧、見《ルコトノ》彼國地《ヲ》了了分明《ナリト》、即合《ス》上《ノ》教我正受《ノ》一句《ニ》。定善雖有二義不同、總答《ヘ》上《ノ》問《ヲ》竟。　又向來《ノ》解者與諸師不《ズ》同。③諸師將《テ》思惟《ノ》一句、用《テ》合《シテ》三福九品《ニ》、以爲《ス》散善《ト》。正受《ノ》一句《ヲ》、用《テ》通《ジテ》合《シテ》十六觀《ニ》、以《テ》爲《ス》定善。如《ノ》斯解者將謂《フニ》不然。何者《トナラバ》如《シ》『華嚴經』說《ガ》。思惟《ト》正受《ト》者但《ダ》是《レ》三昧之異名《ナリ》。與此地觀文同《ジ》。以斯文證《スルニ》、豈得《エムヤ》通《ズルコトヲ》於散善。又向來韋提、上《ニ》請《ズルニ》但言我教觀於清淨業處《ト》、次下《ニ》又請《ズルニ》言《ヘリ》教我思惟正受。雖有二請、唯是定善《ナリ》。又散善之文都《テ》無《シ》請《ズル》所。但是佛自開《ヘリ》。次下散善緣《ノ》中《ニ》說《テ》云《ヨリ》亦令未來世一切凡夫《ト》已下即是其《ノ》文《ナリ》」(玄義分)

①在　◎右傍補記
②名　右◎「テ」と上書訂記
③諸師　◎右傍補記

「六和會經《シテ》論《ノ》相違《ヲ》、廣施《シ》問答《ヲ》釋去疑情者、就此門《ノ》中《ニ》即有其六。一先就諸《ノ》法師《ニ》解《ス》九品之義《ヲ》。二即以道理《ヲ》來《シテ》破《ス》之《ヲ》。三重擧《テ》九品返《テ》對破《ス》之。四出文來《シ》、證《ス》定《テ》爲《メニシテ》凡夫《ノ》不《ズト》爲《ニセ》聖人《ノ》。五會通別時之意《トイフコトヲ》。六會通《ス》二乘種不生之義《ヲ》。　初《ニ》言《ハ》諸師《ノ》解者先擧《グ》上輩三人《ヲ》。至乃此三品《ノ》人皆是大乘聖人《ノ》生《ナル》位《ナリト》。次擧中輩三人者、至乃此之三品唯是小乘聖人等也《ト》。下輩三人者是大乘始學《ノ》凡夫。隨《テ》過《ノ》輕重《ニ》分《テ》爲《ス》三品《ト》。共同《ク》一位《ナリト》求願往生《スル》者《ノ》、未《ダ》必《ズシモ》然《ラ》也《ナリ》。可《ト》知。」（玄義分）

「第二即以道理來《シ》破者、上《ニ》言初地《ヨリ》至七地已來菩薩《ナリト》者、如『華嚴經』說、初地已上七地已來、即是法性生身・變易生身《ナリ》。斯等曾无《テ》分段之苦。論《レバ》其《ノ》功用、已《ニ》經二大阿僧祇劫《ヲ》、雙《テ》修《シ》福・智《ヲ》、人法兩《ナガラ》空《ナリ》、竝《ニ》是不可思議《ノ》神通自在《アリテ》轉變无方《ナリ》。身居《シテ》報土《ニ》常《ニ》聞《キ》報佛說法《ヲ》、悲化《シ》十方須臾《ニ》遍滿《ス》。更憂《テカ》何事《ヲ》乃籍《テ》韋提《ニ》爲《ニ》其《レガ》請《ジテ》佛《ヲ》求《メムヤ》生《ト》安樂國也。以斯文證《ルニ》、諸師《ノ》所說豈非《ズヤ》錯《ルニヤ》也。答上二竟。上下者言、從種姓至初地已來《タト》者、未《ズ》必《シモ》然《ラ》也。如『經《ニ》』說《ガ》、此等《ノ》菩薩《ヲ》名《テ》爲不退《ト》。身居《スレドモ》生死、不《ザルコト》爲《ニ》生死《ノ》所染、如鵝鴨在水、水不能濕。如『大品經』說。此位中菩薩、由得二種眞善知識守護故不退。何者一是十方諸佛、二是十方諸大菩薩。常以三業外加於諸善法无有退失。故名不退位也。此等菩薩亦能八相成道教化衆生。論其功行、已經二大阿僧祇劫、雙修福・智等。既有斯勝德。更憂何事乃籍韋提請求生也。以斯文證。故知、諸師所判還成錯也。此責上輩竟。次責中輩三人者、諸師云、中上是三果者。然此等之人三塗永絶、四趣不生。現在雖造罪業、必定不招來報。如佛說言①此四果人與我同坐解脫牀。既有斯功力。更復何憂乃籍韋提請求生路。然諸佛大悲於②苦者、心偏愍念常沒衆生。是以勸歸淨土。亦如溺水之人、急須偏救、岸上之者、何用濟爲。以斯文證。故知、諸師所判、義同前錯也。以下可知。」（玄義分）

「第三重擧九品返對破者、乃至又看此『觀經』定善又三輩上下文意、總是佛去世後五濁凡夫。但以遇緣有異、致令九品差別。何者上品三人是遇大凡夫、中品三人是遇小凡夫、下品三人是遇惡凡

①言　◎右傍補記
②於　右◎「二」を「ヲ」と上書訂記

夫。以惡業故。臨《テ》終《ニ》籍《ヨリ》善《ニ》、乘《テ》佛願力乃得《ウ》往生。致《テ》彼《ニ》華開方始《テ》發心《ス》。何《ゾ》得《ム》言《コトヲ》是《レ》始學大乘人《ト》也。若作《バ》此《ノ》見《ヲ》、自《モ》失《テ》悞《テ》他《ヲモ》、爲害《スコトヲ》茲《コヽニ》甚《シゲヽム》。今以《テ》一一《ニ》出《シ》文《ヲ》顯證《シテ》、欲《フナリ》使《シメムト》今時《ノ》善惡凡夫《ヲ》同《ク》霑《シ》九品《ニ》、生《ジ》信无疑《シテ》、乘佛願力《ニ》悉得《エ》生《ヲ》也」。（玄義分）

「第四出文顯證者、　問曰、上來《ノ》返對之義、云何得《ム》知。世尊定爲《シテ》凡夫不《ズト》爲《ニシタマハ》聖人《ノ》者未審《シ》、直《ニ》以《テ》人情《ヲ》准《ズルカ》義《ニ》、爲《ハタ》當亦有《テ》聖教來《シ》證《カ》。答曰、衆生《ハ》垢重《ニシテ》智慧淺近《ナリ》。聖意弘深《ナリ》。豈寧自《ラ》輒《ムヤ》。今者一一《ニ》悉取《テ》佛說《ヲ》、以爲《セム》明證《ト》。就《テ》此《ノ》證《ノ》中即有其十八句。何者《ナラバ》第一如《シ》『觀經』《ニ》云《ガ》。佛告韋提希、我今爲汝廣說衆譬。亦令①未來世一切凡夫欲修淨業者、得生西方極樂國土者、是其一證也。二言②如來今者爲未來世一切衆生爲煩惱賊之所害者說清淨業者、是其二證也。三言③如來今者敎韋提希及未來世一切衆生觀於西方極樂世界者、是其三證也。四言④韋提白佛、我今因佛力故見彼國土、若佛滅後諸衆生等、濁惡不善五苦所逼、云何當見彼佛國土△者、是其四證也。五如日

---

①「令…土」三一字　◎「令未來世一切凡夫欲修淨業者得生西方極樂國土」とあり
②「言…業」三五字　◎「言如來今者爲未來世一切衆生爲煩惱賊之所害者說清淨業」とあり
③「言…界」二五字　◎「言如來今者敎韋提希及未來世一切衆生觀於西方極樂世界」とあり
④「言…土△」　◎「言韋提白佛我今因佛力故見彼國土若佛滅後諸衆生等濁惡不善五苦所逼云何當見彼佛國土」とあり

觀初云。言①佛告韋提、汝及衆生專念已下、乃至一切衆生自非生盲有目之徒見日已來者、是其五證也。六如地觀中說。言②佛告阿難、汝持佛語、爲未來世一切衆生欲脫苦者、說是觀地法者、是其六證也。七如華座觀中說。言③韋提白佛、我因佛力得見阿彌陀佛及二菩薩、未來衆生云何得見者、是其七證也。八次《ギ》下《ノ》答請《ノ》中《ニ》說。言④佛告韋提、汝及衆生欲觀彼佛者、當起想念者、是其八證也。九如像觀中說。言⑤佛告韋提、諸佛如來入一切衆生心想中、是故汝等心想佛時者、是其九證也。十如《キ》九品之中《ニ》一一說《テ》言爲諸衆生《ト》者、是其十證也。上來雖有《テ》十八句不《ト》同、證明《ス》如來說《フコトハ》此《ノ》十六觀《ノ》法《ヲ》、但爲《ニシテ》常沒衆生《ノ》、不《アラズト》于大小《ノ》聖《ニハ》也。以斯文證《ニ》、豈是謬哉。」(玄義分)

「第五會通別時意」者卽有其二。　一者『論』云、如《キ》人《ノ》念《ガ》多寶佛《ヲ》、卽於无上菩提《ニ》得《ト》不《セザルコトヲ》退墮者、凡《ソ》言菩提者乃是佛果之名《ナリ》、亦是正報《ナリ》。道理成佛之法《ハ》、要《ズ》須《ク》萬行圓《ニ》備《テ》方《ニ》乃《チ》剋成《ス》。豈將《テ》念佛《ノ》一行《ヲ》、卽望《マ》成《ゼムコトヲ》者、无有是處。雖《ドモ》言《フト》未證《ト》、萬行之中《ノ》是其一行《ナリ》。何《ヲ》以《カ》得《ル》知《ヲ》。如『華嚴經』《ニ》說《ガ》。

①言　◎右傍補記
「言…日」二九字　◎「言佛告韋提汝及衆生專念已下乃至一切衆生自非生盲有目之徒見日」とあり
②「言…法」二六字　◎「言佛告阿難汝持佛語爲未來世一切衆生欲脫苦者說是觀地法」とあり
③「言…見」二七字　◎「言韋提白佛我因佛力得見阿彌陀佛及二菩薩未來衆生云何得見」とあり
④「言…念」一八字　◎「言佛告韋提汝及衆生欲觀彼佛者當起想念」とあり
⑤「言…時」二五字　◎「言佛告韋提諸佛如來入一切衆生心想中是故汝等心想佛時」とあり

功德雲比丘語《テ》善才《ニ》言《ク》、我《レ》於《テ》佛法三昧海《ノ》中《ニ》、唯知《レリ》一行《ヲ》、所謂念佛三昧《ナリト》。以此文證、豈非《ズ》一行《ニ》也。雖是一行《ナリト》、於生死《ノ》中《ニ》乃至成佛《ルマデ》永《ク》不退沒《セ》。故《ニ》名《ク》不墮《ト》。　問曰、若爾者『法華經』《ニ》云《リ》一稱南无佛、皆已成佛道《ト》。亦應《シ》成佛《シ》竟《ハル》也。此之二文有《ル》何《ノ》差別。答曰、『論』中《ニ》稱《ルハ》佛、唯欲《フ》自《ラ》成佛《ゼムト》果《ヲ》。『經』《ノ》中《ニ》稱《ハ》佛、爲《ナリ》簡異《セムガ》九十五種《ノ》外道《ニ》。然《ニ》外道之中《ニハ》都《テ》无《シ》稱佛之人《ト》。但《タトヒ》使稱《スルコト》佛一口《モセバ》、卽在《テ》佛道《ノ》中《ニ》攝《ス》。故言《ナリ》已竟《ト》。　二者『論』《ノ》中《ニ》說《テ》云《ク》、如人《ト》唯由《テ》發《スニ》願《ヲ》生《ルト》安樂土《ニ》者、久來《ノ》通論之家不《シテ》會《セ》論《ノ》意《ヲ》、錯《ク》引《テ》下品下生《ノ》十聲稱《ルヲ》佛《ヲ》、與此相似《ルニ》、未《ダ》卽得《エ》生《ヲ》。如《キ》一《ノ》金錢《ヲ》得《ガ》成《コトヲ》千《ト》者、多日乃《ニシテ》得《ウ》、非《ズ》一日《ニ》卽得《ニハ》成《コトヲ》千《ト》。十聲稱佛亦復如此。但爲《ニ》遠生《ノ》作《ル》因《ト》。是故《ニ》未《ダ》卽得生《ヲ》。①導《イハ》佛直《ニ》爲《ニ》當來《ノ》凡夫《ノ》欲《シテ》令《ムト》捨《テ》惡《ヲ》稱佛《ヲ》、誑言《モテ》導《フ》生《ト》、實《ニ》未《ダ》得生《コトヲ》、名《テ》作《ルト》別時《ノ》意《ヲ》者《バ》、何《ガ》故《ゾ》『阿彌陀經』《ニ》云《イヒ》佛告舍利弗、若有善男子・善女人聞說阿彌陀佛、卽應執持名號、一日乃至七日一心願生、命欲終時、阿彌陀佛與諸聖衆迎接往生《ト》、次《ギ》下《ニ》、十方各如恆河沙等《ノ》諸佛、各出《シテ》廣長舌相《ヲ》遍覆《テ》三千大千世界《ニ》、說《ハク》誠實言。汝等衆生皆應《シ》

①導　右◎「ハ」と上書訂記

信是一切諸佛所護念經。言護念者、卽是上文一日乃至七日稱佛之名也。今既有斯聖敎以爲明①證。未審、今時一切行者不知何意、凡小之論乃加信受、諸佛誠言返將妄語。苦哉、奈劇能出如此不忍之言。雖然、仰願一切願往生知識等、善自思量。寧傷今世錯信佛語、不可執菩薩論以爲指南。若依此執者、卽是自失悞他也。

問曰、云何起行、而言不得往生。答曰、若欲往生者、要須行願具足、方可得生。今此『論』中、但言發願、不論有行。　問曰、何故不論。答曰、乃至一念曾未措心。是故不論。　問曰、願行之義有何差別。答曰、如經中說、但有其行、行卽孤亦无所至。但有其願、願卽虛亦无所至。要須願行相扶、所爲皆剋。是故今此『論』中、直言發願、不論有行。是故未卽得生、與遠生作因者、其義實也。　問曰、願意云何、乃言不生。答曰、聞他說言西方快樂不可思議、卽作願言、我亦願生。道此語已更不相續。故名願也。今此『觀經』中十聲稱佛、卽有十願十行具足。云何具足。01言南无者、卽是歸命、亦是發願迴向之義。言

01「言南…往生」行巻34 銘文625

①明　◎「明」と上書訂記

阿彌陀佛者卽是其行。以斯義故必得往生。又來『論』中稱多寶佛爲求佛果、卽是正報、下唯發願求生淨土、卽是依報。一正、一依、豈得相似。然正報難期。一行雖精未剋。依報易求、所以一願之心未入。雖然、譬如邊方投他卽易、爲主卽難。今時願往生者、竝是一切投①化衆生。豈非易也。但能上盡一形下至十念、以佛願力莫不皆往。故名易也。斯乃不可以言定義。取信之者、懷疑。要引聖敎來明、欲使聞之者方能遣惑。」（玄義分）

「第六會通二乘種不生義者、01問曰、彌陀淨國爲當是報是化也。答曰、是報非化。云何得知。如『大乘同性經』說。西方安樂阿彌陀佛是報佛報土。又『无量壽經』云、法藏比丘在世饒王佛所行菩薩道時、發四十八願。一一願言、若我得佛、十方衆生稱我名號願生我國、下至十念、若不生者不取正覺。今既成佛。卽是酬因之身也。又『觀經』中上輩三人、臨命終時、皆言阿彌陀佛及與化佛來迎此人。然報身兼化共來授手。故名爲與。以此文證。故知、是報。然報・應二

01「問曰…齊入」眞卷174

訂記
①化　◎「他」を「化」と上書

身者眼目之異名。前翻報作應、後翻應作報。凡言報者因行不虛、定招來果。以果應因故名爲報。又三大僧祇所修萬行、必定應得菩提。今既道成、卽是應身。斯乃過・現諸佛辨立三身。除斯已外更无別體。縱使无窮八相・名號塵沙、剋體而論、衆歸化攝。今彼彌陀現是報也。

問曰、既言報者、報身常住永无生滅。何故『觀音授記經』說阿彌陀佛亦有入涅槃時。此之一義若爲通釋。答曰、入不入義者唯是諸佛境界。尚非三乘淺智所闚、豈況小凡輒能知也。雖然必欲知者、敢引佛經以爲明證。何者如『大品經』「涅槃非化品」中說云。佛告須菩提、於汝意云何。若有化人作化人、是化頗有實事不①空者不。須菩提言、不也、世尊。佛告須菩提、色卽是化。受・想・行・識卽是化。乃至一切種智卽是化。須菩提白佛言、世尊、若世間法是化、出世間法亦是化、所謂四念處・四正勤・四如意足・五根・五力・七覺分・八聖道分・三解脫門・佛十力・四无所畏・四无㝵解・十八不共法、并諸法果及賢聖人、所謂須陀洹・斯陀含・阿那含・阿羅漢・辟

①不空　◎返点無し

支佛・菩薩摩訶薩・諸佛世尊、是法亦是化不。佛告須菩提、一切法皆是化。於是法中、有聲聞法變化、有辟支佛法變化、有菩薩法變化、有諸佛法變化。有煩惱法變化、有業因緣法變化。以是因緣故、須菩提、一切法皆是化。須菩提白佛言、世尊、是諸煩惱斷、所謂須陀洹果・斯陀含果・阿那含果・阿羅漢果、辟支佛道斷諸煩惱習、皆是變化不。佛告須菩提、若有法生滅相者、皆是變化。須菩提言、世尊、何等法非變化。佛言、若法无生无滅、是非變化。須菩提言、我等是不生不滅非變化。佛言、无誑相涅槃、是法非變化。世尊、如佛自說、諸法平等非聲聞作、非辟支佛作、非諸菩薩摩訶薩作、非諸佛作。有佛无佛、諸法性常空。性空即是涅槃。云何涅槃一法非如化。佛告須菩提、如是如是。諸法平等非聲聞所作。乃至性空即是涅槃。若新發意菩薩聞是一切法皆畢竟性空、乃至涅槃亦皆如化者、心則驚怖。爲是新發意菩薩故、分別生滅者如化、不生不滅者不如化耶。今既以斯聖教驗知、彌陀定是報也。縱使後入涅槃、其義无妨。諸有智者應知。　問曰、彼佛及土既言報者、報法高妙、小聖難階。垢障凡夫云何得入。答曰、若論衆生垢障、實難欣趣。正由託佛願以作強緣、致使五乘齊入。　問曰、若言凡夫・小聖得生者、何故天親『淨土論』云女人及根缺、二乘種不生。今彼國中現有二乘。如此論教、若爲消釋。答曰、子但誦其文不闚其理、況加以封拙、懷迷无由啓悟。今引佛教以爲明證、却汝疑情。何者卽『觀經』下輩三人是也。何以得知。如下品上生云。或有衆生、多造惡法无有慚愧。如此愚人命欲終時、遇①善知識、爲說大乘教令稱阿彌陀佛。當稱佛時化佛・菩薩現在其前、金光・華蓋迎還彼土。華開已後、觀音、爲說大乘。此人聞已卽發无上道心。　問曰、種之與心有何差別。答曰、但以取便而言、義无差別。當華開之時、此人身器淸淨、正堪聞法。且不簡大小、但使得聞卽便生信。是以觀音不爲說小、先爲說大。聞大歡喜卽發无上道心。卽名大乘種生、亦名大乘心生。又當華開時、觀音先爲說小乘者、聞小生信。卽名二乘種生、亦名二

①「遇…佛」一五字　◎「遇善知識爲說大乘教令稱阿彌陀佛」とあり

乘心生。此品既爾、下二亦然。此三品人倶在彼發心。正由聞大卽大乘種生。由不聞小故、所以《コノユヘニ》二乘種不生。凡言種者卽是其心也。上來解二乘種不生義竟。女人及根缺義也彼无故、可知。又十方衆生修小乘戒行卽往生者、一无妨㝵、悉得往生。但到彼先證小果。證已卽轉向大。一轉向大以去、更不退生二乘之心。故名二乘種不生。前解就不定之始、後解就小果之終也、應知。」（玄義分）

「第七料簡韋提聞佛正說得益分齊者、　問曰、韋提既言得忍。未審、何時得忍、出在何文。答曰、韋提得忍、出在第七觀初。『經』云、佛告韋提、佛當爲汝分別解說除苦惱法。說是語時、无量壽佛住立空中、觀音・勢至侍立左右。時韋提應時得見、接足作禮歡喜讚歎卽得无生法忍。何以得知。如下利益分中說言。得見佛身及二菩薩、心生歡喜、歎未曾有。廓然大悟得无生忍。非是光臺中見國時得也。　問曰、上文說言、見彼國土極妙樂事、心歡喜故、應時卽得无生法忍。此之一義云何通釋。答曰、如此義者、但是世尊酬前別請、擧《テ》勸利益《ヲ》方便之由序《ナリ》。何《ヲ》以《カ》得《ル》知《ヲ》。次下《ノ》文《ノ》中《ニ》說言《ク》、諸佛如來有異《ノ》方便、令《ハム》汝得見。次《ギ》下《モ》日想・水想・冰想乃至十三觀已來盡名《ク》異《ノ》方便《ト》也。欲《シテ》使《メムト》衆生《ヲシテ》於《テ》此《ノ》觀門《ニ》一一《ニ》得《エ》成《ヲ》、見《テ》彼《ノ》妙事《ヲ》心《ニ》歡喜《セムガ》故《ニ》、卽得无生《ヲ》。斯乃直《ニ》是《レ》如來慈哀《シテ》末代《ヲ》、擧《テ》勸《テ》勵《シメ》修《ヲ》、欲《シテ》令《ムト》積學之者《ヲシテ》无《ラ》遺《アヤマリ》、聖力冥《ニ》加《シ》現《ニ》益《ルガ》故也。　證《セシ》日《ヒ》、掌《ニ》握《ニギル》機縁《ヲ》十有三結、條條順《ジテ》理《ニ》、以應《ジ》玄門《ニ》訖《ヌ》。此義周《ク》三《ビ》呈《テイス》前《ノ》證《ヲ》者《ナリ》矣。　上來雖有《ト》七段《ノ》不同、總《テ》是文《ノ》前《ノ》玄義《ナリ》。料簡《シ》經論《ノ》相違妨難《ヲ》、一一《ニ》引《テ》教證明《ス》。欲《オモフテナリ》使《シメムト》信者《ヲシテ》无疑、求《メム》者《ヲシテ》无《ラ》滯《トヾコホリ》、應知。」（玄義分）

『往①生禮讚』云、「觀《ズレバ》彼《ノ》彌陀《ノ》極樂界《ヲ》、廣大寬平《ニシテ》衆寶②《ヲモテ》成《ゼリ》。四十八願《ノ》莊嚴《ヨリ》起《オコレリ》、超《テ》諸佛《ノ》刹《ニ》最《トモ》爲《タリ》精。本國他方大海衆、窮《テ》劫算數《ストモ》不《ジ》知《ラ》名。普《ク》勸《テ》歸《シテ》西《ニ》同《ゼシメテ》彼《ノ》會《ニ》、恆沙《ノ》三昧自然《ニ》成《ゼム》。」

「次解三輩散善一門之義。就此義中卽有其二。一明三福以爲正

①往　◎「止也」と右傍註記
②寶　右◎「ヲ」と上書訂記

1-679　7-97　1-946　1-759　7-98

因。二明九品以爲正行。今言三福者、第一福卽是世俗善根。曾來未聞佛法、但自行孝養・仁・義・禮・智・信。故名世俗善也。第二福者此名戒善。就此戒中卽有人・天・聲聞・菩薩等戒。其中或有具受・不具受、或有具持・不具持。但能廻向盡得往生。第三福者名爲行善。此是發大乘心凡夫、自能行行、兼勸有緣捨惡持心、廻生淨土。又就此三福之中、或有一人單行世福廻亦得生。或有一人單行戒福廻亦得生。或有一人單行行福廻亦得生。或有一人行上二福廻亦得生。或有一人行下二福廻亦得生。或有一人具行三福廻亦得生。或有人等、三福俱不行者卽名十惡・邪見・闡提人也。言九品者、至文當辨、應知。　今略料簡三福差別義意竟。　十四就上輩觀行善文前、總料簡卽爲十一門。一者總明告命。二者辨定其位。三者總擧有緣之類。四者辨定三心以爲正因。五者正明簡機堪與不堪。六者正明受法不同。七者正明修業時節延促有異。八者明廻所修行、願生彌陀佛國。九者明臨命終時聖來迎接不同、去時遲疾。十者明到彼華開遲疾不同。十一者明華開已後得益有異。今此十一門義者、約對九品之文、就一一品中皆有此十一。卽爲一百番義也。又此十一門義、就上輩文前、總料簡亦得。或就中・下輩文前、各料簡亦得。又此義若以文來勘者、卽有具不具。雖有隱顯、若據其道理悉皆合有。爲此因緣故、須廣開顯出。欲令依行者易解易識也。　上來雖有十一門不同、廣料簡上輩三品義意竟。」（散善義）

「[01]『經』①云、一者至誠心。[02]至者眞、誠者實。欲明一切衆生身口意業所修解行、必須眞實心中作。[03]不得外現賢善精進之相内懷虛假。貪瞋・邪僞・奸詐百端、惡性難侵、事同蛇蝎、雖起三業名爲雜毒之善、亦名虛假之行。不名眞實業也。若作如此安心・起行者、縱使苦勵身心、日夜十二時急走急作、如炙頭燃者、衆名雜毒之善。[04]欲廻此雜毒之行求生彼佛淨土者、此必不可也。何以故。正由彼阿彌陀

01［經云…他眞實］信卷71 愚禿鈔293a 抄出
02［至者…者實］略典275
03［不得…虛假］唯信意711
04［欲廻…他眞實］信卷82

①「經…知（一五五頁）」この一文◎表書「一者至誠心二者深心三者廻向發願心具三心者必生彼國（八六頁）」の裏書

01[又眞：正二報]化卷190
02[言自：正二報]愚禿鈔294b
03[不善：益也]信卷71 [不善：誠心]信卷82
04[二者：往生]愚禿鈔296a
05[自身：之縁]歎異抄1074意

佛因中行菩薩行時、乃至一念一刹那、三業所修、皆是眞實心中作、凡所施爲趣求、亦皆眞實。[01]又眞實有二種。一者自利眞實、二者利他眞實。[02]言自利眞實者、復有二種。一者眞實心中、制捨自他諸惡及穢國等、行住坐臥想同一切菩薩制捨諸惡、我亦如是也。二者眞實心中、懃修自他凡聖等善。眞實心中口業、讃嘆彼阿彌陀佛及依正二報。又眞實心中口業、毀厭三界・六道等自他依正二報苦惡之事。亦讃嘆一切衆生三業所爲善。若非善業者、敬而遠之、亦不隨喜也。又眞實心中身業、合掌禮敬、以四事等供養彼阿彌陀佛及依正二報。又眞實心中身業、輕慢厭捨此生死三界等自他依正二報。又眞實心中意業、思想觀察憶念彼阿彌陀佛及依正二報、如現目前。又眞實心中意業、輕賤厭捨此生死三界等自他依正二報。[03]不善三業、必須眞實心中捨。又若起善三業者、必須眞實心中作。不簡内外明闇、皆須眞實。故名至誠心。[04]二者深心。言深心者卽是深信之心也。亦有二種。一者決定深信[05]自身現是罪惡生死凡夫、曠劫已來常沒常流轉、无有出離之緣。二者決定深信彼阿彌陀佛四十八願攝受衆生、无疑无慮乘彼願力定得往生。[06]又決定深信釋迦佛說此『觀經』三福・九品・定散二善、證讚彼佛依正二報、使人欣慕。[07]又決定深信『彌陀經』中、十方恆沙諸佛證勸一切凡夫決定得生。又深信者、仰願、一切行者等、一心唯信佛語不顧身命、決定依行、佛遣捨者卽捨、佛遣行者卽行、佛遣去處卽去。是名隨順佛教隨順佛意、是名隨順佛願。是名眞佛弟子。又一切行者但能依此『經』深信行者、必不悞衆生也。何以故。佛是滿足大悲人故、實語故。除佛已還、智行未滿。在其學地、由有正習二障未除、果願未圓。此等凡聖縱使測量諸佛教意、未能決了。雖有平章、要須請佛證爲定也。若稱佛意、卽印可言如是如是。若不可佛意者、卽言汝等所說是義不如是。不印者卽同无記・无利・无益之語。佛印可者卽隨順佛之正教。若佛所有言說、卽是正教・正義・正行・正解・正業・正智。若多若少、衆不問菩薩・人・天等、定其是非也。

若佛所說卽是了教。菩薩等說盡名不了教也、應知。是故今時、仰勸一切有緣往生人等。唯可深信佛語專注奉行。不可信用菩薩等不相應教、以爲疑㝵、抱惑自迷、廢失往生之大益也。[01]又深心深信者、決定建立自心、順教修行、永除疑錯、不爲一切別解・別行・異學・異見・異執之所退失傾動也。　問曰、凡夫智淺、惑障處深。若逢解行不同人多引經論來相好難、證云一切罪障凡夫不得往生者、云何對治彼難、成就信心、決定直進、不生怯退也。答曰、若有人多引經論證云不生者、行者卽報云。仁者雖將經論來證道不生、如我意者決定不受汝破。何以故。然我亦、不是不信彼諸經論。盡皆仰信。然佛說彼經時、處別・時別・對機別・利益別。又說彼經時、卽非說『觀經』・『彌陀經』等時。然佛說教備機、時亦不同。彼卽通說人・天・菩薩之解行。今說『觀經』定散二善、唯爲韋提及佛滅後五濁・五苦等一切凡夫、證言得生。爲此因緣、我今一心依此教決定奉行。縱使汝等百千萬億道不生者、唯增長成就我往生信心也。又行

01［又深…動也］化卷191

者更向說言。仁者善聽、我今爲汝更說決定信相縱使地前菩薩・羅漢・辟支佛等、若一若多、乃至遍滿十方、皆引經論證言不生者、我亦未起一念疑心。唯增長成就我淸淨信心。何以故。由佛語決定成就了義、不爲一切所破壞故。又仁者善聽。縱使初地已上十地已來、若一若多、乃至遍滿十方、異口同音皆云、釋迦佛指讚彌陀、毀呰三界・六道、勸勵衆生、專心念佛、及修餘善、畢此一身後必定生彼國者、此必虛妄、不可依信也。我雖聞此等所說、亦不生一念疑心。唯增長成就我決定上上信心。何以故。乃由佛語眞實決了義故。佛是實知・實解・實見・實證、非是疑惑心中語故。又不爲一切菩薩異見・異解之所破壞。若實是菩薩者、衆不違佛教也。又置此事、仁者當知。縱使化佛・報佛、若一若多、乃至偏滿十方、各各輝光、吐舌偏覆十方、一一說言、釋迦所說、指讚勸發一切凡夫、專心念佛、及修餘善迴願得生彼淨土者、此是虛妄、定无此事也。我雖聞此等諸佛所說、畢竟、不起一念疑退之心畏不得生彼佛國也。

何以故。一佛一切佛、所有知見・解行・證悟・果位・大悲、等同无少差別。是故一佛所制、卽一切佛同制。如似前佛制斷殺生・十惡等罪、畢竟不犯不行者、卽名十善・十行隨順六度之義、若有後佛出世、豈可改前十善令行十惡也。以此道理推驗、明知、[01]諸佛言行不相違失。縱令[02]釋迦指勸一切凡夫、盡此一身專念專修、捨命已後定生彼國者、卽十方諸佛悉皆同讚、同勸、同證。何以故。同體大悲故。一佛所化卽是一切佛化。一切佛化卽是一佛所化。卽『彌陀經』中說。釋迦讚嘆極樂種種莊嚴、[03]又勸一切凡夫一日七日一心專念彌陀名號、定得往生、次下文、云十方各有恆河沙等諸佛、同讚釋迦能於五濁惡時・惡世界・惡衆生・惡見・惡煩惱・惡邪・无信盛時、指讚彌陀名號、勸勵衆生稱念必得往生、卽其證也。又十方佛等、恐畏衆生不信釋迦一佛所說、卽共同心同時各出舌相遍覆三千世界、說誠實言。汝等衆生皆應信是釋迦所說・所讚・所證。一切凡夫不問罪福多少、時節久近、但能上盡百年下至一日七日、一心

01［諸佛…中說］化卷202
02［釋迦…信也］信卷73
03［又勸…信也］化卷203

04［次就…心也］化卷191

05［又就…雜行］信卷73

06［一心…願故］一多意671抄出　［一心…之業］略典275抄出　［一心專念］信卷94

07［衆名…願心］信卷74

08［又廻…應知］信卷74　［又廻…益也］信卷89

專念彌陀名號、定得往生必无疑也。是故一佛所說、卽一切佛同證成其事也。此名就人立信也。04次就行立信者、然行有二種。一者正行、二者雜行。言正行者、專依往生經行行者、是名正行。何者是也。一心專讀誦此『觀經』・『彌陀經』・『无量壽經』等、一心專注思想觀察憶念彼國二報莊嚴、若禮卽一心專禮彼佛、若口稱卽一心專稱彼佛、若讚嘆供養卽一心專讚嘆供養、是名爲正。05又就此正中復有二種。一者06一心專念彌陀名號、行住坐臥不問時節久近念念不捨者、是名正定之業、順彼佛願故。若依禮誦等卽名爲助業。除此正助二行已外自餘諸善悉名雜行。若修前正助二行、心常親近憶念不斷、名爲无間也。若行後雜行、卽心常間斷、雖可廻向得生、07衆名疎雜之行也。故名深心。三者廻向發願心。言廻向發願心者、過去及以今生身口意業所修世出世善根、及隨喜自他一切凡聖身口意業所修世出世善根、以此自他所修善根悉皆眞實深信心中廻向願生彼國。故名廻向發願心也。08又廻向發願

01［此心…金剛］略典275

生者必須決定眞實心中廻向願、作得生想。01此心深信由若金剛、不爲一切異見・異學・別解・別行人等之所動亂破壞。唯是決定一心捉正直進、不得聞彼人語卽有進退、心生怯弱。廻顧落道、卽失往生之大益也。

問曰、若有解行不同邪雜人等、來相惑亂、或說種種疑難、噵不得往生、或云、汝等衆生曠劫已來及以今生身口意業、於一切凡聖身上具造十惡・五逆・四重・謗法・闡提・破戒・破見等罪、未能除盡。然此等之罪繫屬三界惡道。云何一生修福念佛卽入彼无漏无生之國、永得證悟不退位也。答曰、諸佛教行、數越塵沙。稟識機緣隨情非一。譬如世間人眼可見可信者、如明能破闇、空能含有、地能載養、水能生潤、火能成壞。如此等事悉名待對之法。卽自可見、千差萬別。何況佛法不思議之力、豈无種種益也。隨出一門者、卽出一煩惱門也。隨入一門者、卽入一解脫智慧門也。爲此隨緣起行、各求解脫。汝何以乃將非有緣之要行障惑於我。然我之所愛、卽是我有緣之行。卽非汝所求。汝之所愛、卽是汝有縁之行。亦非我所求。是故各隨所樂而修其行者、必疾得解脱也。行者當知。若欲學解、從凡至聖、乃至佛果、一切无㝵皆得學也。若欲學行者、必籍有縁之法。少用功勞多得益也。又白一切往生人等、今更爲行者說一譬喩、守護信心以防外邪異見之難。何者是也。譬如有人欲向西行百千之里。忽然中路在二河。一是火河、在南。二是水河、在北。二河各闊百歩、各深无底。南北无邊。正水火中間有一白道。可闊四五寸許。此道從東岸至西岸、亦長百歩、其水波浪交過濕道、其火焰亦來燒道。水火相交常无休息。此人既至空曠迥處、更无人物。多有群賊・惡獸、見此人單獨、競來欲殺。此人怖死直走向西、忽然見此大河、卽自念言。此河南北不見邊畔。中間見一白道、極是狹少。二岸相去雖近、何由可行。今日定死不疑。正欲到迴、群賊・惡獸漸漸來逼。正欲南北避走、惡獸・毒蟲競來向我。正欲向西尋道而去、復恐墮此水火二河。當時惶怖不復可言。卽自思念。我今迴亦死。住亦死。去亦死。一種不勉死者、我寧尋

01［西岸…之難］略典274
02［中間…心也］略典274

此道向前而去。既有此道。必應可度。作此念時、東岸忽聞人勸聲。仁者但決定尋此道、必无死難。若住、卽死。又[01]西岸上有人喚言、汝一心正念直來。我能護汝。衆不畏墮於水火之難。此人既聞此遣彼喚卽自正當身心、決定尋道直進、不生疑怯退心。或行一分二分、東岸群賊等喚言、仁者廻來。此道嶮惡不得過。必死不疑。我等衆无惡心相向。此人雖聞喚聲亦不廻顧。一心直進念道而行、須臾卽到西岸、永離諸難。善友相見慶樂无已。此是喩也。次合喩者、言東岸者、卽喩此娑婆之火宅也。言西岸者、卽喩極樂之寶國也。言群賊・惡獸詐親者、卽喩衆生六根・六識・六塵・五陰・四大也。言无人空迥澤者、卽喩常隨惡友不値眞善知識也。言水火二河者、卽喩衆生貪愛如水①、瞋憎如火也。言[02]中間白道四五寸者、卽喩衆生貪瞋煩惱中能生淸淨願往生心也。乃由貪瞋強故卽喩如水火。善心微故喩如白道。又水波常濕道者、卽喩愛心常起能染汚善心也。又火焔常燒道者、卽喩瞋嫌之心能燒功德之法財也。言人

①水　◎右傍補記

行道上直向西者、卽喩廻諸行業直向西方也。言東岸聞人聲勸遣、尋道直西進者、卽喩釋迦已滅、後人不見、由有敎法可尋。卽喩之如聲也。言或行一分二分群賊等喚廻者、卽喩別解・別行・惡見人等妄說見解迭相惑亂、及自造罪退失也。言西岸上有人喚者、卽喩彌陀願意也。言須臾到西岸善友相見喜者、卽喩衆生久流生死、曠劫淪廻、迷倒自纏、无由解脫、03仰蒙釋迦發遣指向西方、又籍彌陀悲心招喚、今信順二尊之意、不顧水火二河、念念无遺、乘彼願力之道、捨命已後得生彼國、與佛相見慶喜何極也。又一切行者、行住坐臥三業所修、无問晝夜時節、常作此解常作此想故、名廻向發願心。又言廻向者、生彼國已、還起大悲、廻入生死敎化衆生亦名廻向也。　三心既具、无行不成。願行既成、若不生者、无有是處也。又此三心亦通攝定善之義、應知」（散善義）

『往生禮讚』云、「問曰、今欲《スル》勸《テ》人往生《セシメムト》者《ハ》、未《ダ》知《ラ》、若《イカンガ》爲安心・起行・作業《シテ》

01［如觀…誠心］化卷192
02［二者…深心］信卷78
03［深心…深心］行卷50
［深心…信心］略典275
04［今信…名號］一多意677
05［三者…應知］化卷192
06［具此…得生］唯信意709

定得往生彼國土也。答曰、必欲生彼國土者、[01]如『觀經』說者、具三心必得往生。何等爲三。一者至誠心。所謂身業禮拜彼佛、口業讃嘆稱揚彼佛、意業專念觀察彼佛。凡起三業、必須眞實。故名至誠心。[02]二者[03]深心。卽是眞實信心。信知自身是具足煩惱凡夫、善根薄少流轉三界不出火宅、[04]今信知彌陀本弘誓願、及稱名號下至十聲一聲等、定得往生、乃至一念无有疑心。故名深心。[05]三者廻向發願心。所作一切善根悉皆廻願往生。故名廻向發願心。[06]具此三心必得往生也。若少一心、卽不得生。如『觀經』具說、應知。　又如天親『淨土論』云。若有願生彼國者、勸修五念門。五門若具、定得往生。何者爲五。一者身業禮拜門。所謂一心專至恭敬合掌香華供養禮拜彼阿彌陀佛。禮卽專禮彼佛、畢命爲期不雜餘禮。故名禮拜門。二者口業讃嘆門。所謂專意讃嘆彼佛身相・光明、一切聖衆身相・光明、及彼國中一切寶莊嚴・光明等。故名讃嘆門。三者意業憶念觀察門。所謂專意念觀彼佛及一切聖衆身相・光明、國土莊嚴等。

如《シ》『觀經《ニ》』說《ガ》。唯《シ》除《テハ》睡時《ヲ》、恆《ニ》憶《シ》恆《ニ》念《ジ》恆想《シ》恆觀《ズ》此事等《ヲ》。故名觀察門《ト》。四者作願門。所謂專《シテ》心《ヲ》、若《ハ》晝若夜、一切《ノ》時一切《ノ》處、三業四威儀所作《ノ》功德、不《ズ》問《ハ》初・中・後《ヲ》、皆須《ク》眞實心《ノ》中《ニ》發《シテ》願願《ズ》生《ムト》彼《ノ》國《ニ》。故名《ク》作願門《ト》。五者廻向門。所謂專《シテ》心《ヲ》、若《ハ》自作《ノ》善根、及一切《ノ》三乘・五道、一一《ノ》聖凡等《ノ》所作《ノ》善根深《ク》生《ズルコト》隨喜《ヲ》、如《ク》諸佛・菩薩《ノ》所作《ノ》隨喜《ノ》、我《モ》亦如《キ》是《ノ》隨喜《ス》、以《テ》此《ノ》隨喜《ノ》善根及己《ガ》所作《ノ》善根《ヲ》、皆悉《ク》與《ト》衆生共《ニ》之廻向《ス》彼《ノ》國《ニ》。故《ニ》名《ク》廻向門《ト》。又到《リ》彼《ノ》國《ニ》已《テ》得六神通《ヲ》廻《リ》入《テ》生死《ニ》、教化《シ》衆生《ヲ》徹窮《シテ》後際《ヲ》心《ニ》无《ク》厭足、乃至成佛《マデニス》、亦名《ク》廻向門《ト》。五門既《ニ》具《シテ》定《テ》得《ム》往生《ヲ》。一一《ノ》門與《ト》上《ノ》三心合《シテ》、隨《テ》起《サバ》業行《ヲ》、不《ズ》問多少、皆名《ル》眞實《ノ》業《ト》也、應知。　又勸《ム》行《ジテ》四修《ノ》法《ヲ》、用《テ》策《マシテ》三心・五念之行《ヲ》、速《ニ》得《ムコトヲ》往生《ヲ》。何者《ヲカ》爲《ル》四《ト》。一者恭敬修。所謂恭敬《シ》禮拜《ス》彼《ノ》佛及彼《ノ》一切聖衆等《ヲ》。故《ニ》名《ク》恭敬修《ト》。畢《ヲ》命爲《シテ》期誓《テ》不《ル》中止《セ》、卽是長時修《ナリ》。二者无餘修。所謂專稱《シ》彼《ノ》佛《ノ》名《ヲ》、專念《シ》專想《シ》專禮《シ》專讚《シテ》彼《ノ》佛及一切聖衆等《ヲ》不《ズ》雜《マジヘ》餘業《ヲ》。故《ニ》名《ク》无餘修《ト》。畢命爲期誓不《ル》中止、卽是長時修。三者无間修。所謂相續《シテ》恭敬《シ》禮拜《シ》、稱名《シ》讚嘆《シ》、憶念《シ》觀察《シ》、廻

01［又菩…應知］化卷192
02［又如…語故］行卷31

向發願《シ》、心心相續《シテ》不《ズ》以《テ》餘業《ヲ》來《シ》間《ヘダテ》。故《ニ》名《ク》无間修《ト》。又不《シテ》以《テ》貪瞋煩惱《ヲ》來《シ》間《ダテ》、隨《テ》犯《セムニ》隨《テ》懺《ヨ》。不《ズシテ》令《メ》隔《ヘダテ》念隔時隔《テ》日、常《ニ》使《ル》清淨《ナラ》、亦名《ク》无間修《ト》。畢命爲《シテ》期誓《テ》不《ル》中止《セ》、卽是長時修《ナリ》。01又菩薩《ハ》已《ニ》免《マヌカレテ》生死《ヲ》、所作《ノ》善法迴《シテ》求《ル》佛果《ヲ》、卽是自利《ナリ》。敎化《シテ》衆生《ヲ》盡《ス》未來際、卽是利他《ナリ》。然《ルニ》今《ノ》時《ノ》衆生悉《ク》爲《ニ》煩惱《ノ》繫縛《セラレテ》、未《ダ》免《レズ》惡道生死等《ノ》苦《ヲ》。隨《テ》緣《ニ》起《シ》行、一切《ノ》善根具《ニ》速《ニ》迴《シテ》願《ズベシ》往生《セムト》阿彌陀佛《ノ》國《ニ》。到《リ》彼《ノ》國《ニ》已《テ》、更《ニ》无《シ》所《ル》畏。如《ノ》上四修自然任運《ニシテ》、自利利他无《シ》不《ズトイフコト》具足、應知。02又如《シ》『文殊般若』云。明《シテ》一行三昧《ヲ》、唯勸《メタマヘリ》獨處《シテ》空閑《ニ》捨《テ、》諸《ノ》亂意《ヲ》、係《テ》心《ヲ》一佛《ニ》、不《シテ》觀《ゼ》相貌《ヲ》、專稱《スレバ》名字、卽於《テ》念《ノ》中《ニ》得《コトヲ》見《ヲ》彼《ノ》阿彌陀佛及一切佛等《ヲ》。　問曰、何故《ゾ》不《シテ》令《メ》作觀直《ニ》遣《シムル》專《ラ》稱《セ》名字《ヲ》者《ハ》、有《ル》何意也。答曰、乃《シ》由《テ》衆生障重《クシテ》、境細心麤《ナリ》、識颺神飛《テ》、觀難《キニ》成就《シ》也。是《ヲ》以《テ》大聖悲憐《シテ》、直《ニ》勸《メタマヘリ》專稱《セシムルコトヲ》名字《ヲ》。正《ク》由《ルガ》稱名易《キニ》故、相續《シテ》卽生《レム》。　問曰、既遣《シムルニ》專稱一佛、何《ガ》故《ソ》境現《ズルコト》卽多《キ》。此豈《ニ》非《ズ》邪正相交《マジハリ》一多雜現《スルニ》也。答曰、佛《ト》佛齊《シク》證《シテ》、形无《シ》二《ノ》別。縱使念《ジテ》一見多《ヲ》、卒《ソムカム》何《ノ》大道理《ニカ》也。　又如『觀經』云。佛勸《タマフテ》坐觀・禮念等《ヲ》、皆須《ク》面《ヲ》向《フル》西方《ニ》者最勝《ナリ》。如《シ》樹《キノ》先《ヨリ》傾《ケルガ》倒《ル》、必隨《ガ》

03［以光…求念］行卷49

04［若欲…三品］化卷193

05［念報…行故］化卷209

曲《マガレルニ》故《ニ》。必有《テ》事《ノ》礙不《ハ》及《バ》向《ニ》西方《ニ》、但作《ナス》向《フ》西《ニ》想《ヲ》、亦得《タリ》。 問曰、一切《ノ》諸佛《ハ》三身同《ジク》證《シ》、悲・智圓《ニ》具《シテ》亦應《シ》无《ル》二《ナラビ》。隨《テ》方《ニ》禮念《シ》課《オホス》稱《セムニ》一佛《ヲ》、亦應得生。何故《ソ》偏《ニ》嘆《ジテ》西方、勸《ル》專《ラ》禮念等《ヲ》、有何《ノ》義《カ》也。答曰、諸佛《ノ》所證《ハ》平等《ニシテ》是一《ナレドモ》、若以《テ》願行《ヲ》來《シ》收《オサムルニ》非《ズ》无《ニ》因緣。然《ルニ》彌陀世尊、本《ト》發《シテ》深重《ノ》誓願《ヲ》、[03]以《テ》光明・名號接化《マフ》十方《ヲ》。但使《レバ》信心《ヲモテ》求念《セ》、上盡一形、下至《マデ》十聲一聲等、以《テ》佛《ノ》願力易《シ》得往生。是《ノ》故《ニ》釋迦及以諸佛勸《テ》向《ルヲ》西方《ニ》爲《ス》別異《ト》耳《クノミ》。亦非《ル》是《レ》稱念《シテ》餘佛不能除《キ》障滅《コト》罪也、應知。

若能《ク》如《ク》上《ノ》念念相續《シテ》、畢命爲《ル》期者《ノハ》、十《ハ》卽十《ナガラ》生《ル》、百卽百生《ル》。何《ヲ》以《ノ》故《ニ》。无《シ》外《ノ》雜緣、得《タルガ》正念《ヲ》故、與佛《ノ》本願得《タルガ》相應《ヲ》故、不《ルガ》違《セ》教《ニ》故、隨順《スルガ》佛語《ニ》故《ナリ》。[04]若《シ》欲《スル》捨《テ》、專《ヲ》修《セムト》雜業《ヲ》者《ノハ》、百《ハ》時《ニ》希《ニ》得《ウ》一二《ヲ》、千《ハ》時《ニ》希《ニ》得《ウ》三五《ヲ》。何《ヲ》以《ノ》故《ニ》。乃《シ》由《ルガ》雜緣亂動《ス》、失《スルニ》正念故、與佛《ノ》本願不《ルガ》相應《セ》故、與教相違《スルガ》故、不《ルガ》順佛語《ニ》故、係念不《ルガ》相續故、憶想間斷《スルガ》故、廻願不《ルガ》慇重眞實《ナラ》故、貪瞋・諸見煩惱來《テ》間斷《スルガ》故、无《キガ》有《コト》慚愧・懺悔《ノ》心故《ニ》。懺悔《ニ》有三品。一要、二略、三廣。如《シ》下《ニ》具《ニ》說《クガ》。隨《テ》意《ニ》用《キルニ》皆得《タリ》。又不《ルガ》相續《シテ》[05]念報《セ》彼《ノ》佛恩《ヲ》故《ニ》、心《ニ》生《ジテ》輕慢《ヲ》雖作《スト》業行《ヲ》、常《ニ》與《ト》名利相應《スルガ》故、人我自《オノヅカラ》覆《フテ》不《ル》親

01[余比…无一]化卷204
02[仰願…應知]信卷98
03[唯觀…彌陀]行卷32 唯信意705a・706b 意

近《セ》同行善知識《ニ》故、樂《コノムデ》近《チカヅキテ》雜縁《ニ》、自障障他《スルガ》往生《ノ》正行《ヲ》故《ニ》。何以《ノ》故《ニ》。[01]余《ヨ》比日《コノゴロ》自《ミヅカラ》見聞《スルニ》諸方《ノ》道俗《ヲ》、解行不同《ニシテ》專雜有《リ》異。但使《ル》專《シテ》意作《サ》者、十《ハ》卽十生《ル》。修《シテ》雜《ヲ》不《ル》至心者《ノハ》、千《ガ》中《ニ》无《シ》一《ヒトリモ》。此《ノ》二行《ノ》得失、如《シ》前《ニ》已《ニ》辨《ズルガ》。[02]仰願《ハ》一切《ノ》往生人等善《ク》自《ミヅカラ》思量《セヨ》己《オノレガ》能《ヲ》。今身《ニ》願《ハム》生《ムト》彼《ノ》國《ニ》者《ノハ》、行住坐臥必須《ク》勵《シ》心、剋《シテ》己《レニ》晝夜《ニ》莫《レ》廢《コト》、畢命爲《シテ》期《ト》。上在《テ》一形《ニ》似如《ニタレドモ》少苦《ニ》、前念《ニ》命終《シテ》後念《ニ》卽生《テ》彼國、長時永劫《ニ》常《ニ》受《ウケ》无爲《ノ》法樂《ヲ》、乃至成佛《マデニ》不《ズ》逕《ヘ》生死《ヲ》。豈《ニ》非《ズ》快《ニ》哉《ヤ》、應《シ》知《ル》。」

「問曰、何故《ソ》號《シテ》爲《スル》阿彌陀《ト》。答曰、『彌陀經』及『觀經』《ニ》云《ク》、彼《ノ》佛《ノ》光明无量《ニシテ》照《タマフニ》十方《ノ》國《ヲ》无《シ》所障㝵《スル》。[03]唯觀《ジテ》念佛《ノ》衆生《ヲ》、攝取《シテ》不《ズ》捨《テタマハ》、故名《ツル》阿彌陀《ト》。彼《ノ》佛《ノ》壽命及其《ノ》人民《ノモ》无量无邊阿僧祇劫《ナリ》。故《ニ》名《ツルト》阿彌陀《ト》。又釋迦佛及十方佛、讚嘆《シタマフニ》彌陀《ノ》光明《ヲ》有《リ》十二種《ノ》名、普《ク》勸《メテ》衆生《ヲ》、稱名《シ》禮拜《シ》相續《シテ》不《ル》斷者《ノハ》、現世《ニ》得《ム》无量《ノ》功德《ヲ》、命終之後定《テ》得《ム》往生《ヲ》。如《シ》『无量壽經』說《テ》云《ガ》。其《レ》有《テ》衆生遇《フ》斯《ノ》光《ニ》者《ノハ》、三垢消滅《シテ》身意柔輭《ナリ》。歡喜踊躍《シテ》善心生《ズ》焉。若《シ》在《テ》三途勤苦之處《ニ》、見《レバ》此《ノ》光明《ヲ》、無《シ》復苦惱。壽《チ》終《テ》之後《ニ》皆蒙《ル》解脫《ヲ》。无量壽佛《ハ》

04「問曰…者也」行卷 33

光明顯赫《ニシテ》照耀《スルニ》十方《ノ》諸佛《ノ》國土《ヲ》、莫《シ》不《コト》聞《キコエ》焉。不《ズ》但《タヾ》我《ガ》今稱《スルノミニ》其《ノ》光明《ヲ》、一切《ノ》諸佛・聲聞・緣覺・諸《ノ》菩薩衆咸《ク》共《ニ》嘆譽《スルコト》、亦復如是。若《シ》有《テ》衆生、聞《テ》其《ノ》光明威神《ノ》功德《ヲ》、日夜《ニ》稱說《シテ》、至《シテ》心《ヲ》不《レ》斷《タエ》者《バ》、隨《テ》其《ノ》所願《ニ》得《ウ》生《ヲ》其《ノ》國《ニ》。常《ニ》爲《ニ》諸《ノ》菩薩・聲聞之衆《ノ》所《ル》共《ニ》嘆譽《シ》稱《セ》其《ノ》功德。佛《ノ》言《ク》、我《レ》說《ムニ》无量壽佛《ノ》光明威神巍巍殊妙《ナルコトヲ》、晝夜一劫《ストモ》、尚不《ジト》能盡《コト》。白《フサク》諸《ノ》行者《ニ》。當《ニ》知《ル》、彌陀《ノ》身相光明《ハ》、釋迦如來一劫說《タマフトモ》、不能盡《コト》者《ノナリ》。如《シ》『觀經』云《ガ》。一一《ノ》光明《ハ》偏《ク》照《シタマフ》十方世界《ヲ》、念佛《ノ》衆生《ヲバ》攝取《シテ》不《ズト》捨《タマハ》。今既《ニ》『觀經《ニ》』有《テ》如《キノ》是不思議《ノ》增上《ノ》勝緣、攝護《シタマフ》行者《ヲ》。何《ゾ》不《ム》相續《シテ》稱觀禮念《シテ》願《ハ》往生《テ》也、應知」。(禮讚)

04「問曰、稱《スルニ》念禮觀《シテ》阿彌陀佛《ヲ》、現世《ニ》有《ルヤ》何《ナル》功德利益《カ》。答曰、若《シ》稱《スルコト》阿彌陀佛《ヲ》一聲《スルニ》、即能《ク》除滅《ス》八十億劫《ノ》生死《ノ》重罪《ヲ》。禮念已下《モ》亦如《シ》是《ノ》。『十往生經』云、若《シ》有《テ》衆生念《ジテ》阿彌陀佛《ヲ》願《ゼム》往生《ヲ》者《ノハ》、彼《ノ》佛即遣《ツカハシテ》二十五菩薩《ヲ》擁護《シタマフ》行者《ヲ》。若行若住、若坐若臥、若晝若夜、一切《ノ》時一切《ノ》處《ニ》、不《ル》令《メ》惡鬼・惡神《ヲシテ》得《エ》其《ノ》便《タヨリヲ》也。又如《シ》『觀經』云。若稱禮念《シテ》阿彌陀佛《ヲ》、願《ム》往生《セムト》彼《ノ》國《ニ》者《ノハ》、彼《ノ》佛即遣《ハシテ》无數《ノ》化佛、无數《ノ》化觀音・勢至菩薩《ヲ》、護念《タマフ》行者《ヲ》。復與《ト》前《ノ》二

1-958 1-957 7-112 1-918

01[若我…往生]化卷254
[若我…正覺]唯信意716

十五菩薩等百重千重圍遶《シテ》行者《ヲ》、不《ズ》問《トハ》行住坐臥《ヲ》、一切《ノ》時處、若晝若夜、常《ニ》不《ズ》離《レタマハ》行者《ヲ》。今既《ニ》有《リ》斯《ノ》勝益、可《シ》憑《ム》。願《ハ》諸《ノ》行者、各《ノ》須《ク》《シ》至《シテ》心求《ム》往《ヲ》。又如《シ》『无量壽經』云。[01]若我成《ラムニ》佛、十方《ノ》衆生、稱《セムコト》我《ガ》名號《ヲ》下《シモ》至《マデ》十聲《ニ》、若不《ズ》生者《ハ》不《ジト》取正覺《ヲ》。彼《ノ》佛今現《ニ》在《マシマシテ》成《リタマヘリ》佛。當《ニ》知《ル》、本誓重願不《ズ》虛《ムナシカラ》、衆生稱念《スレバ》必《ズ》得《ムト》往生《ヲ》。又如《シ》『彌陀經』云。若有《テ》衆生聞《テ》說《ムヲ》阿彌陀佛《ヲ》、卽應《シ》執持《ス》名號。若一日、若二日、乃至七日、一心《ニ》稱《シテ》佛《ヲ》不《ザラム》亂《レ》。命欲《スル》終《ラムト》時、阿彌陀佛與《ト》諸《ノ》聖衆現《ジテ》在《マシマサム》其前《ニ》。此《ノ》人終《ラム》時、心不《ズシテ》顚倒《セ》、卽得《ム》往生《ヲ》彼《ノ》國《ニ》。佛告《ク》舍利弗、我《レ》見《ルガ》此利故《ニ》說《ク》是《ノ》言《ヲ》。若有《テ》衆生聞《カム》是說《ヲ》者《ノ》、應《ベシ》當《ニ》發願《シテ》願《ズ》生《ムト》彼國。次下《ニ》說云、東方如恆河沙等《ノ》諸佛、南西北方及上下、一一《ノ》方《ノ》如恆河沙等《ノ》諸佛、各《ノ》於《シテ》本國《ニ》出《シテ》其《ノ》舌相《ヲ》、徧《ク》覆《テ》三千大千世界《ニ》、說《タマフ》誠實《ノ》言《ヲ》、汝等《ナンダチ》衆生皆應《シ》信《ズ》是一切諸佛所護念經《ヲ》。云何《イカンガ》名《ルト》護念《ト》。若《シ》有《テ》衆生稱念《セムコト》阿彌陀佛《ヲ》、若七日及一日、下至十聲乃至一聲一念等、必得《ウト》往生《ヲ》。證成《ス》此《ノ》事《ヲ》故《ニ》名《ク》護念經《ト》。次下《ノ》文云《ク》、若稱《シテ》佛《ヲ》往生《スル》者《ノハ》、常《ニ》爲《ニ》六方《ノ》恆河沙等《ノ》諸佛之《ノ》所《ル》護念《セ》。故《ニ》名《ク》護念經《ト》。今既《ニ》有《マシマス》此《ノ》增上《ノ》誓願、

02「是心…火也」信卷96

可レ馮《シム》。諸《ノ》佛子等、何不《ラム》レ勵《マサ》レ意《ヲ》者《ノ》也《ヤ》。」（禮讃）

①『註論』云、「問曰、『觀无量壽經』言、諸佛如來是法界身。入一切衆生心想中。心想佛時、是心卽是三十二相・八十隨形好。是心作佛。是心是佛。諸佛正徧知海從心想生。是義云何。答曰、身名集成。界名事別。如眼界緣根・色・空・明・作意五因緣生名爲眼界。是眼但自行己緣不行他緣。以事別故。耳鼻等界亦如是。言諸佛如來是法界身者、法界是衆生心法也。以心能生世間・出世間一切諸法故、名心爲法界。法界能生諸如來相好身。亦如色等能生眼識。是故佛身名法界身。是身不行他緣。是故入一切衆生心想中。心想佛時、是心卽是三十二相・八十隨形②好者、當衆生心想佛時、佛身相好顯現衆生心中也。譬如水淸則色像現、水之與像不一不異。故言佛相好身卽是心想也。02是心作佛者、言心能作佛也。是心是佛者、心外无佛也。譬如火從木出、火不得離木也、以不離木故則能

①「註…也（一六四頁）」この一文◎表書「是爲像想名第八觀（六二頁）」の裏書
②形　◎右傍補記

1-473,474

燒木、木爲火燒、木卽是火也。諸佛正遍知海從心想生者、正偏知者眞正如法界而知也。法界无相故諸佛无知也。以无知故无不知也。无知而知者是正偏知也。是知深廣不可測量。故譬海也。」

『往①生禮讚』云、「彌陀《ノ》身心遍《シテ》法界《ニ》、影現《シタマフ》衆生《ノ》心想《ノ》中《ニ》。是《ノ》故《ニ》勸《メテ》汝《ヲ》常《ニ》觀察《セシム》。依《テ》心起《シテ》想《ヲ》表《ス》眞容《ヲ》。眞容寶像臨《ム》華座《ニ》。心開《テ》見《ル》彼《ノ》國《ノ》莊嚴《ヲ》。寶樹《ニハ》三尊《ノ》華遍滿《セリ》。風《ノ》鈴《スヾ》樂《ノ》響《ヒヾキ》與《ト》文同《ジ》。」

「牒②前生後。」（定善義）

「依③自信心緣相如作也。」（定善義）

「心④能想佛、依想佛身而現。卽是心佛也。離此心外更无異佛者也。」（定善義）

「此⑤明標心想佛。但作佛解從頂至足心想不捨、一一觀之无暫休息。或想頂相、或想眉間白毫乃至足下千輪之相。作此想時、佛

---

①「往…同」　この一文◎表書「閉目開目見一寶像如閻浮檀金色坐彼華上見像坐已心眼得開了了分明見極樂國七寶莊嚴寶地寶池寶樹行列諸天寶縵彌覆其上衆寶羅網滿虛空中見如此事極令明了如觀掌中（六〇頁）」の裏書　1-475

②牒前生後　この一文◎表書「想彼佛者（六〇頁）」の裏書　1-949,950　7-114

③依自信心緣相如作也　この一文◎表書「是心作佛（五九頁）」の裏書

④「心…也」二五字　この一文◎表書「是心是佛（五九頁）」の裏書　1-745

⑤「此…也（一六五頁）」　この一文◎表書「是故汝等心想佛時是心卽是三十二相八十隨形好是心作佛是心是佛諸佛正偏知海從心想生（五九頁）」の裏書　1-744

1-744,745

1-744　7-115

像端嚴相好具足了然而現。乃由心緣一一相故、卽一一相現。心若不緣衆相不可見。但自心想作卽應心而現。故言是心卽是三十二相也。」（定善義）

「①乃由衆生起念願見諸佛、佛卽以无㝵智知、卽能入彼想心中現。但諸行者、若想念中、若夢定中見佛者、卽成斯義也。」（定善義）

『②往生禮讃』云、「彌陀本願《ノ》華王《ノ》座《アリ》、一切《ノ》衆寶《ヲ》以《テ》爲成《ナセリ》。臺《ノ》上《ノ》四《ノ》幢張《ハル》寶縵《ヲ》。彌陀獨《リ》座《シテ》顯《シタマヘリ》眞形《ヲ》。眞形《ノ》光明徧《ス》法界《ニ》。蒙《ル》光觸《ヲ》者《ノハ》心不《ズ》退《セ》、晝夜六時《ニ》專《ラ》想念《スレバ》、終《オハリノ》時《ノ》快樂如《シ》三昧《ノ》。」

「③問曰、衆生盲闇、逐想增勞。對目冥若夜遊。遠標淨境、何由可悉。答曰、若望衆生惑障動念、徒自疲勞。仰馮聖力遙加、致使所觀皆見。云何作法住心而令得見也。欲作法者、諸行者等先於佛像前至心懺悔、發露所造之罪、極生慚愧、悲泣流淚。悔過旣竟、又心口請

---

①「乃…也」　この一文◎表書「入一切衆生心想中（五九頁）」の裏書

②「往…昧」　この一文◎表書「如於鏡中自見面像此想成者滅除五萬劫生死之罪必定當生極樂世界（五七頁）」の裏書

③「問…也（一六六頁）」　この一文◎表書「於七寶地上作蓮華想（五五頁）」の裏書

1-740　7-116　1-949　1-744

釋迦佛・十方恆沙等佛、又念彼彌陀本願言。弟子某甲等生盲罪重、障隔處深。願佛慈悲攝受護念、指授開悟、所觀之境、願得成就。今頓捨身命、仰屬彌陀。見以不見、皆是佛恩力。導此語已、更復至心懺悔竟已、卽向靜處、面向西方正坐跏趺、一同前法。旣住心已徐徐轉心、想彼寶地雜色分明。初想不得亂想多境、卽難得定。唯觀方寸・一尺等。或一日・二日・三日、或四・五・六・七日、或一月・一年・二・三年等、无問日夜、行住坐臥身口意業常與定合。唯萬事俱捨、由如失意・聾盲・癡人者、此定必卽易得。若不如是、三業隨緣轉、定想逐波飛。[01]縱盡千年壽、法眼未曾開。若心得定時、或先有明相現、或可先見寶地等種種分明不思議者。有二種見。一者想見。猶有知覺故、雖見淨境未多明了。二者若內外覺滅卽入正受三昧、所見淨境卽非想見得爲比校也。（定善義）

①「言說是語時者正明、此意中卽有其七。一明告勸二人時也。二明彌陀應聲卽現、證得往生也。三明彌陀在空而立者、但使廻心正

01「縱盡…曾開」化卷196

①「言…也（一六七頁）」この一文◎表書「說是語時（五四頁）」の裏書

念願生我國、立卽得生也。　問曰、佛德尊高、不可輒然輕擧。既能不捨本願來應大悲者、何故不端坐而赴機也。答曰、此明如來別有密意。但以娑婆苦界。雜惡同居八苦相燒。動成違返、詐親含笑。六賊常隨、三惡火坑臨臨欲入。若不擧足以救迷、業繫之牢何由得勉。爲斯義故、立撮卽行。不及端坐以赴機也。四明觀音・勢至以爲侍者、表无餘衆也。五明三尊身心圓淨、光明踰盛也。六明佛身光明朗照十方、垢障凡夫、何能具覩。七明佛身无漏、光亦同然、豈將有漏之天今比方之也。」（定善義）

「①正明樓外莊嚴。寶樂飛空、聲流法響。晝夜六時如天寶幢、无思成自事也。」（定善義） 1-738 *7-118*

「②正明寶樓住處。地界遍於彼國、樓亦无窮也。」（定善義） 1-737

「③正顯其數。一界之上既然。遍滿彼國亦皆如是、應知。」（定善義） 1-737

「④正明閣内莊嚴。」（定善義） 1-737

---

①「正…也」二八字　この一文◎表書「有樂器懸處虛空如天寶幢不鼓自鳴（五二頁）」の裏書

②「正…也」一七字　この一文◎表書「一一界上（五二頁）」の裏書

③「正…知」二〇字　この一文◎表書「有五百億（五二頁）」の裏書

④正明閣内莊嚴　この一文◎表書「其樓閣中有无量諸天作天伎樂（五二頁）」の裏書

『觀念法門』云、「若得定心三昧及口稱三昧者、心眼卽開見彼淨 1-887
土一切莊嚴、說无窮盡也。又以此經云證。一切凡夫但使傾心、定
有見義、應知。設有見聞者、不須驚怪也。何以故。乃由彌陀佛三力 1-888
外加故得見。故名見佛淨土三昧增上緣」。

又（觀念法門）云、「言三力者、卽如『般舟三昧經』說云。一者以大誓願力加 1-886
念故得見佛。二者以三昧定力加念故得見佛。三者以本功德力
加念故得見佛」。

又（觀念法門）云、「言三昧者、卽是念佛行人心口稱念更无雜想念、念住 1-891
心聲聲相續、心眼卽開、得見彼佛了然而現。卽名爲定、亦名三昧」。

又（觀念法門）云、「又此『經』下卷初云、佛說、一切衆生根性不同有上・中・下」。乃至 1-892 7-119

又（觀念法門）云、「又如『觀經』第十一觀及下九品。皆是佛自說。修定散二 1-892
行人、命終時、一一盡是彌陀世尊、自與聖衆・華臺授手迎接、往生。
此亦是攝生增上緣。
又如『四紙彌陀經』中說。乃至

1-893 又如四十八願中說云。設我得佛、十方衆生、發菩提、修諸功德、乃至
又如下願云。設我得佛、十方衆生、聞我名號、計念我國乃至
又如下願云。設我得佛、十方世界、其有女人乃至
1-894 又言證生增上緣者、　問曰、今既言彌陀四十八願、攝一切衆生
得生淨土者、未知、攝何等衆生得生。又是何人保證得生也。答曰、
即如『觀經』說云。佛告韋提、汝今知不。阿彌陀佛去此不遠。汝當計
念諦觀彼國。淨業成者。亦令未來世一切凡夫得生西方極樂國
土。今以此經證。但是佛滅後凡夫、乘佛願力定得往生。即是證生
增上緣。」
1-896 「又敬白一切往生人等。若聞此語、即應聲悲雨淚、連劫累劫粉身
1-897 碎骨報謝佛恩由來、稱本心。豈敢更有毛髮憚之心。又白諸行人
等。一切罪惡凡夫尚蒙罪滅證攝得生、何況聖人願生而不得去
也。　上來總答前問、攝何等衆生得生淨土。五種增上緣義竟。」(觀念法門)

「言[①]量者、一一樹高三十二萬里。亦无老死者、亦无小生者、亦无初生漸長者。起卽同時頓起、量數等齊。何意然者、彼界位是无漏无生之界。豈有生死漸長之義也」。（定善義）

「正[②]明辨觀邪正。邪正義者前日觀中已說」。（定善義）

『往[③]生禮讃』云、「若入觀及睡眠時、應發此願。若坐若立、一心合掌、正面向西、十聲、稱阿彌陀佛・觀音・勢至・諸菩薩・淸淨大海衆竟、弟子某甲[01]現是生死凡夫、罪障深重淪六道、苦不可具云。今日遇善知識、得聞彌陀本願名號。一心稱念求願往生。願佛慈悲、不捨本弘誓願攝受。弟子不識彌陀佛身相光明。願佛慈悲示現弟子身相、觀音・勢至・諸菩薩等及彼世界淸淨莊嚴光明等相。道此語已一心正念、卽隨意入觀、及睡。或有正發願時卽得見之。或有睡眠時得見。除不至心。此願比來大有現驗」。

01［現是…弟子］行卷33

①「言…也」　この一文◎表書「一一樹高八千由旬（四六頁）」の裏書
②「正…說」一六字　この一文◎表書「作是觀者名爲正觀若他觀者名爲邪觀（四五頁）」の裏書
③「往…驗」　この一文◎表書「此想成時一一觀之極令了了閉目開目不令散失唯除睡時恆憶此事如此想者名爲粗見極樂國地若得三昧見彼國地了了分明不可具說（四二頁）」の裏書

1-732,733 *7-120*
1-731,732 *7-121*
1-957

「問①曰、前教觀日、爲知業相等。故令觀日。今此觀中、又教觀水、有何以。答曰、日輪常照、以表極樂之長暉。復恐彼地不平、類此穢國之高下。但以娑婆闇宅、唯日能明。此界丘坑未无高下之處。欲取能平之者、无過於水。示斯可平之相、況彼瑠璃之地也。

問曰、此界之水濕而且輭。未審、彼地亦同此水也。答曰、此界之平水、以對彼地等无高下。又轉水成冰者、對彼瑠璃之地内外映徹也。此明彌陀曠劫等行、无偏、正・習倶亡、能感地輪之映徹。

又問曰、既教想水以注心、轉水以成冰、轉冰以成瑠璃地者、云何作法而令境現。答曰、若住身威儀、一同前日觀中法。又欲觀水以取定心者、還須對相似之境而觀。卽易可得定。行者等於靜處取一椀水、著牀前地上好滿盛之、自身在牀上坐、當自眉間、著一白物如豆許大、低頭臨面水上、一心照看此白處、更莫異緣。又水初在地波浪不住、臨面觀之、不見面像。爲觀不休、漸漸面現。初時面相不住、乍長乍短、乍寬乍狹、乍見不見。此相現時、更須極細用心。不久之間水波

①「問…也（一七三頁）」この一文◎表書「次作水想見水澄清亦令明了无分散意既見水已當起冰想見冰映徹作瑠璃想此想成已見瑠璃地内外映徹（三八頁）」の裏書

微細、似動不動、面相漸得明現。雖見面上眼・耳・鼻・口等、亦未須取、亦不須妨。但縱身心、知有勿取也。唯取白處了了觀之、正念守護、勿令失意異緣。當見此時、心漸得住、水性湛然也。又行者等欲識知自心中水波浪不住者、但觀此水動不動之相、卽知自心境現不現・明闇之相也。又待水靜時、取一米許、當水上信手投之水中、其水波卽動遍於椀內。自面臨上觀之、其白者卽動。更著豆許投之水、波更大、面上白者、或見不見。乃至棗等、投之於水、其波轉大、面上白者及自身頭面、總皆隱沒不現。猶水動故也。言椀者卽喩身器也。言水者卽喩自心水也。言波浪者卽喩亂想煩惱也。言漸漸波浪息者、卽是制捨衆緣、住心一境也。言水靜境現者、卽是能緣之心无亂、所緣之境不動、內外恬怕所求之相顯然。又細想及麤想、水卽動。心水既動、靜境卽失。又細塵及以麤塵、投之寂靜水中、其水波浪卽動。又行者等但看此水動不動相、卽識自心住不住也。又境現失不失・邪正等、一同前日觀也。又天親讃云、觀彼世

界相、勝過三界道。究竟如虛空、廣大无邊際。此卽總明彼國地之分量也。」(定善義)

「[①]讚云、寶地莊嚴无比量。處處光明照十方。寶閣・華臺皆遍滿。雜色玲瓏難可量。寶雲・寶蓋臨空覆、聖衆飛通互往來。寶幢・幡蓋隨風轉、寶樂含輝應念廻。帶惑疑生、華未發。合掌籠籠喩處胎。内受法樂无微苦。障盡須臾華自開。耳目精明身金色。菩薩徐徐授寶衣。光觸體得成三忍。卽欲見佛下金臺。法侶迎將入大會。瞻仰尊顏讚善哉。」(定善義)

「[②]已下諸觀邪正得失、一同此也。觀日見日、心境相應。名爲正觀。觀日不見日乃見餘雜境等、心境不相應。故名邪也。斯乃娑婆之闇宅、觸事无以比方。唯有朗日舒輝、寄想遠標於極樂。」(定善義)

「[③]言自非生盲已下、此明簡機堪與不堪。言生盲者、從母胎中出、眼

---

①「讚…哉」 この一文◎表書「瑠璃地上以黃金繩雜廁間錯以七寶界分齊分明(四〇頁)」の裏書

②「已…樂」 この一文◎表書「既見日已閉目開目皆令明了(三七頁)」の裏書

③「言…也(一七五頁)」 この一文◎表書「自非生盲有目之徒皆見日沒(三六頁)」の裏書

1-721 1-724 1-728

卽不見物者名曰生盲。此人不得教作日觀。由不識日輪光相故。除生盲以外、遇緣患者教作日觀、盡得成就。由未患眼時、識其日輪光明等相、今雖患目、但令善取日輪等相、正念堅持不限時節、必得成就。　問曰、韋提上請願見極樂之境。及至如來許說、卽先教住心觀日、有何意也。答曰、此有三意。一者欲令衆生識境注心、指方有在。不取冬夏兩時、唯取春秋二際。其日正東出直西沒。彌陀佛國當日沒處、直西超過十萬億剎。卽是。二者欲令衆生識知自業障有輕重。云何得知。由教注心觀日。初欲注心時、教令跏趺正坐。乃至又想。身之五大皆空、唯有識大湛然凝住、猶如圓鏡、內外明照朗然清淨。作此想時、亂想得除、心漸凝定。然後、徐徐轉心、諦觀於日。乃至三者欲令衆生識知彌陀依正二報種種莊嚴光明等相內外照曜、超過此日百千萬億倍。行者等、若不識彼境光相者、卽看此日輪光明之相、若行住坐臥禮念憶想、常作此解。不久之間卽得定心、見彼淨土之事、快樂莊嚴。爲此義故、世尊先教作日

想觀也」。(定善義)

①「此明總牒前意顯後入觀之方便」。(定善義)

②「總舉得生之類」。(定善義)

③「言佛告韋提汝及衆生者、此明告勸。若欲等出塵勞求生佛國者、宜須勵意也」。(定善義)

④「又如來重告勸發流通。此法難聞、廣令開悟」。(定善義)

⑤「此明衆生散動識劇猿猴心遍六塵无由暫息。但以境緣非一、觸目起貪亂想。安心三昧、何容可得。自非捨緣託靜、相續注心。直指西方、簡餘九域。是以一身、一心、一迴向、一處、一境界、一相續、一歸依、一正念。是名想成就得正受。此世・後生、隨心解脫也」。(定善義)

⑥「言濁惡不善者、此明五濁也。一者劫濁、二者衆生濁、三者見濁、四者煩惱濁、五者命濁。言劫濁者、然劫實非是濁、當劫減時諸惡加

---

①「此…便」一三字　この一文◎表書「凡作想者(三六頁)」の裏書　1-721

②總舉得生之類　この一文◎表書「一切衆生(三六頁)」の裏書　1-721

③「言…也」三〇字　この一文◎表書「佛告韋提希汝及衆生(三六頁)」の裏書　1-720

④「又…悟」一七字　この一文◎表書「佛告韋提希汝及衆生應當專心繫念一處想於西方(三六頁)」の裏書　1-720

⑤「此…也」　この一文◎表書「應當專心繫念一處想於西方(三六頁)」の裏書　1-720,721

⑥「言…也(一七六頁)」　この一文◎表書「濁惡不善五苦所逼云何當見阿彌陀佛極樂世界(三五頁)」の裏書　1-718

01「此五…攝也」信卷70

增也。言衆生濁者、劫若初成衆生純善、若劫末時衆生十惡彌盛也。言見濁者、自身衆惡總變爲善、他上无非見爲不是也。言煩惱濁者、當今劫末衆生惡性難親。隨對六根貪瞋競起也。言命濁者、由前見・惱二濁多行殺害、无慈恩益。既行斷命之苦因、欲受長年之果者、何由可得也。然濁者體非是善。今略指五濁義竟。言五苦所逼者、八苦中取生苦・老苦・病苦・死苦・愛別苦、此名五苦也。更加三苦卽成八苦。一者五陰盛苦、二者求不得苦、三者怨憎會苦、總名八苦也。01此五濁・五苦・八苦等通六道受、未有无者。常逼惱之。若不受此苦者、卽非凡數攝也。言云何當見已下、此明夫人擧出苦機、此等罪業極深、又不見佛、不蒙加備、云何見於彼國也。」（序分義）

「初明證信序、次明化前序、後明發起序。上來雖有三序不同、總明序分竟。」（序分義）

「①此明夫人領解佛意、如上光臺所現、謂是已能向見、世尊開示始知是佛方便之恩、若爾者、佛今在世、衆生蒙念可使得見西方、佛

---

①「此…也（一七七頁）」この一文◎表書「時韋提希白佛言世尊如我今者以佛力故見彼國土（三五頁）」の裏書

若涅槃不蒙加備者、云何得見也。」(序分義)

「①此明如來恐衆生愚惑、謂言夫人是聖非凡由起疑故卽自生怯弱、然韋提現是菩薩假示凡身、我等罪人无由比及、爲斷此疑故言汝是凡夫也。」(序分義)

「②此明夫人及衆生等入觀注心、凝神不捨、心境相應悉皆顯現。當境現時、如似鏡中見物无異也。」(序分義)

「③此明衆生業障觸目生盲、指掌謂遠他方隔行莫卽踰之千里、豈況凡夫分外諸佛境内闚心、自非聖力冥加、彼國何由得覩。」(序分義)

「④言佛語者、此明如來曠劫已除口過、隨有言說一切聞者自然生信。」(序分義)

「⑤此明如來以見衆生罪故、爲說懺悔之方、欲令相續斷除、畢竟永令清淨。又言清淨者、依下觀門專心念佛、注想西方、念念罪除故清淨也。」(序分義) 1-716

「⑥言爲煩惱賊害者、此明凡夫障重、妄愛迷深、不謂三惡火坑闇在 1-716

---

①「此…也」 この一文◎表書「佛告韋提希汝是凡夫心想羸劣未得天眼不能遠觀諸佛如來有異方便令汝得見(三四頁)」の裏書 1-717

②「此…也」 この一文◎表書「如執明鏡自見面像見彼國土極妙樂事(三四頁)」の裏書

③「此…覩」 この一文◎表書「以佛力故當得見彼清淨國土(三四頁)」の裏書 1-717

④「言…信」二六字 この一文◎表書「佛語(三三頁)」の裏書

⑤「此…也」 この一文◎表書「說清淨業(三三頁)」の裏書 1-716

⑥「言…也(一七八頁)」 この一文◎表書「爲煩惱賊之所害(三三頁)」の裏書 1-717 1-716

人之足下、隨緣起行、擬作進道資糧、何其六賊知聞、競來侵奪、今既失此法財、何得无憂苦也。」（序分義）

「[①]言告阿難者、我今欲開說淨土之門。汝好傳持莫令遺失。」（序分義）

「[②]言告韋提者、汝是請法之人。我今欲說。汝好審聽、思量諦受、莫令錯失。」（序分義）

「[③]四言深信因果者卽有其二。一明世間苦樂因果。若作苦因卽感苦果、若作樂因卽感樂果。如似以印印泥、印壞文成。不得疑也。言讀誦大乘者、此明經教喩之如鏡、數讀數尋、開發智慧、若智慧眼開、卽能厭苦欣樂涅槃等也。言勸進行者、此明苦法如毒、惡法如刀、流轉三有損害衆生、今既善如明鏡、法如甘露、鏡卽照正道以歸眞、甘露卽注法雨如无竭、欲使含靈受潤、等會法流。爲此因緣故須相勸。」（序分義）

「[④]又父母者世間福田之極也。佛者卽是出世福田之極也。然佛在

①「言…失」二二字　この一文◎表書「告阿難（三三頁）」の裏書
②「言…失」二七字　この一文◎表書「及韋提希（三三頁）」の裏書
③「四…勸」　この一文◎表書「深信因果讀誦大乘勸進行者（三〇頁）」の裏書
④「又…也（一八〇頁）」　この一文◎表書「孝養父母（三〇頁）」の裏書

世時、遇值時年飢儉、人皆餓死白骨縱橫。諸比丘等乞食難得。於時世尊待比丘等去後、獨自入城乞食。從旦至十門門喚乞、无與食者。佛還空鉢而歸。明日復去、又還不得。後日復去、又亦不得。忽有一比丘、道逢見佛、顏色異常似有飢相。卽問佛言、世尊今已食竟也。佛言、比丘、我經三日已來、乞食不得一匙。我今飢虛无力、能共汝語。比丘聞佛語已、悲淚不能自勝。卽自念言、佛是无上福田、衆生覆護。我此三衣賣却、買取一鉢飯奉上於佛。今正是時也。作是念已卽買得一鉢飯、急將上佛。佛知而故問言、比丘、時年飢儉人皆餓死。汝今何處得此一鉢純色飯來。比丘如前具白世尊。佛又言、比丘三衣者卽是三世諸佛之幢相。此衣因緣極尊極重極恩。汝今易得此飯與我者、大領汝好心、我不消此飯也。比丘重白佛言、佛是三界福田、聖中之極、尚言不消者、除佛已外誰能消也。佛言、比丘、汝有父母也不。答言、有。汝將供養父母去。比丘言、佛尚言不消、我父母豈能消也。佛言、得消。何以故。父母能生汝身。於汝有大重恩。爲此得消。佛又問比丘、汝父母有信佛心不。比丘言、都无信心。佛言、今有信心。見汝與飯大生歡喜、因此卽發信心。先敎受三歸依。卽能消此食也。時比丘旣受佛教愍仰而去。以此義故、大須孝養父母。又佛母摩耶生佛經七日已卽死、生忉利天。佛後成道、至四月十五日卽向忉利天、一夏爲母說法。爲報十月懷胎之恩。佛尙自收恩孝養父母、何況凡夫而不孝養。故知父母恩深極重也。」（序分義）

「一[1]明分齊不遠、從此超過十萬億刹、卽是彌陀之國。二明道里雖遙、去時一念卽到。三明韋提等及未來有緣衆生、注心觀念、定境相應、行人自然常見。有斯三義故云不遠也。」（序分義）

「此[2]明一切諸佛心口常威儀、法爾凡所出光必有利益。」（序分義）

「正[3]明口光不照餘方、唯照王頂。然佛光隨身出處必皆有益。佛足下放光、卽照益地獄道。若光從膝出、照益畜生道。若光從陰藏出、

①「一…也」　この一文◎表書「阿彌陀佛去此不遠（一一九頁）」の裏書
②「此…益」二一字　この一文◎表書「有五色光從佛口出（一一八頁）」の裏書
③「正…述（一八一頁）」　この一文◎表書「一一光照頻婆娑羅頂（一一八頁）」の裏書

照益鬼神道。若①光從齊出、照益修羅道。若光從心出、照益於人道。若光從口出、照益二乘之人。若光從眉間出、照益大乘人。今明此光從口出直照王頂者、卽授其小果。若光從眉間出卽從佛頂入者、卽授菩薩記也。如斯義者廣多无量、不可具述」（序分義）

「②言教我思惟者、卽是定前方便、思想憶念彼國依正二報・四種莊嚴也。言教我正受者、此明因前思想漸漸微細、覺想俱亡、唯有定心與前境合名爲正受。此中略已料簡。至下觀門更當廣辨、應知」。（序分義）

「③言願我未來已下、此明夫人[01]眞心徹到厭苦娑婆、欣樂无爲永歸常樂。但无爲之境、不可輕爾卽階。苦惱娑婆、无由輒然得離。自非發金剛之志、永絕生死之元。若不親從慈尊、何能勉斯長歎。然願我未來不聞惡聲惡人者、此明如闍王・調達、殺父破僧、及惡聲等、願亦不聞不見。但闍王既是親生之子、上於父母起於殺心。何況

01「眞心…長歎」信卷 90

① 「若…道」二〇字　◎右傍補記
② 「言…知」この一文◎表書「教我思惟教我正受（一八頁）」の裏書
③ 「言…捨（一八二頁）」この一文◎表書「願我未來不聞惡聲不見惡人（二四頁）」の裏書

疎人而不相害。是故夫人不簡親疎、總皆頓捨。」（序分義）

「問曰、何故名未生怨、及名折指也。答曰、此皆擧昔日因縁。故有此名。言因縁者、元本父王无有子息。處處求神、竟不能得。忽有相師而奏王言、臣知。山中有一仙人。不久捨壽、命終已後必當爲王作子。王聞歡喜。此人何時捨命。相師答王。更經三年始可命終。王言、我今年老國无繼祀。更滿三年何由可待。王卽遣使入山、往請仙人曰。大王无子、闕无紹繼。處處求神、困不能得。乃有相師瞻見大仙、不久捨命、與王作子。請願大仙垂恩早赴。使人受教入山、到仙人所、具説王請因縁。仙人報使者言、我更經三年始可命終。王勅卽赴者、是事不可。使奉仙教、還報大王、具述仙意。王曰、我是一國之王。所有人物皆歸屬我。今故以禮相屈、乃不承我意。王更勅使者。卿往重請。請若不得、當卽殺之。既命終已、可不與我作子也。使人受勅、至仙人所、具導王意。仙人雖聞使説、意亦不受。使人奉勅卽欲殺之。仙人曰、卿當語王。我命未盡、王以心口遣人殺我。我若與王作兒者、還以心口遣人殺王。仙人遵此語已卽受死。旣死已、卽託王宮受生。當其日夜夫人卽覺有身。王聞歡喜。天明卽喚相師、以觀夫人。是男是女。相師觀已而報王言、是兒非女。此兒於王有損。王曰、我之國土皆捨屬之。縱有所損、吾亦无畏。王聞此語憂喜交懷。王白夫人言、吾共夫人私自平章。相師遵兒於吾有損。夫人待生之日、在高樓上當天井中生之、勿令人承接。落在於地、豈容不死也。吾亦无憂、聲亦不露。夫人卽可王之計、及其生時一如前法。生已墮地、命便不絕、令使唯損手小指。因卽外人同唱言折指太子也。言未生怨者、此因提婆達多起惡妬之心故對彼太子顯發昔日惡緣。云何妬心而起惡緣。提婆惡性爲人凶猛。雖復出家、恆常妬佛名聞利養。然父王是佛檀越。於一時中多持供養奉上如來。謂金・銀・七寶・名衣・上服・百味菓食等、一一色色皆五百車。香・華・妓樂、百千萬衆讚嘆圍遶送向佛會、施佛及僧。時調達見已妬心更盛。卽向舍利弗所求學身通。尊者語云、仁者且學四念處。不須學身通也。既請不遂心。更向餘尊者邊求。乃至五百弟子等悉无人教、皆遣學四念處。請不得已、遂向阿難邊學。語阿難言、汝是我弟。我欲學通。一一次第教我。然阿難雖得初果、未證他心。不知阿兄私密學通、欲於佛所起於惡計。阿難遂卽喚向靜處、次第教之。乃至阿難如是次第教已。時調達既受得法已、卽別向靜處七日七夜一心專注、卽得身通。一切自在皆得成就。既得通已卽向太子殿前、在於空中現大神變。身上出火、身下出水。或左邊出水、右邊出火。或現大身、或現小身。或坐臥空中、隨意自在。太子見已問左右曰、此是何人。左右答太子言、此是尊者提婆。太子聞已心大歡喜。遂卽擧手喚言、尊者何不下來。提婆既見喚已卽化作嬰兒、直向太子膝上。太子卽抱、嗚口弄之、又唾口中。嬰兒遂咽之。須臾還復本身。太子既見提婆種種神變轉加敬重。既見太子心敬重已、卽說父王供養因緣。色別五百乘車載、向佛所奉佛及僧。太子聞已卽語尊者。弟子亦能備具色各五百車、供養尊者、及施衆僧、可不如彼也。提婆言、太子、此意大善。自此已後大得供養、心轉高慢。譬如以杖打惡狗鼻、轉增狗惡。此亦如是。太子今將利養之杖打提婆貪心狗鼻、轉加惡盛。因此破僧、改佛法戒、敎戒不同。待佛普爲凡聖大衆說法之時、卽來會中從佛、索於徒衆幷諸法藏盡付囑我。世尊年將老邁。宜可就靜内自將養。一切大衆聞提婆此語、愕爾迭互相看甚生驚怪。爾時世尊、卽對大衆語□□□、□利・目連等卽大法將、我尙不將佛法付囑、況汝癡人、食唾者乎。時提婆聞佛對衆毀辱、由如毒箭入心、更發癡狂之意。藉此因緣卽向太子所共論惡計。太子既見尊者、敬心承問言、尊者、今日顏色憔悴不同往昔。提婆答云[①]、我今憔悴正爲太子也。太子敬問、尊者、爲我有何意也。提婆卽答云、太子知不也。世尊年老无所堪任。當可除之我自作佛。父王年老。亦可除之太子自坐正位。新王新佛治化、豈不樂乎。太子聞之極大瞋怒、勿作是說。又言、太子莫瞋。父

①云　◎「云」と上書訂記

王於太子全无恩德。初欲生太子時、父王即遣夫人在百尺樓上當天井中生、即望墮地令死。正以太子福力故雖命根不斷、但損小指。若不信者、自看小指。足以爲驗。太子既聞此語、更重審言、實爾也不。提婆答言、此若不實、我可故來作漫語也。因此語已遂即信用提婆惡見之計。故遵隨順調達惡友之教也」（序分義）

「問[①]曰、夫人既得勉死入宮。宜應訢樂、何因反更愁憂也。答曰、即有三義不同。一明夫人既自被閉、更无人進食與王、王又聞我在難轉更愁憂、今既无食加憂者、王之身命定應不久。二明韋提既被囚難、何時更見如來之面及諸弟子。三明夫人奉教禁在深宮、内官守當水泄不通、旦夕之間唯愁死路。有斯三義切逼身心。得无憔悴也△。」（序分義）

「臣[②]自按手中劍也。　問曰、諫辭麤惡不避犯顏、君臣之義既乖。何

①「問…也△」　この一文◎表書「時韋提希被幽閉已愁憂憔悴（二〇頁）」の裏書

②「臣…退△（一八七頁）」　この一文◎表書「以手按劍却行而退（一七頁）」の裏書

1-692　1-701　1-702　1-700

以不廻身直去、乃言却行而退也。答曰、麤言雖逆王、望息害□□□。□恐瞋毒未除、繫劍无已。是以按劍自防、却行而退。」（序分義）

「乃①是四姓之下流也。此乃性懷凶惡不閑仁義。雖著人皮、行同禽獸。王居上族、押臨萬基之主。今既起惡加恩、與彼下流何異也。」（序分義）

「見②王起惡損辱宗親、惡聲流布。我之性望恥慚无地。」（序分義）

「此③明自古至今、害父取位史籍良談、貪國殺母都无記處。若論劫初已來、惡王貪國、但殺其父不加慈母。此則引古異今。大王今者貪國殺父。父則有位可貪。可使類同於古。母卽无位可求。橫加逆害。是以將今異昔也。」（序分義）

「言④世尊威重无由得見者、」（序分義）

「問曰、如來卽是化主。應不失宜。時夫人何以不三加致請、乃喚目連等有何意也。答曰、佛德尊嚴。小緣不敢輒請。但見阿難、欲□□、□□世尊。佛知我意、復使阿難傳佛之語、指授於我。以斯義故願

---

①「乃…也」 この一文◎表書「是栴陀羅（一七頁）」の裏書
②「見…地」二〇字 この一文◎表書「臣不忍聞（一七頁）」の裏書
③「此…也」 この一文◎表書「未曾聞有無道害母（一七頁）」の裏書
④「言…難（一八八頁）」 この一文◎表書「世尊威重无由得見（二〇頁）」の裏書

1-699 1-700 1-699 1-699 1-702 1-702 1-703 7-133

見阿難。」（序分義）

「彰[1]其名也。」（序分義）

「此[2]明二臣乃是國之輔相、立政之綱紀、望得萬國揚名、八方昉習、忽見闍王起於勃逆執劍欲殺其母、不忍見斯惡事、遂與耆婆犯顏設諫也。」（序分義）

「此[3]明闍世瞋母進食、復聞沙門與王來去、致使更發瞋心。故云有何□術而令□王多日不死。」（序分義）

「□[4]□□出惡辭。云何罵母、爲賊賊之伴也。但闍王元心致怨於父、恨不早終、母乃和爲進糧故令不死。是故罵言我母是賊、賊之伴也。」（序分義）

「問[5]曰、八戒既言勝者、一受卽足。何須日日受之。答曰、山不厭高、海不厭深、刀不厭利、日不厭明、人不厭善、罪不厭除、賢不厭德、佛不

1-695
7-134

---

①彰其名也　この一文◎表書「月光（一七頁）」の裏書　1-698

②「此…也」　この一文◎表書「時有一臣名曰月光聰明多智及與耆婆爲王作禮白言大王臣聞毗陀論經說劫初已來有諸惡王貪國位故殺害其父一萬八千未曾聞有無道害母王今爲此殺逆之事汚刹利種臣不忍聞是栴陀羅不宜住此時二大臣說此語竟以手按劍却行而退（一七頁）」の裏書　1-698

③「此…死」　この一文◎表書「沙門惡人幻惑呪術令此惡王多日不死（一七頁）」の裏書　1-698

④「□…也」　この一文◎表書「□□是賊與賊爲伴（一七頁）」の裏書

⑤「問…業（一八九頁）」　この一文◎表書「日日如是授王八戒（一五頁）」の裏書　1-697　1-698

厭聖。然王意者既被幽閉囚禁、更不蒙進止。念念之中畏人喚殺。爲此晝夜傾心、仰馮八戒。望欲積善增高擬資來業△。」(序分義)

「①□□世尊慈悲意重、愍念王身、忽遇囚勞、恐生憂悴、然富樓那者於聖弟子中最能說法、善有方便開發人心、爲此因緣、如來發遣爲王說法、以除憂惱△。」(序分義)

「②問曰、父王遙敬、先禮世尊、及其受戒卽請目連、有何意也。答曰、凡聖極尊无過於佛。傾心發願卽先禮大師。戒是小緣。是以唯請目連來受。然王意者貴存得戒。卽是義周。何勞迂屈世尊也。　問曰、如來戒法乃有无量、父王唯請八戒不請餘也。答曰、餘戒稍廣時節長遠。恐畏中間失念流轉生死。其八戒者如餘佛經說。在家人持出家戒。此戒持心極細極急。何意然者、但時節稍促、唯限一日一夜作法卽捨。云何知此戒用心行細。如戒文中具顯云。佛子從今旦□□□一日一夜、如諸佛不殺生能持不。答言、能持。第二又云、佛子從今旦至明旦一日一夜、如諸佛不偸盜、不行婬、不妄語、

①「□…惱△」 この一文◎表書「世尊亦遣尊者富樓那爲王說法(一五頁)」の裏書

②「問…之△(一九〇頁)」 この一文◎表書「願興慈悲授我八戒(一五頁)」の裏書

1-693,694　1-695

不飲酒、不得脂粉塗身、不得歌舞唱伎及往觀聽、不得上高廣大牀。此上八是戒非齊。不得過中食、此一是齊非戒。此等諸戒皆引諸佛爲證。何以故唯佛與佛正習倶盡。除佛已還惡習等由在。是故不引爲證也。是以得□。□戒用心起行極是細急。又此戒佛說有八種勝法。若人一日一夜具持不犯、所得功德超過人・天・二乘境界。□□□說。有斯益故、致使父王日日受之。」（序分義）

「①問曰、諸臣奉敕不許見王。未審、夫人門家不制放令得入者、有何意也。答曰、諸臣身異、復是外人。恐有情通、致使嚴加重制。又夫人者身是女人、心无異計。與王宿緣業重、久近夫妻。別體同心、致使人无外慮。是以得入與王相見。」（序分義）

「②言父者別顯親之極也。王者彰其位也。頻婆者彰其名也。」（序分義）

「③彰其位也。」（序分義）

「④顯其名也。」（序分義）

---

①「問…見」　この一文◎表書「國大夫人名韋提希恭敬大王澡浴清淨以□蜜和□用塗□□□瓔珞中盛蒲桃漿密以上王（一四頁）」の裏書
②「言…也」二二字　この一文◎表書「父王頻婆娑羅（一四頁）」の裏書
③彰其位也　この一文◎表書「太子（一四頁）」の裏書
④顯其名也　この一文◎表書「阿闍世（一四頁）」の裏書

1-684
「就①聲聞衆中」（序分義）

1-684
「如②『賢愚經』說。優樓頻螺迦葉領五百弟子修事邪法。伽邪迦葉領二百五十弟子修事邪□。□提迦葉領二百五十弟子修事邪法。總有一千。皆受佛□得羅漢道。其二百五十者、卽是舍利目連弟子。共領一處修事邪法。亦受佛化皆得道果。此等四衆合爲一處。故有千二百五十人也。」（序分義）

1-685
「次③解菩薩衆。就此衆中卽有其七。一者標相。二者標數。三者標位。四者標果。五者標德。六者別顯文殊高德之位。七者總結。」（序分義）

1-686
「此④明往古百姓、倶城中造舍卽爲天火所燒、若是王家舍宅、悉无火近、後時百姓共奏於王、臣等造宅數爲天火所燒、但是王舍悉无火近、不知有何所以、王告奏人、自今以後卿等造宅之時、但言我今爲王造舍、奏人等各奉王敕、歸還造舍更不被燒、因此相傳、□□□□。□大城者、此城極大、居民九億。故遵王舍大城也。」（序分義）

①就聲聞衆中　この一文◎表書「與大比丘衆（一二頁）」の裏書
②「如…也」　この一文◎表書「與大比丘衆千二百五十人倶（一二頁）」の裏書
③「次…結」　この一文◎表書「菩薩三萬二千文殊師利法王子而爲上首（一二頁）」の裏書
④「此…也」　この一文◎表書「爾時王舍大城（一四頁）」の裏書

阿彌陀經註

〈底本〉
◎本派本願寺蔵親鸞聖人真筆本

①阿彌陀經註　◎に無し
②鳩摩羅什　◎「此云童壽三藏」と右傍註記
③孤　◎「孤」を「孤」と上書訂記
④舍利弗　◎「身子」と左傍註記
⑤摩訶目揵連　◎「菜茯根又胡豆」と左傍註記
⑥揵　◎「犍」と上欄註記
⑦摩訶迦葉　◎「飲光」と左傍註記
⑧摩訶迦旃延　◎「文飾」と左傍註記
⑨摩訶拘絺羅　◎「大膝」と左傍註記
⑩離婆多　◎「星宿」と左傍註記

01「方便…無殊」信巻104

阿①彌陀經註

佛說阿彌陀經　姚秦三藏法師鳩②摩羅什譯

如是我聞。一時佛在舍衛國祇樹給孤③獨園、與大比丘衆、千二百五十人俱。皆是大阿羅漢。衆所知識。長老舍④利弗・摩⑤訶目揵⑥連・摩⑦訶迦葉・摩⑧訶迦旃延・摩⑨訶拘絺羅・離⑩婆多・周⑪梨般他伽・難⑫陀・阿⑬難陀・羅⑭睺羅・憍⑮梵波提・賓⑯頭盧頗⑰羅墮・迦⑱留陀夷⑲・摩⑳訶劫賓那・薄㉑拘羅・阿㉒㝹㉓樓馱、如是等諸大弟子、幷諸菩薩摩訶薩、文㉔殊師利法王子・阿㉕逸多菩薩・乾㉖陀呵提菩薩・常精進菩薩、與如是等諸大菩薩及釋提桓因等无量諸天大衆俱。

『安㉗樂行道轉經願生淨土法事讚』下云、「願往生、願往生。諸佛大悲心无二。[01]方便化門等无殊。捨彼莊嚴无勝土、八相示現出閻浮。或現眞形無利物、或同雜類化凡愚。分身六道无停息。變現隨宜

⑪周梨般他伽　◎「蛇奴或大路邊小路邊」と左傍註記
⑫難陀　◎「善歡喜」と左傍註記
⑬阿難陀　◎「无染」と左傍註記
⑭羅睺羅　◎「覆障」と左傍註記
⑮憍梵波提　◎「牛呞」と左傍註記
⑯賓頭盧　◎「不動」と左傍註記
⑰頗羅墮　◎「揵疾」と左傍註記
⑱迦留陀夷　◎「黑老　又鹿黑」と左傍註記
⑲夷　◎「夷」を「夷」と上書訂記し、さらに「夷」と下欄註記
⑳摩訶劫賓那　◎「房宿」と左傍註記
㉑薄拘羅　◎「善容」と左傍註記
㉒阿㝹樓馱　◎「无貪」と左傍註記
㉓㝹　◎「㝹」と上欄註記
㉔文殊師利法王子　◎「妙吉祥」と左傍註記
㉕阿逸多菩薩　◎「无能勝」と左傍註記
㉖乾陀呵提菩薩　◎「不休息」と左傍註記　◎「乾」と上欄註記
㉗「安…養（一九六頁）」　◎上欄・行間にあり

度有流。有流見解心非一。故有八萬四千門。門門不同亦非別。別別之門還是同。同故卽是如來致。別故復是慈悲心。悲心念念緣三界、人天四趣罪根深。過現諸佛皆來化、无明業障不相逢。慚愧、釋迦弘誓重不捨娑婆十惡聚。希遇道場聞淨土。騰神永逝出煩籠。衆等傷心共悲歎、手執香華常供養」。

「①願往生、願往生。釋迦如來成正覺、四十九載度衆生。五天竺國皆行化、邪魔・外道盡歸宗。天上天下无過佛。慈悲救苦。實難逢。或放神光遍六道。蒙光觸者起慈心。或住、或來、皆盡益。三塗永絕斷追尋。或震大地・山・河・海。爲覺萌冥信未深。或自說法教相勸、展轉相將入法林。法林卽是彌陀國。逍遙快樂不相侵」。（法事讚 卷下）

「②願往生、願往生。如來教法元無二。正爲衆生機不同、一音演說、隨緣悟。不留殘結證生空。或現神通、或說法。或服外道滅魔蹤。自利一身雖免縛、悲心普益絕无功。灰身滅智无餘證、二萬盡復生心。生心覺動身還現、諸佛先教發大乘」。（法事讚 卷下）

①「願…侵」　◎下欄にあり
②「願…乘」　◎下欄にあり

「①願往生、願往生。菩薩大衆无央數。文殊師利最爲尊。發大慈悲行苦行、不違弘願度衆生。或現上好莊嚴相、或現上好莊嚴身。含靈覩見皆生喜。爲說妙法入眞門。十方佛國身皆到、助佛神光轉法輪。」（法事讃卷下）

「②與佛聲聞・菩薩衆、同斿舍衛住祇園、願閉三塗絶六道、開顯无生淨土門。人天大衆皆來集、瞻仰尊顏聽未聞。見佛聞經同得悟、畢命傾心入寶蓮。誓到彌陀安養界、還來穢國度人天。願我慈悲无齊限、長時長劫報慈恩。」（法事讃卷下）

爾時佛告長老舍利弗、從是西方過十萬億佛土有世界、名曰極樂。其土有佛、號阿彌陀。今現在說法。舍利弗、彼土何故名爲極樂。其國衆生、無有衆苦、但受諸樂。故名極樂。

「③願往生、願往生。人天大衆皆圍繞、傾心合掌願聞經。佛知凡聖機時悟、卽告舍利用心聽。一切佛土皆嚴淨、凡夫亂想④恐難生、如來別指西方國。從是超過十萬億。七寶莊嚴最爲勝。聖衆人天壽命

①「願…輪」　◎下欄にあり
②「與…恩」　◎下欄にあり
③「願…亡（一九八頁）」　◎上欄・行間にあり
④恐　◎右傍補記

長。佛號彌陀。常說法。極樂衆生障自亡△」（法事讚卷下）

又舍利弗、極樂國土七重欄楯・七重羅網・七重行樹。皆是四寶周帀圍遶。是故彼國名曰極樂。

「①願往生、願往生。三界衆生无智慧。惛惛六道内安身。諸佛慈心爲說法、聾盲觝突伴不聞。忽爾无常苦來逼、精神錯亂始驚忙。萬事家生皆捨離、專心發願向西方。彌陀名號相續念、化佛・菩薩眼前行。或與華臺、或授手、須臾命盡、佛迎將△」（法事讚卷下）

「②願往生、願往生。歷劫已來未聞見。西方淨土寶莊嚴、地上・虛空皆遍滿、殊羅寶網百千重。一一網羅結珍寶、玲瓏雜色盡暉光。寶樹枝條異相間、行行整直巧相當。此是彌陀悲願力。无衰无變湛然常△。」（法事讚卷下）

又舍利弗、極樂國土有七寶池。八功德水充滿其中。池底純以金砂布地、四邊階道金・銀・瑠璃・頗梨合成。上有樓閣。亦以金・銀・瑠璃・頗梨・車渠・赤珠・馬腦而嚴飾之。池中蓮華、大如車輪。青色

①「願…將△」　◎上欄・行間にあり
②「願…常△」　◎行間・上欄にあり

青光、黄色黄光、赤色赤光、白色白光、微妙香潔。舍利弗、極樂國土成就如是功德莊嚴。

「願[①]往生、願往生。極樂世界廣淸淨。地上莊嚴難可量。八功香池流遍滿。底布金砂、照異光。四邊階道非一色。岸上重樓百萬行。眞珠・瑪瑙相映飾、四種蓮華開卽香。十方人天得生者、各坐一箇聽眞常。是故彼國名極樂」。(法事讚卷下)

又舍利弗、彼佛國土常作天樂。黄金爲地、晝夜六時雨天曼陀羅華。其土衆生、常以淸旦、各以衣裓盛衆妙華、供養他方十萬億佛。卽以食時還到本國、飯[②]食經行。舍利弗、極樂國土成就如是功德莊嚴。

「願[③]往生、願往生。彌陀佛國最爲勝。廣大寬平實是精。天樂音聲常遍滿。黄金爲地間奇珍。晝夜六時華自散。法音常說自然聞。彼國衆生更无事。衣裓盛華詣十方。一一親承修供養、塵勞垢習永消亡。種種隨心皆稱意、无不利益。是眞常。欻爾飛騰還本國、飯食經

①「願…樂」 ◎行間・上欄・下欄にあり
②飯 ◎「飯」と下欄註記
③「願…養(二〇〇頁)」 ◎上欄・行間にあり

1-107

行七寶臺衆等傾心皆願往、手執香華常供養△」（法事讚卷下）
復次舍利弗、彼國常有種種奇妙雜色之鳥。白鶴《カク反》・孔雀・鸚鵡・舍①利・迦②陵頻伽・共命之鳥。是諸衆鳥、晝夜六時出和雅音。其音演暢五根・五力・七菩提分・八聖道分、如是等法。其土衆生聞是音已、皆悉念佛念法念僧。舍利弗、汝勿謂此鳥實是罪報所生。所以者何。彼佛國土无三惡趣。舍利弗、其佛國土尚無三惡道之名。何況有實。是諸衆鳥、皆是阿彌陀佛、欲令法音宣流、變化所作。舍利弗、彼佛國土微風吹動諸寶行樹及寶羅網、出微妙音。譬如百千種樂同時俱作。聞是音者、皆自然生念佛念法念僧之心。舍利弗、其佛國土成就如是功德莊嚴。
「願③往生、願往生。道場淸淨希難見。彌陀淨土甚難聞。難聞難見今得會。如說修行專意專。願佛慈悲遙攝受、臨終寶座現其前。既見華臺心踊躍、01從佛逍遙歸自然。自然卽是彌陀國。无漏无生還卽眞。行來進止、常隨佛證得无爲法性身△」（法事讚卷下）

01「從佛…性身」眞卷178

①舍利　◎「此云春鶯」と左傍註記
②迦陵頻伽　◎「此云妙聲」と左傍註記
③「願…身△」　◎上欄・行間にあり

1-837　7-71　7-70

「願①往生、願往生。極樂莊嚴間雜寶。實是希奇聞未聞。寶鳥臨空讚佛會。文文句句、理相同。晝夜連聲无有息。哀婉雅亮發人心。或說五根・七覺分、或說八聖慈悲門、或說他方離惡道、或說地獄封人天、或說長時修苦行、或說无上菩提因、或說散善波羅蜜、或說定慧入深禪。菩薩・聲聞聞此法、處處分身轉法輪。」(法事讚卷下)

「願②往生、願往生。極樂莊嚴出三界、人天雜類等无爲。法藏行因廣弘願、設我得佛現希奇。或現鳥身能說法、或現无請能應機、或使微波出妙響、或使林樹讚慈悲、或使風光相應動、或令羅網說音辭。一切莊嚴聲遍滿、恆沙天樂自依時。爲引他方凡聖類、故佛現此不思議。我等聞之身毛竪。碎骨慚謝彌陀師。一受專精不惜命、須臾卽到。豈爲遲。」(法事讚卷下)

「願③往生、願往生。彌陀佛國眞嚴淨。三惡・六道永無名。事事莊嚴難可識。種種妙微甚爲精。地迴寬平衆寶間、一々同耀五百光。一々光成寶臺座。一々座上百千堂。千堂化佛、塵沙會。衆生入者共相

①「願…輪」　◎上欄にあり
②「願…遲」　◎下欄にあり
③「願…事(二〇二頁)」　◎下欄にあり

量。无數音聲遊空轉、化天[1]童子散華香。晝夜六時无間息。地上・虛空難可量。八德香池隨意入。灌注由人无淺深。或出、或沒。三禪樂。徐徐相喚入檀林。檀林寶座行行別。聖衆猶若超日月。日月卽是長時劫。或坐、或立、或遊方、到處唯聞无上法、永絕凡夫生死殃。是故彼國名安樂。衆等廻心願往生。往生彼國无餘事。」（法事讚卷下）

[2]『稱讚淨土經』曰、「又舍利子、極樂世界淨佛土中、有如是等无量无邊不可思議、甚希有事。假使經於百千俱胝那庾多劫以其无量百千俱胝那庾多舌、一一舌上出无量聲、讚其功德亦不能盡。是故名爲極樂世界。」

舍利弗、於汝意云何。彼佛何故號阿彌陀。舍利弗、彼佛光明无量、照十方國无所障閡。是故號爲阿彌陀。又舍利弗、彼佛壽命及其人民无量无邊阿[3]僧祇劫。故名阿彌陀。舍利弗、阿彌陀佛成佛已來於今十劫。又舍利弗、彼佛有无量无邊聲聞弟子、皆阿羅漢。非是算數之所能知。諸菩薩衆亦復如是。舍利弗、彼佛

①天　◎「天」と上書訂記
②「稱…界」　◎下欄にあり
③阿僧祇劫　◎「此云无數」と左傍註記

国土成就如是功德莊嚴。

「願①往生、願往生。果得涅槃常住世。壽命延長難可量。千劫・萬劫・恆沙劫・兆載永劫亦無央。一坐無移亦不動。徹窮後際放身光。靈儀相好眞金色。巍巍獨坐度衆生。十方凡聖專心向、分身遣化往相迎。一念乘空入佛會、身色・壽命盡皆平。」（法事讚卷下）

「願②往生、願往生。彼佛從因行苦行、勇猛專精无退時。一坐百劫・長時劫、難作能不生疲。自利利他同斷惡。不捨怨憎由大悲。有識含靈皆普化。同因同行至菩提。誓願莊嚴淸淨土。見聞歡喜證无爲。」（法事讚卷下）

「願③往生、願往生。彌陀化主當心坐。華臺獨迥最爲精。百億摩尼間雜寶。葉葉莊嚴相自成。正坐已來經十劫。心緣法界照慈光。蒙光觸者塵勞滅、臨見佛往西方。到彼華開入大會。无明煩惱自然亡、三明自然乘佛願。須臾合掌得神通。彼佛聲聞・菩薩衆、塵砂算數亦④難窮。願我今生強發意、畢命往彼聖人聚。」（法事讚卷下）

①「願…平」◎上欄・行間にあり
②「願…爲」◎上欄・行間にあり
③「願…聚」◎上欄・行間にあり
④亦　◎右傍補記

1-841　1-840

01《不可…名號》化卷202抄出

02［九品…不退］化卷199

1-108

又①（稱讚淨土經）曰、「經十大劫」。

又舍利弗、極樂國土衆生生者皆是阿鞞跋致。其中多有一生補處。其數甚多。非是算數所能知之。但可以无量无邊阿僧祇劫說。舍利弗、衆生聞者應當發願願生彼國。所以者何。得與如是諸上善人俱會一處。舍利弗、01不可以少善根福德因緣得生彼國。

「願②往生、願往生。釋迦如來告身子、卽是普告苦衆生。娑婆六道非安處。冥冥長夜闇中行。聖化同居不相識。動生瞋毒鬪无明。爲此无明繫六道、愛憎高下何時平。既無善業排生死。由貪造罪未心驚。服此人皮裹驢骨、三塗自入不須淨。我等聞之心髓痛。誓願頓捨世間榮。普願廻心生淨土」。（法事讚卷下）

「願③往生、願往生。娑婆極苦非生處。極樂无爲實是精。02九品俱廻得不退。阿鞞跋致卽无生。非直初生無限極。十地已下劫難窮。如此大海塵沙劫。有緣到者入其中。四種威儀常見佛、行來進止、駕神通。六識縱橫自然悟、未籍思量一念功普勸同生善知識。專心專

①又曰經十大劫　◎経文「於今十劫（二〇二頁）」の上欄にあり 1-390

②「願…土」　◎上欄・行間にあり 7-73

③「願…方（二〇五頁）」　◎下欄にあり 1-842

03《執持名號》略典275 《執持》化卷199
04《一心》化卷199
05[極樂…復專]眞卷178 化卷204 唯信意700

注往西方。」(法事讃 卷下)

舍利弗、若有善男子・善女人、聞說阿彌陀佛、03執持名號、若一日、若二日、若三日、若四日、若五日、若六日、若七日、04一心不亂、其人臨命終時、阿彌陀佛與諸聖衆現在其前。是人終時、心不顚倒、卽得往生阿彌陀佛極樂國土。舍利弗、我見是利故說此言。若有衆生、聞是說者、應當發願生彼國土。

「①願往生、願往生。05極樂无爲涅槃界。隨緣雜善恐難生。故使如來選要法、敎念彌陀專復專。七日七夜心无間、長時起行倍皆然。臨終聖衆持華現。身心踊躍坐金蓮。坐時卽得无生忍。一念迎將至佛前。法侶將衣競來著。證得不退入三賢。」(法事讃 卷下)

「②願往生、願往生。彌陀侍者二菩薩號曰无邊・觀世音。一切時中助佛化、分身六道起慈心、念念隨機、爲說法。惛惛難悟罪根深。百計千萬數出世、萬中無一出煩籠。念汝衆生長劫苦、諸佛對面不相逢。人天少善尙難辨、何況无爲證六通。雖得見聞希有法、麤心懈

①「願…賢」 ◎上欄にあり
②「願…聚(二〇六頁)」 ◎下欄にあり

怠益無功。縱使連年放脚走趁得、貪瞋滿内胸。貪瞋卽是身三業。何開淨土裏眞空。寄語同生善知識。念佛慈悲入聖聚。」（法事讚卷下）

①照（小經義疏）云、「或披教典、或遇知識聞必生信、信故持名。」

舍利弗、如我今者讚嘆阿彌陀佛不可思議功德之利、東方亦有阿閦鞞佛・須彌相佛・大須彌佛・須彌光佛・妙音佛、如是等恆河沙數諸佛、各於其國出廣長舌相、遍覆三千大千世界、說誠實言、汝等衆生當信是稱讚不可思議功德一切諸佛所護念經。

「②願往生、願往生。釋迦如來常讚嘆東方恆砂等覺尊。大悲同化心无二。一佛施功多亦然。爲斷凡夫疑見執、皆舒舌相覆三千、共證七日稱名號、又表釋迦言說眞。終時正意念彌陀、見佛慈光來照身。乘此彌陀本願力、一念之間入寶堂。寶堂莊嚴無限極。化佛・聖衆、坐思量。心性明於百千日。悲智雙行法爾常。我今既到无爲處。普願含靈歸此方。」（法事讚卷下）

①「照…名」一八字　◎経文「聞說阿彌陀」の右傍・左傍にあり
②「願…方」　◎上欄から下欄にあり

大[1]智律師『疏』(小經義疏)云、「如前所說、依正殊特持名脫苦。莫非彌陀大悲願行、從因至果功德利益殆非心思口議所及。」

又[2](小經義疏)云、「各於其國者、正當釋迦說此經時、十方諸佛同時勸讚令信是經。若據諸佛、言无虛妄。但由衆生障重難信故、現舌相表示誠言。」

舍利弗、南方世界有日月燈佛・名聞光佛・大焰肩佛・須彌燈佛・无量精進佛、如是等恆河沙數諸佛、各於其國出廣長舌相、遍覆三千大千世界、說誠實言、汝等衆生當信是稱讚不可思議功德一切諸佛所護念經。

「願[3]往生、願往生。南方諸佛如恆砂。亦舒舌相覆三千、爲其本國凡聖衆、讚嘆釋迦變現身。出現娑婆五濁內、標心爲化罪根人。我見・邪貪・增上慢、敎令出世、及生眞。念汝衆生流浪久、諸佛誠言謂不眞。」(法事讚卷下)

舍利弗、西方世界有无量壽佛・无量相佛・无量幢佛・大光佛・大

① 「大…及」　◎下欄にあり
② 「又…言」　◎下欄にあり
③ 「願…眞」　◎上欄・行間にあり

明佛・寶相佛・淨光佛、如是等恆河沙數諸佛、各於其國出廣長舌相、遍覆三千大千世界、說誠實言、汝等衆生當信是稱讚不可思議功德一切諸佛所護念經。

「願[①]往生、願往生。西方諸佛如恆沙。各於本國讚如來。分身百億閻浮內示現八相大希奇。五濁凡夫將謂實。六年苦行證无爲、降魔成道說妙法。種種方便不思議。普勸衆生歸淨土、前思却慮更生疑。我今舒舌以爲證。西方極樂必須依。」(法事讚卷下)

舍利弗、北方世界有焰肩佛・最勝[②]音佛・難沮《ショ反》佛・日生佛・網明佛、如是等恆河沙數諸佛、各於其國出廣長舌相、徧覆三千大千世界、說誠實言、汝等衆生當信是稱讚不可思議功德一切諸佛所護念經。

「願[③]往生、願往生。北方諸佛如恆沙。皆舒舌相證牟尼。爲我凡夫來出世、隨機說法應時機。時機相感聞卽悟。如說修行不致疑。七日稱名无間雜、身心踊躍喜還悲。慶、得希聞自家國。諸佛證判得還

①「願…依」　◎上欄・行間にあり
②勝　◎下欄補記
③「願…歸(二〇九頁)」　◎上欄・行間にあり

1-847　7-77　1-846

歸△。」（法事讚卷下）

舍利弗、下方世界有師子佛・名聞佛・名光佛・達摩佛・法幢佛・持法佛、如是等恆河沙數諸佛、各於其國出廣長舌相、偏覆三千大千世界、說誠實言、汝等衆生當信是稱讚不可思議功德一切諸佛所護念經。

「願①往生、願往生。下方諸佛如恆砂。各於本國度衆生、證讚釋迦出五濁能爲難事化群萠。善巧隨宜令斷惡、偏心指授向西行。一切福業皆廻向、終時化△佛②自來迎。利根智者聞歡喜、忽憶三塗心卽驚。驚心、毛竪勤懺悔。恐罪不滅墮深坑△。」（法事讚卷下）

舍利弗、上方世界有梵音佛・宿《シウ反》《シユ反》王佛・香上佛・香光佛・大焔肩佛・雜色寶華嚴身佛・娑羅樹王佛・寶華德佛・見一切義佛・如須彌山佛、如是等恆河沙數諸佛、各於其國出廣長舌相、偏覆三千大千世界、說誠實言、汝等衆生當信是稱讚不可思議功德一切諸佛所護念經。

①「願…化△」◎上欄にあり
②「佛…坑△」◎下欄にあり

01[上方…彌陀]化卷251

「①願往生、願往生。01上方諸佛如恆砂。還舒舌相爲娑婆。十惡・五逆、多疑謗、信邪事鬼餧神魔。妄想求恩、謂有福。災障禍横轉彌多。連年臥病於牀枕。聾盲、脚折、手攣擻。承事神明得此報。如何不②捨念彌陀。彌陀願力皆平等。但使迴心華自捧、一念逍遙快樂國、畢竟常安無退動」。(法事讚卷下)

『③稱讚』(稱讚淨土經)云、「又舍利子、何縁此經名爲稱讚不可思議佛土功德一切諸佛攝受法門。舍利子、由此經中稱揚讚嘆无量壽佛極樂世界不可思議佛土功德、及十方面諸佛世尊、爲欲方便利益安樂諸有情故、各住本土、現大神變、發誠諦言、勸諸有情信受此法。是故此經名爲稱讚不可思議佛土功德一切諸佛攝受法門」。

舍利弗、於汝意云何。何故名爲一切諸佛所護念經。舍利弗、若有善男子・善女人、聞是諸佛所說名及經名者、是諸善男子・善女人等、皆爲一切諸佛共所護念、皆得不退轉於阿耨多羅三藐三菩提。是故舍利弗、汝等皆當信受我語及諸佛所說。舍利

①「願…不△」◎上欄にあり
②「捨…動△」◎下欄にあり
③「稱…門△」◎経文「是稱讚不可思議功德一切諸佛所護念」の左傍にあり

弗、若有人、已發願、今發願、當發願欲生阿彌陀佛國者、是諸人等、皆得不退轉於阿①耨多羅三②藐三③菩提、於彼國土、若已生、若今生、若當生。是故舍利弗、諸善男子・善女人、若有信者、應當發願生彼國土。

④「願往生、願往生。釋迦如來大慈悲、應現娑婆度有緣。有緣遍滿三千界。隨機示悟斷貪癡、總勸厭此人天樂。无常・八苦火、燒人、念佛誦經除罪障、諸佛遙加護念身。晝夜六時強發願、持心不散業還成。業成見佛華臺主。須臾變作紫金臺、從佛逍遙入寶國、畢竟永絕愁憂聲。衆等廻心皆願往、手執香華常供養」。(法事讚卷下)

⑤元照律師(小經義疏)云、「諸佛護念直至菩提。護謂覆護、不使魔嬈。念謂記念、不令⑥退失」。

⑦又(小經義疏)云、「下云皆得不退等。則知生彼國者下至凡夫、直至成佛更无退墮。委如『十疑』」。

⑧又(稱讚淨土經)曰、「又舍利子、若善男子或善女人、或已得聞、或當得聞、或

①阿耨多羅　◎「此云无上」と左傍註記
②三藐　◎「此云正等」と左傍註記
③三菩提　◎「此云正覺」と左傍註記
④「願…養」　◎上欄にあり
⑤「元…失」二九字　◎下欄にあり
⑥令　◎「退」を「令」と上書訂記
⑦「又…疑」　◎下欄にあり
⑧「又…慮(二一二頁)」　◎経文「善男子善女人若有信者應當發願生」の左傍にあり

1-111

今得聞。如是經已深生信解、必爲如是住十方面十殑伽沙諸佛世尊之所攝受。如說行者、一切定於阿耨多羅三藐三菩提得不退轉、一切定生无量壽佛極樂世界淸淨佛土。是故舍利子、汝等有情、一切皆應信受領解我及十方佛世尊語。當勤精進、如說修行、勿生疑慮。」

又[①]（稱讚淨土經）曰、「於无量壽極樂世界淸淨佛土功德莊嚴、若已發願、若當發願、若今發願、必爲如是住十方面十殑伽沙諸佛世尊之所攝受。如說行者、一切定於阿耨多羅三藐三菩提得不退轉、一切定生无量壽佛極樂世界淸淨佛土。乃至發願往生、勿行放逸。」

舍利弗、如我今者稱讚諸佛不可思議功德、彼諸佛等亦稱說[②]我不可思議功德而作是言、釋迦牟尼佛能爲甚難希有之事、能於娑婆國土五濁惡世、劫濁・見濁・煩惱濁・衆生濁・命濁中得阿耨多羅三藐三菩提、爲諸衆生說是一切世間難信之法。舍利弗、當知、我於五濁惡世行此難事、得阿耨多羅三藐三菩提、

註記
①「又…逸」　◎下欄にあり
②說　◎「有本讚字」と上欄

1-396

01「九十…清閑」信卷104
02「如來…解脫」化卷194
03「種種…卽生」化卷204
04「无過…來迎」化卷199
05「上盡…誓重」一多意672
06「直爲…卽生」化卷199
07「致使…卽生」一多意675

爲一切世間、說此難信之法。是爲甚難。佛說此經已、舍利弗及諸比丘、一切世間天・人・阿修羅等、聞佛所說歡喜信受、作禮而去。

「願[①]往生、願往生。世尊慇懃告身子表知諸佛大悲同。互相讚德心无異、巧應時機各有功。六方如來皆讚嘆。釋迦出現甚難逢。正治五濁時興盛。无明頑硬似高峯。劫濁時移身漸小。衆生濁惡等蛇龍。惱濁遍滿過塵數、愛憎違順若丘山。見濁叢林如棘刺。命濁中夭刹那間。依正二報同時滅、背正歸邪橫起怨。[01]九十五種皆汚世。唯佛一道獨清閑。出到菩提心无盡、還來火宅度人天。衆等迴心皆願往、手執香華常供養」（法事讚卷下）

「願[②]往生、願往生。[02]如來出現於五濁、隨宜方便化群萌。或說多聞而得度、或說少解證三明。或教福惠雙除障、或教禪念坐思量。[03]種種法門皆解脫、[04]无過念佛往西方。[05]上盡一形至十念、三念・五念佛來迎。[06]直爲彌陀弘誓重、[07]致使凡夫念卽生。衆等迴心皆願往、手執香

①「願…養」◎上欄にあり
②「願…養（二一四頁）」◎下欄にあり

01「五濁…生怨」消息集835・838
02「他不…希有」信卷92
03「念佛…信也」信卷92
04「於此…難也」信卷92
05「承前…信受」信卷92

華常供養」。（法事讚卷下）
①「願往生、願往生。世尊說法、時將了、慇懃付屬彌陀名。01五濁增②時多疑謗、道俗相嫌不用聞。見有修行起瞋毒、方便破壞競生怨。如此生盲闡提□、毀滅頓教永沈淪。超過大地微塵劫、未可得離三塗身。大衆同心皆懺悔所有破□罪因緣。衆等廻心生淨土、手執香華常供養」。（法事讚卷下）

大③智律師（小經義疏）云、02「他不能爲故甚難。擧世未見故希有」。

大④智律師『疏』（小經義疏）云、03「念佛法門不簡愚智・豪賤、不論久近・善惡、唯取決誓猛信、臨終惡相、十念往生。此乃具縛凡愚、屠沽下類、刹那超越成佛之法。可謂世間甚難信也」。

又⑤（小經義疏）□、04「於此惡世修行成佛爲一難也。爲諸衆生、說此法門爲二難也」。

05「⑥承前二難、則彰諸佛所讚不虛意。使衆生聞而信受」。（小經義疏）

又⑦（稱讚淨土經）曰、「彼十方面諸佛世尊□□讚我不可思議无邊功德、皆

①「願…養」　◎下欄にあり
②増　◎「增」と上書訂記
③「大…有」一九字　◎経文尾題の左にあり
④大智律師　◎「元照也」と右傍註記
「大…也」　◎経文尾題の下にあり
⑤「又…也」二六字　◎経文尾題の下にあり
⑥「承…受」二〇字　◎経文尾題の下にあり
⑦「又…提（二一五頁）」　◎経文尾題の右にあり

06[一切…信法]略典276
07[極難信法]唯信意707a・708b

作是言。甚奇希有。釋迦寂靜・釋迦法王、如來・應・正等覺・明行圓滿・善逝・世間解・无上・丈夫調御士・天人師・佛・世尊、乃能於是堪忍世界五濁惡時所謂劫濁・諸有情濁・諸煩惱濁・見濁・命濁於中、證得阿耨多羅三藐三菩提、爲欲方便利益安樂諸有情故、説是世間極難信法。是故舍利子、當知、我今□□雜□□□世界五濁惡時、證得阿耨多羅三藐三菩提、爲欲方便利益安樂諸有情故、説是世間極難信法、甚爲希有不可思議。又舍利子、於此雜染堪忍世界五濁惡時、若有淨信諸善男子或善女人、聞説如是[06]一切世間[07]極難信法、能□□□、受持演説、如教修行、當知、是人甚爲希有。无量佛所、曾種善根。是人命終、定生西方極樂世界、受用種種功德莊嚴清淨佛土大□法樂、日夜六時、親近供養无量壽佛、遊歷十方供養諸□、於諸佛所聞法受記。福・慧□□、疾得圓滿、速證无上正等菩提。」

「[①]願往生、願往生。三界無安。如火宅。六道周障。競出門。門門不同八

①「願…養（二一六頁）」◎経文尾題の左にあり

萬四。各各皆當心眼前。棄棄欲出還廻去。爲箇无明悞殺人、貪財愛色无厭足。虚花幻惑詐相親。財盡色落相嫌恨。須臾義斷□□怨。屠怨遍滿娑婆内。有識含情皆亦然。爲此如來偏指授、勸使專修淨土因。淨土因成自□□。終時合掌奉香煙。香煙直注彌陀佛。聖衆持華迎我身。卽坐華臺紫金色。到彼无　衆等悲流皆願往、手執香華常供養」（法事讃卷下）

佛說阿彌陀經①

①經　◎ここで表書終り

01[劫欲…得度]化卷204
02[歸去…然成]化卷209

「願往生、願往生。[01]劫欲盡時五濁盛。衆生邪見甚難信。專專指授歸西路、爲他破壞還如故。曠劫已來常如此。非是今生始自悟。正由不遇好強縁、致使輪廻難得度。今日今時聞要法、畢命爲期誓堅固。堅固持心不惜身、慚愧釋迦諸佛恩。標心爲說西方樂、欲使齊歸入正門。正門卽是彌陀界。究竟解脫斷根蹄。[02]歸去來、他鄕不可停。從佛歸本家還本國、一切行願自然成。衆等各各生淨土、手執香華常供養」。(法事讚卷下)

「願往生、願往生。大衆人人皆□掌、碎□慚謝釋迦恩。能得慈悲巧方便指授西方快樂門。道場欲散人將別。努力相勸斷貪瞋。貪瞋因縁障聖土。不得自悟永沈淪。同行相親相策勵、畢命爲期到佛前。願此法輪相續轉、道場施主益長年。大□□□受安樂、見聞隨喜亦皆然。普願□□生淨土、手執香華常供養」。(法事讚卷下)

「般舟三昧樂 願往生 大衆人人皆合掌 無量樂 般舟三昧樂 願往生 道場聖衆欲歸還 無量樂 衆等傷心共傷歎 願往□ □知慚謝釋迦恩 無

01[悲喜：難報]化卷209

量樂 般舟三昧樂 願往生 [01]悲喜交流深自度 無量樂 不因釋迦佛開悟
願往生 彌陀名願何時聞 無量樂 般舟三昧樂 願往生 荷佛慈恩實難報
無量樂 四十八願慇懃喚 願往生 乘佛願力往西方 無量樂 般舟三昧樂
願往生 娑婆永別更何憂 無量樂 無問罪福時多少 願□□ 心心念佛莫
生疑 無量樂 般舟三昧樂 願往生 六方如來證不虛 無量樂 三業專心無
雜亂 願往生 百寶蓮華應時現 無量樂 般舟三昧樂 願往生 臨終聖衆自
來迎 無量樂 行者見佛心歡喜 願往生 彌陀接手坐華臺 無量樂 般舟三
昧樂 願往生 坐已身同紫金色 無量樂 從佛須臾至寶國 願往生 直入彌
陀大會中 無量樂 般舟三昧樂 願往生 見佛莊嚴无數億 無量樂 三明六
通皆具足 願往生 憶我閻浮同行人 無量樂 般舟三昧樂 願往生 同行相
親願莫退 無量樂 七周行道散華竟 願往生 供養冥空諸佛會 無量樂 般
舟三昧樂 願往生 大會頂禮別彌陀 無量樂」(法事讚卷下)
「慚愧彌陀諸聖衆 願往生 受我施主衆生請 無量樂 般舟三昧樂 願往
生 慈悲平等度衆生 無量樂 證明功德除罪障 願往生 存亡利益難思

議（無量樂）般舟三昧樂（願往生）形枯命斷佛前期（無量樂）供養莊嚴不如法（願往生）布施衆生歡喜心（無量樂）般舟三昧樂（願往生）見聞流淚同懺悔（無量樂）散華行道訖（願往生）請佛隨緣還本國（無量樂）般舟三昧樂（願往生）普散香華心道佛（無量樂）般舟三昧樂（願往生）願佛慈心遙護念（無量樂）般舟三昧樂（願往生）同生相勸盡須來（無量樂）」（法事讚卷下）

「竊以、[02]彌陀妙果號曰无上涅槃。國土則廣大莊嚴遍滿。自然衆寶。觀音大士左侍靈儀、勢至慈尊則右邊供養。三華獨迴寶縵臨軀。珠內輝光、天聲外繞。聲聞・菩薩數越塵沙、化鳥・天同无不遍會。他方聖衆起若雲奔、凡惑同生過踰盛雨。十方來者皆到佛邊、鼓樂歌歎、香華繞讚。供養周訖、隨處遍歷親承。或入百寶池渠會、或入寶樓・宮殿會、或入寶林・寶樹會、或上虛空會、或入大衆无生法食會。如是清淨莊嚴大會聖衆等、同行、同坐、同去、同來。一切時中无不證悟。西方極樂種種莊嚴嘆、莫能盡。然今清信弟子某甲等、爾許多人、知身假合四大共成、識命浮危、譬似嚴霜對日。[03]十方六道

02 [彌陀…涅槃]眞卷178
03 [十方…已發]化卷209

同此輪廻无際。循循沈愛波而沈苦海。佛道人身難得、今已得。淨
土難聞今已聞。信心難發、今已發。仰惟、今時同生知識等、爾許多
人、恐畏命同石火、久照難期。識性无常、逝踰風燭。故人人同願共
結往生之業。各誦『彌陀經』爾許萬遍、念彌陀名爾許萬遍、又造某
功德等普皆周備。故於某月日莊嚴院宇、瑩飾道場、奉請僧尼、宿
宵行道。又以廚皇百味・種種甘香奉佛及以僧徒、同心慶喜。又願
持戒・誦經・念佛・行道、及造諸功德等。當今施主及同行諸人、法界
衆生、從今已去、天神影衛萬善扶持、福命休強離諸憂惱、六方諸
佛護念信心、淨土彌陀慈心攝受。又願觀音・聖衆駱驛往來、念念
無遺遙加普備、春秋冬夏四大常安、罪滅福成、廻生淨土。又願臨
終無病正念堅強、聖衆來迎、華臺普集、彌陀光照、菩薩扶身、化佛
齊心、同聲等讚、乘臺一念卽至西方、見佛尊顏悟无生忍。仰願往
生同行人等、得如此善。又願此功德、資益大唐　皇帝、福基永
固、聖化无窮。又願、　皇后慈心平等哀愍六宮。又願、　皇太

子、承恩厚地、同山岳之莫移、福命唐唐類滄波而无盡。又願天曹・地府・閻羅・伺命、滅除罪障注記善名。又願修羅息戰諍、餓鬼除飢虛、地獄與畜生俱時得解脫。豎通三界橫括九居、莫不等出娑婆同歸於淨土」。(法事讚卷下)

『轉經行道願往生淨土法事讚』卷上云、

「奉請四天王　直入道場中　奉請師子王　師子亦難逢
奮迅身毛衣　衆魔退散去　廻頭請法師　直取涅槃城」

「竊以、娑婆廣大火宅无邊。六道周居重昏永夜。生盲无目惠照未明。引導無方、俱摧死地。修還來去等誓水長流。託命投神、誰之能救。斯乃識含無際、窮塵之劫更踰。自爾悠悠遇勝、之何日。上從海德初際如來乃至今時釋迦諸佛、皆乘弘誓悲智雙行、不捨含情三輪普化。然我无明障重、佛出不逢。設使同生還如覆器。神光等照不簡四生。慈及无偏、皆資法潤。雖沈法水、長劫由頑苦集相因、毒火臨時還發。仰惟大悲恩重等潤身田、智慧冥加道牙增長。慈悲方便視教隨宜、勸念彌陀、歸乎淨土。地則衆珍雜間、光色競輝、德水澄、華玲籠影徹。寶樓重接等輝神光、林樹垂瓔風塵雅曲。華臺嚴瑩種種希奇。聖衆居、明踰千日。身則紫金之色、相好儼然。進止往來、乘空無导。若論依報、則超絕十方。地上・虛空等皆無異。他方凡聖、乘願往來。到彼、無殊齊同不退。但以如來善巧總勸四生、棄此娑婆忻生極樂、專稱名號、兼誦『彌陀經』。欲令識彼莊嚴、厭斯苦事、三因・五念畢命爲期、正助・四修則剎那无間、廻斯功業普備含靈、壽盡乘臺齊臨彼國。」（法事讚卷上）

「般舟三昧樂 願往生 大衆同心厭三界 無量樂 般舟三昧樂 願往生 三塗永絕願无名 無量樂 三界火宅難居止 願往生 乘佛願力往西方 無量樂 般舟三昧樂 願往生 念報慈恩常頂戴 無量樂 大衆持華恭敬立 願往生 先請彌陀入道場 無量樂 般舟三昧樂 願往生 不違弘願應時迎 無量樂 觀音・勢至・塵沙衆 願往生 從佛乘華來入會 無量樂 般舟三昧樂 願往生 觀音接手入華臺 無量樂 無勝莊嚴釋迦佛 願往生 受我微心入

道場無量樂般舟三昧樂願往生碎身慚謝釋迦恩無量樂彼國莊嚴大海衆願往生從佛乘華來入會無量樂般舟三昧樂願往生助佛神化度衆生無量樂十方恆沙佛舒舌願往生證我凡夫生安樂無量樂般舟三昧樂願往生悲心利物大悲心無量樂慚愧恆沙大悲心願往生受我微心入道場無量樂般舟三昧樂願往生專心淨土佛前期無量樂一一如來大海衆願往生從佛乘華來入會无量樂般舟三昧樂願往生盡是往生增上緣無量樂佛使二十五菩薩願往生一切時來常護念無量樂般舟三昧樂願往生畢命直入涅槃城無量樂佛恐衆生四魔障願往生未至極樂墮三塗無量樂般舟三昧樂願往生直心實行佛迎來無量樂我今衆等深慚謝願往生受我微心來入會無量樂般舟三昧樂願往生心心專注出娑婆無量樂本國彌陀諸聖衆願往生平等倶來坐道場無量樂般舟三昧樂願往生道場聖衆實難逢衆等頂禮彌陀會願往生普散香華同供養無量樂般舟三昧樂願往生彌陀光攝往生人無量樂對佛彌陀涅槃會願往生各發誓願請華臺無量樂般舟三昧樂願往生

極樂莊嚴門盡開 無量樂 般舟三昧樂 願往生 專心念佛坐華臺 無量樂
般舟三昧樂 願往生 乘華直入不須疑 無量樂 衆等齊心請高座 願往生
慇懃智影說尊經 無量樂 難思議 往生樂 雙樹林下 往生樂 難思 往生樂 道
場時逢難叵遇 往生樂 无常迅速命難停 往生樂 難思議 往生樂 雙樹林
下 往生樂 難思 往生樂 眼前業道人人見 往生樂 皆由三毒作因緣 往生樂
難思議 往生樂 雙樹林下 往生樂 難思 往生樂 雖得人身常闇鈍 往生樂 貪
瞋・邪見轉專專 往生樂 難思議 往生樂 雙樹林下 往生樂 難思 往生樂 日夜
惛惛不惺悟 往生樂 還是流浪三塗因 往生樂 忽爾輪廻長劫苦 往生樂
彌陀淨土何時聞 往生樂 難思議 往生樂 雙樹林下 往生樂 難思 往生樂 大
衆同心請高座 往生樂 爲度群生轉法輪 往生樂 難思議 往生樂 雙樹林
下 往生樂 難思 往生樂 衆等傾心樂聞法 往生樂 手執香華常供養 往生樂
難思議 往生樂 雙樹林下 往生樂 難思 往生樂」（法事讚卷上）
「敬白。道場衆等各各斂心彈指合掌、叩頭、歸命禮本師釋迦佛、過・
現・未來諸世尊。所以歸依佛者、佛是衆生大慈悲父、亦是出世增上良縁。計其恩德、過於塵劫述之難盡。『賢愚經』言、一一諸佛從初發意終至菩提、專心求法、不顧身財、悲智雙行、曾無退念。或可逢人逼試皮肉分張、或自割身而延鴿命、或捨千頭以求法。或釘千釘而求四句、或刺身血以濟夜叉、或捨妻子以充羅刹。或設慈悲方便、化作禽魚用濟蒼生免其飢難。或作金毛師子以上獵師、或作白象抽牙、爲求菩提而奉施。或觀怨家由如赤子、或現外道比若親兒。彼我无殊。聖凡何異。三祇起行皆與无漏相應。地地收功、始得果圓號佛。身則閻浮金光色、喩千日競暉。相好分明。譬若衆星夜朗。跏趺正坐不背之相圓明。法界同歸、各覩如來面相。身心湛寂、化用不失時機。隨類變通、報體則元來不動。但以如來智德嘆之難盡。道場衆等各生慚謝之心。能使諸佛爲我捨身、過於塵劫。哀哉、世尊能爲難事、長劫勤勤忍疲勞之苦痛。雖復爲生苦行、不覓小恩、望欲等出塵勞會菩提而歸彼岸。衆等齊心爲今施主某甲等、奉請十方諸佛一切世尊。弟子等敬尋諸佛境界、唯佛

01［永絶…皆往］信卷129

能知國土清華。非凡所測。三身化用皆立淨土、以導群生。法體無殊、有識歸之得悟。但爲凡夫亂想寄託無由故、使釋迦・諸佛不捨慈悲、直指西方十萬億刹。國名極樂、佛號彌陀。現在說法。其國清淨具四德莊嚴。[01]永絶譏嫌、等無憂惱。人天善惡皆得往生。到彼、無殊齊同不退。何意然者、乃由彌陀因地、世饒王佛所捨位出家、即起悲智之心廣弘四十八願、以佛願力五逆之與十惡罪滅得生、謗法闡提廻心皆往。復因韋提致請誓捨娑婆、念念無遺決定求生極樂、如來因其請故、即說定散兩門、三福九章、廣作未聞之益。十方恆沙諸佛共讚釋迦舒舌遍覆三千證得往生非謬。如是等諸佛世尊、不捨慈悲受今施主某甲及衆生請、入此道場證明功德」。（法事讚卷上）

「願往生、願往生。衆等咸歸命本師釋迦佛・十方世界諸如來。願受施主衆生請、不捨慈悲入道場、證明功德滅諸罪。廻心一念見彌陀。衆等身心皆踊躍」。（法事讚卷上）

「願往生、願往生。衆等希聞諸佛法。龍宮八萬四千藏已施神光入道場、證明功德復滿願。因茲離苦見彌陀。法界含靈亦除障」。(法事讃卷上)

「願往生、願往生。龍宮經藏如恆沙。十方佛法復過是。我今標心普皆請。放大神光入道場、證明功德復除罪、增長施主菩提牙。衆等各各齊心念、手執香華常供養」。(法事讃卷上)

「願往生、願往生。今日道場難得遇。无上佛法亦難聞。畢命形枯斷諸惡。從是念念罪皆除、六根得了、惺悟、戒・定・慈悲誓不虛。衆等身心皆踊躍、手執香華常供養」。(法事讃卷上)

「願往生、願往生。久住娑婆常沒沒。三惡四趣盡皆停。被毛戴角受衆苦。未曾聞見聖人名。憶此疲勞長劫事誓願、捨命見彌陀。衆等身心皆踊躍、手執香華常供養」。(法事讃卷上)

「願往生、願往生。衆等咸歸命、今爲施主及衆生、已請十方法界全身舍利、碎體金剛。利物隨宜分形影赴。雖復形分大小、神化一種無殊。大則類同山岳、小則比若芥塵。畢命眞誠齊心供養、近則人

天獲報富樂長劫隨身、遠則淨土无生剋果。則涅槃之常樂。又願道場衆等各各齊心、手執香華常供養」。(法事讚卷上)

『①稱讚』(稱讚淨土經)云、「又舍利子、我觀如是利益安樂大事因緣、說誠諦語。若有淨信諸善男子或善女人、得聞如是无量壽佛不可思議功德名號、極樂世界淨佛土者、一切皆應信受發願如說修行生彼佛土」。

「願往生、願往生。眞身舍利隨大小、見聞歡喜修供養。自作善根、他人福、一切合集皆廻向、晝夜精懃不敢退。專心決定見彌陀。衆等身心皆踊躍、手執香華常供養」。(法事讚卷上)

『②稱讚』(稱讚淨土經)云、「臨命終時、无量壽佛③與其无量聲聞弟子・菩薩衆俱、前後圍繞、來住其前、慈悲加祐、令心不亂。既捨命已、隨佛衆會、生无量壽極樂世界清④淨佛土」。

「願往生、願往生。普賢・文殊弘誓願。十方佛子皆亦然。一念分身遍六道、隨機化度斷因緣。願我生生得親近、圍繞聽法悟眞門、永拔

---

①「稱…土」 ◎四行前の註文「剛利…供養」の行間にあり　この一文◎表書「舍利弗我見是利故說此言若有衆生聞是說者應當發願生彼國土(二〇五頁)」の裏書

②「稱…土」 ◎三行前の註文「願往…供養」及び次行の註文「願往…度斷」の行間にあり　この一文◎表書「其人臨命終時阿彌陀佛與諸聖衆現在其前是人終時心不顚倒即得往生阿彌陀佛極樂國土(二〇五頁)」の裏書

③佛　◎右傍補記

④淸　◎右傍補記

1-392　1-811　1-812　1-391　1-812

无明生死業、誓作彌陀淨土人。衆等各各齊身心、手執香華常供養」（法事讃卷上）

「願往生、願往生。十方菩薩大慈悲、不惜身命度衆生。六道分身隨類現、爲說妙法證无生。无生淨土隨人入。廣大寬平无比量。四種威儀常見佛。法侶携將入寶堂。衆等身心皆踊躍、手執香華常供養」（法事讃卷上）

①又（稱讃淨土經）曰、「生彼佛土諸有情類、成就无量无邊功德。非少善根諸有情類、當得往生无量壽佛極樂世界淸淨佛土又舍利子、若有淨信諸善男子或善女人、得聞如是无量壽佛无量无邊不可思議功德名號、極樂世界功德莊嚴、聞已思惟」。

「願往生、願往生。爲今施主及衆生奉請賢聖。入道場證明功德。修供養。三毒煩惱因茲滅、无明黑闇罪皆除。願我生生値諸佛、念念修道至无餘。廻此今生功德業、當來畢定在金渠。衆等各各齊身心、手執香華常供養」。（法事讃卷上）

①「又…惟」◎二行前の註文「堂衆等身心皆踊躍手執香華常供養」及び次行の註文「願往…供養」の行間にあり　この一文◎表書「不可以少善根福德因緣得生彼國（二〇四頁）」の裏書

「願往生、願往生。菩薩聖衆、身雖別、慈悲・智慧等无殊。不惜身財求妙法、難行苦行未曾休。誓到菩提登彼岸、放大慈光度有流。有流衆生我身是。乘光畢命入西方。衆等身心皆踊躍、手執香華常供養」。（法事讃卷上）

「願往生、願往生。爲今施主、皆已請十方諸佛。入道場。龍宮法藏・眞舍利、已放神光入道場。羅漢・辟支、通自在。一念乘華入道場。普賢・文殊菩薩、一切倶來入道場。是諸聖衆如雲集、地上虛空難可量。各坐蓮華百寶座、證明功德放慈光。如此聖衆難逢遇。同時發願入西方。衆等齊心皆踊躍、手執香華常供養」。（法事讃卷上）

「請觀世音讃云、

奉請觀世音　散華樂　慈悲降道場　散華樂

斂容空裏現　散華樂　忿怒伏魔王　散華樂

騰身振法鼓　散華樂　勇猛現威光　散華樂

手中香色乳　散華樂　眉際白豪光　散華樂

寶蓋隨身轉 散華樂 蓮華逐步祥 散華樂
池廻八味水 散華樂 華分戒定香 散華樂
飢餐九定食 散華樂 渇飲四禪醬 散華樂
西方七寶樹 散華樂 聲韻合宮商 散華樂
枝中明寶相 散華樂 葉外現无常 散華樂
願捨閻浮報 散華樂 發願入西方 散華樂」（法事讚卷上）
「行道讚梵偈云、
奉請彌陀世尊入道場 散華樂 奉請釋迦如來入道場 散華樂
奉請十方如來入道場 散華樂
道場莊嚴極淸淨 天上・人間无比量
過現諸佛等靈等 人・天・龍・鬼中法藏
全身・碎身眞舍利 大衆持華散其上
瞻仰尊顏繞七帀 梵響聲等皆供養
願我身淨如香爐 願我心如智慧火

念念焚燒戒定香　供養十方三世佛
慚愧釋迦大悲主　十方恆沙諸世尊
不捨慈悲巧方便　共讚彌陀弘誓門
弘誓多門四十八　偏標念佛最爲親
人能念佛佛還念　專心想佛佛知人
一切廻心向安樂　即見眞金功德身
淨土莊嚴・諸聖衆　籠籠常在行人前
行者見已心歡喜　終時從佛坐金蓮
一念乘華到佛會　即證不退入三賢」（法事讚卷上）

「願往生、願往生。道場衆等、爾許多人、歷劫已來巡三界、輪廻六道无休止。希見道場請佛會、親承供養。難思議。七周行道散華訖。悲喜交流願滅罪。乘此善根生極樂、華間見佛證无爲。衆等持心就本座、手執香華常供養。」（法事讚卷上）

「願往生、願往生。釋迦如來初發願、頓捨塵勞修苦行、念念精勤无有退。不限日月及歳年、大劫・小劫・僧祇劫、過踰大地等微塵。不惜身財求妙法、慈悲誓願度衆生、普勸歸西安養國、逍遙快樂得三明。衆等各各傾身心、手執香華常供養」。（法事讚卷上）

「願往生、願往生。衆等齊心生渴仰、慇懃頂禮樂聞經。聖人所重不過命、不貪王位捨千頭。七寸長釘遍體入、標心爲物不生憂。自取身皮寫經偈、普願群生入法流。千燈炎炎流身血、諸天泣淚散華周。感傷大士身心痛、微微含笑願無瞋。仰願同聞同斷惡。難逢難遇。誓當專。念念廻心生淨土、畢命入彼涅槃門。各各傾心無意想、手執香華常供養」。（法事讚卷上）

「願往生、願往生。曠劫已來居生死、三塗常沒苦皆逕。始服人身聞正法。由如渴者得清泉。念念思聞淨土教、文文句句誓當勤。憶想長時流浪苦、專心聽法入眞門。淨土无生亦无別。究竟解脱金剛身。以是因縁請高座。報佛慈恩轉法輪。衆等身心皆踊躍、手執香華常供養」。（法事讚卷上）

「願往生、願往生。衆生見佛心開悟。發願同生諸佛家。住此娑婆已來久、无功捨命劫塵沙。自覺心頑神識鈍、良由地獄臥銅車。銅車焰焰難居止。一念之間百千死。非直此中多苦痛。一切泥梨亦如是。泥梨一入過塵劫。畜生・鬼道還如此。今得人身貪造罪、諸佛聖教生非毀。非毀聖教罪根深。謗說良善苦常沈。大聖雖有神通力、無能相救益悲心。今勸道場時衆等。發露懺悔罪無窮。衆等同心彼淨土、手執香華常供養」。（法事讚卷上）

「佛言、若有衆生、殺害三寶、偸劫三寶、污染三寶、欺誑三寶、謗毀三寶、破壞三寶、殺害父母、偸劫父母、污染父母、欺誑父母、謗毀父母、破壞父母、罵辱六親。作如是等殺逆罪者、乃至化閻羅王大聲告敕。癡人獄種。汝在世時、不孝父母、邪慢无道。汝今生處名阿鼻獄。汝不知恩、无有慚愧受此苦惱。爲樂不耶。作是語已卽滅不現。乃至一日一夜當此閻浮提日月歲數六十小劫。如是壽命一大劫。五逆罪人无慚无愧造作五逆罪故」。（法事讚卷上）

『觀念法門』云、「又如『彌陀經』說。若有男子・女人、七日七夜、及盡一生、一心專念阿彌陀佛願往生者、此人、常得六方恆河沙等佛共來護念。故名護念經。護念經意者、亦不令諸惡鬼神得便、亦无橫病・橫死、橫有厄難、一切災障自然消散。除不至心。此亦是現生護念增上緣」。

又[①](觀念法門)云、「又如『四紙彌陀經』中說。佛言、若有男子・女人、或一日・七日、一心專念彌陀佛名、其人命欲終時、阿彌陀佛與諸聖衆自來迎接、卽得往生西方極樂世界。釋迦佛言、我見是利故說此言。卽爲證也。此亦是攝生增上緣」。

又[②](觀念法門)云、「又如『彌陀經』云。六方各有恆河沙等諸佛、皆舒舌遍覆三千世界、說誠實言、若佛在世、若佛滅後一切造罪凡夫、但廻心念阿彌陀佛、願生淨土、上盡百年、下至七日・一日、十聲・三聲・一聲等、命欲終時、佛與聖衆自來迎接、卽得往生。如上六方等佛舒舌、定爲凡夫作證。罪滅得生。若不依此證得生者、六方諸佛舒舌、一

①又云　◎右傍補記
②又云　◎右傍補記

1-884　1-892　1-893　1-896 7-150

出口已後、終不還入口、自然壞爛。此亦是證生增上緣。」

「不可以少善根」（小經）句

元照師（小經義疏）云、「01如來欲明持名功勝。先貶餘善爲少善根。所謂布施・持戒・立寺・造像・禮誦・坐禪・懺念・苦行、一切福業、若无正信、廻向願求皆爲小善。非往生因。若依『經』執持名號、決定往生。卽知、稱名是多善根・多福德也。」

①又（小經義疏）云、「問。四字名號凡下常聞、有何勝能超過衆善。答。佛身非相、果德高深。不立嘉名莫彰妙體。十方三世皆有異名。02況我彌陀以名接物。是以耳聞口誦、无邊聖德攬入識心。永爲佛種頓除億劫重罪、獲證无上菩提。信知非小善根。是多功德也」。卽引『華嚴』・『藥師』・『占察』等畢（小經義疏）云、「餘諸佛名聞持尚爾、況我彌陀有本誓乎。末俗障重多忽持名。故委引聖言、想无遲慮也。」

②又（小經義疏）云、「問。『觀經』云、是心作佛是心是佛。心既是佛、何須念他佛耶。答。祇由心本是佛故、令專念彼佛。『梵網戒』云、常須自知我是未

01［如來…德也］化卷204
02［況我…德也］行卷44

①又云　◎右傍補記
②又云　◎右傍補記

成之佛、諸佛是已成之佛。汝心佛者未成佛也、彌陀佛者已成佛也。未成之佛、久沈欲海、具足煩惱杳无出期。已成之佛、久證菩提、具足威神能爲物護。是故諸經勸令念佛。卽是以已未成佛、求他已成佛而爲救護耳。是故衆生若不念佛聖凡永隔、父子乖離長處輪廻。去佛遠矣」。

又[①]（小經義疏）云、「當知、我輩處佛光中都不知覺、佛光常攝略无厭棄。猶如盲人居日輪下。又如溷[②]蟲樂在穢處。撫膺自責、實可悲痛」。

又[③]（小經義疏）云、「一表他方淨刹非二乘凡小境界。縱有權行。示同不知。不假因緣。孤然自說、彰其特異。卽下諸佛嘆釋迦云、能爲甚難希有之事。說此世間難信之法是也。

二表我佛世尊大慈憫《ヒン》《カナシム》物。如母愛子、憐其小騃不能請問、召以誨之。彰其深切。故下如來囑云、汝等皆當信受我語及諸佛所說是也」。

又[④]照（小經義疏意）云、「曼陀羅華者、此云適意、言其美也。又云白華、取其色

①又云　◎右傍補記
②溷　◎「圂「厠也　胡困也」一云豕所居也　溷「胡困反濁也」」と上欄註記
③又云　◎右傍補記
④「又…也」二四字　この一文◎表書「曼陀羅華（一九九頁）」の裏書

也。通[1]名九品。」

照[2]師（小經義疏）云、「古云、指法之辭。卽指正宗所說法門。契理曰如、離非曰是。信故聞持名信成就。」

「阿[3]難自言親從佛聞非他傳告、卽聞成就。」（小經義疏）

①通名九品　この一文◎表書「其土衆生（一九九頁）」の裏書
②「照…就」　この一文◎表書「如是（一九五頁）」の裏書
③「阿…就」一六字　この一文◎表書「我聞（一九五頁）」の裏書

佛說無量壽經延書

佛說觀無量壽經延書

佛說無量壽經延書

〔概説〕

本書は、正依『大経』に宗祖が加点した本を元にした延書である。『大経』については本聖典第一巻「三経七祖篇」を参照されたい。

宗祖による『大経』の書写本は今日に伝わらず、また本書の元になった加点本も現存していない。そのような中で、宗祖が『大経』に加点した内容を伝える本書は重要である。本書の特徴としては、たとえば、本願成就文については「あらゆる衆生、その名號をききて信心歡喜し、乃至一念せん。至心廻向したまへり」と、『教行信証』「信文類」や『浄土三経往生文類』と同様の訓点によって延書され、阿弥陀仏から回向された信心であることを示す宗祖独自の訓みがみられる点が挙げられる。また、四十八願の願名は、本書において各願冒頭右傍に註記されるが、真仏上人書写の「四十八誓願」（本聖典第二巻「宗祖篇上」所収）では、上欄に註記され、その位置は異なっている。本書と「四十八誓願」との願名を比較すると、本書には四十八願の一々に付されるのに対して「四十八誓願」では十九の願文に付されるのみで、文言にも「不更惡趣」と「不更惡道」などの相異がある。

本書の奥書には、「貞和三歳丁亥林鐘中旬候以聖人御點祕／本延寫于假名令授與之訖／願主空善」とあり、その成立は貞和三（一三四七）年であることがわかる。また、この奥書により「聖人御點祕本」、すなわち、当時は伝存していた宗祖の加点本によって本書が制作されたことが知られる。

なお、本書以外の宗祖に関連する『大経』には、浄土三部経本派本願寺所蔵正平六年書写本がある。この正平六年書写本の『大経』巻上は、宗祖の父有範公の中陰を機縁として弟の兼有律師が加点し、宗祖が外題を記したものによった旨を記した存覚上人の奥書を有している。しかし、本書と正平六年書写本の経文を比較すると、「除癡瞋」と「除癡冥」、「染治」と「擣染」、「无量」と「難量」、「佛」と「法」など複数の相違がみられ、必ずしも両者は一致しない。

なお、『存覚上人袖日記』には、本書と同時代の『大経』について、

假名大經　七帖　大經上下 小經一帖　觀經各二帖　吉檀紙二半紙五行　西道
大上本　題目ヨリ略譯者 フカク寂滅ヲネガフマデ　三十丁
同末　阿難トキニカノ比丘ヨリ 奥題名マデ　二十二丁
大下本　題目ヨリ 泥洹ノ道ヲエシムルトマデ　三十丁
同末　佛ノタマハクソノ一ノ惡ヨリ 奥題名マデ　三十丁

と示されている。ここに記されるのは、当時、流布していたとみられる西道所持の浄土三部経であると考えられるが、『大経』については本末を分ける箇所が本書とは一致しない。

〔底本〕

本書は、兵庫県毫摂寺蔵貞和三年乗専書写本を底本とした。

毫摂寺蔵本は、全四巻で上下巻それぞれが本末に分けられている。各巻の表紙には左上に「無量壽經上　本」等との外題があり、右下には「釋空善」との袖書がある。空善とは奥書にもその名がみられるように願主である。また、書写者については、その特徴的な筆跡から覚如上人の門弟乗専と考えられている。なお、本文には二丁分の脱葉が見られる。体裁は半葉五行、一行十七字内外である。

佛説觀無量壽經延書

〔概説〕

本書は、『観経』に宗祖が加点した本を元にした延書であり、二巻に分けられたうちの末巻のみが伝わる。『観経』については本聖典第一巻「三経七祖篇」を参照されたい。

宗祖による『観経』の書写本には『観無量寿経註』（観経註）がある。これにより宗祖所覧の経文が知られるが、『観経註』には返点・送り仮名などの訓点は付されておらず、『観経』の宗祖加点を伝えるものとして本書は重要である。また、『観経註』と本書の経文とには一致しない点が複数ある。『観経註』と本書の経文とを比較すると、内題の「無量壽觀經」と「觀無量壽經」、本文の「蘇蜜」と「酥蜜」、「心歡喜」と「心觀喜」など、文言の相違がみられる。これらのことから、本書の元になった『観経』の経文は、宗祖が『観経註』を書写する際に元になった『観経』の経文とは別系統のものと考えられる。

本書の奥書には、「康應元年己巳八月三日　以聖人／御點祕書寫之訖」とあり、その成立は康応元（一三八九）年であることがわかる。また、この奥書により、当時は伝存していた宗祖の加点本によって本書が制作されたことが知られる。

なお、『存覚上人袖日記』には、先述の西道所持本の『観経』について、

観本　題目ヨリ第十三ノ観トナヅクマデ　廿九丁
同末　佛阿難ヲヨビヨリ奥題名マデ　九品初也　十五

と示されている。この『観経』と本書とは本末を分ける箇所が一致していることから、本書は当時流布していた系統の『観経』を伝えるものとも考えられている。

〔底本〕

本書は、龍谷大学蔵（勝福寺旧蔵）康応元年書写本（末）を底本とした。

龍谷大学蔵本は、表紙左上に「觀無量壽經末」との題簽がある。題簽の右下には、本文とは別筆で「綽如上人御筆」との貼紙があり、本願寺第五代宗主綽如上人の筆とも伝えられるが、書写者は不明である。体裁は半葉五行、一行十七字内外である。

なお、本書は末巻のみしか現存しておらず、龍谷大学に合わせて保管されている本巻は「至徳二歳乙丑十一月廿八日奉書／寫之訖」との奥書をもつ至徳二（一三八五）年成立の別本である。

佛說無量壽經延書

佛說無量壽經延書

〈底本〉
◎兵庫県亳摂寺蔵貞和三年乗専書写本

佛《ぶち》說《せち》無《む》量《りやう》壽《じゆ》經《きやう》巻《くわん》上《じやう》①本

曹魏天竺三藏康僧鎧《さうぐゐてんぢくのさむざうかうそうがいの》譯《やく》

われききたまへき、かくのごとく。ひととき、佛《ぶち》、王舍城耆闍崛山《わうしやじやうぎしやくちせん》のうちに住《ぢゆ》したまひき。大比丘《だいびく》の衆《しゆ》、萬二千人《まんにせんにん》とともなりき。一切大聖《ゐちさいだいしやう》にして、神通《じんづう》すでに達《たち》せりき。その名《な》をば、尊者了本際《そんじやれうほんざい》・尊者正願《そんじやしやうぐわん》・尊者正語《そんじやしやうご》・尊者大號《そんじやだいがう》・尊者仁賢《そんじやにんげん》・尊者離垢《そんじやりく》・尊者名聞《そんじやみやうもん》・尊者善實《そんじやぜんじち》・尊者具足《そんじやぐそく》・尊者牛王《そんじやごわう》・尊者優樓頻蠡迦葉《そんじやうるびんらかせふ》・尊者伽耶迦葉《そんじやがやかせふ》・尊者那提迦葉《そんじやなだいかせふ》・尊者摩訶迦葉《そんじやまかかせふ》・尊者舍利弗《そんじやしやりほち》・尊者大目揵連《そんじやだいもくけんれん》・尊者劫賓那《そんじやこふひんな》・尊者大住《そんじやだいぢゆ》・尊者大淨志《そんじやだいじやうし》・尊者摩訶周那《そんじやまかしゆな》・尊者滿願子《そんじやまんぐわんし》・尊者離障《そんじやりしやう》・尊者流灌《そんじやるくわん》・尊者堅伏《そんじやけんぶく》・尊者面王《そんじやめんわう》・尊者異乘《そんじやいじよう》・尊者仁性《そんじやにんしやう》・尊者喜樂《そんじやきらく》・尊者善來《そんじやぜんらい》・尊者羅云《そんじやらうん》・尊者阿難《そんじやあなん》といひき。みなこれらのごとき上首《じやうしゆ》たるものなり。

また大乘《だいじよう》のもろもろの菩薩《ぼさち》とともなりき。普賢菩薩《ふげんぼさち》・妙德菩薩《めうとくぼさち》・慈氏菩薩等《じしぼさちとう》の、この賢劫《げんごふ》のなかの一切《ゐちさい》の菩薩《ぼさち》なり。また賢護等《げんごとう》の十六正士《じふろくしやうじ》ありき。善思議菩《ぜんしぎぼ》

〈表紙〉
◎左上「無量壽經上　本」　右下「釋空善」

①本　◎に無し

薩《さち》・信慧《しんゑ》菩薩《ぼさち》・空无《くむ》菩薩《ぼさち》・神通華《じんづうくゑ》菩薩《ぼさち》・光英《くわうあう》菩薩《ぼさち》・慧上《ゑじやう》菩薩《ぼさち》・智幢《ちどう》菩薩《ぼさち》・寂根《じやくこん》菩薩《ぼさち》・願慧《ぐわんゑ》菩薩《ぼさち》・香象《かうざう》菩薩《ぼさち》・寶英《ほうあう》菩薩《ぼさち》・中住《ちうぢゆ》菩薩《ぼさち》・制行《せいぎやう》菩薩《ぼさち》・解脱《げだち》菩薩《ぼさち》なり。みな普賢大士《ふげんだいじ》の徳《とく》にしたがへり。もろもろの菩薩《ぼさち》の无量《むりやう》の行《ぎやう》願《ぐわん》を具《ぐ》し、一切功《ゐちさいく》徳《どく》の法《ほふ》に安住《あんぢゆ》す。十方《じふぱう》に遊歩《ゆぶ》して権方便《ごんはうべん》を行《ぎやう》じ、佛法藏《ぶちぽふざう》にいりて彼岸《ひがん》に究竟《くきやう》す。无量世界《むりやうせかい》にをいて現《げん》じて等覺《とうがく》をなる。兜率天《とそちてん》に處《しよ》して正法《しやうぼふ》を弘宣《ぐせん》す。かの天宮《てんぐ》をすてゝ神《じん》《タマシヒ》を母胎《もたい》《ハヽノハラニ》にくだす。右脇《うけう》より生《しやう》じて現《げん》じて七歩《しちぶ》を行《ぎやう》ず。光明顯耀《くわうみやうけんえう》にして、あまねく十方《じふぱう》をてらし、无量《むりやう》の佛土《ぶちど》、六種《ろくしゆ》に震動《しんどう》す。こゑをあげてみづから、われまさに世《よ》にをいて无上尊《むじやうそん》となるべしと稱《しよう》す。釋《しやく》・梵《ぼむ》奉侍《ぶじ》し、天《てん》・人歸仰《にんくゐがう》す。算計《さんげ》・文藝《もんげい》・射御《しやご》を示現《じげん》し、ひろく道術《だうじゆち》をならひ、群籍《ぐんじやく》を貫練《くわんれん》す。後園《こうえん》にあそびて武《ぶ》を講《かう》じ藝《げい》をこゝろみる。現《げん》じて宮中色味《くちうしきみ》のあひだに處《しよ》して、老病死《らうびやうし》をみ、世《せ》の非常《ひじやう》をさとる。くにの財《ざい》・位《ゐ》をすてゝやまにいりて道《だう》を學《がく》す。服乘《ぶくじよう》の白《びやく》馬《め》・寶冠《ほうくわん》・瓔珞《やうらく》、これをつかはしてかへさしむ。珍妙《ちんめう》のころもをすてゝ法服《ほふぶく》を著《ちやく》し、鬚髪《しゆほち》を剃除《ていぢよ》して、樹下《じゆげ》に端坐《たんざ》す。勤苦《ごんく》すること六年《ろくねん》、行《ぎやう》、所應《しよおう》のごとし。五濁《ごぢよく》の刹《せち》に現《げん》じて群生《ぐんじやう》に隨順《ずいじゆん》し、塵垢《ぢんく》ありとしめして金流《こむる》に沐浴《もくよく》す。天《てん》、樹《き》のえだをさへていけよりよぢいづることをえしむ。靈禽《れいきむ》、翼從《よくじゆ》して道場《だうぢやう》に往詣《わうげい》

5 し、吉祥《きちしやう》、感徴《かんてう》して功祚《くそ》を表章《へうしやう》す。あはれんで施草《せさう》をうけて佛樹《ぶちじゆ》のもとにしく。
跏趺《かふ》して坐《ざ》す。大光　明《だいくわうみやう》をふるて、魔《ま》をしてこれをしらしむ。魔、官屬《くわんぞく》を率《そち》《ヒキヰテ》して、
きたりてせめこゝろみる。制《せい》するに智力《ちりき》をもてして、みな降伏《がうぶく》せしむ。微妙《みめう》の法《ほふ》
をえて最正覺《さいしやうがく》をなる。釋《しやく》・梵《ぼむ》、祈勸《きくわん》して轉法輪《てんぼふりん》を請《しやう》ず。佛《ぶち》の遊歩《ゆぶ》をもてし、佛《ぶち》
の吼《く》をもて吼《く》す。法鼓《ほふく》をたゝき、法螺《ほふら》をふき、法劍《ほふけん》をとり、法幢《ほふどう》をたて、法雷《ほふらい》を
ふるひ、法電《ほふでん》をかゞやかし、法雨《ほふう》をそゝぎ、法施《ほふせ》をのぶ。つねに法音《ほふおむ》をもて、も
ろもろの世間《せけん》を覺《かく》せしむ。光　明《くわうみやう》、あまねく无量《むりやう》の佛土《ぶちど》をてらし、一切世界《ゐちさいせかい》、六《ろく》
種《しゆ》に震動《しんどう》す。總《そう》じて魔界《まかい》を攝《せふ》し、魔《ま》の宮殿《くでん》を動《どう》ず。衆魔《しゆま》、慴怖《しふふ》して歸伏《くゐぶく》せざるは
なし。邪網《じやまう》を摑　裂《くわくれち》し、諸見《しよけん》を消滅《せうめち》し、もろもろの塵勞《ぢんらう》を散《さん》じ、もろもろの欲塹《よくぜん》
をやぶる。法　城《ほふじやう》を嚴護《ごむご》し法門《ほふもん》を開闡《かいせん》す。垢汚《くわ》を洗濯《せんたく》して淸　白《しやうびやく》を顯　明《けんみやう》す。佛法《ぶちぽふ》を
光融《くわうゆ》し、正化《しやうくゑ》を宣流《せんる》す。くにゝいりて分衛《ぶんゑ》して、もろもろの豐膳《ぶぜん》をえ、功德《くどく》を
たくはへ、福田《ふくでん》をしめす。法《ほふ》をのべんと欲《ほち》して欣笑《ごむせう》を現《げん》ず。もろもろの法藥《ほふやく》をも
て三苦《さむく》を救療《くれう》し、道意《だうい》无量《むりやう》の功德《くどく》を顯現《けんげん》す。菩薩《ぼさち》に記《き》をさづけ、等正覺《とうしやうがく》をなら
しむ。滅度《めちど》を示現《じげん》して、拯濟《じようさい》きはまりなし。諸漏《しよろ》を消除《せうぢよ》して、もろもろの德本《とくほん》
6 をうへ、功德《くどく》を具足《ぐそく》して、微妙《みめう》にしてはかりがたし。諸佛《しよぶち》のくにゝあそびてあま

ねく道教《だうけう》を現《げん》ず。その修行《しゆぎやう》するところ、清浄《しやうじやう》にして穢《ゑ》なし。たとへば幻師《ぐゑんし》のもろもろの異像《いざう》を現《げん》じて、男《なん》となし、女《によ》となして、變《へん》ぜざるところなし。本學明了《ほんがくみやうれう》にしてこゝろの所爲《しよゐ》にあるがごとし。このもろもろの菩薩《ぼさち》、またまたかくのごとし。一切《ゐちさい》の法《ほふ》を學《がく》して貫綜縷練《くわんそうるれん》す。所住安諦《しよぢゆあんたい》にして化《くゑ》をいたさざることなし。无數《むしゆ》の佛土《ぶちど》にみなことごとくあまねく現《げん》ず。いまだかつて慢恣《まんし》せず。衆生《しゆじやう》を愍傷《みんしやう》す。かくのごときの法《ほふ》、一切具足《ゐちさいぐそく》せり。菩薩《ぼさち》の經典《きやうてん》、要妙《えうめう》を究暢《くちやう》し、名稱《みやうしよう》あまねくいたりて十方《じふぱう》を導御《だうご》す。无量《むりやう》の諸佛《しよぶち》、ことごとくともに護念《ごねむ》したまふ。佛《ぶち》の所住《しよぢゆ》には、みなすでに住《ぢゆ》することをえたり。大聖《だいしやう》の所立《しよりふ》には、みなすでに立《りふ》す。如來《によらい》の導化《だうくゑ》、をのをのよく宣布《せんぷ》して、もろもろの菩薩《ぼさち》のために、しかうして大師《だいし》となる。甚深《じんじむ》の禪《ぜん》・慧《ゑ》をもて衆人《しゆにん》を開導《かいだう》す。諸法《しよほふ》の性《しやう》をさとり、衆生《しゆじやう》の相《さう》を達《たち》せり。あきらかに諸國《しよこく》をさとりて諸佛《しよぶち》を供養《くやう》したてまつる。その身《み》を化現《くゑげん》すること、なをし電光《でんくわう》のごとし。よく无畏《むゐ》の網《まう》を學《がく》して、あきらかに幻化《ぐゑんくゑ》の法《ほふ》を了《れう》す。魔網《ままう》を壞裂《ゑれち》し、もろもろの纏縛《てんばく》をとく。聲聞《しやうもん》・縁覺《えんがく》の地《ぢ》を超越《てうおち》して、空《く》・无相《むさう》・无願三昧《むぐわんざむまい》をえたり。よく方便《はうべん》を立《りふ》して三乗《さむじよう》を顯示《けんじ》す。この中下《ちうげ》にをいて、しかも滅度《めちど》を現《げん》ず。また所作《しよさ》なく、また所有《しよう》なし。不起《ふき》・不滅《ふめち》にして平《びやう》等《どう》の法《ほふ》をえたり。无量《むりやう》の總持《そうぢ》、百千《ひやくせん》の三昧《さむまい》を具足《ぐそく》し成就《じやうじゆ》す。諸根智慧《しよこんちゑ》、廣普寂《くわうふじやく》定《ぢやう》にして、ふかく菩薩《ぼさち》の法藏《ほふざう》にいり、佛華嚴三昧《ぶちくゑごむざむまい》をえて一切《ゐちさい》の經典《きやうてん》を宣暢《せんちやう》し演《えん》說《ぜち》す。深定門《じむぢやうもん》に住《ぢゆ》して、ことごとく現在无量《げんざいむりやう》の諸佛《しよぶち》をみたてまつる、一念《ゐちねむ》のあひだに周遍《しゆへん》せざることなし。もろもろの劇難《ぎやくなん》と、もろもろの閑《げん》と不閑《ふげん》とをすくふて、眞實《しんじち》の際《さい》を分別《ふんべち》し顯示《けんじ》す。もろもろの如來《によらい》の辨才《べんざい》の智《ち》をえ、もろもろの言《ごん》音《おむ》をさとりて一切《ゐちさい》を開化《かいくゑ》す。世間《せけん》のもろもろの所有《しよう》の法《ほふ》に超過《てうくわ》して、心《しむ》つねにあきらかに度世《どせ》の道《だう》に住《ぢゆ》す。一切《ゐちさい》の萬物《まんもち》にをいて、しかも隨意自在《ずいいじざい》なり。もろもろの庶類《しよるい》のために不請《ふしやう》のともとなる。群生《ぐんじやう》を荷負《かぶ》してこれを重擔《ぢうたん》《オモキニ》とす。如來《によらい》の甚《じん》深《じむ》の法藏《ほふざう》を受持《じゆぢ》し、佛種性《ぶちしゆしやう》をまもりて、つねにたえざらしむ。大悲《だいひ》をおこして衆生《しゆじやう》をあはれみ、慈辨《じべん》をのべ、法眼《ほふげん》をさづく。三趣《さむしゆ》をふさぎ、善門《ぜんもん》をひらく。不請《ふしやう》の法《ほふ》をもてもろもろの黎庶《れいしよ》にほどこすこと、純孝《じゆんけう》の子《こ》の父母《ぶも》に愛敬《あいきやう》せらるゝがごとし。もろもろの衆生《しゆじやう》にをいてみそなはすこと、自己《じこ》のごとし。一切《さい》の善本《ぜんぽん》みな彼岸《ひがん》に度《ど》す。ことごとく諸佛無量《しよぶちむりやう》の功德《くどく》をう。智慧聖《ちゑしやう》 明《みやう》なること不《ふ》可思議《かしぎ》なり。かくのごときらの菩薩大士《ぼさちだいじ》、稱計《しようげ》すべからざる、一時《ゐちじ》に來會《らいゑ》す。そのときに、世尊《せそん》、諸根悅豫《しよこんえちよ》し、姿色《ししき》 淸《しやう》 淨《じやう》にして光《くわう》 顏巍巍《げんぐゐぐゐ》とまします。尊者阿《そんじやあ》

難《なん》、佛《ぶち》の聖旨《しやうし》をうけてすなはち座《ざ》よりたちて、偏袒右肩《へんだんうけん》、長跪合掌《ぢやうきがふしやう》して、佛《ぶち》に
まふしてまふさく、今日《けふ》世尊《せそん》、諸根悅豫《しよこんえちよ》し、姿色清淨《ししきしやうじやう》にして光顏巍巍《くわうげんぐゐぐゐ》とましま
す。あきらかなるかゞみ、きよきかげ、表裏《へうり》にとほるがごとし。威容顯曜《ゐようけんえう》にして
超絶《てうぜち》したまへること无量《むりやう》なり。いまだかつて瞻覩《せんと》せず、殊妙《しゆめう》なること今《けふ》のごとく
ましますをば。やゝ、しかなり。大聖《だいしやう》、われ心《しむ》に念言《ねむごん》すらく、今日《けふ》世尊《せそん》、奇特《きどく》
の法《ほふ》に住《ぢゆ》したまへり。今日《けふ》世雄《せおう》、佛《ぶち》の所住《しよぢゆ》に住《ぢゆ》したまへり。今日《けふ》世眼《せげん》、導師《だうし》の行《ぎやう》
に住《ぢゆ》したまへり。今日《けふ》世英《せあう》、最勝《さいしよう》の道《だう》に住《ぢゆ》したまへり。今日《けふ》天尊《てんそん》、如來《によらい》の德《とく》を
行《ぎやう》じたまふ。去來現《こらいげん》の佛《ぶち》、佛《ぶち》と佛《ぶち》とあひ念《ねむ》じたまふ。いまの佛《ぶち》も諸佛《しよぶち》を念《ねむ》じたま
ふことなきことをえんや。なんがゆへぞ、威神《ゐじん》のひかり、ひかりいましかしかると。
こゝに世尊《せそん》、阿難《あなん》につげてのたまはく、いかんぞ阿難《あなん》、諸天《しよてん》のなんぢをしへて
佛《ぶち》にきたし問《とは》しむるか。みづから慧見《ゑけん》をもて威顏《ゐげん》をとへるかと。阿難《あなん》、佛《ぶち》にまふ
さく、諸天《しよてん》のきたりてわれをしふるものあることなし。みづから所見《しよけん》をもてこ
の義《ぎ》を問《とひ》たてまつるまくのみと。佛《ぶち》のたまはく、よいかな阿難《あなん》、とへるところは
9 なはだこゝろよし。ふかき智慧《ちゑ》、眞妙《しんめう》の辨才《べんざい》をおこし、衆生《しゆじやう》を愍念《みんねむ》せんとして
この慧義《ゑぎ》をとへり。如來《によらい》、無蓋《むがい》の大悲《だいひ》をもて三界《さむがい》を矜哀《こうあい》す。世《よ》に出興《しゆちこう》したまふ

ゆへは、道教《だうけう》を光闡《くわうせん》して、群萠《ぐんまう》をすくひめぐむに眞實《しんじち》の利《り》をもてせんとおぼしてなり。無量億劫《むりやうおくこふ》にあひがたくみたてまつりがたきこと、靈瑞華《れいずいくゑ》の、ときありて、ときにいましいづるがごとし、いまとへるところは、饒益《ねうやく》するところおほし。一切《ゐちさい》の諸天《しよてん》・人民《にんみん》を開化《かいくゑ》す。阿難《あなん》まさにしるべし、如來正覺《によらいしやうがく》は、その智《ち》はかりがたくして、導御《だうご》するところおほし。慧見无礙《ゑけんむげ》にして、よく遏絶《あちぜち》することなし。一餐《ゐちざん》のちからをもて、よく壽命《じゆみやう》をとゞめたまふこと、億百千劫無數無量《おくひやくせんごふむしゆむりやう》にして、またこれよりもすぎたまへり。諸根悦豫《しよこんえちよ》してもて毀損《くゐそん》せず。姿色變《ししきへん》ぜず、光顔《くわうげん》ことなることなし。ゆへはいかん。如來《によらい》は、定《ぢやう》と慧《ゑ》と究暢《くちやう》したまへることきはまりなし。一切《さい》の法《ほふ》にをいて自在《じざい》をえたまへり。阿難《あなん》、あきらかにきけ、いまなんぢがためにとかん。こたへてまふさく、やゝ、しかなり。願樂《ぐわんげう》すらくをきかんとおもふと。

佛《ぶち》、阿難《あなん》につげたまはく、乃往過去久遠无量不可思議無央數劫《ないわうくわこくおんむりやうふかしぎむあうしゆこふ》に、定光如來《ぢやうくわうによらい》、世《よ》に興出《こうしゆち》して无量《むりやう》の衆生《しゆじやう》を教化度脱《けうくゑどだち》して、みな道《だう》をえしめてすなはち滅度《めちど》をとりたまひき。つぎに如來《によらい》ましましき、名《な》をば光遠《くわうおん》といふ。つぎをば月光《ぐわちくわう》となづく。つぎをば栴檀香《せんだんかう》となづく。つぎをば善山王《ぜんせんわう》となづく。つぎをば須彌天冠《しゆみてんぐわん》となづく。つぎをば須彌等曜《しゆみとうよう》となづく。つぎをば月色《ぐわちしき》となづく。つぎをば正念《しやうねむ》となづく。つぎをば離垢《りく》となづく。つぎをば無著《むぢやく》となづく。つぎをば龍天《りうてん》となづく。つぎをば夜光《やくわう》となづく。つぎをば安明頂《あんみやうちやう》となづく。つぎをば不動地《ふどうぢ》となづく。つぎをば瑠璃妙華《るりめうくゑ》となづく。つぎをば瑠璃金色《るりこむじき》となづく。つぎをば金藏《こむざう》となづく。つぎをば燄光《えんくわう》となづく。つぎをば燄根《えんこん》となづく。つぎをば地種《ぢしゆ》となづく。つぎをば月像《ぐわちざう》となづく。つぎをば日音《にちおむ》となづく。つぎをば解脱華《げだちくゑ》となづく。つぎをば莊嚴光明《しやうごむくわうみやう》となづく。つぎをば海覺神通《かいかくじんづう》となづく。つぎをば水光《しゐくわう》となづく。つぎをば大香《だいかう》となづく。つぎをば離塵垢《りぢんく》となづく。つぎをば捨厭意《しやえんい》となづく。つぎをば寶燄《ほうえん》となづく。つぎをば妙頂《めうちやう》となづく。つぎをば勇立《ゆりふ》となづく。つぎをば功德持慧《くどくぢゑ》となづく。つぎをば蔽日月光《へいにちぐわちくわう》となづく。つぎをば日月瑠璃光《にちぐわちるりくわう》となづく。つぎをば無上瑠璃光《むじやうるりくわう》となづく。つぎをば最上首《さいじやうしゆ》となづく。つぎをば菩提華《ぼだいくゑ》となづく。つぎをば月明《ぐわちみやう》となづく。つぎをば日光《にちくわう》となづく。つぎをば華色王《くゑしきわう》となづく。つぎをば水月光《しゐぐわちくわう》となづく。つぎをば除癡瞑《ぢよちみやう》となづく。つぎをば度蓋《どがい》行《ぎやう》となづく。つぎをば淨信《じやうしん》となづく。つぎをば善宿《ぜんしゆ》となづく。つぎをば威神《ゐじん》となづく。つぎをば法慧《ほふゑ》となづく。つぎをば鸞音《らんおむ》となづく。つぎをば師子音《ししおむ》となづく。つぎをば龍音《りうおむ》となづく。つぎをば處世《しよせ》となづく。かくのごときの諸佛《しよぶち》、みなことごとくすでにすぎたまへり。

そのときに、つぎに佛《ぶち》ましましき。世自在王如來《せじざいわうによらい》・應供《おうぐ》・等正覺《とうしやうがく》・明行足《みやうぎやうそく》・善逝《ぜんぜい》・世間解《せけんげ》・無上士《むじやうじ》・調御丈夫《でうごぢやうぶ》・天人師《てんにんし》・佛《ぶち》・世尊《せそん》となづけたてまつる。ときに國王《こくわう》ありき。佛《ぶち》の說法《せちぼふ》をききて、心《しむ》に悅豫《えちよ》をいだく。すなはち无上正眞道《むじやうしやうしんだう》のこゝろをおこす。國《くに》をすて王《わう》をすてゝ、行《ぎやう》じて沙門《しやもん》となる。號《がう》して法藏《ほふざう》といふ。高才勇哲《かうざいゆてち》にして、世《よ》と超異《てうい》す。世自在王如來《せじざいわうによらい》のみもとにまうでゝ佛足《ぶちそく》を稽首《けいしゆ》し、右遶三帀《うねうさむざふ》、長跪合掌《ぢやうくゐがふしやう》して、頌《じゆ》をもてほめてまふさく、

　光顔巍巍《くわうげんぐゐぐゐ》として、威神無極《ゐじんむごく》なり。かくのごときの燄明《えんみやう》、ともにひとしきものなし。

日《にち》・月《ぐわち》・摩尼珠光燄耀《まにしゆくわうえんえう》も、みなことごとく隱蔽《おんぺい》して、なを聚墨《じゆもく》のごとし。

如來《によらい》の容顔《ようげん》は、世《よ》にこえてともがらなし。正覺《しやうがく》の大音《だいおむ》、ひゞき十方《じふぱう》にながる。

戒《かい》・聞《もん》・精進《しやうじん》・三昧《さむまい》・智慧《ちゑ》、威德《ゐとく》ともがらなくして、殊勝希有《しゆしようけう》なり。

ふかくあきらかに、よく諸佛《しよぶち》の法海《ほふかい》を念《ねむ》じて、深《じむ》をきはめ奥《あう》をつくして、そ

の涯底《がいてい》をきはむ。

无明《むみやう》・欲《よく》・怒《ぬ》、世尊《せそん》ながくましまさず。人雄師子《にんおうしし》、神德无量《じんとくむりやう》なり。

功勳廣大《くくんくわうだい》にして、智慧深妙《ちゑじむめう》なり。光明威相《くわうみやうゐさう》、大千《だいせん》を震動《しんどう》す。

ねがはくは、われ作佛《さぶち》して、聖法王《しやうほふわう》にひとしからん。生死《しやうじ》を過度《くわど》して、解《げ》脱《だち》せざることなからん。

布施《ふせ》・調意《でうい》・戒《かい》・忍《にん》・精進《しやうじん》、かくのごときの三昧《さむまい》、智慧《ちゑ》すぐれたりとせん。

われちかふ、佛《ぶち》をえたらんに、あまねくこの願《ぐわん》を行《ぎやう》じて、一切《ゐちさい》の恐懼《くく》に、ために大安《だいあん》をなさん。

たとひ佛《ぶち》まします、百千億萬无量《ひやくせんおくまんむりやう》の大聖《だいしやう》、かず恆沙《ごうじや》のごとくならん。一切《ゐちさい》のこれらの諸佛《しよぶち》を供養《くやう》せんよりは、道《だう》をもとめて、堅正《けんしやう》にしてしりぞかざらんにはしかじ。

たとへば恆沙《ごうじや》のごときの諸佛世界《しよぶちせかい》、また不可計《ふかけ》の无數《むしゆ》の刹土《せちど》、光明《くわうみやう》ことごとくてらして、この諸國《しよこく》に徧《へん》し、かくのごとく精進《しやうじん》にして、威神《ゐじん》はかりがたからん。

わが作佛《さぶち》の國土《こくど》をして、第一《だいゐち》ならしめん。その衆奇妙《しゆきめう》にして、道場超絶《だうぢやうてうぜち》せらん。

國《くに》泥洹《ないをん》のごとくして、しかも等雙《とうさう》なけん。われまさに哀愍《あいみん》して、一切《ゐちさい》を度脱《どだち》すべし。

十方《じふぱう》より來生《らいしやう》せんもの、心悦《しむえち》清淨《しやうじやう》にして、すでにわがくにゝいたりて、快《くゑ》樂安穩《らくあんおん》ならん。

ねがはくは佛《ぶち》、信明《しんみやう》したまへ、これわが眞證《しんしよう》なり。願《ぐわん》をおこして、かしこにして所欲《しよよく》を力精《りきしやう》せん。

十方《じふぱう》の世尊《せそん》、智慧《ちゑ》无礙《むげ》にまします。つねにこの尊《そん》をしてわが心行《しむぎやう》をしらしめん。

たとひ身《み》をもろもろの苦毒《くどく》のなかにをくとも、わが行《ぎやう》、精進《しやうじん》して、しのんでつゐにくひじ。

14

佛《ぶち》、阿難《あなん》につげたまはく、法藏比丘《ほふざうびく》、この頌《じゆ》をときをはりて、佛《ぶち》にまふしてまふさく、やゝ、しかなり。世尊《せそん》、われ无上正覺《むじやうしやうがく》の心《しむ》をおこす。ねがはくは佛《ぶち》、わがためにひろく經法《きやうぼふ》をのべたまへ。われまさに修行《しゆぎやう》して佛國《ぶちこく》を攝取《せふしゆ》し、清淨《しやうじやう》に无量《むりやう》の妙土《めうど》を莊嚴《しやうごむ》すべし。われ世《よ》にをいてすみやかに正覺《しやうがく》をなりて、もろもろの生死《しやうじ》勤苦《ごむく》の本《ほん》をぬかしめん。佛《ぶち》、阿難《あなん》にかたりたまはく、時《とき》に世饒王佛《せねうわうぶち》、法藏《ほふざう》比丘《びく》につげたまはく、修行《しゆぎやう》せんところのごときの莊嚴《しやうごむ》の佛土《ぶちど》、なんぢみづからまさにしるべしと。比丘《びく》、佛《ぶち》にまふさく、この義《ぎ》、弘深《ぐじむ》にしてわが境界《きやうがい》にあらず。やゝ、ねがはくは世尊《せそん》、ひろくために諸佛如來《しよぶちによらい》の淨土《じやうど》の行《ぎやう》を敷演《ふえん》したまへ。われこれをききをはりて、まさに如說《によせち》に修行《しゆぎやう》して、所願《しよぐわん》を成滿《じやうまん》すべしと。そのときに、世自在王佛《せじざいわうぶち》、その高明《かうみやう》の志願《しぐわん》の深廣《じむくわう》なるをしろしめして、すなはち法《ほふ》藏比丘《ざうびく》のために、しかも經《きやう》をときてのたまはく、たとへば大海《だいかい》を一人《ゐちにん》升量《しようりやう》せんに、劫數《こふしゆ》を經歷《きやうりやく》せば、なをそこをきはめてその妙寶《めうほう》をうべきがごとく、人《ひと》、至《し》心精進《しむしやうじん》して道《だう》をもとめてやまざることあらば、みなまさに剋果《こくくわ》すべし。いづれの願《ぐわん》をかえざらん。こゝに世自在王佛《せじざいわうぶち》、すなはちためにひろく二百一十億《おく》の諸佛《しよぶち》刹土《せちど》の天《てん》・人《にん》の善惡《ぜんあく》、國土《こくど》の麤妙《そめう》をときて、その心願《しむぐわん》に應《おう》じてことごとく現《げん》じてこれをあたへたまふ。ときにかの比丘《びく》、佛《ぶち》の所說《しよせち》をきて、嚴淨《ごむじやう》の國土《こくど》みなことごとく覩見《とけん》して無上殊勝《むじやうしゆしよう》の願《ぐわん》を超發《てうほち》す。その心寂靜《しむじやくじやう》にしてこゝろざし、所著《しよぢやく》なし。一切世間《ゐちさいせけん》によくをよぶものなし。五劫《ごこふ》を具足《ぐそく》し、思惟《しゆい》して莊嚴佛國《しやうごむぶちこく》の清淨《しやうじやう》の行《ぎやう》を攝取《せふしゆ》す。阿難《あなん》、佛《ぶち》にまふさく、かの佛國土《ぶちこくど》の壽量《じゆりやう》いくそばくぞ。

佛《ぶち》のたまはく、その佛壽命《ぶちじゆみやう》四十二劫《こふ》なり。ときに法藏比丘《ほふざうびく》、二百一十億《おく》の諸佛《しよぶち》の妙土清淨《めうどしやうじやう》の行《ぎやう》を攝取《せふしゆ》す。かくのごとく修《しゆ》しをはりて、かの佛所《ぶちしよ》に詣《けい》して、稽《け》首禮足《しゆらいそく》、遶佛三帀《ねうぶちさむざふ》し、合掌《がふしやう》して住《ぢゆ》して、佛《ぶち》にまふしてまふさく、世尊《せそん》、われすでに莊嚴佛土《しやうごむぶちど》の清淨《しやうじやう》の行《ぎやう》を攝取《せふしゆ》しつと。佛《ぶち》、比丘《びく》につげたまはく、なんぢいまとくべし。よろしくしるべし、これときなり。一切大衆《ゐちさいだいしゆ》を發起悅可《ほちきえちか》せしめよ。菩《ぼ》薩《さち》ききをはりて、この法《ほふ》を修行《しゆぎやう》して、よて無量《むりやう》の大願《だいぐわん》を滿足《まんぞく》することをいたさん。比丘《びく》、佛《ぶち》にまふさく、やゝ、聽察《ちやうざち》をたれたまへ。わが所願《しよぐわん》のごとくまさにつぶさにこれをとくべし。

一　无三惡趣願《むさむあくしゆのぐわん》

たとひわれ佛《ぶち》をえたらんに、くにゝ地獄《ぢごく》・餓鬼《がくゐ》・畜生《ちふしやう》あらば、正覺《しやうがく》をとらじ。

二　不更惡趣願《ふきやうあくしゆのぐわん》

たとひわれ佛《ぶち》をえたらんに、國中《こくちう》の人天《にんでん》、壽終之後《じゆじゆしご》に、また三惡道《さむまくだう》にかへらば、正覺《しやうがく》をとらじ。

三　悉皆金色願《しちかいこむじきのぐわん》

たとひわれ佛《ぶち》をえたらんに、國中《こくちう》の人天《にんでん》、ことごとく眞金色《しんこむじき》ならずは、正覺《しやうがく》をとらじ。

四　无有好醜願《むうかうしゆの》

たとひわれ佛《ぶち》をえたらんに、國中《こくちう》の人天《にんでん》、形色不同《ぎやうしきふどう》にして、好醜《かうしゆ》あらば、正覺《しやうがく》をとらじ。

五　令識宿命願《りやうしきしゆみやうの》

たとひわれ佛《ぶち》をえたらんに、國中《こくちう》の人天《にんでん》、宿命《しゆみやう》をさとらずして、しも百千億那《ひやくせんおくな》由他《ゆた》の諸劫《しよこふ》の事《じ》をしらざるにいたらば、正覺《しやうがく》をとらじ。

六　令得天眼願《りやうとくてんげんの》

たとひわれ佛《ぶち》をえたらんに、國中《こくちう》の人天《にんでん》、天眼《てんげん》をえずして、しも百千億那由他《ひやくせんおくなゆた》の諸佛《しよぶち》のくにをみざるにいたらば、正覺《しやうがく》をとらじ。

七　天耳遙聞願《てんにえうもんの》

たとひわれ佛《ぶち》をえたらんに、國中《こくちう》の人天《にんでん》、天耳《てんに》をえずして、しも百千億那由他《ひやくせんおくなゆた》の諸佛《しよぶち》の所説《しよせち》をきゝて、ことごとく受持《じゆぢ》せざるにいたらば、正覺《しやうがく》をとらじ。

八　他心悉知願《たしむしちちの》

たとひわれ佛《ぶち》をえたらんに、國中《こくちう》の人天《にんでん》、他心《たしむ》をみる智《ち》をえずして、しも百千《ひやくせん》億那由他《おくなゆた》の諸佛國中《しよぶちこくちう》の衆生《しゆじやう》の心念《しむねむ》をしらざるにいたらば、正覺《しやうがく》をとらじ。

九　神足如意《じんそくによい》の願

たとひわれ佛《ぶち》をえたらんに、國中《こくちう》の人天《にんでん》、神足《じんそく》をえずして、一念《ねむ》のあひだにをいて、しも百千億那由他《ひやくせんおくなゆた》の諸佛《しよぶち》のくにを超過《てうくわ》することあたはざるにいたらば、正覺《しやうがく》をとらじ。

十　不貪計心《ふとむげしむ》の願

たとひわれ佛《ぶち》をえたらんに、國中《こくちう》の人天《にんでん》、もし想念《さうねむ》をおこして、身《み》を貪計《とむげ》せば、正覺《しやうがく》をとらじ。

十一　必至滅度《ひちしめちど》の願

たとひわれ佛《ぶち》をえたらんに、國中《こくちう》の人天《にんでん》、定聚《ぢやうじゆ》に住《ぢゆ》し、かならず滅度《めちど》にいたらずは、正覺《しやうがく》をとらじ。

十二　光明无量《くわうみやうむりやう》の願

たとひわれ佛《ぶち》をえたらんに、光明《くわうみやう》よく限量《げんりやう》あて、しも百千億那由他《ひやくせんおくなゆた》の諸佛《しよぶち》のくにをてらさざるにいたらば、正覺《しやうがく》をとらじ。

十三　壽命无量《じゆみやうむりやうの》願

たとひわれ佛《ぶち》をえたらんに、壽命《じゆみやう》よく限量《げんりやう》ありて、しも百千億那由他劫《ひやくせんおくなゆたこふ》にいたらば、正覺《しやうがく》をとらじ。

十四　聲聞《しやうもん》无量《むりやうの》願

たとひわれ佛《ぶち》をえたらんに、國中《こくちう》の聲聞《しやうもん》、よく計量《けりやう》ありて、乃至三千大千世界《ないしさむぜんだいせんせかい》の聲聞《しやうもん》・縁覺《えんがく》、百千劫《ひやくせんごふ》にをいて、ことごとくともに計校《けけう》して、そのかずをしらば、正覺《しやうがく》をとらじ。

十五　眷屬長壽《くゑんぞくちやうじゆ》願

たとひわれ佛《ぶち》をえたらんに、國中《こくちう》の人天《にんでん》、壽命《じゆみやう》よく限量《げんりやう》なからん。その本願《ほんぐわん》の修短自在《しゆたんじざい》ならんをばのぞく。もししからずは、正覺《しやうがく》をとらじ。

十六　離諸不善《りしよふぜん》願

たとひわれ佛《ぶち》をえたらんに、國中《こくちう》の人天《にんでん》、乃至不善《ないしふぜん》の名《な》ありときかば、正覺《しやうがく》をとらじ。

十七　諸佛稱揚《しよぶちしようやう》願

たとひわれ佛《ぶち》をえたらんに、十方世界《じふぱうせかい》の无量《むりやう》の諸佛《しよぶち》、ことごとく咨嗟《ししや》して、わが名《な》を稱《しよう》せずは、正覺《しやうがく》をとらじ。

十八　念佛往生《ねむぶちわうじやう》願

たとひわれ佛《ぶち》をえたらんに、十方《じふぱう》の衆生《しゆじやう》、至心信樂《ししむしんげう》してわがくにゝ生《しやう》ぜんとおもふて、乃至十念《ないしじふねむ》せん。もし生《しやう》ぜずは、正覺《しやうがく》をとらじ。たゞし五逆《ごぎやく》と誹謗正法《ひはうしやうぼふ》とをばのぞく。

十九　臨終現前《りんじゆげんぜん》願

たとひわれ佛《ぶち》をえたらんに、十方《じふぱう》の衆生《しゆじやう》、菩提心《ぼだいしむ》をおこし、もろもろの功德《くどく》を修《しゆ》して、至心發願《ししむほちぐわん》してわがくにゝ生《しやう》ぜんと欲《ほち》せん。臨壽終時《りんじゆじゆじ》に、たとひ大衆《だいしゆ》と圍遶《ゐねう》してそのひとのまへに現《げん》ぜずは、正覺《しやうがく》をとらじ。

二十　欲生果遂《よくしやうくわすい》願

たとひわれ佛《ぶち》をえたらんに、十方《じふぱう》の衆生《しゆじやう》、わが名號《みやうがう》をきて、わがくにを係念《けねむ》して、もろもろの德本《とくほん》をうへて、至心廻向《ししむゑかう》してわがくにゝ生《しやう》ぜんと欲《ほち》せん。果遂《くわすい》せ《ハタシトゲズハ》ずは、正覺《しやうがく》をとらじ。

廿一　具足諸相《ぐそくしよさう》願

たとひわれ佛《ぶち》をえたらんに、國中《こくちう》の人天《にんでん》、ことごとく三十二大人相《だいにんさう》を成滿《じやうまん》せずは、正覺《しやうがく》をとらじ。

廿二　必至《ひちし》補處《ふしよ》願

たとひわれ佛《ぶち》をえたらんに、他方佛土《たはうぶちど》の諸菩薩衆《しよぼさちしゆ》、わがくにゝ來生《らいしやう》して、究竟《くきやう》してかならず一生補處《ゐちしやうふしよ》にいたらん。その本願自在《ほんぐわんじざい》の所化《しよくゑ》、衆生《しゆじやう》のためのゆへに、弘誓《ぐぜい》のよろひをき、德本《とくほん》を積累《しやくるい》し、一切《ゐちさい》を度脱《どだち》し、諸佛《しよぶち》のくにゝあそび、菩薩《ぼさち》の行《ぎやう》を修《しゆ》し、十方《じふぱう》の諸佛如來《しよぶちによらい》を供養《くやう》し、恆沙无量《ごうじやむりやう》の衆生《しゆじやう》を開化《かいくゑ》して无上正眞《むじやうしやうしん》の道《だう》を立《りふ》せしめ、常倫《じやうりん》に超出《てうしゆち》し、諸地《しよぢ》の行現前《ぎやうげんぜん》し、普賢《ふげん》の德《とく》を修習《しゆじふ》せんをばのぞく。もししからずは、正覺《しやうがく》をとらじ。

廿三　供養諸佛《くやうしよぶち》願

たとひわれ佛《ぶち》をえたらんに、國中《こくちう》の菩薩《ぼさち》、佛神力《ぶちじんりき》をうけて、諸佛《しよぶち》を供養《くやう》せん。一《ゐち》食《じき》のあひだにあまねく无數无量那由他《むしゆむりやうなゆた》の諸佛《しよぶち》のくにゝいたることあたはずは、正《しやう》覺《がく》をとらじ。

廿四　供養如意《くやうによい》願

たとひわれ佛《ぶち》をえたらんに、國中《こくちう》の菩薩《ぼさち》、諸佛《しよぶち》のみまへにありて、その德本《とくほん》を現《げん》じ、もろもろの求欲《ぐよく》するところの供養《くやう》の具《ぐ》、もしこゝろのごとくならずは、正《しやう》覺《がく》をとらじ。

廿五　說一切智願《せちゐちさいちぐわん》

たとひわれ佛《ぶち》をえたらんに、國中《こくちう》の菩薩《ぼさち》、一切智《ゐちさいち》を演說《えんぜち》することあたはずは、正覺《しやうがく》をとらじ。

廿六　得金剛身願《とくこむがうしんぐわん》

たとひわれ佛《ぶち》をえたらんに、國中《こくちう》の菩薩《ぼさち》、金剛那羅延《こむがうならえん》の身《しん》をえずは、正覺《しやうがく》をとらじ。

廿七　萬物嚴淨願《まんもちごむじやうぐわん》

たとひわれ佛《ぶち》をえたらんに、國中《こくちう》の人天《にんでん》、一切萬物《ゐちさいまんもち》、嚴淨光麗《ごむじやうくわうれい》にして、形色《ぎやうしき》殊特《しゆどく》、窮微極妙《ぐみごくめう》にして、よく稱量《しようりやう》することなけん。そのもろもろの衆生《しゆじやう》、乃至《ないし》天眼《てんげん》を逮得《たいとく》せん。よく明了《みやうれう》にその名數《みやうしゆ》を辨《べん》ずることあらば、正覺《しやうがく》をとらじ。

廿八　見道場樹願《けんだうぢやうじゆぐわん》

たとひわれ佛《ぶち》をえたらんに、國中《こくちう》の菩薩《ぼさち》、乃至少功德《ないしせうくどく》のもの、その道場樹《だうぢやうじゆ》の無量《むりやう》の光色《くわうしき》ありて、たかさ四百萬里《しひやくまんり》なるを知見《ちけん》することあたはずは、正覺《しやうがく》をとらじ。

廿九　得辯才智願《とくべんざいち》

たとひわれ佛《ぶち》をえたらんに、國中《こくちう》の菩薩《ぼさち》、もし經法《きやうぼふ》を受讀《じゆどく》し諷誦持說《ふじゆぢせち》して、辨《べん》才智慧《ざいちゑ》をえずは、正覺《しやうがく》をとらじ。

三十　辯才无盡願《べんざいむじん》

たとひわれ佛《ぶち》をえたらんに、國中《こくちう》の菩薩《ぼさち》、智慧辨才《ちゑべんざい》もし限量《げんりやう》すべくは、正覺《しやうがく》をとらじ。

卅一

たとひわれ佛《ぶち》をえたらんに、國土清淨《こくどしやうじやう》にして、みなことごとく十方一切無量无《じふぱうゐちさいむりやうむ》數不可思議《しゆふかしぎ》の諸佛世界《しよぶちせかい》を照見《せうけん》すること、なをし明鏡《みやうきやう》にその面像《めんざう》をみるがごとくならん。もししからずは、正覺《しやうがく》をとらじ。

卅二　妙香合成願《めうかうがふじやう》

たとひわれ佛《ぶち》をえたらんに、地《ぢ》より已上《いじやう》、虛空《こく》にいたるまで、宮殿《くでん》・樓觀《ろうくわん》・池《ち》流《る》・華樹《くゑじゆ》、國中《こくちう》のあらゆる一切萬物《ゐちさいまんもち》、みな无量《むりやう》の雜寶《ざふぽう》、百千種《ひやくせんじゆ》の香《かう》をもてともに合成《がふじやう》し、嚴飾奇妙《ごむじききめう》にしてもろもろの人天《にんでん》にこへん。その香《か》あまねく十方世界《じふぱうせかい》に熏《くん》じて、菩薩《ぼさち》かゞんもの、みな佛行《ぶちぎやう》を修《しゆ》せん。もしかくのごとくならずは、正覺《しやうがく》をとらじ。

卅三　觸光柔輭願《そくくわうにうなん》

たとひわれ佛《ぶち》をえたらんに、十方无量不可思議《じふぱうむりやうふかしぎ》の諸佛世界《しよぶちせかい》の衆生《しゆじやう》の類《るい》、わが光明《くわうみやう》をかうぶりてそのみにふれんもの、身心柔輭《しんしむにうなん》にして人天《にんでん》に超過《てうくわ》せん。もししからずは、正覺《しやうがく》をとらじ。

卅四　聞名得忍願《もんみやうとくにん》

たとひわれ佛《ぶち》をえたらんに、十方无量不可思議《じふぱうむりやうふかしぎ》の諸佛世界《しよぶちせかい》の衆生《しゆじやう》の類《るい》、わが名字《みやうじ》をきゝて、菩薩《ぼさち》の无生法忍《むしやうぼふにん》、諸深總持《しよじむそうぢ》をえずは、正覺《しやうがく》をとらじ。

卅五　女人往生願《によにんわうじやう》

たとひわれ佛《ぶち》をえたらんに、十方无量不可思議《じふぱうむりやうふかしぎ》の諸佛世界《しよぶちせかい》に、それ女人《によにん》ありて、わが名字《みやうじ》をききて、歡喜信樂《くわんぎしんげう》し、菩提心《ぼだいしむ》をおこして、女身《によしん》を厭惡《えんを》《イトヒニクマン》せん。壽終之後《じゆじゆしご》に、また女像《によざう》とならば、正覺《しやうがく》をとらじ。

卅六　聞名梵行願《もんみやうぼむぎやう》

たとひわれ佛《ぶち》をえたらんに、十方无量不可思議《じふぱうむりやうふかしぎ》の諸佛世界《しよぶちせかい》の諸菩薩衆《しよぼさちしゆ》、わが名字《みやうじ》をききて、壽終之後《じゆじゆしご》に、つねに梵行《ぼむぎやう》を修《しゆ》して佛道《ぶちだう》をなるにいたらん。もししからずは、正覺《しやうがく》をとらじ。

卅七　作禮《きらい》致敬《ちきやう》願

たとひわれ佛《ぶち》をえたらんに、十方《じふぱう》无量《むりやう》不可思議《ふかしぎ》の諸佛《しよぶち》世界《せかい》の諸天《しよてん》・人民《にんみん》、わが名《みやう》字《じ》をききて、五體《ごたい》を地《ぢ》になげて、稽首《けしゆ》作禮《さらい》し、歡喜《くわんぎ》信樂《しんげう》して、菩薩《ぼさち》の行《ぎやう》を修《しゆ》せん。諸天《しよてん》・世人《せにん》、致敬《ちきやう》せざることなからん。もししからずは、正覺《しやうがく》をとらじ。

卅八　衣服《えぶく》隨念《ずいねむ》願

たとひわれ佛《ぶち》をえたらんに、國中《こくちう》の人天《にんでん》、衣服《えぶく》をえんとおもはん、念《ねむ》にしたがひてすなはちいたらん。佛《ぶち》の所讚《しよさん》の應法《おうほふ》の妙服《めうぶく》のごとく、自然《じねん》に身《み》にあらん。もし裁縫《ざいぶ》《タチヌイ》・染治《ぜんぢ》《ソメヲサメ》・浣濯《くわんだく》《アラヒスヽグ》することあらば、正覺《しやうがく》をとらじ。

卅九　常受快樂願《じやうじゆくゑらく》

たとひわれ佛《ぶち》をえたらんに、國中《こくちう》の人天《にんでん》、所受《しよじゆ》の快樂《くゑらく》、漏盡比丘《ろじんびく》のごとくならずは、正覺《しやうがく》をとらじ。

四十　見諸佛土願《けんしよぶちど》

たとひわれ佛《ぶち》をえたらんに、國中《こくちう》の菩薩《ぼさち》、こゝろにしたがひて十方《じふぱう》无量《むりやう》の嚴淨《ごむじやう》の佛土《ぶちど》をみんとおもはん。ときに應《おう》じて願《ぐわん》のごとく、寶樹《ほうじゆ》のなかにして、みなことごとく照見《せうけん》せん。なをし明鏡《みやうきやう》にその面像《めんざう》をみるがごとくならん。もししからずは、正覺《しやうがく》をとらじ。

卌一　聞名具根《もんみやうぐこん》願

たとひわれ佛《ぶち》をえたらんに、他方國土《たはうこくど》の諸菩薩衆《しよぼさちしゆ》、わが名字《みやうじ》をきゝて、佛《ぶち》をうるにいたるまで、諸根闕陋《しよこんくゑちる》して具足《ぐそく》せずは、正覺《しやうがく》をとらじ。

卌二　聞名得定《もんみやうとくぢやう》願

たとひわれ佛《ぶち》をえたらんに、他方國土《たはうこくど》の諸菩薩衆《しよぼさちしゆ》、わが名字《みやうじ》をききて、みなことごとく清浄解脱三昧《しやうじやうげだちざむまい》を逮得《たいとく》せん。この三昧《さむまい》に住《ぢゆ》して、ひとたびこゝろをおこさんあひだに、无量不可思議《むりやうふかしぎ》の諸佛世尊《しよぶちせそん》を供養《くやう》したてまつりて、定意《ぢやうい》を失《しち》せじ。もししからずは、正覺《しやうがく》をとらじ。

卌三　聞名生貴《もんみやうしやうくゐ》願

たとひわれ佛《ぶち》をえたらんに、他方國土《たはうこくど》の諸菩薩衆《しよぼさちしゆ》、わが名字《みやうじ》をききて、壽終之後《じゆじゆしご》に、尊貴《そんくゐ》のいへに生《しやう》ぜん。もししからずは、正覺《しやうがく》をとらじ。

卌四　聞名具徳《もんみやうぐとく》願

たとひわれ佛《ぶち》をえたらんに、他方國土《たはうこくど》の諸菩薩衆《しよぼさちしゆ》、わが名字《みやうじ》をききて、歡喜踊躍《くわんぎゆやく》して菩薩《ぼさち》の行《ぎやう》を修《しゆ》し徳本《とくほん》を具足《ぐそく》せん。もししからずは、正覺《しやうがく》をとらじ。

卌五　聞名《もんみやう》見佛願《けんぶち》

たとひわれ佛《ぶち》をえたらんに、他方國土《たはうこくど》の諸菩薩衆《しよぼさちしゆ》、わが名字《みやうじ》をきて、みなことごとく普等三昧《ふとうざむまい》を逮得《たいとく》せん。この三昧《さむまい》に住《ぢゆ》して成佛《じやうぶち》にいたるまで、つねに无量《むりやう》不可思議《ふかしぎ》の一切諸佛《ゐちさいしよぶち》をみたてまつらん。もししからずは、正覺《しやうがく》をとらじ。

卌六　隨意聞法願《ずいいもんぽふ》

たとひわれ佛《ぶち》をえたらんに、國中《こくちう》の菩薩《ぼさち》、その志願《しぐわん》にしたがひて、きかんとおもはんところの法《ほふ》、自然《じねん》にきくことをえん。もししからずは、正覺《しやうがく》をとらじ。

卌七　聞名不退願《もんみやうふたい》

たとひわれ佛《ぶち》をえたらんに、他方國土《たはうこくど》の諸菩薩衆《しよぼさちしゆ》、わが名字《みやうじ》をきて、すなはち不退轉《ふたいてん》にいたることをえずは、正覺《しやうがく》をとらじ。

卌八　得三法忍願《とくさむぼふにん》

たとひわれ佛《ぶち》をえたらんに、他方國土《たはうこくど》の諸菩薩衆《しよぼさちしゆ》、わが名字《みやうじ》をきて、すなはち第一《だいゐち》、第二《だいに》、第三法忍《だいさむぼふにん》にいたることをえず、諸佛《しよぶち》の法《ほふ》にをいて、すなはち不退轉《ふたいてん》をうることあたはずは、正覺《しやうがく》をとらじ。

貞和三歳丁亥林鐘中旬候以聖人御點祕本延寫于假名令授與之訖
願主空善

佛①說無量壽經巻上末

佛《ぶち》、阿難《あなん》につげたまはく、そのときに、法藏比丘《ほふざうびく》、この願《ぐわん》をときをはりて、偈《げ》をもて頌《じゆ》していはく、

われ超世《てうせ》の願《ぐわん》をたつ、かならず無上道《むじやうだう》にいたらん。
この願滿足《ぐわんまんぞく》せずは、ちかふ正覺《しやうがく》をならじ。
われ無量劫《むりやうこふ》にをいて、大施主《だいせしゆ》となりて、
あまねくもろもろの貧苦《びんぐ》をすくはずは、ちかふ正覺《しやうがく》をならじ。
われ成佛道《じやうぶちだう》にいたらんに、名聲《みやうしやう》十方《じふぱう》にこえん。
究竟《くきやう》してきこゆるところなくは、ちかふ正覺《しやうがく》をならじ。
離欲《りよく》と深正念《じむしやうねむ》と、淨慧《じやうゑ》と修梵行《しゆぼむぎやう》とをして、
無上道《むじやうだう》を志求《しぐ》して、諸天人《しよてんにん》の師《し》とならん。
神力《じんりき》、大光《だいくわう》をのべて、あまねく无際《むさい》の土《ど》をてらし、
三垢《さむく》の冥《みやう》を消除《せうぢよ》して、ひろくもろもろの厄難《やくなん》をすくはん。

〈表紙〉
◎左上「無量壽經上　末」右下「釋空善」
①佛說無量壽經巻上末　◎に無し

かの智慧《ちゑ》のまなこをひらきて、この昏盲《こむまう》の闇《あむ》を滅《めち》し、
もろもろの悪道《あくだう》を閉塞《へいそく》して、善趣《ぜんしゆ》の門《もん》を通達《つうだち》せん。
功祚《くそ》、成満足《じやうまんぞく》して、威曜十方《ゐえうじふぱう》にほがらかならん。
日月《にちぐわち》、重暉《ぢうくゐ》をおさめ、天光《てんくわう》かくれて現《げん》ぜじ。
衆《しゆ》のために法藏《ほふざう》をひらきて、ひろく功徳《くどく》の寶《ほう》を施《せ》せん。
つねに大衆《だいしゆ》のなかにして、説法師子吼《せちぽふししく》せん。
一切《ゐちさい》の佛《ぶち》を供養《くやう》したてまつりて、もろもろの徳本《とくほん》を具足《ぐそく》し、
願《ぐわん》・慧《ゑ》ことごとく成満《じやうまん》して、三界《さむがい》の雄《おう》たることをえたまへる。
佛《ぶち》の无礙智《むげち》のごとく、通達《つうだち》しててらさざることなからん。
ねがはくはわが功慧《くゑ》のちから、この最勝尊《さいしようそん》にひとしからん。
この願《ぐわん》もし剋果《こくくわ》せば、大千感動《だいせんかんどう》すべし。
虚空《こく》の諸天人《しよてんにん》、まさに珍妙《ちんめう》のはなをふらすべし。

佛《ぶち》、阿難《あなん》につげたまはく、法藏比丘《ほふざうびく》、この頌《じゆ》をときをはるに、ときに應《おう》じてあまねく地《ぢ》、六種《ろくしゆ》に震動《しんどう》す。天《てん》より妙華《めうくゑ》をふりて、もてそのうへに散《さん》ず。自然《じねん》の音樂《おむがく》、空中《くちう》にほめていはく、決定《くゑちぢやう》してかならず无上正覺《むじやうしやうがく》をなるべしと。こゝに法藏《ほふざう》

比丘《びく》、かくのごときの大願《だいぐわん》を具足《ぐそく》し修満《しゆまん》して、誠諦《じやうたい》にしてむなしからず。世間《せけん》に超出《てうしゆち》してふかく寂滅《じやくめち》をねがふ。阿難《あなん》、ときにかの比丘《びく》、その佛所《ぶちしよ》、諸天《しよてん》・魔《ま》・梵《ぼむ》・龍神八部《りうじんはちぶ》・大衆《だいしゆ》のなかにして、この弘誓《ぐぜい》をおこす。この願《ぐわん》をたてをはりて、一向《ゐちかう》に専志《せんし》して妙土《めうど》を荘厳《しやうごむ》す。所修《しよしゆ》の佛國《ぶちこく》、恢廓《くわいくわく》廣大《くわうだい》にして超勝獨妙《てうしようどくめう》なり。建立常然《こんりふじやうねん》にして、衰《すい》なく變《へん》なし。不可思議《ふかしぎ》の兆載永劫《てうさいゐやうごふ》にをいて、菩薩《ぼさち》の无量《むりやう》の徳行《とくぎやう》を積植《しやくじき》して、欲覺《よくかく》・瞋覺《しんかく》・害覺《がいかく》を生《しやう》ぜず。欲想《よくさう》・瞋想《しんさう》・害想《がいさう》をおこさず。色《しき》・聲《しやう》・香《かう》・味《み》・觸《そく》・法《ほふ》に著《ぢやく》せず。忍力成就《にんりきじやうじゆ》して衆苦《しゆく》をはからず。少欲知足《せうよくちそく》にして染《ぜん》・恚《い》・癡《ち》なし。三昧常寂《さむまいじやうじやく》にして智慧無礙《ちゑむげ》なり。虚偽諂曲《こぐゐてんごく》の心《しむ》あることなし。和顔愛語《わげんあいご》にして、こゝろにさいだて承問《じようもん》す。勇猛精進《ゆみやうしやうじん》にして志願《しぐわん》うむことなし。もはら清白《しやうびやく》の法《ほふ》をもとめて、もて群生《ぐんじやう》を恵利《ゑり》す。三寶《さむぼう》を恭敬《くぎやう》し、師長《しちやう》に奉事《ぶじ》す。大荘厳《だいしやうごむ》をもて衆行《しゆぎやう》を具足《ぐそく》し、もろもろの衆生《しゆじやう》をして功徳成就《くどくじやうじゆ》せしむ。空《く》・无相《むさう》・无願《むぐわん》の法《ほふ》に住《ぢゆ》して、作《さ》なく起《き》なし。法《ほふ》は化《くゑ》のごとしと観《くわん》じて、麤言《そごん》の自害《じがい》と害彼《がいひ》と、彼此《ひし》ともに害《がい》するを遠離《おんり》し、善語《ぜんご》の自利利人《じりりにん》、人我兼利《にんがけんり》するを修習《しゆじふ》す。國《くに》をすて王《わう》をすてゝ財色《ざいしき》をたちさけ、みづから六波羅蜜《ろくぱらみち》を行《ぎやう》じ、ひとをしへて行《ぎやう》ぜしむ。无央數劫《むあうしゆこふ》に積功累徳《しやくくるいとく》す、その生處《しやうじよ》にしたがひてこゝろの所欲《しよよく》にあり。无量《むりやう》の寶藏《ほうざう》、自然《じねん》に發應《ほちおう》す。无數《むしゆ》の衆生《しゆじやう》を敎化《けうくゑ》し安立《あんりふ》して、无《む》上正眞《じやうしやうしん》の道《だう》に住《ぢゆ》せしむ。あるひは長者《ちやうじや》・居士《こじ》・豪姓《がうしやう》・尊貴《そんくゐ》となり、あるひは刹利國君《せちりこくくん》・轉輪聖帝《てんりんじやうたい》となり、あるひは六欲天主乃至梵王《ろくよくてんじゆないしぼむわう》となりて、つねに四事《しじ》をもて一切諸佛《ゐちさいしよぶち》を供養恭敬《くやうくぎやう》したてまつる。かくのごときの功德《くどく》、稱說《しようせち》すべからず。口氣香潔《くけかうくゑち》にして、優鉢羅華《うはちらくゑ》のごとし。身《み》のもろもろの毛孔《もうく》より栴檀香《せんだんかう》をいだす。その香《か》、あまねく无量《むりやう》の世界《せかい》に熏《くん》ず。容色端正《ようしきたんじやう》にして相好殊妙《さうがうしゆめう》なり。その手《て》よりつねに無盡《むじん》のたからをいだす。衣服《えぶく》・飮食《おんじき》・珍妙華香《ちんめうくゑかう》・繒蓋《ぞうがい》・幢幡《どうばん》、莊《しやう》嚴《ごむ》の具《ぐ》、かくのごときらの事《じ》、諸天人《しよてんにん》にこえたり。一切《さい》の法《ほふ》にをいて自在《じざい》をえたりき。

阿難《あなん》、佛《ぶち》にまふさく、法藏菩薩《ほふざうぼさち》、すでに成佛《じやうぶち》して滅度《めちど》をとりたまへりとやせん、いまだ成佛《じやうぶち》したまはずとやせん、いま現在《げんざい》したまふとやせんと。佛《ぶち》、阿難《あなん》につげたまはく、法藏菩薩《ほふざうぼさち》、いますでに成佛《じやうぶち》して、現《げん》に西方《さいはう》にまします。こゝをさること十萬億刹《じふまんおくせち》なり。その佛世界《ぶちせかい》をばなづけて安樂《あんらく》といふ。阿難《あなん》、また問《もん》す、その佛《ぶち》、成道已來《じやうだういらい》、いくばくの時《じ》をへたまへりとかせんと。佛《ぶち》のたまはく、成佛《じやうぶち》已來《いらい》、おほよす十劫《じふこふ》をへたまへり。その佛國土《ぶちこくど》は、自然《じねん》の七寶《しちぽう》、金《こむ》・銀《ごむ》・瑠璃《るり》・

珊瑚《さんご》・琥珀《くはく》・硨磲《しやこ》・碼碯《めなう》、合成《がふじやう》して地《ぢ》とせり。恢廓《くわいくわく》曠蕩《くわうたう》として、限極《げんごく》すべからず。ことごとくあひ雜廁《ざふし》し、うたゝあひ入間《にふけん》せり。光色煜耀《くわうしきよくえう》にして微妙《みめう》奇麗《きれい》なり。清淨《しやうじやう》に莊嚴《しやうごむ》して十方一切《じふぱうゐちさい》の世界《せかい》に超踰《てうゆ》せり。衆寶《しゆぼう》のなかの精《しやう》なり。そのたから、なをし第六天寶《だいろくてんぽう》のごとし。またその國土《こくど》には、須彌山《しゆみせん》をよび金剛鐵圍《こむがうてちゐ》、一切《ゐちさい》の諸山《しよせん》なし。また大海《だいかい》・小海《せうかい》・溪渠《けいご》・井谷《しやうこく》なし。佛神力《ぶちじんりき》のゆへに、みんとおもへばすなはち現《げん》ず。また地獄《ぢごく》・餓鬼《がくゐ》・畜生《ちふしやう》、諸難《しよなん》の趣《しゆ》なし。また四時春秋《しじしゆんじう》冬夏《とうげ》なし。さむからず、あつからず。つねにやわらかにして調適《でうちやく》なり。そのときに、阿難《あなん》、佛《ぶち》にまふしてまふさく、世尊《せそん》、もしかの國土《こくど》に須彌山《しゆみせん》なくは、その四天王《してんわう》をよび忉利天《たうりてん》、なにによりてか住《ぢゆ》すると。佛《ぶち》、阿難《あなん》にかたりたまはく、第《だい》三《さむ》の燄天《えんてん》乃至《ないし》色究竟天《しきくきやうてん》、みななにゝよりてか住《ぢゆ》すると。阿難《あなん》、佛《ぶち》にまふさく、行業果報《ぎやうごふくわほう》、不可思議《ふかしぎ》なればなり。佛《ぶち》、阿難《あなん》にかたりたまはく、行業果報不可思《ぎやうごふくわほうふかし》議《ぎ》ならば、諸佛世界《しよぶちせかい》もまた不可思議《ふかしぎ》なり。そのもろもろの衆生《しゆじやう》、功德善力《くどくぜんりき》をもて行業《ぎやうごふ》の地《ぢ》に住《ぢゆ》す。このゆへにしかるまくのみ。阿難《あなん》、佛《ぶち》にまふさく、われこの法《ほふ》をうたがはず。たゞ將來《しやうらい》の衆生《しゆじやう》のために、その疑惑《ぎわく》をのぞかんと欲《ほち》す、かるがゆへにこの義《ぎ》を問《とひ》たてまつる。

佛《ぶち》、阿難《あなん》につげたまはく、無量壽佛《むりやうじゆぶち》は威神光明《ゐじんくわうみやう》、最尊第一《さいそんだいゐち》なり。諸佛《しよぶち》の光明《くわうみやう》、をよぶことあたはざるところなり。あるひは佛光《ぶちくわう》の百佛世界《ひやくぶちせかい》をてらすあり、あるひは千佛世界《せんぶちせかい》なり。要《えう》をとりてこれをいはゞ、すなはち東方恆沙《とうばうごうじや》の佛刹《ぶちせち》をてらす。南西北方《なむざいほくぱう》・四維《しゆい》・上下《じやうげ》またまたかくのごとし。あるひは佛光《ぶちくわう》の七尺《しちしやく》をてらすあり、あるひは一由旬《ゆじゆん》、二・三・四・五由旬《ゆじゆん》をてらす。かくのごとく轉倍《てんばい》して、乃至《ないし》一佛刹土《ゐちぶちせちど》をてらす。このゆへに無量壽佛《むりやうじゆぶち》をば、無量光佛《むりやうくわうぶち》・無邊光佛《むへんくわうぶち》・無礙光佛《むげくわうぶち》・無對光佛《むたいくわうぶち》・燄王光佛《えんわうくわうぶち》・清淨光佛《しやうじやうくわうぶち》・歡喜光佛《くわんぎくわうぶち》・智慧光佛《ちゑくわうぶち》・不斷光佛《ふだんくわうぶち》・難思光佛《なんじくわうぶち》・无稱光佛《むしようくわうぶち》・超日月光佛《てうにちぐわちくわうぶち》と號《がう》す。それ衆生《しゆじやう》ありて、このひかりにまうあふものは、三垢消滅《さむくせうめち》し、身意柔輭《しんいにうなん》なり。歡喜踊躍《くわんぎゆやく》して善心生《ぜんしむしやう》ず。もし三塗勤苦《さむづごむく》のところにありても、この光明《くわうみやう》をみれば、また苦惱《くなう》なし。壽終之後《じゆじゆしご》に、みな解脱《げだち》をかうぶる。無量壽佛《むりやうじゆぶち》は光明顯赫《くわうみやうけんかく》にして、十方《じふぱう》を照耀《せうえう》す。諸佛《しよぶち》の國土《こくど》にきこえざることなし。たゞわれのみいまその光明《くわうみやう》を稱《しよう》するにあらず。一切《さい》の諸佛《しよぶち》・聲聞《しやうもん》・緣覺《えんがく》・もろもろの菩薩衆《ぼさちしゆ》、ことごとくともに歎譽《たんよ》すること、またまたかくのごとし。もし衆生《しゆじやう》ありて、その光明《くわうみやう》の威神功德《ゐじんくどく》をきて、日夜《にちや》に稱説《しようせち》して至心不斷《ししむふだん》なれば、こゝろの所願《しよぐわん》にしたがひて、そのくにゝ生《しやう》ずることをえて、もろもろの菩薩《ぼさち》・聲聞大衆《しやうもんだいしゆ》のために、ともに歎譽《たんよ》してその功徳《くどく》を稱《しよう》せられん。それしかうしてのち、佛道《ぶちだう》をうるときにいたりて、あまねく十方諸《じふぱうしよ》佛《ぶち》・菩薩《ぼさち》のために、その光明《くわうみやう》をほめられんこと、またいまのごとくならん。佛《ぶち》のたまはく、われ、无量壽佛《むりやうじゆぶち》の光明威神《くわうみやうゐじん》、巍巍殊妙《ぐゐぐゐしゆめう》なるをとくこと、晝夜一劫《ちうやゐちこふ》すとも、なをいまだつくすことあたはじ。

佛《ぶち》、阿難《あなん》にかたりたまはく、また無量壽佛《むりやうじゆぶち》は壽命長久《じゆみやうぢやうく》にして稱計《しようげ》すべからず。なんぢむしろしれりや。たとひ十方世界《じふぱうせかい》の无量《むりやう》の衆生《しゆじやう》、みな人身《にんじん》をえて、ことごとく聲聞《しやうもん》・縁覺《えんがく》を成就《じやうじゆ》せしめて、すべてともに集會《しふゑ》し、おもひをもはらにし心《しむ》をひとつにしその智力《ちりき》をつくして、百千萬劫《ひやくせんまんごふ》にをいてことごとくともに推算《すいさん》してその壽命長遠《じゆみやうぢやうおん》のかずをはからん。窮盡《ぐじん》してその限極《げんごく》をしることあたはじ。聲聞《しやうもん》・菩薩《ぼさち》・天《てん》・人《にん》の衆《しゆ》の壽命《じゆみやう》の長短《ちやうたん》も、またまたかくのごとし。算數《さんじゆ》・譬喩《ひゆ》のよくしるところにあらず。また聲聞《しやうもん》・菩薩《ぼさち》、そのかず无量《むりやう》なり。稱説《しようせち》すべからず。神智洞達《じんちどうだち》して、威力自在《ゐりきじざい》なり。よくたなごゝろのうちにをいて、一切世界《ゐちさいせかい》を持《ぢ》せり。

佛《ぶち》、阿難《あなん》にかたりたまはく、かの佛《ぶち》の初會《しよゑ》の聲聞衆《しやうもんしゆ》のかず、稱計《しようげ》すべからず。

菩薩《ぼさち》もまたしかなり。いまの大目揵連《だいもくけんれん》のごとく、百千萬億《ひやくせんまんおく》無量无數《むりやうむしゆ》にして、阿《あ》僧祇那由他劫《そうぎなゆたこふ》にをいて、乃至滅度《ないしめちど》までことごとくともに計校《けけう》すとも、多少《たせう》のかずを究了《くれう》することあたはじ。たとへば大海《だいかい》の深廣无量《じむくわうむりやう》なるを、たとひ人《ひと》ありて、その一毛《ゐちもう》をくだきてもて百分《ひやくぶん》となして、一分《ゐちぶん》の毛《け》をもて一渧《ゐちてい》《ヒトシタヾリ》を沾取《てんしゆ》《シホシトラン》せんがごとし。こゝろにをいていかん、そのしたゞるところのもの、かの大海《だいかい》にをいていづれをかおほしとする。阿難《あなん》、佛《ぶち》にまふさく、かのしたゞるところのみづを大海《だいかい》に比《ひ》するに、多少《たせう》の量《りやう》、巧暦《けうりやく》・算數《さんじゆ》・言辭《ごんじ》・譬類《ひるい》のよくしるところにあらず。佛《ぶち》、阿難《あなん》にかたりたまはく、目連等《もくれんとう》のごとき、百千萬億那由他劫《ひやくせんまんおくなゆたこふ》にをいて、かの初《しよ》會《ゑ》の聲聞《しやうもん》・菩薩《ぼさち》をかぞへて、しらんところのかずはなをし一渧《ゐちてい》のごとし。そのしらざるところは大海《だいかい》のみづのごとし。

また、その國土《こくど》に七寶《しちぽう》のもろもろのうへき、世界《せかい》に周滿《しゆまん》せり。金樹《こむじゆ》・銀樹《ごむじゆ》・瑠璃《るり》樹《じゆ》・玻瓈樹《はりじゆ》・珊瑚樹《さむごじゆ》・碼碯樹《めなうじゆ》・硨磲樹《しやこじゆ》なり。あるひは二寶《にほう》・三寶《さむぽう》、乃至七寶《ないししちぽう》、うたゝともに合成《がふじやう》せるあり。あるひは金樹《こむじゆ》に銀葉《ごむえふ》・華《くゑ》・果《くわ》なるあり。あるひは銀《ごむ》樹《じゆ》に金葉《こむえふ》・華《くゑ》・果《くわ》なるあり。あるひは瑠璃樹《るりじゆ》に玻瓈《はり》を葉《は》とす、華《くゑ》・果《くわ》またしかなり。あるひは水精樹《しゐしやうじゆ》に瑠璃《るり》を葉《は》とす、華《くゑ》・果《くわ》またしかなり。あるひは珊瑚樹《さむごじゆ》に

33

碼《め》碯《なう》を葉《は》とす、華《くゑ》・果《くわ》またしかなり。あるひは碼《め》碯樹《なうじゆ》に瑠《る》璃《り》を葉《は》とす、華《くゑ》・果《くわ》またしかなり。あるひは硨《しや》磲《こ》樹《じゆ》に衆寶《しゆぼう》を葉《は》とす、華《くゑ》・果《くわ》またしかなり。ある①……
……銀《ごむ》をえだとし、瑠《る》璃《り》をこえだとし、水精《しゐしやう》をはとし、珊《さむ》瑚《ご》をはなとし、碼《め》碯《なう》をみとす。このもろもろの寶樹《ほうじゆ》、行行《ぎやうぎやう》あひ値《あひ》、莖莖《きやうきやう》あひのぞみ、枝枝《しし》あひしたがひ、葉葉《えふえふ》あひむかひ、華華《くゑくゑ》あひしたがひ、實實《じちじち》あひあたれり。榮色光耀《ゐやうしきくわうえう》、あげてみるべからず。淸風《しやうふ》、ときにおこりていつゝの音聲《おむじやう》をいだす。微妙《みめう》の宮商《きうしやう》、自然《じねん》にあひ和《わ》す。

また、无量壽佛《むりやうじゆぶち》のその道場樹《だうぢやうじゆ》、たかさ四百萬里《しひやくまんり》なり。そのもと周圍《しゆゐ》五十由旬《ごじふゆじゆん》なり。枝葉《しえふ》よもにしきて二十萬里《にじふまんり》なり。一切《ゐちさい》の衆寶《しゆぼう》自然《じねん》に合成《がふじやう》す。月光摩尼《ぐわちくわうまに》・持《ぢ》海輪寶《かいりんぼう》、衆寶《しゆぼう》の王《わう》をもてこれを莊嚴《しやうごむ》す。えだのあひだに周帀《しゆさふ》して、たからの瓔《やう》珞《らく》をたれたり。百千萬《ひやくせんまん》のいろ種々《しゆじゆ》に異變《いへん》す。无量《むりやう》の光燄《くわうえん》、照耀《せうえう》きはまりなし。珍妙《ちんめう》の寶網《ほうまう》そのうへに羅《ら》覆《ふ》せり。一切《ゐちさい》の莊嚴《しやうごむ》、應《おう》にしたがひて現《げん》ず。微《み》風《ふ》やうやくうごきてもろもろの枝葉《しえふ》をふくに、无量《むりやう》の妙法《めうほふ》の音聲《おむじやう》を演出《えんしゆち》す。そのこゑ流《る》布《ふ》して諸佛《しよぶち》の國《くに》に偏《へん》す。そのこゑをきくものは、深法忍《じむぼふにん》をえて不《ふ》退轉《たいてん》に住《ぢゆ》す。

34

成《じやう》佛道《ぶちだう》にいたるまで、耳《に》根《こん》淸徹《しやうてち》にして苦患《くぐゑん》にあはず。目《め》にそのいろをみ、みゝ

①る　◎以下一葉欠失

にそのこゑをきき、はなにその香《か》をしり、したにそのあぢはひをなめ、身《み》にそのひかりをふれ、心《しむ》に法《ほふ》をもて縁《えん》ずれば、一切《ゐちさい》みな甚深《じんじむ》の法忍《ほふにん》をえて不退轉《ふたいてん》に住《ぢゆ》す。成佛道《じやうぶちだう》にいたるまで、六根清徹《ろくこんしやうてち》にしてもろもろの惱患《なうぐゑん》なし。阿難《あなん》、もしかのくにの人天《にんでん》、このきをみるものは三法忍《さむぼふにん》をう。ひとつには音響忍《おむかうにん》、ふたつには柔順忍《にうじゆんにん》、みつには无生法忍《むしやうぼふにん》なり。これみな無量壽佛《むりやうじゆぶち》の威神力《ゐじんりき》のゆへ、本願力《ほんぐわんりき》のゆへ、滿足願《まんぞくぐわん》のゆへ、明了願《みやうれうぐわん》のゆへ、堅固願《けんごぐわん》のゆへ、究竟願《くきやうぐわん》のゆへなり。佛《ぶち》、阿難《あなん》につげたまはく、世間《せけん》の帝王《ていわう》に百千《ひやくせん》の音樂《おむがく》あり。轉輪聖王《てんりんじやうわう》より、乃至第六《ないしだいろく》天上《てんじやう》の伎樂《ぎがく》の音聲《おむじやう》、展轉《てんでん》してあひすぐれたること、千億萬倍《せんおくまんばい》なり。第六天上《だいろくてんじやう》の萬種《まんじゆ》の樂音《がくおむ》、無量壽國《むりやうじゆこく》のもろもろの七寶樹《しちぼうじゆ》の一種《ゐちしゆ》の音聲《おむじやう》にしかざること、千億《せんおく》倍《ばい》なり。また自然《じねん》の萬種《まんじゆ》の伎樂《ぎがく》あり。またその樂《がく》のこゑ、法音《ほふおむ》にあらざることなし。清暢哀亮《しやうちやうあいりやう》にして微妙和雅《みめうわげ》なり。十方世界《じふぱうせかい》の音聲《おむじやう》のなかに、もとも第一《だいゐち》なりとす。

また講堂《かうだう》・精舍《しやうじや》・宮殿《くでん》・樓觀《ろうくわん》、みな七寶莊嚴《しちぽうしやうごむ》して自然《じねむ》に化成《くゑじやう》す。また眞珠《しんじゆ》・明月《みやうぐわち》摩尼《まに》衆寶《しゆぼう》をもて、もて交露《けうろ》としてそのうへに覆蓋《ふがい》せり。内外左右《ないぐゑさう》にもろもろの浴池《よくち》あり。あるひは十由旬《じふゆじゆん》、あるひは二十・三十、乃至百千由旬《ないしひやくせんゆじゆん》なり。縱《じゆ》廣深淺《くわうじむせん》、をのをのみな一等《ゐちとう》なり。八功德水《はちくどくしゐ》、湛然盈滿《たんねんやうまん》、淸淨香潔《しやうじやうかうくゑち》にして、あぢはひ甘露《かむろ》のごとし。黃金《わうごむ》のいけには、そこに白銀《びやくごむ》のいさごあり。白銀《びやくごむ》のいけには、そこに黃金《わうごむ》のいさごあり。水精《しゐしやう》のいけには、そこに瑠璃《るり》のいさごあり。瑠璃《るり》のいけには、そこに水精《しゐしやう》のいさごあり。珊瑚《さむご》のいけには、そこに琥珀《くはく》のいさごあり。琥珀《くはく》のいけには、そこに珊瑚《さむご》のいさごあり。硨磲《しやこ》のいけには、そこに碼碯《めなう》のいさごあり。碼碯《めなう》のいけには、そこに硨磲《しやこ》のいさごあり。白玉《はくぎよく》のいけには、そこに紫金《しこむ》のいさごあり。紫金《しこむ》のいけには、そこに白玉《はくぎよく》のいさごあり。あるひは二寶《にほう》・三寶《さむぼう》、乃至七寶《ないししちぽう》、うたゝともに合成《がふじやう》せり。そのいけのきしのうへに栴檀樹《せんだんじゆ》あり。華葉《くゑえふ》たれしきて、香氣《かうけ》あまねく熏《くん》ず。天《てん》の優鉢羅華《うはちらくゑ》・鉢曇摩華《はどまくゑ》・拘物頭華《くもちづけ》・分陀利華《ふんだりくゑ》、雜色光茂《ざふしきくわうむ》にして、ひろくみづのうへにおほへり。かの諸《しよ》菩薩《ぼさち》をよび聲聞衆《しやうもんしゆ》、もし寶池《ほうち》にいりて、こゝろにみづをしてあしをひたさしめんとおもへば、みづすなはちあしをひたす。ひざにいたらしめんとおもへば、すなはちひざにいたる。こしにいたらしめんとおもへば、みづすなはちこしにいたる。くびにいたらしめんとおもへば、みづすなはちくびにいたる。身《み》にそゝがしめんとおもへば、自然《じねん》に身《み》にそゝぐ。還復《ぐゑんぶく》せしめんとおもへば、みづすなはち還復《ぐゑんぶく》す。調和《でうわ》冷煖《りやうなん》にして、自然《じねん》隨意《ずいい》なり。たましひをひらき、みをよろこばしめて、心垢《しむく》を蕩除《たうぢよ》す。清明《しやうみやう》澄潔《ちようくゑち》にして、きよきことかたちなきがごとし。寶《ほう》沙《しや》、映徹《ゑいてち》して、ふかきをもてらさざることなし。微瀾《みらん》廻流《ゑる》してうたゝあひ灌注《くわんしゆ》す。安詳《あんじやう》としてやうやくゆいて、をそからず、とからず。なみあがりて无量《むりやう》なり。自然《じねん》の妙聲《めうしやう》、その所應《しよおう》にしたがひてきこえざるものなし。あるひは佛聲《ぶちしやう》をきき、あるひは法聲《ほふしやう》をきゝ、あるひは僧聲《そうしやう》をきく。あるひは寂靜《じやくじやう》のこゑ、空无《くむ》我《が》のこゑ、大慈悲《だいじひ》のこゑ、波羅蜜《はらみち》のこゑ、あるひは十力《じふりき》・無畏《むゐ》・不共法《ふぐほふ》のこゑ、諸通慧《しよつうゑ》のこゑ、无所作《むしよさ》のこゑ、不起滅《ふきめち》のこゑ、无生忍《むしやうにん》のこゑ、乃至《ないし》、甘露灌頂《かんろくわんぢやう》、もろもろの妙法《めうほふ》のこゑ、かくのごときらのこゑ、その所聞《しよもん》にかなて、歡喜《くわんぎ》无量《むりやう》なり。清淨《しやうじやう》・離欲《りよく》・寂滅《じやくめち》・眞實《しんじち》の義《ぎ》に隨順《ずいじゆん》し、三寶《さむぼう》・力《りき》・无所畏《むしよい》・不共《ふぐ》の法《ほふ》に隨《ずい》順《じゆん》し、通慧《つうゑ》、菩薩《ぼさち》・聲聞所行《しやうもんしよぎやう》の道《だう》に隨順《ずいじゆん》す。三塗苦難《さむづくなん》の名《な》あることなし、たゞ自然快樂《じねんくゑらく》のこゑのみあり。このゆへに、その國《くに》をなづけて安樂《あんらく》といふ。

阿難《あなん》、かの佛國土《ぶちこくど》にもろもろの往生《わうじやう》するものは、かくのごときの清淨色身《しやうじやうしきしん》、諸《しよ》妙音聲《めうおむじやう》、神通功德《じんづうくどく》を具足《ぐそく》す。處《しよ》するところの宮殿《くでん》・衣服《えぶく》・飲食《おんじき》・衆妙華香《しゆめうくゑかう》・莊《しやう》嚴《ごむ》の具《ぐ》、第六天《だいろくてん》の自然《じねん》のものゝごとし。もし食《じき》せんとおもふときは、七寶《しちぽう》の鉢器《はちき》、自然《じねん》にまへにあり。金《こむ》・銀《ごむ》・瑠《る》璃《り》・硨磲《しやこ》・碼碯《めなう》・珊瑚《さむご》・琥珀《くはく》・明月眞珠《みやうぐわちしんじゆ》、かくのごときの諸鉢《しよはち》、こゝろにしたがひていたる。百味《ひやくみ》の飲食《おんじき》、自然《じねん》に盈滿《やうまん》す。この食《じき》ありといへども、實《じち》に食《じき》するものなし。たゞいろをみ、香《か》をかぐに、こゝろに食《じき》をなすとおもへり。自然《じねん》に飽足《はうそく》して身心柔輭《しんしむにうなん》なり。味著《みぢやく》するところなし。ことをはれば化《くゑ》してさる、ときいたればまた現《げん》ず。かの佛國土《ぶちこくど》は、清淨安穩《しやうじやうあんおん》、微妙《みめう》快樂《くゑらく》なり。無爲泥洹《むゐないをん》の道《だう》にちかし。そのもろもろの聲聞《しやうもん》・菩薩《ぼさち》・天《てん》・人《にん》は、智《ち》慧高明《ゑかうみやう》、神通洞達《じんづうどうだち》せり。咸同一類《げんどうゐちるい》にして、かたちに異狀《いじやう》なし。たゞ餘方《よはう》に因順《いんじゆん》するがゆへに、天《てん》・人《にん》の名《な》あり。顏貌端正《げんめうたんじやう》にして超世希有《てうせけう》なり。容色微妙《ようしきみめう》にして、天《てん》にあらず人《にん》にあらず。みな自然虛无《じねんこむ》の身《しん》、無極《むごく》の體《たい》をうけたり。

佛《ぶち》、阿難《あなん》につげたまはく、たとへば世間《せけん》の貧窮《びんぐ》・乞人《こちにん》の、帝王《ていわう》の邊《へん》にあらんがごとし。形貌《ぎやうめう》・容狀《ようじやう》、むしろ類《るい》すべけんや。阿難《あなん》、佛《ぶち》にまふさく、たとひこのひと、帝王《ていわう》のほとりにあらんに、羸陋醜惡《るいるしゆを》にして、もてたとへとすることなけん、百千萬億不可計倍《ひやくせんまんおくふかけばい》なり。しかるゆへは、貧窮《びんぐ》・乞人《こちにん》は底極廝下《ていごくしげ》にして、ころもかたちをかくさず。食《じき》わづかにいのちをさゝふ。飢寒困苦《けかんこむく》して人理《にんり》ほとほとつきなんとす。みな前世《ぜんせ》に德本《とくほん》をうへざるによりてなり。たからをつみてほどこさず、あるにとみてますますをしみ、たゞいたづらにえんとおもふて、貪求《とむぐ》していとふことなし。善《ぜん》を修《しゆ》することを信《しん》ぜず、惡《あく》をかすことやまのごとくにつもる。かくのごとくして、いのちをへ、財寶消散《ざいほうせうさん》す。身《み》をくるしましめて、聚積《じゆしやく》してこれがために憂惱《うなう》すれども、をのれにをいて益《やく》なし。いたづらに他《た》の有《う》となる。善《ぜん》としてたのむべきなし、德《とく》としてたのむべきなし。このゆへに、死《し》して惡趣《あくしゆ》に墮《だ》してこの長苦《ぢやうく》をうく。つみをへていづることをえて、むまれて下賤《げせん》となる。愚鄙《ぐひ》廝極《しごく》にして人類《にんるい》に示同《じどう》す。世間《せけん》の帝王《ていわう》の、人中《にんちう》に獨尊《どくそん》なるゆへは、みな宿世《しゆせ》に德《とく》をつめるによりていたすところなり。慈惠《じゑ》ひろくほどこし、仁愛《にんあい》かねてすくふ。信《しん》をふみ善《ぜん》を修《しゆ》して、違諍《ゐじやう》するところなし。こゝをもていのちをはれば、福應《ふくおう》じて善道《ぜんだう》にのぼることをえ、天上《てんじやう》に上生《じやうしやう》してこの福樂《ふくらく》をうく。積善《しやくぜん》の餘慶《よけい》に、いまひとゝなることをえて、たまたま王家《わうけ》にむまれて、自然《じねん》に尊貴《そんくゐ》なり。儀容端《ぎようたん》正《じやう》にして衆《しゆ》の敬事《きやうじ》するところなり。妙衣《めうえ》・珍膳《ちんぜん》、心《しむ》にしたがひて服御《ぶくご》す。宿福《しゆふく》の追《をふ》ところなるがゆへに、よくこれをいたす。

佛《ぶち》、阿難《あなん》につげたまはく、なんぢがことば是《ぜ》なり。たとひ帝王《ていわう》のごとき、人中《にんちう》の尊貴《そんくゐ》にして形色端正《ぎやうしきたんじやう》なりといへども、これを轉輪聖王《てんりんじやうわう》にならぶるに、はなはだ鄙陋《ひる》なりとす。かの乞人《こちにん》の帝王《ていわう》のほとりにあらんがごとし。轉輪聖王《てんりんじやうわう》、威相殊《ゐさうしゆ》妙《めう》にして天下《てんげ》に第一《だいゐち》なれども、これを忉利天王《たうりてんわう》にならぶるに、また醜惡《しゆを》にしてあひたとふることえざること萬億倍《まんおくばい》なり。たとひ天帝《てんたい》を第六天王《だいろくてんわう》にならぶるに、百《ひやく》千億倍《せんおくばい》あひ類《るい》せざるなり。たとひ第六天王《だいろくてんわう》を無量壽佛國《むりやうじゆぶちこく》の菩薩《ぼさち》・聲聞《しやうもん》にならぶるに、光顔《くわうげん》・容色《ようしき》あひをよばざること百千萬億不可計倍《ひやくせんまんおくふかけばい》なり。

佛《ぶち》、阿難《あなん》につげたまはく、無量壽國《むりやうじゆこく》の、その諸天《しよてん》・人《にん》は衣服《えぶく》・飲食《おんじき》・華香《くゑかう》・瓔《やう》珞《らく》・繒蓋《ぞうがい》・幢幡《どうばん》、微妙《みめう》の音聲《おむじやう》、所居《しよご》の舎宅《しやたく》・宮殿《くでん》・樓閣《ろうかく》、その形色《ぎやうしき》にかなふ高《かう》下大小《げだいせう》あり。あるひは一寶《ゐちぽう》・二寶《にほう》、乃至《ないし》无量《むりやう》の衆寶《しゆぼう》、こゝろの所欲《しよよく》にしたがひて、念《ねむ》に應《おう》じてすなはちいたる。また衆寶《しゆぼう》の妙衣《めうえ》をもてあまねくその地《ぢ》にしけり。一《ゐち》切《さい》の天《てん》・人《にん》これをふんでゆく。无量《むりやう》の寶網《ほうまう》、佛土《ぶちど》に彌覆《みふ》せり。みな金縷《こむる》・眞珠《しんじゆ》、百千《ひやくせん》の雜寶《ざふぽう》奇《き》妙珍《めうちん》異《い》なるをもて莊嚴校飾《しやうごむけうじき》せり。四面《しめん》に周帀《しゆさふ》して、たるゝに寶《ほう》鈴《りやう》をもてす。光色晃耀《くわうしきくわうえう》にして、ことごとく嚴麗《ごむれい》をきはむ。自然《じねん》の徳風《とくふ》やうやくおこりて微動《みどう》す。そのかぜ、調和《でうわ》にしてさむからず、あつからず。溫涼柔輭《をんりやうにうなん》にして、をそからず、とからず。もろもろの羅網《らまう》をよびもろもろの寶樹《ほうじゆ》をふくに、无量微妙《むりやうみめう》の法音《ほふおむ》を演發《えんぽち》し、萬種溫雅《まんじゆをんげ》の徳香《とくかう》を流布《るふ》す。それかぐことあるものは、塵勞垢習《ぢんらうくじふ》、自然《じねん》にをこらず。かぜ、その身《み》にふるゝに、みな快樂《くゑらく》をう。たとへば比丘《びく》の滅盡三昧《めちじんざむまい》をうるがごとし。

またかぜ、はなをふきちらして、佛土《ぶちど》に徧滿《へんまん》す。いろの次第《しだい》にしたがひて雜亂《ざふらん》せず。柔軟光澤《にうなんくわうたく》にして馨香芬烈《けいきやうふんれち》せり。あしそのうへをふむに、くぼみくだること四寸《ししゆん》、あしをあげをはるにしたがひて、還復《ぐゑんぶく》することもとのごとし。はな、もちゐることすでにをはれば、地《ぢ》すなはち開裂《かいれち》して、ついでをもて化沒《くゑもち》す。清淨《しやうじやう》にしてのこりなし。その時節《じせち》にしたがひて、かぜふいてはなをちらす。かくのごとく六返《ろくぺん》す。また衆寶《しゆぼう》の蓮華《れんぐゑ》、世界《せかい》に周滿《しゆまん》せり。一一の寶華《ほうくゑ》、百千億《ひやくせんおく》の葉《えふ》あり。そのはな光明《くわうみやう》、无量種《むりやうしゆ》のいろあり。青色《しやうしき》に青光《しやうくわう》、白色《びやくしき》に白光《びやくくわう》あり、玄《ぐゑん》・黄《わう》・朱《しゆ》・紫《し》の光色《くわうしき》もまたしかなり。暐曄《ゐえふ》煥爛《くわんらん》として日月《にちぐわち》よりも明曜《みやうえう》なり。一一のはなのなかより三十六百千億《おく》のひかりをいだす。一一のひかりのなかより三十六百千億《おく》の佛《ぶち》をいだす。身色紫金《しんじきしこむ》にして相好殊特《さうがうしゆどく》なり。一一の諸佛《しよぶち》、また百千《ひやくせん》の光明《くわうみやう》をはなちて、あまねく十方《じふぱう》のために微妙《みめう》の法《ほふ》をときたまふ。かくのごときの諸佛《しよぶち》、各各《かくかく》に无量《むりやう》の衆生《しゆじやう》を佛《ぶち》の正道《しやうだう》に安立《あんりふ》せしめたまふ。

貞和三歳 丁亥 林鐘中旬候以聖人御點祕本延寫于假名令授與之訖

願主空善

佛說《ぶちせち》無量壽經《むりやうじゆきやうくわんげ》巻下本①

曹魏《さうぐゐの》康僧鎧《かうそうがい》譯《やくす》

佛《ぶち》、阿難《あなん》につげたまはく、それ衆生《しゆじやう》ありて、かのくにゝ生《しやう》ずるものは、みなことごとく正定《しやうぢやう》の聚《じゆ》に住《ぢゆ》す。ゆへはいかん。かの佛國中《ぶちこくちう》にはもろもろの邪聚《じやじゆ》および不定聚《ふぢやうじゆ》なければなり。十方恆沙《じふぱうごうじや》の諸佛如來《しよぶちによらい》、みなともに無量壽佛《むりやうじゆぶち》の威神功德《ゐじんくどく》不可思議《ふかしぎ》なるを讚歎《さんだん》したまふ。あらゆる衆生《しゆじやう》、その名號《みやうがう》をききて信心歡喜《しんじむくわんぎ》し、乃至一念《ないしゐちねむ》せん。至心廻向《ししむゑかう》したまへり。かのくにゝ生《しやう》ぜんと願《ぐわん》ずれば、すなはち往《わう》生《じやう》をえ、不退轉《ふたいてん》に住《ぢゆ》す。たゞし五逆《ごぎやく》と誹謗正法《ひはうしやうぼふ》とをばのぞく。

佛《ぶち》、阿難《あなん》につげたまはく、十方世界《じふぱうせかい》の諸天《しよてん》・人民《にんみん》、それ心《しむ》をいたしてかのくにゝ生《しやう》ぜんと願《ぐわん》ずることあらん。おほよす三輩《さむぱい》あり。その上輩《じやうはい》といふは、捨家棄欲《しやけきよく》して沙門《しやもん》となり、菩提心《ぼだいしむ》をおこして一向《ゐちかう》にもはら無量壽佛《むりやうじゆぶち》を念《ねむ》じ、もろもろの功德《くどく》を修《しゆ》してかのくにゝ生《しやう》ぜんと願《ぐわん》ず。これらの衆生《しゆじやう》、臨壽終時《りんじゆじゆじ》に、無量壽佛《むりやうじゆぶち》、

〈表紙〉
◎左上「無量壽經下　本」右下「釋空善」
①本　◎に無し

もろもろの大衆《だいしゆ》とそのひとのまへに現《げん》ず。すなはちかの佛《ぶち》にしたがひてそのくにに往生《わうじやう》す。すなはち七寳華中《しちぽうくゑちう》より自然《じねん》に化生《くゑしやう》して不退轉《ふたいてん》に住《ぢゆ》す。智慧《ちゑ》勇猛《ゆみやう》、神通自在《じんづうじざい》なり。このゆへに阿難《あなん》、それ衆生《しゆじやう》ありて、今世《こむぜ》にをいて無量壽佛《むりやうじゆぶち》をみたてまつらんとおもはゞ、无上菩提《むじやうぼだい》の心《しむ》をおこし功徳《くどく》を修行《しゆぎやう》してかのくにゝ生《しやう》ぜんと願《ぐわん》ずべし。

佛《ぶち》、阿難《あなん》にかたりたまはく、その中輩《ちうはい》といふは、十方世界《じふぱうせかい》の諸天《しよてん》・人民《にんみん》、それ心《しむ》をいたしてかのくにゝ生《しやう》ぜんと願《ぐわん》ずることありて、行《ぎやう》じて沙門《しやもん》となり、おほきに功徳《くどく》を修《しゆ》することあたはずといへども、まさに无上菩提《むじやうぼだい》の心《しむ》をおこして一向《ゐちかう》にもはら無量壽佛《むりやうじゆぶち》を念《ねむ》ずべし。多少《たせう》、善《ぜん》を修《しゆ》して、齋戒《さいかい》を奉持《ぶぢ》し、塔像《たふざう》を起立《きりふ》し、沙門《しやもん》に飯食《ぼむじき》せしめ、懸繒燃燈《くゑんぞうねんとう》、散華燒香《さんぐゑせうかう》して、これをもて廻向《ゑかう》してかのくにゝ生《しやう》ぜんと願《ぐわん》ず。そのひと、をはりにのぞみて、無量壽佛《むりやうじゆぶち》その身《しん》を化現《くゑげん》す。光明《くわうみやう》・相好《さうがう》つぶさに眞佛《しんぶち》のごとし。もろもろの大衆《だいしゆ》とそのひとのまへに現《げん》ず。すなはち化佛《くゑぶち》にしたがひてそのくにゝ往生《わうじやう》して不退轉《ふたいてん》に住《ぢゆ》す。功徳《くどく》・智慧《ちゑ》、ついで上輩《じやうはい》のものゝごとし。

佛《ぶち》、阿難《あなん》につげたまはく、その下輩《げはい》といふは、十方世界《じふぱうせかい》の諸天《しよてん》・人民《にんみん》、それ心《しむ》をいたしてかのくにゝ生《しやう》ぜんと欲《ほち》することありて、たとひもろもろの功徳《くどく》をつくることあたはざれども、まさに无上菩提《むじやうぼだい》の心《しむ》をおこして一向《ゐちかう》にこゝろをもはらにして、乃至十念《ないしじふねむ》、無量壽佛《むりやうじゆぶち》を念《ねむ》じたてまつりて、そのくにゝ生《しやう》ぜんと願《ぐわん》ずべし。もし深法《じむぼふ》をききて歡喜信樂《くわんぎしんげう》し疑惑《ぎわく》を生《しやう》ぜずして、乃至一念《ないしゐちねむ》、かの佛《ぶち》を念《ねむ》じたてまつりて、至誠心《しじやうしむ》をもてそのくにに生《しやう》ぜんと願《ぐわん》ず。このひと、をはりにのぞんで、ゆめのごとくにかの佛《ぶち》をみたてまつりて、また往生《わうじやう》をう。功徳《くどく》・智慧《ちゑ》、ついで中輩《ちうはい》のもののごとし。

佛《ぶち》、阿難《あなん》につげたまはく、無量壽佛《むりやうじゆぶち》、威神无極《ゐじんむごく》なり。十方世界无量无邊不可思議《じふぱうせかいむりやうむへんふかしぎ》の諸佛如來《しよぶちによらい》、稱歎《しようたん》せざるはなし。かの東方恆沙《とうばうごうじや》の佛國《ぶちこく》より无量无數《むりやうむしゆ》の諸菩薩衆《しよぼさちしゆ》、みなことごとく無量壽佛《むりやうじゆぶち》のみもとに往詣《わうげい》して、恭敬供養《くぎやうくやう》すること、もろもろの菩薩《ぼさち》・聲聞大衆《しやうもんだいしゆ》にをよぼして、經法《きやうぼふ》を聽受《ちやうじゆ》し、道化《だうくゑ》を宣布《せんぷ》す。南西北方《なむざいほくぱう》・四維《しゆゐ》・上下《じやうげ》、またまたかくのごとし。

そのときに、世尊《せそん》、しかも頌《じゆ》をときてのたまはく、

東方《とうばう》の諸佛國《しよぶちこく》、そのかず恆沙《ごうじや》のごとし。

かの土《ど》の菩薩衆《ぼさちしゆ》、ゆいて无量覺《むりやうかく》をみたてまつる。

南西北《なむざいほく》・四維《しゆい》・上下《じやうげ》、またまたしかなり。
かの土《ど》の菩薩衆《ぼさちしゆ》、ゆいて无量覺《むりやうかく》をみたてまつる。
一切《ゐちさい》の諸菩薩《しよぼさち》、をのをの天《てん》の妙華《めうくゑ》・
寶香《ほうかう》・無價衣《むげえ》をもて、无量覺《むりやうかく》を供養《くやう》したてまつる。
咸然《げんねん》として天《てん》の樂《がく》を奏《そう》し、和雅《わげ》のこゑを暢發《ちやうほち》して、
最勝《さいしよう》の尊《そん》と歌歎《かたん》して、无量覺《むりやうかく》を供養《くやう》したてまつる、
神通《じんづう》と慧《ゑ》とを究達《くだち》して、深法門《じむぼふもん》に遊入《ゆにふ》し、
功德藏《くどくざう》を具足《ぐそく》して、妙智《めうち》、等倫《とうりん》なし。
慧日《ゑにち》、世間《せけん》をてらして、生死《しやうじ》のくもを消除《せうぢよ》す。
恭敬《くぎやう》してめぐること三帀《さむざふ》して、無上尊《むじやうそん》を稽首《けしゆ》したてまつる。
かの嚴淨土《ごむじやうど》の、微妙難思議《みめうなんじぎ》なるをみて、
ちなんで无上心《むじやうしむ》をおこす。ねがはくはわがくにもまたしかならんと。
ときに應《おう》じて无量尊《むりやうそん》、みかほをうごかし欣笑《ごむせう》をおこす。
口《くち》より无數《むしゆ》のひかりをいだして、あまねく十方國《じふぱうこく》をてらす。
廻光《ゑくわう》、身《しん》を圍遶《ゐねう》すること、三帀《さむざふ》していただきよりいる。

一切《ゐちさい》天《てん》・人衆《にんしゆ》、踊躍《ゆやく》してみな歡喜《くわんぎ》す。
大士《だいじ》觀世音《くわんぜおむ》、服《ぶく》をとゝのへ稽首《けしゆ》して問《とふ》て、
佛《ぶち》にまふさく、なんの縁《えん》ありてかえみたまふ。やゝ、しかなり。ねがはくは
こゝろをときたまへと。
梵聲《ぼむしやう》雷震《らいしん》のごとく、八音妙響《はちおむめうかう》をのぶ、
まさに菩薩《ぼさち》に記《き》をさづくべし。いまとかん。なんぢあきらかにきけ。
十方來《じふぱうらい》の正士《しやうじ》、われことごとくかの願《ぐわん》をしる。
嚴淨土《ごむじやうど》を志求《しぐ》す、決《くゑち》をうけてまさに作佛《さぶち》すべし。
一切《ゐちさい》の佛《ぶち》は、なをし夢《む》・幻《ぐゑん》・響《かう》のごとしと覺了《かくれう》すれども、
もろもろの妙願《めうぐわん》を滿足《まんぞく》して、かならずかくのごときの刹《せち》を成《じやう》ず。
法《ほふ》は電《でん》・影《やう》のごとしとしれども、菩薩《ぼさち》の道《だう》を究竟《くきやう》し、
もろもろの功徳《くどく》の本《ほん》を具《ぐ》して、決《くゑち》をうけてまさに作佛《さぶち》すべし。
諸法《しよほふ》の性《しやう》は、一切《ゐちさい》、空无我《くむが》なりと通達《つうだち》すれども、
もはら淨佛土《じやうぶちど》をもとめて、かならずかくのごときの刹《せち》を成《じやう》ず。
諸佛《しよぶち》、菩薩《ぼさち》につげて、安養佛《あんやうぶち》をみせしむ、

法《ほふ》をきてねがひて受行《じゆぎやう》して、とく清淨處《しやうじやうしよ》をえよ。
かの嚴淨國《ごむじやうこく》にいたりて、すなはちすみやかに神通《じんづう》をえ、
かならず无量尊《むりやうそん》にをいて、記《き》をうけて等覺《とうがく》をなる。
その佛《ぶち》の本願力《ほんぐわんりき》、みなをききて往生《わうじやう》せんとおもへば、
みなことごとくかのくにゝいたりて、をのづから不退轉《ふたいてん》にいたる。
菩薩《ぼさち》、至願《しぐわん》をおこす。ねがはくはおのれが國《くに》も異《い》なけんと。
あまねく一切《ゐちさい》を度《ど》せんことを念《ねむ》ず。な、あらはれて十方《じふぱう》に達《たち》せん。
億《おく》の如來《によらい》に奉事《ぶじ》するに、飛化《ひくゑ》して諸刹《しよせち》に徧《へん》し、
恭敬《くぎやう》歡喜《くわんぎ》してさりて、かへりて安養國《あんやうこく》にいたる。
もしひと善本《ぜんぼん》なきは、この經《きやう》をきくことをえず。
清淨《しやうじやう》に戒《かい》をたもてるもの、いまし正法《しやうぼふ》をきくことをう。
むかし世尊《せそん》をみたてまつるもの、すなはちよくこの事《じ》を信《しん》ず。
謙敬《けんきやう》してききて奉行《ぶぎやう》し、踊躍《ゆやく》しておほきに歡喜《くわんぎ》す。
憍慢《けうまん》《ヘリヰウヤマフ》と弊《へい》と懈怠《けだい》とは、もてこの法《ほふ》を信《しん》ずることかたし。
宿世《しゆせ》に諸佛《しよぶち》をみたてまつるもの、ねがひてかくのごときの教《けう》をきく。

聲聞《しやうもん》あるひは菩薩《ぼさち》、よく聖心《しやうしむ》をきはむることなし。
たとへばむまれてよりめしゐたるものゝ、ゆいてひとを開導《かいだう》せんと欲《ほち》せんがごとし。
如來《によらい》の智慧海《ちゑかい》は、深廣《じむくわう》にして涯底《がいてい》なし。
二乘《にじよう》のはかるところにあらず。たゞ佛《ぶち》のみひとり明了《みやうれう》なり。
たとひ一切人《ゐちさいにん》、具足《ぐそく》してみな道《だう》をえ、
淨慧《じやうゑ》、本空《ほんく》をしりて、億劫《おくこふ》に佛智《ぶちち》をおもふて、
ちからをきはめて、極講說《ごくかうせち》して、いのちをつくすとも、なをししらじ。
佛慧《ぶちゑ》は邊際《へんざい》なくして、かくのごとく淸淨《しやうじやう》にいたる。
壽命《じゆみやう》はなはだえがたし、佛世《ぶちせ》またまうあひがたし。
ひと、信慧《しんゑ》あることかたし。もしきかば精進《しやうじん》にもとめよ。
法《ほふ》をきゝてよくわすれず、みてうやまひ、えておほきによろこぶは、
すなはちわがよき親友《しんう》なり。このゆへにまさにこゝろをおこすべし。
たとひ世界《せかい》にみてらん火《ひ》をも、かならずすぎてかならず法《ほふ》をきけ。
かならずまさに佛道《ぶちだう》を成《じやう》じて、ひろく生死《しやうじ》の流《る》を度《ど》すべし。

48
佛《ぶち》、阿難《あなん》につげたまはく、かのくにの菩薩《ぼさち》、みなまさに一生補處《ゐちしやうふしよ》を究竟《くきやう》すべし。その本願《ほんぐわん》、衆生《しゆじやう》のためのゆへに、弘誓《ぐぜい》の功徳《くどく》をもてみづから莊嚴《しやうごむ》して、あまねく一切衆生《ゐちさいしゆじやう》を度脱《どだち》せんとおもふをばのぞく。阿難《あなん》、かの佛國《ぶちこく》中《ちう》のもろもろの聲《しやう》聞衆《もんしゆ》は身光《しんくわう》一尋《ゐちじん》なり。菩薩《ぼさち》の光明《くわうみやう》、百由旬《ひやくゆじゆん》をてらす。二菩薩《にぼさち》ありて最尊第一《さいそんだいゐち》なり。威神《ゐじん》の光明《くわうみやう》あまねく三千大千世界《さむぜんだいせんせかい》をてらす。阿難《あなん》、佛《ぶち》にまふさく、かの二《に》菩薩《ぼさち》、そのないかん。佛《ぶち》のたまはく、一《ゐち》をば觀世音《くわんぜおむ》となづけ、二《に》をば大勢至《だいせいし》となづく。この二菩薩《にぼさち》、この國土《こくど》にして菩薩《ぼさち》の行《ぎやう》を修《しゆ》して、命終轉化《みやうじゆてんくゑ》してかの佛國《ぶちこく》に生《しやう》ず。阿難《あなん》、それ衆生《しゆじやう》ありて、かのくにゝ生《しやう》ずるものは、みなことごとく三十二相《さう》を具足《ぐそく》す。智慧成滿《ちゑじやうまん》して諸法《しよほふ》に深入《じむにふ》し、要妙《えうめう》を究暢《くちやう》し、神通無礙《じんづうむげ》にして諸根明利《しよこんみやうり》なり。その鈍根《どむこん》のものは二忍《ににん》を成就《じやうじゆ》し、その利根《りこん》のものは不可計《ふかけ》の无《む》生法忍《しやうぼふにん》をう。またかの菩薩《ぼさち》、乃至成佛《ないしじやうぶち》まで惡趣《あくしゆ》にかへらず。神通自在《じんづうじざい》にしてつねに宿命《しゆみやう》をさとる。他方《たはう》の五濁惡世《ごぢよくあくせ》に生《しやう》じて、示現《じげん》してかれに同《どう》ずること、わがくにのごとくなるをばのぞく。

49
佛《ぶち》、阿難《あなん》につげたまはく、かのくにの菩薩《ぼさち》、佛《ぶち》の威神《ゐじん》をうけて、一食《ゐちじき》のあひだに十方無量《じふぱうむりやう》の世界《せかい》に往詣《わうげい》して、諸佛世尊《しよぶちせそん》を恭敬供養《くぎやうくやう》したてまつらん。心《しむ》の所念《しよねむ》にし

50

たがひて、華香《くゑかう》・伎樂《ぎがく》・繒蓋《ぞうがい》・幢幡《どうばん》、無數无量《むしゆむりやう》の供養《くやう》の具《ぐ》、自然化生《じねんくゑしやう》して念《ねむ》に應《おう》じてすなはちいたる。珍妙殊特《ちんめうしゆどく》にして、世《よ》の所有《しよう》にあらず。すなはちもて諸《しよ》佛《ぶち》・菩薩《ぼさち》・聲聞大衆《しやうもんだいしゆ》に奉散《ぶさん》す。虚空《こく》のなかにありて、化《くゑ》して華蓋《くゑがい》となる。光色《くわうしき》昱爍《よくしやく》し、香氣普熏《かうけふくん》す。そのはな周圓《しゆゑん》にして、四百里《しひやくり》なるものあり。かくのごとくうたゝ倍《ばい》してすなはち三千大千世界《せかい》におほへり。その前後《ぜんご》にしたがひて、ついでをもて化沒《くゑもち》す。その諸菩薩《しよぼさち》、僉然《せんねん》として欣悦《ごんえち》す。虚空《こく》のなかにしてともに天《てん》の樂《がく》を奏《そう》し、微妙《みめう》のこゑをもて佛德《ぶちとく》を歌歎《かたん》す。經法《きやうぼふ》を聽受《ちやうじゆ》して歡喜无量《くわんぎむりやう》なり。佛《ぶち》を供養《くやう》しをはりていまだ食《じき》せざるさきに、忽然《こちねん》として輕擧《きやうこ》してその本國《ほんごく》にかへる。佛《ぶち》、阿難《あなん》にかたりたまはく、無量壽佛《むりやうじゆぶち》、もろもろの聲聞《しやうもん》・菩薩大衆《ぼさちだいしゆ》のために法《ほふ》を頒宣《へんせん》したまふとき、すべてことごとく七寶《しちぽう》の講堂《かうだう》に集會《しふゑ》して、ひろく道教《だうけう》をのべ妙法《めうほふ》を演暢《えんちやう》す。歡喜《くわんぎ》せざることなし、心解得道《しむげとくだう》す。すなはちのときに四方《しはう》より自然《じねん》のかぜたて、あまねく寶樹《ほうじゆ》をふいて、いつゝの音聲《おむじやう》をいだし、无量《むりやう》の妙《めう》華《くゑ》をふる。かぜにしたがひて周偏《しゆへん》して自然《じねん》に供養《くやう》すること、かくのごとくしてたえず。一切《ゐちさい》の諸天《しよてん》、みな天上《てんじやう》の百千《ひやくせん》の華香《くゑかう》・萬種《まんじゆ》の伎樂《ぎがく》をもて、その佛《ぶち》をよび諸菩薩《しよぼさち》・聲聞大衆《しやうもんだいしゆ》を供養《くやう》す。あまねく華香《くゑかう》を散《さん》じ、もろもろの音樂《おむがく》を奏《そう》す。前《ぜん》後《ご》に來往《らいわう》して、さらにあひ開避《かいひ》す。このときにあたりて熙怡快樂《きいくゑらく》、あげていふべからず。

佛《ぶち》、阿難《あなん》にかたりたまはく、かの佛國《ぶちこく》に生《しやう》ずる諸菩薩等《しよぼさちとう》、講說《かうせち》すべきところにはつねに正法《しやうぼふ》をのべ、智慧《ちゑ》に隨順《ずいじゆん》して違《ゐ》なく失《しち》なし。その國土《こくど》の所有《しよう》の萬物《まんもち》にをいて我所《がしよ》の心《しむ》なく、染著《ぜんぢやく》の心《しむ》なし。去來進止《こらいしんし》に、情《じやう》にかくるところなし。隨意《ずいい》自在《じざい》にして適莫《ちやくまく》するところなし。彼《ひ》なく我《が》なく、競《きやう》なく訟《しよう》なし。もろもろの衆《しゆ》生《じやう》にをいて大慈悲饒益《だいじひねうやく》の心《しむ》をえたり。柔輭調伏《にうなんでうぶく》にして忿恨《ふんごん》の心《しむ》なし。離蓋淸淨《りがいしやうじやう》にして厭怠《えんだい》の心《しむ》なし。等心《とうしむ》・勝心《しようしむ》・深心《じむしむ》・定心《ぢやうしむ》、愛法《あいほふ》・樂法《げうほふ》・喜法《きほふ》の心《しむ》なり。もろもろの煩惱《ぼむなう》を滅《めち》し惡趣《あくしゆ》の心《しむ》をはなる。一切菩薩《ゐちさいぼさち》の所行《しよぎやう》を究竟《くきやう》して、无量《むりやう》の功德《くどく》を具足《ぐそく》し成就《じやうじゆ》す。深禪定《じむぜんぢやう》・諸通明慧《しよつうみやうゑ》をえて、こゝろざしを七覺《しちかく》にあそばしめ、心《しむ》に佛法《ぶちぼふ》を修《しゆ》す。肉眼《にくげん》、淸徹《しやうてち》にして分了《ふんれう》せざることなし。天眼《てんげん》、通達《つうだち》して无量无限《むりやうむげん》なり。法眼《ほふげん》、觀察《くわんざち》して諸道《しよだう》を究竟《くきやう》し、慧眼《ゑげん》、眞《しん》をみてよく彼岸《ひがん》に度《ど》す。佛眼《ぶちげん》、具足《ぐそく》して法性《ほふしやう》を覺了《かくれう》す。无礙智《むげち》をもてひとのために演說《えんぜち》す。ひとしく三《さむ》界《がい》の空《く》・無所有《むしよう》なるを觀《くわん》じて佛法《ぶちぼふ》を志求《しぐ》し、もろもろの辨才《べんざい》を具《ぐ》して衆生《しゆじやう》の煩惱《ぼむなう》のうれへを除滅《ぢよめち》す。如《によ》より來生《らいしやう》して法《ほふ》の如如《によによ》をさとり、よく習滅《じふめち》の音聲方便《おむじやうはうべん》をしりて世語《せご》をねがはず、ねがひ正論《しやうろん》にあり。もろもろの善本《ぜんぽん》を修《しゆ》して、こゝろざし佛道《ぶちだう》をあがむ。一切《さい》の法《ほふ》はみなことごとく寂滅《じやくめち》なりとしりて、生身《しやうじん》・煩惱《ぼむなう》、二餘《によ》ともにつくす。甚深《じんじむ》の法《ほふ》をききて心《しむ》に疑懼《ぎく》せず、つねによくその大悲《だいひ》を修《しゆ》行《ぎやう》するものなり。深遠微妙《じむおんみめう》にして覆載《ふさい》せずといふことなし。一乘《ゐちじよう》を究竟《くきやう》して彼《ひ》岸《がん》にいたり、疑網《ぎまう》を決斷《くゑちだん》して、慧《ゑ》、心《しむ》によりていづ。佛《ぶち》の教法《けうぼふ》にをいて該羅《かいらむ》無外《ぐゑ》なり。智慧《ちゑ》、大海《だいかい》のごとし。三昧《さむまい》、山王《せんわう》のごとし。慧光《ゑくわう》、明淨《みやうじやう》にして日月《にちぐわち》に超踰《てうゆ》せり。清白《しやうびやく》の法具足《ほふぐそく》し圓滿《ゑんまん》せり。なをし雪山《せちせん》のごとし、もろもろの功徳《くどく》をてらすこと等一《とうゐち》にしてきよきがゆへに。なをし大地《だいぢ》のごとし、淨穢《じやうゑ》・好惡《かうあく》、異心《いしむ》なきがゆへに。なをし淨水《じやうしゐ》のごとし、塵勞《ぢんらう》もろもろの垢染《くぜん》を洗除《せんぢよ》するがゆへに。なをし火王《くわわう》のごとし、一切煩惱《ゐちさいぼむなう》のたきぎを燒滅《せうめち》するがゆへに。なをし大風《だいふ》のごとし、もろもろの世界《せかい》に行《ぎやう》ずるに障礙《しやうげ》なきがゆへに。なをし虚空《こく》のごとし、一切《ゐちさい》の有《う》にをいて所著《しよぢやく》なきがゆへに。なをし蓮華《れんぐゑ》のごとし、もろもろの世間《せけん》にをいて汚染《わぜん》なきがゆへに。なをし大乘《だいじよう》のごとし、群萌《ぐんまう》を運載《うんさい》して生死《しやうじ》をいだすがゆへに。なをし重雲《ぢううん》のごとし、大法《だいほふ》の雷《らい》をふるふて未覺《みかく》を覺《かく》せしむるがゆへに。なをし大雨《だいう》のごとし、甘露《かんろ》の法《ほふ》をふりて衆生《しゆじやう》をうるほすがゆへに。金剛山《こむがうせん》のごとし、衆魔《しゆま》・外道《ぐゑだう》、うごかすことあたはざるがゆへに。梵天王《ぼむてんわう》のごとし、もろもろの善《ぜん》法《ぼふ》にをいて最上首《さいじやうしゆ》なるがゆへに。尼拘律樹《にくりちじゆ》のごとし、あまねく一切《さい》をおほふがゆへに。優曇鉢華《うどむばくゑ》のごとし、希有《けう》にしてあひがたきがゆへに。金翅鳥《こむじてう》のごとし、外道《ぐゑだう》を威伏《ゐぶく》するがゆへに。もろもろの遊禽《ゆきむ》のごとし、藏積《ざうしやく》するところなきがゆへに。なをし牛王《ごわう》のごとし、よくかつものなきがゆへに。なをし象王《ざうわう》のごとし、よく調伏《でうぶく》するがゆへに。師子王《ししわう》のごとし、おそるゝところなきがゆへに。ひろきこと虚空《こく》のごとし、大慈《だいじ》、ひとしきがゆへに。嫉心《しちしむ》を摧滅《さいめち》す、すぐるゝをそねまざるがゆへに。もはら法《ほふ》を樂求《げうぐ》して、心《しむ》に厭足《えんそく》なし。つねに廣説《くわうせち》をおもふて、こゝろざし疲倦《ひくゑん》なし。法鼓《ほふく》をうち、法幢《ほふどう》をたて、慧日《ゑにち》をかゞやかし、癡闇《ちあむ》をのぞく。六和敬《ろくわきやう》を修《しゆ》してつねに法施《ほふせ》を行《ぎやう》ず。志勇精進《しゆしやうじん》にして心退弱《しむたいにやく》せず。世《せ》の燈明《とうみやう》として最勝《さいしよう》の福田《ふくでん》なり。つねに導師《だうし》となりて、ひとしくして憎愛《ぞうあい》なし。たゞ正《しやう》道《だう》をねがひて餘《よ》の欣慼《ごんしやく》なし。もろもろの欲刺《よくし》をぬいてもて群生《ぐんじやう》をやすんず。功《く》慧《ゑ》、殊勝《しゆしよう》にして尊敬《そんきやう》せざることなし。三垢障《さむくしやう》を滅《めち》し、もろもろの神通《じんづう》にあそぶ。因力《いんりき》・縁力《えんりき》・意力《いりき》・願力《ぐわんりき》・方便之力《はうべんしりき》・常力《じやうりき》・善力《ぜんりき》・定力《ぢやうりき》・慧力《ゑりき》・多聞之力《たもんしりき》、施《せ》・戒《かい》・忍辱《にんにく》・精進《しやうじん》・禪定《ぜんぢやう》・智惠之力《ちゑしりき》、正念《しやうねむ》・正觀《しやうくわん》・諸通明力《しよつうみやうりき》、如法調伏諸《によほふでうぶくしよ》衆生力《しゆじやうりき》、かくのごときらの力《りき》、一切《ゐちさい》具足《ぐそく》せり。身色《しんじき》・相好《さうがう》・功徳《くどく》・辨才《べんざい》具足《ぐそく》し莊嚴《しやうごむ》して、ともにひとしきものなし。無量《むりやう》の諸佛《しよぶち》を恭敬供養《くぎやうくやう》したてまつりて、つねに諸佛《しよぶち》のためにともに稱歎《しようたん》せらる。菩薩《ぼさち》の諸波羅蜜《しよはらみち》を究竟《くきやう》し、空《く》・無相《むさう》・无願三昧《むぐわんざむまい》、不生不滅諸三昧門《ふしやうふめちしよさむまいもん》を修《しゆ》して、聲聞《しやうもん》・縁覺《えんがく》の地《ぢ》を遠離《おんり》す。阿難《あなん》、かのもろもろの菩薩《ぼさち》、かくのごときの无量《むりやう》の功徳《くどく》を成就《じやうじゆ》せり。われたゞなんぢがために略《りやく》してこれをとくまくのみ。もしひろくとかば、百千萬劫《ひやくせんまんごふ》にも窮盡《ぐじん》することあたはじ。

佛《ぶち》、彌勒菩薩《みろくぼさち》・諸天人等《しよてんにんとう》につげたまはく、無量壽國《むりやうじゆこく》の聲聞《しやうもん》・菩薩《ぼさち》、功徳《くどく》・智慧《ちゑ》、稱説《しようせち》すべからず。またその國土《こくど》、微妙安樂《みめうあんらく》にして清淨《しやうじやう》なることかくのごとし。なんぞつとめて善《ぜん》をなして、道《だう》の自然《じねん》なるを念《ねむ》じて、上下《じやうげ》なく洞達《どうだち》して邊際《へんざい》なきことをあらはさざらん。よろしくをのをの勤精進《ごむしやうじん》して、つとめてみづからこれをもとむべし。かならず超絶《てうぜち》してすつることをえて安養國《あんやうこく》に往生《わうじやう》せよ。横《わう》に五《ご》惡趣《あくしゆ》①をきり、惡趣自然《あくしゆじねん》にとづ。道《だう》にのぼるに窮極《ぐごく》なし。ゆきやすくしてひとなし。その國《くに》逆違《ぎやくゐ》せず、自然《じねん》のひくところなり。なんぞ世事《せじ》をすてゝ勤行《ごむぎやう》して道徳《だうとく》をもとめざらん。極長《ごくぢやう》の生《しやう》をえて、壽樂《じゆらく》きはまりあることなかるべし。しかるに

①趣→◎赴

世人《せにん》、薄俗《はくぞく》にしてともに不急《ふきふ》の事《じ》をあらそふ。この劇惡極苦《ぎやくあくごくく》のなかにして、身《み》の營務《ゐやうむ》をつとめてもてみづから給濟《きふさい》す。尊《そん》なく卑《ひ》なく、貧《びん》なく富《ふ》もなし。少《せう》長《ちやう》・男女《なむによ》ともに錢財《ぜんざい》をうれふ。有無同然《うむどうねん》にして、憂思適等《うしちやくとう》なり。屏營《びやうゐやう》愁苦《しうく》して、累念積慮《るいねむしやくりよ》す。心《しむ》のためにはしりつかはれて、やすきときあることなし。田《た》あるものは田《た》にうれへ、いへあるものはいへにうれふ。牛馬六畜《ごめろくちく》・奴婢《ぬひ》・錢財《ぜんざい》・衣《え》食《じき》・什物《じふもち》、またともにこれにうれふ。重思累息《ぢうしるいそく》し、憂念愁怖《うねむしうふ》す。よこさまに非《ひ》常《じやう》の水火《しゐくわ》・盜賊《たうぞく》・怨家《おんげ》・債主《さいしゆ》のために焚漂《ぼむへう》、劫奪《こふだち》し、消散磨滅《せうさんまめち》せらる。憂毒忪々《うどくそうぞう》としてをこたるときあることなし。いきどほりを心中《しむちう》にむすびて、憂惱《うなう》をはなれず。心堅意固《しむけんいこ》にして、まさに縱捨《じゆしや》することなし。あるひは摧碎《さいさい》によりて身亡命《しんまうみやう》終《じゆ》す。これを棄捐《きえん》してさるに、たれもしたがふものなし。尊貴《そんくゐ》・豪富《がうふ》またこのうれへあり。憂懼萬端《うくまんたん》にして、勤苦《ごむく》かくのごとし。もろもろの寒熱《かんねち》をむすびていたみとともに居《こ》す。貧窮下劣《びんぐげれち》にして、困乏常無《こむぼふじやうむ》なり。田《た》なきものは、またうれへて田《た》あらんことをおもふ。いへなきものは、またうれへていへあらんことをおもふ。牛馬六畜《ごめろくちく》・奴婢《ぬひ》・錢財《ぜんざい》・衣食《えじき》・什物《じふもち》なきものは、またうれへてこれあらんことをおもふ。たまたまひとつあればまたひとつかく、これあればこれかく。齋等《さいとう》にあらんとおもふ。たまたまともにあらんと欲《ほち》すれば、すなはちまた糜散《みさん》す。かくのごとく憂苦《うく》してまさにまた求索《ぐしやく》す、ときにうることあたはず。思想益《しさうやく》なし、身心《しんしむ》ともに勞《らう》して、坐起《ざき》やすからず、憂念《うねむ》あひしたがひて勤苦《ごむく》かくのごとし。またもろもろの寒熱《かんねち》をむすびていたみとともに居《こ》す。あるときはこれによて身《み》ををへ、いのちを夭《えう》《ホロボス》す。あへて善《ぜん》をつくり道《だう》を行《ぎやう》じ徳《とく》にすゝまず。いのちをはり、身《み》死《し》してまさにひとりとをくさるべし。趣向《しゆかう》するところあれども、善惡《ぜんまく》の道《みち》よくしるものなし。世間《せけん》の人民《にんみん》、父子《ぶし》・兄弟《きやうだい》・夫婦《ふふ》・室家《しちけ》・中外親屬《ちうぐゑしんぞく》、まさにあひ敬《きやう》愛《あい》してあひ憎嫉《ぞうしち》することなかるべし。有无《うむ》あひ通《つう》じて貪惜《とむじやく》をうることなく、言《ごん》色《しき》つねに和《わ》してあひ違戾《ゐらい》することなかれ。あるときは心《しむ》あらそひて恚怒《いぬ》するところあり。今世《こむぜ》のうらみのこゝろはすこしきあひ憎嫉《ぞうしち》すれども、後世《ごせ》にはうたゝはげしくしていたりておほきなるあだとなる。ゆへはいかん。世間《せけん》の事《じ》たがひにあひ患害《ぐゑんがい》す。即時《そくじ》に急《きふ》にあひ破《は》すべからずといへども、しかも毒《どく》をふくみいかりをたくはへていきどほりを精神《しやうじん》にむすぶ。自然《じねん》に剋識《こくしき》してあひはなるゝことをえず。みなまさに對生《たいしやう》してたがひにあひ報復《ほうぶく》すべし。ひと、世間愛欲《せけんあいよく》のなかにありて、ひとり生《しやう》じひとり死《し》し、ひとりさりひとりきたる。まさにゆいて苦樂《くらく》の地《ぢ》に至趣《ししゆ》すべし。みづからこれをうく、かはるものあることなし。善悪《ぜんまく》の變化《へんぐゑ》、殃福《あうふく》異處《いしよ》にして、あらかじめきびしくまちてまさにひとり趣入《しゆにふ》すべし。とをく他《た》所《しよ》にいたりぬればよくみるものなし。善悪自然《ぜんまくじねん》にしてゆくにしたがひて生《しやう》ずるところなり。窈窈冥冥《えうえうみやうみやう》として別離《べちり》久長《くぢやう》なり。道路不同《だうろふどう》にしてあひみること期《ご》なし。はなはだかたく、甚難《じんなん》に、またあひあふことをえたり。なんぞ衆事《しゆじ》をすてざらん。をのをの強健《がうごむ》のときにあへり、つとめて勤精進《ごむしやうじん》して善《ぜん》を修《しゆ》して度世《どせ》を願《ぐわん》ぜよ、極長《ごくぢやう》の生《しやう》をうべし。いかんが道《だう》をもとめざらん。いづくんぞすべからくまつべきところ、いづれの樂《らく》をか欲《ほち》するや。かくのごときの世人《せにん》、作善《さぜん》をえ、爲《ゐ》道道《だうだう》をうることを信《しん》ぜず。ひと死《し》してさらに生《しやう》じ、恵施《ゑせ》して福《ふく》をうることを信《しん》ぜず。善悪《ぜんまく》の事《じ》すべてこれを信《しん》ぜず、これをしからずとおもふてつゐに是《ぜ》することあることなし。たゞこれによるがゆへに、またみづからこれをみる。たがひにあひ瞻《せん》視《じ》して先後同然《せんごどうねん》なり。うたゝあひ承受《じようじゆ》す、父教令《ちゝけうりやう》をのこす。先人《せんにん》・祖父《そぶ》もとより善《ぜん》をなさず、道徳《だうとく》をさとらず、身《み》おろかにたましひくらく、心《しむ》ふさがりこゝろとぢて、死生《ししやう》のおもむき、善悪《ぜんまく》の道《みち》、みづからみることあたはず、かたるものあることなし。吉凶《きちけう》・禍福《くわふく》、きほひてをのをのこれをなす、ひとりもあやしむことなし。生死《しやうじ》のつねのみち、うたゝあひつぎたつ。あるひは父《ちゝ》、子《こ》に哭《こく》し、あるひは子《こ》、父《ちゝ》に哭《こく》す。兄弟《きやうだい》・夫婦《ふふ》たがひにあひ哭泣《こくきふ》す。顚倒上下《てんだうじやうげ》して、無常《むじやう》の根本《こんぽん》なり。みなまさに過去《くわこ》すべし、つねにたもつべからず。教語開導《けうごかいだう》するに、これを信《しん》ずるものすくなし。こゝをもて生死《しやうじ》の流轉《るてん》、休止《くし》することあることなし。かくのごときのひと、矇冥《むみやう》抵突《たいとち》して經法《きやうぼふ》を信《しん》ぜず、心《しむ》にとをきおもんぱかりなし。をのをのこゝろをこゝろよくせんとおもふ。愛欲《あいよく》に癡惑《ちわく》せられて道徳《だうとく》をさとらず、瞋怒《しんぬ》に迷沒《めいもち》し財色《ざいしき》を貪狼《とむらう》す。これによて道《だう》をえず、まさに惡趣《あくしゆ》の苦《く》にかへるべし。生死《しやうじ》きはまりをはることなし。あはれなるかな、はなはだいたむべし。あるときは室家父子《しちけぶし》・兄弟《きやうだい》・夫婦《ふふ》、ひとりは死《し》しひとりは生《しやう》じて、たがひにあひ哀愍《あいみん》す、恩愛思慕《おんあいしぼ》して憂念結縛《うねむけちばく》す、心意痛著《しむいつうぢやく》してたがひにあひ顧戀《これん》す。日《ひ》をきはめとしをへて、とけやむことあることなし。道徳《だうとく》を教語《けうご》するに心開明《しむかいみやう》ならず、恩好《おんかう》を思想《しさう》して情欲《じやうよく》をはなれず。昏矇閉塞《こむむへいそく》して愚惑《ぐわく》におほはれたり。ふかくおもひ、つらつらはかりて、心自端正《しむじたんじやう》にして專精《せんしやう》に道《だう》を行《ぎやう》じて世事《せじ》を決斷《くゑちだん》することあたはず。すなはちをはりにめぐりいたりて、年壽《ねんじゆ》をはりつきぬれば、道《だう》をうることあたはず、いかんとすべきことなし。總猥憒擾《そうわいくわいねう》にしてみな愛欲《あいよく》を貪《とむ》ず。

道《だう》にまどへるものはおほく、これをさとるものはすくなし。世間《せけん》悤悤《そうそう》として憀頼《れうらい》すべきことなし。尊卑《そんぴ》・上下《じやうげ》・貧富《ひんぷ》・貴賤《くゐせん》、勤苦《ごむく》悤務《そうむ》してをのをの殺毒《せちどく》をいだく。悪氣《あくけ》窈冥《えうみやう》にして妄《まう》のために事《じ》ををこす。天地《てんち》に違逆《ゐぎやく》し、人心《にんしむ》にしたがはず。自《じ》然《ねん》の非悪《ひあく》、まづしたがひてこれをあたふ。ほしいまゝに所爲《しよゐ》をゆるしてその罪極《ざいごく》をまつ。そのいのちいまだつきざるに、すなはち頓《とむ》にこれをうばふ。悪道《あくだう》に下入《げにふ》して累世《るいせ》に勤苦《ごむく》す。そのなかに展轉《てんでん》して數千億劫《しゆせんおくこふ》いづる期《ご》あることなし。いたみいふべからず、はなはだ哀愍《あいみん》すべし。

佛《ぶち》、彌勒菩薩《みろくぼさち》・諸天人等《しよてんにんとう》につげたまはく、われいまなんぢに世間《せけん》の事《じ》をかたる。ひとこれをもてのゆへにとゞまりて道《だう》をえず。まさにつらつらおもひはかりて衆《しゆ》悪《あく》を遠離《おんり》し、その善《ぜん》のものをえらびてつとめてこれを行《ぎやう》ずべし。愛欲《あいよく》・榮華《えいぐわ》つねにたもつべからず、みなまさに別離《べちり》すべし。たのしむべきものなし。佛在世《ぶちざいせ》にまうあへり、まさに勤精進《ごむしやうじん》すべし。それ至心《ししむ》に安樂國《あんらくこく》に生《しやう》ぜんと願《ぐわん》ずることあるものは、智慧明達《ちゑみやうだち》し、功徳殊勝《くどくしゆしよう》なることをうべし。心《しむ》の所欲《しよよく》にしたがひて、經《きやう》戒《かい》を虧負《くゐぶ》して、人後《にんご》にあることをうることなかれ。もし疑意《ぎい》ありて經《きやう》を解《げ》せずは、つぶさに佛《ぶち》に問《もん》すべし。まさにためにこれをとくべし。

彌勒菩薩《みろくぼさち》、長跪《ぢやうき》してまふさく、佛《ぶち》の威神尊重《ゐじんそんぢう》にして、所說快善《しよせちくゑぜん》なり。佛《ぶち》の經語《きやうご》をきゝて、心《しむ》につらぬいてこれをおもふに、世人《せにん》まことにしかなり。佛《ぶち》の所言《しよごん》のごとし。いま佛《ぶち》、慈愍《じみん》して大道《だいだう》を顯示《けんじ》したまふに、耳目開明《にもくかいみやう》にしてながく度脫《どだち》をえつ。佛《ぶち》の所說《しよせち》をきゝたてまつりて歡喜《くわんぎ》せざることなし。諸天《しよてん》・人民《にんみん》、蠕動《ぜんどう》の類《るい》、みな慈恩《じおん》をかうぶりて憂苦《うく》を解脫《げだち》す。佛語《ぶちご》の教誡《けうかい》、甚深甚善《じんじむじんぜん》なり。智慧《ちゑ》あきらかにみて、八方上下《はちぱうじやうげ》、去來今《こらいこむ》の事《じ》、究暢《くちやう》せずといふことなし。いまわれ衆等《しゆとう》、度脫《だち》をうることをかうぶるゆへは、みな佛前世《ぶちぜんせ》求道《ぐだう》のとき謙苦《けんく》せしがいたすところなり。恩德《おんどく》あまねくおほふて福祿巍巍《ふくろくぐゐぐゐ》たり。光明徹照《くわうみやうてちせう》して空《く》を達《たち》すること、きはまりなし。泥洹《ないをん》に開入《かいにふ》し、典攬《てんらん》を教授《けうじゆ》す。威制消化《ゐせいせうくゑ》して十方《じふぱう》を感動《かんどう》すること無《む》窮無極《ぐむごく》なり。佛《ぶち》は法王《ほふわう》として、尊《そん》にして衆聖《しゆしやう》にこえたまへり。あまねく一切《ゐちさい》天《てん》・人《にん》の師《し》として、心《しむ》の所願《しよぐわん》にしたがひて、みな得道《とくだう》せしむ。いま佛《ぶち》にあひたてまつることをえ、また無量壽佛《むりやうじゆぶち》のみなをきく、歡喜《くわんぎ》せざることなし。心開明《しむかいみやう》なることをえたり。

佛《ぶち》、彌勒《みろく》につげたまはく、なんぢがことば是《ぜ》なり。もし佛《ぶち》を慈敬《じきやう》することあるは、まことに大善《だいぜん》なりとす。天下《てんげ》に久久《くく》にしていましまた佛《ぶち》まします。いまわれこの世《よ》にをいて佛《ぶち》になりて、經法《きやうぼふ》を演說《えんぜち》し、道教《だうけう》を宣布《せんぷ》して、もろもろの疑網《ぎまう》を斷《だん》じ、愛欲《あいよく》の本《ほん》をぬき、衆惡《しゆあく》のみなもとをふさぐ。三界《さむがい》に遊步《ゆぶ》するに拘礙《くげ》するところなし。典攬《てんらん》の智慧《ちゑ》、衆道《しゆだう》の要《えう》なり。綱維《かうゆい》を執持《しふぢ》して昭然分明《せうねんぶんみやう》なり。五趣《ごしゆ》を開《かい》示《じ》して未度《みど》のものを度《ど》す、生死《しやうじ》・泥洹《ないをん》の道《だう》を決正《くゑちしやう》す。彌勒《みろく》まさにしるべし、なんぢ无數劫《むしゆこふ》よりこのかた菩薩《ぼさち》の行《ぎやう》を修《しゆ》して衆生《しゆじやう》を度《ど》せんと欲《ほち》するに、それすでに久遠《くおん》なり。なんぢにしたがて得道《とくだう》し、泥洹《ないをん》にいたるもの、稱數《しようしゆ》すべからず。なんぢをよび十方《じふぱう》の諸天《しよてん》・人民《にんみん》、一切四衆《ゐちさいししゆ》、永劫已來《ゐやうごふいらい》五道《ごだう》に展轉《てんでん》す、憂畏勤苦《うゐごむく》つぶさにいふべからず。乃至今世《ないしこむぜ》まで生死《しやうじ》たえず。佛《ぶち》とあひあふて經法《きやうぼふ》を聽受《ちやうじゆ》し、また無量壽佛《むりやうじゆぶち》をきくことをえつ。快哉《くゑさい》、甚善《じんぜん》なり。われ、なんぢをたすけてよろこばしむ。なんぢいままたみづから生死老病痛苦《しやうじらうびやうつうく》をいとふべし。惡露不《をろふ》淨《じやう》にしてたのしむべきものなし。よろしくみづから決斷《くゑちだん》すべし。端身正行《たんじんしやうぎやう》にして、ますます諸善《しよぜん》をつくり、修己潔體《しゆこくゑちたい》にして、心垢《しむく》を洗除《せんぢよ》し、言行《ごんぎやう》に忠信《ちうしん》ありて表裏相應《へうりさうおう》し、人能自度《にんのうじど》して轉相拯濟《てんさうじようさい》し、精明求願《しやうみやうぐぐわん》して善本《ぜんぽん》を積累《しやくるい》せよ。一《ゐち》世《せ》の勤苦《ごむく》は須臾《しゆゆ》のあひだなりといへども、のちに無量壽佛國《むりやうじゆぶちこく》に生《しやう》じて、快樂無《くゑらくむ》極《ごく》なり。ながく道德《だうとく》と合《がふ》してあきらかに、ながく生死《しやうじ》の根本《こんぽん》をぬく。また貪《とむ》・

恚《い》・愚癡《ぐち》、苦悩《くなう》のうれへなし。壽《じゆ》《イノチ》一劫《ゐちこふ》・百劫《ひやくこふ》・千萬億劫《せんまんおくこふ》ならんとおもへば、自《じ》在隨意《ざいずいい》にみなこれをうべし。無爲自然《むゐじねん》にして泥洹《ないをん》の道《だう》にちかづけり。なんぢら、よろしくをのをの精進《しやうじん》して心《しむ》の所願《しよぐわん》をもとむべし。疑惑中悔《ぎわくちうくゐ》して、みづから過《くわ》咎《ぐ》をなして、かの邊地七寶《へんぢしちぽう》の宮殿《くでん》に生《しやう》じて、五百歳《ごひやくさい》のうちに諸厄《しよやく》をうくることうることなかれ。彌勒《みろく》、佛《ぶち》にまふしてまふさく、佛《ぶち》の重誨《ぢうくゐ》をうけつ。專精修學《せんしやうしゆがく》し、如教奉行《によけうぶぎやう》して、あへてうたがひあらじ。

貞和三歳丁亥林鐘中旬候以聖人御點祕本延寫于假名令授與之訖

願主空善

佛說無量壽經卷下末[①]

佛《ぶち》、彌勒《みろく》につげたまはく、なんぢらよくこの世《よ》にして、端心正意《たんしむしやうい》にして衆惡《しゆあく》をつくらざるは、はなはだ至德《しとく》なりとす。十方《じふぱう》世界《せかい》にもとも倫匹《りんひち》なし。ゆへはいかん。諸佛國土《しよぶちこくど》の天《てん》・人《にん》の類《るい》は、自然《じねん》に善《ぜん》をなしておほきに惡《あく》をつくらずは、開化《かいくゑ》すべきことやすし。いまわれこの世間《せけん》にして佛《ぶち》になりて五惡《ごあく》・五痛《ごつう》・五燒《ごせう》のなかに處《しよ》する、もとも劇苦《ぎやくく》なりとす。群生《ぐんじやう》を敎化《けうくゑ》して五惡《ごあく》をすてしめ、五痛《ごつう》をさらしめ、五燒《ごせう》をはなれしむ、そのこゝろを降化《がうくゑ》して五善《ごぜん》をたもたしめて、その福《ふく》德《とく》・度世《どせ》・長壽《ちやうじゆ》・泥洹《ないをん》の道《だう》をえしむ。佛《ぶち》のたまはく、なんらをか五惡《ごあく》とする、なんらか五痛《ごつう》、なんらか五燒《ごせう》。なんらか五惡《ごあく》を消化《せうくゑ》して五善《ごぜん》をたもたしめて、その福德《ふくとく》・度世《どせ》・長壽《ちやうじゆ》・泥洹《ないをん》の道《だう》をえしむる。

佛《ぶち》のたまはく、そのひとつの惡《あく》といふは、諸天《しよてん》・人民《にんみん》、蠕動《ぜんどう》の類《るい》、衆惡《しゆあく》をつくらんと欲《ほち》して、みなしからざるはなし。つよきものはよはきを伏《ぶく》す。うたたあひ剋《こく》賊《ぞく》し、殘害殺戮《ざんがいせちろく》してたがひにあひ呑噬《とんぜい》す。善《ぜん》を修《しゆ》することをしらず、惡逆無道《あくぎやくむだう》

〈表紙〉
◎左上「無量壽經下　末」右下「釋空善」
①佛說無量壽經卷下末　◎に無し

にして、のちに殃罰《あうばち》をうけて、自然《じねん》に趣向《しゆかう》す。神明記識《じんみやうきしき》して、をかせるものをゆるさず。かるがゆへに貧窮《びんぐ》・下賤《げせん》・乞丐《こちがい》・孤獨《こどく》・聾《りよう》・盲《まう》・瘖瘂《おんあ》・愚癡《ぐち》・弊惡《へいあく》のものありて、尫《わう》・狂《わう》・不逮《ふたい》のたぐひあるにいたる。また尊貴《そんくゐ》・豪富《がうふ》・高才《かうざい》・明達《みやうだち》なるものあり。みな宿世《しゆせ》の慈孝《じけう》ありて、修善積徳《しゆぜんしやくとく》の所致《しよち》による。世《よ》に常道《じやうだう》の王法《わうぼふ》の牢獄《らうごく》あり、あへておそれつゝしまず。惡《あく》をつくりつみにいりてその殃罰《あうばち》をうく。解脱《げだち》を求望《ぐまう》すれども、免出《めんしゆち》をうることかたし。世間《せけん》に、この目《め》のまへの現事《げんじ》あり。壽終《じゆじゆ》して後世《ごせ》にもともふかく、もともはげしくして、その幽冥《えうみやう》にいりて、生《しやう》を轉《てん》じて身《み》をうく。たとへば王法《わうぼふ》の痛苦極刑《つうくごくぎやう》するがごとし。かるがゆへに自然《じねん》の三塗无量《さむづむりやう》の苦惱《くなう》あり。うたゝその身《み》をかへ、かたちをあらため、道《だう》をかへて、うくるところの壽命《じゆみやう》、あるひはながく、あるひはみじかし。魂神精識《ごんじんしやうしき》、自然《じねん》にこれにおもむく。まさにひとりあひむかひ、あひしたがひてともに生《しやう》じて、たがひにあひ報復《ほうぶく》すべし、たえやむことあることなし。殃惡《あうあく》いまだつきざれば、あひはなるゝことをえず。そのなかに展轉《てんでん》していづる期《ご》あることなし、解脱《げだち》をえがたし。いたみいふべからず。天地《てんち》のあひだに自然《じねん》にこれあり。即時《そくじ》にはかに善惡《ぜんまく》の道《だう》にいたるべからずといへども、かならず當《たう》にこれにいたる。これをひとつの大惡《だいあく》・一痛《ゐちつう》・一燒《ゐちせう》とす。勤苦《ごむく》かくのごとし。たとへば大火《だいくわ》の人身《にんじん》を焚燒《ぼむぜう》するがごとし。ひとよくなかにをいて一心制意《ゐちしむせいい》、端身正行《たんじんしやうぎやう》にして、ひとり諸善《しよぜん》をなして衆惡《しゆあく》をつくらざれば、身《み》ひとり度脱《どだち》して、その福徳《ふくとく》・度世《どせ》・上天《じやうてん》・泥洹《ないをん》の道《だう》をう。これをひとつの大善《だいぜん》とす。

佛《ぶち》のたまはく、そのふたつの惡《あく》といふは、世間《せけん》の人民《にんみん》、父子《ぶし》・兄弟《きやうだい》・室家《しちけ》・夫婦《ふふ》、すべて義理《ぎり》なくして法度《ほふたく》にしたがはず。奢婬《しやいん》・憍縱《けうじゆ》してをのをのこゝろをこゝろよくせんとおもへり。心《しむ》にまかせてみづからほしいまゝにしたがひにあひ欺惑《ごわく》す。心口各異《しむくかくい》にして、言念《ごんねむ》まことなし。佞諂不忠《ねいてんふちう》にして、巧言諛媚《けうごんゆみ》なり。賢《けん》をそねみ善《ぜん》をそしりて、怨枉《おんわう》に陷入《かんにふ》す。主上《しゆじやう》あきらかならずして、臣下《しんか》に任用《にんよう》す、臣下自在《しんかじざい》にして機僞《きぐゐ》はしおほし。踐度能行《せんたくのうぎやう》してその形勢《ぎやうせい》をしる。くらゐにありてたゞしからず、それがためにあざむかる。みだりに忠良《ちうりやう》を損《そん》じて天《てん》の心《しむ》にあたらず。臣《しん》はその君《きみ》をあざむき、子《こ》はその父《ちゝ》をあざむく。兄弟《きやうだい》・夫婦《ふふ》・中外《ちうぐゐ》・知識《ちしき》、たがひにあひ欺誑《ごわう》して、をのをの貪欲《とむよく》・瞋恚《しんい》・愚癡《ぐち》をいだく。みづからをのれをあつくせんとおもへり、おほくあることを欲貪《よくとむ》す。尊卑《そんぴ》・上下《じやうげ》、心《しむ》ともにおなじくしかなり。いへをやぶり身《み》をほろぼして、前後《ぜんご》をかへりみず、親屬内外《しんぞくないぐゐ》これによりてほろぶ。あるときは室家《しちけ》・知識《ちしき》・郷黨《がうたう》・市里《じり》・愚民《ぐみん》・野人《やにん》、うたゝともに事《じ》にしたがひてたがひにあひ殺害《せちがい》し、いかりて怨結《おんけち》をなす。富有慳惜《ふいうけんじやく》してあへて施與《せよ》せず。愛寶貪重《あいほうとむぢう》にして、心勞身苦《しむらうしんく》す。かくのごとくして、をはりにいたりて恃怙《じこ》するところなし。ひとりきたりひとりさりて、ひとりもしたがふものなけん。善惡《ぜんまく》・禍福《くわふく》、いのちををふて生《しやう》ずるところなり。あるひは樂處《らくしよ》にあり、あるひは苦毒《くどく》にいる。しかうしてのちに、いましくゆともまさにまたなんぞをよぶべき。世間《せけん》の人民《にんみん》、心《しむ》おろかにして無智《むち》なり。善《ぜん》をみては憎謗《ぞうはう》して、慕及《ぼぎふ》することをおもはず、たゞ惡《あく》をつくることを欲《ほち》して、みだりに非法《ひほふ》をなす。つねに盜《たう》心《しむ》をいだきて他《た》の利《り》を悕望《けまう》す。消散磨盡《せうさんまじん》してしかもまた求索《ぐしやく》す。邪心《じやしむ》にしてたゞしからず、ひとのしることあるをおそる。あらかじめおもひはからずして、こといたりていましくゆ。今世《こむぜ》に現《げん》に王法《わうぼふ》の牢獄《らうごく》あり。つみにしたがひて趣向《しゆかう》してその殃罰《あうばち》をうく。その前世《ぜんせ》に道德《だうとく》を信《しん》ぜず、善本《ぜんぽん》を修《しゆ》せざるによりていままた惡《あく》をつくれば、天神《てんじん》、剋識《こくしき》してその名藉《みやうじやく》をわかつ。いのちをはり、たましゐゆきて惡道《あくだう》に下入《げにふ》す。かるがゆへに自然《じねん》の三塗《さむづ》无量《むりやう》の苦惱《くなう》あり。そのなかに展轉《てんでん》して世《せ》世累劫《せるいこふ》にいづる期《ご》あることなし、解脱《げだち》をえがたし。いたみいふべからず。これを

66 ふたつの大惡《だいあく》・二痛《につう》・二焼《にせう》とす。勤苦《ごむく》かくのごとし。たとへば大火《だいくわ》の人身《にんじん》を焚焼《ぼんぜう》するがごとし。ひとよくなかにをいて一心制意《ゐちしむせいい》、端身正行《たんじんしやうぎやう》にして、ひとり諸善《しよぜん》をなして衆惡《しゆあく》をつくらざれば、身《み》ひとり度脱《どだち》して、その福徳《ふくとく》・度世《どせ》・上天《じやうてん》・泥《ない》洹《をん》の道《だう》をう。これをふたつの大善《だいぜん》とす。

佛《ぶち》のたまはく、そのみつの惡《あく》といふは、世間《せけん》の人民《にんみん》、相因寄生《さういんきしやう》してともに天地《てんち》のあひだに居《こ》す。處年壽命《しよねんじゆみやう》、よくいくばくなることなし。かみに賢明《げんみやう》・長者《ちやうじや》・尊《そん》貴《くゐ》・豪富《がうふ》あり。しもに貧窮《びんぐ》・廝賤《しせん》・尪劣《わうれち》・愚夫《ぐふ》あり。なかに不善《ふぜん》のひとありてつねに邪惡《じやあく》をいだく。たゞ婬泆《いんしち》をおもひて、わづらひむねのうちにみち、愛欲交亂《あいよくけうらん》して坐起《ざき》やすからず。貪意守惜《とむいしゆしやく》して、たゞいたづらにえんことをおもひて、細《さい》67 色《しき》を眄睞《めんらい》して邪態《じやたい》ほかにほしいまゝにす。自妻《じさい》をばいとひにくみて、ひそかにみだりに出入《しゆちにふ》す。家財《けざい》を費損《ひそん》して、事非法《ことひほふ》をなし、交結聚會《けうけちじゆゑ》していくさをおこしてあひうつ。攻劫殺戮《くこふせちろく》して強奪不道《がうだちふだう》なり。惡心《あくしむ》ほかにありてみづから業《ごふ》を修《しゆ》せず。盜竊《たうせち》してわづかにえて、欲繫《よくけ》して事《じ》をなす。恐勢迫愶《くせいはくけふ》して妻子《さいし》に歸給《くゐきふ》す。心《しむ》をほしいまゝにし、こゝろをこゝろよくす、身《み》をつからかしたのしみをなす。あるひは親屬《しんぞく》にをいて尊卑《そんぴ》をさらず。家室《けしち》・中外《ちうぐゑ》うれへてこれにくるしむ。また王法《わうぼふ》の禁令《きむりやう》をおそれず。かくのごときの悪《あく》、人《にん》・鬼《くゐ》にしるさる、日月照見《にちぐわちせうけん》し、神明記《じんみやうき》識《しき》す。かるがゆへに自然《じねん》の三塗《さむづ》无量《むりやう》の苦悩《くなう》あり。そのなかに展轉《てんでん》して世世《せせ》累劫《るいこふ》にいづる期《ご》あることなし、解脱《げだち》をえがたし。いたみいふべからず。これをみつの大《だい》悪《あく》・三痛《さむつう》・三焼《さむせう》とす。勤苦《ごむく》かくのごとし。たとへば大火《だいくわ》の人身《にんじん》を焚焼《ぼむぜう》するがごとし。ひとよくなかにをいて一心制意《ゐちしむせいい》、端身《たんじむ》①正行《しやうぎやう》にして、ひとり諸善《しよぜん》をなして衆《しゆ》悪《あく》をつくらざれば、身《み》ひとり度脱《どだち》して、その福徳《ふくとく》・度世《どせ》・上天《じやうてん》・泥洹《ないをん》の道《だう》をう。

これをみつの大善《だいぜん》とす。

佛《ぶち》のたまはく、そのよつの悪《あく》といふは、世間《せけん》の人民《にんみん》、修善《しゆぜん》をおもはず、うたゝあひ教令《けうりやう》してともに衆悪《しゆあく》をつくる。兩舌《りやうぜち》・悪口《あくく》・妄言《まうごん》・綺語《きご》、讒賊闘亂《ざんぞくとうらん》して、善《ぜん》人《にん》を憎嫉《ぞうしち》し、賢明《げんみやう》を敗壞《はいゑ》して、かたはらにして快喜《くゑき》す。二親《にしん》に孝《けう》せず、師長《しちやう》を輕慢《きやうまん》し、朋友《ぼうう》にまことなく、誠實《じやうじち》をえがたし。尊貴自大《そんくゐじだい》にしてをのれ道《みち》ありとおもふ、よこさまに威勢《ゐせい》を行《ぎやう》じてひとを侵易《しんゐ》《アナヅル》す、みづからしることあたはず。悪《あく》をつくりてはづることなし。みづから強健《がうごん》なるをもて、人《ひと》の敬難《きやうなん》をおもひて、天地《てんち》・神明《じんみやう》・日月《にちぐわち》におそれず、あへて善《ぜん》をつくらず、降化《がうくゑ》すべきことかたし。ほしいまゝに偃蹇《えんけん》して、つねにしかるべしとおもへり。憂懼《うく》するところなく、つ

①身→◎心

68

ねに憍慢《けうまん》をいだけり。かくのごときの衆惡《しゆあく》、天神記識《てんじんきしき》す。その前世《ぜんせ》にすこぶる福《ふく》徳《とく》をつくるによりて、小善扶接《せうぜんふせふ》し營護《ゐやうご》してこれをたすく。今世《こむぜ》に惡《あく》をつくりて福《ふく》徳盡滅《とくじんめち》しぬれば、もろもろの善鬼神《ぜんくゐじん》、をのをのさりてこれをはなる。身《み》ひとりむなしくたちて、またよるところなし。壽命終盡《じゆみやうじゆじん》して諸惡《しよあく》の歸《くゐ》するところなり。自然《じねん》に迫促《はくそく》してともにおもむひてこれをうばふ。またその名籍《みやうじやく》、記《き》して神明《じんみやう》にあり。殃咎牽引《あうぐけんいん》して、まさにひとり趣向《しゆかう》すべし。罪報自然《ざいほうじねん》にしてしたがひて捨離《しやり》することなし。たゞすゝみゆいて火鑊《くわくわく》にいることをえて、身心摧砕《しんしむさいさい》し精神痛苦《しやうじんつうく》す。このときにあたりてくゆともまたなんぞをよばん。天道自然《てんだうじねん》にして、蹉跌《しやでち》することをえず。かるがゆへに自然《じねん》の三塗無量《さむづむりやう》の苦惱《くなう》あり。そのなかに展轉《てんでん》して、世世累劫《せせるいこふ》にいづる期《ご》あることなし、解脱《げだち》をえがたし。いたみいふべからず。これをよつの大惡《だいあく》・四痛《しつう》・四焼《しせう》とす。勤苦《ごむく》かくのごとし。たとへば大火《だいくわ》の人身《にんじん》を焚焼《ぼむぜう》するがごとし。ひとよくなかにをいて、一心制意《ゐちしむせいい》、端身正行《たんじんしやうぎやう》にして、ひとり諸《しよ》善《ぜん》をなして衆惡《しゆあく》をつくらざれば、身《み》ひとり度脱《どだち》して、その福徳《ふくとく》・度世《どせ》・上天《じやうてん》・泥洹《ないをん》の道《だう》をう。これをよつの大善《だいぜん》とす。

69

佛《ぶち》のたまはく、そのいつゝの惡《あく》といふは、世間《せけん》の人民《にんみん》、徙倚懈惰《しいけだ》にして、あへて善《ぜん》をつくらず、身《み》ををさめ業《ごふ》を修《しゆ》して、室家眷屬《しちけくゑんぞく》、飢寒困苦《けかんこむく》す。父母《ぶも》、教誨《けうくゑ》するに、いかりてみ、いかりてこたふ。言令不和《ごんりやうふわ》にして、違戻反逆《ゐらいほんぎやく》す。たとへば怨家《おんげ》のごとし。子《こ》なからんにはしかじ。取與《しゆよ》するにはかることなし、衆《しゆ》ともにうれへいとふ。恩《おん》をそむき義《ぎ》に違《ゐ》して報償《ほうしやう》の心《しむ》《ムクヒツグノフコヽロ》あることなし。貧窮困乏《びんぐこむぼく》にしてまたうることあたはず。辜較縱奪《こかくじゆだち》して放恣遊散《はうしゆさん》す。串數唐得《くゑんそくたうとく》して、もてみづから賑給《しんきふ》す。耽酒嗜美《たんしゆじみ》にして、飲食《おんじき》はかることなし。肆心蕩逸《ししむたういち》して魯扈牴突《ろこたいとち》し、人《にん》情《じやう》をさとらずして、しゐて抑制《おくせい》せんとおもふ。ひとの善《ぜん》あるをみて、憎嫉《ぞうしち》してこれをにくむ。无義无禮《むぎむらい》にして顧難《こなん》するところなし。自用職當《じようしきたう》して諫曉《かんげう》すべからず。六親眷屬所資《ろくしんくゑんぞくしよし》の有無《うむ》、憂念《うねむ》することあたはず。父母《ぶも》の恩《おん》をおもはず、師友《しう》の義《ぎ》を存《ぞん》ぜず。心《しむ》につねに惡《あく》をおもひ、口《くち》につねに惡《あく》をいひ、身《み》につねに惡《あく》を行《ぎやう》じて、かつて一善《ゐちぜん》なし。先聖《せんしやう》・諸佛《しよぶち》の經法《きやうぼふ》を信《しん》ぜず、道《だう》を行《ぎやう》じて度世《どせ》をうべきことを信《しん》ぜず、死《し》してのち神明《じんみやう》さらに生《しやう》ずることを信《しん》ぜず。善《ぜん》をつくりて善《ぜん》をえ、惡《あく》をつくりて惡《あく》をうと信《しん》ぜず。眞人《しんにん》を殺《せち》し、衆僧《しゆそう》を鬪亂《とうらん》せんと欲《ほち》し、父母《ぶも》・兄《きやう》弟《だい》・眷屬《くゑんぞく》を害《がい》せんと欲《ほち》す。六親《ろくしん》、憎惡《ぞうお》してそれをして死《し》せしめんと願《ぐわん》ず。かくのごときの世人《せにん》、心意《しむい》ともにしかなり。愚癡矇昧《ぐちむまい》にしてみづから智慧《ちゑ》ありとおもふて、生《しやう》じて從來《じゆらい》するところ、死《し》して趣向《しゆかう》するところをしらず。不仁不順《ふにんふじゆん》にして、天地《てんち》に惡逆《あくぎやく》す。そのなかにをいて悕望僥倖《けまうけうがう》して、長生《ぢやうしやう》を欲求《よくぐ》すれども、かならずまさに死《し》に歸《くゐ》すべし。慈心《じしむ》をもて教誨《けうくゑ》して、それをして善《ぜん》を念《ねむ》ぜしめ、生死《しやうじ》・善惡《ぜんまく》の趣《しゆ》、自然《じねん》にこれあることを開示《かいじ》すれども、しかもあへてこれを信《しん》ぜず。苦《く》心《しむ》にともに語《ご》すれども、そのひとに益《やく》なし。心中閉塞《しむちうへいそく》してこゝろ開解《かいげ》せず。大《だい》命《みやう》まさにをはらんとするに、悔懼《くゑく》まじはりいたる。あらかじめ善《ぜん》を修《しゆ》せずして、をはりにのぞんでまさにくゆ。これをくゆとも、のちにをいてまさになんぞをよばんや。天地《てんち》のあひだに五道《ごだう》、分明《ぶんみやう》なり。恢廓窈窕《くわいくわくえうてう》として浩浩茫茫《かうかうばうばう》たり。善惡《ぜんまく》報應《ほうおう》し、禍福相承《くわふくさうじよう》して、みづからこれをうく。たれもかはるものなし。ことはりの自然《じねん》なること、その所行《しよぎやう》に應《おう》ず。殃苦《あうく》、いのちをふて、縱捨《じゆしや》をうることなし。善人《ぜんにん》は善《ぜん》を行《ぎやう》じて、樂《らく》より樂《らく》にいり、明《みやう》より明《みやう》にいる。惡人《あくにん》は惡《あく》を行《ぎやう》じて、苦《く》より苦《く》にいり、冥《みやう》より冥《みやう》にいる。たれかよくしれるもの、ひとり佛《ぶち》のみしりたまへりまくのみ。教語開示《けうごかいじ》するに、信用《しんよう》するものはすくなし。生死《しやうじ》やまず、惡道《あくだう》たえず。かくのごときの世人《せにん》、つぶさにつくすべきことかたし。かるがゆへに自《じ》然《ねん》の三塗无量《さむづむりやう》の苦惱《くなう》あり。そのなかに展轉《てんでん》して世世累劫《せせるいこふ》にいづる期《ご》あることなし、解脱《げだち》をえがたし。いたみいふべからず。これをいつゝの大惡《だいあく》・五痛《ごつう》・五焼《ごせう》とす。勤苦《ごむく》かくのごとし。たとへば大火《だいくわ》の人身《にんじん》を焚焼《ぼむぜう》するがごとし。ひとよくなかにをいて一心制意《しむせいい》、端身正念《たんじんしやうねむ》にして、言行《ごんぎやう》あひかなひ、所作《しよさ》まことをいたす。所語《しよご》語《ご》のごとく、心口轉《しむくてん》ぜずして、ひとり諸善《しよぜん》をなして衆惡《しゆあく》をつくらざれば、身《み》ひとり度脱《どだち》して、その福徳《ふくとく》・度世《どせ》・上天《じやうてん》・泥洹《ないをん》の道《だう》をう。これをいつゝの大善《だいぜん》とす。

佛《ぶち》、彌勒《みろく》につげたまはく、われなんぢらにかたる、この世《よ》の五惡《ごあく》、勤苦《ごむく》かくのごとし。五痛《ごつう》・五焼《ごせう》、展轉《てんでん》して相生《さうしやう》す。たゞ衆惡《しゆあく》をつくりて善本《ぜんぽん》を修《しゆ》せざれば、みなことごとく自然《じねん》にもろもろの惡趣《あくしゆ》にいる。あるひはそれ今世《こむぜ》にまづ殃病《あうびやう》をかうぶる。死《し》をもとむるにえず、生《しやう》をもとむるにえず。罪惡《ざいあく》のまねくところ衆《しゆ》にしめしてこれをみせしむ。身死《みし》して行《ぎやう》にしたがふて三惡道《さむまくだう》にいりて、苦毒无量《くどくむりやう》なり。みづからあひ焦然《せうねん》す。そのひさしくしてのちともに怨結《おんけち》をなすにいたりて、小微《せうみ》よりおこりてつゐに大惡《だいあく》をなす。みな財色《ざいしき》に貪著《とむぢやく》するによりて施惠《せゑ》するにあたはず。癡欲《ちよく》にせめられて心《しむ》にしたがふて思想《しさう》す。煩惱結縛《ぼむなうけちばく》してとけやむことあることなし。をのれをあつくし利《り》をあらそひて省録《しやうろく》するところなし。富貴《ふくゐ》・榮華《えいぐわ》、ときにあたりて快意《くゑい》して忍辱《にんにく》することあたはず。修善《しゆぜん》をいとなまず、威勢《ゐせい》いくばくなくして、したがひてもて磨滅《まめち》し、身《しん》とゞまりて勞苦《らうく》す。ひさしくしてのちにおほきにはげし。天道《てんだう》、施張《しちやう》して自然《じねん》に糺擧《きうこ》し、綱紀羅網《かうきらまう》、上下《じやうげ》に相應《さうおう》す。煢煢忪忪《けいけいそうぞう》として、まさにそのなかにいるべし。古今《ここむ》もこれあり。いたましきかな、いたむべし。佛《ぶち》、彌勒《みろく》にかたりたまはく、世間《せけん》かくのごとし。佛《ぶち》みなこれをあはれんたまふに、威神力《ゐじんりき》をもてす。衆惡《しゆあく》を摧滅《さいめち》してことごとく善《ぜん》につけしむ。所思《しよし》を棄捐《きえん》し、經戒《きやうかい》を奉持《ぶぢ》し、道法《だうほふ》を受行《じゆぎやう》して違失《ゐしち》するところなし。つゐに度世《どせ》・泥洹《ないをん》の道《だう》をう。佛《ぶち》のたまはく、なんぢいま諸天《しよてん》・人民《にんみん》、をよび後世《ごせ》のひと、佛《ぶち》の經語《きやうご》をえて、まさにつらつらこれをおもふべし。よくそのなかにをいて端心正《たんしむしやう》行《ぎやう》して、主上善《しゆじやうぜん》をなして、そのしもを率化《そちくゑ》してうたゝあひ敕令《ちよくりやう》し、をのをのみづから端守《たんしゆ》して、聖《しやう》をたとび、善《ぜん》をうやまひ、仁慈博愛《にんじはくあい》して、佛語《ぶちご》の教誨《けうくゑ》あへて虧負《くゐぶ》することなかれ。まさに度世《どせ》をもとめて生死衆惡《しやうじしゆあく》の本《ほん》を拔斷《ばちだん》すべし。まさに三塗《さむづ》の无量憂畏苦痛《むりやうゐくつう》の道《だう》をはなるべし。なんぢらこゝにしてひろく徳本《とくほん》をうへて、恩《おん》をしき惠《ゑ》をほどこして、道禁《だうきむ》ををかすことなかれ。忍辱《にんにく》・精進《しやうじん》し、一心《ゐちしむ》・智《ち》慧《ゑ》をもてうたゝあひ教化《けうくゑ》し、徳《とく》をなし善《ぜん》を立《りふ》して、正心正意《しやうしむしやうい》し、齋戒清淨《さいかいしやうじやう》なること一日一夜《や》すれば、無量壽國《むりやうじゆこく》にありて善《ぜん》をなすこと百歳《ひやくさい》するにすぐれたり。

ゆへはいかん。かの佛國土《ぶちこくど》は无爲自然《むゐじねん》にして、みな衆善《しゆぜん》をつんで毛髮《もうほち》の惡《あく》なければなり。こゝにして善《ぜん》を修《しゆ》すること十日十夜《じふにちじふや》すれば、他方《たはう》の諸佛國土《しよぶちこくど》にして善《ぜん》をなすこと千歲《せんざい》するにすぐれたり。ゆへはいかん。他方《たはう》の佛國《ぶちこく》は、善《ぜん》をなすものはおほく惡《あく》をなすものはすくなし。福德自然《ふくとくじねん》にして造惡《ざうあく》のところなければなり。たゞこのあひだのみ惡《あく》おほくして、自然《じねん》なることあることなし。勤苦求欲《ごむくぐよく》して、うたゝあひ欺紿《ごだい》し、心勞形困《しむらうぎやうこむ》して、苦《く》をのみ毒《どく》を食《じき》す。かくのごときの悤務《そうむ》、いまだむかしにも寧息《にやうそく》せず。われなんぢら天《てん》・人《にん》の類《るい》をあはれみて、苦心《くしむ》に誨《くゑ》喩《ゆ》し、をしへて善《ぜん》を修《しゆ》せしむ。器《き》にしたがひて開導《かいだう》して、經法《きやうぼふ》を授與《じゆよ》するに承《じよう》用《よう》せざることなし。こゝろの所願《しよぐわん》にまかせてみな得道《とくだう》せしむ。佛《ぶち》の遊履《ゆり》するところの國邑《こくおう》・丘聚《くじゆ》、化《くゑ》をかうぶらざるはなし。天下《てんげ》和順《わじゆん》し日月《にちぐわち》清明《しやうみやう》なり。風《ふ》雨《う》ときをもてし、災厲《さいれい》おこらず、國《くに》ゆたかに民《たみ》やすくして、兵戈《ひやうぐわ》もちゐることなく、德《とく》をあがめ仁《じん》をおこして、まつりごと禮讓《れいじやう》をこなふ。佛《ぶち》のたまはく、われなんぢら諸天《しよてん》・人民《にんみん》を哀愍《あいみん》すること、父母《ぶも》の子《こ》をおもふよりもはなはだし。いまわれこの世間《せけん》にをいて作佛《さぶち》して、五惡《ごあく》を降化《がうくゑ》し、五痛《ごつう》を消除《せうぢよ》し、五燒《ごせう》を絕滅《ぜちめち》して、善《ぜん》をもて惡《あく》をせめ、生死《しやうじ》の苦《く》をぬいて五德《ごとく》をえしめて、无爲《むゐ》の安《あん》にのぼらしむ。われ世《よ》をさりてのち、經道《きやうだう》やうやく滅《めち》し、人民諂僞《にんみんてんぐゐ》にしてまた衆惡《しゆあく》をつくりて、五痛《ごつう》・五焼《ごせう》かへりてさきの法《ほふ》のごとくならん。ひさしくしてのちにうたゝはげしからんこと、ことごとくとくべからず。われたゞなんぢがために略《りやく》してこれをいふまくのみ。佛《ぶち》、彌勒《みろく》にかたりたまはく、なんぢらをのをのよくこれをおもふて、うたゝあひ教誡《けうかい》すること、佛《ぶち》の經法《きやうぼふ》のごとくして犯《ぼむ》をうることなかれ。こゝに彌勒菩薩《みろくぼさち》、合掌《がふしやう》してまふさく、佛《ぶち》の所說《しよせち》、はなはだよし。世人《せにん》まことにしかなり。如來《によらい》あまねき慈《じ》をもて哀愍《あいみん》して、ことごとく度脱《どだち》せしむ。佛《ぶち》の重誨《ぢうくゑ》をうけつ、あへて違失《ゐしち》せじ。

佛《ぶち》、阿難《あなん》につげたまはく、なんぢたちてさらに衣服《えぶく》をとゝのへ、合掌恭敬《がふしやうくぎやう》して無量壽佛《むりやうじゆぶち》を禮《らい》せよ。十方國土《じふぱうこくど》の諸佛如來《しよぶちによらい》、つねにともにかの佛《ぶち》の无著《むぢやく》・无礙《むげ》なるを稱揚《しようやう》し讃歎《さんだん》す。こゝに阿難《あなん》たちて衣服《えぶく》をとゝのへ、身《み》をたゞしくしおもてをにしにして、恭敬合掌《くぎやうがふしやう》し、五體《ごたい》を地《ぢ》になげて、無量壽佛《むりやうじゆぶち》を禮《らい》したてまつりてまふさく、世尊《せそん》、ねがはくは、かの佛《ぶち》・安樂國土《あんらくこくど》、をよびもろもろの菩薩《ぼさち》・聲《しやう》聞大衆《もんだいしゆ》をみたてまつらんと。この語《ご》をときをはるに、即時《そくじ》に無量壽佛《むりやうじゆぶち》、大光《だいくわう》明《みやう》をはなちてあまねく一切諸佛《ゐちさいしよぶち》の世界《せかい》をてらしたまふ。金剛圍山《こむがうゐせん》、須彌山王《しゆみせんわう》、大《だい》小《せう》の諸山《しよせん》、一切《ゐちさい》所有《しよう》皆《かい》同《どう》一色《ゐちしき》なり。たとへば劫水《こふしゐ》の世界《せかい》に彌滿《みまん》するに、そのなかの萬物《まんもち》、沈沒《ちんもち》して現《げん》ぜず、滉瀁浩汗《くわうやうかうかん》としてたゞ大水《だいしゐ》をのみみるがごとし。かの佛《ぶち》の光明《くわうみやう》もまたまたかくのごとし。聲聞《しやうもん》・菩薩《ぼさち》の一切《さい》の光明《くわうみやう》、みなことごとく隱蔽《をんぺい》して、たゞ佛光《ぶちくわう》の明曜顯赫《みやうえうけんかく》なるをみたてまつる。そのときに阿難《あなん》、すなはち無量壽佛《むりやうじゆぶち》をみたてまつれば、威德巍々《ゐとくぐゐぐゐ》として、須彌山王《しゆみせんわう》の、たかくして一《ゐち》切《さい》の諸世界《しよせかい》のうへにいでたるがごとし。相好光明《さうがうくわうみやう》、照曜《せうえう》せざることなし。この會《ゑ》の四衆《ししゆ》、一時《ゐちじ》にことごとくみる。かしこにこの土《ど》をみること、またまたかくのごとし。

そのときに佛《ぶち》、阿難《あなん》をよび慈氏菩薩《じしぼさち》につげたまはく、なんぢかのくにをみるに、地《ぢ》より已上淨居天《いじやうじやうごてん》にいたるまで、そのなかの所有微妙嚴淨《しようみめうごむじやう》なる自然《じねん》のもの、ことごとくみるとやせん、いなや。阿難《あなん》こたへてまふさく、やゝ、しかなり。すでにみたまへつと。なんぢむしろまた無量壽佛《むりやうじゆぶち》の大音《だいおむ》、一切世界《ゐちさいせかい》に宣布《せんぷ》して、衆《しゆ》生《じやう》を化《くゑ》するをきくやいなや。阿難《あなん》こたへてまふさく、やゝ、しかなり。すでにききたまへつと。かのくにの人民《にんみん》、百千由旬《ひやくせんゆじゆん》の七寶《しちぽう》の宮殿《くでん》に乘《じよう》じて障㝵《しやうげ》するところなく、あまねく十方《じふぱう》にいたりて諸佛《しよぶち》を供養《くやう》する、なんぢまたみるやいなや。こたへてまふさく、すでにみたまへつと。かのくにの人民《にんみん》、胎生《たいしやう》のものあり。なんぢまたみるやいなや。こたへてまふさく、すでにみたまへつと。その胎生《たいしやう》といふは處《しよ》するところの宮殿《くでん》、あるひは百由旬《ひやくゆじゆん》、あるひは五百由旬《ごひやくゆじゆん》なり。をのをのそのなかにして、もろもろの快樂《くゑらく》をうく。忉利天上《たうりてんじやう》のごとく、またみな自然《じねん》なり。

そのときに、慈氏菩薩《じしぼさち》、佛《ぶち》にまふしてまふさく、世尊《せそん》、なんの因《いん》、なんの縁《えん》ありてか、かのくにの人民《にんみん》、胎生《たいしやう》・化生《くゑしやう》なると。佛《ぶち》、慈氏《じし》につげたまはく、もし衆《しゆ》生《じやう》ありて、疑惑《ぎわく》の心《しむ》をもてもろもろの功德《くどく》を修《しゆ》して、かのくにゝ生《しやう》ぜんと願《ぐわん》ず。佛智《ぶちち》・不思議智《ふしぎち》・不可稱智《ふかしようち》・大乘廣智《だいじようくわうち》・无等无倫最上勝智《むとうむりんさいじやうしようち》を了《れう》せず、この諸《しよ》智《ち》にをいて疑惑《ぎわく》して信《しん》ぜず。しかるになほ罪福《ざいふく》を信《しん》じ、善本《ぜんぽん》を修習《しゆじふ》して、そのくにゝ生《しやう》ぜんと願《ぐわん》ず。このもろもろの衆生《しゆじやう》、かの宮殿《くでん》に生《しやう》じて、壽五百歳《じゆごひやくさい》、つねに佛《ぶち》をみたてまつらず、經法《きやうぼふ》をきかず、菩薩《ぼさち》・聲聞聖衆《しやうもんしやうじゆ》をみず。このゆへに、かの國土《こくど》にをいてこれを胎生《たいしやう》といふ。もし衆生《しゆじやう》ありて、あきらかに佛智乃至勝《ぶちちないししよう》智《ち》を信《しん》じ、もろもろの功德《くどく》をなして信心廻向《しんじむゑかう》せん。このもろもろの衆生《しゆじやう》、七寶《しちぽう》華中《くゑちう》にをいて自然《じねん》に化生《くゑしやう》して、跏趺《かふ》して坐《ざ》し、須臾《しゆゆ》のあひだに身相《しんさう》・光明《くわうみやう》・智《ち》慧《ゑ》・功徳《くどく》、もろもろの菩薩《ぼさち》のごとく具足成就《ぐそくじやうじゆ》せん。

またつぎに慈氏《じし》、他方佛國《たはうぶちこく》の諸大菩薩《しよだいぼさち》、發心《ほちしむ》して無量壽佛《むりやうじゆぶち》をみたてまつりて恭《く》敬供養《ぎやうくやう》すること、もろもろの菩薩《ぼさち》・聲聞《しやうもん》の衆《しゆ》にをよぼさんと欲《ほち》す。かの菩薩等《ぼさちとう》、命終《みやうじゆ》して無量壽佛國《むりやうじゆぶちこく》に生《しやう》ずることをえて、七寶華中《しちぽうくゑちう》より自然《じねん》に化生《くゑしやう》す。彌勒《みろく》まさにしるべし、かの化生《くゑしやう》のものは智慧《ちゑ》すぐれたるがゆへなり。その胎生《たいしやう》のものはみな智惠《ちゑ》なし。五百歳《ごひやくさい》のなかにをいてつねに佛《ぶち》をみず、經法《きやうぼふ》をきかず、菩《ぼ》薩《さち》・諸聲聞衆《しよしやうもんしゆ》をみず、佛《ぶち》を供養《くやう》するによしなし。菩薩《ぼさち》の法式《ほふしき》をしらず、功徳《くどく》を修習《しゆじふ》することをえず。まさにしるべし、このひと宿世《しゆせ》のとき、智慧《ちゑ》あることなくして疑惑《ぎわく》するがいたすところなり。

佛《ぶち》、彌勒《みろく》につげたまはく、たとへば轉輪聖王《てんりんじやうわう》の如《ごとき》、別《べち》に七寶《しちぽう》の宮室《くしち》にありて、種々《しゆじゆ》に莊嚴《しやうごむ》し牀帳《じやうちやう》を張設《ちやうせち》し、もろもろの繒幡《ぞうばん》をかく。もしもろもろの小王子《せうわうじ》ありてつみを王《わう》にうれば、すなはちかの宮中《くちう》にいれて、つなぐに金鎖《こむさ》①をもてす。飲《おん》食《じき》・衣服《えぶく》・牀褥《じやうにく》・華香《くゑかう》・伎樂《ぎがく》を供給《くきふ》せんこと、轉輪王《てんりんわう》のごとくして乏少《ぼくせう》するところなけん。こゝろにをいていかん。このもろもろの王子《わうじ》、むしろかのところをねがひてんやいなや。こたへてまふさく、いなゝり。たゞ種々《しゆじゆ》に方便《はうべん》して、もろ

①鎖→◎鑽

もろの大力《だいりき》をもとめてみづから免出《めんしゆち》することを欲《ほち》せん。佛《ぶち》、彌勒《みろく》につげたまはく、このもろもろの衆生《しゆじやう》も、またまたかくのごとし。佛智《ぶちち》を疑惑《ぎわく》するをもてのゆへに、かの宮殿《くでん》に生《しやう》ず。刑罰乃至一念《ぎやうばちないしゐちねむ》の惡事《あくじ》あることなし。たゞ五百歳《ごひやくさい》のうちにをいて三寶《さむぽう》をみず、供養《くやう》してもろもろの善本《ぜんぽん》を修《しゆ》することをえず。これをもて苦《く》とす。餘《よ》の樂《らく》ありといへども、なをしかのところをねがはず。もしこの衆《しゆ》生《じやう》、その本罪《ほんざい》をさとりて、ふかくみづから悔責《くゑしやく》して、かのところをはなれんともとめば、すなはちこゝろのごとくなることをえて、無量壽佛所《むりやうじゆぶちしよ》に往詣《わうげい》して恭《く》敬供養《ぎやうくやう》せん。またあまねく无量无數《むりやうむしゆ》の諸餘《しよよ》の佛所《ぶちしよ》にいたることをえて、もろもろの功德《くどく》を修《しゆ》せん。彌勒《みろく》まさにしるべし、それ菩薩《ぼさち》ありて疑惑《ぎわく》を生《しやう》ずるものは、大利《だいり》を失《しち》すとす。このゆへに、まさにあきらかに諸佛无上《しよぶちむじやう》の智慧《ちゑ》を信《しん》ずべしと。

彌勒菩薩《みろくぼさち》、佛《ぶち》にまふしてまふさく、世尊《せそん》、この世界《せかい》にをいて、いくばくの不退《ふたい》の菩薩《ぼさち》ありてか、かの佛國《ぶちこく》に生《しやう》ぜんと。佛《ぶち》、彌勒《みろく》につげたまはく、この世界《せかい》にをいて六十七億《おく》の不退《ふたい》の菩薩《ぼさち》ありて、かのくにゝ往生《わうじやう》すべし。一一の菩薩《ぼさち》、すでにむかし无數《むしゆ》の諸佛《しよぶち》を供養《くやう》す、ついで彌勒《みろく》のごとくなるものなり。もろもろの小《せう》行《ぎやう》の菩薩《ぼさち》をよび少功德《せうくどく》を修習《しゆじふ》するもの、稱計《しようげ》すべからざる、みなまさに往生《わうじやう》すべし。佛《ぶち》、彌勒《みろく》につげたまはく、たゞわがくにのもろもろの菩薩等《ぼさちとう》のみかのくにゝ往生《わうじやう》するにあらず、他方《たはう》の佛土《ぶちど》も、またまたかくのごとし。その第《だい》一の佛《ぶち》をなづけて遠照《おんせう》といふ。かしこに百八十億《おく》の菩薩《ぼさち》あり、みなまさに往生《わうじやう》すべし。その第《だい》二の佛《ぶち》をなづけて寶藏《ほうざう》といふ。かしこに九十億《おく》の菩薩《ぼさち》あり、みなまさに往《わう》生《じやう》すべし。その第《だい》三の佛《ぶち》をなづけて無量音《むりやうおむ》といふ。かしこに二百二十億《おく》の菩薩《ぼさち》あり、みなまさに往生《わうじやう》すべし。その第《だい》四の佛《ぶち》をなづけて甘露味《かんろみ》といふ。かしこに二百五十億《おく》の菩薩《ぼさち》あり、みなまさに往生《わうじやう》すべし。その第《だい》五の佛《ぶち》をなづけて龍《りう》勝《しよう》といふ。かしこに十四億《おく》の菩薩《ぼさち》あり、みなまさに往生《わうじやう》すべし。その第《だい》六の佛《ぶち》をなづけて勝力《しようりき》といふ。かしこに萬四千の菩薩《ぼさち》あり、みなまさに往生《わうじやう》すべし。その第《だい》七の佛《ぶち》をなづけて師子《しし》といふ。かしこに五百億《おく》の菩薩《ぼさち》あり、みなまさに往《わう》生《じやう》すべし。その第《だい》八の佛《ぶち》をなづけて離垢光《りくくわう》といふ。かしこに八十億《おく》の菩薩《ぼさち》あり、みなまさに往生《わうじやう》すべし。その第《だい》九の佛《ぶち》をなづけて徳首《とくしゆ》といふ。かしこに六十億《おく》の菩薩《ぼさち》あり、みなまさに往生《わうじやう》すべし。その第《だい》十の佛《ぶち》をなづけて妙徳山《めうとくせん》といふ。かしこに六十億《おく》の菩薩《ぼさち》あり、みなまさに往生《わうじやう》すべし。その第《だい》十一の佛《ぶち》をなづけて人王《にんわう》といふ。かしこに十億《おく》の菩薩《ぼさち》あり、みなまさに往生《わうじやう》すべし。その第《だい》十二の佛《ぶち》をなづけて無上華《むじやうくゑ》といふ。かしこに無數不可稱計《むしゆふかしようげ》のもろもろの菩薩衆《ぼさちしゆ》あり、みな不退轉《ふたいてん》にして智慧《ちゑ》勇猛《ゆみやう》なり。すでにむかし无量《むりやう》の諸佛《しよぶち》を供養《くやう》し、七日のうちにをいてすなはちよく百千億劫《おくこふ》に大士《だいじ》の所修堅固《しよしゆけんご》の法《ほふ》を攝取《せふしゆ》す。これらの菩薩《ぼさち》みなまさに往生《わうじやう》すべし。その第《だい》十三の佛《ぶち》をなづけて無畏《むゐ》といふ。かしこに七百九十億《おく》の大菩薩衆《だいぼさちしゆ》、もろもろの小菩薩《せうぼさち》をよび比丘等《びくとう》の稱計《しようげ》すべからざるあり、みなまさに往《わう》生すべし。佛《ぶち》、彌勒《みろく》にかたりたまはく、たゞこの十四佛國《ぶちこく》のなかのもろもろの菩薩等《ぼさちとう》のみまさに往生《わうじやう》すべきにあらず。十方世界《じふぱうせかい》无量《むりやう》の佛國《ぶちこく》より、その往生《わうじやう》するものまたまたかくのごとし、甚多无數《じんたむしゆ》なり。われたゞ十方諸佛《じふぱうしよぶち》の名號《みやうがう》、をよび菩薩《ぼさち》・比丘《びく》のかのくにゝ生《しやう》ずるものをとくこと、晝夜一劫《ちうやゐちこふ》すとも、なをいまだをはることあたはじ。われいまなんぢがために略《りやく》してこれをとくまくのみ。

佛《ぶち》、彌勒《みろく》にかたりたまはく、それかの佛《ぶち》の名號《みやうがう》をきくことをうることありて、歡喜踊躍《くわんぎゆやく》し乃至一念《ないしゐちねむ》せん。まさにしるべし、このひとは大利《だいり》をうとす。すなはちこれ无上《むじやう》の功徳《くどく》を具足《ぐそく》す。このゆへに彌勒《みろく》、たとひ大火《だいくわ》ありて三千大千世界《さむぜんだいせんせかい》に充滿《じゆまん》すとも、かならずまさにこれをすぎて、この經法《きやうぼふ》をきゝて歡喜信樂《くわんぎしんげう》し、受《じゆ》持讀誦《ぢどくじゆ》して如說《によせち》に修行《しゆぎやう》すべし。ゆへはいかん。おほく菩薩《ぼさち》ありてこの經《きやう》をきか

ん と欲《ほち》すれども、うることあたはず。もし衆生《しゆじやう》ありて、この經《きやう》をきくものは、無上道《むじやうだう》にをいてつゐに退轉《たいてん》せず。このゆへにまさに專心《せんしむ》に信受《しんじゆ》し、持誦說行《ぢじゆせちぎやう》すべし。佛《ぶち》のたまはく、われいまもろもろの衆生《しゆじやう》のためにこの經法《きやうぼふ》をときて、無《む》量壽佛《りやうじゆぶち》をよびその國土《こくど》の一切所有《ゐちさいしよう》をみせしむ。まさになすべきところのものは、みなこれをもとむべし。わが滅度《めちど》ののちをもて、また疑惑《ぎわく》を生《しやう》ずることをうることなかれ。當來《たうらい》の世《よ》に經道滅盡《きやうだうめちじん》せんに、われ慈悲《じひ》をもて哀愍《あいみん》して、ことにこの經《きやう》をとゞめて止住《しぢゆ》することと百歲《ひやくさい》せん。それ衆生《しゆじやう》ありて、この經《きやう》にまうあふもの、こゝろの所願《しよぐわん》にしたがひてみな得度《とくど》すべし。佛《ぶち》、彌勒《みろく》にかたりたまはく、如來《によらい》の興世《こうせ》まうあひがたく、みたてまつることかたし。諸佛《しよぶち》の經道《きやうだう》、えがたくききがたし。菩薩《ぼさち》の勝法《しようぼふ》、諸波羅蜜《しよはらみち》、きくことをうることまたかたし。善知識《ぜんぢしき》にあひ、法《ほふ》をきき、よく行《ぎやう》ずること、これまたかたしとす。もしこの經《きやう》をききて信樂《しんげう》受持《じゆぢ》すること、難《なん》《カタキガ》のなかの難《なん》《カタシ》、これにすぎたる難《なん》《カタキコト》なし。このゆへにわが法《ほふ》かくのごとくなし、かくのごとくとき、かくのごとくをしふ。まさに信順《しんじゆん》して法《ほふ》のごとく修行《しゆぎやう》すべし。

そのときに、世尊《せそん》、この經法《きやうぼふ》をときたまふに、無量《むりやう》の衆生《しゆじやう》、みな无上正覺《むじやうしやうがく》の

83

心《しむ》をおこす。萬二千那由他人《なゆたにん》、清淨法眼《しやうじやうほふげん》をえ、二十二億《おく》の諸天《しよてん》・人民《にんみん》、阿那含《あなごむ》果《くわ》をう。八十萬の比丘《びく》、漏盡意解《ろじんいげ》す。四十億《おく》の菩薩《ぼさち》、不退轉《ふたいてん》をう。弘誓《ぐぜい》の功德《くどく》をもてみづから莊嚴《しやうごむ》して、將來世《しやうらいせ》にをいてまさに正覺《しやうがく》をなるべし。そのときに、三千大千世界《せかい》、六種《ろくしゆ》に震動《しんどう》す。大光《だいくわう》あまねく十方國土《じふぱうこくど》をてらす。百千の音樂《おむがく》、自然《じねん》にしてなし、无量《むりやう》の妙華《めうくゑ》、紛紛《ふんぷん》としてくだる。佛《ぶち》、經《きやう》をときたまふことをはりて、彌勒菩薩《みろくぼさち》をよび十方來《じふぱうらい》の諸菩薩衆《しよぼさちしゆ》、長老阿難《ちやうらうあなん》、諸大聲聞《しよだいしやうもん》、一切大衆《ゐちさいだいしゆ》、佛《ぶち》の所說《しよせち》をききて、歡喜《くわんぎ》せずといふことなし。

佛《ぶち》說《せち》無《む》量《りやう》壽《じゆ》經《きやう》卷《くわん》下《げ》

貞和三歳 丁亥 林鐘中旬候以聖人御點祕本延寫于假名令授與之訖

願主空善

佛說觀無量壽經延書

〈底本〉
◎龍谷大学蔵（勝福寺旧蔵）康応元年書写本（末）

佛①說觀無量壽經 末

佛《ぶち》、阿難《あなん》をよび韋提希《ゐだいけ》につげたまはく、上品上生《じやうぼむじやうしやう》といふは、もし衆生《しゆじやう》ありて、かのくにゝ生《しやう》ぜんと願《ぐわん》ずるもの、三種《さむしゆ》の心《しむ》をおこしてすなはち往生《わうじやう》す。なんらをかみつとする。ひとつには至誠心《しじやうしむ》、ふたつには深心《じんしむ》、みつには廻向發願心《ゑかうほちぐわんしむ》なり。三心《さむしむ》を具《ぐ》するもの、かならずかのくにゝ生《しやう》ず。また三種《さむしゆ》の衆生《しゆじやう》ありて、まさに往生《わうじやう》をうべし。なんらをかみつとする。ひとつには慈心《じしむ》にして殺《せち》せず、もろもろの戒行《かいぎやう》を具《ぐ》す。ふたつには大乗方等經典《だいじようはうどうきやうてん》を讀誦《どくじゆ》す。みつには六念《ろくねむ》を修行《しゆぎやう》す。廻向發願《ゑかうほちぐわん》してかのくにゝ生《しやう》ぜんと願《ぐわん》ず。この功徳《くどく》を具《ぐ》すること、一日乃至《ないし》七日してすなはち往生《わうじやう》をう。かのくにゝ生《しやう》ずるとき、このひと、精進勇猛《しやうじんゆみやう》なるがゆへに、阿彌陀如來《わあみだによらい》、觀世音《くわんぜおむ》・大勢至《だいせいし》・无數《むしゆ》の化佛《くゑぶち》・百千《ひやくせん》の比丘《びく》・聲聞大衆《しやうもんだいしゆ》・无數《むしゆ》の諸天《しよてん》・七寶《しちぽう》の宮殿《くでん》と、觀世音菩薩《くわんぜおむぼさち》②、大勢至菩薩《だいせいしぼさち》と行者《ぎやうじや》のまへにいたる。阿彌陀佛《わあみだぶち》、大光明《だいくわうみやう》をはなちて行者《ぎやうじや》の身《み》をてらしたまふ。もろもろの菩薩《ぼさち》と授手迎接《じゆしゆかうせふ》す。觀世音《くわんぜおむ》・大勢至《だいせいし》、无數《むしゆ》の菩薩《ぼさち》と行者《ぎやうじや》を讚歎《さんだん》して、その心《しむ》を勸進《くわんじん》す。

〈表紙〉
◎左上「觀無量壽經［末］」（題簽）
①佛說觀無量壽經末　◎に無し
②薩　◎「執二金剛臺一」と下欄に貼紙あり

109 行者《ぎやうじや》みをはりて歡喜踊躍《くわんぎゆやく》す。みづからその身《み》をみれば、金剛臺《こむがうだい》に乘《じよう》ず。佛後《ぶちご》に隨從《ずいじゆ》して、彈指《だんし》のあひだのごとくに、かのくにゝ往生《わうじやう》す。かのくにゝ生《しやう》じをはりて、佛《ぶち》の色身《しきしん》の衆相具足《しゆさうぐそく》せるをみ、諸菩薩《しよぼさち》の色相具足《しきさうぐそく》せるをみる。光明《□わうみやう》の寶林《ほうりむ》、妙法《めうほふ》を①演說《えんぜち》す。きゝをはりてすなはち无生法忍《むしやうぼふにん》をさとる。須臾《しゆゆ》のあひだをへて諸佛《しよぶち》に歷事《りやくじ》し、十方界《じふぱうかい》に偏《へん》して、諸佛前《しよぶちぜん》にして次第《しだい》に授記《じゆき》せらる。本國《ほんごく》に還到《ぐえんたう》して无量百千《むりやうひやくせん》の陀羅尼門《だらにもん》をう。上品上生《じやうぼむじやうしやう》のものとなづく。

上品中生《じやうぼむちうしやう》といふは、かならずしも方等經典《はうどうきやうてん》を受持讀誦《じゆぢどくじゆ》せずといへども、よく義趣《ぎしゆ》をさとり、第《だい》一義《ぎ》にをいて心驚動《しむきやうどう》せず。因果《いんぐわ》を深信《じんしん》して大乘《だいじよう》を謗《はう》ぜず。この功德《くどく》をもて廻向《えかう》して極樂國《ごくらくこく》に生《しやう》ぜんと願求《ぐわんぐ》す。この行《ぎやう》を行《ぎやう》ずるもの、命欲終《みやうよくじゆ》時《じ》に、阿彌陀佛《わあみだぶち》、觀世音《くわんぜおむ》・大勢至《だいせいし》・无量《むりやう》の大衆眷屬《だいしゆくゑんぞく》のために圍遶《ゐねう》せられて、紫金臺《しこむだい》をもたしめて、行者《ぎやうじや》のまへにいたる。ほめていはく、法子《ほふし》、なんぢ大乘《だいじよう》を行《ぎやう》じ第一義《だいゐちぎ》を解《げ》す。このゆへに、われいまきたりてなんぢを迎接《かうしよう》すと。千《せん》の化佛《くゑぶち》と一時《ゐちじ》に授手《じゆしゆ》す。行者《ぎやうじや》みづからみれば紫金臺《しこむだい》に坐《ざ》す。合掌叉《がふしやうしや》手して諸佛《しよぶち》を讚《さん》歎《だん》す。一念《ゐちねむ》のあひだのごとくに、すなはちかのくにの七寶池中《しちぽうちちう》に生ず。この紫金《しこむ》110 臺《だい》は大寶華《だいほうくゑ》のごとし。宿《しふ》をへてすなはちひらく。行者《ぎやうじや》の身《み》、紫磨金色《しまこむじき》になれり。

①演　右◎せん

あしのしたに七寶《しちぽう》の蓮華《れんぐゑ》あり。佛《ぶち》をよび菩薩《ぼさち》、倶時《くじ》にひかりをはなちて行者《ぎやうじや》の身《み》をてらす、目《め》すなはち開明《かいみやう》なり。さきの宿習《しふじゆ》によりて、あまねく衆聲《しゆしやう》をきくに、もはら甚深《じんじむ》の第一義諦《だいゐちぎたい》をとく。すなはち金臺《こむだい》よりをりて、佛《ぶち》を禮《らい》し合掌《がふしやう》して世尊《せそん》を讃歎《さんだん》す。七日《しちにち》をへて、ときに應《おう》じてすなはち阿耨多羅三藐三菩提《あのくたらさむみやくさむぼだい》にをいて不退轉《ふたいてん》をう。ときに應《おう》じてすなはちよく飛行《ひぎやう》《トビユキテ》して、あまねく十方《じふぱう》にいたり諸《しよ》佛《ぶち》に歴事《りやくじ》す。諸佛《しよぶち》のみもとにしてもろもろの三昧《さむまい》を修《しゆ》す。一小劫《ゐちせうこふ》をへて无生忍《むしやうにん》をえ、現前《げんぜん》に授記《じゆき》せらる。これを上品中生《じやうぼむちうしやう》のものとなづく。

上品下生《じやうぼむげしやう》といふは、また因果《いんぐわ》を信《しん》じ大乘《だいじよう》を謗《はう》ぜず。たゞ无上道心《むじやうだうしむ》をおこす。この功徳《くどく》をもて廻向《ゐかう》して極樂國《ごくらくこく》に生《しやう》ぜんと願求《ぐわんぐ》す。行者命欲終時《ぎやうじやみやうよくじゆじ》に、阿彌陀佛《わあみだぶち》、をよび觀世音《くわんぜおむ》・大勢至《だいせいし》、もろもろの眷屬《くゑんぞく》と金蓮華《こむれんぐゑ》をもたしめて、五百の化佛《くゑぶち》を化作《くゑさ》してこのひとを來迎《らいかう》す。五百の化佛《くゑぶち》、一時《ゐちじ》に授手《じゆしゆ》してほめてのたまはく、法《ほふ》子《し》、なんぢ今清浄《いましやうじやう》なり、无上道心《むじやうだうしむ》をおこす。われきたりてなんぢをむかふと。この事《じ》をみるとき、すなはちみづから身《み》をみれば金蓮華《こむれんぐゑ》に坐《ざ》す。坐《ざ》しをはればはな合《がふ》す。世尊《せそん》のうしろにしたがひて、すなはち往生《わうじやう》をう、七寶池中《しちぽうちちう》にあり。一日一夜《や》に蓮華《れんぐゑ》すなはちひらく。七日のうちにすなはち佛《ぶち》をみたてまつることをう。

佛《ぶち》身《み》をみたてまつるといへども、もろもろの相好《さうがう》にをいて心明了《しむみやうれう》ならず。三七日ののちにをいて、いまし了了《れうれう》にみたてまつる。もろもろの音聲《おんじやう》をきくにみな妙法《めうほふ》をのぶ。十方に遊歷《ゆりやく》して諸佛《しよぶち》を供養《くやう》す。諸佛前《しよぶちぜん》にして甚深《じんじん》の法《ほふ》をきく。三小《さむせふ》劫《こふ》をへて百法明門《ひやくぽふみやうもん》をえ、歡喜地《くわんぎぢ》に住《ぢゆ》す。これを上品下生《じやうぼむげしやう》のものとなづく。これを上輩生想《じやうはいしやうさう》となづく、第《だい》十四の觀《くわん》となづく。

佛《ぶち》、阿難《あなん》をよび韋提希《ゐだいけ》につげたまはく、中品上生《ちうぼむじやうしやう》といふは、もし衆生《しゆじやう》ありて、五戒《ごかい》を受持《じゆぢ》し、八戒齋《はちかいさい》をたもち、諸戒《しよかい》を修行《しゆぎやう》して、五逆《ごぎやく》をつくらず、もろもろの過患《くわぐゑん》なし。この善根《ぜんごん》をもて廻向《ゑかう》して西方極樂世界《さいはうごくらくせかい》に生《しやう》ぜんと願求《ぐわんぐ》す。臨命終《りんみやうじゆ》時《じ》に、阿彌陀佛《わあみだぶち》、もろもろの比丘《びく》・眷屬《くゑんぞく》のために圍遶《ゐねう》せられて、金色《こむじき》のひかりをはなちて、そのひとのところにいたる。苦《く》・空《く》・無常《むじやう》・无我《むが》を演說《えんぜち》し、出家《しゆちけ》の衆苦《しゆく》をはなるゝことをうることを讚歎《さんだん》す。行者《ぎやうじや》、みをはりて心《しむ》おほきに歡喜《くわんぎ》す。みづから己身《こしん》をみれば蓮華臺《れんぐえだい》に坐《ざ》す。長跪合掌《ぢやうきがふしやう》して佛《ぶち》のために禮《らい》をなす。いまだかうべをあげざるあひだに、すなはち極樂世界《ごくらくせかい》に往生《わうじやう》することをう、蓮華《れんぐゑ》すなはちひらく。はなひらくるときにあたりて、もろもろの音聲《おむじやう》をきくに四諦《したい》を讚歎《さんだん》す。ときに應《おう》じてすなはち阿羅漢道《あらかんだう》をう。三明六通《さむみやうろくつう》あり、八解脫《はちげだち》を具《ぐ》す。

これを中品上生《ちうぼむじやうしやう》のものとなづく。

中品中生《ちうぼむちうしやう》といふは、もし衆生《しゆじやう》ありて、もしは一日一夜八戒齋《やはちかいさい》を受持《じゆぢ》し、もしは一日一夜沙彌戒《やしやみかい》をたもち、もしは一日一夜具足戒《やぐそくかい》をたもちて、威儀《ゐぎ》かくることなし。この功徳《くどく》をもて廻向《ゑかう》して極樂國《ごくらくこく》に生《しやう》ぜんと願求《ぐわんぐ》す。戒香熏修《かいかうくじゆ》せる、かくのごときの行者《ぎやうじや》、命欲終時《みやうよくじゆじ》に、阿彌陀佛《わあみだぶち》、もろもろの眷屬《くゑんぞく》と金色《こむじき》のひかりをはなちて、七寶《しちぽう》の蓮華《れんぐゑ》をもたしめて、行者《ぎやうじや》のまへにいたるをみる。行者《ぎやうじや》みづからきけば、空中《くちう》にこえありてほめていはく、善男子《ぜんなんし》、なんぢがごときは善人《ぜんにん》なり。三世《さむぜ》の諸佛《しよぶち》の教《けう》に隨順《ずいじゆん》するがゆへに、われきたりてなんぢをむかふと。行者《ぎやうじや》みづからみれば、蓮華《れんぐゑ》のうへに坐《ざ》す。蓮華《れんぐゑ》すなはち合《がふ》す、西方極樂世界《さいはうごくらくせかい》に生《しやう》じて寶池《ほうち》のなかにあり。七日をへて蓮華《れんぐゑ》すなはちひらく。はなすでにひらけをはりて目《め》をひらく、合掌《がふしやう》して世尊《せそん》を讚歎《さんだん》す、聞法歡喜《もんぼふくわんぎ》して、須陀洹《しゆだをん》をう、半劫《はんこふ》をへをはりて阿羅漢《あらかん》となる。これを中品中生《ちうぼむちうしやう》のものとなづく。

中品下生《ちうぼむげしやう》といふは、もし①善男子《ぜんなんし》・善女人《ぜんによにん》ありて、父母《ぶも》に孝養《けうやう》し、世《せ》の仁慈《にんじ》を行《ぎやう》ず。このひと命欲終時《みやうよくじゆじ》に、善知識《ぜんぢしき》の、それがためにひろく阿彌陀佛國土《わあみだぶちこくど》の樂事《らくじ》をとき、また法藏比丘《ほふざうびく》の四十八願《しじふはちぐわん》をとくにあはん。この事《じ》をききをはりて、すなは

①善　右◎なん

ち命終《みやうじゆ》す。たとへば壮士《しやうじ》の臂《ひぢ》を屈伸《くちしん》するあひだのごとくに、すなはち西方極樂《さいはうごくらく》世界《せかい》に生《しやう》ず。生《しやう》じて七日をふ、觀世音《くわんぜおむ》《カヾムル》をよび大勢至《だいせいし》にあひて聞法《もんぼふ》歡喜《くわんぎ》す、一小劫《ゐちせふ》をへて阿羅漢《あらかん》となる。これを中品下生《ちうぼむげしやう》のものとなづく。これを中輩生想《ちうはいしやうさう》となづく、第《だい》十五の觀《くわん》となづく。

佛《ぶち》、阿難《あなん》をよび韋提希《ゐだいけ》につげたまはく、下品上生《げぼむじやうしやう》といふは、あるひは衆生《しゆじやう》ありて、もろもろの惡業《あくごふ》をつくれり。方等經典《はうどうきやうてん》を誹謗《ひはう》せずといへども、かくのごときの愚人《ぐにん》、おほく衆惡《しゆあく》をつくりて慚愧《ざむぐゐ》あることなし。命欲終時《みやうよくじゆじ》に、善知識《ぜんぢしき》の、ために大乘十二部經《だいじようじふにぶきやう》の首題名字《しゆだいみやうじ》を讃《さん》ずるにあはん。かくのごときの諸經《しよきやう》の名《な》をきくをもてのゆへに、千劫《せんごふ》の極重惡業《ごくぢうあくごふ》を除却《ぢよきやく》す。智者《ちしや》またをしへて、合掌叉手《がふしやうしやしゆ》し南無阿彌陀佛《なもわあみだぶち》と稱《しよう》せしむ。佛名《ぶちみやう》を稱《しよう》するがゆへに、五十億劫《おくこふ》の生死《しやうじ》のつみをのぞく。そのときにかの佛《ぶち》、すなはち化佛《くゑぶち》・化觀世音《くゑくわんぜおむ》・化大勢至《くゑだいせいし》をつかはして行者《ぎやうじや》のまへにいたらしむ。ほめていはく、善男子《ぜんなんし》、なんぢ佛名《ぶちみやう》を稱《しよう》するがゆへに諸罪消滅《しよざいせうめち》す。われきたりてなんぢをむかふと。この語《ご》をなしをはりて、行者《ぎやうじや》すなはち化佛《くゑぶち》の光明《くわうみやう》、その室《しち》に偏滿《へんまん》せるをみたてまつる。みをはりて歡喜《くわんぎ》してすなはち命終《みやうじゆ》す。寶蓮華《ほうれんぐゑ》に乘《じよう》じ、化佛《くえぶち》のうしろにしたひて寶池《ほうち》のなかに生《しやう》ず。

七七日をへて蓮華《れんぐゑ》すなはちひらく。はなひらくるときにあたりて、大悲観世音菩《だいひくわんぜおむぼ》薩《さち》をよび大勢至《だいせいし》、大光明《だいくわうみやう》をはなてそのひとのまへに住《ぢゆ》して、ために甚深《じんじむ》の十二《じふに》部經《ぶきやう》をとく。きゝをはりて信解《しんげ》して、无上道心《むじやうだうしむ》をおこす。十小劫《じふせうこふ》をへて百法明《ひやくぼふみやう》門《もん》を具《ぐ》し、初地《しぢ》にいたることをう。これを下品上生《げぼむじやうしやう》のものとなづく。佛名《ぶちみやう》・法《ほふ》名《みやう》をきき、をよび僧名《そうみやう》をきくことをう。三寶《さむぼう》のみなをきて、すなはち往生《わうじやう》をう。

佛《ぶち》、阿難《あなん》をよび韋提希《ゐだいけ》につげたまはく、下品中生《げぼむちうしやう》といふは、あるひは衆生《しゆじやう》ありて、五戒《ごかい》・八戒《はちかい》をよび具足戒《ぐそくかい》を毀犯《くゐぼむ》《ヤブリヲカス》す。かくのごときの愚人《ぐにん》、僧祇物《そうぎもち》をぬすみ、現前僧物《げんぜんそうもち》をぬすみ、不浄説法《ふじやうせちぽふ》す、慚愧《ざむぐゐ》あることなし。もろもろの悪業《あくごふ》をもてみづから荘嚴《しやうごむ》す。かくのごときの罪人《ざいにん》、悪業《あくごふ》をもてのゆへに地獄《ぢごく》に墮《だ》すべし。命《みやう》欲終時《よくじふじ》に、地獄《ぢごく》の衆火《しゆくわ》、一時《ゐちじ》にともにいたる。善知識《ぜんぢしき》の、大慈悲《だいじひ》をもて、ために①阿彌陀佛《わあみだぶち》の十力威徳《じふりきゐとく》をとき、ひろくかの佛《ぶち》の光明神力《くわうみやうじんりき》をとき、また戒《かい》・定《ぢやう》・慧《ゑ》・解脱《げだち》・解脱知見《げだちちけん》を讃《さん》ずるにあはん。このひと、ききをはりて八十億劫《おくこふ》の生死《しやうじ》のつみをのぞく。地獄《ぢごく》の猛火《みやうくわ》、化《くゑ》して清涼《しやうりやう》のかぜとなりて、もろもろの天華《てんぐゑ》をふく。はなのうへにみな化佛《くゑぶち》・菩薩《ぼさち》ましまして、このひとを迎接《かうせふ》す。一念《ゐちねむ》のあひ

①阿　右◎あわ

だのごとくに、すなはち往生《わうじやう》をう。七寶池《しちぽうち》のなか蓮華《れんぐゑ》のうちにして六劫《ろくこふ》をふ、蓮華《れんぐゑ》すなはちひらけん。觀世音《くわんぜおむ》・大勢至《だいせいし》、梵音聲《ぼむおむじやう》もてかのひとを安慰《あんゐ》す、ために大乘甚深經典《だいじようじんじんきやうてん》をとく。この法《ほふ》をきゝをはりて、ときに應《おう》じてすなはち无上《むじやう》道心《だうしむ》をおこす。これを下品中生《げぼむちうしやう》のものとなづく。

佛《ぶち》、阿難《あなん》をよび韋提希《ゐだいけ》につげたまはく、下品下生《げぼむげしやう》といふは、あるひは衆生《しゆじやう》ありて、不善業《ふぜんごふ》の五逆《ごぎやく》・十惡《じふあく》をつくる。もろもろの不善《ふぜん》を具《ぐ》せる、かくのごときの愚《ぐ》人《にん》、惡業《あくごふ》をもてのゆへに惡道《あくだう》に墮《だ》すべし。多劫《たこふ》を經歷《きやうりやく》して苦《く》をうくること、きはまりなからん。かくのごときの①愚人《ぐにん》、臨命終時《りんみやうじゆじ》に、善知識《ぜんぢしき》の、種々《しゆじゆ》に安慰《あんゐ》して、ために妙法《めうほふ》をとき、をしへて念佛《ねむぶち》せしむるにあはん。このひと、苦《く》にせめられて念佛《ねむぶち》するにいとまあらず。善友《ぜんう》、つげていはく、なんぢもし念《ねむ》ずるにあたはずは、无量壽佛《むりやうじゆぶち》と稱《しよう》すべしと。かくのごとく至心《ししむ》して、こえをしてたえざらしめて、十念《じふねむ》を具足《ぐそく》して南無②阿彌陀佛《なもわあみだぶち》と稱《しよう》せしむ。佛名《ぶちみやう》を稱《しよう》するがゆへに、念々《ねむねむ》のなかにをいて八十億劫《おくこふ》の生死《しやうじ》のつみをのぞく。命終《みやうじゆ》のとき、金蓮華《こむれんぐゑ》をみる、なをし日輪《にちりん》のごとくしてそのひとのまへに住《ぢゆ》す。一念《ゐちねむ》のあひだのごとくに、すなはち極樂世界《ごくらくせ》に往生《わうじやう》することをう。蓮華《れんぐゑ》のなかにして十二大劫《じふにだいこふ》をみてゝ、蓮華《れんぐゑ》

①愚→◎遇
②阿　右◎あわ

まさにひらく。觀世音《くわんぜおむ》・大勢至《だいせいし》、大悲《だいひ》の音聲《おむじやう》をもて、それがためにひろく諸法《しよほふ》實相《じちさう》・除滅罪《ぢよめちざい》の法《ほふ》をとく。ききをはりて歡喜《くわんぎ》す。ときに應《おう》じてすなはち菩提《ぼだい》の心《しむ》をおこす。これを下品下生《げぼむげしやう》のものとなづく。これを下輩生想《げはいしやうさう》となづく、第《だい》十六の觀《くわん》となづく。

この語《ご》をときたまふとき、韋提希《ゐだいけ》、五百の侍女《じによ》と佛《ぶち》の所説《しよせち》をきく。ときに應《おう》じてすなはち極樂世界《ごくらくせかい》の廣長《くわうぢやう》の相《さう》をみたてまつる。佛身《ぶちしん》をよび二菩薩《にぼさち》をみたてまつることをえて、心《しむ》に歡喜《くわんぎ》を生《しやう》じて未曾有《みぞうう》なりと歎《たん》ず。廓然《くわくねん》として大悟《だご》して無生《むしやう》忍《にん》をう。五百《ごひやく》の侍女《じによ》、阿耨多羅三藐三菩提心《あのくたらさむみやくさむぼだいしむ》をおこして、かのくにゝ生《しやう》ぜんと願《ぐわん》ず。世尊《せそん》、ことごとく、みなまさに往生《わうじやう》すべしと記《き》したまふ。かのくにゝ生《しやう》じをはりて、諸佛現前三昧《しよぶちげんぜんざむまい》をえんと。无量《むりやう》の諸天《しよてん》、无上道心《むじやうだうしむ》をおこす。

そのときに阿難《あなん》、すなはち座《ざ》よりたちて、すゝみて佛《ぶち》にまふしてまふさく、世尊《せそん》、まさにいかんがこの經《きやう》をなづくべき。この法《ほふ》の要《えう》をば、まさにいかんが受持《じゆぢ》すべきと。佛《ぶち》、阿難《あなん》につげたまはく、この經《きやう》をば觀極樂國土《くわんごくらくこくど》・無量壽佛《むりやうじゆぶち》・觀世音菩薩《くわんぜおむぼさち》・大勢至菩薩《だいせいしぼさち》となづく。また淨除業障生諸佛前《じやうぢよごふしやうしやうしよぶちぜん》となづく。なんぢまさに受持《じゆぢ》すべし。忘失《まうしち》せしむることなかれ。この三昧《さむまい》を行《ぎやう》ずるものは、現身《げんしん》に无量壽《むりやうじゆ》佛《ぶち》をよび二大士《にだいじ》をみることをう。もし善男子《ぜんなんし》・善女人《ぜんによにん》、たゞ佛名《ぶちみやう》・二菩薩《にぼさち》名をきくに、无量劫《むりやうこふ》の生死《しやうじ》のつみをのぞく。いかにいはんや憶念《おくねむ》せんをや。もし念《ねむ》佛《ぶち》するものは、まさにしるべし、このひとはこれ人中《にんちう》の分陀利華《ふんだりくゑ》なり。觀世音菩《くわんぜおむぼ》薩《さち》・大勢至菩薩《だいせいしぼさち》、その勝友《しようう》となる。まさに道場《だうぢやう》に坐《ざ》し諸佛《しよぶち》のいへに生《しやう》ずべし。佛《ぶち》、阿難《あなん》につげたまはく、なんぢよくこの語《ご》をたもて。この語《ご》をたもてといふは、すなはちこれ無量壽佛名《むりやうじゆぶちみやう》をたもてとなり。佛《ぶち》、この語《ご》をときたまふとき、尊者《そんじや》目揵連《もくけんれん》・阿難《あなん》をよび韋提希《ゐだいけ》等《とう》、佛《ぶち》の所説《しよせち》をきゝて、みなおほきに歡喜《くわんぎ》す。そのときに、世尊《せそん》、みあし虚空《こく》をあゆみて耆闍崛山《ぎしやくちせん》にかへりたまひぬ。そのときに、阿難《あなん》、ひろく大衆《だいしゆ》のために、かみのごときの事《じ》をとく。无量《むりやう》の諸天《しよてん》をよび龍《りう》・夜叉《やしや》、佛《ぶち》の所説《しよせち》をききて、みなおほきに歡喜《くわんぎ》して、佛《ぶち》を禮《らい》してしりぞく。

佛說觀無量壽經

康應元年己巳八月三日　以聖人御點祕書寫之訖

〈巻尾〉
◎「天保〔辛／卯〕黃鐘當御正忌改／裝以遺後代　見住□□／總紙數廿六枚」（別筆）

往生論註

（親鸞聖人加点）

〔底本・概説〕

宗祖には、漢文体の刊本に加点したものが現存している。加点とは、白文の漢文に訓点や声点、科節などを記入することをいい、本巻では宗祖加点の『往生論註』と「善導大師五部九巻」を収録している。両書の宗祖による書写本が今日に伝わらないことから、これらの加点本は宗祖の理解を知るうえで、重要な位置を占めている。

本書は、曇鸞大師撰述の『往生論註』の宗祖加点本である。『往生論註』については本聖典第一巻「三経七祖篇」の解説を参照されたい。

宗祖が加点した本派本願寺蔵鎌倉時代刊本は、上下両巻を具えた現存最古の刊本である。各巻の表紙左上には「淨土論註卷上」、「淨土論註卷下」との外題があるが、宗祖の筆ではないとされる。体裁は半葉六行、一行十七字である。刊記がなく、刊本成立に関する詳細は不明である。かつては奈良の春日版とする説もあったが、今日では、宗祖の加点年時や字体などから、寛元・建長の頃（一二四三～一二五六）、京都の浄土教徒が開版したものとする説が有力である。なお、普賢晃壽氏所蔵の『往生論註』（下巻）は、これと同版とみられている。

本書は、この刊本に宗祖が全面的に返点・送り仮名などの訓点や科節、さらに本文の訂正、異本との校異などを記したものである。宗祖が加点した年時については、「建長八歳丙辰七月廿五日　愚禿親鸞八十四歳 加點了」との奥書から、建長八（一二五六）年、八十四歳の時であることが知られる。

本書において特筆すべきことは、宗祖独自の訓点によって五念門行の主体を願生行者から法蔵菩薩に転換している点である。たとえば、起観生信章には「禮二拜《シタマヒキ》阿彌陀如來・應・正遍知《ヲ》一」、「口業《ヲシテ》讚歎《シタマヒキ》」、「心《ニ》常《ニ》作願《シタマヘリキ》」、「智慧《ヲシテ》觀察《シタマヘリキ》」、「廻向《ヲ》爲《シテ》レ首、得《エタマヘルガ》三成二就《コトヲ》大悲心《ヲ》一故《ニト》」などのような敬語を用いた約仏の訓点が付されている。これらの訓読は、『入出二門偈頌』に類似するものがみられる。また、第五回向門は『教行信証』「信文類」や『浄土三経往生文類』（広本）の訓読と一致する。さらに、回向については「往相者、以《テ》二己《レガ》功德《ヲ》一廻三施《シテ》一切衆生《ニ》二、作願《シテ》共《ニ》往二生《セシメムトナリ》彼阿彌陀如來《ノ》安樂淨土《ニ》一。還相者、生二彼《ノ》土《ニ》一已《テ》、得《テ》二奢摩他・毗婆舍那方便力成就《スルコトヲ》一、廻三入《シテ》生死《ノ》稠林《ニ》二教二化《シテ》一切衆生《ヲ》一、共《ニ》向《ムカヘシムルナリ》二佛道《ニ》一」と訓じており、往相・還相ともに阿弥陀仏の回向であることが顕されている。これらは、『教行信証』「行文類」・「信文類」・「証文類」の引用箇所の訓読とも概ね一致している。

さらに、宗祖が本文に科節を記していることも、本書の特徴である。すなわち、上巻には「第一序分」、「第二正宗分三　一大意」、「三入文二　一總説分卽上卷也」とあり、下巻には「第一願偈大意」、「第二起観生信」、「第三觀行體相」、「第四淨入願心」、「第五善巧攝化」、「第六離菩提障」、「第七順菩提門」、「第八名義攝對」、「第九願事成就」、「第十利行滿足」とある。このように、下巻では全章に科節を設けて読解の便を図っている。

また、本書には処々に本文の訂正が記されている。訂記の方法としては、刊本の文字に印を付したうえで、上欄・下欄・右左傍に記入する場合と、欄外等に別出せず文字に上書きする場合とがある。これらの訂記からは、宗祖の漢字に対する一貫した姿勢が窺える。たとえば、

「恵」を「慧」、「号」を「號」、「覌」を「觀」と訂記する例がある。特に「恵」から「慧」への訂記は、「智恵」の語を「智慧」と改める場合に多くみられ、上巻ではすべて訂正されている。下巻になると、この訂記は減少するが、本書で訂記の跡がない箇所であっても、『教行信証』所引の箇所で「智慧」と表記されていることから、煩瑣になることを避けて記入を省略したためと考えられている。

なお、下巻の巻尾には、迦才『浄土論』より曇鸞大師伝の一節が書写されている。その中で、宗祖は「魏末《ノスヱ》高齊《セイノ》之初猶在《ナホテ》二神智高遠《エンニシテ》三國《ニ》一知‐聞《セラル》」という訓点を付している。この文は、正嘉二（一二五八）年に著された『尊号真像銘文』（広本）にも引用されるが、そこでは「魏《ぐゐ》末《のすゑ》高齊《かうせい》之初《のはじめ》、猶在《なほいましき》。神智《じんち》高遠《かうゑんにして》三國《ごくに》知聞《ちもんす》」と訓じている。両書の訓点の相違について、宗祖は本書に加点した当時、曇鸞大師の往生を東魏の興和四（五四二）年と考えていたことに由来するという説がある。これは『続高僧伝』の記述に依拠したものであるが、『尊号真像銘文』（広本）を執筆する頃には、迦才『浄土論』や『瑞応刪伝』によって認識を改めたものと推測されている。

往生論註（親鸞聖人加点）

〈底本〉
◎本派本願寺蔵建長八年親鸞聖人加点本

01［謹案…生偈］行巻25

02［入大…之聚］行巻49意 銘文650意

無量壽經優婆提舍願生偈註 巻上

婆藪槃頭菩薩造　曇鸞法師註解

01謹①案龍樹菩薩《ノ》『十住毘婆沙』《ヲ》(巻五易行品意)云《ク》、「菩薩求《ニ》阿毘跋致《ヲ》有二種《ノ》道。一者難行道、二者易行道《ナリ》。難行道者《ハ》、謂《ク》於《テ》五濁之世於《ニ》无佛《ノ》時求《ルヲ》阿毘跋致《ヲ》為《ス》難《ト》。此《ノ》難《ニ》乃《イマシ》有《リ》多途。粗言《テ》五三《ヲ》、以《テ》示《ス》義意《ヲ》。一者外道相《シヤウ反》(修瞥反)善《ハ》亂《ル》菩薩《ノ》法《ヲ》。二者聲聞《ハ》自利《ニシテ》障《フ》大慈悲《ヲ》。三者无《キ》顧《コト》惡人《ハ》破《ス》他勝徳《ヲ》。四者顛倒《ノ》善果能《ク》壞《ヤブル》梵行《ヲ》。五者唯是自力《ニシテ》无《シ》他力《ノ》持《ツ》。如《キ》斯《カク》等《ラノ》事、觸《フルヽニ》目皆是《ナリ》。譬《バ》如《シ》陸路《ノ》歩行《ハ》則苦《シキガ》。易行道者《ハ》、謂《ク》但以《テ》信佛《ノ》因縁《ヲ》願《ズ》生《ト》淨土《ニ》、乘《ジテ》佛願力《ニ》、便《チ》得《ウ》往生《ヲ》彼《ノ》清淨《ノ》土《ニ》。佛力住持《シテ》、即《チ》02入《ル》大乘正定之聚《ニ》。正定《ハ》即《チ》是阿毘跋致《ナリ》。譬《バ》如《シ》水路《ニ》乘《ズレバ》船《ニ》則《チ》樂《ガ》。」此《ノ》『无量壽經優波提舍』《ハ》蓋《シ》上衍②《エン反》《カン反》之極致、不退之風航《カウナル》《フネノホナリ》《ノ》者也。

「无③量壽」《ハ》是安樂淨土《ノ》如來《ノ》別號④《ナリ》。釋迦牟尼佛在《マシマシテ》王舍城及舍衞國《ニ》、

〈表紙〉　◎左上「淨土論註巻上」
①謹　◎「第一序分」と右傍註記
②衍　◎「衍字［口旦反　學也］」と下欄註記
③无　◎「第二正宗分三　一大意」と右傍註記
④號　◎「号」を「號」と上欄訂記

48

於大衆之中説无量壽佛莊嚴功德。即以佛名號爲經體。後聖者婆《バ》數《ソ》槃《バン》頭《ヅ》菩薩、服膺一升反如來大悲之教、傍經作願生偈。復造長行重釋梵言。「優婆提舍」此間无正名相譯。若擧一隅可名爲論。所以无正名譯者、以此間本无佛故。如此間書、就孔子而稱經。餘人制《セイ》作《サク》皆名爲子。國史・國紀之徒各別體例然。佛所説十二部經中有論議經、名優波提舍。若復佛諸弟子解佛經教與佛義相應者、佛亦許名優波提舍。以入佛法相故。此間云論、直是論議①而已。豈得正譯彼名耶。又如女人於子稱母、於兄云妹。如是等事、皆隨義名別。若但以女名汎談母妹、乃不失女之大體、豈含尊卑之義乎。此所云論亦復如是。是以仍②《ナホ》因而音存梵音曰優波提舍。

此『論』始終凡有二重。一是總説分、二是解義分。總説分者前五言偈盡是、解義分者「論曰」已下長行盡是。所以爲二重者有二義。偈以誦經爲總攝故。論以釋偈爲解義故。

「無量壽」者、言无量壽如來壽命長遠不可思量也。「經」者常也。言

①議　◎「或本義字也」と上欄註記
②仍　◎「仍字　如承《ジョ》反」と左傍註記

50　1-281

安樂國土《ノ》佛及菩薩清淨莊嚴功德・國土清淨莊嚴功德、能《ク》與《タメニ》衆生《ノ》作《ス》大饒益《ヲ》。可《キガ》常《ニ》行《フ》于世《ニ》故《ニ》名《テ》曰《フ》經《ト》。「優波提舍《ハ》」是《レ》佛《ノ》論議經《ノ》名《ナリ》。「願《ハ》」是《レ》欲樂《ノ》義《ナリ》。「生《ハ》」者天親菩薩願《ズ》生《ト》彼《ノ》安樂淨土《ニ》、如來淨花《ノ》中《ニ》生《ズルガ》故《ニ》曰《フ》願生《ト》。「偈《ハ》」是句數《ノ》義、以《テ》五言《ノ》句《ヲ》略《シテ》誦《スルガ》佛經《ヲ》故《ニ》名《テ》爲《ス》偈《ト》。譯《シテ》「婆藪①《ヲ》」云《フ》天《ト》。譯《シテ》「槃頭《ヲ》」言《フ》親《ト》。此《ノ》人《ヲ》字《ナヅク》天親《ト》。事在《リ》『付法藏經《ニ》』。「菩薩《ハ》」者、若《シ》具《ニ》存《ゼバ》梵音《ヲ》應《シ》云《フ》菩提薩埵《ト》。菩提《ハ》者是《レ》佛道《ノ》名《ナリ》。薩埵《ハ》或《ハ》云《フ》衆生《ト》、或《ハ》云《フ》勇揵《ト》。求《ル》佛道《ヲ》衆生有《ルガ》勇猛《ノ》健志故《ニ》名《ク》菩提薩埵《ト》。今但言《フ》菩薩《ト》譯者《ノ》略《セル》耳《ナラクノミ》。「造《ハ》」亦作也。庶《ネガフガ》因《テ》人《ニ》重法《ヲ》故《ニ》云《フ》其《レ》造《ト》。是《ノ》故《ニ》言《ヘリ》「无量壽經優波提舍願生偈婆藪槃頭菩薩造《ト》」。解《シ》『論《ノ》』名目《ヲ》竟《ヌト》。

51

偈②《ノ》中《ニ》分《テ》爲《ス》五念門《ト》。如《シ》下《ノ》長行《ニ》所《ノ》釋《スル》。第一行《ノ》四句《ニ》相含《ヒテ》有《リ》三念門。上《ノ》三句《ハ》是禮拜・讚嘆門《ナリ》。下《ノ》一句《ハ》是作願門《ナリ》。第二行《ハ》論主自《ミ》述《ブ》我依《テ》佛經《ニ》造《テ》『論《ヲ》』與《ト》佛教相應《ス》、所《ロ》服《スル》有《ルコトヲ》宗。何《ガ》故《ヘゾ》云、此《トナラバ》爲《ノ》成《ゼム》優波提舍《ノ》名《ヲ》故《ナリ》。亦是成《ジテ》上《ノ》三門《ヲ》起《ス》下《ノ》二門《ヲ》。所以《コノユヘニ》次《デ》之說《ケリ》。從《リ》第三行盡《マデ》廿一行《ハ》是《レ》觀察門《ナリ》。末③後《ノ》一行《ハ》是《レ》迴向門《ナリ》。分《チ》偈章門《ヲ》竟《ヌ》。

①藪　◎「數」を「藪」と上書訂記し、さらに「藪」と左傍註記
②偈　◎「三入文二 一總說分卽上卷也」と右傍註記
③末　◎「木」を「末」と上書訂記し、さらに「末」と下欄註記

1-451

01「夫菩…仰告」行卷60
「夫菩…先啓」略典267
02「又所…間雜」行卷26
03「歸命…應故」行卷26

52　1-282

世尊我《レ》一心《ニ》　歸命盡《テ》十方　无㝵光如來《ニ》　願生《ズト》安樂國《ニ》

「世尊」者《ハ》諸佛《ノ》通號①《ナリ》。論《ズレバ》智《ヲ》則義《トシテ》无《シ》不達《コト》。語《ハ》斷《ヲ》則習氣无《シ》餘。智斷具足《シテ》能《ク》利《ス》世間《ヲ》、爲《ニ》世《ノ》尊重《ラル、》故《ニ》曰《フ》世尊《ト》。此《ノ》言《フ》意《ハ》歸《シタテマツル》釋迦如來《ニ》。何《ヲ》以《テカ》得知《トナレバ》、下《ノ》句《ニ》言《レバナリ》「我依修多羅《ト》」。天親菩薩在《イマシテ》釋迦如來《ノ》像法之中《ニ》、順《ズ》釋迦如來《ノ》經教《ニ》。所以《コノユヘニ》願《ズ》生《ト》。願生《ニ》有《リ》宗。故《ニ》知《ヌ》此《ノ》言《ハ》歸②《シタテマツルナリ》於釋迦《ニ》。若《シ》謂《オモフニ》此《ノ》意《ヲ》、遍《ク》告《コト》諸佛《ニ》亦復无《ナケム》嫌《コト》01。夫《レ》菩薩《ハ》歸《ス》佛《ニ》、如《シ》孝子之《ノ》歸《シ》父母《ニ》、忠臣之歸《シテ》君后《ニ》、動靜非《ズ》己《レニ》、出沒必《ズ》由《ルガ》知《テ》恩《ヲ》報《ズルニ》德《ヲ》、理宜《シク》先《ツ》啓《ス》02。又所願不《ズ》輕《ラ》、若《シ》如來不《ズハ》加《シタマハ》威神《ヲ》、將《ニ》何《ヲ》以《テカ》達《セムト》。乞《フ》加《コトヲ》神力《ヲ》。所以《コノユヘニ》仰《テ》告《ナリト》。「我一心」者《ハ》天親菩薩自督③《トク》之詞《ナリ》。言《イフコヽロハ》念《ジタテマツリテ》无㝵光如來《ヲ》願《コト》生《ト》安樂《ニ》、心心相續《シテ》无《トナリ》他《ノ》想間《ヒ》雜《スルコト》。

問曰、佛法《ノ》中《ニハ》无《シ》我。此中《ニ》何《ヲ》以《カ》稱《スルヤ》我《ト》。答曰、言《イフニ》我《ト》有《リ》三根本。一《ハ》是邪見語、二《ハ》是自大語、三《ハ》是流布語《ナリ》。今言《ト》我者《ハ》天親菩薩自《ミヅカラ》指《シフル》之《ヲ》言《コトバナリ》、用《ヲ》流布語《ヲ》。非《ル》邪見自大《トニ》也。

03「歸命盡十方无㝵光如來」者、歸命《ハ》即是禮拜門《ナリ》。盡十方无㝵光如來《ハ》即是讚嘆門《ナリ》。何《ヲ》以《カ》知《トナレバ》歸命《ハ》是禮拜《ナリト》、龍樹菩薩《ノ》造《レル》阿彌陀如來《ノ》讚《ヲ》

①號　◎「号」を「號」と上欄訂記
②歸於　◎「皈于」を「歸於」と上欄訂記
③督　◎「督字　勸也率也正《アキラカナリ》也」と上欄註記

1-452

（十住論巻五易行品）中、或言「稽首禮」、或言「我歸命」、或言「歸命禮」。此『論』（浄土論）長行中亦言「修五念門」。五念門中禮拜是一。天親菩薩既願往生。豈容不禮。故知歸命即是禮拜。然禮拜但是恭敬、不必歸命。歸命必是禮拜。若以此推歸命爲重。偈申己心。宜言歸命。論解偈義。汎談禮拜。彼此相成、於義彌顯。

何以知盡十方无导光如來是讚嘆門、下長行中言「云何讚嘆門、謂稱彼如來名、如彼如來光明智相、如彼名義、欲如實修行相應」故。依舍衛國所說『无量壽經』（小經）佛解阿彌陀如來名號「何故號①阿彌陀。彼佛光明无量、照十方國无所障导。是故號阿彌陀。又彼佛壽命及其人民、无量无邊阿僧祇。故名阿彌陀」。　問曰、若言无导光如來光明无量、照十方國土无所障导者、此間衆生何以不蒙光照。光有所不照、豈非有导耶。答曰、导屬衆生。非光导也。譬如日光周四天下而盲者不見。非日光不周也。亦如密雲洪霔（灌之句反）而頑石不潤。非雨不洽（霔下拾反）也。若言一佛主領三千大千世界、是

訂記
①號　◎「号」を「號」と上欄
1-453

01[天親…意也]行巻27
02[問曰…門竟]行巻27

聲聞論《ノ》中《ノ》說《ナリ》。若《シ》言《フハ》諸佛遍《ク》領十方无量无邊世界《ヲ》、是大乘論《ノ》中《ノ》說《ナリ》。

01天親菩薩、今言《タマフハ》「盡十方无㝵光如來《ト》」、卽是依《ル》彼《ノ》如來《ノ》名、如《ク》彼《ノ》如來《ノ》光明智相《ノ》讚嘆①《スルナリ》。故《ニ》知《ヌ》此《ノ》句《ハ》是讚嘆門《ナリ》。

「願生安樂國」者《ハ》、此《ノ》一句《ハ》是作願門《ナリ》。天親菩薩《ノ》歸命之意也。其《レ》安樂《ノ》義《ハ》具《ニ》在《リ》下《ノ》觀察門《ノ》中《ニ》。02問曰、大乘經論《ノ》中《ニ》、處處《ニ》說《ケリ》衆生《ハ》畢竟无生《ニシテ》如《ト》虛空《ノ》。云何《ゾ》天親菩薩言《タマフ》願生《ト》耶《ヤ》。答曰、說《クニ》衆生无生《ニシテ》如虛空《ノ》有《リ》二種。一者如《キ》凡夫《ノ》所《ユル》謂《イハ》實衆生《ノ》、如《キハ》凡夫《ノ》所《ノ》見《ル》實生死《ノ》、此《ノ》所見《ノ》事畢竟《ジテ》无《キコト》所《ユルコト》有《アラ》如《シ》龜毛《ノ》、如《シ》虛空《ノ》。二者謂《ク》諸法《ハ》因緣生《ノ》故《ニ》卽是不生《ナリ》。无《キコト》所有如《シ》虛空《ノ》。天親菩薩所《ノ》願《ズル》生者《ハ》、是《レ》因緣《ノ》義《ナリ》。因緣《ノ》義《ノ》故《ニ》假《ニ》名《ク》生《ト》。非《ル》如《キニハ》凡夫《ノ》謂《フガ》有《ト》實《ノ》衆生實《ノ》生死也。　問曰、依《テカ》何《ノ》義《ニ》說《クヤ》往生《ト》。答曰、於《テ》此間《ノ》假名人《ノ》中《ニ》修《スルニ》五念門《ヲ》、前念與《ト》後念作《ナル》因《ト》。穢土《ノ》假名人・淨土《ノ》假名人、不《ズ》得決定《シテ》一《ヲ》。不得決定《シテ》異《ヲ》。前心後心亦如《シ》是《ノ》。何以《ヲ》故《ニ》。若《シ》一《ナラバ》則无《ナケム》因果、若《シ》異《ナラバ》則非《ズ》相續《ニ》。是《ノ》義《ハ》觀《ズ》一異《ノ》門《ヲ》論《ノ》中《ニ》委曲《ナリ》。釋《シ》第一行《ノ》三念門《ヲ》竟《ヌ》。

次《ニ》成《ズ》優波提舍《ノ》名《ヲ》、又成《ジテ》上起《ス》下《ノ》偈《ヲ》。

55　1-284

①嘆　右◎「スルナリ」と上書訂記

1-454

03 我依…
相應行卷27

04 何所…
應故行卷28

05 何所…
攝多行卷28

06 有二…
實功德化
卷94

07 顧名…
往生行卷28

03 我依ニ修多羅ノ眞實功德相ニ 說テ願偈總持シテ 與佛教相應ト

此一行云何成優波提舍名云何成上三門起下二門。偈言「我依
修多羅與佛教相應」。「修多羅」是佛經名。我論佛經義與經相應、
以入佛法相故得名憂波提舍。成竟。成上三門起下二門、何
所依何故依云何依何所依者依修多羅。何故依者、以如來即眞
實功德相故云何依者、修五念門相應故。成上三門起下竟。修多羅者、
十二部經中直說者名修多羅謂四阿含・三藏等。三藏外大乘諸
經亦名修多羅。此中言「依修多羅」者、是三藏外大乘修多羅。非
阿含等經也。「眞實功德相」者、有二種功德。一者從有漏心生不順
法性所謂凡夫人天諸善、人天果報、若因若果皆是顚倒、皆是虛
偽是故不實功德。二者從菩薩智慧①清淨業起莊嚴佛事依
法性入清淨相是法不顚倒、不虛偽名爲眞實功德。云何不顚倒。依
法性順二諦故。云何不虛偽。攝衆生入畢竟淨故。「說願偈總持與
佛教相應」者、持名不散不失。總名以少攝多。偈言五言句數願名

往生論註（親鸞聖人加点） 卷上 總說分 成上起下偈 眞實功德釋

① 得
◎上欄補記
② 慧
◎「惠」を「慧」と下欄
訂記

01［與佛…稱也］行巻28抄出

57 欲樂《スルニ》二往生《ヲ》一。説《ハ》謂《ク》説《クナリ》二諸《ノ》偈《ト》論《ヲ》一。總而《ジテ》言《フニ》レ之《ヲ》、説《テ》下所《ノ》二願生《スル》一偈《ヲ》上、總二持《シテ》佛經《ヲ》一01與《ト》二佛教一相應《ナリ》。相應者《ハ》、譬《バ》如《シ》二函《ト》蓋《ト》相《ヒ》①稱《カナヘルガ》一也。

觀《ニ》二彼《ノ》世界《ノ》相《ヲ》一　勝二過《セリ》三界《ノ》道《ニ》一

此《ヨリ》已下《ハ》是《レ》第四《ノ》觀察門《ナリ》。此《ノ》門《ノ》中《ニ》分《テ》爲《ス》二二《ノ》別《ト》一。一者觀二察《ス》器世間莊嚴成就《ヲ》一。二者觀二察《ス》衆生世間莊嚴成就《ヲ》一。此《ノ》句《ヨリ》已下、至《ルマデハ》二「願生彼阿彌陀佛國《ニ》」一是《レ》觀《ズルナリ》二器世間莊嚴成就《ヲ》一。觀《ズル》二器世間②《ヲ》一中《ニ》、復分《テ》爲《ス》二十七《ノ》別《ト》一。至《テ》レ文《ニ》當《ニ》《ベシ》レ目《ナツク》。此《ノ》二句《ハ》卽是《レ》第一《ノ》事《ナリ》。名《テ》爲《ス》二觀察莊嚴清淨功德成就《ト》一。此《ノ》清淨《ハ》是《レ》總相《ナリ》。佛本《ト》所三以《ユヘ》起《シタマフ》二此莊嚴清淨功德《ヲ》一者《ハ》、見《ミソナハシテ》下三界《ハ》是虛僞《ノ》相、是輪轉《ノ》相、是《レ》无窮《ノ》相《ニシテ》、如《ク》二蚇《シャク》《キレミ、ズ》〈尺音〉蠖《クワク》〈屈申蟲《カヾマリノブルムシナリ》　一郭反〉修環《メグル》《クワンスルガ》一、如《クナリ》二蠶《サム》《カイコ》〈才含反〉繭《ケンノ》《マユ》〈蠶衣　公殄反〉自《ミツカラ》縛《マツワル》一、哀哉《アハレナルカナ》衆生締《マツワル、ヲ》中〈結不解　帝音〉此《ノ》三界、顚倒《ノ》不淨《ニ》上、欲《オボシメス》下置《テ》三衆生《ヲ》於《ニ》二不虛僞《ノ》處一、於《ニ》二不輪轉《ノ》處一、於二不无窮處一、得《エシメムト》中畢竟安樂《ノ》大清淨處《ヲ》上。是《ノ》故《ニ》起《シタマフ》二此清淨莊嚴功

58 德《ヲ》一也。成就者《ハ》、言《イフコヽロハ》此《ノ》清淨《ハ》不《ズ》レ可二破壞《ス》一、不《ズ》レ可《ラ》二汚染《ス》一。非《ル》レ如《クニハ》二三界《ハ》是《レ》汚染《ノ》相《ナリ》、是《レ》破壞③《エノ》相《ノ》一也。「觀」者《ハ》觀察也。「彼」者《ハ》彼《ノ》安樂國也。「世界相」者《ハ》彼《ノ》安

1-286 樂世界《ノ》清淨《ノ》相也。其《ノ》相別《ニ》在《リ》レ下《ニ》。「勝過三界道」、道者《ハ》通也。以《テ》二如《ノ》レ此

①稱　右◎「ノ」を「カナヘルガ」と上書訂記
②間　右◎「ノ」を「ヲ」と上書訂記
③壞　◎「壞」を「壞」と上書訂記

因《ヲ》、得《エシム》如《ノ》此果《ヲ》。以如《ノ》此果、酬《ムクフ》如《ノ》此因《ヲ》。通《ジテ》因《ニ》至《ル》果《ニ》。通《ジテ》果酬《ムクフ》因。故《ヘニ》名《テ》爲《ス》道《ト》。三界者《ハ》、一《ニハ》是《レ》欲界、所《ユル》謂《イハ》六欲天・四天下《ノ》人・畜生・餓鬼・地獄等是也。二《ニハ》是色界、所《ユル》謂《イハ》初禪・二禪・三禪・四禪《ノ》天等是也。三《ハ》是无色界、所《ユル》謂《イハ》空處・識處・无所有處・非想非非想處《ノ》天等是也。此《ノ》三界《ハ》蓋《ケダシ》是《レ》生死《ノ》凡夫流轉之闇宅《ナリ》。雖《ニ》復苦樂小《スコシキ》殊《ニ》①修《シウ》短《タン》暫《ク》異《ナリト》、統《スベテ》而觀《ズルニ》之《ヲ》莫《シ》非《ルコト》有漏《ニ》。倚《イ》伏《シ》《ヨリフス》相乘《ジテ》、②循《シウ》環《クワン》无《シ》際《キワ》。雜生觸受《シ》、四倒長《ク》拘《カヽワル》。且《クノ》因且《ノ》果、虛僞相《ヒ》襲《オソフ》《シフ反》。安樂《ハ》是《レ》菩薩《ノ》慈悲・正觀之由《ユヘヨリ》生《ナリ》、如來《ノ》神力本願之所建《コンナリ》。胎卵濕《ノ》生緣《テ》茲《レニ》高《タカク》揖《オサメ》《イフ反》、業繫《ノ》長《キ》維《ツナ》從此永《ク》斷《タツ》。續《ゾク》括《クワチ》《ツイデクヽル》之③權《ゴン》《ハカリゴト》不《ズ》待《マタ》勸《メヲシテ》而彎《ヒク》弓《ヲ》。勞《イタハル》謙《ケム》善讓《ユヅル》齊《ヒトシク》普賢《ニ》而同《シテ》德《ジクスヲ》。勝過《シテ》三界《ニ》抑《オサフ》是《レ》近《キ》言《コトバヲ》。

究竟《シテ》如虛空《ノ》　廣大《ニシテ》无《シト》邊際

此《ノ》二句《ハ》名《ク》莊嚴量功德成就《ト》。佛本《モト》所《ユヘ》以起《シタマフノ》此莊嚴量功德《ヲ》者《ハ》、見《ミソナハスニ》三界《ヲ》陿《カウ》（戸甲反）小、墮《ヲチル》《ズイ反》《アヤウシ》（敗成阜式垂反）《ヲヽシ》陘《ミチナリ》《ケイ》《ホトリ》（小絶坎形音）陪《ハイ》《マサル》（重土一日備文才反）陼《ショニシテ》《カギル》（如緖者陼、丘之與反）、或《ハ》宮觀迫《ハク》《セマリ》（伯音）迮《サクナリ》《セマル》（子格、反）、或《ハ》土田逼《ヒチ》《セマリ》隘《イチシ》《イヤシ》陋、或《ハ》志求路《ミチ》促《ツヽマリ》、或《ハ》山河隔《ヘダテ》（塞公危反）障《サフ》。或國界分部《セリ》。有《リ》如《キ》此《ノ》等《ラノ》種種《ノ》擧《コ》急《キフノ》事。是《ノ》故《ニ》菩薩興《オコシタマヘリ》此《ノ》莊嚴量功德《ノ》願《ヲ》。願《ハ》我《ガ》國土如《ク》虛

①修　◎「修」を「修《シウ》」と上欄訂記
②循　◎「修」を「循《シウ》」と上欄訂記
③權　右◎「ゴ」と上書訂記

01［正道…成就］眞卷170
02［性是…善根生］眞卷170

空《ノ》廣大无際。「如《ナラムト》虚空」者《ハ》、言《イフコヽロハ》來生《ノ》者《ノ》雖《イフトモ》衆《オホシト》、猶《ナホ》若①《ゴトクナラムト》无《ガ》也。「廣大无際」者《ハ》、

1-287 成《ズ》上《ノ》如虚空《ノ》義《ヲ》。何《ガ》故《ヘゾ》如《シトイフ》虚空《ノ》。以《ノ》廣大《ニシテ》无《キヲ》際故《ニ》。成就者《ハ》、言《イフコヽロハ》十方衆生《ノ》

往生《セム》者《ノ》、若《ハ》已《イニ》生《ジ》、若《ハ》今《ニ》生《ジ》、若《ハ》當《ニ》生《ゼム》、雖《フモ》无量无邊《ナリト》畢竟《ジテ》常《ニ》如《ク》虚空《ノ》廣大《ニシテ》

60 无《クシテ》際《ハ》、終《ニ》无《ラム》滿②《ミツ》時《トキ》。是《ノ》故《ニ》言《ノタマヘリ》「究竟如虚空、廣大无邊際《ト》」。　問曰、如《キハ》維

摩《ノ》、方《ホウ》丈《ヂヤウニ》苞容《シテ》有《リ》餘。何《ゾ》必《ズ》國界无貲《シウナルヲ》《タカラ》子友反乃《イマシ》稱《セムヤ》廣大《ト》。答曰、所《ノ》言廣大《ハ》

非《ズ》必以《テ》畦《ケイ》《サカイ》五十畝下圭反畹《ヱンヲ》《サカイ》三十畝一速一萬反爲《ニ》喩《ト》。但言《フ》如《ト》空《ノ》。亦何《ゾ》累《カサネムヤ》方丈《ヲ》。又方丈之所③《ハ》

苞《カヌ》容《ヲサム》《スル》在④《アリ》陜《ケフニ》《セバシ》而《テ》廣⑤《ナリ》。覈《マコトニ》《アキラカニ》實下革反論《ズルニ》果報《ヲ》、豈《ニ》若《ゴトキヲ》在《アリ》廣《ニ》而《テ》廣⑥《ナルガ》耶《ヤ》。

01正道《ノ》大慈悲《ハ》　出世《ノ》善根⑦《ヨリ》生《ズト》

此《ノ》二句《ハ》名《ク》莊嚴性功徳成就《ト》。佛本《モト》何《ガ》故《ヘゾ》起《オコシタマフ》此《ノ》莊嚴《ヲ》。見《ミソナハスニ》有《アル》國土《ヲ》、以《ノ》

愛欲《ヲ》故《ニ》則《チ》有《リ》欲界。以《ノ》攀《ヘン》厭《スルヲ》禪定《ヲ》故《ニ》則《チ》有色・无色界。此《ノ》三界《ハ》皆《ナ》是《レ》有

漏《ナリ》。邪道《ノ》所生《ナリ》。長《ク》寢《イネテ》大夢《ニ》莫《ナシ》知《コト》悕《ケ》《ネガイ》出《ヲ》。是《ノ》故《ニ》興《オコシタマフ》大悲心《ヲ》。願《ハ》我《レ》成佛《セムニ》、以《テ》无

上《ノ》正見道《ヲ》起《オコシテ》清淨《ノ》土《ヲ》、出《イデムト》于三界。02性《ハ》是《レ》本《ノ》義《ナリ》。言《イフコヽロハ》此《ノ》淨土《ハ》隨順《シテ》法性《ニ》

61 不《ズ》乖《ムカ》法本《ニ》。事同《ジ》『花嚴經』寶王如來《ノ》性起《ノ》義《ニ》。又言《イフコヽロハ》積習《シテ》成《ズ》性《ヲ》、指《ス》法藏

菩薩《ヲ》。集《アツメテ》諸波羅蜜《ヲ》積習《シテ》所《ナリ》成《ジタマヘル》。亦言性者《ハ》是《レ》聖種性《ナリ》。序《ハジメハ》法藏菩薩於《シテ》

---

①若　右◎「ム」と上書訂記
②滿　右◎「ミ」と上書訂記
③所　◎下に挿入符号あり、「或本有宅字」と上欄註記
④在　右◎「チ」を「ア」と上書訂記
⑤廣　右◎「リ」と上書訂記
⑥廣　右◎「ガ」と上書訂記
⑦根　右◎「リ」と上書訂記

世自在王佛《ノ》所《ミモトニ》、悟《ヘリ》无生法忍《ヲ》。爾《ノ》時《ノ》位《ヲ》名《ク》聖種性《ト》。於《シテ》是《ノ》性《ノ》中《ニ》發《シテ》卌八《ノ》大願《ヲ》修起《セリ》此《ノ》土《ヲ》。卽《チ》曰《フ》安樂淨土《ト》。是《レ》彼《ノ》因《ノ》所得《ナリ》。果《ノ》中《ニ》說《ク》因《ヲ》。故《ニ》名《テ》爲《ス》性《ト》。又言《イフコ、ロハ》性《ハ》是必然《ノ》義《ナリ》、不改《ノ》義《ナリ》。如《ト》海《ノ》性《ノ》一味《ニシテ》、衆流入《イレ》者《バ》必爲《ナリテ》一味《ト》海《ノ》味不隨《テ》彼《ニ》改也。又如《シ》人《ノ》身《ノ》性不淨《ナルガ》故《ニ》、種種《ノ》妙好《ノ》色・香・美味入《レバ》身《ニ》皆爲《ルガ》不淨《ト》。安樂淨土《ハ》諸《ノ》往生《スル》者《ノ》、无《シ》不淨《ノ》色、无《シ》不淨《ノ》心。畢竟《ジテ》皆得《コトハ》淸淨平等无爲法身《ヲ》、以《ノ》安樂國土淸淨《ノ》性成就《セルヲ》故《ナリ》。「正道大慈悲、出世善根生」者《ハ》、平等《ノ》大道也、平等《ノ》道①《ナレバナリ》。所以《ユヘ》名《テ》爲《スル》正道《ト》者《ハ》、平等《ハ》是《レ》諸法《ノ》體相《ナリ》。以《ノ》諸法平等《ナルヲ》故《ニ》發心等《ヒトシ》。發心等《キガ》故《ニ》道等《シ》。道等《キガ》故《ニ》大慈悲等《シ》。大慈悲《ハ》是佛道《ノ》正因《ナルガ》故《ニ》言「正道大慈悲《ト》」。慈悲《ニ》有《リ》三縁。一者《ハ》衆生縁、是《レ》小悲《ナリ》。二者法縁、是中悲《ナリ》。三者无縁、是大悲《ナリ》。大悲《ハ》卽出世《ノ》善也。安樂淨土《ハ》從此《ノ》大悲生《ゼルガ》故《ニ》。故《ニ》謂《テ》此《ノ》大悲《ヲ》爲《セル》淨土之根《ト》故《ニ》曰《フ》「出世善根生②」《ト》。

淨光明滿足《コト》　如《シト》鏡《ト》日月輪《トノ》

此《ノ》二句《ハ》名《ク》莊嚴形相功德成就《ト》。佛本《ト》所以《ユヘ》起《シタマフ》此《ノ》莊嚴功德《ヲ》者《ハ》、見《ニ》日《ノ》行《ヲ》四域《ニ》、光《リ》不《ズ》周《アマネカラ》三方《ニ》。庭《テイ》燎《レウ》力小反在《ルニ》宅《ニ》明《カナルコト》不《ズ》滿《タ》十刃③《ジンニ》。以《ノ》是《ヲ》故《ニ》起《シタマヘリ》滿《ムト》

①道　右◎「ナレ」と上書訂記
②生　◎下に挿入符号あり、「或本有也字」と上欄註記
③刃　◎「仞《ジンニ》」を「刃《ジンニ》」と上欄訂記

淨光明《ヲ》願《ヲ》。如《ク》日月光輪《ノ》滿足《セルガ》自體《ニ》、彼《ノ》安樂淨土雖《モ》復廣大无《ニシテ》邊《シト》、清淨《ノ》光明无《ナケム》不《ルコト》充塞《セ》。故《ニ》曰「淨光明滿足、如鏡日月輪《ト》」也①。

備《テ》諸《ノ》珍寶性《ヲ》　具足《セリ》妙莊嚴《ヲ》

63　1-289

此《ノ》二句《ハ》名《ク》莊嚴種種事功德成就《ト》。佛本《ト》何《ガ》故《ゾ》起②《オコシタマヘルト》此莊嚴《ヲ》。見《ミソナワスニ》有《ル》國土《ヲ》、以《テ》泥土《ヲ》爲《ス》宮《ノ》飾《ト》、以《テ》木石《ヲ》爲《ス》花觀《ト》。或《ハ》彫《エリ》金《ヲ》鏤《チリバム》玉《ヲ》、意願不《ズ》充《ミタ》。或《ハ》營《イトナミテ》備《ソナフレバ》百千《ヲ》具《ニ》受《ウク》辛苦《ヲ》。以《ノ》此《ヲ》故《ニ》興《オコシタマフ》大悲心《ヲ》。願《ハ》我《レ》成佛《セムニ》、必《ズ》使《シメタマヘリ》珍寶具足《シ》、嚴麗《ニシテ》自然《ニ》相《アヒ》忘《ワスレ》於《ヲ》有餘《コト》、自《ラ》得《エ》於《ヲ》佛道。此《ノ》莊嚴《ノ》事、縱《タトヒ》使毗首羯磨《ガ》工《タクミ》稱《ストモ》妙絶《ト》、積《ツミ》思《ヲ》竭《ツクストモ》想《ヲ》、豈能《ク》取《テ》圖《ウツサムヤ》。「性」者《ハ》本《ノ》義也。能生既《ニ》淨《シ》、所生焉《イヅクンゾ》得《ム》不淨《ヲ》。故《ニ》『經《ニ》』（維摩經巻上佛國品）言《ノタマハク》、「隨《テ》其《ノ》心淨《キニ》則佛土淨《シ》」。是《ノ》故《ニ》言《ノタマヘリ》「備諸珍寶性、具足妙莊嚴《ト》」。

无垢《ノ》光炎熾《ニシテ》　明淨《ニシテ》曜《ス》世間

此《ノ》二句《ハ》名《ク》莊嚴妙色功德成就《ト》。佛本《ト》何《ガ》故《ゾ》起《シタマフト》此莊嚴《ヲ》。見《ワスニ》有國土《ヲ》、優劣不同《ナリ》。以《ノ》不同《ナルヲ》故《ニ》高下以《テ》形《チトス》。高下既《ニ》形《チナレバ》、是非以起《オコル》。是非既《ニ》起《レバ》、長《ク》淪《シツム》（没倫音）三有《ニ》。是《ノ》故《ニ》興《シテ》大悲心《ヲ》起《オコシタマヘリ》平等《ノ》願《ヲ》。願《ハ》我《ガ》國土《ハ》光炎熾盛《ニシテ》第一无比《ナラム》。

①也　◎下欄補記
②起　右◎「オ」と上書訂記

不《ジ》レ如《クナラ》三人天《ノ》金色能《ク》有《ガ》二奪《ウバフ》者《モノ》一。若《イカンガ》為相《アヒ》奪《ウバフト》①。如《キヲ》二明鏡《ノ》一在《オケバ》二金邊《ニ》一則不《ズ》レ現《ゼ》。今日《ノ》時中《ノ》金《ヲ》比《スルニ》二佛在《ノ》時《ノ》金《ニ》一則不《ズ》レ現《ゼ》。佛在《ノ》時《ノ》金《ヲ》比《スルニ》二閻浮那金《ニ》一則不《ズ》レ現《ゼ》。閻浮那金《ヲ》比《ニ》二大海《ノ》中《ノ》轉輪王《ノ》道中《ノ》金沙《ニ》一則不《ズ》レ現《ゼ》。轉輪王《ノ》道中《ノ》金沙《ヲ》比《ニ》二金山《ニ》一則不《ズ》レ現《ゼ》。金山《ヲ》比《ニ》二須彌山《ノ》金《ニ》一則不レ現。須彌山《ノ》金《ヲ》比《ニ》二三十三天《ノ》瓔珞《ノ》金《ニ》一則不《ズ》レ現。三十三天《ノ》瓔珞《ノ》金《ヲ》比《ニ》二炎摩天《ノ》金《ニ》一則不《ズ》レ現。炎摩天《ノ》金《ヲ》比《ニ》二兜率陀天《ノ》金《ニ》一則不《ズ》レ現《ゼ》。兜率陀天《ノ》金《ヲ》比《ニ》二化自在天《ノ》金《ニ》一則不《ズ》レ現《ゼ》。化自在天《ノ》金《ヲ》比《ニ》二他化自在天《ノ》金《ニ》一則不レ現《ゼ》。他化自在天《ノ》金《ヲ》比《スルニ》二安樂國中《ノ》光明《ニ》一則不《ズ》レ現《ゼ》。所以《ユヘ》者《ハ》何《イカントナレバ》、彼《ノ》土《ノ》金光《ハ》絶《タチタマヘルガ》下從二垢業一生《コトヲ》上故《ニ》。清淨《ニシテ》无《シ》レ不《ルコト》二成就《セ》一。故《ニ》安樂淨土《ハ》是《レ》无生忍《ノ》菩薩《ノ》淨業《ノ》所起《ナリ》。阿彌陀如來法王《ノ》所領《ナリ》。阿彌陀如來《ヲ》為《タマフガ》二增上緣《ト》一故《ニ》。是《ノ》故《ニ》言《ノタマヘリ》二「无垢光炎熾、明淨曜世間《ト》」一。「曜世間」者《ハ》曜《ス》二二種世間《ヲ》一也。

寶性功德草　柔軟《ニシテ》左右《ニ》旋《メグレリ》　觸《フル、ノ》者生《ズルコト》二勝樂《ヲ》一　過《タリ》二迦旃隣陀《ニ》一

此四句《ハ》名《ク》二莊嚴觸功德成就《ト》一。佛本《ト》何《ガ》故《ゾ》起《オコシタマフト》二此莊嚴《ヲ》一。見《ニ》二有《ル》②國土《ヲ》一、雖《モ》三寶《タカラ》重《クスト》二金玉《ヲ》一不《ズ》レ得《エ》レ為《スルコトヲ》二衣服《ト》一。珍《メヅラシク》翫《モテアソベドモ》二明鏡《ヲ》一无《シ》レ議《ヨロシキコト》レ於《ニ》二敷具《ニ》一。斯《ニ》緣《テ》悅《ヨロコバシムレドモ》レ於《ヲ》レ目《メ》

---

①奪　右◎「フ」と上書訂記
②有　右◎「ル」と上書訂記

1-291
66

不《ル》便《タヨリナラ》於《ニ》身《ミ》也。身眼《ノ》二情豈《ニ》弗《ザラム》鉾《ホコ》楯《タテ》《ジュンセ》乎《ヤ》。是故《ニ》願《ジテ》言《ノタマハク》、使《シメムトガ》我國土《ノ》人天六情和《ワシテ》於《ニ》水乳、卒去《サラ》楚①越②之勞《ヲ》。所以《コノユヘニ》七寶柔輭《ニシテ》悅《バシ》目《メヲ》便《ヨリナラムト》身《ニ》。「迦旃隣陀」者《ハ》、天竺《ノ》柔輭草《ノ》名也。觸《レ》之《ニ》者《バ》能《ク》生《ズ》樂受《ヲ》。故《ニ》以《テ》爲《ト》喩《ト》。註者《ノ》言《ハク》、此間《ノ》土石草木《ハ》各有《リ》定體。譯者何《ニ》緣《テカ》目《ナヅケテ》彼寶《ヲ》爲《スル》草《ト》耶《ヤ》。當《ニ》以《テノ》其《ノ》葻《ヒウニ》草得風貌 文蟲反 能③《ク》蘂《エイ》草旋貌 一縈反 䕬《ベウヲ》細草曰䕬 亡小反 故《ニ》、以《テ》草《ヲ》目《ナヅク》之耳《ノミト》。余《ヨ》若《シ》參④譯《セバ》當《ニ》別《ノ》有《ル》途《ミチ》。「生勝樂」者《ハ》、觸《レバ》迦旃隣陀《ニ》生《ズ》染著《ノ》樂《ヲ》。觸《レバ》彼《ノ》輭寶《ニ》生《ズ》法喜《ノ》樂《ヲ》。二事相《ヒ》玄《ハルカナリ》。非《ハ》勝《ニ》如何《イカンソ》是《セム》。故《ニ》言《ノタマフ》「寶性功德草、柔輭左右旋、觸者生勝樂、過迦旃隣陀」⑤《ト》。

寶華千萬種《ニシテ》　彌覆《セリ》池・流・泉《ニ》　微風動《オゴカスニ》華葉《ヲ》　交⑥《ケウ》錯《シテ》光《リ》亂轉《ス》

此四句《ハ》名《ク》莊嚴水功德成就《ト》。佛本何《ガ》故《ゾ》起《オコシタマフト》此願《ヲ》。見《スニ》有《ル》國土《ヲ》、或《ハ》澐《ウン》溺⑦《マウ》江《ノ》水《ノ》大《ナル》波謂《イフ》之澐 溺《ト》⑧亡音 洪《コウ》濤《タウシテ》海波《ノアガル》上 大牢反 滓《シ》沫《マチ》驚《オドロカス》人《ヲ》。或《ハ》凝《ギヨウ》澌《シ》流《ス》水《ヲ》上支反 渹⑨《カウ》古甲反 渫《タウ》凍相著、大甲反 蹙《ソク》迫子六反 架《カ》、壞《エ》㤲《トクス》失常他《ナリ》。則反 ⑩向《ムカフニ》无《シ》安悅《エチ》之情《ヲ》。背⑪《ソムクニ》有《リ》恐《ク》値《チ》之慮《オモンバカリ》。菩薩見《ハスニ》此《ヲ》興《オコシタヘリ》大悲心《ヲ》。願《ハ》我《レ》成佛《セムニ》、所有《ノ》流・泉・池・沼《セウ》池之小反 與《ト》宮殿相《ヒ》稱《カナフテ》事出『經』中 種種《ノ》寶花布《シキテ》爲《セム》水飾《ト》、微風徐《ヤウヤク》扇《テ》映《エイ》發《スルニ》有《テ》序《ハジメ》、開《ヒラキ》神《ヲ》悅《バシメテ》體《ヲ》、无《ナカラムト》一《モ》不可《ナルコトノ》。是故《ニ》言《ノタマヘリ》「寶花千萬種、彌覆池流泉、微風動花葉、交錯光亂轉」《ト》。

①楚　◎「北」と左傍註記
②越　◎「南」と左傍註記
③能　◎「然」を「能《ク》」と右傍訂記
④參　◎「或本恭《ツヽシムデ》字也」と上欄註記
⑤陀　◎下に挿入符号あり、「或本有也字」と上欄註記
⑥交　◎「災」を「交」と下欄訂記
⑦溺　左◎「ボ」と上書訂記
⑧亡　◎「云」を「亡」と上書訂記
⑨渹　◎「浹」を「渹《カウ》《ミヅノナガルカタチ》」と上欄訂記
⑩向　右◎「カ」と上書訂記
⑪背　右◎「ソムクニ」を「セナカスルニ」と上書訂記

1-463

宮殿諸《ノ》樓閣《ニシテ》　觀《ミルコト》十方《ヲ》无㝵《ナリ》　雜樹《ニ》異《ノ》光色《アリ》　寶蘭遍《ク》圍繞《セリ》

此四句《ハ》名《ク》莊嚴地功德成就《ト》。佛本《ト》何《ガ》故《ゾ》起《オコシタマフヤ》此莊嚴《ヲ》。見《スニ》有《ル》國土《ヲ》、嶕《セウ》高貌才消反 嶢《ゲウ》牛消反 峻《シユン》高俊音 嶺《レイニシテ》①枯木橫《ヨコタヘ》岑《ニ》、岝《サク》《ヤマノカホ》山不齊才白反 峉《ガク》《ヤマノカホ》岝峉五百反 峌《ケイ》深山谷亦山消貌形音 嶙《リンニシテ》深无崖力人反 脊《セウ》惡卉貌消音 茅《バウ》道多卉不可行方交反 盈《ミテリ》壑《タニ、バウ反》。茫茫《バウタル》滄海、爲《タリ》絕《ゼチ》目《モク》之《ノ》川《セン》。葻《ラン》葻《ランタル》廣澤、爲《タリ》无《ブ》蹤《シヨウ》之《ノ》所。菩薩見《ナハシテ》此《ヲ》興《オコシタマヘリ》大悲《ノ》願《ヲ》。願《ハ》我國土《ハ》地平《カニシテ》如《ク》掌《ノ》、宮殿樓閣鏡《カヾミノゴトクシテ》、納《メムニ》十方《ヲ》、的《ヒトシクシテ》无《ク》所《ロ》屬《ツク》、亦非《ラム》不《ルニ》屬《セ》。寶樹・寶蘭《ラン》互《ニ》爲《ナサム》映飾《ヲ》。是《ノ》故《ニ》言《ノタマヘリ》「宮殿諸樓閣、觀十方无㝵、雜樹異光色、寶蘭遍圍繞《ト》」。

无量《ノ》寶交絡《シテ》　羅網遍《セム》虛空《ニ》　種種《ノ》鈴發《テ》響《ヒヾキヲ》　宣《ノベ》吐《ハカム》妙法《ノ》音《ヲ》

此四句《ハ》名《ク》莊嚴虛空功德成就《ト》。佛本《ト》何《ガ》故《ゾ》起《シタマフヤ》此莊嚴《ヲ》。見《スニ》有《ル》國土《ヲ》、煙雲塵霧蔽《ヘイ》障《シヤウシ》太虛《ヲ》、震《シム》烈《レチシテ》霫《シム》雨聲士林反 霍《クワクヲ》大雨下郭反 從《ヨリ》上而《シテ》墮《オツ》。不祥《シヤウノ》烖《サイ》天火葬才反 霓《ゲイ》屈虹、靑赤或白色陰氣五結反 每《ツネニ》自空來《テ》、憂《ウ》慮《リヨ》百端《ニシテ》爲之《ニ》毛《ガ》竪《ヨダツ》。菩薩見《ハシテ》此《ヲ》興《オコシタマヘリ》大悲心《ヲ》。願《ハ》我《ガ》國土《ニハ》寶網交絡《シテ》、羅遍《ジ》虛空《ニ》、鈴《リヤウ》鐸《チヤク》大鈴大各反 宮《キウ》商《シヤウ》鳴《テ》宣《ベム》道法《ヲ》。視《ミテ》之《ヲ》无《ク》厭《フコト》懷《フテ》道《ヲ》見《ム》德《ヲ》。是《ノ》故《ニ》言《ノタマヘリ》「无量寶交絡、羅網遍虛空、種種鈴發響②、宣吐妙法音《ト》」。

---

①嶺　◎「嶺」を「嶺《レイニシテ》」と下欄訂記
②響　◎「嚮」を「響」と上欄訂記

68

雨《リ》花衣《ノ》莊嚴《ヲ》　无量《ノ》香普《ク》勳《ゼム》

此《ノ》二句《ハ》名《ク》莊嚴雨功德成就《ト》。佛本何《ガ》故《ゾ》興《シタマフノ》此莊嚴《ヲ》。見《スニ》有《ル》國土《ヲ》、欲《オモフ》以《テ》服《ブク》飾《ジキヲ》布《シキ》地《ニ》、延《ムト》請《ヲ》所尊《ニ》。或《ハ》欲《フ》以《テ》香花名寶《ヲ》、用《モテ》表《セムト》恭敬《ヲ》。而《テ》業貧《ビン》感《カムニシテ》薄《キモハ》是《ノ》事不《ズ》果《ハタサ》。是《ノ》故《ニ》興《シタマヘリ》大悲《ノ》願《ヲ》。願《ハ》我《ガ》國土《ニハ》常《ニ》雨《テ》此《ノ》物《ヲ》滿《テム》衆生《ノ》意《ニ》。何故《ゾ》以《テ》雨《ヲ》爲《ナストナラバ》言《イフコトバヲ》、恐《ラクハ》取者《ノ》云《イフコトヲ》、若《シ》常《ニ》雨《ラバ》花衣《ヲ》、亦應《ベシ》塡《ミチ》塞《フサグ》虚空《ニ》、何《ニ》緣《テカ》不《ラムト》妨《サマタゲ》。是《ノ》故《ニ》以《テ》雨《ヲ》爲《ス》喩《ト》。雨適《カナヒヌレバ》時《ニ》、則《チ》无《シ》洪《コウ》滔《タウ》（水漫他高反）大《ミダレガハシ》之《ノ》患《ウレヘ》。安樂《ノ》報豈《ニ》有累情之物乎《ヤ》。經《ニ》言《ハク》、「日夜六時《ニ》雨《リ》寶衣《ヲ》雨《ル》寶華《ヲ》。寶質柔輭《ニシテ》履《フミ》踐《フムニ》其上《ヲ》、則《チ》下《ルコト》四寸、隨《テ》擧《グ》足時《ニ》還復《スルコト》如《シ》故《モトノ》。用《ヰルコト》訖《オハリヌレバ》入《コト》寶地《ニ》如《シ》水《ノ》入《ルガ》坎《ニ》」。是《ノ》故《ニ》言《ノタマヘリ》「雨花衣莊嚴、无量香普薫《ト》」。

69　1-293

佛惠明淨《ナルコト》日《ノゴトクシテ》　除《ク》世《ノ》癡闇冥《ヲ》

此《ノ》二句《ハ》名《ク》莊嚴光明功德成就《ト》。佛本何《ガ》故《ゾ》興《シタマフトノ》此莊嚴《ヲ》。見《スニ》有《ル》國土《ヲ》、雖《モ》復項背《ハイニ》日光《アリト》而爲《ニ》愚癡《ノ》所《ル》闇《クラマサ》。是《ノ》故《ニ》願《ジテ》言《ノタマハク》、使《シメテ》我《ガ》國土《ノ》所有《ノ》光明、能《ク》除《テ》癡闇《ヲ》入《ラ》佛《ノ》智慧①、不《ジ》爲《ナサ》无記之事《ヲ》。亦云《ク》、安樂國土《ノ》光明《ハ》從《ヨリ》如來《ノ》智慧②《ノ》報起《ルガ》故《ニ》、能《ク》除《ク》世《ノ》闇冥《ヲ》。『經《ニ》』（維摩經卷下菩薩行品）言《ノタマハク》、「或《ハ》有《リ》佛土。以《テ》光明《ヲ》爲《ナス》佛事《ヲ》」

①慧　◎「惠」を「慧」と上欄訂記
②慧　◎「惠」を「慧」と下欄訂記

即是《レハ》此也。是《ノ》故《ニ》言《ノタマフ》「佛惠明淨日、除世癡闇冥《ト》」。

　梵聲《ノ》悟《サトリ》深遠《ニシテ》　微妙《ナリ》聞《キコユ》十方《ニ》

此《ノ》二句《ハ》名《ク》莊嚴妙聲功德成就《ト》。佛本何《ガ》故《ゾ》興《シタマフ》此《ノ》願《ヲ》。見《スニ》有《ル》國土《ヲ》、雖《モ》有《ト》善法而名聲不《ズ》遠《トオカラ》。有《テ》名聲雖《モ》遠《ト》復不《ズ》微妙《ナラ》。有《テ》名聲妙《ヘニ》遠《ケレドモ》復不《ズ》能《ハ》悟《サトラスルコト》物《ヲ》。是《ノ》故《ニ》起《シタマヘリ》此《ノ》莊嚴《ヲ》。天竺國《ニハ》稱《シテ》淨行《ヲ》爲《ス》梵行《ト》。稱《シテ》妙辭《コトバ》《ジヲ》爲《ス》梵言《ト》。彼《ノ》國《ニ》貴重《スレバ》梵天《ヲ》、多《ク》以《テ》梵《ヲ》爲《ナス》讚《ヲ》。亦言、中國《ノ》法《ハ》與《ト》梵天通《ズルガ》故《ヘ》也《ナリ》。「聲」者《ハ》名也。名《ハ》謂《ク》安樂土《ノ》名《ナリ》。經《ニ》言《ノタマハク》、「若《シ》人但聞《テ》安樂淨土之名《ヲ》欲《スルニ》願往生《ヲ》、亦得《ウトイヘリ》如《クナルコトヲ》願《ノ》」。此《レハ》名《ノ》悟《サトラスル》物《ヲ》之證也。『釋論』（大智度論卷三八往生品意）言《ハク》、「如《ノ》斯《ノ》淨土《ハ》非《ズ》三界《ノ》所《ニ》攝《ニ》。何《ヲ》以《テ》言《イフトナラバ》之《ヲ》、无《キガ》欲故《ニ》非《ズ》欲界《ニ》。地居故《ナルガ》《ニ》非《ズ》色界《ニ》。有《ルガ》色故《ニ》非《ズ》无色界《ニ》。蓋《ケダシ》菩薩《ノ》別業《ノ》所《ロ》致《イタス》耳《ノミト》」。出《テ》有《ヲ》而有《テ》曰《ナルヲイフ》微。（出有者《ハ》、謂《ク》出《テ》三有《ヲ》、而《テ》有者《ハ》、謂《ク》淨土《ノ》有也）名《ナ》能開《ク》悟《スルヲ》曰《フ》妙《ト》。（妙《ハ》好也。以《テ》名《ヲ》能《ク》悟《ス》物《ヲ》。故《ニ》稱《ス》妙《ト》）是《ノ》故《ニ》言《ノタマヘリト》「梵聲悟深遠、微妙聞十方《ト》」。

　正覺阿彌陀《ノ》　法王善《ク》住持《シタマヘリト》

此《ノ》二句《ハ》名《ク》莊嚴主功德成就《ト》。佛本何《ガ》故《ゾ》興《シタマフ》此願《ヲ》。見《スニ》有《ル》國土《ヲ》、羅刹《ヲ》爲《ス》君《ト》、則率土相噉《ス》。寶輪駐《トヾマル》（立馬長句反）殿《ニ》則四域无《シ》虞。譬《フ》之《ヲ》風《ノ》靡《ナビクニ》。豈无《ラム》本耶《ヤ》。

71

是《ノ》故《ニ》興《シタマヘリ》願《ヲ》。願《ハ》我《ガ》國土《ニハ》常《ニ》有《シテ》法王、法王《ノ》善力《ニ》之所《ラレム》住持《セ》。「住持」者《ハ》如《シ》黄《クワウ》鵠《コク》持《タモテバ》子安《ト》、千齡《レイ》更《カヘテ》起《オコル》、魚母念持《スレバ》子《ヲ》、逕《ヘテ》㲉《カクヲ》不《ルガ》壞。夏有《テ》水冬无《ヲ》水曰《フ》㲉火岳反　安樂國《ハ》爲《ニ》正覺《ノ》善《ク》持《リ》其《ノ》國《ヲ》。豈《ニ》有《ム》非《ルコト》正覺《ノ》事《ヤ》耶。是《ノ》故《ニ》言《タマフ》「正覺阿彌陀、法王善住持《ト》」。

如來淨華《ノ》衆《ハ》　正覺《ノ》花《ヨリ》化生《ス》

此《ノ》二句《ハ》名《ク》莊嚴眷屬功德成就《ト》。佛本何《ガ》故《ゾ》興《オコシタマフトノ》此願《ヲ》。見《スニ》有《ル》國土《ヲ》、或《ハ》以《テ》胞《ハウ》血《クエチヲ》①爲《ス》身器《ト》。或《ハ》以《テ》糞《フン》尿《ネウヲ》爲《ス》生《ノ》元《モト》、或《ハ》槐《クワイ》棘《コクノ》高《キ》坼《キシヨリ》《タカホコ》出《ス》猜《セイ》《ソネム》狂《クヰヤウ》《クルフ》之子《ヲ》。或《ハ》豎《シユ》子《シガ》婢《ヒ》腹《フクヨリ》出《ス》卓《タク》犖《ラク》《スグレタルコト》零角反　之才《サイヲ》。譏《キ》《ソシリ》誚《セウ》《ソシル》才召反　由《テ》之《ニ》懷《イダキ》火《ヲ》、恥《チ》《ハヂ》辱《ジヨク》《ハヅ》緣《エントシテ》以《テ》抱《イダク》冰《ヲ》。所以《コノユヘニ》願《ジテ》言《ノタマハク》、使《メム》我《ガ》國土《ニハ》悉《ク》於《ヨリ》如來淨花《ノ》中生《ジテ》、眷屬平等《ニシテ》與奪无《ラ》路。是《ノ》故《ニ》言《ノタマヘリ》「如來淨花衆、正覺花化生《ト》」。

1-295

72

愛樂《シ》佛法《ノ》味《ヲ》　禪三昧《ヲ》爲《スト》食《ト》

此《ノ》二句《ハ》名《ク》莊嚴受用功德成就《ト》。佛本《ト》何《ガ》故《ゾ》興《オコシタマフトノ》此願《ヲ》。見《スニ》有《ル》國土《ヲ》、或《ハ》探《サグリテ》巣《スヲ》破《ヤブリ》卵《ヲ》、爲《ス》饛《モウ》《アヂワイ》盛食滿貌亡公反　饒《ネウ》《ユタカ》飽也多人消反　之膳《ソナヘト》。或《ハ》懸《カケテ》沙《ヲ》指《ス》帒《コシブクロヲ》、爲《ス》相《ヒ》慰《ヤスム》之方《ホウト》。嗚《オ》呼《コ》諸子實《ニ》可《シ》痛心《ス》。是《ノ》故《ニ》興《オコシタマヘリ》大悲《ノ》願《ヲ》。願《ハ》我《ガ》國土、以《テシ》佛法《ヲ》、以《テシ》禪定《ヲ》、以《テ》三

①血　◎「血」を「血」と上欄訂記

味《ヲ》爲《シテ》食《ト》、永《ク》絶《タム》他食之勞《ワヅライヲ》。「愛樂佛法味」者《ハ》、如日月燈明佛說《キシニ》『法華經《ヲ》』六十小劫《ナリ》、時會《ノ》聽者亦坐《シテ》一處《ニ》六十小劫《ナリ》、謂《オモフ》如《シト》食項《ノ》、无《ナカリキ》有《コト》一人《トシテ》若《ハ》身若《ハ》心而生《シテ》懈惓《ズルコト》。「以《テ》禪定《ヲ》爲《ストイフ》食《ト》」者《ハ》、謂諸《ノ》大菩薩常《ニ》在《テ》三昧《ニ》无《キ》他《ノ》食也。「三昧」者《ハ》、彼《ノ》諸《ノ》人天、若《シ》須《モチヰル》食《ヲ》時《トキ》、百味《ノ》嘉餚羅列《シテ》在《リ》前《ニ》。眼《ニ》見《ミ》色《ヲ》、鼻《ニ》聞《カギ》香《ヲ》、身《ニ》受《テ》適悅《ヲ》自然《ニ》飽足《ス》。訖《オハリヌレバ》已《シテ》化去《ヌ》、若《シ》須《モチヰルニハ》復現《ズ》。其《ノ》事在《リ》『經《ニ》』。是《ノ》故《ニ》言《ノタマヘリ》「愛樂佛法味、禪三昧爲食《ト》」。

永《ク》離《テ》身心《ノ》惱《ヲ》　受《コト》樂《ヲ》常《ニ》无《シ》間《ヒマ》

此《ノ》二句《ハ》名《ク》莊嚴无諸難功德成就《ト》。佛本何《ガ》故《ゾ》興《オコシタマフト》此願《ヲ》。見《スニ》有《ル》國土《ヲ》、或《ハ》朝《ニハ》預《アヅカテ》袞《コン》寵《テウニ》、夕《ニハ》惶《オノヽク》斧《フ》鉞《オチニ》《オノマサカリ》。或《ハ》幼《イトケナクシテハ》①捨《ステ》蓬《ホウ》藜《シクヲ》《ヒシムバラ》、長《チヤウジテハ》列《ツラヌ》方丈《ヲ》。或《ハ》鳴《ナラシテ》笳《カヲ》《アシノフエ》導《イフ》②出《デ》麻《ヲ》③、歷《ヘ》經《フル》催《サイ》還《スト》。有《リ》如《キ》是等《ラノ》種種《ノ》違《キ》奪《ダツ》④。是《ノ》故《ニ》願《ハ》言《ノタマハク》、使《シメト》我《ガ》國土《ハ》安樂相續《シテ》畢竟《ジテ》无《ラ》間《ヒマ》。「身惱」者《ハ》飢渴・寒熱・殺害等也。「心惱」者是非・得失・三毒等也。是《ノ》故《ニ》言《ノタマヘリ》「永離身心惱、受樂常无間」。

大乘善根《ノ》界《サカイ》　等《クシテ》无《シ》譏嫌《ノ》名《ナ》　女人及根缺⑤　二乘《ノ》種不《ズ》生《ゼ》

此《ノ》四句《ハ》名《ク》莊嚴大義門功德成就《ト》。門者《ハ》通《ズル》大義之門《ニ》也。大義者《ハ》大

①幼　◎「紉」を「幼」と上書訂記
②導　◎「道」を「導」と上書訂記し、さらに「導《イフ》」と右傍訂記
③麻　◎右傍補記
④奪　◎「奪」を「奪」と上欄訂記
⑤缺　◎「鈌」を「缺」と上欄訂記

乘《ノ》所以《ユヘ》也。如《シ》人造《テ》城《ヲ》得《レバ》門《ヲ》則入《ルガ》。若《シ》人得《レ》生《ヲ》安樂《ニ》者《バ》、是《レ》則成就《スル》大乘之門《ヲ》也。佛本何《ガ》故《ゾ》興《シタマフトノ》此願《ヲ》。見《スニ》有《ル》國土《ヲ》、雖《モ》有《イマス》佛如來賢聖等《ノ》衆、由《ガ》國《ニ》濁《セルニ》故《ユニ》分《テ》一《ヲ》說《ク》三《ヲ》。或《ハ》以《テシ》拓《アケテ》聽各反眉《マユヲ》致《スヲ》誚《アザケリヲ》、或《ハ》緣《テ》指語《ニ》招《マネク》譏《ソシリヲ》。是《ノ》故《ニ》願《ジテ》言《ノタマハク》、使《シメムト》我《ガ》國土《ハ》皆是大乘一味《ニシテ》平等一味《ナラ》。根敗《バイノ》《ヤブル》種子畢竟《ジテ》不《ジ》生《ゼ》、女人殘缺①《ノ》名字亦斷《タヽムトノ》。是故《ニ》言《ノタマヘリ》「大乘善根界、等无譏嫌名、女人及根缺②、二乘種不生《ト》」。

問曰、案《ズルニ》王舍城所說《ノ》『无量壽經《ヲ》』、法藏菩薩四十八願《ノ》中《ニ》(卷上意)言《ノタマハク》、「設我得《ニ》佛、國《ノ》中《ウチノ》聲聞有《テ》能《ク》計量《ラ》知《ラ》其《ノ》數《ヲ》者《バ》、不《ジト》取《ラ》正覺《ヲ》」。是《レ》有《ル》聲聞《ノ》一證也。又『十住毗婆沙《ノ》』(卷五易行品)中《ニ》龍樹菩薩造《テ》阿彌陀《ノ》讚云《ク》、「超出《シテ》三界《ノ》獄《ヲ》、目《メハ》如《シ》蓮花葉《ノ》。聲聞衆无量《ナリ》。是《ノ》故《ニ》稽首禮《ストイヘリ》」。是《レ》有《ル》聲聞二《ノ》證也。又『摩訶衍論《ノ》』(大智度論卷三四初品意)中《ニ》言《ハク》、「佛土種種不同《ナリ》。或《ハ》有《リ》佛土、純《ニ》是《レ》聲聞僧《ナリ》。或《ハ》有《リ》佛土、純是菩薩僧《ナリ》。或《ハ》有《リ》佛土、菩薩・聲聞會《シテ》爲《ス》僧《ト》。如《シト》阿彌陀《ノ》安樂國等《ノ》是也」。是有《ル》聲聞三《ノ》證也。諸經《ノ》中《ニ》有《ル》說《コト》安樂國《ヲ》處《ニ》、多《ク》言《フテ》有《ト》聲聞、不《ズ》言《ハ》无《シト》聲聞。聲聞《ハ》卽是二乘之一《ナリ》。『論《ニ》』(淨土論)言《ノタマヘリ》「乃至无《ト》二乘《ノ》名。」此《レ》云何《イカンガ》會《ムヤ》。答曰、以《テ》理《ヲ》推《スルニ》之《ヲ》、安樂淨土《ニハ》不《ズ》應《ベカラ》有《ル》二乘。何《ニ》以《テ》

① 缺　◎「䍂」を「缺」と上欄訂記
② 缺　◎「䍂」を「缺」と右傍訂記

言《イフトナラバ》之《ヲ》、夫《ソレ》有《ルニハ》病則有《リ》藥。理《リ》數《シユ》之常也。『法花經《ニ》』(巻一方便品意)言《ノタマハク》、「釋迦牟尼如來以《ノ》出《ヲ》五濁世《ニ》故《ニ》分《テ》一《ヲ》爲《ス》三《ト》」。淨土既《ニ》非《ズ》五濁《ニ》。无《キコト》三乘明《アキラカナリ》矣。『法花經《ニ》』(巻二譬喩品意)道《イハク》、「諸《ノ》聲聞、是人《ノ》於《テ》何《ニカ》而得《ム》解脱《ヲ》。但離《ルヲ》虚妄《ヲ》名《テ》爲《ス》解脱《ト》。是人《ノ》實《ニ》未《ダ》得《エ》一切解脱《ヲ》。以《ノ》未《ダ》得《ルヲ》无上道《ヲ》故《ナリ》」。覈《アキラカニ》推《スルニ》此《ノ》理《ヲ》、阿羅漢既《ニ》未《ダ》得《エ》一切解脱《ヲ》。必《ズ》應《シ》有《ル》生。此《ノ》人更《カヘリテ》不《ズ》生《ゼ》三界《ニ》。三界《ノ》外《ニ》、除《テ》淨土《ヲ》更《マタ》无《シ》生處。是以《テ》唯《タヾ》應《シ》於《ニ》淨土《ニ》生《ズ》。如《フ》言《フ》聲聞《ト》者《ハ》、是《レ》他方《ノ》聲聞來生《セルヲ》仍《ヨルガ》本名《ニ》故《ニ》稱《シテ》爲《ス》聲聞《ト》。如《シ》天帝釋《ノ》生《ル》、人中《ニ》時、姓《トセリ》憍尸迦《ヲ》、後雖《モ》爲《ナルト》天主《ト》、佛欲《オボシテ》使《シメムト》人《ヲシテ》知《シラ》其《ノ》由來《ヲ》、與《ト》帝釋語《カタラヒタマフ》時、猶《ナホ》稱《スルガ》憍尸迦《ト》。其《レ》此《ノ》類也。又此『論《ニハ》』(淨土論)但言《ノタマヘリ》「二乘《ノ》種不《ト》生《ゼ》」。謂《ク》安樂國《ニ》不《ズトナリ》生《ゼ》二乘《ノ》種子《ヲ》。亦何《ゾ》妨《サマタゲム》二乘《ノ》來生《ヲ》耶《ヤ》。譬《バ》如《シ》橘栽《ウエテ》不《レドモ》生《ゼ》江北《ニ》、河洛《ノ》菓肆《ニ》亦見《ルガ》有《ト》橘。又言《イフ》鸚鵡《ハ》不《レドモ》渡《ラ》壟《リヨウ》西《ニ》、趙《テウ》魏《グヰガ》架《カ》桁《チヤウニ》亦有《ト》鸚鵡。此《ノ》二《ノ》物但言《イフ》其《ノ》種《タネヲ》不《ト》渡《サ》彼《コニ》。有《コト》聲聞《ノ》亦如《シ》是《ノ》。作《ハ》如《ノ》是《ノ》解《ヲ》、經論則《チ》會《シヌ》。　問曰、名《ハ》以《テ》召《マネク》事《ヲ》。有《レバ》事乃有《リ》名。安樂國《ニハ》既《ニ》无《シ》二乘・女人・根缺之事。亦何《ゾ》須《ク》復言《フ》无《ト》此《ノ》三名《ヲ》耶《ヤ》。答曰、如《シ》輭①心《ノ》菩薩不《ルヲ》甚《ダ》勇猛《ナラ》譏《ソシリテ》言《フガ》聲聞《ト》。如《シ》人《ノ》諂《テム》曲《ゴクナルトハ》或復瘠《ネイ》弱《ニヤクナルヲ》譏《ソシリテ》言《ガ》女人《ト》。又如《シ》眼《マナコ》雖《モ》明《ナリト》而不《ルヲ》識《シラ》事《ヲ》譏《ソシリテ》

①輭心菩薩　◎「輭心ノ菩薩ト云ハ金剛心ナラヌ菩薩也」と上欄註記

01［問曰…至也］眞巻171

77　1-298　78

言盲《ガ》人《ト》。又如《シ》耳雖《モ》聽《ナリト》《アキラカ》而聽《テ》義《ヲ》不《ルヲ》解《ラ》識《ソシテ》言《フガ》聾《レウ》①人《ト》。又如《シ》舌《シタ》雖《モ》語《モノイフト》而訥《コトマモリ》《トン》口《コウ》蹇《ケン》②乏《ボフナルヲ》③識《ソシテ》言《ガ》啞《ア》《オシ》人《ニント》。有《テ》如《キ》是等《ラ》根、雖具足《セリト》而有《リ》譏嫌之名。是《ノ》故《ニ》須《ク》言《フ》《ベキコト》乃至无《ト》名明《アキラナリ》。浄土《ニハ》无《シ》如《キ》是等《ラノ》與奪之名。01問曰、尋《ヌルニ》法藏菩薩《ノ》本願及龍樹菩薩《ノ》所讚《ヲ》、皆似《ニタリ》以《テ》彼國《ノ》《ニ》聲聞衆多《ナルヲ》爲《スルニ》奇《キナリ》《ト》。此有《レ》何《ルヤ》《ノ》義《カ》。答曰、聲聞《ハ》以《テ》實際《ヲ》爲《ス》證《ト》。計《ハカルニ》不《ズ》應《ラ》更《ニ》能《ク》生《ズ》佛道《ノ》根牙《ヲ》。而佛以《テ》本願《ノ》不可思議《ノ》神力《ヲ》、攝《シテ》令《シメ》生《ゼ》彼《コニ》、必當《ニ》《ベシ》復以《テ》神力《ヲ》生《ズ》其《ノ》无上道心《ヲ》。譬如《シ》④鴆《チム》鳥《ノ》入《バ》水《ニ》魚《ギヨ》蚌《ホフ》《ハマグリ》咸《ク》死、犀《サイ》牛《ギウ》觸《レバ》之死《ニ》者《セルノ》皆活《ヨミガヘルガ》。如《キ》此《ノ》不應《ルヲ》生《ラ》而生《シテ》。所《ズ》以《コノユヘニ》可奇《シ》《ト》。然五不思議《ノ》中《ニ》、佛法最不可思議《ナリ》。佛能《ク》使《シム》聲聞復《ヲシテ》生《ゼ》无上道心《ヲ》。眞《ニ》不可思議之至也。

衆生《ノ》所願樂《スル》　一切能《ク》滿足《スト》

此《ノ》二句《ハ》名《ク》莊嚴一切所求滿足功德成就《ト》。佛本何故《ガ》《ゾ》興《シタマフト》此願《ヲ》。見《スニ》有《ル》國土《ヲ》、或《ハ》名高《ナ》位《ク》重《クシテ》潛《セン》《カハル》處《スルニ》无《シ》由《ヨシ》。或《ハ》人凡性鄙《イヤシクシテ》悕《ネガフニ》出《ト》靡《ナシ》路。或《ハ》修《シウ》《ナガシ》⑤短《タン》繫《ツナ》業制《セイスルニ》不《ズ》在《アラ》己《レニ》。如《キノ》阿私陀仙人《ノ》類《ヒ》也。有《リ》如是等《ラノ》、爲業風《ノ》所《レテ》吹《フカ》不得《コト》自在《ヲ》。是《ノ》故《ニ》願《ジテ》言《ハク》、使我《メムト》《ガ》國土各稱《フテ》所求《ニ》滿足《セ》情願《ヲ》。是《ノ》故《ニ》言《タマヘリ》「衆生所願

①聾　◎「龍」を「聾《レウ》」と右傍訂記
②蹇　◎「[illegible]」を「蹇」と上書訂記し、さらに「蹇《ケン》」と右傍訂記
③乏　◎「吃」を「乏《ボフナルヲ》」と右傍訂記
④鴆　◎「鴆」を「鴆」と上書訂記し、さらに「鴆」と上欄訂記
⑤修　◎「脩」を「修《シウ》《ナガシ》」と上欄訂記

樂、一切能滿足」。

是故願生彼　阿彌陀佛國

清淨、訖《オハリヌ》之于上。

此二句結成上觀察十七種莊嚴國土成就、所以願生。釋器世間清淨、訖之于上。

次觀衆生世間清淨。此門中分爲二別。一者觀察阿彌陀如來莊嚴功德。二者觀察彼諸菩薩莊嚴功德。觀察如來莊嚴功德中有八種。至文當目。　問曰、有論師、汎解衆生名義、以其輪轉三有受衆多生死故名衆生。今名佛・菩薩爲衆生、是義云何。答曰、『經』（北本卷三三迦葉品意 南本卷三一迦葉品意）言、「一法有无量名、一名有无量義」。如以受衆多生死故名爲衆生者、此是小乘家釋三界中衆生名義。非大乘家衆生名義也。大乘家所言衆生者、如『不增不咸經』言、「言衆生者即是不生不滅義」。何以故。若有生、生已復生、有无窮過故、有不生而生過故。是故无生。若有生可有滅。既无生、何得有滅。是故无生无滅是衆生義。如『經』（維摩經卷上 弟子品意）中言「五受陰、通達空无所有、是名義」。斯其類也。

无量大寶王　微妙《ノ》淨花臺《ニイマス》

此《ノ》二句《ハ》名《ク》莊嚴座功德成就《ト》。佛本何《ガ》故《ゾ》莊嚴《シタマヘル》此《ノ》座《ヲ》。見《スニ》有《ル》菩薩《ヲ》、於《テ》①末後《ノ》身《ニ》、敷《シキ》草《ヲ》而坐《シテ》成《ジテ》阿耨多羅三藐三菩提《ヲ》、人天見《ル》者《ノ》、不《ズ》生《ゼ》增上信・增上恭敬・增上愛樂・增上修行《ヲ》②。是《ノ》故《ニ》願《ジテ》言《マハク》、我成佛《セム》時《トキ》、使《シメテ》无量大寶王微妙《ノ》淨花臺《ヲ》、以爲《セムト》佛《ノ》坐《ト》。「无量」者《ハ》如《シ》『觀无量壽經《ニ》』言《フガ》「七寶地《ノ》上《ニ》有《リ》大寶蓮花王《ノ》坐。蓮花《ノ》一一《ノ》葉、作《ス》百寶色《ヲ》。有《リ》八萬四千《ノ》脈。猶如《ゴトシ》天《ノ》畫《ノ》。脈《ニ》有《リ》八萬四千《ノ》光。花葉《ノ》小者《チヒサキハ》、縱廣二百五十由旬《ナリ》。如《キノ》是花《ニ》有《リ》八萬四千《ノ》葉《エフ》。一一《ノ》葉《ノ》間《ニ》有《リ》百億《ノ》摩尼珠王、以爲《テ》映飾《ス》。一一《ノ》摩尼、放《ツ》千《ノ》光明《ヲ》。其《ノ》光如《シ》蓋《ノ》。七寶合成《シテ》、遍《ク》覆《オホフ》地上《ニ》。釋迦毗楞伽寶、以爲《テ》其《ノ》臺《ト》。此《ノ》蓮花臺《ハ》八萬《ノ》金剛・甄《ケン》叔《シク》迦寶・梵摩尼寶・妙眞珠網、以爲《テ》嚴飾《ナル》。於《テ》其《ノ》臺《ノ》上《ニ》、自然《ニ》而有《リ》四柱《ノ》寶幢。一一《ノ》寶幢、如《シ》八萬四千億《ノ》須彌山《ノ》。幢《ノ》上《ノ》寶幔、如《シ》夜摩天宮《ノ》。有《リ》五百億《ノ》微妙《ノ》寶珠、以爲《ス》映飾《ヲ》。一一《ノ》寶珠《ニ》有《リ》八萬四千《ノ》光。一一《ノ》光作《ス》八萬四千《ノ》異種《ノ》金色《ヲ》。一一《ノ》金光遍《ス》安樂寶土《ニ》。處處《ニ》變化《シテ》各作《ス》異相《ヲ》。或《ハ》爲《ナリ》金剛臺《ト》、或《ハ》作《ナリ》眞珠網《ト》、或《ハ》作《ナル》雜花雲《クモノゴトクニ》。

①末　◎「末」を「末」と上書訂記
②行　右◎「ヲ」と上書訂記

於《テ》二十方面一随《テ》レ意《ニ》變現《シ》、化《シテ》作《ス》二佛事《ヲ》一。」如レ是等《ラノ》事、出二過《セリ》數量《ニ》一。是《ノ》故《ニ》言《ノタマヘリ》二「无量大寶王、微妙淨花臺《ト》」一。

相好《ノ》光一尋《ナリ》　色像超《ヘタマヘリ》二群生《ニ》一

此《ノ》二句《ハ》名《ク》二莊嚴身業功德成就《ト》一。佛本何《ガ》故《ゾ》莊二嚴《シタマフト》如此身業《ヲ》一。見《スニ》二有《ル》佛身《ヲ》一、受《タリ》二一丈《ノ》光明《ヲ》一。於《テ》二人《ノ》身光《ニ》一不《ズ》二甚《ダ》超絕《セ》一。如《シ》二轉輪王《ノ》相《ノ》一。①抑《ソモソモ》亦大《キニ》同《ジ》二提婆達多《ノ》所《ニ》レ減《ズル》、唯一《ナリ》。致《イタス》レ令《ムルコトヲ》二阿闍世王《ヲシテ》以《テ》レ茲《ヲ》懷《イダカ》レ亂《ヲ》。刪《サン》闍《ジヤ》耶《ヤ》等《ヲシテ》敢《アヘテ》如《ス》二蟷蜋《ノ》一、或《ハ》如《ク》レ此類也。是《ノ》故《ニ》莊二嚴《セリ》如《キノ》レ此《ノ》身業《ヲ》一。案《ズルニ》二此《ノ》間《ノ》詁《コ》訓《クンヲ》《ヲシヘ》一、六尺《ヲ》曰《イフ》レ尋《ト》。如《シ》二『觀无量壽經《ニ》』(意)言《ノタマヘルガ》一。「阿彌陀如來《ノ》身《ノ》高《タカサ》六十萬億那由他恆河沙由旬《ナリ》。佛《ノ》圓光《ハ》如《シト》二百億《ノ》三千大千世界《ノ》一。」譯者以《テ》レ尋而《シテ》言《イヘリ》。何《ゾ》其《レ》晦《クラカム》禾代反乎《ヤ》。里舍《ノ》間《ノ》人、不《ズ》レ簡《バ》二縱橫長短《ヲ》一、咸《ク》謂《ヘリ》下橫《ニ》舒《ノベテ》二兩手《ノ》臂《ヲ》一爲《スト》上レ尋《ト》。若《シ》譯者或《ハ》取《テ》二此《ノ》類《ヲ》一用《テ》、准《ジテ》二阿彌陀如來《ノ》舒《ノベタマハム》臂《ヒヂニ》一爲《スルガ》レ言《ハムト》故《ニ》、稱《セ》二一尋《ト》一者《バ》、圓光亦應《ベシ》レ徑《ワタル》二六十萬億那由他恆河沙由旬《ニ》一。是《ノ》故《ニ》言《タマヘリ》二「相好光一尋、色像超群生《ト》」一。　問曰、『觀无量壽經《ニ》』言《タマハク》、「諸佛如來《ハ》是《レ》法界身《ナリ》。入《ル》二一切衆生《ノ》心想《ノ》中《ニ》一。是《ノ》故《ニ》汝等《ナンダチ》心《ニ》想《フ》レ佛《ヲ》時、是《ノ》心即是三十二相・八十隨形好《ナリ》。是《ノ》心作佛《ス》。是《ノ》心是《レ》佛《ナリ》。

①抑　◎「御」を「抑《ソモソモ》」と上欄訂記

01「是心…火也」信巻 96

諸佛正遍知海《ハ》從二心想一生《ズ》」。是《ノ》義云何《ソヤ》。答曰、身《ヲ》名《ク》二集成《ト》一。界《ヲ》名《ク》二事別《ト》一。如

82

眼界縁《ジテ》二根・色・空・明・作意《ノ》五《ノ》因縁《ヲ》一生《ヲ》名《テ》爲《ス》二眼界《ト》一。是眼《マナコ》但自《ミヅカラ》行《ジテ》二己《レガ》縁《ヲ》一不《ズ》レ行《ゼ》二他縁《ヲ》一。以《ノ》二事別《ナルヲ》一故《ニ》。耳鼻等《ノ》界《モ》亦如《シ》レ是《ノ》。言《イフ》二諸佛如來是法界身《ト》一者《ハ》、法界《ハ》是《レ》衆生《ノ》心法也。以《ノ》三心能《ク》生《ズルヲ》二世間・出世間《ノ》一切諸法《ヲ》一故《ニ》、名《テ》レ心《ヲ》爲《ス》二法界《ト》一。法界能《ク》生《ズ》二諸《ノ》如來《ノ》相好《ノ》身《ヲ》一。亦如《シ》三色等《ノ》能《ク》生《ズルガ》二眼識《ヲ》一。是《ノ》故《ニ》佛身《ヲ》名《ク》二法界身《ト》一。是《ノ》身不《ズ》レ行《ゼ》二他《ノ》縁《ヲ》一。是《ノ》故《ニ》入《トナリ》二一切衆生心想《ノ》中《ニ》一。心《ニ》想《フ》レ佛《ヲ》時、是《ノ》心即是三十二相・八十隨形好《トイフハ》者、當《ニ》衆生《ノ》心《ニ》想《フ》レ佛時、佛身相好顯二現《スル》衆生《ノ》心中《ニ》一也。譬《バ》如《シ》二水清《ケレバ》則色像現《ズ》、水《ト》之《コレ》與レ像不《ズ》レ一《ナラ》不《ルガ》レ異。故《ニ》言《ヘル》二佛《ノ》相好《ノ》身即是心想《ト》一也。01是心作佛《トイフハ》者、言二心能《ク》作佛《スト》一也。是心是佛《トイフハ》者、心《ノ》外《ニ》无《マシマサヾル》レ

83

佛也。譬《バ》如《シト》二火《ハ》從レ木出《デ》、火不《ル》レ得レ離《レ》レ木《ヲ》也、以《ノ》レ不《ルヲ》レ離《レ》レ木《ヲ》故《ニ》則能《ク》燒《ヤク》レ木《ヲ》、木爲《ナル》レ火《ト》燒《テ》レ木《ヲ》即爲《ルガ》レ火《ト》也。諸佛正遍知海《ハ》從二心想一生《ズト》者《イフハ》、正遍知者《ハ》眞《ナリ》、正《ナリ》。如《ニ》二法界《ノ》一而《シテ》知《ル》也。法界无相《ナルガ》故《ニ》諸佛无知也。以《ノ》二无知《ヲ》一故《ニ》无《キ》レ不《ルコト》レ知也。无知《ニ》而《シテ》知《ナル》者《ハ》是《レ》正遍知也。是《ニ》知《シヌ》深廣《ニシテ》不レ可二測量《ス》一。故《ニ》譬《ル》レ海《ニ》也。

　如來微妙《ノ》聲《ミコヱ》　梵《ノ》響《ヒヾキ》聞《キコユ》二十方《ニ》一

此《ノ》二句《ハ》名《ク》荘嚴口業功德成就《ト》。佛本何故《ガゾ》興《シタマヘルト》此荘嚴《ヲ》。見《スル》有如來名《ノ》似《ル》不《ルニ》尊《カラ》、如《シ》外道軵《シヤ》推車人家反人《ニン》、稱《スルガ》瞿曇姓《ト》、成《ニ》道《ヲ》曰《フニ》聲《ナヲ》唯①徹《トオスヲ》梵天《ヲ》。是《ノ》故《ニ》願《ジテ》言《ノタマハク》、使《シメムト》我《レ》成佛《セムニ》妙聲遐《ハルカニ》布《シキテ》聞《キカム》者《ノ》悟《ラ》忍《ヲ》。是《ノ》故《ニ》言《ノタマヘリ》「如來微妙聲、梵響②聞十方《ト》」。

同《ジテ》地・水・火・風・　虚空《ニ》无《ナカラムト》分別

此《ノ》二句《ハ》名《ク》荘嚴心業功德成就《ト》。佛本何故《ガゾ》興《オコシタマフト》此荘嚴《ヲ》。見《スニ》有《ル》如來《ヲ》說《クニ》法《ヲ》云《フ》此《ハ》黑此白、此《ハ》不黑・不白、下法・中法・上法・上上法《ト》。有《リ》如是等《ラノ》无量差別品《シナ》。似《ニタリ》有《ルニ》分別。是《ノ》故《ニ》願《ジテ》言《マハク》、使我成佛《セムニ》如《ク》地《ノ》荷負《スルニ》无《キガ》輕重之殊《シュ》、如《ク》水《ノ》潤長《スルニ》无《キガ》蕕《セウ》草惡葀《クワチ》瑞草括音之《ノ》異、如《ク》火《ノ》成就《スルニ》无《キガ》芳臭之別、如《ク》風《ノ》起發《スルニ》无《キガ》眠悟之差、如《ク》空《ノ》苞受《スルニ》无《キガ》開塞之念《オモヒ》、得《テ》之《コレヲ》于内《ニ》、物《ヲ》安《ヤスクス》於外《ニ》。虚《シク》往《ユキテ》實《ミチテ》歸《カヘルニ》、於《オイテヲヤ》是《レ》于息。是《ノ》故《ニ》言《ノタマヘリ》「同地水火風、虚空无分別《ト》」。

天人不動衆《ノ》　清淨《ノ》智海生《ヨリズト》

此《ノ》二句《ハ》名《ク》荘嚴衆功德成就《ト》。佛本何故《ガゾ》起《オコシタマフトノ》此荘嚴《ヲ》。見《ミソナワス》有《アル》如來、說《タマフ》法輪《ヲ》下《モトニ》、所有《ノ》大衆《ノ》諸根《ノ》性・欲種種不同《ナリテ》、於佛《ノ》智慧③《ニ》、若《ハ》退若《ゾキ》沒《ハ》、以《ノ》

①徹　右◎「ス」と上書訂記
②響　◎「嚮」を「響」と上書訂記
③慧　◎「惠」を「慧」と上欄訂記

01「海者…動也」行巻56

1-303　85

不《ルヲ》等《ヒトシカラ》故《ニ》、衆《スベテ》不《ルヲ》純淨《ナラ》。所以《コノユヘ》興《オコシタマヘリ》願《ヲ》。願《ハ》我《レ》成佛《セムニ》、所有《ノ》天人皆從《ヨリ》如來《ノ》智慧①淸淨海生《ゼム》。01「海」者《ハ》②言、佛《ノ》一切種智深廣《ニシテ》无《ク》崖《キシ》、不《ズ》宿《ヤドサ》二乘雜善《ノ》中下《ノ》死尸《ガイヲ》、喩《タトフ》之《コレヲ》如《シト》海《ノ》。是《ノ》故《ニ》言《ノタマヘリ》「天人不動衆、淸淨智海生《ト》」。「不動」者《ハ》言《フ》彼《ノ》天人成就《シテ》大乘根《ヲ》不《ズト》可《ラ》傾動《ス》也。

如《ク》須彌山王《ノ》　勝妙《ニシテ》无《シト》過《ギタル》者《ノ》

此《ノ》二句《ハ》名《ク》莊嚴上首功德成就《ト》。佛本何《ガ》故《ゾ》起《シタマフ》此《ノ》願《ヲ》。見《スニ》有《ル》如來《ヲ》、衆《ノ》中《ニ》或《ハ》有《リ》強梁者《ノ》。如《シ》提婆達多《ノ》流比《タグヒノ》。或《ハ》有《リ》國王《ト》與《ト》佛竝《ニ》治《テ》不《ル》知《ラ》甚《ハナハダ》推《ユヅルコトヲ》佛《ニ》。或《ハ》有《リ》請《ジテ》佛《ヲ》以《テ》他緣《ヲ》癈忘《スルコト》。有《アリ》如《キ》是等《ラ》似《ニタル》上首《ノ》力《ラ》不《ルニ》成就《セ》。是《ノ》故《ニ》願《ジテ》言《マハク》、我《レ》爲《タラム》佛時、願《ハ》一切大衆、无《クシテ》能生《ノ》心敢《テ》與《ト》我等《ヒトシカラム》、唯一《ヒトリ》法王《トシテ》更《ニ》无《ラムト》俗王。是《ノ》故《ニ》言《タマヘリ》「如須彌山王、勝妙无過者《ト》」。

天人丈夫衆　恭敬《シテ》遶《メグリテ》瞻仰《シタテマツルト》

此《ノ》二句《ハ》名《ク》莊嚴主功德成就《ト》。佛本何《ガ》故《ゾ》起《シタマフト》此《ノ》莊嚴《ヲ》。見《ツルニ》有《ル》佛如來《ヲ》、雖《モ》有《ト》大衆《ノ》衆中《ニ》亦有《リ》不《ル》甚《ダ》恭敬《セ》。如《ク》一《ノ》比丘語《ラハク》釋迦牟尼佛《ニ》若《シ》不《ハ》與《メニ》我解《セ》十四《ノ》難《ヲ》、我《レ》當《ニ》更《ニ》學《クセムトイヒシガ》餘道《ヲ》、亦如《シ》居《ク》迦《カ》離《リ》謗《ジテ》舍利弗《ヲ》、佛三《タビ》語《ルニ》而

---

①慧　◎「恵」を「慧」と下欄訂記

②「言…尸」二〇字　◎「言《イフニ》佛《ノ》一切種智深廣《ニシテ》无《ク》崖《キシ》不《ザルコトヲ》宿《ヤドサ》二乘雜善中《ノ》下死尸《ガイヲ》」とあり

三不受。又如諸外道輩、假入佛衆而常伺求佛短。又如第六天魔、常於佛所作諸留難。有如是等種種不恭敬相。是故願言、使我成佛天人大衆恭敬无惓。所以但言天人者、淨土无女人及八部鬼神故也。是故言「天人丈夫衆、恭敬遶瞻仰」。

觀佛本願力　遇无空過者　能令速滿足　功德大寶海

此四句名莊嚴不虚作住持功德成就。佛本何故起此莊嚴。見有如來、但以聲聞爲僧、无求佛道者。或有値佛、而不勉三塗。善星・提婆達多・居迦離等是也。又人聞佛名號①發无上道心、遇惡因縁、退入聲聞・辟支佛地者。有如是等空過者、退沒者。是故願言、使我成佛時、値遇我者皆速疾滿足无上大寶。是故言「觀佛本願力、遇无空過者、能令速滿足、功德大寶海」。住持義如上。觀佛莊嚴八種功德訖之于上。

次觀安樂國諸大菩薩四種莊嚴功德成就。　問曰、觀如來莊嚴功德、何所闕少、復須觀菩薩功德耶。答曰、如有明君則有賢臣。

訂記
①號　◎「号」を「號」と上欄

堯・舜之稱《セシ》无爲《ト》、是《レ》其《ノ》比也。若《シ》使《シメバ》但①有《マシマセ》如來法王而《ドモ》无大菩薩《ノ》法臣、於《テ》翼《ヨク》讃《スルニ》道《ヲ》豈《ニ》足《タラムヤ》云《ハムニ》滿《ツト》。亦②如《シ》薪《タキヾヲ》積《ツミテ》小《スクナキトキンバ》則火不《ルガ》大《キナラ》。如《シ》經《ニ》言《フガ》。「阿彌陀佛國《ニ》有《リ》无量无邊諸大菩薩。如《キ》觀世音・大勢至等《ノ》、皆當《ニ》一生《ニ》於《シテ》他方《ニ》次《デ》補《ス》佛處《ニ》。」若人稱《シテ》名《ヲ》憶念《スル》者《ノ》、歸依《スル》者《ノ》、觀察《スル》者《ノ》、如《ク》『法花經』《ノ》「普門品」《ニ》說、无《シ》願《トシテ》不《ルコト》滿。然《ニ》菩薩《ノ》愛樂《コトハ》功德《ヲ》、如《シ》海《ノ》呑《ノムデ》流《ヲ》无《キガ》止足《ノ》情。亦如《シ》釋迦牟尼如來聞《キコシメスガ》一《ノ》目闇比丘《ノ》吁《ウレエテ》言《マフスヲ》。誰《レカ》愛《シテ》功德《ヲ》、爲《ラム》我《ガ》維《ヰ》針《シン》。爾《ノ》時《ニ》如來從禪定起《タテ》、來到《シテ》其《ノ》所《ニ》語《カタリテ》言《マハク》、我《レ》愛《ス》福德《ヲ》。遂《ニ》爲《ナラムト》其《レ》維針《ト》。爾《ノ》時《ニ》失明比丘、聞《テ》暗《ソラニ》佛語《ノ》聲《ミコエヲ》、驚喜交《マジハリ》集《アツマリテ》白《シテ》佛《ニ》言《フサク》、世尊、世尊《ノ》功德《ハ》猶《ナホ》未《ダ》滿《タ》耶《ヤト》。佛報《コタヘテ》言《ハク》、我《ガ》功德《ハ》圓滿《セリ》。无《シ》所《ロ》復《タ》須《マツベキ》。但我《ガ》此《ノ》身《ハ》從功德生《ズ》。知《ルガ》功德《ノ》恩分《ヲ》故《ニ》、是《ノ》故《ニ》言《イフ》愛《スト》。如《ク》所《ノ》問《フ》觀《ズルニ》佛《ノ》功德《ヲ》、實《ニ》无《シ》願《トシテ》不《ザルハ》充《ミタ》。所《ユ》以《ヘ》復《タ》觀《ズル》諸菩薩《ノ》功德《ヲ》者《ハ》、有《ルガ》如《ク》上《ノ》種種《ノ》義故《ヘ》耳《ナラクノミト》。

安樂國《ハ》清淨《ニシテ》　常《ニ》轉《ズ》无垢《ノ》輪《ヲ》　化佛・菩薩《ノ》日　如《シト》須彌《ノ》住持《スルガ》

佛本何《ガ》故《ゾ》起《シタマフト》此《ノ》莊嚴《ヲ》。見《スニ》有《ル》佛土《ヲ》、但是《レ》小菩薩《ノミシテ》不《ズ》能《ハ》於十方世界《ニ》廣《ク》作《スコト》佛事《ヲ》。或《ハ》但聲聞人天《ノ》所《ロ》利《スル》狹小《ナリ》。是《ノ》故《ニ》興《オシタマフ》願《ヲ》。願《ハ》我國《ノ》中《チニハ》有《テ》无量《ノ》

①有　右◎「ス」を「セ」と上書訂記
②如　◎下欄補記

89 大菩薩衆、不《ズシテ》レ動《ゼ》二本處《ヲ》一遍《ク》至《テ》二十方《ニ》一種種《ニ》應化《シテ》、如《ク》レ實《ノ》修行《シテ》常《ニ》作《サム》二佛事《ヲ》一。譬《バ》如《シ》下日在《テ》二天上《ニ》一而影《カゲ》現《ズルガ》中百《ハク》川《センニ》上。日豈《ニ》來《ラムヤ》耶、豈《ニ》不《ラム》レ來《ヤ》耶。如《シ》二『大集經』《ニ》（巻一一 海慧品意）言《ノタマフガ》一。「譬《バ》如《シ》下有《テ》レ人善《ヨク》治《チシテ》二堤《テイ》塘《タウヲ》一、量《ハカリテ》二其《ノ》所宜《ヲ》一及《テ》レ放《ツ》二水時《キニ》一、不《ルガ》レ加《クワヘ》二心力《ヲ》一。菩薩亦《モ》如《シ》レ是《ノ》。先《ツ》治《スレバ》下一切諸佛及衆生應《ジ》二供養《ニ》一應《ズル》二教化《ニ》一種種《ノ》堤塘《ヲ》上、及《テ》レ入《ニ》二三昧《ニ》一身心不《レドモ》レ動、如《ク》レ實《ノ》修行《シテ》常《ニ》作《ス》二佛事《ヲ》一。」如實修行者《ハ》、雖《モ》二常《ニ》修行《スト》一、實《ニ》无《キ》レ所《ロ》二修行一也。是《ノ》故《ニ》言《マヘリ》二「安樂國清淨、常轉无垢輪、化佛菩薩日、如須彌住持《ト》」一。

无垢莊嚴光《ノ》　一念及一時《ニ》　普照《シ》二諸佛會《ヲ》一　利益《スト》二諸群生《ヲ》一

佛本何故《ゾ》起《シタマフト》二此莊嚴《ヲ》一。見《スニ》二有《ル》如來《ヲ》一眷屬、欲《オモヒ》三供二養《セムト》他方无量《ノ》諸佛《ヲ》一、或《ハ》欲《フ》三教二化《セムト》无量《ノ》衆生《ヲ》一、此《ニ》沒《シテ》彼《ニ》出《ツ》。先《キニシ》レ南《ヲ》後《ニス》レ北《ヲ》。不《ズ》レ能下以《テ》二一念一時《ヲ》一放《テ》レ光《ヲ》普《ク》照《コト》上、遍《ク》至《テ》二十方世界《ニ》一教二化《コト》衆生《ヲ》一、有《ガ》二出沒前後《ノ》相一故《ニ》。是《ノ》故《ニ》興《シタマヘリ》レ願《ヲ》。願《ハ》我《ガ》佛90 土《ノ》諸大菩薩、於《テ》二一念《ノ》時《ノ》項《ニ》一、遍《ク》至《テ》二十方《ニ》一作《ス》二種種《ノ》佛事《ヲ》一。是《ノ》故《ニ》言《ノタマヘリ》二「无垢莊1-306 嚴光、一念及一時、普照諸佛會、利益諸群生《ト》」一。　問曰、上《ノ》章《ニ》云《フ》下身不二動搖《シテ》一而遍《ク》至《ト》中十方《ニ》上。不《ズ》レ動而《シテ》至《ル》、豈《ニ》非《ズ》二是一時《ノ》義《ニ》一耶《ヤ》。與《ト》レ此《レ》若《イカンガ》一爲差別《スルヤ》。答曰、上《ニハ》但言《ヘドモ》二不動《ニ》而《シテ》至《ルト》一、或《ハ》容《ベシ》レ有《ル》二前後一。此《ニハ》言《フ》二无前无後《ト》一。是《レ》爲《ス》二差別《ト》一。亦是成《ナリ》上《ノ》不動《ノ》義《ヲ》。若《シ》不《ズハ》一時《ニ》則是《レ》往來《ナリ》。若《シ》有《バ》往來則非《ズ》不動《ニ》。是《ノ》故《ニ》爲《ノ》成《ゼム》上《ノ》不動《ノ》義《ヲ》故《ニ》、須《ク》《ベシト》觀《ズ》一時《ヲ》。

雨《テ》天《ノ》樂《ト》花《ト》衣《ト》　妙香等《ヲ》供養《シ》
讚《ルニ》諸佛《ノ》功德《ヲ》　无《シト》有《コト》分別《ノ》心

佛本何《ガ》故《ゾ》起《シタマフトノ》此莊嚴《ヲ》。見《スニ》有《ル》佛土《ヲ》、菩薩人天、志趣不《ズ》廣《ラ》、不《ズ》能《ハ》遍《ク》至《テ》十方无窮《ノ》世界《ニ》供養《スルコト》諸佛如來大衆《ヲ》。或《ハ》以《テ》①己《レガ》土穢濁《ナルヲ》不《ズ》敢《テ》向詣《セ》淨鄕《ニ》。或《ハ》以《テ》所居《ノ》淸淨《ナルヲ》鄙《イヤシ》《ヒ》薄《ス》穢土《ヲ》。以《テ》如《キ》此《ノ》等《ノ》種種《ノ》局《キヨク》《カギル》分《ヲ》、於《テ》諸佛如來《ノ》所《ニ》不《ズ》能《ハ》周遍供養《シテ》發起《スルコト》廣大《ノ》善根《ヲ》。是《ノ》故《ニ》願《ジテ》言《マハク》、我《レ》成佛《セム》時、願《ハ》我國土《ノ》一切《ノ》菩薩・聲聞・天・人大衆、遍《ク》至《テ》十方《ノ》一切諸佛大會《ノ》處所《ニ》、雨《テ》天《ノ》樂・天《ノ》花・天《ノ》衣・天《ノ》香《ヲ》、以《テ》巧妙辯辭《ジヲ》供養《シ》讚嘆《セム》諸佛《ノ》功德《ヲ》。雖《モ》嘆《ト》穢土《ノ》如來《ノ》大慈謙忍《ヲ》、不《ジ》見佛土《ニ》有《コトヲ》雜穢《ノ》相。雖《モ》嘆《ト》淨土《ノ》如來《ノ》无量《ノ》莊嚴《ヲ》、不《ジ》見《ミ》佛土《ニ》有《コトヲ》淸淨《ノ》相。何《ヲ》以《ノ》故《ニ》。以《ノ》諸法等《シキヲ》故《ニ》、諸《ノ》如來等《シ》。是《ノ》故《ニ》諸佛如來《ヲ》名《テ》爲《ス》等覺《ト》。若於《テ》佛土《ニ》起《バ》優劣《ノ》心《ヲ》、假使《タトヒ》供養《スレドモ》如來《ヲ》、非《ル》法《ノ》供養《ニ》也。是《ノ》故《ニ》言《ノタマヘリト》「雨天樂花衣、妙香等供養、讚諸佛功德、无有分別心《ト》」。

何等《ラノ》世界《ニカ》无《マシマサヌ》　佛法功德《ノ》寶《ホウ》
我《レ》願《ハ》皆往生《シテ》　示《コト》佛法《ヲ》如《クセムト》佛《ノ》

①己　右◎「レガ」と上書訂記

佛本何故《ソ》起《シタマフト》二此《ノ》願《ヲ》一。見《スニ》二有《ル》輭心《ノ》菩薩《ヲ》一、但樂《ガテ》二有佛《ノ》國土《ノ》修行《ヲ》一无《シ》二慈悲堅牢《ノ》心一。是《ノ》故《ニ》興《シタマヘリ》レ願《ヲ》。願《ハ》我成佛《セム》時、我《ガ》土《ノ》菩薩《ハ》皆慈悲勇猛堅固志《ニシテ》願《シテ》能《ク》捨《テ》二清淨《ノ》土《ヲ》一、至《テ》下他方《ノ》无《シマサヌ》二佛法僧一處《ニ》上、住二持《シ》莊三嚴《シテ》佛法僧寶《ヲ》一示《コト》如《クシテ》レ有《マシマスガ》レ佛《ノ》、使《シメムト》二佛種《ヲシテ》處處《ニ》不《ラ》レ斷《タ》、。是《ノ》故《ニ》言《ノタマヘリト》二「何等世界无、佛法功德寶、我願皆往生、示佛法如佛《ト》」一。觀《コト》二菩薩《ノ》四種莊嚴功德成就《ヲ》一、訖《ヌ》二之《レ》于《ニ》上。

次《ニ》下《ノ》四句《ハ》是《レ》廻向門《ナリ》。

我作《ツクリ》レ論《ヲ》說《キテ》レ偈《ヲ》　願《ハ》見《マツリ》二彌陀佛《ヲ》一　普《ク》共《ニ》二諸《ノ》衆生《ト》一　往二生《セムト》安樂國《ニ》一

此《ノ》四句《ハ》是論主《ノ》廻向門《ナリ》。廻向者《ハ》廻《シテ》二己《レガ》功德《ヲ》一普《ク》施《シテ》二衆生《ニ》一、共《ニ》見《マツリ》二阿彌陀如來《ヲ》一生《トナリ》二安樂國《ニ》一。

无量壽修多羅《ノ》章句、我《レ》以《テ》二偈誦《ヲ》一總《テ》說《キ》竟《ヌ》。

問曰、天親菩薩廻向《ノ》章《ノ》中《ニ》言《ノタマヘルハ》二「普共諸衆生、往生安樂國《ト》」一、此《ハ》指《タマフ》レ共《ト》二何等《ラノ》衆生《ヲ》一耶《ヤ》。答曰、案《ズルニ》二王舍城所說《ノ》『无量壽經《ヲ》』一、（巻下）「佛告《ゲタマハク》二阿難《ニ》一、十方恆河沙《ノ》諸佛如來、皆共稱二嘆《シタマフ》无量壽佛《ノ》威神功德不可思議《ナルヲ》一。諸有《ノ》衆生、聞《テ》二其《レ》名號《ヲ》一信心歡喜《セムコト》、乃至一念《セム》。至心廻向《シタマヘリ》。願《ハ》レ生《ト》二彼《ノ》國《ニ》一、卽得《エ》二

93　往生《ヲ》、住《セムト》不退轉《ニ》。唯除《クト》五逆《ト》誹謗正法《ヲ》。」案《アン》此《ヲ》而《ジテ》言《ク》、一切外道凡夫人、皆得《エム》往生《ヲ》。又如『觀无量壽經《ノ》』有《リ》九品《ノ》往生。「下下品《ノ》生者《ハ》、或《ハ》有《テ》衆

1-308　生、作《ツクリ》不善業《タル》五逆・十惡《ヲ》、具《セム》諸《ノ》不善《ヲ》。如《ノ》此《ノ》①愚人、以《ノ》惡業《ヲ》故《ニ》、應《シ》墮《テ》惡道《ニ》逕歷《シテ》多劫《ヲ》受《ルコトヲ》苦无《ル》窮《リ》。如《ノ》此《ノ》②愚人、臨《テ》命終《ノ》時《ニ》、遇《アハム》善知識、種種《ニ》安慰《シテ》、爲《ニ》說《トキ》妙法《ヲ》教《ヘテ》令《ムルニ》念佛《セ》。彼《ノ》人苦《ニ》逼《セメラレテ》不《ズ》遑《イトマアラ》念佛《ニ》。善友告《テ》言《ハク》、汝《ヂ》若《シ》不能念《ズルニ》者《ハ》應《ベシ》稱《シヨウス》无量壽佛《ト》。如《キ》是《ノ》至《シテ》心《ヲ》令《メテ》聲《ヲシテ》不《ラ》絕《ヘ》、具足《シテ》十念《ヲ》稱《セム》南无无量壽佛《ト》。稱佛《ノ》名《ミナ》故《ニ》、於《テ》念念《ノ》中《ニ》除《ク》八十億劫《ノ》生死之罪《ヲ》。命終之後《ニ》見《ニ》金蓮華③《ヲ》猶《ゴトクシテ》如日輪《ノ》住《セム》其《ノ》人《ノ》前《ニ》、如《ニ》一念《ノ》頃《ノ》即得《エム》往生《ヲ》極樂世界《ニ》。於《シテ》蓮華④《ノ》中《ウチニ》

94　滿《テ》、十二大劫《ヲ》、蓮華方《ニ》開《ケム》。〔當《シ》以《テ》此《ヲ》償《ツグノフ》五逆罪《ニ》也〕觀世音・大勢至、以《テ》大悲《ノ》音聲《ヲ》爲《ニ》其《ガ》廣《ク》說《カム》諸法實相《ノ》除滅《スル》罪《ヲ》法《ヲ》。聞《キ》已《テ》歡喜《シテ》、應《ジテ》時《ニ》則發《セム》菩提之心《ヲ》。是《ヲ》名《ク》下品下生《ノ》者《ノト》。」以《テ》此《ノ》經《ヲ》證《スルニ》、明《ニ》知《ヌ》下品《ノ》凡夫但令《シム》不《レバ》誹謗正法《ヲ》、信佛因緣《ヲシテ》皆得《エ》往生《ヲ》。

01問曰、『无量壽經《ニ》』（卷下意）言《ノタマハク》、「願往生《ヲ》者《ノ》⑤皆得《ルニ》往生《ヲ》、唯除《ク》五逆《ト》誹謗正法《トヲ》。」『觀无量壽經《ニ》』（意）言《ノタマハク》、「五逆・十惡具《セル》諸《ノ》不善《ヲ》亦得《シム》往生《ヲ》。」此《ノ》二經、云何《ガ》會《セムヤ》。答曰、一經《ニハ》以《テナリ》具《セルヲ》二種《ノ》重罪《ヲ》。一者五逆、二者誹謗

01［問曰…筆點］信巻125

①愚　◎「遇」を「愚」と上欄訂記
②愚　◎「遇」を「愚」と上欄訂記
③華　◎「花」を「華」と上欄訂記
④華　◎「花」を「華」と下欄訂記
⑤皆得往生　◎下欄補記

正法。以此二種罪故、所以《コノユヘニ》不得往生。一經但言作十惡・五逆等罪、不言誹謗正法。以不謗正法故、是故得生《エシムト》。　問曰、假使《タトヒ》一人、具五逆罪而不誹謗正法、『經』許《ユルス》得生。復有一人、但誹謗正法而无五逆諸罪。願往生者得生以不《イナヤ》。答曰、但令誹謗正法、雖更无餘罪、必不得生。何以言之《トナラバ》、『經』（大品經巻一信毀品意）言、「五逆罪人、墮阿鼻大地獄中具受一劫重罪。誹謗正法人、墮阿鼻大地獄中、此劫若盡《ツキヌレバ》復轉至他方阿鼻大地獄中。如是展轉逕百千《フトイヘリ》阿鼻大地獄。」佛不記得出時節。以誹謗正法罪極重故。又正法者卽是佛法。此愚癡人既生誹謗。安《イヅクンゾ》有願生佛土之理。假使《タトヒ》但貪彼《カレ》①生安樂而願生者、亦如求非水之冰《コホリ》、无煙之火。豈有得理。　問曰、何等相是誹謗正法。答曰、若言无《マシマサズ》②佛无佛法、无菩薩无菩薩法。如是等見、若心自《ミヅカラ》解、若從他受其心決定皆名誹謗正法。　問曰、如是等計但是己《オノレガ》事。於衆生有何苦惱踰《コヘタル》③於五逆重罪耶。答曰、若无諸佛・菩薩說世間・出世間善道教化衆生者、豈知有仁・義・禮・智・信耶。如是世間一切善法皆斷、

①生　◎「土」を「生」と上書訂記
②无　右◎「シ」を「マシ」と上書訂記
③踰　右◎「ル」の下「ヤ」とあるを抹消

出世間《ノ》一切《ノ》賢聖皆滅《シナム》。汝但知《シリ》五逆《ノ》罪《ノ》為《タルコトヲ》重《テ》而不《ズ》知《ラ》五逆罪《ノ》従《ヨリ》无《キ》正法生《ズルコトヲ》。是《ノ》故《ニ》謗《ズル》正法《ヲ》人、其《ノ》罪最《トモ》重《オモシ》。　問曰、業道經《ニ》言《ノタマハク》、「業道《ハ》如《シ》稱《ハカリノ》。重《キ》者《モノ》先《マヅ》牽《ヒクト》。」如《シ》『観无量壽經』（意）言《ノタマフガ》。「有《テ》人造《リ》五逆・十惡《ヲ》具《セラム》諸《ノ》不善《ヲ》。應《シ》堕《シテ》惡道《ニ》逕歴《シテ》多劫《ヲ》受《ク》无量《ノ》苦《ヲ》。臨《テ》命終《ノ》時《ニ》、遇《テ》善知識《ノ》教《ニ》稱《セム》南无无量壽佛《ト》。如《キ》是《ノ》至《シテ》心《ヲ》令《テ》聲《ヲシテ》不《ラ》絶《ヘ》、具足《シテ》十念《ヲ》便《チ》得往生《シテ》安樂淨土《ニ》、卽入《テ》大乘正定之聚《ニ》、畢竟《ジテ》不《ズ》退《セ》。與《ト》三塗《ノ》諸《ノ》苦永《ク》隔《ヘダテム》。」先《マツ》牽《ヒク》之義、於《テ》理《ニ》如何《イカンゾ》。又曠

97　1-310

劫《ヨリ》已來《コノカタ》、備《ツブサニ》造《テ》諸《ノ》行《ヲ》、有漏之法《ハ》繫屬《セリ》三界《ニ》。但以《テ》十念念《マツルヲ》阿彌陀佛《ヲ》便《チ》出《ツ》三界《ヲ》。繫業之義復欲《オモハムヤ》云何《ガ》。答曰、汝謂五逆・十惡《ノ》繫業等《ヲ》為重《シト》、以《テ》下下品《ノ》人《ノ》十念《ヲ》為《シテ》輕《ト》、應《ベク》為《ニ》罪《ノ》所《レテ》牽《ヒカ》先《ツ》堕《テ》地獄繫在《ス》三界《ニ》者《ハ》、今當《ニ》以《テ》義《ヲ》校量《ス》輕重之義《ヲ》。在《リ》心《ニ》、在《リ》縁《ニ》、在《リ》決定《ニ》、不《ル》在《ラ》時節《ノ》久近多少《ニハ》也。云何在《ル》心《ニ》。彼《ノ》造罪《ノ》人《ハ》自《ミツカラ》依止《シテ》虛妄顛倒《ノ》見《ニ》生《ズ》。此十念者依《テ》善知識方便安慰《シテ》聞《クニ》實相《ノ》法《ヲ》生《ズ》。一《ハ》實《ナリ》一《ハ》虛《ナリ》。豈得《ムヤ》相《ヒ》比《ブルコトヲ》。譬《バ》如《シ》千歳《ノ》闇室《ニ》光若《シ》蹔《ク》至《バ》卽便明朗《ナルガ》。闇豈得《ム》言《フコトヲ》在室《ニ》千歳《ニ》而《シテ》不《ジト》去《ラ》耶《ヤ》。是《ヲ》名《ク》在心《ト》。云何在《ル》縁《ニ》。彼《ノ》造罪《ノ》人《ハ》自《ミツカラ》依《リ》止妄想《ノ》心《ニ》、依《テ》煩惱虛妄《ノ》果報《ノ》衆生《ニ》生《ズ》。此《ノ》十念者《ハ》依

止《シ》无上《ノ》信心《ニ》、依《テ》阿彌陀如來《ノ》方便莊嚴眞實清淨无量《ノ》功德《ノ》名號《ニ》生《ズ》。譬如《シ》有《テ》人被《カブテ》毒《ノ》箭《ヤヲ》、所中《アタル》截《キリ》筋《スヂヲ》破《ヤブルニ》骨《ヲ》、聞《ケバ》滅除藥《ノ》鼓《ツヾミヲ》、卽箭《ヤ》出《イデ》毒除《ノゾコルガ》。『首楞嚴經《ニ》』（巻上意）言《ノタマハク》、「譬如《シ》有藥、名曰《テフ》滅除《ト》、若鬪戰《シ》時《ノ》用以塗《テヲ》鼓《ニ》、聞《ケ》鼓《ノ》聲《ヲ》者《バ》箭《ヤ》出毒除《ル》。菩薩摩訶薩亦復如《シ》是《ノ》。住首楞嚴三昧《ニ》聞《ケ》其名《バ》者、三毒之箭《ヤ》自然拔出《ニスト》。」豈《ニ》可《ベケム》得《ウ》言《コトヲ》彼《ノ》箭《ヤ》深《ク》毒厲《ハゲシクシテ》、聞《クトモ》鼓《ノ》音聲《ヲ》不《ジト》能《ハ》拔《ヌキ》箭《ヲ》去《コトヲ》毒《ヲ》耶《ヤ》。是《ヲ》名《ク》在縁《ト》。云何在《ル》決定《ニ》。彼《ノ》造罪人《ハ》依止《シテ》有後心・有間心《ニ》生《ズ》。此《ノ》十念者《ハ》依止《シテ》无後心・无間心《ニ》生《ズ》。是《ヲ》名《ク》決定《ト》。校量《スルニ》三《ノ》義《ヲ》、十念者《ハ》重《シ》。重者《キノ》先《マツ》牽《ヒキテ》能《ク》出《ツ》三有《ヲ》。兩經一義《ナル》耳《ナラクノミト》。

問曰、幾《イクバクノ》時《オカ》名《テ》爲《スルヤ》一念《ト》。答曰、百一《ノ》生滅《ヲ》名《ク》一刹那《ト》。六十《ノ》刹那《ヲ》名《テ》爲《ス》一念《ト》。此《ノ》中《ニ》云念者《ハ》不《ル》取《ラ》此《ノ》時節《ヲ》也。但言《イフコヽロハ》憶念《シテ》阿彌陀佛《ノ》若《ハ》總相若《ハ》別相《ヲ》、隨《テ》所觀《ノ》縁《ニ》、心《ニ》无《シテ》他想十念相續《スルヲ》名《テ》爲《ス》十念《ト》。但稱《モ》名號《ヲ》亦復如《シ》是《ノ》。

問曰、心若《シ》他縁《セバ》、攝《テ》之《ヲ》令《テ》還《ラ》可《シ》知《ヌ》念之多少《ヲ》①。但知《トモ》多少《ヲ》復非《ズ》无間《ニハ》。若凝心注想《セバ》、復依《テカ》何《ニ》可《キヤウ》得記念之多少《スルコトヲ》。答曰、『經《ニ》』（觀經）言《ノタマハク》、「十念」者《ハ》、明《ス》業事成辦《ヲ》耳《ナラクノミト》。不《レトモ》必《モ》須《モチヰ》知頭數《コトヲ》也、如《シ》言蟪《ガ》蛄不《ズ》識《シラ》春秋《ヲ》、伊蟲豈《ニ》知《ラム》朱陽之節《ヲ》乎《ヤト》。知《シル》者《ノ》言《イフ》之《ヲ》耳《ナラクノミト》。十念《ノ》業成《ズトイフ》者《ハ》、是亦通《ズル》神《ニ》者《ノ》言《イフ》之《ヲ》耳《ノミト》。但積《ツミ》念《ヲ》相續《シテ》不《レバ》縁他事《ヲ》便罷《ヤミヌ》。復何《ゾ》假《ニ》須《モチヰム》②知《ルコトヲ》念之頭數《ヲ》也。若必須《ク》知《クハレ》《ル》亦有《リ》方

①少　◎「小」を「少」と上書訂記
②須　右◎「ヰ」と上書訂記

便㆒。必《ズ》須《ベシ》㆓口授㆒。不《レト》㆑得《エ》㆑題《コトヲ》㆓之《ヲ》筆點《ニ》㆒。

無量壽經優婆提舍願生偈註　卷上

無量壽經優婆提舍願生偈註　卷下

論曰《ハ》、

此《ハ》是《レ》解義分《ナリ》。此《ノ》分《ノ》中《ニ》、義《ニ》有《リ》十重。一者願偈大意、二者起觀生信、三者觀行體相、四者淨入願心、五者善巧攝化、六者離菩提障、七者順菩提門、八者名義攝對、九者願事成就、十者利行滿足《ナリ》。「論」者《ハ》議也。言《イフコヽロハ》議《スル》偈《ノ》所以《ユヘヲ》也。「曰」者《ハ》詞《コトバ》也。指《ス》下《ノ》諸句《ヲ》。是《レハ》議《ヲ》釋《スル》偈《ヲ》詞《コトバ》也。故《ニ》言《イフ》「論曰」《ト》。

願[1]偈大意者《ハ》、

此願偈《ハ》明《ス》何《ノ》義《オカ》。示現《スルガ》觀《ジテ》彼《ノ》安樂世界《ヲ》見《タテマツリ》阿彌陀如來《ヲ》、願《ズルコトヲ》生《ト》彼《ノ》國《ニ》故《ヘナリ》。

起[2]觀生信者《ハ》、此《ノ》分《ノ》中《ニ》又有二重。一者示《ス》五念力《ヲ》。二者出《ス》五念門《ヲ》。示《ト》

〈表紙〉◎左上「淨土論註卷下」
①願　◎「第一願偈大意」と上欄註記
②起　◎「第二起觀生信」と上欄註記

五念力《ヲ》一者《ハ》、

云何《ガ》觀《ジ》云何《ガ》生《ズル》二信心《ヲ》一。若《シ》善男子・善女人修《シテ》二五念門《ヲ》一行成就《シヌレバ》、畢竟《ジテ》得《トナリ》下生《テ》二安樂國土《ニ》一、見《コトヲ》中彼《ノ》阿彌陀佛上。

出二五念門《ヲ》一者、

1-313

何等《ラカ》五念門。一者禮拜門、二者讚嘆門、三者作願門、四者觀察門、五廻向門《ナリ》。

「門」者《ハ》入出《ノ》義也。如《シ》二人得《レバ》レ門《ヲ》則入出无㝵《ナルガ》一。前《ノ》四念《ハ》是《レ》入《ル》二安樂淨土《ニ》一門《ナリ》。後《ノ》一念《ハ》是《レ》出《ル》二慈悲教化《ニ》一門《ナリ》。

102

云何《ナルカ》禮拜。身業《ヲシテ》禮二拜《シタマヒキ》阿彌陀如來・應・正遍知《ヲ》一。

諸佛如來《ノ》德《ニ》有《アリ》二无量一。德无量《ナルガ》故《ニ》德號亦无量《ナリ》。若《シ》欲《セバ》二具《ニ》談《ゼムト》一紙筆《ニ》不レ能レ載也。是以諸經《ニ》、或擧《グ》二十名《ヲ》一、或騰《アゲタリ》二三號《ヲ》一。蓋存《ズ》二至宗《ヲ》一而已《ナラクノミト》。豈此《レ》盡《クサム》耶《ヤ》。所《ノ》レ言三號《ハ》、即此《レ》如來《ト》應・正遍知也。「如來」者《ハ》、如《ク》二法相一解《リ》、如《ク》二法相一說《キ》、如《ク》二諸佛安穩道《ヨリ》一來《ルガ》、此《ノ》佛《モ》亦如レ是來《テ》、更《マタ》不《ズ》レ去《ラ》二後有《ノ》中《ニ》一。故《ニ》名《ク》二如來《ト》一。「應」者《ハ》應供也。佛《ハ》結使除盡《シテ》得《テ》二一切智慧①《ヲ》一、應《ゼリ》レ受《ニ》二一切天地《ノ》衆生《ノ》供養《ヲ》一。故《ニ》曰《イフ》レ應《ト》也。

訂記
①慧　◎「惠」を「慧」と上欄

1-488

「正遍知」者《ハ》、知《ル》一切諸法實《ニ》不壞《ノ》相不増不減《ナリト》。云何不壞《ナル》。心行處滅《シテ》、言語道過《セリ》。諸法《ハ》如《シ》涅槃《ノ》相《ノ》不動《ナルガ》。故《ニ》名《ク》正遍知《ト》。无㝵光《ノ》義《ハ》、如《シ》前《ノ》偈《ノ》中《ニ》解《スルガ》。

爲《ナサセムガ》生《ゼム》彼《ノ》國《ニ》意《ヲ》故《ナリ》。

何故《ニカ》言《フトナレバ》此《ヲ》、菩薩之法《ハ》、常《ニ》以《テ》晝《ヒル》三時夜《ル》三時《ヲ》禮《ス》十方一切諸佛《ヲ》。不《ズ》必《ラ》有《ラ》願生《ノ》意。今應《キガ》常《ニ》作《ス》願生《ノ》意《ヲ》故《ニ》、禮《シタテマツレト》阿彌陀如來《ヲ》也。

云何《ナルカ》讚嘆《スル》。口業《ヲシテ》讚嘆《シタマヒキ》。

「讚」者《ハ》讚揚也。「嘆」者《ハ》歌嘆也。讚嘆非《レバ》口《ニ》不《ズ》宣。故《ニ》曰《イフ》「口業《ト》」也。

01稱《シ》彼《ノ》如來《ノ》名《ヲ》、如《ク》彼《ノ》如來《ノ》光明智相《ノ》、如《ク》彼《ノ》名義《ノ》、欲《ガ》如《ク》實《ノ》修行相應《セムト》故《ナリト》。

「稱彼如來名」者《ハ》、謂《ク》稱《セヨト》无㝵光如來《ノ》名《ヲ》也。「如彼如來光明智相」者《ハ》、佛《ノ》光明《ハ》是《レ》智慧①《ノ》相也。此《ノ》光明《ハ》照《シタマフニ》十方世界《ヲ》无《シ》有《コト》障㝵。能《ク》除《クコト》十方衆生《ノ》无明《ノ》黑闇《ヲ》、非《ル》如《キニハ》日月珠光《ノ》但破《スルガ》②室穴《ノ》中《ノ》闇《ヲ》也。「如彼名義欲如實修行相應」者《ハ》、彼《ノ》无㝵光如來《ノ》名號《ハ》、能《ク》破《シ》衆生《ノ》一切《ノ》无明《ヲ》、能《ク》滿《テタマフ》衆

01「稱彼…一心」信卷 69

1-314
103

①慧　◎「惠」を「慧」と上欄訂記
②室　◎「空」を「室」と上欄訂記
1-489

01「名如…一心」信巻87

生《ノ》一切《ノ》志願《ヲ》。然《ニ》有《レ》稱《シ》名憶念《コトドモ》而无明由《ナホ》存①《ゾン》而《ジテ》、不《ル》滿所願《ヲ》者、何《トナレバ》者由《ガ》不《ルト》如實修行《セ》、與《ト》名義不相《ルニ》應《セ》故《ヘ》也。云何爲《ルトナラバ》不《ルト》如實修行《セ》、與《ト》名義不相《ルト》應《セ》、謂不《ク》知《ナリ》如《ラ》來《ハ》是《レ》實相《ノ》身《ナリ》、是《レ》爲《ノ》物《ノ》身《ナリト》。又有三種《ノ》不相應。一《ニ》者《ハ》信心不《ズ》淳、若《ゴトシ》存《ルガ》若《キノ》亡《ルガ》故《ニ》。二者信心不《ズ》一《ナラ》、无《キガ》決定故《ニ》。三者信心不《ズ》相續《セ》、餘念間《ダツルガ》故《ナリ》。此《ノ》三句展轉《シテ》相《ヒ》成《ズ》。以《ノ》信心不淳《ルヲ》《ラ》故《ニ》无《シ》決定。无《キガ》決定故《ニ》念不《ズ》相續《セ》。亦可《シ》念不相《ルガ》續故《ニ》不《ズ》得決定《ノ》信《ヲ》、不《ガ》得決定《ノ》信《ヲ》故《ニ》心不《ル》淳。與《ト》此《レ》相違《セルヲ》名《ク》「如實修行相應《ト》」。是《ノ》故《ニ》論主建《ハジメニ》言《ノタマヘリ》「我一心《ト》」。　問曰、名《オバ》爲《ス》法《ノ》指《ト》。如《シ》指《ヲシテ》指《オシフルガ》日《ヲ》。若稱《スルニ》佛《ノ》名號《ヲ》便得《ル》滿《コトヲ》願《ヲ》者《ハ》、指《フル》日《ヲ》之指《ユビ》、應《シ》能《ク》破《ス》闇《ヲ》。若指《オシフル》日《ヲ》之指《ユビ》、不《ズハ》能破《コトヲ》闇《ヲ》、稱《ストモ》佛《ノ》名號《ヲ》、亦何《ゾ》能《ク》滿《タム》願耶《ヤ》。答曰、諸法萬差《ナリ》。不《ズ》可《ラ》一槪《ガイス》。有《リ》名《ノ》卽《スル》法《ニ》。有《リ》名《ノ》異《スル》法《ニ》。名《ノ》卽法者《ニハ》、諸佛菩薩《ノ》名號、般若波羅蜜、及陀羅尼章句、禁呪音辭等是也。如禁腫《キムシュノ》辭《コトバニ》云《ガ》、日出東方乍赤乍黃等《ノ》句《ナリ》。假使酉《イウ》亥《ガイニ》行《ジテ》禁《ヲ》、不《レ》關《アヅカラ》日出《ニ》而《ドモ》腫得《ウ》差《ルコトヲ》。亦如《シ》行《ユクニ》師《イクサニ》對《カフテ》陣《ニ》但一切《ノ》齒《ノ》中《ニ》誦《スルガ》臨兵鬪者皆陣列在前行《ト》。誦《ルニ》此《ノ》九字《ヲ》五兵之所《ナリ》不《ル》中《アタラ》。『抱《ハウ》朴《ボク》子《シ》』謂《イフ》之《ヲ》要道《ト》者也。又苦《クルシムニ》轉筋《コブラガヘリヲ》者、以《テ》木瓜《ヲ》對《テ》火尉②《ノスニ》之《ヲ》則

①存　◎「在」を「存」と上書　訂記
②尉　◎「或本作熨」と下欄　註記

105
愈《イヘヌ》。復有人但呼《ヨブニ》木瓜《ノ》名《ヲ》亦愈《ヌ》。吾身《ワガミニ》得《ル》其《ノ》效《シルシヲ》也。如斯近事世間《ニ》共《ニ》知《レリ》。況《ヤ》不可思議《ノ》境界者《ナル》乎《ノオヤ》。滅除藥《ヲ》塗《ル》鼓《ニ》之喩、復是一事《ナリ》。此《ノ》喩《ハ》已《ニ》彰《アラハス》於前故《ニ》不《ズ》重《テ》引。有名《トイフノ》異《スル》法《ニ》者《ハ》、如《キ》指《ノ》指日《ヲ》等《ラノ》名《ノ》也。

云何作願《スル》。心《ニ》常《ニ》作願《シタマヘリキ》、一心《ニ》專念《シテ》畢竟《ジテ》往生《シテ》安樂國土《ニ》、欲《フガ》如《ク》實《ノ》修行《セムト》奢摩他《ヲ》故《ヘニノタマヘリ》。

譯《シテ》「奢摩他《ヲ》」曰止《ト》。止者《ハ》止《テ》心《ヲ》一處《ニ》不《ル》作《サ》惡《ヲ》也。此《ノ》譯名《ハ》乃不《レドモ》乖《ソムカ》大意《ニ》、

106
於《テ》義《ニ》未《ダ》滿《タズ》。何《ヲ》以《テ》言《トナラバ》之《ヲ》、如《キオモ》止《ガ》心《ヲ》鼻端《ニ》亦名《テ》爲《ス》止《ト》。不淨觀《ノ》止貪《ヲ》、慈悲觀《ノ》止瞋《ヲ》、因緣觀《ノ》止癡《ヲ》。如是等《オモ》亦名爲止《ト》。如人《ノ》將《ニ》行《トシテ》不《ルオモ》行《カ》亦名爲《ス》止《ト》。是《ニ》知《ヌ》止《ノ》語《コトバ》浮漫《シテ》不正《シク》得奢摩他《ノ》名《ヲ》也。如《ヲ》椿柘楡《ニレ》柳《ノ》雖皆名《ト》木《ト》、若但云《イフトキハ》木《ト》安《イヅクンゾ》得楡柳《ヲ》耶《ヤ》。奢摩他《ヲ》云止《ト》者《ハ》合《ベシ》有《ル》三《ノ》義。一者一心《ニ》專念《ジテ》阿彌陀如來《ヲ》願《レバ》生《ト》彼《ノ》土《ニ》、此《ノ》如來《ノ》名號及彼《ノ》國土《ノ》名號能《ク》止《ム》一切《ノ》惡《ヲ》。二者彼《ノ》安樂土《ハ》過《タリ》三界《ノ》道《ニ》。若《シ》人亦生《ヌレバ》彼《ノ》國《ニ》、自然《ニ》止《ム》身口意《ノ》惡《ヲ》。三者阿彌陀如來正覺住持《ノ》力《ヲシテ》、自然《ニ》止《ム》求《ムル》聲聞・辟支佛《ヲ》心《ヲ》。此《ノ》三種《ノ》止《ハ》從《ヨリ》如來如實《ノ》功德生《ズ》。是《ノ》故言《ノタマヘリト》「欲如實修行奢摩他故《ト》」。

01［云何…淨土］行巻28
［云何…心故］信巻88

107

　云何觀察《スル》。智慧①《ヲシテ》觀察《シタマヘリキ》、正念《ニ》觀《ズルコトハ》彼《ヲ》、欲《フガ》如《ク》實修行《セムト》毗婆舍那《ヲ》故《ナリト》。譯《シテ》「毗婆舍那《ヲ》」曰《フ》觀《ト》。但汎《ヒロク》言《ニハ》觀《ト》、義亦未《ダ》滿《タズ》。何《ヲ》以言《フトナラバ》之《ヲ》、如《キオモ》觀身《ノ》无常・苦・空・无我・九想等《ヲ》、皆名《テ》爲《ス》觀《ト》。亦如《キ》上《ノ》木《ノ》名《ノ》不《ル》得椿柘也。毗婆舍那《ヲ》云觀《ト》者亦有《リ》二《ノ》義。一者在《テ》此《コヽニ》作《テ》想《ヲ》觀《ズレバ》彼《ノ》三種《ノ》莊嚴功德《ヲ》、此《ノ》功德如實《ナルガ》故《ニ》修行《スレバ》者、亦得《ウ》如實《ノ》功德《ヲ》。如實《ノ》功德者《ハ》、決定《シテ》得《ルナリ》生《ヲ》彼《ノ》土《ニ》。二者亦得《レバ》生《ヲ》彼《ノ》淨土《ニ》、卽見《マツル》阿彌陀佛《ヲ》。未證淨心《ノ》菩薩、畢竟《ジテ》得證《ス》平等法身《ヲ》。與《ト》淨心《ノ》菩薩與《ト》上地菩薩畢竟《ジテ》同《ク》得《ウ》寂滅平等《ヲ》。是《ノ》故《ニ》言《ノタマヘリ》「欲如實修行毗婆奢那故《ト》」。

　彼《ノ》觀②察《ニ》有三種。何等《ラカ》三種。一者觀察《ス》彼《ノ》佛國土《ノ》莊嚴功德《ヲ》。二者觀察《ス》阿彌陀佛《ノ》莊嚴功德《ヲ》。三者觀察《ス》彼《ノ》諸菩薩《ノ》莊嚴功德《ヲ》。

心《ニ》緣《ヲ》其事《ヲ》曰《イフ》「觀《ト》」。觀心分明《ナル》曰《イフ》「察《ト》」。

01云何廻向《スル》。不③捨《ズシテ》一切苦惱《ノ》衆生《ヲ》、心《ニ》常《ニ》作願、廻向《ヲ》爲《シテ》首、得《エタマヘルガ》成就《コトヲ》大悲心《ヲ》故《ニト》。

「廻向《ニ》」有《リ》二種《ノ》相。一者往相、二者還相《ナリ》。往相者、以《テ》己《レガ》功德《ヲ》廻施《シテ》一切

①慧　◎「惠」を「慧」と上欄訂記
②觀　◎「覌」を「觀」と右傍訂記
③不　右◎「テ」を「シ」と上書訂記

衆生《ニ》、作願《シテ》共《ニ》往生《セシメムトナリ》彼《ノ》阿彌陀如來《ノ》安樂淨土《ニ》。02還相者、生《ニ》彼《ノ》土《ニ》已《テ》、得《テ》奢摩他・毗婆舍那方便力成就《スルコトヲ》、廻入《シテ》生死《ノ》稠林《ニ》教化《シテ》一切衆生《ヲ》、共《ニ》向《ムカヘシムルナリ》佛道《ニ》。若《ハ》往若《ハ》還、皆爲《メナリ》拔《テ》衆生《ヲ》渡《ガ》生死海《ヲ》。是故言《ノタマヘリ》「廻向爲首得①成就大悲心故《ト》」。

觀②察體相者《ハ》、此《ノ》分《ノ》中《ニ》有《ニ》二《ノ》體。一者器體、二者衆生體《ナリ》。器③分《ノ》中《ニ》又有《ニ》三重。一者國土《ノ》體相。二者示現《ス》自利利他《ヲ》。三者入《ル》第一義諦《ニ》。國土《ノ》體相者、

云何《ガ》觀察《スル》彼《ノ》佛國土《ノ》莊嚴功德《ヲ》。彼《ノ》佛國土《ノ》莊嚴功德者成就《セルガ》不可思議力《ヲ》故《ニ》。如《キノ》彼《ノ》摩尼如意寶性《ノ》相似相對《ノ》法《ナルガ》故《ニ》。

03「不可思議力」者、總《ジテ》指《ス》彼《ノ》佛國土《ノ》十七種《ノ》莊嚴功德力不《ルヲ》可《レ》得《ウ》思議《コトヲ》也。諸經《ニ》統《ジテ》《スベテ》言《ノタマハク》、有《リ》五種《ノ》不可思議。一者衆生多少不可思議、二者業力不可思議、三者龍力不可思議、四者禪定力不可思議、五者佛法力不可思議。此《ノ》中《ノ》佛土不可思議有《ニ》二種《ノ》力。一者業力、謂《ク》法藏菩薩《ノ》出世《ノ》善根、大願業力《ト》所成《ナリ》。二者正覺《ノ》阿彌陀法王善住持

①得　◎右傍補記
②觀　◎「第三觀行體相」と左傍註記
③器　◎上下に挿入符号あり、「或本初器界［云々］」と右傍註記

109

力《ニ》所攝《ラレタリセ》。此《ノ》不可思議《ハ》如《シ》下《ノ》十七種《ノ》。一一《ノ》相皆不可思議《ナリ》。至《テ》文《ニ》當《ニ》釋《ス》。

「如《ト》彼《ノ》摩尼如意寶性相似相對」者《イフハ》、借《テ》彼《ノ》摩尼如意寶《ノ》性《ヲ》、示安樂佛土《ノ》不可思議《ノ》性《ヲ》也。諸佛入涅槃《ノ》時、以《テ》方便力《ヲ》留《テ》碎身《ノ》舍利《ヲ》以《テ》福《トス》衆生《ノ》。衆生《ノ》福盡《レバ》此《ノ》舍利變《ジテ》爲《ナル》摩尼如意寶珠《ト》。此《ノ》珠《ハ》多《ク》在《リ》大海《ノ》中《ニ》。大龍王以爲《セリ》首《ノ》飾《カザリト》。若《シ》轉輪聖王出《ルトキハ》世《ニ》、以《テ》慈悲方便《ヲ》能《ク》得《テ》此《ノ》珠《ヲ》、於《テ》閻浮提《ニ》作《ス》大饒益《ヲ》。若須《モチヰルベキ》衣服・飮食・燈明・樂具、隨《テ》意《ノ》所欲《ニ》種種《ノ》物《ヲ》時《ニ》、王便《スナハチ》潔齊《シテ》、置《テ》珠《ヲ》於《ニ》長竿《カンノ》《サヲ》頭《ハシ》發《シテ》願言《ハ》、若我實《ニ》是轉輪王者《ナラバ》、願《ハ》寶珠、雨《テ》如此之物《ヲ》、若《ハ》遍《シ》一里《ニ》、若《ハ》十里、若《ハ》百里《ニ》、隨《ヘト》我《ガ》心願《ニ》。爾時《ニ》卽便於《テ》虛空《ノ》中《ニ》雨《テ》種種《ノ》物《ヲ》、皆稱《カナフテ》所須《ニ》滿足《ス》天下《ノ》一切人《ノ》願《ヲ》。以《テノ》此《ノ》寶性《ノ》力《ヲ》故《ナリ》。彼《ノ》安樂佛土《モ》亦如《シ》是《ノ》。以《ノ》安樂《ノ》性種種《ニ》成就《セルヲ》故《ニ》。「相似相對」者《ハ》、彼《ノ》寶珠《ノ》力《ラ》求《ルニ》衣食《ヲ》者《ハ》、能《ク》雨《テ》衣食等《ノ》物《ヲ》稱《フ》求者《ノ》意《ニ》。非《ズ》是《レ》不《ニハ》求《メ》。彼《ノ》佛土《ハ》則不然。性滿足《シ》成就《ルガ》故《ニ》、无《シ》所乏少。片取《カタハラニテ》彼《ノ》性《ヲ》爲《ス》喩《ト》。故《ニ》言《ノタマヘリ》相似相對《ト》。又彼《ノ》寶《ハ》但能《ク》與《フ》衆生《ノ》衣食等《ノ》願《ヲ》、不《ズ》能《ハ》與《コト》衆生《ニ》无上道《ノ》願《ヲ》。又彼《ノ》寶《ハ》但能《ク》與《フ》衆生《ノ》一身《ノ》願《ヲ》、不《ズ》能《ハ》與《コト》衆生《ニ》无量身《ノ》願《ヲ》。有《ルガ》如是等《ノ》无量《ノ》差別故《ニ》言《ヘリト》相似《ト》①。

1-318

110

①似　◎下に挿入符号あり、「或本有也字」と上欄註記　1-494

01[莊嚴…思議]證卷135 眞卷170 三經往583

觀察《トイフノ》彼佛國土《ノ》莊嚴功德成就《ヲ》者《ハ》有《リ》十七種。應《シ》知《ル》。何等《ラカ》十七。一者莊嚴清淨功德成就、二者莊嚴量功德成就、三者莊嚴性功德成就、四者莊嚴形相功德成就、五者莊嚴種種事功德成就、六者莊嚴妙色功德成就、七者莊嚴觸功德成就、八者莊嚴三種功德成就、九者莊嚴雨功德成就、十者莊嚴光明功德成就、十一者莊嚴妙聲功德成就、十二者莊嚴主功德成就、十三者莊嚴眷屬功德成就、十四者莊嚴受用功德成就、十五者莊嚴无諸難功德成就、十六者莊嚴大義門功德成就、十七者莊嚴一切所求滿足功德成就《ナリ》。

先《ツ》擧《アゲ》章門《ヲ》、次《ニ》續《ゾク》《ツグ》①提《テイシテ》《サゲテモテ》釋《ス》。

01莊嚴清淨功德成就者、偈《ニ》言《ノタマヘルガ》「觀彼世界相、勝過三界道《ト》」故《ニト》。

此《レ》云何《ガ》不思議《ナルヤ》《ハカル》。有《テ》凡夫人《ノ》煩惱成就《セル》亦得《レバ》生《コトヲ》彼《ノ》淨土《ニ》、三界《ノ》繫業、畢竟《ジテ》不牽《ヒカ》《ケン》。則是不《シテ》斷《ゼ》煩惱《ヲ》得《ウ》涅槃分《ヲ》。焉《イヅクンゾ》可《キヤ》思議《ス》。

莊嚴量功德成就者《ハ》、偈《ニ》言《ヘルガ》「究竟如虛空、廣大无邊際《ト》」故《ニト》。

①提　左◎「ケ」を「サ」と上書訂記

1-495

此《レ》云何不思議《ナルヤ》。彼《ノ》國人天、若意《ニ》欲《オモヘバ》宮殿樓閣、若《ハ》廣《サ》一由旬、若百由旬、若千由旬、千間萬間《ナラムト》、隨心《ニ》所《ナリ》成《ズル》。人各如《シ》此《ノ》。又十方世界《ノ》衆生願《ヲ》往生《ヲ》者《バ》、若《ハ》已《ニ》生《レ》、若《ハ》今生《レ》、若《ハ》當《ニ》生《ム》。一時一日之項、算數《ノ》所《ナリ》不《ル》能知《コト》其《ノ》多少《ヲ》。而《ヲ》彼《ノ》世界常《ニ》若《ゴトシ》虛空《ノ》。无《シ》迫《ヒツ》《セマリ》迮《サクノ》《セマル》相。彼《ノ》中《ノ》衆生、住《シテ》如《ノ》此量《ノ》中《ニ》、志願廣大《ニシテ》亦如《シテ》虛空《ノ》无《ナケム》有《コト》限量。彼《ノ》國土《ノ》量、能《ク》成《ズ》衆生《ノ》心行《ノ》量《ヲ》。何《ゾ》可《キヤ》思議《ス》。

112　莊嚴性功德成就者、偈《ニ》言《タマヘルガ》「正道大慈悲出世善根生《ト》」故《ニト》。

此《レ》云何不思議《ナル》。譬《バ》如《シ》迦羅求羅蟲《ノ》其《ノ》形《チ》微小《ナレドモ》、若《シ》得《レバ》大風《ヲ》身如《シ》大山《ノ》、隨《テ》風《ノ》大小《ニ》爲《ナスガ》己《レガ》身相《ヲ》。生《ズル》安樂《ニ》衆生《モ》亦復如《ノ》是。生《レバ》彼《ノ》正道《ノ》世界《ニ》、即成

1-320　就《シテ》出世《ノ》善根《ヲ》入《コト》正定聚《ニ》、亦如《シ》彼《ノ》風《ノ》非《ズ》身而《シテ》身。焉《イツンゾ》可《キヤ》思議《ス》。

莊嚴形相功德成就者、偈《ニ》言①《ヘルガ》「淨光明滿足如鏡日月輪《ト》」故《ニト》。

此《レ》云何不思議《ナル》。夫《レ》忍辱《ハ》得《ウ》端正《ヲ》。我心《ノ》影響也。一《トタビ》得《ツレバ》生《コトヲ》彼《コニ》、无《シ》瞋忍之殊。人天《ノ》色像平等妙絕《ナリ》。蓋《シ》淨光之力也。彼《ノ》光非《ズ》心行而《シテ》爲《ス》心行之事《ヲ》。焉《イヅクンゾ》可《キヤ》思議《ス》。

113　莊嚴種種事功德成就者、偈《ニ》言②《ヘルガ》「備諸珍寶性具足妙莊嚴《ト》」故《ニト》。

---

①言　◎「曰」を「言」と上書訂記
②言　◎「曰」を「言」と上書訂記

此《レ》云何不思議《ナル》。彼《ノ》種種《ノ》事、或《ハ》一寶、十寶、百千種寶、隨《ガヒ》①心《ニ》稱《カナフテ》意《ニ》无《シ》不《ルハ》具足《セ》。若欲《ヘバ》令《メムト》无《ラ》儵《タチマチニ》焉化沒、心《ニ》得《コト》自在《ヲ》有《リ》踰《コヱタルコト》神通《ニ》。安《イヅクンゾ》可《キヤ》思議。

莊嚴妙色功德成就者、偈《ニ》言《ヘルガ》「無垢光炎熾明淨曜世間《ト》」故《ニト》。

此《レ》云何《ゾ》不思議《ナル》。其《ノ》光曜《カスニ》事《ヲ》則映徹《ス》表裏《ヲ》。其《ノ》光曜《スニ》心《ヲ》則終《ツイニ》盡《ス》无明《ヲ》。光爲《ナス》佛事《ヲ》。焉《ゾ》可《キヤ》思議。

莊嚴觸功德成就者、偈《ニ》言《ヘルガ》「寶性功德草柔②輭左右旋觸者生勝樂過迦旃隣陀《ト》」故《ニト》。

此《レ》云何《ゾ》不思議《ナル》。夫寶《ノ》例《ハ》堅《ケン》強《ガウナレ》而《ドモ》此《ハ》柔輭《ナリ》。觸樂《ハ》應《ベケ》著《ス》而《ドモ》此《ハ》增《ス》道《ヲ》。事《コト》同《ジ》愛作《ニ》。何《イカンゾ》可《キヤ》思議。有《リ》菩薩、字《ナヅク》愛作《ト》。形容端正《ニシテ》生《ズ》人《ノ》染著《ヲ》。『經《ニ》』（大寶積經卷一〇六大乘方便會意）言《ノタマハク》、「染《スレ》之《ニ》者《バ》、或《ハ》生《ジ》天上《ニ》、或《ハ》發《スト》菩提心《ヲ》」

莊嚴三種功德成就者《ハ》、有《リ》三種《ノ》事。應《シ》知。何等《ラカ》三種。一者水、二者地、三者虛空《ナリ》。

此《ノ》三種所《ユ》以《ヘ》幷《ベテ》言《フ》者《ハ》、以《ノ》同類《ナルヲ》故也。何《ヲ》以《カ》言《イフトナレバ》之《ヲ》、一者六大《ノ》類《ナリ》。所《ユル》謂《イハ》虛空《ト》識《ト》地《ト》水《ト》火《ト》風《トナリ》。二者无分別《ノ》類《ナリ》。所《ユル》謂《イハ》地・水・火・風・虛空《ナリ》。但言《ニ》三類

① 隨　右◎「フ」を「ガヒ」と上書訂記
② 柔　◎「粜」を「柔」と上欄訂記

1-497

者《ハ》、識《ノ》一大《ハ》屬《スルガ》衆生世間《ニ》故《ニ》、火《ノ》一大《ハ》彼《ノ》中《ニ》无《キガ》故《ニ》、雖《モ》有《ト》風風《ハ》不《ル》可見《ル》故《ニ》、无《キガ》住處故《ニ》。是《ヲ》以《テ》六大五類《ノ》中《ニ》、取《リ》有而《テ》可《シ》莊嚴《ス》、三種幷《シテ》言《フト》之《ヲ》。

莊嚴水功德成就者、偈《ニ》言《ガ》「寶花千萬種彌覆池流泉微風動花葉災錯光亂轉《ト》」故《ニト》。

此云何不思議《ナル》。彼《ノ》淨土《ノ》人天《ハ》非《ズ》水穀《コクノ》身《ニ》。何《ゾ》須《モチヰル》水《ヲ》耶《ヤ》。清淨成就《シテ》不《ズ》須《モチヰ》洗濯《ヲ》。復何《ゾ》用水耶《ヤ》。彼《ノ》中《チニハ》无《シ》四時。常《ニ》調適《シテ》不《ズ》煩《ラハ》熱《ヲ》。復何《ゾ》須《ル》水耶《ヤ》。不《ズ》須《チヰ》而《シテ》有《ナルコトハ》、當《ニ》有《ル》所以《ユヘナリ》。『經』（大經巻上）言《ハク》「彼《ノ》諸《ノ》菩薩及聲聞、若《シ》入《テ》寶池《ニ》、意《ニ》欲《ヘバ》令《ト》水《ヲシテ》没足《ヲ》、水即没《ヒタス》足《ヲ》。欲《ヘバ》令至膝《ニ》、水即至膝《ニ》。欲令至腰、水即至腰。欲令至頸《ニ》、水即至頸《ニ》。欲令灌身《ニ》、自然《ニ》灌《グ》身《ニ》。欲令《ト》還復、水①輒《スナワチ》還復《ス》。調和冷煖自然《ニ》隨《テ》意《ニ》、開《キ》神《ヲ》悅《バシム》體《ヲ》。蕩除《シ》心垢《ヲ》、清明澄潔《ニシテ》淨《キヨキコト》若《ゴトシ》无形《チ》。寶沙《サ》映徹《シテ》无深《オモ》不《ルコト》照《ラサ》。微瀾廻流《シテ》轉《ウタヽ》相《ヒ》灌注《ジュス》。安詳《トシテ》徐《ク》逝《ユイテ》、不《ズ》遲不《ズ》疾。波揚《アガテ》无量《ナリ》。自然《ノ》妙聲隨《テ》其《ノ》所應《ニ》莫《シ》不《ル》聞者《ノ》。或《ハ》聞《キ》佛《ノ》聲《ミコヱヲ》、或《ハ》聞《キ》法《ノ》聲《ヲ》、或《ハ》聞《キ》僧《ノ》聲《ヲ》、或《ハ》聞《キ》寂靜《ノ》聲、空无我《ノ》聲、大慈悲《ノ》聲、波羅蜜《ノ》聲《ヲ》、或《ハ》聞《ク》十力・无畏・不共法《ノ》聲、諸通惠《ノ》聲、无所作《ノ》聲、不起滅《ノ》聲、无生忍《ノ》聲、乃至甘露灌頂、衆《ノ》

①輒　◎「轉」を「輒《スナワチ》」と右傍訂記

妙法《ノ》聲。如是等《ラノ》聲稱《カナウテ》其《ノ》所聞《ニ》歡喜无量《ナリ》。隨順《シ》清淨・離欲・寂滅・眞實之義《ニ》、隨順《ス》三寶・力・无所畏・不共之法《ニ》。隨順《ス》通慧菩薩・聲聞所行之道《ニ》。无《シ》有《コト》三塗苦難之名。但有《リ》自然快樂之音。是《ノ》故其《ノ》國《ヲ》名《テ》曰《フ》安樂《ト》」。

此《ノ》水爲《ス》佛事《ヲ》。安《イツクンゾ》可《キヤ》思議《ス》。

莊嚴地功德成就者、偈《ニ》言《ヘルガ》「宮殿諸樓閣觀十方無㝵雜樹異光色寶蘭遍圍遶《ト》」故《ニト》。

此《レ》云何不思議《ナル》。彼《ノ》種種《ノ》事、或《ハ》一寶、十寶、百寶、无量寶、隨《ヒ》心《ニ》稱《フテ》意《ニ》莊嚴《シ》具足《セリ》。此《ノ》莊嚴《ノ》事《ヲ》。如《ク》淨明鏡《ノ》、十方國土《ノ》淨穢《ノ》諸相、善惡《ノ》業緣、一切悉《ク》現《ズ》彼《ノ》中《ノ》人天《ヲ》。見《ガ》斯《ノ》事《ヲ》故《ニ》①稱揚不及之情《コヽロ》自然《ニ》成就《ス》。亦如《シ》諸大菩薩以《テ》照《テ》法性等《ノ》寶《ヲ》爲《スレバ》冠《ト》、此《ノ》寶冠《ノ》中《ニ》皆見《マツリ》諸佛《ヲ》、又了達《スルガ》一切諸法之性《ヲ》。又如《シ》佛說《タマフシ》『法華經』《ヲ》時、放《テ》眉間《ノ》光《ヲ》照《スニ》于東方萬八千土《ヲ》皆如《シ》金色《ノ》、從《ヨリ》阿鼻獄上《カミ》至《マデ》有頂《ニ》、諸世界《ノ》中《ノ》六道衆生《ノ》生死所趣、善惡業緣、受報《ノ》好醜、於《ニ》此《コヽ》悉《ク》見《ルガ》。蓋《シ》斯《ノ》類也。此《ノ》影爲《ナス》佛事《ヲ》。安《クンゾ》可《キヤ》思議《ス》。

莊嚴虛空功德成就者、偈《ニ》言《ガ》「無量寶交絡羅網遍虛空種種鈴

①稱揚　◎「探湯」を「稱揚」と右傍訂記

1-499

發響①宣吐妙法音」故。

此云何不思議。『經』（大經巻上）言、「无量寶網、彌覆佛土、皆以金縷・眞珠・百千雜寶奇妙珍異莊嚴校飾、周帀四面。垂以寶鈴。光色晃耀盡極嚴麗。自然德風徐起微動。其風調和不寒不暑。溫涼柔輭不遲不疾。吹諸羅網及衆寶樹、演發无量微妙法音、流布萬種溫《オン》《ウン》《アタヽカニ》雅《ゲ》《ヤワラカ》德香。其有聞者、塵勞垢習自然不起。風觸其身皆得決樂。」此聲爲佛事。焉可思議。

莊嚴雨功德成就者、偈言「雨花衣莊嚴无量香普動」故。

此云何不思議。『經』（大經巻上）言、「風吹散花遍滿佛土。隨色次第、而不雜亂。柔輭光澤馨香芬烈。足履其上蹈下四寸、隨擧足已、還復如故。花用已訖、地輒開裂、以次化沒、淸淨无遺。隨其時節、風吹散花、如是六反。又衆寶蓮花周遍世界。一一寶花百千億葉。其葉光明、无量種色。靑色靑光、白色白光、玄・黃・朱・紫光色亦然。煒《キ反》《カヽヤク》燁《キフ反》《エフ反》煥《クワン》爛《ミダル》明曜日月。一一花中出三十六百千億光。一一光中出三十六百千

億《ノ》佛《ヲ》。身《ノ》色紫金相好殊特《ナリ》。一一《ノ》諸佛又放《テ》百千《ノ》光明《ヲ》、普《ク》爲《メニ》十方《ノ》說《ク》
微妙《ノ》法《ヲ》。如是諸佛、各各《ニ》安立《セシメタマフ》无量《ノ》衆生《ヲ》於《ニ》佛《ノ》正道《ニ》。」花爲佛事《ヲ》。安《クンソ》
可《キヤ》思議。

莊嚴光明功德成就者、偈《ニ》言《ガ》「佛惠明淨日除世癡闇冥《ト》」故《ヘニト》。
此云何《ソ》不思議《ナル》。彼《ノ》土《ノ》光明《ハ》、從《ヨリ》如來《ノ》智慧①《ノ》報起《レリ》。觸《レ》之《ニ》者《バ》、无明《ノ》黑闇終《ニ》
必消除《ス》。光明非《シテ》慧能《ク》爲《ナス》慧②《ノ》用《ヲ》。焉《ンソ》可《キヤ》思議。

01莊嚴妙聲功德成就者、偈言「梵聲悟深遠微妙聞十方」故。
此《レ》云何《ソ》不思議《ナルヤ》。02經言《ハク》、「若《シ》人但聞《テ》彼《ノ》國土《ノ》淸淨安樂《ナルヲ》、剋念願《シテ》生《ゼンモノトト》、亦
得《ルモノトハ》往生《ヲ》、卽③入《ル》正定聚《ニ》。」此《ハ》是國土《ノ》名字爲《ナス》佛事《ヲ》。安《イツクンゾ》可思議《ヤト》《ス》。

03莊嚴主功德成就者、偈言「正覺阿彌陀法王善住持」故。
此《レ》云何《ガ》不思議《ナルヤ》。正覺《ノ》阿彌陀不思議《ニマシマス》《ノ》。彼安樂淨土《ハ》、爲《ニ》正覺阿彌
陀《ノ》善力《ノ》住持《セラレタリ》。云何可《キ》得思議《コトヲ》耶《ヤ》。「住」《ハ》名《ク》不異不滅《ニ》。「持」《ハ》名《ク》不散不失《ニ》。
如《シ》以《テ》不朽《キウ》藥《ヲ》塗《ヌリテ》種子《ニ》、在《オクニ》水《ニ》不《ズ》爛《ミダレ》、在《オクニ》火《ニ》不《ズ》燋《コガレ》、得《テ》因緣《ヲ》卽生《ズルガ》。何《ヲ》以《ノ》故《ニ》。不
朽藥《ノ》力《ラナルガ》故《ヘナリ》。若《シ》人一《タビ》生《ズレバ》安樂淨土《ニ》、後《ノ》時《ニ》意願《ジテ》生《テ》三界《ニ》教化《セムト》衆生《ヲ》、捨《テ》、

①慧　◎「惠」を「慧」と下欄訂記
②慧　◎「惠」を「慧」と上欄訂記
③卽　◎「則」を「卽」と上欄訂記

01[莊嚴…可思議]證卷134 三經往582
02[經言…思議]一多意665
03[莊嚴…住持故]證卷134

119

01［荘嚴…可思議］證巻135 三經往582
02［彼安…道故］行巻48
03［同一…道故］眞巻180

120
淨土《ノ》命《ヲ》、隨《テ》願《ニ》得《テ》生《ヲ》、雖生《ト》三界雜生《ノ》火《ノ》中《ニ》、无上菩提《ノ》種子畢竟《ジテ》不《ズ》朽。何《ヲ》以《ノ》故《ニ》。以《ノ》逕《フルヲ》正覺阿彌陀《ノ》善《ク》住持《ヲ》故《ニト》。

01荘嚴眷屬功徳成就者、偈言「如來淨花衆正覺花化生」故。

1-325
此《レ》云何《ソ》不思議《ナルヤ》。凡《ソ》是雜生《ノ》世界《ニハ》、若胎、若卵《ラン》、若濕《シフ》、若化、眷屬若干《ソコバクナリ》。苦樂萬品《ナリ》。以《ノ》雜業《ヲ》故《ニ》。02彼《ノ》安樂國土《ハ》莫《シ》非《ルコト》是阿彌陀如來正覺淨花之所《ニ》化生《スル》。03同一《ニ》念佛《シテ》无《キガ》別《ノ》道故《ニ》。遠《ク》通《ズルニ》夫《レ》四海之内皆爲《スル》兄弟《ト》也。眷屬无量《ナリ》。焉《イヅクンゾ》可《キヤ》思議《ス》。

荘嚴受用功徳成就者、偈言《ニ》「愛樂佛法味禪三昧爲食《ト》」故《ニト》。

此《レ》云何不思議《ナル》。不食《シテ》而資《ク》命《ヲ》。蓋《シ》所資《ル》有以《ユヘ》也。豈《ニ》不《ズ》是《レ》如來滿《タマヘルニ》本願《ヲ》

121
乎《ヤ》。乘《ズルヲ》佛願《ニ》爲《スガ》我命《ト》。焉《ゾ》可《キヤ》思議《ス》。

荘嚴無諸難功徳成就者、偈言《ル》「永離身心惱受樂常無間《ト》」故《ニト》。

此《レ》云何《ガ》不思議《ナルヤ》。經言《ク》、「身《ハ》爲《ス》苦器《ト》、心《ハ》爲《ス》惱端《ト》。」而彼《カレ》有身有心而《テ》受《コト》①樂《ヲ》无《シ》間《ヒマ》。安《ンゾ》可《ベキヤ》思議《ス》。

荘嚴大義門功徳成就者、偈言《ヘルガ》「大乘善根界等无譏嫌名女人

---

①樂　◎下に挿入符号あり、「或本有常字」と上欄註記　1-502

04[願往：思議]證卷1-326
135 三經往
583
122

05[示現：之耳]眞卷
172

及根缺二乘種不生《ト》」故《ニト》。淨土《ノ》果報《ハ》離《レタリ》二種《ノ》譏嫌①《ヲ》、應知。一者體、二
者名《ナリ》。體《ニ》有《リ》三種。一者二乘人、二者女人、三者諸根不具人《ナリ》。無《シ》此《ノ》
三《ノ》過《トガ》。故《ニ》名《ク》離體譏嫌《ト》。名《ニ》亦有②《リ》三種。非《ズ》但無《ノミニ》三《ノ》體、乃至不《ズ》聞《キカ》二乘《ト》
女人《ト》諸根不具《ノ》三種《ノ》名《ヲ》。故《ニ》名《ク》離名譏嫌《ト》。等者《ハ》平等一相《ノ》故《ニト》。

此云何不可③思議《ナルヤ》。夫《レ》諸天《ノ》共器《ニハ》飯《ニ》有《リ》隨福之色。足《ノ》指《ユビ》按《アンジテ》地《ニ》乃詳《ツバビラカニス》金
礫之旨《ヲ》。而04願《ズル》往生《ヲ》者《ノハ》、本則三三之品《ナレドモ》、今《ハ》无《シ》一二之殊。亦如《シ》淄④《シ》澠《ジヨウノ》
食石陵反 一味《ナルガ》。焉《ゾ》可《ベキヤ》思議。

莊嚴一切所求滿足功德成就者、偈言《ヘルガ》「衆生所願樂一切能滿
足《ト》」故《ニト》。

此云何《ガ》不思議《ナル》。彼《ノ》國《ノ》人天、若欲願《セム》往《テ》他方世界《ノ》无量《ノ》佛刹《ニ》供養《セムト》諸
佛菩薩《ヲ》、及《ビ》所須《ノ》供養之具、无《ナケム》不《ルコト》稱《カナハ》願《ニ》。又欲《ハム》捨《テ、》彼《ノ》壽命《ヲ》向《テ》餘國《ニ》生《ジテ》
修⑤短自在《ナラムト》、隨《テ》願《ニ》皆得《ウ》。未《ダ》《ズ》階《カナハ》自在之位《ニ》而《シテ》同《ジカラム》自在之用《ニ》。焉《ンゾ》可《ヤ》思議。

05示現《トイフ》自利利他《ヲ》者《ハ》、
略《シテ》說《テ》彼《ノ》阿彌陀佛國土《ノ》十七種莊嚴功德成就《ヲ》、示現《スルガ》如來《ノ》自身

①嫌 ◎「過」を「嫌《ヲ》」と上欄訂記
②有 ◎上欄補記
③可 ◎上欄補記
④淄 ◎「淄」を「淄」と上書訂記
淄澠 ◎「淄《シ》澠 水名也」と上欄註記
⑤修 ◎「修」を「修《シウ》」と上書訂記し、さらに「修」と上欄註記

利益大功德力成就《ト》利益他功德成就《ト》故《ナリ》。

言「略《ト》」者《ハ》、彰《アラハス》彼《ノ》淨土《ノ》功德无量《ニシテ》非《コトヲ》唯《タヽ》十七種《ノミニ》也。夫《レ》須彌《ヲ》之《ヲ》入《レ》芥子《ニ》、毛孔《ニ》之《ヲ》納《オサム》大海《ヲ》。豈《ニ》山海之神《ナラムヤ》乎。毛芥之力《ナラムヤ》乎。能神《ノ》者《ヒトノ》神之耳《ナラクノミ》。是《ノ》故《ニ》十七種雖《モ》曰《フ》利他《ト》、自利之義炳《ヘイ》然《ゼンナリ》《アキラカナリ》、可《シト》知《ル》。

入第一義諦者《ハ》、

彼《ノ》無量壽佛國土《ノ》莊嚴第一義諦妙境界相。十六句及一句次第《ニ》說《ツ》、應《ベシト》知《ル》。

「第一義諦」者《ハ》佛《ノ》因緣法也。此《ノ》諦《ハ》是《レ》境《ノ》義《ナリ》。是《ノ》故《ニ》莊嚴等《ノ》十六句《ヲ》稱《シテ》爲《ス》「妙境界相《ト》」。此《ノ》義至《テ》入法句《ノ》文《ニ》當《ニ》《シ》更《ニ》解釋《ス》。「及一句次第《ト》」者、謂《ク》觀《ズルナリ》器淨等《ヲ》。總別《ノ》十七句《ハ》觀行《ノ》次第也。云何起《ス》次《ヲ》。建章《ハジメノ》言《ノタマヘリ》「歸命无导光如來願生安樂國《ト》」。此《ノ》中《ニ》有《リ》疑。疑《テ》言《イフコヽロハ》、生《ハ》爲《タリ》有《ノ》本、衆累之元《モト》。棄《ステヽ》生《ヲ》願《ズ》生《ヲ》、生何《ゾ》可《キヤ》盡《ク》。爲《ニ》釋《セム》此《ノ》疑《ヲ》、是《ノ》故《ニ》觀《ズ》彼《ノ》淨土《ノ》莊嚴功德成就《ヲ》。明《アキラケシ》彼淨土《ハ》是阿彌陀如來《ノ》清淨本願《ノ》无生之生《ナリ》、非《ル》如《キニハ》三有虛妄《ノ》生《ノ》也。何《ヲ》以《テ》言《イフトナラバ》之《ヲ》、夫《レ》法性清淨《ニシテ》畢竟无生《ナリ》。言生者《ハ》是得生《ノ》者《ヒト》之情《コヽロ》耳《クノミト》。生苟《マコトニ》无生《ナリ》、生何《ゾ》所《ロアラム》盡《ル》。盡《サ》夫《レ》生《ヲ》者《バ》、上《ハ》失《シ》无爲能爲之身《ヲ》、下《ハ》酾《エイナム》（醉亡善反）三空不空之痼《ヤマイニ》（癈也病也。工路反）根敗永《ク》亡《ジテ》號《サケミ》振《フルウ》三千《ヲ》。无反《ヘン》无復《フク》《シテ》於斯《コヽニ》招《マネク》恥《ヲ》。體夫《レ》生《ズ》理《ヨリ》、謂《イフ》之《ヲ》淨土《ト》。淨土之宅《ハ》所《ル》謂《ハ》十七句是也。十七句《ノ》中《ニ》、總別爲《ス》二《ト》。初《ノ》句《ハ》是總相《ナリ》。所謂是清淨佛土、過《タリトイヘリ》三界《ノ》道《ニ》。彼過《トイフニ》三界《ニ》有《ト》何《ナル》相《カ》。下《ノ》十六種《ノ》莊嚴功德成就《ノ》相是也。一者量、究竟《シテ》如《シ》虛空《ノ》。廣大《ニシテ》无邊《キガ》際故《ニ》。既《ニ》知《ヌ》量《ヲ》。此《ノ》量以《テカ》何《ヲ》爲《スル》本《ト》。是《ノ》故《ニ》觀《ヨ》性《ヲ》。性《ハ》是本《ノ》義《ナリ》。彼《ノ》淨土《ハ》從《ヨリ》正道《ノ》大慈悲出世《ノ》善根生《ゼリ》。既《ニ》言《ヘリ》出世善根《ト》。此《ノ》善根《ハ》生《ゼル》何等《ノ》相《ヲカ》。是《ノ》故《ニ》次《ニ》觀《ヨ》莊嚴形相《ヲ》。既《ニ》知《ヌ》形相《ヲ》。宜《シク》知《ル》形相《ハ》何等《ノ》體《ト》。是《ノ》故《ニ》次《ニ》觀《ヨ》種種《ノ》事《ヲ》。既《ニ》知《ヌ》種種《ノ》事《ヲ》。宜《シク》知《ル》種種事《ノ》妙色《ヲ》。是《ノ》故《ニ》次《ニ》觀《ゼヨ》妙色《ヲ》。既《ニ》知《シリヌ》妙色《ヲ》。此《ノ》色有《ル》何《ツレノ》觸《カ》。是故次觀《ゼヨ》觸《ヲ》。既《ニ》知《リヌ》身《ノ》觸《ヲ》。應知《ル》眼觸《ヲ》。是故次觀《ゼヨ》水・地・虛空《ノ》莊嚴《ノ》三事《ヲ》。既《ニ》知《リヌ》眼觸《ヲ》。應知鼻觸《ヲ》。是故次觀《ゼヨ》衣花香《ノ》薰《ヲ》。既《ニ》知《ヌ》眼鼻等《ノ》觸《ヲ》。須《シク》知《ル》離《コトヲ》染《ヲ》。是故次觀《ゼヨ》佛惠《ノ》明《ニ》照《ヲ》。既《ニ》知《ヌ》惠光《ノ》淨力《ヲ》。宜《シク》知《ル》聲名《ノ》遠近《ヲ》。是故次觀《ゼヨ》梵聲《ノ》遠《ク》聞《コトヲ》。既《ニ》知《ヌ》聲名《ヲ》。宜《シク》知《ル》誰《カ》爲《スルコトヲ》增上《ト》。是故次觀《ゼヨ》主《ヲ》。既《ニ》知《ヌ》有主。誰爲《ルト》主《ノ》眷屬《ト》。是故次觀《ゼヨ》眷屬《ヲ》。既《ニ》知《ヌ》眷屬《ヲ》。宜《シク》知《ル》此《ノ》眷屬《ハ》若爲《イカヾ》受用《コトヲ》。是故次觀《ゼヨ》受用《ヲ》。既《ニ》知《ヌ》受用。宜知此受用有難无難。是故次觀无諸難。既知无諸難。以何義故无諸難。是故次觀大義門。既知大義門。宜知大義門滿不滿。是故次觀所求滿足。復次此十七句非但釋疑。觀此十七種莊嚴成就、能生眞實淨信、必定得生彼安樂佛土。

問曰、上言知生无生、當是上品生者。若下下品人乘十念往生、豈非取實生耶。但取實生、卽墮二執。一恐不得往生。二恐更生生惑①。答。譬如淨摩尼珠②置之濁水、水卽清淨。若人雖有无量生死罪濁、聞彼阿彌陀如來至極无生清淨寶珠名號③、投之濁心、念念之中罪滅心淨、卽得往生。又④如⑤淨摩尼珠以玄黄幣裹、投之於水、水卽玄黄、一如物色。彼清淨佛土有阿彌陀如來无上寶珠。以无量莊嚴功德成就帛裹、投之於所往生者心水、豈不能轉生見爲无生智乎。又如冰上燃火、火猛則冰解、冰解則火滅。彼下品人、雖不知法性无生、但以稱佛名力作往生意、願生彼土、彼土是无生界、見生之火、自然而滅。

---

①惑　◎「或」を「惑」と上書訂記
②珠　◎「殊」を「珠」と上書訂記
③號　◎「号」を「號」と上書訂記
④又　◎下に「是」とあるを抹消
⑤如淨　◎右傍補記

衆生體《ト》者《ハ》、此《ノ》分《ノ》中《ニ》有《リ》二重。一者觀①佛、二者觀②菩薩《ナリ》。觀③佛《トイフハ》者、云何觀④《ズル》佛《ノ》莊嚴功德成就《ヲ》。觀佛莊嚴功德成就者、有八種、應《シト》知《ル》。

此《ノ》觀⑤《ノ》義《ハ》已《ニ》彰《アラワセリ》前《ノ》偈《ニ》。

何等《ラカ》八種。一者莊嚴座功德成就、二者莊嚴身業功德成就、三者莊嚴口業功德成就、四者莊嚴心業功德成就、五者莊嚴衆功德成就、六者莊嚴上首功德成就、七者莊嚴主功德成就、八者莊嚴不虛⑥作住持功德成就《ナリ》。

何《ニ》者《ノカ》莊嚴座功德成就、偈《ニ》言《ヘルガ》「無量大寶王微妙淨花臺《ト》」故《ニト》。

若《シ》欲《ハヾ》觀⑦《ト》座《ヲ》、當《ニ》依《ル》『觀⑧无量壽經《ニ》』。

何者莊嚴身業功德成就、偈言《ルガ》「相好光一尋色像超群生《ト》」故《ニト》。

若欲《バ》觀⑨《ムト》佛身《ヲ》、當《ニ》依《ル》『觀⑩无量壽經《ニ》』。

何者莊嚴口業功德成就、偈言《ガ》「如來微妙聲梵響聞十方《ト》」故《ニト》。

何者莊嚴心業功德成就、偈言「同地水火風虛空无分別《ト》」故《ニト》。

无分別《ト》者《ハ》無《キガ》分別《ノ》心故《ニト》。

①觀　訂記　◎「覌」を「觀」と上書
②觀　訂記　◎「覌」を「觀」と上書
③觀　訂記　◎「覌」を「觀」と上書
④觀　訂記　◎「覌」を「觀」と上書
⑤觀　訂記　◎「覌」を「觀」と上書
⑥虛　訂記　◎「虗」を「虛」と上欄
⑦觀　訂記　◎「覌」を「觀」と上書
⑧觀　訂記　◎「覌」を「觀」と上書
⑨觀　訂記　◎「覌」を「觀」と上書
⑩觀　訂記　◎「覌」を「觀」と上書

1-330　129

凡夫衆生身口意三業以造罪、輪轉三界无有窮已。是故諸佛・菩薩、莊嚴身口意三業用治衆生虚①誑三業也。云何用治衆生、以身見故受三塗身・卑賤身・醜陋身・八難身・流轉身。如是等衆生、見阿彌陀如來相好光明身者、如上種種身業繫縛、皆得解脱、入如來家畢竟得平等身業。衆生以憍慢故、誹謗正法、毀呰賢聖、捐《ケン》②片《ベンス》尊長（尊者君父師也。長者有徳之人及兄黨也。）如是之人、應受拔舌苦・瘖瘂苦・言教不行苦・无名聞苦。如是等種種諸苦衆生、聞阿彌陀如來至徳名號説法音聲、如上種種口業繫縛、皆得解脱、入如來家畢竟得平等口業。衆生以邪見故心生分別。若有若无、若非若是、若好若醜、若善若惡、若彼若此、有如是等種種分別。以分別故長淪三有、受種種分別苦・取捨苦、長寢《イネテ》大夜、无有出期。是衆生若遇《マウアヒ》阿彌陀如來平等光照、若聞阿彌陀如來平等意業、是等衆生如上種種意業繫縛、皆得解脱、入如來家畢竟得平等意業。　問曰、心是覺知相。云何可得同地・水・火・風无分別③耶。答曰、心雖知相、入實相則无知也。譬如蛇

①虚　◎「虗」を「虚」と上欄訂記
②捐片　◎「指庫」を「捐《ケン》片《ベンス》」と右傍訂記
③別　右◎一字抹消

1-508

01[何者…之義]行巻56
[何者…力也]眞巻172

性雖《モ》レ曲《ト》、入《レバ》二竹筒《ニ》一則直《ナホキガ》上。又如《シ》下人《ノ》身《ノ》、若《シ》針《ノ》刺《サシ》、若《シ》蜂《ノ》螫《スニハ》式欠反則有《リ》二覺知一、若《シ》石《ノ》蛭《ヒルノ》之一反噉《ミ》、若《シ》甘刀《ノ》割《サクニ》則无《ガ》中覺知上。如《レ》是等《ノ》有知・无知在《リ》二于因縁《ニ》一。若《シ》在《ルハ》二因縁一則非《ニ》レ知《ニ》非《ル》二无一レ知《ニ》一也。　問曰、心入《バ》二實相《ニ》一①可《シ》レ令《ム》レ无《ラ》レ知。云何《ガ》得《ム》レ有《コトヲ》二一切種智一耶《ヤ》。答曰、凡心《ハ》有《バ》レ知則有《リ》レ所《ロ》レ不《ル》レ知《ラ》。聖心《ハ》无知故《ナルガ》无《シ》レ所《ロ》レ不《ル》レ知《ラ》。无一知《ニ》而《シテ》知《ナリ》、知即无知《ナリ》也。　問曰、既《ニ》言《イハ》下无知故《ナルガ》无《シ》中所《トシテ》不《ト》上レ知《コト》、若《シ》无《シト》中所《トシテ》不《ルコト》上レ知《ラ》者《バ》、豈不《ズ》三是知《ニ》二種種《ノ》法《ヲ》一耶《ヤ》。既知《バ》二種種之法《ヲ》一、復云何《ソ》言《フ》レ无《ト》二所《ニ》分別《スル》一耶《ヤ》。答曰、諸法《ノ》種種《ノ》相皆如《シ》二幻②化《ノ》一。然《ニ》幻③化《ノ》像・馬、非《レ》レ无《ニ》二長頸《キクビ》・鼻・手足《ノ》異《ナルコト》一、而《ドモ》智者觀《ニ》レ之《ヲ》、豈言《ムテ》四定有《ト》三像・馬分二別《スルコト》之《ヲ》一耶《ヤ》。

1-331 130

何者莊嚴大衆功德成就、偈言《ヘルガ》二「天人不動衆清淨智海生」《ト》一故《ニト》。

何者莊嚴上首功德成就、偈言《ガ》二「如須彌山王勝妙無過者」《ト》一故《ニト》。

何者莊嚴主功德成就、偈言二「天人丈夫衆恭敬繞瞻仰」《ト》一故《ニト》。

01何者莊嚴不虛④作住持功德成就、偈言二「觀佛本願力遇无空過者能令速滿足功德大寶海」《ト》一故《ニト》。

131

「不虛⑤作住持功德成就」者《ハ》、蓋《シ》是阿彌陀如來《ノ》本願力也。今當《ニ》二略《シテ》示《テ》一

①可令无知→◎可《シ》レ令《ム》二无《ラ》一知一　1-509
②幻　◎「幻」を「幻」と上書訂記
③幻　◎「幻」を「幻」と上書訂記
④虛　◎「虗」を「虛」と右傍訂記
⑤虛　◎「虗」を「虛」と上書訂記

01［所言…成就］行巻56 眞巻172
02［卽見…五功德相］證巻138

1-332
132

虚作之相不能住持、用顯彼不虚作住持之義。人有輟《トヾメテ》止也貞劣反飡養《ヤシナイ》士或疊《ツミ》起《オコスコト》舟中、積金盈《ミテレ》庫而不免餓《カレ》死。如斯之事觸目皆是。得非作得、在非守在、皆由虚①妄業作不能住持也。01所言不虚作住持者、依本法藏菩薩四十八願今日阿彌陀如來自在神力。願以成力、力以就願。願不徒然、力不虚設。力願相苻《カナフテ》畢竟不②差《タガハ》故曰成就。

02卽見《セバ》彼佛、未證淨心菩薩畢竟得證平等法身、與淨心菩薩與上地諸菩薩畢竟同得寂滅平等故。

「平等法身」者、八地已上法性生身菩薩也。「寂滅平等」者、卽此法身菩薩所證寂滅平等之法也。以得此寂滅平等法故名爲平等法身。以平等法身菩薩所得故名爲寂滅平等法也。此菩薩得報生三昧、以三昧神力、能一處一念一時遍十方世界、種種供養一切諸佛及諸佛大會衆海、能於无量世界无佛法僧處、種種示現、種種教化度脱一切衆生、常作佛事、初无往來想・供養想・度脱想。是故此身名爲平等法身、此法名爲寂滅平等法也。「未證淨心菩

①虚　◎「虗」を「虚」と上欄訂記
②不　右◎「ルガ」と上書訂記

薩」者《ハ》、初地已上七地已還《ノ》諸《ノ》菩薩也。此《ノ》菩薩亦能《ク》現《ジテ》身《ヲ》、若《ハ》百若《ハ》千、若萬若億、若《ハ》百千萬億《ノ》无佛《ノ》國土《ニ》施作《ス》佛事《ヲ》、要《ズ》須《モチヰテ》作心《ヲ》入《ル》三昧《ニ》。乃能《ク》非《ズ》不《ルニハ》作心《セ》。以《ノ》作心《ヲ》故《ニ》名爲《ス》未得淨心《ト》。此《ノ》菩薩、願《テ》生《ムト》安樂淨土《ニ》即見《マツル》阿彌陀佛《ヲ》。見《ツル》阿彌陀佛《ヲ》時、與《ト》上地《ノ》諸《ノ》菩薩畢竟《ジテ》身等《シク》法等《ヒトシ》。龍樹

133 菩薩、婆藪槃頭菩薩《ノ》輩《ラ》、願《ズル》生《ト》彼《ニ》者《ハ》、當《ニ》爲《メナル》此《ガ》耳《クノミト》。　問曰、案《ズルニ》『十地經《ヲ》』、菩薩《ノ》進趣階級、漸《ク》有《テ》无量《ノ》功勳逕《フ》多《ノ》劫數《ヲ》。然《カフシテ》後《ニ》乃《イマシ》得《ウ》此《ヲ》。云何見阿彌陀佛《ヲ》時、畢竟《ジテ》與《ト》上地《ノ》諸《ノ》菩薩身等《シク》法等《シキヤ》耶。答曰、①言畢竟者《ハ》未《ダ》言《イフニハ》即等《ト》也。畢竟《ジテ》不《ルガ》失《ハ》此《ノ》等《シキコトヲ》故《ニ》言《イフ》等《ト》耳《ナラクノミト》。　問曰、若《シ》不《ハ》即《チ》等《ラ》、復何《ヲ》待《マチテカ》言菩薩《ト》。但登《レバ》初地《ニ》、以《テ》漸《ク》增進《シテ》、自然《ニ》當《ニ》與《ト》佛等《カル》。何《ゾ》假《リニ》言《ムヤ》與《ト》上地《ノ》菩薩等《ヒトシト》。答曰、菩薩於《シテ》七地《ノ》中《ニ》得《バ》大寂滅《ヲ》、上《ニ》不《ズ》見諸佛《ノ》可《キヲ》求《ム》、下《ニ》不《ズ》見《ミ》衆生《ノ》可《ヲ》度《ス》。欲《ス》捨《テ》、佛道《ヲ》證《セムト》於《ヲ》實際。爾《ノ》時《ニ》若不《ズハ》得《エ》十方諸佛《ノ》神力《ヲシテ》加勸《ヲ》、即便

1-333 滅度《シテ》與《ト》二乘无《ナケム》異《コト》。菩薩若《シ》往生《シテ》安樂《ニ》見《レバ》阿彌陀佛《ヲ》、即无《シ》此《ノ》難。是《ノ》故《ニ》須《ク》言《イフ》畢竟《ジテ》平等《ナリト》。復次『无量壽經《ノ》』(卷上)中、阿彌陀如來《ノ》本願《ニ》言《ノタマハク》、「設我

134 得《ラムニ》佛、他方佛土《ノ》諸《ノ》菩薩衆、來生《セバ》我《ガ》國《ニ》、究竟《シテ》必至《ラム》一生補處《ニ》。除《ク》其《ノ》本

①言　◎右傍補記

01［譬如…百丈］眞筆　善消752意　性本860意

1-334　135

願自在所化、爲衆生故、被弘誓鎧積累德本、度脱一切、遊諸佛國修菩薩行、供養十方諸佛如來、開化恒沙无量衆生、使立无上正眞之道。超出常倫諸地之行現前、修習普賢之德。若不爾者不取正覺。」案此經推彼國菩薩、或可不從一地至一地。言十地階次者、是釋迦如來於閻浮提一應化道耳。他方淨土何必如此。五種不思議中佛法最不可思議。若言菩薩必從一地至一地无超越之理、未敢詳也。01譬如有樹、名曰好堅。是樹地生百歲①、乃具一日長高百丈。日日如此。計百歲之長②、豈類修松耶。見松生長、日不過寸。聞彼好堅、何能不疑卽日。有人聞釋迦如來證羅漢於一聽、制无生於終朝、謂是接誘之言、非稱實之說。聞此論事、亦當不信。夫非常之言不入常人之耳。謂之不然、亦其宜也。

略說八句、示現如來自利利他功德莊嚴次第成就、應知。

此云何次第。前十七句是莊嚴國土功德成就。既知國土相、應知國土之主。是故次觀③佛莊嚴功德。彼佛若爲莊嚴、於何處坐。是故

①歲　◎「圍」を「歲《ナラム》」と左傍訂記
②長　◎「高」を「長《タケヲ》」と右傍訂記
③觀　◎「覞」を「觀」と上書訂記

1-512

先《ヅ》觀①《ゼヨ》座《ヲ》。既《ニ》知《リ》座已《ヌ》。宜《シク》知《ル》座《ノ》主《ヲ》。是故《ニ》次觀②《ゼヨ》佛《ノ》莊嚴身業《ヲ》。既《ニ》知《ヌ》身業《ヲ》。應《シ》知有《マシマスト》何《ノ》聲名。是故次觀③《ゼヨ》佛《ノ》莊嚴口業《ヲ》。既《ニ》知《ヌ》名聞《ヲ》。宜《シク》知《ル》得名《ノ》所以《ユヘヲ》。是《ノ》故次觀④《ゼヨ》莊嚴心業《ヲ》。既《ニ》知《ヌ》三業具足《セルコトヲ》、⑤應《シト》爲人天《ノ》大師《トシテ》堪《タエタル》受《ニ》化《ヲ》者《ヒトハ》是《レ》誰《レナル》。是故《ニ》次《ニ》觀《ゼヨ》大衆《ノ》功德《ヲ》。既《ニ》知《ヌ》大衆有《コトヲ》无量《ノ》功德。宜《シク》知《ル》上首者《ハ》誰⑥《レゾト》。是故《ニ》次《ニ》觀⑦《ズ》上首《ヲ》。上首《ハ》是佛《ナリ》。既《ニ》知《ヌ》上首《ヲ》、恐《クハ》同《ジキコトヲ》長《チヤウ》⑧幼《エウニ》。是故《ニ》次觀⑨《ズ》主⑩《ヲ》。既《ニ》知《ヌ》是《ノ》主《ヲ》。主有《マシマスト》何《ナル》增上《カ》。是故次《ニ》觀⑪《ズ》莊嚴不虛作住持《ヲ》。八句《ノ》次第成《ゼル》也⑫《ナリト》。

觀⑬菩薩《ヲ》者《ハ》、

云何《ガ》觀⑭察《スル》菩薩《ノ》莊嚴功德成就《ヲ》。觀⑮察《スト》菩薩《ノ》莊嚴功德成就者《ハ》、觀⑯《ズルニ》彼《ノ》菩薩《ヲ》有《ト》四種《ノ》正修行功德成就、應知《ル》。

眞如《ハ》、是諸法《ノ》正體《ナリ》。體如《ニ》而《シテ》行《ズレバ》、則是不行《ナリ》。不行《ニ》而《シテ》行《ズルヲ》名《ク》如實修行《ト》。體《ハ》唯一如《ナレ》而《ドモ》義《ヲシテ》分《テ》爲《ス》四《ト》。是《ノ》故《ニ》四《ノ》行以《テ》一正《ク》統《カヌ》之《ヲ》。

何者《ノオカ》爲《スル》四《ト》。一者於《シテ》一佛土《ニ》身不《ズ》動搖《セ》而《シテ》遍《シテ》十方《ニ》、種種《ニ》應化《シテ》如《ク》實《ノ》修行《シテ》、常《ニ》作《ス》佛事《ヲ》。偈言《ノタマヘルガ》「安樂國清淨、常轉無垢輪、化佛菩薩日、如須彌住持《ト》」故《ニト》。開《クガ》諸《ノ》衆生淤《オ》泥《デイ》花《ヲ》故《ニト》。

① 觀　◎「覌」を「觀」と上書訂記
② 觀　◎「覌」を「觀」と上書訂記
③ 觀　◎「覌」を「觀」と上書訂記
④ 觀　◎「覌」を「觀」と上書訂記
⑤ 應　右◎「シ」と上書訂記
⑥ 誰　右◎「ト」を「ゾト」と上書訂記
⑦ 觀　◎「覌」を「觀」と上書訂記
⑧ 幼　◎「糼」を「幼」と上書訂記
⑨ 觀　◎「覌」を「觀」と上書訂記
⑩ 主　◎湮滅箇所を補記
⑪ 觀　◎「覌」を「觀」と上書訂記
⑫ 也　◎「已」を「也」と上書訂記
⑬ 觀　◎「覌」を「觀」と上書訂記
⑭ 觀　◎「覌」を「觀」と上書訂記
⑮ 觀　◎「覌」を「觀」と上書訂記
⑯ 觀　◎「覌」を「觀」と上書訂記

1-335 八地已上《ノ》菩薩常《ニ》在《リ》三昧《ニ》、以《テ》三昧力《ヲ》、身不《ズ》動《ゼ》本處《ヲ》而《シテ》能《ク》遍《ク》至《テ》十方《ニ》供養《シ》諸佛《ヲ》、教化《ス》衆生《ヲ》。「无垢輪」者《トイフハ》、佛地《ノ》功德也。佛地《ノ》功德《ハ》无《ナケレバナリ》習氣

137 煩惱《ノ》垢。佛爲《メニ》諸《ノ》菩薩《ノ》、常《ニ》轉《ズ》此《ノ》法輪《ヲ》。諸大菩薩亦能《ク》以《テ》此《ノ》法輪《ヲ》開導《スルコト》一切《ヲ》、无《シ》暫時《モ》休息《スルコト》。故《ニ》言《イフ》「常轉《ト》」。法身《ハ》如《ク》日而《シテ》應化身《ノ》光《リ》遍《スル》諸《ノ》世界《ニ》也。言《イフニハ》「日《ト》」未《ダ》《ズ》足《ラ》、以《テ》明《ニシテ》不動《ナルヲ》、復言《ル》「如須彌住持《ト》」也。「淤《オ》泥《デイ》花」者《トイフハ》、『經《ニ》』（維摩經卷中佛道品）言《ヘリ》「高原《ノ》陸地《ニハ》不《ズ》生《ゼ》蓮花《ヲ》、卑濕淤《オ》泥《デイニ》乃《チ》生《ズト》①蓮花。」此《ハ》喩《フ》凡夫在《テ》煩惱《ノ》泥《ノ》中《ニ》、爲《ニ》菩薩《ノ》開導《セラレテ》、能《ク》生《ズルニ》佛《ノ》正覺《ノ》花《ヲ》。諒《マコトニ》夫《レ》紹《ツグ》隆《リウシテ》《タツ》②三寶《ヲ》常《ニ》使《シムト》不《ラ》絕《タエ》。

二者彼《ノ》應化身、一切《ノ》時不《ズ》前《ナラ》不《ズ》後《ナラ》、一心一念《ニ》放《テ》大光明《ヲ》、悉《ク》能《ク》遍《ク》至《テ》十方世界《ニ》教化《ス》衆生《ヲ》。種種《ニ》方便修《シ》行《シテ》、所作滅除《スルガ》一切衆生《ノ》苦《ヲ》故《ニ》。偈言《ヘルガ》「无垢莊嚴光、一念及一時、普照諸佛會、利益諸群③生《ト》」故《ニト》。

138 上《ニ》言《ハ》不動《ニ》而《シテ》至《ト》、容《ベシ》或《ハ》至《コト》有《ル》前後。是《ノ》故《ニ》復言《ル》一念一時《ニシテ》无《ト》前後也。

三者彼《レ》於《テ》一切世界《ニ》无《ク》餘、照《ス》諸佛《ノ》會《ヲ》。大衆无《ク》餘、廣大无量《ニシテ》供養《シ》恭敬《シ》讚嘆《ス》諸佛如來《ノ》功德《ヲ》。偈言《ヘルガ》「雨天樂花衣、妙香等供養、讚諸佛功德、无有分別心《ト》」故《ニト》。

①生　右◎「ル」を「ト」と上書訂記
②隆　◎「際」を「隆」と上書訂記
③群　◎「郡」を「群」と上書訂記

1-514

「无餘」者《トイフハ》、明《ニ》遍《ク》至《テ》一切世界《ノ》一切諸佛《ノ》大會《ニ》、无《キ》有《コト》一世界《ニモ》一佛會《ニモ》不《ルコト》至《ラ》也。肇《デウ》公《コウノ》（注維摩巻一意）言《ク》、「法身《ハ》无《ク》像《カタチ》而《シテ》殊《コトニス》形《ヲ》、竝《ナラビニ》應《ズ》至韻《ヰンニ》。无《ク》言而《シテ》玄籍彌《ヒロク》布《シケリ》。冥權无《ク》謀《ハカリゴト》而《シテ》動《ジテ》與《ト》事會《ス》」。蓋《シ》斯《ノ》意也。

四者彼《レ》於《テ》十方一切世界《ノ》无三寶《ノ》處《ニ》、住持《シ》莊嚴《シテ》佛法僧寶《ノ》功德《ノ》大海《ヲ》、遍《ク》示《テ》令《ム》解《ラ》如實《ノ》修行《ヲ》。偈《ニ》言《ヘルガ》「何等世界无、佛法功德寶、我願皆往生、示佛法如佛《ト》」故《ニト》。

上《ノ》三句《ハ》雖《モ》言《ト》遍至《ト》、皆是有佛《ノ》國土《ナリ》。若《シ》无《クハ》此《ノ》句、便是法身、有《ラム》所《トシテ》不《ルコト》法《ナラ》。上善有《ラム》所《トシテ》不《ルコト》善。觀①行《ノ》體相竟《ヌ》。

已下《ハ》是解義《ノ》中《ノ》第四重《ヲ》名《テ》爲《ス》淨入願心《ト》。[01]淨②入願心者《トイフハ》、

又向《サキニ》說《トキツ》觀③察莊嚴佛土功德成就《ト》莊嚴佛功德成就《ト》莊嚴菩薩功德成就《ヲ》。此《ノ》三種《ノ》成就《ハ》願心《ヲシテ》莊嚴《セリト》、應《ベシト》知《ル》。

「應知」者《トイフハ》、應《シト》知《ル》此《ノ》三種《ノ》莊嚴成就《ハ》、由《テ》本《モト》四十八願等《ノ》清淨願心之《ノ》所《ナルニ》莊嚴《シタマフ》、因淨《ナルガ》故《ニ》果淨《ナリ》、非《ザルナリト》无《シテ》因他《ノ》因《ノ》有《ニハ》也。

略說《シテ》入《ルガ》一法句《ニ》故《ヘニト》。

① 觀　◎「覌」を「觀」と上書訂記

② 淨　◎「第四淨入願心」と上欄註記

③ 觀　◎「覌」を「觀」と上書訂記

1-515

上《ノ》國土《ノ》莊嚴十七句如來《ノ》莊嚴八句菩薩《ノ》莊嚴四句《ヲ》爲《ス》廣《ト》。入一法句《ヲ》爲《スルナリ》略《ト》。何《ノ》故《ニカ》示現《シタマフトナレバ》廣略相入《ヲ》、諸佛・菩薩《ニ》有《マシマス》二種《ノ》法身。一者法性法身、二者方便法身《ナリ》。由《テ》法性法身《ニ》生《ズ》方便法身《ヲ》。由《テ》方便法身《ニ》出《ス》法性法身《ヲ》。此《ノ》二《ノ》法身《ハ》異《ニシテ》而不可《ズ》分《ツ》。一《ニシテ》而不可《ズ》同《ズ》。是《ノ》故《ニ》廣略相入《シテ》、統《ツウズルニ》以《テス》法《ノ》名《ヲ》。菩薩若《シ》不《ハ》知廣略相入《ヲ》、則《チ》不能《ハ》自利利他《ニ》。

一法句《ハ》者、謂《ク》清淨句《ナリ》。清淨句《ハ》者、謂《ク》眞實《ノ》智慧①无爲法身《ナルガ》故《ヘニト》。此《ノ》三句《ハ》展轉《シテ》相入《ス》。依《テカ》何《ナル》義《ニ》名《テ》之《ヲ》爲《スル》法《ト》。以《テ》清淨《ヲ》故《ナリ》。依《テカ》何《ナル》義《ニ》名《テ》爲《ス》清淨《ト》。以《テ》眞實《ノ》智慧②无爲法身《ヲ》故《ナリ》。「眞實智慧③」《トイフハ》者、實相智惠也。實相无相《ノ》故《ニ》、眞智《ハ》无知也。「无爲法身」《トイフハ》者、法性身也。法性寂滅《ナルガ》故《ニ》、法身《ハ》无相也。无相《ノ》故《ニ》能《ク》无《シ》不《ザルコト》相《ナラ》。是《ノ》故《ニ》相好莊嚴卽法身也。无知《ノ》故《ニ》能《ク》无《シ》不《コト》知《ラ》。是《ノ》故《ニ》一切種智卽眞實《ノ》智慧④也。以《テ》眞實《ヲ》而目《ナヅクルコトハ》智惠《ニ》、明《ス》智惠《ハ》非《ズ》作《ニ》非《ズ》非作《ニ》也。以《テ》无爲《ヲ》而標《アラハスコトハ》法身《ヲ》、明《ス》法身《ハ》非《ズ》色《ニ》非《ズ》非色《ニ》也。非《ザル》于非《ハ》者、豈《ニ》非《ズ》非《ノ》之能《ク》是《ナラムヤ》乎。蓋《シ》无《キヲ》非《ヲ》之曰《フ》是《ト》也。自《ミ》是《ニシテ》无《シ》待《マツコト》、復《タ》非《ル》是《ニ》也。非《ズ》是《ニ》、非《ズ》非《ニ》、百非之所《ナリ》不《ル》喩《ヘ》。是《ノ》故《ニ》言《フ》「清淨句《ト》」。清淨句《ハ》者、謂《ク》眞實《ノ》智惠无爲法身也。

①慧　◎「惠」を「慧」と右傍訂記
②慧　◎「惠」を「慧」と右傍訂記
③慧　◎「惠」を「慧《トイフ》」と右傍訂記
④慧　◎「惠」を「慧」と右傍訂記

此清淨有二種、應知。

上轉入句中、通一法入清淨、通清淨入法身。今將別清淨出二種故、故言「應知」。

何等二種。一者器世間清淨、二者衆生世間清淨。器世間清淨者、①向說②十七種莊嚴佛土功德成就③。是名器世間清淨。衆生世間清淨者、如向說八種莊嚴佛功德成就四種莊嚴菩薩功德成就。是名衆生世間清淨。如是一法句攝二種清淨、應知。

夫衆生爲別報之體、國土爲共報④之用。體用不一。所以「應知」。然諸法心成无餘境界。衆生及器、復不得異、不得一。不一則義分。不異同清淨。「器」者用也。謂彼淨土、是彼清淨衆生之所受用。故名爲器。如淨食用不淨器、以器不淨故食亦不淨、不淨食用淨器、食不淨故器亦不淨。要二俱潔乃得稱淨。是以一清淨名必攝二種。 問曰、言衆生清淨、則是佛與菩薩。彼諸人天、得入此清淨數不。答曰、得名清淨、非實清淨。譬如出家聖人以殺煩惱賊故名爲比丘、凡

①向 ◎上に挿入符号あり、「有如字」と上欄註記
②說 ◎「設」を「說」と上書訂記
③就 右◎「ヲ」と上書訂記
④報 ◎「法」を「報」と右傍訂記

夫《ノ》出家《ノ》者《ノ》、持戒・破戒皆名《ルガ》比丘《ト》。又如《シ》灌頂王子《ノ》初生之時《ニ》、具《シテ》三十二相《ヲ》即爲《メニ》七寶《ノ》所《ラル》屬《セ》、雖《モ》未《ダ》能《ハ》爲《コト》轉輪王《ノ》事《ヲ》、亦名《クルガ》轉輪王《ト》。以《ノ》其必爲《タルベキヲ》轉輪王《ト》故《ヘナリ》。彼《ノ》諸人天《ノ》、亦復如《シ》是。皆入《テ》大乘正定之聚《ニ》、畢竟《ジテ》當《ニ》得《ウ》清淨法身《ヲ》。以《ノ》當《ニ》得《ウ》故《ニ》得《ルナリト》名《クルコトヲ》清淨《ト》。

善①巧攝化者《ハ》、

如《ク》是菩薩《ノ》、奢摩他毗婆舍那廣略《ニ》修行《シテ》成就《スト》柔輭心《ヲ》。

「柔輭心」者《ハ》、謂《ク》廣略《ノ》止觀、相順《シ》修行《シテ》成《ゼル》不二《ノ》心《ヲ》也。譬《バ》如②以《テ》水《ヲ》取《ルニ》影《ヲ》清《ト》靜《ト》相《ヒ》資《タスケ》而《テ》成就《スルガ》也。

如《ク》實《ノ》知《ルト》廣略《ノ》諸法《ヲ》。

「如實知」者《トイフハ》、如《ク》實相《ノ》而《シテ》知也。廣《ノ》中《ノ》廿九句、略《ノ》中《ノ》一句、莫《キ》非《ルコト》實相《ニ》也。

如是成就《ス》巧方便迴向《ヲ》。

「如是」者《トイフハ》、如《ク》前後《ノ》廣略皆實相《ナルガ》也。以《ノ》知《ヲ》實相《ヲ》故《ニ》、則知三界《ノ》衆生《ノ》虛妄《ノ》相《ヲ》也。知《ル》衆生《ノ》虛妄《ナルヲ》、則生《ズル》眞實《ノ》慈悲《ヲ》也。知《ヌレバ》眞實《ノ》法身《ヲ》、則起《ス》眞實《ノ》歸依《ヲ》也。慈悲《ト》之與《トノ》歸依、巧方便《ハ》在《リ》下《ニ》。

---

①善　◎「第五善巧攝化」と上欄註記
②以　◎右傍補記

01［案王…佛道］信巻 91
02［願生…心也］信巻 96

144

何《ニ》者《モノカ》菩薩《ノ》巧方便廻向《ト》。菩薩《ノ》巧方便廻向《トイフハ》者、謂《ク》說禮拜等《ノ》五種《ノ》修行《ヲシテ》、所《ノ》集《アツムル》一切《ノ》功德善根《ヲシテ》、不《ズ》求《メ》自身《ノ》住持之《ノ》樂《ヲ》、欲《オモフガ》拔《ト》一切衆生《ノ》苦《ヲ》故《ニ》、作願《セリ》攝取《シテ》一切衆生《ヲ》共《ニ》同《ジク》生《ト》彼《ノ》安樂佛國《ニ》。是《ヲ》名《クト》菩薩《ノ》巧方便廻向成就《ト》。

01案《ズルニ》王舍城所說《ノ》『无量壽經』《ヲ》、三輩生《ノ》中《ニ》、雖《モ》行《ニ》有《ト》優劣、莫《シ》不《ルハ》皆發《セ》无上菩提之心《ヲ》。此《ノ》无上菩提心《トイフハ》、卽是願作佛心《ナリ》。願作佛心《ハ》卽是《レ》度衆生心《ナリ》。度衆生心《ハ》、卽是①攝取《シテ》衆生《ヲ》生《ゼシムル》有佛《ノ》國土《ニ》心《ナリ》。是《ノ》故《ニ》02願《ズル》生《ト》彼《ノ》安樂淨土《ニ》者《ハ》、要《ズ》發《スル》无上菩提心《ヲ》也。若人不《ズシテ》發无上菩提心《ヲ》、但聞《テ》彼《ノ》國土《ノ》受《コト》樂《ヲ》无《キヲ》間《マ》、爲《ノ》樂《ノ》故《ニ》願《ズルハ》生《ヲ》、亦當《ニ》《ベキ》不《ル》得往生《ヲ》也。是《ノ》故《ニ》言《ガ》「不《ズ》求自身住持之樂《ヲ》、欲《フト》拔《カムト》一切衆生《ノ》苦《ヲ》故《ニト》。「住持樂」《トイフハ》者、謂《ク》彼《ノ》安樂淨土《ハ》爲《ニ》阿彌陀如來《ノ》本願力之《ノ》所《レテ》住持《セ》、受樂无《キ》間也。

1-340

凡《ソ》釋《セバ》廻向《ノ》名義《ヲ》、謂《ク》以《テ》己《レガ》所集《ノ》一切《ノ》功德《ヲ》施與《シテ》一切衆生《ニ》、共《ニ》向《ムルナリ》佛道《ニ》。「巧方便」《ハ》者、謂《ク》菩薩願《ズラク》、以己《レガ》智慧②《ノ》火《ヲ》燒《ヤカム》一切衆生《ノ》煩惱《ノ》草木《ヲ》、若《シ》有《バ》一衆生《トシテ》不《ルコト》成佛《ニ》、我不《ト》作佛《ニ》。而《ニ》彼《ノ》衆生未《ダ》《ズ》盡《ツキ》、成佛《セバ》菩薩已《ニ》自《ミヅカラモ》成佛《セト》。譬《バ》如《シ》火《クワ》擿《テムシテ》③聽念反 欲《フ》摘《ツミテ》聽歷反 一切《ノ》草木《ヲ》燒《テ》

145

①是　◎右傍補記
②慧　◎「惠」を「慧」と上欄訂記
③擿　右◎「テム」と上書訂記

1-519

1-341　146

令使《シメムト》盡《ツクサ》、草木未《ダ》盡《ツキ》、火擿《テム》已《ニ》盡《ツキムガ》。以《ノ》後《ニ》其《ノ》身《ヲ》而《シテ》身《ヲ》先《サキトスルヲ》故《ニ》名《ク》巧方便《ト》。此《ノ》中《ニ》言方便《ト》者《ハ》、謂《ク》作願《ス》攝取《シテ》一切衆生《ヲ》、共《ニ》同《ク》生《ゼムト》彼《ノ》安樂佛國《ニ》。彼《ノ》佛國《ハ》卽是畢竟成佛《ノ》道路、无上《ノ》方便也。

障①菩提門者《トイフハ》、

菩薩如《ク》是善《ク》知《テ》廻向成就《ヲ》、卽②能遠離《スベシ》三種《ノ》菩提門相違《ノ》法《ヲ》。何等《ラカ》三種。一者依《テ》智惠門《ニ》不《ズ》求自樂《ヲ》。遠離《スルガ》我《ガ》心貪著《スルコトヲ》自身《ニ》故《ニト》。

知《テ》進《ヲ》守《ルヲ》退《ヲ》曰《イフ》「智《ト》」。知《ルヲ》空・无我《ヲ》曰《イフ》「慧③《ト》」。依《ルガ》智《ニ》故《ニ》不《ズ》求自樂《ヲ》。依《ガ》惠《ニ》故《ニ》遠離《ス》我《ガ》心貪著《スルコトヲ》自身《ニ》。

二者依《テ》慈悲門《ニ》拔《ク》一切衆生《ノ》苦《ヲ》。遠離《スルガ》无安衆生心《ヲ》故《ニ》。

拔《ヲ》苦《ヲ》曰《イフ》「慈《ト》」。與《ルヲ》樂《ヲ》曰《イフ》「悲《ト》」。依《ル》慈故《ニ》拔《ク》一切衆生《ノ》苦《ヲ》。依《ガ》悲故《ニ》遠離《ス》无安衆生心《ヲ》也④。

三者依《テ》方便門《ニ》憐愍《シテ》一切衆生《ヲ》、心遠離《セルガ》供養《シ》恭敬《スル》自身《ヲ》心《ヲ》故《ニト》。

正直《ヲ》曰《イフ》「方《ト》」。外己《コヲ》曰《イフ》「便《ト》」。依《ルガ》正直《ニ》故《ニ》生《ズ》憐愍《スル》一切衆生《ヲ》心《ヲ》。依《ルガ》外己《コ》故《ニ》遠離《ス》供養《シ》恭敬《スル》自身《ヲ》心《ヲ》。

---

①障　◎「第六離菩提障」と上欄註記
②卽能　◎右傍補記
③慧　◎「惠」を「慧《ト》」と上欄訂記
④也　◎上欄補記

1-520

是《ヲ》名《ク》遠離《ス》三種《ノ》菩提門相違《ノ》法《ヲ》。

順[①]菩提門者《トイフハ》、

菩薩遠離《シテ》如《キ》是三種《ノ》菩提門相違《ノ》法《ヲ》、得《ガ》三種《ノ》隨順菩提門《ノ》法滿足《スルコトヲ》故《ニ》。何等《カ》三種。一者无染淸淨心。以《ノ》不《ルヲ》爲《ニ》自身《ノ》求《メ》諸樂《ヲ》故《ニト》。菩提《ハ》是无染淸淨《ノ》處《ナリ》。若《シ》爲《ニ》身《ノ》求《バ》樂《ヲ》、卽違《ス》菩提《ニ》。是《ノ》故《ニ》「无染淸淨心《ハ》」是順《ズル》菩提《ニ》門《ナリ》。

二者安淸淨心。以《ノ》拔《ヲ》一切衆生《ノ》苦《ヲ》故《ニト》。菩提《ハ》是安穩《スル》一切衆生《ヲ》淸淨處《ナリ》。若不《ハ》作《シテ》心拔《テ》一切衆生《ヲ》離《レ》生死《ノ》苦《ヲ》、卽便違《ス》菩提《ニ》。是故《ニ》「拔《クハ》一切衆生《ノ》苦《ヲ》」是順菩提門《ナリ》。

三者樂淸淨心。以《ノ》令《ヲ》一切衆生《ヲシテ》得《エ》大菩提《ヲ》故《ニ》。以《ノ》攝取《シテ》衆生《ヲ》生《シムルヲ》彼《ノ》國土《ニ》故《ニト》。菩提《ハ》是畢竟常樂《ノ》處《ナリ》。若《シ》不《ズハ》令《メ》一切衆生《ヲシテ》得《エ》畢竟常樂《ヲ》、則違《ス》菩提《ニ》。此畢竟常樂《ハ》依《テ》何《ニ》而《カ》得《ル》。依《ル》大乘門《ニ》。大乘門者《トイフハ》、謂《ク》彼《ノ》安樂佛國土是也。是故《ニ》又言《ク》、「以《ノ》攝取《シテ》衆生《ヲ》生《ゼシムルヲ》彼國土《ニ》故《ニト》」。

①順　◎「第七順菩提門」と上欄註記

是《ヲ》名《クト》三種《ノ》隨順菩提門《ノ》法滿足《スト》、應《シト》知《ル》。

1-342

名①義攝對《トイフ》者《ハ》、

向《サキニ》說智惠《ト》慈悲《ト》方便《トノ》三種《ノ》門《ヲシテ》攝取《ス》般若《ヲ》、般若攝取《スト》方便《ヲ》、應知《ル》。

148

「般若」《トイフ》者《ハ》、達《スル》如之惠《ノ》名《ナリ》。「方便」《トイフ》者《ハ》、通《ズル》權《ニ》之智《ノ》稱《ナリ》。達《スレバ》如則心行寂滅《ナリ》。通《レバ》權則備《ニ》省《ハブク》衆機《ニ》。省《ハブク》機《ニ》之智、備《ツブサニ》應《ジテ》而无知《ナリ》。寂滅之惠、亦无知《ニ》而《シテ》備《ツブサニ》省《ハブク》。然《レバ》則智惠《ト》方便《ト》相《ヒ》緣《ジテ》而動《ジ》、相緣《ジテ》而靜《ナリ》。動不《ルコトハ》失《セ》靜《ヲ》智惠之功也。靜不《ルコトハ》癈動《ヲ》方便之力也。是《ノ》故《ニ》智惠《ト》慈悲《ト》方便《ト》攝取《ス》般若《ヲ》、般若攝取《ス》方便《ヲ》。「應知」《トイフ》者《ハ》、謂《ク》應《シ》知《ル》智惠《ト》方便《トハ》是菩薩《ノ》父母《ナリ》、若不《ハ》依《ラ》智惠《ト》方便《トニ》、菩薩《ノ》法則不《ズト》成就《セ》。何《ヲ》以《ノ》故《ニ》。若《シ》无《クシテ》智惠爲《メニスル》衆生《ノ》時《ハ》、則墮《ス》顚倒《ニ》。若无《シテ》方便觀②《ズル》法性《ヲ》時《ハ》、則證《ス》實際《ヲ》。是《ノ》故《ニ》「應知」《トイフト》。

向《サキニ》說《トキツ》遠離我心不貪著自身、遠離无安衆生心、遠離供養恭敬自身心《ヲ》。此《ノ》三種《ノ》法《ハ》遠離《スルナリ》障菩提心《ヲ》、應《シト》知《ル》。

諸法《ニ》各有《リ》障导《ノ》相。如《シ》風《ハ》能《ク》障《サヘ》靜《ヲ》、土《ハ》能《ク》障《フ》水《ヲ》、濕《ハ》能《ク》障《フルガ》火《ヲ》。五惡・十惡《ハ》障人天《ヲ》。四顚倒《ハ》障《サフ》聲聞《ノ》果《ヲ》。此《ノ》中《ノ》三種《ハ》不《ズ》遠離《セ》障《ル》菩提《ヲ》心《ヲ》。「應知」《トイフ》者《ハ》、若《シ》

①名　◎「第八名義攝對」と上欄註記
②觀　◎「覌」を「觀」と上書訂記

1-522

149 欲《ハマ》レ得《エト》レ无《コトヲ》レ障《コト》、當《ニ》三遠二離《ス》此《ノ》三種《ノ》障导《ヲ》一也。

向《ニ》説《ツ》二无染清淨心・安清淨心・樂清淨心《ヲ》一。此《ノ》三種《ノ》心《ハ》略《シテ》一處《ニシテ》成二

1-343 就《スルナリ》妙樂勝眞心《ヲ》一、應《シト》レ知《ル》。

樂《ニ》有二三種一。一者外樂、謂《ク》五識所生《ノ》樂《ナリ》。二者内樂、謂《ク》初禪・二禪・三禪意識所生《ノ》樂《ナリ》。三者法樂（五角反）樂（魯各反）、謂智惠所生《ノ》樂《ナリ》。此《ノ》智惠所生《ノ》樂《ハ》、從《ヨリ》レ愛《スル》二佛《ノ》功德《ヲ》一起《レリ》。是《ハ》遠離我心、遠離无安衆生心、遠離自供養心《ナリ》。是《ノ》三種《ノ》心《ハ》、清淨《ニシテ》增進《スレバ》略《シテ》爲《ス》二妙樂勝眞心《ト》一。「妙《ノ》」言《ハ》、其《レ》好《ナリ》。以《ノ》二此《ノ》樂《ハ》緣レ佛生《ズルヲ》一故《ニ》。「勝《ノ》」言《ハ》、勝二出《セリ》三界《ノ》中《ノ》樂《ニ》一。「眞《ノ》」言《ハ》、不《ズ》二虛僞《ナラ》一、不《ルナリト》二顚倒《セ》一。

願①事成就《トイフハ》者、

如レ是菩薩智惠心・方便心・无障心・勝眞心《ヲシテク》、能生《ズト》二清淨《ノ》佛國土《ニ》一、應レ知《ル》。

150 「應知《トイフ》」者《ハ》、謂《ク》應《シト》レ知《ル》下此《ノ》四種《ノ》清淨功德《ハ》、能《ク》得《エシム》レ生《ヲ》二彼《ノ》清淨佛國土《ニ》一、非《ズト》中是《レ》他緣《ヲ》而《シテ》生《ズルニハ》上也。

是《ヲ》名《ク》二菩薩摩訶薩《ノ》隨順五種《ノ》法門、所作隨《テ》レ意《ニ》自在《ニ》成就《セリトキ》一。如二向《ノ》所

①願　◎「第九願事成就」と上欄註記　1-523

說《ノ》身業・口業・意業・智業・方便智業《ハ》、隨順《ノ》法門《ナルガ》故《ヘニト》。

「隨意自在《トイフ》」者《ハ》、言《イフコヽロハ》此《ノ》五種《ノ》功德力《ヲシテ》、能《ク》生《テ》清淨佛土《ニ》出沒自在《ナル》也。「身業」者《ハ》禮拜也。「口業」者讚嘆也。「意業」者作願也。「智業」者觀①察也。「方便智業」者廻向也。言《イフコヽロハ》此《ノ》五種《ノ》業和合《スレバ》、則是隨順《シテ》往生淨土《ノ》法門《ニ》自在《ノ》業成就《セルナリ》。

151　1-344

利②行滿足《トイフ》者《ハ》、

復有《テ》五種《ノ》門漸次《ニ》成就《スト》五種《ノ》功德《ヲ》、應知。何者《ノカ》五門。一者近門、二者大會衆門、三者宅門、四者屋門、五者園林遊戲地門《ナリ》。

此《ノ》五種《ハ》示現《シタマフナリ》入出《ノ》次第《ノ》相《ヲ》。入相《ノ》中《ニ》、初《ニ》至《ル》淨土《ニ》、是近相《ナリ》。謂《ク》入《ル》大乘正定聚《ニ》、近《ヅクナリ》阿耨多羅三藐三菩提《ニ》。入《リ》淨土《ニ》已《レバ》、便入《ルナリ》如來《ノ》大會衆《ノ》數《ニ》。入《リ》衆《ノ》數《ニ》已《テ》、當《ニ》至《ル》修行安心之宅《ニ》。入宅《ニ》已《バ》、當《ニ》至《ル》修行所居《ノ》屋寓《オクウニ》尤擧反。修行成就《シ》已《テ》、當《ニ》至《ル》教化地《ニ》。教化地《ハ》即是菩薩《ノ》自娯樂《ノ》地《ナリ》。是《ノ》故《ニ》出門《ヲ》稱《スト》園林遊戲地門《ト》。

此《ノ》五種《ノ》門《ハ》、初《ノ》四種《ノ》門《ハ》成就《ス》入《ノ》功德《ヲ》、第五門《ハ》成就《セルナリ》出《ノ》功德《ヲ》。

---

①觀　◎「覌」を「觀」と上書訂記
②利　◎「第十利行滿足」と上欄註記

1-524

此《ノ》入出《ノ》功德《ハ》、何《ニ》者《ノカ》是《レヤ》。釋《ニ》言《イフ》

入第一門《ト》者《ハ》、以《ノ》禮拜阿彌陀佛《ヲ》、爲《スルヲ》生彼《ノ》國《ニ》故《ニ》、得《ウ》生《ヲ》安樂世界《ニ》。是《ヲ》名《ク》入第一門《ト》。

禮《シテ》佛《ヲ》願《ズ》生《ト》佛國《ニ》。是《ハ》初《ノ》功德《ノ》相《ナリ》。

入第二門者《ハ》、以《ノ》讚嘆《シタテマツリテ》　阿彌陀佛《ヲ》、隨順名義《ニ》稱《シ》如來《ノ》名《ヲ》、依《テ》如來《ノ》光明智相《ニ》修行《ヲ》故《ニ》、得《ウ》入《コトヲ》大會衆《ノ》數《ニ》。是《ヲ》名《ク》入第二門《ト》。

1-345　152

依《テ》如來《ノ》名義《ニ》讚嘆《スル》。是《レ》第二《ノ》功德相《ナリ》。

入第三門者、以《ノ》一心《ニ》專念《シ》作願《シテ》生《テ》彼《ノ》國《ニ》、修《スルヲ》奢摩他寂靜三昧《ノ》行《ヲ》故《ニ》、得《ウ》入《コトヲ》蓮華①藏世界《ニ》。是《ヲ》名《ク》入第三門《ト》。

爲《ノ》修《セム》寂靜止《ヲ》故《ニ》、一心《ニ》願《ズ》生《ト》彼《ノ》國《ニ》。是《レ》第三《ノ》功德相《ナリ》。

入第四門者、以《ノ》專念《シ》觀②察《シテ》彼《ノ》妙莊嚴《ヲ》、修《ヲ》毗③婆舍那《ヲ》故《ニ》、得《テ》到《コトヲ》彼《ノ》處《ニ》受用《ス》種種《ノ》法味樂《ヲ》。是《ヲ》名《ク》入第四門《ト》。

「種種《ノ》法味樂」者《トイフハ》、毗婆舍那《ノ》中《ニ》、有《リ》觀④佛國土清淨味・攝受衆生大乘味・畢竟住持不虛作味・類事起行願取佛土味。有《ルガ》如《キ》是等《ラノ》无量

①華　◎「花」を「華」と上欄訂記
②觀　◎「覩」を「觀」と上書訂記
③毗　◎「略」を「毗」と上書訂記し、さらに「毗」と右傍註記
④觀　◎「覩」を「觀」と上書訂記

1-525

莊嚴佛道味故言「種種」。是第四①功德相。

出第五門者、以大慈悲觀察一切苦惱衆生、示應化身、廻入生死園、煩惱林中遊戲神通至教化地。以本願力廻向故。是名出第五門。

153

「示應化身」者、如『法華②經』普門示現之類也。遊戲有二義。一者自在義。菩薩度衆生、譬③如師子搏鹿所爲不難、如似遊戲。二者度无所度義。菩薩觀④衆生畢竟无所有、雖度无量衆生而實无一衆生得滅度者。示度衆生如似遊戲。01言「本願力」者、示大菩薩於法身中、常在三昧而現種種身・種種神通・種種說法。皆以本願力起。譬⑤如阿修羅琴雖无鼓者而音曲自然。是名教化地第五功德相。

1-346

菩薩入四種門自利行成就、應知。

「成就」者、謂自利滿足也。「應知」者、謂應知由自利故則能利他、非是不能自利而能利他也。

菩薩出第五門廻向利益他行成就、應知。

01「言本…分也」行巻 15

---

①四　◎下に「門」とあるを抹消
②華　◎「花」を「華」と上欄訂記
③譬　◎「辟」を「譬」と上欄訂記
④觀　◎「覩」を「觀」と上書訂記
⑤譬　◎「辟」を「譬」と上欄訂記

1-526

154 「成就」者《ハ》、謂《ク》以《テ》廻向《ノ》因《ヲ》證《ス》教化地《ノ》果《ヲ》。若《ハ》因若《ハ》果、无有《シトナリ》一《コト》事不《トシテ》能《ルコト》利他《ニ》。「應知」者《トイフハ》、謂《ク》應《シト》知《ル》由《ルガ》利他故《ニ》則能《ク》自利《ス》、非《ズト》是《レ》不《ズ》能利他《ニシテ》而能《ク》自利《ニハ》也。

菩薩如《ク》是修《シテ》五念門《ノ》行《ヲ》自利利他《シテ》、速《ニ》得《タマヘルガ》成就《シタマヘルコトヲ》阿耨多羅三藐三菩提《ヲ》故《ニト》。

佛《ノ》所得《ノ》法《ヲ》名《テ》爲《ス》阿耨多羅三藐三菩提《ト》。以得《ヲ》此《ノ》菩提《ヲ》故《ニ》名《テ》爲《スト》佛《ト》。今言《イフハ》「速得阿耨多羅三藐三菩提《ト》」、是《レ》得《ウル》早《ハヤク》作佛也。阿《ハ》名《ク》无《ニ》、耨多羅《ハ》名《ク》上《ニ》、三藐《ハ》名《ク》正《ニ》、三《ハ》名《ク》遍《ニ》、菩提《ハ》名《ク》道《ニ》。統《カネ》而《テ》譯《シテ》之《ヲ》、名《テ》爲《ス》无上正遍道《ト》。无上者《ハ》、言《イフコヽロハ》此《ノ》道窮《メ》理《ヲ》盡《シテ》性《ヲ》更无《シ》過《タル》者《ヒト》。何以《カ》言《イフトナレバ》之《ヲ》、以《ノ》正《ヲ》故《ニ》。正者《ハ》聖智 155 也。如《ク》法相《シテ》而知《ルガ》故《ニ》稱《シテ》爲《ス》正智《ト》。法性无相《ノ》故《ニ》聖智无知也。遍《ニ》有《リ》二種。一者聖心遍《ク》知《シロシメス》一切《ノ》法《ヲ》。二者法身遍《ク》滿《ツ》法界《ニ》。若《ハ》身若《ハ》心、无《キ》不《ザルコト》遍《セ》也。道者《ハ》无导道也。『經』《ニ》（晉譯華嚴經卷五明難品意）言《ノタマハク》、「十方无导人《ノ》一道《ヨリ》出《トイヘリ》生死《ヲ》」。一道者《ハ》一无导道也。无导者《ハ》、謂《ク》知《シルナリ》生死卽是涅槃《ト》。如《ク》是等《ラ》入不二《ノ》法門《ハ》、无导《ノ》相也。1-347

問曰、有《テカ》何《ノ》因緣言《ノタマフヤ》「速得成就阿耨多羅三藐三菩提《ト》」。

答曰、『論』（淨土論）言《ハク》、「修五門行、以自利利他成就故」。然覈求其本、阿彌陀如來爲增上緣。他利之與利他、談有左右。若自《オノヅカラ》佛而言、宜言利他。自《オノヅカラ》衆生而言、宜言他利。今將談佛力。是故以「利他」言之。當知、此意也。凡是生彼淨土、及彼菩薩人天所起諸行、皆緣阿彌陀如來本願力故。何以言之、若非佛力、四十八願便是徒設。今的取三願、用證義意。願（大經卷上）言《ノタマハク》、「設我得佛、十方衆生、至心信樂欲生我國、乃至十念。若不得生者、不取正覺。唯除五逆誹謗正法」。緣佛願力故十念。念佛便得往生。得往生故、卽勉《マヌカル》三界輪轉之事。无輪轉故、所以《コノユヘニ》得速。一證也。願（大經卷上）言《ノタマハク》、「設我得佛、國中人天、不住正定聚必至滅度者、不取正覺」。緣佛願力故住正定聚。住正定聚故、必至滅度、无諸廻伏之難。所以《コノユヘニ》得速。二證也。願（大經卷上）言《ノタマハク》、「設我得佛、他方佛土諸菩薩衆、來生我國、究竟必至一生補處。除其本願自在所化、爲衆生故、被弘誓鎧、積累德本、度脫一切、遊諸佛國、修菩薩行、供養十方諸佛如來、開化恆沙无量衆生、使立无上正眞之道。超出常

01［經始…能入］信卷 87

157 倫諸地之行現前、修習普賢之德。若不爾者、不取正覺。縁佛願力故、超出常倫諸地之行現前、修習普賢之德。以超出常倫諸地行故、所以《コノユヘニ》得速三證也。以斯而推他力爲增上縁。得不然乎。當復引例示自力他力相。如人畏三塗故受持禁戒、受持禁戒故能修禪定、以禪定故修習神通、以神通故能遊四天下。如是等名爲自力。又如劣夫跨《マタガリテ》驢不上、從轉輪王行、便乘虛空遊四天下、无所障导。如是等名爲他力。愚《オロカナル》哉、後之學者、聞他力可乘、當生信心。勿自《ミヅカラ》局《キヨク》分《ブンスルコト》也。

無量壽修多羅優婆提舍願偈、略解義竟。

158 01經始稱如是、彰信爲能入。末《スヱニ》言奉行、表服膺事已。『論』初歸禮、明宗旨有由。終云義竟、示所詮理畢。述作人①殊、於茲成例。

無量壽經優婆提舍願生偈註　卷下

①人　◎「人」を「人」と上書　訂記

1-348　1-529

①釋ノ曇鸞法師者、幷州ノ汶水縣ノ人也。魏ノ末《スヱ》高齊《セイ》ノ之初、猶《ナホ》在テ二神智高遠《エンニシテ》三國ニ一知-聞《セラル》。洞《ホガラカニ》曉《キラカニシテ》二衆經ニ一、獨《ヒトリ》出《タリ》二人外ニ一。梁國ノ天子蕭《サウ反／セウ反》王、恆ニ向②テレ北ニ、禮《ツル》二鸞菩薩ト一。註二解《シテ》往生論ヲ一、裁《テ》成《ス》二兩卷ト一。事出《タル》二釋ノ迦才ノ三卷ノ淨土論ニ一也。

建長八歳丙辰七月廿五日　愚禿親鸞 八十四歳 加點了

①釋　◎以下、宗祖真筆の跋文
②向　◎右傍補記

善導大師五部九巻

（親鸞聖人加点）

〔底本・概説〕

本書は、善導大師の著作五部九巻の刊本に、宗祖が加点したものとされる。大師の現存する著作は、古来より「五部九巻」と総称されている。すなわち『観経疏』四巻・『法事讃』二巻・『観念法門』一巻・『往生礼讃』一巻・『般舟讃』一巻である。五部九巻については、本聖典第一巻「三経七祖篇」を参照されたい。

宗祖が加点した高田派専修寺蔵鎌倉時代刊本は、全巻を通じて刊記、奥書等の開版の事情や年時を知らせる記述がないが、本文の書体や版型、料紙、装丁などから判断して、鎌倉時代の典型的な刊本の特色を備えていることが明らかである。しかしながら、外寸や版面の寸法および版下の書体等においては各巻に相異があり、すべてが同じ規格であるとはいえない。このことから、三種類の原版による寄せ本であると考えられている。第一類は『観経疏』の四巻であり、版木の摩滅が著しいことから字間が詰まった印象を与え、三種類の中では最も古型であろうと推定されている。第二類は『法事讃』の二巻であり、第一類・第三類のいずれとも異なる書体である。第三類は『観念法門』・『往生礼讃』・『般舟讃』の三巻であり、初摺本かと思われるほどに書体、摺写ともに鮮明かつ美麗である。これら諸版の成立年代については、まず、第三類の『般舟讃』をもってその上限を推定することができる。『般舟讃』開版の嚆矢は貞永元（一二三二）年であり、その巻尾には刊記がある。しかし、専修寺蔵刊本の『般舟讃』にはその刊記がなく、また刊記のみの脱落とも考えにくいことから、貞永元年版と同版とはできない。よって、専修寺蔵刊本の版刻は貞永元年以降と考えられる。次に、下限について注目されるのは、『往生礼讃』で脱落していた日中讃文結讃の初句である「彌陀佛國能所感」の一句を、正安四（一三〇二）年の開版時に仁和寺蔵の唐本をもって補訂したことが知真の付記により知られる点である。専修寺蔵刊本ではこの一句が脱落しており、版刻が正安四年以前であることを示している。さらに、第一類と第二類とには判断する材料がないが、今日、専修寺蔵刊本の表紙外題は宗祖の真筆とされており、成立年時は全体を通して、弘長二（一二六三）年の宗祖示寂以前にまで遡ると考えられる。以上のことから、専修寺蔵刊本は貞永元年から弘長二年までに開版されたものと推定され、寄せ本ではあるが五部九巻としての形態を整えた現存最古の貴重な遺冊であるといえる。その体裁は九巻ともに半葉六行、一行十七字、巻頭にはそれぞれ「高田専修寺」の黒印がある。

本書は、この刊本に宗祖が全面的に返点・送り仮名などの訓点、さらに本文の訂正、異本との校異などを記したとされるものである。本書の訓点のなかには、宗祖独自の訓みを看取できる。たとえば、「散善義」至誠心釈では「欲《オボス》レ明《ト》三一切衆生《ノ》身口意業《ニ》所《ロノ》レ修《シュスル》解《ゲ》行必《ズ》須《モチヰムコトヲ》二眞實心中《ノ》作《ニナシ下シヲ》一」と訓じることで、願生行者は真実心を持ち得ることはなく、阿弥陀仏の真実をもちいるしかないという意が示されている。また、「不《レ》レ得《エ》三外現《ニズルコトヲ》二賢善精進之相《ノヲ》一内《ウチニ》懐《イダケレバナリコ》二虚假《ケヲ》一」との訓みから、願生行者の内心は虚仮でしかなく、賢善精進のすがたを現じてはならないという意味が明かされている。これらは、『教行信証』や『愚禿鈔』に伝えられる宗祖の訓読と一致する。

また、これらの加点は基本的に墨書であるが、なかには朱書で加えられたものもあり、五部九巻のなかでも、『往生礼讃』には殊に多く見られる。さらに五部九巻全体を通じて、複数の返点・送り仮名が付されている部分があり、種々に訓読できる点を有することも本書の特徴といえる。

なお、本書の加点は高田派専修寺に蔵される存覚上人書写の『観阿弥陀経集註』に付される訓点とほぼ一致していることから、両書間の密接な関係が指摘されている。このように、存覚上人が『観阿弥陀経集註』を書写するにあたって、加点の根拠を本書に求めたという事実から、本書が存覚上人当時には、すでに「宗祖加点本」として尊重されていたと考えられている。

一方、これらの加点の筆跡については、以下の指摘がなされている。すなわち、宗祖の他の聖教に見られる筆致と異なると見受けられることや、宗祖真筆の『教行信証』などに見られる送り仮名と比較すると、「云フ」や「玉フ」といった、宗祖が他書では全く用いていない、あるいは使用例が極めて少ない送り仮名が随所に用いられていることなどである。上述の点は宗祖の真筆に用例が少なく、むしろ顕智上人書写の『愚禿鈔』に記される送り仮名に類似することから、本書の加点者は主として青年期の顕智上人であろうと推定されている。すなわち、顕智上人は宗祖から親しく手ほどきを受けた訓読法に従って、自用のために五部九巻全文に詳細な加点を施し、一通り完了したところで宗祖に校閲を仰いだ。宗祖はこれに応じて全文を閲覧して、顕智上人の加点における誤読や誤点を一々訂正しながら、適宜、墨書あるいは朱書で加筆・加点されて不十分な点を補った後、顕智上人より依頼を受けて、各巻表紙に真筆をもって外題を記されたものであると考えられている。このように、加点者は主として顕智上人と推定されるが、宗祖が校閲したものであるとの観点から、今日では「宗祖加点本」として高く評価されている。

なお、表紙外題の筆跡は宗祖壮年期の筆との指摘もあるが、一般には宗祖晩年の筆と推定されている。それは、藍紙という特殊な紙へ記したことや、貴重な木版本の表紙に書き記した影響によって、宗祖晩年の筆跡の特徴があまり表出していないとする見解もあるが、「散善義」の「善」の字体が「善」に似た形をしている点や、「義」の字体の大きな斜棒が折れ曲がって記されている点などから、晩年期の特徴がよく現れていると見ることができるからである。

また、宗祖が表紙に外題を書き記す場合、袖書も併記するのが常態であるといわれているが、本書にはそのような書き入れは見当たらない。この点より、本書が特定の一個人の所有物ではなく、複数人の共有物であったとも考えられている。具体的には、当時は木版本が大変高価であり、関東の高田門徒が共同で閲覧できるよう、外題だけを書き付けて送り届けたものであると考えられている。

なお、外題をめぐっては、近年、別人の筆跡であるとの見解も提示されており、今後の研究が待たれる。

観經疏

観經疏（親鸞聖人加点）

〈底本〉
◎高田派専修寺蔵親鸞聖人加点本

觀經玄義分　卷第一

沙門善導集記

先《マツ》勸《スヽム》二大衆《ヲ》一發《シテ》レ願《ヲ》歸《シ》二三寶《ニ》一

01道俗時衆等　各發①《ドモ》二無上《ノ》心《ヲ》一　生死甚《ダ》難《ク》レ厭《イトヒ》　佛法復難《シ》レ欣《ヒ》

共《トモニ》發《シテ》二金剛《ノ》志《ザシヲ》一　横《ニ》超二斷《シ》四流《ヲ》一　願②二入《シテ》彌陀《ノ》界《ニ》一　歸依《シ》合掌《シテ》禮《ツレ》

世尊我一レ心《ニシテ ヲ》　歸二命《ル》上盡十方　法性眞如海　報化等《ノ》諸佛《ト》

一一《ノ》菩薩《ノ》身　眷屬等《ノ》無量《ナルト》　莊嚴及《ビ》變化《ト》　十地三賢海《ノ》

時劫《ノ》滿《ト》未滿《ト》　智行《ノ》圓③《ト》未圓《ト》　正使《ノ》盡《ト》未盡《ト》　習《ジフ》氣《ケノ》亡《マウト》未亡《ト》

功用《ユウト》無功用《ト》　證智《ト》未證智《ト》　妙覺《ト》及《ビ》等覺《ト》　02正受金剛心

03相應一念《ノ》後《ノ》　果德涅槃者《ニ》一　我等《ラ》咸《コトゴトク》歸二命《ツル》　三佛菩提尊《ニ》一

無礙《ゲノ》神通力《ヲモテ》　冥《ミヤウニ》加《シテ》願《ハク》攝受《シタマヘ》　我等《ラ》咸《ク》歸下命《ツル》　三乘等《ノ》賢聖

學《シテ》二佛《ノ》大悲心《ヲ》一　長時《ニ》無《ナキ》レ退《タイスルコト》者《ニ》上　請《コヒ》願《ハ》遙《ハルカニ》加《カ》備《ビシテ》　念念《ニ》見《シメ玉》二諸佛《ヲ》一

〈表紙〉
◎包紙中央「玄義分一」　左下「釋顯智」
表紙中央「觀經玄義分卷第一」

①發　消　右◎「ド」の上一字抹
②願　記　◎「觀或イ本」と上欄註
③圓　消　右◎「ト」の下一字抹

01［我依：乗海］行巻 1-442
56 愚禿鈔 287a

我等愚《グ》癡《チノ》身　曠劫《リ》來《カタ》流轉《シテ》　今逢《アヘリ》釋迦佛《ノ》　末法之《ノ》遺《ユイ》跡《セキ》
彌陀《ノ》本誓願　極樂之要門《ニ》　定散等《ク》迴向《シテ》　速《カニ》證《セム》無生身《ヲ》
01我《レ》依《テ》菩薩藏　頓《トム》教一乘海《ニ》　說《テ》偈《ヲ》歸《ス》三寶《ニ》　與《ト》佛心相應《セリ》
299 十方恒沙《ノ》佛　六通《モテ》照知《玉ヘ》我《ヲ》　今乘《ジテ》二尊《ノ》教《ニ》　廣《ク》開《ク》淨土《ノ》門《ヲ》
願《ハ》以此《ノ》功德《ヲ》　平等《ニ》施《セム》一切《ニ》　同《ク》發《シテ》菩提心《ヲ》　往生《セム》安樂國《ニ》

此《ノ》『觀經』一部之内《ニ》、先《ヅ》作《クテ》七門《ヲ》料《レウ》簡《セム》。然《シテ》後《チ》依《テ》文《ニ》釋《ベシ》義《ヲ》。第一《ニハ》先《ヅ》標《ヘウシ》序《ジヨ》題《ダイヲ》、第二《ニ》次《ニ》釋《シ》其《ノ》名《ヲ》、第三《ニ》依《テ》文《ニ》釋《シ》義《ヲ》、并《ナラビニ》辯《ベムズ》宗旨《ノ》不同、教之大小《ヲ》。第四《ニ》正《マサシク》顯《ハス》說人《ノ》差別《ヲ》。第五《ニ》料簡《ス》定散《ノ》二善、通別《ニ》有《コトヲ》異《イ》。第六《ニ》和《ワ》會《エシテ》經論《ノ》相違《キ》、廣《ク》施《シテ》問答《ヲ》釋《コス》去疑《ギ》情《ジヤウヲ》。第七《ニ》料簡《ス》韋提聞《キ、テ》佛《ノ》正說《ヲ》得《ル》益《ヲ》分齊《ザイヲ》。

300 第一《ニ》先《ツ》標《ヘウスト》序《ジヨ》題《ダイヲ》者《ハ》、竊《ヒソカニ》以《オモンミレバ》眞如廣大《ナリ》、五乘不《ズ》測《ハカラ》其《ソノ》邊《ヲ》。法性深高《ナリ》、十聖《モ》莫《ナシ》窮《キワムルコト》其《ノ》際《キワヲ》。眞如之《ノ》體量《ハ》、量性《ナリ》不《ズ》出《ムクメキムクメク》蠢蠢之《ノ》心《ヲ》。法性《ノ》無邊《ナルハ》、邊體《ナリ》則《チ》元《モトヨリ》來《コノカタ》不《ズ》動《ドウゼ》。無塵《ヂンノ》法界凡聖齊《ヒトシク》圓《マドカニ》、兩垢《クノ》如如則《チ》普《ク》該《カネタリ》於含《ガム》識《ヲ》。恒沙《ノ》功德寂《ジヤク》用《ユウ》湛《タン》然《ナリタヾ》。但以《テ》垢《ク》障《ノ》覆《オホフコト》深《ヲ》、淨體無《シ》由《ヨシ》顯照《スルニ》。故使大悲隱《カクシテ》於《ヲ》西化《ヲ》、驚《オドロキ反》《キヤウ反》入《リ》火宅之門《ニ》、灑《ソヽイデ》甘露《ヲ》潤《ウルオシ》於群萌《マウヲ》、輝《カヽヤカシテ》智炬《コヲ》《トモシビ反》則《チ》朗《ホガラカニス》重昏《コムヲ》《クラキ反》於永《キヤウ反》夜《ニ》。三檀《ダン》等《ヒトシク》

02[依心：解脫]化卷196
03[然娑：經說]化卷189
04[言弘：常樂]證卷136 [言弘：緣也]行卷34

1-443

備《ソナヘ》、四攝齊《ヒトシク》收《オサム》。開示《ジシテ》長劫之苦《ク》因《インヲ》、悟《ゴ》入永《セシム》生之樂果《ニ》。不《ズ》謂《イハ》群《グン》迷《メイノ》性隔《カク》《キヤク》、
樂《ゲウ》欲《ヨクノ》不同《ヲ》。雖《モ》無《ト》一實之《ノ》機《キ》、等《ク》有《レバ》五乘之《ノ》用、致《イタス》使《シムルコトヲ》布《シキ》慈《ジ》雲《ウンヲ》於《ニ》三界①、
注《ソヽガ》法雨《ウ》於《ヲ》大悲②。莫《ナシ》不《ズト云コト》等《シク》洽《ウルオシテ》塵《ヂン》勞《ラウヲ》、普《ク》沾《ウルヲサ》未《ミ》聞③之《ノ》益《ヲ》。菩提《ノ》種子藉《ヨテ》此《コレニ》
以《テ》抽《ヌキテ》心《ヲ》、正覺之《ノ》芽《ゲ》念念《ニ》因《ヨテ》茲《コレニ》增《ゾウ》長《ス》。02依《テ》心《ニ》起《オコス》於勝行《ヲ》、門餘《アマレリ》八萬四千《ニ》。
漸《ゼン反》頓《トム反》則《チ》各《オノオノ》稱《カナヘリ》所宜《ギニ》。隨《フ》緣《ニ》者《ハ》、則《チ》皆《ナ》蒙《カウブル》解脫《ヲ》。然《ニ》衆生障《サワリ》重《シテ》、取《トル》悟《サトリヲ》之《ノ》者難《ガタシ》
明《ラメ》。雖《ドモ》可《ベシト》教益多《タ》門《ナル》、凡《ボン》惑《ワク》無《シ》由《ヨシ》遍《ク》攬《トルニ》。遇《タマタマ》因《ヨテ》韋《ヰ》提致《イタシテ》請《ヲ》、我《レ》今《イマ》樂欲往《スルニ》
301
生《セムト》安樂《ニ》、唯《タイシ》願《クハ》如來、教《ヘ》我《ニ》思惟《ヲ》、教《玉ヘト云ニ》我《ニ》正受《ヲ》、03然《ニ》娑婆《ノ》化主因《ヨルガ》其《ノ》請《ニ》故《ニ》
卽《チ》廣《ク》開《キ》淨土之《ノ》要門《ヲ》、安樂《ノ》能人顯彰《シヤウシ玉》別《ベチ》意《イ》之《ノ》弘願《ヲ》。其《ノ》要門《ト》者《ハ》卽《チ》此《コノ》
『觀經《ノ》』定散二門是《コレ》也《ナリ》。定《ハ》卽《チ》息《トヾメテ》慮《オモヒヲ》以《テ》凝《コラス》心《ヲ》。散《ハ》卽《チ》廢《ハイシテ》惡《ヲ》以《テ》修善《ヲ》。廻《エシテ反》斯《コノ》
二行《ヲ》求《グ》願《スル》往生《ヲ》也《ナリ》。04言《イフ》弘願《ト》者《ハ》如《キハ》『大經《ニ》』(卷上意)說《ガ》、「一切善惡《ノ》凡夫得《ル》生《コト》
者《ノハ》、莫《シ》不《ザルコト》皆《ナ》乘《ジヨウジテ》阿彌陀佛《ノ》大願業力《ニ》爲《セ》增上緣《ト》也」。又佛《ノ》密《ミチ》意《イ》弘《グ》深《ニシテ》、教
門難《ニテハシ》曉《サトリ》。三賢・十聖《モ》弗《アラズ》測《ハカテ》所《トコロニ》闚《ウカヾウ》。況《イハムヤ》我《レ》信外《ノ》輕《キヤウ反》毛《モウナリ》、敢《アヘテ》知《シラムヤ》旨《シ》趣《シユヲ》。仰《アオイデ》惟《オモンミレバ》、
釋迦《ハ》此《ノ》方《ニシテハ》發遣《ケンシ》、彌陀《ハ》卽《チ》彼《ノ》國《ヨリ》來迎《ス》。彼《コニハ》喚《ヨバヒ》此《コヽニ》遣《ヤル》、豈《アニ》容《ベケム》不《ル》去《ユカ》也《ヤ》。唯《タヾ》可《シ》
勤心《ネムゴロニ》奉《ツカヘテ》法《ニ》、畢《ヒツ》命《ヲ》爲《シテ》期《ゴト》、捨《ステ》此《ノ》穢《エ》身《ヲ》卽《チ》證《ス》彼《ノ》法性之《ノ》常樂《ヲ》。此《レ》卽《チ》略《リヤクシテ》標《ヘウシ》

① 界　右◎「二」とあるを抹消
② 悲　右◎一字抹消
③ 聞　右◎「ノ」とあるを抹消

1-657

序《ジヨ》題《ダイヲ》竟《ヌ》。

302
第二《ニ》次《ニ》釋《セ》名《ナヲ》者《バ》、『經《ニ》』言《ハク》、「佛説無量壽觀經一卷《ト》」言《イハ》、「佛」者《ハ》乃《チ》是《レ》西國《ノ》正音《オンナリ》。此土《ニハ》①名《ク》覺《ト》。自《ジ》覺・覺他《タ》・覺行窮《グ》《キハメ》滿《ヲ》名《ケテ》之《ヲ》爲《ス》佛。言《イフ》自《ジ》覺《ト》者《ハ》簡《ケン》異《イス》凡夫《ニ》。此《レ》由《ヨルガ》聲聞《ハ》狹《ケフ》劣《レツニシテ》、唯《タマ》能《ヨク》自《ジ》利《リニシテ》、闕《カケテ》無《ナキニ》利他《ノ》大悲故《ニ》。言《フ》覺他《ト》者《ハ》簡異《ス》二乘《ニ》。此《レハ》由《テ》菩薩《ハ》有《アルガ》智故《ニ》能自《ジ》利《リシ》、有悲故《ニ》能《ヨク》利他《ス》、常《ニ》能悲《ヒ》智《チ》雙《ナラビ》行《ジテ》不《ザルニ》

1-444
著《ヂヤクセ》有《ウ》無《ムニ》也《ナリ》。言《フ》覺行窮滿《ト》者《ハ》簡異《ス》菩薩。此《レハ》由《ヨル》如來《ハ》智行已《スデニ》窮《キハマリ》、時劫已《ニ》滿《テ》、出過《セルニ》三位《ヲ》故《ニ》、名《ケテ》爲《ス》佛《ト》。言《フ》「説《ト》」者《ハ》口《ク》音《オンニ》陳《チン》唱《シヤウス》。故《ニ》名《ケテ》爲《ス》説《ト》。又如來對《タイシテ》機《ニ》説《コト》法《ヲ》多種不同《ナリ》。漸《ゼム》頓《トム》隨《テ》宜《ヨロシキニ》、隱《オン》彰《シヤウ》有《リ》異。或《ハ》六根通《ジテ》説《タマフ》。相好《モ》亦然《シカナリ》。應《ジ》念《ニ》、隨《テ》緣《ニ》皆《ナ》蒙《カブル》證益《ヲ》也。言《フ》「無量壽《ト》」者《ハ》、乃《チ》是《レ》此《コノ》地《ヂノ》漢《カン》音《オンナリ》。言《フ》南無阿彌陀佛《ト》者《ハ》、又是《レ》西國《ノ》正音《ナリ》。又南《ト》者《ハ》是《レ》歸、無《モト》者《ハ》是《レ》命、阿《ト》者《ハ》是無《モ》、彌《ト》者《ハ》是《レ》量、陀《ト》者《ハ》是壽、佛《ト》者《ハ》是覺《ナリ》。故《ニ》言《フ》歸命無量壽覺《ト》。此《コレ》乃《チ》梵《ボント》漢《カント》相對《タイシテ》、其《ノ》義如此。今言《フ》無量壽《ト》者《ハ》是法、覺《ト》者《ハ》是人《ニン》。人《ニン》法竝《ナラベテ》彰《アラハス》、故《ニ》名《ク》阿彌陀佛《ト》。

303
又言《フ》人法《ト》者《ハ》是《レ》所觀之《ノ》境《キヤウナリ》。卽《チ》有《リ》其《ノ》二《ツ》。一者《ニハ》依報、二者《ハ》正報《ナリ》。就《ツイテ》依報《ノ》中《ニ》卽《チ》有《リ》其《ノ》三。一者《ハ》地下莊嚴、卽《チ》一切《ノ》寶幢光明互《タガヒニ》相《ヒ》映《エイ》發《ホチ》等是《コレナリ》。二

①土　◎「イ本」と右傍註記し、「云」と左傍註記

1-658

者《ハ》地上《ノ》莊嚴、卽《チ》一切《ノ》寶地《ヂ》・池《チ》林《リン》・寶樓《ロウ》・宮閣《カク》等是《ナリ》。三者虛空莊嚴、卽一切《ノ》變化《ノ》寶宮・華《クヱ》網《マウ》・寶雲《ウム》・化鳥・風光《ノ》動《ドウ》發《スル》聲樂《ガク》等《トウ》是《コレナリ》。如《ク》前《サキノ》雖《モ》有《ト》三種《ノ》差別、皆《ナ》是《レ》彌陀淨國《ノ》無漏《ロ》眞實之《ノ》勝相《ナリ》。此《レ》卽《チ》總《ソウジテ》結《ケチ》成《スル》依報莊嚴《ヲ》也。又言《フ》依報《ト》者《ハ》、從《ヨリ》日觀下《シモ》至《ル》華座《ザ》觀《ニ》已來《ハ》、總《ジテ》明《ス》依報《ヲ》。就《ツイテ》此《ノ》依報《ノ》中《ニ》卽《チ》有《リ》通有《リ》別。言《フ》別《ト》者《ハ》、華座《ノ》一觀是《レ》其《ノ》別《ベチ》依《エナリ》、唯《タヾ》屬《ゾクス》彌陀佛《ニ》也。餘《ヨノ》上《ノ》六觀《ハ》是《コレ》其《ノ》通《ツウ》依《エナリ》、卽《チ》屬《ス》法界之《ノ》凡聖《ニ》。但《タヾ》①使《シム》得《ル》生《ウマル、コトヲ》者《ヲシテ》共《トモニ》同《ク》受《ジユ》用《ヨウセ》。故《ニ》言《フ》通《ト》也。又就《テ》此《ノ》六《ムツガ》中《ニ》卽《チ》有《リ》眞有《リ》假。言《フ》假《ト》者《ハ》、卽《チ》日想・水想・冰《ヘウ》想等是《ナリ》。其《ノ》假《ケ》依《エトイハ》、由《ヨルガ》是《レ》此《コノ》界《ノ》中《ナカノ》相似《ジ》可《カ》見《ノ》境相《ナルニ》故《ニ》。言《フ》眞依《ト》者《ハ》、卽《チ》從《リ》瑠《ル》璃《リ》地《ヂ》下《モ》至《ル》寶樓觀《ニ》已《イ》來是《ナリ》。其《ノ》眞依《ナリ》。由《ガ》是《レ》彼《ノ》國《ノ》眞實無《ム》漏《ロ》可《カ》見《ケンノ》境相《ナルニ》故《ニ》。二就《ツイテ》正報《ノ》中《ニ》亦有《リ》其《ノ》二。一者《ハ》主《シユ》莊嚴、②卽阿彌陀佛是《コレナリ》。二者《ハ》聖衆莊嚴、卽《チ》現《ニ》在彼《コニ》衆及《ビ》十方法界《ノ》同生《ノ》者《ノ》是《ナリ》。又就《テ》此《ノ》正報《ノ》中《ニ》亦有《リ》通有《リ》別。言《フ》別《ト》者《ハ》卽《チ》阿彌陀佛是也《ナリ》。卽《チ》此《ノ》別《ノ》中《ニ》亦有《リ》眞有《リ》假。言《フ》假《ケ》正報《ト》者《ハ》卽《チ》第八《ノ》像觀是也《ナリ》。觀音・勢至等《モ》亦如《シ》是《ノ》。此《レ》由《ヨテ》衆生障《サワリ》重《ク》染《ゼン》惑《ワク》處《トコロ》深《フカキニ》、佛③恐《オソレ下ガ》乍《タチマチニ》想《ハンニ》眞容《ヲ》、無《キコトヲ》由《ヨシ》顯現《スルニ》故《ニ》、使《シム》假《ケ》立《リツシテ》眞像《ザウヲ》以《テ》住《ヂユセシメ》心想《ニ》、同《ジテ》彼《ノ》佛《ニ》以《テ》證《セ》境《ヲ》。故《ニ》

①使得生者共同受用→◎使《シテ》《シム》得《ル》生《ウマル、コトヲ》者《ヲ》共《トモニ》同受《クジユ》用《ヨウセ》

②卽　右◎「ソク」とあるを抹消

③恐　右◎「レ」と上書訂記

1-659

言《フ》假《ケ》正報《ト》也《リ》。言《フ》眞正報《ト》者《ハ》卽《チ》第九《ノ》眞身觀是也《リ》。此《レ》由《テ》前《サキノ》假正《ニ》、漸《ヤウヤク》以《テ》息《ヤメ》於亂《ラム》想《ヲ》、心眼得《エテ》開《コトヲ》、粗《ホヾ》見《テ》彼《ノ》方《ノ》淸淨《ノ》二報、種種《ノ》莊嚴《ヲ》、以《テ》除《ノゾク》昏《コム》《クラキ反》惑《ワクヲ》。由《ヨルガ》除《ノゾクニ》障《サワリヲ》故《ニ》、得《ウル》見《コトヲ》彼《ノ》眞實之《ノ》境相《ヲ》也。言《フ》通正報《ト》者《ハ》卽《チ》觀音・聖衆等已下是也《ナリ》。向《サキヨリ》來《コノカタ》所《ノ》言《イフ》通別・眞假《ト》者《イハ》、正《ク》明《ス》依正二報《ヲ》也《ナリ》。言《フ》「觀《ト》」者《ハ》照《セウ》也《リ》。常《ニ》以《テ》淨信心《ノ》手《テヲ》、以《テ》持《タモテ》智慧之《ノ》輝《ヒカリヲ》、照《テラスナリ》彼《ノ》彌陀《ノ》正依等《ノ》事《ジヲ》。言《フ》「經《ト》」者《ハ》經《タテ》也《リ》。

305

經《タテ》能《ヨク》持《タモテ》緯《ヌキヲ》得《ウ》成《ズルコトヲ》①疋《ヒチ》《ヒキ》丈《ヂヤウヲ》。有《リ》其《ノ》丈《ヂヤウ》用《ヨウ》。經能持《テ》法《ヲ》理《リ》事《ジ》相應《シ》、定散隨《テ》機《ニ》義《ギシテ》不《ズ》零《レイ》落《ラクセ》《オチ反》。能令《シムル》修《シュ》趣《シュセ》之者《ノハ》、必藉《ヨテ》教行之緣因《インニ》、乘《ジテ》願《ニ》往生《シ》證《ス》彼《ノ》無爲之法樂《ラクヲ》。既《スデニ》生《ヌレバ》彼《ノ》國《ニ》、更《サラニ》無《ナシ》所《ロ》畏《オソル》。長時《ニ》起《オコシテ》行《ヲ》、果極《キハム》菩提《ヲ》。法身常住《ニシテ》比《タトヘバ》若《ゴトシ》虛空《ノ》。能招《マネクガ》此《コノ》益《ヲ》故《ニ》曰《イテ》爲《ス》經《ト》。言《イフ》「一卷《ト》」者《ハ》、此《ノ》『觀經』一部雖《イエドモ》言《イフト》兩會《エノ》正說《ナリト》、總《スベテ》成《ズ》斯《コノ》一《ヲ》。故《ニ》名《ク》一卷《ト》。故《ニ》言《イフ》「佛說無量壽觀經一卷《ト》」。此《レ》卽《チ》釋《スルコト》其《ノ》名《ミヤウ》義《ギヲ》竟《ヌ》。

1-446

三辯《ベン》釋《セ》宗《シュ》旨《シノ》不同、教之《ノ》大小《ヲ》者《バ》、如《キハ》『維《ユイ》摩《マ》經《ノ》』以《テ》不思議解脫《ヲ》爲《シ》宗《ト》、如《キハ》『大品經《ノ》』以《テ》空慧《ヲ》爲《ス》宗《ト》。此《ノ》例《レイ》非《ズ》一《ニ》。01今此《ノ》『觀經《ハ》』卽以《テ》觀佛三昧《ヲ》爲《シ》宗《ト》、亦以《テ》念佛三昧《ヲ》爲《ス》宗《ト》。一心《ニ》迴願《シテ》往生《スルヲ》淨土《ニ》爲《ス》體《タイト》。　言《イフ》教之《ノ》大小《ト》

①疋　左◎「ヒキ」と上書訂記

1-660

01「今此…教攝」化巻189

306

者《ハ》、問《テ》曰《ク》、此《ノ》『經《ハ》』二藏之《ノ》中《ニハ》何《レノ》藏《ニ》攝《セフシ》、二教之《ノ》中《ニハ》何《レノ》教《ニカ》收《オサムル》。答《ヘテ》曰《ク》、今此《ノ》『觀經《ハ》』菩薩《ノ》藏《ニ》收《オサム》。頓《トム》教《ノ》攝《セフナリ》。

四[02]辯《ベンゼ》說《ノ》人《ノ》差別《ヲ》者《バ》、凡《ソ》諸經《ノ》起《キ》說《ズ》不過《スギ》五種《ヲ》。一者佛說、二者聖弟子《ノ》說、三者天仙《ノ》說、四者鬼神《ノ》說、五者變化《ノ》說《ナリ》。今此《ノ》『觀經《ハ》』是佛《ノ》自說《ナリ》。

問曰《ク》、佛在《マシマシテ》何《レノ》處《ニ》說《トキ》、爲《ニカ》何《イヅレノ》人《ノ》說《ヘル》。答曰、佛在《テ》王宮《ニ》爲韋提等《ノ》說《トキタマヘルナリ》。

五料《レウ》簡《スルニ》定散兩門《ヲ》卽《チ》有《リ》其《ノ》六。一明《シ》能請《ノ》者《ヒトヲ》、卽《チ》是《レ》韋提《ナリ》。二明《ス》所《ショ》請《ノ》者《ヲ》、卽是世尊《ナリ》。三明《ス》能說《ノ》者《ヲ》、卽是如來《ナリ》。四明《ス》所說《ヲ》、卽是定散《ノ》二善十六觀門《ナリ》。五明《ス》能爲《キヲ》、卽是如來《ナリ》。六明《ス》所爲《ヲ》、卽韋提等是也《リ》。　問曰、定散《ノ》二善因《ヨル》誰《タレカ》致《チ》請《ニ》。答曰、定善《ノ》一門《ハ》韋提致《ス》請《ヲ》、散善《ノ》一門《ハ》是佛《ノ》自說《ナリ》。

307　1-447

問曰、未審《イブカシ》、定散《ノ》二善出在《セル》何文《イヅレノモンニカ》。今既《ステニ》教備《ソナハリテ》不《ズ》虛《ラ》、何《レノ》機《キカ》得《ル》受《ウクルコトヲ》。答曰、解《ゲスルニ》有《リ》二義。一者謗《ハ》法①與《ト》無信、八難《ナム》及《ビ》非人、此《レ》等《ハ》不《ズ》受《ウケ》也。斯《コレ》乃《チ》朽《キウ》林《リン》・碩《セキ》石《セキ》不《ズ》可《ラ》有《ル》生潤《ニン反》《ウルヲウ反》之《ノ》期《ゴ》。此等《ノ》衆生《ハ》必《ズ》無《シ》受化之《ノ》義。除《ノゾイテ》斯《コレヲ》已外《ホカハ》、一心《ニ》信樂《シテ》求《グ》願《スルニ》往生《ヲ》、上盡《シ》一形《ヲ》下《モ》收《オサム》十念《ヲ》。乘《ジテ》佛願力《ニ》莫《シ》不《ズトイフコトナ》皆往《ユカ》。此《レ》卽《チ》答《ヘ》上《ニ》何《カ》機《キ》得受《ノ》義《ギ》竟《ヌ》。二出《イデ》在《ト》何《レノ》文《モンニカ》者《ハ》卽有《リ》通有別。言《フ》通《ト》者《ハ》卽有《リ》三《ノ》

①法　右◎「ト」とあるを抹消

義《ノ》不同。何《ナニ》者《モノゾ》、一従《ヨリ》「韋提白佛唯願爲我廣説無《ム》憂《ウ》惱《ナウ》處《ショト云》」者《ハ》、即是韋提標《ヘウシテ》心《ヲ》自《ラ》爲《ニ》通《ジテ》請《ズ》所求《グヲ》。二従《リ》「唯願佛日教我觀於清淨業處《ト云》」者《ハ》、即是韋提自《ラ》爲《ニ》通《ジテ》請《ズ》去行《ヲ》。三従《リ》「世尊光臺《ダイ》現國《ト云》」、即是酬《コタウ》前《サキノ》通請《ノ》「爲《キ》我廣説」之《ノ》言《コトバヲ》。雖《ドモ》有《リト》三義《ノ》不同、答《ヘ》前《ノ》通《ヲ》竟《ヌ》。言《フ》別《ト》者《ハ》則《チ》有《リ》二義《ノ》。一従《リ》「韋提白佛我今樂《ゲフ》生極樂世界彌陀佛所《ト云》」者《ハ》、即是韋提自《ラ》爲《ニ》別《シテ》選《エラブ》所求《グヲ》。二従《リ》「唯願教我思惟教我正受《ト云》」者《ハ》、即是韋提自爲《ニ》請《ズ》修《シユセムト》別行《ヲ》。雖《ドモ》有《リト》二義《ノ》不同、答《ヘ》上《ミノ》別《ヲ》竟《ヌ》。　従《リ》此《レ》已《イ》下《ゲハ》、次《ニ》答《フ》定散兩門之《ノ》義《ヲ》。

問曰、云何《イカナルヲカ》名《ケ》定善《ト》、云何《カ》名《クルヤ》散善《ト》。答曰、従《リ》日觀《モ》下至《マデ》十三觀《ニ》已來《コノカタヲ》名《テ》爲《ス》定善《ト》。三福九品《ヲ》名《テ》爲《ス》散善《ト》。

問曰、定善之《ノ》中《ニ》有《ル》何《イヅレノ》差《シャ》別《カ》、出《イデ、》在《ルヤ》何《レノ》文《ニカ》。答曰、出《シユツ》何《ガ》文《ト》者《イハ》、『經《ニ》』（觀經）言《ヘル》「教我思惟教我正受《ト》」、即是其《ノ》文《ナリ》。言《イフ》差別《ト》者《ハ》即有《リ》二義。一謂《イハク》思惟、二謂《ク》正受《ナリ》。言《フ》思惟《ト》者《ハ》即是觀《ノ》前《サキノ》方便、思《シ》想《サウスル》彼《ノ》國《ノ》依正二報總別《ノ》相《ヲ》也《リ》。即地觀《ノ》文《ノ》中《ニ》説《ク》、言《ヘリ》「如《ニヨ》此《シ》想《サウ》者《シャ》名爲粗《ソ》見極樂國土《ト》」。即合《ガス》上《ノ》「教我思惟《ノ》」一句《ニ》。言《フ》正受《ト》者《ハ》、想心都《スベテ》息《ソクシ》、縁《エン》慮《リヨ》竝《ナラビニ》亡《マウジテ》、三昧《ト》相應《スルヲ》名《テ》爲《ス》正受《ト》。即地《ヂ》觀《ノ》文《ノ》中《ニ》説《ク》、言《フ》「若《ニヤク》得《トク》三昧見彼國地了了分明《ト》」。卽《チ》合上《ノ》「教我正受《ノ》」一句《ニ》。定散雖《ドモ》有二義《ノ》不同、總《ソウジテ》答《ヘ》上《ノ》問《モンヲ》竟《ヌ》。

又向《サキヨリ》來《コノカタ》解《ゲ》者《ハ》與《ト》諸師不《ズ》同《ラ》。諸師《シハ》將《マサニ》思惟《ノ》一句《ヲ》用《モテ》合《シテ》三福九品《ニ》、以《テ》爲《シ》散善《ト》、正受《ノ》一句《ヲ》用《モテ》通《ツウジテ》合《シテ》十六觀《ニ》、以《テ》爲定善《ト》。如《ノ》斯《カクノ》解《ゲ》者《シヤハ》將《マサニ》謂《オモフニ》不《ズ》然《シカラ》。何者《イカントナレバ》如《シ》『華嚴經《ニ》』說《ガ》。「思惟正受者《ハ》但《タヾ》是三昧之《ノ》異《イ》名《ミヤウナリ》」、與《ト》此《ノ》地觀《ノ》文同《ジ》。以《テ》斯《コノ》文《ヲ》證《スルニ》、豈《アニ》得《ムヤ》通《ズルコトヲ》於散善《ニ》。又向來《サキヨリ》韋提、上《ニ》請《ズルニ》但《タヾ》言《イヒ》「教我觀於淸淨業處《ト》」、次下《ニ》又請《シヤウズルニ》言《イフ》「教我思惟正受《ト》」。雖《ドモ》有《ト》二請、唯《タヾ》是定善《ナリ》。又散善之《ノ》文《ハ》都《スベテ》無請《シル》處《ロ》。但《タヾ》是佛自《ラ》開《カイシタマヘリ》。次下《ノ》散善緣中《ニ》說《テ》云《イヘル》「亦《ヤク》令未來世一切凡夫《ト》」已下卽《チ》是其《ノ》文《ナリ》。

六和會《シ》經論《ノ》相違《ヲ》、廣《ク》施《ホドコシテ》問答《ヲ》釋去《コセ》疑《ギ》情《ジヤウヲ》者《バ》、就《ツイテ》此門《ノ》中《ニ》卽有《リ》其《ノ》六《ツ》。一《ニハ》先《マヅ》就《ツイテ》諸《ノ》法師《シニ》解《ス》九品之《ノ》義《ヲ》。二《ハ》卽以《テ》道理《ヲ》來《キタシテ》破《ハス》之《ヲ》。三《ハ》重《テ》擧《アゲテ》九品《ヲ》返《ヘン》對《タイシテ》破《ハス》之《ヲ》。四出《シテ》文《ヲ》來《キタシ》證《ス》。定《テ》爲《ニシテ》凡夫《ノ》不《セズト云コトヲ》爲《ニ》聖人《ノ》。五會《ヱ》通《ツウス》別時之意《イヲ》。六會通《ス》二乘種不生之《ノ》義《ヲ》。

初《ハジメ》言《フ》諸師《ノ》解《ゲト》者《ハ》先《ツ》擧《アグ》上輩《ノ》三人《ヲ》。言《フ》上上《ト》者《ハ》、是四地《ヨリ》至《ル》七地《ニ》已來《ノ》菩

薩。何《ナンガ》故《ソ》得《ル》知《シルコトヲ》。由《ヨテノ》到《イタテ》彼《ニ》卽得《ニ》無生忍《ヲ》故《ユヘナリ》。上中《ガ》者《ハ》、是《レ》初《シヨ》地《ヂヨリ》至《ル》四地《ニ》已

來《ノ》菩薩《ナリ》。何《ガ》故《ゾ》得《ル》知《トヲ》。由《ヨテノ》到《テ》彼《ニ》經《ヘテ》一小劫《ヲ》得《ニ》無生忍《ヲ》故《ナリ》。上下者《ハ》、是《レ》種性以《イ》上《ジヤウヨリ》至《ル》初地《ニ》已來《ノ》菩薩。何故《ゾ》得《ル》知《トヲ》。由《ガ》到《テ》彼《ニ》經《ヘテ》三小劫《ヲ》始《ハジメテ》入《ニ》初地《ニ》故《ナリ》。此《ノ》三品《ノ》人《ハ》皆是大乘聖人《ノ》生《ル》、位《クラヰナリ》。次《ニ》擧《アゲ》中輩《ノ》三人《ヲ》者《バ》、諸師《ノ》云《ク》、中《ガ》上《ハ》是三果《クワノ》人《ナリ》。何《ヲ》以《テカ》得《ル》知《トヲ》。由《ガ》到《テ》彼《ニ》卽得《ニ》羅漢《カンヲ》故《ナリ》。中《ガ》中者《ハ》是《レ》内《ナイ》凡《ナリ》。何《ヲ》以《テカ》得《ル》知《ヲ》。由《ガ》到《テ》彼《ニ》得《ニ》須陀洹《コムヲ》《オン反》故《ナリ》。中《ガ》下者《ハ》是《レ》世《セ》善《ゼンノ》凡夫、厭《イトフテ》苦《クヲ》求《モトムルナリ》生《ヲ》。何《ヲ》以《カ》得《ル》知《ヲ》。由《ガ》到《テ》彼《ニ》經《ヘテ》一小劫《ヲ》得《ニ》羅漢果《ヲ》故《ナリ》。此《レ》之《ノ》三品《ハ》唯《タヾ》是《レ》小乘《ノ》聖人等也。下輩《ハイノ》三人者《ハ》是《レ》大乘始《シ》學《ノ》凡夫《ナリ》。隨《テ》過《トガノ》輕重《ニ》分《ワカテ》爲《ス》三品《ト》。共《トモニ》同《ク》一位《ニシテ》求願《スト》往生《ヲ》者《イハ》、未《ダ》必《ズ》然《ズシモラ》也。可《ベシ》知《シル》。

第二卽以道理《リヲ》來破《シテハセ》者《バ》、上《ニ》言《フ》「初地《ヨリ》至《ル》七地《ニ》已來《ノ》菩薩」《ト》者《ハ》、如《キハ》『華嚴經』《ニ》說《クガ》、「初地已上七地已來《ハ》、卽是法性生身・變《ヘン》易《ヤク反》《イ》生身《ナリ》。斯《コレ》等《ラハ》曾《カツテ》無《ナシ》分《ブン》段《ダン》之《ノ》苦《ク》。①論《ロンズレバ》其《ノ》功用《ヲ》、已《ニ》經《ヘタリ》二大阿僧祇劫《ヲ》。雙《ナラベテ》修《シ》福智《ヲ》、人法兩空、竝《ナラビニ》是不可思議《ナリ》。神通自在《ニシテ》轉《テン》變無方《ナリ》。身居《コシテ》報土《ニ》常《ニ》聞《キ》、報佛《ノ》說法《ヲ》、悲化《シテ》十方《ヲ》須《シユ》臾《ユニ》遍《ヘン》滿《ス》」。更《サラニ》憂《ウレヘテカ》何事《ナンノジヲ》乃《チ》藉《ヨテ》韋提《ニ》爲《ニ》其《ガ》請《ジテ》佛《ヲ》求《モトメムヤ》生《コトヲ》安樂國《ニ》也。以《テ》斯《ノ》文《ヲ》證《スルニ》、諸師《ノ》所說豈《アニ》非《ズヤ》錯《アヤマリニ》也。答《ヘ》上《ノ》二《ヲ》竟《ヌ》。上下者《ハ》、上《ニ》言《フ》「從《リ》種性至《ルト》

---

①論　右◎「ル」を「レ」と訂記

初地已來者《ハ》、未《ダ》必《ズシモ》然《ラ》也。如《キハ》『經《ニ》』（大智度論巻三八往生品意）説《ガ》、「此《レ》等《ラノ》菩薩《ヲ》名《テ》爲《ス》不退《ト》。身《ミハ》
居《コスレドモ》生死《ニ》、不《ズ》爲《ニ》生死《ノ》所《ラレ》染《ゼンセ》。如《シ》鵝《ガ》鴨《カウノ》《カモ》在《レドモ》水《ニ》、水不《ザルガ》能《ハ》濕《ウルヲコト》」。如《キハ》『大品經《ニ》』説《ガ》、「此《ノ》
位《ノ》中《ノ》菩薩《ハ》、由《ヨルガ》得《ニ》二種《ノ》眞《ノ》善知識《ノ》守《シュ》護《ゴヲ》故《ニ》不退《ト云ナリ》。何者《イカントナレバ》一《ニハ》是《レ》十方《ノ》諸
佛、二《ハ》是《レ》十方《ノ》諸大菩薩、常《ニ》以《テ》三業《ヲ》外《ニ》加《カシテ》於《オイテ》諸《ノ》善法《ニ》無《ナシ》有《ト》退《タイ》失《シツ》。故《ニ》名《ク》
不退《ノ》位《ト》也。此等《ノ》菩薩《ハ》亦能《ク》八相成道、教化《ス》衆生《ヲ》。論《ズレバ》其《ノ》功行《ヲ》、已《ニ》經《ヘテ》一
大阿僧祇劫《ヲ》、雙《ナラベテ》修《ス》福・智等《ヲ》」。既《ニ》有《リ》斯《ノ》勝徳。更《ラニ》憂《ウレヘテ》何《ナンノ》事《ジヲ》乃《イマシ》藉《ヨテ》韋提《ノ》請《ニ》
求《ムル》生《コトヲ》也《ヤ》。以《テ》斯《コノ》文《ヲ》證《ス》。故《ニ》知《シンヌ》、諸師《ノ》所《ロ》判《ハンズル》還《カヘテ》成《ナル》錯《アヤマリト》也。此《ハ》責《セメ》上輩《ヲ》竟《ヌ》。次《ニ》責《セメ》
中輩《ノ》三人《ヲ》者《バ》、諸師《ノ》云《ク》、「中《ガ》上《ハ》是《レ》三果《ノ》者《ヒトナリ》」。然《モ》此等《ラ》之《ノ》人《ハ》三塗《ヅウ》永《ナガク》絶《タヘテ》、四
趣《シユニ》不《ズ》生《ゼ》。現在《ニ》雖《モ》造《ツクルト》罪業《ヲ》、必《ヒチ》定《シテ》不《ズ》招《マネカ》來報《クワヲ反》《ホウ》。如《キハ》佛説①《ト》言《フガ》、此《ノ》四果《ノ》人與《ト》我《レ》
同《ク》坐《ザシテ》解脱《ノ》牀《ユカニ》、既《ニ》有《リ》斯《ノ》功力。更《サラニ》復何《ナンノ》憂《ウレヘアテカ》乃《チ》藉《ヨテ》韋提《ノ》請《ニ》求《メムヤ》生路《ロヲ》。然《ニ》諸佛《ノ》
大悲《ハ》於《オイテ》苦《クアル》者《ノニ》、心偏《ヒトヘニ》愍《ミム》念《シ玉》常没《モチノ》衆生《ヲ》。是《ヲ》以《テ》勸《スヽメテ》歸《セシム》淨土《ニ》。亦如《キハ》溺《オボレル》水《ミヅニ》之人《ノ》、
急《ニ》《キフ》須《スベカラク》《ベシ》偏《ヒトヘニ》救《スクフ》、岸《ガン》上《ノ》之者、何《ヲバナニヽ》用《ヨテカ》濟《スクウコトヲ》爲《セム》。以《ノ》斯《コノ》文證《ヲ》故《ニ》知《シンヌ》、諸師《ノ》所《ロノ》判《ハンズル》義《ギ》、同《ジ》
前《サキノ》錯《アヤマリニ》也。以《イ》下《ゲ》可《ベシ》知《シル》。
第三《ニ》重《カサネテ》擧《アゲテ》九品《ヲ》返《カヘテ》對《タイ》破《ハスト》者《ハ》、諸師《ノ》云《ク》、「上品上生《ノ》人《ハ》、是《レ》四地《ヂヨリ》至《ル》七地《ニ》

①説　右◎「ト」の下二字抹消

313 已來《ノ》菩薩《ナリトイハ》」者、何《ナンガ》故《ゾ》『觀經《ニ》』云《イヘル》「三種《ノ》衆生當《ニ》得《ウ》《ベシ》往生《スルコトヲ》。」何者《ナンラヲカ》爲《スル》三《ト》。一者《ハ》但《タヾ》能《ヨク》持《タモチ》戒《ヲ》修①《ス》慈《ジヲ》。二者不《ズ》能《レドモハ》持《チ》戒《ヲ》修《スルコト》慈《ジヲ》、但《タヾ》能讀《ドク》誦《ジユス》大乘《ヲ》。三者不能《レドモハ》持《チ》戒《ヲ》讀《ヨムコト》經《ヲ》、唯《タヾ》能《ク》念《ズ》佛法僧等《トフ》。此《コノ》之三人各以《テ》己《オノレガ》業《ゴフヲ》專《セン》精《シヤウニ》勵《ハゲマシテ》意《ヲ》、一日一夜乃至七日七夜相續《シテ》不《ズ》斷《ダンゼ》、各迴《メグラシテ》所作《ノ》之業《ヲ》求願《スレバ》往生《ヲ》、命《チ》欲《スル》終《ラント》時、阿彌陀佛及《ビ》與《ト》化佛・菩薩大衆放《ハナチ》光《ヒカリヲ》授《サツケテ》手《ヲ》、如《キニ》彈《ダン》指《シノ》頃《アヒダノ》即《チ》生彼《ノ》國《ニ》。以《テ》此《ノ》文《ヲ》證《スルニ》、正《マサシク》是《レ》佛去《タマフテ》世《ヲ》後《ノ》大乘極善《ノ》上品《ノ》凡夫《ナリ》。日《ニチ》數《シユ》雖《ドモ》少《スクナシト》、作業《ゴフ》時《トキ》猛《ハゲシ》、何《ナンゾ》得《エム》判《ハンジテ》同《ズルコトヲ》上聖《ニ》也《ヤ》。然《ルニ》四地《ヨリ》七地已來《ノ》菩薩《ハ》、論《ロンズルニ》其《ノ》功用《ヲ》不可思議《ナリ》。豈《アニ》藉《ヨテ》一日七日之善《ニ》、華臺《ニ》授《サヅク》手《ヲ》迎《カウ》接《セウシテ》往生《セシメム》也《ヤ》。此《レ》即《チ》返《ヘン》對《タイシ》上

1-451 314 上《ヲ》竟《ヌ》。次《ニ》對《セ》上中《ヲ》者《バ》、諸師《ノ》云《ク》、「是《レ》初《シヨ》地《ヂヨリ》四地已來《ノ》菩薩」者《ハ》、何《ナンガ》故《ゾ》『觀經《ニ》』（意）云《イフ》「不《フ》必《ヒチ》受持大乘《ト》」。云何《イカナルヲカ》名《ク》「不必《ト》」。或《ハ》讀《ヨミ》不《ズ》讀《ヨマ》、故《ニ》名《ク》「不必《ト》」。但《タヾ》言《イフテ》善《ゼン》解《ゲト》未《ダ》《ズ》論《ロンゼ》其《ノ》行《ヲ》。又（觀經意）言《イハク》、「深《ク》信《シンジ》因《イン》果《ヲ》不《ズ》謗《ハウゼ》大乘《ヲ》、以《テ》此《ノ》善根《ヲ》迴願《スルニ》往生《ヲ》、命《チ》欲《スル》終《ラムト》時《トキ》、阿彌陀佛及《ビ》與《ト》化佛・菩薩大衆一時《ニ》授《ケテ》手《ヲ》即《チ》生《ズト》彼《ノ》國《ニ》。」以《テ》此《ノ》文《ヲ》證《スルニ》、亦是《レ》佛去《サテ》世《ヲ》後《ノ》大乘《ノ》凡夫《ナリ》。行業稍《ヤヽ》弱《ヨハクシテ》致《イタス》使《シムルコトヲ》終《オハル》時《トキ》迎《カウ》候《コウニ》有《アラ》異《イ》。然《ルニ》初地《ヨリ》四地已來《ノ》菩薩、論《ロンズルニ》其《ノ》功用《ヲ》、如《キハ》『華嚴經《ニ》』說《トクガ》乃《チ》是《レ》不《フ》可

①修　右◎「ス」の下「ル」とあるを抹消

思議《ナリ》。豈《アニ》藉《ヨテ》㆓韋提《ノ》致《スニ》㆒㆑請《ヲ》、方《マサニ》①得《エム》㆓往生《スルコトヲ》㆒也《ヤ》。返《ヘン》㆓對《タイシ》上《ガ》中《ヲ》㆒竟《ヌ》。次《ニ》對《スト》㆓上下《ヲ》㆒者《ハ》、諸師《ノ》云《ク》、「是《レ》種性以上《ヨリ》至《ル》㆓初地《ニ》㆒已來《ノ》菩薩《ト》」者《イハ》、何《ガ》故《ゾ》『觀經《ニ》』云《フ》㆓「亦《ヤク》信《シン》因《イン》果《ト》」㆒。云何《イカナルヲカ》「亦信《トイフ》」。或《ハ》信《シンジ》不《ズ》㆑信《ゼ》、故《ニ》名《テ》爲《ス》㆑亦《ヤクト》。又(觀經)言《ク》、「不《ズ》㆑謗《ゼ》㆓大乘《ヲ》㆒、但《タヾ》發《ス》㆓無上道心《ヲ》㆒」。唯《タヾ》此《ノ》一句《ヲ》以《テ》爲《シテ》㆓正業《ゴフト》㆒、更《サラニ》無《シ》㆓餘《ヨ》善《ゼン》㆒。(觀經意)「廻《ラシテ》㆓斯《ノ》一行《ヲ》㆒求願《スルニ》㆓往生《ヲ》㆒、命《チ》欲《スル》㆑終《ラムト》時、阿彌陀佛及《ビ》與《ト》㆓化佛・菩薩大衆㆒一時《ニ》授《テ》㆑手《ヲ》卽《チ》得《ウト》㆓往生《スルコトヲ》㆒」。以《テ》㆓斯《ノ》文《ヲ》㆒證《スルニ》、唯《タヾ》是《レ》佛去《サテ》㆑世《ヲ》後《ノ》一切發《セル》㆓大乘心《ヲ》㆒衆生《ナリ》。行業不《ズシテ》㆑強《コハカラ》致《イタス》㆑使《シムルコトヲ》㆓去《コ》時《ジノ》迎《カウ》候《コウニ》有《アラ》㆑異《イ》。若《モシ》論《ロンズレバ》㆓此位《ノ》中《ノ》菩薩《ノ》力《リキ》勢《セイヲ》㆒、十方淨土《ニ》隨《テ》㆑意《ニ》往生《ス》。豈《アニ》藉《ヨテ》㆓韋提《ニ》㆒爲《ニ》㆑其《ソレガ》請《ジテ》㆑佛《ヲ》、勸《スヽメテ》生《ゼシメム》㆓西方極樂國《ニ》㆒也《ヤ》。返《ヘン》㆓對《タイシ》上下《ヲ》㆒竟《ヌ》。卽《チ》此《ノ》三品去《サル》時《トキ》有《リ》㆑異。云何《イカンガ》異《イナル》。上上《ハ》去《サル》時《トキ》、佛與《ト》㆓無《ム》數《シユノ》化佛㆒一時《ニ》授《玉フ》㆑手《ヲ》。上中去《サル》時《トキ》、佛與《ト》㆓千《ノ》化佛㆒一時《ニ》授《玉フ》㆑手《ヲ》。上下去《サル》時《ニ》、佛與《ト》㆓五百《ノ》化佛㆒一時《ニ》授《フ》㆑手《ヲ》。直《タヾチニ》是《レ》業《ゴフニ》有《テ》㆓強《ガウ》弱《ニヤク》㆒致《ス》㆑使《シムルコトヲ》㆑有《ラ》㆓斯《コノ》差別㆒耳《マクノミ》。次《ニ》對《タイセ》㆓中輩《ノ》三人《ヲ》㆒者《バ》、諸師《ノ》云《ク》、「中上《ガハ》是《レ》小乘《ノ》三果《ノ》者《ヒトナリ》」、何《ナンガ》故《ゾ》『觀經《ニ》』(意)云《ハク》、「若有《シテ》㆓衆生㆒、受持《シ》㆓五戒・八戒《ヲ》㆒、修行《シテ》㆓諸戒《ヲ》㆒不《ズ》㆑造《ラ》㆓五逆《ヲ》㆒、無《ナカラム》㆓衆《モロモロノ》過《クワ》患《グエン》㆒。命《チ》欲《スル》㆑終《ト》時《キ》、阿彌陀佛與《ト》㆓比丘聖衆㆒放《テ》㆑光《ヲ》說《トイテ》㆑法《ヲ》、來《テ》現《玉フ》㆓其《ノ》前《ニ》㆒。此《ノ》人見《ミ》已《オハテ》卽《チ》得《ト》㆓往生《ヲ》㆒」。以《テ》㆓此《ノ》文《ヲ》㆒證《ス》、亦是《レ》佛去《サテ》㆑世《ヲ》後《ノ》持《テル》㆓小乘戒《ヲ》㆒凡夫《ナリ》。

①得　右◎「ム」の下「ヤ」とあるを抹消

316 何《ナンソ》小聖《ナラムヤ》也。中中者《ガ トイハ》、諸師《ノ》云《ク》、「見道已《イ》前《ゼンノ》内《ナイ》凡《ボント》」者《イハ》、何《ナンガ》故《ソ》『觀經』《ニ》（意）云《ク》、「受持《シテ》一日一夜《ノ》戒《ヲ》、廻願《スルニ》往生《ヲ》、命《チ》欲《スル》終《ト》時、見《テ》佛《ヲ》卽《チ》得《ト》往生《ヲ》。」以《テ》此《ノ》文《ヲ》證《ルニ》、豈《アニ》得《エム》言《イフコトヲ》是《レ》内《ナイ》凡《ボンノ》人《ナリト》也《ヤ》。但《タヾ》是《レ》佛《テ》去世《ヲ》後《ノ》無善《ノ》凡夫《ナリ》。命《ヲ》延《ノブルコト》日夜、逢《アヒ》遇《アヒテ》小緣《ノ》授《サヅクルニ》其《ノ》小戒《ヲ》、廻願《ス》往生《ヲ》。以《テ》佛《ノ》願力《ヲ》卽《チ》得《ル》生《コトヲ ナリ》也。若《シ》論《ロンゼバ》小聖《ヲ》、去《サルニ》亦《マタ》無《シ》妨《サマタゲ》。但《タヾシ》此《ノ》『觀經』《ハ》佛《ニ》爲《ノ》凡說《フ》、不《ザル》于聖《ニハアラ ノタメ》也。中下者《ガ ハ》、諸師《ノ》云《ク》、「小乘《ノ》内凡已《イ》前《ゼンノ》世《セ》俗《ゾクノ》凡夫、唯《タヾ》修《シテ》世福《ヲ》求《モトムト》出離《ヲ》」者《イハ》、何《ナンガ》故《ソ》『觀經』《ニ》（意）云《ク》、「若有《シテ》衆生《テ》、孝養《シ》父母《ニ》、行《ゼム》世《ノ》仁《ニン》慈《ジヲ》。命欲《ノ》終時、遇《アハム》善知識《ノ》爲說《ニ》彼《ニ》佛《ノ》國土《ノ》樂事《ジ》、四十八願等《ヲ》。此《ノ》人聞《キ》已《テ》卽《チ》生《ゼムト》彼國《ニ》。」以《テ》此《ノ》文《ヲ》證《ルニ》、但《タヾ》是《レ》不《ル》遇《アハザ》佛法《ニ》之《レ》人《ナリ》、雖《ドモ》行《ズト》孝養《ヲ》、亦《マタ》未《ダ》有《ラ》心《ニ》希《ケ》求《グスルコト》出離《ヲ》。直《タヾチニ》是《レ》臨終《ニ》遇《アフ》善《ノ》勸《スヽメテ》令《シムルニ》往生《セ》。此《ノ》人因《ヨテ》勸《スヽメニ》廻《エシテ》心《ヲ》卽《チ》

317 得《ウ》往生《スルコトヲ》。又此《ノ》人在《テ》世《ニ》自然《ニ》行《ズ》孝《ケフヲ》、亦不《ズ》爲《メノ》出離《ノ》故《ニ》行《ゼ》孝《ケウ》道《ヲ》也。次對《ニ》下《セ》輩《ノ》三人《ヲ》者《バ》、諸師《ノ》云《ク》、「此等《ラ》之《ノ》人《ハ》乃《チ》是《レ》大乘始學《シノ》凡夫《ナリ》。隨《テ》過《トガノ》輕重《ニ》分《ワカテ》爲《ス》三品《ト》。未《ダ》有《ラ》道位《キニ》。難《シト》辯《ワキマヘ》階《カイ》降《ガウヲ》」者《ハ》、將《マサニ》謂《オモフニ》不《ズ》然《ラ》。何者《イカントナラバ》此《ノ》三品《ノ》人《ハ》無《シ》有《コト》佛法《ト》・世俗《トノ》二種《ノ》善根。唯《タヾ》知《シレリ》作《ナスコトヲ》惡《ヲ》。何《ナニヲ》以《テカ》得《ル》知《コトヲ シ》。如《シ》下上文《ニ》（觀經意）說《ガ》。「但《シ》不《ズ》作《ラ》五逆謗法《ヲ》、自《ジ》餘《ヨノ》諸惡《ハ》悉《ク》皆《ナ》具《ツブサニ》造《ツクテ》、無《シ》有《コト》慚《ザン》愧《グヰ》乃至一念《モ》。命欲《スル》終《ラムト》時、遇《アフ》

善知識《ノ》、爲《ニ》說《テ》大乘《ヲ》、敎《ヘテ》令《シムルニ》稱《スルコト》佛《ヲ》一聲《セ》。爾《ノ》時《ニ》阿彌陀佛、卽《チ》遣《ツカハシテ》化佛・菩薩《ヲ》來迎《シテ》此《ノ》人《ヲ》、卽《チ》得《シム》往生《ヲ》。」但《タヾ》如《キノ》此《ノ》惡人觸《フル、ニ》目《メニ》皆《ナ》是《レナリ》。若《シ》遇《アヘバ》善緣《ニ》、卽《チ》得《ウ》往生《ヲ》。若《シ》不《ズハ》遇《アハ》善《ニ》、定《テ》入《イテ》三塗《ニ》未《ダ》《ザルモノ》可《ラ》出《イツ》也。下《ガ》中者《ハ》、(觀經意)「此《ノ》人先《サキニ》受《ウケ》佛《ノ》戒《ヲ》、受《ウケ》已《ハテ》不《ズシテ》持《ヂセ》卽便《チ》毀《クヰ反》《ソシリ反》破《ハス》《ヤブル反》。又偸《ヌスミ》常住僧《ノ》物《ノ》、現前僧《ノ》物《ヲ》、不淨《ニ》說法《シテ》、乃至無《シ》有《ルコト》一念慚《ザン》愧《グヰ》之《ノ》心。命欲《スル》終《ラムト》時、地獄《ノ》猛火一時《ニ》俱《トモニ》至《テ》、現《ジテ》在《アリ》其《ノ》前《ヘニ》。當《アタテ》見《ミル》火《ヒヲ》時《ニ》、卽《チ》遇《アハム》善知識、爲《ニ》說《トイテ》彼《ノ》佛《ノ》國土《ノ》功德《ヲ》、勸《テ》令《シムルニ》往生《セ》。此《ノ》人聞《キ、》已《テ》卽便見《テ》佛《ヲ》、隨《テ》化《ニ》往生《ス》。」初《ハジメ》不《ザレバ》遇《アハ》善《ニ》、獄《ゴク》火來迎《ス》、後《ニ》逢《アウガ》善《ニ》故《ニ》、化佛來迎《ス》。斯《コレ》乃《チ》皆《ナ》是《レ》彌陀《ノ》願力《ノ》故《ヘ》也《ナリ》。下下者《ハ》、(觀經意)「此《レ》等《ラノ》衆生作《ツクリテ》不善業《ゴフタル》五逆・十惡《ヲ》、具《グス》諸《ノ》不善《ヲ》。此《ノ》人以《ノ》惡業《ヲ》故《ニ》、定《テ》墮《テ》地獄《ニ》多劫無《ルベシ》窮《キハマリ》。命欲終《ノ》時、遇《アフ》善知識《ノ》敎《ヘテ》稱《セシメ》阿彌陀佛《ヲ》、勸《テ》令《シムルニ》往生《セ》。此《ノ》人依《テ》敎《ニ》稱《ス》佛《ヲ》、乘《ジテ》念《ニ》卽生《ズ》。」此《ノ》人若《シ》不《ズハ》遇《アハ》善《ニ》、必《ヒツ》定《シテ》下《ゲ》沈《チンスベシ》。由《ヨテ》終《オハリニ》遇《アフニ》善《ニ》七寶《ノ》來迎《ス》。又看《ミルニ》此《ノ》『觀經《ノ》』定善及《ビ》三輩上下《ノ》文《ノ》意《ヲ》、總《ソウジテ》是《レ》佛去《サテ》世《ヲ》後《ノ》五濁《ノ》凡夫。但《タヾシ》以《テ》遇《アフニ》緣《ニ》有《ルヲ》異《イ》、致《ス》令《シムルコトヲ》九品差《ヲシテ》別《アラ》。何《イカントナラバ》者上品《ノ》三人《ハ》是遇《グ》大《ノ》凡夫、中品《ノ》三人《ハ》是遇《グ》小《ノ》凡夫、下品《ノ》三人《ハ》是遇惡《ノ》凡夫《ナリ》。以《ノ》惡業《ヲ》故《ニ》。臨《ノゾンデ》終《オハリニ》藉《ヨテ》善《ニ》、乘《ジテ》佛願力《ニ》乃《チ》得《ウ》往生《スルコトヲ》。到《イタテ》彼《シコニ》華《ハナ》

319

開《ケテ》方《マサニ》始《ハジメテ》發-心。何《ナンゾ》得《エム》レ言《イフコトヲ》二是始學大乘人一也①。若《シ》作《ナサバ》二此《ノ》見《ヲ》一、自《ラ》失《シチシ》悞《アヤマタム》レ他《タヲ》爲《イタスコト》レ害《ガイヲ》茲《コレ》甚《ハナハダシ》。今以《テ》一一《ニ》出《シ》レ文《ヲ》顯-證《セム》。欲《ス》レ使《シメムト》三今時《ノ》善惡凡夫同《シテ》沾《ウルヲサ》二九-品《ニ》一生《ジテ》レ信《ヲ》無《ナケレバ》レ疑《ヒ》、乘《ジテ》二佛《ノ》願力《ニ》一悉《ク》得《ウ》レ生《コトヲ》也。

1-454

第四出-文顯-證者《イハ》、問-曰《ク》、上來返《ヘン》對《タイ》之《ノ》義《ギ》、云-何《イカンガ》得《ル》レ知《コトヲ》。「世-尊定《テ》爲《ニシテ》二凡夫《ノ》一不《セズト》レ爲《ニ》二聖-人《ノ》一」者《イハ》未《イブカシ》審《タマチニ》、直《テ》以《ニ》二人-情《ジヤウヲ》一準《ジユンズルニ》レ義《ニ》、爲《ハタ》當亦《マタ》有《リキ》二聖-教《キタシ》來-證《スヤ》一。答曰《ヘテク》、衆生垢《ク》-重《ニシテ》智-慧淺《セン》-近《ゴンナリ》。聖-意弘《グ》深《ナリ》。豈《アニ》寧《ムシロ》自《ラ》輒《タヤスクセムヤ》。今-者《ハ》一-一《ニ》悉《ク》取《トテ》二佛-說《ヲ》一、以《テ》爲《セム》二明-證《ト》一。就《ツイテ》二此證《ノ》中《ニ》一卽《チ》有《リ》二其《ソノ》十句《ク》一。何《イカントナレバ》-者第一如《シ》二『觀經』《ニ》一云《ガ》。「佛告《ハク》二韋提《ニ》一、我今爲《ニ》レ汝《ガ》廣《ク》說②《モロモロノ》二衆譬《タトヒヲ》一。亦令《シメムト》下未-來世《ノ》一切《ノ》凡夫欲《オモハム》レ修《セムト》二淨業《ヲ》一者《モノヲシテ》、得《エ》上レ生《トヲ》二西方極樂國土《ニ》一」者《イフハ》、是其《レ》一《ノ》證也《ナリ》。二言《フ》丙「如-來今-者《ハ》爲《ニ》下未-來世《ノ》一切衆生《ノ》爲《ニ》二煩惱賊《ゾクノ》之所《ラレム》レ害《ガイセ》者《ノ》上、說《トクト》乙清淨《ノ》業《ヲ》甲」者《ハ》、是其《レ》二《ノ》證也《ナリ》。三言《フ》四「如來今-者《ハ》敎《ヘ》三韋提希及《ビ》未來世《ノ》一切衆生《ヲシテ》觀《クワンゼンコトヲ》二於西方極樂世界《ヲ》一」者《ハ》、是《レ》其《ノ》三證也。四言《フ》下「韋提白《ク》レ佛《ニ》、我今因《ヨルガ》二佛力《ニ》一故見《ツ》二彼國土《ヲ》一、若佛滅後《ノ》諸《ノ》衆生等《ノ》、濁《ヂヨク》惡不善《ニシテ》五苦《クニ》所《レタラム》レ逼《セメラ》、云-何《シテ》當《ベキト》見《ル》二彼佛《ノ》國土《ヲ》一」者《ハ》、是其《レ》四證也。五如《シ》二日觀《ノ》初《ニ》云《ガ》一。「佛告《ハク》二韋提《ニ》一、汝及衆生專《モハラニセヨトイフヨリ》レ念《ヲ》」已-下、乃-至「一

320

①也　右◎「ナリ」とあるを抹消
②說　右◎「トカム」とあるを抹消

切衆生自《ヨリハ》非《アラズ》生盲《マウニ》有《アラム》目《メ》之徒《トモガラ》見《ミヨト云ヨリ》日《ヲ》」已來者《ハ》、是其《ノ》五證也。六如《シ》地觀《ノ》中《ニ》說《テ》言。「佛《フガ》告《ク》阿難《ニ》、汝《ナンヂ》持《テ》佛語《ヲ》、爲《ニ》未來世《ノ》一切衆生《ノ》欲《オモハム》脫《ヌカレムト》苦《クヲ》者《ノ》、說《トクト》是觀地《ノ》法《ヲ》」者《イハ》、是《レ》其《ノ》六證也。七如《シ》華座觀《ノ》中《ニ》說《ガ》。言《フ》「韋提白《ク》佛《ニ》、我《レ》因《ヨテ》佛力《ニ》得《エツ》見《コトヲ》阿彌陀佛及《ビ》二菩薩《ヲ》、未來《ノ》衆生《ハ》云何《シテカ》得《ウベキト》見《コトヲ》」者《ハ》、是《レ》其《ノ》七證也。八《ニ》次《ニ》下《ノ》答《フル》請《シヤウヲ》中《ニ》說《トイテ》言、「佛告《ク》韋提《ニ》、汝《ヂ》及《ビ》衆生欲《ハムト》觀《ノ》彼佛《ヲ》者《ノ》、當《ニ》《ベシト》起《オコス》想念《ヲ》」者《ハ》、是《レ》其《ノ》八證也。九如《ク》像《ザウ》觀《ノ》中《ニ》說《テ》言《イフガ》、「佛告《ク》韋提《ニ》、諸佛如來《ハ》入《玉フ》一切衆生《ノ》心《ノ》想中《ニ》。是故《ニ》汝等《ナンチ》心《ニ》想《オモハム》佛《ヲ》時《トキト》」者《イフハ》、是《レ》其《ノ》九證也。十如《シ》九品之《ノ》中《ニ》一一《ニ》說《クガ》。言《イフ》「爲《メト》諸衆生《ノ》」者《ハ》、是《レ》其《ノ》十證也。上來《ニ》雖《ドモ》有《リト》十句《ノ》不同、證明《スル》如來說《コトハノ》此十六觀《ノ》法《ヲ》、但《タヾ》爲《ニシテ》常沒《モチノ》衆生《ノ》、不《アラザルコトヲ》于《ニ》大小《ノ》聖《ノタメ》也。

以《テ》斯《ノ》文《ヲ》證《スルニアニ》、豈是《レ》謬《アヤマリナラムヤ》哉。

第五《ニ》會《ヱ》通《スト》別時意《イヲ》者《イハ》卽《チ》有《リ》其《ノ》二《ツ》。　一《ニ》『論』《ロンニ》(攝論卷中應知勝相品意)云《ハク》、「如《トキ》人《ノ》念《ズルガ》多寶佛《ヲ》、卽《チ》於《オイテ》無上菩提《ニ》得《ウト》不《ザルコトヲ》退墮《タイダセ》」者《イハ》、凡《オホヨソ》言《イフハ》菩提《ト》乃《チ》是《レ》佛果之《ノ》名《ナナリ》、亦《マタ》是《レ》正報《ナリ》。道理《リ》成佛之《ノ》法《ハ》、要《カナラズ》須《スベカラク》萬行圓備《ビスレバ》方《マサニ》乃《チ》剋《コク》成《ジヤウス》。豈《アニ》將《モテ》念佛《ノ》一行《ヲ》、卽《チ》望《ノゾマム》成《ヲ》者《ハ》、無《ナケム》有《コト》是處《コトハリ》。雖《ドモ》言《イフト》未《ミ》證《ト》、萬行之《ノ》中《ノ》是《レ》其《ノ》一行《ナリ》。何《ナニヲ》以《テカ》得《ル》知《コトヲ》。如《シ》

322
『華嚴經《ニ》』(晉譯卷四六入法界品意)說《ガ》。「功德雲《ウン》比丘語《カタテ》善財《ニ》言《ク》、我《レ》於《シテ》佛法三昧海《ノ》中《ニ》、唯《タヽ》知《シレリ》一行《ヲ》。所《ユル》謂《イハ》念佛三昧《ナリ》」。以《テ》此《ノ》文《ヲ》證《スルニ》、豈《アニ》非《ズヤ》一行《ニ》也。雖《ドモ》是《レ》一行《ナリト》、於《オイテ》生死《ノ》中《ニ》乃至成佛《マデ》永《ナガク》不《ズ》退沒《モチセ》。故《ニ》名《ク》不《フ》墮《ダト》。　問曰《ク》、若《シ》爾《シカラ》者《バ》『法華經《ニ》』(卷一方便品)云《ハク》、「一《タビ》稱《セシ》南無佛《ト》、皆《ミナ》已《スデニ》成《ズ》佛道《ヲ》。」①亦《マタ》應《ベシ》成佛《シ》竟《オハレルナル》也。此《ノ》之二文有《ル》何《ナンノ》差別《カ》。答《ヘテ》曰《ハク》、『論《ノ》』中《ニ》稱《スルハ》佛《ヲ》、唯《タヽ》欲《ス》自《ラ》成《ナラムト》佛果《ヲ》。『經《ノ》』中《ニ》稱《スル》佛《ヲ》、爲《メナリ》簡《ケン》異《イセムガ》九十五種《ノ》外道《ニ》。然《ルニ》外道之《ノ》中《ニハ》都《スベテ》無《シ》稱佛之《ノ》人。但《タヽシ》使稱《スルコトヲ》佛一口《クモスレバ》、即《チ》在《アテ》佛道《ノ》中《ニ》攝《ス》。故《ニ》言《フ》已《イ》竟《キヤウト》。　二《ニ》『論《ノ》』(攝論卷中應知勝相品意)中《ニ》說《トイテ》云《ク》、「如《シト》人唯《タヽ》由《ヨテ》發《スニ》願《ヲ》生《ズルガ》安樂土《ニ》」者《イハ》、久《ヒサシクヨリ》來《コノカタ》、通《ツウ》論《ロン》之《ノ》家《イヱ》不《ズ》會《ヱセ》論《ノ》意《コヽロヲ》、錯《アヤマテ》引《ヒイテ》下品下生《ノ》十聲稱佛《ヲ》、與《ト》此《レ》相《ヒ》似《ニタレバ》、
1-456
323
未《ダ》《ズ》即《チ》得《エ》生《ズルコトヲ》。如《キ》一《ツノ》金《コン》錢《センヲ》得《ウルガ》成《コトヲ》千《セント》者《ハ》、多日《ニシテ》乃《チ》得《ウ》、非《ズ》一日《ニ》即《チ》得《ルニハ》成《ナスコトヲ》千《ト》。十聲《ノ》稱佛《モ》亦《マタ》復如《シ》是《ノ》。但《タヽ》與《タメニ》遠《オン》生《ノ》作《ナル》因《イント》。是《ノ》故《ニ》未《ダ》《ズ》即《チ》得《エ》生《ズルコト》。導《イフ》佛直《タヽチニ》爲《ニ》當來《ノ》凡夫《ノ》欲《ホシテ》令《シメムト》捨《ステ》、惡《ヲ》稱《セ》佛《ヲ》、誑《タブラカス反》《ワウ反》《タハブレ反》言《ゴンヲオモテ》　導《ノタマフ反》《イフ反》生《ルト》、實《マコトニ》未《ダ》《ルヲ》得《ヘ》生《コトヲ》名《テ》作《ナルト》別時意《イト》者《ハ》、何《ナンガ》故《ゾ》『阿彌陀經《ニ》』(意)云《ハク》、「佛告《ハク》舍利弗《ニ》、若《シ》有《リテ》善男子・善女人聞《キカバ》說《ヲ》阿彌陀佛《ヲ》、即《チ》應《ベシ》執《シフ》持《チス》名號《ヲ》。一日乃至七日一心《ニ》願《ズ》生《レムト》、命《チ》欲《スル》終《ラムト》時、阿彌陀佛與《ト》諸《ノ》聖衆迎接《セウシ玉ヘバ》往生《ス》」。次下《シモニ》(小經意)、「十方《ニ》各如《キノ》恒河沙等《ノ》諸佛、各

---

①亦　右◎「ヲ」を「マタ」と上書訂記

1-672

324

出《シテ》廣長《ノ》舌相《ヲ》遍《ク》覆《オホウテ》三千大千世界《ニ》、說《トク》誠實《ノ》言《ヲ》。汝等衆生皆《ナ》應《ベシト》信《ズ》是《レ》一切諸佛所《ロノ》護念《シ》經《ヲ》。」言《イフ》護念《ト》者《ハ》、卽《チ》是《レ》上《ノ》文《ノ》一日乃至七日稱佛之《ノ》名《ナ》也《ナリ》。今既《ステニ》有《リ》斯《コノ》聖教《ヲ》以《テ》爲《ス》明證《ト》。未審《イブカシ》、今《ノ》時《ノ》一切《ノ》行者不《ズ》知《シラ》何《ナニ》意《コ、ロゾ》、凡小之《ノ》論《ニハ》乃《チ》加《クハヘテ》信受《ヲ》、諸佛《ノ》誠言《ヲバ》返《カヘテ》將《マサニ》妄《マウ》語《トスル》。苦《クルシキ》哉《カナ》、奈《ナンゾ》劇《ハゲシク》能《ク》出《ス》如《ノ》此《ノ》不忍之《ノ》言《ヲ》。雖《ドモ》然《リト》、仰《アヲヒデ》願《ハク》一切《ノ》欲《スル》往生《セムト》知識等、善《ヨク》自《ラ》思《シ》量《セヨ》①。寧《ムシロ》傷《ヤブリテ》今《コム》世《ノ》錯《アヤマリヲ》信《ズベシ》佛語《ヲ》。不《ズ》可《ベカラ》執《シフシテ》菩薩《ノ》論《ロンヲ》、以《テ》爲《ス》指《シ》南《ナント》。若依《ラ》此《ノ》執《シフニ》者《バ》、卽《チ》是《レ》自《ラ》失《シチシ》悞《アヤマムテ》他《タヲ》也。

問曰、云何《イカンガ》起《オコシテ》行《ヲ》而言《イフヤ》不《ズト》得《エ》往生《ヲ》。答《ヘテ》曰《ハク》、若《シ》欲《ハ》往生《セムト》者《バ》、要《カナラズ》須《スベカラク》行願具足。方《マサニ》可《ベシ》得《ウ》生《コ□ヲ》。今此《ノ》『論《ノ》』中《ニハ》、但《タヾ》言《イフテ》發願《ト》、不《ズ》論《ゼ》有《コトヲ》行。

問曰、何《ナンガ》故《ソ》不《ザル》論《ゼ》。答曰《ハク》、乃至一念《モ》曾《カツテ》未《ダ》措《オカ》心《ヲ》。是《ノ》故《ニ》不《ズ》論《ゼ》。

問曰、願行之《ノ》義有《ル》何《イヅレノ》差別《カ》。答曰、如《キ》經《ノ》中《ニ》說《ガ》、但有《ルハ》其《ノ》行《ノミ》、行卽《チ》孤《コニシテ》（コ反 ムナシ反）亦《マタ》無《シ》所《ロ》至《ル》。但有《ルハ》其《ノ》願《ノミ》、願卽《チ》虛《コニシテ》亦無《シ》所《ロ》至《ル》。要《カナラズ》須《ラク》願行相《ヒ》扶《タスケテ》所《シヨ》爲《ヰ》皆《ナ》剋《コクス》。是《ノ》故《ニ》今此《ノ》『論《ノ》』中《ニ》、直《ヂキニ》言《フテ》發願《ト》、不《ズ》論《ゼ》有《ルコトヲ》行。是《ノ》故《ニ》未《ダ》卽《チ》得《エ》生《ズルコトヲ》、與《タメニ》遠《オン》生《ノ》作《ナルト》因《イント》者《イハ》、其《ノ》義實也《ナリ》。

325

1-457

問曰、願《ノ》意云何《イカンガ》乃《チ》言《イフヤ》不《ズト》生《レ》。答曰、聞《キ、テ》他《タノ》說《トイテ》言《イフヲ》西方《ノ》快樂不可思議《ナリト》、卽《チ》作《ナシテ》願《ヲ》言《ハク》、我《レモ》亦願《クハ》生《ゼムト》。導《イヒ》此《ノ》語《ゴヲ》已《ハテ》更《サラニ》不《ズ》相續《ソクセ》。故《ニ》名《ク》願《ト》也。今此《ノ》『觀經《ノ》』中《ノ》十聲《ノ》稱佛《ハ》、卽《チ》

---

①量　右◎「ヨ」の下一字抹消

01［言南…往生］行巻34 銘文625
02［問曰…齊入］眞巻174

326　1-458

有《リ》十願・十行具足《セルコト》。云何《ガ》具足《スル》。[01]言《イフ》南無者《トハ》即《チ》是《レ》歸命《ナリ》、亦《マタ》是《レ》發願廻向之《ノ》義《ナリ》。言《フ》阿彌陀佛者《トハ》即是其《ノ》行《ナリ》。以《テノ》斯《コノ》義《ヲ》故《ニ》必《ズ》得《ウ》往生《スルコトヲ》。又來《ライ》『論《ロンノ》』（攝論巻中應知勝相品意）中《ニ》「稱《スルハ》多《タ》寶佛《ヲ》爲《タメナリ》求《モトメムガ》佛果《ヲ》」、即是正報《ナリ》、下《シモニ》「唯《タマ》發願《シテ》求《ルハ》生《ゼント》淨土《ニ》」、即是依報《ナリ》。一《ハ》正一《ハ》依、豈《アニ》得《エムヤ》相《サウ》似《ジスルコトヲ》。然《ルニ》正報《ハ》難《シ》期《ゴシ》。一行《ハ》雖《ドモ》精《セイナリト》未《ダ》《ズ》剋《コクセ》《キザス》。依報《ハ》易《ヤスシ》求《モトメ》、所以《コノユヘニ》一願之《ノ》心《ノミ》未《ダ》《ズ》入。雖《ドモ》然《リト》譬《タトヘバ》如《シ》邊《ヘン》方《パウニ》投《ト》化《ルコトヲ》即《チ》易《ヤスク》、爲《ナルコトハ》主《シュト》即《チ》難《カタキガ》。今《ノ》時願《ネガフ》往生《ヲ》者《ノハ》、竝《ナラビニ》是《レ》一切投《トウ》化《ヲ》衆生《ナリ》。豈《アニ》非《ズヤ》易《キニ》也。但能《ク》上《ミ》盡《シ》一形《ヲ》下《シモ》至《マデ》十念《ニ》、以《テ》佛願力《ヲ》莫《ナシ》不《ズト云コト》皆《ナ》往《ユカ》。故《ニ》名《ク》易《イト》也。斯《コレ》乃《チ》不《ズ》可《ラ》以《テ》言《コトバヲ》定《サダム》義《ヲ》。取《トル》信《ヲ》之者《ノ》、懷《イダク》疑《ヒヲ》。要《ズ》引《ヒイテ》聖教《ヲ》來《キタシ》明《アキラム》①。欲《ス》使《シメムト》聞《キカム》之者《ヲシテ》方《マサニ》能《ク》遣《ヤブラ》惑《マヨヒヲ》。

第六《ニ》會通《スト》二乘種不生《ノ》義《ヲ》者《ハ》、[02]問曰、彌《ミ》陀《ダノ》淨國《ハ》爲《ハタ》當《タ》是《レ》報《ナリトヤセム》是《レ》化《ナリトセム》也。答曰、是《レ》報《ニシテ》非《ズ》化《ニ》。云何《ガ》得《ル》知《トヲ》。如《シ》『大乘同性經《ニ》』（巻下意）説《ガ》。「西方安樂《ノ》阿彌陀佛《ハ》是報佛報土《ナリ》」。又『無量壽經《ニ》』（巻上意）云《ク》、「法藏比丘在《シテ》世饒王佛《ノ》所《ミモトニ》行《玉シ》菩薩《ノ》道《ヲ》時、發《シキ》四十八願《ヲ》。一一《ニ》願《ジテ》言《ハク》、若《シ》我《レ》得《ニ》佛《ヲ》、十方《ノ》衆生稱《シテ》我名號《ヲ》願《ジテ》生《レムト》我國《ニ》、下至《テ》十念《ニ》、若《シ》不《ズ》生《レ》者《ハ》不《ジト云ヘリ》取正覺《ヲ》。」今既《スデニ》成《ナリ玉ヘリ》佛《ニ》。即《チ》是《レ》酬《シユ》因《イン》之《ノ》身也《ナリ》。又『觀經《ノ》』（意）中《ノ》上輩三人、臨《ノゾンデ》命終《ノ》時《ニ》、皆言《フ》「阿彌陀佛

① 欲使聞之者方能遣惑→◎欲《ス》使《シテ》《シメムト》聞《キカム》之者《ヲ》方《マサニ》能《ク》遣《ヤブラ》惑《マヨヒヲ》

327

及《ビ》與《ト》化佛來迎《シ玉ヘリト》此人《ヲ》。」然《ニ》報身兼《カネテ》化《ヲ》共《トモニ》來《キタテ》授《サヅク》手《ヲ》。故《ニ》名《テ》爲《ス》與《ヨト》。以《テ》此《ノ》文《ヲ》證《ス》。故《ニ》知《ヌ》、是《レ》報《ナリ》。然《ルニ》報・應《ノ》二身者《ハ》眼目之《ノ》異《イ》名《ミヤウナリ》。前《サキニハ》翻《ホン反》《ヒルガヘシテ》報《ヲ》作《ナシ》應《ト》、後《ニハ》翻《ホン反》《ヒルガヘシテ》應《ヲ》作《ス》報《ト》。凡《ソ》言《イフ》報《ト》者《ハ》因《イン》行不《ズシテ》虛《ムナシカラ》、定《テ》招《マネク》來果《ヲ》。以《ノ》果《クワ》應《ズルヲ》因《ニ》故《ニ》、名《テ》爲《ス》報《ト》。又三大僧《ソウ》祇《ギノ》所《ショ》修《シユノ》萬行、必《ヒチ》定《シテ》應《ベシ》得《ウ》菩提《ヲ》。今既《スデニ》道成《ズ》、即《チ》是《レ》應身《ナリ》。斯《コレ》乃《チ》過《クワ》・現《ノ》諸佛《ニ》辯《ベン》立《リウスルナリ》三身《ヲ》。除《ノゾイテ》斯《コレヲ》已外《ニ》更《ニ》無《シ》別《ノ》體《タイ》。縱《タトヒ》使無《ム》窮《グウノ》八相・名號塵《ヂン》沙《ジヤナレドモ》、剋《コクシテ》體《タイヲ》而論《ロンズレバ》、衆《コトゴトク》歸《クヰシテ》化《ニ》攝《セフス》。今彼《ノ》彌陀現《ニ》是《レ》報《ナリ》也。

問曰、既《ニ》言《フ》報《ト》者《ハ》、報身《ハ》常住《ニシテ》永《ナガク》無《シ》生滅。何《ナンガ》故《ゾ》『觀音授記經《ニ》』(意)說《トクニ》「阿彌陀佛《ニ》亦《マタ》有《リト》入涅《ネチ》槃《ハンノ》時」、此《ノ》之一義《ギ》若《イカムガ》爲通《ツウ》釋《シヤクセムヤ》。答曰、入不入《ノ》義《ギ》者《ハ》唯《タマ》是《レ》諸佛《ノ》境界《ナリ》。尚《ナホシ》非《ズ》三乘《ノ》淺《セン》智《ノ》所《ロニ》闚《ウカヾウ》、豈《アニ》況《イハムヤ》小凡輒《タヤスク》能《ク》知《シラムヤ》也。雖《ドモ》然《リト》必《ズ》欲《オモハ》知《シラムト》者《バ》、敢《アヘテ》引《ヒイテ》佛經《ヲ》

328

以《テ》爲《セム》明證《ト》。何者《イカントナラバ》如《シ》『大品經《ノ》』「涅槃非化品《ノ》」(巻二六 如化品)中《ニ》說《トイテ》云。「佛告《ハク》須《シユ》菩提《ニ》、於《オイテ》汝《ヂガ》意《コヽロニ》云何《イカンゾ》。若《シ》有《テ》化人作《ナス》化人《ヲ》、是《ノ》化頗《スコブル》《モシ》有《テ》實事《ジ》不《アラズヤ》空《クウナル》者《ノニ》不《イナヤ》。須菩提《ノ》言《サク》、不《イナ》也《ヤ》、世尊。佛告《ハク》須菩提《ニ》、色《シキ》即《チ》是《レ》化《ナリ》。受《ジユ》想・行・識《モ》即是化《ナリ》。乃至一切種智即是《レ》化《ナリ》。須菩提白《シテ》佛《ニ》言《ク》、世尊、若《シ》世間《ノ》法是《レ》化《ナラバ》、出世間《ノ》法《モ》亦《マタ》是《レ》化《ナリト》。所謂《イハユル》四念處《ジヨ》・四正勤《ゴム》・四如意《イ》足《ソク》・五根《コン》・五力・七覺《カク》分《ブン》・八聖道

分《ブン》・三解脫門・佛十力・四無所畏《ヰ》・四無礙《ゲ》智・十八不《フ》共《グ》法、幷《ナラビニ》諸法果《クワ》及《ビ》賢聖人、所謂《イハユル》須陀洹《コン反》《オム反》・斯《シ》陀含《ゴン》・阿那含《ゴン》・阿羅漢・辟支佛・菩薩摩訶薩・諸佛世尊、是法亦《マタ》是化不《ナリヤイナヤ》。佛告須菩提、一切法皆是化。於是法中有聲聞法變《ヘン》化、有辟支佛法變化、有菩薩法變化、有諸佛法變化。有煩惱法變化、有業《ゴフ》因《イン》緣《エン》法變化。以是因緣故、須菩提、一切法皆是化。須菩提白佛言、世尊、是諸煩惱斷《ダン》、所謂《イハユル》須陀洹《オン》果《クワ》・斯《シ》陀含《ゴム》果《クワ》・阿那含果・阿羅漢果、辟支佛道、斷《ダンゼル》諸煩惱①習《ジフ》、皆是變化不《ナリヤイナヤ》。佛告須菩提、若有法生滅相者、皆是變化。須菩提言、世尊、何《ナン》等法非變化。佛言、若法無生無滅、是非變化。須菩提言、何《ナン》等是不生不滅非變化。佛言、無誑《ワウ》《クルウ》相《サウ》涅《ネチ》槃《ハン》、是法非變化。世尊、如佛自說、諸法平等非聲聞作、非辟支佛作、非諸菩薩摩訶薩作、非諸佛作。有佛無佛、諸法性常空。性空即是涅槃。云何涅槃一法非如化。佛告須菩提、如是如是。諸法平等非聲聞所《ショ》作。乃至性空即是涅槃。若新《シン》發《ボチ》意菩薩聞是一切法皆畢竟性空、乃至涅槃亦皆如化者、心則驚《キヤウ》《オドロキ反》

①惱　右◎「ヲ」を「ト」と上書訂記

怖《フシナム》《オソル反》。爲《メノ》是《ノ》新《シン》發意《イノ》菩薩《ノ》故《ニ》分別《スルナリ》、生滅《スル》者《ノハ》如《シ》化《ノ》、不生不滅《ノ》者《ノハ》不《ズト》如《ゴトクナラ》化《ノ》耶《ヤ》」。今《イマ》既《スデニ》以《テ》斯《コノ》聖教《ヲ》驗《アキラカニ》知《ヌ》、彌陀《ハ》定《メテ》是《レ》報《ナリト云》也《ナリ》。縦使《タトヒ》後《ノチニ》入《トモ》涅槃《ニ》、其《ノ》義無《シ》妨《サマタゲ》《バウ反》。諸《ノ》有智《ノ》者《ノ》應《ベシ》知《ヌ》。

問曰、彼《ノ》佛及《ビ》土《ド》既《スデニ》言《イフ》報《ト》者《ハ》、報法高妙《ニシテ》、小聖《ハ》難《ガタシ》階《カナヒ》。垢《ク》障《シヤウノ》凡夫云何《ソ》得《エム》入《イルコトヲ》。答曰、若《シ》論《ロンズレバ》衆生《ノ》垢障《ヲ》、實《ニ》難《ガタシ》欣《ゴム》趣《シユシ》。正《ク》由《ヨテ》託《タクシテ》佛願《ニ》以《テ》作《スルニ》強《ガウ》縁《エント》、①致《イタス》使《シムルコトヲ》五乘齊《シテ》《ヒトシク》入《イラ》。

問曰、若《シ》言《フ》凡夫・小聖得《ウト》生《ズルコトヲ》者《ハ》、何《ナンガ》故《ソ》天親《ノ》『淨土論《ニ》』云《ク》、「女人《ト》及《ビ》根《コン》缺《クヱチ》、二乘種不生《トイヘリ》」。今彼《ノ》國《ノ》中《ニ》現《ニ》有《リ》二乘。如《キノ》斯《カクノ》論教、若爲《イカンソ》消《セウ》釋《シヤクセム》。答曰、子《ナムヂ》但《タヾ》誦《ジユシテ》其《ノ》文《ヲ》不《ズ》闚《ウカヽハ》理《リヲ》、況《イハムヤ》加《カスルニ反》《ウルニ反》以《テ》封《フ》《カク》拙《セツヲ》《トガ》懷《イダヒテ》迷《マヨヒヲ》、無《シ》由《ヨシ》啓《ケイ》悟《ゴスルニ》《サトリテ反》。今引《ヒイテ》佛教《ヲ》以《テ》爲《シテ》明證《ト》②、却《サケム》汝《ナンヂガ》疑《ギ》情《ジヤウヲ》。何者《トナレバ》卽《チ》『觀經《ノ》』下輩《ノ》三人是《レ》也《ナリ》。何《ナニヲ》以《モテカ》得《ル》知《トヲ》。如《キ》下品上生《ニ》（觀經意）云《ガ》、「或《ハ》有《テ》衆生、多《ク》造《テ》惡法《ヲ》無《シ》有《コト》慚愧。如《ノ》此《ノ》愚人命欲終《ノ》時、遇《アハム》善知識《ノ》爲《ニ》説《トキ》大乘《ヲ》、教《ヘテ》令《ルニ》稱《ウセ》阿彌陀佛《ヲ》。當《アタテ》稱《ル》佛《ヲ》時《ニ》、化佛・菩薩現《ジテ》在《マシマシテ》其《ノ》前《ヘニ》、金光・華《クヱ》蓋《ガイ》迎《ムカヘテ》還《カヘル》彼《ノ》土《ニ》。華開已《ハテ》後、觀音爲《ニ》説《玉ニ》大乘《ヲ》、此《ノ》人聞《キ、》已《テ》卽《チ》發《スト》無上道心《ヲ》。」

問曰、種《シユト》之與《ト》心有《アルヤ》何《レノ》差《シヤ》別《カ》。答曰、但以《テ》取《トテ》便《タヨリヲ》而言《イフ》、義《ギ》無《シ》差別。當《アタテ》華開《ル》之時《ニ》、此《ノ》人身器《キ》清淨《ニシテ》、正《ク》堪《タヘタリ》聞《キクニ》法《ヲ》。亦不《ズ》簡《ヘラバ》大小《ヲ》、但使《シムレバ》得《エセ》聞《キクコトヲ》、卽便《チ》生《ズ》信《ヲ》。是《ヲ》以《テ》觀音不《ズシテ》爲《ニ》説《トカ》小《セウヲ》、

---

①致使五乘齊入→◎致《イタス》使《シムルコトヲ》五乘齊《シテ》《ヒトシク》入《イラ》
②證　右◎「ト」と上書訂記

先《ツ》為《ニ》說大《ヲ》、聞《テ》大《ヲ》歡-喜《シテ》卽《チ》發《ス》無上道心《ヲ》。卽《チ》名《ケ》大乘種生《ト》、亦名《ク》大乘心生《ト》。又當《テ》華《ノ》開《ル》時《ニ》、觀音先《ヅ》為《ニ》說小乘《ヲ》者《バ》、聞《テ》小《ヲ》生《ヲ》信《ヲ》、卽《チ》名《ケ》二乘種生《ト》、亦名《ク》二乘心生《ト》。此《ノ》品既《ステニ》爾《シカリ》、下《シモノ》二《ツ》亦然《シカナリ》。此三品《ノ》人《ハ》倶《トモニ》在《アテ》彼《コニ》發-心《シテ》正《ク》由《ヨテ》聞《クニ》大卽《チ》大乘種生《ズ》。由《ヨルガ》不《ザルニ》聞《カ》小《ヲ》故《ニ》、所-以《ソヘニ》二乘種不《ズ》生《ゼ》。凡《ソ》言《イフ》種《ト》者《ハ》卽《チ》是《レ》其《ノ》心也《ナリ》。上-來《ニ》解《ゲシ》二乘種不生《ノ》義《ヲ》竟《ヌ》。女人及根缺《クエチノ》義者《ハ》彼《カシコニ》無《ナキガ》故《ニ》、可《ベシ》知《ヌ》。又十方《ノ》衆生修《シテ》小乘《ノ》戒行《ヲ》願《クハ》往生《スル》者《ノ》、一《ヒトリモ》無《ナク》妨礙《バウゲ》悉《コトゴトク》得《ウ》往生《ヲ》。但到《イタテ》彼《コニ》先《ヅ》證《シ》小果《ヲ》、證《シ》已《ハテ》卽《チ》轉向《テンジテムカフ》大《ニ》。一《ビ》轉向《テンジムカテ》大《ニ》以-去《イコ》、更《ニ》不《ザルガ》退《タイシテ》生《ゼ》二乘之心《ヲ》故《ニ》名《ク》二乘種不生《ト》。前解《サキノゲハ》就《ツキ》不-定之始《ハジメニ》、後解《ノゲハ》就《ツク》小果之終《オハリニ》也《ナリ》。應《ベシ》知《シル》。

第七料《レウ》簡《スト》韋提聞《テ》佛正-說《ヲ》得-益分-齊《スルブンザイヲ》者《イハ》、　問-曰、韋提既《ステニ》言《ヘリ》得《リト》忍《ヲ》。未-審《イブカシ》、何《イヅレノ》時《ニカ》得《ル》忍《ヲ》、出《デ》在《ルヤ》何《レノ》文《ニカ》。答-曰、韋提得-忍《ハ》、出《デ》在《リ》第七觀初《ノハジメニ》。『經』（觀經意）云《ク》、「佛告《ハク》韋提《ニ》、佛當《ニ》為《ベシ》汝《ガ》分-別①解-說《ス》除《ク》苦惱《ヲ》法《ヲ》。說《ノ》是語《ヲ》時、無量壽佛住《ヂユ》立《シ下ヘリ》②空中《ニ》。觀音・勢至侍《ジ》立《リウセリ》左右《ニ》。時韋提應《オウジテ》時得《エテ》見《コトヲ》、接《セフ》足作禮《シ》歡喜讚-歎《シテ》卽《チ》得《ウトイヘリ》無生法忍《ヲ》。」何以《ナニヲカ》得《ル》知《トヲ》。如《シ》下《シモノ》利益分（觀經）中《ニ》說《テ》言《フガ》。「得《ヘテ》見《ト》佛-身及《ビ》二菩薩《ヲ》、心《ニ》生《ジテ》歡喜《ヲ》、歎《タンジテ》未《ミ》曾《ゾウ》有《ウナリト》、廓《クワク》然《ネムトシテ》大悟《サトテ》得《ウ》無生忍《ヲ》。」非《ズ》是

①別　右◎一字抹消
②立　右◎「シ下ヘリ」と上書訂記

光臺《ダイノ》中《ニ》見《ミシ》國《ヲ》時《ニ》得《ウルニ》也。　問曰、上《ノ》文《ノ》(觀經)中《ニ》說《テ》言《ハク》、「見《テ》彼國土《ノ》極妙《ノ》樂事《ジヲ》、心歡喜故《スルガ ニ》、應時《オウジテ ニ》卽《チ》得《ト》無生法忍《ヲ》。」此《コ》之《ノ》一義云何《イカンガ》通釋《セム》。答曰、如《ノ》此《ノ》義《ノ》者《ノハ》、但《タヾ》是《レ》世尊酬《コタエテ》前《サキノ》別《ベチ》請《シヤウヲ》、擧《アゲテ》勸《ス、ムル》利益《ヲ》方便之《ノ》由《ユ》序《ジヨナリ》。何《ナニヲ》以《カ》得《ル》知《トヲ》。次下《シモノ》文《ノ》(觀經)中《ニ》說《テ》言《ハク》、「諸佛如來《ハ》有《マシマシテ》異《ノ》方便、令《シメタマフ》汝《ナンヂヲシテ》得《エセ》見《コトヲ》」。次下《ノ》日想・水想・冰《ヘウ》想乃至十三觀《ヨリ》已《イ》來《ライハ》盡《コトゴトク》名《ク》異《イノ》方便《ト》也。欲《ホス》使《シメムト》衆生《ヲシテ》於此《ノ》觀門《ニ》一一《ニ》得《エテ》成《コトヲ》、見《テ》彼《ノ》妙事《ジヲ》心《ニ》歡喜故《スルガ ニ》、卽《チ》得《エ》無生《ヲ》。斯《コレ》乃《チ》直《ヂキニ》是《レ》如來慈《ジ》哀《アイシテ》末《マチ》代《ダイヲ》、擧《コ》勸《クワンシテ》勵《ハゲマシ》修《シユセムコトヲ》、欲《ホス》令《シメント》積《シヤク》學《ガクセン》之者《モノヲ》無《ナカラ》遺《ノコリ》、聖力冥《ミヤウニ》加《カシテ》現益《スルガ》故《ユヘ》也《ナリ》。

證《シテ》曰《イハク》、掌《タナゴ、ロニ》握《ニギルコト トルコト》機《キ ハタ》絲《シヲ ベキ》十有《イウ》三結《ケツ》、條《デウ》條《デウトシテ》順《ジユンズト ジテ》理《リニ》、以《テ》應《オウジ ズ》玄《グエン》門《ニ》訖《オハヌ ソフルコト》此《ノ》義《ヲ》。周《アマネク》三《ミタビ》呈《シメス反 アラハス反》前《サキノ》證《ヲ》者《ニ》矣《ナリ》。

上來雖《ドモ》有《ト》七段《ダンノ》不同、總《ソウジテ》是《レ》文《ノ》前《ノ》玄《グエン》義《ギナリ》。料《レウ》簡《シ》經論《ノ》相違《ヰ》妨《バウ》難《ナンヲ》一一《ニ》、引《ヒイテ》教《ヲ》證明《ス》。欲《ホス》使《シメムト》信者《ジヤヲシテ》無《ク》疑《ヒ》、求《グ》者《シヤヲシテ》無《カラ》滯《トヾコオリ》、應《ベシ》知《シル》。

觀經玄義分　卷第一

觀經序分義　卷第二

沙門善導集記

從《ヨリ》此《レ》以《イ》下《ハ》就《ツイテ》文《ニ》料簡《スルニ》、略作《シテツクテ》五門《ヲ》明《アカス》義《ヲ》。一《ニ》從《リ》「如是我聞《ト云》」下《モ》至《マデ》「五苦《ク》所逼《ヒチ》云《ウン》何《ガ》見極樂世界《ト云ニ》」已來《ハ》、明《ス》其《ノ》序《ジヨ》分《ヲ》。二從《リ》日觀《ノ》初《ノ》句《ク》「佛告韋提汝及衆生《ト云》」下至《ル》下品下生《ニ》已來《ハ》、明《ス》正宗《シユ》分《ヲ》。三從《リ》「說是語時《ト云》」下至《ル》「諸天發心《ニ》」已來《ハ》、正《ク》明《ス》得益分《ヲ》。四從《リ》「阿難白佛《ト云》」下至《ル》「韋提等《ノ》歡喜《ニ》」已來《ハ》、明《ス》流通分《ヲ》。此《コ》之《ノ》四《ツノ》義佛在《マシマス》王宮《ニ》一會《エノ》正說《ナリ》。五從《リハ》「阿難爲《ニ》耆《ギ》闍《シヤノ》大衆《ノ》傳《デン》說《スル》」復是《レ》一會《ナリ》。亦有《リ》三分。一從《リ》「爾時世尊足《ソク》步《ブ》虛空還《グエン》耆《ギ》闍崛山」已來《ハ》、明《ス》其《ノ》序分《ヲ》。二從《リ》「阿難廣爲大衆說如上事《ジト云》」已來《ハ》、明《ス》正宗分《ヲ》。三從《リ》「一切大衆歡喜奉《ブ》行《ト云》」已來《ハ》、明《ス》流通分《ヲ》。然《シカモ》化《クエハ》必《ズ》有《リ》由《ユヘ》、故《ニ》先《ツ》明《ス》序《ジヨヲ》。由《ユ》序《ジヨ》既《スデニ》興《コウジテ》正《ク》陳《チンス》所說《ヲ》。次《ニ》明《ス》正宗《ヲ》。爲《ニ》說《コト》既《ニ》周《アマネシ》、欲《シテ》以《テ》所說《ヲ》傳《デン》持《ヂシテ》末代《マチダイニ》、歎《タンジテ》勝《ヲ》勸《クワン》學《セム》、後《トニ》明《ス》流通《ヲ》。上來《ニ》雖《ドモ》有《リト》五義《ノ》不同、略《シテ》料簡《シ》序・正・流

〈表紙〉
◎包紙中央「序分義二」左下「釋顯智」　表紙中央「觀經序分義卷第二」
1-680

通《ノ》義《ヲ》竟《リヌ》。

又就《ツイテ》前序《サキノジョノ》中《ニ》復分《ワカテ》爲《ス》二《ト》。一從《リ》「如是我聞」《ト云》一句《クヲ》名《テ》爲《ス》證信序《ト》。二從《リ》「一時」《ト云》下至《ル》「云何見極樂世界」《ニ》已來《ハ》正明《ク》發起序《ヲ》。

初《ハジメニ》言《フ》證信《トハ》者即《チ》有《リ》二義。一《ニハ》謂《イハク》「如是《ゼノ》」二字《ジハ》即《チ》總《ソウジテ》標《ヘウス》教主《ヲ》。能說之人《ノナリ》。二謂《イハク》「我聞《ノ》」兩字《ハ》即《チ》別《シテ》指《サス》阿難《ヲ》。能聽之人《ノナリ》。故《ニ》言《イフ》「如是我聞《ト》」。此《レ》即《チ》雙《ナラベテ》釋《スル》二意《ヲ》也。01又言《フ》如是《トハ》者即《チ》指《サス》法《ヲ》。定散兩門也《ナリ》。是即《チ》定《レル》辭《コトバナリ》。機行《ジテ》必益《ズ》《スルコトヲ》。此《ハ》明《ス》如來《ノ》所說《ノ》言《コトバ》無《キコトヲ》錯謬《シャクメウ》《アヤマリ》。故《ニ》名《ク》如是《ト》。又言《イフ》如《ト》者《ハ》如《シ》衆生《ノ》意《ノ》也。隨《テ》心《ノ》所樂《ゲウニ》佛即《チ》度《玉フニ》之《ヲ》。機教相應《スルヲ》復稱《シテ》爲《ス》是《ゼト》。故《ニ》言《フ》如是《ト》。又言《フ》如是《トハ》者欲《ス》明《ト》如來《ノ》所說、說《トクコト》漸《ゼンヲ》如《ク》漸《ノ》、說《コト》頓《ヲ》如《ク》頓《ノ》、說《コト》相《ヲ》如《シ》相《ノ》、說《コト》空《ヲ》如《シ》空《ノ》、說《コト》人法《ヲ》如《シ》人法《ノ》、說《コト》天法《ヲ》如《シ》天法《ノ》、說《コト》小《ヲ》如《シ》小《ノ》、說《コト》大《ヲ》如《シ》大《ノ》、說《コト》凡《ヲ》如《シ》凡《ノ》、說《コト》聖《ヲ》如《シ》聖《ノ》、說《ト》因《ヲ》如《シ》因《ノ》、說《ト》果《ヲ》如《シ》果《ノ》、說《クヲ》苦《ヲ》如《シ》苦《ノ》、說《ト》樂《ヲ》如《シ》樂《ノ》、說《オンヲ》遠《ヲ》如《シ》遠《ノ》、說《ゴンヲ》近《ヲ》如《シ》近《ノ》、說《コト》同如《ク》同《ノ》、說《ク》別《ヲ》如《ク》別《ノ》、說《ク》淨《ヲ》如《ク》淨《ノ》、說《ク》穢《ヲ》如《ク》穢《ノ》、說《ク》一切諸法千差萬別《ナルヲ》。如來觀知《シテ》歷歷《レキ》了然《ネムナルコトヲ》。隨《テ》心《ニ》起《スニ》行《ヲ》各益《スルコト》不《ズ》同《ラ》。業果法然《トシテスベテ》衆無《シ》錯失《シャクシチ》《アヤマリ反》。又稱《シテ》爲《ス》是《ゼト》。故《ニ》言《フ》如是《ト》。言《フ》我聞《ト》者《ハ》、欲《ホス》明《サント》阿難是《レ》佛《ノ》侍《ジ》者《ニシテ》常《ニ》隨《テ》佛《ニ》後《ニ》多聞

01[散善顯行緣]化卷192
02[定善示觀緣]化卷192

338　1-465

廣識《ナリ》、身《ミ》臨《ノゾンデ》座《ザ》下《ゲニ》能《ク》聽《キ》能《ク》持《タモテ》、教旨《シ》親《シタシク》承《ウケテ》、表《ヘウスルコトヲ》無《ナキコトヲ》傳《デン》說之《ノ》錯《アヤマリ》。故《ニ》曰《イフ》我聞《ト》也。又言《フ》證信《ト》者《ハ》、欲《ホス》明《ト》阿難稟《ホム》承《ジヨウシ》佛教《ヲ》傳《デン》持《ヂシテ》末代《ダイニ》、爲《メノ》對《タイスルガ》衆生《ニ》故《ニ》如《ク》是《ノ》觀法《ニ》、我《レ》從《ヨリ》佛聞《キテ》、證誠《スルコト》可《ベキコトヲ》信《シンジツ》。故《ニ》名《ク》證信序《ト》。此《レ》就《ツイテ》阿難《ニ》解《ゲスル》也《ナリ》。

二就《ツイテ》發起序《ノ》中《ニ》細《クハシク》分《ワカテ》爲《ス》七《ト》。初《メ》從《リ》「一時佛在」下至《ル》「法王子而《ニ》爲《ヰ》上首《シユニ》」已來《ハ》、明《ス》化《ノ》前《ゼム》序《ジヨヲ》。二從《リ》「王舍大城」下至《ル》「顏《ゲン反グヱン反》色《シキ》和《ワ》悅《エチニ》」已來《ハ》、正《ク》明《ス》發起序《ノ》禁《キム》父《ブ》之《ノ》緣《ヲ》。三從《リ》「時阿闍世」下至《ル》「不《フ》令《リヤウ》復《ブ》出《ニ》」已來《ハ》、明《ス》禁《キム》母《ノ》緣《ヲ》。四從《リ》「時韋提希被《ヒ》幽《エウ》閉《ヘイト云》」下至「共《グ》爲眷屬《ニ》」已來《ハ》、明《ス》厭《エン》苦《ク》緣《ヲ》。五從《リ》「唯願爲我廣說《ト云》」下至《ル》「教我正受《ニ》」已來《ハ》、明《ス》其《ノ》欣《ゴン》淨《ノ》緣《ヲ》。六從《リ》「爾時世尊卽便微《ミ》笑《セウト云》」下至《ル》「淨業正因《ニ》」已來《ハ》、明《ス》01散善顯行緣《ヲ》。七從《リ》「佛告阿難等諦聽《ト云》」下至《ル》「云何得見極樂國土《ニ》」已來《ハ》、正《ク》明《ス》02定善示《ジ》觀緣《ヲ》。上來《ニ》雖《ドモ》有《リト》七段《ダンノ》不同、廣料簡《シ》發起序《ヲ》竟《ヌ》。

二次《ニ》解《ゲセ》化前序《ヲ》者《バ》、就《テ》此《ノ》序《ノ》中《ニ》卽有《リ》其《ノ》四。　初《メニ》言《フ》「一時《ト》」者《ハ》、正《ク》明《ス》起《キ》化之《ノ》時《ヲ》。佛將《マサニ》說《ハムト》法《ヲ》、先《ツ》託《タクシ下フ》於時處《ショ》。但以《テ》衆生《ヲ》開《カイ》悟《ゴスルコト》必《ズ》藉《ヨルヲ》因緣《ニ》、化主臨《ノゾムデ》機《キニ》待《マタマフ》《マチ下フ反》於《オ》時處《ショ》。又言《フ》一時《ト》者《ハ》、或《ハ》就《ツク》日夜十二時、年月四時等《ニ》。此《レ》

339

皆是《レ》如來應機《ジテニ》攝化時《シ下フ》也《ナリ》。言《フ》處《ト》者《ハ》、隨《テ》彼《ノ》所《ショ》宜《ギニ》如來說《下フコトヲ》法、或《ハ》在《マシマシ》山林處《ニ》、或《ハ》在《マシマシ》王宮・聚《ジュ》落《ラク》處《ニ》、或《ハ》在《マシマシ》曠《クワウ》野《ヤ》・塚《チヨ》間《ケン》處《ニ》、或《ハ》在《マシマシ》聲聞・菩薩處《ニ》、或《ハ》在八部《ブ》・人・天王等《ノ》處《ロニ》、或《ハ》在純《ジュン》凡《ボン》若《ニャク》多一二處《ニ》、或《ハ》在純聖若多一二處《ニ》。隨《テ》其《ノ》時處《ニ》如來觀知不《セズ》增《ゾウ》不《ゼズ》減《ゲン》、隨緣《ニ》授《サツク》法《ヲ》。各益《ヤクス》所

1-466

資《シヲ》。斯《コレ》乃《チ》洪《コウ》鐘《シュ》雖《ドモ》響《ヒヾクト》、必《ズ》待《マチ》扣《タヽクヲ》而方《カタ反》《ニ》鳴①《ナル》。大聖垂《タレ下フ》慈《ジヲ》、必《ズ》待《マチ》請《ヲ》而當《マサニ》說《ベシ》。故名《ク》一時《ト》也。又一時《ト》者《イフハ》、阿闍世正《ク》起《シ》、逆《ギャクヲ》時《ナリ》。佛在《テ》何《イヅレノ》處《ロニカ》、當《アタテ》此《ノ》一時《ニ》、如來獨《ヒトリ》與《トモニ》二衆《シュト》在《マス》彼《ノ》耆《ギ》闍《シャニ》。此《レ》卽《チ》以《テ》下《ヲ》形《アラハス》上《ヲ》意《コヽロ》也《ナリ》。故《ニ》曰《イフ》一時《ト》。又言《フ》一時《ト》者《ハ》、佛與《トモニ》二衆《ト》於《シテ》一時《ノ》中《ニ》、在《シテ》彼《ノ》耆闍《ニ》、卽《チ》聞《キカシメ下》阿闍世起《オコスコトヲ》此《ノ》惡逆《ノ》因緣《ヲ》。此《レ》卽《チ》以《テ》上《ヲ》形《アラハス》下《シモヲ》意《コヽロ》也《ナリ》。故《ニ》曰《フ》一時《ト》。　二言《イフ》「佛《ト》」者《ハ》、此《レ》卽《チ》標《ヘウ》定《ヂヤウシ》化主《シユヲ》簡異《イシテ》餘

340

佛《ニ》獨《ヒトリ》顯《ス》釋迦②《ヲ》意也《ナリ》。

三從《リ》「在王舍城《ト云》」已下《ハ》、正《ク》明《ス》如來遊《ユ》化之《ノ》處《ヲ》。卽《チ》有《リ》其《ノ》二。一遊《アソンデ》王城・聚《ジュ》落《ラクニ》、爲《ナリ》化《クヱセムガ》在俗《ゾク》之《ノ》衆《ヲ》。二遊《アソンデ下フ》耆《ギ》山等《ノ》處《ニ》、爲《ナリ》化《セムガ》出家之《ノ》衆《シュヲ》。又在家《ノ》者《ノハ》、貪《トム》求《グス》五欲《ヨクヲ》、相續《ゾクシテ》是《レ》常《ナリ》。縱《タトヒ》發《ドモ》清心《ヲ》、猶《ナホ》如《シ》畫《エガクガ》水《ミヅニ》。但以《テ》《ミレバ反》隨《テ》緣《ニ》普《ク》益《ヤクシ》、不《ズ》捨《ステ》大悲《ヲ》、道俗形《カタチ》殊《コトニシテ》無《シ》由《ヨシ》共《トモニ》住《ヂユスルニ》。此《レヲ》名《ク》境《キヤウ》界住《ヂユト》也。又出家者《ハ》、亡《マウジ》身《ヲ》捨《ステ》命《ヲ》、斷《タチ》欲《ヲ》歸《シテ》眞《ニ》、心若《シテ》金剛《ノ》等同《ナリ》圓鏡《キヤウニ》。悕《ケ》求《シテ》佛地《ヲ》卽《チ》弘《ク》益《ス》

①鳴　右◎「リ」を「ル」と上書訂記
②迦意　◎「迦意」を「迦ノ意ヲ」と訂記

1-683

自他《ヲ》。若《シ》非《ザレバ》絶《ゼチ》離《リスルニ》囂《ゲフ》塵《ヲ》、此《ノ》德無《シ》由《ヨシ》可《ベキニ》證《ス》。此《ヲ》名《ク》依《エ》止《ジ》住《ヂユト》也。　四從《リ》「與《ヨ》大比丘衆《ト云》」下《シモ》至《ル》「而《ニ》爲上首《シユニ》」已來《ハ》、明《ス》佛《ノ》徒《ト》衆《シユヲ》。就《ツイテ》此衆《ノ》中《ニ》卽分《ワカテ》爲《ス》二《ト》。一者《ハ》聲聞衆、二者《ハ》菩薩衆《シユナリ》。就《テ》聲聞衆中《ニ》卽有《リ》其《ノ》九《ツ》。初《ニ》言《フ》「與《ヨト》」者《ハ》佛身兼《カネタリ》衆《シユヲ》。故《ニ》名《テ》爲《ス》與《ト》。二者總《ソウ》大、三者《ハ》相大、四者《ハ》衆大、五者《ハ》耆《ギ》年《ネム》大、六者數大、七者尊宿《シウ》大、八者内有實德大、九者果證大。　問曰、一切經《ノ》首《ハジメニ》皆有《テ》此《レ》等《ラノ》聲聞、以爲《セルハ》猶《ユ》置《チト》有《ルヤナンノ》何所以《ユヘカ》。答曰、此《ニ》有《リ》別意。云何《ガ》別意《ナル》。此等《ノ》聲聞多《ク》是《レ》外道《ナリ》。如《キ》『賢《ゲン》愚《グ》經《ニ》』說《ガ》、「優《ウ》樓《ル》頻《ビン》螺《ラ》迦葉領《リヤウシテ》五百《ノ》弟子《ヲ》修事《ジス》邪《ジヤ》法《ヲ》。伽耶迦葉領《シテ》二百五十《ノ》弟子《ヲ》修事《ス》邪法《ヲ》。那《ナ》提迦葉領《シテ》二百五十弟子《ヲ》修事《ス》邪法《ヲ》。總《ジテ》有《リ》一千。皆受《ウケテ》佛化《ヲ》得《リ》羅漢《カン》道《ヲ》。其《レ》二百五十者《ハ》、卽《チ》是《レ》舍利《ト》目連《トノ》弟子《ナリ》。共《トモニ》領《シテ》一處《ニシテ》修《シユ》事《ジス》邪法《ヲ》。亦受《ウケテ》佛化《ヲ》皆得《リ》道果《ヲ》。此《レ》等《ラノ》四衆《ヲ》合《シテ》爲《ス》一處《ト》。故《ニ》有《リ》千二百五十人也」。　問曰、此《ノ》衆《ノ》中《ニ》亦有《リ》非《ザル》外道《ナラ》者《ノ》。何《ナンガ》故《ゾ》總《ソウジテ》標《ヘウスル》。答曰、如《キ》『經《ノ》』中《ニ》說《ガ》、「此《ノ》諸《ノ》外道《ハ》常《ニ》隨《テ》世尊《ニ》不《ズ》相《ヒ》捨《シヤ》離《リセ》」。然《ルヲ》結《ケツ》集《ジフノ》之家《イヘ》、簡《エラビ》取《トル》外德《ヲ》。故《ニ》有《リ》異《イ》名。是《レ》外道者《ナルノハ》多《ク》、非《アラザル》者《ノハ》少《スクナシ》。又問曰、未審《イブカシ》、此等《ノ》外道常《ニ》隨《ヘルハ》佛後《ニ》、有《ル》何《ナニ》意《コヽロカ》也。答曰、解《ゲスルニ》有《リ》二義。一就《テ》佛《ニ》解、二就《テ》外道《ニ》解《ス》。就《テ》佛《ニ》解《セ》者《バ》、此《レ》諸《ノ》外道邪《ジヤ》風久《ヒサシク》扇《アフグコト》、非《ズ》是《レ》一生《ノミニ》。雖《ドモ》入《ルト》眞門《ニ》、氣《ケ》習《ジフ》由《ナヲ》在《アリ》。故《ニ》使《シム》如來知覺《セシメテ》不《ザラ》令《メ》外化《セ》。畏《オソラクハ》損《ソンジテ》衆生正見《ノ》根《コン》芽《ゲヲ》惡業增《ゾウ》長《シ》、此《シ》世《セ》・後《ゴ》生《ニ》不《ザルコトヲ》收《オサメ》果實《ヲ》、爲《ニ》此《ノ》因緣《ノ》攝《セフシテ》令《シム》自《ラ》近《チカヅケテ》不《ザラ》聽《ユルサ》外益《ヲ》。此《レ》卽《チ》就《ツイテ》佛《ニ》解《ゲシ》竟《ヌ》。次《ニ》就《ツイテ》外道《ニ》解《セ》者《バ》、迦葉等《ノ》意《コヽロ》、自《ラ》唯《タヾ》曠劫《ニ》久《ヒサシク》沈《シヅウテ》生死《ニ》循《ジユ》還《グエシテ》六道《ニ》、苦《クルシミ》不《ズ》可《ベカラ》言《フ》。愚《グ》癡《チ》・惡見《ニシテ》封《フ》執《シウシ》邪《ジヤ》風《フウニ》、不《ズシテ》値《アハ》明《メイ》師《シニ》、永《ナガク》流《ナガレタリ》於苦《ク》海《ニ》。但《タヾシ》以《テ》宿《シウ》緣《ヲ》有《テ》遇《タマタマ》得《ルコト》會《アヒ下フコト》慈尊《ニ》、法澤《タク》無《シ》私《ワタクシ》。我《ワガ》曹《トモガラ》蒙《カブテ》潤《ウルヲヒヲ》尋《ツイデ》思《オモフニ》佛之《ノ》恩《オン》德《ヲ》、碎《クダク》身《ミヲ》之極《キワマリ》惘《バウ》然《ゼンタリ》。致《イタス》使《シムルコトヲ》　親《マノアタリ》事《ツカヘテ》靈《レイ》儀《ギニ》、無《ナカラ》由《ヨシ》暫《シバラクモ》替《カハルニ》。此《レ》卽《チ》就《テ》外道《ニ》解《シ》竟《ヌ》。

又問曰、此《レ》等《ノ》尊《ソン》宿《シウ》云何《ゾ》名《クル》衆《シユ》所《シヨ》知識《ト》。答曰、德高《タカキヲ》曰《イフ》尊《ト》、耆《ギ》《オイタル反》年《ネムナルヲ》曰《イフ》宿《シウト》。一切《ノ》凡聖知《シリ》彼《ノ》內德過《スグレタルコトヲ》　人《ニ》、識《シル》其《ノ》外相殊《シユ》異《イナルコトヲ》。故《ニ》名《ク》衆所知識《ト》。上來《ニ》雖《ドモ》有《ト》九句《クノ》不同、解《シ》聲聞衆《ヲ》竟《ヌ》。

次《ニ》解《ゲスルニ》菩薩衆《ヲ》、就《テ》此《ノ》衆《ノ》中《ニ》卽《チ》有《リ》其《ノ》七。一者《ハ》標《ヘウシ》相《ヲ》、二者標《ヘウシ》數《ヲ》、三者標《シ》位《ヰヲ》、四者標《シ》果《ヲ》、五者標德、六者別《ベチシテ》顯《ハス》文殊《ノ》高德之《ノ》位《クラヒヲ》、七者總《ソウジテ》結《ケツス》。又此等《ノ》菩薩具《グシテ》無量《ノ》行願《ヲ》、安《アン》住《ヂユシ》一切功德之《ノ》法《ヲ》、遊《ユ》步《ブシテ》十方《ニ》、行《ジ》權《ゴム》方便《ヲ》、入《テ》佛法藏《ニ》、究竟《ス》彼《ヒ》岸《ガンヲ》。於《テ》無量《ノ》世界《ニ》、化《シテ》成《ナル》等覺《ヲ》。光明顯曜《ヨウシテ》普《ク》照《ス》十方《ノ》無量《ノ》佛土《ヲ》。六種《ニ》震動《シテ》、隨《テ》緣《ニ》開示《ジス》。卽《チ》轉《テンジ》法輪《リムヲ》、扣《タヽキ》法鼓《クヲ》、執《トリテ》法劍《ケンヲ》、震《フルヒ》法《ノ》雷《ライヲ》、雨《フラシテ》法雨《ウヲ》、演《ノベテ》法施《セヲ》、常《ニ》以《テ》法音《オンヲ》覺《サトラシメ》諸《ノ》世間《ヲ》、摑《クワク》《ツカミ反》裂《レチシ》《サク反》邪《ジヤ》網《マウヲ》《アミ反》、消滅《ス》諸見《ヲ》。散《サンジ》諸《ノ》塵《ヂン》勞《ラウヲ》、壞《ヤブリ》諸《ノ》欲《ヨク》塹《ゼムヲ》、顯明《シテ》淸白《ヲ》、光融《ユシ》佛法《ヲ》、宣《セン》流《ルシテ》正化《ヲ》、愍《ミン》傷《シヤウシテ》衆生《ヲ》、未《ダ》《ズ》曾《カツテ》慢《マム》恣《シセ》。得《エ》平等《ノ》法《ヲ》具足《シ》無量百千三昧《ヲ》、於《オイテ》一念《ノ》頃《アヒダニ》無《シ》不《ズト云コト》周《シユ》遍《ヘンセ》。荷《カ》負《ブシテ》群《グン》生《ヲ》愛《アイスルコト》之《ヲ》如《ク》子《コノ》、一切善本、皆度《シ》彼岸《ニ》、悉《ク》獲《エテ》諸佛《ノ》無量功德《ヲ》、智慧開朗《ラウニシテ》不《フ》可思議《ナリ》。雖《ドモ》有《リト》七句《ノ》不同、解《シ》菩薩衆《ヲ》訖《オハヌ》。　上來《ニ》雖《ドモ》有《リト》二衆《シユノ》不同、廣《ク》明《シ》化《ノ》前《サキノ》序《ジヨヲ》竟《ヌ》。

二就禁《キンズル》父《ヲ》緣《ノ》中《ニ》即有《リ》其《ノ》七。　一從《リ》「爾時王舍大城《ト云》」以《イ》下、總明《ジテ》起《スキ》化《ノ》處《ロヲ》。此《レ》明《ス》往古《コノ》百姓《シヤウ》、但《タヾシ》城《ノ》中《ニ》造《ツクルニ》舍《シヤヲ》即爲《ニ》天火《クワノ》所《ル》燒《ヤカ》、若《シ》是《レ》王家《ノ》舍宅《タクニハ》、悉《ク》無《シ》火《ヒ》近《チカヅクコトノ》、後時《ニ》百姓共《トモニ》奏《ソウスラク》於王《ニ》、臣《シン》等造《レバ》宅《ヲ》數《シバシバ》爲《ニ》天火《ノ》所《ル》燒《ヤカ》、但《シ》是《レ》王《ノ》舍《ノミ》悉《ク》無《シ》火《ヒ》近《クコト》、不《ズ》知《ラ》有《コトヲ》何《ナンノ》所以《ユヘ》、王告《ツゲ下ハク》奏《ソウ》人《ニ》、自《ジ》今《コム》以《イ》後《ゴ》卿《ナン》等《チ》造《ラム》宅《ヲ》之時《ハ》、但《タヾ》言《イヘ》我《レ》今《マ》爲《ニ》王《ノ》造《ルトイヘ》舍、奏人等《ラ》各《ヲノヲノ》奉《ウケテ》王《ノ》敕《チヨクヲ》、歸還《カヘテ》造《ルニ》舍《ヲ》更《サラニ》不《ズ》被《レ》燒《ヤカ》、因《ヨテ》此《レニ》相《ヒ》傳《ツタヘテ》、故名《ナヅケタルコトヲ》「王舍《ト》」。　言《フ》「大城《ト》」者《ハ》、此《ノ》城極《メテ》大《ニシテ》、居《コ》民《ミン》九億《アリ》。故《ニ》遵《イフ》王舍大城《ト》也《ナリ》。言《イハ》起《キ》化《ノ》處《ロ》者《バ》、即《チ》有《リ》其《ノ》二。一謂《イハク》闍王起《オコシテ》惡《ヲ》即《チ》有《リ》禁《キンズル》父母《ヲ》之緣。因《ヨテ》禁《ズルニ》則《チ》厭《イトヒテ》此《ノ》娑婆《ヲ》、願《ガフ》託《タクセムト》無《キ》憂《ウレヘ》之世界《ニ》。二則《チ》如來赴《オモムイテ》請《シヤウニ》、光《リ》變《ヘンジテ》爲《ナテ》臺《ダイト》

345

影《ヤウ》現《ス》靈《レイ》儀《ギヲ》。夫人卽《チ》求《モトム》生《コトヲ》安樂《ニ》。又傾《カタブケテ》心《ヲ》請《ズルニ》行《ヲ》、佛開《キ下フ》三福之《ノ》因《インヲ》。正觀《ハ》卽《チ》是《レ》定門《ナリ》。更《ニ》顯《ス》九章《シヤウ》之《ノ》益《ヲ》。爲《ノ》此《ノ》因緣《ノ》故《ニ》名《ク》起《キ》化《ノ》處《ロト》也。　二從《リ》「有一太子《ト云》」下至《テ》「惡友《ウ》之《シ》敎《ニ》」已來《ハ》、正明《ス》闍王悅《クヤウ》忽《コツ》之《ノ》間《ニ》信受《スルコトヲ》惡人《ノ》所《ル、コトヲ》悞《アヤマタ》。言《フ》「太子《ト》」者《ハ》彰《アラハス》其《ノ》位《クラヰヲナリ》也。言《イフ》「阿闍世《ト》」者《ハ》顯《ス》其《ノ》名《ヲ》也。又阿闍世《ト》者《イハ》乃《チ》是《レ》西國《ノ》正音《オンナリ》。此《ノ》地《チニハ》往翻《ホンニハ》名《ケ》未《ミ》生怨《オント》、亦名《ク》①折《セツ》指《シト》。　問曰、何《ナンガ》故《ソ》名《ケ》未生怨《ト》及《ビ》名《クル》折指《ト》也《ヤ》。答曰、此《レ》皆《ナ》擧《アグ》昔《シヤク》日《ニチノ》因緣《ヲ》。故《ニ》有《リ》此《ノ》名《ナ》。言《フ》因緣《ト》者《ハ》、元《モ》本《ト》父《ノ》王無《シ》有《ルコト》子《シ》息《ソク》。處《シヨ》處《シヨニ》求《ムルニ》神《ニ》、竟《ツイニ》不《ズ》能《ハ》得《コト》。忽《タチマチニ》有《テ》相師《シ》而奏《ソウシテ》王《ニ》言《サク》、臣《シン》知《シレリヤ》。山《ノ》中《ニ》有《リ》一《ノ》仙人。不《ズシテ》久《ヒサシカラ》捨《スツベシ》壽《チヲ》、命《イノチ》終《オハテ》已《イ》後必《ズ》當《ニ》與《タメニ》王《ノ》作《ル》子《ト》。王聞《キ、テ》歡喜《ス》。此《ノ》人何《イツレノ》時《ニカ》捨《スツベキ》命《ヲ》。相師答《コタフラク》王《ニ》、更《ニ》經《ヘテ》三年《ヲ》始《ハジメテ》可《ベシ》命終《ス》。王《ノ》言《ク》、我《レ》今《マ》年老《オヒテ》國《ニ》無《シ》繼《ケイ》祀《シ》。更《ニ》滿《ミツルマデ》三年《ヲ》何《ナニニ》由《ヨテカ》可《ベキヤ》待《マツ》。王卽《チ》遣《ツカハシテ》使《ツカヒヲ》入《テ》山《ニ》、往《ユカシメテ》請《ジテ》仙人《ヲ》曰《ク》、大王無《シ》

346

子、闕《カケテ》無《シ》紹《ゼウ》繼《ケイ》。處《シヨ》處《シヨニ》求《レドモ》神《ニ》、困《タシナンデ》不《ズ》能《ハ》得《ルコト》。乃《イマシ》有《テ》相師瞻《ミルニ》（セム反）見大仙《ヲ》、不《ズシテ》久《カラ》捨《ステ、》命《ヲ》、與《タメニ》王《ノ》作《ナルベシト云リ》子《ト》。請《コヒ》願《クハ》大仙垂《タレテ》恩《オンヲ》早《ハヤク》赴《オモムキ下ヘ》。使人《ツカヒ》受《ウケテ》敎《ヲ》入《テ》山《ニ》、到《イタテ》仙人《ノ》所《ロニ》、具《ツブサニ》說《トク》王《ノ》請《シヤウズル》因緣《ヲ》。仙人報《コタヘテ》使《シ》者《シヤニ》言《ハク》、我更《ニ》經《ヘテ》三年《ヲ》始《ハジメテ》可《ベシ》命終《ス》。王《ノ》敕《チヨクニ》卽《チ》赴《オモブカバ》者、是《ノ》事《ジ》不《フ》可《カナリ》。使《ツカヒ》奉《ウケテ》仙《ノ》敎《ヲ》、還《カヘテ》報《ズルニ》大王《ニ》、具《ツブサニ》述《ノブ》仙《ノ》意《コ、ロヲ》。王《ノ》曰《ハク》、我《ハ》是《レ》一國之《ノ》主《ヌシナリ》。所《シヨ》

①折　右◎セシ

1-470
有《ウノ》人物皆歸《クヰ》屬《ゾクス》我《ニ》。今《マ》故《コトサラニ》以《テ》禮《レイヲ》相《ヒ》屈《クツスルニ》、乃《チ》不《ズ》承《ウケ》我《ガ》意《ヲ》。王更《ニ》敕《チヨクスラク》使《シ》者《シヤニ》、卿《ナムヂ》往《ユイテ》重《カサネテ》請《シヤウゼヨ》。請《コハムニ》若《シ》不《ズハ》得《ヘ》、當《ニ》《ベシ》卽《チ》殺《コロス》之《ヲ》。既《スデニ》命終《シ》已《ヲハリナバ》、可《ベケム》不《ザル》與《タメニ》我《ガ》作《ナラ》子《コト》也《ヤ》。使《ツカヒ》人受《ウケテ》敕《チヨクヲ》、至《テ》仙人《ノ》所《ロニ》、具《ツブサニ》導《イフ》王《ノ》意《コヽロヲ》。仙人雖《ドモ》聞《キクト》使《ツカヒノ》說《ヲ》、意《コヽロニ》亦不《ズ》受《ウケ》。使《ツカヒ》人奉《テ》敕《ヲ》卽《チ》欲《ホスルニ》殺《コロサムト》之《ヲ》、仙人曰《ハク》、卿《ナムヂ》當《ニ》《ベシ》語《カタル》王《ニ》。我《ガ》命《チ》未《ダ》盡《ツキ》《ルニ》、王以《テ》心口《クヲ》遣《ツカハシテ》人《ヲ》殺《セツス》我《ヲ》。我《レ》
347
若《シ》與《タメニ》王《ノ》作《ナラ》兒《コト》者《バ》、還《カヘテ》以《テ》心口《クヲ》遣《シテ》人《ヲ》殺《コロサム》王《ヲ》。仙人導《イヒ》此《ノ》語《ヲ》已《ハテ》卽《チ》受《ケツ》死《シヲ》。既《ニ》死已《ハテ》、卽《チ》託《タクシテ》王宮《ニ》受《ウク》生《ヲ》。當《アタテ》其《ノ》日夜《ニ》夫人卽覺《オボユ》有身《ハラミヌト》。王聞《キヽテ》歡喜《ス》。天《テン》明《アケテ》卽《チ》喚《ヨビテ》相師《ヲ》、以《テ》觀《ミセシム》夫人《ヲ》。是《レ》男《ナンヤ》是《レ》女《ヤ》。相師①觀《ミ》已《ハテ》而報《コタヘテ》王《ニ》言《ハク》、是《レ》兒《コニシテ》非《ズ》女《ニ》。此《ノ》兒《ニ》於《オイテ》王《ニ》有《ラム》損《ソン》。王曰《ハク》、我《ガ》之國土《ハ》皆《ナ》捨《シヤ》屬《ゾクスベシ》之《レヲ》。縱《タトヒ》有《アリトモ》所《ロ》損《ソンズル》、吾《ワレ》亦無《シ》畏《オソリ》。王聞《キヽテ》此《ノ》語《ヲ》憂《ウ》喜《キ》交《マジハリ》懷《イダイテ》《オモフ反》、王白《シテ》夫人《ニ》言《サク》、吾《レ》共《トモニ》夫人《ト》私《ヒソカニ》自《ラ》平《ビヤウ》章《シヤウセム》相師《シ》導《イヘリ》兒《ニ》於《オイテ》吾《レニ》有《アルベシト》損《ソン》。夫人待《マテ》生《□ム》之《ヲ》日《ヒヲ》、在《アテ》高《カウ》樓《ロウノ》上《ヘニ》當《アタテ》天井《ジヤウノ》中《ニ》生《テ》之《ヲ》、②勿《ナカレ》令《シムルコト》人《ヲシテ》承《ウケ》接《トラ》。落《オチテ》在《オカバ》於地《ヂニ》、豈《アニ》容《ベケム》不死《セ》也《ヤ》。吾《ワレ》亦無《ナク》憂《ウレヘ》《ウル》、聲《ナ反》《コヘ》亦《マタ》不《ジ》露《アラハレ》。夫人卽《チ》可《カシテ》王之《ノ》計《ハカリゴトヲ》、及《ヨデ》其《ノ》生《ウメル》
348
時《ニ》一《ハラ》如《ス》前《サキノ》法《ノ》。生《レ》已《ハテ》墮《ヲチテ》地《ヂニ》、命便《チ》不《ズ》斷《タヘ》、唯《タヾ》損《ソンズ》手《ノ》小指《ユビヲ》。因《ヨテ》卽《チ》外《グワイ》人《ニン》同《ク》唱《トナヘテ》言《フニ》折《セツ》指《シ》太子《ト》也。言《イフ》未《ミ》生怨《オント》《アダ反》者《ハ》、此《レ》因《ヨルガ》提婆達多《ノ》起《オコスニ》惡妬《ト》《ソネム反》之《ノ》心《ヲ》故《ニ》對《ムカヒテ》彼《ノ》太子《ニ》顯發《ス》昔《シヤク》《ムカシ反》日《ニチノ》惡緣《ヲ》。云何《ゾ》妬《ト》心《シテ》而起《オコス》惡緣《ヲ》。提婆惡性《ニシテ》爲人《ヒトヽナリ》匈《クヰヨウ》《アシク反》猛《マウナリ》《タケシ反》。雖《ドモ》

---

①師　右◎「ト」とあるを抹消

②勿令人承接→◎勿《ナカレ》令《シテ》《シムルコト》人《ヲ》承《ウケ》接《トラ》
1-688

復出家《セリト》《スト》、恆常《ニ》妬《ソネム》佛《ノ》名聞利養《ヤウヲ》《スト》。然《ルニ》父王《ハ》是《レ》佛《ノ》檀《ダン》越《オチナリ》。於《テ》一時《ノ》中《ニ》多《ク》將《モテ》供《ク》養《ヤウヲ》奉《タテマツル》上如來《ニ》。謂《イハク》金・銀《ゴム》・七寶・名《ナアル》衣《コロモ》・上服《スグレタルキモノ》・百味《ミノ》菓《クワ》食《ジキ》等《ナリ》、一一色色《ニ》皆《ナ》五百車《シヤナリ》。香《カウ》・華《クヱ》・伎《ギ》樂《ガクシ》、百千萬《ノ》衆《シユニシテ》讚《サン》歎《ダンシ》圍《ヰ》遶《ネウシテ》送《オクテ》向《ムカヘテ》佛會《ヱニ》、施《セス》佛及《ビ》僧《ソウニ》。時《ニ》調《ヂウ》達《ダチ》見《ハテ》已《ト》妬心更《ニ》盛《サカリナリ》。卽《チ》向《ムカテ》舍利弗《ノ》所《ロニ》求《ム》學《ガクセムコトヲ》身《シン》通《ヲ》。尊《ソン》者語《カタテ》言《ハク》、人者《キミ》《ナンヂ》且《シバラク》學《ガクセヨ》四念處《ヲ》。不《ズ》須《スベカラク》學《ク》身《シン》通《ヲ》也。既《スデニ》請《シヤウズレドモ》不《ズ》遂《トゲ》心《ヲ》。更《ニ》向《テ》餘《ヨノ》尊者《ノ》邊《ヘンニ》《ホトリニ》求《モトム》。乃至五百《ノ》弟子等悉《ク》無《シ》人《ル》教《シム》、皆遣《セ》學四念處《ヲ》。請《ズルコト》不《シテ》得《ヘズ》已《ヤムコト》、遂《ツイニ》向《テ》阿難《ノ》邊《ホトリニ》學《ス》。語《テ》阿難《ニ》言《ハク》、汝《ナンヂハ》是《レ》我《ガ》弟《オト、ナリ》。我欲《レフ》學《セムト》通《ヲ》。一一次第《ニ》教《玉ヘヨ》我。然《ルニ》阿難雖《ドモ》得《ヘタリト》初《シヨ》果《クワヲ》、未《ダ》證《セ》他《タ》心《ヲ》。不《ズシテ》知《シラ》阿《ア》兄《クヰヤウノ》私《ヒソカニ》密學《シテ》通《ヲ》、欲《ホスルコトヲ》《シテ》於佛所《シヨニ》起《オコサムト》於惡《ノ》計《ハカリゴトヲ》、阿難遂《ツイニ》卽《チ》喚《ヨバテ》向《テ》靜處《ニ》、次第《ニ》教《フ》之《ヲ》。跏《カ》趺《フ》正坐《シテ》、先《ヅ》①教《ヘテ》將《モテ》心《ヲ》擧《アゲテ》身《ヲ》似《ニタラシム》動《ドウ》想《サウニ》。去《サルコト》地《ヂヲ》一分・一寸《スント》想《オモヘ》。一尺・一丈《ヂヤウト》想《ヘ》。至《ルニ》舍《シヤニ》、作《ナセ》空無礙《ゲノ》想《ヲ》。直《タヽチニ》過《スギテ》上《ノボルト》空中《ノ》想《ヘ》。還《カヘテ》攝《セフシテ》心《ヲ》下《リテ》、至《ルト》本《ノ》坐《ザ》處《シヨニ》想《ヘ》。次《ニ》將《モテ》身《ヲ》擧《アゲヨ》心《ヲ》。初時《ハジメノ》去《サルコトヲ》地一分・一寸等、亦如《クスベシ》前《ノ》法《ノ》。以身《ヲ》擧《ゲ》心《ヲ》、以《テ》心《ヲ》擧《ベシ》身《ヲ》。亦隨《テ》既《ニ》至《リ》上《リ》空《ソラニ》已《オハリナバ》、還《カヘテ》攝《セフ》取《シユシテ》身《ミヲ》下《リテ》、至《ルベシ》本《ホンノ》坐《ザ》處《ニ》。次《ニ》想《ヘ》身心②合《ガフシテ》擧《アグト》。還《ヘテ》同《ク》前《ノ》法《ニ》、一分・一寸等、周《オハリテ》而復始《ハジメヨ》。次《ニ》想《ヘ》、身心入《シム》一切《ノ》質《ゼツ》《サヘ》㝵《ゲノ》《サヘラル》色《シキ》境《キヤウノ》中《ニ》、作《ナスコトヲ》不質《ゼツ》㝵《ゲノ》想《ヒヲ》。次《ニ》想《ヘ》、一切《ノ》山・河《ガ》・大地等《ノ》色《イロ》入《ルニ》自《ジ》

①教將心擧身似動想→◎教《ヘテ》將《モテ》心《ヲ》擧《アゲテ》身《ヲ》似《ニタラ》動《ドウ》想《サウニ》《シム》
②合　右◎カンシテ

身《ノ》中《ニ》、如《ク》空《ノ》無《ム》礙《ゲニシテ》不《ザルコトヲ》見《ミ》色相《ヲ》。次《ニ》想《ヘ》、自身《ハ》或《ハ》大《ニシテ》遍《ヘン》滿《シテ》虛空《ニ》坐《ザ》臥《グワ》自《ジ》在《ナルコトヲ》、
或《ハ》坐《シ》或《ハ》臥《フシテ》、以手《ヲ》捉《トリ》動《オゴカスト》日月《ヲ》。或《ハ》作《ナテ》小身《ト》入《ニ》微《ミ》塵《ヂンノ》中《ニ》、一切皆作《セ》無《ム》礙《ゲナル》想《ヲ》。
阿難如《シ》是《ノ》、次第《ニ》教《ヘ》已《ハヌ》。時《ニ》調《デウ》達《ダツ》既《ニ》受《ジュ》得《シ》法《ヲ》已《ハテ》、卽《チ》別《ニ》向《ムカテ》靜處《ニ》七日七夜
1-472　350
一心專注《チユシテ》、卽《チ》得《テ》身通《ヲ》、一切自在《ニシテ》皆得《ウ》成就《スルコトヲ》。既《ニ》得《ヘ》通《ヲ》已《ハテ》卽《チ》向《テ》太子《ノ》
殿《デンノ》前《マヘニ》、在《アテ》於空《ノ》中《ニ》現《ズ》大神變《ベンヲ》。身《ミノ》上《ヘヨリ》出《シ》火《ヲ》、身《ノ》下《ヨリ》出《ス》水《ヲ》。或《ハ》左《サ》邊《ヘンニ》出《シ》水《ヲ》、右邊《ニ》
出《ス》火《ヲ》。或《ハ》現《ジ》大身《ヲ》、或《ハ》現《ジ》小身《ヲ》、或《ハ》坐《ザ》臥《グワシ》空中《ニ》、隨《テ》意《ニ》自在《ナリ》。太子見《ミ》已《ハテ》問《テ》左
右曰《ク》、此《レハ》是《レ》何人《ナニゾヤ》。左右答《ヘテ》太子《ニ》言《ク》、此《レハ》是《レ》尊者提婆《ナリ》。太子聞《キヽ》已《ハテ》心大《キニ》歡
喜《シテ》、遂《ツイニ》卽擧《アゲテ》手《ヲ》喚《ヨバヒテ》言《ク》、尊者何《ナンゾ》不《ザル》下《リ》來《キタラ》。提婆既《ニ》見《ミ》喚《ヨバフヲ》已《テ》卽化《シテ》作《テ》嬰《ヤウ》兒《ニト》、直《タヾチニ》
向《フ》太子《ノ》膝《ヒザノ》上《ヘニ》。太子卽《チ》抱《イダイテ》、嗚《スヒテ》口《ヲ》弄《モチアソブ》之《ヲ》、又唾《ツバキハク》口《ノ》中《ウチニ》。嬰《ヤウ》兒《ニ》遂《ツイニ》咽《ノム》之《ヲ》。須《シュ》臾《ユニ》還《カヘテ》
復《ブクス》本身《ニ》。太子既《ニ》見《テ》提婆《ガ》種種《ノ》神變《ヲ》轉《ウタヽ》加《クハフ》敬《キヤウ》重《ヂウヲ》。既《ニ》見《ミ》太子《ノ》心《ニ》敬重《スルヲ》已《ハテ》、
卽《チ》說《ク》父《ノ》王《ノ》供《ク》養《ノ》因緣《ヲ》。色《シキ》別《ベチ》五百乘《ノ》車《マニ》載《ノセテ》、向《テ》佛所《ニ》奉《上ルコトヲ》佛及《ビ》僧《ニ》。太子聞《キヽ》
已《テ》卽《チ》語《カタラク》尊者《ニ》、弟子亦能《ク》備《トヽノヘ》具《ソナヘテ》色各《カク》五百車《ヲ》供養《シ》尊者《ニ》及《ビ》施《セヽムコト》衆《シュ》僧《ソウニ》、
351
可《ベケム》不《セザル》如《ク》彼《ノ》也《ヤ》。提婆言《ク》、太子、此《ノ》意大《ニ》善《ヨシ》。自《ヨリ》此已後《ニ》大《キニ》得《ヘテ》供養《ヲ》、心轉《ウタヽ》高
慢《マンナリ》《アナヅル反》。譬《タトヘバ》如《シ》以《テ》杖《ツエヲ》打《ウテバ》惡《アシキ》狗《イヌノ》《ク反》鼻《ハナヲ》、轉《ウタヽ》增《マスガ》狗《イヌノ》惡《アシキコトヲ》。此《レ》亦如《シ》是《ノ》。太子今將《モテ》利養之《ノ》

杖《ツエヲ》打《ウツニ》提婆《ガ》貪《トム》心《ノ》狗《イヌノ》鼻、《ハナヲ》轉《ウタ、》加《マスコト》惡《ヲ》盛。《サカリニス》因《テ》此《ニ》破《ハシ》僧、《ヲ》改《アラタメテ》佛法戒、《ヲ》教戒不同。《ナリ》待《マテ》佛普《ク》爲《ニ》凡聖大衆《ノ》說法之時、《ヲ》卽來《キタテ》會《エノ》中《ニ》從《シタガテ》佛、《ニ》索《モトメ》於徒《ト》衆《シユヲ》幷《ナラビニ》諸《ノ》法藏《ヲ》盡《コトゴトク》付《フ》囑《ヘト》我《ニ》。世尊年《トシ》①將《サラニ》老《ラウ》邁。《マイシタマヘリ》宜《ヨロシク》可《ベシ》就《ツイテ》靜《ジヤウ》內《ナイニ》自《ラ》將《マサニ》養。《ヤシナイ上ル》一切《ノ》大衆聞《キ、テ》提婆《ガ》此《ノ》語、《コトバヲ》愕《ガク》《サハイデ》爾《ジトシテ》迭互《タガヒニ》相《ヒ》看《ミテ》甚《ハナハダ》生《ズ》驚《キヤウ》《オドロキ》怪。《クエヲ》《アヤシム》爾時世尊、卽《チ》對《タイシテ》大衆《ニ》語《カタテ》提婆《ニ》言、《ハク》舍利・目連《レン》等《ノ》卽《チ》大法將、《シヤウナルニソラ》《スラ》我《ワレ》尚《ナヲ》不《ズ》將《モテ》佛法《ヲ》付囑、《セ》況《イハムヤ》汝《ヂ》癡《チ》人、《ニンノ》食《クラヘル》唾《ツバキヲ》者《ノヲ》乎。《ヤ》時《ニ》提婆聞《キ、テ》佛《ノ》對《シテ》衆《ニ》毀《クヰ》辱、《ニクシ下ヘルヲ》由《ナヲシ》如《ニシテ》毒《ドクノ》箭《ヤノ》入《ルガ》心、《ムネニ》更《ニ》發《ス》癡《チ》狂《ワウ》之《ノ》意。《ヲ》藉《ヨテ》此《ノ》因緣《ニ》卽《チ》向《テ》太子《ノ》所《ロニ》共《トモニ》論《ロンズ》惡《ノ》計。《ハカリゴトヲ》太子既《ニ》見《テ》尊者、《ヲ》敬《キヤウ》心《ヲモテ》承《ジヨウ》問。《モンス》言《ハク》尊者、今《ケ》日《フ》顏《ゲン》《カヲノ反》色《シキ》憔《セウ》《カシケ反》悴、《スイセリ》不《ズヤ》同《カラ》往《ワウ》昔。《ジヤクニ》提婆答曰、我今憔《セウ》悴《スイセルコトハ》正《ク》②爲太子《ノ》也。《ナリ》太子敬《ウヤマテ》問、《トハク》尊者、爲《ニ》我有《ル》何《ナニ》意《カ》也。《ヤ》提婆卽《チ》答云、太子知《リヤ》不。《イナヤ》世尊年《トシ》老《オイテ》無《シ》所《ロ》堪《カン》任。《ニンセル》當《ニ》可《ベシ》除《ノゾイテ》之《ヲ》我自《ラ》作《ル》佛。《ト》父《ノ》王年老。《玉ヘリ》亦可《ベシ》除《ノゾイテ》之太子自《ラ》坐《ザシ玉ウ》正位。《ヰニ》新《シン》王《ト》新佛《ト》治《ヂ》化、《セム》豈《アニ》不《ザラム》樂《タノシカラ》乎。《ヤ》太子聞《キ、テ》之《ヲ》極《メテ》大《ニ》瞋《シン》怒、《ヌシテ》勿《レト云》作《ナスコト》是《ノ》說。《ヲ》又言、《ハク》太子莫《ナカレ》瞋。《イカルコトノ》父王於《オイテ》太子《ニ》全《マタク》無《シ》恩《オム》德。初《ハジメニ》欲《ホセシ》生《ゼムト》太子《ヲ》時、父《ノ》王卽《チ》遣《ツカハシテ》夫人《ヲ》在《アテ》百尺《シヤクノ》樓《ロウノ》上《ニ》當《アタテ》天井《ジヤウノ》中《ニ》生、《ゼシメテ》卽《チ》望《ノゾメシカドモ》墮《テ》地《ニ》令《ムルコト》死、《セシ》正《ク》以《ノ》太子《ノ》福力《ヲ》故《ニ》命《ミヤウ》根《コン》不《ズ》斷、《タヘ》但《タヾ》損《ソンセリ》小指。《ノミヲ》若《シ》不《ズ》信《ゼ》者、《ハ》自《ラ》看《ミヨ》小指。《シヲ》足《タレリ》以《テ》爲《スルニ》驗。《シルシト》太子

①將　右◎「サ」の上「マ」とあるを抹消
②爲　右◎「メ」と上書訂記

353

既《ニ》聞《キ、テ》此《ノ》語《ゴヲ》、更《ニ》重《カサネテ》審《アキラメテ》言《ハク》、實《ニ》爾《シカリヤ》已不《ナヤ》。提婆答《ヘテ》言《ハク》、此《レ》若《シ》不《ズハ》實《ナラ》、我《レ》可《ケム》故《コトサラニ》來《キタテ》作《ナス》漫《マン》《ミダレガハシキ》語《ゴヲ》也《ヤ》。因《ヨリ》此《ノ》語《ニ》已《ハテ》遂《ツイニ》即《チ》信用《ヨウス》提婆《ガ》惡見之《ノ》計《ゴトヲ》。故《ニ》遵《イフ》「隨順《スト》調達惡友《ウ》之《ノ》教《ニ》」也。　三從《ヨリ》「收《シュ》執《シフ》父《ブ》王《ト云》」下至《ル》「一不得往《ト云ニ》」已來《ハ》、正明《ス》父王爲《ニ》子《ノ》幽《エウ》禁《キンスルコトヲ》。此《ハ》明闍《スナリ》世取《トテ》提婆之《ガ》惡《ノ》計《ゴトヲ》、頓《タチマチニ》捨《スツルコトヲ》父《ブ》子《シ》之《ノ》情《ナサケヲ》。非《ズ》直《タヾチニ》失《ウシナウノミニ》於罔《ナキ》極《キワマリ》之恩《オンヲ》。逆《ギヤクノ》響《ヒヾキ》因《ヨテ》茲《コレニ》滿《ミツコトヲ》路《ミチニ》。忽《タチマチニ》掩《オヽウヲ》王《ノ》身《ミヲ》曰《イフ》收《シュト》、既《ニ》得《ヘテ》不《ザルヲ》捨《ステ》曰《イフ》執《シフト》①。故《ニ》名《ク》「收《シュ》執《シフト》」也。言《イハ》「父《ブト》」者《バ》別《ベチシテ》顯《ス》親《シン》之《ノ》極《マリヲ》也。「王《ト》」者《フハ》彰《アラハス》其《ノ》位《クラヰヲ》也。「頻《ビン》婆《バト》」者《フハ》彰《ハス》其《ノ》名《ヲ》也。言《フ》「幽《エウ》閉《ヘイ》七重室内《ト》」者《ハ》、所《ショ》爲《ヰ》既《ニ》重《シ》、事《コト》亦非《ズ》輕《カロキニ》。不《ズ》可《ベカラ》淺《アサク》禁《キムジテ》人間《ニ》、全《マタク》無《ナカル》守《シュ》護《ゴ》。但《タヾ》以《テ》王之《ノ》宮閣《カウハ》理《オサメテ》絕《タヘタリ》外《グワイ》人《ジムヲ》、唯《タヾ》有《テ》群《グン》臣《シンノミ》則《チ》久《ヒサシクヨリ》來《コノカタ》承《ジヨウ》奉《ブセルヲ》、若《シ》不《ズハ》嚴《ゲン反》《ゴン》《キビシク反》制《セイセ》恐《オソラクハ》有《アラムコトヲ》情《コヽロノ反》通《カヨウ反》《スルコト》。故《ニ》使《シメキ》内外絕《タヘ》交《マジハリヲ》。閉《トヂテ》在《オク》七重之《ノ》内《ウチニ》也。　四從《リ》「國大夫人《ト云》」下至《ル》「密《ミチ》以《イ》上王《ト云ニ》」已來《ハ》、正明《ス》夫人密《ヒソカニ》奉《上ルコトヲ》王食《ジキヲ》。言《フ》「國大夫人《ト》」者《ハ》、此《レ》明《ス》最《サイ》大《ナルコトヲ》也。言《イフ》夫人《ト》者《ハ》標《ヘウス》其《ノ》位《ヲ》也。言《フ》「韋提《ト》」者《ハ》彰《ハス》其《ノ》名《ヲ》也。言《フ》「恭《ク》敬大王《ト》」者《ハ》、此《レ》明《ス》夫人既《スデニ》見《ルニ》王《ノ》身被《ラルヽヲ》禁《キンゼ》、門《コ反》戸《ト反》極《キワメテ》難《カタクシテ》音《イム》《オム反》信《シン》不《ズ》

354　1-474

通《トウ》《ゼ》、恐《オソラクハ》絕《タヽムコトヲ》王身命《ヲ》、遂《ツイニ》即《チ》香《カウ》湯《タウヲシテ》滲《シン》浴《ヨクシテ》②令《シメテ》身《ヲシテ》清淨《ナラ》、即《チ》取《トテ》酥《ソ》蜜《ミチヲ》先《マツ》塗《ヌリ》其《ノ》身《ニ》、後《ニ》取《トテ》乾《カハケル》麨《セウヲ》始《ハジメテ》安《オク》酥《ソ》蜜《ミチ》之《ノ》上《ヘニ》、即《チ》著《キテ》淨《ジヤウ》衣《エヲ》覆《オホフ》之《レヲ》、在《アテ》外《グヱ》衣《エノ》上《ヘニ》始《メテ》著《キル》瓔《ヤウ》珞《ラクヲ》、如《クシテ》

---

①執　右◎「フ」と上書訂記
②令身清淨→◎令《シテ》《シメテ》身《ヲ》清淨《ナラ》

1-692

常《ノ》服《ブク》《キモノ反》法《ノ》、令《シム》外《グワイ》人《ジンヲシテ》不《ザラ》怪《アヤシマ》《マヤシマ反》、又取《トテ》瓔珞《ノ》孔《アナノ》一《ノ》頭《ハシヲ》以《テ》臘《ラウヲ》塞《フサイデ》之《ヲ》、一頭《ツノ》孔《アナノ》中《ニ》盛《モリ》
蒲《ブ》桃《ダウノ》漿《コムヅヲ》、滿《ミテ》已《ハテ》還《カヘテ》塞《フサグニ》、但《タヾ》是《レ》瓔珞《ナリ》、悉《ク》皆《ナ》如《クニス》此《ノ》、莊嚴既《スデニ》竟《オハテ》、徐《ヤウヤク》歩《アヨムデ》入《イテ》宮《ミヤニ》與《ト》王
相《ヒ》見《ミルコトヲ》。 問曰、諸《ノ》臣《シム》奉《ウケ下ハテ》勅《チヨクヲ》不《ズ》許《ユルサ》見《コトヲ》王《ヲ》。未《イブカシ》審、夫人門《ヲバ》家《ケ》不《ズシテ》制《セイセ》放《ホシキマヽニ》令《ムル》得《ヘシ》
入《イルコトヲ》者《ハ》、有《ル》何《ナニ》意《カ》也《ヤ》。答曰、諸《シヨ》臣《シムハ》身異《コトニ》、復是《レ》外人《ジンナリ》。恐《オソレバ》有《コトヲ》情通、致《イタス》使《シムルコトヲ》 嚴《イツクシク》
加《クワヘ》重《ヂウ》制《セイヲ》。又夫人者《ハ》身《ハ》是《レ》女人《ナリ》、心《ニ》無《シ》異《コトナル》計《ハカリゴト》。與《ト》王宿《シウ》縁《ノ》業《ゴウ》重《オモシ》、久《ヒサシク》近《チカヅイテ》夫《フ》
妻《サイナリ》。別《ベチナレドモ》體《タイハ》同《ジ》心《ロ》、致《ス》使《シムルコトヲ》 人《ヲシテ》無《ナカラ》外《グヱ》慮《リヨ》。是《コヽヲ》以《テ》得《エシム》入《イテ》與《ト》王相《ヒ》見《ルコトヲ》。 五從《リ》「爾《ニ》
時《ジ》大王食《ジキ》麨《セウト云》」下至《ル》「授《ジユ》我八戒《云ニ》」已來《ハ》、正明《ス》父《ノ》王因《ヨテ》禁《キンニ》請《シヤウズルコトヲ》 法《ヲ》。此《レ》明《ス》
夫人既《ニ》見《ヲ》王已《ハテ》、即《チ》刮《ネブリ》《ベキ》取《トリテ》身《ノ》上《ノ》酥《ソヲ》麨《セウ》團《ダムヲシテ》《マロメテ》 授《ジユ》與《ヨスルニ》王《ニ》、王得《エツ》即《チ》食《スルコトヲ》、食《スルコト》 麨《セウヲ》
既《ニ》竟《オハテ》、即《チ》於《シテ》宮《ノ》内《ニ》夫人求《メ》得《ヘテ》淨水《ヲ》、與《アタヘテ》王《ニ》漱《スヽガシム》口《ヲ》、淨《キヨメ》口《ヲ》已《オハテ》竟《ズ》不可《ラ》虚《ムナシク》引《ヒク》時《ヲ》、
朝《テウ》《シバラク》心無《シ》所《ロ》寄《ヨル》、是《コヽヲ》以《テ》虔《ケン》恭《クヰヨウシ》《ツヽシミ》合掌《シテ》、廻《メグラシテ》 面《オモテヲ》向《ムカヘテ》於耆《ギ》闍《シヤニ》、致《シテ》敬《キヤウヲ》如來《ニ》請《シヤウ》求《グスルコトヲ》
加《カ》護《ゴヲ》。此《レ》明《ス》身業《ノ》敬《ヲ》、亦通《ジテ》有《リ》意《イ》業也。「而《ニ》作是言」已《ト云ヨリ》下、正明《ス》口業《ノ》請《ヲ》、亦
通《ジテ》有《リ》意業也。言《フ》「大目連是吾《ゴ》親《シン》友《ウト》」者《ハ》有《リ》其《ノ》二意。但目連《ハ》在《アテハ》俗《ゾクニ》是《レ》
王《ノ》別《ベチ》親《シンナリ》。既《ニ》得《エテ》出家《スルコトヲ》 即《チ》是《レ》門師《シナリ》。往《ワウ》來《ライスルニ》宮閤《カウニ》都《スベテ》無《ナシ》障《シヤウ》礙《ゲ》。然《シカモ》在《アテハ》俗《ゾクニ》爲《シ》親《シント》、
出家《セルヲ》名《ク》友《ウト》。故《ニ》名《ク》親友《ト》也。言《フ》「願興《コウ》慈悲授《ジユ》我八戒《ト》」者《ハ》、此《レ》明《ス》父《ノ》王敬《ウヤマフ》

1-475 法《ヲ》情《コヽロ》深《フカクシテ》、重《オモクスルコト》人《ヲ》過《コトヲ》己《ノレニ》。若《シ》未《ダ》《ズハ》逢《アハ》幽《エウ》難《ナンニ》、奉《上ルニ》請《ジ》佛僧《ソウヲ》不《ズ》足《タラ》爲《スルニ》難《シト》。今《マ》既《ニ》被《レテ》囚《トラハ》《シウセ》無《シ》由《ヨシ》致《スニ》屈《クツヲ》。是《ヲ》以《テ》但《タヾ》請《ジテ》目連《ヲ》受《ウク》於八戒《ヲ》也。　問曰、父《ノ》王遙《ハルカニ》敬《ウヤマウニハ》《キヤウ》、先《ツ》禮《ライシ》世尊《ヲ》、及《テハ》其《ノ》受《ルニ》戒《ヲ》卽《チ》請《ズル》目連《ヲ》、有《ル》何《ナニ》意《カ》也《ヤ》。答曰、凡聖《ノ》極《ゴク》尊《ナルコト》無《シ》過《スギタルハ》於佛《ニ》。傾《カタブケテ》

356 心《ヲ》發《シテ》願《ヲ》卽《チ》先《ツ》禮《ス》大師《ヲ》。戒《ハ》是《レ》小緣《エンナリ》。是《ヲ》以《テ》唯《タヾ》請《ズ》目連《ノ》來《リテ》授《クルコトヲ》《サヅケン》。然《ニ》王《ノ》意《ハ》者貴《タントムコト》存《ソンズ》得戒《ヲ》。卽《チ》是《ノ》義《ギ》周《アマネシ》。何《ナンゾ》勞《ワヅラハシク》《イタハシク》迂《マゲテ》屈《クツセムヤ》世尊《ヲ》也。　問曰、如來《ノ》戒法《ニ》乃《スデニ》有《リ》無《ム》量《ニ》、父《ノ》王唯《タヾ》請《ジテ》八戒《ヲ》不《ザル》請《ゼ》餘《ヨヲ》也《ヤ》。答曰、餘《ノ》戒《ハ》稍《ヤヽ》寬《ヒロシテ》時節長遠《オンナリ》。恐畏《オソラクハ》中間《ニ》失《シチ》念《シテ》流轉《セムコトヲ》《シナン》生死《ニ》。其《ノ》八戒《ト》者《イハ》如《シ》餘《ヨノ》佛經說《ノ》。在家《ノ》人《ノ》持《タモツナリ》出家《ノ》戒《ヲ》。此《ノ》戒《ハ》持《ヂ》心極《メテ》細《コマカナリ》《サイ反》極《メテ》急《キウナリ》。何《ナニ》意《ゾ》然《シカルトナラバ》者、但《タヾ》時節稍《ヤヽ》促《ツヽマテ》、唯《タヾ》限《カギリ》一日一夜《ニ》作《サ》法《シテ》卽《チ》捨《スツ》。云何《イカンゾ》知《シル》此《ノ》戒《ノ》用《ヨウ》心行細《サイナリト云コトヲ》。　如《シ》戒文《ノ》中《ニ》具《ツブサニ》顯《ハシテ》云《ガ》。佛子從《ヨリ》今《コム》旦《タン》至《テ》明旦《タンニ》一日一夜、如《ク》諸佛《ノ》不《ズ》殺《セチ》生《セ》、能《ノウ》持《ヂナラムヤ》不《ナヤ》。答《ヘテ》言《ク》、能《ク》持《テ》□□。第二《ニ》又云《ハク》、佛子《シ》從《リ》今《コム》旦《タン》至《テ》明旦《ニ》一日一夜、如《スベシ》諸佛《ノ》不《ズ》偸《チウ》盜《タウシ下ハ》、不《ズ》行《ゼ》婬《インヲ》、不《ズ》妄《マウ》語《ゴセ》、不《ズ》飲《オン》

357 酒《ジユセ》《サケ》、不《ズ》得《ヘ》脂《シ》粉《フンヲ》塗《ヌルコトヲ》身《ニ》、不《ズ》得《ヘ》歌《カ》《ウタイ反》舞《ブヲ》《マウ反》唱《シヤウ》《トナフ反》伎《ギシ》《ギカク反》及《ビ》往《ユイテ》觀《ミル反》聽《チヤウスルコト》《キク反》、不《ザルガ》得《ヘ》上《ノボルコト》高《カウ》廣《クワウノ》大牀《シヤウニ》《ユカ》。此《ノ》上《ミノ》八《ハ》是《レ》戒《ニシテ》非《ズ》齋《サイニ》。不《ザレ》得《エ》過《スギテ》中《ヲ》食《ジキスルコト》、此《ノ》一《ハ》是《レ》齋《ニシテ》非《ズ》戒《ニ》。此等《ノ》諸戒皆引《ヒイテ》諸佛《ヲ》爲《ス》證《ト》。何《ニヲ》以《ノ》故《ニ》唯《タヾ》佛《ト》與《トノミ》佛正習《ジフ》倶《トモニ》盡《ツクシ下ヘリ》《セリ》。除《テ》佛《ヲ》已還《コノカタハ》惡習《ジフ》等《ヒトシク》由《ナヲ》

在《アリ》。是《ノ》故《ニ》不《ズ》引《ヒイテ》為《セ》證《ト》也。是《ヲ》以《テ》得《ルニ》知《コトヲ》、此《ノ》戒《ノ》用《ヨウ》心《ジム》起《キ》行極《メテ》是《レ》細《サイ》急《キウナリ》。又此《レ》戒《ニ》佛說《下ヘリ》有《リト》八種《ノ》勝法。若《シ》人一日一夜具《ツブサニ》持《タモテ》不《ザレバ》犯《ボンセ》、所《ショ》得《ノ》功德超《テウ》過《クワセリ》人・天・二乘《ノ》境界《ニ》。如《シ》經《ニ》廣《ク》說《ガ》。有《ガ》斯《コノ》益故《ニ》、致《ス》使《ルコトヲ》父《ノ》王日日《ニ》受《ウケ》之《ヲ》。

六從《リ》「時大目連《ト云》」下至《ル》「為王說法《ト云ニ》」已來《ハ》、明《ス》其《ノ》父《ノ》王因《ヨテ》請《ニ》得《コトヲ》蒙《カブルコトヲ》聖法《ヲ》。此《レ》明《ス》目連得《テ》他《タ》心智《チヲ》遙《ハルカニ》知《テ》父《ノ》王《ノ》請《ノ》意《ヲ》、即《チ》發《シテ》神通《ヲ》如《クニ》彈《ダン》指《シノ》頃《アヒダノ》到《イタルコトヲ》於王《ノ》所《ロニ》。又恐《オソラクハ》人不《ズ》識《ラ》神通之《ノ》相《ヲ》。故《ニ》引《ヒイテ》快《トキ》《ヨキ》鷹《タカヲ》為《ス》喩《タトヒト》。然《シカモ》目連《ガ》通力《ハ》、一念之《ノ》頃《アヒダニ》遶《メグルコト》四天下《ヲ》百千之《ノ》帀《サウス》《ナリ》。豈《アニ》①得《エム》與《ト》鷹《タカ》為《スルコトヲ》類《タグヒ》也《ヤト》。如《ノ》是《ノ》比《ヒ》校《ケウニ》乃《チ》有《リ》衆多。不《ズ》可《ラ》具《ツブサニ》引《ヒク》。如《シ》『賢《ゲン》愚《グ》經《ニ》』具《ニ》說《ガ》。言《フ》「日日如是授《ジュ》王八戒《ト》」者《ハ》、此《レ》明《ス》父《ノ》王《ノ》延《ノベテ》命《イノチヲ》致《スコトヲ》使《コトヲ》目連《シテ》數《シバシバ》來《キタテ》受《ウケ》戒《ヲ》。

問曰、八戒既《ニ》言《フ》勝《スグレタリト》者《ハ》、一《ビ》受《ウクルニ》即《チ》足《タンヌ》。何《ナンゾ》須《スベカラク》《ベキ》日日《ニ》受《ウク》之《ヲ》。答曰、山《ハ》不《ズ》厭《イトハ》高《タカキコトヲ》、海《ミハ》不《ズ》厭《ハ》深《フカキコトヲ》、刀《カタナハ》不《ズ》厭《ハ》利《トキコトヲ》、日《ハ》不《ズ》厭《ハ》明《ヲ》《アカキ反》、人《ハ》不《ズ》厭《ハ》善《ゼンヲ》《ヨキ反》、罪《ミハ》不《ズ》厭《ハ》除《ノゾコルヲ》、賢《ケンハ》《カシコシ反》不厭德《ヲ》、佛《ハ》不厭聖《ヲ》。然《シカモ》王《ノ》意者《ハ》既《ニ》被《ラレテ》囚《シュ》《イマシメ反》禁《キンセ》、更《ニ》不《ズ》蒙《カブラ》進止《シヲ》。念念之《ノ》中《ニ》畏《オソル》人《ノ》喚《ヨバイ》殺《コロサムコトヲ》。為《ニ》此《レガ》晝《チウ》夜《ニ》傾《カタブケテ》心《ヲ》、仰《アオイデ》憑《タノム》八戒《ヲ》。望《マウ》欲《ヨクス》積《シャク》善增《ゾウ》高《カウニシテ》擬《ギスルコトヲ》資《シセムコト》來《ライ》業《ゴフニ》。

言《フ》「世尊亦遣《ケン》富《フ》樓《ル》那《ナ》為王說法《ト》」者《ハ》、此《レ》明《ス》世尊《ノ》慈悲《ノ》意重《オモクシテ》愍《ミム》念《玉フコトヲ》王身《ヲ》。忽《タチマチニ》遇《アフテ》《イマシメ》囚《シュ》勞《ラウニ》《ワヅラウ》、恐《オソラクハ》生《ゼムコトヲ》憂《ウ》悴《スイヲ》。然《シカモ》富《フ》樓《ル》那者《ハ》於《ヲイテ》聖弟

---

① 得　右◎「ム」の下一字抹消

子《シノ》中《ニ》最《モトモ》能《ク》說《ク》法《ヲ》。善《ヨク》有《テ》方便開發《ス》人《ノ》心《ヲ》。爲《ニ》此《ノ》因《イン》縁《ノ》、如來發《ハツ》遣《ケンシテ》爲《ニ》王《ノ》說《トカシメテ》法《ヲ》、以除《ク》憂《ウ》惱《ナウヲ》。　七從《リ》「如是時間《ト云》」下至《ル》「顏《ゲン》色《シキ》和《ワ》悅《エチト云ニ》」已來、正《ク》明《ス》父王《ノ》因《ヨテ》食《ジキト》聞《モン》法《トニ》多日《マデ》不《ザルコトヲ》死《セ》。此《ハ》正明《ス》夫人多時《ニ》奉《テ》食《ヲ》以《テ》除《ノソキ》飢《ケ》渴《カツヲ》、二聖又以《テ》戒法《ヲ》內《ナイヨリ》資《タスケテ》善《ヨク》開《コトヲ》王《ノ》意《ヲ》。食《ジキハ》能《ク》延《ノベ》命《ヲ》、戒法《ハ》養《ヤシナテ》神《ジンヲ》、失《シチシ》苦《クヲ》亡《マウジテ》憂《ウレヘヲ》、致《ス》使《コトヲ》顏《ゲン》容《ヨウ》和《ワ》悅《エツナラ》也。　上來雖《ドモ》有《リト》七句《クノ》不同、廣《ク》明《シ》禁《キン》父《ブノ》縁《ヲ》竟《ヌ》。

三就《ツイテ》禁《キン》母《モノ》縁《ノ》中《ニ》卽《チ》有《リ》其《ノ》八。　一從《リ》「時阿闍世《ト云》」下至《ル》「由《ユ》存《ソン》在耶《ヤト云ニ》」已來《ハ》、正《ク》明《ス》問《コトヲ》父《ノ》音《イム》信《ヲ》。此《レ》明《ス》闍王禁《キンズルコトヲ》。父日數既《ニ》多《オヽシ》、人《ノ》交《マジハリ》總《ソウジテ》絕《タヘ》、水食《ジキ》不《ズシテ》通《ゼ》二七有《ウ》餘《ヨナリ》、命《チ》應《ベキコトヲ》終《オハル》也。作《ナシ》是《ノ》念《ヲ》已《ハテ》、卽《チ》致《テ》宮《キウ》門《モンニ》問《トハク》守門《ノ》者《ノニ》、父王今者《ハ》猶《ナホ》存在《セリヤ》耶。　問曰、若《シ》人食《ジキシテ》一餐《ザム》之《ノ》飯《ボンヲ》《イヒ反》、限《カギリ》至《ヌレバ》七日《ニ》卽《チ》死《ス》。父《ノ》王以《テ》經《ヘタルヲ》三七《ヲ》計《ハカルニ》、合《ベキコト》命《チ》斷《タユ》無《シ》疑《ヒ》。闍王何《ナニヲ》以《モテカ》不《ズシテ》直《タヾチニ》問《テ》曰《イハ》門《モン》家《カノ》父《ノ》王今者死《シ》竟《オハレリ》耶《ヤト》、云何《イカヾ》致《イタシテ》疑《ヒヲ》而《シカモ》問《トヘルハ》猶《ナホ》存在《セルカト》者《ル》、有《ニ》何《カ》意《ヤ》也。答曰、此《レハ》是《レ》闍王意《イ》密《ミチノ》問《モン》也《ナリ》。但《タヾシ》以《テナリ》萬《マム》基《キ》之《ノ》主《ヌシタルヲ》、擧《コ》動《ドウ》不《ズ》可隨《ズイギユル》宜《ニ》。父王《ノ》既《ニ》是《レ》天性《セイ》情《コヽロ》親《シタシ》、無《シ》容《ベキコト》言《フニ》問《テ》死《セリヤト》。恐《オソラクハ》失《トガ》在《アテ》當《タウ》時《ジニ》、以《テ》成《ジヤウゼムコトヲ》譏《キ》《ソシリ反》過《クワヲ》《トガ反》。但以《オモムミレバ》內心《ニ》標《ヘウシテ》《アラハス》死《ヲ》、口《ニ》問《トフ》在《アリヤト》者《ハ》、爲《タメナリ》欲《ホツスルガ》息《ヤメムト》永《ナガキ》惡逆之《ノ》聲《ナヲ》也。　二從《リ》「時守門人白言《ゴント云》」下至《ル》「不可禁《キン》制《ゼイト云ニ》」已來、正《ク》明《ス》門家以《テ》事《ジヲ》具《ツブサニ》答《コタウルコトヲ》。此《ハ》明《ス》闍世前《キニ》問《トフニ》父王在者《アリヤト》、今《マ》次《ニ》門家奉《ホウ》答《タウスルコトヲ》《シテ》。「①白言大王國大夫人」已下《ト云ヨリ》、正《ハ》明《ス》夫人密《ヒソカニ》奉《上ル》王《ニ》食《ジキヲ》、王既《ニ》得《エテ》食《ヲ》、食能《ク》延《ノベテ》命《ヲ》、雖《ドモ》經《フト》多日《ヲ》父《ノ》命猶《ナホ》存《ゾンゼルコトヲ》、此《レ》乃《チ》夫人之《ノ》意《ナリ》、非《ズ》是《レ》門家之《ノ》過《トガニハ》。

問曰、夫人奉《上ルニ》食《ヲ》、身《ノ》上《ヘニ》塗《ヌリ》麨《セウヲ》衣《キヌノ》下《シタニ》密《ヒソカニ》覆《オホフテ》、出入往《ユキ反》還《カヘル反》《スルニ》、無《シ》人得《コト》見《コト》。何《ガ》故②《ゾ》門家具《ツブサニ》顯《スヤ》夫人《ノ》奉《上ル》食《ヲ》之事《コトヲ》。答曰、一切《ノ》和《ワ》密《ミツ》不《ズ》可《ラ》久《ク》行《ズ》。縱《タトヒ》巧《タクミニ》牢《カタク》藏《カクセドモ》、事《ジ》還《カヘテ》彰《アラハレヌ》《アラハレ》露《ロス》《アラハル》。父王《ノ》既《ニ》禁《キンゼラレテ》在《アリ》宮內《ニ》、夫人日日《ニ》往還《ス》。若《シ》不《ズハ》密《ヒソカニ》持《モテ》麨《セウヲ》食《ジキセシメ》、王《ノ》命《チ》無《シ》由《ヨシ》得《ルニ》活《イクルコト》。今《マ》言《フ》密《ミツト》者《ハ》、望《ノゾメテ》門家《ニ》述《ノブル》夫人《ノ》意《ヲ》也。夫人謂《オモヘドモ》密《カクシテ》《ミニシテ》外《グワイ》人《ジンニ》不《ズト》知《シラレ》、不《ザラムヤ》其《ノ》門家盡《コトゴトク》以《テ》覺《サトラ》之《ヲ》。今《マ》既《ニ》事《コト》窮《キハメテ》、無《シ》由《ヨシ》相《ヒ》隱《カクスニ》。是《ヲ》以《テ》一一《ニ》具《ツブサニ》向《テ》王《ニ》說《トク》。言《フ》「沙門目連《ト》」已下《ハ》、正明《ス》二聖騰《ノボテ》③空《ニ》來《ライ》去《コスルコト》、不《ズ》由《ヨラ》門路《ロニ》、日日《ニ》往還《シテ》爲《ニ》王說《トクコトヲ》法《ヲ》。大王當《ニ》《ベシ》知《シル》、夫人《ノ》進《ス》食《ヲ》先《サキニ》不《ズ》奉《ウケ下ハラ》王《ノ》教《ヲ》、所以《コノユヘニ》不《ズ》敢《アヘテ》遮《シヤ》《サヘギリ》約《ヤクセ》《トヾメズ》、二聖乘《ジヨウズ》空《ニ》、此《レ》亦不《ズ》猶《ヨラ》門制《セイニ》也。

三從《リ》「時阿闍世聞此語《ゴト云》」下至《ル》「欲害《ガイ》其《ゴ》母《モト云ニ》」已來、正明《ス》世王《ノ》瞋怒《イカルコトヲ》。此《レ》明《シ》闍王既《ニ》聞《キ、》門家《ノ》分疏《シヨヲ》已《オハテ》、卽《チ》於《シテ》夫人《ニ》心《ニ》起《オコシ》惡怒《ヌヲ》、口《ニ》陳《ノブル》《チムズルコトヲ》　惡《アシキ》辭《ジ》《コトバヲ》、又起《オコス》三業《ノ》逆《ギヤクヲ》。三業《ノ》惡《ト云ハ》、罵《ノテ》父母《ヲ》爲《スルヲ》賊《ゾクト》名《ナツケ》口業《ノ》逆《ギヤクト》、罵《ノルヲ》沙門《ヲ》者《バ》名《ケ》口業《ノ》惡《ト》、執《トテ》劍《ケンヲ》殺《セツスルヲ》母《ヲ》名《ク》身業《ノ》逆《ト》。身口《ノ》所《コロ》爲《ナス》以《テ》心《ヲ》爲《ス》主《シユト》、卽《チ》

---

①白　◎「上」と左傍にあり
②故　右◎「ゾ」と上書訂記
③空　右◎「ニ」の上二字抹消

名《ク》意業《ノ》逆《ト》。又復前《ゼン》方便《ヲ》爲惡《シト》、後正行《ヲ》爲逆《スト》。言「我《ヨリ》母是賊《ソクト云》」已下、正明《ス》口《ニ》出《スコトヲ》惡《ノ》辭《コトバヲ》ジ反。云何《ゾ》罵《ノテ》母《ヲ》爲《ル》賊《ゾクト》、賊《ゾク》之《ノ》伴《トモガラナレバナリ》也。但《タヾシ》闍王元《モトノ》心致《イタス》怨《ウラミヲ》於父《ニ》、恨《ウラムラクハ》不《ザルコト》早《ハヤク》終《オハラ》、母《ノ》乃《チ》和《ワシテ》爲《タメノ》進《スヽムルガ》糧《カテヲ》故《ニ》令《シム》不《ザラ》死《セ》。是《ノ》故《ニ》罵《ノリテ》言《イフ》我《ガ》母《ハ》是《レ》賊《ゾクナリ》、賊《ゾク》之《ノ》伴《トモナリト》也《ナリ》。言《イフ》「沙門惡人《ト》」已下、此《ハ》明《ス》闍世《ノ》瞋《イカリ》母《ノ》進《ムルヲ》食《ジキヲ》、復聞《キヽテ》沙門與《タメニ》王《ノ》來《ライ》去《コスルコトヲ》、致《ス》使《コトヲ》更《ニ》發《サ》瞋《シン》心《ヲ》。故《ニ》云《イフ》有《テカ》何《イカナル》呪《ジユ》術《ジユツ》而令《シムルト》惡王多《ヲシテ》日《ニ》不《ザラ》死《セ》。言《イフ》「卽《ソク》執《シフ》利《リ》劍①《ケント》」已下、此《レ》明《ス》世王《ノ》瞋《イカリ》盛《サカリニシテ》逆《ギヤク》及《オヨブコトヲ》於母《ニ》。何《ナンゾ》其《ソレ》痛《イタマシキ》哉《カナヤ》。撮《トリテ》頭《カウベヲ》擬《アツ》劍《ケンヲ》。身命頓《タチマチニ》在《アリ》須《シユ》臾《ユニ》。慈母合掌《シテ》曲《マゲ》身《ヲ》低《ウナダレ》頭《ヲ》、就《ツク》兒《ニ》之《ノ》手《テニ》。夫人爾時熱《アツキ》汗《アセ》遍《アマネク》流《ナガレテ》、心神悶《モン》絕《ゼツス》。嗚呼《ア》哀《アハレナル》哉《カナ》、怳《クヰウ》忽《コツ》之《ノ》間《ニ》逢《アヘル》斯《コノ》苦《ク》難《ナンニ》。　四從《リ》「時有一臣《シン》名曰月光《ト云》」下至《ル》「却《キヤク》行而《ニ》退《タイト云ニ》」已來、正《ハ》明《ス》二臣《シン》切《セツ》諫《カンシテ》《オシフ》不《ザルコトヲ》聽《ユルサ》。此《ハ》明《ス》二臣乃《チ》是《レ》國之《ノ》輔《フ》相、立《リウ》政《セイ》《マツリゴト》之綱《カウ》《オホツナ》記《キナリ》、望《ノゾム》得《ヘムト》萬《バン》國《ニ》揚《アゲ》名《ヲ》八方《ニ》昉《ハウ》習《ジフスルコトヲ》。　忽《タチマチニ》見《テ》闍王《ノ》起《オコスヲ》於勃《ボツ》《ニワカニ》逆《ギヤクヲ》執《トテ》劍《ケンヲ》欲《ホス》殺《セセントノ》其母《ヲ》、不《ズシテ》忍《シノバ》見《ニ》斯《コノ》惡事《ジヲ》、遂《ツイニ》與《ト》耆《ギ》婆《バ》犯《オカシテ》顏《カホヲ》設《マウクルコトヲ》諫《カンヲ》イサミ反也。言《イフ》「時《ト》」者《ハ》、當《ニ》《アタレリ》闍王欲《スル》殺《コロサムト》母《ヲ》時《ニ》也。言《フ》「有《ウ》一大臣《ト》」者《ハ》彰《アラハス》其《ノ》位《ヲ》也。言《フ》「月光《ト》」者《ハ》彰《ス》其《ノ》名《ヲ》也。言《フ》「聰《ソウ》明多智《チト》」者《ハ》彰《ス》其《ノ》德《ヲ》也。言《フ》「及《ギウ》與《ヨ》耆《ギ》婆《バト》」者、耆婆亦是《レ》父《ノ》王《ノ》之子《コ》、奈《ナ》女之《ノ》兒《ニナリ》。忽《タチマチニ》見《テ》家《ケ》兄《キヤウノ》《アニ》於《オイテ》母《ニ》起《スヲ》逆《ヲ》、遂《ツイニ》與《ト》月光同《ク》

①劍　右◎「ト」の下「云」とあるを抹消

諫、言《イフ》「爲王作禮《ト》」者《ハ》、凡《オホヨソ》欲《スル》諂《シ》《トブラヒ》諫《カンセムト》《ヲシフ》大人《ニンヲ》之法《ハフハ反》、要《カナラズ》須《スベカラク》《ベシ》設《マウケテ》拜《ハイヲ》以《テ》表《ヘウス》身敬《キヤウヲ》。今此《ノ》二臣《シン》亦爾《シカナリ》。先《ツ》設《ケテ》身敬《ヲ》覺《カク》動《ドウス》王《ノ》心《ヲ》、斂《オサメ》手《ヲ》曲《マゲテ》躬《ミヲ》方《マサニ》陳《ノブ》本意《ヲ》也。又「白言大王」者《ト云ハ》、此《レハ》明《ス》月光正《ク》欲《スルコトヲ》陳《ノ□ムト》辭《コトバヲ》。望《ノゾム》得《エムト》闍王開《テ》心《ヲ》聽《チヤウ》《キヽ》攬《ラムセムコトヲ》《ミル》。爲《ノ》此《ノ》因緣《ノ》故《ニ》、須《ラク》《ベシ》先《ツ》白《マウス》。言《イフ》「臣《シン》聞《モン》毗陀論經說《ト》」者《ハ》、此《ハ》明《ス》廣《ク》引《ヒクコトヲ》古《コ》今《コムノ》書《ショ》《フミ》史《シ》・歷《レキ》帝《テイ》之文《ブン》記《キヲ》《シルス反》。古《コ》《イニシヘ》人《ジンノ》云《ク》、言《イフコト》不《ザルハ》關《アヅカラ》典《テンニ》君《クン》子《シノ》所《ロナリ》慚《ハヅル》。今《マ》既《ニ》諫《カンズル》事《コト》不《ズ》輕《カロカラ》。豈《アニ》可《ムヤ》虛《コ》言《ゴンヲモテ》妄《マウ》說《ス》。言《イフ》「劫《コウ》初《ショ》已《イ》來《ライト》」者《ハ》彰《ス》其《ノ》時《ヲ》也。言《フ》「有《ウ》諸惡王《ト》」者《ハ》、此《レハ》明《ス》總《ソウジテ》標《アラハスコトヲ》非《ヒ》禮《レイ》暴《ボ》《アラキ》逆之《ノ》人《ヲ》也。言《フ》「貪《トム》國位《ヰ》故《コト》」者《ハ》、此《ハ》明《ス》非《ヒ》意《イニ》所《ロヲ》貪《トン》奪《ダツスル》《ウバウ》父《ノ》坐處《ヲ》也。言《フ》「殺《セチ》害《ギヤク》《ガイ反》其《ゴ》父《ブト》」者《ハ》、此《ハ》明《ス》既《ニ》於《ヲイテ》父《ニ》起《スニ》惡《ヲ》不《ズ》可《ラ》久《シク》留《トヾマル》、故《ニ》須《ラク》《ベシト云コトヲ》斷《タツ》命《ヲ》也。言《フ》「一萬八千《ト》」者《ハ》、此《ハ》明《ス》王今殺《コロセルコトヲ》父《ヲ》與《ト》彼《カレ》類《ルイ》同《スルコトヲ》也。言《フ》「未《ミ》曾《ゾウ》聞有無道害《ガイ》母《ト》」者《ハ》、此明《ス》自《ヨリ》古《イニシヘ》至《テ》今《ニ》害《シテ》父《ヲ》取《トレルコトハ》位《ヲ》史《シ》籍《ジヤクノ》良《リヤウ》談《ダンナリ》、貪《トムジテ》國《ヲ》殺《セツスルコトハ》母《ヲ》都《スベテ》無《コトヲ》記《キセル》處《ロ》。若《シ》論《ロンゼバ》劫《コフ》初《シヨヨリ》已來《タヲ》、惡王《ノ》貪《トムゼン》國《ヲ》、但《タヾ》殺《シテ》其《ノ》父《ヲ》不《ズ》加《クワヘ》慈《ジ》母《ヲ》。此《レ》則《チ》引《テ》古《ヘヲ》異《ス》今《ニ》。大王今《イマ》者貪《トムジテ》國《ヲ》殺《ス》父《ヲ》。父《ハ》則《チ》有《リ》位《クラヰノ》可《ベキ》貪《トムズ》。可《ベシ》使《シム》類《ルイ》同《セ》於古《イニシヘニ》。母《ハ》卽《チ》無《シ》位《トシテ》可《ベキ》求《モトム》。横《ワウニ》加《クワフ》逆《ギヤク》害《ヲ》。是《コヽヲ》以《テ》將《マサニ》今異《イス》昔《ムカシニ》也。(觀經意)言《フ》「王今爲《ナサ》此《ノ》殺《セチ》母《モヲ》者《バ》、汚《ケガシテント》刹《セツ》利《リノ》種《シユヲ》」也。言「刹利《ト》」者《ハ》、乃《チ》是《レ》四《シ》姓《シヤウノ》高元《グエン》《モト》、王者《ジヤ》之《ノ》種、代《ダイ》代《ダイ》相承《ジヨウス》。豈《アニ》同《ジカラムヤ》凡《ハム》《ボン》碎《スイニ》《サイ二反》。言

「臣《シン》不《ブ》忍聞《ト》」者《ハ》、見《ルニ》王《ノ》起《オコスヲ》惡《ヲ》損《ソン》《ソンス》辱《ニクシテ》《ハヂシム》宗《ソウ》親《シンヲ》、惡聲流布《セム》。我之性《セイ》望《バウ》《ノゾム》恥《ハヂ》慚《ハヅルコト》無《シ》
地《トコロ》。言「是《ゼ》旃《セン》陀羅《ト云》」者《ハ》乃《チ》是《レ》四姓之《ノ》下《カ》流《リウ》也《ナリ》。此《レ》乃《チ》性《セイ》懷《イダイテ》匈《クヰヨウ》《アシク》惡《ヲ》不《ズ》閑《ナラハ》仁《ジム》
義《ヲ》。雖《ドモ》著《キタリト》人《ノ》皮《カハヲ》、行《ジ》同禽《キン》獸《ジユニ》。王《ハ》居《コシテ》上族《ゾクニ》《ヤカラ》、押《オシテ》臨《ノゾム》萬《バム》基《キ》《モト》之《ノ》主《ヲ》。今既《ニ》起《ヲコシテ》惡《ヲ》加《クワフ》恩《オムニ》、
365
與《ト》彼《ノ》下《ゲ》流《リウ》何《ソ》異《コトナラムヤ》也。言「不《フ》宜《ギ》住此《ト》」者《ハ》即有《リ》二義。一者王今造《リテ》惡《ヲ》不《ズ》
存《ソンゼ》風禮《ヲ》。京《ケイ》《キヤウ》邑《ヲフ》《サト》神州《シウニ》、豈《アニ》①遣《ツカハシテ》旃《セン》陀羅《ヲ》爲《タラシメムヤ》主《シユ》也。此即擯《ヒン》《ヤリ》出《スル》《イダス》宮城《ヲ》意也《ナリ》。二
者王雖《ドモ》在《リト》國《ニ》損《ソンス》我宗《ソウ》親《シムヲ》、不《ジ》如《シカ》、遠《トヲク》擯《ヒンシテ》他《タ》方《ニ》永《ナガク》絶《タヘテン》無《ム》聞之地《ヂニ》。故云《イフ》「不《フ》
宜《ギ》住此《ト》」也。言「時二大臣説此語《ト□》」已下《ハ》、此《レハ》明《ス》二臣直《ヂキニ》諫《イサムルコト》切《セツニシテ》、語《コトバ》極《メテ》
麤《アラクシテ》、廣《ヒロク》引《ヒイテ》古《コ》今《コムヲ》、望《ノゾムコトヲ》得《コトヲ》王《ノ》心開悟《ゴスルコトヲ》。言「以《イ》手《シユ》按《アム》劍《ケント》」者《ハ》、臣《シン》自《ラ》按《オサヘテ》手《ヲ》中《アツル》劍《ツルギニ》
也。
　問曰、諫《カン》辭《ジ》《コトバ》麤《ソ》惡《ニシテ》不《ズシテ》避《サラ》犯《オカスコトヲ》顏《ガンヲ》、君《クン》臣《シン》之《ノ》義既《ニ》乖《ソムケリ》。何以《カ》不《ズシテ》廻《ヱシテ》身《ヲ》直《ニ》
去《サラ》、乃《チ》言《フ》「却《キヤク》行而《ニ》退《タイト》」也《ヤ》。答曰、麤《ソ》《アラキ反》言《ゴン》雖《ドモ》逆《サカウト》王《ニ》、望《ノゾム》息《ヤメムコトヲ》害《スル》母《ヲ》之心《ヲ》。又恐《オソラクハ》瞋《シン》《イカリ》
毒《ドク》未《ダ》《ズ》除《ノゾカ》、繫《カクルコト》劍《ケンヲ》危《アヤウクセムコトヲ》己《オノレヲ》。是《コヽヲ》以《テ》按《オシテ》劍《ツルギヲ》自《ラ》防《フセイデ》、却《キヤク》行而《シテ》退《シリゾク》。　五從《リ》「時阿
闍世驚《オドロキ》怖《オソル》《フト云》」下至《ル》「汝《ニヨ》不《フ》爲我耶《ヤト云ニ》」已來《ハ》、正明《ス》世王生《ズルコトヲ》怖《オソリヲ》。此明《ス》闍世
366
既《ニ》見《ミルコト》二臣《シン》諫《カン》辭《ジ》麤《ソ》切《セツナルヲ》。又覩《ミテ》按《オシテ》劍《ヲ》而去《サルヲ》、恐《オソラクハ》臣背《ソムキテ》我《ヲ》向《ムカテ》彼《ノ》父《ノ》王《ニ》更《ニ》②生《ゼムコトヲ》
異《イ》計《ケイヲ》、致《ス》使《コトヲ》情地《チヲシテ》不《ザラ》安《ヤスカラ》。故《ニ》稱《シヨウス》惶《ワウ》《ヲノヽキ》懼《クト》《ヲツ》。彼《レ》既《ニ》捨《ステヽ》我《ヲ》、不《ズ》知《ラ》爲《ニスト》誰《タレガ》。心《ニ》疑《ウタガテ》不《ズ》決《クヱツセ》。

---

①遣旃陀羅爲主→◎遣《ツカハシテ》旃《セン》陀羅《ヲ》爲《タラシメムヤ》主《シユ》
②生　右◎「ト」の下一字抹消

遂《ツイニ》即《チニ》口問《テ》審《アキラム》之《ヲ》。故云《ニイフ》「耆婆汝《ニヨ》不爲我《ト》」也。言《フ》耆婆《トハ》者是《レ》王之《ノ》弟《オト、》也。古《コ》人《ノ》云《ク》、家《イヘニ》有《トキハ》衰《スイ》禍《クワ》、非《ザレバ》親《シンニ》不《ズ》救《スクハ》。汝既《ヂ》是《ニ》我《レ》弟者《オト、ナレバ》、豈《アニ》同《カラム》月光《ニ》也《ヤ》。六從《リ》「耆婆白言」《ト云》下至《ル》「愼《シン》莫《マク》害母」《ト云ニ》已來《ハ》、明《ス》二臣重《カサネテ》諫《カンズルコトヲ》。此明《ス》耆婆實《マコトヲモテ》答《コトヲ》大王《ニ》。若《シ》欲《オモハ》得《ヘムト》我《ヲ》等爲《スルコト》相《ト》者《バ》、願《クハ》勿《ナカレ》害《コト》母《ヲ》也。此直《タヾチニ》諫《イサム》竟《ヌ》。七從《リ》「王聞此《シ》語《ゴト云》」下至《ル》「止《シ》不害母」《ト云ニ》已來《ハ》、正明《ス》闍王受《ウケテ》諫《カンヲ》放《ユルスコトヲ》母《ノ》殘《ザン》命《メイヲ》。此明《ス》世王既《ニ》得《エ》耆婆《ガ》諫《ヲ》已《ハテ》、心《ニ》生《ジテ》悔《クエ》恨《コンヲ》、愧《ハヂテ》前《キノ》所《シヨ》造《ザウヲ》、即《チ》向《テ》二臣《シムニ》求《メテ》哀《アハレミヲ》乞《コフコト》命《ヲ》、因《ヨテ》即《チ》放《ユルシテ》母《ヲ》脱《ノガラシメツ》於死難《ノナムヲ》、手中之《ノ》劍還《テ》歸《ヲサムルコトヲ》本匣《トノハコニ》。八從《リ》「勅語內官《クワント云》」下至《ル》「不令《シメ》復出《云ニ》」已來《ハ》、明《ス》其世王《ノ》餘瞋《ヨ》禁《キンズルコトヲ》母《ヲ》。此明《ハ》世王雖《ドモ》受《ウケテ》臣諫《シンノ》放《ユルスト》母《ヲ》、猶《ナヲ》有《テ》餘《ヨ》瞋《リ》不《ズ》令《シメ》在《アラ》外《ホカニ》、勅《シテ》語內官《ニ》閉《トヂ》置《オイテ》深宮《ジムニ》、更《ニ》莫《ナキコトヲ》令《シムルコト》出《シテ》與《ト》父王《ノ》相見《ヒセ》。上來雖《ドモ》有《ト》八句《ノ》不同、廣明《シ》禁母《ノ》緣竟《ヌ》。

四就《テ》厭《エン》苦《クノ》緣《ノ》中《ニ》即有《リ》其四《ノ》。一從《リ》「時韋提希《ケト云》」下至《ル》「憔悴《セウスイト云ニ》」已來《ハ》、正明《ス》夫人爲《ニ》子《ノ》幽《エウ》禁《キンセラル、コトヲ》。此明《ス》夫人雖《ドモ》勉《ノガルト》死難《ナンヲ》、更《ニ》閉《トヂ》在《オカレテ》深宮《ジムニ》、守《シユ》當《タウ》極牢《メテカタクシテ》無《シ》由《ヨシ》得《ニ》出《ヅ》、唯《タヾ》有《テ》念念《ニ》懷《イダクコトノミ》憂《ウレヘヲ》、自然《ニ》憔《セウ》悴《スイスルコトヲ》。傷歎《シヤウタンシテ》曰《ク》、禍《ワザワイ》哉《ナルカナ》今日《ケウノ》苦《クルシミ》、①遇《アフテ》値闍王《ノ》喚《ヨンデリ》利刃《ジムノ》中間《チウニ》結《ムスボヲレ》、復置《オク》深宮《ニ》難《ナンニ》。問《テ》曰《ク》、夫人既《ニ》得《タリ》勉《マヌカレテ》死入《コトヲ》

①遇値　右◎「フ」の下一字抹消

368　1-482

宮《ニ》。宜《ヨロシク》《シ》應《ベシ》二訴《ウタ、ゲ》《イサミ》樂《ラクス》一、何《ナニ、》因《ヨテカ》反《カヘテ》更《ニ》愁《シユ》憂《ウスル》《ウレヘ ウレウ》也。答曰、卽《チ》有《リ》二三《ノ》義《ノ》不同一。一明《ス》下夫人既《ニ》自《ラ》被《ラレテ》レ閉《トヂ》、更《ニ》無《シ》二人《トシテ》進《ス、メテ》レ食《ヲ》與《アタウルモノ》一レ王《ニ》、王又聞《キ、テ》二我《ガ》在《アルヲ》レ難《ナンニ》、轉《ウタ、》更《ニ》愁憂《セムコトヲ》、今既《ニ》無《クシテ》レ食加《クワヘ》レ憂《ウレヘヲ》者《バ》、王之《ノ》身命定《メテ》應《ベキコトヲ》上レ不《ザル》レ久《ヒサシカラ》。二明《ス》下夫人既《ニ》被《カブテ》二囚《シユ》《イマシメ》難《ナンヲ》一、何《イツレノ》時《ニカ》更《ニ》見《上ラムト云コトヲ》中如來之《ノ》面《テ》及《ビ》諸《ノ》弟子《ヲ》上。三明《ス》下夫人奉《ウケテ》レ敎《ヲ》禁《キンジテ》在《リ》二深《ジム》宮《ニ》一、内官《ニ》守《シユ》-當《タウシテ》水《ミヅ》泄《モルコト》《セツ》不《ズ》レ通《ゼ》、旦《タン》《アシタ》①夕《セキ》《ユフベ反》之《ノ》間《ニ》唯《タヾ》愁《ウレウルコトヲ》中死《シ》路《ロヲ》上。有《テ》二斯《コノ》三《ノ》義一切《セツ》二-逼《ヒツス》身-心《ヲ》一。得《エムヤ》レ無《コトヲ》二憔《セウ》悴《スイスルコト》一也。

二從《リ》二「遙《エウ》向《カウ》耆《ギ》闍崛山」《ト云》一下至《ル》二「未《ミ》擧《コ》頭《ツ》頃」《クヰヤウト云ニ》一已-來、正《ク》明《ス》二夫人因《ヨテ》レ禁《キンニ》請《ジ》レ佛《ヲ》意《ニ》有《コトヲ》レ所《ロ》レ陳《ノブル》。此《レ》明《ス》下夫人既《ニ》在《アテ》二囚《シウ》禁《キンニ》一、自身無《シ》レ由《ヨシ》レ得《ルニ》レ到《イタルコト》二佛邊《ベンニ》一、唯《タヾ》有《アテ》二單《タン》心《ノミ》一、面《テヲ》向《ヘテ》二耆闍《ニ》一、遙《ハルカニ》禮《上テ》二世尊《ヲ》一、願《ハクハ》佛《ノ》慈悲、表《ヘウ》中-知《チシ玉ヘト云コトヲ》弟子《ガ》愁憂之《ノ》意《ヲ》上。言《イフ》二「如來在昔《シヤク》之《シ》時《ジト》」一已下、此《レ》有《リ》二二義一。一明《ス》下父《ノ》王未《ダ》《ザシ》レ被《ラレ》レ禁《ゼ》時《トキハ》、或《ハ》可《ベシ》三王及《ビ》我身親《シタシク》到《イタリヌ》二佛邊《ニ》一、或《ハ》可《ベシ》三如來及《ビ》諸《ノ》弟子《ヲシテ》親《ク》受《ウケシメツ》二王《ノ》請《ヲ》一、然《シカモ》我《レ》及《ビ》王《ノ》身倶《トモニ》在《アテ》二囚《シユ》禁《ニ》一、因-緣斷《ダン》絕《ゼツシ》、彼《ヒ》-此《シ》情《コ、ロ》乖《ソムケリト云コトヲ》上。　二明《ス》丁父《ノ》王在《アテヨリ》レ禁已《コノ》-來、數《シバシバ》蒙《カウムルコトヲ》丙世尊遣《ツカハシテ》二阿難《ヲ》一來《キタラシメテ》慰《ヰ》《コシラヘ》乙-問《モンシ下コトヲ》我《ヲ》甲。云-何《ガ》慰《ヰ》-問《スル》。以《テ》レ見《ヲ》二父《ノ》王《ノ》囚《シユ》-禁《セラル、ヲ》一、佛恐《オソラクハ》夫人憂《ウ》《ウレヘ》惱《ナウセムコトヲ》《ナヤム》、以《テ》二是《ノ》因緣《ヲ》一故《コトサラニ》遣《ツカハシテ》慰《ヰ》《コシラヘ反》-問《スル》也《ナリ》。言《フ》二「世尊威《ヰ》重《ヂウ》無《ム》由《ユ》得見」《ト》一者《ハ》、此明《ス》下夫人内《ウチニ》自《ラ》卑《ヒ》謙《ケンシテ》、歸《クヰ》二-尊《ス》於佛弟子《ニ》一、穢《ヱ》質《ゼツノ》女身、福《フク》因《イン》尠《セン》《スクナク》薄《バクナリ》《ウスシ》、佛德威《ヰ》高《タカシ》、無《シ》レ由《ヨシ》二輕《カロガロシク》《タヤスク》觸《フル、ニ》一、願《クハ》遣《ツカハシテ》二目連

369

①旦　左◎「夕」の下「反」とあるを抹消

等《ヲ》一與《タメニ》レ我《ガ》相《ヒ》見《シメ玉ヘト云コトヲ》上。　問曰、如來《ハ》即《チ》是《レ》化主《ナリ》。應《ベシ》レ不《ザル》レ失《ウシナハ》《トガ》二時《ジ》宜《ギヲ》一。夫人何《ニヲ》以《テ》不《ズシテ》三加《ヘ》二致《チ》請《ヲ》一、乃《チ》喚《ヨバウ》二目連等《ヲ》一。有《ル》二何意《カ》一也《ヤ》。答曰、佛德尊嚴《ゴンナリ》。小緣《ヲモテ》不《ズ》二敢《アヘテ》輙《タヤスク》請《ゼ》一。但《タヾ》見《テ》二阿難《ヲ》一、欲《フ》三傳《ツタヘテ》レ語《ゴヲ》往《ユイテ》白《サント》二世尊《ニ》一。佛知《シリ玉ヘリ》二我意《ヲ》一、復使①《シメ玉ヘ》下阿難《ヲシテ》傳《ツタヘテ》二佛之《ノ》語《ゴヲ》一、指《シ》《サシ》中授《ジユセ》《サツク》於《ニ》上我《レ》。以《テノ》二斯《コノ》義《ヲ》一故《ニ》願《フ》レ見《ミムト》二阿難《ヲ》一。　言《フ》二「作是語已《イト》」一者《ハ》、總《ソウジテ》說《キ》二前《ノ》意《ヲ》一竟《ハル》也《ナリ》。言《イフ》二「悲《ヒ》泣《キウ》《ナク》雨《ウ》淚《ルイト》《ナンダ》」一者《ハ》、此明下夫人自《ラ》唯《タヾシ》罪《ツミ》重《オモシ》、請《ルニ》二佛《ノ》加《カ》哀《アイヲ》《アハレミ》一、致《ス》レ敬《キヤウヲ》情《コヽロ》深《フカクシテ》悲《ヒ》淚《ルイ》滿《ミテリ》レ目《メニ》、但《タヾ》以《テ》三渴《カツ》仰《ガウスルヲ》二靈《レイ》儀《ギヲ》一、復加《マスマス》遙《ハルカニ》禮《ライシ》、叩《タヽイテ》レ頂《カウベヲ》跱《ヂ》《タチ》二踰《ヂヨシ》《モトヲル》須《シユ》臾《ユニ》一未《ダ》上レ擧《アゲ》《ザルコトヲ》。　三從《リ》二「爾時世尊《ト云》」一下至《ル》二「天華持《ヂ》用《ヨウ》供《ク》養《ヤウニ》」一已來、正明《ス》二世尊自《ラ》來《キタテ》赴《オモムキ下コトヲ》レ請《ニ》。此明《ス》下世尊雖《ドモ》レ在《マシマスト》二耆闍《ニ》一、已《スデニ》知《シルコトヲ》中夫人《ノ》心念之《ノ》意《ヲ》上。言《フ》二「敕《チヨク》大目連等從《ジユ》空而《ニ》來《ト》」一者《ハ》、此明《ス》レ應《ズルコトヲ》二夫人《ノ》請《ニ》一也《ナリ》。言《フ》二「佛從《ジユ》耆《ギ》山沒《モツト》」一者《ハ》、此明《ス》下夫人宮內《ナイノ》禁約《ヤク》極《メテ》難《カタシ》、佛若《シ》現《ジテ》レ身《ヲ》來《ライ》赴《フシ下ハヾ》《オモムク》、恐畏《ヲソラクハ》闍世知《チ》聞《モンシテ》更《ニ》生《ゼンコト》二留《ル》《トヾマル》難《ナンヲ》一、以《テノ》二是《ノ》因緣《ヲ》一故《ニ》、須《ラク》中此《ニ》《ベキコトヲ》沒《モツシテ》彼《カシコニ》出《イツ》上也。言《フ》二「時韋提禮《ライ》已《イ》擧②《コ》《アゲ》頭《ツト》《カウベ》」一者《ハ》、此明《ス》二夫人致《ス》レ敬《キヤウヲ》之時《ヲ》一也。言《フ》二「見佛世尊《ト》」一者《ハ》、此明③《ス》二世尊宮中《ニ》已《スデニ》出《イデ、》致《コトヲ》レ使《シムルコトヲ》二夫人《ヲシテ》擧《アゲテ》レ頭《カウベヲ》即《チ》見《ミセ》一。言《フ》二「釋迦牟尼佛《ト》」一者《ハ》、簡《ケン》二異《イス》餘佛《ニ》一。但《タヾシ》諸佛《ノ》名《ミナ》通《ジテ》、身相不《ズ》レ異《ナラ》。今《マ》故《コトサラニ》標《ヘウ》《アラハス》二定《ヂヤウシテ》釋迦《ヲ》一使《シム》レ無《カラ》レ疑《ヒ》也。言《フ》二「身紫《シ》金色《ト》」一者《ハ》、顯《シ》二定《サダム》其《ノ》相《ヲ》一也。言《フ》二「坐《ザ》百寶華《ト》」一者《ハ》、簡《ケン》二異《イスル》餘《ヨ》座《ザニ》一也。

①「使…我」一一字→◎使《シテ》《シメ玉ヘ》下阿難《ヲ》一傳《ツタヘテ》二佛之《ノ》語《ゴヲ》一指《シ》《サシ》中授《ジユセ》《サツク》於《ニ》我《レ》上

②擧　右◎コン

③「明…見」一五字→◎明《ス》下世尊宮中已《ニスデニ》出《イデ、》致《コトヲ》レ中使《シムルコトヲ》《シテ》二夫人《ヲ》一擧《アゲテ》レ頭《カウベヲ》即《チ》見《ミセ》上

1-703

371

言《フ》「目連侍《ジ》左《サ》」等《ト》者《ハ》、此《レ》明《ス》更《ニ》無《ナクシテ》餘《ヨノ》衆《シュ》、唯《タヾ》有《コトヲ》二僧《ソウ》。言《フ》「釋梵護《ゴ》世《ト》」者《ハ》、此明《ス》天王衆《シュ》等、見《ルニ》佛世尊隱《カクレテ》顯《シ玉フヲ》王宮《ニ》、必《ズ》說《ベシ》希《ケ》奇《キ》之《ノ》法《ヲ》、我《レ》等《ラ》天・人因《ヨルガ》韋提《ニ》故《ニ》得《エン》聽《キクコトヲ》未《ミ》聞《モン》之《ノ》益《ヲ》、各乘《ジテ》本念《ニ》普《ク》住《ヂユ》臨《リンシテ》空《ニ》、天耳《ニ》遙《ハルカニ》餐《サンシテ》《アヂハウ》、雨《フテ》華供《ク》養《スルコトヲ》。又言《フ》釋《ト》者《ハ》、卽《チ》是《レ》天帝《タイ》也《ナリ》。言《フ》梵《ト》者《ハ》、卽《チ》是《レ》色界《ノ》梵王等也《ナリ》。言《フ》護《ゴ》世《ト》者《ハ》、卽《チ》是《レ》四天王也《ナリ》。言《フ》「諸天《ト》」者《ハ》、卽《チ》是《レ》色《シキ》・欲《ヨク》界等《ノ》天衆《シュ》。既《ニ》見《テ》天王《ノ》來《キタリ》①向《ムカヘルヲ》佛邊《ベンニ》、彼《ノ》諸《ノ》天衆亦《マタ》從《シタガテ》王《ニ》來《タテ》、聞《キヽテ》法《ヲ》供《ク》養《ス》。

四從《リ》「時韋提希見世尊」《ト云》下至《ル》「與《ヨ》提婆《バ》共《グ》爲眷屬《ゾクニ》」已來、正明《ス》夫人擧《テ》頭《ヲ》見《テ》佛、口言傷《シヤウ》《イタミ》歎《タンシ》《ナゲキ》、怨《オン》《アダ》結《ケツノ》情《コヽロ》深《キコトヲ》也。言《フ》「自《ジ》絕《ゼツ》瓔《ヤウ》珞《ラクト》」者《ハ》、此明《ス》夫人身《ノ》莊《カザリ》瓔珞猶《ナホ》愛《アイシテ》未《ダ》除《ノゾカ》《ズ》、忽《タチマチニ》見《テ》如來《ヲ》羞《ハヂ》慚《ハツルニ》自《ラ》絕《ヌクコトヲ》。

問曰、云何《ゾ》自《ラ》絕《ヌク》也《ヤ》。答曰、夫人《ハ》乃《チ》是《レ》貴《クヰ》中《チウ》之《ノ》貴、尊《ノ》中

1-484

之《ノ》尊《ナリ》。身《ノ》四《シ》威《ヰ》儀《ギニ》多《クノ》人供《ク》給《キウシ》、所《ロノ》著《キタル》衣《エ》服《ブク》皆《ナ》使《ツカフ》傍《バウ》人《ヲ》。今《マ》既《ニ》見《テ》佛《ヲ》恥《ハヂ》愧《ハツル》情《コヽロ》深《フカクシテ》、不《ズ》依《ヨラ》鉤《コウ》《クサリ》帶《タイニ》《ヲビ》、頓《トムニ》《タチマチニ》自《ラ》掣《ヒキ》却《サク》。故《ニ》云《イフ》自《ジ》絕《ゼツト》也。

言《フ》「擧《コ》身《シン》投《トウ》地《ヂト》」者《ハ》、此明《ス》夫人內心《ニ》感《カン》結《ケツシ》、怨《オム》《アダ》苦《ク》難《ガタシ》堪《タヘ》、是《コヽヲ》以《テ》從《ヨリ》坐《ザ》②踊《ユウシテ》《ユウ反》身《ヲ》而立《リウシ》、從《ヨリ》立《リウ》踊《ユウシテ》身《ヲ》投《ナグルコト》地《ヂニ》。此《レ》乃《チ》歎《ナゲキ》《タン》恨《ウラミ》《コム》處《トコロ》深《フカクシテ》、更《ニ》不《ズ》事《コトヽセ》禮拜威《ヰ》儀《ヲ》也。言《フ》「③號《テイ》泣《キウ》向《カウ》佛《ト》」者《ハ》、此《レ》明《ス》夫人婉《エン》

372

轉《デンシテ》佛前《ニ》、悶《モム》《イキドヲリ》絕《ゼツシ》號《サケブ》哭《コクスルコトヲ》《ナク》。

言《フ》「白佛《ト》」已下、此《レ》明《ス》夫人婉轉涕《テイ》《ナク》哭《コクスルコト》《ナキ》量《ヤ》、久《ヒサシク》、少《スコシキ》

①向　右◎「ル」と上書訂記
②踊　右◎シウシテ
③號　◎「號《テイ》」と上欄註記

惺《サメテ》始《ハジメテ》正《タヾシクシテ》身《ノ》威儀《ヲ》、合掌《シテ》白《コトヲ》佛《ニ》。我自《ヨリ》一生《ノ》已來《タ》、未《ダ》《ズ》曾《カツテ》造《ラ》其《ノ》大罪《ザイヲ》。未審《イブカシ》、宿《シュク》業《ノ》因縁有《テ》何《ナンノ》殃《アフ》咎《グ》而《モ》與《ト》此《ノ》兒《チゴ》共《トモニ》爲《タル》母子《シ》。此《レ》明《ス》夫人既《ニ》自《ラ》障《サワリ》深《フカクシテ》不《ズ》識《シラ》宿《シュク》因《ヲ》、今被《カウムル》兒《チゴノ》害《ガイヲ》、謂《オモフテ》是《レ》横《ワウニ》來《キタレリト》、願《クハ》佛《ノ》慈悲、示《シメシ玉ヘト云コトヲ》我《ニ》徑《ケイ》路《ロヲ》。言《フ》「世尊復有何《ガ》等因《イン》縁《ト》」已下、此《レ》明夫人向《フテ》佛《ニ》陳《ノベ》訴《ウタフ》、我《ハ》是《レ》凡夫、罪惑《ワク》《マドヒ》不《ザレバ》盡《ツキ》、有《リ》斯《コノ》惡報《ホウ》、是《ノ》事《ジ》甘《カン》心《ス》、世尊《ハ》曠劫《ニ》行《ジテ》道正習《ジフ》倶《トモニ》亡《マウジ》、衆智朗《ラウ》然《ネントシテ》果《クワ》圓《マドカナルヲ》號《ガウス》佛《ブチト》、未審《イブカシ》、有《アテカ》何《ナンノ》因縁乃《チ》與《ト》提婆共《トモニ》爲《シ玉ト云コトヲ》眷《クヱン》屬《ゾクト》。此《ノ》意《ニ》有《リ》二。一明《ス》夫人致《スコトヲ》怨《ウラミヲ》於子《ニ》。忽《タチマチニ》於《ヲイテ》父母《ニ》狂《タワレテ》起《オコス》逆心《ヲ》。二明又恨《ウラムラクハ》提婆教《ヘテ》我《ガ》闍世《ヲ》造《ラシム》斯《コノ》惡計《ケイヲ》《ハカリゴト》、若《シ》不《ズ》因《ヨラ》提婆《ニ》者《ハ》、我兒《チゴ》終《ツイニ》無《ナシト云コトヲ》此《ノ》意也《ナリ》。爲此《ノ》因縁《ノ》故《ニ》致《ス》斯《コノ》問《ヲ》。又夫人問《テ》佛《ニ》云《イフ》「與《ヨ》提婆眷屬《ト》」者《ハ》即《チ》有《リ》其二。一者《ハ》在家《ノ》眷屬、二者《ハ》出家《ノ》眷屬。言《フ》在家《ト》者《ハ》、佛之《ノ》伯《ハク》《ヲヂ》叔《シクニ》有《リ》其《ノ》四人。佛《ト》者《イフハ》即《チ》是《レ》白《ビヤク》淨王《ノ》兒《コ》、金毗《ビ》者白飯王《ノ》兒、提婆者斛《コク》飯《ボム》王《ノ》兒、釋魔男《ナン》者是《レ》甘露飯《ボム》王《ノ》兒《コ》。此《ヲ》名《ク》在家《ノ》外《グヱ》眷屬《ト》也《ナリ》。言《フ》出家《ノ》眷屬《ト》者《ハ》、與《タメニ》佛《ノ》作《ナル》弟子《ト》。故《ニ》名《ク》內《ナイ》眷屬《ト》也。　上來《ニ》雖《ドモ》有《ト》四句《クノ》不同、廣《ク》明《シ》厭苦縁《ヲ》竟《ヌ》。

五就《ツイテ》欣《ゴン》淨縁《ノ》中《ニ》、即有《リ》其《ノ》八。　一從《リ》「唯願世尊爲我廣說」下至《ル》「濁

374

惡世也《ヤニ》」已來、正明《ス》夫人通《ジテ》請《シヤウジ》所《ショ》求《グヲ》、別《ベチシテ》標《ヘウスルコトヲ》苦《ク》界《ヲ》。此明《ス》夫人遇《アフテ》自身苦《クニ》覺《サトルニ》世《セノ》非《ヒ》常《ヲ》、六道同《ク》然《シカナリ》、無《ナキコトヲ》有《コト》安《アムズルニ》心《ヲ》之地《ヨリドコロ》。此《ハ》聞《キ、テ》佛説《ノ》淨土《ノ》無生《ヲ》、願《フ》捨《ステ、》穢《エ》身《ヲ》證《セムトノ》彼無《ム》爲《ヰ》之《ノ》樂《タノシミヲ》。　二從《リ》「此《シ》濁惡處《ト云》」下至《ル》「不見惡人《ニンニ》」已來、正明《ス》夫人擧《ヨテ》出《コトヲ》所《ショ》厭《エム》之《シ》境《キヤウヲ》。此明《ス》閻《エン》浮《ブノ》總《スベテ》惡《ニシテ》未《ダ》有《ラザルヲ》一處《ショトシテ》可《ベキコト》貪《トムズ》。但《タヾシ》以《テ》幻《グヱム》惑《ワクノ》愚《グ》夫《フナルヲ》、飲《ノム》斯《ノ》長苦《クヲ》。言《フ》「此《シ》濁惡處《ト》」者《ハ》正明《ス》苦《ク》界《ヲ》也。又明《ス》器《キ》世間《ヲ》。亦是《レ》衆生《ノ》依《エ》報《ノ》處《トコロナリ》。亦名《ク》衆生《ノ》所依處《ショト》也。言《フ》「地獄」等《ト》已下《ノ》三品《ハ》惡果最《モトモ》重《オモケレバ》也《ナリ》。言《フ》「盈《ヤウ》滿《マント》」者《ハ》、此《ノ》三苦《ク》聚《ジュ》非《ズ》直《タヾ》獨《ヒトリ》指《サスニ》閻《エム》浮《ブ》娑婆、亦《マタ》皆《ナ》遍《アマネク》有《リ》。故《ニ》言《フ》盈滿《ト》。言《フ》「多《タ》不《フ》善聚《ト》」者《ハ》、此明《ス》三界六道不同種《ニシテ》類《ルイ》恆《ゴウ》沙《ジヤナリ》、隨心《ニ》差《シヤ》別《ベチナルコトヲ》。經云《ニ》、「業能《ク》莊《カザル》識《ヲ》、世世處處《ニ》各《オノオノ》趣《オモムイテ》、隨縁《ニ》受《ウク》果報《ヲ》、對《タイ》面《メムシテ》不《ズ》相《ヒ》知《ラ》。」言《フ》「願我未來《ト》」已下、此《レ》明《ス》夫人[01]眞心徹《テツ》到《タウシテ》《トヲリイタリ》厭《イトイ》苦《クノ》娑婆《バヲ》、欣《ネガフ》樂《ノ》無爲《ヲ》、永《ナガク》歸《クヰスルコトヲ》常樂《ニ》。但無爲之《ノ》境《キヤウ》、不《ズ》可《ラ》輕《ケイ》《カロガロシ》爾《ジトシテ》即《チ》階《カナフ》。苦《ク》惱《ナウノ》娑婆、無《シ》由《ヨシ》輒《テウ》然《ネトシテ》得《ルニ》離《ハナル、コトヲ》。自《ヨリハ》非《ズ》發《スニ》金剛之《ノ》志《コヽロザシヲ》、永《ナガク》絶《タヽムヤ》生死之《ノ》元《グヱンヲ》《モト》。若《シ》不《ザラマシカバ》親《シタシク》從《シタガハ》慈《ジ》尊《ニ》、何《ナンゾ》能《ク》勉《マヌカレンヤ》斯《ノ》長歎《タンヲ》《ナゲキ》。然《シカモ》「願我未來不聞惡聲惡人《ト》」者《イハ》、此《レ》明《ス》如《キ》闍王・調達《ノ》、殺《コロシ》父《ヲ》破《ス》僧《ヲ》、及《ビ》惡聲等、願《クハ》亦不《ズ》聞《カ》不見《ジト云コトヲ》。但闍王既《ニ》是《レ》親《シム》生之《ノ》子《コナリ》、上《ミ》於《ヲイテ》父母《ニ》起《オコス》①於

①於　右◎ニ

01［眞心…長歎］信卷 90

殺《セツ》心《ヲ》。何《ニ》況《ムヤウトキ》疎人而不《ザラムヤ》相《ヒ》害《セチセ》。是故《ノ》夫人《ニ》不《ズ》簡《エラバ》親《シム》疎《ソヲ》、總《ソウジテ》皆《ナ》頓《トムニ》捨《スツ》。　三從《リ》「今《コム》向《カウ》世尊」《ト云》下至《ル》「懺悔《ニ》」已來《ハ》、正明夫人淨土《ノ》妙處《ハ》非《ザレバ》善《ニ》不《ズ》生《ゼ》、恐《オソラクハ》有《テ》餘《ヨ》愆《ケン》《ツミトガ》障《サヘテ》不《ズ》得《テ》往《ユクコト》、是《コ、ヲ》以《テ》求《グ》哀《アヒシテ》更《ニ》須《スベカラク》《ベキコトヲ》懺悔《ス》。　四從《リ》「唯《ユイ》願佛日」《ト》下至《ル》「清淨業處《ニ》」已來、正明《ス》夫人通《ツウジテ》請《シヤウズルコトヲ》　去《コ》行《ヲ》。此明《ス》夫人上《ニ》卽《チ》通《ジテ》請《ジ》生處《ヲ》、今亦通《ジテ》請《ズルコトヲ》得生之《ノ》行《ヲ》。言《フ》「佛日」《ト》者《ハ》法・喩《ユ》《タトヘ》雙《ナラベテ》標《ヘウスル》也《ナリ》。譬《タトヘバ》如《シ》日《ヒ》出《イデ、》衆闇《アム》《ヤミ》盡《コトゴトク》除《ノゾコルガ》、佛智輝《カヾヤカシテ》　光《ヒカリヲ》無明之《ノ》夜日《ニチ》朗《ホガラカナリ》。言《フ》「教我觀於清淨」《ト云》已下、正明《ス》既《ニ》能《ク》厭《イトヒ》穢《ヲ》欣《ネガフ》淨《ヲ》、若爲《イカンガ》安《アン》心《ジムシ》注《チユ》想《サウシテ》得《エムト云コトヲ》　生《コトヲ》清淨《ノ》處《ニ》也。　五從《リ》「爾時世尊放《ハウ》眉《ミ》間光」《ト云》下至《ル》「令《リヤウ》韋提見《ケンニ》」已來、正明《ス》世尊廣《ク》現《ジテ》淨土《ヲ》酬《コタヘ下コトヲ》　前《ノ》通請《ヲ》。此明《ス》世尊以《テ》見《下ヘルヲ》夫人廣《ク》求《モトムルコトヲ》淨土《ヲ》。如來卽《チ》放《ハナチ》眉《ミ》間《ノ》光《ヲ》照《テラシ》十方《ノ》國《ヲ》、以《テ》光《ヲ》攝《セフシ》國《ヲ》、還《カヘシ》來《キタシテ》　頂《チヤウ》上《ニ》化作《シテナス》金臺《ダイト》、如《シ》須彌山《ノ》。「如《ニヨ》」之《ノ》言《ゴンハ》似《ジナリ》、似《ニタリ》須彌山《ニ》。此《ノ》山《ヤマノ》腰《コシハ》細《ホソク》上《ミハ》闊《ヒロシ》。所《シヨ》有《ウ》佛國竝《ナラビニ》於《ヲイテ》中《ニ》現《ズ》。種種不同《ニシテ》莊嚴有《リ》異《コトナルコト》。佛神力《ノ》故《ニ》了了分明《ナリ》。加《カ》備《ビシテ》韋提《ニ》盡《コトゴトク》皆《ナ》得《エタリ》見《コトヲ》。　問曰、韋提上《ニ》請《シヤウズ》爲我廣說無憂《ウ》之《シ》處《シヨト》。佛今《マ》何《ナンガ》故《ソ》不《ズシテ》爲《ニ》廣《ク》說《トイ下ハ》、乃《チ》爲《ナシテ》金臺《ヲ》普《ク》現《ゼル》者《ハ》有《ル》何《ナンノ》意《カ》也《ヤ》。答曰、此《ハ》彰《アラハス》如來《ノ》意《イ》密《ミチヲ》也《ナリ》。然《シカモ》韋提發《シテ》　言《コトバヲ》致《イタス》請《ヲ》、卽是《レ》廣《ク》開《ナリ》淨土之《ノ》門《ヲ》。若爲《シ》之《ニ》《コレガ》總《ソウジテ》

01［從我…選也］眞卷177

1-487 377

說《トカバ》、恐《オソラクハ》彼《レ》不《ズシテ》見《ミ》心《ニ》猶《ナホ》致《イタサンコトヲ》惑《マドヒヲ》。是《ヲ》以《テ》一一《ニ》顯現《シテ》對《タイシテ》彼《ノ》眼《マナコノ》前《マヘニ》、信《マカセテ》彼《ノ》所《ショ》須《シユニ》隨心《ニ》自《ラ》選《エラバシム》。　六從《リ》「時《ジ》韋提白佛《ト云》」下至《ル》「皆有光明《ニ》」已來、正明《ス》夫人總《ソウジテ》領《リヤウシテ》所現《ヲ》、感《カン》《エタリ》荷《ガスルコトヲ》《ニナウ》佛恩《オンヲ》。此《レ》明《ス》夫人總《ジテ》見《ニ》十方佛國《ヲ》、竝《ナラビニ》悉《ク》精《セイ》華《クワナレドモ》、欲《ホスルニ》比《ヒセムト》極樂《ノ》莊嚴《ニ》、全《マタク》非《ザルコトヲ》比《ヒ》《タトヒ》況《クキヤウニ》。故《ニ》云《フ》「我今《コム》樂生安樂國《ト》」也《ナリ》。　問曰、十方《ノ》諸佛《ハ》斷《ダン》惑《ワク》無《シ》殊《シユ》《コトナルコト》。行畢《オハリ》果《クワ》圓《ナルコト》、亦應《ベシ》無《ナカル》二。何以《ヲカ》一種《ノ》淨土《ニ》卽《チ》有《ウル》斯《コノ》優《ウ》《マサリ》劣《レツ》《ヲトル》也《ヤ》。答曰、佛《ハ》是《レ》法王、神通自在《ナリ》。優《ウ》之與《ト》劣《レツ》、非《ズ》凡《ボム》惑《ワクノ》所《ニ》知《ル》。隱《オン》顯隨機《キニ》望《ノゾム》存《ソンゼンコトヲ》化益《ヲ》。或《ハ》可《ベシ》故《コトサラニ》隱《カクシテ》彼《ノ》爲《タルヲ》優《ウ》、獨《ヒトリ》顯《シテ》西方《ヲ》爲《ス》勝《シヨウト》。　七01從《リ》「我今樂生彌陀」已下、正明《ス》夫人別《ベチシテ》選《エラムコトヲ》所求《ヲ》。此明《ス》彌陀本國四十八願《ヲ》。願願皆《ナ》發《ス》增《ゾウ》上《ノ》勝因《インヲ》。依《ヨテ》因《コレニ》起《ス》於勝行《ヲ》、依《ヨテ》行《ニ》感《カンズ》於勝果《ヲ》、依果《ニ》感《カム》成《ス》勝報、依報《ニ》感《カム》成《ス》極樂《ヲ》、依樂《ニ》顯通《ス》悲化《ヲ》、依《ヨテ》於悲化《ニ》顯開《ス》智慧之《ノ》門《ヲ》。然《シカルニ》悲心無盡《ナリ》、智亦無《ム》窮《グウナリ》。悲《ヒ》智《チ》雙《サウ》行《シテ》卽《チ》廣《ク》開《ク》甘露《ヲ》。因《ヨテ》茲《コレニ》法潤《ニン》普《ク》攝《セフス》群《グン》生《ヲ》也。諸餘《ノ》經典《テンニ》勸《スヽムル》處《ロ》彌《イヨイヨ》多《シ》。衆聖齊《ヒトシクシテ》心《ヲ》皆《ナ》同《ク》指《シ》讚《サンス》。有《テ》此《ノ》因緣、致《ス》使《ルコトヲ》如來密《ヒソカニ》遣《ツカハシテ》夫人《ヲ》、別《ベチシテ》選《バ》也。　八從《リ》「唯願世尊《ト云》」已下、正明《ス》夫人請《シヤウ》求《グスルコトヲ》別行《ヲ》。此明《ス》韋

378

提既《ニ》選《テ》得生《ノ》處《トコロヲ》、還《カヘテ》修《シユシテ》別行《ヲ》、勵《ハゲマシテ》己《ヲノレヲ》注《トヽメテ》心《ヲ》必《ズ》望《ノゾムコトヲ》往益《ヲ》。言《フ》「敎我思《ヲモヒ》惟《ハカラウ》《ト》」者《ハ》、

即是定《ヂヤウノ》前《サキノ》方便、思《シ》想憶念《スル》彼《ノ》國《ノ》依正二報・四種《ノ》莊嚴《ヲ》也《ナリ》。言《フ》「教我正受《ト》」者、此《レ》明《ス》因《ヨテ》前《ノ》思想《ニ》漸《ゼン》漸《ゼムニ》微《ミ》細《サイニシテ》、覺《カク》想《サウ》倶《トモニ》亡《マウジテ》《ウズ》、唯《タヾ》有《テ》定心《ノミ》與《ト》前《ノ》境合《ガフスルヲ》名《テ》爲《スルコトヲ》正受《ト》。此《ノ》中《ニ》略《シテ》已《スデニ》料《レウ》簡《ス》。至《テ》下《ノ》觀門《ニ》更《ニ》當《ニ》《ベシ》廣《ク》辯《ベムズ》、應《ベシ》知。　上來《ニ》雖《ドモ》有《ト》八句《ノ》不同、廣《ク》明《シ》欣《ゴム》淨縁《ヲ》竟《ヌ》。

六就《テ》散善顯行《ノ》縁《ノ》中《ニ》即有《リ》其《ノ》五。　一從《リ》「爾時世尊即便微《ミ》《スコシ》笑《エム》」《ト云》下至《テ》「成那《ナ》含《ゴムニ》」已來《ハ》、正明《ス》光《リ》益《スルコトヲ》父《ノ》王《ヲ》。此明《ス》如來以《テ》見《下ニ》夫人《ヲ》願《ジ》生《ムト》極樂《ニ》、更《ニ》請《ズルヲ》得生之《ノ》行《ヲ》、稱《カナヒ》佛《ノ》本心《ニ》、又顯《コトヲ》彌陀《ノ》願《ノ》意《ヲ》。因《ヨテ》斯《コノ》二請《ニ》廣《ク》開《ク》淨土之《ノ》門《ヲ》。非《ズ》直《タヾチニ》韋提《ノ》得《ノミニ》去《サルコト》、有《ウ》識聞《キ、テ》之《ヲ》皆《ナ》往《ユク》。有《ガ》斯《ノ》益故《ニ》、所以《ソヘニ》如來微《ミ》笑《セウシ下》也《ナリ》。言《フ》「有《ウ》五色光從《ジユウ》佛口出《ト》」者《ハ》、此《レ》明《ス》一切《ノ》諸佛《ノ》心口《クノ》常《ツネノ》威《ヰ》儀《ギ》、法爾《ニトシテ》凡《オホヨソ》所《ノ》出《ス》光《リ》必《ズ》有《アルコトヲ》利益。言《フ》「一一光照《セウ》頻《ビン》婆《バ》頂《チヤウト》」者《ハ》、正明《ス》口《ノ》光《リ》不《ズシテ》照《テラサ》餘《ヨ》方《ヲ》、唯照《コトヲ》王《ワウ》頂《チヤウヲ》。然《ルニ》佛光隨身《ノ》出《イデ》處《ドコロニ》必《ズ》皆《ナ》有益。佛《ノ》足《ノ》下《ニヨリ》放《ハナテバ》光《ヲ》、即照《セウ》益《ス》地獄道《ヲ》。若《シ》光《リ》從《リ》膝《ヒザ》出《イツレバ》、照益《ス》畜生道《ヲ》。若《シ》光《リ》從《リ》陰《オム》藏出《バ》、照益《ス》鬼神道《ヲ》。若《シ》光《リ》從《リ》臍《ホソ》出《バ》、照益《ス》修羅道《ヲ》。光《リ》從心《ムネ》出《バ》、照益《ス》於人道《ヲ》。若《シ》光《リ》從《リ》口出《バ》、照益《ス》二乘之人《ヒトヲ》。若《シ》光《リ》從《リ》眉《ミ》間出《バ》、照益《ス》大乘《ノ》人《ニンヲ》。今《マ》明《ニ》此《ノ》光《リ》從《リ》口出《イデ》、直《タヾチニ》照《ス》王頂《ヲ》者《ハ》、即授《サヅクルナリ》其《ノ》小果《ヲ》。若《シ》光《リ》從《リ》眉間出《イデ》、卽從《リ》佛頂入《イル》者《ハ》、卽授《クル》菩薩《ニ》記《キヲ》也《ナリ》。如《キノ》斯《カクノ》義《ギ》者《ハ》廣《クワウ》多《タニシテ》無量《ナリ》、不《ズ》可《ラ》具《ツブサニ》述《ノブ》《ジユムス》。言《フ》「爾時大王雖《スイ》在幽《エウ》閉《ヘイト》」已下《ハ》、正《ク》明《ス》父《ノ》王蒙《カムテ》光《リノ》照《コトヲ》頂《ヲ》《イタヾキ》心眼《ゲン》得《エテ》開《コトヲ》、障《シヤウ》隔《キヤク》《ヘダツ》雖《ドモ》多《シト》自然《ニ》相《ヒ》見《コトヲ》。斯《コレ》乃《チ》因《ヨテ》光《ニ》見《ル》佛《ヲ》、非《ズ》意《ノ》所期《ゴニ》、致《シ》敬《キヤウヲ》歸《クヰ》《カヘシ》依《エシテ》卽《チ》超《コヘテ》證《ス》第三之《ノ》果《ヲ》。二從《リ》「爾時世尊《ト云》」下至《ル》「廣說衆《シユ》譬《ヒニ》」已來、正明《ス》答《コトヲ》前《ニ》夫人別《ベチシテ》選《エラブ》所《シヨ》求《グヲ》之行《ヲ》。此《レ》明《ス》如來從《リ》上《ミ》耆《ギ》闍《シヤ》沒《モツシテ》《カクレテ》王宮《ニ》出訖《オハテ》至《テ》此《ノ》文《モンニ》、世尊嘿《モク》然《ネントシテ》而《シカモ》坐《ザシテ》、總《スベテ》未《ダ》言《ゴム》《ザルコトヲ》說《シ下ハ》。但《タヾ》中《チウ》間《ゲンノ》夫人《ノ》懺悔・請《シヤウ》問・放《ハウ》光・現國等《ハ》、乃《チ》是《レ》阿難從《シタガテ》佛《ニ》王宮《ニシテ》見《テ》此《コノ》因緣《ヲ》、事《コト》了《オハテ》還《カヘテ》山《ニ》、傳《ツタヘテ》向《テ》耆闍《ノ》大衆《ニ》說《ニ》如《ノ》上《ノ》事《ジヲ》、始《ハジメテ》有《リ》此《ノ》文。亦非《ズ》是《レ》無《ニ》時《ニ》佛語《ゴ》也《ヤ》、應《ベシ》知。言《フ》「爾《ニ》時《ジ》世尊告《ガウ》韋提《ト》」已下、正明《ス》告命許《コ》《ユルス》說《ヲ》也《ナリ》。言《フ》「阿彌陀佛不《フ》遠《オント》」者《ハ》、正明《ス》標《ヘウシテ》境《ヲ》以《テ》住《ヂユスルコトヲ》心《ヲ》。卽《チ》有《リ》其《ノ》三。一明《ス》分《ブン》齊《ザイ》不《ズ》遠《トヲカラ》、從《ヨリ》此《レ》超《テウ》《コヘ》過《クワシテ》《スグ》十萬億《ノ》刹《クニヲ》、卽是《レ》彌陀之《ノ》國《クニナルコトヲ》。二明《ス》道里《リ》雖《ドモ》遙《ハルカナリト》、去《サル》時一念卽到《イタルコトヲ》。三明《ス》韋提等及《ギウ》未《ミ》來有緣《ノ》衆生、注《トヾメテ》心《ヲ》觀念、定《スレバ》境相應《シテ》、行人自然《ニ》常《ニ》見《ミルコトヲ》。有《ガ》斯《コノ》三《ノ》義《ギ》故《ニ》云《フ》不《フ》遠《オント》也《ナリ》。言《フ》「汝《ニヨ》當《タウ》繫《ケ》念《ト》」已下、正明《ス》凡《ボム》惑《ワク》障《サハリ》深《シテ》心多《ク》散《サン》動《ドウス》、若《シ》不《ズハ》頓《トムニ》捨《ステ》攀《ヘム》緣《ヲ》、淨境無《ナキコトヲ》由《ヨシ》得《ニ》現《ゲンズルコト》。此卽《チ》正敎《フ》安心住行《ヲ》。若《シ》依《ヨルヲバ》此《ノ》法《ニ》名《テ》爲《スト》

01[從欲…根機]化卷190
02[一切…者散]愚禿鈔289

381　382　1-490

淨業成《ズト》也《ナリ》。言《フ》「我《ガ》今《コム》爲汝《ニヨト》」已下《ハ》、此《レ》明《ス》機《キ》緣未《ダ》具《ソナハラ》《ザレバ》、不《ズ》可《ラ》偏《ヒトヘニ》說《ク》定門《ヲ》、佛更《ニ》觀《ジテ》機《キヲ》、自《ラ》開《カイシ下コトヲ》三福之《ノ》行《ヲ》。　三從《リ》「亦《ヤク》令未來世《ト云》」下至《ル》「極樂國土《ニ》」已《コノ》來《ハ》、正明《ス》擧《アゲテ》機《キヲ》勸《クワン》修《シユ》得益《スルコトヲ》。此明《ス》夫人《ノ》所《ロ》請《ズル》、利益彌《イヨイヨ》深《フカク》、及《マデ》未來《ニ》廻心《シテ》皆《ナ》到《イタルコトヲ》。　四[01]從《リ》「欲《ヨク》生彼國者《シヤ》」下至《ル》「名爲淨業《ニ》」已來、正明《ス》勸修《スルコトヲ》三福之《ノ》行《ヲ》。此《レ》明《ス》[02]一切衆生《ノ》機《キニ》有《アルコトヲ》二種、一者定、二者散。若《シ》依《ヨレバ》定行《ニ》、卽攝《セフスルニ》生《ヲ》不《ズ》盡《ツキ》。是《ヲ》以《テ》如來方便《ベンシテ》顯開《シテ》三福《ヲ》、以《テ》應《ズ》散動《ドウノ》根《コン》機《キニ》。言《フ》「欲生彼國《ト》」者《ハ》標《ヘウ》指《シスル》所《シヨ》歸《クヰヲ》也《ナリ》。言《フ》「當《タウ》修《シユ》三福《ト》」者《ハ》總《ソウジテ》　標《アラハス》行門《ヲ》也。云何《ガ》名《クル》三《ト》。「一者孝養父母」、卽《チ》有《リ》其《ノ》四。一　言《フ》「孝養父母《ト》」者《ハ》、此《レハ》明《ス》一切《ノ》凡夫皆藉《ヨテ》緣《ニ》而生《ズルコトヲ》。云何《ガ》藉《ヨル》緣《ニ》。或《ハ》有《リ》化生、或《ハ》有《リ》濕《シフ》《ウルヲス》生、或《ハ》有《リ》卵《ラム》《カイコ》生、或《ハ》有《リ》胎《ハラマル》生。此《ノ》四《シ》生《ノ》中《ニ》各各《ニ》復有《リ》四生。如《シ》經《ニ》廣《ク》說《トクガ》。但《タヾシ》是《レハ》相《ヒ》因《ヨテ》而《シカモ》生《ズレバ》卽《チ》有《リ》父母。既《スデニ》有《レバ》父母、卽《チ》有《リ》大恩《オン》。若《シ》無父者《ハ》能《ノウ》生之《ノ》因《イン》卽《チ》闕《カケナン》、若《シ》無母者《ハ》所生之《ノ》緣卽《チ》乖《ソムキナム》。若《シ》二人俱《トモニ》無《ナクハ》卽《チ》失《ウシナヒテン》託《タク》生之《ノ》地《トコロヲ》。要《カナラズ》須《スベカラク》《ベシ》父母《ノ》緣《エン》具《グシテ》方《マサニ》有《ル》受《ジユ》身之《ノ》處《コトハリ》。既《ニ》欲《ホスルニ》受《ウケムト》身《ミヲ》、以《テ》自《ラノ》業識《ヲ》爲《シ》內《ナイ》因《イント》、以《テ》父母《ノ》精《セイ》血《クヱツヲ》爲《シテ》外《グヱ》緣《ト》、因緣和合《スルガ》故《ニ》有《リ》此《ノ》身。以《ノ》斯《コノ》義《ヲ》故《ニ》父母《ノ》恩《オン》重《オモシ》。母《ハワ》懷《クワイ》《ハラミ》胎《タイ》《ハラム》已《オハテ》經《ヘテ》於《ヲ》十月、行住坐臥常《ニ》生《シヤウズ》苦《ク》惱《ナウヲ》。復憂《ウレウ》産《サンノ》時死《ノ》難《ナンヲ》。若《シ》生已《ヌレバ》、經《ヘテ》於《ヲ》三年恆《カウ》常《ジヤウ》眠《ネムリ》屎《シニ》臥《フス》尿《ネウニ》。①被《キタル》衣服皆《ナ》亦《マタ》不淨《ナリ》。
及《オヨデ》其《ノ》長大《ニ》愛《アヒシ》婦《メヲ》親《シタシミテ》兒《コヲ》《ニヲ》、於《オイテ》父母《ノ》②處《トコロニ》反《オヨビテ》《カヘテ》生《ジテ》憎《ゾウ》疾《シチヲ》、不《ザル》行《ゼ》恩《オン》孝《カウヲ》者《ハ》即《チ》與《ト》畜
生無《ナキ》《カラ》異《コトナルコト》也《ナリ》。又父母者《ハ》世間《ノ》福田之《ノ》極《キワマリ》也《ナリ》。佛者《ハ》即《チ》是《レ》出世《ノ》福田之《ノ》
極《キワマリ》也《ナリ》。然《シカルニ》佛在世《ノ》時、遇《アヒテ》値時年飢《ケ》《カツヘ》儉《ケンセルニ》《ウヘセ□》、人皆《ナ》餓《ガ》《ウヘ》死《シシテ》《シニ》白《ハク》《シロキ》骨《コツ》《ホネ》縱《ジユ》《タヽサマ》橫《ワウナリ》《ヨコサマ》。諸《ノ》比丘
等乞《コツ》《コフ》食《ジキスルニ》難《ガタシ》得《エ》。於《ニ》時世尊待《マテ》比丘等去《サル》後《ノチヲ》、獨《ヒトリ》自《ラ》入《イリテ》城《ジヤウニ》乞《コツ》食《ジキシ下》。從《リ》旦《アシタ》至《マデ》
中《ニ》門《ニ》門《ニ》喚《ヨバヒ》乞《コヒ下ヘドモ》、無《シ》與《アタフル》食《ヲ》者《モノ》。佛《ノ》還《カヘテ》空《ムナシクシテ》鉢《ハチヲ》而歸《カヘリ下》。明《アクル》日《ヒ》復去《ユキテ》、又還《下ニ》不《ズ》得《下ハ》。後
日復去《ユキ下ニ》、又亦不《ズ》得。忽《タチマチニ》有《テ》一《ノ》比丘、道《ニ》逢《アヒテ》見《ニ》佛《ヲ》、顏《ゲン》《カヲ》色《シキ》《シヨク》異《コトニシテ》常《ツネヨリモ》似《ニタリ》有《イマスニ》飢《ケ》《ウヘ》相。
即《チ》問《上リテ》佛《ニ》言《マウス》、世尊今《マ》已《ニ》食《ジキシ》竟《オハリ下ヘリ》也《ヤト》。佛《ノ》言《ノ下ハク》、比丘、我《レ》經《ヘテヨリ》三日《ヲ》已來、乞《コツ》《コフ》食《スルニ》不《ズ》
得一《ヒト》匙《カヒヲ》。我《レ》今《マ》飢《ケ》虛《コニシテ》無《シ》力《ラ》、能《ク》共《トモニ》汝《ナンヂト》語《ゴセンヤ》。比丘聞《キ、》佛語《ヲ》已《テ》、悲《ヒ》淚《ルイシテ》《ナミダ》不《ズ》能《ハ》自《ラ》勝《タユルコト》。
即《チ》自《ラ》念言《ゴンスラク》、佛《ハ》是《レ》無上《ノ》福田、衆生《ノ》覆《フク》《オヽフ》護《ゴナリ》《マモル》。我《ガ》此《ノ》三衣賣《ウリ》却《サゲテ》、買《カヒ》取《トテ》一鉢《ノ》飯《ボンヲ》《イヰ　ハン》
奉《ブ》《タテマツル》上《ジヤウセムコト》於佛《ニ》、今《マ》正《ク》是《レ》時也《ナリ》。作《ナシ》是《ノ》念《ヲ》已《テ》即《チ》買《カヒ》得《テ》一鉢《ノ》飯《ヲ》、急《スミヤカニ》將《モテ》上《タテマツル》佛《ニ》。佛知《シロシメシテ》
而《シカモ》故《コトサラニ》問《テ》言《ハク》、比丘、時《ジ》年《ネム》飢《ケ》儉《ケンニシテ》人皆《ナ》餓《ガ》死《シス》。汝《ヂ》今《マ》何《イヅレノ》處《トコロニテ》得《テ》此《ノ》一鉢《ノ》純《ジユン》色《ジキノ》
飯《ボンヲ》來《キタレルゾ》。比丘如《シク》前《ノ》具《ツブサニ》白《ス》世尊《ニ》。佛又言《ハク》比丘《ニ》、三衣者《ハ》即是三世《ノ》諸佛之《ノ》
幢《ドウ》相《ナリ》。此《ノ》衣《コロモ》因緣極《メテ》尊《タムトク》極《テ》重《オモシ》、極《メテ》恩《オンアリ》。汝《ヂ》今《マ》易《カヘ》得《エテ》此《ノ》飯《ボムヲ》與《アタフルコト》我《ニ》者《ハ》、大《キニ》領《リヤウスレドモ》

---

①被　◎上に「牀」とあるを抹消
②處　左◎「カヘテ」とあるを抹消

384

汝《ナンヂガ》好《カウ》心《シムヲ》、我《レ》不《ジ》消《ケサ》此《ノ》飯《ヲ》也。比丘重《カサネテ》白《シテ》佛《ニ》言《サク》、佛《ハ》是三界《ノ》福田、聖《ノ》中之《ノ》極《キワマリナリ》、尚《ナヲシ》言《ノ下》不《ジト》消者《バ》、除《テ》佛《ヲ》已外《ハ》誰《タレカ》能《ク》消《ケサンヤ》也。佛《ノ》言《ハク》、比丘、汝《ヂ》有《リヤ》父母已不《イナヤ》。答《テ》言《サク》、有《リ》。汝《ヂ》將《モテ》供《ク》養《シテ》父母《ニ》去《サレ》。比丘言《サク》、佛尚《ナホ》云《ノ下フ》不《ジト》消《ケサ》、我父母豈《アニ》能《ク》消《ケサムヤ》也。佛言《ハク》、得《エテム》消《ケスコトヲ》。何《ヲ》以《ノ》故《ニ》。父母能《ク》生《ゼリ》汝《ナンヂガ》身《ヲ》。於《オイテ》汝《ナムヂニ》有《リ》大重《ヂウ》恩《オン》。爲《ニ》此《コレガ》得《エテン》消《ケスコトヲ》。佛又問《ハク》比丘《ニ》、汝《ガ》父母有《リヤ》信《ズル》佛《ヲ》心不《イナヤ》。比丘言《ハク》、都《スベテ》無《シ》信心。佛言《下ハク》、今有《リ》信《ルベシ》心。見《テ》汝《ガ》與《アタヘムヲ》飯《ボンヲ》大生《ニ》歡《ジテ》喜《ヲ》、因《ヨテ》此《レニ》卽《チ》發《サム》信心。先《ヅ》敎《ヘテ》受《ウケシメヨ》三歸依《エヲ》。卽《チ》能《ク》消《ケサン》此《ノ》食《ジキヲ》也。時《ニ》比丘既《ニ》受《ウケテ》佛敎《ヲ》愍《ミム》仰《ガウシテ》而去《サンヌ》。以《テ》此《ノ》義《ヲ》故《ニ》、大《ニ》須《ラク》孝《ケウ》養父母《ニ》。又佛《ブチ》母《モ》摩《マ》耶《ヤ》生《ジテ》佛《ヲ》經《ヘ》七日《ヲ》已《ハテ》卽《チ》死《シシテ》、生《ズ》忉利天《ニ》。佛後《ゴニ》成道《シテ》至《テ》四月十五日《ニ》卽《チ》向《フテ》忉利天《ニ》、一夏《ゲ》爲《ニ》母《ノ》說法《シ下》。爲《タメナリ》報《ホウゼムガ》十月懷《クワイ》胎之《ノ》恩《オンヲ》。佛尚《ナヲ》自《ラ》收《オサメテ》恩《ヲ》孝養《シ下》父母《ニ》、何《ニ》況《イハムヤ》凡夫而不《ザラム》孝養《セ》。故《ニ》知《リヌ》父母《ノ》恩《オム》深《フカク》極《ゴク》重《ヂウ》也《ナリ》。「奉《ブ》事《ジ》師長《ト》」者《ハ》、此《レ》明《ス》

385

敎示《ジ》、禮《レイ》節《セツヲ》學《ガク》識《シキ》成《ナス》德《ヲ》、因《イン》行無《ナク》虧《カクルコト》乃至成佛《ナルマデニ》、此猶《ナホ》師《シ》之《ノ》善友《ウノ》力《チカラ》也《ナリ》、此之大恩最《モトモ》須《ラク》敬《キヤウ》重《ヂウス》。然《シカモ》父母及《ビ》師《シ》長者《ヲバ》名《テ》爲《ス》敬上《ノ》行《ト》也。言《フ》「慈《ジ》心不殺《セチト》」者《ハ》、此《レ》明《ス》一切衆生皆《ナ》以《テ》命《チヲ》爲《スルコトヲ》本《ト》。若《シ》見《テ》惡緣《ヲ》怖《オソレ》走《ハシリ》藏《カクレ》避《サル》者《ハ》、但《タヾ》爲《タメ》護《マボラムガ》命《ヲ》也。『經《ニ》』（北本卷一〇大衆所問品意／南本卷一〇大衆所問品意）云《ハク》、「一切《ノ》諸《ノ》衆生無《ナシ》不《ズト云コト》愛《アイセ》壽命《ヲ》。勿《ナカレ》殺《コロスコト》、勿

行《ズルコト》杖《ヂヤウヲ》。怒《イカルニ》己《オノレヲ》可《ベシ》爲《ナス》喩《サトリヲ》」卽《チ》爲《ス》證《スト》也。言《フ》「修《シユ》十善業《ト》」者《ハ》、此明《ス》十惡之《ノ》中《ニ》
殺《セツ》業《ゴフ》最《モトモ》惡《ナルコトヲ》。故《ニ》列《ツラネテ》之《ヲ》在《オク》初《ハジメニ》。十善之中《ニハ》長命最《モトモ》善《ナリ》。故《ニ》以《テ》之《ヲ》相《ヒ》對《タイス》也。已
下《ノ》九惡九善者《ハ》、至《テ》下《ノ》九品《ノ》中《ニ》、次《ニ》應《ベシ》廣《ク》述《ジユツス》。此《ハ》明《ス》世《セ》善《ヲ》。又名《ク》慈《ジ》下《ノ》行《ト》也《ナリ》。
二言《フ》「受持三歸《ト》」者《ハ》、此明《ス》世善輕《キヤウ》微《ミニシテ》感《カム》報《ボウ》不《ズ》具《ツブサナラ》、戒德巍《グヰ》巍《グヰトシテ》能《ク》感《カムズルコトヲ》菩
提之果《ヲ》。但《タヾシ》衆生《ノ》歸信從《ヨリ》淺《アサキ》至深。先《ヅ》受《ウケシメテ》三歸《ヲ》、後《ニ》敎《シフ》衆戒《ヲ》。言《フ》「具足衆
戒《ト》」者《ハ》、然《シカモ》戒《ニ》有《リ》多種。或《ハ》三歸戒、或《ハ》五戒・八戒・十善戒・二百五十戒・五
百戒・沙彌戒、或《ハ》菩薩三聚戒・十無盡戒等《ナリ》。故《ニ》名《ク》具足衆戒《ト》也《ナリ》。又一
一《ノ》戒品《ノ》中《ニ》亦有《ル》少《セウ》分《ブン》戒・多分《ブン》戒・全《ゼン》分戒也《ナリ》。言《フ》「不犯《ボン》威儀《ト》」者《ハ》、此明《ス》
身口意業行住坐臥《ニ》能《ク》與《タメニ》一切《ノ》戒《ノ》作《ナスコトヲ》方便《ノ》威儀《ヲ》也《ナリ》。若《シハ》輕《キヤウ》重《ヂウ》麤《ソ》細《サイ》皆《ナ》
能《ク》護《ゴ》持《ヂシテ》、犯《ボンスレバ》卽《チ》悔《クエ》過《クワス》。故《ニ》云《フ》不犯威儀《ト》。此《ヲ》名《ク》戒善《ト》也《ナリ》。三言《フ》「發菩提心《ト》」
者《ハ》、此《レ》明《ス》衆生《ノ》欣《ゴン》心趣《オモムキテ》大《ニ》、不《ザルコトヲ》可《ラ》淺《アサク》發《ス》小因《インヲ》。自《ヨリハ》非《ズ》廣《ク》發《ニ》弘《グ》心《ヲ》、何《ゾ》能《ク》得《エム》與《ト》
菩提相《ヒ》會《エスルコトヲ》。唯願《クハ》我《ガ》身、身同《ク》虛空《ニ》心齊《ヒトシク》法界《ニ》、盡《ツクシテ》衆生性《シヤウヲ》、我《レ》以《テ》身業《ヲ》
恭《ツヽシミ》敬《ウヤマテ》供《マウケ》養《シ》禮《オガム》拜《シテ》、迎《カウ》《ムカヘ》送《ソウシ》《オクル》來《ライ》去《コヲ》運《ウン》《ハコビ反》度《ドシテ》令《シメム》盡《ツクサ》。又我《レ》以《テ》口業《ヲ》讚《サン》歎《ダン》說法《シテ》、皆《ナ》
受《ウケテ》我《ワガ》化《ヲ》、言《コトバノ》下《シタニ》得道《ヲ》者《ハ》、令《シメム》盡《サ》。又我《レ》以《テ》意業《ヲ》入定觀察《ザチシテ》、分《ワカテ》身《ヲ》法界《ニ》應《ジテ》機《ニ》

而度《ドシテ》、無《ナカラム》二一《ヒトリモ》不《ズト云コト》一レ盡《サ》。我《レ》發《ス》二此《ノ》願《ヲ》一。運《ウン》運《ウンニ》增《ゾウ》長《シテ》猶《ナホ》如《ク》二虚空《ノ》一、無《ナク》二處《トシテ》不《ザルコト》一レ遍《ヘンセ》、行流《ル》無《ム》盡《ジンニシテ》徹《テツ》二窮《グシテ》後際《サイヲ》一、身《ニ》無《ク》二疲《ヒ》《ツカレ》倦《クエン》《モノウシ》一、心《ニ》無《ナカラム》二厭《エム》《アクコト》足《ソク》一。又言《フ》二菩提《ト》一者《ハ》卽《チ》是佛果《ノ》之名《ナナリ》。又言《フ》レ心《ト》者《ハ》卽是衆生《ノ》能《ノウ》求《グ》之《ノ》心《ナリ》。故云《フ》二發菩提心《ト》一也《ナリ》。四言《フ》二「深《ジム》信因果」《ト》一者《ハ》卽《チ》有《リ》二其二《レ》一。一明《ス》二世間《ケンノ》苦《ク》樂《ノ》因果《ヲ》一。若作《ツクレバ》二苦因《クノインヲ》一卽感《カムズ》二苦果《クノクワヲ》一。若作《ナセバ》二樂《ラクノ》因《ヲ》一卽感《カンズ》二樂《ノ》果《ヲ》一。如《シ》二似以《テ》レ印印《インヲ》《インスレバ》レ泥《デイヲ》、印《イン》壞《ヤブレテ》文成《ズルガ》一。不《ザレト》レ得レ疑《ヒヲ》也。言《フ》二「讀《ドク》誦《ジユ》大乘」《ト》一者《ハ》、此《レ》明《ス》下經教《ハ》喩《タトフルニ》レ之《ヲ》如《シ》レ鏡《カヾミノ》、數《シバシバ》讀《ヨミ》數《シバシバ》尋《タヅヌレバ》、開《ス》二發智慧《ヲ》一、若智慧《ノ》眼《マナコ》開《ヒラケヌレバ》、卽能《ク》厭《イトヒテ》レ苦《クヲ》欣《ゴム》中樂《ゲウスルコトヲ》涅槃《ヲ》等上也。言《フ》二「勸進行者」《ト》一、此明《ス》下①苦《ク》法《ハ》如《シ》レ毒《ドクノ》、惡法《ハ》如《シ》レ刀《ツルギノ》、流《ル》二轉《シテ》三有《ニ》一損《ソン》二害《ガイス》衆生《ヲ》一、今既《ニ》善《ハ》如《シ》二明鏡《キヤウノ》一、法《ハ》如《シ》二甘露《アマキツユノ》一、鏡《カヾミハ》卽照《テラシテ》二△正道《ヲ》一以《テ》歸《クヰシ》レ眞《ニ》、甘露《ハ》卽注《ソヽイデ》二法雨《ウヲ》一而無《シ》レ竭《ツカル、コト》、欲《スルコトヲ》中使《シメムト》三含靈《ガンレイヲシテ》受《ウケ》レ潤《ウルヲイヲ》等《ヒトシク》會《エセ》二法流《リウニ》一。爲《タメノ》二此因《ノ》一緣《ノ》一故《ニ》須《スベカラク》《ベシ》二相勸《ス、ム》一。言《イフ》二「如此三事《ジト》」一已下《ハ》、總結《ジテケツ》二成《ス》上行《ノヲ》一也。

五從《リ》二「佛告韋提」《ト》一下至《ル》二「正因」《ニ》一已來《ハ》、明《ス》下其《ノ》引《ヒイテ》レ聖《ヲ》勵《ハゲマスコトヲ》上凡《ボムヲ》。但《タヾ》能《ク》決定《アキラメ》注《シテ》《トヾムレバ》レ心《ヲ》、必《ズ》往《ユクコト》無《シ》レ疑《ヒ》。上來雖《レ》有《ト》二五句《クノ》不同一、廣《ク》明《シ》二散善顯行緣《ヲ》一竟《ヌ》。

七就《ツイテ》二定善示《ジ》觀緣《ノ》中《ニ》一卽《チ》有《リ》二其七《ツ》一。

一從《リ》二「佛告阿難」一下至《ル》二「淸淨業」《ニ》一已來《ハ》、正明《ス》二敕《チヨク》聽《チヤウノコ》許《キ、》《ユルシ》說《ヲ》一。此《レ》明《ス》丁韋提前《キニ》請《シヤウジ》レ願《ズルコトヲ》レ生《レムト》二極樂《ニ》一、又請《ズ》二得生之《ノ》行《ヲ》一、

①「明…流△」→◎明《ス》下苦《ク》法《ハ》如《シ》二毒《ドクノ》一惡法《ハ》如《シ》レ刀《ツルギノ》流《ル》二轉《シテ》三有《ニ》一損《ソン》二害《ガイス》衆生《ヲ》一今既《ニ》善《ハ》如《シ》二明鏡《キヤウノ》一法《ハ》如《シ》二甘露《アマキツユノ》一鏡《カヾミハ》卽照《テラシテ》二正道《ヲ》一以《テ》歸《クヰシ》二眞《ニ》一甘露《ハ》卽注《ソ、イデ》二法雨《ウヲ》一而無《シ》二竭《ツカル、コト》一欲《スルコトヲ》中々レ使《シメムト》二含靈《ガンレイヲシテ》受《ウケ》レ潤《ウルヲイヲ》等《ヒトシク》會《エセ》中法流《リウニ》上

如來已《スデニ》許《ユルシテ》、今就《ツイテ》此《ノ》文《ニ》正欲《ルコトヲ》開顯《セント》正受《ジユ》之《ノ》方便《ヲ》。此《レ》乃《チ》因縁《ノ》極《ゴク》要《エウナリ》。利益處《ロ》深《シ》。曠劫《ニモ》希《マレナリ》聞《キクニ》。如今《マ》始《ハジメテ》説《トク》。爲《ノ》斯《コノ》義《ノ》故《ニ》、致《ス》使《シムルコトヲ》如來總《ジテ》命《ミヤウゼ》二人。言《フ》「告阿難《ト》」者《ハ》、我《レ》今欲《オモフ》開説《セント》淨土之《ノ》門《ヲ》。汝《ヂ》好《ヨク》傳《デン》《ツタヘ》持《ヂシテ》莫《ナカレ》令《シムルコト》遺《ヰ》失《シチセ》。言《フ》「告韋提《ト》」者《ハ》、汝《ナンヂハ》是《レ》請法之《ノ》人《ナリ》。我《レ》今欲《フ》説《ト》。汝《ヂ》好《ヨク》審《アキラカニ》聽《キ》、思《シ》量諦《タイ》受《ジユシテ》、莫《ナカレ》令《コト》錯《シヤク》失《シチセ》。言《フ》「爲《ヰ》未來世一切衆生《ト》」者《ハ》、但《タヾシ》如來臨《ノゾミ下コトハ》化《クヱニ》、偏《ヒトヘニ》爲《ナリ》常沒《モツノ》《シヅム》衆生《ノ》。今既《ニ》等《ヒトシク》布《シキテ》慈《ジ》雲《ウンヲ》、望《マウ》《ノゾミ》欲《ヨクス》普《ク》沾《ウルオサムコトヲ》來潤《ニムヲ》。言《フ》「爲《ヰ》煩惱賊《ゾク》害《ト》」者《ハ》、此明《ス》凡夫《ハ》障《サハリ》重《オモク》、妄《マウ》愛《アヒ》迷《マドヒ》深《フカクシテ》、不《ズ》謂《オモハ》三惡《ノ》火坑《キヤウ》闇《クラクシテ》在《アルコトヲ》人之《ノ》足《アシノ》下《シタニ》、隨縁《ニ》起《シテ》行《ヲ》、擬《ギスルニ》作《ナサムト》進《シン》道《ダウノ》資《シ》糧《リヤウヲ》、何《ナンゾ》其《レ》六賊《ゾク》知《チ》聞《モンシテ》、競《キヲイ》來《キタテ》侵《シ》《オカシ》奪《ダツシ》《ウバフ》、今既《ニ》失《ウシナフ》此《ノ》法財《ヲ》、何《ゾ》得《ウト云コト》無《ナキコトヲ》憂《ウ》苦《ク》也。言《フ》「説清淨業《ト》」者《ハ》、此《レ》明《ス》如來以《ノ》見《ヲ》衆生《ノ》罪《ヲ》故《ニ》、爲《ニ》説《テ》懺悔之《ノ》方《ヲ》、欲《ホスルコトヲ》①令《シメ》相續《ゾクヲシテ》斷《ダン》除《セ》、畢《ヒチ》竟《ジテ》永《ナガク》令《シメント》清淨《ナラ》。又言《フ》清淨《ト》者《ハ》、依《ヨテ》下《ノ》觀門《ニ》專心念佛《シ》、注《トヾムレバ》想《オモヒヲ》西方《ニ》、念念《ニ》罪《ツミ》除《ノゾコル》故《ニ》清淨也《ナリ》。

二從《リ》「善哉《ザイト云》」已下、正明《ス》夫人《ノ》問《ノ》當《アタレルコトヲ》聖意《イニ》。

三從《リ》「阿難汝當受持《ヂト云》」下至《ル》「宣《セン》説佛語《ゴニ》」已來、正明《ス》勸持勸説《ヲ》。此《ノ》法深《ジム》要《エウナリ》、好《ヨク》須《スベカラク》《ベシ》流《ル》布《フス》。此明《ス》如來前《サキニハ》則《チ》總《ジテ》告《ツゲテ》令《シム》安《アン》心聽《チヤウ》受《ジユセ》、此《ノ》文《ハ》則《チ》別《ベチシテ》敕《シテ》阿難《ニ》、受持《シテ》勿《ナク》忘《ワスル、コト》、廣《ク》多人《ニンノ》處《ロニシテ》、爲《ニ》説《トイテ》流《ル》行《セシムルコトヲ》。　言《フ》「佛語《ト》」者《ハ》、此《レ》明《ス》如來

①令相續斷除→◎令《シテ》《シメ》相續《ゾクヲ》斷《ダン》除《セ》

391　1-495　390

曠《クワウ》劫《ニ》已《スデニ》除《イテ》口《ノ》過《トガヲ》、隨《テ》有《ルニ》言《ゴム》說一切聞《キク》者《ノ》自然《ニ》生《コトヲ》信《ヲ》。四從《リ》「如來今《コム》者《ジヤト云》」下至《ル》「得無生忍」已來《ハ》、正《ク》明《ス》勸《クワン》修《シュ》得益之《ノ》相《ヲ》。此《ハ》明《ス》如來欲《ス》爲《ルコトヲ》夫人《ニ》及《ビ》未來等《ノ》顯《シテ》觀方便《ヲ》、注《トゞメテ》想《オモヒヲ》西方《ニ》、捨《シヤ》《ステ》厭《エムシ》《イトウ》娑婆《ヲ》貪《トム》欣《ゴムセシメムト》極樂《ヲ》。言《フ》「以《イ》佛力故《コト》」已下、此明《ス》衆生《ノ》業障《シヤウ》觸《フル、ニ》目《メニ》生盲《マウナレバ》、指《サシテ》掌《タナゴ、ロヲ》謂《オモフ》遠《トオシト》、他《タ》方隔《ヘダ、レルコト》竹《チク》簀《ハクナレドモ》《ウスヤウ》即踰《コユ》之《ヲ》千里《リニ》、豈《アニ》況《ムヤ》凡夫分《ブンノ》外《ホカニシテ》諸佛《ノ》境《キヤウ》內《ナイニ》闚《ウカゞハシメムト》。心《ヲ》、自《ヨリハ》非《ズ》聖力《ノ》冥《ミヤウニ》加《カスルニ》、彼《ノ》國何《ナニ、》由《ヨテカ》得《エムト云コトヲ》觀《ミルコトヲ》。言《フ》「如《ニヨ》執《シユ》明鏡《キヤウ》自見面《メム》像《ザウト》」已下、此明《ス》夫人及《ビ》衆生等入《ニウ》觀《シテ》住《ヂユセシメ》心《ヲ》、凝《コラシテ》神《ヲ》不《ザレバ》捨《ステ》、心境《キヤウ》相應《シテ》悉《ク》皆《ナ》顯《ケン》現《スルコトヲ》。當《アタテ》境現《ノ》時《ニ》、如《ゴトシ》似鏡《カゞミノ》中《ニ》見《ニ》物《ヲ》無《ナキガ》異《イ》也。01言《フ》「心歡喜故《コ》得忍《ト》」者《ハ》、此明《ス》阿彌陀佛《ノ》國清淨光《ニシテ》明、忽《タチマチニ》現《ズ》眼《マナコノ》前《ニ》、何《ナンゾ》勝《タヘム》踊《ユ》躍《ヤク》、因《ヨルガ》茲《コノ》喜《ヨロコビニ》故《ニ》、即得《コトヲ》無生之《ノ》忍《ヲ》。亦《マタハ》名《ク》喜《キ》忍《ト》、亦名《ク》悟《ゴ》忍《ト》、亦名《ク》信忍《ト》。此乃《チ》玄《ハルカニ》《グエン反》談《ダンズ》《カタラウ》未《ズ》標《ヘウセ》《アラハス》得處《シヨヲ》、①欲《ホス》令《シメムト》夫人等《ヲシテ》悕《ネガ□》心《ニ》此益《ヲ》。勇《ユ》猛《ミヤウ》《タケシ》專《セン》精《シヤウニ》心《ニ》想《フテ》見《ミム》時、方《マサニ》應《ベシ》悟《サトル》忍《ヲ》。此多《ク》是十信中《ノ》忍《ナリ》、非《ズ》解《ゲ》行《イ》已上《ノ》忍《ニハ》也。五從《リ》「佛告韋提《ト云》」下至《ル》「令《リヤウ》汝《ニヨ》得見《ニ》」已來、正明《ス》夫人是凡《ボムニシテ》非《ズ》聖《ニ》、由《ヨルガ》非《ザルニ》聖《ニ》故《ニ》、仰《アオイデ》惟《オモムミレバ》聖力《リキ》冥《ミヤウニ》加《カシテ》、彼《ノ》國雖《ドモ》遙《ハルカナリト》得《コトヲ》觀《ミルコトヲ》。此明《ス》如來恐《オソラクハ》衆生置《オイテ》惑《マドヒヲ》、謂《イヒテ》言夫人《ハ》是《レ》聖《ニシテ》非《ズト》凡《ニ》、由《ヨルガ》起《オコスニ》疑《ヒヲ》故《ニ》、即《チ》自《ラ》生《ゼム》怯《カウ》弱《ニヤクヲ》《ヨハシ》、然《シカモ》韋提《ハ》現《ニ》是《レ》菩薩《ナリ》、假《カリニ》

①欲令夫人等悕心此益→◎欲《ホス》令《シメムト》夫人等《ヲシテ》悕《ネガ□》心《ニ》此益《ヲ》

1-717

示《シメス》二凡《ボム》身《ヲ》一、我等《ラ》罪人《ニ》無《シ》レ由《ヨシ》二比《タクラビ》及《ブニ》一、爲《ノ》レ斷《ダムゼムガ》二此疑《ヒヲ》一故《ニ》言《コトヲニヨ》中汝是凡夫《ト》上也《ナリ》。言《フ》二「心想羸《ルイ》劣《レツト》」一者《ハ》、由《ヨルガ》二是《レ》凡《ボムナルニ》一故《ニ》曾《カツテ》無《シ》二大《ノ》志《コ、ロザシ》一也。言《フ》二「未《ミ》得天眼《ト》」一者《ハ》、此《レ》明《ス》二夫人《ノ》肉《ニク》眼所《トコロノ》レ見《ル》遠《オン》-近《ゴン》不《ズ》レ足《タラ》レ爲《スルニ》レ言《コトヲ》、況《ハムヤ》淨土彌《イヨイヨ》遙《ハルカナリ》、云-何《ソ》可《ベキト云コトヲ》レ見《ミル》。言《フ》二「諸佛如來有《ウ》異《イ》方便《ト》」一已下《ハ》、此《レ》明《ス》下若《シ》依《テ》レ心《ニ》所《ロノ》レ見《ル》國土《ノ》莊嚴《ナラ》者《バ》、非《ズ》二汝《ナンヂ》凡《ボンノ》能《ク》普《ク》悉《シチスルニ》一歸《クヰスルコトヲ》中功《クウヲ》於佛《ニ》上也。　六從《リ》二「時韋提白佛《ト云》」一下至《ル》二「見彼國土《ニ》」一已來、明《ス》下其《ノ》夫人重《カサネテ》牒《デフ／デフシテ》二前《ノ》恩《オンヲ》一、欲《スル》三生-起《キセムトノ》二後問《ヲ》一之意《ヲ》上。此明《ス》下夫人領《リヤウ／リヤウス》二-解《ゲスルニ》佛意《ヲ》一、如《ゴトキ》二上《ノ》光臺《ダイノ》所見《ノ》一、謂《オモヒキ》二是《レ》①已《ニ》能《ク》向《サキニ》見《ミツト》一、世尊開-示《ジ、下ニ》　始《ハジメテ》知《シヌ》二是《レ》佛《ノ》方便之《ノ》恩《オムナリト》一、若《シ》爾《シカラ》者《バ》、佛今在《マセバ》レ世《ニ》、衆生蒙《カムテ》レ念《ヲ》可《ベシ》レ使《シム》レ得《エ》レ見《ミムコトヲ》二西方《ヲ》一、佛若《シ》涅槃《ハンシ下テ》　不《ザラン》レ蒙《カブラ》二加《カ》-備《ビヲ》一者《ノハ》、云-何《イカンシテカ》得《ウト云コトヲ》上レ見《ミムコトヲ》也。　七從《リ》二「若《シ》佛滅後《云》」一下至《ル》二「極樂世界《ニ》」一已-來《ハ》、正明《ス》下夫人《ノ》悲《ヒ》
392
心《シム》爲《ニスルコト》レ物《ノ、》、同《ク》二己《オノレガ》往生《ニ》一、永《ナガク》逝《ユイテ》二娑婆《ヲ》一、長《ナガク》遊《アソバシメムト云コトヲ》中安樂《ニ》上。此明《ス》下如來期《ゴ》心《シムノ》運《ウン／ハコブ》度《ド》、徹《テツ》二-窮《グシテ》後際《ゴサイヲ》一而未《ダ》上レ休《ヤマザルコトヲ》。但《タヾシ》以《オモンミレバ》世《ヨ》代《カハリ》時移《ウツテ》、群《グム》-情淺《セン》促《ソクナルガ》故《ニ》、②使《シメ下》下如來滅《ゲンジ》二永《キヤウ》生
1-496
之《ノ》壽《イノチヲ》一、泯《ヒタ、ケテ》二長劫《ヲ》一以《テ》類《ルイシ》二人《ニン》年《ネンニ》一、攝《セフシテ》二憍《ケウ／オゴル》慢《マンヲ／アナヅル》一以《テ》示《シメシ》二無-常《ヲ》一、化《シテ》二剛《ガウ／コハク》強《ガウヲ／コハシ》一同《ク》歸《クヰセ》上レ於《ニ》二磨《マ》滅《メチ》一。故《ニ》云《フ》二「若佛滅後《ゴト》」一也。言《フ》二「諸衆生《ト》」一者《ハ》、此明《ス》下如來息《ヤメテ》レ化《ヲ》、衆生無《ナク》レ處《トコロ》二歸依一、蠢《シユン》-蠢《シユン》周《シユ》慞《シヤウシテ》、縱《ジユウ》横《ワウニ》走《ハシルコトヲ》上レ於《ニ》二六道《ニ》一。言《フ》二「濁《ヂヨク》惡不善《ト》」一者《ハ》、此《レ》明《ス》二五濁《ヲ》一也。一者《ハ》

①已　◎「ヲレィ」と左傍註記
②「使…滅」三〇字→◎使《シメ》下如來滅《ゲンジ》二永《キヤウ》生之《ノ》壽《イノチヲ》一泯《ヒタ、ケテ》二長劫《ヲ》一以《テ》類《ルイシ》二人《ニン》年《ネンニ》一攝《セフシテ》二憍《ケウ／オゴル》慢《マンヲ／アナヅル》一以《テ》示《シメシ》二無-常《ヲ》一化《シテ》二剛《ガウ／コハク》強《ガウヲ／コハシ》一同《ク》歸《クヰセ》中於《ニ》磨《マ》滅《メチ》上

393

劫濁、二者衆生濁、三者見濁、四者煩惱濁、五者命濁《ナリ》。言《フ》劫濁《ト》者《ハ》、然《シカモ》劫《ハ》實《ジチニ》非《ズ》是《レ》濁《ニ》、當《アタテ》劫《コウ》減《ゲンノ》時《ニ》諸惡加增《ゾウス》也。言《フ》衆生濁《ト》者、劫若《シ》初《メテ》成《ズレバ》衆生純《ジユン》《モハラ》善《ナリ》、劫若《シ》末《スエナル》時《ハ》衆生《ノ》十惡彌《イヨイヨ》盛《サカリナリ》也。言《フ》見濁《ト》者、自身《ノ》衆惡《ハ》總《スベテ》變《ヘンジテ》爲《ス》善《ト》、他《タノ》上《ヘニ》無《キヲ》非《ヒ》見《ミテ》爲《ス》不《アラズト》是《ニ》也。言《フ》煩惱濁《ト》者《ハ》、當《タウ》今《コム》劫《コウ》末《マチノ》衆生惡性《ニシテ》難《ガタシ》親《シタシミ》。隨《ズイ》對《タイシテ》六根《コンニ》貪《トム》瞋《ジム》競《キヲヒ》起《オコル》也。言《フ》命濁《ト》者《ハ》、由《ヨテ》前《キノ》見・惱《ナウノ》二濁《ニ》多《ク》行《ジテ》殺《セツ》害《ヲ》、無《ナシ》慈《ジ》恩《オン》養《ヤウニ》。既《ニ》行《ズ》斷《ダン》命之《ノ》苦《クノ》因《ヲ》。欲《オモハ》受《ウケント》長年之《ノ》果《ヲ》者《バ》、何《ナニ、》由《ヨテカ》可《ベキ》得《ウ》也。然《シカモ》濁者《ハ》體《タイ》非《ズ》是《ゼ》善《ニ》。今《マ》略《リヤクシテ》指五濁《ノ》義《ヲ》竟《ヌ》。言《フ》「五苦《ク》所逼《ヒツト》」者《ハ》、八苦《ノ》中《ニ》取《トテ》生苦・老苦・病苦・死苦・愛《アイ》別《ベチノ》《ワカレ》苦《ヲ》《クルシミ》、此《レ》名《ク》五苦《ト》也《ナリ》。更《ニ》加《クハヘテ》三苦《ヲ》卽《チ》成《ジヤウズ》八苦《ヲ》。一者《ハ》五陰《オム》盛《ジヤウ》苦《ク》、二者求《グ》不得苦、三者怨《オン》《アダ》《ウラミ》憎《ゾウ》《ソネミ》會《ヱ》苦、總《ソウジテ》名《ク》八苦《クト》也。[01]此《ノ》五濁・五苦・八苦等通《ツウジテ》六道《ニ》受《ウク》、未《ダ》《ズ》有《ラ》無《ナキ》者《ノ》。常《ニ》逼《ヒツ》惱《ナウス》之《ヲ》。若《シ》不《ザル》受《ウケ》此《ノ》苦《ヲ》者《ノハ》、卽《チ》非《ズ》凡數《ジユノ》攝《セフニ》《オサム》也。言《フ》「云《ウン》何《ガ》當《タウ》見《ト》」已下、此明《ス》夫人擧《アゲ》出《ス》苦《ク》機《キヲ》、此《レ》等《ラノ》罪業極《キワメテ》深《シ》、又不《ズ》見《ミ》佛《ヲ》、不《ズハ》蒙《カムラ》加《カ》備《ビヲ》、云何見《シテカ》《上ベキト云コトヲ》　於彼《ノ》國《ヲ》也。　上來《ニ》雖《ドモ》有《リト》七句《ノ》不同、廣《ク》明《ス》定善示《ジ》觀《ノ》緣《ヲ》竟《ヌ》。

初《ハジメニ》明《シ》證信序《ジヨヲ》、次《ニ》明《シ》化前序《ヲ》、後《ニ》明《ス》發起序《ヲ》。上來《ニ》雖《ドモ》有《ト》三序《ジヨノ》不同、總《ソウジテ》明《シ》序分ヲ竟リヌ。

1-497

觀經序分義　卷第二

觀經正宗分定善義　卷第三

沙門善導集記

從此已下、次辯《ベムズ》正宗。卽有其十六。還就一一觀中、對《タイシテ》文料簡。不勞《イタハシク》預《アラカジメ》顯。今定立正宗《シユヲ》、與諸師不同。今直《タヾチニ》以就法定者、從日觀初句下至下品下生已來、是其正宗。從日觀已上雖有多義不同、看此文勢《セイヲ》、但是由序《ジヨ》也。應知。

395

就初日觀中、先擧《アゲ》、次辯《ベムジ》、後結。卽有其五。　一從「佛告韋提」下至「想於西方」已來、正明總。告總勸、此明韋提前請彌陀佛國、又請正受之行、如來當時卽許《ユルシテ》爲說。但以機緣未備《ソナハラ》顯行未周《アマネ》、更開三福之因、以作未聞之益、又如來重《カサネテ》告勸發流通。此法難聞、廣令①開悟《ゴセ》。言「佛告韋提汝及衆生」者、此明告勸。若欲等出《デ》塵《ヂン》勞《ラウヲ》求《メムト》生佛國者、宜《ヨロシク》須《スベカラク》勵《ハゲマス》意也。言「應當專心」已下、此明衆生散動《ドウシテ》識劇《ハナハダシク》猨《エム》

〈表紙〉
◎包紙中央「定善義三」　左下「釋顯智」
表紙中央「觀經正宗分定善義卷第三」
①令　右◎「ム」と上書訂記

1-720

396　1-499

猴《コウヨリモ》、心遍《ヘムシテ》六塵《ニ》無《コトヲ》由《ヨシ》暫《シバラクモ》息《ヤムニ》。但《シ》以《オモムミレバ》境《キヤウ》縁非《ズ》一《ニ》、觸《フレテ》目《メニ》起《ス》貪《トムヲ》。亂想《ノ》安心三昧、何《ナンゾ》容《ベキ》可得《ウ》。自非《ヨリハズ》捨《ステ》縁《ヲ》託《タクスルニ》靜《ジヤウニ》、相續《シテ》注《メムト》心《ヲ》。直《タヾチニ》指《サスニ》西方《ヲ》、簡《ナリ》餘《ヨノ》九域《クヰヤウヲ》《サカイ》。是《ヲ》以一身《ニシミヲ》、一心、一廻向《ヲ》、一處《ヲ》、一境界《ヲ》、一相續《ヲ》、一歸依《エヲ》、一正《ス》念《ヲ》。是名《ク》想成就《ジユシテ》得《ウト》正受《ジユヲ》。此世《ノ》・後生《ゴニ》、隨《テ》心《ニ》解脱《ス》也。

二從《リ》「云何《ガ》作想」下《ト云》至《ル》「皆見日沒《モチニ》」已來《ハ》、正明《ス》牒《デウスルコトヲ》所觀事《ノジヲ》。此明《ス》諸衆生等久《シク》流《ナガレテ》生死《ニ》、不解《ズ》安《トラ》心《ヲ》、雖指《ト》西方《ヲ》、不知《ズ》云何《ガ》作意《サイセムト云コトヲ》。　故使《ニシメテ》如來爲《ニ》生《ゼ》反《①ハン》問《モンヲ》遣《②シメ》除疑《ギ》執《シフヲ》、以示《シメスコトヲ》正念之方《ノヲ》。言《フ》「凡作想《ト》」者《ハ》、此明《ス》總《ジテ》牒《シテ》前意《ノヲ》顯《セムコトヲ》後入觀之方便《ノヲ》。言《フ》「一切衆生《ト》」者、總《ジテ》擧《アグ》得生之類《ルイヲ》。言《フ》「自非生盲《マウト》」已下、此明《ス》簡《コトヲ》機《キノ》堪《カン》與《トヲ》不堪《ヲ》。言「生盲《ト》」者、從母胎《ノ》中出、眼《メニ》卽《チ》不見《ザルミ》物《ヲ》者《ヲ》名《テ》曰《フ》生盲《ト》。此人《ノニハ》不《ズ》得教《ヘテ》作《ナスコトヲ》日觀《ヲ》。由《ヨルガ》不識《ザルニ》日輪《リンノ》光相《ラヲ》故《ニ》。除《ノゾイテ》生盲《ヲ》以外《イ》、遇《アフテ》縁《ニ》患《ウレウル》者《モノニハ》教《ヘテ》作《ナサシムルニ》日觀、盡《コトゴトク》得《ウ》成就《スルコトヲ》。　由《ヨテ》未《ダザリシ》患《ウレヘ》眼《メヲ》時識《シルニ》其日輪《ノ》光明等相《ノヲ》、今雖患目《トヲ》、但令《シメテ》善《ヨク》取《トラ》日輪等相《ノヲ》、正念堅《ケン》《カタク》持《ヂシテ》《タモツ》不《ザレバ》限《カギラ》時節《ヲ》、必《ズ》得《ウ》成就《スルコトヲ》。　問曰、韋提上《ノ》請《ニハ》願《ズ》見《ミムト》極樂之境《ノヲ》。及《ビ》至《テ》如來《ノ》許《コ》《ユルシ反》說《ニ》、卽《チ》先《ツ》教《ヘテ》住《シテ》心《ヲ》觀《ゼシムルハ》日《ヲ》、有《ル》何《ノ》意《カ》也。答曰、此有《レニリ》三意《ノ》。一者欲《③ホシテ》令《シメムト》衆生識《ヲシテル》境《ヲ》住《セ》心《ヲ》、指《サスコトヲ》方有《リ》在《アルコト》。不《ズ》取《トラ》冬《トウ》夏《ゲノ》

①反　右◎テン
②遣除疑執　◎「遣《ケム》除《シメ》疑《シテギ》執《シフヲ》」とあり
③欲令衆生識境住心→◎欲《ホシテ》令《シテシメムト》衆生《ヲ》識《ル》境《ヲ》住《セ》心《ヲ》

1-721

兩時《ジヲ》、唯《タヾ》取《トル》春秋《ノ》二際《サイヲ》《キハ》。其《ノ》日《ヒ》正東《トウヨリ》出直《ヂキ》西《サイニ》沒《モツス》。彌陀佛國當《アタテ》日沒《イル反》處《ニ》、直《タヾチニ》西《ニ》超過《スル》十萬億刹《セチヲ》。卽《チ》是《ナリ》。二者《ハ》①欲《ホス》令《シメムト》衆生《ヲシテ》識知《セ》自業《ラノ》障《シヤウニ》有輕《コトヲ》重。云何《イカンガ》得《ル》知《コトヲ》。由《ヨテ》教《ヘテ》住《シテ》心《ヲ》觀《ニ》日《ヲ》、初《メ》欲《ホスル》住《セムト》心《ヲ》時、教《ヘテ》令《シム》跏《カ》趺《フ》正坐《ザセ》。右《ノ》脚《アシヲ》著《ツケテ》左《ノ》胜《モヽノ》上《ニ》與《ト》外齊《ヒトシ》、左《ノ》足《ヲ》安《オイテ》右《ノ》胜《モヽノ》上《ニ》與《ト》外齊《ヒトシ》、左《ノ》手《テヲ》安《テ》右《ノ》手《ノ》上《ニ》、令《メテ》身《ミヲ》正直《ナラ》、合《ガフシテ》口《ヲ》齒《ハ》勿《ナカレ》相《ヒ》近《チカヅクコト》。舌《サヽヘヨ》柱上《ミノ》咢《アギヲ》。爲《ノ》令《ガ》咽《エン》喉《コウ》《ノド反》及鼻《ビ》《ハナノ》中《ノ》氣《イキノ》道《ヲシテ》宣《セム》通《セ》故《ナリ》。又令《シム》觀《ゼ》身《ミノ》四大《ヲ》。内外俱《トモニ》空《クウニシテ》、都《スベテ》無《ナクシテ》一物《モツ》、身之《ノ》地《ヂ》大《ハ》皮《ヒ》《カハ反》・肉《ニク》《シヽムラ反》・②筋《キム》《スヂ反》・骨《コツ》《ホネ反》等《トウナリ》、心《ニ》想《オモヘ》。散向《シテ》西方《ニ》、盡《ツクスニ》西方際《サイヲ》《ノソコル》、乃至不見《ズト》一塵《ヂン》之《ノ》相《ヲ》。又想《ヘ》。身《ミ》之《ノ》水大《ハ》血《クエツ》《チ反》・汗《カン》《アセ反》・津《シン》《ツ》・涙《ルイ》《ナミダ反》等《ナリ》、心《ニ》想《ヘ》。散向《シテ》北方《ニ》、盡《スニ》北方際《サイヲ》、乃至不見《ズ》一塵之相《ヲ》。又想《ヘ》身之風《フウ》大《ヲ》。散向《シテ》東方《ニ》、盡《スニ》東方際《ヲ》《ノソコル反》、乃至不見一塵之相《ヲ》。又想《ヘ》身之火大《ヲ》。散向《シテ》南方《ニ》、盡《スニ》南方際《ヲ》、乃至不見一塵之相《ヲ》。又想《ヘ》。身之空大卽《チ》與《ト》十方《ノ》虛空一合《シテ》、乃至不《ズ》見一塵不空之《ノ》相《ヲ》。又想《ヘ》。身之五大皆《カイ》空《クニシテ》、唯《タヾ》有《テ》識大湛《タン》《ノミ》《フカシ反》然《ネム》《アマネシ反》凝《ギヨウ》《トヾム反》住《ヂユス》、猶《ナホシ》如《シ》圓鏡《キヤウノ》、内外明照《ニシテ》朗《ラウ》《ホガラカナリ》然清淨《ナリ》。作《ナス》此《ノ》想《ヲ》時、亂想得《エテ》除《ノゾコルコトヲ》、心漸《ヤウヤク》凝《ギヨウ》定《ス》。然後《シカウシテ》、徐《ジヨ》徐《ジヨトシテ》轉《テンジテ》心、諦《アキラカニ》觀《ズ》於日《ヲ》。其《ノ》利根《コンノ》者《ハ》一坐《ニ》卽見《ミテ》明相現前《ゼンス》。當《アタテ》境《キヤウ》現《ズル》時《ニ》、或如《シ》錢《ゼニノ》大《キサノ》、或如《シ》鏡《ノ》面《テノ》大《サノ》。於《テ》此《ノ》明上《ニ》卽自《ラ》見《ル》業障《ノ》輕重之《ノ》相《ヲ》。一者

①「欲…重」ニ二字→◎欲《ホス》令《シテ》《シメムト》衆生《ヲ》識知《セ》自業《ラノ》障《シヤウニ》有輕《コトヲ》重 1-722
②筋　右◎「キム」と上書訂記

黑《コク》障、猶《シ》如《クシテ》黑《コク》雲《ウンノ》障《サフ》日《ヲ》。二者黃《ワウ》障、又如《シテ》黃雲《ノ》障日《ヲ》。三者白障、如似《クシテ》白雲《ノ》障日《ヲ》。此《ノ》日猶《ゴトクナル》雲《クモノ》障《サヘタルガ》故《ニ》、不《ズ》得朗《ラウ》然《トシテ》顯照《セウスルコトヲ》。衆生《ノ》業障《モ》亦如《シ》是《ノ》。障蔽《ヘイシテ》淨心之境《ヲ》、①不《ズ》能《ハ》令《シメムコト》心明《ヲシテ》照《ナラ》。行者若《シ》見《バ》此《ノ》相《ヲ》、卽須《スベカラク》《ベシ》嚴《ゴン》飾《ジキシ》道場《ヲ》、安置《チシ》佛像《ヲ》、清淨《ニ》洗《セム》浴《ヨクシ》、著《ヂヤクシ》淨衣《ヲ》、又燒《タキ》名香《ヲ》、表《ヘウ》白《ビヤクシ》諸佛・一切賢聖《ニ》、向《テ》佛《ノ》形像《ニ》、現在一生《ニ》懺悔《ス》無始《シヨリ》已來、乃《チ》身口意業《ノ》所造《ザウノ》十惡・五逆・四重・謗法・闡《セム》提等《ノ》罪《ヲ》。極《テ》須《ラク》《ベシ》悲《ヒ》涕《テイシテ》《ナク反》雨《フラシ》淚《ナミダヲ》、深《ク》生《ジ》慚《ザン》愧《グヰヲ》、内《チ》徹《トホシ》《テチ反》心髓《ズイニ》、切《キテ》骨《ホネヲ》自《ラ》責《ス》。懺悔《シ》已《テ》、還《カヘテ》如《クシテ》前《サキノ》坐《ザ》法《ノ》安心《シテ》取《トル》境《ヲ》。境若《シ》現《ズル》時《ハ》、如《キノ》前《ノ》三障盡《コトゴトク》除《ノゾコテ》、所《シヨ》觀《ノ》淨境朗《ラウ》然明淨《ナリ》。此《ヲ》名《ク》頓《トムニ》滅《スルト》障《サハリヲ》也。或一懺《ザンシテ》卽盡《ツクス》者《ヲバ》名《ク》利根《コンノ》人《ト》也。或《ハ》一懺《シテ》但除《ク》黑《コク》障《ヲ》、或一懺得《ウ》除《ノゾクコトヲ》黃・白等《ノ》障《リヲ》。或一懺但除《ノゾク》白障《ヲ》。此名《ク》漸《ゼン》除《ヂヨト》、不《ズ》名《ケ》頓《トム》滅《メチト》也。既自《ラ》識《サトリナバ》業相《ノ》如《ナルヲ》是《ノ》、唯《タヽ》須《ラク》《ベシ》勤《ゴン》心《ニ》懺悔《ス》。日夜三時・六時等但憶《オクシテ》得《ル》卽懺《サンスルコトヲ》者《ノハ》、最《モトモ》是《レ》上根上行《ノ》人也。譬《タトヘバ》如《シ》湯《タウ》火《ノ》燒《ヤクニ》身《ヲ》亦覺《サトリヌレバ》卽却《サルガ》。豈《アニ》容《ベケン》徒《イタヅラニ》待《マチ》時《ヲ》待處《ヲ》待緣《ヲ》待《テ》人《ヲ》方《マサニ》始《ハジメテ》除《ノゾク》也《ヤ》。三者②欲《ホス》令《シメムト》衆生《シテ》識知彌陀《ノ》依正二報種種《ノ》莊嚴光明等《ノ》相《ヲ》。内外照《セウ》《テリ》曜《ヨウシテ》《カヾヤク》、超過《セルコトノ》此日《ニ》百千萬倍《バイナリ》。行者等《ラ》、若《シ》不《ズ》識《サトラ》彼《ノ》境《ノ》光相《ヲ》者《ハ》、卽看《ミテ》此《ノ》日輪《リム》光明之《ノ》相《ヲ》、若《ハ》行住坐臥《ニ》禮念憶

①不能令心明照→◎不《ズ》能《ハ》令《シテ》《シメムコト》心《ヲ》明照《ナラ》

②「欲…相」二〇字→◎欲《ホス》令《シテ》《シメムト》衆生識知彌陀《ノ》依正二報種種《ノ》莊嚴光明等《ノ》相《ヲ》

400

想《シテ》、常《ニ》作《ナセ》此《ノ》解《ゲヲ》。不《ザル》久《カラ》之間《ダニ》卽《チ》得《エテ》定心《ヲ》、見《ミム》彼《ノ》淨土之《ノ》事《ジ》、快樂莊嚴《ヲ》。爲《ノ》此《ノ》義《ノ》故《ニ》、世尊先《ツ》敎《ヘテ》作《ナサシメ》日想觀《ヲ》也。

三從《リ》「當《タウ》起《キ》想念」《ト云》下至《ニ》「狀《ジヤウ》如懸《グエン》鼓」《クニ》已來《ハ》、正敎《ヘテ》觀察《セシム》。此《ハ》明《ス》正《クシテ》身《ノ》威《ヰ》儀《ギヲ》、面《テヲ》向《ヘテ》西方《ニ》、守《マボリ》境《ヲ》住《シ》心《ヲ》、堅《ケン》執《シフシテ》不《ザレバ》移《ウツラ》、所期《ゴ》皆應《ズルコトヲ》。

四從《リ》「旣《キ》見日已」《イト云》下至《ニ》「明了」《ニ》已來《ハ》、辯《ベムズ》觀成《ノ》相《ヲ》。此明《ス》標《ヘウシテ》心《ヲ》見日《ヲ》制《セイシテ》想《ヲ》除《ノゾイテ》緣《ヲ》念念《ニ》不《ザレバ》移《ウツラ》淨相了然《トシテ》而現《ズルコトヲ》。又行者初《メテ》在《アテ》定《ノ》中《ニ》、見《ル》此《ノ》日《ヲ》時《ニ》卽得《テ》三昧定樂《ヲ》、身心內外融《ユウ》《トヲル》液《エキ》不可思議《ナリ》。當《アタテ》見《ル》此《ヲ》時《ニ》、好《ヨク》①須《ラク》《ベシ》攝《オサメテ》心《ヲ》令《シム》定《ヲシテ》不《ザラ》得《エ》上心《ニ》貪《トム》取《シユスルコトヲ》。若《シ》起《オコセバ》貪心《ヲ》、心水卽《チ》動《ドウズ》。以《ノ》心動《ズルヲ》故《ニ》、淨境卽失《シツス》。或動或闇、或黑或靑・黃・赤《シヤク》・白等《ノ》色《イロナルハ》不《ズ》得安定《スルコトヲ》。見《ル》此《ノ》事《ジヲ》時卽自《ラ》念言《セヨ》。此等《ラノ》境相搖《エウ》動《シテ》不《ザルコト》安《アムぜ》者《ハ》、由《テ》我《ガ》貪心《ノ》動念《ニ》、②致《ス》使《シムルコトヲ》淨境《ヲシテ》動滅《メツセ》。卽自《ラ》

1-502

安心正念《ニシテ》還《ヘテ》從《シタガテ》本起《オコス》、動相卽除《ノゾコテ》、靜心還《テ》現《ズ》。旣知《シムナバ》此《ノ》過《トガヲ》、更《ニ》不《ザレ》得起《オコスコトヲ》增《ソウ》上《ノ》貪心《ヲ》也。已下《ノ》諸觀《ノ》邪《ジヤ》正得失《シチ》、一同《ナリ》此《レニ》也。觀《ルニ》日《ヲ》見《レバ》日《ヲ》、心境相應《ス》。

401

名《テ》爲《ス》正觀《ト》。觀《ルニ》日《ヲ》不《シテ》見日《ヲ》乃《チ》見《ルハ》餘《ヨノ》雜《ザウ》境等《ヲ》、心境不《ズ》相應《セ》。故《ニ》名《ク》邪《ト》也。斯《コレ》乃《チ》娑婆之闇宅《タクニハ》、觸《フレテ》事《ジニ》無《ナシ》以《テ》比《ヒ》方《ホウスベキ》。唯《タヾ》有《テ》朗《ラウ》日《ノ》舒《ノブルノミ》輝《ヒカリヲ》、寄《ヨセテ》想《ヲ》遠《トヲク》標《ヘウス》於極樂《ヲ》。

五從《リ》「是爲」《ヰト云》已下總結《ジテ》《ケツス》。

上來《ニ》雖《ト》有《ト》五句不同、廣明《シ》日觀《ヲ》竟《ヌ》。

①「須…取」二一字→◎須《ラク》《ベシ》攝《オサメテ》心《ヲ》令《シム》《シテ》定《ヲ》不《ザラ》得《エ》上心《ニ》貪取《トムシユスルコトヲ》

②致使淨境動滅→◎致《ス》使《シテ》《シムルコトヲ》淨境《ヲ》動滅《メツセ》

1-724

二就《テ》水觀《ノ》中《ニ》、亦先擧《コ反》、次《ニ》辯《ジ》、後《ニ》結《ス》。卽有《リ》其《ノ》六。　一從《リ》「次作《シ》水想」《ト云》下至「內外映《エイ》徹《テチ》」《ニ》已來《ハ》、總標《ジテヘウス》地《チノ》體《タイヲ》。　問曰、前《ニ》教《ルハ》觀《ゼヨト》日《ヲ》、爲《ナリ》知《シラム》業相等《ヲ》。故《ニ》令《ム》觀《ゼ》日《ヲ》。今此《ノ》觀《ノ》中《ニ》、又教《フ》觀《ゼヨト》水《ヲ》、有《ル》何《ノ》所以《ユヘカ》。答曰、日輪《リム》常《ニ》照《ス》、以《テ》表《ヘウス》極樂之長暉《クキヲ》。復恐《クハ》彼《ノ》地《ヂ》不《ズシテ》平《タイラカナラ》、類《ルイセムコトヲ》此《ノ》穢國之高下《ニ》。但《タヾシ》以《オモムミレバ》娑婆闇宅《ニハ》、唯《タヾシ》日《ノミ》能《ク》明《ニ》、此界《ハ》丘《ク》《オカ反》坑《キヤウニシテ》《アナ反》未《ダ》無《キ》高下之處《ロ》、欲《ルニ》取《トラムト》能《ク》平《タヒラカナル》之者《ヲ》、無《シ》過《スギタルモノ》於水《ニ》。示《シメシテ》斯《コノ》可《カ》平《ヒヤウ》之相《ヲ》、況《クキヤウスル》《タクラブ》彼《ノ》瑠璃之地《ニ》也。　又問曰、此《ノ》界之《ノ》水濕《ウルフテ》而且《マタ》輭《ヤハラカナリ》。未審《イブカシ》、彼《ノ》地《ヂ》亦同《カラム》此《ノ》水《ニ》也《ヤ》。答曰、此《ノ》界之平《ヒヤウ》水、以《テ》對《タイス》彼《ノ》地《ノ》等《ヒトシキ》無《キニ》高下。又轉《テンジテ》水《ヲ》成《ナス》冰《コホリト》者《ハ》、對《タイス》彼《ノ》瑠璃之地內外映《エイ》徹《テツセルニ》也。此《レハ》明《ス》彌陀曠《クワウ》劫《ニ》等《ヒトシク》行《ジテ》無《ナク》偏《ヘム》正習《ジフ》倶《トモニ》亡《マウジテ》能《ク》感《カムズルコトヲ》地輪《リン》之映徹《セルヲ》。　又問曰、既《スデニ》教《ヘテ》想《オモフテ》水《ヲ》以《テ》住《セシメ》心《ヲ》、轉《テンジテ》水《ヲ》以《テ》成《ナシ》冰《コホリト》、轉《ジテ》冰《ヲ》以《テ》成《ナサ》瑠《ル》璃《リノ》地《ヂト》者《バ》、云何《ガ》作《サ》法《シテ》而令《シメム》境《キヤウ》現《ゼ》。答曰、若《ゴトキハ》住身威儀《ノ》、一同《ナリ》前《ノ》日觀《ノ》中《ノ》法《ニ》。又欲《オモハ》觀《ジテ》水《ヲ》以《テ》取《トラムト》定心《ヲ》者《バ》、還須《ラク》《ベシ》對《タイシテ》相似《ジ》之境《ニ》而觀《ズ》。卽易《ヤスシ》可《ベキコト》得《ウ》定《ヲ》。行者等於《シテ》靜處《ニ》取《トテ》一椀《ワンノ》水《ヲ》、著《ツケテ》牀《ユカノ》前《マヘノ》地《ノ》上《ニ》、好《ヨク》滿《ミチ》盛《モリテ》之《ヲ》、自《ジ》身《シンハ》在《テ》牀《ノ》上《ニ》坐《ザシテ》、當《テ》自《ラノ》眉《ミ》間《ニ》、著《ツケテ》一《ノ》白《キ》物《ノ》如《ナルヲ》豆《マメ》許《バカリノ》大《キサノ》、低《タレ》頭《カウベヲ》臨《ノゾメテ》面《ヲ》水《ノ》上《ニ》、一心《ニ》照《テラシ》看《ミテ》此《ノ》白《キ》處《ヲ》、更《ニ》莫《ナカレ》異《イ》緣《スルコト》。又水初《ハジメテ》在《アテ》地《ヂニ》波《ハ》浪《ラウ》不《ズ》住《ヂユセ》、臨《ノゾムデ》面《ニ》觀《ルニ》之《ヲ》、不《ズ》見面《メン》

403

像《ヲ》。爲《ニ》觀《ミルコト》不《ザレバ》休《ヤマ》、漸《ゼム》漸《ゼムニ》面《テ》現《ズ》。初《メノ》時面《メン》相不《ズシテ》住《セ》、乍《タチマチニ》長《ナガク》乍《チニ》短《ミジカク》、乍《ニ》寛《ヒロク》乍《ニ》狹《セバク》、乍《ニ》

見《エ》不見《エ》。此《ノ》相現《ズル》時《ニ》、更《ニ》須《ベシ》極《ラクゴク》細《サイニ》《コマカナリ》用《ヨウ》心《ス》。不《ザル》久《カラ》之間《アヒダニ》水波《ハ》《ナミ反》微《ミ》細《ニシテ》《コマカナリ》、似《ニテ》動《ドウズルニ》不《ズ》

動《ゼ》、面相漸《ヤウヤク》得《ウ》明《カニ》現《ルコトヲ》。雖《ト》見《ト》面上《ノ》眼《ニ》・耳《ビ》・鼻《ク》・口等《ヲ》、亦未《ダ》須《ザレバ》《ベカラ》取《ラク》、亦不《トル》須《ズ》《ベカラ》妨《サマタグ》《タマ》。但

縱《ホシキマ、ニシテ》身心《ヲ》、知《シテ》有《リト》勿《カレ》取《トルコト》也。唯《ダ》取《トテ》白《シロ》處《ロヲ》了《アキラカニ》了《ニ》觀《ジテ》之《ヲ》、正念《ニ》守《シュ》護《ゴシテ》、勿《レ》令《シムルコト》失《シッシ》意《ヲ》

異《イ》緣《セ》。當《テ》見《ル》此《ヲ》時《ニ》、心漸《ヤウヤク》得《エテ》住《スルコトヲ》、水性湛《タム》然《ナリ》也。又行者等欲《オモハ》識知《セムト》自心中《ノ》

水《ノ》波《ハ》浪《ラウ》不《ザルコトヲ》住《セ》者《バ》、但《タマ》觀《ジテ》此水《ノ》動《ドウ》不動之《ノ》相《ヲ》、卽知《シレ》自心《ノ》境現不現・明闇

之《ノ》相《ヲ》也。又待《マチ》水《ノ》靜《シヅカナル》時《ヲ》、取《トテ》一米《ベイ》許《バカリヲ》、當《テ》水上《ニ》信《マカセテ》手《テニ》投《ナグレバ》之《ヲ》水《ノ》中《ニ》、其《ノ》水波《ナミ》卽

動《オゴキテ》遍《ヘムス》於椀《ワムノ》內《ニ》。自面《ラノ》臨《テ》上《ノゾムデウヘニ》觀《ルニ》之《ヲ》、其《ノ》白者《キモノ》卽《チ》動《ズ》。更《ニ》著《ツケテ》豆《マメ》許《バカリヲ》投《ナグルニ》之《ヲ》水《ニ》、波《ナミ》更《ニ》

404

大《ニシテ》、面《メン》上《ノ》白者《ノ》、或《ハ》見《ミヘ》不《ズ》見《ミヘ》。乃至棗《ナツメ》等、投《ルニ》之《ヲ》於水《ニ》、其《ノ》波轉《ウタ、》大《ニシテ》、面上《ノ》白者《ノ》

及《ビ》自《ジ》身頭《ノ》面、總《ソウジテ》皆《ナ》隱《オン》沒《モツシテ》不《ズ》現《ゼ》。猶《ヨルガ》水《ノ》動《ズルニ》故《ユヘ》也《ナリ》。言《フ》椀《ワント》者《ハ》卽《チ》喩《タトフル》身器《キニ》也。

言《フ》水《ト》者《ハ》卽喩《フル》自心《ノ》水《ニ》也《ナリ》。言《フ》波浪《ハラウト》者《ハ》卽《チ》喩《ラム》亂想《サウ》煩惱《ニ》也。言《フ》漸漸《ゼン》《ニ》波浪

息《ソクスト》《ヤム》者《ハ》、卽是《レ》制《セイ》捨《シテ》《ステ、》衆緣《ヲ》、住《セシムル》心《ヲ》一境《ニ》也。言《フ》水靜《シヅカニシテ》境現《ズト》者《ハ》、卽是《レ》能《ノウ》緣之《ノ》

心無《ナク》亂《ミダルコト》、所緣之《ノ》境不《ザレバ》動《ゼ》、內外恬《タン》《シヅカナリ》怕《バクニシテ》所求《グ》之《ノ》相顯然《ナリ》。又細《サイ》想《サウ》及《ビ》麤《ソ》想《サウアレバ》、

心水卽動《ズ》。心水既《スナワチ》動《ズレバ》、靜《ジヤウ》《シヅカ反》境卽失《シッス》。又細《コマカナリ》塵《ヂン》《チリ反》及以《ビ》麤《ソ》塵《ヂン》、投《ナグルニ》之《ヲ》寂《ジャク》靜《ノ》水《ノ》

1-504 中《ニ》、其《ノ》水《ノ》波浪即動《ズ》。又行者等但《タヾ》看《ミテ》此《ノ》水《ノ》動不動《ノ》相《ヲ》、即識《シル》自《ジ》心《ノ》住不住《ヲ》也《ナリ》。又境現《ノ》失《シチ》不失・邪《ジヤ》正等、一同《ナリ》前《ノ》日觀《ニ》也。又天親《ノ》《シタシ反》讚《サムニ》（淨土論）云《ク》、「觀《ズルニ》彼《ノ》世界《ノ》相《ヲ》、勝過《セリ》三界道《ニ》。究竟《シテ》如《シ》虚空《ノ》、廣大《ニシテ》無《シ》邊際」。此《レ》即總《ソウジテ》明《ス》彼國《ノ》地《ヂ》之《ノ》分《ブン》量《ヲ》也《ナリ》。

二從《リ》「下有金剛七寶」《ト云》下至《ル》「不可具見《グ》」《ニ》已來、正《ハク》明《ス》405 地《ノ》下莊嚴《ヲ》。即有《リ》其《ノ》七。一明《ス》幢《ドウノ》體《タイ》等是《ヒトシクレ》無《ム》漏《ロ》金剛《ナルコトヲ》。二明《ス》擎《サヽゲテ》地《ヂヲ》相《ヒ》顯映《エイスル》《テリ》莊嚴《ヲ》。三明《ス》方《ホウ》楞《リヨウ》《カド》《ツブサ反》具足《タレリ反》表《シテ》《ヘウスルコトヲ》非《ザルコトヲ》圓《ヱム》相《サウニ》。四明《ス》百寶合成《シテ》量出《タルコトヲ》塵《ヂン》沙《ジヤニ》。五明《ス》寶《タカラ》出《シテ》千光《ヲ》、光《リ》周《アマネキコトヲ》《シユ反》無邊之《ノ》際《サイニ》。六明《ス》光《ニ》多《クシテ》異《イ》色、色照《テラシテ》他方《ヲ》、隨《テ》機《ニ》變現《シ》、無《ナキコトヲ》時《トキトシテ》不《ズト云コト》益《セ》也。七明《ス》衆光散《サムジテ》彩《イロヲ》映《エイ》絶《ゼツス》日輪《リムヲ》、新《シム》往《ノ》者《ノ》覩《ミテ》之《ヲ》卒《ニハカニ》難《ガタキコトヲ》周《シユ》悉《シチシ》。『讚《サムニ》』（禮讚）云《ク》、「地下莊嚴七寶幢《ハタボコ》、無量無邊《ニシテ》無數億《ナリ》。八方八面百《ニシテ》寶《オモテ》成《ゼリ》。見《ケン》《ミルニ》彼《ヒ》《カレヲ》無生自然悟《ゴ》《ニ》《サトル》。無生寶國《ノ》永《ヰヤウ》《ナガク》爲《タ□□》常。一一寶流《ナガス》無數光《ヲ》。行者傾《クキヤウ》《カタブケテ》心《ヲ》常對目《シ》《メニ》、騰《トウ》《アゲテ》神《ヲ》踊《アガリ》躍《オドル》入《ル》西方《ニ》。」又讚《ニ》云《ク》、[01]「西方寂《ジヤク》靜無爲《ニシテ》樂《ノ》《ミヤコナリ》。畢《ヒツ》竟逍《セウ》遙《エウシテ》離《タリ》有無《ヲ》。大悲薫《クムジテ》心《ニ》遊《アソビ》法界《ニ》、分《テ》身《ヲ》利《リスルコトヲ》物《ヲ》等《ヒトシクシテ》無《シ》殊《シユ》。或現《ジテ》神通《ヲ》而406 說《トキ》法《ヲ》、或現《ジテ》相好《ヲ》入《ル》無餘《ヨニ》。變現《ノ》莊嚴隨《テ》意《ニ》出《イヅ》。群《グン》生見《ル》者《ノ》罪皆《ナ》除《ノゾコル》」。又讚云、「[02]歸《カヘリナム》去《イザヤ》來、魔《マ》鄕《キヤウニハ》不《ズ》可《ベカラ》停《トヾマル》。曠劫《ヨリ》來《カタ》流轉《シテ》、六道盡《コトゴトク》皆《ナ》經《ヘタリ》。到《イタル》處《ロニハ》無《シ》餘《ヨノ》樂《ラク》、

01［西方…檗城］證卷136［西方…無殊］眞卷178
02［歸去…檗城］眞卷178

唯《タヾ》聞《ク》愁《シウ》《ウレエ》歎《タムノ》聲《ヲノミ》。畢《オヘテ》此《ノ》生平《ヘイ》後、入《ラム》彼《ノ》涅槃城《ミヤコニ》《ジヤウ反》。」　三從《リ》「瑠璃地上」《ト云》下至「分《ブン》齊《ザイ》《キハ反》分明《ニ》」已來《ハ》、正《ク》明《ス》地上《ノ》莊嚴顯標《ベウ》殊《シユ》勝《ナルコトヲ》。此《ハ》明《ス》依《エ》持《ヂ》圓淨《ナルコトヲ》。七寶《ノ》池林等《ハ》是《レ》能《ノウ》依《エナリ》、瑠《ル》璃《リノ》寶地《ヂハ》是《レ》所依《ナリ》。地《ハ》是《レ》能持《ヂ》、池《チ》・臺《ダイ》・樹《ジユ》等《ハ》是《レ》所持《ナリ》。此《レ》由《ヨテ》彌陀《ノ》因《イム》行周《シユ》備《ビセルニ》、致《ス》使《シムルコトヲ》感《カン》報圓明《ナラ》。明淨之《ノ》義《ハ》即無漏《ロヲ》爲《ス》體《ト》也。讃《ニ》云《ク》、「寶地《ノ》莊嚴無《シ》比《ヒ》量。處處《ノ》光明照《ス》十方。寶閣《カク》・華臺《ダイ》皆《ナ》遍《ヘン》滿《マムス》。雜《ザフ》色《シキ》玲《レイ》瓏《リヨウトシテ》難《カタシ》可《ベキコト》量《ハカル》。寶雲《ウム》・寶蓋《ガイ》臨《ノゾムデ》空《ソラニ》覆《オホヒ》、聖衆飛《トバシテ》通《ツウヲ》互《タガヒニ》往來《ス》。寶幢・幡《バム》《ハタ》蓋隨《テ》風《ニ》轉《テンジ》《メグル》、寶樂《ガク》含《ガムジテ》《フクム》輝《ヒカリヲ》應《ジテ》念《ニ》廻《メグル》。帶《タイシテ》《トヾマル》《メグラス》惑《ワク》疑《ギヲ》生《ズルモノハ》、華《ハナ》未《ダ》《ズ》發《ヒラケ》。合掌《ノゴトクシテ》籠《ロウ》籠《ロウタルコト》喩《タトフ》處《スルニ》胎《ニ》。内《ニ》受《ウケテ》法樂《ヲ》無《シ》微《ミ》苦《ク》。障《サハリ》盡《ツキテ》須《シユ》臾《ユニ》華自《ヅカラ》開《ク》。耳《ニ》目《モク》精《シヤウ》《タマシヒ》明《ニシテ》身金色《ナリ》。菩薩徐《ジヨ》《ヤウヤク》徐《ジヨトシテ》授《サヅク》寶衣《ヲ》。光觸《フル、ニ》體《タイニ》得《ウ》成《ズルコトヲ》三忍《ヲ》。即欲《ホシテ》見《ト》佛《ヲ》下《①オリ》金臺《ヨリ》、法侶《リヨ》《トモ》迎《ムカヘテ》將《ヰテ》入《ル》大會《ヱニ》。瞻《セム》《マボリ》仰《ガウシテ》《アフグ》尊顏《ゲンヲ》《ミカヲ》讃《ホメラル》善哉《ザイト》。」言《フ》「金繩《ジヨウト》」已下《ハ》、正明《ス》黄金《ヲ》作《ナセル》道《ト》狀《カタチ》似《ニタルコトヲ》金繩《ニ》也。或以雜《ザフ》寶《ヲ》爲《シテ》地《ト》、瑠《ル》璃《リヲ》作《ナシ》道《ト》、或以瑠璃《ヲ》爲《シテ》地《ト》、白《ハク》玉《クヲ》《タマ反》作《ナセリ》道《ト》。或以紫《シ》金・白銀《ゴムヲ》爲《シテ》地《ト》、百寶《ヲ》作《リ》道《ト》、或以不可說《ノ》寶《ヲ》爲《シテ》地《ト》、還《カヘテ》以不可說《ノ》寶《ヲ》作《リ》道《ト》、或以千萬寶《ヲ》爲《シテ》地、二、三寶《ヲ》作《リ》道《ト》、如《ク》是《ノ》轉《ウタ、》相《ヒ》間《ケン》雜《ザフシテ》、轉《ウタ、》共《トモニ》合成《シ》、轉相《ヒ》照《セウ》曜《ヨウシ》、轉相《ヒ》顯發《ボツシテ》、光《クワウ》光《クワウ》色《シキ》色《シキ》各《カク》各《カク》不同《ニシテ》而無《ナシ》雜《ザフ》亂《ラム》。行者等莫《ナカレ》言《云コト》但《タヾ》有《テ》金道《ノミ》而

①下　右◎「ル」を「リ」と上書訂記　1-728

408 無《ナシト》餘《ヨノ》寶《ヲ》作《スルコト》道《ト》也。　四從《リ》「一一寶中有五百色光《ト云》」下至「樂《ガク》器《キ》以《イ》爲
莊嚴《ニ》」已來《ハ》、正明《ス》空《ク》裏《リノ》莊嚴《ヲ》。卽《チ》有《リ》其《ノ》六。一《ハ》明寶出《コトヲ》多《タ》光《ヲ》。二明喩《タトヒヲモテ》顯《スコトヲ》
其《ノ》相《ヲ》。三明光變《ヘンジテ》成《ナルコトヲ》臺《ウテナト》《ダイ反》。四明光變《ジテ》成《コトヲ》於樓《ロウ》閣《カクト》。五明光變《ジテ》成《ヲ》於華《クヱ》幢《ドウト》。
六明光變《ジテ》成《ヲ》於寶樂之《ノ》音《コヱト》。又明地上《ノ》雜《ザフ》寶、一一《ニ》各《オノオノ》出《コトヲ》五百色《シキノ》光《ヲ》、一
一《ノ》色光、上《カミ》湧《ユウシテ》《アガリ》空中《ニ》作《ナル》一《ノ》光臺《ダイト》、一一《ノ》臺《ノ》中《ニ》寶樓千萬《ナリ》、各以一・二・三・四
1-506 乃至不可說《ノ》寶《ヲ》、以《テ》爲《ナセリ》莊嚴合成《スルコトヲ》也。言「如華又《ウ》如星《シヤウ》月《ト》」者《ハ》、佛以慈
悲《ヲ》畏《オソレ下ガ》人《ノ》不《ザルコトヲ》識《シラ》故《ニ》、借《カテ》喩《タトヘヲ》以《テ》顯《ス》之《ヲ》。言「於《ヲ》臺兩邊各有百億華幢《ト》」者《ハ》、寶
地衆多《タニシテ》光明無量。一一《ノ》光等化《シテ》作《ナテ》光臺《ト》、遍《ヘン》滿《マムス》空中《ニ》。行者等行住坐
臥《ニ》常《ニ》作《ナセ》此《ノ》想《ヒヲ》。　五從《リ》「八種清風《ト云》」下至「無我之《シ》音《オムニ》」已來《ハ》、正明光《ヒカリ》變《ジテ》
409 樂《ガク》音《オムト》、轉《テンジテ》成《スコトヲ》說法之《ノ》相《ヲ》。卽《チ》有《リ》其《ノ》三。一明八風從《リ》光而出《ルコトヲ》。二明風光卽《チ》
出《イデ、》卽《チ》鼓《ウチ》樂《ガクヲ》發《オコスコトヲ》音《ヲ》。三明顯說《スルコトヲ》四倒《タウ》・四眞、恆《ゴウ》沙等《ノ》法《ヲ》。讚《ニ》（淨土論意）云、「安樂國《ハ》
淸淨《ニシテ》、常《ニ》轉《テムズ》無垢《クノ》輪《リムヲ》。一念及《ビ》一時《ニ》、利益《ス》諸《ノ》群生《ヲ》。讚《ニ》佛《ノ》諸《ノ》功德《ヲ》、無《シ》有《コト》分
別《ベチノ》心。能《ク》令《シム》速《スミヤカニ》滿足《セ》功德《ノ》大寶海《ヲ》。」　六從《リ》「是《ゼ》爲《ト云》」下《ハ》總《ソウジテ》結《クヱチス》《ムスブ》。　上來《ニ》雖
有《ト》六句《ノ》不同、廣《ク》明①水觀《ヲ》竟《ヌ》。

①明　右◎「ス」とあるを抹消

1-729

三就《テ》地《ヂ》想觀《ノ》中《ニ》、亦先《ヅ》擧《アゲ》、次《ニ》辯《ベムジ》、後《ニ》結《ス》。卽《チ》有《リ》其《ノ》六。一從《リ》「此《シ》想成時《ジト云》」者《ハ》、正明《ス》結《ケチシ》前《サキヲ》生《ズルコトヲ》後《ヲ》。二從《リ》「一一觀之《シト云》」下至「不可具《グ》說《ニ》」已來《ハ》、正明《ス》辯《ベンズルコトヲ》觀成《ノ》相《ヲ》。卽《チ》有《リ》其《ノ》六。一明心《ニ》標《ヘウシテ》一境《ヲ》、不《ザルコト》得《エシメ》總《ソウ》雜《ザフシテ》觀《ズルコトヲ》之《ヲ》。二明《ス》旣《スデニ》專《ラスレバ》一境《ヲ》、境卽《チ》現前《ゼンス》、旣《ニ》得《レバ》現前《スルコトヲ》、必《ズ》令《シムルコトヲ》明了《ナラ》。三明境旣《ニ》現《ズレバ》心《ニ》閉《トヂ》目《メヲ》開《ニ》目《ヲ》守《マモテ》令《シムルコトヲ》莫《ナカラ》失《シツスルコト》。四明身《ミノ》四《シ》威儀晝《チウ》夜常《ニ》念《ジテ》、唯《タヾ》除《ノゾイテ》睡《スイ》時《ジヲ》憶《オク》持《ヂシテ》不《ザルコトヲ》捨。五明凝《コラスコト》心《ヲ》不《ザレバ》絕《タヘ》卽《チ》見淨《コトヲ》土之《ノ》相《ヲ》。此《ヲ》名《ク》想心《ノ》中《ノ》見《ケント》、猶《ナホ》有《ガ》覺想故《ニ》。六明想心漸《ヤウヤク》微《ミニシテ》覺念頓《トムニ》除《ノゾコリ》、正受《ジユト》相應《シテ》證《シ》於三昧《ヲ》、眞《ニ》見《ル》彼《ノ》境《ノ》微《ミ》妙之《ノ》事《ジヲ》、何《ナニ、》由《ヨテ》具《ツブサニ》說《ト云コトヲ》。斯《コレ》乃《チ》地《ヂ》廣《クシテ》無《ム》邊《ナリ》。寶幢非《ズ》一《ニ》。衆珍《チム》曜《カヽヤカシ》彩《イロヲ》、轉《テム》變《ペン》彌《イヨイヨ》多《オホシ》。是《ヲ》以勸《スヽメテ》物《モノヲ》傾《カタブケテ》心《ヲ》、恆《ニ》如《ゴトシ》對《ムカヘルガ》①日《ニ》。三從《リ》「是爲《ト云》」下總《ソウジテ》結《ス》。四從「佛告阿難《云》」下至「說是觀地法《ニ》」已來《ハ》、正明勸發流《シテ》通《ヲ》、隨《テ》緣《ニ》廣《ク》說《トカシムルコトヲ》。卽《チ》有《リ》其《ノ》四。一明告《ガウ》命。二明勸持《ヂシテ》佛語《ヲ》、廣《ク》爲《ニ》未來《ノ》大衆《ノ》說《コトヲ》前《サキノ》觀地之《ノ》益《ヲ》。三明簡《ブニ》機《ノ》堪《タヘ》受《ウクルニ》堪《ヘタルヲ》信《ズルニ》、欲《ルコトヲ》得《エムト》捨《スツルコトヲ》此娑婆生死之身《ミノ》八苦《ク》・五苦・三惡《アク》《マク反》道《ノ》苦等《ヲ》。聞《キヽテ》卽《チ》信行《セム》者《ノニハ》、不《ズ》惜《オシマ》身命《ヲ》、急《キウニ》爲《ニ》說《トケ》之《ヲ》。若《シ》得《エシメツレバ》一人捨《テ、》苦《ヲ》出《コトヲ》生死《ヲ》者《ハ》、是《ヲ》名《ク》眞《マコトニ》報《ズト》佛恩《オムヲ》。何《ヲ》以《テノ》故《ニ》。諸佛出《デ、》世《ニ》種種《ノ》方便《ヲモテ》勸化《シ下》衆生《ヲ》者《ハ》、不《ズ》欲《ホセ》直《タヾチニ》令《シメムトハ》制《セイシ》惡《ヲ》

①日　◎「目ニィ」と右傍註記

修《シテ》福《ヲ》受《ウケ》人天《ノ》樂《ラクヲ》也。人天之《ノ》樂《ハ》猶《ナホ》如《シ》電《デム》光《イナビカリ》《ノ》。須臾《ニ》卽《チ》捨《レバ》、還《テ》入《テ》三惡《ニ》長時《ニ》受《ク》苦《ヲ》。爲《ニ》此《ノ》因緣《ノ》、但勸《メテ》卽令《シム》求《テ》生《コトヲ》淨土《ニ》向《ムカハ》無上菩提《ニ》。是《ノ》故《ニ》今《ノ》時《ノ》有緣、相《ヒ》勸《メテ》誓《チカテ》生《ゼシムル》淨土《ニ》者《ハ》、卽稱《カナウ》諸佛《ノ》本願《ノ》意《ニ》也。若《シ》不《ザル》樂《ネガハ》信行《ヲ》者《ハ》、如《ク》『淸淨覺經《ニ》』（卷四意）云《ガ》、「若《シ》有人聞《テ》說《ヲ》淨土《ノ》法門《ヲ》、聞《キケドモ》如《クニシ》不《ザルガ》聞、見《トモ》如《ニスルハ》不《ガ》見《ミ》、當《ニ》《シ》知《ル》、此《レ》等《ラハ》始《ハジメテ》從《リ》三惡道來《テ》、罪障未《ダ》《ズ》盡《ツキ》。爲此《ノ》無《シ》信向耳《マクノミ》。佛《ノ》言《マハク》、我《レ》說《トク》、此《ノ》人未《ダ》《ズ》可《ベカラ》得《ウ》解脫《ヲ》也」。此《ノ》『經《ニ》』（平等覺經卷四意）又云《ク》、「若《シ》人聞說《ヲ》淨土《ノ》法門《ヲ》、聞《キ、テ》卽悲《ヒ》喜《キ》交《マジハリ》流《ナガレ》、身《ノ》毛《ケ》爲《イヨダツ》竪者《ノ》、當《ニ》《ベシ》知、此《ノ》人過去《ニ》已《ニ》曾《カツテ》修《シュ》習《ジフシテ》此《ノ》法《ヲ》、今得《エテ》重《カサネテ》聞《コトヲ》卽《チ》生《ジ》歡喜《ヲ》、正念《ニ》修行《シテ》必《ズ》得《ウ》生《ルコトヲ》也」。四《ニ》明正《ク》教《ヘテ》觀《ジテ》寶地《ヲ》以《テ》住《セシムルコトヲ》心《ヲ》也。　五從《ニ》「若觀是地者」《ト云》下至「心得無疑《ギニ》」已來《ハ》、正明《ス》顯《コトヲ》觀《ノ》利益《ヲ》。卽有其《ノ》四。一《ハ》明《ス》指《サスコトヲ》法《ヲ》。唯《タヾ》觀《ジテ》寶地《ヲ》不《ズ》論《ロンゼ》餘《ヨ》境《ヲ》。二明因《ヨテ》觀《ズルニ》無漏之寶地《ヲ》、能《ク》除《コトヲ》有漏《ロノ》多《タ》劫《ノ》罪《ヲ》也。三明捨《テ》身《ヲ》已《ハテ》後必《ズ》生《ズルコトヲ》淨土《ニ》。四明《ス》修因《イム》正念《ニシテ》不《ザルコトヲ》得《エ》雜《マジフルコト》疑《ヒヲ》。雖《ドモ》得《ウト》往生《ヲ》、[01]含《フクマレテ》華《ニ》未《ダ》《ザレバ》出《デ》、或生《ジ》邊界《ニ》、或墮《ダス》宮胎《ニ》。或因《ヨテ》大悲《ノ》菩薩入《リ》開華三昧《ニ》、疑《ギ》障《シヤウ》乃《チ》除《ノゾコテ》、宮華開發《シ》身相顯然《ナリ》。法侶《リヨ》攜《タヅサヘ》將《ヰテ》遊《アソバシム》於佛會《ヱニ》。斯《コレ》乃《チ》注《トヾメテ》心《ヲ》見《ルニ》於寶地《ヲ》、卽滅《ス》宿《シユク》障《ノ》罪愆《ケンヲ》《トガ反》。願行之《ノ》業已《ニ》圓《ニシテ》、命《イノチ》盡《ツキテ》無《シ》疑《コト》不《ザルコトヲ》往《ユカ》。今《マ》旣《ニ》覩《ミル》

412　1-508

01［含華…宮胎］化卷186　三經往596

斯《コノ》勝益《ヲ》、更《ニ》勸《メテ》辯《ベム》《ワキマヘ》知《チセシム》《シル》邪《ジヤ》正《ヲ》。　六從《ニ》「作是觀《云》」已下、正明辯《ベムズルコトヲ》觀《ノ》邪正《ヲ》。邪正《ノ》義者《ハ》前《サキノ》日觀《ノ》中《ニ》已《ニ》說《トイツ》。　上來《ニ》雖有《ト》六句《ノ》不同、廣《ク》明《シ》地觀《ヲ》竟《ヌ》。四、就寶樹觀中、亦先舉次辯後結。即有其十。一從《ニ》「佛告阿難《ト云》」下至「次《シ》觀寶樹《ニ》」已來《ハ》、正明告命總《シテ》《ソウジテ》擧《アゲ》觀《ノ》名《ナヲ》、結《シ》前《ヲ》生《ズルコトヲ》後《ヲ》。　二言《フ》「觀寶樹《ト》」者《ハ》、重《ネテ》牒《デツスル》《タ、ム反》觀名《ヲ》也《ナリ》。言《フ》「一一觀之《シト》」已下《ハ》、生《ジテ》後《ノ》觀相《ヲ》正教《フ》儀則《ソクヲ》。此《ハ》明《ス》彌陀淨國廣闊《クワツ》無邊《ナルコトヲ》。寶樹・寶林、豈《アニ》以七行《ヲ》爲《セン》量《ト》也《ヤ》。今言《フ》「七重《ト》」者《ハ》、或有《リ》一樹、黃金《ヲ》爲《シ》根《ネト》、紫金《ヲ》爲《シ》莖《クキト》、白銀《ゴンヲ》爲《シ》枝《エダト》、碼《メ》碯《ナウヲ》爲《シ》條《コエダト》、珊《サム》瑚《ゴヲ》爲《シ》葉《ハト》、白《ハク》玉《ヲ》爲《シ》華《ハナト》、眞珠《ジユヲ》爲《ス》菓《コノミト》。如《ク》是《ノ》七重互《タガヒニ》爲《ナス》根《コン》・莖《キヤウ》、乃至華・菓《クワ》等《ヲ》、七七四十九重《ヂウ》也《ナリ》。或《ハ》有《リ》一寶爲《セル》一樹《ジユト》者《モノ》、或《ハ》二・三・四乃至百千萬億不可說《ノ》寶《ヲ》爲《セル》一樹《ト》者《ノアリ》。此《ノ》義『彌陀經義《ノ》』中《ニ》已《ニ》廣《ク》論《ロンジ》竟《ヌ》。故《ニ》名《クル》七重《ヂウト》也《ナリ》。言《フ》「行《ト》」者《ハ》、彼《ノ》國《ノ》林樹雖多《シト》、行行整《シヤウ》《ト、ノヲリ》《ナヲシ》直《ヂキニシテ》而無《シ》雜《ザフ》亂《ラム》。言《フ》「想《サフト》」者《ハ》、未《ダ》閑《ナラヒテ》《ザレバ》眞觀《ヲ》自在《ニ》隨《ハ》心《ニ》、要《カナラズ》藉《ヨテ》假《ケ》想《ニ》以《テ》住《シテ》心《ヲ》、方《マサニ》能《ク》證《スル》益《ヲ》也《ナリ》。　三從《リ》「一一《ト云》」下至「由《ユ》旬《ジユンニ》」已來《ハ》、正明《ス》樹《ウヘキ》之《ノ》體《タイ》量《ヲ》。此《ノ》明《ス》諸《ノ》寶《ラノ》林樹、皆從《リ》彌陀無漏《ロ》心《ノ》中流出《ル》《スルコトヲ》。由《ヨルガ》佛心是無漏《ロナルニ》故《ニ》、其《ノ》樹《ジユモ》亦是《レ》無漏也《ナリ》。讚《ニ》(淨土論)云《ク》、「正道《ノ》大慈悲、出世《ノ》善根《ヨリ》生《ズ》。淨光明滿足《ニシテ》、如《シ》鏡《カヾミト》日月輪《リムトノ》。」言《フ》量《ト》者《ハ》、一一《ノ》樹《ノ》高《サ》三十二萬里《リナリ》。亦無《ナク》老死《シノ》者《ノ》、亦無《シ》小生《ノ》者《ノ》、亦無《シ》初《シヨ》生漸《ゼム》長《ノ》者《ノ》。起《キスルコト》《ヲコル》即《チ》同時《ニ》頓《トムニ》起《オコリテ》、量數《シユ》等齊《ザイナリ》。何《ナニ》意《ソ》然《シカルトナラ》者《バ》、彼《ノ》界《ハ》位《クラキ》是《レ》無漏無生之《ノ》界《サカヒナリ》。豈《アニ》有《ラム》生死《ジ》漸《ゼム》長之《ノ》義也《ヤ》。　四從「其《ゴ》諸寶樹」《ト云》下至「以爲映《エイ》飾《ジキニ》《カザル》」已來、正明雜《ザフ》樹・雜嚴《ゴム》・雜《マジヘ反》飾《ジキノ》《カザル反》異《イ》相《ヲ》。即有其四。一明《シ》林樹《ノ》華葉《エウ》間《ケン》雜《ザフ》不同《ナルコトヲ》、二明《ス》一一《ノ》根《コン》・莖《キヤウ》・枝《シ》・條《デウ》・菓《クワ等》等皆《ナ》具《グセルコトヲ》衆寶《ヲ》。三明一一《ノ》華葉《エウ》轉《ウタヽ》互《タガヒニ》不同《ニシテ》、瑠《ル》璃《リノ》色《イロノ》中《ヨリハ》出《ス》金色《ノ》光《ヲ》、如《ク》是《ノ》轉《ウタヽ》相《ヒ》間《ケン》雜《ザフセルコトヲ》。四明更《ニ》將《モテ》一切《ノ》雜寶《ヲ》而嚴飾《ジキセルコトヲ》之《ヲ》。又讚《ニ》（淨土論）云《ク》、「備《ソナエテ》諸《ノ》珍《チン》寶《ノ》性《ヲ》、具足《セリ》妙莊嚴《ヲ》。無垢《クノ》光炎《エン》熾《サカリナリ》、明淨《ニシテ》曜《テラス》世間《ヲ》。」又讚云《ク》、「彌陀《ノ》淨國《ニ》、寶樹多《オホシ》。四面《メンニ》垂《タレテ》條《コエダヲ》、天衣挂《カヽリ》遶《メグレリ》。寶雲《ウン》含《フクミ》蓋《ガイヲ》、化鳥連《ツラネテ》聲《ヲ》、旋《セン》轉《デムシ》臨《ノゾミテ》空《ニ》、奏《ソウシテ》法音《ヲ》而入《ル》會《ヱニ》。他《タ》方《ノ》聖衆《ハ》、聽《キヽテ》響《ヒヾキヲ》以《テ》開《キ》心《ヲ》、本國《ノ》能人《ハ》、見《テ》形《カタチヲ》而取《トル》悟《サトリヲ》。　五從「妙眞珠《ジユ》網《マウ》」下至「色中上者《ニ》」已來、正明《ス》樹上空裏《リノ》《ウチ》莊嚴《ノ》相《ヲ》。即有其七。一明珠《シユ》網《マウ》臨《ノゾンデ》空《ラニ》覆《オホウコトヲ》　樹《ウエキニ》。二明網有《コトヲ》多重《ヂウ》。三明宮殿《ノ》多少《ヲ》。四明一一《ノ》宮内《ナイニ》多《キコトヲ》諸《ノ》童《ドウ》子《ジ》。五明童子《ノ》身《ニ》服《ブクセルコトヲ》　珠《タマノ》瓔《ヤウ》珞《ラクヲ》。六明瓔珞《ノ》光照《テラスコトヲ》遠近《ヲ》。七明光超《テウ》上《ノ》色《イロナルコトヲ》。　六從「此諸寶林」《ト云》下至「有七寶菓《クワニ》」已來《ハ》、明其《ノ》林樹雖《ドモ》多《ト》而無《ナキコトヲ》雜《ザフ》亂、華實開《クル》時不《ズ》從《リ》內出。斯《コレ》乃《チ》法藏因《イム》深《クシテ》、致《ス》使《シムルコトヲ》自然《ニシテ》而有《アラ》。七從「一一樹葉《エウト云》」下至「婉《エン》轉《デム》葉《エウ》間《ニ》」已來《ハ》、正明《ス》華葉《ノ》色《シキ》相不同《ナルコトヲ》。即有《リ》其《ノ》五。一明《シ》葉《エウ》量《ノ》大小等無《クシテ》差《シヤ》別《コトヲ》、二明《シ》葉《ノ》出①《ス》光色《ヲ》多少《ヲ》、三明《シ》恐《オソレテ》疑《ウタガテ》不《ザラムコトヲ》識《サトラ》、借《カテ》喩《タトヒヲ》以《テ》顯《スニ》、如《ナルコトヲ》天《ノ》瓔珞《ノ》。四明《シ》葉《エウニ》有《リ》妙華色《シキ》、比《ヒシ》天金《ニ》、相《ヒ》喩《ルコトヲ》火輪《リムニ》。五明《シ》迭《タガヒニ》相《ヒ》顯照《シテ》婉《エン》轉《デムスルコトヲ》葉《エウノ》間《ニ》。　八從《リ》「湧《ユ》生諸菓《クワ》」下至「亦於中現《ニ》」已來《ハ》、正明《ス》菓《ニ》有《コトヲ》不思議《ノ》德用《ユウ》之《ノ》相。即有其五。一明《ス》寶《ラノ》菓《コノミ》生《ズル》時自然《ニ》湧《ユ》出《スルコトヲ》。二明《ス》借《カテ》喩《ヘヲ》以《テ》標《ヘウスルコトヲ》菓《コノミノ》相《ヲ》。三明《ス》菓《ニ》有《テ》神光、化《シテ》成《ズルコトヲ》幡《バム》蓋《ガイト》。四明《ス》寶蓋圓《エン》明《ニシテ》、內《ニ》現《ズルニ》三千之《ノ》界《ヲ》、依正《ノ》二嚴《ゴム》種種《ノ》相現《ズルコトヲ》。五明《ス》十方淨土普《ク》現《ジテ》蓋中《ニ》、彼《ノ》國《ノ》人天無《ナキコトヲ》不《ズト云コト》覩《ト》見《セ》。又此《ノ》樹《ノ》量彌《イヨイヨ》高《ク》、縱《ジユウ》廣彌《イヨイヨ》闊《ヒロク》、華菓衆多《ニシテ》、神變非《ズ》一。一②《ノ》樹既《ニ》然《シカナリ》。遍《ヘン》滿《セル》彼國《ニ》所有《ノ》諸《ノ》樹之《ノ》菓《コノミ》衆多《ナリ》、盡皆《コトゴトク》如《シ》此《ノ》、應《ベシ》知《シル》。一切《ノ》行者、行住坐臥《ニ》常《ニ》作《ナセ》此《ノ》想《ヲ》。　九從「見此樹已《イト云》」下至「分明《ニ》」已來《ハ》、辯《ズ》觀成《ノ》相《ヲ》。即有其三。一明《ス》結《ケチスルコトヲ》觀成《ノ》相《ヲ》。二明《ス》次第《ニ》觀《ジテ》之《ヲ》不《ザルコトヲ》得《エ》雜《ザフ》亂《スルコトヲ》。三明《ス》一一《ニ》起《オコシテ》心《ヲ》住《スルコトヲ》境《ニ》。先《ヅ》觀《ジ》樹根《コムヲ》、次《ニ》想《ヒ》莖《キヤウ》枝《シ》乃至華菓《ヲ》、次《ニ》想《ヒ》網《マウ》宮《ヲ》、次《ニ》想《ヒ》童子《ノ》瓔珞《ヲ》、次《ニ》想《ヒ》葉《エウノ》量・華菓光色《キヲ》、次《ニ》想《ヘ》幡《バム》蓋廣《ク》現《ズル□トヲ》佛

①出　右◎抹消し「ス」と訂記
②一　◎上に挿入符号あり、「一ィ」と左傍註記

1-734

事《ジヲ》。既能一一次第觀《ズレ》之者、無不明了《ズト云コト》也。　十從「是爲」下總結《ソウジテ》。斯《コレ》乃寶樹連《ツラネ》暉《ヒカリヲ》、網《アミ》簾《スダレタリ》空殿。華《ハナ》分《ワカレ》千色、菓《コノミ》現他方。　上來雖有十句不同、廣明寶樹觀竟。

五就寶池觀中、亦先擧、次辯《ベンジ》、後結。卽有其七。　一從「次當想水」已下、總擧《アグ》觀名。卽是牒前生後。此明寶樹雖精《セイナリト》、若無池水、亦未名《ザルコトヲ》好《カウ》。一爲不空世界《ザラシメムガ》、二爲莊嚴依報《セムガ》。爲斯義故、有此池渠《ミゾ》觀也。

二從「極樂國土」下至「如意珠王生」已來、正明池數《イケノカズ》、幷《ナラビニ》辯《ベンズ》出處。卽有其五。一明標指《シスルコトヲ》所歸之國。二明池有八數之名《ルコトヲ》、三明一一池岸《キシ反》《ガム》七寶合成《セルコトヲ》。正由寶光映《エイ》《テリ反》徹《テチシ》《トヲル反》通照《セウスルニ》、八德之水一同雜《ザフ》寶之色。故名寶水也。四明是諸衆寶體性柔軟《ニウ》《ナムナルコトヲ》《ヤハラカナリ》。五明八池之水皆從如意寶中出《レバ》、卽名如意水《クルコトヲ》。此水卽有八種之德。一者清淨潤《ニム》澤《タク》、卽是色《シキ》入攝《セフナリ》。二者不臭《クサカラ》、卽是香《カウ》入攝。三者輕《カロシ》。四者冷《スゞシ》。五者軟《ヤハラカナリ》、卽是觸《ソク》《フル》入攝。六者美《ヨシ》、是味入攝。七者飲時調《デウ》適《チヤクス》。八者飲已無患《ウレヘ》、是法入攝。此八德之義已在『彌陀義』中廣說竟。又讃云、「極樂莊嚴安養國、八德寶池

01［言金…體也］信卷 90

419

流《ナガレテ》遍滿《セリ》。四岸《ガム》含《フクムデ》暉《ヒカリヲ》間《マジヘ》七寶《ヲ》、水色分明《ニシテ》映《エイズ》寶光《ニ》。體性柔輭《ニシテ》無《シ》堅《ケム》《カタク》觸《ソク》《フル、》。菩薩徐《ヤウヤク》行《ユイテ》散《サムズ》寶香《ヲ》。寶香・寶雲、成《ナル》寶蓋《ト》。寶蓋臨《ノゾムデ》空《ソラニ》覆《オヽフ》寶幢《ニ》。寶幢《ノ》嚴儀、圍《メグル》寶殿《ヲ》。寶殿寶鈴《リヤウニ》、垂《タレタリ》珠網《ヲ》。寶網《ノ》寶樂千重《ニ》轉《テムズ》、隨《テ》機《ニ》讚《サム》歎《ス》寶宮樓《ロウヲ》。一一《ノ》宮樓有《リ》佛會《ヱ》。恆沙《ノ》聖衆坐《ザシテ》思《シ》量《ス》。願《クハ》此《ノ》有緣常《ニ》憶念《シテ》、捨《テ、》命《ヲ》同《ク》生《シム》彼《ノ》法堂《ダウニ》。

三從「分爲十四支《シト云》」下至「以《イ》爲底《テイ》沙《ニ》」已來《ハ》、正明池《イケ》分《ワカレテ》異《ニシテ》溜《シタ、リ》旋《セム》《メグリ》還《グヱンシテ》無《コトヲ》亂《ミダル、コト》。卽有其《ノ》三。一明渠《コ》《ミゾ》數《ノ》多少。二明一一《ノ》渠《コ》岸《ガム》作《ナスコトヲ》黃金《ノ》色《ヲ》。三明渠《コ》下《ノ》底《テイ》沙作《コトヲ》雜《ザフ》寶《ノ》色《ヲ》。01言《フ》「金剛《ト》」者《ハ》卽是無漏《ロ》之《ノ》體也《ナリ》。

1-512

四從「一一水中《ト云》」下至《ル》「尋《ジム》樹上下《ニ》」已來《ハ》、正明水《ニ》有《コトヲ》不思議《ノ》用。卽有其五。一明別《ベチシテ》指《サシシテ》渠《ミゾノ》《コ反》名《ナヲ》、顯《スコトヲ》彼《ノ》莊嚴之《ノ》相《ヲ》。二明渠《コ》內《ノ》寶華《ノ》多少《ヲ》。三明華量《ノ》大小《ヲ》。四明摩《マ》尼《ニ》寶《ノ》水《ミヅ》流《ル》注《シユスルコトヲ》　華《ノ》間《ニ》。五明寶水從《ヨリ》渠《ミゾ》而出《イデ、》尋《タヅネテ》諸《ノ》寶樹《ヲ》、上下《スルニ》無礙《ゲナルガ》故《ニ》、名《ルコトヲ》如意水《ト》也。

420

五從《リ》「其《ゴ》聲微妙《ト云》」下至「諸佛相好者《ニ》」已來《ハ》、正明水《ニ》有《コトヲ》不可思議《ノ》德。卽有其《ノ》二。一明寶水華《ノ》間《ニ》流《ル》注《シユシテ》、微《ミ》《チヰサシ》波《ハ》《ナミ》相《ヒ》觸《フレテ》卽《チ》出《シテ》妙聲《ヲ》、聲《ノ》中《ニ》皆說《コトヲ》妙法《ヲ》。二明寶水上《アガテ》岸《キシニ》、尋《タヅネ》樹《キノ》枝《シ》・條《デウ》・華葉《エウ》・菓《クワ》等《ヲ》、或上《ノボリ》或下《リ》、中間《ニ》相《ヒ》觸《フレテ》皆《ナ》出《コトヲ》妙聲《ヲ》。聲《ノ》中《ニ》皆《ナ》說《トク》妙法《ヲ》。或說《テ》衆生《ノ》苦《クノ》事《ジヲ》覺動《ドウシテ》菩薩《ノ》大悲《ヲ》、勸《メテ》令《シメ》引《イムゼ》他《タヲ》、或說《キ》人天等《ノ》法、或說二乘等《ノ》法、或說地《チ》前・地上等《ノ》法、或說《ク》佛地三身等《ノ》法。　六從「如意珠王《ト云》」下至「念佛法僧《ニ》」已來、正明摩《マ》尼《ニ》多《ク》有神德《コトヲ》。卽有其四。一明珠王《ノ》內《ヨリ》出《スコトヲ》金光《ヲ》。二明光化作《ナルコトヲ》百寶之鳥《トリト》。三明鳥《テウ》聲哀《アヒ》《アワレミ》雅《ガニシテ》《ウタウ》天《ノ》樂《ガクモ》無《コトヲ》以《テ》比《ヒ》方《ハウスルコト》。四明寶鳥連《ツラネテ》音《ヲ》同聲《ニ》讚《サム》歎《スルコトヲ》念佛法僧《ソウヲ》。然《シカルニ》佛《ハ》是《レ》衆生無上《ノ》大師《ナリ》。除《ノゾキテ》邪《ジヤヲ》向《ムカハシメ》①正《ニ》、法《ハ》是《レ》衆生無上《ノ》良《ラウ》藥《ヤク》、能《ク》斷《ダムジテ》煩惱《ノ》毒病《ビヤウヲ》法身清淨《ナリ》。僧《ソウハ》是衆生《ノ》無上《ノ》福田《ナリ》。但《タヾシ》使傾《カタブケテ》心《ヲ》四《シ》事《ジ》不《ザレバ》憚《ハヾカラ》疲《ヒ》勞《ラウヲ》、五乘《ジヨウノ》依果自然《ニ》應《ジテ》念《ニ》所須《シユ》而至《ル》。其《ノ》寶珠、前《サキニ》生《ジ》八味《ミ》之《ノ》水《ヲ》、後《ニ》出《ス》種種《ノ》金光《ヲ》。非《ズ》直《タヾチニ》破《ハシ》闇《ヲ》除《ノゾクノミニ》昏《コムヲ》《クラシ》、到《イタル》處《ロニ》能《ク》施《セス》佛事《ジヲ》。　七從「是爲《ト云》」下總《ジテ》結《ス》。　上來《ニ》雖有七句《ノ》不同、廣明寶池觀《ヲ》竟。

六就寶樓觀《ノ》中《ニ》、亦先《ツ》擧、次《ニ》辯《ジ》、後《ニ》結《ス》。卽有《リ》其十一。　初《メ》言《フ》「衆寶國土《ト》」者《ハ》、卽是《レ》總《ソウジテ》擧《ゲテ》觀名《ヲ》、牒《デツシ》前《サキヲ》生《ズ》後《ヲ》。此《ハ》明淨土《ニ》雖《ト》有寶流灌《クワム》《ソヽギ》注《シユスルコトヲ》《ソヽグ》、若《シ》無《クハ》寶樓・宮閣《カク》、亦未《ダ》爲《セ》《ザルコトヲ》精《セイト》。爲《ニ》此《ガ》依報莊嚴種種《ニ》圓備《ビ》《ソナフ》也《ナリ》。　二言《フ》「一一界上《ト》」者、正《ク》明寶樓住《ヂユ》處、地界遍《ヘンシテ》於《ニ》彼《ノ》國《ニ》、樓《ロウ》亦無窮《グウナルコトヲ》也。　三言「有五百億《ト》」者、正《ク》顯《ス》其《ノ》數《ヲ》。一界之《ノ》上《ヘ》既《ニ》然《シカナリ》。遍《ヘム》滿《シテ》彼《ノ》國《ニ》亦皆如是、應《ベシ》知《ル》。　四從《リ》「其《ゴ》

①正　右◎一字抹消

422

樓閣《カク》中《ト云》」下至「作天伎《ギ》樂《ガクニ》」已來《ハ》、正明閣内《ノ》莊嚴《ヲ》。五從「又《ウ》有《ウ》樂《ガク》器《キト云》」下至「不鼓《ク》自《ミ》鳴《ミヤウニ》」已來《ハ》、正明樓外《ノ》莊嚴《ヲ》。寶樂《ガク》飛《トビ》空《ラニ》、聲流《ナガス》法響《カウヲ》。晝夜六時《ニ》如《シ》天《ノ》寶幢《ノ》。無《ナクシテ》思《オモヒ》成《ナス》自《ラノ》事《ジヲ》也。六從「此《シ》衆音中《ト云》」下至「念比《ビ》丘《ク》僧《ソウニ》」已來《ハ》、正明樂《ガク》雖無《ト》識《シキ》即有說《コトヲ》法之《ノ》能《ノウ》。七從「此想成《ト云》」已下至「寶池《ニ》」已來、正明顯《ス》觀《スコトヲ》成《ノ》相《ヲ》。此《ハ》明專《ラシテ》心《ヲ》住《シ》境《ニ》、悕《ネガヒテ》見《ト》寶樓《ヲ》、剋《コク》念《シテ》不移《ザレバウツラ》、自《ヨリノ》上《ミ》莊嚴總《ジテ》現《ズルコトヲ》。八從「是爲《ト云》」下總《ジテ》結《ス》。九從「若見此《ト云》」者《ハ》、牒《デツシテ》前《サキノ》觀《ノ》相《ヲ》生《ズ》後《ノ》利益《ヲ》。十從「除無量《ト云》」下至「生彼國《ニ》」已來《ハ》、正明依《ヨテ》法《ニ》觀察《スレバ》、除《ノゾクコト》障《サハリヲ》多劫《ナリ》、身器《キ》清淨《ニシテ》應《ジテ》佛《ノ》本心《ニ》、捨《テ》身《ヲ》他世《ニ》必《ズ》往《ユクコト》無《コトヲ》疑《ヒ》。十一從「作是觀者《ト云》」下至「邪觀《ニ》」已來、辯《ベムズ》觀《ノ》邪正之《ノ》相《ヲ》。上來《ニ》雖有《ト》十一句《ノ》不同、廣明寶樓觀《ヲ》竟。

423　1-514

七就華座觀《ノ》中《ニ》、亦先擧、次《ニ》辯、後《ニ》結《ス》。即有其《リ》十九。一從「佛告阿難《ト云》」下至「除苦惱法《ニ》」已來《ハ》、正明敕《チヨク》聽《チヤウノ》許《コ》（キ、ユルシ反）說《ヲ》。即有其三。一明告命《スルコトヲ》二人《ニ》。二明①敕聽《シテ》令《シメムコト》之《ヲシテ》諦《アキラカニ》受《ウケ》正念《ニ》修行《セ》。三明佛爲說《ニ》華座《ノ》觀法《ヲ》、但能《ク》住《トヾメテ》心《ヲ》緣《エム》念《スレバ》、罪苦《ク》得《ウルコトヲ》除《クコトヲ》。二從「汝等憶持《ヂト云》」下至「解《ゲ》說《セチニ》」已來《ハ》、正明勸

①「明…行」一一字→◎明敕聽《シテ》令《シテ》之《ヲ》諦《アキラカニ》受《ウケ》正念《ニ》修行《セ》

1-738

發流《スルコトヲ》通《ヲ》一。此明下觀法深要《ナリ》、急《キウニ》救《スクウ》二常沒《モツノ》衆生《ヲ》一、妄《マウ》愛《アイノ》迷《メイ》心漂《ヘウ》《タマヨイナガル》二流《ルス》六道《ニ》一、汝持《タモテ》二此《ノ》觀《ヲ》一處處《ニ》觀修《シテ》、普《ク》得《エテ》二知聞《スルコトヲ》一、同《ク》昇《ノボルコトヲ》中解脫《ニ》上。三從《ニ》二「說是語時《ト云》」一下至二「不得爲比《ヒニ》」一已來、正明下娑《ス》婆《ノ》化主爲《ノ》レ物《モノ、》故住《トヾムル》二想《ヒヲ》西方《ニ》一、安樂《ノ》慈尊知《シルガ》レ情《コ、ロヲ》故《ニ》則《チ》影《カゲ》《ヤウ》中臨《ノゾムコトヲ》東《トウ》域《ヰキニ》《サカヰ》上。斯《コレ》乃《チ》二尊《ノ》計《コ》《ハカリゴト》應《オウ》《カナウ》無《シ》レ異《ナルコト》《イ》。直《タヾチニ》以二隱《オム》顯有《コトヲ》レ殊《シユ》、正由《ヨテ》二器《キ》朴《ボク》《スナヲ》之《ノ》類《タグヒ》萬《マム》《ヨロツ反》差《ジヤナルニ》《シヤ反》一致《ス》レ使《シムルコトヲ》三互《タガヒニ》爲《タラ》二郢《エイ》匠《シヤウ》《バンシヤウ反》一。言二「說是語時《ト》」一者《ハ》正《ク》明《ス》、就《テ》二此《ノ》意《ノ》中《ニ》一即有二其《ノ》七一。一明下告二勸《スル》二人《ヲ》一時《ヲ》上也。二明三彌陀應《ジテ》レ聲《ニ》即《チ》現《ジ下ヘバ》證二得往《スルコトヲ》生《ヲ》一也。三明彌陀在《マシテ》レ空《ニ》而立《タチ下ヘル》者《ハ》、但使《タヾシ》迴《ラシテ》レ心《ヲ》正念《ニシテ》願《ズレバ》レ生《レムト》二我國《ニ》一、立《タチドコロニ》即得《ル》レ生《コトヲ》也。

問曰、佛德尊高《ナリ》、不《ズ》レ可《ベカラ》二輒《テウ》然《トシテ》輕《キヤウ》擧《コス》一。既《ニ》能《ク》不《ズ》レ捨二本願《ヲ》一、來《キタテ》應《ゼ》二大悲《ニ》一者《バ》、何《ナムガ》故《ゾ》不《ザル》二端《タム》坐《ザ》而《シテ》赴《オモムカム》レ機《ニ》也《ヤ》。答曰、此《ハ》明三如來別《ベチニ》有二密《コトヲ》《ミチ》意一。但《タヾ》以《オモムミレバ》娑婆苦界《ナリ》。雜《ザフ》惡《ト》同《ク》居《コシテ》八苦相《ヒ》燒《ヤク》。動《ヤヽモスレバ》成《ナシ》二違《ヰ》返《ヘムヲ》一、詐《イツハリ》親《シタシムニ》含《フクム》レ笑《エミヲ》。六賊《ゾク》常《ニ》隨《ガテ》、三惡《ノ》火坑《キヤウ》臨《リム》臨《リムトシテ》欲《ホス》レ入《ラムト》。若《シ》不《ズハ》二擧《アゲテ》レ足《ヲ》以《テ》救《スクハ》レ迷《マドヒヲ》、業《ゴウ》繫《ケ》之《ノ》牢《ラウ》何《ナニ、》由《ヨテカ》得《エム》レ勉《マヌカル、コトヲ》。爲二斯《コノ》義《ノ》一故《ニ》、立《タチナガラ》撮《トテ》即行《ユク》。不《ズ》レ及《バ》二端《タム》坐《シテ》以《テ》赴《ムクニ》レ機《ニ》也。四明下觀音・勢至以《テ》爲《シテ》二侍《ジ》者《ト》一、表《ヘウスルコトヲ》レ無《コトヲ》二餘《ヨノ》衆一也。五明二三尊身心圓淨《ニシテ》光明踰《イヨイヨ》盛《サカリナルコトヲ》一也。六明下佛身《ノ》光明朗《ホガラカニシテ》照《テラス》二十方《ヲ》一、垢《ク》《アカ》障《シヤウノ》凡夫、何《ナムゾ》能《ク》具《ツブサニ》覩《ミムト云コトヲ》上。七明下佛身無漏《ロナレバ》、光亦同《ク》然《シカナリ》、豈《アニ》將《モテ》二有漏《ロ》之《ノ》天

425

金《ヲ》比《ヒ》方①《セムコトヲ》之《ニ》也。 四從「時韋提希見無量《ト云》」下至「作禮《ニ》」已來、正《ハ》明韋提實《ニ》是《レ》垢《ク》凡《ボムノ》女質《ゼツナリ》《スガタ》、不《ザルコトヲ》足《タラ》可《ベキニ》言《フ》。但《タヾシ》以《ミレバ》聖力冥《ミヤウニ》《クラキ》加《カシテ》彼佛《ノ》現《ジ》時、得《ウ》蒙《カウムルコトヲ》稽《ケ》首《シユヲ》《ツク》《カウベヲ》。斯《コレ》乃《チ》序《ジヨニハ》臨《ノゾムデ》淨國《ニ》、喜《キ》歎《タムシテ》無《シ》以《テ》自《ラ》勝②《タユルコト》。今乃《チ》正觀《ミ上テ》彌陀《ヲ》、更《ニ》益《マスマス》心開悟《ケテ》《サトル》忍《ヲ》。 五從「白佛言」下至「及二菩薩《ニ》」已來《ハ》、正明夫人《ス》領《リヤウ》《アヅカリ》荷《ガシテ》《ニナフ》佛恩《オムヲ》、爲《ニ》物《ノ、》陳《チムシテ》疑《ヒヲ》生《ズルコトヲ》於後《ノ》問《モムヲ》。此《ハ》明夫人《ノ》意者《ハ》、佛今《マ》現《ニ》在《マシマセバ》、蒙《カウムテ》尊《ノ》加《カ》念《ヲ》得《タリ》觀《ミ上コトヲ》彌陀佛《ヲ》、滅後《ノ》衆生《ハ》云何《イカンシテ》可《ベキト云コトヲ》見《上ル》也。 六從「未來衆生《ト云》」下至「及二菩薩《ニ》」已來《ハ》、明其《ノ》夫人爲《ニ》物《モノ、》置《マウケテ》請《シヤウヲ》使《シムルコトヲ》同《ク》己《オノレニ》見《ミセ》。 七從「佛告韋提《ト云》」下

426

至「當起《キ》想念《ニ》」已來《ハ》、正明總《ジテ》告《ツゲ》許《ユルス》說《ヲ》之言《ヲ》。 問曰、夫人置《マウクルニ》請《ヲ》、通《ジテ》己《ニ》爲《ニス》生《ノ》。及至如《テ》來《ノ》酬③《コタヘ下ニ》答、但指《サシテ》韋提《ヲ》不《ザラム》通《ゼ》生《ニ》也。答曰、佛身臨《ノゾムデ》化《ニ》說《テ》法《ヲ》、以《テ》逗《トウシ下ニ》機。不《ザルスラ》請《ゼ》尚《ナホ》自《ラ》普《ク》弘《ヒロメド》。何《ナムゾ》論《ロンジテ》別《ベツシテ》指《サスコトヲ》而不《ザラム》等《ヒトシク》備《ソナヘ》《ビ反》。但以《ノ》文略《セルヲ》故《ニ》、無《シ》兼《カネテ》爲④《ニスルコト》之《ガ》。心必《ズ》有《リ》也《ヤ》。 八從「七寶地上」下至「華想《ニ》」已來《ハ》、正明教《フル》觀《ヲ》方便《ヲ》。

問曰、衆生盲《マウ》闇《アムナリ》、逐《シタガヒテ》想《ヒニ》增《マス》《イタハシク》勞《ラウヲ》。對《タイシテ》目《メニ》冥《クラキコト》《ミヤウ》若《ゴトシ》夜《ヤ》《ヨル》遊《イフスルガ》《アソブ》。遠《トヲク》標《ヘウス》淨境《ヲ》、何《ナニ、》由《ヨテカ》可《ベキ》悉《シツス》。答曰、若《シ》望《ノゾムレバ》衆生《ノ》惑《ワク》障《ドウ》動念《ニ》、徒《イタヅラニ》自《ラ》疲《ヒ》《ツカレ》勞《ラウシナム》《イタム》。仰《アヲイデ》憑《ヨテ》聖力遙《ハルカニ》加《カスルニ》、致《ス》使《ルコトヲ》所觀《ヲ》皆見《セ》。云何《ガ》作《サ》法《シテ》住《シテ》心《ヲ》而令《シムル》得《エセ》見《コトヲ》也《ヤ》。⑤欲《オモハ》作法《セムト》者《バ》、諸行者《ノ》等先《ツ》於《テ》

①方　右◎二字抹消し「セムコトヲ」と訂記
②勝　右◎「ヲ」とあるを抹消し「タユルコト」と訂記
③酬答　右◎「コ」とあるを抹消し「コタヘ下ニ」と訂記
④爲　右◎「ト」の下「ヲ」とあるを抹消
⑤欲　右◎「オモハ」と上書訂記

01[縱盡…曾開]化卷196

1-516　427

佛像《ノ》前《ニ》至心《ニ》懺悔《シテ》、發露《ロシ》《ヒラキアラハス》所造《ザウ》之《ノ》罪《ヲ》、極《メテ》生《ジ》慚《ザム》《ハヂ》愧《ヲ》《ハヅ》、悲泣《キウシテ》流《ナガシ》涙《ナムダヲ》、悔《クヱ》過《クワスルコト》既《ニ》竟《オハテ》、又心口《ニ》請《シヤウジ》釋迦佛・十方恆沙等《ノ》佛《ヲ》、又念《ジテ》彼《ノ》彌陀《ノ》本願《ヲ》言《イヘ》。弟子某《ム》甲《カウ》《ソレガシ》等生盲《マウニシテ》罪《ミ》重《オモク》、障《サハリ》隔《ヘダテ》處《トコロ》深《シ》。願《クハ》佛《ノ》慈悲攝受護《ゴ》念《シテ》、指《シ》授《ジユシ》開悟《ゴセシメテ》所觀之《ノ》境《ヲ》、願《クハ》得《シメ下ヘ》成就《スルコトヲ》。今頓《トムニ》捨《テ》身命《ヲ》、仰《アヲイデ》屬《ゾクス》彌陀《ニ》。見《ト》以《テ》不《フ》見《トヲ》、皆是《レ》佛恩《オムノ》力《ラナリ》。道《イヒ》此《ノ》語《ヲ》已《ハテ》、更《ニ》復至心《ニ》懺悔《シ》①竟《オハテ》已、即向《テ》靜處《ニ》、面《オモテヲ》向《ヘテ》西方《ニ》正坐跏《カ》趺《フスルコト》、一同《ナリ》前《ノ》法《ニ》。既《ニ》住《シ》心《ヲ》已《オハナバ》、徐《ジヨ》徐《ジヨトシテ》轉《テムジテ》心《ヲ》想《ヘ》彼《ノ》寶地《ヲ》、雜《ザフ》色《シキ》分明《ナリ》。初《メテ》想《ハムニハ》不《ザレ》得《エ》亂想《スルコト》多境《ニ》、即難《ガタシ》得《エ》定《ヲ》。唯《タヾ》觀《ゼヨ》方《ホウ》寸《スン》・一尺等《ヲ》。或一日・二日・三日、或四・五・六・七日、或一月・一年・二・三年等、無《ナク》問《トフコト》日夜《ヲ》、行住坐臥身口意業常《ニ》與《ト》定合《ガフセヨ》。唯《タヾ》萬事《ジ》俱《トモニ》捨《テ》、由《ナヲシ》如《クナレ》失《シツ》《ウシナウ》意《イ》・聾《レウ》《ミミシヰ》盲《マウ》《メシヰ》・癡《チ》人《ノ》者《バ》、此《ノ》定必《ズ》即《チ》易《ヤスシ》得《エ》。若《シ》不《ザレバ》如《クナラ》是《ノ》、三業《ゴフ》隨《テ》緣《ニ》轉《テムジ》、定想逐《シタガヒテ》波《ナミノゴトクニ》飛《トブ》。01縱《タトヒ》盡《ツクセドモ》千年《ノ》壽《ヲ》、法眼未《ダ》《ズ》曾《カツテ》開《ケ》。若《シ》心《ニ》得《ル》定《ヲ》時《ハ》、或先《ツ》有《リ》明相現《ズルコト》、或可《ベシ》先《ツ》見《ル》寶地等《ノ》種種《ニ》分明《ナル》不思議《ノ》者《ノヲ》。有《リ》二種《ノ》見。一者想見。猶《ゴトシ》有《ガ》知《チ》覺、故《ニ》雖《レ》見《ト》淨境《ヲ》未《ダ》《ズ》多《ク》明了《ナラ》。二者若《シ》內外《ノ》覺滅《シテ》即入《レバ》正受三昧《ニ》、所《ロノ》見《ル》淨境即《チ》非《ズ》想見《ニ》、得《エムヤ》爲《ナスコトヲ》比《ヒ》校《ケウヲ》也。　九從《リ》「令《リヤウ》其《ゴ》蓮華《ト云》」下至「八萬四千光《ニ》」已來《ハ》、正明寶華《ニ》有《コトヲ》種種莊嚴。即有

①竟已　右◎「ヘテ」とあるを抹消し「オハテ」と訂記

1-741

其三。一明《ハ》一一《ノ》華葉《ヱウ》備《ソナヘタルコトヲ》《ビ》衆寶色《ヲ》。二明一一《ノ》葉《ハ》有衆《コトヲ》多《タノ》寶脈《ミヤク》《スヂ》。三明一一《ノ》脈《スヂニ》有衆《コトヲ》多《ノ》光色。此《ハ》令《シテ》行者《ヲ》住《セシメテ》心《ヲ》一一《ニ》想《ヘバ》之《ヲ》、悉《コトゴトク》①令《シム》心-眼《ヲシテ》得《セ》見《コトヲ》。既《ニ》見華葉《ヱウヲ》已《ナバ》、次《ニ》想《ヒ》葉《ハノ》間《ノ》衆寶《ヲ》、次《ニ》想《ウベシ》寶《ラ》出《スニ》多《タ》光《ヲ》光成《ナルコトヲ》寶蓋《ト》。次《ニ》想《ウベシ》華-臺《ダイ》・臺《ダイ》-上《ノ》衆-寶及《ビ》珠網等《ヲ》。次《ニ》想《ヒ》臺-上《ノ》四-柱《チウノ》寶幢《ヲ》、次《ニ》想《ベシ》幢上《ノ》寶幔《マムヲ》。次《ニ》想《ヘ》幔上《ノ》寶-珠光-明雜色遍《ヘム》-滿《シテ》虛《コ》-空《ニ》、各《ヲノヲノ》現《ズルコトヲ》異《イ》相《ヲ》。如《ク》是《ノ》次《シ》第《ニ》一一《ニ》住《セシメテ》心《ヲ》不《ザレバ》捨、不《ザル》久《カラ》之間《ニ》即得《ウ》定心《ヲ》。既《ニ》得《エツレバ》定心《ヲ》、彼《ノ》諸《ノ》莊嚴一切顯-現《ス》、應《ベシ》知。十從「了了」《ト云》下《ハ》辯《ベンズ》觀成《ノ》相《ヲ》。十一從「華葉小者」《ト云》下至「遍《フ》覆地上」《ニ》已-來《ハ》、正明葉《ヱウ》-葉《ヱウ》有《コトヲ》種種《ノ》莊嚴。即有其六。一明華葉《ノ》大小《ヲ》。二明華葉《ノ》多少《ヲ》。三明《シ》葉間珠映多少《ヲ》、四明珠有千光《ヲ》。五明《ス》一一《ノ》珠《タマノ》光《ヒカリ》變《ヘンジテ》成《ナルコトヲ》寶蓋《ト》。六明寶蓋、上《カミ》照《テラシ》虛空《ヲ》、下覆《オホウコトヲ》寶地《ヲ》。十二從「釋迦毗《ビ》楞《レウ》《リヨウ反》伽《ガ》」《ト云》下至「以爲交《ケウ》《マジヘ》飾《ジキニ》《カザル》」已-來、正明臺《ダイ》-上《ノ》莊嚴之《ノ》相《ヲ》。十三從「於《ヲ》其臺上」《ト云》下至「妙寶珠《シユ》以《イ》爲映飾《ジキニ》《カザル》」已-來、正明幢《ノ》上《ウヘノ》莊嚴之《ノ》相《ヲ》。即有其四。一明臺上自《オノヅカラ》《ニ》有《コトヲ》四幢。二明幢之《ノ》體-量《ノ》大小《ヲ》。三明幢上《ニ》自《カラ》有《テ》寶幔《マム》、狀《カタチ》似《ニタルコトヲ》天宮《ニ》。四明幢上《ニ》自《カラ》有《テ》衆多《ノ》寶珠、輝《クヰ》《カヾヤク》-光映《エイ》飾《ジキスルコトヲ》。十四從「一一寶珠」《ト云》下至「施《セ》作

①令心眼得見→◎令《シテ》《シム》心-眼《ヲ》得《セ》見《コトヲ》

佛事」已來、正明珠光有不思議德用之相。卽有其五。一明一一珠有多光。二明一一光各作異色。三明一一光色遍於寶土。四明光所至處各作異種莊嚴。五明或作金臺・珠網・華雲・寶樂遍滿十方。　十五從「是爲」下總結觀名。　十六從「佛告阿難」下至「比丘願力所成」已來、正明華座得成所由。　十七從「若欲念彼佛者」下至「自見面像」已來、正明重顯觀儀。如前次第住心不得雜亂也。　十八從「此想成者」下至「生極樂世界」已來、正明結觀成相。卽有二益。一明除罪益、二明得生益。　十九從「作是觀者」下至「名爲邪觀」已來、正明辯觀邪正相。斯乃華依寶地、葉間奇珍、臺瑩四幢、光施佛事。　上來雖有十九句不同、廣明華座觀竟。

八就像觀中、亦先擧、次辯、後結。卽有其十三。　一從「佛告阿難」下至「次當想佛」已來、正明結前生後。言「所以者何」者、是其問也。　二從「諸佛如來」下至「心想中」已來、正明所以須想佛者何。佛大慈應心卽現。有斯勝益故、勸汝想之。　問曰、韋提上請唯

01［是心…
異佛］信巻
96意

431 指《サス》彌陀《ヲ》。未審《イブカシ》、如來今《マ》總《ソウジテ》擧《アゲ》諸佛《ヲ》、有《ル》何《ナンノ》意《カ》也《ヤ》。答曰、欲《ス》顯《サムト》諸佛《ノ》三身同《ク》證《シ》、悲《ヒ》智《チ》果《クワ》圓《マドカナルコト》等《ヒトシ》齊《ザイニシテ》無二《ナリ》、端《タム》身一坐《ニシテ》影《ヤウ》《カゲ反》現無方《ナリ》、意《コヽロ》赴《オモムク》有緣《ニ》時、臨《ノゾムコトヲ》法界《ニ》。言《フ》「法界《ト》」者《ハ》有《リ》三《ノ》義。一者《ハ》心遍《ヘムスルガ》故《ニ》解《トル》法界《ヲ》。二者身《ミ》遍《スルガ》故《ニ》解《トル》法界《ヲ》。三者無《ナキガ》障《シヤウ》礙《ゲ》《サワリ》故《ニ》解《サトル》法界《ヲ》。正《クハ》由《ヨルガ》心到《イタルニ》故《ニ》、身《ミ》亦隨《テ》到《ル》。身《ミハ》隨《フガ》於心《ニ》故《ニ》言《フ》「是法界身《ト》」也《ナリ》。言《フ》「法界《ト》」者《ハ》是《レ》所化《ノ》之境、卽《チ》衆生界也《ナリ》。言《フ》「身《ト》」者《ハ》是《レ》能化《ノ》之身、卽《チ》諸佛《ノ》身也《ナリ》。言《フ》「入《ニウ》衆生心想中《トイフ》」者《ハ》、乃《チ》由《ヨテ》衆生起《オコシテ》念《ヲ》願《ズルニ》見《ミムト》諸佛《ヲ》、佛卽《チ》以《テ》無礙《ゲノ》《サハリ》智《チヲ》知《シリ下ヘリ》卽《チ》能。入《リテ》彼《ノ》想心《ノ》中《ニ》現。但《タマシ》諸《ノ》行者、若想《シハ》念《ノ》中、若《ハ》夢《ム》《ユメ反》定《ノ》中《ニ》見《ル》佛《ヲ》者《ハ》、卽《チ》成《ズル》斯《コノ》義《ヲ》也《ナリ》。

三從「是故汝等《トイフ》」下至「從《ジュ》心想生《ニ》」已來、正明《ス》結勸《スルコトヲ》利益《ヲ》。此《レ》明《ス》標《ヘウシテ》心《ヲ》想《ウコトヲ》佛《ヲ》。但作《ナシテ》佛解《ゲヲ》從《ヨリ》頂《イタヽキ》至《マデ》足《ニ》心《ニ》1-519 想《テ》不《ズ》捨、一一《ニ》觀《ジテ》之《ヲ》無《カレ》暫《シバラクモ》休《ク》《ヤスミ》息《スルコト》《ヤスム》。或想《ヒ》頂《チヤウ》相《ヲ》、或想《ヘ》眉《ミ》間《ノ》白毫《ガウ》乃至足《ソク》下《ノ》千輪《リム》之《ノ》相《ヲ》。作《ナス》此《ノ》想《ヲ》時、佛像端《タム》《ウルハシ》嚴《ゴムニシテ》《イツクシ》相好具足《シ》了《アキラカナリ》然《ト》而《シテ》現《ズ》。乃《チ》由《ヨルガ》心緣《エムズルニ》432 一一《ノ》相《ニ》故《ニ》、卽一一《ノ》相現《ズ》。心若《シ》不《ズハ》緣《エンゼ》衆相不《ズ》可《ベカラ》見《ル》。但《タヾシ》自《ジ》心《ニ》想作《サスレバ》卽應《ジテ》《カナウ》心《ニ》而現《ズ》。故《ニ》言《フ》「是心卽是三十二相《ト》」也《ナリ》。言《フ》「八十隨形好《ト》」者《ハ》、佛相既《ニ》現《ズレバ》、衆好皆《ナ》隨《フ》也《ナリ》。此《レ》正明《ス》如來教《ヘテ》諸《ノ》想者《ヲ》具足《シテ》觀《ゼシメ下コトヲ》　也。言《フ》01「是心作佛《ト》」

者《ハ》、依《ヨテ》自信《ラノ》心《ニ》緣《エム》相如《スレバク》作《サノ》也《ナリ》。言《フ》「是心是佛《ト》」者《ハ》、心能《ク》想《ヘバ》佛《ヲ》、依《ヨテ》想《ニ》佛身而現《ズ》。卽《チ》是《レ》心佛也《ナリ》。離《ハナレテ》此心《ヲ》外《ニ》更《ニ》無《ナキ》異《イ》佛者《ノ》也《ナリ》。言《フ》「諸佛正遍知《ト》」者《ハ》、此《レハ》明諸佛得《エテ》圓滿《マムノ》無障《シヤウ》礙《ゲ》智《ヲ》、作《サ》意《イト》不作意《トニ》常《ニ》能《ク》遍《アマネク》知《シリ下ヘルコトヲ》法界之心《ヲ》。但《シ》能《ク》作《ナセバ》想《ヲ》、卽《チ》從《ヨリ》汝《ナムヂガ》心想而現《下コト》、似《タリ》如《クニ》生《ズルガ》也。或有《テ》行者、將《モテ》此《ノ》一門之《ノ》義《ヲ》作《ナシ》唯《ユイ》識法身之《ノ》觀《ヲ》、或作《ス》自《ジ》性清淨佛性《ノ》觀《ヲ》者《ハ》、其《ノ》意甚《ハナハダ》錯《アヤマレリ》。絶《タヘテ》無《シ》少《セウ》分《ブンモ》相《ヒ》似《ニタルコト》也。既《ニ》言《フテ》想像《ヘトザウヲ》假《ケ》立《セル》三十二相《ヲ》者《ハ》、眞如法界《ノ》身、豈《アニ》有《テ》相而可《ベク》緣《ズ》、有《テ》身而可取《ベケムトル》也《ヤ》。然《シカモ》法身《ハ》無《シ》色、絶《タヘタリ》於眼《ゲン》對《タイニ》。更《ニ》無《シ》類《ルイトシテ》可《ベキコト》方《ナラブ》。故取《ニトテ》虛空《ヲ》以《テ》喩《タトフ》法身之《ノ》體《ニ》也。又今此《ノ》觀門《ハ》等唯《シクタマ》指《サシ》方《ヲ》立《タテ》相《ヲ》、住《セシメテ》心《ヲ》而取《トラシム》境。總《スベテ》不《ズ》明《アカサ》無相離《リ》念《ヲ》也。01如來懸《ハルカニ》知《シリ下ヘリ》末《マツ》代《ダイ》罪濁《ノ》凡夫立《タテ》相《ヲ》住《セシムルスラ》心《ヲ》尚《ナホ》不《ジ》能《ハ》得《ウルコト》、何《ニ》況《ハムヤ》離《ハナレテ》相《ヲ》而求《モトメム》事《ジヲ》者《ハ》、如似《ゴトシト》無《ナキ》術《ジユツ》通《ツウ》人《ノ》居《コシテ》空《ニ》立《タテムガ》舍《イエヲ》也。　四從「是故應當《ト云》」下至《ル》「三佛陀《ニ》」已來《ハ》、正明如《ク》前所《ノ》益《セム》、專注《シテ》必《ズ》成《ズレバ》、展《テン》轉《シテ》相《ヒ》敎《シヘ》勸《メテ》觀《ゼシムルコトヲ》彼佛《ヲ》也。　五從「想彼佛《ト云》」者《ハ》牒《デフシ》前《ヲ》生《ズ》後《ヲ》。言《フ》「先《セム》當想像《ザウト》」者《ハ》定《ム》所觀《ノ》境《ヲ》。　六從「閉《ヘイ》目開目《ト云》」下至「如觀掌《シヤウ》中《ニ》」已來、正明《ス》辯《ズルコトヲ》觀成《ノ》相《ヲ》。卽有其《ノ》四。一明《ス》身《ノ》四威儀、眼《マナコ》之《ノ》開合《ガウニ》見《コトヲ》一《ノ》金像《ヲ》、似《ニタリ》現《ズルニ》目《メノ》前《ヘニ》。常《ニ》作《ナセ》此《ノ》想《ヲ》。

433　1-520

01［如來…舍也］化巻 196

二明既《ステニ》能《ク》觀《ズ》像《ヲ》、像卽須《ラク》有《ル》《ベキコトヲ》坐處《ニ》。卽想《ヘ》、前《ノ》華座《ニ》想《ヘ》像在《マシマシテ》上《ウヘニ》而坐《コトヲ》。三明想見《シ》像《ノ》坐《セルヲ》已《ハテ》、心眼卽開《クコトヲ》。四明心眼既《ニ》開《ケテ》卽見《ルニ》金像及《ビ》彼《ノ》極樂《ノ》諸《ノ》莊嚴《ノ》事《ヲ》、地《ヂ》上・虛空了然《トシテ》無《コトヲ》礙《サワリ》。又觀《ズル》像《ヲ》住心之《ノ》法《ハ》一《モハラ》如《シ》前《ノ》說《ノ》。從《ヨリ》頂《キ》一一《ニ》想《ヘ》之《ヲ》、面《メム》眉《ミ》毫《ガウ》相・眼・鼻・口・耳・咽《ノド》・項《クヰヤウ》《ウナジ》・肩《ケン》《カタ》・臂《ヒ》《ヒヂ》・手《シユ》・指《シヲ》。又抽《ヌキイデ》心《ヲ》向《ムカヘテ》上《ミニ》想《ヘ》、胸《ク》《ムネ》・腹《フク》《ハラ》・臍《サイ》《ホソ》・陰《オム》・脛《キヤウ》《ハギ》・膝《シツ》《ヒザ》・蹲《ハク》《ヒザガハラ》・足《ソク》、十指《シ》・千輪《リム》等《ヲ》。一一《ニ》想《フテ》之《ヲ》、從《ヨリ》上《ミ》向《フルヲ》下《ニ》名《ク》順觀《ト》、從下《ノ》千輪《リム》向《ルヲ》上《ニ》名《ク》逆《ギヤク》觀《ト》。如《ク》是《ノ》逆順住《スレバ》心《ヲ》、不《ズシテ》久《カラ》必《ズ》得《ウ》成《ズルコトヲ》也。又佛身及《ビ》華座・寶地等必《ズ》須《ラク》《ベシ》上下通觀《ス》。然《シカモ》十三觀《ノ》中《ニ》、此《レ》寶地・寶華・金像等《ノ》觀最《モトモ》要《エウナリ》。若《シ》欲《ハヾ》教《ヘムト》人《ニ》、卽教《ヘヨ》此《ノ》法《ヲ》。但此《ノ》一法成《ジヌレバ》者、餘《ヨ》觀卽自然《ニ》了《サトル》也。　七從「見此已」《ト云》下《ハ》、結《ケチ》成《シテ》上《ミノ》像身觀《ヲ》、生《ズ》後《ノ》二菩薩《ノ》觀《ヲ》也。　八從「復《ブ》當更《キヤウ》作一大蓮華」《ト云》下至「坐《ザ》右《ウ》華座《ニ》」已來、正明成《ジテ》上《ノ》三身觀《ヲ》生《ズルコトヲ》後《ノ》多《タ》身觀《ヲ》。欲《ハ》觀《ゼムト》此《ノ》二菩薩《ヲ》者《バ》、一《ハラ》如《クニスベシ》觀《ズル》佛《ヲ》法《ノ》也。　九從「此想成時」《ト云》下至「遍滿彼國」《ト云ニ》已來、正明結成《シテ》上《ノ》多《タ》身觀《ヲ》生《コトヲ》後《ノ》說法《ノ》相《ヲ》。此《レハ》明諸《ノ》行者等行住坐臥《ニ》常《ニ》緣《エムズルコトヲ》彼國《ノ》一切《ノ》寶樹・一切《ノ》寶樓・華池《イケ》等《ヲ》。若《ハ》禮念《シ》、若《ハ》觀想《シテ》、常《ニ》作《ナセ》此《ノ》解《ヲ》也。　十從「此《シ》想成時」《ト云》下至「憶持《ヂ》不捨《ニ》」已來、正明因《ヨテ》定《ニ》得《エ》見《コトヲ》極樂《ノ》莊嚴《ヲ》、又聞《キクコトヲ》一切莊嚴皆《ナ》能《ク》說《ヲ》於妙法《ヲ》。既《ニ》見聞《シ》此《ヲ》已《テ》、恆《ニ》持《タモテ》莫《ナキヲ》失《ワスル、コト》名《ク》守《マモルト》定心《ヲ》也。　十一從「令《リヤウ》與《ヨ》修多羅合《ガフト云》」下至「見極樂世界《ニ》」已來《ハ》、辯《ベンズ》觀《ノ》邪正之《ノ》相《ヲ》。　十二從「是爲」下總《ソウジテ》結《ス》。　十三從「作是觀者」下至「得念佛三昧《ニ》」已來、正明剋《コク》念修觀《シテ》現《ニ》蒙《カウブルコトヲ》利益《ヲ》。斯《レ》乃《チ》群《グム》生障《サハリ》重《クシテ》、眞佛之《ノ》觀難《ガタシ》階《カナヒ》。是《ヲ》以《テ》大聖垂《タレテ》哀《アハレミヲ》、且《シバラク》遣《シメ下》注《トメ》心《ヲ》形《カタチ》像《スガタ》《ニ》。　上來雖有十三句《ノ》不同、廣明《シ》像觀《ヲ》竟《ヌ》。

九就《テ》眞身觀《ノ》中《ニ》、亦先《ツ》擧、次《ニ》辯、後《ニ》結《ス》。卽有其十二。　一從「佛告阿難」下至「身相光明《ニ》」已來、正明告命《シテ》結成《シテ》前《ノ》像觀《ヲ》、生《コトヲ》後《ノ》眞身之《ノ》觀《ヲ》也。

二從「阿難當知」下至「金色《ニ》」已來、正明《ス》顯《スコトヲ》眞佛之《ノ》身相踰《コエタルコトヲ》天金之《ノ》色《イロニ》也。　三從「佛身高六十《ト云》」下至「由《ユ》旬《ジユンニ》」已來、正明身量《ノ》大小《ヲ》。

四從「眉《ミ》間」下至「菩薩爲侍《ジ》者《ニ》」已來、正明總《ソウジテ》觀《ズルコトヲ》身相《ヲ》。卽有其六。一明毫《ガウ》相《ノ》大小《ヲ》。二明眼相《ノ》大小《ヲ》。三明毛孔《ク》光《ノ》大小《ヲ》。四明圓光《ノ》大小《ヲ》。五明化佛《ノ》多少。六明侍者《ノ》多少。　五從「無量壽佛《ト云》」下至「攝取不捨《ニ》」已來、正明觀《ズルニ》身《ミノ》別《ベチ》相《ヲ》、光益有《スルコトヲ》緣《ヲ》。卽有其五。一明相《ノ》多少《ヲ》。二明好《ノ》多

01［自餘：味竟］化卷 202

1-522 少。三明光多少。四明光照《ノ》遠近《ヲ》。五明光所《ロノ》及《ブ》處《トコロ》偏《ヒトヘニ》蒙《カウブルコトヲ》攝《セフ》益《ヲ》。問
曰、備《ツブサニ》修《シュシテ》衆行《ヲ》、但能《ク》迴向《スレバ》皆得《ウ》往生《スルコトヲ》。何以《テカ》佛光《ノ》普《ク》照《テラスニ》唯《タヾ》攝《セフスル》念佛者《ヲ》、
有《ル》何《ナニ》意《カ》也。答曰、此有《リ》三義。一明親《シム》緣《ヲ》。衆生起《オコシテ》行《ヲ》口《ニ》常《ニ》稱《シヨウスレバ》佛《ヲ》、佛即聞《キ、下》
之《ヲ》。身《ニ》常《ニ》禮《スレバ》敬佛《ヲ》、佛即見《下》之《ヲ》。心《ニ》常《ニ》念《ズレバ》佛《ヲ》、佛即知《シリ下》之《ヲ》。衆生憶念①《スレ》佛《ヲ》者《バ》、佛亦
437 憶念《シ下》衆生《ヲ》。彼《ヒ》此《シ》三業不《ズ》相《ヒ》捨《シャ》離《リセ》。故名《ニ》親《ク》緣《ト》也。二明近《ゴム》緣《ヲ》。衆生願《ト》見《ズレバ》
佛《ヲ》、佛即應《ジテ》念《ニ》現《ジテ》在《マシマス》目《ノ》前《ヘニ》。故名《ニ》近《ク》緣《ト》也。三明增《ゾウ》上緣《ヲ》。衆生稱念《スレバ》、即除《ク》
多劫《ノ》罪《ヲ》。命欲《スル》終《オハラムト》時、佛與《ト》聖衆自來《ラ》迎《テ》接《カウ》《セウシ下ニ》、諸邪《ノ》業繫《ケ》無《シ》能《ク》礙《サフル》者《ノ》。故名《ク》
增上緣《ト》也。01自《ジ》餘《ヨノ》衆行《ハ》雖名《クト》是《レ》善《ト》、若《シ》比《タクラブレ》念佛《ニ》者《バ》全《マタク》非《ズ》比《ヒ》校《ケウニ》也。是《ノ》故《ニ》諸
經中《ニ》處《シヨ》處《シヨニ》廣《ク》讚《ホメタリ》念佛《ノ》功《ク》能《ヲ》。如《キ》『無量壽經《ノ》』四十八願《ノ》中《ノ》、唯《タヾ》明《セリ》專念《シテ》彌
陀《ノ》名號《ヲ》得《ト》生《ル、コトヲ》。又如『彌陀經《ノ》』中、一日七日專《ハラ》念《ジテ》彌陀《ノ》名號《ヲ》得《ウ》生《ル、コトヲ》。又十
方恆沙《ノ》諸佛《ノ》證誠不《ズ》虛《シカラ》也。又此『經《ノ》』定散《ノ》文《モンノ》中《ニハ》、唯《タヾ》標《ヘウス》專《ハラ》念《ジテ》名號《ヲ》得《ト》生《コトヲ》。
此《ノ》例《レイ》非《ズ》一《ニ》也。廣《ク》顯《ハシ》念佛三昧《ヲ》竟《ヌ》。　六從「其光《ゴ》相好《ト云》」已下、結《ケチシテ》少《ヲ》顯《ス》多《ヲ》。
輒《タヤスク》欲《ハ》觀《ゼムト》者《バ》、難《ガタシ》爲《ナシ》周《シュ》悉《シチスルコト》。　七從「但《タム》當憶想《ト云》」已下、正明莊嚴微《ミ》妙出《ニシテ》
438 過《クワシ》凡《ボム》境《ヲ》。雖《ドモ》未《ダ》證《セ》目《メノ》前《ヘニ》、但《タヾ》當②《ベシ》憶想《シテ》令《シム》心眼《シテ》見《セ》也。　八從「見此《シ》事《ジ》者《ト云》」

①念　右◎「レ」の下「ハ」とあるを抹消
②當憶想令心眼見→◎當《ベシ》憶想《シテ》令《シム》心眼見《セ》
1-748

439　1-523

下至「攝《セフ》諸衆生」已來、正明功《クウ》呈《アラハシテ》不失觀益得《ウルコトヲ》成。即有其五。一明因觀得見十方諸佛。二明以見諸佛故、結成念佛三昧。三明但觀一佛即觀一切佛身也。四明由見佛身故、即見佛心也。五明佛心者慈悲爲體、以此平等大慈《ジヲ》普攝《セフスルコトヲ》一切也。　九從「作此觀者」下至「得無生忍」已來、正明捨身他世得生《エムコトヲ》彼益《カシコニ》也。　十從「是故智者」下至「現前授《ジユ》記《キニ》」已來、重明結勸修觀利益。即有其五。一明簡《キラヒ》出能修觀人。二明專心諦《アキラカニ》觀無量壽佛。三明相好衆多、不得總《ソウ》雜《ザフシテ》而觀、唯觀白《ビヤク》毫《ガウ》一相。但《タヾ》得見白毫者、一切衆相自然而現也。四明既見彌陀、即見十方佛也。五明既見諸佛、即於定中得蒙《カウブルコト》授《ジユ》記《キヲ》也。

十一從「是爲遍《ヘム》觀」已下總《ソウ》結。　十二從「作此觀」已下、正明辯《ベムズルコトヲ》觀邪正之相。斯乃眞形量遠《トヲク》、毫《ガウ》若《ゴトシ》五山。震《シム》響《カウ》隨機、光沾《ウルホス》有識。欲使①含《ガム》靈《レイヲシテ》歸命注《シチユ》想無遺《ノコリ》、乘《ジヨウジテ》佛本弘《グウニ》齊《ヒトシク》臨《ノゾマ》彼國。　上來雖有十二句不同、廣明眞身觀竟。

十就觀音觀中、亦先擧《アゲ》、次辯、後結。即有其十五。　一從「佛告阿難」

①「欲…國」一八字→◎欲《ス》使《シメムト》含《ガム》靈《レイヲ》歸命注《シチユ》想《シテ》無《ナク》遺《ノコリ》乘《ジヨウジテ》佛本弘《グウニ》齊《ヒトシク》臨《ノゾマ》彼國

下至「菩薩」已來、正明結《ケツ》成前眞身觀、生後菩薩觀。二從「此菩薩身長」下至「皆於中現」已來、正明總《ソウジテ》標《ヘウスルコトヲ》身相。卽有其六。一明身量大小。二明身色與佛不同《ナルコトヲ》。三明肉《ニク》髻《ケ》與佛螺《ラ》髻《ケ》不同《ナルコトヲ》。四明圓光大小。五明化佛侍《ジ》者多少。六明身光普現《ルコトヲ》五道衆生。三從「頂上毗《ビ》楞《リヨウ》伽《ガ》」下至「二十五由旬」已來、正明天冠《グワン》之内化佛殊《シユ》異。四從「觀音」已下、正明面《メン》色與身色不同。五從「眉《ミ》間」下至「蓮華色」已來、正明毫《ガウ》光轉《テム》變遍滿十方、化侍《ジ》彌《イヨイヨ》多更比《ヒスルコトヲ》紅《グウ》蓮《レム》之色。卽有其五。一明毫《ガウ》相作七寶色。二明毫光多少。三明光有化佛《マシマス》多少。四明侍者多少。五明化侍《ジ》變現遍滿十方。六從「有八十億光明」下至「莊嚴事《ジ》」已來、正明身服《ブク》光瓔《ヤウ》非衆寶作。七從「手《シユ》掌《シヤウ》作《サ》五百億」下至「接《セウ》引《イム》衆生」已來、正明手有慈悲之用也。卽有其六。一明手掌作雜《ザフ》蓮之色。二明一一指《ユビ》端《ハシ》有八萬印《イム》文《モン》。三明一一文有八萬餘色《イロ》。四明一一色有八萬餘光。五明光體柔輭《ヤハラカ》等照一切。六明以此寶光之手接《セウ》引有縁也。八從「擧《コ》足時」下至「莫《マク》不《フ》彌《ミ》滿《マムト云ニ》」已來、正明三足《アシニ》有二德《コトヲ》用之《ノ》相一。　九從二「其餘《ヨ》身相」一已下《ハ》指《サシテ》同《ズ》二於佛《ニ》一。　十從二「唯頂上」一下至二「不及世尊《ニ》」一已來《ハ》、正明①下師徒《ト》位《クラヰ》別《ベチニシテ》、果《クワ》願未《ダ》レ《ズ》圓《ラ》、致《シテ》レ使《シムルコトヲ》二二相有《ヲシテ》レ虧《ラ》《カケタルコト》、表《ヘウスルコトヲ》レ居《コスルコト》二不足之地《ニ》一也。　十一從二「是爲」一下總《ソウジテ》結《ス》。　十二從二「佛告阿難」一下至二「當作是觀《ニ》」一已來、正明下重《カサネテ》結二前文《シテ》一《ノ》、生《ヲ》中其《コトヲ》後《ゴ》益《ヲ》上。　十三從二「作是觀者」一下至二「何《ガ》況《クキヤウ》諦《タイ》觀《ニ》」一已來、正明二勸《ス、ムル》レ觀《ヲ》利益《ヲ》一。　十四從二「若有欲觀觀音」一下至二「如觀掌《シヤウ》中《ニ》」一已來、正明下重《テ》顯《シ》二觀《ノ》儀《ヲ》一勸《メ》レ物《ヲ》、傾《カタブケテ》レ心《ヲ》使《シムルコトヲ》上レ沾《ウルヲハ》二兩益《ニ》一。　十五從二「作是觀」一已下《ハ》、正明《ス》レ辯《ベムズルコトヲ》二觀邪《ノ》正《ノ》相《ヲ》一。　斯《コレ》乃《チ》觀音願重《オモクシテ》影《カゲ》現《ジ》二十方《ニ》一、寶手《シユ》停《トヽメテ》レ輝《ヒカリヲ》隨《テ》レ機《ニ》引《イム》接《ゼウスルコトヲ》。　上來《ニ》雖《モ》レ有《リト》二十五句《ノ》不同一、廣明二觀音觀《ヲ》一竟。

1-525
442

十一就《テ》二勢至觀《ノ》中《ニ》一、亦先《ツ》擧《アゲ》、次②辯《ジ》、後《ニ》結《ス》。即有二其十三一。　一從二「次《シ》觀大勢至」一已下《ハ》、總《ソウジテ》擧《アグ》二觀《ノ》名《ナヲ》一。　二從二「此《シ》菩薩身量大小」一已下《ハ》、次③辯《ベムズ》二觀《ノ》相《ヲ》一。即有二其五一。一明三身量等《ノ》類《スルコトヲ》二觀音《ニ》一。二明三身色等類《コトヲ》二觀音《ニ》一。三明三面《メム》相等《ノ》類《コトヲ》二觀音《ニ》一。四明三身光・相好等類二觀音《ニ》一。五明三毫《ガウ》相舒《ノベテ》レ光《ヲ》轉變等《スルコト》類二觀音《ニ》一。　三從二「圓光面各《カク》百二十五由旬」一已下、正明下圓光等不《シク》レ同《ザル》二觀音《ニ》一

①「明…地」二一字→◎明三師徒《ト》位《クラヰ》別《ベチニシテクワ》果願未《ダ》レ《ズ》圓《ラ》、致《シテ》レ使《シテ》下二相有《ヲ》中虧《カケタルコト》上《ラ》、表《ヘウスルコトヲ》レ《シムルコトヲ》居《コスルコト》中不足之地《ニ》上一
②次　右◎「シ」とあるを抹消し「二」と訂記
③次　右◎「シ」とあるを抹消

1-751

之相。即有其四。一明圓光大小。二明光照《テラスコトヲ》遠近。三明化佛多少。四明化佛侍《ジ》者多少。　四從「舉《コ》身光明」下至「名大勢至」已來、正明身光遠《トヲク》備《ソナヘ》照《セウ》益有緣等《ヒトシ》、及他方皆作紫金之色。即有其八。一明身光總《ソウ》別《ベチノ》不同。二明光照遠近。三明光所觸《フル》處皆作紫金之色。四明但《タヾ》與勢志宿《シウ》業《ゴフ》有緣者即得覩《ミル反》觸《ソクスルコトヲ》此光。五明但見一毛《モウ》孔《クノ》光、即能多見諸佛淨妙身光。此即舉《アゲテ》少以顯多益、欲使《シメムト》行之者悕《ネガフ》心渇《カツ》仰《ガウシテ》《アウグ》、入觀以證之。六明依光以立名。七明光之體《タイ》用。即無漏《ロヲ》為體故名智慧《サトル》光。又能除《ヂヨ》息《ソクスルヲ》十方三惡之苦名無上力。即為用也。八明名大《クルコト》勢志《シト》者、此即依德立名也。　五從「此菩薩天冠《クワ》《カブリ》」下至「皆於中現」已來、正明天冠莊嚴之相、與觀音不同。即有其四。一明冠《カブリノ》上寶華多少。二明一一華上寶臺多少。三明一一臺中映《エイ》現十方諸佛淨土。四明他方土現彼此都《スベテ》無增《ゾウ》減《ゲム》。　六從「頂上肉《ニチ》髻《ケ》」下至「普現佛事《ジ》」已來、正明肉《ニチ》髻《ケ》寶瓶《ビヤウ》之相。　七從「餘諸身相」已下指《サシテ》同《ドウズ》觀音也。　八從「此菩薩行時」下至「如極樂世界」已來、正明

①等　右◎「ラ」の下一字抹消
②「欲…之」一四字→◎欲使《シメムト》行之者悕《ネガフ》心渇《カツ》仰《ガウシテ》《アウグ》入觀以證之

行《ジ下ニ》與《ト》觀音不《ザル》同《ラ》相《ヲ》。卽有其四。一明行《ジ下ニ》不同《ノ》相《ヲ》。二明震《シム》動《ノ》遠近《ノ》相《ヲ》。三
444 明所《ロノ》震動《スル》處《ロニ》、華《ハナ》現《ルコト》多《オホキコトヲ》。四明所現之華《ハナ》高《クシテ》而且《マタ》顯《ハレ》、多《クシテ》諸《ノ》瑩《ケイ》飾《ショク》《ミガキカザル》以《テ》類《ルコトヲ》極
樂《ノ》莊嚴《ニ》也。　九從「此菩薩坐時」下至「度苦《ク》衆生《ニ》」已來《ハ》、正明坐《ザシ下ニ》不《ザル》
同《カラ》觀音《ニ》相《ヲ》。卽有其七。一明坐《ス》①《ザスル》相《ヲ》。二明先《ツ》動《ズル》本國《ヲ》相《ヲ》。三明次《ニ》動《ル》他方《ヲ》
遠近《ノ》相《ヲ》。四明動搖《エウスル》下上《ノ》佛剎《セツヲ》多少《ノ》相《ヲ》。五明彌陀・觀音等《ノ》分身《ノ》雲《ウム》集《ジュスル》
相《ヲ》。六明臨《ノゾムデ》空《ニ》側《ソク》塞《ソクシテ》皆坐《コトヲ》寶華《ニ》。七明分身《ノ》說法各《オノオノ》應《ズルコトヲ》所《ショ》宜《ニ》。　問曰、
『彌陀經』云、「彼《ノ》國《ノ》衆生無有《シ》衆苦《コト》。但《タマ》受《ウク》諸樂《ノヲ》。故名《ニ》極樂《クト》。」何《ナンガ》故《ソ》此『經《ノニ》』
分身說《テ》法《ヲ》乃《チ》云《イヘル》度《ストク》苦者《シャヲ》、有《ル》何《ノ》意《カ》也《ヤ》。答曰、今《マ》言《フ》苦《ク》樂《ト》者《ハ》有二種。一者《ニハ》
三界《ノ》中苦《ク》樂、二者《ニハ》淨土《ノ》中《ノ》苦樂。言三界苦樂《ト》者《ハ》、苦《ハ》則三塗《ツ》・八苦等、
樂《ラクハ》則人天五欲《ヨク》・放《ハウ》逸《イチ》・繫《ケ》縛《バク》等《ノ》樂《ナリ》。雖《ドモ》言《ト》是樂《レ》、然《シカモ》是《レ》大苦《クナリ》。必《ズ》竟《ツイニ》無有《シ》一《コト》
念《ノ》眞實《ノ》樂也。言《フ》淨土苦樂《ト》者《ハ》、苦《クハ》則《チ》地《ヂ》前《ゼンヲ》望《ノゾメテ》地上《ニ》爲《シ》苦《ト》、地上《ヲ》望《メテ》地前《ニ》
445 爲《ス》樂《ト》。下智證《ヲ》望《メテ》上智證《ニ》爲《シ》苦《ト》、上智證《ヲ》望《テ》下智證《ニ》爲《ス》樂《ト》。此《ノ》例《レイ》擧《アグルニ》一《ヲ》可《ベシ》
知《シムヌ》也。今《マ》言《フ》「度《ド》苦《ク》衆生《ト》」者《ハ》、但《タマ》爲《メナリ》進《ス、メテ》下位《ヲ》令《シメ》昇《ノボラ》上位《ニ》、轉《テムジテ》下證《ヲ》令《メムガ》得《エ》上
證《ヲ》。稱《カナフヲ》本《ノ》所求《グニ》卽名爲樂《ト》。故《ニ》言《フ》度苦《ト》也。若不然《シカラ》者《ハ》、淨土之中《ノ》一切《ノ》聖

①坐　右◎「ル」の下「ニ」とあるを抹消

1-527

人《ハ》皆《ナ》以《テ》無《ム》漏《ロヲ》爲《シ》體《ト》、大悲《ヲ》爲《ス》用《ト》。畢《ヒチ》竟常住《ニシテ》離《ハナレタリ》於分《ブン》段《ダン》之生滅《ヲ》。更《ニ》就《ツイテカ》何《ノ》義《ニ》名《ケテ》爲《セム》苦《ト》也。　十從「作此觀者《ト云》」下至「十一觀《ニ》」已來《ハ》、正明辯《ジ》觀《ノ》邪正《ヲ》、總《ソウジテ》結《ルコトヲ》分齊《ザイヲ》。　十一從「觀此菩薩者」已下、正明修《シユ》觀《ノ》利益除《コト》罪《ミヲ》多劫《ナルコトヲ》。　十二從「作此觀者」下至「淨妙國土《ニ》」已來《ハ》、正明總《ジテ》結《シ》前《ノ》文《ヲ》、重《テ》生《ルコトヲ》後《ノ》益《ヲ》。　十三從「此觀成已」下、正明總《ジテ》牒《デツシテ》二身《ヲ》辯《ルコトヲ》觀成《ノ》相《ヲ》。斯乃《チ》勢志《シノ》威《ヰ》高《クシテ》、坐《ザスルニ》搖《ウゴカシ》他《タ》國《ヲ》、能《ク》①使《シメ》分身《ヲシテ》雲《ウム》集《ジユセ》、演《ノベテ》法《ヲ》利《シ》生《ヲ》、永《ナガク》絶《タヘテ》胞《ハウ》《エナ》胎《タイヲ》《ハラミハラム》常《ニ》遊《バシム》法界《ニ》。　上來《ニ》雖有十三句《ノ》不同、廣解《ゲシ》勢至觀《ヲ》竟。

十二《ニ》就《テ》普觀《ノ》中《ニ》、亦先《ツ》擧、次《ニ》辯《ジ》、後《ニ》結《ス》。卽有其六。　一從「見此《シ》事《ジ》時」已下、正明牒《デウシテ》前《ヲ》生《コトヲ》後《ヲ》。　二從「當起《キ》自心」下至「皆演《エン》妙法《ニ》」已來《ハ》、正明凝《コラシテ》心《ヲ》入《イテ》觀《ニ》卽常《ニ》作《コトヲ》自《ラノ》往生《ノ》想《ヲ》。卽有其九。一明自《ラ》生《ズル》想《ヲ》。二明向《ムカフ》西《ニ》想《ヲ》。三明坐《ザスル》華《ニ》想《ヒヲ》。四明華《ノ》合《スル》想《ヲ》。五明華《ノ》開《クル》想《ヲ》。六明寶光來《キタテ》照《ス》身《ヲ》想《ヲ》。七明既《ニ》蒙《カウブテ》光《ノ》照《スコトヲ》、作《ナスコトヲ》眼《マナコノ》開《クル》想《ヲ》。八明眼目既《ステニ》開《ケテ》、作《スコトヲ》見《ル》佛・菩薩《ヲ》想《ヲ》。九明聞《ク》法《ヲ》想《ヲ》。　三從「與《ヨ》十二部《ブ》經合」下至「不《フ》失《シツニ》」已來《ハ》、正明定散《ニ》無《ク》②遺《ワスル、コト》守《マモテ》心《ヲ》常《ニ》憶《スルコトヲ》。一則《チ》觀心明淨《ナリ》。二則諸惡不《ズ》生《ゼ》。由《ヨテナリ》内《ニ》與《ト》法樂相應《シ》、外《ニ》則

①使分身雲集《ウムジユセ》→◎使《シテ》《シメ》分身《ヲ》雲集

②遺　右◎「ワスル、コト」と上書訂記

1-754

無《ナキニ》三邪《ジヤノ》之障《サハリ》。　四從「見此事已《イト云》」下明《ハ》觀成之《ノ》益《ヲ》。　五從「是爲」下總結《ジテス》。　六從「無量壽」下至「常來至《シ》此《シ》行人之《シ》所《ニ》」已來、正明重《ネテ》擧《アゲテ》能觀之《ノ》人《ヲ》、即蒙《カブルコトヲ》彌陀等《ノ》三身護《ゴ》念之《ノ》益《ヲ》。斯《コレ》乃《チ》群《グン》生注《セシメテ》念《ヲ》願《ズレバ》見《ト》西方《ノ》

1-528 447

依正二嚴《ゴンヲ》、了了《ニ》常《ニ》如《シ》眼《メニ》見《ルガ》。　上來雖有六句《ノ》不同、廣解《シ》普觀竟《ヌ》。

十三就《テ》雜《ザフ》想觀《ノ》中《ニ》、亦先《ツ》擧、次《ニ》辯《ジ》、後《ニ》結《ス》。即有其十一。　一從「佛告阿難」已下、正明告命結勸《シテ》生《ズルコトヲ》後《ヲ》。　二從「先《セン》當觀於《ヲ》一丈《ヂヤウ》六」已下、正明觀《ジテ》像《ザフヲ》以《テ》表《ヘウシ》眞《ヲ》、想《ヒテ》水《ミヅヲ》以《テ》表《スルコトヲ》地《ヲ》。此《ハ》是《レ》如來教《ヘテ》諸《ノ》衆生《ヲ》易《イ》境《キヤウニ》轉《ジテ》心《ヲ》入觀《シ》。或在《アリ》池《チ》水華上《ニ》、或在寶宮・寶閣《カクノ》内《ニ》、或在寶林・寶樹《ノ》下《ニ》、或在寶臺《ダイ》・寶殿《デンノ》中《ニ》、或在虛空・寶雲《ウム》・華蓋《ガイ》之《ノ》内《ニ》。如是等《ノ》處《ロニ》一一《ニ》住《メテ》心《ヲ》想《テ》之《ヲ》、皆《ナ》作《ナセ》化佛《ノ》想《ヲ》。爲《ノ》令《シメン》機境相《ヒ》稱《カナヒテ》易《ヤスカラ》得《エ》成《ルコト》故《ユヘ》也《ナリ》。　三從「如先《セン》所説」下至「非心力所及《ニ》」已來、正明境大《ニ》心小《チヰサクシテ》卒《ニハカニ》難《ガタシ》成就《シ》、致《イタルコトヲ》使《シムルコトヲ》聖意悲傷《シヤウシテ》《イタム》勸《メテ》觀《ゼ》於小《ヲ》。　四從「然彼《ヒ》如來」下至「必得成就《ニ》」已來、正明凡《ボム》心狹《ケツ》

448

小《ニシテ》聖量彌《イヨイヨ》寛《ヒロシ》、注《トイムルニ》想《ヲ》無《シ》由《ヨシ》、恐《オソレ下コトヲ》難成《ガタキコトヲ》就《シ》。斯《レ》乃《チ》不《アラズ》以《ノ》小《ヲ》故《ニ》難《キニ》成《ジ》、不①《ルガ》由②《ヨラ》大③《ニ》故《ニ》不《ズ》現《ゼ》。直《タヾチニ》是《レ》彌陀《ノ》願重《オモクシテ》、致④《ス》使《シムルコトヲ》想者皆《ヲシテ》成《ゼ》。　五從「但《タン》想佛像」下至

①不　右◎「フ」とあるを抹消し「ルガ」と訂記
②由　右◎抹消し「ヨラ」と訂記
③大　右◎抹消し「ニ」と訂記
④致使想者皆成→◎致《ス》使《シテ》《シムルコトヲ》想者《ヲ》皆成《ゼ》

1-755

「具足身相《ニ》」已來《ハ》、正明比《ヒ》校《ケウシテ》顯《スコトヲ》勝《タルコトヲ》。想像《スラ》尚《ナホ》自《ラ》得《コトヲ》福無量《ナリ》、何《ニ》況《ヤ》觀《ズル》於眞佛《ヲ》者《ノ》得《ウル》益《ヲ》之功《コウ》更《ニ》甚《ハナハダシ》。六從「阿彌陀」下至「丈六八尺《ニ》」已來、正明能觀《ヲ》、所觀《ノ》佛像雖《ドモ》身《ニ》有大《ト》小、明皆是《レ》眞《ナルコトヲ》。卽有其《リ》三。一明彌陀身通《ツウ》無礙《ゲニシテ》隨《テ》意《ニ》遍《ヘン》周《シユスルコトヲ》。言[01]「如意《ト》」者《ハ》有二種。一者如《シ》衆生《ノ》意《ノ》。隨《テ》彼《ノ》心念《ニ》皆應《ジテ》度《ドシ下》之《ヲ》。二者如《シ》彌陀之意《ノ》。五眼圓照《カニテラシ》、六通自在《ニシテ》、觀《ジテ》機《ノ》可《ベキ》度《ドス》者《ノヲ》、一念之中《ニ》無《ナク》前無《ク》後、身心等《ヒトシク》赴《オモムイテ》、三輪《リム》開悟《ゴシテ》、各《オノオノ》益《スルコト》不同也《ナリ》。二明或現《ジ》大身《ヲ》、或現《コトヲ》小身《ヲ》。三明身量《ニ》雖有大《ト》小、皆作《ナスコトヲ》眞金之《ノ》色《ヲ》。此《レ》卽定《サダムル》其邪正《ヲ》也《ナリ》。七從「所現之《シ》形」已下、正明身《ハ》雖大小有《ト》殊《シユ》、光相卽與《ト》眞無《ナキコトヲ》異《イ》。八從「觀世音菩薩」已下、正明指《サシテ》同《オナジキコトヲ》前《ノ》觀《ニ》。佛大《ナレバ》侍《ジ》者亦大《ナリ》。佛小《レバ》侍《ジ》者亦小。九從「衆生但《タン》觀首《シユ》相」已下、正明勸《メテ》觀《ゼシムルコトヲ》二別《ヲ》。云何《ガ》二別《ベチ》。觀音《ノ》頭《ツ》首《シユ》之《ノ》上有《ニハ》一《ス》立《ノ》化《下ヘル》佛、勢志《シノ》頭《ツ》首《シユ》之上有《ニハリ》一《ノ》寶瓶《ビヤウ》。十從「此二菩薩」已下、正明彌陀・觀音・勢志等宿《シウ》願縁重《オモク》、誓《チカヒ》同《クシテ》捨《ステ》惡《ヲ》等《シク》至《テ》菩提《ニ》、影《ヤウ》《カゲ》響《カウシテ》《ヒヾキ》相《ヒ》隨《ガヒ》遊《ユ》方化益《シ下コトヲ》。十一從「是爲」下《ハ》總《ジテ》結《ス》。上來《ニ》雖有《ト》十一句《ノ》不同、廣解《シ》雜《ザフ》想觀《ヲ》竟。

01[言如…同也]信巻70 略典275

上《ミ》從《リ》日觀下至雜想觀《ニ》已來、總《ソウジテ》明《シ》、世尊答《ヘ下フ》前《キニ》韋提第《ダイ》四《ニ》請《シャウジテ》、云「教
我思《シ》惟《ユイ》正受《ト》」兩《リヤウ》句《クヲ》。
總《ジテ》讃《サンジテ》云《ク》、初《メニ》教《ヘテ》日觀《ヲ》除《ノゾカシメ》昏《コン》《クラシ》闇《ヲ》《ヤミ》、想《ヒテ》水《ヲ》成《ナシテ》冰《コホリト》淨《キヨム》内《ナイ》心《ヲ》。地《ヂ》下《ゲノ》金幢相《ヒ》映《エイ》發《ホチス》。
450 地上《ノ》莊嚴億萬重《ヂウナリ》。寶雲《ウム》・寶蓋《ガイ》臨《ノゾムデ》空《ニ》轉《テムズ》。人天《ノ》音《オム》樂《ガク》互《タガヒニ》相《ヒ》尋《ツゲリ》。寶樹垂《タレテ》瓔《タマヲ》
間《マジヘ》雜《マジフ》菓《コノミヲ》。池《イケ》流《ナガシテ》德水《ヲ》注《ソヽグ》華《ハナノ》中《ニ》。寶樓《ロウ》・寶閣《カク》皆相《ヒ》接《セウス》《ミチビク》。光光相《ヒ》照《テラシテ》等《シクシテ》無《ナシ》蔭《クモリ》。
三華獨《ヒトリ》迥《ハルカニ》超《コヘタリ》衆座《ザニ》。四幢承《ウケテ》縵《マンヲ》網《マウ》珠《ジユ》羅《ツラナレリ》。稟《ホン》識心迷《マドフテ》由《ナヲ》未《ダ》《ズ》曉《サトラ》、住《メテ》心《ヲ》觀《ジ》
像《ザウヲ》、靜《シヅカニ》坐《ザセシム》彼《レニ》。一念《ノ》心開《ケテ》見《ル》眞佛《ヲ》。身光相好轉《ウタヽ》彌《イヨイヨ》多《シ》。救《スクフ》苦《クヲ》觀音緣《ズ》法界《ヲ》、
無《ナシ》時《トシテ》不《ズト云コト》變《ヘンジテ》入《イラ》娑婆《ニ》。勢志《シノ》威光能《ク》震《シン》動《ス》。隨《テ》緣《ニ》照《セウ》攝《セフシテ》會《エス》彌陀《ニ》。歸去來《カヘンナム》《イザハヤ》、
1-530 極樂《ハ》安《ヤスクス》身《ミヲ》、實《マコトニ》是《レ》精《セイナリ》《タマシイ》。正念西《ニ》歸《クヰシテ》華《ハナ》含《フクムデ》想《オモヘバ》、見《ミ》佛《ヲ》莊嚴說法聲《ノ》《アリ》。復《マタ》有《テ》衆
生心《ニ》帶《タイシテ》《オビク》惑《ワクヲ》、緣《ズルニ》眞《ノ》上境《ヲ》恐《オソラクハ》難《ガタカラムコトヲ》成《ジ》。致《ス》使《シメ下コトヲ》如來開《カ》漸《ゼン》觀《ヲ》。華池《チ》丈六等
451 金形《ナリ》。變現《ノ》靈《レイ》儀《ギ》雖《ドモ》大小《ナリト》、應《ジテ》物《モノヽ》時《ジ》宜《ギニ》度《ス》有情《ジヤウヲ》。普勸《ク》《スヽム》同生《ノ》知識等《ヲ》。專心《ニ》
念佛《シテ》向《ムカテ》西《ニ》傾《カタブケ》。
又就《テ》前《ノ》請《ノ》中《ニ》、初《ハジメ》從《リ》日觀下至《ル》華座《ザ》觀《ニ》已來《ハ》總《ジテ》明《ス》依報《ヲ》、二從《リ》像《ザウ》觀下
至雜想觀《ニ》已來《ハ》總《ジテ》明正報《ヲ》。　上來《ニ》雖有《ト》依正二報《ノ》不同、廣明《シ》定善

一門ノ義ヲ竟ヌ。

觀經正宗分定善義　卷第三

1-531
452

観經正宗分散善義　卷第四

沙門善導集記

從此已下、次解三輩散善一門之義。就此義中即有其二。一明三福以爲正因。二明九品以爲正行。今言三福者、第一福即是世俗善根《ゴムナリ》。曾《カツテ》-來《ムカシヨリコノカタ》未聞佛法、但自行孝養・仁・義・禮・智・信。故名世俗善也。第二福者此名戒善。就此戒中即有人・天・聲聞・菩薩等戒。其中或有具受《ジユ》・不具受、或有具持・不具持。但能迴向、盡《コトゴトク》得往生。第三福者名爲行善。此是發大乘心凡夫、自能行行、兼《カネテ》勸《ス、メテ》有緣捨《ステ》惡持《タモタシメテ》心、迴《メグラシテ》生淨土。又就此三福之中、或有一人單《タンニ》行世福迴亦得生。或有一人單行戒福迴亦得生。或有一人單行行福迴亦得生。或

453

有一人行上二福迴亦得生。或有一人行下二福迴亦得生。或有一人具《ツブサニ》行三福迴亦得生。或有人等《トウノ》三福俱《トモニ》不行者、即名十惡・邪《ジヤ》見・

〈表紙〉
◎包紙中央「散善義四」　左下「釋顯智」
表紙中央「觀經正宗分散善義卷第四」

闡《セン》提人《ト》也。言《フ》九品《ト》者《ハ》、至《テ》文《ニ》當《ニ》辯《ベンズ》《ベシ》、應知《ル》。　今略《シテ》料《レウ》簡《シ》三福《ノ》差別《ノ》義《ノ》意《ヲ》竟《ヌ》。

①十四《ニ》就《テ》上輩觀行善《ノ》文《ノ》前《ニ》、總《ジテ》料《レウ》簡《シテ》即爲《ス》十一門《ト》。一《ニ》者《ハ》總《ジテ》明《ス》告命《ヲ》。二《ニ》者《ハ》辯《ベン》定《ス》其《ノ》位《クラヰヲ》。三者《ハ》總《ジテ》舉《アグ》有縁之《ノ》類《ルイヲ》。四者《ハ》辯定《シテ》三心《ヲ》以《テ》爲《ス》正因《ト》。五者《ハ》正明《ス》簡《エラブコトヲ》機《キノ》堪《カント》與《トヲ》不堪。六者正明《ス》受《ジュ》法《ノ》不同《ヲ》。七者《ハ》正明《ス》修《シュ》業《ノ》時節延《エン》促《ソク》有《アルコトヲ》異《イ》。八者明廻《シテ》所《ショ》修《シュノ》行《ヲ》、願《ズルコトヲ》生《レムト》彌陀佛國《ニ》。九者《ハ》明臨《ノゾムデ》命終《ノ》時《ニ》聖來《キタテ》迎《カウ》接《セウシ》不同、去《コ》《サル》時《ノ》遲《チ》疾《シツヲ》。十者《ハ》明到《イタテ》彼《カシコニ》華開《ル》遲疾《ノ》不同《ヲ》。十一者《ハ》明《ス》華開《ケテ》已《イ》後《ゴノ》得益《ニ》有《コトヲ》異。今此《ノ》十一門《ノ》義者《ハ》、約《ヤク》《ヨソヘ》對《タイスルニ》《ムカヘ》九品之《ノ》文《ニ》、就《テ》一一《ノ》品《ノ》中《ニ》皆《ナ》有《リ》此《ノ》十一。即爲《ス》一百番《バンノ》義《ト》也。又此《ノ》十一門《ノ》義《ハ》、就《テ》上輩《ハイノ》文《ノ》前《ニ》、總《ジテ》料簡《スルニ》亦得《エタリ》。或就《テ》中・下輩《ノ》文《ノ》前《ニ》、各料簡《スルニ》亦得《リ》。又此《ノ》義若《シ》以《テ》文《ヲ》來《キタシ》勘《カムガウレ》者《バ》、即有《リ》具不具《グ》。雖《イエドモ》有《リト》隱《オン》顯、若《シ》據《ヨラバ》其《ノ》道理《リニ》悉《ク》皆《ナ》合《ベシ》有《ル》。爲《ノ》此《ノ》因縁《ノ》故《ニ》、須《スベカラク》廣《ク》《ベシ》開《キ》顯《シテ》出《ス》。②欲《ホス》令《シメムト》依行《セム》者《ノヲシテ》易《ヤスク》解《サトリ》易《カラ》識《シリ》也。　上來《ニ》雖《ドモ》有《リト》十一門《ノ》不同、廣《ク》料簡《シ》上輩三品《ノ》義《ノ》意《ヲ》竟《ヌ》。

次③下《シモニ》01先《ツ》就《テ》上品上生《ノ》位《ノ》中《ニ》、亦先《ツ》舉《アゲ》、次《ニ》辯《ベンジ》、後《ノチニ》結《ケッス》。即《チ》有其十二。　一從《リ》

---

①十　◎「上輩」と上欄註記
②欲令依行者易解易識也↓
◎欲《ホス》令《シテ》《シメムト》依《ヨリ》行《ゼム》者《ノヲ》易《ヤスク》解《サトリ》易《カラ》識《シリ》也
③次　◎「上品上」と上欄註記

01［先就…他眞實］愚禿鈔293a抄出

01［從何…他眞實］信巻70
02［至者…者實］略典275
03［不得…虛假］唯信意711
04［欲廻…他眞實］信巻82
05［又眞…正二報］化巻190

455　1-533

「佛告阿難」《ト云》已下即《チ》雙《ナラベテ》標《ス》《アラハス》二《ノ》意《ヲ》。一明《ス》告命《ヲ》。二明《ス》辯《ベン》定《スルコトヲ》其《ノ》位《ヲ》。此《レ》即修《シュ》學《スル》大乘《ヲ》上善《ノ》凡夫人也。　三從《リ》「若有衆生」下至《ル》「即便往生《ニ》」已來、正明《ス》總《ジテ》擧《アグルコトヲ》有生之類《ルイヲ》。即有《リ》其四。一《ハ》明《ス》能信之《ノ》人《ヲ》。二明《ス》求《グ》願往生《スルコトヲ》《ヲ》。三明《ス》發心《ノ》多少《ヲ》。四明《ス》得生之益《ヲ》。　四01從《リ》「何等爲三」下至《ル》「必生彼國《ニ》」已來、正《ハ》明《ス》辯《ベン》定《シテ》三心《ヲ》以《テ》爲《スルコトヲ》正因《ト》。即有其二。一明世尊隨《テ》機《ニ》顯《下コト》益《ヲ》意《イ》密《ミチニシテ》難《ガタシ》知《シリ》、非《ズハ》佛自《ラ》問《トヒ》自《ラ》徵《テウシ下ニ》《セメ下》、無《ナキコトヲ》由《ヨシ》得《ルニ》解《ゲヲ》。二明《ス》如來還《カヘテ》自《ラ》答《下コトヲ》前《ノ》三心之《ノ》數《カズヲ》。『經《ニ》』（観經）云《ハク》、「一者至誠心」。02「至《シト》」者眞《ナリ》、「誠《ト》」者實《ナリ》。欲《オボス》明《ト》一切衆生《ノ》身口意業《ニ》所《ロノ》修《シュスル》解《ゲ》行必《ズ》須《モチヰムコトヲ》眞實心《ノ》中《ニ》作《ナシ下シヲ》。03不《レ》得《エ》外《ニ》現《ズルコトヲ》賢善精進之《ノ》相《ヲ》、内《ウチニ》①懷《イダケレバナリ》虛《コ》假《ケヲ》。貪《トム》瞋《ジン》・邪《ジャ》僞《グヰ》・奸《カン》詐《サ》百端《タンニシテ》、惡性難《ガタシ》侵《ヤメ》、事《ジ》同《ジ》蛇《ジャ》蝎《カチニ》。雖《ドモ》起《オコスト》三業《ヲ》名《テ》爲《ス》雜毒之《ノ》善《ト》、亦名《ク》虛假之《ノ》行《ト》、不《ザル》名《ケ》眞實《ノ》業《ト》也《ナリ》。若《シ》作《ナサ》如《キ》此《ノ》安心・起《キ》行《ヲ》者《バ》、縱《タトヒ》使苦《ク》勵《レイシテ》身心《ヲ》、日夜十二時《ニ》急《キウニ》走《モトメ》急《ニ》作《ナシテ》、如《ゴトクナル》炙《ハラフガ》頭燃《ネンヲ》者《ノ》、衆《スベテ》名《ク》雜毒之《ノ》善《ト》。04欲《ホセム》廻《シテ》此《ノ》雜毒之《ノ》行《ヲ》求《グ》生《セント》彼《ノ》佛《ノ》淨土《ニ》者《ノハ》、此《レ》必《ズ》不《ザルナリ》可《カナハ》也《ナリ》。何《ヲ》以《ノ》故《ニ》。正由《ヨテナリ》彼《ノ》阿彌陀佛《ノ》因中《ニ》行《ジ下シ》菩薩《ノ》行《ヲ》時、乃至一念一刹《セチ》那②《ナ》、三業《ニ》所《ロ》修《シュスル》、皆是《レ》眞實心《ノ》中《ニ》作《ナシ下シニ》。凡《オヨソ》所《ロ》施《セシ玉》爲《ナス》趣《シュ》求《グヲ》、亦皆眞實《ナリ》。05又眞實《ニ》有《リ》二種。

456

①懷　右◎「ケ」と上書訂記
②那　右◎「ナ」の下一字抹消

1-761

06[言自…正二報]愚禿鈔294b

07[不善…益也]信卷71
[不善…誠心]信卷82
08[二者…往生]愚禿鈔296a
09[自身…之緣]歎異抄1074意

457　1-534

一者自利《ノ》眞實、二者利他《ノ》眞實《ナリ》[06]。言自利眞實《ト》者《ハ》、復有《リ》二種。一者眞實心《ノ》中《ニ》、制《セイ》捨《シヤシ》自他《ノ》諸惡及《ビ》穢《ヱ》國等《ヲ》、行住坐臥《ニ》想《オモフ》同《ク》一切《ノ》菩薩《ノ》制《セイ》捨《スルニ》諸惡《ヲ》、我《モ》亦如《クナラムトノ》是也《ナリ》。二者《ハ》眞實心《ノ》中《ニ》、懃《ゴン》修《シユシ》自他《ノ》凡聖等《ノ》善《ヲ》、眞實心《ノ》中《ノ》口業《ニ》、讚《サン》歎《ダンスベシ》彼《ノ》阿彌陀佛及《ビ》依正二報《ヲ》。又眞實心《ノ》中《ノ》口業《ニ》、毀《クヰ》厭《エンシ》三界・六道等自他《ノ》依正二報苦《ク》惡之《ノ》事《ジヲ》、亦讚歎《ス》一切衆生《ノ》三業所《シヨ》爲《ヰノ》善《ヲ》。若《シ》非《アラザル》善業《ニ》者《ハ》、敬《ウヤマテ》而遠《トオザカレ》之《ヲ》、亦不《ザル》隨《ズイ》喜《キセ》也《ナリ》。又眞實心《ノ》中《ノ》身業《ニ》、合掌禮《ライ》敬《キヤウシテ》、四《シ》事《ジ》等《ヲ》供《ク》養《ス》彼《ノ》阿彌陀佛及《ビ》依正二報《ニ》。又眞實心《ノ》中《ノ》身業《ニ》、輕《キヤウ》慢《マン》厭《エン》捨《シヤス》此《ノ》生死三界等《ノ》自他《ノ》依正二報《ヲ》。又眞實心《ノ》中《ノ》意業《ニ》、思《シ》想《サウ》觀察《ザチ》憶《オク》念《スルコトノ》彼阿彌陀佛及依正二報《ヲ》、如《クスベシ》現《ズルガ》目《メノ》前《ニ》。又眞實心《ノ》中《ノ》意業《ニ》、輕《キヤウ》賤《セン》厭《エン》捨《シヤシ》此《ノ》生死三界等《ノ》自他《ノ》依正二報《ヲ》[07]、不善三業《ハ》、必《ズ》須《モチヰ》眞實心《ノ》中《ニ》捨《ステ下ヘルヲ》、又若《シ》起《オコサ》善《ノ》三業《ヲ》者《バ》、必《ズ》須《モチヰテ》眞實心《ノ》中《ニ》作《ナシ下ヘルヲ》、不《ズ》簡《バ》内外明闇《アンヲ》、皆《ナ》須《ヰルガ》眞實《ヲ》故《ニ》名《ク》「至誠心《ト》」[08]。「二者深心」。言《フ》「深心《ト》」者《ハ》即是《レ》深信《ジム》之《ノ》心也《ナリ》。亦有《リ》二種。一者《ハ》決定《シテ》深《フカク》信《ズ》[09]自身《ハ》現《ニ》是《レ》罪惡生死《ノ》凡夫《ナリ》、曠劫《ヨリ》已來《コノ》常《ニ》沒《モチ》常流《ル》轉《シテ》無《ナシト》有《コト》出離之《ノ》緣。二者《ハ》決定《シテ》深《ク》信《ズ》彼《ノ》阿彌陀佛《ノ》四十八願《オモテ》攝

受《シ下コト》衆生《ヲ》、無《ナシ》疑《ヒ》無《ナシ》慮《オモンパカリ》、乘《ジテ》彼《ノ》願力《ニ》定《メテ》得《ウ》往生《ヲ》[01]。又決定《シテ》深《ク》①信《ズ》釋迦佛說《テ》此《ノ》『觀經《ノ》』三福・九品・定散二善《ヲ》、證讃《サンシテ》彼《ノ》佛《ノ》依正二報《ヲ》、使《シメ下コトヲ》人《ヲシテ》欣《ゴン》《ネガヒ》慕《ボセ》《ネガフ》[02]。又決定《シテ》深《ク》信《ズ》『彌陀經《ノ》』中《ニ》、十方恆沙《ノ》諸佛證勸《シ下フ》一切《ノ》凡夫《ヲ》、決定《シテ》得《ウ》生《コトヲ》。又深信者《トハ》、仰《アヲイデ》願《ハク》、一切《ノ》行者等、一心《ニ》唯信《ジテ》佛語《ヲ》不《ズ》顧《カヘリミ》身命《ヲ》、決定《シテ》依《ヨリ》行《ジテ》、佛《ノ》遣《シメ下ヲ》捨《ステ》者《バ》卽《チ》捨《ステ》、佛《ノ》遣《下ヲ》行《ゼ》者《バ》卽行《ジ》、佛遣《下フ》去《サラ》處《トコロヲバ》卽《チ》去《サル》。是《ヲ》名《ク》隨順《シ》佛教《ニ》隨順《スト》佛意《ニ》、是《ヲ》名《ク》隨順佛《スト》願《ニ》。是《ヲ》名《ク》眞《ノ》佛弟子《ト》。又一切《ノ》行者但《タヾ》能《ク》依《ヨテ》此『經《ニ》』深《ク》信《ジテ》行《ズレ》者《バ》、必《ズ》不《ズ》悞《アヤマタ》衆生《ヲ》也。何以《ノ》故《ニ》。佛《ハ》是《レ》滿《マン》足大悲《ノ》人《ナルガ》故《ニ》、實語《ゴシ下ガ》故《ニ》。除《イテ》佛《ヲ》已《イ》還《グヱンハ》、智行未《ダ》滿《ミタ》《ズ》。在《アテ》其《ノ》學地《ヂニ》、由《ヨリテ》有《ルニ》正習二障《シヤウ》未《ダ》除《ノゾコラ》《ズ》果願《ヲ》。未《ダ》圓《ナラ》《ザルコト》、此等《ノ》凡聖《ハ》縱《タトヒ》使《シキ》測量《リヤウストモ》諸佛教意《イヲ》《ズ》、未《ダ》能《ハ》決了《クヱツ》《レウスルコト》。雖《ドモ》有《ト》平章《シヤウ》《アキラムル》、要《カナラズ》須《スベカラク》《ベシ》請《シヤウジテ》佛證《ヲ》爲《ス》定《ト》也。若《シ》稱《カナヒヌレバ》佛意《イニ》、卽《チ》印可《インカシテ》言《ノドフ》如是如是《ト》。若不《ザレ》可《カナハ》佛意《ニ》者《バ》、卽言《ノドフ》汝等《ナムヂガ》所說是《ノ》義不《ズト》如是《カクノゴトクナラ》《ザル》。不印者《インセ》《ハ》卽同《ジ》無記《キ》・無利・無益《ノ》之語《ゴニ》。佛《ノ》印可者《インカシ下ハ》卽隨順《ス》佛之正教《ニ》。若《シ》佛《ノ》所有《ノ》言說《ゴム》《ハ》、卽是《レ》正教・正義・正行・正解・正業・正智《ナリ》。若《ハ》多《タ》若《ハ》少、衆《スベテ》不《ズ》問《トハ》菩薩・人・天等《ヲ》、定《サダム》其《ノ》是《ゼ》非《ヒヲ》也。若佛《ノ》所說《ハ》卽是《レ》了教《レウ》《ナリ》。菩薩等《ノ》說《ヲバ》盡《コトゴトク》名《ク》不了教《ト》也、應《ベシ》知《シル》。是《ノ》故《ニ》今《ノ》時、仰《アフイデ》勸《スヽム》一切《ノ》有緣《ノ》往生人等《ヲ》。

01［又決：欣慕］化卷 191
02［又決：得生］化卷 202

①「信…慕」二八字↓◎信《ズ》釋迦佛說《テ》此觀經《ノ》三福九品定散二善《ヲ》證讚《サンシテ》彼《ノ》佛《ノ》依正二報《ヲ》使《シメ下コトヲ》人《ヲシテ》欣《ゴン》《ネガヒ》慕《ボセ》《ネガフ》

459 唯《タヾ》可《ベ□》深《ク》信《ジテ》佛語《ヲ》專《セン》注《チユ》奉《ブ》行《ス》。不《ズ》可《カラ》信用《ヨウシテ》菩薩等《ノ》不《フ》相應《ノ》教《ヲ》、以《テ》爲《ナシテ》疑《ギ》礙《ゲヲ》、抱《イダキ》惑《ワクヲ》自《ラ》迷《マドヒテ》、廢《ハイ》失《シツス》往生之大益《ヲ》也。03又深心《ハ》深《フカキ》信《ナリト》者《イハ》、決定《シテ》建《コン》立①《リウシ》自心《ヲ》、②順《ジユンジ》教《ニ》修行《シテ》、永《ナガク》除《ノゾイテ》疑《ギ》錯《シヤクヲ》、不《ザル》爲《ニ》一切《ノ》別《ベチ》解《ゲ》・別行・異《イ》學・異見・異《イ》執《シフノ》之所《ラレ》退《タイ》失《シチシ》傾《クヰヤウ》動《ドウセ》也。　問曰、凡夫智淺《アサクシテ》、惑《ワク》障《シヤウ》處《トコロ》深《フカシ》。若《シ》逢③《ア》解行不同《ノ》人多《ク》引《ヒイテ》經論《ヲ》來《キタシ》相《ヒ》妨《コノムデ》難《ナン》證《シテ》云《イハムニ》一切《ノ》罪障《シヤウ》凡夫不《ズト》得往生《スルコト》者《バ》、云何《イカヾ》對《タイ》治《ヂシテ》彼《ノ》難《ナンヲ》、成就《シテ》信心《ヲ》、決定《シテ》直《タヾチニ》進《スヽムデ》、不《ザラム》生《ゼ》怯《カウ》退《タイヲ》也《ヤ》。答《テ》曰《ク》、若《シ》有《テ》人多《ク》引《テ》經論《ヲ》證《シテ》云《ハ》不《ズト》生《レ》者《バ》、行者即報《コタヘテ》云《イヘ》。仁者《ナムヂ》雖《ドモ》將《モテ》經論《ヲ》來《シ》證《シテ》道《イフト》不《ズト》生《レ》、如《キ》我意《コヽロノ》者《ハ》決定《シテ》不《ズ》受《ウケ》汝《ナムヂガ》破《ハヲ》。何《ヲ》以《ノ》故《ニ》。然《シカモ》我《レ》亦、不《アラズ》是《レ》不《ザルニハ》信《ゼ》彼《ノ》諸經論《ヲ》。盡《コトゴトク》皆《ナ》仰《ガウテ》信《ズ》。然《シカモ》佛說《下ヒシ》彼《ノ》經《ヲ》時《ハ》、處《シヨ》別《ベチ》・時別・對《タイ》機《キ》別・利益別《ナリ》。又說《下ヒシ》彼《ノ》經《ヲ》時《ハ》、即非《ズ》說《下フ》『觀經』・『彌陀經』等《ヲ》時《ニ》。然《モ》佛說《下コト》教《ヲ》備《ソナフ》機《キニ》、時亦不《ズ》同。彼《レハ》即通《ジテ》說《ク》人・天・菩薩之解行《ヲ》。

460 今說《下フコトハ》『觀經《ノ》』定散二善《ヲ》、唯《タヾ》爲《ニ》韋提及《ビ》佛《ノ》滅後《ノ》五濁・五苦等《ノ》一切《ノ》凡夫《ノ》、證《シテ》言《ノ下フ》得《ト》生《コトヲ》。爲《ニ》此因緣《ノ》、我《レ》今一心《ニ》依《ヨテ》此《ノ》佛教《ニ》決定《シテ》奉《ブ》行《ス》。縱使《タトヒ》汝等《ナムダチラ》百千萬億道《イハ》不《ズト》生《ゼ》者《バ》、唯增《ゾウ》長《シ》成就《セム》我往生《ノ》信心《ヲ》也。又行者更《ニ》向《ムカヒテ》說《トイテ》言《イヘ》。

1-536 仁者《ナムヂ》善《ヨク》聽《キケ》、我今《マ》爲《ニ》汝《ヂガ》更《ニ》說《カム》決定《ノ》信《ノ》相《ヲ》。縱使《タトヒ》地前《ノ》菩薩・羅《ラ》漢《カン》・辟《ビヤク》支《シ》等、

①立　右◎「シ」と上書訂記
②順　右◎「ン」の下「ジ」と上書訂記
③逢　右◎「ア」の下一字抹消

1-764

若《ハ》一若《ハ》多、乃至遍滿《シテ》十方《ニ》、皆引《テ》經論《ヲ》證《シテ》言《ハ》不《ト》生者《バ》、我亦未《ダ》起《オコサ》一念疑心《ヲ》。唯增長《シ》成就《セム》我清淨信心《ヲ》。何以《ノ》故《ニ》。由《テ》佛語《ハ》決定成就《ノ》了義《ナルニ》、不《ルガ》爲《ニ》一切《ノ》所《ラレ》破《ハ》壞《エセ》故《ニ》。又行者善《ク》聽《キケ》。縱《タトヒ》使初《ショ》地已上十地已來、若《ハ》一若《ハ》多、乃至遍滿《シテ》十方《ニ》、異《イ》口同音《ニ》皆云《ノ下コト》釋迦佛指《シ》讚《サムシ》彌陀《ヲ》、毀《クヰ》呰《シ》三界・六道《ヲ》、勸勵《レイシテ》衆生《ヲ》、專心《ニ》念佛《シ》、及修《シテ》餘《ヨ》善《ヲ》、畢《オヘテ》此《ノ》一身《ヲ》後必《ヒツ》定《シテ》生《ルト》彼《ノ》國《ニ》者①《ハ》、此必虛妄《マウナリ》、不可依《エ》信《ス》也。我雖《ドモ》聞《クト》此等《ノ》所說《ヲ》、亦不《ズ》生一念疑心《ヲ》。唯增長《シ》成就《セム》我決定上上《ノ》信心《ヲ》。何以《ノ》故《ニ》。乃由《ルガ》佛語《ハ》眞實決《ケツ》了《ノ》義《ナルニ》故《ニ》。佛《ハ》是實知・實解・實見・實證《ナリ》、非《アラザルガ》是疑惑《ワク》心《ノ》中《ノ》語《ニ》故《ニ》。又不《ズ》爲《ニ》一切《ノ》菩薩異見・異解之《ノ》所《ラレ》破《ハ》壞《エセ》。若實《ニ》是《レ》菩薩者《ナラバ》、衆《スベテ》不《ジ》違《ヰセ》佛教《ニ》也。又置《オク》此《ノ》事《ヲ》、行者當《ニ》知《ル》。縱《タトヒ》使化佛・報佛、若《ハ》一若多、乃至遍滿十方《ニ》、各各《ニ》輝《カヽヤカシ》光、吐《ハイテ》舌《ヲ》遍《ク》覆《フテ》十方《ニ》、一一《ニ》說《テ》言《ク》、釋迦《ノ》所說《ニ》相《ヒ》讚《ホメテ》勸發《シテ》一切《ノ》凡夫《ヲ》、專心《ニ》念佛《シ》、及《ビ》修《シテ》餘《ヨ》善《ヲ》迴願《シテ》得《ウト》生《コトヲ》彼《ノ》淨土《ニ》者《イハ》、此《ハ》是《レ》虛妄《ナリ》、定《テ》無《シト》此《ノ》事《ニ》也。我雖《ドモ》聞《クト》此等《ノ》諸佛《ノ》所說《ヲ》、畢《ヒツ》竟《ジテ》不《ズ》起《オコシテ》一念疑《ギ》退《タイ》之心《ヲ》畏《オソレ》不得《ラムト》生《コト》彼《ノ》佛《ノ》國《ニ》也。何以故《ニ》。一佛《ハ》一切佛《ナリ》、所有《ノ》知見・解行・證悟・果《クワ》位《ヰ》・大悲、等同《ニシテ》無《シ》少《スコシキノ》差別。是故一佛《ノ》所《ハ》

①者　右◎二字抹消し「ハ」と訂記

462 1-537

制《セイシ下》即一切佛同制。如似前佛制斷《ダムシ下ガ》殺《セチ》生・十惡等罪、畢竟不犯不行者、即名十善・十行隨順六度之義。若有後佛出世、豈可改《アラタメテ》前十善令行十惡也。以此道理推《スイ》驗《ゲムスル》、明《アキラ》知、01諸佛言行不相違失。縱《タトヒ》令02釋迦指《サシ》勸《ス丶メテ》一切凡夫、盡此一身專念專修、捨命已後定生彼國者、即十方諸佛悉皆同讚《ホメ》、同勸、同證。何以故。同體大悲故。一佛所化、即是一切佛化。一切佛化、即是一佛所化。即『彌陀經』中說釋迦讚《サム》歎《ダンシ》極樂種種莊嚴、03又勸一切凡夫一日七日一心專念彌陀名號、定得往生。次下文云、十方各有恆河沙等諸佛、同讚《ホメ下フ》釋迦能於五濁惡時・惡世界・惡衆生・惡見・惡煩惱・惡邪《ジヤ》・無信盛《サカムナル》時、指讚《サムシ》彌陀名號、勸《クワム》勵《レイシテ》衆生稱念必得往生、即其證也。又十方佛等、恐《オソレテ》畏衆生不信《ザラムコトヲ》釋迦一佛所說、即共同心同時各出舌相遍覆三千世界、說誠實言、汝等衆生皆應信是釋迦所說・所讚《サム》・所證。一切凡夫不問罪福多少、時節久近、但能上盡《ツクシ》百年、下至一日七日、一心專念彌陀名號、定得往生、必無疑也。是故一佛所說、即一切佛同證誠其事也。

463

01［次就…心也］化卷191
02［又就…雜行］信卷73
03［一心…願故］一多意671抄出［一心…之業］略典275抄出［一心專念］信卷94
04［衆名…願心］信卷74
05［又廻…應知］信卷74［又廻…益也］信卷89
06［此心…金剛］略典275

464　1-538

此名就人立信也。01次就行立信者、然行有二種。一者正行、二者雜《ザウ》行。言正行者、專依往生經行行者、是名正行。何者是也。一心專讀《ドク》誦《ジユシ》此『觀經』・『彌陀經』・『無量壽經』等、一心專注思想觀察①《ザチシ》憶念彼國二報莊嚴。若禮卽一心專禮彼佛、若口稱卽一心專稱彼佛、若讚《サム》歎《ダンシ》供養卽一心專讚歎供養、是名爲正。02又就此正中復有二種。一者03一心專念彌陀名號、行住坐臥不問時節久近念念不捨者、是名正定之業、順彼佛願故。若依禮誦《ジユ》等卽名爲助業。除此正助二行已外自餘諸善悉名雜行。若修前正助二行、心常親《シム》近《ゴムシ》憶念不《ゼズ》斷《ダム》、名爲無間也。若行後雜行、卽心常間斷、雖可廻向得生、04衆名疎《ソ》雜《ザウ》之行也。故名「深心」。「三者廻向發願心」。言「廻向發願心」者、過去及②以今生身口意業所修世出世善根、及隨喜他一切凡聖身口意業所修世出世善根、以此自他所修善根悉皆眞實深信心中廻向願生彼國。故名「廻向發願心」也。05又廻向發願願生者必須決定眞實心中廻向願作得生想。06此心深信由若金剛、不爲一

①察　右◎ザムシ
②及　右◎「ヒ」とあるを抹消

切《ノ》異《イ》見・異學・別解・別行人等《ノ》之所《ラレ》動《ドウ》亂《ラムシ》破《ハ》壞《エセ》。唯是決定《シテ》一心《ニ》捉《イタリ》《トテ反》正直進《スヽムデ》、不《ザレト》得聞《テ》彼《ノ》人《ノ》語《ヲ》、卽有《テ》進《シム》退《タイスルコト》、心《ニ》生《ジ》怯《カウ》弱《ニヤクヲ》、廻《ヱ》《カエリ》顧《コシテ》《カエル》落《オチ》道《チニ》、卽失《ウシナウコトヲ》往生之大益《ヲ》也。

問曰、若有《テ》解行不同《ノ》邪《ジヤ》《サダマラズ》雜《ザウノ》人等《ラ》、來《タテ》相《ヒ》惑《ワク》亂《ラムシ》、或《ハ》說《テ》種種《ノ》疑《ギ》難《ナムヲ》、導《イヒ》不《ズト》得往生《ヲ》、或云《ク》、汝等衆生曠劫《ヨリ》已來及以《ビ》今生《ノ》身口意業《ニ》、於《テ》一切凡聖《ノ》身《ノ》上《ニ》具《ツブサニ》造《ツクテ》十惡・五逆・四重・謗法・闡《セン》提・破戒・破見等《ノ》罪《ヲ》、未《ダ》《ズ》能《ハ》除《ヂヨ》盡《ジムスルコト》。然《モ》此《レ》等之《ノ》罪《ハ》繫《ケ》屬《ゾクス》三界惡道《ニ》。云何《ゾ》一生《ノ》修福念佛《シテ》卽入《テ》彼《ノ》無漏《ロ》無生之國《ニ》、永《ナガク》得《ルヤ》證悟《ゴスルコト》不退位《ヲ》也。答曰、諸佛《ノ》敎行、數《カズ》越《コヘタリ》塵《ヂム》沙《ニ》。稟《ホム》識《ジキノ》機《キ》緣隨《テ》情《コヽロニ》非《ズ》一《ニ》。譬《タトヘバ》如《キ》世間《ノ》人《ノ》眼《ニ》可《ク》見《ツ》可《キガ》信《ツ》者《ハ》、如《ノ》明《ノ》能《ク》破《ハシ》闇《アムヲ》、空能《ク》含《フクミ》有《ヲ》、地能《ク》載《サイ》養《ヤウシ》、水能生潤《ニムシ》、火能成壞《エスルガ》。如《キ》此等《ノ》事《ヲ》悉《ク》名《ク》待《タイ》對《タイ》之法《ト》。卽目《メニ》可《ベシ》見《ツ》、千差《シナ》萬別《ナリ》。何《イカニ》況《ヤ》佛法不思議之力、豈《アニ》無《ナカラム》種種益《ヤ》也。隨《テ》出《ル》一門《ヲ》者《ハ》、卽出一煩惱《ノ》門《ヲ》也。隨《テ》入《ルト》一門《ニ》者、卽入《ル》一解脫智慧《ノ》門《ニ》也。爲《ニ》此《レガ》隨《テ》緣《ニ》起《オコシテ》行《ヲ》、各求《ベシ》解脫《ヲ》。汝何《ヲ》以《カ》乃《イマシ》將《モテ》非《ラザル》有緣之要《エウニ》行《ヲ》障《シヤウ》惑《ワクスル》於我《ヲ》。然《モ》我《ガ》之所愛《アイハ》、卽是《レ》我有緣之行《ナリ》。卽非《ズ》汝《ガ》所求《グニ》。汝《ガ》之所愛《ハ》、卽是汝《ガ》有緣之行《ナリ》。亦非我所求《ニ》。是故《ニ》各隨《フ》所樂《ゲウニ》而《テ》修《スル》其行《ヲ》者、必疾《トク》得解脫《ヲ》也。

行者當《ニ》知《ベシ》。若欲《オモハヾ》學《セムト》解《ヲ》、從《リ》凡至《リ》聖、乃至佛果、一切無礙《ゲニ》皆得《ウベシ》學《ルコトヲ》也。若欲學《ト》行《ヲ》者、必藉《ヨルベシ》有緣之法《ニ》。少《スコシキ》用《モチヰルニ》功《ク》勞《ラウヲ》多《ク》得《ウ》益《ヲ》也。又白《ス》一切《ノ》往生人等《ニ》、今更《ニ》爲《ニ》行者《ノ》説《テ》一《ノ》譬喩《タトヒヲ》、守護《ゴシテ》信心《ヲ》以《テ》防《フセガム》外邪《ジヤ》異見之難《ナムヲ》。何者《ノカ》是《レ》也《ヤ》。譬《バ》如有《テ》人欲《スルガ》向《テ》西《ニ》行《ムト》百千之里《ヲ》。忽《コツ》然《トシテ》中路《ロヲ》見《レバ》有《リ》二《ノ》河。一《ニハ》是火河、在《アリ》南。二《ニハ》是水河、在《リ》北。二《ニ》河各闊《ヒロサ》百歩、各深《シテ》無《シ》底《ソコ》。南北《ニ》無《シ》邊《ホトリ》。正水火《ノ》中間《ニ》有《リ》一《ノ》白道。可《ベシ》闊《ヒロサ》四五寸許《バカリナル》。此《ノ》道從《リ》東《ノ》岸《キシ》至《テ》西《ノ》岸《ニ》、亦長百歩、其《ノ》水波《ハ》浪《ラウ》交《ケウ》《マジハル反》過《クワシテ》濕《ウルヲス》道《ヲ》、其《ノ》火《ノ》焰《ホノヲ》亦來《テ》燒《ヤク》道《ヲ》。水火相《ヒ》交《マジハテ》常《ニ》無《シ》休《ク》息《ソクスルコト》。此《ノ》人既《ニ》至《ルニ》空曠《クワウノ》迥《ハルカナル》處《ロニ》、更無《シ》人物《モチ》。多《ク》有《リ》群《グム》賊《ソク》・惡獸《ジユノミ》、見《テ》此《ノ》人《ノ》單《タン》獨《ドクナルヲ》、競《キヲヒ》來《テ》欲《ス》殺《コロサムト》。此《ノ》人怖《オソレテ》死《セムコトヲ》直《チキニ》走《ハシテ》向《ニ》西《ニ》、忽《コツ》然《シテ》見《テ》此《ノ》大河《ヲ》、即自《ラ》念言《ラク》、此《ノ》河《ハ》南北《ニ》不《ズ》見邊《ヘン》畔《バムヲ》。中間《ニ》見《テ》一白道《ヲ》、極《メテ》是《レ》狹《ケツ》小《ナリ》。二《ノ》岸《シ》相《ヒ》去《コト》雖《ドモ》近《チカシト》、何《ニ》由《ヨテカ》可《キ》行。今日定《テ》死《セムコト》不《ズ》疑《ハ》。正《ク》欲《レバ》到《イタリ》廻《カエラムト》、群《グム》賊《ソク》・惡獸《ジユ》漸《ヤウ》漸《ヤク》來《タリ》逼《セム》。正《ク》欲《レバ》南北《ニ》避《サリ》走《ハシラムト》、惡獸《ジユ》・毒蟲《チウ》競《キヲヒ》來《テ》向《フ》我《ニ》。正欲《レバ》向《テ》西《ニ》尋《タヅネテ》道《ヲ》而去《ラムト》、復恐《クハ》墮《オチムコトヲ》此水火《ノ》二河《ニ》。當時《ノ》惶《ワウ》《ヲソレ》怖《フ》《ヲソル》不《ズ》復可《カラ》言《フ》。即自《ラ》思《シ》念《ス》。我今廻《カヘルトモ》亦死《ナム》。住《チユストモ》亦死《ナム》。去《トモ》亦死《ナム》。一種《トシテ》不《ザレ》勉《マヌカレ》死《ヲ》者《バ》、我寧《ムシロ》尋《テ》此道《ヲ》向《テ》前《ニ》而去《ナム》。既《ニ》有《リ》此道。必《ズ》應可度《ル》。作《ス》此念時、東岸《ガムニ》

468

忽《マチニ》聞《ク》人《ノ》勸《ムル》聲《ヲ》。仁者《ナンダチ》但《タヾ》決定《シテ》尋《テ》此道《ヲ》行《ケ》、必無《ラム》死《ノ》難《ナム》。若住《セバ》、卽死《ナム》。又[01]西岸《ノ》上《ニ》有《テ》人《ノ》喚《ヨバフテ》言《ク》、汝一心《ニ》正念《シテ》直《チキニ》來《レ》。我能《ク》護《マボラム》汝。衆《スベテ》不《ザレ》畏《オソレ》墮《コトヲ》於水火之難《ナムニ》。①此人既《ニ》聞《テ》此《コヽニ》遣《ヤリ》彼《ニ》喚《フヲ》、卽自《ラ》正《ク》當《テ》身心《ニ》、決定《シテ》尋《テ》道《ヲ》直《ニ》進《スヽムデ》、不《ズ》生疑《ギ》怯《カウ》退《タイ》心《ヲ》。或《ハ》行《クコト》一分二分《ルニ》、東岸《ノ》群《グン》賊等喚《テ》言《ク》、仁者廻《カヘリ》來《レ》。此道嶮《ケン》《サガシク》惡《ナリ》、不得《ズシテ》過《スグルコトヲ》、必死《セムコトヲ》不《ズ》疑《ハ》。我等衆《スベテ》無《シト》惡心相《オモテ》向《ヒ》。此人雖《モ》聞《ト》喚《フ》聲《ヲ》亦不《ズ》廻《メグリ》《カヘリ》顧《カヘリミ》。一心《ニ》直《ニ》進《スヽムデ》念《テ》道《ヲ》而行《ケバ》、須臾《ニ》卽到《イタヌ》西岸《ニ》。永《ナガク》離《ハナレテ》諸難《ナンヲ》、善友相《ウ》《ヒ》見《テ》慶《キヤウ》樂《スルコト》無《シ》已《ヤムコト》。此《ハ》是喩也。次合《セ》喩《バ》者、言東岸《ト》者《ハ》、卽喩《フ》此娑婆之火宅《ニ》也。言西岸者、卽喩《フ》極樂寶國《ニ》也。言群《グン》賊・惡獸《ジユ》詐《イツワリ》親《シタシムト》《ハ》者、卽喩《フ》衆生六根・六識・六塵《ヂン》・五陰《オム》・四大《ニ》也。言無人空《ク》迥《クキヤウノ》《ハルカノ》澤《サハト》《ハ》者、卽喩《フ》常隨《テ》惡友《ニ》不《ザルニ》値《アハ》眞善知識《ニ》也。言水火二河《ト》者、卽喩《フ》衆生《ノ》貪《トム》愛《アヒハ》如《ク》水《ノ》、瞋《シム》憎《ゾウハ》《ソネム》如《ルニ》火《ノ》也。言中間白道四五寸《ト》者、卽喩《フ》衆生《ノ》貪瞋煩惱《ノ》中《ニ》能《ク》生《ルニ》清淨願往生《ノ》心《ヲ》也。乃由《ヨルガ》貪瞋強《コハキニ》故《ニ》、卽喩《フ》如《シト》水火《ノ》。善心微《ミナルガ》《スクナシ》故《ニ》喩《フ》如《シト》白道《ノ》。又水《ノ》波《ナミ》常《ニ》濕《ウルヲスト》道《ヲ》者《イハ》、卽喩《フ》愛《アイ》心《シム》常《ニ》起《オコテ》能《ク》染《ゼン》汚《ワスルニ》善心《ヲ》也。又火焰《エム》常《ニ》燒《ヤクト》道《ヲ》者《イハ》、卽喩《フ》瞋《シム》嫌《ケン》之心能《ク》燒《ヤクニ》功

469

德之法財《ヲ》也。言人行《テ》道《ノ》上《ヲ》直《ニ》向《フト》西《ニ》者、卽喩《フ》廻《ラシテノ》諸行業《ヲ》直《ニ》向《フニ》西方《ニ》也。

1-541

①此　右◎「コ」とあるを抹消

1-770

470

言下東岸《ニ》聞《キヽテ》二人《ノ》聲勸《スヽメ》遣《ヤルヲ》一、尋《タヅネテ》レ道《ヲ》直《ニ》西《ニ》進《スヽムト》上者、卽喩《フ》下釋迦已《ニ》滅《下テ》、後《ノ》人不《ザレドモ》レ見《ミ上ラ》、由《ナヲ》有《テ》二教法一可《ベキニ》上レ尋《タヅヌ》。卽喩《フ》二之《ヲ》如《ト》下レ聲《ノ》也。言《フ》二或《ハ》行《ユクコト》一分二分《スルニ》群《グム》賊等喚迴《ヨバイカヘスト》一者、卽喩《フ》三別-解・別-行・惡見人等妄《ミダリニ》說《トクニ》二見解《ヲ》一。迭《タガヒニ》相《ヒ》惑《ワク》-亂《シ》、及《ビ》自《ラ》造《テ》レ罪《ヲ》退《タイ》失《スト》也。言《フ》二西岸上《ニ》有《テ》レ人喚《ト》一者、卽喩《フ》二彌陀《ノ》願《ノ》意《ニ》一也。言下須-臾《ニ》到《テ》二西岸《ニ》一善友相《ヒ》見《テ》喜《ヨロコブト》上者、卽喩下衆生久《ク》沈《シヅミテ》二生死《ニ》一、曠-劫《ニ》淪《リム》《シヅム》-迴《シテ》、迷《メイ》倒《タウシテ》自《ラ》纏《マツヒテ》、無《シ》レ由《ヨシ》二解脫《スルニ》一、01仰《テ》蒙《カブリ》三釋迦《ノ》發《ハ》《ヤリ》遣《ケンシテ》《ヤル》指《サシ》二向《シメ下コトヲ》西方《ニ》一、又藉《ヨル》二彌陀《ノ》悲-心《ヲモテ》招《セウ》《マネキ》喚《クワンシ下ニ》《ヨブ》一、今信二-順《ジュムシテ》二尊之意《ニ》一、不《ズ》レ顧《カヘリミ》二水火《ノ》二河《ヲ》一、念念《ニ》無《レバ》レ遺《ワスルヽコト》、乘《ジテ》二彼《ノ》願力之道《ニ》一、捨《ステヽ》レ命《ヲ》已-後得《テ》レ生《コトヲ》二彼《ノ》國《ニ》一、與《ト》レ佛相見《テ》慶《キヤウ》喜《キスルコト》何《ゾ》極《ラムト云二》上也。又一切《ノ》行者、行住坐臥三業所レ修《スル》、無《ク》レ問《コト》二晝夜《ノ》時節《ヲ》一、常《ニ》作《シ》二此解《ヲ》一常《ニ》作《ス》二此《ノ》想《ヲ》一故《ニ》、名《ク》二「迴向發願心《ト》」一。又言《フ》二迴向《ト》一者、生二彼國《ニ》一已《テ》、還《カヘテ》起《オコシテ》二大悲《ヲ》一、迴《カヘテ》入《テ》二生死《ニ》一教二-化《ルヲ》衆生《ヲ》一亦名迴向《ト云》也。　三心既具《レバ》、無《シ》二行《トシテ》不《ザルコト》下レ成《ゼ》。願行既《ニ》成《ジテ》、若不《ズ》レ生《レ》者《ハ》、無《ケム》レ有《コト》二是《ノ》處《コトハリ》一也。又此《ノ》三心《ハ》亦通《ジテ》攝《セフス》二定善之義《ヲ》一、應《シ》レ知《ル》。

五從《リ》二「復《ブ》有三種衆生《ト云》」一已下、正明《ス》下簡《キラヒ》二機《キノ》堪《カン》能《ノウヲ》一奉《ウケ》レ法《ヲ》、依《ヨテ》レ教《ニ》修-行《ルコトヲ》上。

六從《リ》二「何等爲三」一下至《ル》二「六念《ニ》」一已-來《ハ》、正明《ス》二受法不同《ヲ》一。卽有二其三一。一明《ス》二慈心《シテ》不《ザルコトヲ》下レ殺《セチセ》。然《モ》殺-業有二多種一。或有《リ》二口殺《セツ》一、或有二身殺一、或有二心殺一。

01「仰蒙…之道」略典274抄出

言口殺者、處分許《コ》可《カスルヲ》名《テ》爲《ス》口殺。言身殺者、動《シテ》身手《シユ》等《ヲ》指《シ》授《ジユスルヲ》名《テ》爲《ス》身殺《ト》。言心殺《ト》者、思《シ》念方便計《ケ》《ハカラヒ》校《ケウ》《ハカラウ》等《ヲ》名爲心殺。若論《ゼバ》殺業《ヲ》不簡《エラバ》四生《ヲ》、皆能《ク》招《マネク》罪《ヲ》、障《サフ》生淨土《ニ》。但於《テ》一切《ノ》生命《ニ》起《コス》於慈心《ヲ》者《ハ》、即是施《ホドコス》一切《ノ》衆生《ニ》壽命安樂《ヲ》。亦是最《サイ》上勝妙《ノ》戒也《ナリ》。此即合《ス》上《ノ》初《ハジメノ》福《ノ》第三《ノ》句《ニ》云《イヘルニ》「慈心不殺《ト》」也。即有止《シト》・行《ノ》二善。自《ラ》不《ザルガ》殺《セ》故《ニ》名《ク》止善《ト》。敎《ガ》他《タニ》不殺《ヲ》故《ニ》名《ク》行善《ト》。自他初《テ》斷《ダンズルヲ》名《ク》止《シ》善《ト》、畢竟《ジテ》永《ナガク》除《クヲ》名《ク》行善《ト》。雖《モ》有止・持《ヂノ》二善、總《ジテ》結《ケツ》成《ス》慈《ジ》下《ノ》行《ヲ》也。言「具《グ》諸戒行《ト》」者、若約《ヤクスレバ》人・天・二乘之器《キニ》、即名《ク》小戒《ト》。若約《スレバ》大心大行之人《ニ》、即名《ク》菩薩戒《ト》。此戒若以《テ》位《ヲ》約《セ》者、當《アタテ》此《ノ》上輩三位《ヰノ》者《ノニ》、即名菩薩戒《ト》。正《ク》由《ルガ》人位定《ルニ》故《ニ》自《ジ》然《ニ》轉《テン》成《ス》。即合上《ノ》第二福《ノ》戒分《ノ》善根《ニ》也。二明《サ》讀誦大乘《ヲ》者《バ》、此明衆生《ノ》性習《ジフ》不同《シテ》執《シフシテ》法《ヲ》各異《コトナルコトヲ》。前《ノ》第一《ノ》人《ハ》、但用《モテ》修《シ》慈《ヲ》持戒《ヲ》爲《ス》能《ノウト》。次《ギニ》第二《ノ》人《ハ》、唯將《モテ》讀誦大乘《ヲ》爲《ス》是《ト》。然《ルニ》戒《ハ》即能持《チ》五乘・三佛之機《ヲ》、法《ハ》即薰《クム》成《シ》三賢・十地萬行之智慧《ヲ》、若以《テ》德用《ユヲ》來《シ》比《ヒ》校《ケウセ》者《バ》、各有一《ノ》能《ノウ》。即合《ス》上《ノ》第三《ノ》福第三《ノ》句《ニ》云《イヘルニ》「讀誦大乘《ト》」也。三明修行六念者《ハ》、所謂《イハユル》念《ジ》佛・法・僧《ヲ》、念《ズ》戒・捨・天等《ヲ》。此亦通《ジテ》合上《ノ》第三《ノ》福《ノ》大乘之意《イ》義《ニ》也。

言二念佛《ト》一者、卽專《ラ》念《ナリ》二阿彌陀佛《ヲ》一。口業《ノ》功德・身業《ノ》功德・意業《ノ》功德《アリ》。一切諸佛《モ》亦如《シ》レ是。又一心《ニ》專念《ジ》二諸佛所證之法幷《ビニ》諸《ノ》眷屬《ノ》菩薩僧《ヲ》一、又念《ジ》二諸佛之戒《ヲ》一、及念《ズ》二過去《ノ》諸佛、現在《ノ》菩薩等《ノ》、難《ガタキヲ》レ作《ナシ》能《ク》作《ナシ》、難《キヲ》レ捨《ステ》能《ク》捨《テ》、內《ナイニ》捨《テ》外《ニ》捨、內外《ニ》捨《スツルヲ》一。此《レ》等《ラノ》菩薩但欲《シテ》レ念《ゼムト》レ法《ヲ》不《ズ》レ惜《オシマ》二身財《ザイヲ》一。行者等《ラ》既《ニ》念二知《チシナバ》此事《ヲ》一、卽須《ク》《ベシ》丁常《ニ》作《ナス》丙仰《ガウ》《アフイデ》乙學《クスルコトヲ》　前《ゼム》賢《ケン》・後聖《ノ》、捨《スツル》二身命《ヲ》一意《コヽロヲ》甲也。又念天《ト》者卽是①最《サイ》後身十地之菩薩《ナリ》。此等《ハ》難《ナム》行之行已《ニ》過《スギ》、三祇《ギ》之劫《コウ》已《ニ》超《コヘ》、萬德之行已《ニ》成《ジ》、灌《クワン》頂《ヂヤウ》之位《クラヰ》已《ニ》證《セリ》。行者等《ラ》既念知《シ》已《ナバ》、卽自《ラ》思念《スベシ》。我身《ミ》無際《サイヨリ》已來、共《トモニ》レ他《タト》同時《ニ》發《シテ》レ願《ヲ》斷《ダムジ》レ惡《ヲ》、行《ジキ》二菩薩《ノ》道《ヲ》一。他《タハ》盡《コトゴトク》不《ズ》レ惜《オシマ》二身命《ヲ》一。行《ジ》レ道《ヲ》進《スヽムデ》レ位《ニ》、因《イム》圓《ニ》果熟《ジユクシテ》證《セル》レ聖《ヲ》者《ノ》踰《コヘタリ》二於大地微《ミ》塵《ヂムニ》一。然《モ》我《レ》等《ラ》凡夫、乃至今日《マデ》、虛《キヨ》然《ゼントシテ》流《ル》浪《ラウシ》、煩惱惡障《ハ》轉《テン》轉《シテ》增《ソウ》多《ニ》、福慧《エハ》微《ミ》微《ナルコト》、若《ゴトシ》下對《タイシテ》二重昏《コンニ》一之臨《ノゾムガ》中明鏡《ウニ》上也。忽《マチニ》思《シ》忖《シユンスルニ》此《ノ》事《ヲ》一、不《ズシテ》レ勝《タヘ》レ心《ニ》驚《オドロイテ》悲《ヒ》歎《タンスル》者《ノヲ》哉《ヤ》。

七從二「廻向發願」一已下、正明下各各《ニ》廻《ラシテ》二前《ノ》所修之業《ヲ》一、向《フルヲ》中所求《グノ》處《ロニ》上。

八從二「具《グ》此《シ》功德」一已下、正明二修行《ノ》時節《ノ》延《エン》《ノベ》促《ソクヲ》《ツヾマリ》一。上《ミ》盡《シ》二一形《ヲ》一下至《ル》二一日・一時・一念等《ニ》一。或從二一念・十念一至《ル》二一時・一日・一形《ニ》一。大意者《ハ》、一發《ビ》心《シテ》已後、誓《チカテ》畢《オハルマデ》二此《ノ》生《ヲ》一無《ク》レ有《コト》二退《タイ》轉《テン》一、唯以《テ》二淨土《ヲ》一爲《ス》レ期《ゴト》。又言二「具《グ》

①是　右◎抹消

此《シ》功德《ト》」者《ハ》、或一人具《シ》上《ノ》二《ヲ》、或一人具下《ノ》二《ヲ》、或一人三種盡《コトゴトク》具《ス》。或有人三種無《キヲ》分者《バ》、名《テ》作《ス》著《キタル》人皮《ヲ》畜生《ト》、非《ズ》名《ルニ》人《ト》也。又不問具三・不具三《ヲ》、廻《セバ》盡《ク》得往生《ヲ》、應《ベシ》知《ル》。　九從《リ》「生彼國時」下至「往生彼國《ニ》」已來《ハ》、正明臨《テ》命終《ノ》時《ニ》聖來迎接《セウシ》不同、去時遲《チ》疾《シチヲ》。卽有《リ》其十一。一明標《ヘウ》定《スルコトヲ》所歸之國《ヲ》。二明重《テ》顯《シテ》其行《ヲ》、指《シ》出《スルヲ》決定精《シヤウ》《マコト》懃《ゴムノ》《ネムゴロニ》者《ノヲ》。亦是校《ケウ》量《リヤウス》功德《ノ》強《ガウ》弱《ニヤクヲ》。三明《ス》彌陀化主身自《ラ》來《ライ》赴《フシコトヲ》。四明《ス》「觀音」已下《ハ》、更《ニ》顯《コトヲ》無數《ノ》大衆等皆從《シタガヒテ》彌陀《ニ》來迎《スルヲ》行者《ヲ》。五明寶宮《グウ》隨《コトヲ》衆《ニ》。六明重《テ》觀音・勢志《シ》共《トモニ》執《トテ》金臺《ヲ》至《ルコトヲ》行者《ノ》前《ニ》。七明彌陀放《テ》光《ヲ》照《コトヲ》行者之身《ヲ》。八明《ス》佛旣《ニ》舒《ノベテ》光《ヲ》照《シ》、及《ビ》卽與《ト》化佛等同時《ニ》接《セウシコトヲ》手《ヲ》。九明旣《ニ》接《シテ》昇《ノボラシメテ》臺《ニ》、觀音等同聲《ニ》讚《サム》勸《クワンシフ》行者之心《ヲ》。十明自《ラ》見《テ》乘臺《ニ》、從《シタガフコトヲ》佛《ニ》。十一正明去時遲《チ》疾《シヲ》。　十從「生彼國」已下、正明金臺到《テ》彼《ニ》更《ニ》無《コトヲ》華合之障《サハリ》。　十一從「見佛色身」下至《ル》「陀羅尼門《ニ》」已來、正明金臺到《イタテ》後得《ルコト》益不同《ナルコトヲ》。卽有其三。一者初《ジメテ》聞《テ》妙法《ヲ》卽悟《サトル》無生《ヲ》。二者須臾《ニ》歷《リヤク》事《シテ》次《シ》第《ニ》授《ジュ》記《キセラル》。三者本國他方《シテ》更《ニ》證《ス》聞持二益《ヲ》。　十二從《ハ》「是名」已下、總《テ》結《ス》。　上來雖有十二句《ノ》不同、廣解《コト》上品上生《ノ》義《ヲ》竟。

次①就上品中生位中、亦先擧、次辯、後結。卽有其八。　一從「上品中生者」已下、總擧位名。卽是大乘次善凡夫人也。　二從「不必《ヒチ》受持」下至「生彼國」已來、正明第六・第七・第八門中廻所修業、定指西方。卽有其四。一明受法不定、或得讀誦、不得讀誦。二明善解大乘空義。或聽《チヤウ》聞諸法一切皆空。生死無爲亦空、凡聖明闇亦空、世間六道、出世間三賢・十聖等、若望其體性畢竟不二。雖聞此說、其心坦《タム》然《アキラカナリ》不生疑《ゼギ》滯也。三明深信世出世苦樂二種因果、此等因果及諸道理不生疑謗。若生疑謗、卽不成福行。世間果報尚不可得、何況《ムヤ》得《エヤ》生淨土。此卽合第三福第二・第三句也。四明廻前所業、標《ヘウ》指所歸。

1-545　476

三從「行此行者」下至「迎接汝」已來、正明彌陀與諸聖衆持臺《ダイ》來應。卽有其五。一明行者命延不久。二明彌陀與衆自來。三明侍《ジ》者持臺至行者前。四明佛與聖衆同聲讃《サム》歎、述本所修之業。五明佛恐行者懷疑故言我來迎汝。　四從「與千化佛」下至「七寶池中」已來、正明第九門中衆聖授手去時遲疾。卽有其五。一明

①次　◎「上品中」と上欄註記

477 彌陀與《ト》千《ノ》化佛同時《ニ》授《トヲ》手。二明行者既蒙《カウムテ》授《ジュ》手《シュヲ》即自見《レバ》身《ヲ》、已《コ》身坐《ヲ》紫金之臺《ニ》。三明既《ニ》自《ラ》見《テ》坐《ヲ》臺《ニ》、合掌《シテ》仰《テ》讃《サンズルコト》彌陀等《ノ》衆《ヲ》。四明正《ク》去《ル》時《ノ》遲疾《ヲ》。五明到《テ》彼《ニ》止《シ》住《ヲ》寶池之內《ニ》。　五從「此紫金臺」已下、正明第十門《ノ》中《ノ》到《テ》彼《ニ》華開《ル》時節《ノ》不同《ヲ》。由《ガ》行強《コハキニ》故《ニ》、上上《ハ》即得金剛臺《ヲ》。由行劣《レチナルニ》故《ニ》、上《ガ》中《ハ》即得《ウ》紫金臺《ヲ》。生《テ》在《テ》寶池《ニ》逕《ヘテ》宿《シウヲ》如《シ》開《ルガ》也。　六從「佛及菩薩倶《ク》時放光」下至《ル》「得不退轉」已來《ハ》、正《ク》明第十一門《ノ》中《ノ》華開已後得《コト》益《ヲ》不同《ヲ》。即有其五。一明佛光照身。二明行者既蒙《テ》照體《コトヲ》、目即開明《ヲ》。三明人

478 中所《ニシテロ》習《ナラヘル》到《テ》彼衆聲①《ノ》所《ロ》彰《アラハス》還《テ》聞《コトヲ》其法《ヲ》。四明既《ニ》得《テ》眼開《ヲ》聞《キ》法《ヲ》、即下《テ》金臺《ヨリ》、

1-546 親《シク》到《テ》佛邊《ニ》、歌《カ》揚《ヤウシテ》讃《サンズルコトヲ》德《ヲ》。五明逕《ヘテ》時《ニ》七日《ヲ》、即得無生《ヲ》。言「七日《ト》」者《ハ》、恐《クハ》此間《ノ》七日、不《ナリズ》指《サ》彼國《ノ》七日《ヲ》也。此《ノ》間《ニ》逕《フル》於七日《ヲ》者《ハ》、彼處《トコロニハ》即是一念須臾《ノ》間也、應知。　七從「應時即能飛《ヒ》至《シ》十方」下至《ル》「現前授記」已來《ハ》、正明他方《ノ》得益《ヲ》。即有其五。一明身至十方《ニ》。二明一一歷《ヘテ》供《グスルコトヲ》諸佛《ヲ》。三明修《ヲ》多《ノ》三昧《ヲ》。四明延《ノベテ》時得忍《ヲ》。五明一一《ノ》佛邊《シテ》現《ニ》蒙《ヲ》授記《ヲ》。　八從「是名」已下《ハ》、總《ジテ》結《ス》。　上來雖《ト》有八句《ノ》不同、廣《ク》解《シ》上品中生《ヲ》竟。

①聲　◎「聖イ本」と上欄註記

1-777

次[①]就上品下生位中、亦先擧、次辯、後結。卽有其八。　一從「上品下生者」已下、總擧位名。卽是大乘下善凡夫人也。　二從「亦信因果」下至「無上道心」已來、正明第六門中受法不同。卽有其三。一明所信因果不定。或信不信。故名爲亦。或可亦同前深信也。又雖信不深。善心數《シバシバ》退、惡法數《シバシバ》起。此乃由不深信苦樂因果也。若深信生死苦者、罪業畢竟不重犯。若深信淨土無爲樂者、善心一發永無退失也。二明信雖間斷、於一切大乘不得疑謗。若起疑謗者、縱使千佛遶《メグルトモ》身、無由可救也。三明已上諸善似亦無功。唯發一念厭《イトヒテ》苦、樂《ネガフコト》生諸佛境界、速《スミヤカニ》（ソク反）滿菩薩大悲願行、還入生死、普度衆生。故名發菩提心也。此義第三福中已明竟。　三從「以此功德」已下、正明第八門中廻前正行、向所求處。　四從「行者命欲終時」下至「七寶池中」已來、正明第九門中臨終聖來迎接去時遲疾。卽有其九。一明命延不久。二明彌陀與諸聖衆持金華來應。三明化佛同時授《サヅクルコトヲ》手。四明聖衆同聲等讚。五明行者罪滅、故云淸淨。述《ジュツスルガ》本所修

①次　◎「上品下」と上欄註記

故《ニ》云、發《コトヲ》無上道心《ト》。六明行者雖《モ》覩《ト》靈《レイ》儀《ギヲ》、疑心《アテ》恐《クハ》不得往生《ラムコトヲ》、是故聖
衆同聲《ニ》告《ツゲテ》、言《コトヲ》我來《テ》迎《ムカフト》汝。七明既蒙《リ》告《ヲ》、及即見《ル》自身《ヲ》、已《ニ》坐《シテ》金華之上《ニ》、
480 籠《コモリ反》籠《コモル反》而《トシテ》合《コトヲ》。八明隨《テ》佛身《ノ》後《ニ》、一念《ニ》即生《ヲ》。九明到《テ》彼在《コトヲ》寶池《ノ》中《ニ》。五從
「二日一夜」已下、正明《ク》第十門《ノ》中《ノ》到《テ》彼華開《ク》時節《ノ》不同《ヲ》。六從「七
日之中」下至「皆演妙法《ニ》」已來、正明第十一門《ノ》中《ノ》華開已後《ノ》得益《ノ》
不同《ヲ》。七從「遊歷十方」下至「住歡喜地」已來、正明他方得益、亦
名後益也。八從「是名」已下《ハ》、總《ジテ》結《ス》。上來雖有八句《ノ》不同、廣解《シ》
上品下生《ヲ》竟。
『讃《サムニ》』（禮讃）云《ハク》、「上輩上行上根人《ノ》。求《テ》生《レムト》淨土《ニ》斷《ズ》貪瞋《ヲ》。就《テ》行《ノ》差別《ニ》分《ツ》三品《ヲ》。
五門相續《シテ》助《ク》三因《ヲ》。一日七日專《ハラ》精《マコト》進《スヽム》、畢命《ニ》乘《ジテ》臺《ニ》出《ツ》六塵《ヲ》。慶《ヨロコバシキ》哉《カナ》、難《クシテ》
逢《アヒ》今得《タリ》遇《マウアフコトヲ》。永證《セム》①無爲法性身《ヲ》。」　上來雖有三位不同、總《ジテ》解《シ》上輩
一門之義《ヲ》竟。
481 十②五《ニ》就《テ》中輩觀行善《ノ》文前《ニ》、總《ジテ》料簡《シテ》即爲《ス》十一門《ト》。一者總《ジテ》明《ス》告命《ヲ》。二
者正明辯定《コトヲ》其《ノ》位《ヲ》。三者正明總《ジテ》擧《コトヲ》有緣之類《ヲ》。四者正明辯定《シテ》三心《ヲ》

①證　◎「ストヨムベシ」と左傍註記
②十　◎「中輩」と上欄註記

1-548　482

以《テ》爲《コトヲ》正因《ト》。五者正明《ス》簡《エラブコトヲ》機《ノ》堪《カント》與《ト》不堪。六者正明《ス》受法《ノ》不同《ヲ》。七者正明《ス》修業《ノ》時節延促《ソク》有《コトヲ》異《イ》。八者正明《ス》廻《シテ》《ヒルガヘシ》所修《ノ》行《ヲ》、願《コトヲ》生《ムト》彌陀佛《ノ》國《ニ》。九者正明《ス》臨《テ》命終《ノ》時《ニ》聖來《テ》迎接《シ》不同、去時《ノ》遲疾《ヲ》。十者正明《ス》到《テ》彼《ニ》華開《クル》遲疾《ノ》不同《ヲ》。十一者正明華開已後《ノ》得益《ニ》有《コトヲ》異。　上來雖有十一門《ノ》不同、廣《ク》料簡《シ》中輩《ノ》三品《ヲ》竟。

次[①]就《テ》中品上生《ノ》位《ノ》中《ニ》、亦先擧、次辯、後結《ス》。卽有《リ》其八。　一從「佛告阿難」已下《ハ》、總《ジテ》明《ス》告命《ヲ》。　二從「中品上生者」、正明辯定《コトヲ》其位《ヲ》。卽是小乘根性上善《ノ》凡夫人也。　三從「若有衆生」下《モ》至《ル》「無衆過患」《ニ》已來《ハ》、正明第五・第六門《ノ》中《ノ》受法不同《ヲ》。卽有其四。一明《ス》簡《コトヲ》機《ノ》堪《カント》與《トヲ》不堪。二明受持《スルコトヲ》小乘齋戒等《ヲ》。三明《ス》小戒力微《ミニシテ》不《ザルコトヲ》消《ケサ》五逆之罪《ヲ》。四明雖《ドモ》持《テ》小戒等《ヲ》不《ズト》得有《コトヲ》犯《ボン》、設《タトヒ》有《バ》餘《ヨ》愆《ケン》《トガ反》、恆《ニ》須《ク》改《ベキコトヲ》《ガイ》悔《クヰエシテ》必《ズ》令《シム》清淨《ナラ》。此卽合《ス》上第二《ノ》戒善之福《ニ》也。然《モ》修戒《ノ》時《ハ》、或《ハ》是《レ》終《シユウ》身、或《ハ》一年・一月・一日・一夜・一時等《ナリ》。此《ノ》時《ジ》亦不定《ナリ》。大意《ハ》皆畢命《ヲ》爲《シテ》期《ゴト》不《ズ》得毀《クヰ》犯《ボムスルコトヲ》也。　四從「以此善根廻向」已下《ハ》、正明第八門中《ノ》廻《シテ》所修《ノ》業《ヲ》、向《ヲ》所求處《ロニ》。　五從「臨《リム》命終時」

①次　◎「中品上」と上欄註記

下至《ル》「極樂世界《ニ》」已來、正明第九門《ノ》中《ノ》終《ハル》時聖來《テ》迎接《シ》不同、去時《ノ》
遲疾《ヲ》。卽有其六。一明命延不久《クヲ》。二明彌陀與《ト》比丘衆來《テ》、無《ヲ》有《コト》菩薩。
由《テ》是小乘根性《ルニ》、還感《ズ》小根之衆《ヲ》也。三明佛放《テ》金光《ヲ》照《ヲ》行者《ノ》身《ヲ》。四明
佛爲《ニ》說《キ》法《ヲ》又讚《ヲ》出家《ノ》離《ルヽコトヲ》多《ノ》衆苦《ヲ》、種種《ノ》俗《ゾク》緣《ケ》・家業・王官《クワン》長征《セイ》《シエタグ》遠《エン》《トオク》防《バウ》《フセグ》
483 等《ナリ》。汝《チ》今《マ》出家《シテ》仰《ガウシテ》於四輩《ハイニ》、萬事不《ズ》憂《ウレヘ》。迥《クヰヤウ》《ハルカナリ》然《ゼントシテ》　自《ジ》在《ザイナリ》、去《コ》住《ニ》無《シ》障《サハリ》。爲《ニ》此《ガ》得《ウ》
修《コトヲ》道業《ヲ》。是故讚《ホメテ》云《フ》離《リ》衆苦《ト》也。五明行者既見聞《シテ》已不《ズ》勝《タヘ》欣《ゴム》憙《キニ》、卽自《ラ》
1-549 見《レバ》身《ミハ》已坐《セリ》華臺《ニ》、低《タレテ》《テイ反》頭《ヲ》《ツブ反》禮《コトヲ》佛《ヲ》。六明行者低《テイ》頭《ヅスルコトハ》　在《アテ》此《コヽニ》擧《ヲ》頭《ヲ》已《レバ》在《ルコトヲ》彼國《ニ》
也。　六從「蓮華尋《ジン》開《ト》」者《ハ》、正明第十門《ノ》中《ノ》到《テ》彼《ニ》華開《クル》遲《チ》疾《ノ》《トシ反》不同《ヲ》。
七從「當華敷《フ》時」下至《ル》「八解脫《ニ》」已來、正明第十一門中《ノ》華開已後《ノ》
得益《ノ》不同《ヲ》。卽有其三。一明寶華尋《ツイデ》發《ヒラクルコトヲ》。此由《ルガ》戒行精《セイ》強《ガウナルニ》故也。二明法
音同《ク》讚《コトヲ》四諦《タイ》之德《ヲ》。三明到《テ》彼聞《テ》說《クヲ》四諦《ヲ》、卽獲《ウルコトヲ》羅漢之果《ヲ》。言《フ》「羅漢《ト》」
者《ハ》、此《ニハ》云《フ》無生《ト》、亦云無著《ヂヤクト》。因《イン》亡《マウズルガ》故無生《ナリ》。果喪《サウスルガ》《ホロブ反》故無著《ナリ》。言「三明《ト》」者、宿《シユク》
命明・天眼明・漏《ロ》盡《ジン》明《ナリ》也。言「八解脫《ト》」者、內有色外觀色一《ツノ》解脫《ナリ》。內
484 無色外觀色二《ノ》解脫《ナリ》。不淨相三《ノ》解脫《ナリ》。四空《ト》及《ビ》滅盡《ト》總《ジテ》成《ル》八《ヲ》也。　八

1-550 485

從「是名」已下、總結。　上來雖有八句不同、廣解中品上生竟。

①次就中品中生位中、亦先擧、次辯、後結。卽有其七。　一從「中品中生」者、總擧行名辯定其位。卽是小乘下善凡夫人也。　二從「若有衆生」下至「威儀無缺」已來、正明第五・六・七門中簡機・時分・受法等不同。卽有其三。一明受持八戒齋。二明受持沙彌戒。三明受持具足戒。此三品戒皆同一日一夜。淸淨無犯、乃至輕罪、如犯極重之過、三業威儀不令有失也。此卽合上第二福。應知。　三從「以此功德」已下、正明廻所修業、向所求處。　四從「戒香熏修」下至「七寶池中」已來、正明第九門中行者終時聖來迎接去時遲疾。卽有其八。一明命延不久。二明彌陀與諸比丘衆來。三明佛放金光照行者身。四明比丘持華來現。五明行者自見聞空聲等讚。六明佛讚、言汝深信佛語、隨順無疑、故來迎汝。七明旣蒙佛讚卽見自坐華座、坐已、華合。八明華旣合已、卽入西方寶池之內。　五從「經於七日」已下、正明第十門中到彼華開時節不同。　六從「華旣敷」

①次　記◎「中品中」と上欄註

已下至《ル》㆓「成羅漢」㆒已來、正明㆓第十一門中華開已後得益不同㆒。卽有㆓其四㆒。一《ニハ》明㆓華開《テ》見㆑佛。二明㆓合掌讚㆑佛。三明㆔聞㆑法得㆓於初果㆒。四明㆘經㆓半《ハム》劫《ヲ》㆒已方《マサニ》成㆗羅《ルコトヲ》漢㆖。　七從㆓「是名」㆒已下、總《ジテ》結《ス》。　上來雖㆑有㆓七句不同㆒、廣解《シ》㆓中品中生㆒竟。

①次《ニ》就《ツイテ》㆓中品下生位中《ニ》㆒、亦先擧、次辯、後結《ス》。卽有《リ》㆓其七㆒。　一《ハ》從《リ》㆓「中品下生」㆒已下、正明㆘總《ジテ》擧《テ》㆓行名㆒、辯《ベム》㆗定《スルコトヲ》其位㆖。卽是世善上福《ノ》凡夫人也。　二從㆓「若有善男子」㆒下至㆓「行世仁《ニン》慈《ジ》」㆒已來《タハ》、正明㆓第五・第六門中簡《ケン》機《キ》・授《ジュ》法《ノ》不同㆒。卽有㆓其四㆒。一明㆓簡機㆒。二明㆘孝㆓養父母《ニ》㆒、奉《ブ》㆗順《ジュムスルコトヲ》六親《シムニ》㆖。卽合㆓上初福第一・第二句《クニ》㆒。三明㆘此人性《セイ》調《テウ》《トヽノヲリ》柔《ニウニシテ》《ヤハラカナリ》善《ク》不《ズ》㆑簡《バ》㆓自他《ヲ》㆒、見㆓物《モノ、》遭《アヘルヲ》㆑苦《ニ》起《オコスコトヲ》㆗於慈《ジ》敬《キヤウヲ》㆖。四正明㆘此品之人不《ズ》㆔曾《カツテ》見㆓聞《セ》佛法《ヲ》㆒、亦不㆑解《サトラ》㆓悕《ケ》求《グヲ》㆒、但自《ラ》行《コトヲ》㆗孝養《ヲ》㆖也、應㆑知《ル》。　三從㆓「此人命欲終時」㆒下至《ル》㆓「四十八願」㆒已來、正明㆘第八門中臨《リム》終《ニ》遇《アヒ》㆓逢《アフ》佛法《ニ》㆒時《ジ》節《ノ》分《ブン》齊《ザイヲ》㆖。　四從㆓「聞此事已《イ》」㆒下至㆓「極樂世界《ニ》」㆒已來、正明㆓第九門中得生之益去時遲疾《ヲ》㆒也。　五從《リ》㆓「生經七日」㆒者、正明㆓第十門中《ノ》到㆑彼華開《カイト》不開爲《ナスコトヲ》㆑異《イヲ》。　六從㆓「遇《グ》觀世音」㆒

①次　記　◎「中品下」と上欄註

487
下至「成羅漢」已來、正明第十一門中華開已後得益《ノ》不同。卽有其三。一明逕《ヘテ》時《ヲ》已《イ》後得《ルコトヲ》遇《アヒ上コトヲ》觀音・大勢《ニ》。二明既《ニ》逢《アヒテ》二聖《ニ》、得《ヲ》聞妙法《ヲ》。三明逕《ヘテ》一小劫《ヲ》已後、始《ハジメテ》悟《サトルコトヲ》羅漢《ヲ》也。　七從「是名」已下《ハ》、總《ジテ》結《ス》。　上來雖有《ト》七句不同、廣解《シ》中品下生竟。

『讚《サムニ》』（禮讚）云、「中輩中行中根人《ノ》。一日《ノ》齋戒《ニ》處《ショス》金蓮《ニ》。孝養《セルヲ》父母《ニ》教《ヘテ》廻向《セシム》。爲《ニ》說《ク》西方快樂因《インヲ》。佛與《ト》聲聞衆來《テ》取《トテ》、直《タヽチニ》到《リ下》彌陀華座《ノ》邊《ニ》。百寶《ノ》華籠《ニ》經《フ》七日《ヲ》。三品《ニ》蓮開《テ》證《ス》小眞《ヲ》。」　上來雖有三位不同、總解《シ》中輩一門之義竟。

488
①十六《ニ》就《テ》下輩觀《ノ》善惡二行《ノ》文《ノ》前《ニ》、料簡《シテ》卽爲《ス》十一門《ト》。一者總《ジテ》明告命《ヲ》。二者辯定《ス》其位。三者總擧《グ》有緣生類《ヲ》。四者辯定三心以《テ》爲正因。五者簡《ブ》機《キノ》堪《カント》與《ト》不堪。六者明受《ウクル》苦樂二法《ヲ》不同《ヲ》。七者明修業時節延《エン》促《ソク》有《コトヲ》異。八者明廻《ラシテ》所修行、向《ウルコトヲ》所求處《ニ》。九者明臨《リム》終《ノ》時聖來迎接《セフシ下》不同、去時遲疾《ヲ》。十者明到彼華開遲疾不同。十一者明華開已後得益《ニ》有《コトヲ》異。　上來雖有十一門不同、總料《レウ》簡《シ》下輩三位《ヲ》竟。

① 十　◎「下輩」と上欄註記

次[①]就下品上生位中、亦先擧、次辯、後結。卽有其九。　一從「佛告阿難」已下、正明告命。　二從「下品上生」者、正明辯定其位。卽是造《ツクル》十惡《ヲ》輕《キヤウ》罪《ノ》凡夫人也。　三從「或有衆生」下至「無有慚愧」已來、正明第五門中簡《ブニ》機《キヲ》擧《アゲ》出《スコトヲ》一生已來《ノ》造惡輕重之相《ヲ》。卽有其五。一明總擧《コトヲ》造惡之機。二明造作《サスルコトヲ》衆惡。三明雖作《ドモツクルト》衆罪、於諸大乘不《ザルコトヲ》生《ゼ》誹《ヒ》謗《ハウヲ》。四明重牒《テウシテ》《タヽム》造惡之人《ヲ》、非《アラザルコトヲ》智者之類《タグヒニ》也。五明此等愚《グ》人雖造《ツクルト》衆罪《ヲ》、總不生《ザルコトヲ》愧《クヰ》心。　四從《リ》「命欲終時」下至《ル》「生死之罪」已來、正明造惡《ノ》人等《ラ》臨終《ニ》遇《アヒテ》善《ニ》聞《コトヲ》法。卽有其六。一明命延不《フ》久《クヲ》。二明忽《マチニ》遇《アフコトヲ》往生善《ノ》知識《ニ》。三明善人爲《ニ》讚衆經。四明已《ニ》聞經功《ク》力《キ》除《コト》罪《ヲ》千劫《ナルコトヲ》。五明[②]智者轉《テンジテ》敎《ヘテ》稱念《セシムルコトヲ》彌陀之號《ミナヲ》。六明以《ノ》稱彌陀名故《ニ》、除《コト》罪《ヲ》五百萬劫《ナルコトヲ》。　問曰、何故、聞《コト》經十二部《ブスルニハ》、但除罪千劫、稱《コト》佛一聲《スレバ》、卽除罪五百萬劫者《ナルニハ》、何《ナニ》意《ゾ》也。答曰、造罪之《ノ》人障《サハリ》重《シテ》、加《クワウルニ》以死《シ》苦《クノ》來《リ》逼《セムルヲ》。善人雖說《ト》多經《クノヲ》、餐《サン》《アヂハウ》受《ジュ》之《ノ》心浮《フ》散《サンス》。由《ヨルガ》心散《ルニ》故《ニ》、除罪稍《ヤヽ》輕《カロシ》。又佛名是一《ナリ》、卽能攝《セフシテ》散《ヲ》以住《ヂュセシム》心。復敎《ヘテ》令《シム》正念《ニ》稱《セ》名《ヲ》。由《ガ》心重《キニ》故《ニ》、卽能除罪多劫也。　五從《リ》「爾時彼佛」

①次　◎「下品上」と上欄註記
②明　右◎二

01「然望…應知」化巻203

490

下至《ル》「生寶池中」已來、正明第九門中終《オハル》時化衆來迎《シ》、去時遲疾。即有其六。一明行者正稱名時、彼《ノ》彌陀即遣《ツカハシテ》化衆《ヲ》應聲《ニ》來現。二明化衆既已《ニ》身現《ジテ》即同《ク》讃《コトヲ》行人。三明所《ショ》聞化讃但述《ジュシテ》稱佛之功《ニ》、「我來

1-553

迎《ト云》汝」、不《ザルコトヲ》論聞經之事《ヲ》。01然《モ》望《ノゾマムニ》佛願《ノ》意《ヲ》者《ハ》、唯《タヽ》勸《スヽメテ》正念稱名《シム》。往生義《ノ》疾《トキコト》不同《ゼ》雜《ザフ》散之《ノ》業《ニハ》。如《キ》此《ノ》『經』及諸部《ブノ》中《ノ》、處處《ニ》廣歎《タンシテ》、勸《スヽメテ》令《シムルヲ》稱名將《モテ》爲要《エウ》益《ト》也、應知。四明既蒙《カウムリ》化衆《ノ》告《ツゲヲ》、及即見《コトヲ》光明遍《スルヲ》室《シチニ》。五明既《ニ》蒙《ムテ》光《ノ》照《ヲ》、報命尋《ツイデ》《スナハチ》終《オハルコトヲ》。六明乘《ジテ》華《ニ》從《シタガテ》佛《ニ》生《コトヲ》寶池中。

六從「經七日」已下、正明第十門中《ノ》到彼華開遲疾不同。

491

七從「當華敷《フ》時」下至「得入初地《ニ》」已來、正明第十一門中華開已後得益有《リ》異。即有其五。一明觀音等先《ツ》放《ハナツコトヲ》神光。二明身赴《オモムクコトヲ》行者寶華之側《ホトリニ》。三明爲《ニ》說《コトヲ》前《ゼン》生所聞之教《ヲ》。四明行者聞《キヽ》已《テ》領《リヤウ》解《ゲシ》發心《スルコトヲ》。五明遠《トヲク》逕《ヘテ》多劫《ヲ》、證臨《リムスルコトヲ》百法之位《ニ》也。

八從「是名」已下、總結《ス》。

九從「得聞佛名」已下、重《テ》擧《グ》行者之益。非《ズ》但念《テ》佛獨《ヒトリヲ》得《ルニ》往生《ヲ》。法・僧通念《シテ》亦得去《サルコトヲ》也。

上來雖《ドモ》有《ト》九句不同、廣解下品上生竟。

①次就下品中生位中、亦先擧、次辯、後結。卽有其七。　一從《リ》「佛告阿難」已下、總明告命。　二從《リ》「下品中生者《シヤ》」、正明辯定其《スルコトヲ》位。卽是破《ハ》戒次《シ》罪《ザイノ》凡夫人也。　三從《リ》「或有衆生」下至《ル》「應墮地獄」已來、正明第五・第六門中簡《ケン》機《キ》造《ザウ》業《ヲ》。卽有《リ》其七。一明總《ジテ》擧造惡之機《ヲ》。二明多《ク》犯《オカスコトヲ》諸戒《ヲ》。三明偸《チウ》盜《タウスルコトヲ》僧物《ヲ》。四明邪《ジヤ》②命《ミヤウ》說法。五明總無愧《コトヲ》心。六明兼《カネテ》造《ツクテ》衆罪《ヲ》、内《ハ》心《ニ》發《シ》惡《ヲ》、外《ハ》卽身口爲《ナスコトヲ》惡。既自《ジ》身不善《ナレバ》、又見者皆憎《ニクム》。故《ニ》云《イフ》諸惡心自《ジ》莊嚴《ト》也。七明驗《アキラムルニ》斯《コノ》罪《ザイ》狀《ジヤウヲ》、定《メテ》入地獄《イルベキコトヲ》。　四從「命欲終時」下至《ル》「卽得往生」已來、正明第九門中終《オハル》時《ノ》善惡來迎《スルコトヲ》。卽有其九。一明罪人《ノ》命延《エン》不久《クヲ》。二明獄《ゴク》火《ノ》來現《ヲ》。三明正火現《ル》時、遇《アフコトヲ》善知識《ニ》。四明善人爲說《コトヲ》彌陀功德《ヲ》。五明罪人既聞《テ》彌陀名號、卽除《コト》罪《ツミ》多劫《ヲ》。六明既蒙罪滅《ヲ》、火變《ヘンジテ》爲《ナルコトヲ》風《ト》。七明天華隨風來應《シテ》、羅《ラ》列《レツスルコトヲ》目《メノ》前《ヘニ》。八明化衆來迎《スルコトヲ》。九明去時遲疾《トシ反》。　五從「七寶池中」下至《ル》「六劫《ニ》」已來、正明第十門中《ノ》到彼華開時節不同。　六從「蓮華乃《ナイ》敷《フ》」下至「發《ホチ》無上道心」已來、正明第十一門中華開已後得益有異《コトヲ》。卽有其三。一明華

① 次　◎「下品中」と上欄註記
② 命　右◎「ウ」と上書訂記

493
既開已、觀音等梵《ボン》聲《ヲモテ》安慰《ヰスルコトヲ》。二明為説甚《ジン》深《ジムノ》妙典《デンヲ》。三明行者領《リヤウ》解《シテ》發心《スルコトヲ》。七從「是名」已下、總《ジテ》結《ス》。上來雖《ドモ》有七句不同、廣解《シ》下品中生竟。

①次就下品下生位中、亦先擧、次辯、後結。即有《リ》其《ノ》七。一從「佛告阿難」已下、總明告命。二從「下品下生」者、正明辯定其位《ヲ》。即是具《ツブサニ》造《ツクレル》五逆等《ヲ》重罪《ノ》凡夫人也。三從「或有衆生」下至《ル》「受苦無窮《グウニ》」已來、正明第五・第六門中簡《ケン》機《キノ》造惡輕重《ノ》之相《ヲ》。即有其七。一明造惡之機。二明總擧《グルコトヲ》不善之名《ヲ》。三明簡《エラブコトヲ》罪《ノ》輕《キヤウ》重《ヲ》。四明總結《シテ》衆惡《ヲ》、非智《アラザルコトヲ》人之業《ニ》。五明造《ルコト》惡既多《ケレバ》、罪亦非《ザルコトヲ》輕《カロキニ》。六明非《ズ》業《トシテ》不《ザルニ》受《ウケ》其報《ヲ》、非《アラザルコトヲ》因《トシテ》不《ザルニ》受《ウケ》其《ノ》果《ヲ》。因業既《ニ》非《アラズ》是《レ》樂《ニ》、果報烏《イヅクゾ》能不《ザラン》苦《ナラ》也。七明造惡之因《イン》既具《グシテ》酬《コタウル》報《ヲ》之劫未《ダ》窮《キハマラザルコトヲ》。

494
01問曰、如《キハ》四十八願中《ノ》、唯除《イテ》五逆誹《ヒ》《ソシリ》謗《ホウ》《ソシル》正法《トヲ》、不得《シメ》往生。今此『觀經』下品下生中、簡《エラムデ》謗法攝《スル》五逆者、有何《ナニ》意《カ》也《ヤ》。答曰、此義仰《テ》就《テ》抑《オク》止《シ》門《ノ》中《ニ》解《ゲス》。如四十八願中《ノ》、除《ケル》謗法《ト》五逆《トヲ》者《ハ》、然《モ》此《ノ》之二業其障《サハリ》極《メテ》重《シ》。衆生若造《ツクレバ》直《タダチニ》入《テ》阿鼻《ビニ》、歷《ヘテ》劫《ヲ》周《シユ》慞《シヤウス》《アハツ》、無《シ》由《ヨシ》可《ベキニ》出。但如來

01「問曰…解竟」信巻 1-555 128

①次　◎「下品下」と上欄註記

恐《オソレテ》①其《レ》造《ラムコトヲ》斯《コノ》二過《トガヲ》、方便《シテ》止《トメテ》言《フ》不《ト》得往生《ヲ》。亦不《アラズ》是《レ》不《ザルニハ》攝《セ》也。又下品下生中《ニ》、取《トテ》五逆除《ケル》謗法《ヲ》者《ハ》、其五逆《ハ》已《ニ》作《ツクレリ》。不《ズ》可《ベカラ》捨《ステ、》令《シム》流《ル》轉《テンセ》。還《カヘテ》發《シテ》大悲《ヒヲ》攝《セフ》取《シユシテ》往生《セシム》。然《ルニ》謗法之罪《ヲ》未《ダ》《ズ》爲《ツクラ》。又止《ヤメテ》言《フ》若起《セバ》謗《ハウ》法《ヲ》、即不《ト》得《エ》生《コトヲ》。此《レハ》就《テ》未《ミ》造《ザウ》業《ゴフニ》而解《ゲス》也。若造《ツクラバ》、還《カヘテ》攝《セシテ》得《シム》生《コトヲ》。雖《ドモ》得《エシムト》生《コトヲ》彼《ニ》、華合逕《フ》於多劫《ヲ》。此《レ》等《ノ》罪人在《アル》華内時《トキ》、有《リ》三種障《サハリ》。一者不《ズ》得見《コトヲ》佛及諸聖衆。二者不《ズ》得聽《チヤウ》聞《モンスルコトヲ》正法《ヲ》。三者不《ズ》得歷《リヤク》事供《ク》養《スルコトヲ》。除《テ》此已《イ》外更《ニ》無《シ》諸《ノ》苦。經云《ク》、「猶《ナホヲ》如《シ》比丘《ノ》入《レル》三禪《ゼンニ》之樂《ノ》也」、應知。雖《モ》在《アテ》華中多劫不《ト》開《ケ》、可《ベケン》不《ザル》勝《レ》阿鼻《ビ》地獄之中《ニシテ》長時永《ヰヤウ》劫《ニ》受《ウクルニ》諸《ノ》苦痛《ツウヲ》也《ヤ》。此義就《ツイテ》抑《オク》止《シ》門《ニ》解《シ》竟《ヌ》。

四從《リ》「如此《シ》愚《グ》人」下至《ル》「生死之罪」已來、正明聞法念佛、得《コトヲ》蒙《カウムルコトヲ》現益《ヲ》。即有《リ》其十。一明重牒《デツスルコトヲ》造《ザウ》惡之人。二明命延不久《クヲ》。三明臨《リム》終《ニ》遇《アフコトヲ》善知識《ニ》。四明善人安慰《ヰシテ》《コシラウ》教《ヘテ》令《シムルコトヲ》念《ゼ》佛。五明罪人死《シ》苦來《リ》逼《セメテ》無《コトヲ》由《ヨシ》得《ルニ》念《コト》佛名《ヲ》。六明善友《ウ》知《テ》苦失《シツスト》念《ヲ》、轉《テンジテ》教《ヘテ》口《ニ》稱《コトヲ》彌陀名號。七明念數《ジユノ》多《オホクモ》少《スクナクモ》、聲聲無間《ヒマ》。八明除《コト》罪多劫《ナルコトヲ》。九明臨終正念《シテ》即有《コトヲ》金華來應《スルコト》。十明去時遲《オソキ》疾《トキ》直《タヾチニ》到《イタル》所歸《クヰ》之國《ニ》。

五從《リ》「於蓮華中滿十二劫」已下、正明第十門中《ノ》到彼華開遲疾

---

①其　右◎「ノ」を「レ」と上書訂記

496

不同。　六從「觀音大勢」下至《ル》「發菩提心」已來、正明第十一門中華開已後得益有異《コトヲ》。卽有其三。一明二聖爲《ニ》宣《ノブルコトヲ》甚深妙法。二明除《キ》罪歡喜《スルコトヲ》。三明後《チニ》發《オコスコトヲ》勝心。　七從「是名」已下、總結。　上來雖有七句不同、廣解《シ》下品下生竟。

『讚《サンニ》』（禮讚）云《ク》、「下輩下行下根人《ヒト》。十惡・五逆等《ノ》貪《トム》瞋《ジム》、四重《ト》偸《チウ》僧《ト》謗正法《ト》、未《ダ》《ズ》曾《カツテ》慚《ザン》愧《グキシテ》悔《クヰ》前《サキノ》愆《トガヲ》《ツミ》《アダ》《アヤマチ》。終《オハル》時苦相《ノ》如《クニ》雲《クモノ》集《アツマル》、地獄《ノ》猛《ミヤウ》火罪人《ノ》前《マヘニアリ》。　忽《タチマチニ》遇《アハン》往生《ノ》善知識《ニ》、急《キウニ》勸《スヽメテ》專《モハラ》稱《スルニ》彼佛《ノ》名《ヲ》、化佛・菩薩尋《タヅネテ》聲《ヘヲ》到《リ》。一念傾《カタブクレバ》心入《ル》寶蓮。三華障《サハリ》重《シテ》開《ク》多劫《ニ》。于《ニ》時始《ハジメテ》發《オコス》菩提因《ヲ》。」　上來雖有三位不同、總《ジテ》解《シ》下輩一門之義竟。

497

前《キニハ》明《シテ》十三觀《ヲ》以爲定善。卽是韋提致《イタシテ》請《ヲ》、如來已《ニ》答《ヘ》。後明《ニハ》《シテ》三福・九品、名《テ》爲散善。是佛《ノ》自《ジ》說《ナリ》。雖《ドモ》有定散兩門有異《コト》、總《ジテ》解《シ》正宗分竟。

三就《テ》得益分中《ニ》、亦先擧、次辯《ズ》。卽有其七。　初《メニ》言《フ》「說是語《ト》」者、正明總《ジテ》牒《デツシテ》《タヽム》前《キノ》文《ヲ》生《コトヲ》後《ノ》得益之相《ヲ》。　二從「韋提」已下、正明能聞《ク》法人《ヲ》。　三從「應時卽見極樂」已下、正明夫人等《ノ》於《テ》上《ノ》光臺中《ニ》見《コトヲ》極樂《ノ》之相《ヲ》。

四従「得見佛身及二菩薩」已下、正明夫人於《テ》第七觀《ノ》初《メニ》見《上リシ》無量壽佛《ヲ》時《キ》、即得《ルコトヲ》無生之益《ヲ》。　五従「侍《ジ》女」已下、正明觀《ミテ》斯《コノ》勝相《ヲ》、各《ノ》發《シテ》無上之心《ヲ》求《ムルコトヲ》生《レムト》淨土《ニ》。　六従「世尊悉《シチ》記《キ》」已下、正明侍《ジ》女得《テ》蒙《コトヲ》尊《ソン》記《キヲ》、皆生《レテ》彼國《ニ》、即獲《エンコトヲ》現前《ゼン》三昧《ヲ》。　七従「無量諸天」已下、正明前《キノ》厭《エン》苦《ノ》縁《ノ》中《ニ》、釋・梵・護《ゴ》世《ノ》諸天等《ノ》、從《シタガテ》佛王宮《ニシテ》臨《ノゾムデ》空《ソラニ》聽《キク》法《ヲ》、或《ハ》見《ミ》釋迦《ノ》毫《ガウ》光《ノ》轉《テン》變《ベンヲ》、或《ハ》見《ミ》彌陀金色《ノ》靈《レイ》儀《ギヲ》、或聞《キ、》九品往生《ノ》殊《シユ》異《イヲ》、或聞《キ、》定散兩門倶《トモニ》攝《セフスルコトヲ》、或聞《キ、》善惡之行齊《ヒトシク》歸《クヰスルコトヲ》、或聞《キ、》西方淨土對《タイシテ》目《メニ》非《アラザルコトヲ》遠《トヲキニ》、或聞《ク》一生專《セン》精《シヤウニ》決《クヱチ》志《シシテ》永《ナガク》與《ト》生死分《ワカツコトヲ》流《ナガレヲ》。此等《ノ》諸天既聞《キ、》如來《ノ》廣《ク》說《下ヲ》希《ケ》奇《キ》之益《ヲ》、各發《スコトヲ》無上之心《ヲ》。斯《コレ》乃佛《ハ》是聖中之極《ゴクナリ》。發《スニ》語《コトバヲ》成《ズレバ》經《ヲ》、凡惑《ワク》之《ノ》類《タグヒ》蒙《ムテ》餐《サンヲ》、能使《シム》聞《テ》之《ヲ》獲《エ》益《ヲ》。　上來雖有七句不同、廣《ク》解《シ》得益分竟。

四次明《サバ》流通分、於《テ》中有二。一明《シ》王宮流通《ヲ》、二明《ス》耆闍流通。　今先《ツ》就《ツイテ》王宮流通分《ノ》中《ニ》即有其七。　一従「爾時阿難」已下、正明請《シヤウ》發之由《ユヘヲ》。　二従「佛告阿難」已下、正明如來雙《ナラベテ》標《ヘウシテ》依正《ヲ》、以《テ》立《タテ》經《ノ》名《ヲ》、又能依《ヨテ》經起《セバ》行《ヲ》、三障《シヤウ》之雲《クモ》自《オノヅカラ》卷《マクコトヲ》。答前《ノ》初《メノ》問《モンノ》「云《ウン》何《ガ》名此經《ノ》」一句《ヲ》。　三従

01[從若…豈賒]信卷102
02[從佛…佛名]化卷203

499 「汝當受持」已下、答前《ノ》後《ノ》問《ノ》「云何受持」一句《ヲ》。　四從「行此三昧者《シヤ》」下至「何《ガ》況《キヤウ》憶《オク》念《ニ》」已來、正明比《ヒ》校《ケウシテ》顯《シテ》勝《ヲ》、勸《スヽメテ》人《ヲ》奉《ブ》行《スルコトヲ》。卽有其四。一明總標《ヘウシテ》定善以《テ》立《タツルコトヲ》三昧之《ノ》名《ヲ》。二明依《ヨテ》觀修行《シテ》、卽見《ル》三身《ヲ》之益《ヲ》。三明重《テ》①擧《アグル》能行《ルコトヲ》教《ヲ》之機《ヲ》。四正明比《ヒ》校《ケウシテ》顯《スコトヲ》勝《ヲ》。但《シ》聞《クニ》三身之號《ナヲ》尙《ナヲ》滅《メス》多劫罪《ザイ》1-558 愆《ケンヲ》《トガ》、何《ニ》況《ヤ》正念歸依《エシテ》而不《ザラム》獲《エ》證《ヲ》也《ヤ》。　五[01]從「若念佛者《シヤ》」下至「生諸佛家《ケニ》」已來、正顯《ス》念佛三昧《ノ》功能超《テウ》絕《ゼツシテ》、實《ジチニ》非《アラザルコトヲ》雜《ザフ》善《ヲ》得《ルニ》爲《スルコトヲ》比《ヒ》類《ルイト》。卽有其五。一明專念彌陀佛名。二明指《サシ》讚《サンズルコトヲ》能《ノウ》念之人《ヲ》。三明若能相續《シテ》念《ル》佛者《ノハ》、此人《ハ》甚《ハナハダ》爲《ス》希《ケ》有《ナリト》、更無《シ》物《モノトシテ》可《ベキ》以《テ》方《ナラブ》之《コレニ》、故《ニ》引《ヒイテ》分陀利《リヲ》爲《スルコトヲ》喩《タトヒト》。言「分陀利」者、名《ク》人中好華《ト》、亦《ハ》名《ク》希《ケ》有華《ト》、亦名人中上上華《ト》、亦名人500 中妙好華。此《ノ》華相傳《デンシテ》名②蔡《サイ》《アヲヒ》華《ト》《シキミ》是。若念《ズル》佛者《ハ》、卽是人中好人《ナリ》、人中妙好人《ナリ》、人中上上人《ナリ》、人中希有人《ナリ》、人中最《サイ》勝人也。四明專《ラ》念《ル》彌陀名《ヲ》者《ハ》、卽觀音・勢至常《ニ》隨《ヒ》影《ヤウ》護《ゴシ下コト》、亦如《ナルコトヲ》親《シム》友《ウ》知識《ノ》也。五明今生《ニ》既《ニ》蒙《レバ》此《ノ》益《ヲ》、捨《ステ、》命《ヲ》卽入《コトヲ》諸佛之家《イヘニ》。卽淨土是《レ》也。到《テ》彼、長時《ニ》聞《キ》法、歷《リヤク》事《ジ》供養《シテ》、因《イン》圓《ニ》果滿《マンズ》。道場之《ノ》座、豈《ニ》賒《ハルカナランヤ》。　六[02]從「佛告阿難汝好持是語」已下、正

①擧　右◎「ル」の下「コトヲ」とあるを抹消
②蔡華　◎「フタリヲサイクヱトイフ」と右傍註記

明付《フ》屬《シテ》彌陀名號、流通《セムコトヲ》於遐《カ》代《ダイ》。上來雖說《ト》定散兩門之益、望《ノゾマムニハ》佛本願《ノ》意《ヲ》在《アリ》衆生一《ヲシテ》向專《ニ》稱《セシムルニ》彌陀佛名。　七從「佛說此《シ》語《ゴ》時」已下、正明能請能傳《デン》等、聞《キ》所《ヲ》未《ダ》聞《カザル》、見《ル》所《ヲ》未《ダ》見《ザル》、遇《ミ》餐《アウテ》甘《サンスルニ》露《ナム》、喜《ヲヨロコビ》躍《キオドル》無《ヤクシテ》以《コトヲ》自《テ》勝《ラ》也《タユルコト》。

上來雖有七句不同、廣解王宮流通分竟。

五就耆闍會《エノ》中《ニ》、亦有其三。　一從「爾時世尊」已下、明耆闍序《ジョ》分。　二從「爾時阿難」已下、明耆闍正宗分。　三從「無量諸天」已下、明耆闍流通分。　上來雖有三義不同、總明《シ》耆闍分竟。

初從「如是我聞」下至「云《ウン》何《ガ》見極樂世界」已來、明序分。　二從日觀下至下品下生已來、明正宗分。　三從「說是語時」下至諸天發心已來、明得益分。　四從「爾時阿難」下至韋提等歡喜已來、明王宮流通分。　五從「爾時世尊」下至「作《サ》禮《ライ》而《ニ》退《タイニ》」已來、總《ジテ》明耆闍分。　上來難有五分不同、總《ジテ》解《シ》『觀經』一部《ブノ》文義竟。

竊《ヒソカニ》以《オモンミレバ》、[03]眞宗《シユ》叵《ガタク》遇《マウアヒ》、[04]淨土之要《エウ》難《シ》逢《アヒ》。①欲《ホス》使《シメント》五趣《シユヲシテ》齊《ヒトシク》生《ゼ》是《ヲ》。以《テ》勸《メテ》聞《キカシム》於後《ゴ》代《ダイニ》。但《シ》如來神力轉《テン》變《ベン》無方《ナリ》。隱《オン》顯《ケン》隨《テ》機《キニ》王宮《グニ》密《ヒソカニ》化《ス》。於《ニ》是《コヽ》耆闍《ノ》聖衆、小

①欲使五趣齊生是→◎欲《ホス》使《シメント》五趣《シユヲシテ》齊《ヒトシク》生《ゼ》是《ヲ》

03「眞宗叵遇」行卷49
04「淨土…難逢」化卷192

智懷《イダク》疑《ヒヲ》。佛後《ニ》還《カヘリ下ニ》山《ニ》、弗《ズ》闚《ミ》委《ヰ》況《クヰヤウヲ》《クワシカラズ》。於《ニ》時阿難、爲《ニ》宣《ノブ》王宮之化、定散兩門《ヲ》。異《イ》衆因《ヨテ》此《レニ》同《ク》聞《テ》、莫《ナシ》不《ズト云コト》奉《ブ》《ウケ下ハリ》行《シテ》而頂《チヤウ》《イタヾキ》戴《ダイセ》《イタヾク》。

敬《テ》白《ス》一切有縁《ノ》知識等《ニ》。余《ヨ》既《ニ》是生死《ノ》凡夫《ナリ》。智慧淺《セン》短《タンナリ》。然《ルニ》佛教幽《イウ》微《ビナリ》《ミ反》、不《ズ》敢《アエテ》輒《タヤスク》生《ゼ》異《イ》解《ゲヲ》。遂《ツイニ》卽標《ヘウス》心《ヲ》。結《シテ》願《ヲ》請求《グシテ》靈《レイ》驗《ゲンヲ》方《マサニ》可《ベシ》造《ザウ》心《ス》。南無歸命《シ上ル》盡《ジン》虛《コ》空遍《ヘン》法界一切三寶、釋迦牟尼佛・阿彌陀佛・觀音・勢至、彼土《ノ》諸菩薩大海衆及一切《ノ》莊嚴相等《ニ》。某《ソレガシ》今欲《オモフ》出《シテ》此《ノ》『觀經《ノ》』要《エウ》義《ヲ》、楷《カイ》《アキラメ》定《セント》古《コ》今《コムヲ》。若《シ》稱《カナハ》三世諸佛・釋迦佛・阿彌陀佛等大悲願意《ニ》者《バ》、願《ハ》於《シテ》夢《ユメノ》中《ニ》、得《エン》見《コトヲ》如《キ》上《ノ》所願《ノ》一切《ノ》境界諸相《ヲ》。於《シテ》佛像《ノ》前《ヘニ》結《ムスビ》願《ヲ》已《ヲハヌ》。日別《ベチニ》誦《ジユシ》『阿彌陀經』三遍《ベムヲ》、念《ジ》阿彌陀佛三萬遍、至《シ》心《ニ》發《ホチ》願《ス》。卽於《テ》當《タウ》夜《ヤニ》、見《ルニ》西方《ノ》空中《ヲ》、如《キノ》上《ノ》諸相境界悉《コトゴトク》皆《ナ》顯現《ス》。雜《ザウ》色《シキノ》寶山《セン》①百重《ヂウ》千重《ナリ》。種種光明、下《モ》照《スニ》於地《ヲ》、地如《シ》金色《ノ》。中有《テ》諸佛・菩薩、或坐《シ》或立《シ》、或語《ゴシ》或默《モクス》。或動《ドウジ》身手《ヲ》、或住《シテ》不《ザル》動《ゼ》者《ノアリ》。既見此相合掌《シテ》立《テ》觀《ミル》。量《ヤ、》久《シクシテ》乃《チ》覺《サメヌ》。覺《サメ》已《ハテ》不勝《タヘ》欣《ゴン》喜《キニ》。於卽條《デフ》錄《ロクス》義門《ヲ》。

自《ヨリ》此《レ》已後、每《マイ》夜《ヤ》夢《ユメノ》中《ニ》常《ニ》有《テ》一《ツノ》僧而來《テ》指《シ》授《ジユス》玄《グエン》義《ヲ》。科《クワ》文《モム》既《ニ》了《オハルニ》、更《ニ》不《ズ》復見《ミヘ》、後《ノ》時《ニ》脫《ダセムコトヲ》本《ムヲ》。竟《ツイニ》已復更《ニ》至《シ》心《ヲ》要《エウ》期《ゴシテ》七日《ヲ》、日別《ニ》誦《ジユスルコト》『阿彌陀經』十遍、

①山　右◎「ム」を「ン」と上書訂記

念《コト》阿彌陀佛三萬遍、初夜・後夜《ニ》觀《ム》想《ウシ》彼佛國土《ノ》莊嚴等《ノ》相、誠《ジャウズ》心《ニ》歸命《スルコト》一《モハラ》如《ク》上《ノ》法《ノ》。當《タウ》夜《ヤマタ》卽見《ミラク》、三具《グノ》磑《ガイ》輪《リム》、道《ノ》邊《ホトリ》獨《ヒトリ》轉《テンズ》。忽《マチニ》有《テ》一人、乘《ノテ》白《キ》駱《ラク》駝《ダニ》《ロダトイフ》來《テ》前《ヘニ》見《ミテ》勸《ス、ムラク》。師《シ》當《ニ》《ベシ》努《ユメユメ》力決定往《シテ》生《ス》、莫《ナカレ》作《ナスコト》退《タイ》轉《テンヲ》。此《ノ》界《ハ》穢惡《ニシテ》多《シ》苦《ク》。不《ザレ》勞《イタハシク》貪《トム》樂《ゲウセ》。答《テ》言《ク》、大《ニ》蒙《ブヌ》賢《ケン》者《ジャノ》好《カウ》心《ノ》視《シ》《ミル反》誨《クヱヲ》《ヲシウ反》。某《ソレガシ》畢《ヒチ》命《ヲ》爲《シテ》期《ゴト》、不《ジ》敢《アヘテ》生《ゼ》於懈《ケ》慢《マン》之心《ヲ》。云云　第二夜《ニ》見《ミラク》、阿彌陀佛《ノ》身《ム》眞金《ノ》色《ニシテ》、在《マシマシテ》七寶《ノ》樹下《ニ》、金蓮華上《ニ》坐《シ下ヘリ》。十僧《ソウ》圍《ヰ》遶《ネウシテ》、亦各坐《セリ》一《ノ》寶樹下《ニ》。佛樹《ノ》上《ヘニハ》乃有《テ》天衣《エ》、挂《カヽリ》繞《メグレリ》。正《タヾシクシ》面《ヲ》向《テ》西《ニ》、合掌《シテ》坐《シテ》觀《ズ》。第三夜《ニ》見《ラク》、兩《フタツノ》幢《ドウ》杆《カン》極《メテ》大《ニ》高《タカク》顯《ハレテ》、幡《ハタ》懸《カヽテ》五色《ナリ》。道路《ロ》縱《ジユウ》橫《ワウニシテ》、人觀《ミルコト》無《シ》礙《サハリ》。既《ニ》得《エ》此《ノ》相《ヲ》已《テ》、卽便休《ク》止《シシテ》①不《ズ》至《ラ》七日。上來所《ショ》有《ノ》靈《レイ》相者《ハ》、本心爲《シテ》物《ノ》不《ズ》爲《ニセ》己《コ》身《ノ》。既蒙《レリ》此相《ヲ》。不《ズ》敢《アヘテ》隱《オム》藏《ザウセ》、謹《ツヽシムデ》以《テ》申《ノベ》呈《アラハス》、義《ヲモテ》後《チニ》被《レム》聞《キカ》於末《マツ》代《ダイニ》。願《ハ》②使《シメム》含《ガン》靈《レイヲシテ》聞《キヽテ》之《ヲ》生《ゼ》信《ヲ》、有識覩《ミ》者《ハ》西《ニ》歸《セシメム》。以《テ》此《ノ》功德《ヲ》迴《ヱ》施《セス》衆生《ニ》。悉《コトゴトク》發《シテ》菩提心《ヲ》、慈《ジ》心《モテ》相《ヒ》向《ムカヒ》、佛眼《ヲモテ》相看《ミ》、菩提《マデ》眷《クヱン》屬《ゾクトシテ》作《ナリ》眞《ノ》善知識《ト》。同《ク》歸《シテ》淨國《ニ》、共《トモニ》③成《ナラム》佛道《ヲ》。此《ノ》義已《ニ》請《コフテ》證《ヲ》定《メ》竟《ヌ》。一句一字《ジ》不《ズ》可《ベカラ》加《カ》減《ゲンス》。欲《オモハム》寫《ウツサント》者《ハ》、一《モハラ》如《クスベシ》經法《ノ》、應知。

① 止　右◎「シテ」と上書訂記
② 使含靈聞之生信→◎使《シテ》《シメム》含靈《ガンレイヲ》聞《キ、テ》之《ヲ》生《ゼ》信《ヲ》
③ 成　右◎「ム」と上書訂記

観經正宗分散善義　卷第四

法事讃

〈底本〉
◎高田派専修寺蔵親鸞聖人加点本

轉經行道願往生淨土法事讃 卷上

沙門善導集記

奉《ル》請《ジ》四天王《ヲ》　直《チニ》入《下ヘ》道場《ノ》中《ニ》　奉請《ス》師子王《ヲ》　師子亦《タ》難《シ》逢《アヒ》
奮《フン》迅《ジムスルニ》身《ノ》毛衣《ヲ》　衆魔《マ》退散《シテ》去《サル》　廻《シテ》頭《ヲ》《カウベヲ》請《ズ》法師《ヲ》　直《ニ》取《トラム》涅槃《ノ》城《ヲ》

序《ジヨシテ》曰《ク》、

竊《ニ》以《レバ》、娑婆廣大火宅《ニシテ》無邊《ナリ》。六道周《シユ》居《コシテ》重昏《コム》永《ヰヤウ》夜《ヤナリ》。生盲無目慧照《ニシテ》未《ダ》《ズ》①期《セ》。引導無方、倶《ナレドモ》摧《ニ》②《クダク》死地《ニ》。循《③ジユ》④還來去《シテ》等《シ》逝《セイ》《ユク》水《シヰ》長流《リウニ》。託《タク》命投《トウ》神《ジンシテ》、誰《タレカ》之《ヲ》能《ク》救《スク》《スクワン》。斯《レ》乃《チ》識《シキ》含《ガム》無際《ニシテ》、窮塵《ヂン》之《ノ》劫更《サラニ》踰《⑤コエタリ》。自《ヨリ》爾《ソレ》悠悠《ユウユウトシテ》《ト》遇《ハムコト》勝縁《ニ》、之何日《ノ》《ソ》。上《ミ》從《ヨリ》海徳初際《ノ》如來乃至《シ》今時《マノ》《ノ》釋迦諸佛《マデ》、皆《ナ》乘《ジテ》弘誓《ニ》悲智《ヒ》雙《サウ》行《シ》、不《ズシテ》捨《テ》含《ガム》情《ヲ》三輪《⑥リン》普《ク》化《シ下フルニ》。然《レ》我無明障重《ニシテ》、佛出《下ヘドモ》不《ズ》逢《アヒ上》。設《ヒ》使同生《スレドモ》還《テ》如《シ》覆《フク》器《ノ》。神《ジン》光等照《シク》《シテ》不簡《エラバ》四生《ヲ》。慈《アワレミヲ》⑦及《オヨボスコト》無《ク》偏《ヘン》、皆《ナ》資《シス》法潤《ニ》。雖《ドモ》沈《シヅムト》法水《ニ》、長劫《ニ》由《ナホ》頑《ツタナシ》。苦集《ノ》相因《シテ》、毒《ドク》火《クワ》臨《ノゾンデ》時《ニ》還《テ》發《コル》。

〈表紙〉
◎包紙中央「法事讃上」　左下「釋顯智」
表紙中央「法事讃上」
①期　◎「明ィ」と上欄註記
②摧　右◎抹消し「クダク」と訂記
③循　右◎「ユ」と上書訂記
④還　右◎抹消
⑤踰　右◎「コエタリ」と上書訂記
⑥輪　右◎「リン」と上書訂記
⑦及　右◎「ボスコト」と上書訂記

1-562

仰《アオイデ ギ》惟《ミレバ》大悲《ノ》恩《オン》重《オモクシテ》等《ク》潤《ウルホヒ》身田《ニ》、智慧冥《ミヤウニ》加《シテ》道芽《ゲ》増長《ス》。慈悲方便視《シジ》教隨①《ヒテ》宜《キニ》、勸《メテ》念《シメ》彌陀《ヲ》、歸《セシメドフ》乎淨土《ニ》。

地《ハ》則《チ》衆珍《チン》雜間《シテ》、光色競《キヨヒ》輝②《カヾヤカス》。德水澄③《チウ スム》、華《ニシテ》玲《レイ》瓏④《リヨトシテ》影《ゲ》徹《トホル》。寶樓重接《セウシテ》等《ク》輝《カヾヤカシ》神光《ヲ》、林樹垂《タレテ》瓔《タマヲ》風塵《ヂン》雅《ガ》曲⑤《クヰヨクアリ》《アリ》。華臺嚴《ゲン》瑩⑥《ケイシテ》種種《ニ》希⑦《ケ》奇《キナリ》。聖衆同《ク》居《キヨシテ》、明《ナルコト》踰《コエタリ》

509

千日《ニ》。身《ハ》則《チ》紫《シ》金《コム》之《ノ》色《ロ》、相好儼《ゲン》然《ゼンタリ》。進止《シ》往來、乘《ジテ》空《ニ》無礙《ナリ》。若《シ》論《ズレバ》依報《ヲ》、則《チ》超絶《ス》十方《ニ》。地上・虛空等皆《クシテナ》無異《シ》。他方《ノ》凡聖、乘《ジテ》願《ニ》往來《ス》。到《ヌレバ》彼《カシコニ》、無《シ》殊《コトナルコト》、齊同不退《ナリ》。

但《シ》以《テ》如來《ノ》善巧《ゲウ》總《ジテ》勸《メテ》四生《ヲ》、棄《テ》此《ノ》娑婆《ヲ》忻⑧《ネガハシメ》生《レムコトヲ》極樂《ニ》、專《ラ》稱《シ》名號《ヲ》、兼《テ》誦⑨《ジユセシメ玉ヘルヲ》『彌陀經』《ヲ》、欲《ス》令《メムト》識《シリ》彼《ノ》莊嚴《ヲ》、厭《イトワ》斯《コノ》苦事《ヲ》。三因・五念畢命《ヲ》爲《シ》期《ト》、正助・四修《シユ》則《チ》剎那《モ》無間《ナレ》。迴《シテ》斯《ノ》功業《ヲ》普《ク》備《エテ》含靈《ニ》、壽《ジユ》盡《ジンニ》乘《ノテ》臺《ニ》齊《シク》臨《メム》彼《ノ》國《ニ》。

凡《ソ》欲《シ》爲《ヲ》自《ノ》、欲《シ》爲《ヲ》他《ノ》立《リフセ》道場《ヲ》者《バ》、先《ヅ》須《ク》嚴飾《シヨクシテ》堂舍《ヲ》安置《ス》尊像《ヲ》。幡華竟《ハテ》、衆等無《ク》問《トフコト》多少《ヲ》、盡《ク》令《メヨ》洗《アライ》浴《アラフ ヨク シテ》著《ヂヤクシ》淨衣《ヲ》、入《テ》道場《ニ》聽《キカシ》法《ヲ》。若欲《シ》召《セム》請《テウ》人《ト ヒト》及《ビ》和讚《ノ》者《ノハ》盡《ク》立《シ》、大衆《ハ》令《シメテ》坐《セ》、使⑩《シメ》一人⑪《ヲシテ》先《ヅ》須《ク》燒《タキ》香《ヲ》散《サン》華《グヱシ》周市一遍《ベンセ》竟《テ》、然後《シテ チ》依《テ》法《ニ》作⑫《ナシテ》聲《コエヲ》召《テウ》請《シヤウシテ》云《イヘ》、

---

① 隨宜　◎「隨《ヒテ》宜《キニ シテ》」とあり
② 輝　右◎抹消し「カヾヤカス」と訂記
③ 澄　右◎「チウ」と上書訂記
④ 瓏　右◎抹消し「リヨトシテ」と訂記
⑤ 曲　右◎「ヨクアリ」と上書訂記
⑥ 瑩　右◎「イ」と上書訂記
⑦ 希　右◎「ケ」と上書訂記
⑧ 忻　右◎「ハ」の上抹消し「ネガ」と訂記
⑨ 誦　右◎「ジユセシメ玉ヘルヲ」と上書訂記
⑩ 「使…遍」一三字→◎使《シテ シメ》一人《ヲ》先《ツ》須《ク》燒《タキ》香《ヲ》散華《サングヱシ》周市一遍《ベンセ》
⑪ 人　右◎「ヲ」の下「シテ」とあるを抹消
⑫ 作　右◎「サク」を「ナシテ」と上書訂記

1-802

般《ハン》舟《ジユ》三昧《マイ》樂　願往生　大衆同心《ニ》厭《エ》二三界《ヲ》一　無量樂
般舟三昧樂　願往生　三塗永《ク》絶《タエテ》願《ハ》無《ラム》レ名《ナ》　無量樂
三界《ノハ》火宅①《ニハ》難《シ》二居《コ》止《シ》一　願往生　乘《ジテ》二佛《ノ》願力《ニ》一往《ケ》二西方《ニ》一　無量樂
般舟三昧樂　願往生　念《ジテ》レ報《ゼム事ヲ》二慈恩《ヲ》一常《ツネニ》頂戴《ダイセヨ》　無量樂
大衆持《トテ》レ華《ハナヲ》恭敬《シテ》立《シテ》　願往生　先《ツ》請《上ル》二彌陀《ヲ》一入《下ヘ》二道場《ニ》一　無量樂
般舟三昧樂　願往生　不《ズ》レ違②《タガハ》二弘願《ニ》一應《ジテ》レ時《ニ》迎《下フ》　無量樂
觀音・勢至・塵《ヂン》沙《ノ》衆《シユ》　願往生　從《テ》レ佛《ニ》乘《テ》レ華《ニ》來《テ》入《ヘ》レ會《ニ》　無量樂
般舟三昧樂　願往生　觀音接《シテ》レ手《ヲ》入《シメ玉ヘ》二華臺《ニ》一　無量樂
無勝莊嚴《ノ》釋迦佛《ブチ》　願往生　受《テ》二我《ガ》微心《ヲ》一入《ルリ下ヘ》二道場《ニ》一　無量樂
般舟三昧樂　願往生　碎《クダイテモ》レ身《ミヲ》慚《ザン》二謝《シヤスベシ》釋迦《ノ》恩《ヲ》一　無量樂
彼國《ノ》莊嚴大海衆　願往生　從《テ》レ佛《ニ》乘《テ》レ華《ニ》來《テ》入《テ下ヘ》レ會《ニ》　無量樂
般舟三昧樂　願往生　助《タスケテ》二佛《ノ》神化《ヲ》一度《ス》二衆生《ヲ》一　無量樂
十方恆沙《ノ》佛舒《テ》レ舌《タヲ》　願往生　證《シ下フ》三我《ワレ》凡夫《ノ》生《ルコトヲ》二安樂《ニ》一　無量樂
般舟三昧樂　願往生　悲心利《リ》物《ノ》大悲心《ナリ》　無量樂

①宅　右◎「ニハ」と上書訂記
②違　右◎「タガハ」と上書訂記

1-803

慚《ザム》─愧《グヰス》恆沙ノ大悲心　願往生
般舟三昧樂　願往生
一一ノ如來ノ大海衆　願往生
般舟三昧樂　願往生
佛使①シメ下フ二二十五ノ菩薩ヲシテ　願往生
般舟三昧樂　願往生
佛恐《クハ》衆生四魔ノ障《サハリアテ》　願往生
般舟三昧樂　願往生
我今《マ》衆等深ク慚《ザム》謝《シヤス》　願往生
般舟三昧樂　願往生
本國ノ彌陀ノ諸ノ聖衆　願往生
般舟三昧樂　願往生
衆等頂二禮シテ彌陀會ヲ一　願往生
般舟三昧樂　願往生

受テ二我ガ微ミ心ヲ一入下ヘ二道場ニ一　無量樂
專レ心ニシテ淨土ノ佛前ヲ期ス　無量樂
從《シタガヒ》テレ佛ニ乘テレ華ニ來テ入ヘレ會ニ　無量樂
盡《コトゴトク》レ是往生ノ增上縁ナリ　無量樂
一切ノ時ニ來シテ常ニ護《ゴ》念セ②　無量樂
畢─命ニ直《ヂキ》ニ入ル涅槃ノ城ニ　無量樂
未《ダ》シテレ至ラ二極樂ニ一墮《ダセムコトヲ》二三塗ニ一　無量樂
直心ヲモテ實ニ行ズレバ佛迎《ムカヘニ》來《キタリ下フ》　無量樂
受テ二我ガ微心ヲ一來テ入レ下ヘ會ニ　無量樂
心心專─注《チユシテ》出《イデヨ》二娑婆ヲ一　無量樂
平等ニ倶ニ來テ坐《シ下フ》二道場ニ一　無量樂
道場聖衆實ニ難シレ逢《アヒ》　無量樂
普ク散《ジテ》二香華ヲ一同ク供養上ラム　無量樂
彌陀ノ光ハ攝ス二往生人ヲ一　無量樂

①「使…念」一三字→◎使《シテ》二シメ下フ 二十五ノ菩薩ヲ一切ノ時ニ來シテ常ニ 護《ゴ》念《セ》上
②念　右◎「セ」と上書訂記

對《シテ》二佛彌陀涅槃會《ニ》一　願往生　各《ノ》發《シテ》二誓願《ヲ》一請《ズ》二華臺《ヲ》一　無量樂

般舟三昧樂　願往生　極樂莊嚴《ノ》門《モン》盡《コトゴトク》開《タリ》　無量樂

般舟三昧樂　願往生　專-心《ニ》念-佛《シテ スレバ》坐《セヨ ス》二華臺《ニ》一　無量樂

般舟三昧樂　願往生　乘《ジヌレバ》レ華《ニ》直《ニ》入《ル》不《ズ》レ須《ク》ラレ疑《フ》　無量樂

衆等齊《ヒトシクシテ》レ心《ヲ》請《ズ》二高座《ニ》一　往生樂　慇《ヲム》懃《ゴン》智影《ヤウシテ》說《トケ》二尊經《ヲ》一　往生樂

難《ナン》思《ジ》議《ギ》　往生樂　雙《サウ》樹《ジユ》林《リン》下《ゲ》　往生樂　難《ナン》思《ジ》　往生樂

道場《ノ》時逢《アフコト》①難《ガタク》二叵《マウ》遇《アヒ》一　往生樂　無常迅《ジン》-速《ソクニシテ》命《チ》難《シ》レ停《トヾマリ》　往生樂

難思議　往生樂　雙樹林下　往生樂　難思　往生樂

眼《ノ》前《マエノ》業道人《ヒト》人《ビト》見《ミル》　往生樂　皆《ナ》由《ヨテ》二三毒《ニ》一作《ナス》二因緣《ヲ》一　往生樂

難思議　往生樂　雙樹林下　往生樂　難思　往生樂

雖《ドモ》レ得《タリト》二人身《ヲ》一常《ニ》闇《アム》鈍《ドムニシテ》　往生樂　貪《ム》瞋《ジン》・邪見轉《ウタヽ》專-專《ナリ》　往生樂

難思議　往生樂　雙樹林下　往生樂　難思　往生樂

日夜惽《コム》惽《コムトシテ》不《ズ》二惺《シヤウ》悟《ゴセ》一　往生樂　還《テ》是《レ》流《ル》二-浪《ラウスル》三塗《ニ》一因《ナリ》　往生樂

難思議　往生樂　雙樹林下　往生樂　難思　往生樂

---

①難叵遇　◎「難《ガタク》二叵《マウ》二遇《アヒ》一」とあり

515

忽《タチマチニ》爾輪廻《シテハ》長劫《ノ》苦《ニ》　往生樂　彌陀《ノ》浄土何《ノ》時《ニカ》聞《カム》　往生樂

難思議　往生樂　雙樹林下　往生樂　難思　往生樂

大衆同心《ニ》請《ズ》高座《ヲ》　往生樂　爲《メニ》度《センガ》群生《ヲ》轉《ゼヨ》法輪《ヲ》　往生樂

難思議　往生樂　雙樹林下　往生樂　難思　往生樂

1-566

衆等傾《テ》心《ヲ》樂《ヒテ》聞《クコトヲ》法《ヲ》　往生樂　手《ニ》執《テ》香華《ヲ》常《ニ》供養《シ上ツラム》　往生樂

難思議　往生樂　雙樹林下　往生樂　難思　往生樂

道《ダウ》場《ヂヤウ》大《ダイ》衆《シユ》裏《リ》、相《サウス》與《トモニ》至《シテ》心《ヲ》敬禮《シテ》、南無常《シ上ルベシ》住佛《ニ》。

道場大衆裏、相與《トモニ》至心敬禮、南無常《ルベシ》住法《ニ》。

道場大衆裏、相與《トモニ》至心敬禮、南無常《ルベシ》住僧《ニ》。

516

敬《テ》白《ス》。道場衆等各各《ニ》斂《ヲサメテ》心《ヲ》彈《ダン》指《シ》合掌《シ》、叩《タ、ヒテ》頭《ベヲ》、歸命《シテ》禮《ツル》本師《シ》釋迦佛過《クワ》・現《ゲン》・未來《ノ》諸《ノ》世尊《ヲ》。所《ユヘ》以歸依①《シ上ル》佛《ニ》者《ハ》、佛《ハ》是《レ》衆生《ノ》大慈悲《ノ》父、亦《タ》是《レ》出世《セ》増上《ノ》良縁《ナリ》。計《レバ》其《ノ》恩《オン》德《ドクヲ》、過《テ》於《ニ》塵《ヂン》劫《コフ》述《ジユチストモ》之《ヲ》難《シ》盡《ツクシ》。『賢《ケン》愚經《ニ》』（巻一梵天請法品意）言《ク》、「一一《ノ》諸佛從《ヨリ》初發意終《ハリ》至《イタルマデ》菩提《ニ》、專心《ニ》求《メテ》法《ヲ》、不顧《カヘリミ》身《シン》財《ザイヲ》、悲智雙行《シテ》、曾《テ》無《シ》退念」。或《ハ》可②《イハク》逢③《ヒ》人《ノ》逼《セメ》試④《コ、ロミテ》皮《ヒ》肉《ニク》分《ブン》張《チヤウスルニ》、或《ハ》自《ラ》割《サイテ》身《ヲ》而延⑤《ノブ》鴿《ハトノ》命《チヲ》。或《ハ》捨《テ》千頭《ヅヲ》以《モテ》求《モトム》

---

①依　右◎「シ上ル」と上書訂記
②可　右◎「イハク」と上書訂記
③逢　右◎「ヒ」の下一字抹消
④試　右◎「コ、ロミテ」と上書訂記
⑤延　右◎「ノブ」と上書訂記

1-806

1-567
517

法《ヲ》。或《ハ》釘《ウチ》千釘《チヤウヲ》而《テ》求《メ》四句《ヲ》、或《ハ》刺《サシテ》身血《ヲ》以《テ》濟《スクフ》夜叉《ヲ》。或《ハ》捨《テ》、妻子《ヲ》以《モテ》充《アテ》羅刹《ニ》、或《ハ》設《マウケテ》慈悲方便《ヲ》、化《シテ》作《テ》禽《キム》魚《ギヨト》用《テ》濟《スクヒテ》蒼《サウ》生《ヲ》免《マヌカレシム》其《ノ》飢《ケ》難《ナンヲ》。或《ハ》作《テ》金毛《ノ》師子《ト》以《テ》上《ツル》獵《レウ》師《シニ》。或《ハ》作《テ》白《ハク》象《ザウト》抽《ヌキイデ》、牙《キバヲ》、爲《メニ》求《メテ》菩提《ヲ》而《テ》奉施《ス》。或《ハ》觀《ミルコト》《ミソナワスコト》怨《オン》家《ゲヲ》由《ナヲシ》如《シ》赤《アカ》子《ゴノ》。或《ハ》現《ズルコト》外道《ヲ》比《タトヘバ》若《ゴトシ》親《シン》兒《ニノ》。彼《ヒ》我無《シ》殊《シユ》。聖凡何《ンソ》異《ナラム》。三祇《ギノ》起《キ》行皆《ナ》與《ト》無漏《ロ》相應《ス》。地地《ニ》收《オサメテ》功《ヲ》、始《メテ》得《ルヲ》果圓《ナルコトヲ》號《ス》佛《ト》。身《ハ》則《チ》閻浮金光《ノ》色《ロ》、喩《タトフ》千日《ノ》競《キホヒ》暉《カヽヤクニ》。相好分明《ナリ》《ナルコト》、譬《エバ》若《トシ》衆①星《ノ》夜《ル》朗《ホガラカナルガ》。跏《カ》趺《フ》正坐《シテ》不背之《ノ》相圓明《ナリ》。法界同《ジク》歸《シテ》、各《オノオノ》覩《ミタテ上ル》如來《ノ》面相《ヲ》。身心湛《タン》寂《ジヤクニシテ》、化用不《ズ》失《ウシナハ》時機《ヲ》。隨《シタガテ》類《イニ》變《ヘン》通《シテ》、報體《ハ》則《チ》元《モトヨリ》來《タ》不動《ナリ》。但《タヾシ》以如來《ノ》智德《トク》嘆《タンズルニ》之《ヲ》難《ガタシ》盡《ツクシ》。道場《ノ》衆等各生《ズベシ》慚《ザム》②謝《シヤ》之心《ヲ》。能《ク》使《ムルコト》諸《シヨ》佛《ブチ》《ノ》爲《メニ》我《ガ》③捨《ステ》身《ヲ》、過《タリ》於《ヨリモ》塵劫《ニ》。哀《ナル》哉《カナ》、世尊能《ク》爲《ナシテ》難事《ヲ》、長劫《ニ》勤《ゴム》勤《ゴムシテ》忍《シノビ下フコト》疲《ヒ》勞《ラウ》之苦痛《ヲ》、雖《ドモ》復爲《メニ》生《ノ》苦行《スト》、不覓《モトメ》小恩《ヲ》、望《マウ》欲等《シ下フ》《ク》出《デ》、塵勞《ヲ》會《シ》菩提《ニ》而《テ》歸《セシメムコト》彼岸《ニ》。衆等齊《クシテ》心《ヲ》爲《メニ》今《イマ》《ノ》施《セ》主《ノ》某《ム》甲《カウ》等《ノ》、奉《ツル》請《ジ》十方諸佛一切《ノ》世尊《ヲ》。弟《デ》子《シ》等敬《テ》尋《タヅヌレバ》諸佛《ノ》境界《ヲ》、唯佛《ノミ》能《ク》知《リ下ヘリ》國土《ノ》精華《コトヲ》。非《ズ》凡《ノ》所《ロニ》測《ハカル》。三身《ノ》化用《ノ》皆《ナ》立《シテ》淨土《ヲ》、以《テ》導《ビク》群生《ヲ》。法體《ハ》無《シ》殊《シユ》、有《ウ》識《シキ》歸《シテ》之《ニ》得《ウ》悟《サトリヲ》。但《シ》爲《メニ》凡夫《ノ》亂想寄《キ》託《タクシテ》無《ガ》由《ヨシ》、故《コトサラニ》使《シム》釋迦・諸佛不《シテ》捨《テ》慈悲《ヲ》、直《チニ》指《オシエ》《サ、》西方十萬億刹《ヲ》。國《ヲバ》名《ク》極樂《ト》、佛《ヲバ》號《ス》彌

①星　右◎「ノ」と上書訂記
②謝　右◎「ヤ」の下「ク」とあるを抹消
③捨　右◎「テ」の下「□ルコト」とあるを抹消

1-807

01「永絶…皆往」信巻 129

518

陀《ト》。現《ニ》在《ニシテ》說①法《シタマフ》。其《ノ》國清淨《ニシテ》具《グセリ》四德莊嚴《ヲ》。01永《ク》絕《テ》譏《キ》嫌《ゲンヲ》等《シテ》無《ナシ》憂惱。人天善惡皆《ナ》得《テ》往生《ヲ》、到《イタリヌレバ》彼《ニ》、無《シ》殊《シユ》齊《サイ》同《ドウニ》不退《ナリ》。何《ニ》意《ヲ》然《ルトナラ》者《バ》、乃《スナワチ》由《ヨテナリ》彌陀《ノ》因地《ニ》、世饒王佛《ノ》所《ニシテ》捨《テ》位《ヲ》出《イデ》家《ヲ》、卽《チ》起《ヲコス》悲智之《ノ》心《シム》廣弘《ノ》四十八願《ヲ》、以《テ》佛《ノ》願力《ヲ》五逆《ト》之與《ト》十惡罪《モ》滅《シテ》得《ウ》生《コトヲ》、謗法《ト》闡提《ト》廻心《シテ》皆《ナ》往《ユクニ》。復因《テ》韋提致請《シテ》誓《テ》捨《ステンコトヲ》娑②婆《ヲ》、念念《ニ》無《ナク》遺《ワスル、コト》決定《シテ》求《ムルニ》生《コトヲ》極樂《ニ》、如來因《ヨルガ》其《ノ》請《ニ》故《ニ》、卽《チ》說《テ》定散兩門《モン》、三福九章《ヲ》、廣《ク》作《ナス》未聞之益《ヲ》。十方恆沙《ノ》諸佛共《トモニ》讚《ジテ》釋迦《ヲ》舒《ノベテ》舌《ミシタヲ》遍《ク》覆《テ》三千《ニ》證《シタマフ》得《コトノ》往生《ヲ》非《コトヲ》謬《アヤマリニ》。如是等《ノ》諸佛世尊、不《ズシテ》捨《テ》慈悲《ヲ》受《テ》今《ノ》施主某《ム》甲《カウ》及《ビ》衆生《ノ》請《ヲ》、入《テ》此《ノ》道場③《ニ》證明功德《シタマヘ》。奉請已《ハンヌ》。今勸《ム》衆生等《ヲ》、各各《ニ》斂《オサメテ》心《ヲ》歸依《エシ》④合掌《セヨ》。

1-568

下座接《ツイデ》高《ニ》讚《ジテ》云《ヘ》。

519

願往生、願往生。衆等咸《ク》歸命《上ツル》本師釋迦佛・十方世界《ノ》諸《ノ》如來《ニ》。願《クハ》受《テ》施主衆生《ノ》請《ヲ》、不《シテ》捨《テ》慈悲《ヲ》入《テ》道場《ニ》、證明《シ》功德《ヲ》滅《シタマヘ》諸罪《ヲ》。廻《ラシ》心《ヲ》一念《ニシテ》見《上ツラン》彌陀《ヲ》。衆等身心皆踊躍《シテ》、手《ニ》執《テ》香華《ヲ》常《ニ》供養《上ラン》。

高接《テ》下《ニ》讚《ジテ》云。　高接《テ》下《ニ》請召《シテ》云。

---

①說　右◎抹消
②婆　右◎抹消
③場　右◎「ニ」と上書訂記
④依　右◎「エシ」と上書訂記

1-569　520

重《テ》白《ス》。道場《ノ》大衆等各各斂《オサメテ》心《ヲ》彈《ダン》指《シ》合掌《シ》、叩《タヽイテ》頭《ヲ》一心《ニ》歸命《シ上ル》、爲《メニ》今《ノ》施主

及《ビ》衆生《ノ》、次《ニ》當《ニ》奉《上ツリ》請《ジ》十方法界《ノ》諸佛所說《ノ》修多羅藏《ザウ》八萬四千《ヲ》、又請《シヨウジ上ル》

全《ゼン》身・散身《ノ》舍利等《ヲ》。唯願《ハ》放《テ》大神光《ヲ》、入《テ》此《ノ》道場《ニ》證《シヨウ》明《シ下ヘ》功德《ヲ》。又請《ズ》十方《ノ》

聲聞・緣覺・得道《ノ》聖人《ヲ》。唯願《ハ》不《ズ》捨《テ》慈悲《ヲ》、現《ジテ》大神通《ヲ》、入《テ》此《ノ》道場《ニ》證明《シ下ヘ》功

德《ヲ》。又當《ニ》奉《上ル》請《ジ》諸《ノ》菩薩衆《ヲ》、普《フ》賢《ゲン》・文殊・觀音・勢至等《ヲ》。唯願《ヤ》、不《クハ》捨《シテ》慈悲《ヲ》、滿《ミテシメテ》

衆生《ノ》願《ヲ》、入《テ》此《ノ》道場《ニ》證明《シ下ヘ》功德《ヲ》。所《ユ》以《ヘ》歸《クヰ》依《シ》奉《ブ》請《スルハ》者、此《ノ》諸《ノ》菩薩從《ヨリ》初發

意乃至菩提《マデ》、常《ニ》行《ジテ》平等《ヲ》接《シヨウ》《セフ》引《イン》無《シ》①偏《ヘン》。自利利他無《ナシ》時《トシテ》暫《クモ》息《コト》。常《ニ》以《テ》法音《ヲ》

覺《セシム》諸《ノ》世間《ニ》。光明普《ク》照《シ》無量《ノ》佛土《ヲ》、一切《ノ》世界六種《ニ》震《シム》動《ス》。總《ソウジテ》攝《セフシ》魔《マ》界《カイヲ》動《ス》

魔《ノ》宮殿《ヲ》。摑《クワク》裂《レツシ》邪網《ヲ》、消滅《ス》諸見《ヲ》、散《ジ》諸《ノ》塵勞《ヲ》、壞《シ》諸《ノ》欲塹《ゼンヲ》。開《カイ》闡《センシ》法門《ヲ》、顯明《ス》

淸白《ヲ》、光融《シ》佛法《ヲ》、宣《セン》流《ルス》正化《ヲ》。常《ニ》作《ナシ》不染《ノ》身口《ク》意《イ》業《ヲ》、常《ニ》行《ジ》不退《ノ》身《シン》口《ク》意《イ》

業《ヲ》、常《ニ》行《ジ》不《フ》動《ノ》身口《ク》意《イ》業《ヲ》、常《ニ》行《ジ》讚嘆《ノ》身口《ク》意業《ヲ》、常《ニ》行《ジ》淸淨《ノ》身口意業《ヲ》、

常《ニ》行《ジ》離《リ》惱《ナウノ》身口意業《ヲ》、常《ニ》行《ズ》智慧《ノ》身口意業《ヲ》。覺悟《ゴ》成《ジヤウ》就《ジユシ》、定慧成就《シ》②、此《ノ》

諸《ノ》菩薩、常《ニ》爲《メニ》諸《ノ》天龍《リウ》八部《ブ》・人《ニン》王・梵王等《ノ》守《シウ》護《ゴシ》恭敬供養《セラレ下ヘリ》。一切衆生《ニ》

③爲《タリ》救《ク》、爲《タリ》歸《クヰ》、爲《タリ》明《ノ》、爲《タリ》尊《ノ》、爲《タリ》勝《ノ》、爲《タメニ》上《ノ》。具《シテ》無量《ノ》行願《ヲ》多《シ》所《ロ》饒益《スル》。安穩《シ》天・人《ヲ》

①無偏　右◎「無《シ》偏《ヘン》《ナリ》」とあり

②就　右◎「シ」と上書訂記

③「爲…上」二一字　◎「爲《タリ》救《ク》爲《タリ》歸《クヰ》爲《タリ》明《ノ》爲《タリ》尊《ノ》爲《タリ》勝《ノ》爲《タメニ》上《ノ》」とあり

1-809

利《リ》益《ス》一切《ヲ》。遊歩《シテ》十方《ニ》行《ジ》權《ゴン》方便《ヲ》、入《イリ》佛法《ノ》藏《ニ》究竟《ス》彼岸《ニ》。智慧聖明不《ナルコト》可思議《ナリ》。轉《ジ》佛法輪《リンヲ》、成就《ス》如來《ノ》一切《ノ》種《シュ》智《ヲ》。於《テ》一切《ノ》法《ニ》悉《ク》得《ヘリ》自在《ヲ》。如《ク》是《ノ》等《ノ》菩薩大士不可《ラ》稱計《ス》。唯願《ハ》不《シテ》捨《テ》慈悲《ヲ》受《ケ》衆生《ノ》請《ヲ》一時《ニ》來會《シテ》、入《ヘ》此《ノ》道場《ニ》。爲《メニ》今《ノ》施主某《ム》甲《カウノ》證明《ヘ》功德《ヲ》。今勸《ム》道場衆等・人等斂《オサメテ》心《ヲ》、歸依合掌禮《シテ》。

下接《テ》高《ニ》讚《ジテ》云《ヘ》。

願往生、願往生。衆等希《ニ》聞《ク》諸《ノ》佛《ノ》法《ヲ》。龍宮《ノ》八萬四千《ノ》藏已《ニ》施《シテ》神光《ヲ》入《テ》道場《ニ》、證明《シ》功德《ヲ》復滿《チ玉ヘ》願《チ玉ヘ》。因《テ》茲《ニ》離《レテ》苦《ヲ》見《上リ》①彌陀《ヲ》、法界《ノ》含靈《レイ》亦除《カン》障《リヲ》。我等身心皆踊《ユ》躍《ヤクシテ》、手《ニ》執《テ》香華《ヲ》常《ニ》供養《セム》②。

高接下讚云。

願往生、願往生。龍《リウ》宮《グノ》經藏如《シ》恆沙《ノ》。十方《ノ》佛法復過《タリ》是《レニ》。我今標《シテ》心《ヲ》普《ク》皆請《ジ上ル》。放《テ》大神光《ヲ》入《テ》道場《ニ》、證明《シ》功德《ヲ》復《マタ》除《テ》罪《ヲ》、增長《セシメ下ヘ》施主《ノ》菩提《ノ》芽《ゲヲ》。衆等各各齊《ヒトシクシテ》心念《ヲ》、手《ニ》執《テ》香華《ヲ》常《ニ》供養《ス》。

下接高讚云。

---

①見　右◎「ツ□ム」を「上リ」と上書訂記
②養　右◎「セム」と上書訂記

522

願往生、願往生。今日道場難得遇。無上佛法亦難聞。畢命《ミヤウ》形《カタチ》枯斷《ゼム》
諸惡、從是念念罪皆除、六根《コム》得了、得惺悟、戒《カイ》・定・慈悲誓不虛。
衆等身心《シム》皆踊躍、手執香華常供養。
高接下讚云。　下接高讚云。
願往生、願往生。久《シク》住娑婆常沒沒。①三惡四《シ》趣盡皆停。被毛戴角受
衆苦。未曾聞見聖人名。憶此疲勞《ラウ》長劫事誓願捨命見彌陀。衆等
身心皆踊躍、手執香華常供養。
高接下讚云。

523

願往生、願往生。衆《シユ》等《トウ》咸《コトゴトク》歸命、今爲施主及衆生、已請十方法界全《ゼン》
身舍②利、碎《サイ》體《タイ》金剛。物利隨宜分形影③赴。雖復形分大小、神《ジン》化《クヱ》一種
無殊《シユ》。大則類④同⑤山《サン》岳《ガク》、小則比若芥《ケ》塵《ヂン》。畢《ヒツ》命眞誠齊心供養、近則

1-571

人天獲報富《フク》樂長劫隨身、遠則淨土無生剋《コク》果。則涅槃之常樂。又
願道場衆等各《オノ》各《オノ》齊心、手執香華常供養⑥。
下接高讚云。

①沒　右◎「モチス」と上書訂記
②舍　右◎「サイ」とあるを抹消
③影　右◎「ヤウ」と上書訂記
④類　右◎「ルイ」と上書訂記
⑤同　右◎「ジク」を「ドウシ」と上書訂記
⑥養　右◎「ス」と上書訂記

1-811

願往生、願往生。眞身《ノ》舍利隨《テ》大小《ニ》、見《ケン》聞《モン》歡喜《シテ》①修《セヨ》供養《ヲ》。自《ジ》作《サノ》善《ゼン》根《ゴン》、他人《ノ》福、一切合《ガウ》集《シテ》皆《ナ》廻向《シ》、晝夜《ニ》精《シヤウ》勤《ゴムシテ》不《ズ》敢《テ》退《セ》。專心決定《シテ》見《ラム》彌陀《ヲ》。衆等身心皆踊躍《シテ》、手《ニ》執《テ》香華《ヲ》常《ニ》供養②《ス》。

高接下讚云。　下接高讚云。

願往生、願往生。普賢・文殊《ニ》弘誓《ノ》願《マシマス》。十方《ノ》佛子《モ》皆《ナ》亦《タ》然《ナリ》。一念《ニ》分身《シテ》遍《シテ》六道《ニ》、隨《テ》機《ニ》化度《シテ》斷《ゼシム》因緣《ヲ》。願《ハ》我《レ》生生《ニ》得《テ》親近《スルコトヲ》、圍繞《シテ》聽《テ》法《ヲ》悟《サトリ》眞門《ヲ》、永《ク》拔《ヌキテ》無明生死《ノ》業《ヲ》、誓《テ》作《ナラム》彌陀淨土《ノ》人《ト》。衆等各各《ニ》齊《ヒトシクシテ》身心《ヲ》、手《ニ》執《テ》香華《ヲ》常《ニ》供養③《ス》。

下接高讚云。

願往生、願往生。十方《ノ》菩薩《ノ》大慈悲、不《シテ》惜《オシマ》身命《ヲ》度《シ下フ》衆生《ヲ》。六道《ニ》分身《シテ》隨《テ》類《ルイニ》現《ジテ》、爲《メニ》說《テ》妙法《ヲ》證《シム》無生《ヲ》。無生《ノ》淨土隨《テ》人《ニ》入《ル》、廣大寬《クワン》平《ニシテ》無《シ》比《ヒ》量。四種《ノ》威④律《リチニ》常《ニ》見《ル》佛《ヲ》。法侶《リヨ》攜《タヅサエテ》將《ヰテ》入《イル》寶堂《ニ》。衆等身心皆《ナ》踊躍《シテ》、手《ニ》執《テ》香華《ヲ》常《ニ》供養《ラム》。

下接高讚云。　高接下讚云。

---

①修　右◎「セヨ」と上書訂記
②養　右◎「ス」と上書訂記
③養　右◎「ス」と上書訂記
④律　◎「儀イ」と上欄註記

1-572
525
願往生、願往生。為《メニ》今《ノ》施主及《ビ》衆生《ノ》奉《上ル》《上ラン》請《ジ》賢聖《ヲ》。入《テ》道場《ニ》證明《シ下ヘ》功德《ヲ》。修《セム》
供養《ヲ》。三毒《ノ》煩惱因《ヨテ》茲《コレニ》滅《シ》、無明黑《コク》闇《アンノ》罪《ツミ》皆《ナ》除《カム》。願《ハ》我《レ》生生《ニ》値《上リテ》諸佛《ニ》、念念《ニ》
修《シテ》①道《ヲ》至《ラン》無餘《ニ》。廻《シテ》此今生《ノ》功德業《ヲ》、當來《ニ》畢定《シテ》在《ム》金渠《コニ》。衆等各各齊《シテ》身
心《ヲ》、手《ニ》執《テ》香華《ヲ》常《ニ》供養《スラム》。

下接高讚云。

願往生、願往生。菩薩聖衆、身雖《ドモ》別《ナリト》、慈悲・智慧等《シテ》無《シ》殊《シユ》。不《シテ》惜《オシマ》身財《ザイヲ》求《ム》
妙法《ヲ》。難行苦《ク》②行《ギヤウシテ》未《ズ》《ダ》曾《テ》休《ヤマ》。誓《テ》到《リ》菩提《ニ》登《テ》彼岸《ニ》、放《テ》大慈光《ヲ》度《ス》有流《ヲ》。有流《ノ》
衆生《ハ》我身是《ナリ》。乘《テ》光《ニ》畢命《ニ》入《ラム》西方《ニ》。衆等身心皆踊《ユ》躍《シテ》、手《ニ》執《テ》香華《ヲ》常《ニ》供
養《スラン》。

526
高接下讚云。　下接高讚云。

願往生、願往生。為《メニ》今《ノ》施主《ノ》、皆《ナ》已《デニ》請《上ツル》十方《ノ》諸佛《ヲ》。入《下フ》道場《ニ》。龍宮《ノ》法藏・眞
舍利、已《デニ》放《テ》神光《ヲ》入《下フ》道場《ニ》。羅漢・辟支、通自在《ニシテ》一念《ニ》乘《テ》華《ニ》入道場《ニ》。普賢・
文殊・諸菩薩、一切俱《ニ》來《テ》入道場《ニ》。是《ノ》諸《ノ》聖衆如《クニ》雲《クモノ》集《テ》、地上虛空《ニ》難《シ》可《ベキコト》
量《ル》。各③《ノ》坐《シテ》蓮華百寶《ノ》座《ニ》、證明《シ》功德《ヲ》放《チ玉フ》慈光《ヲ》。如《キ》此聖衆《ニ》難《シ》逢遇《アヒ玉ヘルコト》《アフコト》。同時《ニ》發

①道　右◎「ヲ」と上書訂記
②苦行　右◎「クギヤウシテ」と上書訂記
③各　右◎「シテ」を「ノ」と上書訂記
1-813

願《シテ》入《ラム》二西方《ニ》一。衆等齊《シテ》レ心《ヲ》皆《ナ》踊躍《シテ》、手《ニ》執《テ》二香華《ヲ》一常《ニ》供養《スラム》。

請《ツル》二觀世音《ヲ》一讃《ニジテ》云《イハク》《ヘ》、

奉《上ツル》レ請《ジ》二觀世音《ヲ》一　散華樂　慈悲《ヲモテ》降《クダリ玉へ》《下へ》二道場《ニ》一　散華樂

斂《オサメテ》レ容《ミカホヲ》空《ク》裏《ニヨリ》現《ジ》　散華樂　忿《フン》-怒《ヲモテ》伏《シ》二魔王《ヲ》一　散華樂

騰《アゲテ》レ身《ミヲ》①振《フルヒ》二法鼓《ヲ》一　散華樂　勇猛《ニシテ》現《ズ》二威光《ヲ》一　散華樂

手《ノ》中《ニノ》香色《ノ》②乳《ニウアリ》　散華樂　眉《ノ》際《アヒダニ》白毫《ノ》光《リ》《アリ》　散華樂

寶蓋隨《シタガテ》レ身《ニ》轉《ジ》　散華樂　蓮華逐《テ》レ歩《ミヲ》祥《サカウ》　散華樂

池《ニハ》廻《レリ》八味《ノ》水　散華樂　華《ハ》分《テリ》二戒定《ノ》香《ヲ》一　散華樂

③飢《ウエテハ》餐《ス》二九定《ノ》食《ヲ》一　散華樂　渇《カツシテハ》飲《ノム》四禪《ゼンノ》漿《コンヅ》　散華樂

西方《ニ》七寶《ノ》④樹《ジュ》　散華樂　聲-韻《キン》合《カナフ》二宮《キウ》商《シヤウニ》一　散華樂

枝《エダノ》中《ニ》明《アカシ》二實相《ヲ》一　散華樂　葉《ハノ》外《ニ》現《ズ》二無常《ヲ》一　散華樂

願《クハ》捨《テ、》二閻浮《ノ》報《ヲ》一　散華樂　發願《シテ》入《ラム》二西方《ニ》一　散華樂

高接《ツイデ》レ下《ニ》請《ジテ》二香華《ヲ》一云。

重《テ》白《ス》二道場《ノ》衆等《ニ》一。各各《ニ》斂《オサメテ》レ心《ヲ》彈《ダン》指《ノ》合掌《シ》、叩《テ》レ頭《ヲ》標《シ》レ心《ヲ》運《ハコベ》レ想《ヲ》。今爲《メニ》二施主某

①振　右◎「ヒ」と上書訂記
②乳　◎「アナアリィ」と左傍註記
③飢　右◎「ウエテハ」と上書訂記
④樹　右◎「ユ」の下「アリ」とあるを抹消

1-814

甲等《ノ》、奉《ツル》請《ジ》十方法界《ノ》人天、凡聖、水・陸《ロク》・虚空一切《ノ》香華・音樂・光明・寶藏・香山・香衣《エ》・香《カウ》樹《ジュ》・香林《リム》・香池《チ》・香水《ヲ》。入《ヘ》此道場《ニ》。又請《ツル》一切《ノ》寶樹・寶林・寶衣・寶池・寶水・寶幢・寶蓋・寶華・寶網・寶樓・寶閣《ヲ》。入《ヘ》此《ノ》道場《ニ》。又請《ツル》一切《ノ》華林・華樹・華幢・華蓋・華樓《ロウ》・華閣《カク》・華宮・華殿・華衣《ヲ》。入《ヘ》此道場《ニ》。又請《ツル》一切《ノ》光雲《ウム》樹・光雲《ウム》林・光雲《ウム》網《マウ》・光雲衣《エ》・光雲蓋《ガイ》・光雲幢《ドウ》・光雲臺《ダイ》・光雲樓《ロウ》・光雲閣《カク》・光雲樂・光雲香・光雲池《チ》・光雲水《シキ》・光雲山《ヲ》。入《ヘ》此《ノ》道場《ニ》。又請《ツル》一切《ノ》香雲《ウム》山《サン》・香雲衣《エ》・香雲樹《ジュ》・香雲林・香雲網《マウ》・香雲蓋《ガイ》・香雲幢《ドウ》・香雲樓《ロウ》・香雲閣《カク》・香雲池《チ》・香雲水《シキ》・香雲光《クワウ》・香雲樂《ガク》・香雲華《クヱ》・香雲臺《ダイヲ》。入《ヘ》此道場《ニ》。又請《ツル》一切《ノ》寶雲山・寶雲樹・寶雲華・寶雲果《クワ》・寶雲衣《エ》・寶雲幢《ドウ》・寶雲蓋《ガイ》・寶雲網《マウ》・寶雲幡《ドウ》《バン》・寶雲樂《ガク》・寶雲樓・寶雲閣《カク》・寶雲光《クワウ》明《ミヤウ》・寶雲天《テン》衣《エ》・寶雲供《ク》養海《ヲ》。入《ヘ》此道場《ニ》。又請《ツル》一切《ノ》華《クヱ》雲《ウム》山《サン》・華雲林《リム》樹《ジュ》・華雲幢《ドウ》蓋・華雲衣《エ》服《ブク》・華雲羅《ラ》網《マウ》・華雲音樂・華雲臺《ダイ》座《ヲ》。入《ヘ》此道場《ニ》。又請《ツル》一切《ノ》天人《ニン》變《ヘン》化莊嚴供養海《カイ》、一切《ノ》聲聞變《ヘン》化莊嚴供《ク》養海《カイ》、一切《ノ》菩薩變《ヘン》化①莊嚴供養海《カイ》、一切《ノ》諸佛變化莊嚴供養海《ヲ》。如《ク》是等《ラノ》無量無邊恆沙《ノ》供養②《ス》。

①化　右◎抹消
②養　◎「ト歟」と右傍註記

1-815

529
種種《ノ》莊嚴《ヲ》悉《ク》皆《ナ》奉請《ス》。入《ヘ》此道場《ニ》。供養《ツル》一切《ノ》佛《ト》舍利竝《ナラビニ》眞法《ト》菩薩・聲聞衆《ニ》。受《ウケ》此《ヘノ》香華雲《ウム》莊嚴供養海《ヲ》。爲《メニ》滿《ゼムガ》施主衆生《ノ》願《ヲ》、隨①《テ》心《ニ》變《ヘン》現《ゲンセルヲ》受《ジュ》用《ヨウシテ》作《ヘ》佛事《ヲ》。供養已《ヌ》。人各至《シテ》心《ヲ》歸《クヰ》依《エ》合《ガフ》掌《シテ》禮《ツル》。

下接《テ》高《ニ》讚云。

願往生、願往生。願《クハ》在《テ》彌陀會《ノ》中《ニ》坐《シテ》、手《ニ》執《テ》香華《ヲ》常《ニ》供養《ラン》。

奉《ブ》請《ジャウ》既《ニ》竟《テ》卽《チ》須《ク》行《シ》道七遍《ス》。又使②《シメヨ》一人《ヲシテ》將《モチ》華《ヲ》在《テ》西《サイ》南《ナンノ》角《スミニ》立《テ》、待《マチテ》行道《ノ》人《ノ》至《イタラムヲ》卽《チ》盡《ク》行華《シテ》與《アタヘ》行道《ノ》衆等《ニ》。卽《チ》受《ケ》華《ヲ》竟《テ》不《レ》得《エ》卽《チ》散《ズルコトヲ》。且《ク》待《テ》各《ノ》自《ミ》標《シテ》心《ヲ》供養《ツル》。待《テ》行道《ノ》至《ランヲ》佛前《ニ》、卽《チ》隨《テ》意《ニ》散《ゼヨ》之《ヲ》。散《ジ》竟《テ》卽《チ》過《テ》、至《テ》行華《ノ》人《ノ》所《ロニ》更《ニ》受《ルコトヲ》華《ヲ》亦《タ》如《クニセヨ》前《ノ》法《ノ》。乃至七遍亦如《シ》是《ノ》。若《シ》行道訖《オハリナバ》、卽《チ》各依《テ》本坐處《ニ》立《シテ》、待《テ》唱《シャウ》梵《ボン》聲《ノ》盡《ムヲ》卽《チ》坐《セヨ》。

高接《シテ》下《ニ》勸《メテ》衆《ノ》行道《ヲ》卽《チ》云《イヘ》。

530　1-575
奉《リテ》請《ジ》一切《ノ》香華《ヲ》供養已《スデニ》訖《オハリヌ》。一切《ノ》恭敬《シテ》道場《ノ》衆等各執《テ》香華《ヲ》如《ク》法《ノ》行道《セヨ》。

行《ギャウ》道《ダウノ》讚《サン》梵《ボンノ》偈《ニ》云《ク》、

---

①隨　右◎「テ」の上一字抹消　1-816

②「使…等」二四字→◎使《シテ》《シメヨ》一人《ヲ》將《モチ》華《ヲ》在《テ》西《サイナンノスミニ》南角立《テ》待《マチテ》行道《ノ》人至《ノイタラムヲ》　卽《チ》盡《ク》行華《シテ》與《アタヘ》行道衆等《ニ》　使　◎「使《スナハチ》イ」と右傍註記

奉《ツル》請《ジ》彌陀世尊《ヲ》入《下ヘ》道場《ニ》 散華樂

奉《ツル》請《ジ》釋迦如來《ヲ》入《下ヘ》道場《ニ》 散華樂

奉《ル》請《ジ》十方《ノ》如來《ヲ》入《下ヘ》道場《ニ》 散華樂

道場《ノ》莊嚴極《メテ》清淨《ナリ》 天上・人間《ニ》無《シ》比《ヒ》量《リヤウ》

過《クワ》・現《ゲン》諸佛等《ノ》靈《リヤウ》等《トウ》 人《ニン》・天《デン》・龍《リウ》・鬼《クヰノ》中《ノ》法藏

全《ゼン》身《シン》・碎《サイ》身《シン》眞《シン》舍《シヤ》利《リ》 大衆《シユ》持《テ》華《ヲ》散《ジ》其《ノ》上《ニ》

瞻仰《シテ》尊顏《ゲンヲ》繞《コト》七帀《サウシテ》 梵《ボム》響《カウノ》聲等《シク》皆《ナ》供養《上ツル》

願《ハ》我《ガ》身淨《コト》如《ク》香爐《ロノ》 願《ハ》我《ガ》心如《クシテ》智慧《ノ》火《ノ》

念念《ニ》焚燒《シテ》戒《カイ》定《ノ》香《ヲ》 供養《ラム》十方三世《ノ》佛《ヲ》

①慚《ザム》愧《ス》釋迦大悲《ヒ》主《シユ》 十方恆沙《ノ》諸世尊《ヲ》

不《シテ》捨《テ》慈悲巧方便《ヲ》 共《ニ》讚《サンジ下エルコトヲ》彌陀《ノ》弘誓《ノ》門《ヲ》

弘《グ》誓《ゼイ》多《タ》門《ニシテ》四十八《ナレドモ》 偏《ニ》標《シテ》念佛《ヲ》最《モ》爲《ス》親《ト》

人能《ク》念《ズレバ》佛佛還《テ》念《下フ》 專《ニシテ》心《ヲ》想《エバ》佛《ヲ》佛知《下フ》人《ヲ》

一切迴《シテ》心《ヲ》向《ヘバ》安樂《ニ》 卽《チ》見眞金功德《ノ》身《ヲ》

①慚 ◎「四」と上欄にあり

淨土ノ莊嚴・諸ノ聖衆《シヤウジユ》　籠《ロウ》籠《ロウトシテ》常ニ在《イマス》行人ノ前

行者見《ミ》已テ心《シム》歡喜シテ　終ル時《キ》ニ從テ佛ニ坐ス金蓮

一念ニ乘《ジテ》華ニ到テ佛會ニ　卽《チ》證シテ不退ヲ入ル三賢ニ

下接シ梵人ノ聲ヲ立シテ讚ジテ云《イヘ》。

願往生、願往生。道場ノ衆等、爾許《ソコバクノ》多人、歷劫《リヤクコフヨリ》已來《コノタ》巡ル三界ニ。輪迴シテ六道ニ無シ休止《クスルコト》。希ニ見テ道場ヲ請ス佛會ヲ。親承《シテ》供養、難《ツルコトシ》思議。七周《シユ》行道シテ散《チラシ》華ヲ訖テ、悲喜《ヒキ》交流シテ願ズ滅罪ヲ。乘ジテ此ノ善根ニ生ジテ極樂ニ、華開テ見《ミ》佛ヲ證セム無爲ヲ。衆《シユ》等持《タモテ》心就《ツイテ》本座ニ、手ニ執テ香華ヲ常ニ供養ラム。

高接下讚云。　下接高讚云。

願往生、願往生。釋迦如來初發《シヨホチ》願ヨリ、頓《チニ》捨テ塵勞ヲ、修シ苦行ヲ、念念ニ精勤シテ無シ有《コト》退《コト》ズ。不ラ限日月及《ビ》歲年ヲ、大劫・小劫・僧祇《ソウギ》劫、過《クワ》踰《ユセリ》大地等ノ微塵ニ。不惜《オシマ》身財ヲ求《メ》妙法ヲ、慈悲誓願《ヲモテ》度ス衆生ヲ。普ク勸テ歸《シメテ》西安養國ニ、逍遙《セウエウ》快樂ニシテ得《エシム》三明ヲ。衆等各各傾テ①②身心ヲ、手ニ執テ香華ヲ常ニ供養ラム。

高接下讚云。

①傾身心　◎「傾テ身心ヲ」とあり

②身　右◎「ヲ」とあるを抹消

願往生、願往生。衆《シユ》等《トウ》齊《シテ》心《ヲ》生《ジ》渴《カチ》仰《ガウヲ》、慇《オン》懃《ゴンニ》頂禮《シテ》樂《ヒテ》聞《ケ》經《ヲ》。聖人《ノ》所《ロ》重《オモクスル》不《ザルニ》過《スギ》命《メイニハ》、不貪《ゼ》王位《ヲ》捨《テ》千頭《ツヲ》、七寸《ノ》長《キ》釘《チヤウ》《クギ》遍《ヘンシテ》體《ニ》入《イレドモ》、標《シテ》心《ヲ》爲《メニ》物《モノ、》不《ズ》生《ゼ》憂《ヲ》。自《ミ》取《テ》身皮《ヲ》寫《ウツス》經偈《ヲ》。普《ク》願《フ》群生《ヲシテ》入法《レムト》流《ニ》。千燈《トウ》炎《エン》炎《エントシテ》流《ス》身《ミノ》血《ヲ》。諸天泣《キウ》涙《ルイシテ》散《ジテ》華《ヲ》周《メグル》。感傷《スレバ》大士《ノ》身心《ノ》痛《イタミヲ》、微《ミ》微《ニ》含《テ》笑《セウヲ》願《テ》無《シ》瞋《リ》。仰《イデ》願《ハ》同《ク》聞《テ》同斷《ゼム》惡《ヲ》。難《ク》逢《ヒ》難《シ》遇《ヒ》。誓《ヲ》當《ニ》專《ラス》。念念《ニ》廻心《シムシテ》生《ズレバ》淨土《ニ》、畢命《ニ》入《ル》彼《ノ》涅槃《ノ》門《ニ》。各各《ニ》傾《テ》心《ヲ》無《ク》異《イ》想《サウ》、手《ニ》執《テ》香華《ヲ》常《ニ》供養《ツレ》。

下接高讚云。

願往生、願往生。曠劫已《ヨリ》來《コノカタ》居《シテ》生死《ニ》、三塗《ツニ》常《ニ》沒《シテ》苦《ク》皆《ナ》逕《ヘタリ》。始《メテ》服《ウケテ》人身《ヲ》聞《ク》正法《ヲ》。由《ナホ》如《シ》渴《カツ》者《ノ》得《エタルガ》清泉《センヲ》。念念《ニ》思《シ》聞《モンシテ》淨土《ノ》教《ヲ》、文《モン》文句《クニ》句誓《テ》當《ニ》勤《ツトム》。憶想長《スルニ》時流《ル》浪《ラウノ》苦《ヲ》、專心《ニ》聽《キ、テ》法《ヲ》入《ラム》眞門《ニ》。淨土《ノ》無生亦無《ナシ》別《ベチ》。究竟《シテノ》解脱《ヲ》金剛《ノ》身《ナリ》。以《テ》是《ノ》因縁《ヲ》請《ズ》高座《ヲ》。報《ジテ》佛《ノ》慈恩《ヲ》轉《ゼヨ》法輪《ヲ》。衆等身心《シム》皆《ナ》踊躍《シテ》、手《ニ》執《テ》香華《ヲ》常《ニ》供養《ラム》。

高接下讚云。　下接高讚云。

願往生、願往生。衆《シユ》生《ジヤウ》見《上ツレバ》佛《ヲ》心開悟《ス》。發願《シテ》同《ク》生《ゼヨ》諸佛《ノ》家《ニシテ》。住《シテヨリノ》此娑婆《ニ》

534 已來《タ》久《シク》、無《クシテ》功《ク》捨《スツル》命《チヲ》、劫《コフ》塵《ヂン》沙《ナリ》。自《ミ》覺心《スルニ》頑《ツタナクシ》神《ジン》識《シキ》鈍《ドンナレバヤ》、良由《ヨテ》地獄《ニ》臥《ス》銅車《ニ》。銅《ドウ》車《シヤ》炎《エン》炎《エントシテ》難《シ》居止《シシ》。一念之間《ニ》百《モ、タビ》千《ビ》死《ス》。非《ズ》直《タヾ》此《ノ》中《ニ》多《キノミニ》苦痛《ツウ》。一切《ノ》泥《ナイ》犁《リモ》亦《タ》如《シ》是《ノ》。泥《ナイ》犁《リニ》一《ビ》入《ヌレバ》過《スグ》塵劫《ヲ》。畜生・鬼道還《テ》如《シ》此《ノ》。今得《テ》人身《ヲ》貪《トムジテ》造《ツクリ》罪《ヲ》、諸佛《ノ》聖教生《ニ》非《ズ》毀《ヲ》。非毀聖《スル》教《ヲ》罪根深《シ》。謗說《シテ》良善《ヲ》苦《ニ》常《ニ》沈《ム》。大聖雖《ドモ》有《ト》神通力、無《ナクシテ》能《ク》相《ヒ》救《スクフコト》、益《マスマス》悲心《ス》。今勸《メテ》道場《ノ》時《ジ》衆《シユ》等《トウヲ》、發露懺悔罪《ノ》無窮《ナルヲ》。衆等同《クシテ》心《ヲ》彼《ノ》淨土《ニ》、手《ニ》執《テ》香華《ヲ》常《ニ》供養《ラム》。

高座待《テ》下座《ノ》聲《ノ》盡《ヲ》即懺《ジテ》云《ヘ》。

敬《テ》白《ス》道場《ノ》諸衆等《ニ》。今《マ》爲《メニ》施《セ》主《シユ》某《ム》甲《カウ》及《ビ》諸衆生《ノ》、歸命《ツル》十方《ノ》諸佛・龍《リウ》宮《グノ》法《ホフ》藏《ザウ》・舍利・眞《シン》形菩薩大士《ジ》・緣覺《ク》・聲聞《モン》等《ニ》。現在《シテ》道場《ニ》證明《シヘ》懺悔《ヲ》。又白《ス》天曹《サウ》・地府《フ》・閻《エン》天子・五道・太《タイ》山三十六王・地《ヂ》獄《ゴク》典《テン》領《リヤウ》・天神《ジン》・地神《ジン》・虛空神《ジン》・山林《リン》河《カ》海《カイ》一切靈《レイ》祇《ギ》及《ビ》衆《モロモロノ》賢聖等《ノ》、各《ノ》有《アル》天通・道眼《ゲン》・他《タ》心・宿命・漏
535 1-578 盡智人《ニ》。①現《ニ》在《リ》道場。證明《シヘ》弟子今日《ノ》施主某甲及《ビ》諸《ノ》衆生《ノ》披《ヒ》心懺悔《ヲ》。弟子道場衆等《トウ》、內《ナイ》外《ソコバクノ》爾許多人《ニン》、自《ヨリ》從過《クワ》去《コ》盡《ツクシテ》過去際《サイ》・現《ゲン》在際・未《ミ》來際《ヲ》、身口《ク》意業《フ》行住坐臥《ニ》、於《テ》一切《ノ》三寶・師《シ》僧《ソウ》・父母・六親《シン》眷《クエン》屬《ソク》・善知識《シキ》・

①現在道場　◎「現《ニ》在《リ》道場」とあり

法界衆生上具造一切惡。常起①一切惡、相續起一切惡、方便起一切惡障《シヤウ》・業《ゴフ》障・報《ホフ》障・煩《ボム》惱《ナウ》等《トウ》障、生死《ジ》罪障、不得見聞佛法僧《ソウ》障。弟子衆等、自從曠劫已來、乃至今身至今日、於其中間、作如是等罪。樂行多作無量無邊。能令②我等墮於地獄、無有出期。是故『經』（觀佛經卷五觀佛心品意）言、「阿《ア》鼻《ビ》地《ヂ》獄《ゴク》、十八寒《カン》冰《ベウ》地獄、十八黑《コク》闇《アン》地獄、十八小熱《ネチ》地獄、十八刀《タウ》輪《リン》地獄、十八劍《ケン》輪《リン》地獄、十八火《クワ》車《シヤ》《ヒノクルマ》地獄、十八沸《ヒ》屎《シ》地獄、十八鑊《クワン》《カナエ》湯《タウ》地獄、十八③灰《クヱ》河《ガ》《クヨクノカワ》地獄、五百億刀《タウ》林《リン》地獄、五百億劍《ケン》林《リン》地獄、五百億刺《シ》《サス》林《リン》地獄、五百億銅《ドウ》柱《チウ》《アカヾネノハシラ》地獄、五百億鐵《テツ》鑯《キ》《クロガネノハタモノ》地獄、五百億鐵《テチ》網《マウ》《クロガネノアミ》地獄、十八鐵《テチ》窟《クツ》《アナ》地獄、十八鐵丸地獄、十八火《クワ》石《シヤク》《ヒノイシノ》地獄、十八飲《オン》《ノム》銅《ドウ》《アカヾネノユヲ》地《ヂ》獄《ゴク》、如是等衆多地獄。佛言、阿《ア》鼻《ビ》地獄、縱《ジユ》《フカサ》廣《クワウ》《ヒロサ》正等八萬由旬。七重鐵《テチ》城《ジヤウ》、七層《ソウ》鐵《テチ》網。下十八隔《キヤク》、周帀七重、皆是刀《タウ》林。七重城内復有劍《ケン》林《リン》。下十八隔、有八萬四千重。於其四角有大④銅《ドウ》狗《ク》《アカヾネノイヌ》。其身廣長四十由旬。眼如掣《セイ》《ヒラメク》電《デン》、牙《キバ》如劍《ケン》樹、齒《ハ》如刀山、舌如鐵《テチ》刺《シ》《ウハラノ》。一切身毛皆出猛火。其煙《ケブリ》臭《シユ》惡世間臭《クサキ》物、無以可譬。有十八獄《ゴク》卒《ソツ》。頭如羅《ラ》剎《セチ》頭、口如夜叉、

①起　◎「オサシイ本」と右傍註記
②令我等墮於地獄→◎令我等墮於地獄
③灰　右◎「クヱ」とあるを抹消し「クヱ」と訂記
④大　右◎「ナル」と上書訂記

口《ノ》㆒。六十四《ノ》眼《アリ》。眼《ヨリ》散《サン》㆓迸《ベイス》《ホトバシラム》鐵《テチ》丸《ヲ》㆒、如《シ》㆓十里車《ノ》㆒。鉤《マガレル》牙《キバ》上《ミニ》出《デ》、高《サ》四由旬《ナリ》。牙《バノ》頭《ハシヨリ》火流《レテ》、焼《ヤク》㆓前《サキノ》鐵《テチ》車《シヤヲ》㆒。①令《シム》㆔鐵車《シヤ》輪《ノ》一一《ノ》輪輞《マウヲシテ》化《シテ》爲《ナサ》㆓一億《ノ》火《クワ》刀《タウ》・鋒《フン》刃《ニン》・劍《ケン》戟《ゲキト》㆒。皆《ナ》從《ヨリ》㆑火出《タリ》。如《キノ》㆑是《ノ》流‐火焼《ヤク》㆓阿鼻②城《ヲ》㆒。令《シム》㆔阿鼻城《ノ》赤《アカキコト》如《シト》㆓融《ワケル》銅《ネノ》㆒。獄卒《ノ》頭《ノ》上《エニ》有《リ》㆓八《ツノ》牛頭《ツ》㆒。一一《ノ》牛頭《ニ》有《リ》㆓十八《ノ》角《ツノ》㆒。一一《ノ》角《ツノ、》頭《ヨリ》皆《ナ》出《ス》㆓火聚《ヲ》㆒。火聚復《タ》化《シテ》成《ズ》㆓十八《ノ》輞《マウヲ》㆒。火輞復《タ》變《ジテ》作《ナル》㆓火刀輪《ト》㆒。如《シ》㆓車輪許《バカリノ》㆒。輪輪相《ヒ》次《テ》、在《テ》㆓火炎《ノ》間《ダニ》㆒滿《テリ》㆓阿鼻城《ニ》㆒。銅《ドウ》‐狗《ク》張《ハリ》㆑口《ヲ》、吐《ハイテ》㆑舌《ヲ》在《オク》㆑地《ニ》。舌《タハ》如《シ》㆓鐵《テチ》刺《シノ》㆒。舌《ノ》出《ル》之時、化《シテ》㆓無量《ノ》舌《ヲ》㆒滿《ツ》㆓阿鼻城《ニ》㆒。七重《ノ》城《ノ》内《ニ》有《リ》㆓四《ツノ》鐵幢《ドウ》《ハタボコ》㆒。幢《ノ》頭《ニ》火流《レテ》如《シ》㆓沸《ワキ》涌《ワケル》泉《イツミノ》㆒。其《ノ》鐵流《ナガレ》迸《ホトバシテ》滿《ツ》㆓阿鼻城《ニ》㆒。阿鼻《ニ》四門《アリ》。於《テ》㆓門閫《コムノ》上《エニ》㆒有《リ》㆓八十《ノ》釜《カマ》㆒。沸《ヒ》銅《ドウ》涌《ワキ》出《デ》、從《ヨリ》㆑門漫《マン》流《ルシテ》滿《ツ》㆓阿鼻城《ニ》㆒。一一《ノ》隔《ヘダテノ》間《ニ》③有《リ》㆓八萬四千《ノ》鐵蟒《マウ》《ヤマカヾチ》・大蛇㆒、吐《ハキ》㆑毒吐《テ》㆑火《ヲ》、身滿《ツ》㆓城《ノ》内《ニ》㆒。其《ノ》蛇哮《ケウ》《タケリ》吼《クスルコト》《ホウル》如《シ》㆓天《ノ》震雷《ノ》㆒。雨《フリテ》㆓火鐵《ノ》丸《ヲ》㆒滿《ツ》㆓阿鼻城《ニ》㆒。此《ノ》城《ノ》苦《ク》事《ジハ》八萬億千《ナリ》。苦《ノ》中《ノ》苦《ナル》者《モノヲ》集《アツメテ》、在《オク》《オケリ》㆓此《ノ》城《ニ》㆒。五百億《ノ》蟲《ムシアリ》。蟲《ニ》八萬四千《ノ》嘴《クチバシアリ》。嘴《ノ》頭《ハシヨリ》火流《ナガレテ》如《ク》㆑雨《アメノ》而《シテ》下《テ》滿《ツ》㆓阿鼻城《ニ》㆒。此《ノ》蟲《ノ》下《ル》時《キ》、阿鼻《ノ》猛火其《ソノ》炎《ホノヲ》大《キニ》熾《カンナリ》。赤‐光《ノ》火‐炎《エン》照《ス》㆓八萬四千由旬《ヲ》㆒。從《ヨリ》㆓阿鼻地獄《ノ》上《ミ》㆒、衝《ツクニ》㆓大海《ノ》沃《ヲク》燋《セウ》山《ノ》下《シタヲ》㆒、大海《ノ》水《ツ》滞《シタ、テ、》如《シ》㆓車軸《ヂク》許《バカリノ》㆒。成《テ》㆓大鐵《ノ》炎《エント》㆒滿《ツ》㆓阿鼻城《ニ》㆒。佛《ノ》言《ハク》、若《シ》有《テ》㆓衆生㆒、殺《セチ》㆓‐害《シ》三寶《ヲ》㆒、偸《チウ》㆓‐劫《シ》三寶《ヲ》㆒、汚《ワ》㆓‐染《ゼンシ》三寶《ヲ》㆒、欺《ゴ》㆓‐誑《ワウシ》三寶《ヲ》㆒、謗㆓‐毀《シ》三寶《ヲ》㆒、破㆓‐

---

①「令…戟」一八字↓◎令《シテ》《シム》㆔鐵車《シヤノ》輪一一《ノ》輪輞《マウヲシテ》㆒化《シテ》爲《ナサ》㆗一億《ノ》火刀鋒刃劍戟《クワタウフンニンケンゲキト》㆖

②鼻 ◎下に挿入符号あり、「或イ本 地獄」と上欄註記 1-822

③有八萬四千鐵蟒大蛇 ◎「有《リ》㆓八萬四千《ノ》鐵蟒《マウ》《ヤマカヾチ》㆒大蛇㆓」とあり

壞《ス》三寶《ヲ》。殺《セチ》害《ガイシ》父母《ヲ》、偸劫《シ》父母《ヲ》、汚《ワ》染《シ》父母《ヲ》、欺《ゴ》誑《シ》父母《ヲ》、謗毀《シ》父母《ヲ》、破壞《ス》
父母《ヲ》。罵《メ》辱《ニクス》六親《シンヲ》《シタシキ》。作《ツクレル》如《ク》是《ノ》等《ノ》殺逆罪《ヲ》者《モノ》、命終之時《キニ》、銅狗《ク》張《ハテ》口《ヲ》化《ス》十八
車《ヲ》。狀《カタチ》如《シ》金車《ノ》。寶蓋《ガイ》在《アリ》上《ニ》、一切《ノ》火炎《エムハ》化《シテ》爲《ナル》玉《ギヨク》女《ト》。罪人遙《ハルカニ》見《テ》心《ニ》生《ジテ》歡喜《ヲ》、
我《レ》欲《ヒ》往《ユカント》中《ニ》、我《レ》欲《フ》住《セムト》中《ニ》。風《フ》刀《タウ》解《トク》時《キ》、寒《カン》急《ニシテ》《キウ》失《ウシナフ》《ウシナフ》聲《ヲ》。寧《ロ》得《テ》好《キ》《カウ》火《ヲ》在《テ》車《ノ》上《ニ》坐《シテ》、
然《シテ》火《ニ》自《ホシキマヽニ》爆《アブラル》《アブラレン》。作《シ》是《ノ》念《ヲ》已《ハテ》卽《チ》便命終《ヌ》。揮《クヰ》霍《クワクノ》之間《ニ》已《ニ》坐《シテ》金車《ニ》、顧《カエリミマモレバ》瞻《マモレバ》玉女《ヲ》、
皆《ナ》捉《トリテ》鐵《ノ》斧《ヲノヲ》斬《ゼン》《キリ》截《サイス》《キル》其《ノ》身《ヲ》。身《ノ》下《ニ》火起《ヲコル》如《シ》旋《セン》火《クワ》輪《リンノ》。譬《エバ》如《クニ》壯《シヤウ》士《ジノ》屈《クツ》伸《シムスル》臂《ヒヂヲ》頃《アヒダノ》、
直《チニ》落《ツ》阿鼻大地獄《ノ》中《ニ》。從《ヨ》於《リ》上《ノ》隔《ヘダテ》如《クシテ》旋《セン》火《クワ》輪《リンノ》至《ル》下隔《キヤク》際《ハニ》。身遍《ヘンス》隔《キヤク》內《ニ》。銅《ドウ》
狗《ク》大《キニ》吼《ホエテ》齧《クラヒ》骨《ヲ》、唼《スフ》髓《ヲ》。獄卒・羅《ラ》刹《セチ》捉《トル》大《ナル》鐵《ノ》《クロガネノ》叉《ヒシヲ》。叉《ノ》頸《クビヨリ》令《メテ》起《サ》遍《スル》體《ニ》火炎《ヲ》滿《ツ》阿
鼻城《ニ》。鐵網《ヨリ》雨《テ》刀《ヲ》從《ヨリ》毛孔《ク》入《ル》。化閻《エン》羅《ラ》王大《ナル》聲《ヲモテ》告《ガウ》勅《チヨクス》癡人《ニ》。獄《ゴク》種《シユ》、汝《ヂ》在《シ》世《ニ》

時《キ》、不孝《セ》父母《ニ》、邪慢《マン》無道《ナリキ》。汝《ヂガ》今《ノ》生《ズル》處《トコロヲバ》名《ク》阿鼻獄《ト》。汝《ヂ》不《ズ》知《ラ》恩《ヲ》、無《クシテ》有《コト》慚愧
受《ク》此《ノ》苦《ク》惱《ヲ》。爲《センヤ》樂《タノシミト》不《イナ》耶《ヤ》。作《シ》是《ノ》語《ヲ》已《テ》卽《チ》滅《シテ》不《ズ》現《ゼ》。爾《ノ》時《ニ》獄卒復《タ》驅《カテ》罪人《ヲ》、
從《ヨ》於《リ》下《シモノ》隔《ヘダテ》《キヤウ》乃至上《ミノ》隔《テマデ》、經歷《シテ》八萬四千《ノ》隔《ノ》中《ニ》、揮《ウチ》身《ヲ》而《テ》過《ギテ》《クワシテ》至《イタル》鐵《テチ》網《ノ》《マウノ》際《キハニ》《キワニ》。一
日一夜《ハ》當《アタレリ》此《ノ》閻浮提《ノ》日月歲《サイ》數《シユ》六十小劫《ニ》。如《クシテ》是《ノ》壽命盡《ス》一大劫《ヲ》。五
逆《ノ》罪人《ニン》無慚《ザム》無愧《グヰニシテ》造作《スルガ》五逆《ノ》罪《ヲ》故《ニ》、臨《ソテ》命終《ノ》時《ニ》、十八《ノ》風《フ》刀《タウ》如《クシテ》鐵火車《ノ》

解《トキ》截《キル》其《ノ》身《ヲ》。以《テノ》熱《ネチニ》逼《ヒチスルヲ》故《ニ》便《チ》作《ク》《ス》是《ノ》言《ヲ》、得《テ》好色《シキノ》華清涼《リヤウ》大樹《ジユヲ》、於《シテ》下《シタニ》遊戲《ゲセム》、不《ラム》
亦《タ》樂《タノシカラ》乎《ヤ》。作《ス》此《ノ》念《ヲ》時《キ》、阿鼻地獄《ノ》八萬四千《ノ》諸惡劍《ケン》林《リン》化《シテ》作《ナル》寶樹《ト》。華菓《クワ》
茂《ム》盛《ジヤウナリ》。行列《シテ》在《リ》前《ニ》。大熱《ネチノ》火炎化《シテ》爲《ナテ》蓮華《ト》、在《リ》彼《ノ》樹《ノ》下《ニ》。罪人《ニン》見《ミ》已《ハテ》、我《ガ》所願《ノ》
者《ハ》今《マ》已《デニ》得《エタリ》果《ハタスコトヲ》。作《ス》是《ノ》語《ヲ》時《キ》、疾《スミヤカニシテ》於《ヨリモ》暴《ボ》雨《ウ》坐《ス》蓮華《ノ》上《ニ》。坐《シ》已《ヌレバ》須臾《ニ》鐵《ノ》嘴《クチバシノ》諸《ノ》
蟲《ムシ》從《ヨリ》火《クワ》華《クヱ》起《オコリテ》、穿《ウガテ》《テ》骨《ヲ》入《リ》髓《ニ》、徹《トオリ》①心《キモヲ》穿《ウガツ》腦《ナヅキヲ》。攀《ヨヂテ》樹《キニ》而《テ》上《ノボレバ》、一切《ノ》劍《ケン》枝《シ》削《ケヅリ》肉《シヽヲ》徹《トオル》骨《ヲ》。
1-581
無《ム》量《ノ》刀林《リムアリ》、當《アタテ》上《ニ》而《テ》下《クダレバ》、火《クワ》車《シヤ》・爐《ロ》炭《タン》十八《ノ》苦《ク》事《ジ》一時《ニ》來迎《ス》。此《ノ》相現《ズル》時《キ》、陷《カム》
墜《ツイシテ》地下《ニ》、從《ヨリ》下《ゲ》隔《キヤウ》上《ル》。身《ハ》如《クシテ》華《クヱノ》②敷《ヒラクルガ》遍滿《ス》下隔《ニ》。從《ヨリ》下隔起《オコレル》火炎《ノ》猛《タケク》熾《サカンナルヲ》《ニシテ》至《ル》
於《ニ》上《ノ》隔《ク》。至《リ》③上《ジヤウ》隔《キヤクニ》已《ハテ》、身《ニ》滿《ツ》其《ノ》中《ニ》。熱《ネチ》惱《ナウスルコト》急《ナルガ》故《ニ》、張《ハリ》眼《ヲ》吐《ハク》舌《ヲ》。此《ノ》人《ト》罪《ツミノ》故《ヘニ》萬
億《ノ》融《ユ》銅《ドウ》、百千《ノ》刀《タウ》輪《リン》從《ヨリ》空中下《テ》頭《ベヨリ》入《テ》足《ニ》出《ヅ》。一切《ノ》苦《ク》事《ジ》過《タルコト》於上《ノ》說《セチ》百千
540
萬倍《ナリ》。具《セル》五逆《クヲ》者《モノ》、其《ノ》人受《テ》苦《ヲ》足《ソク》滿《マンス》五劫《ヲ》。」弟《デ》子《シ》道場衆等自從《ヨリ》元《グワン》身《シン》已
來《タ》乃至《シ》今身《ジン》至《ルマデ》於《ニ》今日、於《テ》其《ノ》中間《ニ》放《ホシキ》縱《シテ》《ホシキマヽニシテ》三業《ヲ》作《ツクル》如《ク》是《ノ》等《ラノ》罪《ヲ》。樂《ゲウ》行多《タ》
作《サ》無量無邊《ヘンナリ》。今《イマ》聞《クニ》佛說《ノ》阿鼻地獄《ヲ》、心《ロ》驚《キ》毛《ケ》竪《イヨダツ》。怖《フ》《オソレ》懼《ク》《オソル》無《ム》量《リヤウニ》《ナリ》、慚《ザム》愧《グキ》無量《ナリ》。
今對《シテ》道場《ノ》凡聖《ニ》發露《ロ》懺悔《ス》。願《ハ》罪《ミ》消滅《シテ》永《ク》盡《シテ》無《ラム》餘《ヨ》。懺悔《シ》已《ヌ》。至《テ》心《ヲ》歸命《シ》
禮阿彌陀佛《ニ》。

①心　右◎「キモヲ」と上書訂記
②敷　右◎「ヒラクルガ」と上書訂記
③上　右◎「ジヤウ」と上書訂記

1-824

下接高讚云。

懺悔已《ヌ》。至《テ》心《ヲ》歸命《シテ》禮《上ツル》阿彌陀佛《ヲ》。

高接下懺云。

弟《デ》子《シ》道場衆等《トウ》自《ヨリ》從曠劫已《コノ》來《タ》乃至《シ》今《コム》身《ジン》至《ルマデ》於《ニ》今日、於《テ》其《ノ》中間《ニ》放縱《ホシキマヽニシテ》身《シン》口《ク》意《イ》業《ヲ》造《ル》一切《ノ》罪《ヲ》。或《ハ》破《ハシ》五戒・八戒・十戒・三歸《クヰ》戒・四不《フ》壞《ヱ》信戒《カイ》・三業《ゴフ》戒・十無盡《ジン》戒・聲聞戒・大乘《ジヨウ》戒及《ビ》一切威《ヰ》儀《ギ》戒・四重八戒等《トウヲ》、虛食《ムナシクジキシ》信《シン》施《セヲ》、誹《ヒ》謗《ハウ》邪見《ニシテ》不《ズ》識《サトラ》因果《ヲ》、斷《ジ》學《コトヲ》波《ハ》若《ヲ》、毀《ソシリ》十方《ノ》佛《ヲ》、偸《ム》《ヌスミ》僧祇物《ヲ》、婬泆無道《ニシテ》逼《ヒツ》掠《シテ》淨戒《ノ》諸《ノ》比《ビ》丘《ク》尼《ニ》・姉《シ》妹《マイ》・親《シン》戚《シクヲ》《セキヲ》不《ズ》知《シラ》慚愧《ヲ》、毀《クヰ》辱《ニクシ》所《シヨ》親《シンヲ》造《ツクル》衆《ノ》惡事《ヲ》。或《ハ》樂《ネガテ》行《ジテ》十惡《ヲ》不《ル》修《セ》十善《ヲ》障《リヲ》、樂《テ》行《ジテ》八苦《ヲ》不《ズ》持《タモタ》八戒《ヲ》障《リ》、樂《テ》行《ジテ》三毒《ヲ》不《ズ》受《ウケ》三歸《ヲ》障《リ》、樂《テ》行《ジテ》五逆《ヲ》不持《タ》五戒《ヲ》障《リ》、樂《テ》行《ジテ》地獄極苦《ノ》業《ヲ》不《ズ》修《セ》淨土《ド》極樂《ヲ》障《リ》、樂《テ》行《ジテ》畜生・愚癡《ノ》業《ヲ》不《ズ》修《セ》智慧《ヱ》・慈《ジ》悲《ヲ》障《リ》、樂《テ》行《ジテ》慳《ケン》貪《ドン》・餓鬼・嫉《シチ》妬《ノ》業《ヲ》不《ズ》行《ゼ》布施《セ》利他《ヲ》障《リ》、樂《テ》行《ジテ》諂《テン》曲《ゴク》・虛詐《ノ》修羅《ノ》業《ヲ》不行《ゼ》眞實言信《シン》不相《サウ》違《ヰヲ》障《リ》、樂《テ》行《ジテ》瞋《シム》惱《ナウ》・殺《セチ》害《ガイ》・毒《ドク》龍《ノ》業《ヲ》不《ズ》行《ゼ》歡喜慈心《ヲ》障《リ》、樂《テ》行《ジテ》我《ガ》慢《マンノ》自《ジ》大《ダイ》下賤《セン》不《フ》自《ジ》在《ノ》業《ヲ》不《ズ》行《ゼ》謙《ケン》下《ゲ》・敬《キヤウ》上・尊《ソン》貴《クヰヲ》障《リ》、樂《テ》行《ジテ》邪《ジヤ》見《ケン》・破《ハ》戒《カイ》・破《ハ》見《ケン》・惡《アク》見《ニシテ》謂《オモエル》修善《ヲ》無《ナシ》福《フク》、造《クテ》惡《ヲ》無《ナシト》殃《ツミ》外道・闡《セン》提《ノ》業《ヲ》不《ザル》行《ゼ》正見《ケン》禁《キム》行出世往生淨土《ヲ》障《リ》、樂《テ》行《ジテ》破滅《シ》三寶《ヲ》壞《ヤブル》人《ノ》善事《ヲ》惡《アク》鬼《ノ》業《ヲ》不①《ズ》行《ゼ》護《ゴ》惜《シャク》三寶《ヲ》成《ジ》人《ノ》功德《ヲ》具足《コトヲ》障《リ》、樂《テ》受《テ》三界人天長時縛《バク》繫《ケノ》業《ヲ》不貪《トムゼ》淨土《ド》無生解脫《ヲ》障《リ》、樂《テ》受《テ》二乘狹《ケフ》劣《レチノ》業《ヲ》不《ズ》行《ゼ》菩薩廣大《ノ》慈悲《ヲ》障《リ》、樂《テ》行《ジテ》親近惡友《ウノ》業《ヲ》不《ル》樂《ハ》親《シン》近《ゴンスルコトヲ》諸佛・菩薩・善知識《ヲ》障《リ》、樂《テ》行《ジテ》六貪《トン》・六弊《ヘイノ》業《ヲ》不《ズ》行《ゼ》六度・四攝《ヲ》障《リ》、樂《テ》行《ジテ》不識因果觝《テイ》《ケン》突《トツノ》業《ヲ》不《ズ》知《ラ》身《シン》中《チウニ》有《コトヲ》如來《ノ》佛性障《リ》、樂《テ》行《ジテ》貪《トム》噉《ダンスル》一切衆生酒《シュ》・肉《ニク》・五辛《シンヲ》多病短《タン》命《ノ》業《ヲ》不《ザル》行《ゼ》慈心《シテ》樂《ヒ》聞《コトヲ》佛法僧《ヲ》香華供養《ヲ》障《リ》、如《クノ》是《ノ》障罪《ザイハ》自作《サ》教《ケウ》他《タ》、見《ケン》作《サ》隨喜《シ》《ナリ》。若《ハ》故《コトサラニ》作《シ》、悞《アヤマテ》作、戲《ケ》笑《セウシテ》作《シ》、瞋《シム》嫌《ケンシテ》作、違《ヰ》順《ジユン》愛憎《シテ》作《コト》無量無邊《ナリ》。思量《スルニ》不《ズ》可《ラ》盡《ス》、不可盡②《ス》。說《トクトモ》不可說《ナリ》。亦《タ》如《クニ》大地微《ミ》塵《ヂンノ》無數《ニ》、虛《コ》空《クウノ》無邊《ヘン》、法界《ノ》無邊《ヘン》、法性《ノ》無邊《ヘン》、方便《ノ》無邊《ナルガ》、我《レ》及《ビ》衆生《ノ》造罪《モ》亦《マ》復《タ》如《シ》是《ノ》。如《キ》是《ノ》等《ノ》罪《ツミ》、上《ミ》至《イタリ》諸《ノ》菩薩《ニ》下《モ》至《マデ》聲聞・緣覺《ニ》、所《ロナリ》不《ザル》能《ハ》知《ルコトヤ、》。唯《タマ》佛《ト》與佛《ノミ》乃《チ》能《ク》知《シリ下ヘリ》我《ガ》罪《ミ》之《ノ》多少《ヲ》。『地獄經《ニ》』（觀佛經卷五觀佛心品意）云《ク》、「若《シ》有《テ》衆生作《ツクル》是《ノ》罪《ヲ》者《ハ》、臨《テ》命終《ノ》時《ニ》風刀解《トクニ》身《ヲ》、偃《エン》臥《グワ》不《ズ》定《サダマラ》、如《シ》被《カブルガ》《カブホルガ》楚《キム》③撻《ツ》《タチヲ》。其《ノ》心荒《クワウ》越《オツニシテ》發《ス》狂《ワウ》癡《チノ》想《ヲ》。見《ミレバ》己《オノレガ》室《シチ》宅《ヲ》、男《ナン》女大小一切皆《ナ》是《レ》不《フ》淨《ジヤウ》之《ノ》物《ナリ》。屎《シ》《クソ》尿《ネイネイ》《ユバリ》臭《クサキ》處《ショ》盈④《マウ》流《ルセリ》于《ニ》外《カ》。爾《ノ》時《ニ》罪

①「不…足」一二字→◎不《ズ》行《ゼ》護《ゴ》惜《シャク》三寶《ヲ》成《ジ》人《ノ》功德《ヲ》具足《コトヲ》
②盡　右◎「ス」と上書訂記
③楚　◎「ソ歟」と左傍註記
④盈　◎「ヤウ歟」と右傍註記
1-826

人《ニン》即《チ》作《ス》是《ノ》語《ヲ》。云《イカンゾ》何此《ノ》處《ロニ》①無《クシテ》好《ヨキ》城《ジヤウ》郭《クワク》及《ビ》好《ヨキ》山《サン》林《ノ》使《シムル》《ムルコト》②吾《ワレヲシテ》遊戲《セ》、乃《チ》處《セシムル》如《クノ》
此《ノ》不淨《ノ》物《ノ》、間《ニ》。作《ナシ》是《ノ》語《ヲ》已《レバ》、獄《ゴク》卒《ソツ》・羅刹《セチ》以《テ》大《ナル》鐵《ノ》叉《ヒシヲ》擎《サ、ゲテ》阿鼻獄及《ビ》諸《ノ》刀林《ヲ》、
化《シテ》作《ナス》寶樹及《ビ》清涼池《ト》。火炎《ハ》化《シテ》作《ナル》金③葉《ノ》蓮《レン》華《ト》。諸《ノ》鐵《ノ》嘴《クチバシアル》蟲《ハ》化《シテ》爲《ナル》鳧《フ》雁《ガント》。地
獄《ノ》痛《ツウ》聲《ハ》如《シ》歌《カ》詠《ヰヤウノ》音《ノ》。罪人聞《キ、》已《テ》、如《キノ》此《ノ》好《キ》處《ロニ》吾當《ニ》《シト》遊《ブ》中《ニ》。念《ヒ》已《レバ》尋《テ》時《ニ》坐《ス》火《クワ》
蓮華《ニ》。諸《ノ》鐵《ノ》嘴《クチアル》《ノ》蟲《シ》從《ヨリ》身《ノ》毛孔《ク》唼《スヒ》食《クラフ》其《ノ》軀《ミヲ》。百千《ノ》鐵《テチ》輪《リン》從《ヨリ》頂《ノ》上入《ル》。恆沙《ノ》鐵《ノ》
叉《ヲモテ》挑《クジル》其《ノ》眼精《ヲ》。地獄《ノ》銅《ドウ》狗《ク》化作《シテ》百億《ノ》鐵《テチ》狗《クヲ》、競《テ》分《チテ》其《ノ》身《ヲ》取《トンデ》心《キモヲ》而食《ス》。俄《ニワカニ》爾《ジ》
之《ノ》間《ニ》身《ミ》如《クシテ》鐵華《ノ》滿《ツ》十八隔《キヤク》中《ニ》。一一《ノ》華葉《エウ》八萬四千《ナリ》。一一《ノ》葉《ノ》頭《ハシノ》《ニ》、身《シン》手《シュ》
支《シ》節《セチナリ》《ヲシテ》。在《リ》一隔《ノ》間《ニ》。地獄不《モ》大《ナラ》、此《ノ》身《ミモ》不《ズシテ》小《ラ》、遍《ス》滿《ス》如《クノ》此《ノ》大地獄《ノ》中《ニ》。此《ラノ》等罪《ザイ》
人《ニン》墮《シテ》此《ノ》地獄《ニ》經歷《ス》八萬四千大劫《ヲ》。此《ノ》泥犂《リニ》滅《シテ》、復入《テ》東方《ノ》十八隔《ノ》中《ニ》
如《クニ》前《ノ》受《ク》苦《ヲ》。此《ノ》阿鼻獄《ノ》④南《ミナミニ》亦《タ》十八《ノ》隔《テ》、西《ニ》亦《タ》十八《ノ》隔《テ》、北《ニ》亦《タ》十八《ノ》隔《テアリ》。謗《ジ》方
等經《ヲ》、具《グシ》五逆罪《ヲ》、破壞《シ》僧祇《ヲ》、汚《ケガシ》比丘尼《ニヲ》、斷《ズル》諸《ノ》善根《ヲ》如《キノ》此《ノ》罪人、具《セル》衆罪《ヲ》
者《ノ》、身《ハ》滿《チ》阿鼻獄《ニ》、四支《ハ》復《タ》滿《ツ》十八《ノ》隔《ノ》中《ニ》。此《ノ》阿鼻獄《ハ》但《タヾ》燒《ヤク》如《クノ》此《ノ》獄種《ノ》衆
生《ノミヲ》。劫欲《スル》盡《ムト》時《キ》、東門《モン》即《チ》開《ク》。見《レバ》東門《ノ》外《ヲ》、清泉《セン》・流《ル》水《シヰ》・華菓《クワ》・林樹一切倶《トモニ》現《ズ》。
是《ノ》諸《ノ》罪人從《ヨリ》下《モノ》隔《テ》見《ルニ》、眼《ニ》火暫《シバラク》歇《ツキヌ》。從《リ》下《モノ》隔《テ》起《タチ》婉《エン》《ワダカマリ》轉腹《フク》《ハラバフ》行《シテ》、捶《ウチテ》《ウテ》身《ミヲ》上《サマニ》走《ハシテ》到《ルニ》

1-584 544

①「無…戲」一二字→◎無《クシテ》好《ヨキ》城《ジヤウ》郭《クワク》及好《ビヨキ》山《サン》林《ノ》使《シテ》《シムル》《ムルコト》吾《ワレヲ》遊戲《セ》
②吾　右◎「ワレヲ」と上書訂記
③葉　◎「葉」と下欄註記
④南　右◎「ミナミニ」と上書訂記

1-827

上《ノ》隔《ノ》中《ニ》、手《ニ》攀《ヨヅ》刀輪《ヲ》。時《ニ》虚空《ノ》中《ニ》雨《フル》熱《ネチ》鐵《テチ》丸《グワンヲ》。走《ハシリ》趣《オモムイテ》東門《ニ》既《ニ》至《イタレバ》門閫《コンニ》、獄卒・羅《ラ》刹《セチ》手《ニ》捉《トテ》鐵《ノ》叉《ヒシヲ》、逆《サカサマニ》刺《サス》其《ノ》眼《ヲ》。鐵《ノ》狗《イヌ》齧《クラフニ》心《キモヲ》、悶絶而《シテ》死《ス》。死《シ》已《レバ》復《タ》生《ズ》。見《レバ》南門《ヲ》開《ヒラケタリ》。如《クシテ》前《ノ》不《ズ》異《ナラ》。如《ノ》是西門《モン》・北門亦《タ》皆《ナ》如《シ》此《ノ》。如《シ》此《ノ》時《ノ》間《ヒダニ》經《キヤウ》歷《ス》半《ハン》劫《ヲ》。阿鼻獄《ニ》死《シテ》生《ズ》寒《カン》冰《ノ》中《ニ》、寒《カン》冰《ベウ》獄《ニ》死《シテ》生《ズ》黑闇處《ニ》。八千萬歲《ザイ》目《メニ》無《ナシ》所《ロ》見《ミル》。受《テ》大蛇《ジヤノ》身《ヲ》婉《エン》轉《デン》《ワダカマリ》腹《フク》行《ハラバフ》《シテ》、諸《シヨ》情《ジヤウ》闇《アン》塞《ソクニシテ》無《シ》所《ロ》解知《スル》。百千《ノ》狐《コ》狼《ラウ》牽《ケン》《ヒキ》掣《セイニシテ》《サイテ》食《ス》之《ヲ》。命終之《ノ》後《チ》生《ズ》畜《チク》生《ノ》中《ニ》。五千萬身《シンニ》受《ク》鳥《テウ》獸《ジユノ》形《チヲ》。還《テ》生《ジテ》人中《ニ》、聾《リヨウ》盲《マウ》瘖《オム》瘂《ア》・疥《ケ》《ハタケ》癩《ライ》《カサ》癰《オウ》《ヰヨウ》疽《ソ》・貧《ビン》窮《グ》下《ゲ》賤《センニシテ》、一切《ノ》諸衰《スイヲ》以《モテ》爲《ス》嚴《ゴム》飾《ジキト》。受《テ》此《ノ》賤《セン》身《ヲ》經《テ》五百身《ヲ》、後《チニ》還《テ》得《ウ》生《ズルコトヲ》餓《ガ》鬼《クヰ》之《ノ》中《ニ》。如是等《ラノ》輪《リン》廻《コトヲ》三惡《ニ》無量無邊《ナリ》。弟《デ》子《シ》衆等今《マ》聞《クニ》地獄《ヲ》、心驚《オドロキ》毛《ミノケ》竪《ヨダチテ》、怖《フ》懼《クスルコト》無量《ナリ》。恐《オソラクハ》畏殘《ザン》殃《アフ》不《ズ》《シテ》盡《キズ》復還《テ》流浪《セムコトヲ》。今生已《ヨリ》來《ノカタ》縱《ホシキマ、ニシテ》暴三業《ヲ》造《ツクル》衆《ノ》重罪《ヲ》。若《シ》不《ズハ》懺悔《セ》、定《メテ》招《マネイテ》此《ノ》苦《ヲ》無《ム》有《コト》出《ル》期《ゴ》。今對《シテ》三寶・道場大衆《ノ》前《ニ》發露懺悔《ス》。卽《チ》安樂《ナラム》。知《シリテ》而不敢《アエテ》覆《フク》藏《ザウセ》。唯《シ》願《ハ》十方《ノ》三寶、法界《ノ》衆生、發《シテ》大慈悲廣大慈悲《ヲ》、不計《シテ》《ハカラ》我《ガ》惡《ノ》如《クナルヲ》草《ノ》覆《ヘルガ》地《ニ》布《フ》施《シテ》《ホドコシ》歡喜《ヲ》《シテ》受《ケ》我《ガ》懺悔《ヲ》、憶《シ玉エ》我淸淨《コトヲ》。唯願《ハ》不《ズシテ》捨《テ》慈悲《ヲ》攝《セウ》護《シテ》我等《ヲ》、已作《サ》之《ノ》罪①《ツミヲバ》《ヲシテ》願《クハ》除滅《スベシ》。未《ミ》起《キ》之《ノ》罪《ハ》願《ハ》不《ザラム》生《ゼ》。已《イ》作《サ》之《ノ》善《ヲバ》願《ハ》增長《シ》、未作《サ》之《ノ》善《ハ》方便《シテ》令《シメ下ヘ》生《ゼ》。願《ハ》從《ヨリ》今日乃《ナイ》至《シ》不起《オコサ》忍《ヲ》已

①罪　右◎「ツミヲバ」と上書訂記

來《タ》、誓《テ》共《ニ》衆生《ト》捨《テ》、邪《ヲ》歸《シ》正《ニ》、發《シテ》菩提心《ヲ》慈心《ヲモテヒ》相向《ヒ》、佛眼《ヲモテヒ》相看《ミテ》、菩提《マデ》眷屬①《ゾクトシテ》眞《ノ》善知識《トシテ》同《ク》生《ジ》淨土《ニ》、乃至成佛《セム》。如《ク》是《ノ》等《ノ》罪《ツミニ》永《ク》斷《ジテ》相續《ヲ》、更《サラニ》不《ラム》敢《エテ》覆《フク》藏《ザウセ》。

發願《シ》已《テ》至《シテ》心《ヲ》歸命《ツレ》阿彌陀佛《ニ》。

下接高讚云。

願往生、願往生。願《ハ》在《テ》彌陀佛《ノ》前《エニ》立《テ》、手《ニ》執《テ》香華《ヲ》常《ニ》供養《上ツラム》。

高接下讚《サンニ》云《ク》、

願往生、願往生。願《ハ》在《テ》彌陀會《ノ》中《ニ》坐《シテ》、手《ニ》執《テ》香華《ヲ》常《ニ》供養《シ上ツラム》。

①屬　右◎トクトシテ

西方淨土法事讚　卷上

1-586 547

安樂行道轉經願生淨土法事讚 卷下

沙門善導集記

高座入文。

「如《ク》是《ノ》我《レ》聞《ヘキ》。一時、佛在《シテ》舍衞國《ノ》祇樹給《キフ》孤《コ》獨園《ニ》、與《ト》大比丘《ノ》衆千二百五十人倶《ナリキ》。皆《ナ》是《レ》大阿羅漢《ナリ》。衆《ニ》所①《ラレタル》知識《セ》。長老舍利弗・摩《マ》訶《カ》目犍《ケン》連《レン》・摩《マ》訶《カ》迦葉・摩《マ》訶《カ》迦《カ》旃《セン》延《エン》・摩《マ》訶《カ》倶《ク》絺《チ》羅・離婆《ハ》多《タ》・周《シュ》利《リ》槃《ハン》陀《ダ》伽《ガ》・難《ナン》陀《ダ》・阿《ア》難《ナン》陀《ダ》・羅《ラ》睺《ゴ》羅《ラ》・憍《ケフ》梵《ボン》波《ハ》提《ダイ》・賓《ビン》頭《ヅ》盧《ル》頗《ハ》羅《ラ》墮《ダ》・迦《カ》留《ル》陀《ダ》夷《イ》・摩訶劫賓《ヒン》那《ナ》・薄《ハ》拘《ク》羅《ラ》・阿《ア》㝹《ヌ》樓《ル》馱《ダ》、如《キ》是《ノ》等《ノ》諸《モロモロノ》大弟子、并《ニ》諸《ノ》菩薩摩訶薩、文殊師利法王子・阿逸多菩薩・乾陀訶提菩薩・常精進菩薩、與《ト》如《キ》是《ノ》等《ラノ》諸《ノ》大菩薩、及《ビ》釋提桓《クワン》因《イン》等《ノ》無量《ノ》諸天・大衆倶《キ》。」（小經）

下接《セウ》《ツイデ》高讚《ジテ》云《ヘ》。

548

願往生、願往生。諸佛《ノ》大悲心無二《ナリ》。01方便化門等無《クシテ》殊《シ》。捨《テ、》彼《ノ》莊嚴無

01「方便…無殊」信巻104

〈表紙〉
◎包紙中央「法事讚下」 左下「釋顯智」
表紙中央「法事讚下」
①所 右◎「ラレタル」と上書訂記

1-830

勝土、八相示現出閻浮。或現眞形無利物、或同雜類化凡愚。分身六道無停《チヤウ》息《ソク》。變現隨宜度有流。有流見解心非一。故有八萬四千門。門門不同亦非別。別別之門還是同。同故即是如來致。別故復是慈悲心。悲心念念緣三界。人天四趣罪根深。過現諸佛皆來化、無明業障①不相逢。慚愧釋迦弘誓重。不捨娑婆十惡叢。希遇道場聞淨土。騰神永逝出煩籠。衆等傷心共悲嘆、手執香華常供養。

高接下讚云。　下接高讚云。

願往生、願往生。釋迦如來成正覺、四十九載《サイ》度《ド》衆生。五天竺國皆行化、邪魔・外道盡歸宗《シユ》。天上天下無過佛。慈悲救苦實難逢。或放神光遍六道。蒙光觸者起慈心。或住、或來、皆盡益。三塗永絕斷追尋《ジム》。或震大地・山・河・海。爲覺萌冥《ミヤウ》信未深。或自說法教相勸、展轉相將入法林。法林即是彌陀國。逍《セウ》遙《エウ》快樂不相侵。衆等傾心皆願往、手執香華常供養。

①不相逢とあり　◎「不相逢」

高接下讃云。　下接高讃云。

願往生、願往生。如來《ノ》教法《ハ》元《ヨリ》無《ナリ》二《ク》。正《メニ》爲衆生《ノ》機《ノ》不同《ナルガ》、一音《ノ》演說、隨《テ》
縁《ニ》悟《ル》。不《ズシテ》留《トメ》殘《ザン》結《ヲ》證《ス》生空《ヲ》。或《ハ》現《ジ》神通《ヲ》、或《ハ》說法《ス》。或《ハ》服《ウケタルモノハ》外道《ヲ》滅《ス》魔蹤《シユヲミ》。自利《シテ》
550 一身《ヲ》雖《ドモ》免《ルト》縛《ヲ》、悲心《ノ》普益《ク》絕《スルコトテ》無《シ》功。灰《クヱ》身滅智《シテ》無餘《ヲ》證《ス》。二萬劫盡《テ》復《タ》生《ズ》
1-588 心《ヲ》。生心覺動《シテ》身還《テ》現《ズ》。諸佛先《ツ》教《テ》發《コセシム》大乘《ヲ》。衆等廻《シテ》心《ヲ》生《シヤウゼヨ》淨土《ニ》。手《ニ》執香
華《ヲ》常《ニ》供養。

下接高讃云。　高接下讃云。

願往生、願往生。菩薩大衆無《ム》央《アウ》數《ナリ》。文殊師利《ヲ》最《モ》爲《スタリ》尊《ト》。發《シテ》大慈悲《ヲ》行《ズ》
苦行《ヲ》、不《ズシテ》違《ヰセ》弘願《ニ》度《ス》衆生《ヲ》。或《ハ》現《ジ》上好莊嚴《ノ》相《ヲ》、或《ハ》現《ズ》上好莊嚴《ノ》身《ヲ》。含靈
覩《ト》見《シテ》皆《ナ》生《ズ》喜《キヲ》。爲《メニ》說《テ》妙法《ヲ》入《イレラム》眞門《ニ》。十方《ノ》佛國《ニ》身皆《ナ》到《テ》、①助《テ》佛《ノ》神光《ヲ》轉《ズ》法
輪《ヲ》。衆等廻《シテ》心《ヲ》生《ゼム》淨土《ニ》。手《ニ》執香華《ヲ》常供養《ラム》。

高接下讃云。　下接高讃云。

願往生、願往生。②與《ト》佛聲聞・菩薩衆、同《ジク》遊《ビ》舍《シヤ》衞《エニ》住《シテ》祇《ギ》園《オムニ》、願閉《ジテチ》三塗《ヲ》絕《タ、ムコトヲ》
551 六道《ヲ》、開《カイ》顯《ス》無生淨土《ノ》門《ヲ》。人天大衆皆《ナ》來集《ジユシテ》、瞻《セン》仰《シテ》尊顏《ヲ》聽《ク》未聞《ヲ》。見佛

---

①助佛神光轉法輪　◎「助《テ》佛《ノ》神《ヲ》光《ヲ》轉《ズ》法輪《ヲ》」とあり
②與佛聲聞菩薩衆　◎「與《ト》佛聲聞菩薩衆」とあり

1-832

聞經《シテ》同《ク》得《テ》悟《ヲ》、畢命《ニ》傾《ケテ》心《ヲ》入《ル》寶蓮《ニ》。誓《テ》到《テ》彌陀安養界《ニ》、還《グヱン》來《シテ》穢國《ニ》度《シ》人天《ヲ》、願《ハ》我《ガ》慈悲無《クシテ》際《サイ》限《ゲン》、長時長劫《ニ》報《ゼム》慈恩《ヲ》。衆等廻《シテ》心《ヲ》生《ゼヨ》淨土《ニ》。手執《ニ》香華常供養。

高接下讚云。　下接高讚云。

高座入文。

1-589 「爾《ノ》時《ニ》佛告《ツゲタマハク》長老舍利弗《ニ》、從《リ》是《レ》西方《ニ》過《テ》十萬億《ノ》佛土《ヲ》有世界、名《テ》曰《フ》極樂《ト》。其《ノ》土《ニ》有《マス》佛、號《ス》阿彌陀《ト》。今《マ》現《ニ》在《マシマシテ》說法《シタマフ》。舍利弗、彼《ノ》土《ヲ》何《ガ》故《ゾ》名《テ》爲《スル》極樂《ト》。其《ノ》國《ノ》衆生無《シ》有《コト》衆《ノ》苦《ク》、但《タヾ》受《ク》諸《ノ》樂《ヲ》。故《ニ》名《ク》極樂《ト》。」（小經）

下接高讚云。

552 願往生、願往生。人天大衆皆圍《ヰ》遶《シテ》、傾《ケテ》心《ヲ》合掌《シテ》願《ズ》聞《ムト》經《ヲ》。佛知《メシテ》凡聖《ノ》機《ト》時《ノ》悟《サトランコトヲ》、卽《チ》告《テ》舍利《ニ》用心《シテ》聽《シメタマフ》。一切《ノ》佛土皆《ハ》嚴淨《ナレドモ》、凡夫《ノ》亂想恐《クハ》難《ケレバ》生《ジ》、如來別《シテ》指《ス》西方《ノ》國《ヲ》。從《リ》是《レ》超過《セリ》十萬億《ヲ》。七寶《ノ》莊嚴最《モ》爲《ス》勝《タリト》。聖衆人天壽命長《シ》。佛號《ヲバ》彌陀《ト》。常《ニ》說法《シタマフ》。極樂《ノ》衆生《ハ》障《ヲ》自《ヲ》亡《マウズ》。衆等廻《シテ》心《ヲ》願①《ジテ》生②《ゼムト》彼《シコニ》、手《ニ》執《テ》香華《ヲ》常《ニ》供養《ラム》。

①願　右◎「ジテ」と上書訂記
②生　右◎「□□ヲ」を「ゼムト」と上書訂記

1-833

高接下讃云。　下接高讃云。

高座入文。

「又舍利弗、極樂國土七《ニハ》①重《ノ》欄《ラン》楯《ジユン》・七重《ノ》羅網・七重《ノ》行樹。《アリ》皆《ナ》是四寶《ヲモテ》周《シユ》帀《シ》圍遶《セリ》。是《ノ》故《ニ》彼《ノ》國《ヲ》名《テ》曰《フ》極樂《ト》」（小經）

下接高讃云。

1-590　553

願往生、願往生。三界《ノ》衆生《ハ》無智《シチ》慧《ヱ》。惛《コン》惛《コンタル》六道《ノ》内《ニ》安《ズ》身《ヲ》。諸佛《ノ》慈心爲《メニ》説《下ヘドモ》法《ヲ》、聾《リヨウ》盲《マウ》舭《タイ》突《トツノ》《ニシテ》件《トモガラハ》不《ズ》聞《キカ》。忽《タチマチニ》爾無常《ノ》苦來《キタリ》《テ》逼《セメテ》、精神錯亂《シテ》始《ハジメテ》驚忙《ス》。萬事家生皆《ナ》捨離《シテ》、專心《ニ》發願《シテ》向《ムカヘ》西方《ニ》。彌陀《ノ》名號相續《シテ》念《ズレバ》、化佛・菩薩眼《ノ》前《ニ》行《ツラナル》。或《ハ》與《アタエ》華臺《ヲ》、或《ハ》授《サヅク》手《ミテヲ》。須臾《ニ》命盡《シヌレバ》、佛迎將《ス》。衆等廻《シテ》心《ヲ》皆《ナ》願《ズ》往《コトヲ》。手《ニ》執《テ》香華《ヲ》常《ニ》供養《ラム》。

高接下讃云。　下接高讃云。

願往生、願往生。歷劫已《ヨリ》來《タ》未《ダ》《ズ》聞見《セ》。西方淨土《ノ》寶莊嚴、地上・虛空《ニ》皆《ナ》遍滿《シテ》、珠《シユ》羅《ラ》寶《ホウ》網《マウ》百千重《ナリ》。一一《ノ》網羅結《ス》珍寶《ヲ》。玲《レイ》瓏《ロウ》雜《ザウ》色盡《ニシテ》《ク》暉《ス》光《ヲ》。寶樹枝《シ》條《デウ》異相間《マジハテ》、行行整《シヤウ反》《ト、ノヘ反》《タヽシク》直《ニシテ》《ナヲシ》巧《ミニ》《タクミニ》相當《セリ》。此《レハ》是《レ》彌陀《ノ》悲願力《ナリ》。無《ナク》衰《スイ》無②《クシテ》變湛《タン》

①七　右◎「ノ」とあるを抹消

②無變　◎「無《クシテ》變《ニシテ》」とあり

1-834

然常《トシテ》《ナリ》。衆等廻レ心皆願レ往《ジテ》、手執《テ》二香華《ヲ》一常《ニ》供養《上ラム》。

高接下讚云。　下接高讚云。

高座入文。

554
「又舍利弗、極樂國土《ニハ》有《リ》二七寶《ノ》池一。八功德水充《ジユ》二‐滿《セリ》其《ノ》中一《ニ》。池《ノ》底《ソコニ》純《モハラ》以《テ》二金沙《ヲ》一布レ地《ケリ》《ニ》。四邊《ニノ》階道《アリ》。金・銀・瑠璃・玻瓈《ヲモテ》合成《セリ》。上《ヘニ》有《リ》二樓《ロウ》閣《カク》一。亦以《テ》二金・銀・瑠璃・玻瓈・硨磲・赤珠・碼碯《ヲ》一而嚴二‐飾《ス》之《ヲ》一。池《ノ》中《ノ》蓮華①大《オホキサ》如《シ》二車輪《ノ》一。青色《ニハ》青光、黄色《ニハ》黄光《リ》、赤色《ニハ》赤光《リ》、白色《ニハ》白光《アリ》。微妙香《カウ》潔《ケツナリ》。舍利弗、極樂國土《ニハ》成二‐就《セリ》如《ノ》レ是《ノ》功德莊嚴《ヲ》一」（小經）

下接高讚云。

願往生、願往生。極樂世界《ハ》廣淸淨《ナリ》。地一上《ノ》莊嚴難《シ》レ可レ量《コト》《ル》。八功《ノ》香池流《ナガレテ》遍‐滿《ス》。底《ニ》布《ケル》金沙、照《ス》二異光《ヲ》一。四邊《ノ》階道非《ズ》二一色《ニ》一。岸上《ノ》重‐樓百萬行《ナリ》。眞《シン》
1-591
珠《ジユ》・碼《メ》碯相《ヒ》映《エイ》飾《ジキシ》、四種《ノ》蓮華開《ヒラケテ》郎《チ》香《バシ》。十方《ノ》人天《ノ》得レ生《ル》《コトヲ》《シヤウズルコトヲ》者《ノ》、各坐《シテ》二一箇《カニ》聽《クコト》レ②眞《マコトヲ》常《ナリ》。是《ノ》故《ニ》彼《ノ》國《ヲ》名《ク》二極樂《ト》一。衆等持《モテ》レ華《ヲ》來《テ》供養《上ラム》。

高接下讚云。　下接高讚云。

---

①大　右◎「オホキサ」と上書訂記
②眞　右◎「マ」と上書訂記

1-835

高座入文。

555 「又舍利弗、彼佛國土常作天樂。黄金爲地。晝夜六時雨天曼《マン》陀羅華。其土①衆生常以清旦②《タンヲ》、各以衣裓盛《イレテ》衆妙華、供養他方十萬億佛。即以食時還《カヘリ》到本國、飯食經行。舍利弗、極樂國土成就如是功德莊嚴。」（小經）

下接高讃云。

願往生、願往生。彌陀佛國最爲③勝《スグレタリト》。廣大寬《クワン》平實是精。天樂音聲常遍《ヘン》滿《マンス》。黄金爲地間《マジエタリ》奇珍《チンヲ》。晝夜六時華自散。法音常説自然聞。彼國衆生更無事《シハザ》。衣裓盛《イレテ》華詣十方。一一親《シン》承修供養、塵《ヂン》勞《ラウ》垢《ク》習《ジウ》永消亡《マウシ》。種種隨心皆稱《カナフ》意、無不利《ト云コト》益。是眞常。欻《タチマチニ》爾飛騰《トウシテ》還本國、飯食經行七寶臺。衆等傾心皆願往《ムコトヲ》。手執香華常供養。

高接下讃云。　下接高讃云。

高座入文。

556 「復《マタ》次舍利弗、彼國常有種種奇妙雜色之鳥。白鶴《カク》・孔《ク》雀《ジヤク》・鸚《アウ》鵡《ム》・舍利・

①土　◎「國」を「土」と上欄訂記
②旦　右◎「ヲ」と上書訂記
③爲　右◎「ス」と上書訂記

迦陵《リウ》頻《ビン》伽・共命之鳥《ナリ》。是《ノ》諸《ノ》衆鳥晝夜六時《ニ》出《ス》和雅《ノ》音《ヲ》。其《ノ》音演暢《ス》五根・五力・七菩提分・八聖道分、如《キ》是等《ノ》法《ヲ》。其《ノ》土《ノ》衆生聞《ク》是《ノ》音《ヲ》已《テ》、皆《ナ》悉《ク》念《ジ ジテ》佛《ヲ》念《ジ》法《ヲ》念《ズ》僧《ヲ》。舍利弗、汝《チ》勿《レ》謂《ヲモウコトノ》此鳥《ハ》實《ニ》是罪報《ノ》所生《ナリトユヘ》。所以者《ハ》何《ナラバ》、彼《ノ》佛《ノ》國土《ニハ》①無《ナケレバナリ》三惡趣。舍利弗、其《ノ》佛《ノ》國土《ニハ》尚《ヲ》無《シ》三惡道之名《ナ》。何《ニ》況《ヤ》②有《アラムヤ》實是《ノ》諸《ノ》衆鳥《テウ》。皆《ナ》是《レ》阿彌陀佛《ノ》欲《シテ》令《ムト》法音《ヲシテ》宣《セン》流《ルセ》、③變化《シテ》所作《ナリナシタマフ》。舍利弗、彼《ノ》佛《ノ》國土《ニハ》微《ミ》風《フウ》吹《フイテ》動《スニ》諸《ノ》寶《ノ》行樹及寶《ノ》羅網《ヲ》出《ス》微妙《ノ》音《ヲ》。譬《ヘバ》如《シ》百千種《ノ》樂《ヲ》同時《ニ》倶《ニ》④作《オコスガ》。聞《ク》是《ノ》音《ヲ》者《ノハ》、皆自然《ニ》生《ズ》念佛・念法・念僧之心《ヲ》。舍利弗、其《ノ》佛《ノ》國土《ニハ》成就《セリ》如《キ》是功德莊嚴《ヲ》。」（小經）

下接高讚云。

願往生、願往生。道場清⑤淨《ナリ》。希《ニシテ》難《シ》見《ミ》。彌陀《ノ》淨土甚《ハダ》難《クシ》聞《キ》難《シ》聞《キ》、難《キニ》見《ミ》今《マ》
557
得《エタリ》會《アウコトヲ》。如說《ニ》修行《シテ》專《ニシテ》意《ヲ》專《ナラシム》。願《ハ》佛《ノ》慈悲遙《ハルカニ》攝受《シテ》臨終《ニ》寶座現《ジ下ヘ》其《ノ》前《ニ》。既《ニ》見《テ》華臺《ヲ》心踊躍《シテ》01從《フテ》佛《ニ》逍《セウ》遙《エウシテ》⑥歸《ス》自然《ニ》。自然《ハ》卽《チ》是《レ》彌陀《ノ》國《ナリ》。無漏《ロ》無生《ニシテ》還《テ》卽《チ》眞《ナリ》。行來進止《ニ》、常《ニ》隨《テ》佛《ニ》證得《ス》無爲法性《ノ》身《ヲ》。衆等廻心皆《ナ》願《ズ ジテ》往《ヲ》、手《ニ》執《テ》香華《ヲ》常《ニ》供養《ラン》。

01［從佛…性身］眞巻 178

① 無　右◎「レ」と上書訂記
② 有實是諸衆鳥　◎「有《アラムヤ》實是《ノ》諸《ノ》衆鳥《テウハ》」とあり
③ 變化所作　◎「變化《シテシ下ヘル》所作《ナリナシタマフ》」とあり
④ 作　右◎「オコスガ」と上書訂記
⑤ 淸　右◎「ナリ」とあるを抹消
⑥ 歸　右◎「ス」と上書訂記

1-837

高接下讃云。　下接高讃云。

願往生、願往生。極樂《ノ》莊嚴《ハ》間《エタリ》雜寶《ヲ》。實《ニ》是《レ》希奇《ケウニシテ》聞《キク》未聞《ヲ》。寶鳥臨《ノゾテ》空《ニ》讃《ズ》佛會《ヲ》。文文句句、理《リ》相《ヒ》同《ナジ》。晝夜《ニ》連《ツラネテ》聲《ヲ》無《シ》有《コト》息《ヤムコト》。哀婉《オン》雅《ゲ》亮《リヤウニシテ》發《ス》人心《ヲ》。或《ハ》說《トキ》五根・七覺分《ヲ》、或《ハ》說《キ》八聖慈悲門《ヲ》、或《ハ》說《キ》他方離《リ》惡道《ヲ》、或《ハ》說《キ》地獄封人天《ヲ》、或《ハ》說《キ》長時修苦行《ヲ》、或《ハ》說《キ》無上菩提因《ヲ》、或《ハ》說《キ》散善波羅蜜《ミチヲ》、或《ハ》說《ク》定慧入深禪《ゼンヲ》。菩薩・聲聞《モン》聞《キイテ》此《ノ》法《ヲ》、處處《ニ》分身《シテ》轉《ズ》法輪《ヲ》。衆等廻《シテ》心《ヲ》皆願《ジテ》往《ヲ》、手《ニ》執《テ》香華《ヲ》常《ニ》供養《ラム》。

高接下讃云。　下接高讃云。

願往生、願往生。極樂《ノ》莊嚴《ハ》出《タリ》三界《ヲ》。人天雜類等無爲《ナリ》。法藏行因《ノ》廣弘願、設《ヒ》我《レ》得《ラムニ》佛《ヲ》、現《ゼムコトヲ》希奇《ヲ》、或《ハ》現《ジテ》鳥身《ヲ》能《ク》說《キ》法《ヲ》、或《ハ》現《ジテ》無請《ヲ》能《ク》應《ジ》機《ニ》、或《ハ》使《シメ》①微波《ヲシテ》出《サ》妙響《カウヲ》、或《ハ》使《シメ》林樹《ヲシテ》讃《サンゼ》慈悲《ヲ》、或《ハ》使《シメ》風光《ヲシテ》相應《シテ》動《ゼ》、或《ハ》令《シム》羅網《ヲシテ》說《カ》音辭《ジヲ》。一切《ノ》莊嚴《ノ》聲遍《ヌ》滿《シテ》、恆沙《ノ》天樂自《ラ》依《ル》時《ニ》。爲《ニ》引《センガ》他方《ノ》凡聖《ノ》類《ヲ》、故《ニ》佛現《ジ下フ》此《ノ》不思議《ヲ》。我等聞《テ》之《ヲ》身《ノ》毛②竪《イヨダツ》。碎《ダイテ》骨《ヲ》慚謝《ザンシヤスベシ》阿彌陀師《ニ》。一《ビ》受《テ》專精《ニシテ》不《レバ》惜《マ》命《ヲ》、須臾《シユユニ》即《チ》到《ル》。豈《ニ》爲《セムヤ》遲《オソシト》。衆等廻《シテ》心《ヲ》皆願往、手《ニ》執《テ》香華《ヲ》常《ニ》供養《上ラム》。

①「使…辭」二七字→◎使《シテ》微波《ヲシテ》出《サ》妙響《カウヲ》、或《ハ》使《シテ》林樹《ヲ》讃《サンゼ》慈悲《ヲ》、或《ハ》使《シテ》風光《ヲ》相應《シテ》動《ゼ》、或《ハ》令《シム》羅網《ヲシテ》說《カ》音辭《ジヲ》

②毛　右◎抹消

559

下接高讃云。　高接下讃云。

願往生、願往生。彌陀佛國《ハ》眞①《マコトニ》嚴淨《ナリ》。三惡・六道《ノ》永《ク》無《ナシ》名《ナ》。事事《ノ》莊嚴難《シ》可識《コトサトル》。種種妙微《ニシテ》甚《ダ》爲《タリ》精《セイ》。地迴②《クヰヤウ》寬《クワン》平《ニシテ》衆寶《ヲモテ》間《マジエタリ》、一一《ニ》同《ク》耀《シテ》《カヾヤカシテ》五百《ノ》光《アリ》。一一《ノ》光《リ》成《ナル》寶臺座《ト》。一一《ノ》座《ノ》上《ニ》百千《ノ》堂《アリ》。千堂《ノ》化佛、塵沙《ノ》會《ナリ》。衆生《ノ》入《イル》者《ノ》共《ニ》相《ヒ》量《ハカル》。無數《ノ》音聲遊《アソムデ》空《ニ》轉《ジ》、化天童子散《ズ》華香《ヲ》。晝夜六時《ニ》無《シ》間息《ソクスルコト》。地上・

1-594

虛空難《シ》可《コト》量《ル》。八德《ノ》香池隨《シタガテ》意《ニ》入《ル》。灌《クワン》注《ジユスルコト》由《テ》人《ニ》無《シ》淺深《ジム》。或《ハ》出《デ》、或《ハ》沒《ス》。三禪《ノ》樂《ナリ》。徐《ジヨ》徐《ジヨトシテ》相《ヒ》喚《ヨバテ》入《イレシム》檀《ダン》林《ニ》。檀林《ニハ》寶座行行《トシテ》別《ナリ》。聖衆《ハ》猶《ナヲシ》若超《タリ》日月《ニ》。日月《ハ》卽《チ》是《レ》長時劫《ナリ》。或《ハ》坐《シ》、或《ハ》立《シ》、或《ハ》遊方《スルニ》、到《ル》處《ニハ》唯《タヾ》聞《テ》無上《ノ》法《ヲ》、永《ク》絕《ツ》凡夫生死《ノ》殃《ツミヲ》《アウヲ》。是《ノ》故《ニ》彼《ノ》國《ヲ》名《ク》安樂《ト》。衆等迴《シテ》心《ヲ》願《ゼヨ》往生《ヲ》。往③生《シヌレバ》彼《ノ》國《ニ、》無《シ》餘《ノ》事。手《ニ》執《テ》香華《ヲ》常《ニ》供養④《セヨ》。

高接下讃云。　下接高讃云。

560

高座入文。

「舍利弗、於⑤《シテ》汝《ガ》意《ニ》云何《イカンシテ》。彼《ノ》佛《ヲ》何《ガ》故《ゾ》號《ス》阿彌陀《ト》。舍利弗、彼《ノ》佛《ハ》光明無量《ニシテ》照《スニ》十方《ノ》國《ヲ》、無《シ》所《ロ》障礙《ゲスル》。是《ノ》故《ニ》號《シテ》爲⑥《ナヅク》阿彌陀《ト》。又舍利弗、彼《ノ》佛《ノ》壽命及《ビ》其《ソノ》

---

①眞　右◎「マ」と上書訂記
②迴　◎「迴斅」と上欄註記
③往　右◎「ノ」とあるを抹消
④養　右◎三字抹消し「セヨ」と訂記
⑤於　右◎「シテ」と上書訂記
⑥爲　右◎「ツ」と上書訂記

1-839

人民《ミンモ》無量無邊阿僧祇劫《ナリ》。故①名《ク》阿《ナツケ上》彌陀《ト》。舍利弗、阿彌陀佛、成佛《ヨリ》已來《コノカタ》於《ニ》今《イマ》十劫《ナリ》。又舍利弗、彼《ノ》佛《ニ》有《リ》無量無邊《ノ》聲聞弟子、皆阿羅漢《ナリ》。非《ズ》是《レ》算《サン》數《ノ》之所《ロニ》能《ク》知《ル》。諸《ノ》菩薩衆《モ》亦《マタ》復如《シ》是《ノ》。舍利弗、彼《ノ》佛《ノ》國土《ニハ》、成就《セリ》如《ノ》是《ノ》功德莊嚴《ヲ》。」（小經）

下接高讚云。

願往生、願往生。果《ハタシテ》②得《テ》涅槃常住《ノ》世《ヲ》。壽命延長《ニシテ》難《シ》可《コト》量《ル》。千劫・萬劫・恆沙劫・兆《テウ》載永劫《ニシテ》亦《タ》無央《アフナリ》。一《ビ》坐《ニシテ》無《ク》移《ウツルコト》亦《タ》不動《ゼ》。徹窮《シテ》後際《ヲ》放《ツ》身光《ヲ》。靈《レイ》儀相好眞金色《ナリ》。巍巍《トシテ》獨《リ》坐《シテ》度《ス》衆生《ヲ》。十方《ノ》凡聖專《ニシテ》心《ヲ》向《ヘバ》、分《チテ》身《ヲ》遣《シメテ》化《ヲ》往《ユカシメテ》相《ヒ》迎《ムカフ》。一念《ニ》乘《ジテ》空《ニ》入《ル》佛會《ニ》。身色・壽命盡《コトゴトク》皆《ナ》平《ヒトシ》。衆等廻心《ヲ》皆《ナ》願往。手《ニ》執《テ》香華《ヲ》常《ニ》供養《ラン》。

高接下讚云。　下接高讚云。

願往生、願往生。彼《ノ》佛從《ヨリ》因《ニ》行《ズゼシ》苦行《ヲ》、勇猛專精《ニシテ》無《シ》退時《スル》。一《キ》坐《ビ》百《シテ》劫・長時劫《ニシテ》、難《キヲ》作《ナシ》能《ク》作《シテ》不《ズ》生《ゼ》疲《ツカレヲ》。自利利他《シテ》同《ク》斷《ズ》惡《ヲ》。不《ルハ》捨《テ》怨《オン》憎《ゾウヲ》由《ヨテナリ》大悲《ニ》。有識含靈《レイ》皆《ナ》普《ク》化《ス》。同因同行《ハ》至《ル》菩提《ニ》。誓願《シテ》莊嚴《ス》淸淨土《ヲ》。見聞歡喜《シテ》證《ス》無

1-595
561

①名　右◎「ク」と上書訂記
②得涅槃常住世　◎「得《テ》涅槃《ヲ》常住《ノ》世《ヲ》」とあり

1-840

爲《ヲ》。衆等迴《シテ》心《ヲ》皆《ナ》願《ズ》往《ムコトヲ》。手《ニ》執《テ》香華《ヲ》常《ニ》供養《セヨ》①。

下接高讃云。

願往生、願往生。彌陀化主當《テ》心《ニ》坐《ス》華臺《ニ》。獨《ドク》迥《クヰヤウシテ》最《モ》爲《タリ》精。百億《ノ》摩尼間《マジエタリ》雜寶《ヲ》。葉葉《ノ》莊嚴《ノ》相自《ラ》成《ス》。正坐《ヨリ》已來《タ》經《タリ》十劫《ヲ》。心《ニ》緣《ジテ》法界《ヲ》照《ス》慈光《ヲ》。蒙《ル》光觸《ヲ》者《ノハ》塵勞《ヲ》滅《シ》、臨終《ニ》見《テ》佛《ヲ》往《ク》西方《ニ》。到《タテ》彼《コニ》華開《テ》入《ル》大會《ニ》。無明煩惱自然《ニ》亡《ズ》、三明自然《ナリ》。乘《ズレバナリ》佛願《ニ》。須臾《ニ》合掌《シテ》得《エ》神通《ヲ》。彼佛《ノ》聲聞・菩薩衆、塵沙算《サン》數《タ》亦難《シ》窮《キワメ》。願《ハ》我《レ》今生《ニ》強《シキテ》發《シテ》意《ヲ》、畢命《ニ》往《ユカム》彼聖人《ノ》叢《シユニ》。衆等傾《テ》心《ヲ》願《ジテ》往生《ヲ》、手《ニ》執《テ》香華《ヲ》常《ニ》供養《ラム》。

高接下讃云。　下接高讃云。

高座入文。

「又舍利弗、極樂國土《ノニハ》衆生②生《ズル》者《ノ》、皆是《レ》阿鞞跋致《ナリ》。其《ノ》中《ニ》多《ク》有《リ》一生補處。其《ノ》數甚《ダ》多《シ》。非《ズ》是《レ》算數《ノ》所《ロニ》能《ク》知《ル》之《ヲ》。但《シ》可《シ》以《テ》無量無邊阿僧祇劫《ヲ》說《トク》。舍利弗、衆生《ノ》聞《カム》者《ノハ》、應《シ》③當《ニ》發願《シテ》、願《ズ》生《ムト》彼國《ニ》。所《ユ》以《ヘ》者《ハ》何《カン》。得《ウレバナリ》與《ト》如《ノ》是諸上善人《ニ》倶《ニ》會《スルコト》一處《ニ》。舍利弗、不《ズ》可以《テ》少善根福德《ノ》因緣《ヲ》得《ウ》生《コトヲ》彼《ノ》國《ニ》。」（小經）

①養　右◎「□ン」を「セヨ」と上書訂記
②生　右◎「ス」を「ノ」と上書訂記
③應當發願願生彼國　◎「應《シ》當《ニ》發《シテ》願《ズ》願《ムトノ》生彼國《ニ》」とあり

01［九品…不退］化卷199

563

下接高讚云。

願往生、願往生。釋迦如來告《グ》《ゲ下コトハ》身子《ニ》、卽《チ》是《レ》普《ク》告《グルナリ》苦《ノ》衆生《ニ》。娑婆六道《ハ》非《ズ》安處《ニ》。冥冥《タル》長夜《ノ》闇《ノ》中《ニ》行《ズ》。聖化同居《シテ》不相《ヒ》識《シラ》。動《ヤ、モスレバ》生《ジ》瞋毒《ヲ》闘《タ、カハシム》無明《ヲ》。爲《メニ》此《ノ》無明《ノ》繫《ツナガル》六道《ニ》、愛憎高下何《レノ》時《ニカ》平《ヒトシカラム》。既《デニ》無《シ》善業《ノ》排《ヒラク》生死《ヲ》。由《テ》貪《ニ》造《ツクテ》罪《ヲ》未《ダ》①心《ニ》驚《ロカ》狂《タブラカサレテ》②此《レ》人③皮《ビニ》。裹《ツ、ムガゴトシ》髗《ロ》《ドクロ》骨《コツヲ》。三塗《ニ》自《ラ》入《テ》不《ズ》須《ク》《ラ》爭《アラソフ》。我等《ラ》聞《テ》之《ヲ》心髓《ズイニ》痛《イタム》。誓願《シテ》頓《タチマチニ》捨《テム》世間《ノ》榮《サカエヲ》。普《ク》願《ハ》廻《シテ》心《ヲ》生《ゼム》淨土《ニ》。手《ニ》執《テ》香華《ヲ》常《ニ》供養《ラム》。

高接下讚云。　下接高讚云。

564

願往生、願往生。娑婆極苦《ニシテ》非《ズ》生處《ニ》。極樂無爲實《ニシテ》是《レ》精《ナリ》。01九品俱《トモニ》廻《シテ》得《ウ》不退《ヲ》。阿鞞跋致《ハ》卽《チ》無生《ナリ》。非《ズ》直《タヾチニ》初生《ノ》無《ナキノミニ》限《ゲン》極《ゴク》。十地已下《モ》劫《ニ》難《シ》窮《メ》。如《ク》此《ノ》大海塵恆沙《ナリ》。有緣《ノ》到《イタレル》者《モノ》入《ル》其《ノ》中《ニ》。四種《ノ》威儀《ニ》常《ニ》見《ル》佛《ヲ》、行來進止《ニ》、駕《ガス》神通《ニ》。六識縱橫《ニ》自然《ニ》悟《サトル》、未《ダ》《ズ》藉《ヨラ》思量一念《ノ》功《ニ》。普《ク》勸《ム》同生《ノ》善知識《ニ》。專心專注《ユシテ》往《ユケ》西方《ニ》。衆等廻《シテ》心《ヲ》皆《ナ》願《ズ》往《ト》《コトヲ》。手《ニ》執《テ》香華《ヲ》常《ニ》供養《ラム》。

1-597

下接高讚云。

高座入文。

---

①未心驚狂此人皮　◎「未《ダ》《ズ》心《ニ》驚《ロカ》狂《タブラカサレテ》　此《レ》人皮《ビニ》」とあり
②狂　右◎「タブラカサレテ」と上書訂記
③人　右◎「ノ」とあるを抹消

1-842

02[極樂：復專]眞卷178 化卷204 唯信意700

565

「舍利弗、若有《テ》善男子・善女人、聞《キ、テ》説《テハ》阿彌陀佛《ヲ》、執持《ヲ》名號《スベシ》、若《ヲ》一日《シハ》、若
二日、若三日、若四日、若五日、若六日、若七日、一心《ニシテ》不《ズ》亂①《サレ》、其《ノ》人臨《テ》命
終《ノ》時《ニ》、阿彌陀佛、與《ト》諸《ノ》聖衆現《ジテ》在《マシマサムス》其《ノ》前《ヘニ》。是《ノ》人終《ル》時《キ》、心不《ズシテ》顚倒《セ》卽得《ム》往
生《スルコトヲ》阿彌陀佛《ノ》極樂國土《ニ》。舍利弗、我見《ルガ》是《ノ》利《ヲ》故《ニ》説《ク》此《ノ》言《ヲ》。若有《シテ》衆生《テ》聞《カム》
是《ノ》説《ヲ》者《ノハ》、應《ベシ》當《ニ》發願《シテ》生《ズ》彼《ノ》國土《ニ》。」（小經）

下接高讚云。

願往生、願往生。02極樂《ハ》無爲涅槃《ノ》界《ナリ》。隨《ヒ》緣《ノ》雜善《ハ》恐《クハ》難《シ》生《ジ》。故《ニ》使《シム》如來
選《エラムデ》要法《ヲ》、敎《テ》念《シムルコト》彌陀《ヲ》專《ラニシテ》復《タ》專《ラナラ》七日七夜心無間《ナルベシ》、長時《ノ》起行倍《マスマス》皆《シテ》然《ナリ》。

臨終《ニ》聖衆持《メテ》華《ヲ》現《ズ》。身心踊躍《シテ》坐《ス》金蓮《ニ》。坐《スル》時《ニ》卽《チ》得《ウ》無生忍《ヲ》。一念《ニ》迎《ヘテ》將《ヰテ》
至《ル》佛前《ニ》。法侶《トモ》將《モテ》衣《ヲ》競《ヒ》來《テ》著《キス》。證得《シテ》不退《ヲ》入《ル》三賢《ニ》。衆等廻《シテ》心《ヲ》皆《ナ》願《ズ》往《コトヲ》。手《ニ》
執《テ》香華《ヲ》常《ニ》供養《ラム》。

高接下讚云。　下接高讚云。

願往生、願往生。彌陀《ノ》侍者二菩薩《ヲ》號《シテ》曰《イフ》無邊・觀世音《ト》。一切《ノ》時中《ニ》
助《タスケテ》佛化《ヲ》、分《チテ》身《ヲ》六道《ニ》起《ス》慈心《ヲ》、念念《ニ》隨《テ》機《ニ》、爲《メニ》説《ク》法《ヲ》。惛《コン》惛②《コントシテ》難《キコトハ》悟《トリ》罪根《ノ》

①亂　右◎「レ」の下「バ」とあるを抹消
②惛　右◎コンコントシテ

1-843

566　1-598

深《キナリ》。百計千萬數出《ルニ》世《ニ》、萬《ガ》中《ニ》無《ナシ》一《ヒトリモ》出《ルモノ》煩《ボン》籠《ロウヲ》。念《オモエバ》汝《チ》衆生《ノ》長劫《ノ》苦《ヲ》、諸佛對面《シテ》不《ズ》相《ヒ》逢《アハ》。人天《ノ》少善尚《ナヲ》難《シ》辯《ワキマヱ》、何《ニ》況《ヤ》無爲《ニ》①證《セムヤ》六通《ヲ》。雖《ドモ》得《ト》見聞《スルコトヲ》希有《ノ》法《ヲ》、麤心懈《ケ》怠《ダイニシテ》益《マスマス》無《ナシ》功。縱使《ヒ》連《レン》年《ニ》放《ホシキマヽニ》脚《キヤウ》走《ソウシテ》趁《トメ》《ヤメ》得《エタリトモ》、貪瞋滿《ラム》内胸《クニ》。貪瞋《ハ》卽《チ》是《レ》身《ノ》三業《ナリ》。何《ニシテカ》開《ヒラカム》淨土《ノ》裏《ウチノ》眞空《ヲ》。寄《ヨス》語《コトバヲ》同生《ノ》善知識《ニ》。念《ジテ》佛《ノ》慈悲《ヲ》入《レ》聖《ノ》叢《ソウニ》《アツム反 クサムラ反》。衆等傾《テ》心《ヲ》皆《ナ》願《ズ》往《コトヲ》。手《ニ》執《テ》香華《ヲ》常《ニ》供養《ラム》。

高接下讃云。　下接高讃云。

高座入文。

「舍利弗、如《ク》我今《イマ》者讃歎《スルガ》阿彌陀佛《ノ》不可思議《ノ》功德《ヲ》、東方《ニ》亦有《マシマシテ》阿閦《シュク》鞞《ビ》佛・須《シュ》彌《ミ》相《ソウ》佛・大須《シュ》彌《ミ》佛・須彌光佛・妙音佛、如《キ》是《ノ》等《ノ》恆河沙數《ノ》諸佛、各《ノ》於《シテ》其《ノ》國《ニ》出《テ》廣長舌相《ヲ》徧《ク》覆《テ》三千大千世界《ニ》説《トキタマワク》誠實《ノ》言《ヲ》、汝等《ナンダチ》衆生、當《ベシ》信《ズ》是《ノ》稱讃《ル》不可思議《ノ》功德《ヲ》一切諸佛《ニ》所《ル、》護念《セ》經《ヲ》。」（小經）

下接高讃云。

願往生、願往生。釋迦如來常《ニ》讃歎《シドフ》東方恆沙等覺尊《ヲ》。大悲同《ク》化《シテ》心無二《ナリ》。一佛《ノ》施《ホドコスヲ》功《ヲ》多《モ》亦《タ》然《ナリ》。爲《メニ》斷《ゼムガ》凡夫疑見《ノ》執《ヲ》、皆《ナ》舒《ノベテ》舌相《ヲ》覆《テ》三千《ニ》、共《モニ》證《シ》

①證　右◎「セムヤ」と上書
訂記

567 七日稱《スルコトヲ》名號《ヲ》、又①表《ヘウス》釋迦《ノ》言說《ノ》眞《ナルコトヲ》。終《ル》時《キ》正意《ニシテ》念《ズレバ》彌陀《ヲ》、見《ル》佛《ノ》慈光《ノ》來《テ》照《スヲ》身《ヲ》。乘《ジテ》此《ノ》彌陀本願力《ニ》、一念之間《ニ》入《ル》寶堂《ニ》。寶堂《ノ》莊嚴無《シ》限《ゲン》極。化佛・

1-599 聖衆、坐《シテ》思量《ス》。心性《ハ》明《ナリ》於《ヨリモ》百千《ノ》日。悲智雙行《セルコト》法爾《トシテ》常《ナリ》。我《レ》今既《ニ》到《ヌレバ》無爲《ノ》處《ニ》、普《ク》願《ズ》含靈《レイ》歸《セムコトヲ》此《ノ》方《ニ》。衆等傾心皆願往、手執香華常供養。

高接下讚云。　下接高讚云。

高座入文。

「舍利弗、南方《ノ》世界《ニ》有②《テ》日月燈佛・名聞光佛・大焰《エム》肩《ケン》佛・須彌燈佛・無量精進佛、如《キ》是《ノ》等《ノ》恆河沙數《ノ》諸佛、各《オノオノ》於其《ノ》國《ニ》出《テ》廣長舌相《ヲ》偏《ク》覆《テ》三千大千世界《ニ》、說《トキタマワク》誠實《ノ》言《ヲ》、汝等《ナンダチ》衆生、當《シ》信《ズ》是《ノ》稱讚《ル》不可思議功德《ヲ》一切諸佛《ニ》所《ル》、護念《セ》經《ヲ》。」(小經)

下接高讚云。

568 願往生、願往生。南方《ノ》諸佛如《シ》恆沙《ノ》。亦《タ》舒《ノベテ》舌相《ヲ》覆《テ》三千《ニ》、爲《メニ》其《ノ》本國《ノ》凡聖衆《ノ》、讚嘆《ス》釋迦《ノ》變現《ノ》身《ヲ》。出現《シ下フコトハ》娑婆五濁《ノ》內《ニ》、標《シテ》心《ヲ》爲《ナリ》化《セムガ》罪根人《ヲ》。我見・邪貪・增上慢、敎③《ヘテ》令《シム》出《シ》世《ヲ》及《ビ》生《ゼ》瞋《ヲ》。念《ニ》汝《ヂ》衆生《ノ》流浪《ノ》久《コトヲ》、諸佛《ノ》誠言《ヲ》謂《オモフテナリ》

① 表釋迦言說眞→◎表《ヘウス》釋迦《ノ》言說《ノ》眞《ナルコトヲ》

② 「有…佛」二二字　◎「有《テ》日月燈佛名聞光佛大焰肩《エムケン》佛須彌燈佛無量精進佛如《キ》是《ノ》等《ノ》恆河沙數《ノ》諸佛」とあり　1-845

③ 敎　左◎「シム」とあるを抹消

1-600

不《ズト》眞①《シンナラ》《マコトナラズ》。衆等廻《シテ》心《ヲ》生《ゼム》淨土《ニ》。手《ニ》執《テ》香華《ヲ》常《ニ》供養《ラム》。

高接下讚云。　下接高讚云。

高座入文。

「舍利弗、西方《ノ》世界《ニ》有②《テ》無量壽佛・無量相佛・無量幢佛・大光佛・大明佛・寶相佛・淨光佛、如《キ》是《ノ》等《ノ》恆河沙數《ノ》諸佛△、各於《テ》其《ノ》國《ニ》出《テ》廣長舌相《ヲ》偏《ク》覆《テ》三千大千世界《ニ》、說《トキタマワク》誠實《ノ》言《ヲ》、汝《ナンダチ》等衆生、當《シ》信《ズ》是《ノ》稱讚《ル》不可思議功德《ヲ》一切諸佛《ニ》所《ル》護念《セ》經《ヲ》。」（小經）

下接高讚云。

569

願往生、願往生。西方《ノ》諸佛如《シ》恆沙《ノ》。各於《シテ》本國《ニ》讚《ズ》如來《ヲ》。分身《シテ》百億閻浮《ノ》內《ニ》示現《ス》八相大希《ケ》奇《ヲ》。五濁《ノ》凡夫將《サニ》謂《オモフ》實《トナリト》。六年苦行《シテ》證《シ》無爲《ヲ》、降《ガウ》魔成道《シテ》說《ク》妙法《ヲ》。種種《ノ》方便不思議《ナリ》。普《ク》勸《メテ》衆生《ヲ》歸《シム》淨土《ニ》、前《ス、ムデ》思《ヒ》却《シリゾイテ》慮《オモムバカテ》更《ニ》生《ズ》疑《ヲ》。我《レ》今《マ》舒《テ》舌《ヲ》以《テ》爲《ス》證《ヲ》。西方極樂必《ズ》須《ク》依《ル》。衆等廻《テ》心《ヲ》皆《ナ》願《ズ》往《コトヲ》。手《ニ》執《テ》香華《ヲ》常《ニ》供養《ラム》。

高接下讚云。　下接高讚云。

---

①眞　右◎「ラ」の下「ムト」とあるを抹消

②「有…佛△」　◎「有《テ》無量壽佛無量相佛無量幢佛大光佛大明佛寶相佛淨光佛如《キ》是《ノ》等《ノ》恆河沙數《ノ》諸佛」とあり

1-846

高座入文。

「舍利弗、北方世界《ニ》有①《テ》焰肩佛・最勝音佛・難沮《ソヨ反》佛・日生佛・網明佛、如《キ》是等《ノ》恆河沙數《ノ》諸佛、各《ノ》於《シテ》其《ノ》國《ニ》出《テ》廣長舌相《ヲ》徧《ク》覆《テ》三千大千世界《ニ》、説《トキタマワク》誠實《ノ》言《ヲ》汝《ナンダチ》等衆生、當《ニシ》信《ズ》是稱讃《ル》不可思議《ノ》功德《ヲ》一切諸佛《ニ》所《ル》護念《セ》經《ヲ》。」（小經）

下接高讃云。

願往生、願往生。北方《ノ》諸佛如《シ》恆沙《ノ》。皆《ナ》舒《ノベテ》舌相《ヲ》證《ス》牟尼《ヲ》。爲《メニ》我《レ》凡夫《ノ》來《テ》出《デ》世《ニ》、隨《テ》緣《ニ》説《テ》法《ヲ》應《ズ》時機《トニ》。時機相《ヒ》感《ズレバ》聞《テ》卽《チ》悟《ル》。如説修行《シテ》不《ズ》致《サ》疑《ヒヲ》。七日稱《シテ》名《ヲ》無《ク》間雜《スルコト》、身心踊躍《シテ》喜《ヨロコンデ》還《テ》悲《シムベシ》。慶《ヨロコバシキカナ》、得《エタリ》希《マレニ》聞《キクコトヲ》自家《ノ》國《ヲ》。諸佛《ノ》證判《シ下フ》、得《エヨ》還歸《スルコトヲ》。衆等廻《シテ》心《ヲ》皆《ナ》願《ジテ》往《コトヲ》、手《ニ》執《テ》香華《ヲ》常《ニ》供養《ラム》。

高接下讃云。　下接高讃云。

高座入文。

「舍利弗、下方世界②《ニ》有③《テ》師子佛・名聞佛・名光佛・達摩佛・法幢佛・持法佛、如《キ》是等《ノ》恆河沙數《ノ》諸佛、各《ノ》於《シテ》其《ノ》國《ニ》出《テ》廣長舌相《ヲ》徧《ク》覆《テ》三千大千

---

①「有…佛」二六字　◎「有《テ》焰肩佛最勝音佛難沮《ソヨ反》佛日生佛網明佛如《キ》是等《ノ》恆河沙數《ノ》諸佛」とあり

②界　右◎「二」の下一字抹消

③「有…佛」二八字　◎「有《テ》師子佛名聞佛名光佛達摩佛法幢佛持法佛如《キ》是等《ノ》恆河沙數《ノ》諸佛」とあり

1-847

571

世界《ニ》、說《トキタマワク》誠實《ノ》言《ヲ》、汝等《ナンダチ》衆生、當《シ》信《シ》《ズ》是《ノ》稱讃《ル》不可思議功德《ヲ》一切諸佛《ニ》所《ル》、護念《セ》經《ヲ》。」（小經）

下接高讃云。

願往生、願往生。下方《ノ》諸佛如《シ》恆沙《ノ》。各於《シテ》本國《ニ》度《シドフ》衆生《ヲ》。證讃《ス》釋迦《ノ》出《デ》、五濁《ニ》能《ク》爲《ナシテ》難事《ヲ》化《シドフコトヲ》群萠《ヲ》。善巧《ゲウ》隨宜《ギニシテ》令《メ》斷《ゼ》惡《ヲ》、①偏《ヘン》心《ニ》指授《シテ》向《テ》西《ニ》行《ゼシム》一切《ノ》福《ヲ》。業皆《ナ》廻向《スレバ》、終《ル》時《ニ》化佛自《ミ》來《テ》迎《フ》。利根《ノ》智者《ハ》聞《テ》歡喜《シ》、忽《マチニ》憶《クシテ》三塗《ヲ》心卽驚《オドロク》。驚《オドロカシ》心《ヲ》、毛《ケ》竪《テ》勤《メテ》懺悔《スベシ》。恐《クハ》罪不《シテ》滅《セ》墮《セムコトヲ》深坑《チンニ》《シツム》。衆等廻《シテ》心《ヲ》生《ゼム》淨土《ニ》。手《ニ》執《テ》香華《ヲ》常《ニ》供養《ラム》。

高接下讃云。　下接高讃云。

1-602

高座入文。

「舍利弗、上方世界《ニ》有《テ》②梵音佛・宿《シウ》王佛・香上佛・香光佛・大焰《エム》肩《ケン》佛・雜色寶華嚴身佛・娑羅樹王佛・寶華德佛・見一切義佛・如須彌山佛、如《キ》是等《ノ》恆河沙數《ノ》諸佛△、各《オノオノ》於《テ》其《ノ》國《ニ》出《シテ》廣長舌相《ヲ》徧《ク》覆《テ》三千大千世界《ニ》、說《トキタマワク》誠實《ノ》言《ヲ》、汝《ナ》等《ダチ》衆生、當《ニシ》信《シ》《ズ》是《ノ》稱讃《ル》不可思議《ノ》功德《ヲ》一切諸佛《ニ》所《ル》、

---

①偏　右◎「ヘン」と上書訂記

②「有…佛△」　◎「有《テ》梵音佛宿《シウ》王佛香上佛香光佛大焰《エム》肩《ケン》佛雜色寶華嚴身佛娑羅樹王佛寶華德佛見一切義佛如須彌山佛如《キ》是等《ノ》恆河沙數《ノ》諸佛」とあり

1-848

01［上方…彌陀］化卷 251

572

護念《ヲ》經《ヲ》。」（小經）

下接高讃云。

願往生、願往生。01上方《ノ》諸佛如《シ》恆沙《ノ》。還《テ》舒《テ》舌相《ヲ》爲《タメナリ》娑婆《ノ》十惡・五逆、多《ク》疑謗《シテ》、信《ジ》邪《ヲ》事《ツカエ》鬼《ニ》餧《カフ》神魔《ヲ》、妄想《ヲモテ》求《メテ》恩《ヲ》、謂《オモエリ》有《アラムト》福、災《サイ》障禍《クワ》橫轉《ウタ、イヨイヨ》彌多《シ》、連年《ニ》臥《グワ》病《シ》於牀《シヤウ》枕《シム》《マクラ》、聾《ミ、シヰ》盲《メシヰ》、脚《アシ》《キヤク》折《オレ》《ヲレ》、手《テ》攣《レン》《ヒキ》擛《クジク》《クヱツス》《クジク》、承事《シテ》神明《ニ》得《ウルモノ、ノ》此報《ヲ》。如何《カンゾ》不《ザラン》捨《ステ、》念《ゼ》彌陀《ヲ》。彌陀《ノ》願力《ハ》皆《ナ》平等《ナリ》。但《タヾシ》使廻心《シテ》華自《ミ》捧《サ、ゲヨ》。一念《ニ》逍遙《シテ》快樂《ノ》國《ニ》、畢竟常安《ニシテ》《シ》無退動《スルコト》。衆等廻①心《シテ》願《ズ》生《コトヲ》彼《カシコニ》。手《ニ》執《テ》香華《ヲ》常《ニ》供養《ラン》。

高接下讃云。　下接高讃云。

高座入文。

1-603

573

「舍利弗、於《テ》汝《ガ》意《ニ》云何《イカンゾ》。何《ガ》故《ゾ》名《ケテ》爲《スル》一切諸佛《ニ》所《ル、》護念《セ》經《ト》。舍利弗、若《シ》有《テ》善男子・善女人、聞《ム》是《ノ》諸佛《ノ》所說《ノ》名《ナ》及《ビ》經《ノ》名《ヲ》者《ノハ》、是《ノ》諸善男子・善女人皆《ナ》爲《メニ》一切諸佛《ノ》共《ニ》所《ラレテ》護念《セ》、皆得《ム》不《ザルコトヲ》退轉《セシ》於阿耨多羅三藐三菩提《ヲ》。是《ノ》故《ニ》舍利弗、汝《チ》等《ラ》皆當《ベシ》信《シ》受《ス》我語《ガ》及諸佛《ノ》所說《ヲ》。舍利弗、若《シ》有《テ》人《ト》、已《ニ》發《コシ》願《ヲ》、今《マ》發《シ》願《ヲ》、②當《ニ》發《シ》願《ヲ》、欲《ム》生《ムト》阿彌陀佛國《ニ》者《ノハ》、是《ノ》諸《ノ》人等《ラ》皆《ナ》得《テ》不《ザルコトヲ》退轉③《セ》

① 廻心　◎「廻心《シテ》」とあり
② 當發願　◎「當《ニ》發《シ》願《ヲシテ》」とあり
③ 轉　右◎「セ」と上書訂記

1-849

於阿耨多羅三藐三菩提《ヲ》、於《テ》彼《ノ》國土《ニ》、若《ハ》已《ニ》生《ジ》、若《ハ》今《マ》生《ジ》、若《ハ》當生《ムマレム》。是《ノ》故《ニ》舍利弗、諸《ノ》善男子・善女人、若《シ》有《ラム》信《コト》者《ノハ》、應《ベシ》當《サニ》①發《テ》願生《ズ》彼《ノ》國土《ニ》。」（小經）

下接高讚云。

願往生、願往生。釋迦如來《ノ》大慈悲、應現《シテ》娑婆《ニ》度《ス》有緣《ヲ》。有緣遍滿《セリ》三千界《ニ》。隨《テ》機《ニ》示悟《シテ》斷《ゼシム》貪癡《ヲ》、總《ジテ》勸《メテ》厭《ハシム》此《ノ》人天《ノ》樂《ヲ》。無常・八苦《ノ》火、燒《ヤク》人《ヲ》。念佛誦經《スレバ》除《キ》罪障《ヲ》、諸佛遙《ハルカニ》加《シテ》護念《ス》身《ヲ》。晝夜六時《ニ》強《ク》發願《シテ》、持《タモテ》心《ヲ》不《レバ》散《ゼ》業還《テ》成《ズ》。業成《ジヌレバ》見《ル》佛《ノ》華臺主《ヲ》。須臾《ニ》變作《ス》紫金臺《ヲ》。從《フテ》佛《ニ》逍遙《シテ》入《テ》寶國《ニ》、畢竟《ジテ》永《ク》絕《タツ》愁《シフ》憂《ウノ》聲《ヲ》。衆等迴心《ヲ》皆《ナ》願《ズ》往《ムコトヲ》、手《ニ》執《テ》香華《ヲ》常《ニ》供養《ラン》。

高接下讚云。　下接高讚云。

高座入文。

「舍利弗、如《ク》我《レ》今《イマ》者稱讚《スルガ》諸佛《ノ》不可思議《ノ》功德《ヲ》、彼《ノ》諸佛等亦、稱說《シテ》我不可思議《ノ》功德《ヲ》而作《サク》是《ノ》言、釋迦牟尼佛能《ク》爲《ナシテ》甚難希有之事《ヲ》、能《ク》於《テ》娑婆國土《ノ》五濁惡世劫濁・見濁・煩惱濁・衆生濁・命濁《ノ》中《ニ》得《テ》阿耨多羅三藐三菩提《ヲ》、爲《メニ》諸《ノ》衆生《ノ》說《トキタマワク》是《ノ》一切世間難《キ》信《シンジ》之法《ヲ》。舍利弗、當《シ》

---

①發願　◎「發《テ》願《シテ》」とあり

01[九十…清閑]信巻104
02[如來…解脱]化巻194
03[種種…即生]化巻204

知《ル》、我《レ》於《シテ》五濁惡世《ニ》行《テ》此《ノ》難《ナン》事《ヲ》得《テ》阿耨多羅三藐三菩提《ヲ》、爲《メニ》一切世間《ノ》説《ク》此《ノ》難信之法《ヲ》。是《レヲ》爲《ス》甚難《ト》。佛説《コト》此《ノ》經《ヲ》已《テ》、舍利弗及《ビ》諸《ノ》比丘、一切世間天・人・阿修羅等、聞《テ》佛《ノ》所説《ヲ》、歡喜《シ》信受《シテ》、作《シテ》禮《ヲ》而去《ンヌ》。（小經）

下接高讃云。

願往生、願往生。世尊慇《ヲン》懃《ゴンニ》告《テ》身子《ニ》表知《セシム》諸佛《ノ》大悲同《キコトヲ》。①互《ニ》相讃《ジテ》德《ヲ》心《ニ》無《ク》異《イナルコト》、巧《タクミニ》應《ジテ》時機《ニ》各有《リ》功。六方《ノ》如來皆讃嘆《ス》。釋迦《ノ》出現甚《ハダ》難《シ》逢《ヒ》。正《ク》治《ス》五濁《ノ》時《ノ》興《コウ》盛《ジヤウナルヲ》。無明頑《グワン》硬《ギヤウニシテ》似《タリ》高峯《ブニ》。刧濁《ノ》時移《ウツテ》身《ノ》漸《ク》小《キナリ》。衆生濁惡等《シ》蛇《ジヤ》龍《リウニ》。惱濁遍滿《シテ》過《スギ》塵數《ニ》、愛憎違順若《トシ》丘《ノ》山《ノ》。見濁叢《ソウ》林如《シ》棘《コク》刺《ノ》。命濁中夭《エウ》刹那《ノ》間《ナリ》。依正二報同時《ニ》滅《シ》、背《ソムキ》正《ヲ》歸《シテ》邪《ニ》横《ヨコサマニ》起《ス》怨《ウラミヲ》。01九十五種皆汚《ス》世《ヲ》。唯佛《ノ》一道《ノミ》獨《トリ》清閑《ゲンナリ》。出《テ》到《テ》菩提《ニ》心無盡《ニシテ》、還來《シテ》火宅《ニ》度《ス》人天《ヲ》。衆等迴《シテ》心《ヲ》皆《ナ》願《ズ》往《コトヲ》。手《ニ》執《テ》香華《ヲ》常《ニ》供養《ラン》。

高接下讃云。　下接高讃云。

願往生、願往生。02如來出現《シテ》於《ニ》五濁、隨宜《ニ》方便《シテ》化《ス》群萌《ヲ》。或《ハ》説②《キ》多聞《ニ》而《シテ》得度《スト》、或《ハ》説《テ》少解《ヲモテ》證《セシム》三明《ヲ》。或《ハ》教《ヘ》福慧雙《ナラベテ》除《ノゾクトキ》障《ヲ》、或《ハ》教《エテ》禪念《ヲ》坐《シテ》思量《セシム》。03種種《ノ》

①互相讃德　◎「互《ニ》相讃《シテ》德《ヲ》」とあり
②説多聞而得度　◎「説《トキ》多聞《ニシテ》而得度《スト》」とあり

01［無過…來迎］化巻199
02［上盡…誓重］一多意672
03［直爲…即生］化巻199
04［致使…即生］一多意675
05［五濁…生怨］消息集835・838

576
法門皆《ナ》解脱《スレドモ》、[01]無《シ》過《ギタルハ》念佛《シテ》往《ユクニ》西方《ニ》。[02]上《ミ》盡《シ》一形《ヲ》至《リ》十念《ニ》、三念・五念佛《マデ》來迎《ス》。[03]直《タヾニ》爲《メニ》彌陀《ノ》弘誓重《オモキガ》、[04]致《ス》使《シムルコトヲ》凡夫《ヲシテ》念《ズレバ》即生《セ》。衆等廻《シテ》心《ヲ》皆《ナ》願《ズ》往《コトヲ》。手《ニ》執《テ》

香華《ヲ》常《ニ》供養《ラン》。

下接高讚云。　高接下讚云。

1-605
願往生、願往生。世尊説法《ノ》時《キ》、將《ニ》《スルニ》了《ラムト》《サト》、慇懃《ネムゴロニ》《シ》付屬《ス》彌陀《ノ》名《ヲ》。[05]五濁增《ノ》時《ニ》多《ク》疑謗《シテ》、道俗相《ヒ》嫌《キラテ》不用《ヰ》聞《コトヲ》。見《テハ》有《ルヲ》修行《スルコト》起《ヲコシ》瞋毒《ヲ》、方便破壞《シテ》競《キヲヒテ》生《ム》怨《ミヲ》。如《クノ》此《ノ》生盲闡提《ノ》輩《ラハ》、毀《クヰ》滅《シテ》頓教《ヲ》永《ク》沈淪《リンス》。超過《スレドモ》大地微塵劫《ヲ》、未《ダ》可《ラ》得《ズ》離《ルコトヲ》三塗《ノ》身《ヲ》。大衆同心《ニ》皆懺悔《スベシ》所有《ノ》破法《ノ》罪《ノ》因緣《ヲ》。衆等廻《シテ》心《ヲ》生《ゼム》淨土《ニ》。手《ニ》執《テ》

香華《ヲ》常《ニ》供養《上ラム》。

高接下讚云。　下接高讚云。

高座待《チテ》下座《ノ》聲《ノ》盡《クルヲ》、即《チ》爲《メニ》大衆《ノ》總《ジテ》懺悔《シテ》云《イヘ》。

577
弟子道場衆等、爾《ニ》許《コ》多《タノ》人、各各《ニ》標《シテ》心《ヲ》愧《クヰ》謝《シヤス》諸佛冥空《ニ》。幽《エウ》顯《ニ》得道《シ下フ》《ノ》聖人、三十三天等《ノ》一切《ノ》天神・地神、虛空・山林・河海神等、天曹《サウ》・地府《フ》・閻《エム》羅・伺《シ》命・五道・太山《セン》三十六王・地獄典《テン》領《リヤウ》・一切靈《リヤウ》祇《ギ》等、及《ビ》此《ノ》道場《ノ》尊

經・舍利・形像・靈儀等《ニ》。唯《タヾ》願《ハ》大悲光《ノ》威神《ヲモテ》、加備・護念・攝受・證明《シ下ヘ》。今日道場主某《ム》甲《カウ》及《ビ》爾許《ソコバクノ》多人、披《ヒ》心懺悔《ス》。弟子某甲等、自《ヨ》從《リ》無身有身・無識有識已來《タ》、乃至今日至《マデ》於今《ノ》時、於《テ》其《ノ》中間《ニ》、所作《ノ》身口意業《ノ》十惡之罪無量無邊《ナリ》。或《ハ》放縱《ホシキマヽニシテ》身業《ヲ》、殺《セチ》害《ガイ》劫奪《セルコト》一切《ノ》地獄・畜生《ノ》衆生、水・陸《ロク》・虛空蝡《ゼン》動《ドウ》之類《ヲ》不可《ラ》知《ル》數《ヲ》。或《ハ》殺《セチ》害《ガイ》劫奪《セルコト》一切《ノ》修羅・鬼神衆生、水・

1-606

陸《ロク》・虛空蠕《ゼン》動之類《ヲ》不可知《ル》數《ヲ》。或《ハ》殺害劫奪《セルコト》一切《ノ》人天・三寶・師僧・父母・六親眷屬・善知識・法界衆生《ヲ》不《ズ》可《ラ》知《ル》數《ヲ》。或《ハ》故《コトサラニ》殺《シ》、悞《アヤマテ》殺、戲《ケ・タワブレ》笑《セウシテ・ワラヒ》殺、自《ミ》殺、教《テ》他《ヲ》殺、隨喜《シ》殺《コロスヲ》、相續《シテ》殺《ス》、無間《ニ》殺、愛憎《ソウ》違《ヰ》順《ジユン》殺、放逸《ニシテ》殺、貪《ジ》味《ヲ》爲《ニ》財《ノ》殺《ス》、如《ク》是《ノ》等《ノ》殺罪無量無邊《ナリ》。今《マ》對《シテ》道場《ノ》凡聖《ニ》發露懺悔《ス》。永《ク》盡《シテ》無《ラム》餘。懺悔已《ヌ》。至《テ》心《ヲ》歸命《シ上ラン》阿彌陀佛《ニ》。

578

下接高和云。

懺悔已《ヌ》。至《シテ》心《ヲ》歸命《上ツレ》阿彌陀佛《ニ》。

高接下懺云。

弟子衆等、次《ニ》當《ニ》懺悔《ス》偸《チウ》盜《タウ》罪《ザイヲ》。或《ハ》放縱《ホシキマヽニニシテ》身業《ヲ》、偸《チウ》盜《タウシ》劫奪《セルコト》一切《ノ》地獄・畜生衆生、水・陸《ロク》・虚空蠕《ゼン》動《ドウ》之類《ヲ》不可《ラ》知《ル》數《ヲ》。或《ハ》偸盗《タウ》劫奪《セルコト》一切《ノ》修羅・鬼神《ノ》衆生、水・陸《ロク》・虚空《ノ》蠕《ゼン》動之類《ヲ》不可《ラ》知《ル》數《ヲ》。或《ハ》偸盗《シ》劫奪《セルコト》一切《ノ》人天・三寶・師僧・父母・六親眷屬・善知識・法界衆生《ヲ》不可知數《ヲ》。或《ハ》故《コトサラニ》盗、悞《アヤマテ》盗、戯《ケ》笑《セウシテ》盗、自盗、教《ヘテ》他《ヲ》盗、隨喜《シテ》盗、放《ハウ》逸《シテ》盗、無間盗、愛憎《ニ》盗、違順盗《シ》、貪《レ》味《ヲ》爲財《ノ》盗、如是等《ノ》偸盗《ノ》罪無量無邊《ナリ》。今《マ》對《シテ》道場凡聖《ニ》發露懺悔《ス》。永《ク》盡《シテ》無《ラム》餘《ヨ》。懺悔已《ヌ》。至《シテ》心《ヲ》歸命《ル》阿彌陀佛《ニ》。

下接高和云。

579　1-607

懺悔已《ヌ》。至《シテ》心《ヲ》歸命①《上ツレ》阿彌陀佛《ニ》。

高接下懺云。

弟子衆等、次《ニ》當《ニ》懺悔《ス》邪婬《イン》顚倒罪《ヲ》。或《ハ》放縱《シテ》身業《ヲ》起《シテ》於邪婬《ヲ》、或《ハ》逼《ヒチ》掠《リヤウセルコト》一切《ノ》畜生衆生、水・陸・虚空蠕《ゼン》動之類《ヲ》不可知數《ヲ》。或《ハ》起《シテ》婬《ヲ》逼掠《セルコト》一切《ノ》鬼神《ノ》衆生、水・陸・虚空蠕《ゼン》動之類《ヲ》不可知數《ヲ》。或《ハ》起②《シテイン》婬心《ヲ》逼《ヒチ》掠《リヤウセルコト》一切《ノ》師僧・父母・六親眷屬・善知識・法界衆生《ヲ》不可知數《ヲ》。或《ハ》放逸作《ナシ》、故《コトサラニ》作、悞《アヤマテ》作《シ》、戯《ケ》笑《セウシテ》作、自《ミ》作《シ》、教《ヘテ》他《ヲ》作《シ》、隨喜《シテ》作《シ》、無《ナクシテ》慚愧作《シ》、相續《シテ》作《シ》、無間《ニ》作《シ》、邪貪

①命　◎「ル イ本」と左傍註記
②起婬心　◎「起《シテ》婬《イン》心《ヲ》」とあり

惡貪作《シ》、如《ク》是等《ノ》邪婬《ノ》罪無量無邊《ナリ》。今對《シテ》道場《ノ》凡聖《ニ》發露懺悔《ス》。永《ク》盡《シテ》無《ラム》餘《ヨ》。懺悔已《ヌ》。至《シテ》心《ヲ》歸①命《ツレ》阿彌陀佛《ニ》。

下接高和云。

懺悔已《ヌ》。至《シテ》心《ヲ》歸命《ツレ》阿彌陀佛《ニ》。

高接下懺云。

弟子衆等、次《ニ》當《ニ》懺《シ》悔《ス》口業《ノ》虚誑罪《ヲ》。或《ハ》放縦《ホシヒマヽニシテ》口業《ヲ》、欺誑《セルコト》一切《ノ》地獄・畜生《ノ》衆生、水・陸・虚空《ノ》蠕《ゼン》動之類《ヲ》不可知數《ヲ》。或《ハ》欺誑《セルコト》一切《ノ》修羅・鬼神《ノ》衆生、水・陸・虚空蠕《ゼン》動之類《ヲ》不可知數《ヲ》。或《ハ》欺誑《セルコト》一切《ノ》人天・三寶・師僧・父母・六親眷屬・善知識・法界衆生《ヲ》不可知數《ヲ》。或常《ニ》作《シ》、無間《ニ》作《シ》、故《コトサラニ》作《シ》、悞《アヤマテ》作《シ》、戯《ケ》笑《セウ》作《シテ》、自作《シ》、教《ヘテ》他《ヲ》作《シ》、隨喜《シテ》作《シ》、邪貪惡貪《シテ》作《シ》、如《ク》是等《ノ》欺《ゴ》誑《ワウノ》罪無量無邊《ナリ》。今《マ》對《シテ》道場《ノ》凡聖《ニ》發露懺悔《ス》。永《ク》盡《シテ》無《ラム》餘《ヨ》。懺悔已《ヌ》。至《シテ》心《ヲ》歸命《ツレ》阿彌陀佛《ニ》。

下接高和云。

懺悔《シ》已《ヌ》。至《シテ》心《ヲ》歸命《ツレ》阿彌陀佛《ニ》。

①歸　右◎「ツレ」とあるを抹消

高接下懺云。

弟子衆等、次當懺悔調《デウ》戲《ゲ》之罪。或放縱《ホシイマヽニシテ》口業、調《デウ》戲《ゲ》輕《キヤウ》弄《ロウセルコト》一切地獄・畜生衆生、水・陸・虛空蠕《ゼン》動之類不可知數。或調《デウ》弄《ロウセルコト》一切修羅・鬼神衆生、水・陸・虛空蝡《ゼン》動之類不可知數。或調《デウ》弄《ロウセルコト》一切人天・三寶・師僧・父母・六親眷屬・善知識・法界衆生不可知數。或常作、無間作、故《サラニ》作、581 悞《アヤマテ》作、戲《ケ》笑《セウシテ》作、自作、教《オシエテ》他作、隨喜作、如是等調《デウ》弄《ロウ》之罪無量無邊。今對道場凡聖發露懺悔。永盡無餘。懺悔已。至心歸命阿彌陀佛。

下接高和云。

懺悔已。至心歸命阿彌陀佛。

高接下懺云。

1-609 弟子衆等、次當懺悔惡口罪。或放縱《ホシイマヽニシテ》口業、罵辱誹謗毀《クヰ》呰《シセルコト》一切地獄・畜生衆生、水・陸・虛空蝡《ゼン》動之類不可知數。或罵辱誹謗毀呰《セルコト》一切修羅・鬼神衆生、水・陸・虛空蝡動之類不可知數。或罵①辱誹謗毀呰《セルコト》一切人天・三寶・師僧・父母・六親眷屬・善知識・法界衆生不可知

①「罵…生」二七字→◎罵辱誹謗毀呰《セルコト》一切人天三寶師僧父母六親眷屬善知識法界衆生　1-856

數《ヲ》。或《ハ》常《ニ》作《シ》、無間《ニ》作《シ》、故《コトサラニ》作《シ》、悞《アヤマテ》作《シ》、戲《ケ》笑《セウシテ》作《シ》、自《ミ》作《シ》、教《ヘテ》他《ヲ》作《シ》、隨喜《シテ》作《シ》、邪貪惡貪《シテ》作《シ》、如《ク》是等《ノ》惡口罪無量無邊《ナリ》。今《マ》對《シテ》道場《ノ》凡聖《ニ》發露懺悔《ス》。永《ク》盡《シテ》無《ラム》餘《ヨ》。懺悔已《ヌ》。至《シテ》心《ヲ》歸命《ツレ》阿彌陀佛《ニ》。

下接高和云。

582 懺悔已《ヌ》。至《シテ》心《ヲ》歸命《ツレ》阿彌陀佛《ニ》。

高接下懺云。

弟子衆等、次《ニ》當《ニ》懺悔《ス》兩舌罪《ヲ》。或《ハ》放縱《ホシイマヽニシテ》口業《ヲ》、兩舌《ヲモテ》鬪亂破壞《セルコト》一切《ノ》畜生衆生、水・陸・虛空蝡《ゼン》動之類《ヲ》不可知數《ヲ》。或鬪亂破壞《ルコト》一切修羅・鬼神衆生、水・陸・虛空蝡動之類《ヲ》不可知數《ヲ》。或《ハ》鬪《トウ》亂《ラン》破《ハ》壞《セルコト》一切《ノ》人天・三寶・師僧・父母・六親眷屬・善知識・法界衆生《ヲ》不可知數《ヲ》。或《ハ》常《ニ》作《シ》、無間《ニ》作《シ》、故《コトサラニ》作《シ》、悞《アヤマテ》作《シ》、戲《ケ》笑《セウシテ》作《シ》、自《ミ》作《シ》、教《ヘテ》他《ヲ》作《シ》、隨喜《シテ》作《シ》、邪貪惡貪作《シ》、如《ク》是等《ラノ》兩舌罪無量無邊《ナリ》。今《マ》對《シテ》道場《ノ》凡聖《ニ》發露懺悔《ス》。永《ク》盡《シテ》無《ラム》餘《ヨ》。懺悔已《ヌ》。至《シテ》心《ヲ》

1-610 歸命《ラム》阿彌陀佛《ニ》。

下接高和云。

1-857

懺悔已《ヌ》。至《シテ》心《ヲ》歸命《上ツレ》阿彌陀佛《ニ》。

高接下懺云。

583 弟子衆等、次《ニ》當《シ》懺悔《ス》意業罪《ヲ》。或《ハ》起《ヲコシテ》邪貪・惡貪《ヲ》動《オカセルコト》身口意業《ヲ》不可知數《ヲ》。或《ハ》起《シテ》邪瞋《ヲ》動《オゴカセルコト》身口意業《ヲ》不可知數《ヲ》。或《ハ》起《シテ》邪癡顚倒・惡見顚倒《ヲ》動《セルコト》身口意業《ヲ》不可知數《ヲ》。或《ハ》因《ヨテ》意業《ニ》造作《シテ》身業十惡之罪《ヲ》、不《コト》簡《バ》凡聖六道《ノ》衆生、親疎《シテ》人畜等《ノ》衆生《ヲ》不可知數《ヲ》。或《ハ》故作《コトサラニシ》、悞作《アヤマテシ》、常作《ニシ》、無間作《ニシ》、自《ミ》作《シ》、教《テ》他《ヲ》作《シ》、隨喜作《シ》、如《ク》是等《ノ》意業罪無量無邊《ナリ》。今《マ》對《シテ》道場凡聖《ニ》發露懺悔《ス》。永《ク》盡《シテ》無《ラム》餘《ヨ》。總《ジテ》懺《シ》十惡罪《ヲ》竟《ヌ》。至《シテ》心《ヲ》歸命《シ上ツレ》阿彌陀佛《ニ》。

下接高和云。

懺悔已《ヌ》。至《シテ》心《ヲ》歸命《上ツレ》阿彌陀佛《ニ》。

此《ノ》十惡《ハ》卽《チ》攝《シテ》一切《ノ》惡《ヲ》盡《ス》。今《マ》懺悔《スル》十惡罪《ヲ》者《ノハ》、卽《チ》懺《シテ》一切《ノ》罪《ヲ》盡《スナリ》、應《シ》知《ル》。

下接高讚云。

願往生、願往生。三界《ハ》無《シ》安《コト》。如《シ》火宅《ノ》。六道《ニ》周慞《シユス》。競《キヲテ》出《イデム》門《ヲ》。門門不同《ニシテ》八

1-611 584 萬四《ナリ》。各各《ニ》皆《ナ》當《アタレリ》心眼《ノ》前《ニ》。棄《キ》棄《キトシテ》欲《スレバ》出《イデムト》還《テ》廻《メグリ》去《ユク》。爲《メニ》箇《コノ》無明《ノ》悞《アヤマテ》殺《コロス》人《ヲ》。貪《ジ》財《ヲ》

01[劫欲…得度]化卷204
02[去來…然成]化卷209

愛《シテ》レ色《ヲ》無《シ》二厭《エン》足《スルコト》一。虚《コ》華①《クヱ》幻《グエン》惑《ニシテ》詐《イツハテ》相《ヒ》親《シタシム》。財《タカラ》盡《ツキ》色《イロ》落《オチヌレバ》相《ヒ》嫌《キラフテ》恨《ウラム》。須-臾《ニ》義斷《ジテ》《タヘテ》
若《ゴトシ》二屠《ト》《ホフル》怨《オンノ》一。屠《ト》怨《オン》遍二-滿《ス》娑婆《ノ》内《ニ》一。有識含情皆《ナ》亦《タ》然《ナリ》。爲《メニ》レ此《ノ》如來偏《ニ》指-授《シテ》、勸《メテ》
使《シム》三專《ラ》修《セ》二淨土《ノ》因《ヲ》一。淨土《ノ》因成《ジヌレバ》自然《ニ》到《ル》。終《ル》時《ニ》合掌《シテ》奉《上ツル》二香煙《エンヲ》《ホノヲケムリ》一。香煙《エン》直《チニ》注《ソヽグ》二彌
陀佛《ニ》一。聖衆持《テ》レ華《ヲ》迎《フ》二我身《ヲ》一。卽坐《シテ》二華臺《ニ》一紫金色《ナリ》。到《イタリヌレ》②レ彼《ニ》無漏《ロナリ》。眞《ニシテ》復《タ》眞《ナリ》。衆等
悲《カナシミヲ》流《ガシテ》皆《ナ》願《ズ》レ往《コトヲ》。手《ニ》執《テ》二香華《ヲ》一常《ニ》供養《ラム》。

高接下讚云。　下接高讚云。

願往生、願往生。[01]劫欲《スル》レ盡《ナムト》時《キハ》五濁盛《カンナリ》。衆生邪見《ニシテ》甚《ダ》難《シ》レ信《ジ》。專專《ニ》指《シ》授《ジユシテ》
歸《スレドモ》二西路《ニ》一、爲《メニ》レ他《ノ》破-壞《セラレテ》還《テ》如《シ》レ故《モトノ》。曠-劫《ヨリ》已-來《タ》常《ニ》如《シ》レ此《ノ》。非《ズ》二是今生《ニ》始《メテ》自《ミ》悟《サトルニ》一。
正《ク》由《テ》レ不《ルニ》レ遇《ハ》二好《ヨキ》強縁《ニ》一、致《イタス》レ使《シムルコトヲ》三輪廻《ヲシテ》難《ガタカラ》二得度《シ》一。今日今時聞二要-法《ヲ》一、畢命《ヲ》爲《シテ》レ期《ト》
誓《テ》堅《ケン》固《ゴナレ》③。堅固《ニ》持《タモテ》レ心《ヲ》不《シテ》レ惜《オシマ》レ身《ヲ》、慚-愧《スベシ》二釋迦諸佛《ノ》恩《ヲ》一。標《シテ》レ心《ヲ》爲《メニ》説《テ》二西方《ノ》樂《ヲ》一、欲《ス》レ
使《メムト》三齊《ヒトシク》歸《シテ》入《イレ》二正-門《ニ》一。正門《ト云ハ》卽《チ》是《レ》彌陀界《ナリ》。究竟《ノ》解脱《シテ》斷《ズ》二根源《ヲ》一。[02]去《イザ》來《ノ》、他-鄕《キヤウニハ》不レ
可《ラ》レ停《トヽマル》。從《テ》二佛《ノ》歸家《ニ》一還《テ》二本國《ニ》一、一切《ノ》行願自然《ニ》成《ゼム》。衆等各各《ニ》生《ゼヨ》二淨土《ニ》一。手《ニ》執《テ》二
香華《ヲ》一常《ニ》供養《上ラム》。

高接下讚云。

①華　右◎「クヰ」を「クヱ」と左傍訂記　◎「□□イ本」と左傍註記
②到彼無漏　◎「到《イタリヌレ》二彼《ノ》一無漏《ロナリ》二」とあり
③固　右◎ゴンナレ

1-859

1-612　586

願往生、願往生。大衆人人皆合掌《シテ》、碎《クダキテ》身《ヲ》慚《ザム》謝《シヤスベシ》釋迦《ノ》恩《ヲ》。能《ク》得《テ》慈悲巧方便《ヲ》指授《ス》西方《ノ》快樂《ノ》門《ヲ》。道場欲《シテ》散《ゼムト》人將《マサニ》別《ワカレナムト》。努力《ユメユメ》相勸《ヒ》、斷《ゼヨ》貪瞋《ヲ》。貪瞋《ノ》因縁障《サフ》聖土《ヲ》。不《シテ》得《ミ》自悟《ルコトヲ》、永《ク》沈淪《リムス》。同行相《ヒ》親《シタシミ》相《ヒ》策勵《シヤクレイシテ》、畢命《ヲ》爲《シテ》期《ト》到《ラム》佛前《ニ》。願《クハ》此《ノ》法輪相續《シテ》轉《ジ》、道場《ノ》施主益《マスマス》長年《ナラム》。大衆咸《コトゴトク》同《ク》受《ケ》安樂《ヲ》、見聞隨喜亦《タ》皆《ナ》然《ラム》。普《ク》願《ハ》廻《シテ》心《ヲ》生《ヨ》淨土《ニ》。手《ニ》執《テ》香華《ヲ》常《ニ》供養《ラム》。

下接高讃云。　高接下讃云。

又誦《シ》經《ヲ》唱《トナフルコト》讃《ヲ》已《テ》、高座《ニシテ》即《チ》令《メヨ》一人《ヲシテ》行香《シテ》、與《アタエ》大衆《ニ》行華《セ》。次當《ニ》讃《シ》人等向《カテ》行道《ノ》處《ニ》立《ス》。又令①《メヨ》小者《ヲシテ》唱《トナエ》、禮《レイ》供養及如法行道《セ》。唱已《エテ》其《ノ》散華《ノ》法用一《ツ》如《クニセヨ》上《ノ》。或《ハ》三帀或《ハ》七帀竟《ハテ》、即《チ》當《アタテ》佛前《ニ》立《シテ》次《ニ》唱《ヘヨ》後讃《ヲ》。

高座唱讃、　下座和云。

般舟三昧樂　願往生　大衆人人皆《ナ》合掌《セヨ》　無量樂

般舟三昧樂　願往生　道場聖衆欲《ス》歸還《シナムセムト》　無量樂

衆等傷《イタハシクシテ》《マタシクシテ》心《ヲ》共《ニ》傷歎《シテ》　願往生　唯《ダ》知《シテ》慚《ザン》謝《セヨ》《シヤスベシ》釋迦《ノ》恩《ヲ》　無量樂

般舟三昧樂　願往生　[01]悲喜交《マジワリ》流《シテ》深《カク》自《ミ》慶《ヨロコブ》　無量樂

---

①「令…道」一二字　◎「令《シテ》《メヨ》下小者《ヲ》唱《トナエ》二禮《レイ》供養及如法行道《セ》上」とあり

1-860

01［悲喜…難報］化巻209

不《ズハ》レ因《ヨラ》二釋迦佛《ノ》開悟《ニ》一　願往生　彌陀《ノ》名-願何《レノ》時《ニカ》聞《カム》　無量樂
般舟三昧樂　願往生　荷《シテ》《ニナテ》二佛《ノ》慈恩《ヲ》一實《ニ》難《シ》レ報《ジ》　無量樂
四十八願慇《ヲン》懃《ゴンニ》喚《ヨバフ》　願往生　乘《ジテ》二佛《ノ》願力《ニ》一往《ケ》二西方《ニ》一　無量樂
般舟三昧樂　願往生　娑婆永《ク》別《レナバ》更《ニ》何《ヲカ》憂《エム》　無量樂
無《ク》レ問《コト》二罪《ト》福《ト》時《トノ》多少《ヲ》一　願往生　心心《ニ》念佛《シテ》莫《レ》レ生《ズルコト》レ疑《ヲ》　無量樂
般舟三昧樂　願往生　六方《ノ》如-來《ノ》證《ス》不《ズ》レ虚《ラ》①　無量樂
三業《ニ》專《ニシテ》レ心《ヲ》無《レバ》二雜亂《ヲ》一　願往生　百寶《ノ》蓮華應《ジテ》レ時《ニ》見《ミユ》　無量樂
般舟三昧樂　願往生　臨終《ニ》聖衆自《ミ》來迎《ス》　無量樂
行者見《テ》レ佛《ヲ》心歡喜《ス》　願往生　彌陀接手《シテ》坐《セシム》二華臺《ニ》一　無量樂
般舟三昧樂　願往生　坐《シ》已《レバ》身同《ク》紫金色《ナリ》　無量樂
從《テ》レ佛《ニ》須臾《ニ》至《テ》二寶國《ニ》一　願往生　直《チニ》入《テ》二彌陀大會《ノ》中《ニ》一　無量樂
般舟三昧樂　願往生　見《ル》二佛《ノ》莊嚴《ノ》無數億《ナルヲ》一　無量樂
三明六通皆《ナ》具足《シテ》　願往生　憶《ス》二我《ガ》閻浮《ノ》同行人《ヲ》一　無量樂
般舟三昧樂　願往生　同行相《ヒ》親《シムデ》願《クハ》莫《レ》レ退《スルコト》　無量樂

①虚　◎「ヲ」と左傍にあり

七周《シユ》行道散華《シ》竟《リテ》　願往生　供養《シ上ツリ》冥《ミヤウ》空諸佛《ノ》會《ヲ》　無量樂

般舟三昧樂　願往生　大會頂禮《セヨ》別彌陀《ヲ》　無量樂

行道散華七周《シユ》竟《テ》、次《ニ》向《テ》佛前《ニ》立《シテ》唱《テ》讃《ヲ》云《ヘ》。

慚愧《ス》彌陀・諸《ノ》聖衆《ニ》　願往生　受《テ》我《レ》施主衆生《ノ》請《ヲ》　無量樂

般舟三昧樂　願往生　慈悲平等《ニシテ》度《ス》衆生《ヲ》　無量樂

證明《シ》功德《ヲ》除《下ヘ》罪障《ヲ》　願往生　存《ソン》亡《マウノ》利益難《シ》思議《シ》　無量樂

般舟三昧樂　願往生　形枯《コ》命斷①《ヘテ》佛前《ヲ》期《セム》　無量樂

供養莊嚴不如法《ナレドモ》　願往生　布施《シテ》衆生《ニ》歡喜《ス》心《ニ》　無量樂

般舟三昧樂　願往生　見聞流《ナガシテ》涙《ナミダヲ》同《ク》懺悔《スベシ》　無量樂

散華行道訖《オワヌ》　願往生　請佛隨《テ》緣《ニ》還《下ヘ》本國《ニ》　無量樂

般舟三昧樂　願往生　普《ク》散《ズ》香華《ヲ》心送②《ノ》佛《ニ》　無量樂

般舟三昧樂　願往生　願《ハ》佛《ノ》慈心遙《ハルカニ》護念《シテ》　無量樂

般舟三昧樂　願往生　同生《ヲ》相《ヒ》勸《ム》盡《ク》須《クベシト》來《ル》　無量樂

次打《ウテ》磬《ケイ》子《ヲ》、唱《ヘヨ》敬禮常住三寶《ヲ》。

---

①斷　右◎「テ」の下一字抹消
②送　◎「道ィ」と上欄註記

01[彌陀…涅槃]眞卷178
02[十方…已發]化卷209

591 1-615

次《ニ》唱《ヨ》歎《タン》佛呪《シュ》願《ヲ》。

歎《タン》佛竟《ハテ》、卽依《テ》法《ニ》唱《ヨ》七禮敬《ヲ》、唱《ヘヨ》隨意《ヲ》。

竊《ニ》以《レバ》、01彌陀《ノ》妙果《ヲ》號《トナエテ》《シテ》曰《イフ》無上涅槃《ト》。國土《ハ》則《チ》廣大《ニシテ》莊嚴遍滿《ス》。自然《ノ》衆寶《ナリ》。觀音大士《シテ》左侍《ニ》靈儀《タリ》。勢至慈尊則右邊《ニ》供養《ス》。三華獨《リ》迴《ハルカニシテ》寶縵《マン》臨《ノゾミ》軀《ミニ》、珠《タマハ》内《ニ》輝《カヾヤカシ》光《ヲ》、天《ノ》聲《ハ》外《ニ》繞《メグレリ》。聲聞・菩薩數《カズ》越《タリ》塵沙《ニ》。化《ノ》鳥天《ニ》同《ク》無《シ》不《ト云コトセ》遍會《ニ》。他方《ノ》聖衆起《オコテ》若《ゴトシ》雲《ノ》奔《ハシルガ》。凡惑《ワク》同《ジク》生《ズ》。過《クワ》踰《ユセリ》盛《ナル》雨《メニ》。十方來《ノ》者《ノ》皆《ナ》到《テ》佛邊《ニ》、鼓《ク》樂《ガク》彌《イヨイヨ》歌《ウタヒ》、香華繞《ネウ》讃《ス》。供養周《アマネク》訖《ヲハテ》、隨《テ》處《ニ》遍《ク》歷《ヘテ》親承《ス》。或《ハ》入《リ》百寶池渠《コ》會《ニ》、或《ハ》入《リ》寶樓・宮殿會《ニ》、或《ハ》入《リ》寶林・寶樹會《ニ》、或《ハ》上《ノボリ》虛空會《ニ》、或《ハ》入《ル》大衆無生法食會《ニ》。如《ク》是《ノ》清淨莊嚴大會《ノ》聖衆等、同《ク》行《ジ》、同《ク》坐《シ》、同《ク》去《リ》、同《ク》來《ル》。一切《ノ》時中《ニ》無《シ》不《云コト》證悟《セ》。西方極樂《ノ》種種《ノ》莊嚴歎《ズレドモ》、莫《ナケム》能《ク》盡《ツクスコトニ》。然今《マ》淸信《ノ》弟子某甲等、

592

爾《ソコバクノ》許多人、①知《シリ》身《ハ》假《ニ》合《ス》四大《ヲ》共《ニ》成《ゼリト》、②識《シルベシ》命《イノチハ》浮《フ》危《ルコト》、譬《エバ》似《ニタリト》嚴霜《サウノ》對《ムカエルニ》日《ヒニ》。02十方六道同《ク》此輪《レ》迴《ス》。無際循《シウ》循《シウトシテ》③沈《シヅテ》愛《アイ》波《ハニ》而沈《シヅム》《テ》苦海《ニ》。佛道《ノ》人身難《シ》得、今《マ》已《デニ》得《タリ》。淨土難《シ》聞《キ》、今《マ》已《デニ》聞《ク》。信心難《シ》發《シ》、今《マ》已《ニ》發《ス》。仰《ギ》惟《オモンミレバ》、今《マ》時同生《ノ》知識等、爾《ソコバクノ》許多人、恐《オソラクハ》畏命《チ》同《ジ》石火《ニ》。久《ク》照《テラスコトシ》難《シ》期《シ》。識性無常《ナリ》。逝《サルコト》《ユクコト》踰《コエタリ》風燭《ショクニ》。

---

①知身假合四大共成　◎「知《シリ》身《ハ》假《ニ》合《ス》四大《ヲ》共《ニ》成《ゼリト》」とあり

②識命浮危譬似嚴霜對日　◎「識《シルベシ》命《イノチハ》浮危《クヰナリ》《ルコト》譬《エバ》似《ニタリト》嚴霜《サウノ》對《ムカエルニ》日《ヒニ》」とあり

③沈愛波→◎沈《シヅテ》愛《アイ》波《ハニ》　沈　◎「ン」を「テ」と上書訂記

1-863

593　1-616

故《ニ》人人同《ジク》願《ジテ》共《ニ》結《ムスブ》往生之業《ヲ》。各誦《スルコト》『彌陀經《ヲ》』爾許《イクバクシテ》萬遍、念《ズルコト》彌陀《ノ》名《ヲ》爾許萬遍、又造《ツクリテ》某《ソレガシノ》功德等《ヲ》普《ク》皆《ナ》周《シユ》備《ビス》。故《ニ》於《テ》某《ソレガシノ》月日《ニ》莊嚴《シ》院宇《ウヲ》、瑩《キヤウ》飾《ジキシテ》道場《ヲ》、奉請《シテ》僧尼《ヲ》、宿《シク》宵《セウ》《ヨモスガラ》行道《ス》。又以《テ》廚《ヅ》皇《ワウノ》百味《ミ》・種種《ノ》甘《カン》香《ヲ》奉《ツリテ》佛及以《ビ》僧徒《トニ》、同心《ニ》慶《キヤウ》喜《キス》。又願《ハ》持戒・誦經・念佛・行道《シ》、及《ビ》造《ラム》諸《ノ》功德等《ヲ》。當今《ノ》施主及《ビ》同行《ノ》諸人、法界衆生、從《リ》今《マ》已去、天神影《ヤウ》衞《ヱシテ》萬善扶《ブ》持《ヂシ》、福命休強《ニシテ》離《レム》諸《ノ》憂惱《ヲ》、六方諸佛護念《シ》信心《ヲ》、淨土《ノ》彌陀慈心攝受《シ下ヘ》。又願《ハ》觀音・聖衆駱《ラク》驛《エキ》往來《シテ》、念念《ニ》無《ナク》遺《ワスル、コト》　遙《ハルカニ》加《シ》普《ク》備《ソナエテ》、春《シユン》秋《ジウ》冬《トウ》夏《カ》四大常《ニ》安《ク》、罪《ミ》滅《シ》福成《ジテ》、廻《シテ》生《ゼム》淨土《ニ》。又願《ハ》臨終《ニ》無病正念《ニシテ》堅強《ナラム》。聖衆來迎《シテ》、華臺普《ク》集《シユセム》。彌陀《ノ》光照《ヲモテシ》、菩薩扶《ケ》身《ヲ》、化佛齊《ヒトシクシテ》心《ヲ》同聲《ニ》等《ク》讚《ゼム》。乘《ノテ》臺《ニ》一念《ニ》即《チ》至《テ》西方《ニ》、見《テ》佛《ノ》尊顏《ヲ》悟《ラム》無生《ノ》忍《ヲ》。仰《ギ》願《ハ》往生《ノ》同行人等、得《ム》如《ク》此《ノ》善《ヲ》。又願《ハ》、此《ノ》功德《ヲ》資《シ》益《シタマヘ》《シタテマツリテ》、　大唐《タウノ》皇《クワウ》帝《テイヲ》、福《フツ》基《キ》永《ク》固《カタク》、聖《セイ》化《クワ》無《ラム》窮《マリ》。又願《ハ》、　皇后慈心平等《ニシテ》哀愍《セム》六《リク》宮《キウヲ》。又願《ハ》、　皇太子承《ウケテ》恩《ヲ》厚《コウ》地《ニ》、同《ク》山岳《ガク》之莫《ナキニ》移《ウツルコト》、福命唐《タウ》唐類《トシテ》滄《サウ》波《ハニ》而《シテ》無《ラム》盡《クルコト》。又願《ハ》天曹《サウ》・地府《フ》・閻羅・伺《シ》命、滅除《シテ》罪障《ヲ》注《チウ》記《キセム》善名《ヲ》。又願《ハ》修羅息《ヤメ》戰《セン》諍《ジヤウヲ》、餓鬼除《キ》飢《ケ》虛《コヲ》、地獄《ト》與《ト》畜生俱時《ニ》得《エム》解脫《ヲ》。竪《シユニハ》通《ジ》三

1-864

界《ヲ》横《ワウニ》括《ハク、テ》九居《コヲ》、莫《ラム》不《ト云コト》等《シク》出《デ、》娑婆《ヲ》同《ジク》歸《セ》於《ニ》淨土。

下座唱七禮。

南無本師釋迦牟尼佛等一切三寶《ニ》。我《レ》今《マ》稽首《シユシテ》禮《スシテ》。迴《シテ》願《ズ》往生《セムコトヲ》無量壽國《ニ》。

南無《シテ》十方三世盡虛空遍法界微塵剎土《ノ》中《ノ》一切三寶《ニ》、我《レ》今稽首《シテ》禮《シテ》、迴《シテ》願《ズ》往生《セムコトヲ》無量壽國《ニ》。

594

南無《シ上ル》西方極樂世界阿彌陀佛《ニ》。願《ハ》共《ニ》諸《ノ》衆生《ト》往生《セム》安樂國《ニ》。

南無《シテ》西方極樂世界觀世音菩薩摩訶薩《ニ》、願《ハ》共《ニ》諸《ノ》衆生《ト》往生《セム》安樂國《ニ》。

1-617

南無西方極樂世界大勢至菩薩摩訶薩、願《ハ》共《ニ》諸《ノ》衆生《ト》往生《セム》安樂國《ニ》。

南無西方極樂世界諸菩薩摩訶薩、清淨大海衆、願《ハ》共《ニ》諸《ノ》衆生《ト》往生《セム》安樂國《ニ》。

普《ク》爲《メニ》四恩・三友・帝《テイ》王・人王・師僧・父母・善知識・法界衆生、斷除《シテ》三障《ヲ》、同得往生阿彌陀佛國、和上一切賢聖。廻願往生無量壽國。

唱竟卽云隨意。

白《マウス》行者等。一切時常依此法、以爲恆式、應知。送經致何處。送至摩尼寶殿中。送經致何處。送至龍宮大藏中。送經致何處。送至西方石《シャク》窟《クツ》寶函《カムノ》《ハコ》中。

595

安樂行道轉經願生淨土法事讃　卷下

観念法門

〈底本〉
◎高田派専修寺蔵親鸞聖人加点本

觀念阿彌陀佛相海三昧功德法門　一卷

比丘善導集記

依《テ》『觀經《ニ》』明《ス》觀佛三昧《ノ》法《ヲ》一。
依《テ》『般舟經《ニ》』明《ス》念佛三昧《ノ》法《ヲ》二。
依《テ》經《ニ》明《ス》入《ルコトヲ》道場念佛三昧法《ニ》三。
依《テ》經《ニ》明《ス》道場内《ノ》懺悔發願《ノ》法《ヲ》四。

依《テ》『觀經《ニ》』明《ス》觀佛三昧《ノ》法《ヲ》。出《タリ》『觀經』・『觀佛三昧海經《ニ》』。
觀《ズベシ》阿彌陀佛眞金色《ノ》身、圓光徹《ニ》照《シ》端正無比《ナルヲ》、行者等、一切《ノ》時處、晝夜《ニ》常《ニ》作《ナシ》此《ノ》想《ヲ》、行住坐臥《ニ》亦作《セ》此想《ヲ》。毎常《ニ》住《シ》意《ヲ》向《テ》西《ニ》、及《マデ》彼《ノ》聖衆一切雜寶莊嚴等《ノ》相①《ニ》、如《セヨ》對《スルガ》目《ノ》前《ニ》。應《シ》知《ル》。

600

又行者若欲《ハヾ》坐《セント》、先《ツ》須《ク》《シ》結跏趺坐《ス》。左《ノ》足安《ジテ》右《ノ》䏶《モヽノ》上《ニ》與外齊《メ》、右《ノ》足安《ジテ》左《ノ》䏶《ノ》上《ニ》與外齊《メ》、右《ノ》手安《ジテ》左《ノ》手《ノ》掌《ノ》中《ニ》、二大指面《テ》相《ヒ》合《アハセヨ》。次《ニ》端身正坐《シテ》、合《セ》口、

〈表紙〉
◎包紙中央「観念法門」　左下「釋顯智」
表紙中央「觀念法門」
①相　右◎「ニ」と上書訂記

601　1-619

閉《トヂヨ》眼《ヲ》。似《テ》開《スルニ》不開《セ》、似《テ》合《スルニ》不合《セ》。即《チ》以《テ》心眼《ヲ》、先《ヅ》從《リ》佛頂上《ノ》螺《ラ》髻觀《ゼヨ》之《ヲ》。頭皮作《ナシ》金色《ヲ》、髮《ハ》作《シ》紺①《コン》青《ノ》色《ヲ》。一髮《ハツ》一螺《ラトシテ》卷《マイテ》在《テ》頭上《ニ》、頭骨作《テ》雪色《ヲ》内外明徹《ス》。腦《ナツキ》如《シ》玻《ハ》璃《リノ》色《ノ》。次《ニ》想《ヘ》、腦《ニ》有《リ》十四《ノ》脈《ミヤク》、一一《ノ》脈《ニ》有十四道《ノ》光、從髮《カミノ》根《ネノ》孔《アナ》出《デ、》外《ニ》繞《メグレルコト》髮螺《ヲ》七帀《シテ》、還《テ》從《ヨリ》毛端《ノ》孔《ノ》中入《ル》。次《ニ》想《ヘ》、前《ノ》光《ノ》從二眉《マユノ》毛根《ノ》孔中出《デ、》向《フト》外《ニ》。次《ニ》想《ヘ》額廣平正《ノ》相《ヲ》。次《ニ》想《ヘ》眉高而長《ノ》相《ヲ》。由《ナオシ》如《シ》初月《ノ》。次《ニ》想《ヘ》、眉間白毫《ノ》相。卷《テ》在《リ》眉間《ニ》、其《ノ》毛白《シ》、外實内虚《ニシテ》出《ス》金色《ノ》光《ヲ》。從《リシテ》毛端而出《デ、》直《ニ》照《ラシテ》自身《ヲ》來《ルト》。如《シ》『觀佛三昧經』（卷二觀相品意）說《ガ》。「若《シ》有《テ》人一須臾《ノ》頃《アヒダ》觀《ズレバ》白毫《ノ》相《ヲ》、若《ハ》見《ミ》、若《ハ》不見《レドモ》、即《チ》除却《ス》九十六億那由他恒河沙微塵數劫《ノ》生死《ノ》重罪《ヲ》。」常《ニ》作《セバ》此《ノ》想《ヲ》、太《ハナハダ》除障滅罪《ス》。又得《ウ》無量《ノ》功德《ヲ》、諸佛歡喜《ス》。次《ニ》想《ヘ》、二《ノ》眼廣長《シテ》黑白分明《ナリ》、光明徹照《ス》。次《ニ》想《ヘ》、鼻修高直《ニシテ》、如《シ》鑄《ジュ》《ヰモノ》金《コム》鋌《ヂヤウノ》。次《ニ》想《ヘ》面部平滿《シテ》無《シト》有唱《シヤウ》吷《エウ》。次《ニ》想《ヘ》、耳輪垂《スイ》腄《ツイシテ》孔《ニ》有七毛、光從毛内出《テ》遍《ク》照《スト》佛身《ヲ》。次《ニ》想《ヘ》、脣《シム》色赤好《ニシテ》光明潤澤《ナリ》。次《ニ》想《エ》、齒《キ》白《ハク》齊《ザイ》密《ミチニシテ》、白《コト》如《シテ》珂《カ》月《ノ》内外映徹《スト》。次《ニ》想《エ》、舌薄《ハク》廣長《ニシテ》柔輭《ナリ》。舌根《ノ》下《シタニ》有二道《ノ》津《シム》液《エキ》注《ソ、イデ》入《ル》咽《エン》《ノド》筒《トウニ》《ツ》、直《ニ》入《ル》心王《ニ》。佛心《ハ》如《シ》紅蓮華《ノ》、開而《シテ》不開《セ》、合而《シテ》不合《セ》。有《テ》八萬四千葉、葉葉相《ヒ》重《レリ》。一一《ノ》葉《ニ》有《テ》八萬四

①紺　右◎「ムノ」を「ン」と上書訂記

1-872

千脈、一一脈有八萬四千光、一一光作百寶蓮華。一一華上有一十地菩薩、身皆金色、手持香華供養心王、異口同音歌讃心王。行者等作此想時、除滅罪障得無量功德、諸佛・菩薩歡喜、天神・鬼神歡喜。又抽《ヌキイデ》心向上、次想咽《エン》《ノド》項《カウノ》《ウナジ》圓相、二肩《カタノ》圓相。次想兩臂《ヒ》《ヒヂ》臃《ヨウ》《マリラカナリ》圓《ヱンノ》相《サウヲ》。次想、二手掌平滿千輻《フク》輪相、十指纖《セン》長指間網縵相、甲《ツメ》作赤銅色相。又抽《デ》心向上、次想佛胸《コツ》前平滿相。萬德之字《ジ》朗然。次想腹《フク》平不現相《サウ》。次想臍《ザイ》《ホゾ》圓孔深相。光明内外常照。次想陰藏相。平滿由《ナオシ》如十五日夜月、亦如腹《フク》《ハラ》背《ハイノ》《セナカ》、平處無別。佛言《イハク》、若有男子・女人多貪《ゼン》欲色者、即想如來陰《ヲン》藏相者、欲心即止、罪障除滅得無量功德、諸佛歡喜。天神・鬼神好心影《ヤウ》護《ゴシテ》、長命安樂。永無病痛。次想兩《フタツノ》䏶《ヘイ》《モ》膝《シチ》・膝《シツ》骨《コツ》圓滿。次想二脛《ハギ》如鹿《ロク》王𨄔《ハギノ》。次想二足跟《コン》《クビス》如象《ザウ》王鼻。次想二足趺高如龜王背《セナカノ》。次想足十指長指間有網縵、甲《ツメ》作赤銅色。次想佛結跏趺坐相。左足安右䏶上、與外齊《ヒトシメ》、右足安左䏶上、與外齊《ヒトシメ》。次想二足下平有千輻輪相。輻《フク》《カ》輞《マウ》《ヒラ》具足、皆有光明遍照十方刹。從頂上下至足千

603　1-621　604

輻輪相《ニ》已來《タ》、名《テ》爲《ス》具足《シテ》觀《ズト》佛《ノ》色身莊嚴功德《ヲ》。是《ヲ》名《ク》順觀《ト》。又次《ニ》想《ヘ》華座《ノ》法《ヲ》。次《ニ》想《ヘ》華臺《ノ》相《ヲ》。次《ニ》想《ヘ》、華葉、葉葉相《ヒ》重《ナテ》八萬四千重《ナリ》。一一《ノ》葉《ノ》上《ニ》想《ヘ》、有《テ》百億《ノ》寶王莊嚴①、一一寶中《ニ》有《テ》八萬四千《ノ》光明、上《ミ》照《スト》佛身《ヲ》。次《ニ》想《ヘ》、寶華《ノ》莖《クキ》八面《ニシテ》、一一《ノ》方面百千《ノ》衆寶《ヲモテ》莊嚴、放《テ》大光明《ヲ》上下俱《ニ》照《ス》。次《ニ》想《ヘ》、華莖《ノ》下《モト》依《ル》寶地《ニ》。地上《ノ》衆寶皆放《ツ》八萬四千光明《ヲ》。一一光明照《シ》佛身《ヲ》、及《ビ》照《ス》十方六道《ヲ》。亦想《ヘ》一切《ノ》光明、照觸《シテ》行者《ノ》自身《ヲ》來《ルト》②作《ス》此想《ヲ》時《キ》、除滅《シ》罪障《ヲ》得《ウ》無量《ノ》功德《ヲ》。諸佛・菩薩歡喜《シ》、天神・鬼神《モ》亦喜《ス》。日夜《ニ》隨《テ》身《ニ》影護《ス》行者《ヲ》。行住坐臥《ニ》常《ニ》得《ニ》安穩《ヲ》、長命富樂《ニシテ》永《ク》無《シ》病《ヒ》痛《ミ》。準《ジュンズレバ》佛教《ニ》、得見《ルコトヲ》淨土《ノ》中《ノ》事《ヲ》。若《シ》見《バ》但自《ミ》知《テ》不《レ》得向《テ》人《ニ》說《クコトヲ》。卽《チ》大《ニ》有《テ》罪《ミ》、橫《ワウニ》招《ク》惡病短命之報《ヲ》。若《シ》順《ズレ》教門《ニ》者《バ》、臨命終時《ニ》上品《ニ》往生《ス》阿彌陀佛國《ニ》。如是上下、依《テ》前《ヲ》十六遍觀《ジテ》、然《シテ》後《チ》住《テ》心《ヲ》向《テ》眉間《ノ》白毫《ニ》、極《テ》須《ク》捉《トテ》心《ヲ》令《シム》正《タマシカラ》。更《ニ》不《レ》得雜亂《ヲ》③。卽失《シテ》定心《ヲ》三昧難《シ》成《ジ》、應《シ》知《ル》。是《ヲ》名《ク》觀佛三昧《ノ》觀法《ト》。一切時中《ニ》常《ニ》廻《スレバ》生《ト》淨土《ニ》。但依《テ》『觀經』十三觀《ニ》、安心《シテ》必《ズ》得《ヨ》不《トヲ》疑《ガハ》。

又白《ク》行者《ニ》、欲《ハヾ》生《ムト》淨土《ニ》、唯須《ク》持《テ》戒《ヲ》念《ジ》佛《ヲ》誦《ス》『彌陀經』《ヲ》。日別《ニ》十五遍《スレバ》二

---

① 嚴　消　右◎「ヲ」とあるを抹
② 作　消　右◎「シ」とあるを抹
③ 卽　消　右◎「チ」とあるを抹

605 1-622 606

年《ニ》得一萬《ヲ》日別三十遍一年一萬《ナリ》。日別念《ゼヨ》一萬遍佛《ヲ》。亦須《シ》依《テ》時《ニ》禮讚《ス》淨土莊嚴《ノ》事《ヲ》。大須《シ》精《ク》進《ス》。或《ハ》得三萬・六萬・十萬《ヲ》者《ハ》、皆《ナ》是《レ》上品上生人《ナリ》。自餘《ノ》功德盡《ク》廻《セヨ》往生《ヲ》、應《シ》知《ル》。已前《ハ》明《ス》觀佛三昧《ノ》法《ヲ》。

『般舟三昧經』「請問品《ニ》」（一卷本問事品意）明《ス》七日七夜入《ル》道場《ノ》念佛三昧《ノ》法《ニ》。出『般舟三昧經』

「佛告《ク》跋陀和《ニ》、有《リ》三昧、名《ク》十方諸佛悉在前立《ト》。能《ク》行《ゼバ》是法《ヲ》、汝之所聞悉《ク》可得也。跋陀和白佛《ニ》、願《ハ》爲《ニ》說《タマヘ》之《ヲ》。多《ク》所《ロ》過度《スル》安穩十方《ナラシメム》。爲《ニ》諸衆生《ノ》現《下ヘ》大明相《ヲ》。佛告《ク》跋陀和《ニ》、有三昧、名《ク》定意《ト》。學者常《ニ》當《シ》守《テ》習持《シテ》不《ル》得復隨《コト》餘法《ニ》。功德《ノ》中《ニ》最第一《ナリ》」。次「行品《ニ》」（一卷本般舟經意）云《ク》、「佛告《ク》跋陀和菩薩《ニ》、欲《ハ》疾《ク》得《ムト》是定《ヲ》者《バ》、常《ニ》立①《ツ》大信《ヲ》。如法《ニ》行《ゼヨ》之《ヲ》、則《チ》可得《シウ》也。勿《レ》有《コト》疑想如《クモ》毛髮許《バカリノ》。是定意《ノ》法、名《テ》爲菩薩《ノ》超衆行《ト》。

立《シテ》一念《ヲ》　信《ジ》是法《ヲ》　隨《テ》所聞《ニ》　念《ジ》其方《ヲ》　宜《シク》一念《ニシテ》　斷《ズ》諸想《ヲ》

立《テ》定信《ヲ》　勿《レ》狐疑《スルコト》　精進《ニ》行《ジテ》　勿《レ》懈怠《スルコト》　勿《レ》起《スコト》想《ヲ》　有與《トニ》無

勿《レ》念《ズルコト》進《ヲ》　勿念退《ヲ》　勿念前《ヲ》　勿念後《ヲ》　勿念左《ヲ》　勿念右《ヲ》

勿念無《ヲ》　勿念有《ヲ》　勿念遠《ヲ》　勿念近《ヲ》　勿念痛《ヲ》　勿念痒《センヲ》《カヨシ》

①立　◎「シテ歟」と左傍註記 1-875

勿レ念レ飢《ケ》ヲ　勿レ念レ渴ヲ　勿レ念レ寒《カン》ヲ　勿レ念レ熱ヲ　勿レ念レ苦ヲ　勿レ念レ樂ヲ
勿レ念レ生ヲ　勿レ念レ老ヲ　勿レ念レ病ヲ　勿レ念レ死ヲ　勿レ念レ命ヲ　勿レ念レ壽ヲ
勿レ念レ貧ヲ　勿レ念レ富ヲ　勿レ念レ貴ヲ　勿レ念レ賤ヲ　勿レ念レ色ヲ　勿レ念レ欲ヲ
勿レ念レ小ヲ　勿レ念レ大ヲ　勿レ念レ長ヲ　勿レ念レ短ヲ　勿レ念レ好ヲ　勿レ念レ醜《シユ》ヲ
607 勿レ念レ惡ヲ　勿レ念レ善ヲ　勿レ念レ瞋ヲ　勿レ念レ喜①ヲ　勿レ念レ坐ヲ　勿レ念レ起ヲ
勿レ念レ行ヲ　勿レ念レ止ヲ　勿レ念レ經ヲ　勿レ念レ法ヲ　勿レ念レ是ヲ　勿レ念レ非ヲ
勿レ念レ捨ヲ　勿レ念レ取ヲ　勿レ念レ想ヲ　勿レ念レ識ヲ　勿レ念レ斷ヲ　勿レ念レ著ヲ
勿レ念レ空ヲ　勿レ念レ實ヲ　勿レ念レ輕ヲ　勿レ念レ重ヲ　勿レ念レ難ヲ　勿レ念レ易ヲ
勿レ念レ深ヲ　勿レ念レ淺ヲ　勿レ念レ廣ヲ　勿レ念レ狹《ケウ》ヲ《セバシ》　勿レ念レ父ヲ　勿レ念レ母ヲ
608 勿レ念レ妻ヲ　勿レ念レ子ヲ　勿レ念レ親ヲ　勿レ念レ疎《ソ》ヲ　勿レ念レ憎ヲ　勿レ念レ愛ヲ
勿レ念レ得ヲ　勿レ念レ失ヲ　勿レ念レ成ヲ　勿レ念レ敗《ハイ》ヲ《ヤブル、》　勿レ念レ清ヲ　勿レ念レ濁ヲ
1-623 斷ジテ二諸念ヲ一　一期ノ念ノ　意ロ勿レ亂コト　常ニ精進シテ　勿レ二歳《トシ》ニ計《ハカル》コト一　勿レ二日ニ倦コト《オコタル》一
立シテ二一念ヲ一　勿レ二中忽《コツ》スルコト一　除テ二睡眠ヲ一　精セヨ二其ノ意ヲ一　常ニ獨リ處シテ　勿レ二聚《ジユ》《アツマリ》會エスルコト《アフ》一
避《サン》テ二惡人ヲ一　近ケ二善友ニ一　親テ二明師ニ一　視ミルコト如クセヨレ佛ノ　執テ二其ノ志ヲ一　常ニ柔弱ナレ

①喜　◎下に挿入符号あり、「勿念臥ィ」と上欄註記　1-876

609
觀《ゼヨ》平等《ヲ》　於《ニ》一切　避《サンテ》鄕《ガウ》里《ヲ》　遠《ザカリ》親族《ソクヲ》　棄《テ、》愛欲《ヲ》　履《ネガヒ》淸淨《ヲ》
行《ジテ》無爲《ヲ》　斷《ジ》諸欲《ヲ》　捨《テ、》亂意《ヲ》　習《ヒ》定行《ヲ》　學《スルコト》文慧《ヲ》　必《ズ》如《クセヨ》禪《ノ》
除《キ》三穢《エヲ》　去《レ》六入《ヲ》　絕《テ》婬《イン》色《ヲ》　離《ルベシ》衆愛《ヲ》　勿《レ》貪《ジテ》財《ヲ》　多《ク》畜《タクワエ》積《ツムコト》
念《テ》知足《ヲ》　勿《レ》貪味　衆生命《ヲ》　愼《テ》《ツヽシンデ》勿《レ》食《コト》　衣《ハ》如《シテ》法《ノ》　勿《レ》綺《キ》《イロエ》飾《ジキスルコト》《クワエカザル》
勿《レ》調《トヽノエ》戲《スルコト》《タハブル、》　勿《レ》憍慢《スルコト》　勿《レ》自大《スル》　勿《レ》貢《ク》高《スル》　若《シ》說《カバ》經《ヲ》　當《ニ》《シ》如《クス》法《ノ》

610
了《サトルニ》身《ノ》本《ヲ》　由《シ》如《ク》幻《マボロシノ》《グエン》　勿《レ》受《コト》陰《インヲ》　勿《レ》入《コト》界《ニ》　陰《ハ》如《シ》賊《ゾクノ》　四《ハ》如《クシ》蛇《ノ》
爲《ナシ》無常《ヲ》　爲《ナス》悅《キヤウ》忽《コツヲ》　無《シ》常《ノ》主　了《スルニ》本無《ナリ》　因緣會《シ》　因緣散《ズ》
悉《ク》了《スルニ》是《レ》　知《テ》本無《ト》　加《テ》慈哀《ヲ》　於《テ》一切《ニ》　施《シ》貧窮《ニ》　濟《スクフ》不還《ヲ》
是《ヲ》爲《ス》定《ト》　菩薩《ノ》行　至《ノ》要慧　超衆《ノ》行《ナリ》

1-624　611
佛告《ク》跋陀和《ニ》、持《テバ》是《ノ》行法《ヲ》便《チ》得《ウ》三昧《ヲ》、現在《ノ》諸佛悉《ク》在《テ》前《ニ》立《ス》①。其《ノ》有《テ》比丘・比丘尼・優婆塞・優婆夷、如《ク》法《ノ》修行、持戒完《マタク》具《シ》、獨一處《シテ》止《ベシ》念《ニ》西方阿彌陀佛《ヲ》。今現《ニ》在《ニ》彼、隨《テ》所聞《ニ》當《ニ》《シ》念《ズ》。去《コト》此《ヲ》十萬億《ノ》佛剎《ナリ》、其《ノ》國《ヲ》名《ク》須摩提《ト》。一心《ニ》念《コト》之《ヲ》一日一夜、若《シハ》七日七夜《スベシ》。過《ギテ》七日《ニ》已《ノ》後《チ》見《ル》之《ヲ》。譬《ヘバ》如《シ》人夢中《ノ》所見、不知《ラ》晝夜《ヲ》、亦不知《ラ》內外《ヲ》、不《ルガ》由《ヨルガ》在《テ》冥《クラキ》中《ナカニ》有《ルニ》所《ロ》蔽《ヘイ》礙《スル》故《ニ》不《ルニ》見《ミ》。跋陀

①立　右◎「ス」と上書訂記

和、四衆常作是念時、諸佛境界中諸大山・須彌山、其有幽冥之處悉爲開避無所蔽礙。是四衆不持天眼徹視、不持天耳徹聽、不持神足到其佛刹、不於此間終生彼間、便於此坐見之。佛言、四衆於此間國土念阿彌陀佛。專念故得見之。卽問。持何法得生此國。阿彌陀佛報言、欲來生者、當念我名。莫有休息、卽得來生。佛言、專念故得往生。常念佛身三十二相・八十種好、巨億光明徹照、端正無比、在菩薩僧中說法。莫壞色。何以故。不壞色故、由念佛色身故、得是三昧。」已上明念佛三昧法。

欲入三昧道場時、一依佛教方法、先須料理道場、安置尊像、香湯掃灑。若無佛堂有淨房、亦得掃灑、如法取一佛像西壁安置。行者等從月一日至八日、或從八日至十五日、或從十五日至二十三日、或從二十三日至三十日、月別四時佳。行者等自量家業輕重、於此時中入淨行道。若一日乃至七日、盡須淨衣鞋韈、亦須新淨。七日之中皆須一食長齋。輭①餅・麤飯、隨時醬菜、儉素節量。於

①輭　右◎ソ

1-625
613

道場中、晝夜束《ツカネテ》心、相續《シテ》專心念阿彌陀佛、心與聲相續《シテ》、唯坐《シ》、唯立《シテ》、七日之間不得睡眠。亦不須依時禮佛誦經。數珠《スズ》亦不須捉《トル》。但知合掌念《ジテ》佛念念作見佛想。佛言、想念《シテ》阿彌陀佛眞金色身、光明徹照《シ》端《タン》《ハシ》正無比、在心眼前。正念佛時、若立《セバ》即《チ》立念《シテ》一萬・二萬、若坐《セバ》即《チ》坐《シテ》念《ゼヨ》一萬・二萬。於道場內、不得交頭竊①《ヒソカニ》語《モノイフコト》。

晝夜或三時・六時、表白《シテ》諸佛、一切賢聖、天曹《サウ》・地府《フ》、一切業道、發露懺悔一生已來身口意業所造衆罪。事依實懺悔竟、還依法念佛。所見境界不得輒《タヤスク》說《トクコトヲ》。善者自知《シリ》、惡者懺悔《スベシ》。酒肉・五辛、誓發願手不捉《トラ》、口不喫《クラハ》。若違②《セバ》此語、即《チ》願《ゼヨ》身口俱《トモニ》著《ツカムト》惡瘡《サウヲ》。或願誦《ジテ》『阿彌陀經』滿《ミツベシ》十萬遍。日別念佛一萬遍、誦《コト》經日別十五遍、或誦《コト》二十遍・三十遍、

614

任《マカスベシ》力《ラノ》多少。誓生淨土《コトヲ》、願佛攝受。

又行者等若病《ヤミ》、不病《ヤマムニモ》、欲《ハム》命終《セムト》時《キ》、一依上念佛三昧法、正當③身心、迴面向西、心亦專注觀想阿彌陀佛、心口相應聲聲莫絕、決定作往生想、華臺聖衆來迎接《テ》想《スル》。病人若見《ミバ》前境、即向看《カン》病人說《ケ》。既聞《キ》說

①竊　右◎「ヒソカニ」と上書訂記
②違　右◎「セ」と上書訂記
③當　右◎「マサ□ク」とあるを抹消
1-879

已《ハテ》、即《チ》依《テ》説《ニ》録《ロク》記《セヨ》。又病人若《シ》不能語者《コトハ》、看《カン》病《ノ》人《ト》必《ズ》須《ク》數《シバシバ》數問病人《ニ》、見《ルト》何《ナル》境界《オカ》。若《シ》説《カバ》罪相《ヲ》、傍《ノ》人即《チ》爲《ニ》念佛《シテ》助《ケテ》、同《ク》懺悔《シテ》必《ズ》令《メヨ》罪滅《セ》。若《シ》得《バ》罪滅《ヲ》、華臺聖衆應《ジテ》念《ニ》現前《シテ》、準《ジュンジテ》前《ニ》抄記《セヨ》。又行者等、眷屬六親若《シ》來《テ》看病《セバ》、勿《レ》令有《ルコト》食《スル》酒・肉・五辛《ヲ》人《ヲ》。若《シ》有《ラバ》、必《ズ》不《レ》得《エ》向《コトヲ》病人《ノ》邊《ニ》。即《チ》失《ス》正念《ヲ》。鬼神交《ケウ》亂《シ》、病人狂死《シテ》墮《ス》三惡道《ニ》。願《ハ》行者等好《ヨク》自《ミ》謹愼《ツヽシンデ》奉持《シテ》佛教《ヲ》、同《ク》作《セ》見佛《ノ》因縁《ヲ》。已前《ハ》是《レ》入道場及《ビ》看病人《ノ》法用《ナリ》。

1-626

依《テ》經《ニ》明《ス》五種《ノ》增上縁義《ヲ》一卷。

615

依《ル》『無量壽經《ニ》』一。

依《テ》『十六觀經《ニ》』二。

依《テ》『四紙阿彌陀經《ニ》』三。

依《テ》『般舟三昧經《ニ》』四。

依《テ》『十往生經《ニ》』五。

依《テ》『淨土三昧經《ニ》』六。

謹《ツシンデ》依《テ》釋迦佛《ノ》教六部《ノ》往生經等《ニ》、顯明《ス》稱念《シテ》阿彌陀佛願《ズル》生《レムト》淨土《ニ》者《ノ》、現生《ニ》即《チ》得《テ》延年轉壽《ヲ》、不《コトヲ》遭《アハ》九橫之難《ニ》。一一具《ニ》如《シ》下五緣義《ノ》中《ニ》說《ガ》。

問曰、佛勸《下フ》一切衆生《ヲ》、發《シテ》菩提心《ヲ》願《ゼヨ》生《ゼント》西方阿彌陀佛國《ニ》。又勸《下フ》造《テ》阿彌陀《ノ》像《ヲ》稱揚禮拜《シ》、香華供養《シ》、日夜《ニ》觀想《シテ》不《ザレト》絕《タエ》。又勸《テ》專《ラ》念《ヨト》彌陀佛《ノ》名《ヲ》、一萬・二萬・三萬・五萬、乃至十萬《スル》者《ノ》、或勸《下フ》誦《ヨト》『彌陀經《ヲ》』、十五・二十・三十・五十、乃至一百《シテ》、滿《テン》十萬遍《ヲ》者《モノ》、現生《ニ》得何《ナル》功德《オカ》。百年捨報《ノ》已《ノ》後《チ》、有《ル》何《ナル》利益《カ》。得《ルヤ》生《ヲ》淨土《ニ》以不《イナヤ》。答曰、現生及《ビ》捨報《ニ》決定《シテ》有《リ》大功德利益。准《ジュン》依《シテ》佛教《ニ》顯明《セン》五種《ノ》增上利益《ノ》因緣《ヲ》。

一者滅罪增上緣、二者護念得長命增上緣、三者見佛增上緣、四者攝生增上緣、五者證生增上緣。

①言《フ》滅罪增上緣《ト》者《ハ》、即《チ》如《キハ》『觀經』下品上生人《ノ》、一生具《ニ》造《ル》十惡《ノ》重罪《ヲ》。其《ノ》人得《テ》病《ヲ》欲《スルニ》死《セント》、遇《ハン》善知識《ノ》教《テ》稱《スルコト》彌陀佛《ヲ》一聲《セシムルニ》、即《チ》除滅《ス》五十億劫生死重罪。即是現生滅罪增上緣。

又如《キハ》下品中生《ノ》人《ノ》、一生具《ツブサニ》造《ル》佛法《ノ》中《ノ》罪《ヲ》。破《シ》齋《ヲ》破《シ》戒《ヲ》、食用《シテ》佛法僧物《ヲ》、不《ラム》生《ゼ》慚愧《ヲ》。其《ノ》人得《エテ》病《ヲ》欲《ルニ》死《セムト》、地獄《ノ》衆火一時《ニ》俱②《ニ》至《ル》。遇《ハム》善知識《ノ》爲《ニ》說《クニ》彌

①言　◎「第一」と上欄註記
②俱　右◎サニ

陀佛《ノ》身相功德國土《ノ》莊嚴《ヲ》。罪人聞《キ》已《ハテ》即《チ》除《テ》八十億劫生死之罪《ヲ》、地獄即《チ》滅《ス》。亦是《レ》現生滅罪增上緣。

又如《キハ》下品下生人《ノ》、一生具《ニ》造《テ》五逆極重之罪《ヲ》、經歷《シテ》地獄《ニ》受《ルコトヲ》苦無《ム》窮《リ》。617 罪人得《テ》病《ヲ》欲《ルニ》死《セムト》、遇善知識《ノ》教《オシエテ》稱《ルコト》彌陀佛名《ヲ》十聲《セシムルニ》。於《テ》聲聲《ノ》中《ニ》除滅《ス》八十億劫《ノ》生死《ノ》重罪《ヲ》。此《レ》亦《タ》是《レ》現生滅罪增上緣。

又若《シ》有《テ》人、依《テ》『觀經』等《ニ》畫《エ》造《ル》淨土《ノ》莊嚴變《ヲ》。日夜《ニ》觀想《スレ》寶地《ヲ》者《バ》、現生《ニ》念念《ニ》除滅《ス》八十億劫生死《ノ》之罪《ヲ》。

1-628 又依《テ》經《ニ》畫《エシ》變《ヲ》、觀想《スレ》寶樹・寶池・寶樓莊嚴《ヲ》者《バ》、現生《ニ》除滅《ス》無量億何僧祇劫《ノ》生死之罪《ヲ》。

又依《テ》華座莊嚴《ノ》觀《ニ》、日夜《ニ》觀想《スレ》者《バ》、現生《ニ》念念《ニ》除滅《ス》五十億劫生死之罪《ヲ》。

又依《テ》經《ニ》觀想《スレバ》像觀・眞身觀・觀音・勢至等《ノ》觀《ヲ》、現生《ニ》於《テ》念念《ノ》中《ニ》除滅《ス》無量億劫生死之罪《ヲ》。

如《キハ》上《ノ》所引《ノ》、竝《ニ》是《レ》現生滅罪增上緣《ナリ》。

618

①又₀₁言《フ》護念增上緣《ト》者《ハ》、卽《チ》如《シ》第十二《ノ》觀《ノ》中《ニ》說《テ》云《ガ》。若《シ》有《テ》人、一切《ノ》時處、日夜《ニ》至《シテ》心《ヲ》觀想《シテ》彌陀淨土《ノ》二報莊嚴《ヲ》、若《シハ》見《ミ》、不見《ルモ》、無量壽佛、化作無數《ノ》化佛、觀音・大勢至、亦作《シテ》無數化身《ヲ》、常《ニ》來至《ス》此行人之所《ニ》。亦是現生護念增上緣《ナリ》。

又如《キハ》『觀經』(意)下《ノ》文《ノ》、「若《シ》有《テ》人至《シテ》心《ヲ》常《ニ》念《ズレバ》阿彌陀佛及《ビ》二菩薩《ヲ》、觀音・勢至常《ニ》與《タメニ》行人《ノ》作《ナテ》勝友知識《ト》、隨逐影護《ス》」。此《レ》亦《タ》是《レ》現生護念增上緣。

又如《キハ》第九眞身觀《ニ》說《テ》云《ガ》、「彌陀佛《ハ》金色《ノ》身《ナリ》。毫相《ノ》光明遍《ク》照《ス》十方《ノ》衆生《ヲ》。身《ノ》毛孔《ノ》光《リ》亦《タ》遍《ク》照《ス》衆生《ヲ》。圓光亦《タ》遍《ク》照《ス》衆生《ヲ》。八萬四千《ノ》相好等《ノ》光《リ》亦《タ》遍《ク》照《ス》衆生《ヲ》。又如《キ》前《ノ》身相等《ノ》光《リノ》、一一《ニ》遍《ク》照《ス》十方世界《ヲ》。₀₂但《ダ》有《テ》專念《スル》阿彌陀佛《ヲ》衆生《ノミ》、彼《ノ》佛《ノ》心光常《ニ》照《テ》是《ノ》人《ヲ》、攝護《シテ》不《ズ》捨《ステ》」。₀₃總《ジテ》不論照攝餘《ノ》雜業《ノ》行者《ヲ》。此亦是現生護念增上緣。

1-629

又如《キハ》『十往生經』(意)說《ガ》、「佛告《ク》山海慧菩薩及《ビ》以阿難《ニ》、若《シ》有《テ》人專念《シテ》西方《ノ》阿彌陀佛《ヲ》願《ル》往生《ヲ》者《モノ》、我《レ》從《リ》今已去、常《ニ》使《メテ》二十五菩薩《ヲシテ》影護《セ》行者《ヲ》、不《メ》令惡鬼・惡神《ヲシテ》惱亂《セ》行者《ヲ》、日夜《ニ》常《ニ》得安穩《ヲ》」。此《レ》亦《タ》是《レ》現生護念增上

619

①又 ◎「第二」と上欄註記

縁。

又如《キハ》『彌陀經《ニ》』(意)說《ガ》、「若《シ》有《テ》男子・女人、七日七夜、及盡《シテ》一生《ヲ》、一心《ニ》專念《シテ》阿彌陀佛《ヲ》願《ズレ》往生《ヲ》者《バ》、此《ノ》人、常《ニ》得《ウ》六方恆河沙等《ノ》佛共《ニ》來《テ》護念《スルコトヲ》。故《ニ》名《ク》護念經《ト》。」護念經《ノ》意《ロ》者《ハ》、亦不令《メ》諸《ノ》惡鬼神《ヲシテ》得《エ》便《タヨリヲ》、亦無《ク》橫病・橫死、橫《ニ》有《コト》厄難、一切災障自然《ニ》消散《ス》。除《ク》不至心《ヲ》。此亦是現生護念增上縁。

又如《キハ》『般舟三昧經《ノ》』「行品《ノ》」(一卷本意)中《ニ》說《テ》①云《ガ》、「佛②告《ク》跋陀和《ニ》、若《シ》有《テ》人、七日七夜在《テ》道場《ノ》內《ニ》、捨《テ》諸《ノ》縁事《ヲ》、除去《シテ》睡臥《ヲ》、一心《ニ》專念《シテ》阿彌陀佛眞金色《ノ》身《ヲ》、或《ハ》一日・三日・七日、或《ハ》二七日・五・六・七七日、或《ハ》至《リ》百日《ニ》、或《ハ》盡《シテ》一生《ヲ》、至心觀佛《シ》、及口稱・心念《スレバ》者、佛卽《チ》攝受《ス》。既《ニ》蒙《リテ》攝受《ヲ》、定《テ》知《ヌ》、罪《ツミ》滅《シテ》得《ウベシト》生《コトヲ》淨土《ニ》。」

(一卷本般舟經擁護品意)「佛《ノ》言《ク》、若《シ》人專《ラ》行《ズレ》此《ノ》念彌陀佛三昧《ヲ》者《バ》、常《ニ》得《ウ》一切諸天及四天大王・龍神八部隨逐影護愛樂相見《スルコトヲ》。永《ク》無《ク》諸惡鬼神災障・厄難橫《ヲシテ》加《ルコト》惱亂《ヲ》。」具《ニ》如《シ》「護持品《ノ》」中《ニ》說《ガ》。此亦是現生護念增上縁。 620

又依《テ》『灌《クワン》頂經《ニ》』、第三卷《ニ》(意)說《テ》云《ク》、「若人受持《スレ》三歸・五戒《ヲ》者、佛敕《ス》天帝《ニ》。汝《チ》差《サシテ》天神六十一人《ヲ》日夜年月《ニ》隨逐守護《シテ》受戒之人《ヲ》、勿《レト》令《ルコト》獲諸惡鬼 1-630

①云　右◎「ガ」と上書訂記
②告　右◎「ク」と上書訂記

神横《ヲシテ》相《ニ》惱害《ヒ》《スルコトヲ》。」此亦是現生護念增上縁。

又如《シ》『淨度三昧經』説《テ》云《ガ》。「佛告《ク》瓶《ビヤウ》沙大王《ニ》、若《シ》有《テ》男子・女人、於《テ》月月《ノ》六齋日及八王日《ニ》、向《テ》天曹《サウ》・地府、一切業道《ニ》、數數《シバシバ》首《アラハシテ》過《トガヲ》受持《スレ》齋戒《ヲ》者《バ》、佛敕《ス》六欲天王《ニ》。各差《シテ》二十五《ノ》善神《ヲ》、常《ニ》來《テ》隨逐守護持戒之人《ヲ》。亦不令《メ》有《ラ》諸《ノ》惡鬼神《ヲシテ》横《ニ》來《テ》惱害《スルコトヲ》。亦無《ク》横病・死亡・災障、常《ニ》得《シメヨト》安穩《ヲ》。」此亦是現生護念增上縁。

又白《ク》諸《ノ》行者《ニ》、但《ダ》欲《セム》今生日夜相續《シテ》專《ラ》念《ジ》彌陀佛《ヲ》、專《ラ》誦《シ》『彌陀經』《ヲ》、稱揚禮讃《シテ》淨土聖衆莊嚴《ヲ》、願《ゼント》生《ヲ》者《モノ》、日別《ニ》誦經十五遍、二十・三十遍已上《ノ》者《モノ》、或《ハ》誦《コト》四十・五十・百遍已上《ノ》者《ノ》、願《ジテ》滿《テ》十萬遍《ヲ》、又稱揚禮讃《シ》彌陀淨土《ノ》依正二報莊嚴《ヲ》、又除《テ》入《ルヲ》三昧道場《ニ》、日別《ニ》念《コト》彌陀佛《ヲ》一萬《シテ》、畢命相續《スル》者《モノハ》、卽《チ》蒙《テ》彌陀《ノ》加念《ヲ》得除罪《コトヲ》障《ヲ》。又蒙《ル》佛與《ト》聖衆《ニ》常《ニ》來《テ》護念《コトヲ》既《ニ》蒙《ヌレバ》護念《ヲ》、卽《チ》得延年轉壽長命安樂《ナルコトヲ》。因縁一一具《ニ》如《シ》『譬喩經』・『惟無三昧經』・『淨度三昧經』等《ニ》説《ガ》。此亦是現生護念增上縁。

①又言《フ》見佛三昧增上縁《ト》者《ハ》、卽《チ》如《シ》『觀經』《ニ》（意）説《テ》云《ガ》。「摩竭提國《ノ》王《ノ》夫人名《ク》

①又　◎「第三」と上欄註記

韋提希。每在宮内、願常見佛、遙向耆闍崛山、悲泣敬禮。佛遙知念、卽於耆山沒王宮出現。夫人已擧頭卽見世尊。身紫金色坐寶蓮華。目連・阿難立侍左右、釋・梵臨空散華供養。夫人見佛擧身投地。號泣向佛求哀懺悔。唯願如來、敎我觀於清淨業處。又如此經證、非直夫人心至見佛、亦與未來凡夫起敎。但使有心願見者、一依夫人至心憶佛、定見、無疑。此卽是彌陀佛三念願力外加故得令見佛。言三力者、卽如『般舟三昧經』（意）說云。「一者以大誓願力加念故得見佛。二者以三昧定力加念故得見佛。三者以本功德力加念故得見佛。」已下見佛緣中、例同此義。故名見佛三昧增上緣。

問曰、夫人福力強勝、蒙佛加念故見佛。末法衆生罪愆深重、何由得與夫人同例。又此義者甚深廣大。一一具引佛經以爲明證。答曰、佛是三達聖人、六通無障。觀機備敎、不擇淺深。但使歸誠、何疑不見。卽如『觀經』（意）下說云。「佛讚韋提、快問此事。阿難、受持廣爲多衆《ノ》宣説《スベシ》佛語《ヲ》。如來今者教《テ》韋提希及未來世《ノ》一切衆生《ヲ》觀《シメン》於西方極樂世界《ヲ》。以《テノ》佛《ノ》願力《ヲ》故《ニ》見《ベシ》彼國土《ヲ》、如《ラン》執《テ》明鏡《ヲ》自《ラ》見《ガ》面像《ヲ》。」又以《テ》此經《ヲ》證《ス》。亦是《レ》彌陀佛三力《ノ》外《ニ》加《スルガ》故《ニ》得見佛《ヲ》。故《ニ》名見佛淨土三昧增上緣《ト》。

624　1-632

又如《シ》下《ノ》『經《ニ》』（觀經意）云《ガ》。「佛告《ク》韋提《ニ》、汝《ハ》是《レ》凡夫《ナリ》、心想又劣《ナリ》、不《ニシテ》能《ハ》遠《ク》見《ルコト》。致《ス》使《ルコトヲ》諸佛如來《ハ》有《マシマシテ》①善方便、令《シテ》汝等《ヲ》見《セ》。夫人白《テ》佛《ニ》言《ク》、我今因《ルガ》佛力《ニ》故《ニ》見《ル》彼國土《ヲ》。若佛滅後《ノ》諸《ノ》衆生等、濁惡不善《ニシテ》五苦《ニ》所《レン》逼《セメ》。云何《シテカ》得《ウベキ》見《ミルコトヲ》極樂世界《ヲ》。佛即《チ》告《テ》言《ク》韋提《ニ》、汝及《ビ》衆生專心《ニ》計念《シテ》、想《ベシ》於西方瑠璃地下一切寶幢、地上衆寶、室內《ノ》莊嚴等《ヲ》。專心注意《セバ》、亦同《ク》上《ノ》夫人《ニ》得《ム》見《コトヲ》。即《チ》云《ク》、一一《ニ》觀《ジテ》之《ヲ》極《メテ》令《メヨ》了了《ナラ》。閉目開目皆《ナ》令得見。如《ク》此《ノ》想《フ》者《モノヲ》名《テ》爲《ス》粗《ホヾ》見《ト》。此《ヲ》謂《イフ》覺想《ノ》中《ノ》見《ト》。故《ニ》云粗見《ト》。若得《ツレ》定心三昧及口稱三昧《ヲ》者《バ》、心眼即開《テ》見《ルコトノ》彼淨土《ノ》一切莊嚴《ヲ》、說《トクトモ》無《ケン》窮盡《スルコト》也」。又以《テ》此經《ヲ》證《ス》。一切《ノ》凡夫但《ダ》使《ムレバ》傾《カケ》心《ヲ》、定《メテ》有《リ》見《ノ》義、應《シ》知《ル》。設《タトヒ》有《トモ》見聞《ノ》者《モノ》、不須《ク》驚怪《ス》也。何《ヲ》以《ノ》故《ニ》。乃《チ》由《ル》彌陀佛三昧力《ノ》外《ニ》加《スルニ》故《ニ》得見《ヲ》。故《ニ》名見佛淨土三昧增上緣《ト》。

①善　◎「異ィ」と上欄註記

625 又如下華座觀中說云、「佛告阿難・韋提、佛當爲汝說除苦惱法。汝當廣爲大衆分別解說。說是語時、無量壽佛、觀音・勢至應聲來現住立空中。韋提見卽禮。禮已白釋迦佛言、我今因佛力故得見無量壽佛及二菩薩。若佛滅後諸衆生等、云何觀見阿彌陀佛及二菩薩。佛卽告言、汝及衆生欲觀彼佛者、當起想念。七寶地上作蓮華想。華想成已、次當想佛。想佛時、是心卽想作三十二相。從頂上
1-633 下至跏趺坐已來、一一身分亦皆想之。隨心想時佛身卽現。此是彌陀三力外加卽得見佛。亦名見佛三昧增上縁。」

又如下『經』(觀經意)云、「想彼佛者、先當想像。見一金像坐彼華上。既想見已、心眼卽開。了了分明及見彼國一切莊嚴。」此亦是彌陀三力外加故見佛。故名見佛三昧增上縁。

626 又如下『經』(觀經意)云、「次想二菩薩及諸光明。了了而見。見此事時、行者卽於三昧定中、當聞水流・光明・莊嚴等說法之聲。出定・入定行者常聞妙法。」此亦是彌陀佛三力外加故見佛。故名見佛三昧增

上緣《ト》一。

又如二下《ノ》眞身觀《ノ》中《ニ》說《テ》云《ガ》一。「佛告《ク》二阿難《ニ》一、像觀成《ジ》已《テ》、次《ニ》更《ニ》觀《ズベシ》二無量壽佛《ノ》身眞金色《ナリ》、眉間毫相、圓光化佛及相好等《ノ》光《ヲ》一。但當《ニ》三憶‐想《シテ》令《シム》二心眼《ヲシテ》見《ラ》一上。見已《テ》、卽《チ》見《ル》二十方一切《ノ》諸佛《ヲ》一。故《ニ》名二念佛三昧《ト》一」。以《テ》二此文《ヲ》一證《ス》。亦是彌陀佛《ノ》三力《ノ》外《ニ》加《スル》故《ニ》見‐佛《ス》。故《ニ》名二見佛三昧增上緣《ト》一。

又如《シ》二下『經』（觀經意）云《ガ》一。「佛《ノ》言《ク》、是《ノ》故《ニ》智者一心《ニ》諦《アキラカニ》觀《ズベシ》二無量壽佛《ヲ》一。從《リ》二一《ツノ》相好一入《レ》。但觀《ジテ》二眉間《ノ》白毫《ヲ》一極《メテ》①令《ムレ》二明了《ナラ》一者《バ》、八萬四千《ノ》相好自然《ニ》見《ル》レ之《ヲ》。見《ミ》已《テ》、卽《チ》見《ル》二十方一切諸佛《ヲ》一。於《テ》二諸佛《ノ》前《ニ》一次第《ニ》授‐記《セラル》」。又以《テ》二此經《ヲ》一證《ス》。亦是彌陀佛三力《ノ》外《ニ》加《スル》故《ニ》、得《ウレ》レ令《ムルコトヲ》二凡夫專‐心《ニ》想《オモハ》一者《バ》、定《サダメテ》得《ウ》二見佛《ヲ》一。亦名二見佛三昧增上緣《ト》一。

又如《シ》二觀音・勢至・普・雜等《ノ》觀、及下《ノ》九品《ノ》人《ノ》一。（觀經意）「一生起‐行《シ》乃至七日・一日、十聲・一聲等《マデ》、命欲終時《ニ》願《ズル》二見佛《ヲ》一者《モノ》、若《シ》現生《ニ》乃《シ》遇《ハム》二善知識《ニ》一。行人自《ラ》能《ク》心口《ニ》稱‐念《スレバ》二彌陀佛《ヲ》一、佛卽《チ》與《ト》二聖衆一華臺《ヲ》來現《シ下フ》。行人見‐佛《シ》、亦見《ル》②二聖衆《ノ》華臺等《ヲ》一」。又以《テ》二此經《ヲ》一證《ス》。亦是彌陀佛《ノ》三力《ノ》外《ニ》加《スル》故《ニ》得《ウ》二見佛《ヲ》一。故《ニ》名二見

①令　右◎「ムレ」と上書訂記
②見聖衆華臺等→◎見《ル》二聖衆《ノ》華臺一等《ヲ》一

佛三昧增上縁《ト》。

又如《ニ》下『經』《ニ》（觀經意）云《ガ》。「佛告《ク》阿難《ニ》、此經《ヲ》名《ク》觀極樂國土無量壽佛及觀世音大勢至菩薩經《ト》。汝當《ニ》受持《シテ》無《ル》令《ルコト》忘失《セ》。行《ズレ》此三昧《ヲ》者《バ》、現身得《ニ》見《ルコトヲ》

628 無量壽佛及二菩薩《ヲ》。」又以《テ》此經《ヲ》證《ス》。亦是彌陀佛三力《ノ》外《ニ》加《ヘル》、致《イタス》①使凡《ムルコトヲ》夫念《ヲシテ》者《モノナリ》。乘《ズル》自《ラノ》三心力《ニ》故得《ニ》見佛《ヲ》。至誠心・信心・願心《ヲ》爲《シ》内因《ト》、又藉《テ》彌陀《ノ》三種《ノ》願力《ニ》以爲《シテ》外縁《ト》、外内因縁和合《スルガ》故《ニ》即《チ》得見佛《ヲ》。故名見佛三昧增上縁《ト》。

又如《キ》『般舟三昧經』（一巻本問事品・行品意）云《ガ》。「佛告《ク》跋陀和菩薩《ニ》、有《リ》三昧、名《ク》十方諸佛悉在前立《ト》。若欲《ハ》疾得《ント》是三昧《ヲ》者《バ》、常《ニ》當《ニ》守習持《シテ》不《ル》得有《ルコトヲ》疑想、如《キモ》毛髪許《ノ》。若比丘・比丘尼・優婆塞・優婆夷欲《ハ》行《ジ》學《セント》是三昧《ヲ》者《バ》、七日七夜除去睡眠《ヲ》、捨《テ》諸亂想《ヲ》、獨《ヒトリ》一處《ニ》止《マテ》、念《ベシ》西方阿彌陀佛《ヲ》。身眞金色《ニシテ》三十

1-635 二相《サウマシマス》、光明徹照《シテ》端正無比《ナリト》。一心《ニ》觀想《シテ》心念口稱、念念不《ル》絶者《モノハ》、佛言《ク》、七日已後見《ル》之《ヲ》。譬《ヘバ》如《シ》有《テ》人夜觀《ガ》星宿《ヲ》。一星《ハ》即《チ》是一佛《ナリ》。若有《テ》四衆

629 作《ナセ》《ナス》是觀《ヲ》者《モノハ》、見《ミルガゴトクシテ》一切星《ヲ》、即《チ》見《ル》一切《ノ》佛《ヲ》。」又以《テ》此經《ヲ》證《ス》。亦是彌陀佛《ノ》三

①致使凡夫念→◎致《イタス》使《シテ》凡《ムルコトヲ》夫《ヲ》念

01［言攝…上緣］行卷35　銘文626

力《ノ》外《ニ》加《スル》故《ニ》見佛《ス》。言三昧《ト》者《ハ》、卽《チ》是《レ》念佛《ノ》行人心口《ニ》稱念《シテ》更《ニ》無《ク》雜想、念念《ニ》住《テ》心《ヲ》聲聲相續《スレバ》、心眼卽開《テ》、得見《コトヲ》彼佛《ノ》了然《トシテ》而現《ジ》。卽《チ》名《テ》爲《ス》定《ト》、亦名三昧《ト》。正《ク》見佛《ノ》時、亦見《ル》聖衆及諸莊嚴《ヲ》。故《ニ》名見佛淨土三昧增上緣《ト》。

又如《シ》『月燈三昧經《ニ》』（卷二）云《ガ》。「念《ジテ》佛《ノ》相好及德行《ヲ》、能使《シメテ》①諸根《シテ》不《ラ》亂動《セ》、心《ニ》無《ク》迷惑《ト》與法合《シテ》得《バ》聞《コトヲ》、得《コト》知《ヲ》如《シ》大海《ノ》。智者住《シテ》於是《ノ》三昧《ニ》、攝念行《シテ》、於經《ゼバ》行《ノ》所《ロニ》能《ク》見《ム》千億《ノ》諸《ノ》如來《ヲ》、亦遇《ル》無量恆沙《ノ》佛《ニ》。」又以《テ》此經《ヲ》證《ス》。亦是見佛三昧增上緣。

又如《シ》『文殊波若經《ニ》』（卷下意）云《ガ》。「文殊白《シテ》佛《ニ》言《ク》、云何《ガ》名一行三昧《ト》。佛《ノ》言《ク》、若《シ》男子・女人在《テ》空閑處《ニ》、捨《テ》諸亂意《ヲ》、隨《テ》佛《ノ》方所《ニ》端《シテ》身《ヲ》正《ク》向《テ》、不取《ラ》相貌《ヲ》、專稱《シ》佛名《ヲ》、念《テ》無《ケレバ》休息《スルコト》、卽《チ》於《テ》念中《ニ》能見《ル》過・現・未來《ノ》三世諸佛《ヲ》。」又以《テ》此經《ヲ》證《ス》。卽《チ》是《レ》諸佛同體《ノ》大悲《ナリ》、念力《ヲ》加備《シテ》令《シム》見《ラ》。此《レ》亦是《レ》凡夫見佛三昧增上緣。

②又言《フ》攝生增上緣《ト》者《ハ》、卽如《シ》『無量壽經《ノ》』（卷上意）四十八願《ノ》中《ニ》說《ノ》。「佛《ノ》言《ク》、若《シ》我成《レ》佛《セムニ》、十方《ノ》衆生、願《ジテ》生《ムト》我國《ニ》、稱《コト》我名字《ヲ》、下至《マデ》③十聲《ニ》、乘《ジテ》我願力《ニ》、若《シ》不《ズ》

①使諸根不亂動→◎使《シテ》《シメテ》諸根《ラ》不亂動《セ》
②又　◎「第四」と上欄註記
③至　右◎「マデ」と上書訂記

生《レ》者《ハ》、不《ジ》取《ラ》正覺《ヲ》。此《レ》卽《チ》是《レ》願《ズル》往生《ヲ》行人、命《チ》欲《スル》終①時《キ》、願力攝《シテ》得《シメ下》往生《ヲ》。故《ニ》名《ク》攝生增上緣《ト》。

又此《ノ》『經《ノ》』（大經意）上卷《ニ》云《ク》、「若《シ》有《テ》衆生得《ル》生《ルルコトヲ》西方《ノ》無量壽佛《ノ》國《ニ》者《モノハ》、皆《ナ》乘《ズ》彌陀佛《ノ》大願等《ノ》業力《ニ》、爲《ス》增上緣《ト》」。卽《チ》爲《ル》證《ト》也。亦是《レ》攝生增上緣。

又此《ノ》『經《ノ》』（大經意）下卷《ノ》初《メニ》云《ク》、「佛說《ク》、一切衆生《ノ》根性不同《ニシテ》有《リ》上・中・下。隨《テ》其根性《ニ》、佛皆勸《メテ》專念《シム》無量壽佛《ノ》名《ヲ》。其《ノ》人命《チ》欲《スル》終《ムト》時、佛與《ニ》聖衆自《ラ》來《テ》迎接《シテ》、盡《ク》得《シメ下》往生《ヲ》」。此亦是攝生增上緣。

又如《シ》『觀經』第十一觀及下九品。皆是佛《ノ》自說《ナリ》。修《ル》定散《ノ》二行《ヲ》人、命終《ノ》時、一一《ニ》盡《ク》是《レ》彌陀世尊、自《ラ》與《ニ》聖衆華臺《ヲ》授手《シテ》迎接《シテ》、往生《セシム》。此亦是攝生增上緣。

又如《シ》『四紙彌陀經《ノ》』（意）中《ニ》說《ガ》。「佛言《ク》、若《シ》有《テ》男子・女人、或一日・七日、一心《ニ》專念《スレバ》彌陀佛《ノ》名《ヲ》、其《ノ》人命欲終時《ニ》、阿彌陀佛與《ニ》諸聖衆自《ラ》來《テ》迎接《シ下フ》。卽《チ》得《ル》往生《ヲ》西方極樂世界《ニ》②。釋迦佛《ノ》言《ク》、我見《ル》是《ノ》利《ヲ》故《ニ》說《ク》此《ノ》言《ヲ》」。卽《チ》爲《ル》證《ト》也。此亦是攝生增上緣。

---

①終　右◎「ラムト」とあるを抹消
②界　右◎「二」と上書訂記

又如《シ》四十①八願《ノ》（大經巻上意）中《ニ》說《テ》云《ガ》。「設《ヒ》我《レ》得《ムニ》佛《ヲ》、十方《ノ》衆生、發《シ》菩提心《ヲ》、修《シ》諸《ノ》功德《ヲ》、至心發願《シテ》欲《セム》生《レムト》我國《ニ》。臨《テ》命《チ》終《ラム》時《ニ》、我《レ》不《トイハヾ》與大衆現《ゼ》其《ノ》前《ニ》者《ハ》、不《ジ》取《ラ》正覺《ヲ》。」此亦是攝生增上緣。

又如《シ》下願《ニ》（大經巻上意）云《ガ》。「設《ヒ》我《レ》得《ムニ》佛《ヲ》、十方《ノ》衆生、聞《テ》我《ガ》名號《ヲ》、計念《シテ》我《ガ》國《ヲ》、至心廻向《シテ》願《ム》生《レムト》我《ガ》國《ニ》。不《ズト云》果《ハタシ》遂《トゲ》者《バ》、不《ジ》取《ラ》正覺《ヲ》。」此亦是攝生增上緣。

又如《シ》下願《ニ》（大經巻上意）云《ガ》。「設《ヒ》我《レ》得《ムニ》佛《ヲ》、十方世界《ノ》、其《レ》有《テ》女人、聞《テ》我《ガ》名字《ヲ》、歡喜信樂《シ》、發《シテ》菩提心《ヲ》、厭惡《セム》女身《ヲ》。命終之後《チニ》、復《タ》爲《ラ》女②身《ト》者《バ》、不《ジ》取《ラ》正覺《ヲ》。」義《ニ》曰《ク》、乃《チ》由《ルガ》彌陀本願力《ニ》故《ニ》、女人稱《バ》佛《ノ》名號《ヲ》、正《ク》命終《ノ》時《ニ》即《チ》轉《ジテ》女身《ヲ》得《ウ》成《ルコトヲ》男子《ト》。彌陀接《シ》手《ヲ》、菩薩扶《ケテ》身《ヲ》坐《シテ》寶華《ノ》上《ニ》、隨《テ》佛《ニ》往生《シ》、入《テ》佛《ノ》大會《ニ》證悟《ス》無生《ヲ》。

又一切《ノ》女人若不《ズ》因《ラ》彌陀《ノ》名願力《ニ》者《ハ》、千劫・萬劫・恆河沙等《ノ》劫、終③《ツイニ》不《ズ》可《ラ》得④《ウ》轉《ズルコトヲ》女身《ヲ》、應《シ》知《ル》。今或《ハ》有《テ》道俗云《ク》、女人不《ト云》得生《ズルコトヲ》淨土《ニ》者《ハ》、此《ハ》是《レ》妄說《ナリ》、不《ル》可《ラ》信《ズ》也《リ》。又以《テ》此經《ヲ》證《ス》。亦是《レ》攝生增上緣。

又⑤言證生增上緣者《ハ》、　問曰、今既言彌陀《ノ》四十八願、攝《シテ》一切衆生《ヲ》得《エシムト》生《ズルコトヲ》淨土《ニ》者《イフハ》、未《ダ》知《ラズ》、攝⑥《シテ》何等《ノ》衆生《ヲ》得《シメ》生《ズルコトヲ》、又是《レ》何《ナニ》人《カ》保證《スルト》得生《ヲ》也《ヤ》。答曰、

①十　右◎「廿□」とあるを抹消
②身　右◎「ヲ」を「ト」と上書訂記
③終　右◎「リ」を「ツイニ」と上書訂記
④得轉　◎「轉得」を「得轉」と訂記
⑤又　◎「第五」と上欄註記
⑥攝　右◎「シテ」と上書訂記

卽如『觀經』說云。「佛告韋提、汝今知不。阿彌陀佛去此不遠。汝當計念諦觀彼國淨業成者。亦令未來世一切凡夫得生西方極樂國土。」今以此經證。但是佛滅後凡夫、乘佛願力定得往生。卽是證生增上緣。

又問曰、釋迦說教示悟衆生。何故一種佛法卽有信不信、共相譏毀者有何所以。答曰、凡夫機性有其二種。一者善性人、二者惡性人。其善性人、一聞卽捨惡行善善人、二者捨邪行正善人、三者捨虛行實善人、四者捨非行是善人、五者捨僞行眞善人。此五種人若能歸佛、卽能自利利他。在家行孝、在外亦利他人、在望行信、在朝名君子、事君能盡忠節。故名自性善人也。言惡性人者、一卽謗眞行僞惡人、二者謗正行邪惡人、三者謗是行非惡人、四者謗實行虛惡人、五者謗善行惡惡人。又此五種人若欲願歸佛、不能自利、亦不利他人。又在家不孝、在望無信、在朝名小兒、事①君則常懷諂佞。謂之不忠。又此人等、於他賢德善人身上、唯能敗是成非、但

①事　右◎「エテ」と上書訂記

635

見《テ》他《ヲ》惡《ニクムガ》故《ニ》名《ナヅク》自性惡人《ト》也。又上《ミ》至《リ》諸佛・賢聖《ニ》、人天・六道《ニテ》一切《ノ》良善、此等《ノ》惡人所《オバ ロ》譏《ソシリテ》耻《チ》辱《ニクスル ナリ》也。諸有智《ノ》者《モノ》、應《シ》知《シル》。今一一具《ツブサニ》引《ク》善惡《ノ》二性《ノ》人《ヲ》。道《ダウ》理《リ》顯《ケン》然《ゼンナリ》。答《ヘ》上《ミノ》問《ヲ》竟《ヌ》。

又下『經』(觀經意)云《ク》、「佛告《ク》韋提《ニ》、汝《ヂ》及《ビ》衆生、專《ニシ》心《ヲ》計念《シテ》一處《ニ》、想《ベシ》於西方地下金幢地上衆寶莊嚴《ヲ》。」下《モ》至《ル》十三觀《ニ》已來《ハ》、總《ジテ》答《フ》上《ノ》韋提《ノ》二請《ヲ》、以《テ》爲《シテ》明證《ト》、01欲《ス》使《メント》善惡《ノ》凡夫《ヲシテ》廻心起行《シテ》、盡《コトゴトク》得《シテ》往生《ヲ》。此亦是《レ》證生增上緣。

又如《シ》下『經』(觀經意)云《ガ》、「衆寶國土《ニ》有《アリ》五百億《ノ》寶樓。其《ノ》樓閣《ノ》中《ニ》有《テ》無量《ノ》天人、作《ス》天《ノ》伎樂《ヲ》。此《ノ》衆音《ノ》中《ニ》、皆《ナ》說《トク》念佛法僧《ヲ》。此想成已《レバ》、命欲終時《ニ》、定《テ》生《ズ》
1-639
彼國《ニ》。」又以《テ》此經《ヲ》證《ス》。亦是《レ》證生增上緣。

又如《シ》下『經《ニ》』(觀經意)云《ガ》。「佛告《ク》阿難《ニ》、如《ノ》此《ノ》妙華《ハ》是《レ》本《モト》法藏比丘《ノ》願力《ノ》所成《ナリ》。
636
若《シ》欲《ハ》念《ムト》彼佛《ヲ》者《バ》、當《ニ》先《ツ》作《ナス》此《ノ》華座《ノ》想《ヲ》。一一《ニ》觀《ジテ》之《ヲ》皆《ナ》令《メヨ》分明《ナラ》。此《ノ》想成《ズル》者《モノハ》、必定《シテ》當《ニ》生《ズ》極樂世界《ニ》。」又以《テ》此經《ヲ》證《ス》。亦是《レ》證生增上緣。

又如《シ》『無量壽經《ニ》』(卷下意)云《ガ》。「佛告《ク》阿難《ニ》、其《レ》有《テ》衆生生《ム》彼國《ニ》者《ノハ》、皆《ナ》悉《ク》住《ス》於正定之聚《ニ》。十方諸佛皆《ナ》共《ニ》讚歎《ス》彼佛《ヲ》。若《シ》有《テ》衆生、聞《テ》其名號《ヲ》、信心歡

637　1-640

喜《シテ》、乃至一念《シテ》、願《レバ》レ生《ムト》二彼國《ニ》一、即《チ》得《テ》二往生《ヲ》一住《ス》二不退轉《ニ》一。」又以《テ》二此經《ヲ》一證《ス》。亦是證生增上緣。

又如《シ》二『觀經《ノ》』九品《ニ》一云《ガ》。一一《ノ》品《ノ》中《ニ》所《ノ》レ告《ル》衆生者《ハ》、皆《ナ》是《レ》若《ハ》佛在世、若《ハ》佛滅後《ノ》五濁《ノ》凡夫。遇《テ》二善知識《ノ》、勸《メテ》令《ルニ》レ生《ゼ》レ信《ヲ》、持戒念佛誦經禮讚《シテ》、決定往生《ス》。以《テ》二佛《ノ》願力《ヲ》一盡《ク》得《ニ》二往生《ヲ》一。此亦是證生增上緣。

又如《シ》二『彌陀經《ニ》』（意）一云《ガ》。「六方各有《マシマシテ》二恆河沙等《ノ》諸佛一、皆《ナ》舒《テ》レ舌《ヲ》遍《ク》覆《テ》二三千世界《ニ》一、說《ク》二誠實《ノ》言《ヲ》一。若《ハ》佛在世、若《ハ》佛滅後《ノ》一切《ノ》造罪《ノ》凡夫、但廻《テ》レ心《ヲ》念《ジテ》二阿彌陀佛《ヲ》一、願《レバ》レ生《ト》二淨土《ニ》一、上《ミ》盡《ツクシ》二百年《ヲ》一、下至《テ》二七日・一日、十聲・三聲・一聲等《ニ》一、命欲終時《ニ》、佛與《ト》二聖衆一自《ラ》來《テ》迎接《シテ》、即《チ》得《シム》二往生《ヲ》一。」如《キ》二上《ノ》六方等《ノ》佛舒舌《ノ》一、定《テ》爲《ニ》二凡夫《ノ》一作《ス》レ證《ヲ》。罪滅《シテ》得《ト》レ生《ヲ》。若不《シ》下依《テ》二此證《ニ》一得《ル》上レ生《コトヲ》者《ハ》、六方《ノ》諸佛《ノ》舒①《テ》レ舌《ヲ》、一《ビ》出《デ》レ口《ヨリ》已《ノ》後《チ》、終《イニ》不《シテ》三還《リ》二入《ラ》口《ニ》一、自然《ニ》壞爛《セム》。此亦是證生增上緣。

又敬《テ》白《サク》二一切往生人等《ニ》一、若聞《カバ》二此語《ヲ》一、即《チ》應《ジテ》レ聲《ニ》悲《シンデ》雨《フリ》レ淚《ナミダヲ》、連劫《ニモ》累劫《ニモ》粉《コニシ》レ身《ヲ》碎《クダイテモ》レ骨《ホネヲ》報二謝《シテ》佛恩《ノ》由來《ヲ》一、稱《カナフベシ》二本心《ニ》一。豈敢《テ》更《ニ》有《アラムヤ》二毛髮《モ》憚②《ハヾカル》レ之《ニ》心一。又白《ク》二諸《ノ》行人等《ニ》一、一切罪惡《ノ》凡夫尚《ヲ》蒙《ブリ》二罪滅《ヲ》一證《ス》二攝《シテ》得生《セシムト》一、何況《ヤ》聖人《ノ》願《テ》レ生《ヲ》而《モ》不《ザラム》レ得《エ》

①舒　◎「ノベ玉ヘル歟キ歟」と左傍註記
②憚　右◎「ル」の下「□ト」とあるを抹消

1-897

去《ユクコトヲ》也《ヤト》。上來《ニ》總《ジテ》答《ス》前《サキノ》問《モンノ》攝何等衆生得生淨土①《ノ》五種增上緣《ノ》義《ヲ》、竟《ヌ》。

問《テ》曰《ク》、釋迦出現《シテ》、爲《ニ》度《セムガ》五濁《ノ》凡夫《ヲ》、卽《チ》以《テ》慈悲《ヲ》、開示《シ》十惡之因報果《スルコトヲ》三塗之苦《ヲ》、又以《テ》平等智慧《ヲ》、悟入《シム》人天廻《シテ》生《ズルコトヲ》彌陀佛國《ニ》。諸經《ニ》頓教《ノ》文《モン》義《ギ》歷《レキ》然《ゼンタリ》。今乃《チ》有《テ》人公《コウ》然《ゼントシテ》不信《ゼ》、共《ニ》相《ヒ》誹毀《スル》者《モノハ》、未《ダ》《ズ》知《シラ》此《ノ》人現生及死後《ニ》得《ル》何《ナル》罪報《オヤ》。具《ニ》引《テ》佛經《ヲ》、與《メニ》其《レガ》作《シテ》證《ヲ》令《テ》生《ジ》改悔《ヲ》、信《ジテ》佛《ノ》大乘《ヲ》、廻《シテ》②生《ゼ》淨土《ニ》、卽《チ》爲《スル》利益《ト》也。答曰、依《テ》佛經《ニ》答者、又此《ノ》惡人如《シ》上《ノ》五惡性分《ノ》中《ノ》、已《スデニ》說《キ》竟《ヌ》。今直《チキニ》引《テ》佛經《ヲ》以《テ》爲《セン》明證《ト》。卽《チ》如《シ》『十往生經《ニ》』(意)云《ガ》。「佛告《ク》山海慧菩薩《ニ》、汝《チ》今爲《ニ》度《セムガ》一切衆生《ヲ》、應《シ》當《マサニ》受持《ス》是《コノ》經《ヲ》。佛又告《ク》山海慧《ニ》、是《ノ》經《ヲ》名《テ》爲《ス》觀阿彌陀佛色身正念解脫三昧經《ト》。亦名《ク》度諸有流生死八難有緣衆生經《ト》。如《ク》是《ノ》受持《スベシ》。衆生《ノ》未《ダ》《ザルニ》有《ラ》念佛三昧《ノ》緣者《ハ》、是《コノ》經能《ク》與《メニ》作《ナス》開《ヒラクコトヲ》大三昧門《ヲ》。是《ノ》經能《ク》與《ニ》衆生《ノ》閉《トツ》地獄《ノ》門《ヲ》。是經能《ク》與《ニ》衆生《ノ》除《ク》害人惡鬼殄滅《ヲ》、四向悉《ク》皆《ナ》安穩《ナリ》。佛告《ク》山海慧《ニ》、如《クハ》我《ガ》所說《ノ》、其《ノ》義如《シ》是《ノ》。山海慧白《テ》佛《ニ》言《サク》、未來《ノ》衆生多《ク》有《アルベシ》誹謗。如《クノ》是《ノ》之人於《テ》後《ニ》云何《カム》。佛《ノ》言《ノタマハク》、於《テ》後《ニ》閻浮提《ニ》、或《ハ》有《テ》比丘・比丘尼、若男若女、見《テ》有《ヲ》讀誦《スルコト》是《ノ》經《ヲ》、或《ハ》相《ヒ》瞋恚《シ》、心《ニ》懷《イダカム》誹謗《ヲ》。緣《ヨルガ》是《ノ》謗正

①土　右◎「ノ」と上書訂記
②生　右◎「ズルヲ」を「ゼ」と上書訂記

法故、是人現身得諸惡重病、身根不具。或得聾病・盲病・失陰病①・鬼魅《ミ》・邪狂・風冷・熱《ネチ》痔《ヂ》・水腫・失心、如是等諸惡重病、世世在身、如是受苦、坐臥不安。大小便利亦皆不通。求生求死不得。謗是經故、受苦如是。或時死後墮於地獄八萬劫中受大苦惱、百千萬世未曾聞水食之名。謗是經故、得罪如是。或時得出、生在人中、作牛・馬・猪・羊《ヤウ》、爲人所殺受大苦惱。爲謗是經故。後得人身、常生下賤百千萬世不得自在、百千萬世不見三寶名字。爲謗是經故、受苦如是。是故無智人中莫説是經。正觀・正念如是之人、然後與説。彼此不敬是經、墮於地獄。彼此敬重、得正解脱往生阿彌陀佛國。」今又以此經證。故知、毀敬之者、佛記損益不虛。應知。具答前問竟。

又問。若佛滅後一切善惡凡夫、發菩提心願生彌陀佛國者、日夜計心畢此一生、稱觀禮讚香華供養阿彌陀佛及觀音聖衆淨土莊嚴、念念觀想三昧、或成、未成者、現生得何功德。具引佛經以爲明證。欲令修學行人歡喜愛樂信受奉行。答曰、快問斯義。即是閉

①病　右◎「ヲ」とあるを抹消

641

絶《シテ》六道生死之因行《ヲ》、永《ク》開《ク》常樂淨土之要門《ヲ》也。非《ズ》直《ニ》彌陀《ノ》稱《カナフノミニ》願《ニ》、亦乃諸佛普《ク》皆《ナ》同《ク》慶《コブ》。今依《テ》經《ニ》具《サニ》答《エ》者《バ》、①即如《シ》『般舟三昧經《ニ》』（一巻本勸助品・至誠品意）說《ガ》。「佛告《ク》跋陀和菩薩《ニ》、於《テ》是念佛三昧《ノ》中《ニ》、有《リ》四事《ノ》供養。飲食・衣服・臥具・湯藥《ナ》。助《テ》其《ヲ》歡喜《スベシ》。過去《ノ》諸佛持《タモテ》是念阿彌陀佛三昧《ヲ》、四事助《ジヨ》歡喜《シテ》皆《ナ》得《タリ》成佛《ヲ》。現在十方《ノ》諸佛亦持《テ》是念佛三昧《ヲ》、四事助歡喜《シテ》皆《ナ》得《ウ》作佛《ヲ》。未來《ノ》諸佛亦持《テ》是念佛三昧《ヲ》、四事助歡喜《シテ》皆《ナ》得《ム》作佛《ヲ》。佛告《ク》跋陀和《ニ》、是念阿彌陀佛三昧四事助歡喜《シテ》、我《レ》於《テ》是三昧《ノ》中《ニ》、說《テ》其《ノ》少喩《ユヲ》比校《シテ》念《ゼム》佛《ノ》功德《ヲ》。譬《ヘバ》如《キ》人《ノ》壽《チ》百歲《ナラム》、亦生《テヨリ》即《チ》能《ク》行走《スルコト》至《マデ》老《ニ》過《スギタラムガ》於疾風《ニ》。有《テ》人能《ク》計《ハカルヤ》其《ノ》道里《ヲ》以《イナヤ》不。跋陀和言《サク》、無《ケン》能《ク》計《ル》者《モノ》。佛《ノ》言《ク》、我《レ》故《サラニ》語《ル》汝《ヂ》及《ビ》諸《ノ》菩薩等《ニ》。若《シ》善男子・女人、取《テ》是人行處《ニ》、著《ツケテ》滿《ミチタラム》中《ニ》珍寶《ヲ》以《モテ》用布施《セム》。所得《ノ》功德、不《ジ》

642

如有《テ》人聞《テ》是念阿彌陀佛三昧《ヲ》、四事供養助歡喜《セム》功德《ニハ》。過《スギタルコト》上《カミノ》布施《ノ》者《モノニ》千萬億倍《ナリ》。亦非《ズ》比校《ニ》。佛言《ク》、乃往久遠、不可計阿僧祇劫《ニ》有《マシマシキ》佛、號《シテ》曰私《シ》訶《カ》提《ダイト》、國《オバ》名《ク》跋陀和《ト》。有《テ》轉輪王、名《テ》曰《ヒキ》斯《シ》等《キムト》。往《テ》至《ス》佛所《ニ》。佛知《テ》王《ノ》意《ヲ》、即《チ》爲《メニ》說《ク》是念佛三昧四事助歡喜《ヲ》。王聞《テ》歡喜《シテ》、即《チ》持《テ》種種《ノ》珍寶《ヲ》以《テ》

①即　右◎「チ」とあるを抹消

1-643　643

散《ス》佛上《ニ》。王自《ミ》願《ジテ》言《サク》、持《テ》是《ノ》功德《ヲ》、令《メム》十方《ノ》人天《ヲシテ》皆《ナ》得《エ》安穩《ヲ》。佛言《ク》、其《ノ》王終《オハテ》後《チ》、還《エテ》自《ミ》生《テ》其《ノ》家《ニ》作《ナル》太子《ト》也《ナリ》。名《キ》梵摩達《ト》。時《ニ》有比丘、名《テ》曰《フ》珍寶《ト》。常《ツネニ》爲《ニ》四部《ノ》弟子《ノ》說《ク》是念佛三昧《ヲ》。時王聞《テ》之《ヲ》四事助歡喜《ス》、卽《チ》以《テ》寶物《ヲ》散《ズ》比丘《ノ》上《ニ》。又持《テ》衣服《ヲ》以《テ》供養《ス》之《ヲ》。王與《ト》千人於《テ》比丘所《ロニ》出家《スル》、求《モトメテ》學《ガクセムコトヲ》是念佛三昧《ヲ》、常《ニ》與《ト》千人共《ニ》承事《シテ》其《ノ》師《ニ》、經《テ》八千歲《ヲ》日夜《ニ》無《ナク》懈《オコタルコト》、唯得《テ》一度聞《クコトヲ》是念佛三昧《ヲ》、卽《チ》入《ル》高明智《ニ》。却《サテ》①後《ノチ》更《サラニ》見《上ル》六萬八千《ノ》諸佛《ヲ》。於《シテ》一一《ノ》佛所《ニ》皆聞《テ》是《ノ》念佛三昧《ヲ》得成《コトヲ》佛果《ヲ》。佛言《ク》、若《シ》人百里・千里・四千里、欲《オモハヽ》聞《カムト》是念佛三昧《ヲ》必《ズ》往《ユイテ》求《ムベシ》之《ヲ》。何《ニ》況《ヤ》近《クシテ》而《シカモ》不《ラム》求學《セ》者《モノオヤ》」。又白《ク》諸《ノ》往生人等《ニ》。上來《ニ》所《ロノ》引《ク》佛教《ヲ》以《テ》爲《スル》明證《ト》者《モノ也》。一一具《サニ》如《シ》「四事供養《ノ》功德品《ノ》」中《ニ》說《ガ》。

問曰、准依《シテ》佛教《ニ》精勤苦行《シテ》、日夜②六時《ニ》禮念・行道・觀想・轉誦、齋戒《シテ》一心《ニ》厭患《シ》生死《ヲ》、畏《テ》三塗《ノ》苦《ヲ》、畢《ハテ》此一形《ヲ》誓《カハム》生《ムト》淨土彌陀佛國《ニ》者《モノ》、又恐《クハ》殘《ゼン》③殃《アウ》不《シテ》盡《ツキ》、現《ニ》與《ト》十惡相應《セム》。覺《カクセム》有《アリト》斯《ノ》障《リ》者《モノハ》、云何《ソヤ》除滅《スベキ》。具《サニ》引《テ》佛經《ヲ》示《メセ》其《ノ》方法《ヲ》。答《テ》曰《ク》、依《テ》佛經《ニ》答《バ》者、卽《チ》如《シ》『觀佛三昧海經《ニ》』（卷九本行品意）說《ガ》。「佛爲《ニ》父《ノ》王及《ビ》諸《ノ》大衆《ノ》說《下フ》。過去《ニ》有《マシマシキ》佛、名《テ》曰《キ》空王《ト》。像法住世《ノ》時《キ》有《キ》四《ノ》比丘、破戒犯重《ナリ》。

①後　右◎「チ」の下「ヲ」とあるを抹消
②夜　右◎「ニ」とあるを抹消
③殃　右◎「アウ」と上書訂記

時空王佛於夜空中出聲告四比丘言、汝之所犯名不可救。欲滅罪者、可入我塔中觀我形像、至心懺悔、可滅此罪。時四比丘萬事倶捨、一心奉教入塔、於佛像前自撲懺悔、如太山崩。婉轉於地號哭、向佛日夜相續至死爲期。捨命已後、得生空王佛國。」今以此經證。行者等欲懺悔時、亦依此教法門。(觀佛經卷二・三觀相品意)「佛言、若我滅後佛諸弟子、捨離諸惡樂少語法、日夜六時、能於一時分爲少時、少分之中、於須臾間念佛白毫者、若不見、如是等人除却九十六億那由他恆河沙微塵劫生死之罪。若復有人聞是白毛、心不驚疑歡喜信受、此人亦除八十億劫生死之罪。若諸比丘・比丘尼、若男・女人、犯四根本十惡等罪、五逆罪及謗大乘。如是諸人若能懺悔日夜六時身心不息、五體投地如太山崩、號泣雨涙、合掌向佛、念佛眉間白毫相光一日至七日、前四種罪可得輕微。觀白毫、闇不見者、應入塔中觀眉間白毫、一日至三日合掌啼泣。又暫聞、亦除三劫之罪。佛告父王及敕阿難、吾今爲汝悉現身相光明。若有不

1-645
646

善《ノ》心一者《モノ》、若《シ》毀《ヤブル》二佛《ノ》禁戒《ヲ》一者《ハ》、見《コト》レ佛《ヲ》各不同《ナリ》。時五百《ノ》釋子、見《コト》二佛《ノ》色身《ヲ》一猶《ナホシ》如《シ》二灰《クヱ》人《ノ》一。比丘千人見《ルコトヲ》レ佛由《シ》如《シ》二赤土《ノ》一。十六《ノ》居士、二十四女人、見《コトヲ》レ佛純黑《ナリ》。諸比丘尼見《コトヲ》レ佛如《シ》二銀色《ノ》一。時《ニ》諸《ノ》四衆白《ク》レ佛《ニ》、我《レ》今《マ》者《ハ》不レ見《ト》二佛《ノ》妙色《ヲ》一。自《ミ》拔《ヌト》二頭髮《ヲ》一、擧《テ》レ身《ヲ》投《テ》レ地《ニ》、啼泣《シテ》雨《リ》レ涙《ヲ》、自《ミ》撲《ウテ》婉轉《ス》。佛《ノ》言《ク》、善男子、如來《ノ》出現《ハ》正《ク》爲《メナリ》三除滅《セムガ》二汝等《ガ》罪咎《ヲ》一。汝《ヂ》今可《シ》下稱《シテ》二過去《ノ》七佛《ヲ》一、爲《ニ》レ佛《ノ》作《ス》上レ禮《ヲ》。說《カムガ》二汝《ガ》先世《ノ》邪見之罪《ヲ》一。汝《ヂ》當《ニ》下向《テ》二諸《ノ》大德《ノ》僧衆《ニ》一發二露悔三過《シ》隨四順《シテ》佛語《ヲ》一、於《テ》二佛法衆《ノ》中《ニ》一五體《ヲ》投《テ》レ地《ニ》如《シ》二太山《ノ》崩《ガ》一、向《テ》レ佛《ニ》懺悔《ス》上。既《ニ》懺悔《シ》已《ナバ》、心眼得《テ》レ開《コトヲ》、見《テ》二佛《ノ》色身《ヲ》一、心大歡《キ》二喜《セム》。佛告《ク》二諸《ノ》比丘《ニ》一、汝等《ラ》先世《ノ》無量劫《ノ》時《キ》、邪見《ニシテ》疑《ヒ》レ師《ヲ》、無戒《ニシテ》虛《シク》受《キ》二信施《ヲ》一。以《テノ》二此因緣《ヲ》一故《ニ》、墮《シテ》二餓鬼・地獄《ニ》一八萬歲《ニ》受《ケキ》レ苦《ヲ》。今雖《ドモ》レ得《ト》レ出《ルコトヲ》二於無量世《ニ》一不レ見二諸佛《ヲ》一、但《シ》聞《ク》二佛《ノ》名《ヲ》一。今見《コト》二佛身《ヲ》一如《シ》二赤土《ノ》色《ノ》一、正《ク》長《ケ》五尺《ナリ》。佛《ホトケ》說レ語《フコトヲ》已《テ》、千比丘等向《ヒテ》レ佛《ニ》懺悔《ス》、五體《ヲ》投《テ》レ地《ニ》如《シ》二太山《ノ》崩《ガ》一、悲《ヒ》號《ガウ》雨《ウ》涙《ルイス》。猶《シ》如《シテ》二風《ノ》吹《クニ》重雲《ノ》四《ヨモニ》散《ズルガ》一、顯二發《ス》金顏《ヲ》一。既《ニ》見《ルコトヲ》レ佛《ヲ》已《テ》、比丘歡喜《シテ》發《シキ》二菩提心《ヲ》一。佛告《ク》二父王《ニ》一、此《ノ》千《ノ》比丘慇《オン》懃《ゴンニ》求《メテ》レ法《ヲ》、心《ニ》無《シ》二懈息一。佛與《テ》二授記《ヲ》一、同《ク》號《ス》二南無光照如來《ト》一。已前《ノ》懺悔《ノ》法出《イデタリ》二『觀佛三昧海經』第二・第三卷《ニ》一。

647

『佛説觀佛三昧海經』「密行品」第十二巻第十、「佛告《ク》阿難《ニ》、未來《ノ》衆生、其《ソレ》有《ラム》得《コト》是《ノ》念佛三昧《ヲ》者《モノ》、觀《ゼム》佛《ノ》諸《ノ》相好《ヲ》者《モノ》、得《ム》諸佛《ノ》現前三昧《ヲ》者《モノ》、當《ニ》《シ》教《オシフ》是《ノ》人《ヲ》。密《シテ》身口意《ヲ》莫《レ》起《スコト》邪命《ヲ》。莫《レ》生《ナスコト》貢《ク》高《ヲ》。若《シ》起《オコサバ》邪命及《ビ》貢高《ノ》法《ヲ》、當《ニ》《シ》知《ル》、此人《ハ》是《レ》增上慢《ナリ》。破滅《シ》佛法《ヲ》、多《ク》使《シム》①衆生《ヲシテ》起《サ》不善《ノ》心《ヲ》。亂《ミダリ》和合僧《ヲ》、顯《ハシ》異《ヲ》惑《マヨハス》衆《ヲ》。是《レ》惡魔《ノ》伴《ナリ》。如《ノ》是《ノ》惡人《ハ》雖《モ》復念佛《スト》、失《ウシナフ》甘露《ノ》味《アヂワヒヲ》。此《ノ》人《ノ》生處以《テノ》貢高《ヲ》故《ニ》、身恆《ニ》卑小《ナリ》、生《ズ》下賤《ノ》家《ニ》。貧窮諸衰《ニシテ》無量《ノ》惡業《ヲ》以《テ》爲《セリ》嚴飾《ト》。如《キノ》此《ノ》種種衆多《ノ》惡事當《ニ》《シ》自《ミ》防護《シテ》令《シム》永《ク》不《ラ》生《ゼ》。若《シ》起②《サ》如是邪命《ノ》業《ヲ》者《バ》、此《コノ》邪命業猶《シ》如《シ》狂象壞《ヤブル》蓮華池《ヲ》。此邪命業《モ》亦復如《シ》是《ノ》、壞敗《ス》善根《ヲ》。佛告阿難《ニ》、有《ラム》念佛《スルコト》者《モノハ》、當《ニ》《シ》自《ミ》防護《シテ》勿《ル》令《ルコト》放逸《セ》。念佛三昧《ノ》人、若《シ》不《シテ》防護《セ》生《ナセ》貢高《ヲ》者《バ》、邪命《ノ》惡風吹《テ》憍慢《ノ》火《ヲ》燒滅《ス》善法《ヲ》。善法《ト》者《イフハ》、所《ル》謂《イハユ》一切無量《ノ》禪定、諸《ノ》念佛《ノ》法、從《ヨリ》心想生《ズ》。是《ヲ》名《ク》功德藏《ト》。

1-646

佛告《ク》阿難《ニ》、此《ノ》經《ヲ》名《ク》繫想不動《ト》。如是受持《スベシ》。亦名《ク》觀佛白毫相《ト》。如是受持《スベシ》。亦名《ク》逆順觀如來身分《ト》、亦名《ク》一一毛孔

648

分別如來身分《ト》、亦名《ク》觀三十二相八十隨形好諸智慧光明《ト》、亦名《ク》觀佛三昧海《ト》、亦名《ク》念佛三昧門《ト》、亦名《ク》諸佛妙華莊嚴色身經《ト》。汝《チ》好《ク》

①使衆生起不善心→◎使《シテ》《シム》衆生《ヲ》起《サ》不善《ノ》心《ヲ》
②起　右◎「シ」を「サ」と上書訂記

受持《シテ》、愼《ツヽシンデ》勿《レ》忘《マウ》失《シチスルコト》。」又如《シ》『大集經《ノ》』「濟龍品《ニ》」（卷四四 日藏分意）說《ガ》。「時《ニ》娑伽羅龍王、請《ジテ》佛《ヲ》入《テ》宮《ニ》設《マウク》供《ヲ》。佛受《ク》龍《ノ》請《ヲ》。佛與《ニ》聖衆《ト》食《シ》訖《ヒテモ》、時《ニ》大龍王《ニ》又請《ズ》說法《ヲ》。時《ニ》龍王《ノ》太子《アリ》、名《オバ》曰《フ》華面《ト》。自《ミ》起《テ》佛前《ニ》四支《ヲ》布《キテ》地《ニ》、悲聲《ヲモテ》懺悔《ス》。過去《ニ》作《テカ》何《ナル》罪業《ヲ》受《タル》此龍身《ヲ》。」又以《テ》此經《ヲ》證《ス》。亦是懺悔至誠《ノ》方法《ナリ》、應知《ル》。一切經《ノ》內《ニ》皆《ナ》有《アリ》此《ノ》文。不可廣錄《ス》。今略抄《シテ》三部經《ヲ》、以《テ》示《メス》後學《ヲ》。除《ク》不至心《ヲ》。作者皆《ナ》知《レ》。佛不虛言《セ》。又如《シ》『木槵經《ニ》』（意）說《ガ》。「時《ニ》有《テ》難陀國王、名《ク》波瑠璃《ト》。遣《ツカハシテ》使《ツカヒヲ》來到《セシム》佛所《ニ》。頂禮《シテ》佛足《ヲ》、白《テ》佛《ニ》言《サク》、世尊、我國邊小《ニシテ》頻《ヒン》歲《ゼイ》寇《コウ》賊《ゾク》。五穀《コク》踊《ユ》貴《シ》疫《ヤク》疾《シチ》流《ル》行《シテ》人民困苦《ス》。我《レ》恆《ニ》不得安臥《ヲ》。如來《ノ》法藏《ハ》多悉深《クシテク》廣《ナレドモ》、我有《テ》憂務不得修行《スルコトヲ》。唯願《ハ》世尊、特《コトニ》垂《テ》慈愍《ヲ》賜《テ》我《ニ》要法《ヲ》、①使《メヨ》我《ヲシテ》日夜《ニ》易《ヤスカラ》得《エ》修行《コトヲ》、未來世《ノ》中《ニ》遠離《セム》衆苦《ヲ》。佛告《テ》使《ニ》言《ク》、語《カタレ》卿《ナンヂ》大王《ニ》。若《シ》欲《ハ》滅《セムト》煩惱障・報障《ヲ》者《バ》、當《ニ》貫《ツラヌイテ》木槵子一百八《ヲ》、以《テ》常《ニ》自《ミ》隨《フ》。若《ハ》行、若《ハ》坐、若《ハ》臥、恆《ニ》當《ニ》至《テ》心《ヲ》無《クシテ》分散意《ノ》、口《ニ》稱《シテ》佛陀・達《ダル》磨《マ》・僧伽《ギャノ》名《ヲ》乃《シ》過《スグス》一《ノ》木槵子《ヲ》。如是若《ハ》十、若《ハ》二十、若《ハ》百、若《ハ》千、乃至百千萬《セヨ》。若能《ク》滿《テ》二十萬遍《ヲ》、身心不亂《ニシテレ》無諸《ノ》諂曲者《バ》、捨《テ》命《ヲ》得生《コトヲ》第三《ノ》炎摩天《ニ》、衣食自然《シテ》常《ニ》受《ケム》安樂《ヲ》。得除斷《コトヲ》百八《ノ》結業《ヲ》、背《ソムキ》生

①使我日夜易得修行→◎使《シテメヨ》我《ヲ》日夜《ニ》易《ヤスカラ》得《エ》修行《コトヲ》

死《ノ》流《ヲ》趣《テ》涅槃道《ニ》、獲《ム》無上《ノ》果《ヲ》。使《ヒ》還《テ》啓《マウス》王《ニ》。王大《キニ》歡喜《シテ》、頭面《ニ》禮《シテ》佛《ヲ》遙《ニ》白《シテ》世尊《ニ》、頂受《シテ》尊教《ヲ》我當《ニ》《シ》奉行《ス》。卽《チ》敕《シテ》吏《リ》民《ミンニ》營《キヤウ》辨《ベンシテ》木槵子《ヲ》、以《テ》爲《ス》千具《ト》、六親國戚《シヤクニ》皆《ナ》與《アタフ》一具《ヲ》。王常《ニ》誦念《ス》、雖《ドモ》親軍《チカヅクトグン》《イクサ》旅《リヨ》亦不廢《ハイ》捨《シヤセ》。又作《ス》是《ノ》念《ヲ》。世尊《ノ》大慈普《ク》應《ズ》一切《ニ》。若《シ》①我此善《ク》得《バ》免《コトヲ》長淪苦海《ヲ》、如來當《ニ》《シ》現《ジテ》爲《ニ》我說《下フ》法《ヲ》。王以《テ》願樂《ヲ》、逼《セメテ》心《ヲ》三日不食《セ》。佛卽《チ》現《ジテ》身《ヲ》、與《ト》諸《ノ》聖衆來《テ》入《シテ》宮內《ニ》、爲《ニ》王《ノ》說《下フ》法《ヲ》」又以《テ》此《ヲ》證《ス》。直《ニ》是《レ》王《ノ》心眞實《ナレバ》、念念障《リ》除《コル》。佛知《テ》罪滅《ヲ》、應《ジテ》念《ニ》而《シカモ》現《ジ下フ》、應《シ》知《ル》。

觀念阿彌陀佛相海三昧功德法門經　一卷

①我　右◎「ガ」とあるを抹消

往生禮讚

〈底本〉
◎高田派専修寺蔵親鸞聖人加点本

往生禮讚偈　一卷

沙門善導集記

勸《メテ》一切衆生《ヲ》、願《ズル》生《シメムト》西方極樂世界《ノ》阿彌陀佛國《ニ》六時禮讚《ノ》偈。

謹《ムシテ》依《テ》『大經』及龍樹・天親、此《ノ》土《ノ》沙門等《ノ》所造《ノ》往生禮讚《ニ》、集《メテ》在《オク》一處《ニ》。分《テ》作《ルコトハ》六時《ヲ》、唯欲《ホス》相續《シテ》係《テ》心《ヲ》助成《セムト》往益《ヲ》。亦願《クハ》曉《ゲウ》悟《シテ》未聞《ヲ》、遠《ク》沾《ウルオサム》遐代《ヲ》耳《クノミ》。何者《イカムトナラバ》、第一《ハ》謹《ムデ》依《テ》『大經《ニ》』釋迦及《ビ》十方《ノ》諸佛《ノ》讚歎《シ下ヘル》彌陀《ノ》十二光名《ヲ》、勸《テ》稱禮念《シテ》定《テ》生《コトヲ》彼國《ニ》、十九拜、當《テ》日沒《ノ》時《ニ》禮《ス》。第二《ニ》謹《デ》依《テ》『大經《ニ》』採《トリ》集《メテ》要文《ヲ》、以《テ》爲《ス》禮讚《ノ》偈《ト》。二十四拜、當《テ》初夜《ノ》時《ニ》禮《ス》。第三《ニ》謹《デ》依《ル》龍樹菩薩《ノ》願往生禮讚《ノ》偈《ニ》、十六拜、當《テ》中夜《ノ》時《ニ》禮《ス》。第四《ニ》謹《デ》依《ル》天親菩薩《ノ》願往生禮讚《ノ》偈《ニ》、二十拜、當《テ》後夜《ノ》時《ニ》禮《ス》。第五《ニ》謹《デ》依《ル》彦《ゲン》琮《シュ》法師《ノ》願往生禮讚《ノ》偈《ニ》、二十一拜、當《テ》晨朝《ノ》時《ニ》禮《ス》。第六沙門善導願往生禮讚偈《ゲ》、謹《デ》依《テ》十六觀《ニ》作《クテ》二十拜《ヲ》、當《テ》午《ノ》時《ニ》禮《ス》。

〈表紙〉
◎包紙中央「往生禮讚偈一卷」　左下「釋顯智」
表紙中央「往生禮讚」

01［如觀…誠心］化卷192
02［二者…深心］信卷78
03［深心…深心］行卷50
［深心…信心］略典275
04［今信…名號］一多意677
05［三者…應知］化卷192
06［具此…得生］唯信意709

1-649

655

問曰、今欲《セ》勸《テ》人《ヲ》往生《メムト》者《バ》、未《ダ》《ズ》知《ラ》、若爲《イカンガ》安心・起行・作業《スルヤ》、定《テ》得《ル》往生《コトヲ》彼國土《ニ》也。答曰、必《ズ》欲生《ムト》彼國土《ニ》者、01如《キ》『觀經《ニ》』說《ガ》者《ハ》、具《シテ》三心《ヲ》必《ズ》得《ウ》往生《ヲ》。何等《オカ》爲《スル》三《ト》。一者至誠心。所《ユル》謂《イハ》身業《ニ》禮拜《シ》彼《ノ》佛《ヲ》、口業讚歎稱揚《シ》彼佛《ヲ》、意業《ニ》專念觀察《ス》彼佛。凡《ソ》起《ム》三業《ヲ》、必《ズ》須《ルヤ》眞實《ヲ》。故《ニ》名《ク》至誠心《ト》。02二者03深心。卽是眞實《ノ》信心《ナリ》。信知《ス》自身《ハ》是《レ》具足《セル》煩惱《ヲ》凡夫、善根薄少《ナリ》、流轉《シテ》三界《ニ》不《ズト》出火宅《ヲ》。04今信知《シテ》彌陀《ノ》本弘誓願《ハ》、及《マデ》稱《スルコト》名號《ヲ》下至十聲一聲等《ニ》、定《テ》得《ト》往生《ヲ》、乃至一念《モ》無《シ》有疑心。故名《ク》深心《ト》。05三者迴向發願心。所作《ノ》一切《ノ》善根悉《ク》皆迴《シテ》願《ズ》往生《ヲ》。故名《ク》迴向發願心《ト》。06具《シテ》此三心《ヲ》必《ズ》得《ウ》往①生也。若少《ヌレバ》一心、卽不《ズ》得《エ》生《ヲ》。如《シ》『觀經《ニ》』具《サニ》說《ガ》、應知。

又如天親《ノ》『淨土論《ニ》』云《イフガ》。若有《ル》願《コト》生《レムト》彼《ノ》國《ニ》者《ノニハ》、勸《メテ》修《シム》五念門《ヲ》。五門若具《ヌレバ》定《テ》得往生《ヲ》。何者《モノカ》爲五《ト》。一者身業禮拜門。所《ユル》謂《イハ》一心專至《シ》恭敬合掌《シ》香華供養《シテ》、禮拜《ス》彼阿彌陀佛《ヲ》。禮《ルニハ》卽專《ラ》禮《シテ》彼佛《ヲ》、畢命《ヲ》爲《シテ》期《ト》不《ズ》雜《マジヘ》餘《ヨ》禮《ヲ》。故《ニ》名《ク》禮拜門《ト》。二者口業讚歎門。所《ユル》謂《ハ》專《シテ》意、讚歎《ス》彼《ノ》佛身相・光明、一切《ノ》聖衆《ノ》身相・光明、及彼《ノ》國《ノ》中《ノ》一切《ノ》寶莊嚴・光明等《ヲ》。故《ニ》名《ク》讚歎門《ト》。三者

①往　◎上欄補記

意業憶念觀察門。所謂專意、念觀彼佛及一切聖衆身相・光明國土莊嚴等。如『觀經』說。唯除睡時、恆憶恆念恆想恆觀此事等。故名觀察門。四者作願門。所謂專心、若晝若夜、一切時一切處、三業四威儀所作功德、不問初・中・後、皆須眞實心中發願願生彼國。故名作願門。五者廻向門。所謂專心、若自作善根、及一切三乘・五道、一一聖凡等所作善根深生隨喜、如諸佛・菩薩所作隨喜、我亦如是隨喜、以此隨喜善根及己所作善根、皆悉與衆生共之廻向彼國。故名廻向門。又到彼國已得六神通廻入生死、教化衆生徹窮後際心無厭足、乃至成佛亦名廻向門。五門既具定得往生。一一門與上三心合、隨起業行、不問多少、皆名眞實業也、應知。

又勸行四修法、用策三心・五念之行、速得往生。何者爲四。一者恭敬修。所謂恭敬禮拜彼佛及彼一切聖衆等。故名恭敬修。畢命爲期誓不中止、即是長時修。二者無餘修。所謂專稱彼佛名、專念專想專禮專讚彼佛及一切聖衆等、不雜餘業。故名無餘修。畢命爲

01［又菩…應知］化卷192
02［又如…語故］行卷31

657

期誓不中止、卽是長時修。三者無間修。所謂相續恭敬禮拜、稱名讚歎、憶念觀察、廻向發願。心心相續不以餘業來間。故名無間修。又不以貪瞋煩惱來間。隨犯隨懺、不令隔念隔時隔日、常使淸淨亦名無間修。畢命爲期誓不中止、卽是長時修。01又菩薩已免生死、所作善法廻求佛果、卽是自利。敎化衆生盡未來際、卽是利他。然今時衆生悉爲煩惱繫縛、未免惡道生死等苦。隨緣起行、一切善根具速廻願往生阿彌陀佛國。到彼國已、更無所畏。如上四修自然①任運、自利利他無不具足、應知。

1-651

02又如『文殊般若』（卷下意）云。「明一行三昧唯勸。獨處空閑捨諸亂意、係心一佛不觀相貌。專稱名字、卽於念中得見彼阿彌陀佛及一切佛等。」　問曰、何故不令作觀直遣專稱名字者、有何意也。答曰、乃由衆生障重、境細心麤、識颺神飛、觀難成就也。是以大聖悲憐、直

658

勸專稱名字。正由稱名易故、相續卽生。　問曰、既遣專稱一佛、何故境現卽多。此豈非邪正相交一多雜現也。答曰、佛佛齊證、形無

①任　左◎「セ」の下抹消

03[以光…求念]行巻49
04[若欲…三品]化巻193

二別。縱使《ヒ》念《ジテ》一見《トモ》多《ヲ》、乖《ソムカン》何《ノ》大道理《リニ》也。

659

又如『觀經《ニ》』云《ガ》。佛勸坐觀・禮念等《ヲ》、皆須《シ》面《ルク》向《ヲ》西方《ルコトヲ》者《ニハ》最勝《ナリ》。如《シ》樹《キノ》先《ヨリ》傾《カタブケルハ》倒《タウル、コト》必《ズ》隨《ガフガ》曲《マガレルニ》。故必有《テ》事《ノ》礙《サハリ》不《ハ》及向《カウニ》西方《ニ》、但《タヽ》作《ナセ》向《ル》西《ニ》想《ヲ》、亦《マタ》得《エタリ》。問曰、一切《ノ》諸佛《ハ》三身同《ク》證《シ》、悲・智果圓《マドカニ》亦應《シ》無《カル》二《ツ》。隨《テ》方《ニ》禮念《シ》課《オホセテ》稱一佛《ヲ》、亦應《シ》得《ウ》生《コトヲ》。何故《ガ》偏《ソ》歎《ヘニ》西《メテ》方《ヲ》、勸《ムル》專《ニセヨト》禮念等《ヲ》、有何《ノ》義《カ》也。答曰、諸佛《ノ》所證平等《ニシテ》是一《ナレドモ》、若以《テ》願行《ヲ》來收《レバ》非《ズ》無《キニ》因《イン》緣。然《モ》彌陀世尊、本《モト》發《コシテ》深重《ノ》誓願《ヲ》、03以《テ》光明・名號《ヲ》攝化《フ》十方《ヲ》。但使《シ》信心《ニ》求念《スレバ》、上盡《クシ》一形《ヲ》下至《マデ》十聲一聲等《ニ》、以《テ》佛願力《ヲ》易《スシ》得《エ》往生《ヲ》。是《ノ》故《ニ》釋迦及以《ビ》諸佛勸《メテ》向《フルヲ》西方《ニ》爲《ス》別異《ト》耳《ミ》。亦非《ズ》是《レ》稱念《シテ》餘佛《ヲ》不《ニハ》能《ハ》除《キ》障《ヲ》滅《コト》罪《ヲ》也、應《シ》知。

1-652

若能《ク》如《ク》上《ノ》念念相續《シテ》、畢命《ヲ》爲《スル》期《ト》者《ハ》、十即十《ラ》生《ジ》、百即百生《ズ》。何《ヲ》以《ノ》故《ニ》。無《ク》外《ノ》雜緣得《ルガ》正念《ヲ》故《ニ》、與《ト》佛《ノ》本願得《ルガ》相應《コトヲ》故《ニ》、不《ル》違《セ》教《ニ》故《ニ》、隨順《ガ》佛語《ニ》故《ニ》。04若《シ》欲《フ》捨《テ》專《ヲ》修《セムト》雜業《ヲ》者《ノハ》、百《ノ》時《ニ》希《レニ》得《ウ》一二《ヲ》、千《センノ》時《ニ》希《ニ》得三五《ヲ》。何《ヲ》以《ノ》故《ニ》。乃《チ》由《ルガ》雜

660

緣亂動《シテ》失《スルニ》正念《ヲ》故《ニ》、與《ト》佛《ノ》本願不《ガ》相應《セ》故《ニ》、與《ト》教相違《ルガ》故《ニ》、不《ル》順《ゼ》佛語《ニ》故《ニ》、係念不《ルガ》相續《セ》故《ニ》、憶想間斷《スルガ》故《ニ》、廻願不《ルガ》慇重眞實故《ニ》、貪瞋・諸見煩惱

01［念報…行故］化卷209
02［余比…無二］化卷204
03［仰願…應知］信卷98

1-653　661

來《タテ》問-斷《スルガ》故《ニ》、無《キガ》レ有《コト》二慚愧・懺悔《ノ》心一故《ニ》。懺悔有《リ》二三品一。一《ハ》要、二《ハ》略、三《ハ》廣。如《シ》二下《ニ》具《サニ》說《ガ》一。隨《テ》レ意《ニ》用《モチヰルニ》皆得《エタリ》。又不《ルガ》三相續《シテ》01念-報《セ》二彼《ノ》佛恩《ヲ》一故《ニ》、心《ニ》生《ジテ》二輕慢《ヲ》一雖《モ》レ作《スト》二業行《ヲ》一、常《ニ》與《ニ》二名利一相應《ガ》故《ニ》、人我自《ミツラ》覆《ヒテ》不《ル》三親-近《セ》二同行善知識《ニ》一故《ニ》、樂《ガヒテ》近《イテ》二雜緣《ニ》一自《ニ》障-障《ルガ》二他《ノ》往生正行《ヲ》一故《ニ》。何《ヲ》以《ノ》故《ニ》。02余比-日《コノゴロ》自《ラ》見-聞《ルニ》二諸方《ノ》道俗《ヲ》一、解行不一同《ニシテ》、專雜有《リ》レ異。但《シ》使《シ》二專《ラ》意《ヲ》作《ナス》者《ハ》、十《ハ》卽十《ラ》生《ズ》。修《シテ》レ雜《ヲ》不《レ》レ至《サ》レ心《ヲ》者《バ》、千《ガ》中《ニ》無《シ》レ一《モ》。此《ノ》二行《ノ》得失、如《キ》二前《ニ》已《デニ》辯《ルガ》一。03仰-願《アヲギ》《ハ》一切《ノ》往生人等善《ヨク》自《ラ》思《シ》-量《セヨ》。已《デニ》能《ク》今身《ニ》願《ゼ》レ生《レムト》二彼國《ニ》一者《バ》、行住坐臥必《ズ》須《ク》レ勵《ハゲマシ》レ心《ヲ》、剋《シテ》レ己《レヲ》晝夜莫《ナク》レ廢《ルコト》、畢命《ヲ》爲《ス》レ期《ト》。上《ハ》在《テ》二一形《ニ》一似《タレドモ》レ如《ニ》二少苦《ニ》一、前念《ニ》命-終《シテ》後念《ニ》卽《チ》生《ズ》二彼國《ニ》一。長時永劫常《ニ》受《ケ》二無爲《ノ》法樂《ヲ》一、乃至成佛《マデ》不《ズ》レ經《ヘ》二生死《ヲ》一。豈《ニ》非《ラズ》レ快《コヽロヨキニ》哉《ヤ》、應《シ》レ知。

第一謹《デ》依《テ》二『大經』一釋迦佛《ノ》勸下二禮-讃《シテ》阿彌陀佛《ノ》十二光名《ヲ》一求-願《ス》二往生《ヲ》一、一十九拜、當《ツ》二日沒《ノ》時《ニ》①禮《ス》。取《ル》二中・下《ノ》懺悔《ヲ》一、亦《タ》得《タリ》。

南無《シ》釋迦牟尼佛等《ノ》一切《ノ》三寶《ニ》、我今稽《マ》首《ケ》禮《ス》。廻-願《シテ》往-生《セム》無量壽國《ニ》。

此之一佛《ハ》現《ニ》是《レ》今時《ノ》道俗等《ノ》師《ナリ》。言《フ》二三寶《ト》一者《ハ》卽《チ》是《レ》福田無量《リヤウ》《ナリ》。若《シ》能《ク》禮《スルコト》レ之《ヲ》一拜《スレバ》、卽《チ》是《レ》念-報《シテ》師恩《ヲ》以《テ》成《ズ》二己行《ヲ》一。以《テ》二斯《ノ》一行《ヲ》一廻-願《ス》二往生《ヲ》一。

①時　右◎「ノ」を「ニ」と上書訂記

04[唯觀…彌陀]行卷32
05[攝取…彌陀]唯信意705a・706b意

662

南無十方三世盡虚空遍法界微塵剎土中一切三寶、我今稽首禮。廻願往生無量壽國。

然《モ》十方《ノ》虚空無邊《ナレバ》、三寶無盡《ナリ》。若禮《スルコト》一拜《スレバ》、卽《チ》是《レ》福田無量《ナリ》、功德無窮《ナリ》。能《ク》至《シテ》レ心《ヲ》禮《スルコト》レ之《ヲ》一拜《スレバ》、一一《ノ》佛上、一一《ノ》法上、一一菩薩・聖僧上、一一《ノ》舍利上《ニ》、皆得《シム》二身口意業解脫分《ノ》善根《ヲ》一來《キタテ》資《シ》二益《ヤクシ》行者《ヲ》一、以《テ》成《ズ》二己《ガ》業《ヲ》一。以《モテ》二斯《コノ》一行《ヲ》一廻《ス》二願往生《ヲ》一。

南無西方極樂世界阿彌陀佛。

願共衆生咸歸命　故我頂禮生彼國

1-654

問《テ》曰《ク》、何《ガ》故《ゾ》號《スル》二阿彌陀《ト》一。答《テ》曰《ク》、『彌陀經』及《オヨビ》『觀經』《ニ》云《ク》、彼《ノ》佛《ノ》光明無量《ニシテ》照《ニ》二十方國《ヲ》一無《シ》レ所《ロ》二障礙《スル》一。04唯《タヾ》觀《ジテ》二念佛《ノ》衆生《ヲ》一05攝取《シテ》不《ズ》レ捨《テタマハ》 故《ニ》名《ク》二阿彌陀《ト》一。彼《ノ》佛《ノ》壽命及《ビ》其《ノ》人民無量無邊阿僧祇劫《ナリ》。故《ニ》名《ク》二阿彌陀《ト》一。又釋迦佛及《ビ》十方《ノ》佛、讚二歎《シタマフ》彌陀《ノ》光明《ヲ》有《シテ》二十二種《ノ》名一、普《ク》勸《ム》二衆生《ヲ》一。稱名禮拜相續《シ》不《ル》レ斷者《ハ》、現世《ニ》得《エ》二無量《ノ》功德《ヲ》一、命終之後定《メテ》得《ウ》二往生《ヲ》一。如《シ》二『無量壽經』《ニ》(卷上意)說《テ》云《ガ》一。「其有《レテ》二衆生一遇《アフ》二斯《ノ》光《ニ》一者《ハ》、三垢消滅《シテ》身意柔輭《ナリ》。歡喜踊躍《シテ》善心生《ズ》レ焉《コヽニ》。若《モシ》在《テ》二三塗勤苦之處《ニ》一見《バ》二此《ノ》光明《ヲ》一、無《シ》二復《タ》苦惱一。壽終之後皆蒙《ル》二解脫《ヲ》一。無量壽佛光明顯赫《ニシテ》照二耀《スルニ》十方諸佛《ノ》國土《ニ》一、莫《シ》レ不《ズトイフコト》レ聞《シ》。焉《ニ》不《アラズ》三但《タヾ》我《ノミ》今稱《スルニ》二其《ノ》光明《ヲ》一、一切諸佛《ノ》、聲聞、緣覺、諸菩薩衆咸《コトゴトク》共《トモニ》歎譽《シテ》、亦復如《シ》レ是。若《モシ》有《アリテ》二衆生一、聞《テ》二其《ソノ》光明威神《ノ》功德《ヲ》一、日夜《ニ》稱說《シテ》、至《シテ》レ心《ヲ》不《レ》レ斷《タヽサハ》者、隨《テ》二其《ノ》所願《ニ》一得《ヲ》レ生《ヲ》二其國《ニ》一。常《ニ》爲《タメニ》二諸菩薩・聲聞之衆《ノ》一所《レテ》二共《トモニ》歎譽《セ》一稱《ス》二其《ノ》功德《ヲ》一。佛言《ク》、我說《トイテ》二無量壽佛《ノ》光明威神巍巍殊妙《ナルヲ》一、晝夜一劫《ストモ》、尙《ホ》不《ズ》レ能《ハ》レ盡《ツクスコト》。」白《ス》二諸《モロモロノ》行者《ニ》一。當《シ》レ知《ル》、彌陀《ノ》身相光明《ハ》、釋迦如來一劫說《トモ》

663

不レ能レ盡者《コト》。如《シ》二『觀經』云《ガ》一「一一光明遍《アマネク》照《ス》二十方世界《ヲ》一、念佛衆生《オバ》攝取《シテ》不《ズ》レ捨《下ハ》。」今既《ニ》『觀經』《ニ》有《リ》二如レ此不思議《ノ》増上勝縁一、攝二護行者《ヲ》一。何《ソ》不《ラム》三相續《シテ》稱觀禮念《シテ》願二往生《ヲ》一也《ヤ》、應レ知。

南二無《上ル》西方極樂世界無量光佛《ニ》一。
願《ハ》共《ニ》二衆生《ト》一咸《ク》歸命《セム》　故《ニ》我頂禮《シテ》生《ム》二彼國《ニ》一

南無西方極樂世界無邊光佛。
願共衆生咸歸命　故我頂禮生彼國

南無西方極樂世界無礙光佛。
願共衆生咸歸命　故我頂禮生彼國

南無西方極樂世界無對光佛。
願共衆生咸歸命　故我頂禮生彼國

南無西方極樂世界炎王光佛。
願共衆生咸歸命　故我頂禮生彼國

南無西方極樂世界清淨光佛。
願共衆生咸歸命　故我頂禮生彼國

南無西方極樂世界歡喜光佛。

願共衆生咸歸命　故我頂禮生彼國

南無西方極樂世界智慧光佛。

願共衆生咸歸命　故我頂禮生彼國

665 南無西方極樂世界不斷光佛。

願共衆生咸歸命　故我頂禮生彼國

南無西方極樂世界難思光佛。

願共衆生咸歸命　故我頂禮生彼國

南無西方極樂世界無稱光佛。

願共衆生咸歸命　故我頂禮生彼國

南無西方極樂世界超日月光佛。

願共衆生咸歸命　故我頂禮生彼國

南無西方極樂世界阿彌陀佛。

666 哀愍《シテ》覆護《シ》我《ヲ》　①令《シメ下ヘ》法種《シユヲシテ》增長《セ》　此《ノ》世及《ビ》後生《ニ》　願《ハ》佛常《ニ》攝受《ヘ》

①令法種增長→◎令《シテ》《シメ下ヘ》法種《シユヲ》增長《セ》

願共衆生咸歸命　故我頂禮生彼國
南無西方極樂世界觀世音菩薩。
願共衆生咸歸命　故我頂禮生彼國
南無西方極樂世界大勢至菩薩。
願共衆生咸歸命　故我頂禮生彼國

此《ノ》二《ノ》菩薩《ハ》一切衆生《ノ》臨命終時《ニ》、共《トモニ》持《シテ》二華臺《ヲ》一授二-與《シ下》行者《ニ》一、阿彌陀佛《ハ》放《テ》二大光明《ヲ》一照《シ下フ》二行者《ノ》身《ヲ》一。復與《ト》二無數《ノ》化佛・菩薩・聲聞大衆等一一時《ニ》授レ手《ヲ》、如《ゴトク》二彈《ダン》指《ノ》頃《ダノ》一即《チ》得《ウ》二往生《ヲ》一。爲《ノ》レ報二佛恩《ヲ》一故《ニ》、至レ心禮《スルコト》レ之《ヲ》一拜《ス》。

南無西方極樂世界諸菩薩・清淨大海衆。

1-656 667
願共衆生咸歸命　故我頂禮生彼國

此《ノ》等《ノ》諸菩薩亦《マタ》隨《テ》レ佛來《キタテ》、迎二-接《ス》行者《ヲ》一。爲《ノ》レ報《ガ》レ恩《ヲ》故《ニ》、至《シテ》レ心《ヲ》禮《スルコト》レ之《ヲ》一拜。

普《ク》爲《ス》丁師僧・父母及《ビ》善知識、法界《ノ》衆生《ヲシテ》、斷二-除《シテ》三障《ヲ》一、同《ク》得丙往乙-生阿彌陀佛《ノ》國《ニ》甲、歸命懺悔《ス》。
至レ心《ニ》懺悔《ス》。

南二無《シテ》懺悔十方《ノ》佛《ニ》一
願《ハ》滅《下ヘ》二一切《ノ》諸《ノ》罪根《ヲ》一

今將《テ》久近所修《ノ》善《ヲ》　廻《シテ》作《ス》自他安樂因《ト》
01恆《ニ》願《ハ》一切臨終《ノ》時　勝緣・勝境悉《ク》現前《シ》
願觀《ミ上ラム》彌陀大悲主　觀音・勢至・十方《ノ》尊《ヲ》
仰《テ》願《ハ》神光蒙《テ》授手《ヲ》　乘《ジテ》佛本願《ニ》生《ム》彼國《ニ》

懺悔廻向發願已《テ》、至心歸命《上ル》阿彌陀佛《ニ》。

次作《セ》梵《ヲ》、說偈發願。出《リ》『寶性論』《ニ》。（卷一教化品意・卷四校量信功德品意）

「禮懺《ノ》諸功德《ヲモテ》　願《ハ》臨命終《ノ》時《ニ》　見《ラム》無量壽佛《ノ》　無邊《ノ》功德《ノ》身《ヲ》
我及《ビ》餘《ノ》信者　既見《ヲ》彼佛《ヲ》已《テ》　願《ハ》得《ム》離垢《ノ》眼《ヲ》　往生《シテ》安樂國《ニ》
成《ゼム》無上菩提《ヲ》」

禮懺已《テ》一切恭敬《セヨ》。

歸佛得菩提《ヲ》　道心恆《ニ》不《ズシテ》退《セ》
願《ハ》共《ニ》諸《ノ》衆生《ト》　廻願《シテ》往生《セヨ》無量壽國《ニ》。
歸《ス》法《ノ》薩婆若《ニ》　得《テ》大總持門《ヲ》
願《ハ》共《ニ》諸《ノ》衆生《ト》　廻願《シテ》往生《セヨ》無量壽國《ニ》。

01［恆願…現前］一多意661

歸僧息諍論　同入和合海

願共諸衆生廻願往生無量壽國。

願諸衆生三業淸淨、奉持佛教和南一切賢聖、

願共諸衆生廻願往生無量壽國。

諸衆等聽。說日沒無常偈。

人間悤悤營《イトナム》衆務　不覺年命日夜去

如燈風中滅難期　忙忙六道無定趣

未得解脫出苦海　云何《イカンガ》安然不驚懼

各聞強健有力時　自策自勵求常住

說此偈已、更當心口發願。

願弟子等、臨命終時心不顚倒、心不錯亂、心不失念、身心無諸苦痛、身心快樂如入禪定、聖衆現前、乘佛本願上品往生阿彌陀佛國。到彼國已得六神通、入十方界救攝苦衆生。虛空法界盡、我願亦如是。發願已、至心歸命阿彌陀佛。

初夜偈（坐禪三昧經巻上意）云、

「煩悩深《シテ》無《シ》底《コ》　生死海無《ナシ》邊《ホトリ》　度《ス》苦《ヲ》船未《ダ》《ズ》立《タ、》　云何樂《コノマム》睡眠《ヲ》

勇猛《ニ》勤《メ》精進《シテ》　攝《テ》心《ヲ》常《ニ》在《オケ》禪《ニ》」

中夜偈（大智度論巻一七初品）云、

「汝等《チ》勿《レ》抱《イダキテ》臭《クサキ》屍《カバネヲ》臥《コト》　種種《ノ》不淨《ヲモテ》假《カリニ》名《ク》人《ト》

如《シテ》得《エ》重病《ヲ》箭《ヤノ》入《ルガ》體《タイニ》　衆《ノ》苦痛集《アツマレリ》　安《イズクンゾ》可《キヤ》眠《ル》」

後夜偈云、

時光《ウツリヒカリ》遷《セン》流《シテ》轉《ジテ》　忽《マチニ》至《ル》五更《ノ》《アカツキ》初《シヨニ》　無常念念《ニ》至《テ》　恆《ニ》與《ト》死王居《コセリ》《ヒトツトコロニヰタルトナリ》

勸《ム》諸《ノ》行道《ノ》者《ヲ》　勤《ゴン》修《シテ》至《ベシ》無餘《ニ》

平旦偈（僧祇律巻二意）云、

「欲求《メムト》寂滅《ノ》樂《ヲ》　當《ニ》《ベシ》學沙門法《ヲ》　衣食《ハ》支《サ、ウ》身命《ヲ》　精《コマカ》麤《アラシ》《ソ》隨《テ》衆《ニ》得《ベシ》

諸《ノ》衆等、今日《ノ》晨朝各誦《スベシ》六念《ヲ》。」

日中偈（六方禮經意）云、

「人生《レテ》不《ルハ》精進《ナラ》　喩《ヘバ》若樹《ノ》無《ガ》根　採《トテ》華《ヲ》置《クニ》日中《ニ》　能《ク》得《ウル》幾時《イクバクノカ》鮮《アザヤカナルコトヲ》

人ノ命モ亦如シ是 無常須臾ノ間ナリ 勸スヽム諸ノ行道ノ衆ヲ 勤修シテ乃チ至ルベシ眞ニ

第二ニ沙門善導、謹デ依テ『大經ニ』採トリ集メテ要文ヲ、以テ爲ス禮讃偈ヲ。二十四拜、當レリ

初夜ノ時ニ。禮ス、懺悔同前後ニ。

南無至心ニ歸命、禮シテル西方ノ阿彌陀佛ヲ。

01彌《ミ》陀《ダ》智《チ》願《グワン》海《カイ》ハ 深《ジム》廣《クワウ》ニシテ無《ム》涯《ガイ》底《テイ》 聞《モン》テ名《ミヤウ》ヲ欲《ヨク》バ往《ワウ》生《ジヤウ》セムト 皆《カイ》悉《シチ》ク到《タウ》ル彼《ヒ》ノ國《コク》ニ

願共諸衆生 往生安樂國

南無至心歸命、禮西方阿彌陀佛。

於《オ》此《シ》世《セ》界《カイ》中《チウ》 六十有《ウ》七億《オク》 不《フ》退《タイ》諸《シヨ》菩《ボ》薩《サチ》 皆當得生彼

願共諸衆生 往生安樂國

南無至心歸命、禮西方阿彌陀佛。

小《セウ》行《ギヤウ》ノ諸《シヨ》ノ菩《ボ》薩《サチ》 及《ギン》ビ修《シユ》スル少《セウ》福《フク》ヲ者《シヤ》ノ 其《ゴ》ノ數《シユ》ズ不《フ》可《カ》ラ計《ケ》ハカル 皆當ニ得《ウ》シ生《コトヲ》彼ニ

願共諸衆生 往生安樂國

南無至心歸命、禮西方阿彌陀佛。

十方ノ佛刹《セン》ノ中《チウ》ノ 菩薩・比《ビ》丘《ク》衆《シユ》 窮《グ》メテ劫《コウ》ヲ不《フ》ズ可《カ》ラ計《ケ》ル 皆當ニ得《ウ》シ生彼ニ

01［彌陀…彼國］行卷 32

672　1-659

願共諸衆生　往生安樂國

南無至心歸命、禮西方阿彌陀佛。

一切ノ諸ノ菩薩　各《カク》ノ齎《サイ》モテ二天《テン》妙《メウ》ノ華《クヱ》・寶《ホウ》香《カウ》・無《ム》價《ゲ》ノ衣《エ》ヲ一　供二養ル彌陀佛ヲ一

願共諸衆生　往生安樂國

南無至心歸命、禮西方阿彌陀佛。

咸《ゲン》然《ネン》シテ奏《ソウ》シ二天《テン》ノ樂《ガク》ヲ一　暢《チヤウ》二發《ホチ》シテ和《ワ》雅《ゲ》音《オン》ヲ一　歌《カ》二歎《タン》シ最《サイ》勝《シヨウ》尊《ソン》ヲ一　供二養ル彌陀佛ヲ一

願共諸衆生　往生安樂國

南無至心歸命、禮西方阿彌陀佛。

慧《ヱ》日《ニチ》照《セウ》シテ二世《セ》間《ケン》ヲ一　消二除ス生死ノ雲ヲ一　恭敬シテ遶三帀シテ　稽二首ス彌陀尊ヲ一

願共諸衆生　往生安樂國

南無至心歸命、禮西方阿彌陀佛。

見ルニ三彼ノ嚴淨ノ土ノ　微妙ニシテ難キヲ二思議シ一　因テ發テ二無上ノ心ヲ一　願ズ二我ガ國モ亦然ラムト一

願共諸衆生　往生安樂國

南無至心歸命、禮西方阿彌陀佛。

願共諸衆生　往生安樂國

應ジテ時ニ無量尊　動《オゴカシテ》容《ミカヲ》《ヨウ》發シ欣《ゴン》笑《セウ》ヲ《ヨロコビエミ下》　口ヨリ出シテ無數光ヲ　遍ク照ス十方ノ國ヲ

南無至心歸命、禮西方阿彌陀佛。

廻光圍《ヰ》遶《ネウ》身ヲ　三帀《ザウ》シテ從《ジュ》リ頂《チヤウ》入《ニフ》ル　一切ノ天人衆　踊躍シテ皆歡喜ス

願共諸衆生　往生安樂國

南無至心歸命、禮西方阿彌陀佛。

梵《ボム》聲如シ雷《ライ》ノ震《シム》ルガ　八音暢《ノブ》妙ナル響《ヒヾキヲ》　十方ヨリ來ル正士《ジ》　吾《ゴ》悉《シチ》ク知ルト彼ノ願ヲ

願共諸衆生　往生安樂國

南無至心歸命、禮西方阿彌陀佛。

至テ彼ノ嚴淨ノ國ニ　便チ速カニ得《エ》神通ヲ　必ズ於テ無量尊ニ　受テ記ヲ成ルベシ等覺ヲ

願共諸衆生　往生安樂國

南無至心歸命、禮西方阿彌陀佛。

奉《ブ》事《ジ》シテ億《オク》ノ如來ニ　飛《ヒ》化《クエ》シテ遍《ヘン》シ諸《ショ》刹《セチ》ニ　恭敬シ歡喜シテ去テ　還リテ到ル安養國ニ

願共諸衆生　往生安樂國

675 南無至心歸命、禮西方阿彌陀佛。

若人無《レバ》善本 不《ズ》得聞《コトヲ》佛名《ヲ》 憍慢《ト》弊《ト》懈《カロシ反》怠《トハ》 難《シ》以《テ》信《ズルコトノ》此法《ヲ》

願共諸衆生 往生安樂國

南無至心歸命、禮西方阿彌陀佛。

宿《シユク》世《セ》見《ルモノ》諸佛《ヲ》 則《チ》能《ク》信《ズ》此事《ヲ》 謙《ケン》《キラウ》敬《シテ》聞《テ》奉《ブ》行《シ》 踊躍《シテ》大《ニ》歡喜《ス》

願共諸衆生 往生安樂國

1-661 南無至心歸命、禮西方阿彌陀佛。

01其《レ》有得聞《コト》彼《ノ》 彌陀佛《ノ》名號《ヲ》 歡喜《シテ》至《ル》一念《ニ》 皆當《ニ》得《シ》《ウ》生《ヲ》彼《ニ》

願共諸衆生 往生安樂國

南無至心歸命、禮西方阿彌陀佛。

02設《イ》滿《ラム》大千《ニ》火《モ》 直《ニ》過《テ》聞《クベシ》佛《ノ》名《ヲ》 聞《テ》名《ヲ》歡喜《シテ》讚《ズレバ》 皆當《ニ》得《シ》生彼《ニ》

676 願共諸衆生 往生安樂國

南無至心歸命、禮西方阿彌陀佛。

03萬年《ニ》三寶滅《シテ》 此《ノ》『經』住《コト》百年《ナラム》 爾時《ニ》聞一念《セバ》 皆當《ニ》得《シ》《ウ》生《ヲ》彼《ニ》

願共諸衆生　往生安樂國

南無至心歸命、禮西方阿彌陀佛。

01佛世《ニ》甚《ダ》難《シ》値《チヒ》　人有《コト》信慧難《シ》　遇《グフコト》聞《クニ》希《ケ》有《ウノ》法《ヲ》　此《シ》復《ブ》最《サイトモ》爲《ヰ》難《スト》

願共諸衆生　往生安樂國

南無至心歸命、禮西方阿彌陀佛。

02自《ラ》信教《シエテ》人《ヲ》信《ゼンハ》　難《ガ》中《ニ》轉《ウタヽ》更《ニ》難《シ》　大悲傳《ツタエテ》普《ク》化《ル》　眞《ニ》成《ズ》報《コトヲ》佛恩《ヲ》

願共諸衆生　往生安樂國

南無至心歸念、禮西方阿彌陀佛。

哀愍《シテ》覆護《シ下ヘ》我《ヲ》　令《シム》法種增《ツシテ》長　此《ノ》世及《ビ》後生《ニ》　願《ハ》佛常《ニ》攝受《下ヘ》

願共諸衆生　往生安樂國

南無至心歸命、禮西方極樂世界觀世音菩薩。

願共諸衆生　往生安樂國

南無至心歸命、禮西方極樂世界大勢至菩薩。

願共諸衆生　往生安樂國

677

01［佛世…爲難］信卷101 化卷209

02［自信…佛恩］信卷101 化卷209［自信…更難］惠信消1036

南無至心歸命、禮西方極樂世界諸菩薩・清淨大海衆。
願共諸衆生　往生安樂國
普爲師僧・父母及善知識、法界衆生、斷除三障、同得往生阿彌陀佛國、歸命懺悔。
第三謹依龍樹菩薩ノ願往生禮讚ノ偈ニ、一十六拜、當中夜時ニ禮ス。懺悔同前後。

南無至心歸命、禮西方阿彌陀佛。
稽《ケ》首《シユ》ス天人ニ所恭敬セ　阿彌陀仙兩足尊ヲ
在テ彼ノ微妙安樂國ニ　無量ノ佛子衆圍遶ス
願共諸衆生　往生安樂國

南無至心歸命、禮西方阿彌陀佛。
金色身淨シテ如シ山王ノ　奢摩他ノ行ハ如シ象《ザウ》歩ノ
兩目淨コト若シ青蓮華ノ　故我頂禮ス彌陀尊ヲ
願共諸衆生　往生安樂國

南無至心歸命、禮西方阿彌陀佛。

面《テ》善《ヨク》圓淨《コト》如《シ》二滿月《ノ》一　威光《ハ》猶《ホ》如《シ》二千《ノ》日月《ノ》一

聲《エハ》如《シ》二天鼓《クト》倶《ク》翅《シ》羅《ラノ》一　故《ニ》我頂二禮《ス》彌陀尊《ソン》一

願共諸衆生　往生安樂國

1-663

南無至心歸命、禮西方阿彌陀佛。

觀音頂《イタヽキニアミダホトケヲイタヽキタテマツル》戴《シテ》冠中《ニ》住《下フ》　種種《ノ》妙相寶《モテ》莊嚴《セリ》

能《ク》伏《ス》二外道《ト》魔《トノ》憍慢《ヲ》一　故我頂禮彌陀尊

願共諸衆生　往生安樂國

679

南無至心歸命、禮西方阿彌陀佛。

無《ム》比《ヒ》・無《ム》垢《ク》《ニシテ》廣清淨《ナリ》　衆德皎《ゲウ》《アザヤカニ》潔《ケチ》《イサギヨシ》《ナルコト》如《シ》二虛空《ノ》一

所作《ノ》利益《ニ》得《ウ》二自在《ヲ》一　故我頂禮彌陀尊

願共諸衆生　往生安樂國

南無至心歸命、禮西方阿彌陀佛。

十方名聞《ノ》菩薩衆　無量《ノ》諸魔常《ニ》讚《サン》歎《ダンス》

1-664
680

爲諸衆生願力住　故我頂禮彌陀尊

願共諸衆生　往生安樂國

南無至心歸命、禮西方阿彌陀佛。

金《コム》底《テイ》寶間《ケン》池《チ》生華　善根所成妙臺座

於彼座上如山王　故我頂禮彌陀尊

願共諸衆生　往生安樂國

南無至心歸命、禮西方阿彌陀佛。

十方所來諸佛子　顯《ケン》現《ゲン》神通至安樂

瞻《セム》仰《ガウ》尊《ソン》顔《ゲン》常恭敬　故我頂禮彌陀尊

願共諸衆生　往生安樂國

南無至心歸命、禮西方阿彌陀佛。

諸有無常・無我等　亦如水月・電《デン》影《ヤウ》・露《ロ》

爲衆說法無名字　故我頂禮彌陀尊

願共諸衆生　往生安樂國

南無至心歸命、禮西方阿彌陀佛。

彼尊佛剎無惡名　亦無女人惡道怖
衆人至心敬彼尊　故我頂禮彌陀尊

願共諸衆生　往生安樂國

南無至心歸命、禮西方阿彌陀佛。

彼尊無量方便境《キヤウ》　無有諸趣惡知識
往生不退至菩提　故我頂禮彌陀尊

願共諸衆生　往生安樂國

南無至心歸命、禮西方阿彌陀佛。

我說彼尊功德事　衆善無邊如海水
所獲善根清淨者　廻施衆生生彼國

願共諸衆生　往生安樂國

南無至心歸命、禮西方阿彌陀佛。

哀愍覆護我　令法種增長　此世及後生　願佛常攝受

願共諸衆生　往生安樂國

南無至心歸命、禮西方極樂世界觀世音菩薩。

願共諸衆生　往生安樂國

南無至心歸命、禮西方極樂世界大勢至菩薩。

願共諸衆生　往生安樂國

南無至心歸命、禮西方極樂世界諸菩薩・淸淨大海衆。

願共諸衆生　往生安樂國

普爲師僧・父母及善知識、法界衆生、斷除三障、同得往生阿彌陀佛國、歸命懺悔。

至心懺悔。

自《ラ》從《ヨリ》二無始《シ》一受《ケテ》レ身《ヲ》來《カタ》　恆《ニ》以《テ》二十惡《ヲ》一加《クワウ》二衆生《ニ》一

不《ズ》レ孝《セ》二父母《ニ》一謗《ジ》二三寶《ヲ》一　造二作《ス》五逆・不善業《ヲ》一

以《ノ》二是《ノ》衆罪《ノ》因縁《ヲ》一故《ニ》　妄想顚倒《シテ》生《ジ》二纏《テン》《マトイ》縛《バクヲ》《シバル》一

應《ベシ》レ受《ク》二無量生死《ノ》苦《ヲ》一　頂禮《シテ》懺悔《ス》願《ハ》滅除《シ下ヘ》

懺悔已、至心歸命阿彌陀佛。

至心勸請。

諸佛大慈無上尊　恆《ニ》以《テ》空慧《ヲ》照《フ》三界《ヲ》

衆生盲冥《ニシテ》不《ズ》覺知《チセ》　永《ク》沒《イル》生死《ノ》大苦海《ニ》

爲《ニ》拔《イテ》群生《ヲ》離《シメムガ》諸苦《ヲ》　勸請《シタテマツル》常住《シテ》轉《ジヘ》法輪《ヲ》

勸請已、至心歸命阿彌陀佛。

至心隨喜。

歷《ヘテヨリ》劫已來《タ》懷《エ》《ケリ》嫉《シチ》妬《ト》《トヲ》　我慢・放逸《ハ》由《ユ》《テ》癡《チ》生《ズ》

恆《ニ》以《テ》瞋《シン》恚《イ》毒害《ノ》火《ヲ》　焚燒《ス》智慧・慈・善根《ヲ》

今日思《シ》惟《ユイ》《シテ》始《シ》惺《シヤウ》悟《ゴ》《シ》　發《ス》大精進隨喜《ノ》心《ヲ》

隨喜已、至心歸命阿彌陀佛。

至心廻向。

流浪《シテ》三界《ノ》内《ニ》　癡《チ》愛《アイ》《シテ》入《リ》胎《タイ》獄《ゴク》《ニ》　生《ジ》已《ヌレバ》歸《シテ》老死《ニ》　沈《チン》沒《モチ》《ス》於《オ》《ニ》苦《ク》海《カイ》

我今修此《ノ》福《ヲ》　廻《シテ》生《ゼム》安樂土《ニ》

廻向已、至心歸命阿彌陀佛。

至心發願。

願ハ捨《シヤ》テ、二胎《タイ》藏ノ形《ギヤウ》ヲ一 往二‐生シテ安樂國ニ一 速ニ見上リ二彌陀佛ノ 無邊ノ功德ノ身ヲ一

奉《ブ》ラムレ觀《ゴム》ミ二諸ノ如來ヲ一 賢聖モ亦復然ナリ 獲《グヰヤク》ヘテ二六神通力ヲ一 救ク二‐攝《セウセム》シ苦ノ衆生ヲ一

虛空法界盡キバ 我ガ願モ亦如シレ是

發願已、至心歸命阿彌陀佛。 餘悉同上法。

第四ニ 謹依テ二天親菩薩願往生禮讚ノ偈ニ一、二十拜、當レリ二後夜時禮ニ一。懺悔同ジ二前後ニ一。

南無至心歸命、禮西方阿彌陀佛。

世尊我レ一心ニ 歸二‐命シテ盡十方ノ 無礙光如來ニ一 與ト二佛教一相應ス

願共諸衆生 往生安樂國

南無至心歸命、禮西方阿彌陀佛。

觀ルニ二彼ノ世界相ヲ一 勝二‐過セリ三界ノ道ニ一 究竟シテ如シ二虛空ノ一 廣大ニシテ無シ二邊《ヘン》際《ザイ》一

願共諸衆生 往生安樂國

685

南無至心歸命、禮西方阿彌陀佛。

正道《ノ》大慈悲《ハ》　出世《ノ》善根《ヨリ》生《ズ》　淨光明滿足《ニシテ》　如《シ》鏡《ト》日月輪《ノ》

願共諸衆生　往生安樂國

南無至心歸命、禮西方阿彌陀佛。

備《エ》諸《ノ》珍寶《ノ》性《ヲ》　具足《シ》妙莊嚴《ヲ》　無垢《クノ》光焰《エン》熾《サカリニシテ》《シ反》　明淨《ニシテ》曜《カス》世間《ヲ》

願共諸衆生　往生安樂國

南無至心歸命、禮西方阿彌陀佛。

寶華千萬種《ニシテ》　彌《ミ》覆《フウセリ》池・流・泉《センニ》　微風動《セバ》華葉《ヲ》　交《ケウ》《マジワル》錯《シテ》光亂轉《ス》

願共諸衆生　往生安樂國

南無至心歸命、禮西方阿彌陀佛。

宮殿諸《ノ》樓閣《ニシテ》　觀《ルコト》十方《ヲ》無礙《ナリ》　雜樹《ニ》異《キノ》光色《アリ》　寶欄《ラン反》遍《マネク》圍遶《セリ》

686

願共諸衆生　往生安樂國

南無至心歸命、禮西方阿彌陀佛。

無量《ノ》寶《ヲモテ》交《ケウ》《マジハル》絡《ラクシテ》　羅網遍《ヘンセリ》虚空《ニ》　種種《ノ》鈴《スヽ》《リヤウ》發《コシ》《ホチ》響《ヒヽキヲ》《カウ》　宣《ノベ》《セン》吐《ハク》《ト》妙①法《ノ》音《ヲ》

---

①妙　右◎「ノ」とあるを抹消

1-668

願共諸衆生　往生安樂國
南無至心歸命、禮西方阿彌陀佛。
梵音悟《トリ》深《ジム》遠《ナリ》　微妙《ニシテ》聞《エ》二十方《ニ》一　正覺《ノ》阿彌陀　法王善《ク》住持《シ下ヘリ》
願共諸衆生　往生安樂國
南無至心歸命、禮西方阿彌陀佛。
如來淨華《ノ》衆　正覺《ノ》華《ヨリ》化生《ス》　愛二樂《シ》佛法《ノ》味《ミヲ》一　禪三昧《ヲ》爲《ス》レ食《ト》
願共諸衆生　往生安樂國

687

南無至心歸命、禮西方阿彌陀佛。
永《ク》離《レテ》二身心《ノ》惱《ヲ》一　受《ルコト》レ樂常《ニ》無レ間《ヒマ》　大乘善根《ノ》界《ナリ》　等《シテ》無《シ》《ム》二譏《キ》《キ》嫌《ゲンノ》《ゲン》名一
願共諸衆生　往生安樂國
南無至心歸命、禮西方阿彌陀佛。
女人及《ビ》根缺　二乘種《ハ》不《ズ》レ生《ゼ》　衆生《ノ》所《ロ》二願樂《スル》一　一切能《ク》滿足《ス》
願共諸衆生　往生安樂國
南無至心歸命、禮西方阿彌陀佛。

無量ノ大寶王　微妙ノ淨華臺《ダイ》ニ　相好ノ光リ一尋《ジム》ニシテ　色像超タリ群《グン》生ニ

願共諸衆生　往生安樂國

南無至心歸命、禮西方阿彌陀佛。

天人不動ノ衆　清淨ノ智海ヨリ生ズ　如シ須彌山王ノ　勝妙ニシテ無シ過ギタル者ノ

願共諸衆生　往生安樂國

南無至心歸命、禮西方阿彌陀佛。

天人丈夫ノ衆　恭敬シテ遶《ネウ》リテ瞻《セム》セム仰《ガウ》シ　雨リ天ノ樂《ガク》華《クヱ》衣《エウ》ヲ　妙香等ヲモテ供養シ上ル

688

願共諸衆生　往生安樂國

南無至心歸命、禮西方阿彌陀佛。

安樂國ハ清淨ニシテ　常ニ轉ズ無垢輪ヲ　一念及一時ニ　利益ス諸ノ群生ヲ

願共諸衆生　往生安樂國

南無至心歸命、禮西方阿彌陀佛。

讚《サン》ルニ佛ノ諸ノ功德ヲ　無シ有ルコト分別ノ心　能ク令シム速ニ滿足セ　功德大寶海ヲ

1-669

願共諸衆生　往生安樂國

南無至心歸命、禮西方阿彌陀佛。

哀愍覆護我　令法種增長　此世及後生　願佛常攝受

願共諸衆生　往生安樂國

南無至心歸命、禮西方極樂世界觀世音菩薩。

願共諸衆生　往生安樂國

南無至心歸命、禮西方極樂世界大勢至菩薩。

願共諸衆生　往生安樂國

南無至心歸命、禮西方極樂世界諸菩薩・清淨大海衆。

願共諸衆生　往生安樂國

普爲師僧・父母及善知識、法界衆生、斷除三障、同得往生阿彌陀佛國、歸命懺悔。

第五《ニ》謹《デ》依《ル》彥《ゲン》琮法師《ノ》願往生禮讚《ノ》偈《ニ》、二十一拜、當《レリ》旦《タン》起《ノ》時《ノ》禮《ニ》。懺悔同《ジ》前後《ニ》。

南無至心歸命、禮西方阿彌陀佛。

法藏《ノ》因彌《イヨイヨ》遠《レバ》　極樂《ノ》果還《ヘテ》深《シ》　異珍參《マジハリテ》作《ナシ》レ地《ヂヲ》　衆寶間《リテ》爲《ナル》レ林《ハヤシト》
華開《キ》二希有《ノ》色《ヲ》一　波《ナミ》揚《アグ》二實相《ノ》音《ヲ》一　何當《ベシ》下蒙《ブテ》二授手《ヲ》一　一《ビ》遂《トグ》中往生《ノ》心《ヲ》上
願共諸衆生　往生安樂國

690
南無至心歸命、禮西方阿彌陀佛。
濁世《ニ》難《ケレバ》二還《リ》入《リ》一　淨土《ノ》願逾《イヨイヨ》深《シ》　金繩《ジョウ》直《ニ》界《カイ》レ道《ヲ》　珠《タマノ》網《マウ》縵《マン》垂《タル》レ林《シニ》
見《レバ》レ色《ヲ》皆眞色《ナリ》　聞《ケバ》レ音《ヲ》悉《ク》法音《ナリ》　莫《レ》レ謂《フコト》二西方《ヲ》遠《ト》一　唯須《キヨ》二十念《ノ》心《ヲ》一
願共諸衆生　往生安樂國

1-670

南無至心歸命、禮西方阿彌陀佛。
已《ニ》成《テ》二窮理聖《ト》一　眞《トニ》有《リ》二遍空《ノ》威一　在《ル》レ西《ニ》時《キハ》現《ズ》レ小《ヲ》　但是《レ》暫《シバラク》《ザム反》隨《フ》レ機《ニ》
葉珠相《ヒ》映《エイ》飾《ジキシ》　砂《シヤ》水共《モニ》澄《チヨウ》《スミ》輝《クヰセリ》《カヾヤキ》　欲《ハヾ》レ得《ムト》二無生《ノ》果《ヲ》一　彼《ノ》土《ニ》必《ズ》須《ベシ》レ依《ヨル》
願共諸衆生　往生安樂國

691
南無至心歸命、禮西方阿彌陀佛。
五山《ノ》毫《ガウ》獨《ドク》《リ》朗《ラウ》《ガラカニシテ》　寶手《ノ》印《イン》恆《ガウ》《ニ》分《ブン》《レタリ》　地水俱《トモニ》爲《タリ》レ鏡《カヾミニ》　香華同《ク》作《サス》レ雲《ムンヲ》
業深《ク》成《ジテ》易《イ》《シ》レ往《キ》　因《イン》淺《セン》《アサクシテ》實《ニ》難《シ》レ聞《キ、》　必《ヒチ》《ズ》望《マウ》《ノゾムラクハ》除《テ》二疑《ギ》惑《ワク》《ヲ》一　超《コエテシカラシメテ》然《トシテ》獨《リ》不《ズ》レ群《セ》

願共諸衆生　往生安樂國

南無至心歸命、禮西方阿彌陀佛。

心《ハ》帶《シテ》《タイニシテ》眞《ノ》慈《ヲ》滿《ミチ》　光《ハ》含《クムデ》法界《ヲ》團《ドカナリ》　無緣能《ク》攝《フス》《ホトケノヘン》物《ノヲ》《モチ》　有相定《テ》非《ズ》難《キニ》

華隨本心《ニ》變《ジ》　宮《グウ》移《ウツリテ》《イ》身《ヲ》自《ラ》安《ムジ》　悕《ネガハクハ》《ケ》聞《カムト》《モン》出世《ノ》境《ヲ》　須《ク》《ベシ》共《モニ》入《テ》禪《ゼン》看《ミル》《カン》

南無至心歸命、禮西方阿彌陀佛。

願共諸衆生　往生安樂國

南無至心歸命、禮西方阿彌陀佛。

廻向漸《ク》《ゼン》爲《セバ》功《クヲ》　西方《ノ》路《ロ》稍《ヤウヤク》通《トウス》　寶幢《ドウ》承《ジヨウ》《ウケ》厚《カウ》地《ヲ》《ヂ》　天香入《ル》遠《オン》風《ニ》《フウ》

開《ル》華重《ナリテ》《ヂウ》布《シキ》《フ》水《ニ》　覆《フ》網《マウ》細《サイ》分《レタリ》《ブン》空《ニ》《クウ》　願生《スルコトニ》何《ガ》意《ゾ》《イ》切《セツナル》《セチ》　正《ク》爲《ナリ》《キ》樂《ク》《ラク》無《ム》窮《ナルガ》《グ》

願共諸衆生　往生安樂國

南無至心歸命、禮西方阿彌陀佛。

欲《バ》選《ラバムト》《セン》當生《ノ》處《ヲ》　西方最《モト》可《ベシ》歸《ス》　間《ヘダテ、》樹《ヲ》開《キ》重閣《ヲ》《カク》　滿《テ、》道《ヲ》布《ケリ》《フ》鮮《セム》《セン》衣《エヲ》《エ》

香《カウ》飯《ボム》隨《テ》心至《リ》　寶殿《デン》①逐《シタガヒテ》《チク》身《ニ》《シン》飛《ブ》《ヒ》　有緣皆得《ウ》入《ヲ》　正《ク》自往《ク》人希《マレナリ》《ケ》

願共諸衆生　往生安樂國

南無至心歸命、禮西方阿彌陀佛。

①逐　◎「逐」と上欄註記

十劫《ニ》道先成《キニナテ》　嚴《ザテ》㆑界《ヲ》引《ヒク》㆓群萌《ヲ》㆒　金《ノ》砂《サゴ》徹《トヲシテ》㆑水《ヲ》照《シ》　玉《ノ》葉《ハ》滿《チテ》㆑枝《ニ》明《カナリ》

鳥《ハ》本《ト》珠《ノ》《シュ》中《ヨリ》出《ヅ》　人《ハ》唯華《ノ》上《ニ》生《ズ》　敢《ヘテ》《カン》請《コフ》《ジヤウ》㆓西方《ノ》聖《ニ》㆒　早《イツカ》《サウ》-晩《バン》定《メテ》《ヂヤウ》相《ヒ》《サウ》迎《ムカヘム》《カウ》

願共諸衆生　往生安樂國

南無至心歸命、禮西方阿彌陀佛。

十方諸《ノ》佛國《ハ》　盡《ク》是法王《ノ》家《ナリ》　偏《ヒトヘニ》求《ム》㆓有緣《ノ》地《ヲ》㆒　冀《ネガハクハ》《キ》得《エム》㆓早《ハヤク》《サウ》無《ム》㆑邪《コトヲ》《ジヤ》

八功如意《ノ》水　七寶自然《ノ》華　於《テ》㆑彼《ニ》心能《ク》係《レバ》《ケ》　當《ニ》《ベシ》㆓必《ズ》《ヒチ》往《ク》㆒非《ズ》《ヒ》㆑賖《ハルカナルニ》《シヤ》

願共諸衆生　往生安樂國

南無至心歸命、禮西方阿彌陀佛。

淨國《ハ》無㆓衰《スイ》《ヲトロウルコ□カハルコト》變㆒　一《ビ》立《リシテ》《ヒトタビタチカハルモノナシト》古《コ》今然《シテカナリ》　光臺《ニハ》千寶合《シ》　音樂《ハ》八風《ヨリ》宣《ノブ》

池《ニハ》多《シ》㆓說法鳥㆒　空《ニハ》滿《テリ》㆓散華天《ニ》㆒　得《レバ》㆑生《ズルコトヲ》　不《ズ》㆑畏《レ》㆑退《タイセムコトヲ》　隨《テ》㆑意《ニ》既《ニ》開《ク》㆑蓮《ハチスヲ》

願共諸衆生　往生安樂國

南無至心歸命、禮西方阿彌陀佛。

坐華非《ズ》㆓一像《ニ》㆒　聖衆亦難《タシ》㆑量《リ》　蓮開《テ》人獨《リ》處《シ》　波《ミ》《ハ》生《ナシテ》㆑法《ヲ》自《ラ》《ジ》揚《アグ》《ヤウ》

無《コトハ》《ム》㆑災《サイ》《ワザワヒ》由《ヨル》《ユ》㆓處《ノ》《シヨ》靜《ツカナルニ》《ジヤウ》㆒　不《コトハ》㆑退《セ》爲《ナリ》㆓朋《ホウ》良《ラウノ》㆒　問《フ》㆓彼《ノ》前生《ノ》輩《トモガラニ》㆒　來《ルコト》《ライ》㆑斯《コヽニ》《シ》幾《イクバクノ》《キ》劫《コフ》《コウ》強《バカリゾ》《ガウ》

願共諸衆生　往生安樂國

南無至心歸命、禮西方阿彌陀佛。

光①《ヲ》舒《ノベテ》救②《クヒ》二毗舍《ヲ》一　空《ニ》立③《タテ》引《イン／ク》二韋《ヰ》提《ダイ／ヲ》一　天④來《タテ》香蓋《ヲ》捧《ブ／サヽゲ》　人去《コ／テ》寶衣《エ／ヲ》齎《サイ／モテリ》

六時《ニ》聞《テ》二鳥合《ヲ》一　四寸《スン／ニ》踐《セン／フンデ》レ華《クヱ／ヲ》低《テイ／ウナダル》　相《ヒ》看《カン／ミルニ》無《ム／シ》レ不《フ》レ正《シヤウ／コトタヾシカラ》　豈《キ／ニ》復《ブ》有《ウ／アランヤ》二長《チヤウ》迷《メイ／オンメイ》一

願共諸衆生　往生安樂國

南無至心歸命、禮西方阿彌陀佛。

普《ク》勸《テ》弘《メ》二三福《ヲ》一　咸《ゲン》令《リヤウ／ム》レ滅《メチ／セ》二五《ゴ》燒《セウ／ヲ》一　發心《ノ》功《ク》已《イ》至《シ／テ》　係《ケ／ケレバ》レ念罪《ヲ》便《ベン／チ》消《セウ》

鳥《テウ》華《クヱ／ハ》珠《シユ／シユ》光《クワウ／ヨリ》轉《テン／ジ》　風《ゼ》好《カウ／コトンナク》樂《ガク》聲《エヲ》調《テウ／シラブ》　但《タン》忻《ゴン／ネガフ》二行道《ノ》易《イ／キコトヲ》一　寧《ニヤウ／ムシロ》愁《シウ／ヘムヤ》二聖《シヤウ》果《クワ／ノ》遙《エウ／ナルコトヲ》一

願共諸衆生　往生安樂國

南無至心歸命、禮西方阿彌陀佛。

珠《シユ》色《シキ》仍《ジヨウ／ナヲ》爲《ナル》レ水《ト》　金光卽《チ》是《レ》臺《ナリ》　到《タウ／タテ》レ時《ジ／ニ》華《クヱ》自《ジ／ラ》散《サン／ジ》　隨《テ》レ願《ニ》華《クヱ》還《グヱン／ヘテ》開《カイ／ク》

遊《ユ／ソンデ》レ池《チ／ニ》更《キヤウ／ニ》出《シユツ》沒《モチ／シ》　飛《ヒ／テ》レ空《クウ／ニ》互《ゴ／ヒニ》往《ワウ》來《ライ／ス》　直心能《ク》向《カフ》レ彼《ヒ／ニ》　有《レバ》レ善併《ヒヤウ／シカシガラ》須《シユ／ベシ／ク》レ廻《ヱ／ヱ》

願共諸衆生　往生安樂國

南無至心歸命、禮西方阿彌陀佛。

①光　◎「善光寺如來」と左傍註記
②救　右◎「ク」の下「フ」とあるを抹消し「ヒ」と訂記
③立　右◎「テ」の下「リ」とあるを抹消
④天　◎「天人也」と左傍註記

洗《ヒ》《アラヒ》二心《ヲ》甘露《ノ》水《ニ》一　悦《ヨロコバシム》二目《ヲ》妙華雲《ニ》一　同生《ノ》機易《スシ》レ識《シリ》　等壽《ノ》量難《シ》レ分《チ》

樂多《シテ》無《シ》レ廢《ワスル、コト》レ道《ヲ》　聲《エ》遠《クシテ》不《ズ》レ妨《サマタゲ》レ聞《クヲ》　如《イカンガ》《ニヨ》何《ガ》貪《トンジテ》《トム》二五《ゴ》濁《ヲ》《ヂヨク》一　安然《トシテ》火《ヒニ》自《ミ》《ジ》焚《ヤケム》《ボン》

願共諸衆生　往生安樂國

南無至心歸命、禮西方阿彌陀佛。

臺《ノ》《ダイ》裏《チニ》《リ》天①《テン》人《ニン》現《ジ》《ゲン》　光《ノ》中《ニ》侍《ジ》《ジ》者《ヲ》《シヤ》看《ミル》《カン》　696　1-673　懸《カ、レル》《クエン》レ空《ニ》四寶《ノ》閣《カク》　臨《ノゾミテ》レ廻《リ》七重《ノ》欄《ラム》

疑《ヒ》《ギ》多《レバ》《タ》邊《ヘン》地《ニ》《ヂ》久《サシ》《ク》　德少《シテ》上生難《シ》　且《シバラク》《シヤ》莫《レ》《マク》レ論《ズルコト》二餘《ノ》願《ヲ》一　西方已心《ニ》安《ズ》

願共諸衆生　往生安樂國

南無至心歸命、禮西方阿彌陀佛。

六根常《ニ》合《カナヒ》レ道《ニ》　三塗永《ク》絕《タツ》レ名《ヲ》　念《ノ》頃《キヤウ》《ダニ》遊《ユ》方遍《ク》　還《ル》《グエン》時《ニ》《ジ》得《ク》《トク》忍《ニン》成《ズ》《ジヤウ》

地《ヂ》平《ニシテ》《ヒヤウ》無《ク》《ム》レ極《ゴク》廣《シ》《クワウ》　風長《クシテ》是《レ》處《ロ》清《シ》　寄《ヨス》《キ》二言《コトバヲ》《ゴン》有《ウ》心《ノ》《シム》輩《ニ》《ハイ》一　共《ニ》《グ》出《デン》二一苦《ク》城《ヲ》《ジヤウ》一

願共諸衆生　往生安樂國

南無至心歸命、禮西方阿彌陀佛。

哀愍覆護我　令法種增長　此世及後生　願佛常攝受

願共諸衆生　往生安樂國

①天人　◎「人天」を「天人」と訂記　1-944

南無至心歸命、禮西方極樂世界觀世音菩薩。

千輪明《カニ》足下 五道現《ズ》光《ノ》中《ニ》 悲《ヒ》引《イン》恆《ガウ》《ニ》無《ム》《レバ》絶《ゼチ》《タユルコト》 人歸亦《タ》未《ミダ》《ズ》窮《グ》《キワマラ》

口《ク》《ニ》宣《セン》《ノベテ》猶《ユ》《ヲ》在《リ》定《ニ》 心《シム》靜《ジヤウ》《ヅカラカシテ》更《キヤウ》《ニ》飛《ヒ》《トバス》通《ツウ》《ヲ》 聞《テ》名《ヲ》皆願《ズ》往《ムト》 日《ニチ》《ヒニ》發《ホチ》《ヒラク》幾《キ》《イクバクノ》華《クヱ》《クヱ》叢《ソウ》《ソウヲカ》

願共諸衆生　往生安樂國

南無至心歸命、禮西方極樂世界大勢至菩薩。

慧《エ》力《リキ》《ハ》標《ヘウ》《ス》無上《ヲ》 身光《ハ》備《ビ》《ソナヘ》有《ウ》縁《エン》《ニ》 動《ドウ》《ドウ》搖《エウ》《シ》諸《ノ》寶國《ヲ》 侍《ジ》座《ス》一《ノ》金蓮《ニ》

鳥《テウ》《ノ》群《グン》《ムラガレルハ》非《ヒ》《ズ》實《ジチ》《ノ》鳥《テウ》《ニ》 天《ノ》類《ルイ》豈《キ》《ニ》眞《シン》《ノ》天《ラムヤ》 須《シユ》《ベシ》《ク》知《ル》求《ルコトヲ》妙樂《ヲ》 會《エスルニ》是《レニ》戒香全《ゼム》《マタシ》

願共諸衆生　往生安樂國

南無至心歸命、禮西方極樂世界諸菩薩・清淨大海衆。

願共諸衆生　往生安樂國

普爲師僧・父母及善知識、法界衆生、斷除三障、同得往生阿彌陀佛國、歸命懺悔。

第六沙門善導願往生禮讚偈、謹依十六觀作二十拜。當日中時禮。懺悔同前後。

南無至心歸命、禮西方阿彌陀佛。
觀《ズルニ》彼《ノ》彌陀《ノ》極樂界《ヲ》　廣大寬平《ニシテ》衆寶《モテ》成《ズ》
四十八願《ノ》莊嚴《ヨリ》起《コテ》　超《ヘテ》諸佛《ノ》剎《ニ》最《トモ》爲《タリ》精《セイ》
本國他方《ノ》大海衆　窮《メテ》劫《ヲ》算《サン》數《ジュトモ》不《ジ》知《ラ》名《ヲ》
普《ク》勸《ム》歸《シテ》西《ニ》同《ゼヨ》彼《ノ》會《ニ》　恆沙《ノ》三昧自然《ニ》成《ズ》
願共諸衆生　往生安樂國
南無至心歸命、禮西方阿彌陀佛。
地下《ノ》莊嚴七寶《ノ》幢　無量無邊無數億《ナリ》
八方《ボウ》八面《ニシテ》百寶《ヲモテ》成《ズ》　見《ルニ》彼《レヲ》無生自然《ニ》悟《ル》
無生《ノ》寶國永《ク》爲《タリ》常　一一《ノ》寶《ラ》流《ガス》無數《ノ》光《ヲ》
行者傾《カタブケテ》心《ヲ》常《ニ》對《イシ》目《メニ》　騰《トウ》《ゲテ》神《ジン》《ヲ》踊躍《シテ》入《レ》西方《ニ》
願共諸衆生　往生安樂國
南無至心歸命、禮西方阿彌陀佛。
地上《ノ》莊嚴轉無《シ》極《リ》　金繩界《ノ》道《ヲ》非①《ズ》工匠《タクミニ》

註記
①非工匠　◎「バンザウノタクミニアラズ」と右傍　1-946

彌陀願智《ノ》巧《タクミニ》莊嚴《ス》　菩薩・人・天散《ズ》華上《エニ》
寶地《ニ》寶色《アテ》寶光飛《トブ》　一一《ノ》光《リ》成《ル》無數《ノ》臺《ト》
臺《ノ》中《ニ》寶樓千萬億《ナリ》　臺《ダイ》《ノ》側《ソク》《ホトリニ》百億《ノ》寶幢圍《カクメリ》《ヰメグレリ》

願共諸衆生　往生安樂國

南無至心歸命、禮西方阿彌陀佛。

一一《ノ》臺《ノ》上《ヘ》虛空《ノ》中《ニ》　莊嚴寶樂《ガク》亦《タ》無《シ》窮《グマリ》
八種《ノ》清風尋《ジム》《ツイデ》①光《ニ》出《シュツ》《ヅ》　隨《テ》時《ニ》鼓《ク》樂《シ》應《ズ》機音《ニ》
機《キ》音《オム》《ノ》正受稍《セウ》《ヤヽ》爲《ヰ》《ス》難《ナン》《シト》　行住坐臥《ニ》攝《シテ》心《ヲ》觀《ズベシ》
唯除《イテ》睡《スイ》時《ヲ》常《ニ》憶念《スレバ》　三昧無爲《ニシテ》卽《チ》涅槃《ナリ》

願共諸衆生　往生安樂國

南無至心歸命、禮西方阿彌陀佛。

寶國《ノ》寶林諸《ノ》寶樹《ニ》　寶華・寶葉・寶根莖《キヤウ》《クキアリ》
或以《テ》千寶《ヲ》分《ブン》林《リン》《ヲ》異《イ》《ナリ》　或有《テ》百寶共《グ》《モニ》成《ズ》行《ツラヲ》
行行相《ヒ》當《タリ》葉相《ヒ》次《ゲリ》　色各不同《ナレバ》光《リモ》亦《タ》然《ナリ》

①光　右◎「ヲ」を「ニ」と上書訂記

700

等量齊《ザイ》《ヒトシ》高《カウ》ニシテ三十萬ナリ　枝《シ》條《デウ》相《サウ》ヒ觸《ソク》ル、說ク二無生ヲ一
願共諸衆生　往生安樂國
南無至心歸命、禮西方阿彌陀佛。
七重ノ羅網ニ七重ノ宮アリ　綺《キ》《イロエテ》互《ゴ》《タガヒニ》迴レラシテ光ヲ相ヒ映《エイ》發《ホチ》ス
化天ノ童子皆充滿セリ　瓔珞ノ輝《クヰ》カヽヤケル光リ超二エタリ日月ニ一
行行ノ寶葉《エフ》色《シキ》ロ千般《パン》　華《クエ》敷《フ》ヒラケテ等《シク》若レシ旋《セン》メグレル二金《コム》輪《リン》ノ一
菓《クワ》《ミ》變《ヘン》ゼリ光《クワウ》リ成《ジヤウ》ル二衆ノ寶蓋《ガイ》ト一　塵沙ノ佛剎現コト無邊ナリ

1-676

願共諸衆生　往生安樂國
南無至心歸命、禮西方阿彌陀佛。
寶池寶岸寶金沙　寶渠《コ》寶葉《エフ》寶蓮華
十二由旬ニシテ皆正等ナリ　寶ノ羅ラ・寶ノ網・寶ノ欄《ラン》巡《ジユン》アリ
德水分テレ流レヲ尋《ジム》タツネ二寶樹ヲ一　聞キ、レ波《ハ》ヲ覩《ト》ミテレ樂ヲ證《ス》二恬《タン》《アハシ》怕《バク》ヲ一
寄《ス》二言ヲ有緣ノ同行者ニ一　努《ヌ》-力《リキ》メ翻《ホム》ヒルガエシテレ迷《メイ》マドイヲ還《グエン》レ二本《ホン》家《ケ》ニ一
願共諸衆生　往生安樂國

南無至心歸命、禮西方阿彌陀佛。

一一ノ金縄《ジヨウ》界ヒテ二道ノ上エヲ一　寶樂・寶樓千萬億ナリ

諸天ノ童子散ジ二香華ヲ一　他方ノ菩薩如ニレ雲ノ集マル

無量無邊シテ無シ二能ク計《ケ》ハカルコト一　稽二‐首シテ彌陀ヲ一恭敬シテ立リス

風ノ鈴《リヤウ》スヾ樹《ジユ》ノ響《カウ》ヒヾキ遍シ二虚空ニ一　歎《タン》二説ルコト三尊ヲ一無シレ有レ極マリ

願共諸衆生　往生安樂國

南無至心歸命、禮西方阿彌陀佛。

彌陀ノ本願華王ノ座　一切ノ衆寶ヲ以テ爲ナスレ成ズルコトヲ

臺ノ上ニ四幢《ドウ》アリ張《チヤウ》ハレリ二寶《ホウ》縵《マン》ヲ一　彌陀獨《ドク》リ坐《ザ》シテ顯ス二眞形ヲ一

眞形ノ光明遍ス二法界ニ一　蒙《ム》カブル二光《クワウ》觸《ソク》クヲ一者《シヤ》ノ心不ズレ退セ

晝夜六時ニ專ラ想‐念レバ　終ル時キ快樂如シ二三昧ノ一

願共諸衆生　往生安樂國

南無至心歸命、禮西方阿彌陀佛。

彌陀ノ身心遍スレバ二法界ニ一　影《ヤウ》二‐現《ゲン》下フ衆生心想ノ中ニ一

702

01「彌陀…然彰」信巻 101

是ノ故ニ勸メテレ汝ニ常ニ觀察シム　依テレ心ニ起シテレ想《サウ》ヲ表《ヘウ》ス二眞容《シンヨウ》ヲ一

眞容《シンヨウ》ノ寶像《ホウザウ》臨《リン》ノゾメバ二華座《クヱ》ニ一　心開テ見ル二彼ノ國ノ莊嚴ヲ一

寶樹ニ三尊ノ華遍滿リ　風《フウ》ノ鈴《リヤウ》スヾ樂《ガク》ノ響《カウ》ヒヾキト與《ヨ》レ文《モン》同《ドウ》

願共諸衆生　往生安樂國

南無至心歸命、禮西方阿彌陀佛。

01彌陀ノ身色ハ如シ二金山ノ一　相好ノ光明照ス二十方ヲ一

唯有テレ念スレ佛ヲルモノ蒙ル二光攝ヲ一　當ニレ知ベシ本願最モ爲スレ強《ガウ》コハシト

十方ノ如來舒《ジヨ》ノベテレ舌《ゼチ》ヲ證《シヨウ》シタマフ　專ラ稱スルモノ二名號ヲ一至ル二西方ニ一

到テレ彼ニ華開テ聞キ二妙法ヲ一　十地ノ願行自然ニ彰《シヤウ》ハル

願共諸衆生　往生安樂國

南無至心歸命、禮西方阿彌陀佛。

觀音菩薩ノ大慈悲　已《ステニ》得ル二菩提ヲ一捨《シヤ》テ、不《フ》ズ①レ證《シヨウ》セ

一切ノ五道内イル二身中ニ一　六時ニ觀察シテ三輪應ズ

應現ノ身光ハ紫金色ナリ　相好威儀轉タ、無シレ極リ

①不證　◎「不《フ》レ證《シヨウ》ズセザルベカラ」とあり

1-950

恆《ガウ》ニ舒《ジヨ》ベテ二百億光‐王ノ手ヲ一　普ク攝シテ二有‐縁ヲ一歸シム二本國ニ一

願共諸衆生　往生安樂國

南無至心歸命、禮西方阿彌陀佛。

勢至菩薩難シ二思《シ》議《ギ》シ一　威光普ク照ス二無邊際ヲ一

有縁ノ衆生蒙《ム》リ二光觸《ソク》ヲ一　增‐長シテ二智慧ヲ一超ユ二三界ヲ一

法界傾《クヰヤウ》搖《エウ》スルコト如シ二轉《テン》蓬《ブ》ノ一　化佛雲ノゴトクニ集マテ滿ツ二虛空ニ一

普ク勸テ二有縁ヲ一常ニ憶念セシム　永ク絶《ゼチ》タテ二胞《ハウ》《ハウ エナ》胎《タイ》ヲ一證ス二六通ヲ一

願共諸衆生　往生安樂國

南無至心歸命、禮西方阿彌陀佛。

正ク坐シ跏《カ》趺《フ》シテ入レバ二三昧ニ一　想‐心乘ジテレ念ニ至ル二西方ニ一

觀《ト》‐見《ケン》ルニ二彌陀ノ極樂界ヲ一　地上・虛空七寶モテ莊《シヤウ》レリ

彌陀ノ身量極メテ無邊ナリ　重ネテ勸メテ二衆生ヲ一觀シム二小身ヲ一

丈六八尺隨テレ機ニ現ジ　圓光化佛ノ等トシ二前キノ眞《シン》ニ一

願共諸衆生　往生安樂國

南無至心歸命、禮西方阿彌陀佛。

上輩上行上根①《ノ》人　求《ルニ》レ生《レムト》二淨土《ニ》一斷《ズ》二貪《トム》瞋《ジンヲ》一

就《ヒテ》《ジユ》二行《ノ》差別《ニ》一分《ツ》二三品《ヲ》一　五門相續《シテ》助《タスク》二三因《ヲ》一

一日七日專《ラ》精進《レバ》　畢《ヘテ》レ命《ヲ》乘《テ》レ臺《イニ》出《ツ》二六塵《ヲ》《ヂン》一

慶《ヨロコバシキ》《キヤウ》哉《カナヤ》《サイ》難《シテ》《ナン》レ逢《アヒ》《ブ》今《コム》得《リ》《トク》レ遇《コトヲ》《グ》　永《ク》證《セム》二無-爲法性《ノ》身《ヲ》一

願共諸衆生　往生安樂國

南無至心歸命、禮西方阿彌陀佛。

中輩中行中根《ノ》人　一日《ノ》齋戒《ニ》處《シ》二金蓮《ニ》一

孝二養《セルヲ》父母《ニ》一教《ヘテ》廻向《ス》　爲《ニ》說《ク》二西方快樂《ノ》因《ヲ》一

佛與《ト》二聲聞衆一來《リ》取《トテ》　直《ニ》到《タル》二彌陀《ノ》華座《ノ》邊《ニ》一

百寶《ノ》華《ニ》籠《コモテ》經《ヘテ》二七日《ヲ》一　三-品《ニ》蓮②開《テ》證《ス》二小眞《ヲ》一

願共諸衆生　往生安樂國

南無至心歸命、禮西方阿彌陀佛。

下輩下行下根《ノ》人　十惡・五逆等《ノ》貪瞋

①根　右◎シテ
②蓮　右◎一字抹消

四-重《ト》偸僧《ト》謗正法《ト》　未《ズ》《ダ》曾《カツテ》慚愧《シテ》悔《クヒ》前《ノ》①愆《ケン》《トガヲ》
終《ル》時《ニ》苦《ノ》相如《クニ》雲《ノ》集《ル》　地獄《ノ》猛火罪人《ノ》前《マヘニアリ》
忽《タチマチニ》遇《アフ》往生《ノ》善知識《ノ》　急《キウニ》勸《メテ》專《ラ》稱《ルニ》彼《ノ》佛《ノ》名《ヲ》
化佛・菩薩尋《ネテ》聲《ヲ》到《リ下フ》　一念傾《カタブクレバ》心《ヲ》入《ル》寶蓮《ニ》
三②華《ゴフ》障《リ》重《クシテ》開《ク》多劫《ニ》　于《ウ》《ニ》時《ジ》《トキ》始《シ》《メテ》發《ス》菩提《ノ》因《ヲ》

願共諸衆生　往生安樂國

南無至心歸命、禮西方阿彌陀佛。

西方極樂難《シ》思議《シ》　渇《カツシテ》聞《ケバ》般若《ヲ》絶《ゼチ》《タチ》思《シ》《オモフヲ》漿《シヤウ》《コンヅヲ》
③念《レバ》食《ノ》無生《ヲ》即斷《ダンズ》飢《ケ》《ヲ》　一切《ノ》莊嚴皆說《ク》法《ヲ》
無《ム》《シテ》心《シム》《ノ》領《リヤウ》納《ナウ》自然《ニ》知《シル》　七覺華池隨《テ》意《ニ》入《ル》
八背《ハイ》凝《ギヤウ》《コラシテ》神《ジン》《ヲ》會《ヱ》《ス》一枝《シ》《シニ》　無邊《ノ》菩薩《ヲ》爲《ス》同《ドウ》學《ガク》《ト》
性海《ノ》如來《ハ》盡《ク》是《レ》師《ナリ》　彌陀《ノ》心水沐《モクス》身頂《ヲ》
觀音・勢至與《アタヘ》衣《エヲ》被《キセ下フ》　欻《コツ》《タチマチニ》-爾《ニ》騰《トウ》《ノボリテ》空《ク》《ニ》遊《ユ》《ビ》法界《ニ》
須《シユ》-臾《ユ》《ニ》授《ジユ》《ケテ》記《キ》《ヲ》號《ガウ》《ス》無爲《ト》　如《キ》此《ノ》逍-遙《エウ》《シテ》無《キ》極處《ナリ》

①愆　◎「ツミ　アダ　アヤマチ」と下欄註記
②華　◎「業《イ》」と上欄註記
③念食無生　◎「念《レバ》食《ノ》無生《ヲ》」とあり

706

吾今不去待《タイ》何《ガ》時《ジ》

願共諸衆生　往生安樂國

南無至心歸命、禮西方阿彌陀佛。

哀愍覆護我　令法種增長　此世及後生　願佛常攝受

願共諸衆生　往生安樂國

南無至心歸命、禮西方極樂世界觀音・勢至・諸菩薩・清淨大海衆。

願共諸衆生　往生安樂國

普爲師僧・父母及善知識、法界衆生、斷除三障、同得往生阿彌陀佛國、歸命懺悔。

1-680

上二品《ノ》懺悔發願等同《ジ》レ前《ニ》。須《バ》二要《ガ》中《ノ》要《ヲ》一取《トレ》レ初《ヲ》。須《バ》二略《ノ》中《ノ》略《ヲ》一取《トレ》レ中《ヲ》。須《バ》二廣《ガ》中《ノ》廣《ヲ》一取《トレ》レ下《ヲ》。其《ノ》廣者《ハ》、就《テ》二實《ノ》有-心願-生者《ノニ》一而《モ》勸《ス、ム》。或《ハ》對《シ》二四衆《ニ》一、或《ハ》對《シ》二十方佛《ニ》一、或《ハ》對《シ》二舍利・尊像・大衆《ニ》一、或《ハ》對《シ》二一人《ニ》一、若《ハ》獨《リ》自《ミ》等《トラ》。又向《カテ》二十方盡虛空《ノ》三寶及《ビ》盡衆生界等《ニ》一、具《サニ》向《テ》發露懺悔《ベシ》。懺悔《ニ》有《リ》二三品一[01]、上・中・下《ナリ》。上品《ノ》懺悔者《ハ》、身《ノ》毛孔《ノ》中《ヨリ》血流《ナガレ》、眼《ノ》中《ヨリ》血出《ル》者《ノヲ》名《ク》二上品《ノ》懺悔《ト》一。中品《ノ》懺悔者《ハ》、

707

01［上中：上同］化卷193

遍身《ニ》熱汗《アツキアセ》從《リ》毛孔出《テ》、眼《ノ》中《ヨリ》血流《ル》、者《ノヲ》名《ク》中品《ノ》懺悔。下品《ノ》懺悔者《ハ》、遍身徹《トヲリ》熱《アツクシテ》、眼《ノ》中《ヨリ》涙《ナミダ》出《ル》者《ヲ》名《ク》下品懺悔。此《レ》等《ノ》三品雖《モ》有《ト》差別、即是久《シク》種《ウエタル》解脱分《ノ》善根《ヲ》人。①致《ス》使《シムルコトヲ》今生《ニ》敬《フ》法《ヲ》重《ク》人《ヲ》、不《ズ》惜《オシマ》身命《ヲ》、乃至小罪《マデ》、若懺《レバ》即能徹《トヲリ》心《ニ》徹《ル》髓《ズイニ》。能《ク》如《ク》此《ノ》懺《レバ》者、不《ズ》問《ハ》久《ク》近《ヲ》、所《ノ》有重障頓《トンニ》皆滅盡《ス》。若《シ》不《レバ》如《セ》此《ノ》、縱《ヒ》使《ヒ》日夜十二時急《キウニ》走《ルトモ》衆《テ》是《レ》無《シ》益。若《シ》不《ル》作《ナサ》者《ノハ》、應《シ》知《ル》、雖《モ》不《ズト》能《ハ》流《シ》涙《ナミダヲ》流《ス》血《ヲ》等《トウニ》、但能眞《ク》心徹到者《スレバ》即與《ト》上同《ジ》。

敬《テ》白《ス》十方《ノ》諸佛、十二部《ノ》經、諸大菩薩、一切《ノ》賢聖及《ビ》一切《ノ》天龍八部《ノ》、法界《ノ》衆生、現前《ノ》大衆等《ニ》。證知《ドヘ》我《レヲ》甲某發露懺悔《ヲ》。從《リ》無始《シテ》已來《コノカタ》乃至今身《マデ》、殺害《セルコト》一切《ノ》三寶・師僧・父母・六親眷屬・善知識・法界《ノ》衆生《ヲ》不《ズ》可《ラ》知《ル》數《ヲ》。偸盜《セルコト》一切《ノ》三寶・師僧・父母・六親眷屬・善知識・法界衆生《ノ》物《ヲ》不可知數。於一切《ノ》三寶・師僧・父母・六親眷屬・善知識・法界衆生《ノ》上起《スコト》邪心《ヲ》不可知數。妄語《ヲモテ》欺《コ》誑《ワウ》《セルコト》一切三寶・師僧・父母・六親眷屬・善知識・法界衆生《ヲ》不可知數。綺《キ》語《モテ》調弄《ロウスルコト》一切《ノ》三寶・師僧・父母・六親眷屬・善知識・法界衆生《ヲ》不可知數。惡口《モテ》罵《メ》辱誹謗毀呰《シセルコト》一切《ノ》三寶・師僧・父母・

① 致使今生敬法重人　◎「致《ス》使《シムルコトヲ》今生《ニ》敬《フ》法《ヲ》重《キ》人《ヲ》」とあり

六親眷屬・善知識・法界衆生《ヲ》不可知數。兩舌鬪《シテトウ》亂破壞《コト》一切《ノ》三寶・師僧・父母・六親眷屬・善知識・法界《ノ》衆生《ヲ》不可知數。或《ハ》破《シ》五戒・八戒・十戒・十善戒・二百五十戒・五百戒、菩薩三聚戒・十無盡戒、乃至一切《ノ》戒及《ビ》一切威儀戒等《ヲ》、自《ミ》作《サシ》教《ヘ》他《ヲ》、見《テ》作《ヲ》隨喜《コト》不可知數。如是等《ノ》衆罪、亦《タ》如《ニ》十方《ノ》大地《ノ》無邊《ニ》微塵《ノ》無數《ナルガ》、我等《ガ》作罪《モ》亦《マ》復無數《ナリ》。虛空無邊《ナリ》、我等《ガ》作罪《モ》亦復無邊《ナリ》。方便無邊《ナリ》、我等《ガ》作罪《モ》亦復無邊《ナリ》。法性無邊《ナリ》、我等《ガ》作罪《モ》亦復無邊《ナリ》。法界無邊《ナリ》、我等《ガ》作罪《モ》亦復無邊《ナリ》。衆生無邊《ナリ》、我等《ガ》劫奪《ダチ》・殺害《コト》亦復無邊《ナリ》。三寶無邊《ナリ》、我等《ガ》侵《シム》損《ソン》・劫奪・殺害《セルコト》亦復無邊《ナリ》。戒品無邊《ナリ》、我等《ガ》毀犯《ルコト》亦復無邊《ナリ》。如是等《ノ》罪《ミ》、上《ミ》至《リ》諸菩薩《ニ》、下《モ》至《テ》聲聞・緣覺《ニ》所《トコロナリ》不能《ハ》知《ルコト》。唯佛《ト》與佛《トノミ》乃《チ》能《ク》知《シリ下ヘリ》我罪《ガ》之多少《ヲ》。今於《テ》三寶《ノ》前《ヘ》、法界衆生《ノ》前《ニ》發露懺悔《シテ》、不《ズ》敢《ヘテ》覆《ク》藏《セ》。唯願《ハ》十方《ノ》三寶、法界衆生、受《ケ》我懺悔《ヲ》、憶《下ヘ》我《ガ》清淨《ヲ》。始《メテ》從《リ》今日、願《ハ》共《モニ》法界《ノ》衆生、捨《テ》邪《ヲ》歸《シテ》正《ニ》、發《シ》菩提心《ヲ》、慈心相向《モテ》、佛眼《ヲモテ》相《ヒ》看《ミ》、菩提《ノ》眷屬《トシ》、作《ナテ》眞善知識《ノ》、同《ト》生《ク》阿彌陀佛國《ジ》、乃至成佛《ニ》、如《マデキ》是《ノ》等《ノ》罪永《ク》斷《ジテ》相續《ヲ》更《ニ》不敢《テ》作《ラ》。懺悔已《テ》、至心《ニ》歸命《ス》阿彌陀佛《ニ》。廣懺竟。

01［現是…弟子］行巻

02［問曰…去也］行巻

710

若入觀及睡眠時、應發此願。若坐若立、一心合掌、正面向西、十聲、稱阿彌陀佛・觀音・勢至・諸菩薩・清淨大海衆、竟、弟子（某甲）01現是生死凡夫、罪障深重、淪《シヅムコト》六道、苦不可具云。今日遇善知識、得聞彌陀本願名號、一心稱念求願往生。願佛慈悲不捨本弘誓願、攝受弟子、不識彌陀佛身相光明。願佛慈悲示現弟子身相、觀音・勢至・諸菩薩等及彼世界清淨莊嚴光明等相。道此語已、一心正念、卽隨意入觀、及睡。或有正發願時卽得見之。或有睡眠時得見。除不至心。此願比來大有現驗《カンガウル》。

1-683
711

02問曰、稱念禮觀阿彌陀佛、現世有何功德利益。答曰、若稱阿彌陀佛一聲、卽能除滅八十億劫生死重罪。禮念已下亦如是。『十往生經』(意)云、「若有衆生念阿彌陀佛願往生者、彼佛卽遣二十五菩薩、擁護行者。若行若坐、若住若臥、若晝若夜、一切時一切處、①不令惡鬼・惡神得其便也」。又如『觀經』(意)云、「若稱禮念阿彌陀佛、願往生彼國者、彼佛卽遣無數化佛、無數化觀音・勢至菩薩、護念行者。」復與

①不令惡鬼惡神得其便→◎不令惡鬼惡神得其便

1-958　1-957

01［若我：往生］化巻254
［若我：正覺］唯信意716

前《ノ》二十五菩薩等百重千重圍遶《シテ》行者《ヲ》、不《ズ》問行住坐臥《ヲ》、一切時處《ニ》、若晝若夜、常《ニ》不《ズ》離《レ》行者《ヲ》。今既《ニ》有《リ》斯《ノ》勝益、可《シ》憑《タノミツ》。願《ハ》諸《ノ》行者、各須《シ》至《テ》心《ヲ》求《トム》往《コトヲ》。

又如《シ》『無量壽經』（卷上意）云《ガ》、01「若我成《レ》佛《ニ》、十方《ノ》衆生、稱《シテ》我《ガ》名號《ヲ》下《モ》至《マデ》十聲《ニ》、若不《ズ》生《レ》者《イハヾ》不取正覺《ヲ》。」彼佛今《マ》現《ニ》在《シテ》世成佛《ヘリ》。當《ベシ》知《ニ》、本誓重願不《ズ》虛《カラ》、衆生稱念《レバ》必《ズ》得《ウト》往生《コトヲ》。又如《シ》『彌陀經』（意）云《ガ》、「若有《テ》衆生聞《カム》說《ヲ》阿彌陀佛《ヲ》、卽應執持《シテ》名號《ヲ》、若一日、若二日、乃至七日、一心《ニ》稱《シテ》佛《ヲ》不《レバ》亂《ダレ》、命欲《スル》終《ト》時、阿彌陀佛與《ト》諸《ノ》聖衆現《ジテ》在《ス》其《ノ》前《ニ》。此人終《ル》時、心不《ズ》顚倒《セ》卽得往生《コトヲ》彼國《ニ》。佛告《ク》舍利弗《ニ》、我見《ルガ》是《ノ》利《ヲ》故《ニ》說《ク》是《ノ》言《ヲ》。若有《テ》衆生聞《カ》是《ノ》說《ヲ》者、應《ベシ》當《ニ》發《シテ》願《ヲ》願《ズ》生《ムト》彼《ノ》國《ニ》。」次下《ニ》（小經意）說《ク》云、「東方如恆河沙等《ノ》諸佛、南西北方及《ビ》上下、一一《ノ》方如恆河沙等《ノ》諸佛、各於《シテ》本國《ニ》出《シテ》其《ノ》舌相《ヲ》、遍《ク》覆《テ》三千大千世界《ニ》、說《フ》誠實《ノ》言《ヲ》、汝等衆生皆應《ベシ》信《ズ》是《ノ》一切諸佛《ノ》所《ノ》護念《シタマフ》經《ヲ》。云何《ガ》名《ル》護念《ト》。若有《テ》衆生稱念《シテ》阿彌陀佛《ヲ》、若《ハ》七日及《ビ》一日、下至《テ》十聲乃至一聲一念等《ニ》、必《ズ》得《ウ》往生《ヲ》。證誠《フ》此《ノ》事《ヲ》故《ニ》名《ク》護念經《ト》。」次下《ノ》文《ニ》（小經意）云《ク》、「若

稱《シテ》レ佛往生《スル》者《ノハ》、常《ニ》爲《ニ》二六方恆河沙等《ノ》諸佛之《ノ》一所《ル》二護一念《セ》一。故《ニ》名《ク》二護念經《ト》一。」今

既《ニ》有《リ》二此《ノ》增上《ノ》誓願一、可《シ》レ憑《タノム》。諸《ノ》佛子等、何《ナンゾ》不《ラム》二勵《ハゲマシ》レ意《コヽロヲ》去一也《ヤ》。

1-684

往生禮讃偈

般舟讃

般舟讃（親鸞聖人加点）

〈底本〉
◎高田派専修寺蔵親鸞聖人加点本

真聖全1‐685
註釈版715

01[敬白：信心]信卷78 略典276 02[釋迦：信心]眞筆：消758 意末燈鈔795 意善性本863 意

依觀經等明般舟三昧行道往生讚　一卷

比丘僧善導撰

01敬《テ》白《ス》二一切往生知識等《ニ》一。大《キニ》須《ラク》《シ》二慚愧《ス》一。02釋迦如來《ハ》實《ニ》是《レ》慈悲《ノ》父母。種種方便《ヲモテ》發二起《セシメ》下我等《ガ》無上《ノ》信心《ヲ》上。又說《テ》二種種《ノ》方便《ヲ》一教門《ニ》非《ズ》レ一《ニ》、但爲《メナリ》二我等倒見《ノ》凡夫《ノ》一。若《シ》能《ク》依教修行《セ》者《バ》、則《チ》門門見佛《ニシテ》得《エム》レ生《ズルコトヲ》二淨土《ニ》一。若《シ》見聞《セムニ》有《テ》レ人行《ゼ》レ善《ヲ》者《バ》、卽《チ》以《テ》レ善《ヲ》助《ケヨ》レ之《レヲ》。若《シ》見聞《セムニ》有《テ》レ人行《ゼバ》レ教《ヲ》、讚《メヨ》レ之《レヲ》。若《シ》聞《キカムニ》人《ヒト》說《カバ》レ行《ヲ》、卽《チ》依《テ》レ行《ニ》順《ヘ》レ之《レニ》。若《シ》聞《ムニ》人《ヒト》有《アラバ》レ悟、卽《チ》依《テ》レ悟《ニ》喜《コベ》レ之《レヲ》。何《ニノ》意《ロヲ》然《ルトナラバ》者《バ》、同《ジク》以《テ》二諸佛《ヲ》一爲《シ》レ師《シト》、以《テ》レ法《ヲ》爲《シテ》レ母《ト》生養《ス》、共《ニ》同《ジク》情《コヽロ》親《シタシンデ》非《ズ》レ外《ウトキニ》。不《レ》レ得《エ》下輕毀《シ》二他《ノ》有緣之教行《ヲ》一、讚《ズルコトヲ》中自《ラ》有緣之要法《ヲ》上。卽《チ》是《レ》自《ミ》①相《ヒ》二破壞《スルナリ》諸佛《ノ》法眼《ヲ》一。法眼既《ニ》滅《シナバ》、菩提《ノ》正道履足《ソクスルコト》無《シ》レ由《シ》。

716

淨土之門、何《ゾ》能《ク》得《ム》レ入《コトヲ》。傷歎《ニシテ》曰《ク》、

生盲《ニシテ》信《マカセテ》レ業《ニ》走《ハシル》　隨《ガテ》レ業《ニ》墮《テ》二深坑《ニ》一　縱《キマヽニス》二此貪瞋《ノ》火《ヲ》一　自《ミ》損《シ》損《ス》二他人《ヲ》一

長《ク》沒《シテ》二無明海《ニ》一　遇《コト》レ木《ニ》永《ク》無《シ》レ緣

〈表紙〉

◎包紙中央「般舟三昧」　左下「釋顯智」　表紙中央「般舟讚」

①相破壞諸佛法眼　◎「相《ヒ》二破壞《スルナリ》諸佛《ノ》法眼《ヲ》一」とあり

聖典全1‐965

行者等必須於一切凡聖境上、常起讃順之心、莫生是非慊恨也。何故然者、爲自防身口意業、恐不善業起、復是流轉 與前無異。若自他境上護得三業、能令清淨者、即是生佛國之正因。 問曰、既道三業清淨、是生淨土即因者、云何作業得名清淨。答曰、一切不善之法、自他身口意總斷不行、是名清淨。又自他身口意相應善即起上上隨喜心。如諸佛・菩薩所作隨喜、我亦如是隨喜。以此善根廻生淨土。故名爲正因也。又欲生淨土、必須自勸勸他廣讃淨土依正二報莊嚴事。亦須知入淨土之緣起、出娑婆之本末。諸有智者、應知。

又問曰、般舟三昧樂者、是何義也。答曰、梵語名般舟、此翻名常行道。或七日、九十日、身行無間總名、三業無間。故名般舟也。又言三昧者、亦是西國語、此翻名爲定。由前三業無間、心至所感即佛境現前。正境現時即身心内悦。故名爲樂。亦名立定見諸佛也、應知。

般舟三昧樂　願往生　　三界六道苦難停　無量樂

01［瓔珞］…提［藏］行卷57　愚禿鈔287a

02［萬劫…未期］化卷194

718

曠劫已來常《ニ》沒沒《タリ》　願往生　到《ル》處《ロニ》唯《タヾ》聞《ク》二生死《ノ》聲《ナヲ》一　無量樂

釋迦如來《ノ》眞報土《ハ》　願往生　清淨莊嚴《ノ》無勝是《レナリ》　無量樂

爲《ニ》レ度《セムガ》二娑婆《ヲ》一分《テ》レ化《ヲ》入《テ》　願往生　八相成佛《シテ》度《シドフ》二衆生《ヲ》一　無量樂

或《ハ》說《キ》二人・天・二乘《ノ》法《ヲ》一　願往生　或《ハ》說《ク》二菩薩涅槃《ノ》因《ヲ》一　無量樂

或《ハ》漸或《ハ》頓明《シテ》二空有《ヲ》一　願往生　人法二障遣《シム》二雙《ナラベテ》除《ノゾカ》一　無量樂

1-687

根性利《ナル》者《モノハ》皆《ナ》蒙《カブル》レ益《ヲ》　願往生　鈍根無智《ハ》難《ガタシ》二開《カイ》悟《ゴシ》一　無量樂

01『瓔珞經』《ノ》中《ニ》說《ク》二漸教《ヲ》一　願往生　萬劫修功《ニシテ》證《スト》二不退《ヲ》一　無量樂

『觀經』・『彌陀經』等《ヲ》說《クハ》　願往生　即《チ》是《レ》頓教菩提藏《ナリ》　無量樂

719

一日七日專《ラ》稱《スレバ》レ佛《ヲ》　願往生　命斷《シテ》須臾《ニ》生《ズ》二安樂《ニ》一　無量樂

一《ビ》入《ヌレバ》二彌陀涅槃國《ニ》一　願往生　即《チ》得《テ》二不退《ヲ》一證《ス》二無生《ヲ》一　無量樂

02萬劫修功《ハ》實《ニ》難《シ》レ續《ツキ》　願往生　一時《ニ》煩惱百《ビ》千《ビ》間《ハル》　無量樂

若《シ》待《マタバ》二娑婆《ノ》證法忍《ヲ》一　願往生　六道《ニシテ》恆沙《ノ》劫《ニモ》未《ダ》《ズ》レ期《セ》　無量樂

貪瞋《ハ》即《チ》是《レ》輪廻《ノ》業《ナリ》　願往生　煩惱豈《ニ》是《レ》無生《ノ》因《ナラムヤ》　無量樂

驗《アキラムルニ》二此《ノ》貪瞋《ノ》火燒《ノ》苦《ヲ》一　願往生　不《ジ》レ如《シカ》三走《マチニ》入《ルニ》二彌陀國《ニ》一　無量樂

720　1-688　721

彌陀ノ因地發心ノ時キ　願往生
頓ニ捨テ、王位ヲ一求《トム》二菩提ヲ一　無量樂

饒王佛ノ所《ミモトニシテ》落シテ《オトシテ》二鬚髮ヲ一　願往生
出家修道スルヲ名《ナヅク》二法藏ト一　無量樂

四十八願因テレ茲ニ發ス　願往生
一一ノ誓願ハ爲《メナリ》二衆生ノ一　無量樂

衆寶莊嚴シテ名ケ二極樂ト一　願往生
廣-大寬-平ニシテ無《ナカラム》二限量一　無量樂

我得《エムニ》二菩提ヲ一當《アタテ》レ心ニ坐シテ　願往生
徹二-窮シテ後際ヲ一度《セムト》二衆生ヲ一　無量樂

身相ノ光明照ス二法界ヲ一　願往生
光ノ所-及ブ處ロ皆ナ蒙ルレ益ヲ　無量樂

一一ノ光明相續シテ照シテ　願往生
照《セウ》《テラシ》二-覓《ミヤクス》《モトム》念佛往生人ヲ一　無量樂

欲《スルニ》レ比《ヒセムト》二十方諸佛國ニ一　願往生
極樂ニ安身實ニ是レ精ナリ　無量樂

般舟三昧樂　願往生
釋迦如來ノ悲意深シ　無量樂

本師釋迦修シテ二普行ヲ一　願往生
長時長劫ニ度ス二衆生ヲ一　無量樂

[01]一切ノ如來設《マウクルコト》二方便ヲ一　願往生
亦タ同ジ二今日ノ釋迦尊ニ一　無量樂

隨テレ機ニ說ニレ法ヲ皆ナ蒙ルレ益ヲ　願往生
各ノ得テ二悟解スルコトヲ一入ル二眞門ニ一　無量樂

[02]門門不同ニシテ八萬四ナリ　願往生
爲《メナリ》レ滅《セムガ》二無明ト果ト業因トヲ一　無量樂

利-劍ハ卽チ是レ彌陀ノ號ナリ　願往生
一聲稱念スレバ罪《ツミ》皆《ミナ》除《ノゾコル》　無量樂

01［一切…眞門］化巻 204
02［門門…皆除］行巻 35

03[佛教：眞門]化卷204
[佛教：不同]信卷104
04[門門：安身]化卷194
[門門：無生]信卷104

722　1-689　723

釋迦如來因地《ノ》時《キ》　願往生　頓《ニ》捨《テ、》身財《ヲ》求《メ》妙法《ヲ》　無量樂
小劫・大劫・長時劫　願往生　隨順《シテ》佛語《ニ》誓《フテ》修行《ス》　無量樂
念念時中《ニ》行《ズ》六度《ヲ》　願往生　慈悲喜捨《シテ》化《シドフ》衆生《ヲ》　無量樂
三業《ニ》專《ラ》修《シテ》無間業《ヲ》　願往生　誓《チカフテ》作《ナル》菩提無上《ノ》尊《ト》　無量樂
證得《シツレバ》菩提無上《ノ》果《ヲ》　願往生　分《テ》身《ヲ》百億《ニ》度《ス》衆生《ヲ》　無量樂
一音《ヲモテ》演說《スルニ》隨《テ》機《キニ》悟《ル》　願往生　各各《ニ》隨《テ》悟《ニ》到《ル》眞元《ニ》　無量樂
般舟三昧樂　願往生　隨順《スベシ》釋迦如來《ノ》教《ニ》　無量樂
03佛教多門《ニシテ》八萬四《ナルコトハ》　願往生　正《シク》爲《メナリ》衆生《ノ》機《ノ》不同《ナルガ》　無量樂
欲《ハマ》覓《モトメムト》安身《ヲ》常住《ノ》處《ニ》　願往生　先《ツ》求《メテ》要行《ヲ》入《レ》眞門《ニ》　無量樂
04門門不同《ナルヲ》名《ク》漸教《ト》　願往生　萬劫苦行《シテ》證《ス》無生《ヲ》　無量樂
畢命《ヲ》爲《シテ》期《ト》專《ラ》念佛《スレバ》　願往生　須臾《ニ》命斷《シテ》佛迎將《ス》　無量樂
一食之時尚《ヲ》有《リ》間《ヒマ》　願往生　如何《ガ》萬劫《ニ》不《ザラムヤ》貪《トン》瞋《ジンセ》　無量樂
貪瞋《ハ》障《サヘテ》受《クル》人天《ヲ》路《ミチヲ》　願往生　三惡・四趣《ノ》內《ニ》安《ズ》身《ヲ》　無量樂
欲《フテ》到《ラムト》彌陀安養國《ニ》　願往生　念佛・戒行必《ズ》須《ラク》廻《ス》　無量樂

725　1-690　724

戒行専精《ナレバ》諸佛讃《メ》　願往生
臨終《ニ》華座《ヲ》自來迎《ス》　無量樂

一念之間《ヒマニ》入《ル》佛會《ニ》　願往生
三界・六道永《ク》除《ク》名《ヲ》　無量樂

三明六通皆《ナ》自在《ナリ》　願往生
畢命《スレバ》不退《ニシテ》證《ス》無爲《ヲ》　無量樂

四種《ノ》威儀《ニ》常《ニ》見佛《ス》　願往生
手《ニ》執《テ》香華《ヲ》常《ニ》供養《ス》　無量樂

一念一時隨《テ》衆《ニ》聽《キ、テ》　願往生
百千三昧自然《ニ》成《ズ》　無量樂

一切時中《ニ》常《ニ》入《ル》定《ニ》　願往生
定理聞經皆《ナ》得悟《ス》　無量樂

百寶莊嚴隨《ガテ》念《ニ》現《ズ》　願往生
長劫《ニ》供養《シテ》報《ズ》慈恩《ヲ》　無量樂

01微塵《ノ》故業《ト》隨智《ト》滅《ス》　願往生
不《ザルニ》覺《オシエ》轉《ジテ》入《イル》眞如《ノ》門《ニ》　無量樂

大小僧祇恆沙劫　願往生
亦如《シ》彈指須臾《ノ》間《アヒダノ》　無量樂

如《クノ》此《ノ》逍《セウ》遙《エウ》快樂《ノ》處《ロ》　願往生
更《サラニ》貪《ジテカナニ》何事《ゴトヲ》不《ラム》求《モトメ》生《ヲ》　無量樂

縱使《ヒ》千年受《クトモ》五欲《ヲ》　願往生
增長《セム》地獄《ノ》苦《ノ》因緣《ヲ》　無量樂

貪瞋十惡相續《シテ》起《オコル》　願往生
豈《アニ》是《レ》解脱涅槃《ノ》因《ナラムヤ》　無量樂

不《ズシテ》畏《オソレ》三塗《ヲ》造《ツクリ》衆罪《ヲ》　願往生
破《シテ》滅三寶《ヲ》永《ガク》沈《チン》淪《リンス》　無量樂

不《ズ》孝《セ》父母《ニ》罵《ノリテ》眷屬《ヲ》　願往生
地獄《ニ》安《オイテ ヤスクシテ》身《シンヲ》無《ナシ》出《イヅル》期《ゴ》　無量樂

01「微塵…如門」行卷 35

曠劫已來《ニ》沈《シヅミテ》二苦海《ニ》一　願往生
西方《ノ》要法未《ダ》《ズ》二曾《カツテ》《ムカシニモ》聞《キカ》一　無量樂

雖《ドモ》レ得《タリト》二人身《ヲ》一多《ク》有《リ》レ障《リ》　願往生
不《シテ》レ受《ケ》二佛化《ヲ》一反《カエテ》生《ズ》レ疑《ウタガヒヲ》　無量樂

六方《ノ》如來慈悲《ヲ》極《メテ》　願往生
同心《ニ》同《ジク》勸《メテ》往《シム》二西方《ニ》一　無量樂

長病遠行《シ》不《ザレバ》レ計《カゾエ》レ日《ヒヲ》　願往生
念佛即《チ》道《イフ》レ無《ナシト》二功《コウ》夫《フ》①一　無量樂

如《ノ》レ此《ノ》之人《ハ》難《ガタシ》二化度《シ》一　願往生
無明《ニ》被《レテ》レ底《トヾメ》且《シバシバ》長《ク》眠《ネブル》　無量樂

專《ラ》讀《ヨムベシ》二『彌陀』・『觀經《ノ》』法《ヲ》一　願往生
文文句句《ニ》說《ク》二西方《ヲ》一　無量樂

地下《ノ》寶幢無億數《ナリ》　願往生
方《ホウ》楞《リヨ》具足《シテ》盡《コトゴトク》輝《カヾヤカス》レ光《リヲ》　無量樂

萬億《ノ》寶珠相《ヒ》映飾《シ》　願往生
各各《ニ》變二現《ス》希奇《ノ》事《ヲ》一　無量樂

照《テラシテ》二上《カミ》衆寶莊嚴《ノ》地《ヲ》一　願往生
雜色過《ギタリ》レ於《ヨリモ》二百千《ノ》日《ヒ》一　無量樂

自身《ノ》光明《ハ》紫金色《ナリ》　願往生
足《ミアシ》踐《フンデ》二寶地《ヲ》一徐徐《トシテ》行《ユク》　無量樂

得《ルコト》二此《ノ》無生寶國《ノ》地《ヲ》一　願往生
皆《ナ》是《レ》彌陀願力《ノ》恩《ナリ》　無量樂

一切時中《ニ》聞《ク》二妙法《ヲ》一　願往生
煩惱罪障無《シ》レ由《ヨシ》レ起《ルコト》　無量樂

菩薩知識《ヲ》爲《ス》二同學《ト》一　願往生
携《サエテ》レ手《テヲ》相將《シテ》入《ラシム》二寶堂《ニ》一　無量樂

念念之中《ニ》受《ケ》二法樂《ヲ》一　願往生
須臾《ニ》悟二得《ス》百千門《ヲ》一　無量樂

①夫　右◎アフ

大衆同心《ニ》厭《エ》二此《ノ》界《ヲ》一　願往生
忽《タチマチニ》-爾思-量《シテ》心-髓痛《イタム》　願往生
自《ミ》慶《ヨロコブ》三今身《ニ》聞《クコトヲ》二淨土《ヲ》一　願往生
西方《ハ》快樂無爲處《ナリ》　願往生
六天相-勝《セルコト》億萬倍　願往生
三十二相《アテ》通自在《ナリ》　願往生
從《リ》二世《ノ》帝王一至《ルマデ》二六天《ニ》一　願往生
佛國《ノ》寶林枝相《ヒ》觸《ニ》　願往生
依《ル》レ時《ニ》供養香風《ヨリ》起《ル》　願往生
寶樹飛《テ》レ華《ヲ》汎《ブ》二德水《ニ》一　願往生
乘《ノテ》レ船《フネニ》直《ヂキニ》入《イル》二蓮《レン》華《グエ》會《エニ》一　願往生
各《ノ》執《テ》二香華《ヲ》一佛前《ニ》立《ス》　願往生
寶雲《ノ》莊嚴《ハ》卽《チ》是《レ》蓋《ナリ》　願往生
遇《グ》二-値《チシテ》往生《ノ》善知識《ニ》一　願往生

乘《ズレバ》二佛願力《ニ》一見《ミタテマツル》二彌陀《ヲ》一　無量樂
無窮之劫《ニモ》枉《ゲテ》疲《ヒ》勞《ラウセム》　無量樂
不《ズシテ》レ惜《オシマ》二身命《ヲ》一往《ユカム》二西方《ニ》一　無量樂
天上・人間《ニ》無《シ》二比量一　無量樂
不《ズ》レ及《オヨバ》二西方《ノ》人《ノ》一相《ニ》一　無量樂
身光遍《ク》照《ス》二十方界《ヲ》一　無量樂
音樂相勝《セルコト》億萬重《ナリ》　無量樂
六天《ノ》音樂不《ズ》レ如《シカ》レ一《ヒトツニモ》　無量樂
拂《ハラウニ》レ樹《キヲ》華《ハナ》飛《トンデ》落《オツ》二寶池《ニ》一　無量樂
童子捉《シ》-取已《ハテ》爲《ス》レ船《フネト》　無量樂
化佛・菩薩與《アタエテ》レ衣《コロモヲ》被《キセシム》　無量樂
徐徐《トシテ》遙《ルカニ》散《ズレバ》變《ジテ》成《ナル》レ雲《ウント》　無量樂
卽①《チ》與《エテ》二寶果《ヲ》一敎《シエテ》令《シム》レ食《セ》　無量樂
得《タリ》レ聞《コトヲ》二淨土《ノ》彌陀《ノ》名《ヲ》一　無量樂

①卽　右◎「チ」と上書訂記

因《テ》二佛願力《ニ》一來《テ》相《ヒ》見《ミル》　願往生　常《ニ》住《シテ》二此《ノ》國《ニ》一不《ズ》レ須《ラク》《ベカラ》レ還《ル》　無量樂
法-侶携《キ》將《シヤウ》入《イレテ》レ林《ハヤシニ》看《ミセシム》　願往生　足-下《ニ》輝《カスコト》レ光《リヲ》超《エタリ》二日月《ニ》一　無量樂
菩薩衆會無《シ》二窮盡《ジンスルコト》一　願往生　各各《ノ》身光互《タガヒニ》相照《ス》　無量樂
新往《ノ》化生《モ》紫金色《ナリ》　願往生　與《ト》二諸《ノ》大衆一無《シ》二殊異一　無量樂
或《ハ》入《テ》二寶樓《ニ》一衆中《ニ》坐《ス》　願往生　大衆《ノ》見《ル》者《モノ》皆《ナ》歡喜《ス》　無量樂
種種《ノ》莊嚴不《ズ》レ可《ラ》レ識《ハカル》　願往生　内外相《ヒ》看《ミルコト》無《シ》二障礙一　無量樂
佇《トヾムレバ》レ足《アシヲ》須-臾《ニ》受《ウク》二法樂《ヲ》一　願往生　三昧無生自然《ニ》悟《サトル》　無量樂
地上《ノ》莊嚴衆寶間《マジハレリ》　願往生　雜色相《ヒ》參《マジハテ》百千萬《ナリ》　無量樂
寶座・華臺處處《ニ》滿《ミテリ》　願往生　隨-心受-用《スルニ》光《リ》來《テ》照《ス》　無量樂
百千《ノ》童子・菩薩衆　願往生　各《ノ》捧《サヽゲテ》二香華《ヲ》一臨《ノゾミテ》レ池《ニ》看《ミル》　無量樂
或《ハ》坐《シ》或《ハ》立《シテ》池渠《ノ》岸《ニアリ》　願往生　或《ハ》有《アリ》三尋《タツネテ》レ階《ハシヲ》入《イルモノ》二寶池《ニ》一　無量樂
或《ハ》立《シ》レ于《ニ》レ沙《イサゴ》或《ハ》至①《リ》レ膝《ヒザニ》　願往生　或《ハ》沒《ヒタシ》二腰《コシ》頭《カウベヲ》一或《ハ》懸《カケ》注《ソヽグ》　無量樂
或《ハ》取《トテ》二金華・百寶《ノ》葉《ヲ》一　願往生　授《ジュ》二-與《ヨス》岸-上《ニシテ》看《ミル》レ池《ヲ》人《ニ》一　無量樂
受二得《スルコト》香華《ヲ》一千萬種《ナリ》　願往生　卽《チ》散《ズ》二彌陀大會《ノ》上《ニ》一　無量樂

①至　右◎「ル」を「リ」と上書訂記

1-973

所散之華變成蓋　願往生　自然音樂遶千重　無量樂

寶鳥連聲奏天樂　願往生　一切見者起悲心　無量樂

我今到此佛願力　願往生　同縁同行何時來　無量樂

普願閻浮知識等　願往生　同行相親願莫退　無量樂

專誦『彌陀』・『觀經』等　願往生　禮佛觀察盡須廻　無量樂

一切時中相續作　願往生　至死爲期專復專　無量樂

一到彌陀安養國　願往生　畢竟逍遙卽涅槃　無量樂

涅槃莊嚴處處滿　願往生　見色聞香罪障除　無量樂

飛踊空中作神變　願往生　讃歎淨土難思議　無量樂

或散華香供養佛　願往生　報佛慈恩心無盡　無量樂

不因釋迦如來力　願往生　彌陀淨土若爲聞　無量樂

衆生障盡聞皆喜　願往生　頓斷諸惡願求生　無量樂

般舟三昧樂　願往生　誓願今生順佛教　無量樂

行住坐臥專念佛　願往生　一切善業併須廻　無量樂

念念時中《ニ》常《ニ》懺悔《スレバ》　願往生　終時《ニ》即《チ》上《ノボル》金剛臺《ニ》　無量樂

一切時中《ニ》望《ソンデ》西《ニ》禮《シテ》　願往生　表《ニ》知《セヨ》凡聖《ノ》心《ノ》相向《スルコトヲ》　無量樂

佛知《シロシメテ》衆生《ノ》心《ノ》雜亂《ヲ》　願往生　偏《ヒトヘニ》教《オシフ》正念《ニシテ》住《ヂユセヨト》西方《ニ》　無量樂

不《ルニ》知《シラ》彌陀國《ノ》遠近《ヲ》　願往生　佛《ノ》道《タマハク》超過《セリト》十萬億《ヲ》　無量樂

道里雖《ドモ》遙《ハルカナリト》不《ズ》足《アシヲモテ》到《ラ》　願往生　彈指之間《ニ》入《ル》寶池《ニ》　無量樂

01唯《タヾ》恨《ウラムラクハ》衆生疑《ト》不疑《トナリ》　願往生　淨土對面《シテ》不相《アヒ》忤《ミダレ》《タガハ》　無量樂

莫《レ》論《ズルコト》彌陀《ノ》攝《ト》不攝《トヲ》　願往生　意《ロ》在《リ》專心《ニシテ》①廻《ルト》不《ルト》廻《セ》　無量樂

但《タヾ》使《シムレバ》廻心決定《シテ》向《ムカエ》　願往生　臨終《ニ》華蓋《ヲ》自來迎《ス》　無量樂

從佛乘華入寶國　願往生　見《ミテ》諸《モロモロノ》大衆《ヲ》悟《ル》無生《ヲ》　無量樂

一一《ノ》寶樓《ニ》隨《ガヒテ》意《ニ》入《ル》　願往生　內外《ノ》莊嚴不《ズ》可《カラ》識《ハカル》　無量樂

鳥作《セバ》音聲《ヲ》菩薩舞《マウ》　願往生　童子歡喜《シテ》作《ス》神通《ヲ》　無量樂

爲《メニ》我《ガ》娑婆《ヨリ》得生《スル》者《モノヽ》　願往生　種種《ニ》供養《シテ》令《シム》歡喜《セ》　無量樂

佛遣《シム》②生《タル》人《ヲシテ》將《テ》觀《ミ》看《セ》　願往生　到《ル》處《ロハ》唯《タヾ》是《レ》不思議《ナリ》　無量樂

地上・虛空《ニ》聖人滿《テリ》　願往生　珠羅・寶網自然《ニ》覆《オホフ》　無量樂

①廻　右◎ルトニ
②遣生人將觀看→◎遣《シテ》《シム》生《タル》人《ヲ》將《テ》觀《ミセ》看上

微風吹動《カシテ》出《ス》二妙響《ヲ》一　願往生　聲《ノ》中《ニ》皆《ナ》説《トク》二無爲《ノ》法《ヲ》一　無量樂

見《ミ》レ樹《ヲ》聞《キ、》レ波《ナミヲ》成《ズ》二法忍《ヲ》一　願往生　童子持《テ》レ華《ヲ》圍-遶《シテ》讃《ズ》　無量樂

立二-侍《シテ》彌陀《ニ》一聽《ク》二説法《ヲ》一　願往生　貪二-愛《シテ》法樂《ニ》一超《ユ》二時劫《ヲ》一　無量樂

隨二-逐《シテ》《ス》本國《ノ》諸《ノ》菩薩《ニ》一　願往生　盡《ク》是《レ》無-爲涅-槃《ノ》界《ナリ》　無量樂

一佛《ノ》國界《ニシテミナ》皆聞-法《シツレバ》　願往生　遊《ユ》二-歴《リャクシテ》他方《ニ》一修《ス》二供養《ヲ》一　無量樂

欲《セバ》レ住《セムト》一食《ヲモテ》超《ユ》二千劫《ヲ》一　願往生　憶《ス》二我《ガ》娑婆《ノ》同行人《ヲ》一　無量樂

大地微塵《ハ》尚《ホ》有《アリ》レ數《カズ》　願往生　十方佛國《ハ》無《シ》二窮盡《スルコト》一　無量樂

一一《ノ》佛土皆《ナ》嚴淨《ナリ》　願往生　亦如《クシテ》二極樂《ノ》一無《シ》二殊異一　無量樂

一切《ノ》如來見《ミテ》歡喜《ス》　願往生　菩薩聖衆將《ヰテ》遊觀《クワンセシム》　無量樂

所《ショ》有《ウノ》莊嚴如《ゴトシ》二極樂《ノ》一　願往生　變化神通無《シ》二障礙一　無量樂

地上・虚空《ニ》聲遍滿《ス》　願往生　聽《キ》レ響《ヲ》聞《テ》レ音《ヲ》皆《ナ》得-悟《ス》　無量樂

般舟三昧樂　願往生　相續-念《シテ》佛《ノ》報《ゼヨ》二師《シ》恩《ヲ》一　無量樂

雖《ドモ》下捨《ステ、》二錢《セン》財《ザイヲ》一造《ツクルト》中功德《ヲ》上　願往生　不《ジ》レ如《カ》三持-戒《ニシテ》斷《ズルニハ》二貪瞋《ヲ》一　無量樂

普《ク》敬《ヒ》二衆生《ヲ》一常《ニ》念佛《シテ》　願往生　自-他《ノ》功德併《ガラ》須《ラク》《シ》レ廻《エス》　無量樂

737 1-697 738

安-心定-意《ナレバ》生《ズ》二安樂《ニ》一 願往生 獨《リ》超《テ》二三界《ヲ》一出《ツ》二煩籠《ヲ》一 無量樂

臨終《ニ》見《ミテ》二佛《ノ》華臺《ノ》至《ルヲ》一 願往生 須臾《ニ》即《チ》入《ル》二寶池會《ニ》一 無量樂

蓮華《ノ》大衆皆《ナ》歡喜《シテ》 願往生 即《チ》與《アタエテ》二天衣《ヲ》一隨《シタガテ》レ意《ニ》著《キセシム》 無量樂

菩薩・聲聞將《ヰテ》見-佛《セシム》 願往生 禮佛一拜《シテ》得《ウ》二無生《ヲ》一 無量樂

彌陀告《ツゲテ》二言《ノタマハク》諸《モロモロノ》佛子《ニ》一 願往生 極樂《ハ》何《ゾ》如①《ク》二彼《カノ》三界《ノ》一 無量樂

新往化生俱《トモニ》欲《スルニ》レ報《コタエムト》 願往生 合掌悲-咽《エンニシテ》不《ズ》レ能《アタハ》レ言《イフコト》 無量樂

得《テ》レ免《マヌカルコトヲ》二娑婆長劫《ノ》苦《ヲ》一 願往生 今-日見-佛《スルコトハ》釋迦《ノ》恩《ナリ》 無量樂

般舟三昧樂 願往生 順二-隨《スレバ》佛語《ニ》一見《ミ上ツル》二彌陀《ヲ》一 無量樂

普《アマネク》勸《スヽム》二同生《ノ》知識等《ヲ》一 願往生 同行《ニハ》相《ヒ》親《シンデ》莫《レ》二相《アヒ》離《ル、コトヲ》一 無量樂

父母妻兒百千萬《ナレドモ》 願往生 非《ズ》二是《レ》菩提《ノ》增上緣《ニ》一 無量樂

念念《ニ》相《ヒ》纏《マツエテ》《テン》入《ル》二惡道《ニ》一 願往生 分《カテ》レ身《ヲ》受《クルコトヲ》レ報《ヲ》不《ズ》二相《ヒ》知《ラ》一 無量樂

或《ハ》在《アリ》二猪《チヨ》《ヰノシ、》・羊《ヤウ》《ヒツジ》六畜《チクノ》《ムマウシザウイヌネコニハトリ》內《ウチニ》一 願往生 被《ヒ》《キ》レ毛《モウ》《ケヲ》戴《ダイ》《イタヾク》レ角《カク》《ツノヲ》何《イヅレノ》《コト》時《トキニカ》了《ヤマム》 無量樂

慶《ヨロコバシキカナ》得《テ》二人身《ヲ》一聞《テ》二要法《ヲ》一 願往生 頓《タチマチニ》捨《テ、》二他-鄉《ヲ》一歸《カエラムコトヲ》二本國《ニ》一 無量樂

父子相《ヒ》見《コト》非《ズ》二常《ツネノ》喜《ビニ》一 願往生 菩薩・聲聞亦復然《シカナリ》 無量樂

註記
①如 ◎「ナラム歟」と右傍 1-977

或《ハ》將《ヰテ》遊《ユ》行《ギヤウシテ》入《レテ》林《ニ》看《ミセシム》　願往生
或《ハ》坐《シ》華臺《ニ》登《ノボル》樓觀《ニ》　無量樂
觀見《スルニ》彌陀《ノ》七寶國《ヲ》　願往生
地上・虚空《ニ》光《リ》相《ヒ》照《ス》　無量樂
卽《チ》作《シテ》神通《ヲ》遍《ス》佛國《ニ》　願往生
處處《ニシテ》供養《ス》無邊《ノ》會《ヲ》　無量樂
一一《ノ》大會隨《テ》人《ニ》入《ル》　願往生
入《ル》處《ニハ》唯《ダ》聞《ク》平等《ノ》法《ヲ》　無量樂
四種《ノ》威儀常《ニ》在《リ》定　願往生
不《シテ》出《デ》三昧《ヲ》作《ス》神通《ヲ》　無量樂
一一《ノ》神通到《ル》佛會《ニ》　願往生
會會《ニ》聽《テ》法《ヲ》證《ス》無生《ヲ》　無量樂
般舟三昧樂　願往生
極樂《ニ》安《ズル》身《ヲ》實《ニ》是《レ》精《ナリ》　無量樂
金樓・玉柱《チウ》・瑠璃殿　願往生
眞珠寶閣百千行《ナリ》　無量樂
重重《ノ》羅網相《ヒ》映飾《ス》　願往生
寶繩《ジヨウ》交《ケウ》絡①《ラクシテ》垂《タレタリ》鈴《レイ》珮《ハイヲ》　無量樂
晝夜《ニ》香風《アテ》時時《ニ》動《ハタラク》　願往生
聲《ノ》内《ニ》皆《ナ》稱《ス》三寶《ノ》名《ヲ》　無量樂
彼《ノ》國《ノ》衆生《ハ》心眼利《ナリ》　願往生
聞《テ》一《ヲ》悟解《ス》百千《ノ》門《ヲ》　無量樂
般舟三昧樂　願往生
處處《ニ》安《ズルニ》身不《ズ》如《シカ》彼《カシコニハ》　無量樂
共《トモニ》諸《ノ》童子《ト》遊《ソテ》空《ニ》戯《タハブル》　願往生
手《ニ》散《ジテ》香華《ヲ》心《ニ》供養《ス》　無量樂
身光《ノ》瓔珞立《ス》相照《ヲ》　願往生
一切《ノ》莊嚴《ノ》光《リ》亦然《ナリ》　無量樂

①絡　右◎ロクシテ

或奏樂器供養佛　願往生
化佛慈悲遙授記　無量樂
同生知識百千萬　願往生
乘華直入虛空會　無量樂
會會不同無億數　願往生
彼此相過無障礙　無量樂
一切時中常說法　願往生
見聞歡喜罪皆除　無量樂
佛與聖衆身金色　願往生
光光相照心相知　無量樂
相好莊嚴無殊異　願往生
皆是彌陀願力成　無量樂
地上・虛空人遍滿　願往生
神通轉變自然知　無量樂
或作華樓・寶雲蓋　願往生
化鳥連《ツラネテ》聲奏《ソウス》法音　無量樂
法音旋《セン》轉《デンシテ》如雲《クモノ》合　願往生
彼國人天聞《キヽテ》卽悟《サトル》　無量樂
一劫・多劫・長時劫　願往生
但《タヾ》受法樂不思議　無量樂
般舟三昧樂　願往生
極樂莊嚴門盡《コトゴトク》開《ヒラケタリ》　無量樂
普願有緣同行者　願往生
專心直入不須疑　無量樂
一到彌陀安養國　願往生
元《モト》來《ヨリコノカタ》是我法王家《イエナリ》　無量樂
兄《クヰヤウ》弟《テイノ》因緣羅漢衆　願往生
菩薩法侶爲知識　無量樂

般舟讚（親鸞聖人加点）　正讚　観経讚　廣讚　依報讚

或《ハ》行或《ハ》坐皆《ナ》聞《ク》法《ヲ》　願往生　　或《ハ》去或《ハ》來無《シ》障礙　無量樂

或《ハ》入《テ》寶池《ニ》灌《ソヽグ》身頂《ニ》　願往生　　或《ハ》在《アリ》乾《カン》地《ヂ》寶沙《ノ》中《ニ》　無量樂

弄《テウテバ》水《ミヅニ》微波出《ス》妙響《ヲ》　願往生　　聲《ノ》中《ニ》純《モハラニ》說《ク》慈悲《ノ》法《ヲ》　無量樂

德水清澄《ニシテ》千萬里《ナリ》　願往生　　寶沙映徹《シテ》如《シ》不《ルガ》深《フカカラ》　無量樂

四岸《ノ》莊嚴七寶間《マジエタリ》　願往生　　底《ソコニ》布《シケル》金沙百千《ノ》色《アリ》　無量樂

色色不同《ニシテ》輝《カシテ》光《ヲ》照《ス》　願往生　　寶樹飛《トバシテ》華《ハナヲ》落《オトス》水中《ニ》　無量樂

樹樹垂《タレテ》條《エダヲ》如《ゴトシ》寶帳《ノ》　願往生　　周帀由旬三十萬《ナリ》　無量樂

根莖枝葉七寶《ヲ》間《エタリ》　願往生　　一一《ノ》寶流《ス》無數《ノ》光《リヲ》　無量樂

微風起《ル》時更《タガヒニ》相《ヒ》觸《フル、ニ》　願往生　　六天《ノ》音樂《モ》無《シ》能《ヨク》比《ナラブ》　無量樂

化佛・菩薩・恆沙《ノ》衆　願往生　　一一《ノ》樹下《ニシテ》聽《キク》眞《ノ》聲《ヲ》　無量樂

般舟三昧樂　願往生　　一《ビ》入《リヌレバ》不退《ニシテ》至《ル》菩提《ニ》　無量樂

寶地寬平《ニシテ》衆寶《ヲ》間《エタリ》　願往生　　一一《ノ》寶出《ス》百千光　無量樂

一一《ノ》光《リ》成《ル》寶臺座《ト》　願往生　　光《リ》變《ジテ》爲《ナテ》樓《ト》百千億《ナリ》　無量樂

化天童子無《シ》窮《ムルコト》數《ヲ》　願往生　　悉《コトゴトク》是《レ》念佛往生《ノ》人《ナリ》　無量樂

01［或道：婆婆］信卷101 化卷208
02［何期：師恩］化卷209 ［何期：何入］信卷101

744 1-701 745

或《ハ》登《ノボテ》寶座《ニ》樓《ノ》中《ニ》戲《ブル》 願往生 不飢不渇《ニシテ》湛然《トシテ》常《ツネナリ》 無量樂
或《ハ》入《テ》光明百寶殿《ニ》 願往生 正《タヾシクシテ》値《アフテ》大會《ニ》讃《メ上ル》彌陀《ヲ》 無量樂
01或《ハ》道《イハク》從《ヨリ》今《マ》至《ルマデ》佛果《ニ》 願往生 長劫《ニ》讃《ジテ》佛《ヲ》報《ゼム》慈恩《ヲ》 無量樂
不《ズハ》蒙《ラ》彌陀《ノ》弘誓《ノ》力《ヲ》 願往生 何《ツレノ》時何《レノ》劫《ニカ》出《イデム》娑婆《ヲ》 無量樂
自《ラ》到《テヨリ》已來《タ》常《ニ》法樂《ナリ》 願往生 畢竟《ジテ》不《ズ》聞《カ》十惡《ノ》聲《ヲ》 無量樂
眼《ニハ》見《ミ》如來《ヲ》耳《ニハ》聞《ク》法《ヲ》 願往生 身《ニ》常《ニ》從《シタガンテ》佛《ニ》喜《コビテ》還《エテ》悲《シム》 無量樂
02何《イカデカ》《ナンゾ》期《セム》今日至《コトヲ》寶國《ニ》 願往生 實《ニ》是《レ》娑婆本師《ノ》力《ナリ》 無量樂
若《シ》非《ズハ》本師知識《ノ》勸《ス丶メニ》 願往生 彌陀《ノ》淨土《ニ》云何《イカンシテカ》入《マイラムト》 無量樂
般舟三昧樂 願往生 得《エテ》生《ズルコトヲ》淨土《ニ》報《ゼヨ》師恩《ヲ》 無量樂
普《ク》勸《ム》有緣《ノ》道俗等《ヲ》 願往生 會《カナラズ》是《レ》專心《ニシテ》行《ゼヨ》佛教《ヲ》 無量樂
念佛專心《シ》誦經《シ》觀《ジ》 願往生 禮讃《シテ》莊嚴《ヲ》無《シ》雜亂《スルコト》 無量樂
行住坐臥《ニ》心相續《スレバ》 願往生 極樂《ノ》莊嚴自然《ニ》見《ミユ》 無量樂
或《ハ》想或《ハ》觀除《ク》罪障《ヲ》 願往生 皆《ナ》是《レ》彌陀本願《ノ》力《ナリ》 無量樂
以《テノ》佛力《ヲ》故《ニ》成《ズ》三昧《ヲ》 願往生 三昧得《テ》成《ズルコトヲ》心眼開《ケヌレバ》 無量樂

747　1-702　746

諸佛《ノ》境界《ニシテ》超《エタリ》二凡外《ニ》一　願往生　唯《タヾ》知《シテ》慚《ザン》二-賀《ガスベシ》釋迦《ノ》恩《ヲ》一　無量樂

十方《ノ》如來舒《ノベテ》レ舌《ミシタヲ》證《シヨウシテ》　願往生　定二-判《スルニ》九品《ニ》一得《エテ》還《カエテ》歸《クヰス》　無量樂

父子相-迎《シ》入《シメテ》二大會《ニ》一　願往生　即《チ》問《フ》二六道苦辛《シムノ》事《ヲ》一　無量樂

或《ハ》有《アレドモ》二所-得《ノ》人天《ノ》報一　願往生　飢《ケ》餓《ガ》困《コン》苦《クシテ》體《ニ》生《ズ》レ瘡《サウヲ》　無量樂

爾《ノ》時《ニ》彌陀及《ビ》大衆　願往生　聞《テ》二子《ノ》說《クヲ》一レ苦《ヲ》皆《ナ》傷歎《ス》　無量樂

彌陀告《ツゲテ》言《下ハク》二諸《ノ》佛子《ニ》一　願往生　自-作自-受《シテ》莫《レ》レ怨《ムルコト》レ他《タヲ》　無量樂

般舟三昧樂　願往生　常住《ノ》寶國《ニハ》永《ク》無《シ》レ憂《エ》　無量樂

涅槃《ノ》快樂無爲《ノ》處《ニハ》　願往生　貪瞋《ノ》火宅未《ダ》二曾《カツテ》聞《ズ》一　無量樂

百寶《ノ》華臺《ニ》隨《テ》レ意《ニ》坐《ス》　願往生　坐《スル》處《ニハ》聖衆無央《アフ》數《ナリ》　無量樂

童子供養《シ》聲聞讚《ズ》　願往生　鳥樂飛《トビテ》レ空《ニ》百千帀《ナリ》　無量樂

一坐一立須-臾《ノ》頃《アヒダニ》　願往生　微塵《ノ》故-業盡《ク》消-除《ス》　無量樂

或《ハ》散《ジテ》二天衣《ヲ》一覆《フ》二寶池《ニ》一　願往生　衣《モノ》上《エニ》更《タガヒニ》散《ズ》二寶華香《ヲ》一　無量樂

聖衆行《ズル》時《キ》足《シニ》踏《フム》レ上《エヲ》　願往生　衣華觸《ル、ニ》レ體《ニ》三禪《ノ》樂《アリ》　無量樂

內外映徹《シテ》如《シ》二明鏡《ノ》一　願往生　塵勞畢竟《ジテ》無《シ》二緣起《スルコト》一　無量樂

念念《ニ》唯《ダ》加《シテ》三昧《ヲ》淨《キヨシ》　願往生　無漏《ノ》神通眞《ニシテ》復眞《ナリ》　無量樂

般舟三昧樂　願往生　煩惱永《ク》絕《タエテ》不《ズ》相《アヒ》干《オカサ》　無量樂

或《ハ》有《アリ》寶地《ノ》瑠璃《ヲモテ》間《タル》　願往生　或《ハ》有《リ》寶地《ノ》紫金《ヲモテ》成《ナセル》　無量樂

或《ハ》有《アリ》寶地《ノ》黃金《ヲモテ》作《ナセル》　願往生　或《ハ》有《リ》寶地《ノ》頗《ハ》梨《リヲモテ》映《ゼル》　無量樂

或《ハ》有《リ》千寶《ヲモテ》莊嚴《セル》地《ヂ》　願往生　或《ハ》有《リ》算《サン》數《ジュノ》寶《ヲモテ》爲成《ナセル》　無量樂

一一《ノ》色色光《リ》相照《ス》　願往生　十方來《ノ》者《モノ》皆《ミナ》行《ズ》上《ニ》　無量樂

行住進止逍遙《ノ》樂《ナリ》　願往生　不《ズ》愁《ウレエ》官《クワン》事《ジヲ》不《ズ》憂《ウレエ》私《ワタクシヲ》　無量樂

或《ハ》百或《ハ》千作《ナシテ》神變《ヲ》　願往生　會會《ニ》供養皆《ナ》周遍《ス》　無量樂

或《ハ》作《シテ》香雲千寶《ノ》蓋《ヲ》　願往生　卽《チ》此《コノ》雲《クモノ》內《ナカヨリ》雨《フリ》香華《ヲ》　無量樂

種種《ノ》莊嚴隨《ガテ》念《ニ》出《ヅ》　願往生　所到之處《ニハ》現《ズ》希奇《ヲ》　無量樂

般舟三昧樂　願往生　畢命《ニ》直《ニ》入無爲《ノ》會《ニ》　無量樂

寶樹・寶林行《ナミ》遍滿《ス》　願往生　一一《ノ》林樹盡《ク》莊嚴《ス》　無量樂

根根相對《シ》莖《クキ》相望《シ》　願往生　枝枝相准《シ》條相順《シ》　無量樂

節節相盤《シ》葉相次《シ》　願往生　華華相向《シ》果相當《セリ》　無量樂

750　1-704　751

光光照曜《ス》自他《ノ》國《ヲ》　願往生　照處昤《レイ》矓《ロウトシテ》隨《シタガフ》物《モノ、》色《イロニ》　無量樂

光《リ》能《ク》變現《ス》希奇《ノ》事《ヲ》　願往生　盡《ク》是《レ》彌陀願力《ノ》作《ナリ》　無量樂

林樹《ノ》行間《ニ》寶《ノ》階道《アリ》　願往生　一一界上《ニ》樓相《ヒ》間《エタリ》　無量樂

重重羅網奏《ス》天《ノ》樂《ヲ》　願往生　供養《ス》無邊《ノ》樓內《ノ》人《ヲ》　無量樂

般舟三昧樂　願往生　形枯《コ》命斷《ニテ》佛前《ヲ》期《セヨ》　無量樂

忽爾《チニ》思①重《スル》彼《ノ》快樂《ヲ》　願往生　人人有《リ》分不《ズ》須《カラ》《ラク》疑《フ》　無量樂

金剛無漏莊嚴地　願往生　明明《トシテ》相照《スルコト》超《コエタリ》千日《ニ》　無量樂

彌陀願力莊嚴地　願往生　作《ナセリ》一蓮華大寶王《ヲ》　無量樂

葉葉相重《シテ》八萬四《ナリ》　願往生　一葉《ニ》摩尼百千億《ナリ》　無量樂

一一摩尼光千色《ナリ》　願往生　上《ミ》照《シテ》虛空《ヲ》變《ジテ》成《ナル》蓋《ト》　無量樂

八萬《ノ》金剛《ヲモテ》臺上《ニ》布《シケリ》　願往生　眞珠《ノ》寶網覆《フテ》華《ヲ》籠《コメタリ》　無量樂

四幢承《ウケテ》縵《ヲ》垂絞《タレタリケウ》絡《ラクヲ》　願往生　獨《リ》顯《ス》眞金功德《ノ》身《ヲ》　無量樂

一《ビ》坐《シテ》華臺《ニ》未《ダ》《ズ》曾《テ》動《カズ》　願往生　徹窮《シテ》後際《ヲ》度《ス》衆生《ヲ》　無量樂

普《ク》勸《ム》衆生常《ニ》憶念《シテ》　願往生　行住坐臥《ニ》令《シメヨ》心《ヲシテ》見《ミセ》　無量樂

---

①重　◎「量歟」と上欄註記

1-984

佛身圓滿《シテ》無《シ》二背《ハイ》相《サウ》一　願往生
十方《ヨリ》來《キタレル》人皆《ナ》對《ムカフ》レ面《テニ》　無量樂
倶《トモニ》願《ジテ》傾《カタブケテ》レ心《シムヲ》相續《シテ》念《ゼヨ》　願往生
卽《チ》現《ズ》二有緣《ノ》心眼《ノ》前《マエニ》一　無量樂
得《ウルハ》レ見《ミルコトヲ》二淨土《ノ》希奇《ノ》事《ヲ》一　願往生
皆《ナ》是《レ》佛力《ノ》遙《カニ》加備《スルナリ》　無量樂
觀音・勢至雙《テ》華坐《セリ》　願往生
一一《ノ》莊嚴《ハ》亦如《シ》レ佛《ノ》　無量樂
四幢・寶幔皆《ナ》相《ヒ》似《タリ》　願往生
寶羅・寶網無《シ》二殊異一　無量樂
三華獨《ドク》迴《ギヤウシテ》①超《タリ》二衆座《ニ》一　願往生
三身對坐《シテ》最《モ》爲《タリ》レ尊　無量樂
本國・他方《ノ》菩薩衆　願往生
一切時中《ニ》圍遶《シテ》讚《ズ》　無量樂
如《ノ》レ此《ノ》大海塵沙會　願往生
衆生《ノ》生《ズル》者《ノ》入《ル》二其中《ニ》一　無量樂
非《ズ》二是《レ》口言《ヲモテ》卽《チ》生《ズルニ》レ彼《レニ》　願往生
會《ズ》是《レ》專行《シテ》不《ズ》レ惜《オシマ》レ身《ヲ》　無量樂
寶樓《ノ》重《ヂウ》疊《デウセル》非《アラズ》二人《ヒトノ》造《ツクレルニ》一　願往生
寶幢・樹林亦皆《ナ》然《ナリ》　無量樂
池渠《ノ》四岸《ニ》皆《ナ》充遍《ス》　願往生
微風暫《ラク》觸《ル、ニ》奏《ス》二天《ノ》樂《ヲ》一　無量樂
法響《ヲ》灌《ハイカル》二心《シムト》毛《モウ》孔《クトニ》一人《ヒト》　願往生
卽《チ》悟《サトル》二恆沙《ノ》三昧門《ヲ》一　無量樂
一切《ノ》渠《ミゾノ》中《ナカニ》華遍滿《ス》　願往生
或《ハ》開《シ》或《ハ》合《シ》人無數《ナリ》　無量樂
或《ハ》坐《シ》或《ハ》立《シテ》相《ヒ》招《セウ》テウ反喚《クワンシテ》　願往生
競《ヒテ》取《テ》二香華《ヲ》一相《ヒ》供養《ス》　無量樂

①迴　右◎シヤウシテ

或《ハ》語或《ハ》笑《エン》《シテ》身心樂《ナリ》　願往生
卽《チ》憶《ス》閻浮《ノ》同行人《ヲ》　無量樂

各《ノ》發《シテ》誓願《ヲ》遙《ニ》加備《ス》　願往生
專住《シテ》莫《レ》退《スルコト》盡《ク》須《ラ》《シ》來《ル》　無量樂

一《ビ》到《ヌレバ》卽《チ》受《ク》清虛《ノ》樂《ヲ》　願往生
清虛《ハ》卽《チ》是《レ》涅槃《ノ》因《ナリ》　無量樂

表知《シテ》我心《ヲ》相《ヒ》憶念《ス》　願往生
各《ノ》留《トヾマテ》半座《ニ》與《アタフ》來《ル》人《ニ》　無量樂

同學相《ヒ》隨《テ》遊《ブ》法界《ニ》　願往生
法界《ハ》卽《チ》是《レ》如來《ノ》國《ナリ》　無量樂

一一《ノ》佛國《ニ》恆沙《ノ》會《アリ》　願往生
分身聽法《シテ》修《ス》供養《ヲ》　無量樂

得《レ》蒙《ルコトヲ》諸佛《ノ》慈光照《テラスコトヲ》　願往生
摩頂授記《セラレテ》入《ル》無餘《ニ》　無量樂

意《ニ》樂《エバ》他方《ニ》住《セムコトヲ》卽《チ》住《ス》　願往生
須《ラク》《シ》欲《エバ》歸還《セムト》卽《チ》歸還《ス》　無量樂

若《シハ》住若《シハ》還皆《ナ》得益《ス》　願往生
本國・他方亦無二《ナリ》　無量樂

悉《ク》是《レ》涅槃平等《ノ》法《ナリ》　願往生
諸佛《ノ》智慧亦同然《ナリ》　無量樂

般舟三昧樂　願往生
到處《ハ》盡《ク》是《レ》法王《ノ》家《ナリ》　無量樂

歷事已《テ》記《セラレ》還《エテ》安樂《ニ》　願往生
證得《ス》無量《ノ》陀羅尼《ヲ》　無量樂

與《ト》諸《ノ》菩薩塵沙《ノ》衆　願往生
遍滿《シテ》虛空《ニ》來《テ》供養《ス》　無量樂

或《ハ》散《ズレバ》衣華《ヲ》變《ジテ》成《ル》蓋《ト》　願往生
或《ハ》奏《スレバ》音樂《ヲ》變《ジテ》成《ル》雲《ト》　無量樂

01［得免：誓門］行巻35

變現《ノ》幢幡無億數《ナリ》　願往生　一食之間《ダニ》到《ル》安樂《ニ》　無量樂

安樂《ノ》衆聖遙《カニ》相《ヒ》見《テ》　願往生　知《シル》是《レ》他方《ノ》同行人《ナリト》　無量樂

各《ノ》起《タテ》持《モテ》華《ヲ》迎《ムカエテ》供養《ス》　願往生　即《チ》引《ヒイテ》直《ニ》入《ル》彌陀會《ニ》　無量樂

他方《ノ》菩薩同《ジク》禮《シテ》佛《ヲ》　願往生　持《テ》華《ヲ》圍遶《シテ》百千帀《ナリ》　無量樂

或《ハ》散《ジ》香華《ヲ》奏《ス》天《ノ》樂《ヲ》　願往生　復現《ジテ》神變《ヲ》滿《ミツ》虛空《ニ》　無量樂

光光相《ヒ》照《サレテ》供養《ス》佛《ヲ》　願往生　異口同音《ニ》讚《ズ》極樂《ヲ》　無量樂

彌陀應《ジテ》時《ニ》動《ズ》身相《ヲ》　願往生　身光遍《ネク》照《ス》十方國《ヲ》　無量樂

所《ロノ》放《ハナツ》神光色無盡《ナリ》　願往生　廻光還《エテ》照《ス》彌陀會《ヲ》　無量樂

照《シ》訖《ハテ》光《リ》從《ヨリ》頂上入《ル》　願往生　大衆同《ジク》知《シル》授記《ノ》光《リト》　無量樂

收《オサムルニ》光《ヒカリヲ》未《ダ》《ザルニ》盡《ツキ》彌陀笑《エンデ》　願往生　普告《ツゲテ》大衆《ニ》專心聽《キカシム》　無量樂

我《レ》今《マ》授《サヅク》汝《ヂニ》菩提《ノ》記《ヲ》　願往生　不《ズシテ》久《ヒサシカラ》當《サニ》《シ》盡《ク》來《ニ》成佛《ス》　無量樂

本住・他方《ノ》化生衆　願往生　慶《ヨロコブベシ》得《ウルコトヲ》難《ガタキ》遭《アヒ》希《ケ》有《ウノ》比《トモガラヲ》　無量樂

01得《ウルコトハ》免《マヌカルコトヲ》娑婆長劫《ノ》難《ナンヲ》　願往生　特《コトニ》蒙《ルナリ》知識釋迦《ノ》恩《ヲ》　無量樂

種種《ニ》思量《シ》巧《タクミ》方便《シ》　願往生　①巽《エランデ》得《エシム》彌陀弘誓《ノ》門《ヲ》　無量樂

①巽　◎「選敗」と上欄註記

一切《ノ》善業《ハ》廻《シテ》生《ズル》利《リアレドモ》　願往生　不《ジ》如《シカ》專《ラ》念《ズルニハ》彌陀《ノ》號《ミナヲ》　無量樂

念念《ニ》稱名《シ》常《ニ》懺悔《スベシ》　願往生　人能《ク》念《ズレバ》佛《ヲ》佛還《エテ》憶《シ下フ》　無量樂

凡聖相知《シヌレバ》境相照《ス》　願往生　即《チ》是《レ》衆生《ノ》增上緣《ナリ》　無量樂

不《ジ》得信《シン》受《ジュスルコトヲ》他人《ノ》語《ヲ》　願往生　但《タヾ》令《シムレバ》心淨《ナラ》此《レ》皆《ナ》淨《ナリ》　無量樂

若《シ》道《イハヾ》此《コ、ヲ》同《ジク》諸佛《ノ》國《ナリト》　願往生　何《ニ、》因《カ》六道同《ジク》生死《トセムヤ》　無量樂

棘《コク》刺《シ》①叢《ソウ》林《リム》滿《ミチテ》三界《ニ》　願往生　山河・大地同《ジク》高下《アリ》　無量樂

水・陸・虛空《ノ》衆生《ノ》性《ハ》　願往生　無明煩惱等《ノ》貪瞋《ナリ》　無量樂

念念《ニ》貪求《スル》財色《ヲ》苦《アリ》　願往生　業愛癡《ノ》繩《ナハ》縛《シバリテ》人《ヲ》送《オクル》　無量樂

閻羅遣《ツカハシテ》使《ツカヒヲ》牽《ヒイテ》將《キテ》去《サル》　願往生　獄卒牛頭催《モヨホシテ》復《マタ》催《モヨホス》　無量樂

盛《ナル》火四面《ニ》同時《ニ》起《ル》　願往生　隨《シタガテ》業風《ノ》吹《クニ》落《オツ》苦《カナシミノ》中《ナカニ》　無量樂

最火《ノ》泥犂四門《ノ》外《ニ》　願往生　門門八萬四千《ノ》隔《キヤクアリ》《ヘダテ》　無量樂

一一隔《ノ》中《ニ》人人到《ル》　願往生　恆沙《ノ》苦具《トモニ》在《リ》其《ノ》中《ニ》　無量樂

罪人《ノ》身《ノ》上《ニ》煙炎起《ル》　願往生　飛輪・刀劍縱橫《ニ》入《ル》　無量樂

一切《ノ》獄中《ニ》同《ジク》此《ノ》苦《アリ》　願往生　何《レノ》時何《レノ》劫《ニカ》得《エム》休《ヤムコトヲ》時《ヲ》　無量樂

①叢　右◎シヨウ

般舟三昧樂　願往生
三塗《ツ》永《ナガク》絶《タエテ》願《クハ》無《カラム》レ名《ナ》　無量樂

七重《ノ》鐵城《ニ》七重《ノ》網《アリ》　願往生
重重《ノ》城《ノ》内《ニ》鐵《ノ》林樹《アリ》　無量樂

樹樹《ノ》枝條八萬四《ナリ》　願往生
葉葉華果如《シ》二刀輪《ノ》一　無量樂

飛輪上《カミニ》踊《オドテ》還《エテ》來《ル》レ下《ニ》　願往生
頭《ベニ》入《テ》足《シニ》出《ツ》痛《ミ》難《シ》レ忍《ビ》　無量樂

重重《ノ》門《ノ》上《ニ》八萬《ノ》釜《カマアリ》　願往生
①鎔《トロモセル》銅《ドウ》鐵《テチノ》汁《シル》涌《ワクコト》如《シ》レ泉《イツミノ》　無量樂

沸《ワキ》涌《ワヒテ》騰《アガルコト》レ波《ナミ》高《タカサ》八萬《ナリ》　願往生
直《キニ》射《イルガゴトクシテ》門外千由旬《ナリ》　無量樂

四門《ノ》四道《アリ》罪人入《ル》　願往生
門開《ケテ》業火出《デ、》來迎《ス》　無量樂

鐵《テチ》②汁《ジウ》焱《エン》焱《エントシテ》流《レテ》沒《クダス》レ膝《ヒザヲ》　願往生
觸《ル、》處《ロニ》煙炎《トシテ》同時《ニ》起《ル》　無量樂

牛頭獄率道邊《ニシテ》嚂《イカレバ》　願往生
大地震動《スルコト》如《シ》二天《ノ》雷《ノ》一　無量樂

罪人聞《テ》レ之《ヲ》心《シム》肚《トヲ》裂《サク》　願往生
鐵蟲・鐵鳥爭《アラソヒ》來《タテ》食《ス》　無量樂

鐵丸・刀劍空《ノ》中《ヨリ》下《ル》　願往生
鎔《セル》銅鐵《ノ》汁《シル》注《ソヽグ》二身上《ニ》一　無量樂

去《サルコト》二鐵城《ノ》門《ヲ》一四萬里《ナリ》　願往生
要《カナラズ》取《テ》レ中《ヲ》行《ゼシム》無《シ》二避《サル》處《トコロ》一　無量樂

行《ズルコト》疾《トクシテ》過《スギタリ》レ風《カゼニモ》如《シ》二箭《ヤノ》射《イルガ》一　願往生
須臾《ニ》即《チ》入《ル》二七重《ノ》門《ニ》一　無量樂

般舟三昧樂　願往生
專心《ニ》念佛《シテ》斷《ズベシ》二貪瞋《ヲ》一　無量樂

①鎔　右◎トモロセル
②汁　◎「汁歟《ジフ》」と上欄註記

入《ナバ》此《ノ》七重《ノ》鐵門《ノ》内《ニ》　願往生　何《ツレノ》時《キ》何《レノ》劫《ニカ》得《エム》廻還《カエルコトヲ》　無量樂
罪人入《リ》已《リヌレバ》門皆《ナ》閉《ツ》　願往生　一一《ノ》身滿《テ》不《ズ》相《ヒ》妨《サマタゲ》　無量樂
一臥八萬長時劫　願往生　皆由破法罪因縁　無量樂
謗毀《シ》三寶《ヲ》壞《ヤブル》人《ノ》善《ヲ》　願往生　亦墮《ツ》阿鼻大獄《ノ》中《ニ》　無量樂
戲《ケ》笑《セウノ》作罪《モ》多劫《ニ》受《ク》　願往生　不《シテ》惜《イタマ》佛意《ヲ》取《ラムヤ》人《ノ》情《ロヲ》　無量樂
愼《ツヽシンデ》莫《レ》輕《シテ》心《シムヲ》縱《ニスルコト》三業《ヲ》　願往生　業道分明《ナリ》不《ズ》可《ラ》欺《ソムク》　無量樂
般舟三昧樂　願往生　横《ニ》截《テ》業道《ヲ》入《レ》西方《ニ》　無量樂
七重《ノ》鐵城《ニ》門門《ノ》外《ニ》　願往生　鐵《テチ》蟒《マウ》擧《アゲテ》頭《カウベヲ》城《ノ》上《エヨリ》出《ツ》　無量樂
火炎・刀輪從《ヨリ》口出《ツ》　願往生　亦皆《ナ》流《レテ》注《ソヽグ》罪人《ノ》上《ニ》　無量樂
四角《ノ》鐵狗《ノ》身《ノ》毛孔《ヨリ》　願往生　亦雨《ル》煙火人身《ノ》上《ニ》　無量樂
羅刹擎《サヽゲテ》叉《ヒシヲ》刺《サス》心《シム》眼《ゲンヲ》　願往生　皆《ナ》由《ル》心眼《ヲモテ》墮《ダスルニ》泥《ナイ》犂《リニ》　無量樂
熱鐵《ノ》地《ノ》上《エニ》無窮《ノ》苦《アリ》　願往生　罪人或《ハ》臥《フシ》或《ハ》行《ユキ》走《ハシル》　無量樂
大劫盡《ル》時《キ》眼《マナコノ》中《ニ》見《ミユ》　願往生　東門《ノ》城《ノ》外《ニ》淸林泉《センアリ》　無量樂
罪人一時《ニ》向《ムカテ》東《シニ》走《ハシル》　願往生　臨臨《トシテ》欲《スレバ》到《イタラムト》門還《エテ》閉《ツ》　無量樂

如《クシテ》是《ノ》四門《ニ》遙《カナルコト》半劫《ナリ》　願往生　鐵網鉤《カヽムルコト》身《ヲ》如《シ》棘林《ノ》　無量樂

上《カミニ》有《テ》鷹鳥啄《ツイバム》人肉《ヲ》　願往生　地《ニ》有《テ》銅狗爭《アラソヒ》來《テ》食《ス》　無量樂

地上・虚空《ニ》無《シ》避《サル》處　願往生　動《ウゴケバ》即《チ》苦具《ニ》轉《タヽ》彌《ヨ》多《シ》　無量樂

般舟三昧樂　願往生　聞《ケバ》説《トクヲ》此《コノ》苦《クヲ》心摧碎《ス》　無量樂

不孝《セ》父母《ニ》罵《ノルモノ》三寶《ヲ》　願往生　終時《ニ》獄火自《ミ》相《ヒ》迎《フ》　無量樂

毀辱《シ》六親《ヲ》破《スルモノ》淨戒《ヲ》　願往生　亦墮《ス》如《クノ》是《ノ》泥《ナイ》犁《リノ》中《ナカニ》　無量樂

殺害《シ》衆生《ヲ》食《スルモノ》他肉《ヲ》　願往生　直《キニ》入《ル》泥犁火聚《ノ》中《ニ》　無量樂

見聞・方便・處分殺《セン》　願往生　如《ク》前《ノ》受《テ》苦《ヲ》未《ダ》何央《ナカバナラ》　無量樂

劫盜《スレバ》三寶衆生《ノ》物《ヲ》　願往生　一《タビ》墮《シテ》泥《ナイ》犁《リニ》無《シ》出《ル》期《ゴ》　無量樂

偸劫《スルモノ》父母六親《ノ》物《ヲ》　願往生　亦入《ル》如《ノ》是《ノ》泥犁《ノ》中《ニ》　無量樂

般舟三昧樂　願往生　不《ズ》惜《オシマ》身財《ヲ》常《ニ》惠施《スベシ》　無量樂

惡染《スレバ》師僧《ヲ》壞《スレバ》淨行《ヲ》　願往生　泥犁永劫《ニシテ》出《イツルコト》無《シ》期　無量樂

邪染《スレバ》衆生及《ビ》眷屬《ヲ》　願往生　定《メテ》入《ル》泥犁長劫《ノ》苦《ニ》　無量樂

若《シ》得《ツレバ》人身《ヲ》黄門《ノ》報《ナリ》　願往生　六親同住《スレドモ》如《シ》怨家《ノ》　無量樂

766　1-712　765

般舟三昧樂　願往生

欺誑《スレバ》三寶衆生《ノ》類《ヲ》　願往生

惡《アク》口《ク》・兩《リヤウ》舌《ゼチ》・貪《トム》・瞋《シン》・慢《マンノモノ》　願往生

論説《スレバ》他人三寶《ノ》邊《ヲ》　願往生

普《ク》勸《ム》衆生護三業《ヲ》　願往生

一切時中《ニ》憶《シテ》地獄《ニ》　願往生

誓願《シ》不《レ》作《ツクラ》三塗《ツノ》業《ヲ》　願往生

忽《チニ》憶《シテ》地獄長時《ノ》苦《ヲ》　願往生

安樂佛國《ハ》無爲《ノ》地《トコロナリ》　願往生

般舟三昧樂　願往生

淨土《ノ》莊嚴無《シ》有《コト》盡《ツクルコト》　願往生

千劫・萬劫・恆沙劫《ニ》　願往生

十方《ノ》衆生《モ》未《ダ》《ズ》曾《ツテ》滅《ゼ》　願往生

彌陀《ノ》願力隨《テ》心《ニ》大《オホキナレバ》　願往生

願《ハ》斷《ジテ》邪心《ヲ》修《セヨ》梵行《ヲ》　無量樂

死《シテ》入《リテ》泥犂《ニ》無《シ》出《ル》期　無量樂

八萬《ノ》地獄《ニ》皆《ナ》周遍《シ》　無量樂

死《シテ》入《ル》拔《バチ》舌《ゼチ》泥《ナイ》犂《リノ》中《ナカニ》　無量樂

行住坐臥《ニ》念《ジ》彌陀《ヲ》　無量樂

發起《スベシ》增上往生《ノ》心《シムヲ》　無量樂

人天《ノ》樂報亦《タ》無《ナカレ》心《コ、ロザスコト》　無量樂

不《ザレ》捨《シテ》須《シユ》臾《ユモ》忘《ワスレ》安樂《ヲ》　無量樂

畢竟《ジテ》安《アンズル》身《ヲ》實《コトニ》是《レ》精《セイナリ》　無量樂

唯佛《ノ》一道《ノミ》獨《リ》清《セイ》閒《ゲンナリ》　無量樂

十方《ヨリ》生《ズル》者《モノ》亦無窮《ナリ》　無量樂

一切《ノ》去《ユク》者《モノ》不《ズ》相《アヒ》妨《サマタゲ》　無量樂

彌陀佛國《モ》亦無《シ》增　無量樂

四種《ノ》莊嚴普《ネク》皆《ナ》遍《セリ》　無量樂

三明六通常《ニ》自在《ニシテ》　願往生　遍《アマネク》①入《下フ》二衆生《ノ》心-想《ノ》中《ニ》一　無量樂

佛身相好依《ヨテ》レ心《ニ》起《ル》　願往生　隨《ガテ》レ念《ニ》卽《チ》現《ズ》二眞金《ノ》佛《ヲ》一　無量樂

眞金《ハ》卽《チ》是《レ》彌陀《ノ》相《ナリ》　願往生　圓光化佛現《ズ》二人《ノ》前《エニ》一　無量樂

相好②彌《イヨイヨ》多《クシテ》八萬四《ナリ》　願往生　一一《ノ》光明照《ス》二十方《ヲ》一　無量樂

不《ズ》下爲《メニ》二餘緣《ノ》一光《リ》③普《ネク》照《ラサ》上　願往生　唯《タヾ》覓《モトム》二念佛往生《ノ》人《ヲ》一　無量樂

萬行倶《トモニ》迴《シテ》皆《ナ》得《ウレドモ》レ往《ユクコトヲ》　願往生　念佛《ノ》一行最《モ》爲《タリ》レ尊　無量樂

廻生《ノ》雜善《ハ》恐《ラクハ》力《ラ》弱《ヨハシ》　願往生　無《シ》レ過《スギタルモノ》二一日七日《ノ》念《ニ》一　無量樂

命欲-終-時《ニ》聖衆現《ジテ》　願往生　④卽《チ》坐《シテ》二華臺《ニ》一至《ル》二寶國《ニ》一　無量樂

淸淨大海無生《ノ》衆　願往生　遙《カニ》見《ミテ》二生《ズル》者《ノヲ》一皆《ナ》歡喜《ス》　無量樂

觀音相好佛《ト》無《シ》レ異　願往生　慈悲救《スクウコト》レ苦《クヲ》最《モ》爲《ス》レ強《コハシト》　無量樂

般舟三昧樂　願往生　不《ズシ》レ違《タガハ》二師《シ》敎《ケウニ》一念《ゼシム》二彌陀《ヲ》一　無量樂

救《スクコト》レ苦《ヲ》雖《ドモ》三遙《ハルカニ》別《ツト》二世界《ヲ》一　願往生　衆生急《ニ》念《ズレバ》應《ジテ》レ時《ニ》來《ル》　無量樂

或《ハ》現《ジテ》二聲聞・菩薩《ノ》相《ヲ》一　願往生　隨《テ》二緣《ノ》樂見《ニ》一度《ス》二衆生《ヲ》一　無量樂

悲心拔《ヌイテ》レ苦《ヲ》超《シメ》二三界《ヲ》一　願往生　慈心《ニ》與《ト》レ樂涅槃《トヲ》期《セン》　無量樂

---

①入　右◎「ル」を「下フ」と上書訂記
②彌　右◎「イヨイヨ」と上書訂記
③普　右◎「ネ」と上書訂記
④卽坐華臺　◎「卽《チ》レ坐《シテ》二華臺《ニ》一」とあり

隨逐衆生身有異　願往生　分身六道度時機　無量樂
禮念觀身除罪障　願往生　直是發願慈悲極　無量樂
一切時中緣法界　願往生　攝取六道現身中　無量樂
眼見耳聞心內事　願往生　尋聲救苦刹那間　無量樂
天冠化佛高千里　願往生　念報慈恩常頂戴　無量樂
眉間毫相七寶色　願往生　色色八萬四千光　無量樂
光光化佛・菩薩衆　願往生　遍滿神通極樂界　無量樂
身作光明紫金色　願往生　內外映徹如明鏡　無量樂
一切光明如瓔珞　願往生　遍身交《ケウ》珞垂鈴《リヤウ》珮　無量樂
兩《リヤウ》手《シユ》纎《セン》圓雜華色　願往生　恆將此手接衆生　無量樂
擧足千輪印寶地　願往生　下足金華滿世界　無量樂
本住・他方行坐處　願往生　觸者卽悟無生忍　無量樂
地前・地上元《モト》無二　願往生　隨根利鈍超增位　無量樂
念念時中常得證　願往生　未得施功方得悟　無量樂

般舟三昧樂　願往生　畢命《シテ》同生誓不退　無量樂

如《ク》此《ノ》逍遙快樂《ノ》地《ニ》　願往生　更《タガヒニ》貪《ジテ》何《ナニ》事《ゴトヲ》不《ラン》求《メ》生《ヲ》　無量樂

救《スクウニ》苦《ヲ》分身《シテ》平等《ニ》化《ス》　願往生　化《シ》得《エテハ》卽《チ》送《オクル》彌陀《ノ》國《ニ》　無量樂

衆等咸《コトゴトク》蒙《カブル》大悲《ノ》力《ラヲ》　願往生　碎《クダキテ》身《ミヲ》慚《ザン》謝《シヤシテ》報《ゼヨ》慈恩《ヲ》　無量樂

般舟三昧樂　願往生　觀音引接《ゼウシテ》見《ミセシム》彌陀《ヲ》　無量樂

勢至菩薩威《ヰ》光大《キナリ》　願往生　身色相好等《シ》觀音《ニ》　無量樂

身上光明遍《ス》法界《ニ》　願往生　照《ス》處《ロ》皆《ナ》同《ジク》紫金色《ナリ》　無量樂

有緣《ノ》衆生蒙《ブテ》光照《ヲ》　願往生　增長《シテ》智慧《ヲ》生《ズ》安樂《ニ》　無量樂

頂戴《シテ》華冠《ヲ》垂《タレタリ》瓔珞《ヲ》　願往生　寶瓶《ビヤウヨリ》光《リ》出《デ、》現《ズ》希《ケ》琦《キヲ》　無量樂

勢至行《ズル》時震《フルウ》法界《ヲ》　願往生　震《フルウ》處《ロニ》蓮華自然《ニ》出《イツ》　無量樂

蓮華《ノ》莊嚴如《シ》極樂《ノ》　願往生　一切《ノ》佛國皆《ナ》如《シ》是《ノ》　無量樂

坐《スル》時先《ツ》動《ドウズ》彌陀國《ヲ》　願往生　後《ノチニ》震《フルウ》上下塵沙《ノ》刹《ヲ》　無量樂

一一《ノ》刹土《ノ》分身集《マル》　願往生　皆《ナ》是《レ》彌陀《ノ》三化身《ナリ》　無量樂

化佛・觀音・勢至集《アツマリテ》　願往生　側《シキ》塞《ソクス》虛空極樂《ノ》上《ニ》　無量樂

各《ノ》坐《シテ》蓮華百寶《ノ》座《ニ》　願往生
極樂《ノ》衆生見聞《シテ》益《エキアリ》　願往生
大集利益《セル》塵沙《ノ》衆　願往生
是《ノ》故《ニ》彼《ノ》國《ヲ》名《ク》極樂《ト》　願往生
一切時中《ニ》面《テ》西《ニ》向《ヘ》　願往生
地上《ノ》莊嚴無億數《ナリ》　願往生
正坐跏趺《シテ》往生《スト》想《ヘ》　願往生
想《ヘ》入《ルト》華《ハナノ》中《ナカニ》華《ナ》合《スト》想《ヘ》　願往生
想《ヘ》見《ミルト》彌陀《ヲ》光《ヒカリニ》雜色《アリ》　願往生
又想《ヘ》自身慈光照《スト》　願往生
想《ヘ》見《ルト》虛空《ノ》化佛衆《ヲ》　願往生
水・鳥・流波《ノ》宣《ノブルヲ》妙法《ヲ》　願往生
注想成《ズル》時寶國現《ズ》　願往生
觀音・勢至身無數也　願往生

異口同音《ニ》說《ク》妙法《ヲ》　無量樂
超《ニ》證《セリ》常倫《トモ》《ノ》諸地上《ニ》　無量樂
聽法《シ》供養《シテ》逕《フ》諸劫《ヲ》　無量樂
普《ク》勸《ム》同生常《ニ》憶念《スベシ》　無量樂
心《ニ》想《ヘ》見《ミルト》彼《ノ》彌陀《ノ》身《ヲ》　無量樂
寶樓・林樹垂《タレタリ》瓔珞《ヲ》　無量樂
直《キニ》注《トマル》華池大會《ノ》中《ニ》　無量樂
卽《チ》想《ヘ》華《ナ》開《ヒラケテ》見《ミルト》佛身《ヲ》　無量樂
光光相照《シテ》自身《ヲ》來《ルト》　無量樂
卽《チ》想《ヘ》籠《ロウ》籠《ロウトシテ》心眼開《ヒラクト》　無量樂
想《ヘ》聞《クト》林樹《ノ》奏《ソウスルヲ》天樂《ヲ》　無量樂
心心專注《スレバ》想《ヒ》令《シム》成《ゼ》　無量樂
卽《チ》得《ウ》化佛來《テ》加《カ》備《ビスルコトヲ》　無量樂
常《ニ》來《ス》至此《ノ》行人《ノ》邊《ホトリニ》　無量樂

般舟三昧樂　願往生　專心《ニ》想《ヘ》佛《ヲ》見《ルコトヲ》無《シ》疑《ヒ》　無量樂

佛知《シリ下ヘリ》衆生《ノ》流浪《ノ》久《ヒサシキコトヲ》　願往生　無明障重《ニシテ》難《シ》開悟《シ》　無量樂

佛恐《オソレテ》觀《ニ》大《ヲ》難《キコトヲ》周遍《シ》　願往生　更《サラニ》教《エテ》觀《ジテ》小《ヲ》在《オカシム》池中《ニ》　無量樂

想《ヘ》一《ツノ》蓮華《ノ》百寶葉《ニ》　願往生　丈六《ノ》化佛坐《ザスト》華臺《ニ》　無量樂

身《ニ》雖《ドモ》大小《アリト》能《ク》除《ノゾク》障《サワリヲ》　願往生　觀音・勢至等同《ナルコト》然《シカナリ》　無量樂

四種《ノ》威儀《ニ》常《ニ》自《ジ》策《シヤクスレバ》　願往生　命《チ》盡《ツキテ》須《シユ》臾《ユニ》歸《クヰセシム》自《ジ》然《ネンニ》　無量樂

自《ジ》然《ネントイフハ》卽《チ》是《レ》彌陀《ノ》國《ナリ》　願往生　究竟常安《ニシテ》無《シ》退時　無量樂

縱《ヒ》盡《ツクセドモ》百年《ヲ》如《シ》一日《ノ》　願往生　一日須臾何《ゾ》足《タラム》期《ゴスルコト》　無量樂

上品上生《ノ》凡夫等　願往生　持戒・念佛・誦經專《センナリ》　無量樂

一切時中《ニ》常《ニ》勇猛《ナレバ》　願往生　臨終《ニ》聖衆自《ラ》來迎《ス》　無量樂

觀音・大勢擎《サヽゲテ》華《ハナヲ》至《イタル》　願往生　一時接手《シテ》上《ノボラム》金臺《ニ》　無量樂

無數《ノ》化佛・菩薩衆　願往生　摩《ナデ、》頭《カウベヲ》讃歎《シ》隨《シタガテ》佛《ニ》去《サル》　無量樂

一念之間《アヒダニ》到《イタテ》佛國《ニ》　願往生　卽《チ》現《ズ》眞《シン》容《ヨウノ》菩薩衆《ヲ》　無量樂

光明《ノ》寶林皆《ナ》說《トク》法《ヲ》　願往生　當《アタテ》時《トキニ》卽《チ》悟《サトル》無生忍《ヲ》　無量樂

須臾《ニ》歷二事《シテ》他方《ノ》佛《ニ》一　願往生　一念歸還《シテ》得《ウ》二千《ノ》證《ヲ》一　無量樂

上品中生《ノ》凡夫等　願往生　讀誦・念佛專持戒《ナリ》　無量樂

一日七日倶《トモニ》廻向《スレバ》　願往生　臨終《ニ》聖衆皆《ナ》來現《ス》　無量樂

觀音・大勢擎《ゲテ》レ華《ハナヲ》立《ス》　願往生　行者卽《チ》上《ノボル》二紫金臺《ニ》一　無量樂

與《ト》二千《ノ》化佛一同時《ニ》讚《ズ》　願往生　從《シタガテ》レ佛《ニ》須臾《ニ》入《ル》二寶池《ニ》一　無量樂

一宿《シユク》障《リ》盡《テ》華《ナ》開-發《ス》《ヒラク》　願往生　見《ミ上テ》レ佛《ヲ》卽《チ》欲《ス》レ下《オリナムト》二金臺《ヨリ》一　無量樂

足《シ》未《ダ》《ザルニ》レ至《ラ》レ地《ニ》華《ナ》承《ウク》レ足《アシヲ》　願往生　佛放《ハナテ》二金光《ヲ》一來《シテ》照《ス》レ身《ヲ》　無量樂

直《キニ》到《テ》二彌陀佛前《ニ》一立《シテ》　願往生　讚《ジテ》レ佛《ヲ》七日得《ウ》二無生《ヲ》一　無量樂

須臾《ニ》歷二事《シテ》他方《ノ》佛《ニ》一　願往生　證二-得《ス》百千三昧門《ヲ》一　無量樂

少《セウ》許《コノ》時間《ニ》逕《フ》二三劫《ヲ》一　願往生　卽《チ》入《ル》二明門歡喜地《ニ》一　無量樂

般舟三昧樂　願往生　持戒・作善《シテ》莫《ナカレ》二推《スイ》閑《ゲン》《コンスルコト》一　無量樂

推-閑《スレバ》卽《チ》造《ツクル》二輪-廻《ノ》業《ヲ》一　願往生　彌陀《ノ》淨土《ニ》遺《シメム》二誰《タレカ》去《ユカ》一　無量樂

湯《タウ》火《クワ》燒《ヤケバ》レ身《ミヲ》急《キフニ》自《ミ》撥《ハラウ》　願往生　莫《ナカレ》レ待《マツコト》二他人《ノ》推《スイ》緣《エンノ》事《ジヲ》一　無量樂

貪《トム》瞋《ジンノ》火《クワ》宅《タクニハ》相《サウ》燒《セウノ》苦《クアリ》《クルシミ》　願往生　障《サワリ》重《オモク》心《シム》-頑《グワンニシテ》《ツタナシ》未《ダ》《ズ》レ覺《カクセ》レ痛《イタミヲ》　無量樂

覺《スレバ》レ痛《ミヲ》卽《チ》斷《ズ》二愚《グ》癡《チノ》業《ヲ》一　願往生　悔心慚愧《シテ》生《ズ》二安樂《ニ》一　無量樂

安樂《トイフハ》卽《チ》是《レ》金剛《ノ》地《ナリ》　願往生　凡夫六道永《ク》無《シ》レ名《ナ》　無量樂

般舟三昧樂　願往生　極樂《ハ》清閑《ゲン》《コンニシテ》實《ニ》是《レ》精《セイナリ》　無量樂

上品下生《ノ》凡夫等　願往生　深《ク》信《ジテ》二因果《ヲ》一莫《シ》レ生《ズルコトヲ》レ非　無量樂

三業《ノ》起行《ハ》多《シ》二憍慢一　願往生　單《タンニ》《ヒトリ》發《ス》二無上菩提《ノ》心《ヲ》一　無量樂

廻《シテ》レ心《ヲ》念念《ニ》生《ズ》二安樂《ニ》一　願往生　終時《ニ》卽《チ》見《ミル》二金華《ノ》至《ルヲ》一　無量樂

五百《ノ》化佛・觀音等　願往生　一時《ニ》接手《シテ》入《イラシム》二華《ノ》中《ニ》一　無量樂

一念《ニ》乘《ジテ》レ華《ニ》寶池《ノ》内《ニアリ》　願往生　一日一夜《ニ》寶華開《ラク》　無量樂

華《ナ》開《ケテ》見佛《スレドモ》微微《ノ》障《アリ》　願往生　三七已後始《ハジメテ》分明《ナリ》　無量樂

耳《ニ》聽《テ》二衆聲《ヲ》一心《ニ》得《ウ》レ悟《リヲ》　願往生　歷二事《シテ》他方《ニ》一蒙《ル》二授記《ヲ》一　無量樂

十劫須臾《ニ》不《シテ》レ覺《ラ》盡《テ》　願往生　進《ミテ》入《ル》二明門歡喜地《ニ》一　無量樂

般舟三昧樂　願往生　盡《スヲ》レ名《ヲ》爲《シテ》レ期《ト》莫《レ》レ生《ズルコト》レ疑《ヒヲ》　無量樂

若《モシ》是《コレ》釋迦《ノ》眞《ノ》弟子《ナラバ》　願往生　誓《フテ》行《ジテ》二佛語《ヲ》一生《ゼヨ》二安樂《ニ》一　無量樂

不《レ》レ得《エ》三悠悠《トシテ》信《ズルコトヲ》二他語《ヲ》一　願往生　隨《ガテ》レ緣《ニ》治《ス》レ病《ヤマヒヲ》各《ノ》依《ヨルトイフコトヲ》レ①方《ホウニ》　無量樂

①方　右◎「ホ」と上書訂記

1-999

忽《タチマチニ》遇《アヒヌレバ》二災《サイ》危《クヰニ》一身《ミ》自《ミ》急《ナリ》　願往生　道俗千里《ニシテ》未《ダ》《ズ》レ能《ハ》レ救《スクフコト》　無量樂

口說事空心《ニ》行《ズ》レ怨《アダヲ》　願往生　是‐非人‐我如《シ》二山《サン》岳《ガクノ》一　無量樂

如《ノ》レ此《ノ》之人《ニハ》不《ズ》レ可《ラ》レ近《チカツク》　願往生　近《チカツケバ》卽《チ》輪二‐廻《ス》長劫《ノ》苦《ニ》一　無量樂

側《ソバダテ》レ耳《ミ、ヲ》傾《カタブケテ》レ心《シムヲ》常《ニ》採《サイ》訪《ハウシテ》　願往生　今身《ニ》修《シテ》レ道《ヲ》得《エヨ》二無生《ヲ》一　無量樂

若《シ》聞《キカバ》二此《ノ》法《ノ》希奇《ノ》益《ヲ》一　願往生　不《ズ》レ顧《ミ》二身命《ヲ》一要《ズ》求《モトメヨ》レ得《トクヲ》《エムコトヲ》　無量樂

若《シ》能《ク》專《ラ》行《ジテ》不《レバ》レ惜《オシマ》レ命《チヲ》　願往生　命《ヲ》斷《タ、ズシテ》須臾《ニ》生《ズ》二安樂《ニ》一　無量樂

般舟三昧樂　願往生　念佛卽《チ》是《レ》涅槃《ノ》門《ナリ》　無量樂

中品上生《ノ》凡夫等　願往生　偏《ヒトヘニ》學《ス》二聲聞・緣覺《ノ》行《ヲ》一　無量樂

戒・定・慈悲常《ニ》勇猛《シテ》　願往生　一心《ニ》廻三‐願《ス》生《ゼムト》二安樂《ニ》一　無量樂

終‐時《ニ》化佛・聲聞到《ル》　願往生　七寶《ノ》蓮華行者《ノ》前《ニアリ》　無量樂

佛放《ハナチテ》二光明《ヲ》一照《ス》二身頂《ヲ》一　願往生　行者自《ミ》見《レバ》上《ノボル》二華臺《ニ》一　無量樂

低《タレテ》レ頭《カウベヲ》禮《ライスルトキハ》レ　佛《ブチヲ》在《アリ》二此《コノ》國《クニ、》一　願往生　①擧《アゲ》レ頭《カウベヲ》已《オハレバ》入《ル》二彌陀界《ニ》一　無量樂

到《テ》レ彼《カシコニ》華《ハナ》開《ケテ》尋《スナワチ》見《ミトル》レ佛《ヲ》　願往生　聞《テ》レ說《トクヲ》二四諦《タイヲ》一證《ス》二眞如《ヲ》一　無量樂

般舟三昧樂　願往生　實《ニハ》是《レ》彌陀《ノ》願力《ノ》恩《ナリ》　無量樂

---

①擧　右◎「ゲ」の下「オハレバ」とあるを抹消

中品中生《ノ》凡夫等　願往生
一日一夜持《タモツ》㆓衆戒《ヲ》㆒　無量樂
廻《シテ》㆓此《ノ》戒福《ノ》善根《ノ》力《ラヲ》㆒　願往生
直《キニ》到《ル》㆓彌陀安養國《ニ》㆒　無量樂
臨終《ニ》化佛・師僧現《ズ》　願往生
七寶華來《テ》行者《ノ》前《ニアリ》　無量樂
行者見《ミテ》㆑華《ヲ》心踊《ユ》躍《ヤクス》　願往生
即《チ》上《ノボテ》㆓華臺《ニ》㆒隨《ガテ》㆑佛《ニ》去《ユク》　無量樂
一念之間《アヒダニ》入《テ》㆓寶國《ニ》㆒　願往生
直《キニ》入《ル》㆓八德寶池《ノ》中《ニ》㆒　無量樂
池內《ノ》蓮華無億數《ナリ》　願往生
悉《ク》是《レ》十方《ノ》同行人《ナリ》　無量樂
七日七夜《ニ》蓮華發《ヒラク》　願往生
華-開見-佛《シテ》得《ウ》㆓初《ショ》眞《ヲ》㆒　無量樂
般舟三昧樂　願往生
勤修實行《ニシテ》不《ズ》㆑欺《アザムカ》㆑人《ヒトヲ》　無量樂
中品下生《ノ》凡夫等　願往生
孝㆓養《シ》父母《ニ》㆒行《ズ》㆓人信《ヲ》㆒　無量樂
臨終《ニ》遇《アハム》㆔-値善知識《ノ》　願往生
爲《タメニ》說《トクニ》㆓極樂《ノ》彌陀《ノ》願《ヲ》㆒　無量樂
聞《テ》㆑說《ヲ》合掌《シ》廻心《シテ》向《フ》　願往生
乘《ジテ》㆑念《ニ》即《チ》到《ル》㆓寶池《ノ》中《ニ》㆒　無量樂
百寶《ノ》蓮華臺上《ノ》座　願往生
七七日《ノ》後《ニ》寶華開《ク》　無量樂
華《ナ》開《ケテ》見《ミ上ル》㆓佛《ト》塵沙《ノ》衆《トヲ》㆒　願往生
一劫已-後《ニ》證《ス》㆓無生《ヲ》㆒　無量樂
無生《トイフハ》即《チ》是《レ》阿羅漢《ナリ》　願往生
羅漢廻心《シテ》向《フ》㆓大乘《ニ》㆒　無量樂

一發已去小心滅《シテ》　願往生　直《キニ》至《テ》菩提《ニ》無《シ》有《アルコト》退　無量樂
是《ノ》故《ニ》天親作《ツクテ》論《ヲ》說《トカク》　願往生　二乘《ノ》心種永《ク》無《シ》生《ズルコト》　無量樂
故《ニ》言《フ》大乘善根界《ニシテ》　願往生　畢竟永《ク》絶《タット》譏《キ》嫌《ゲンノ》過《トガヲ》　無量樂
大小《ノ》凡夫平等《ニ》攝《ス》　願往生　且《マタ》避《サル》六道三塗《ツノ》難《ヲ》　無量樂
願《ジテ》往《セヨ》彌陀佛國《ノ》内《ウチニ》　願往生　證《ト》與《ト》不證亦心閑《ナリ》　無量樂
般舟三昧樂　願往生　頓《ニ》超《エテ》生死《ヲ》出《イデヨ》娑婆《ヲ》　無量樂
下品上生《ノ》凡夫等　願往生　具《ツブサニ》造《ツクテ》十惡《ヲ》無《シ》餘善　無量樂
増長《シテ》無明《ヲ》但《タヾ》快《タクマシクシ》意《コヽロヲ》　願往生　見《ミテ》他《ノ》修福《ヲ》生《ズ》非毀《ヲ》　無量樂
如《クノ》此《ノ》愚人難《シ》覺悟《シ》　願往生　良《ヤヽ》由《ヨル》知識《ノ》惡強《ガウ》緣《エンニ》　無量樂
唯《タヾ》知《シル》目《メノ》前《マエニ》貪《トムズルコトヲ》酒《シュ》・肉《ニクヲ》　願往生　不《ズ》覺《サトラ》地獄《ニ》盡《コトゴトク》抄《セウスルコトヲ》名《ナヲ》　無量樂
一《ビ》入《テ》泥犂《ニ》受《クルトキ》長苦《ヲ》　願往生　始《メテ》憶《ス》人中《ノ》善知識《ヲ》　無量樂
罪人臨終《ニ》得《エテ》重病《ヲ》　願往生　神《ジン》識《シキ》昏《コム》狂《ワウシ》心《シム》倒《タウ》亂《ランセリ》　無量樂
地獄芥①芥《トシテ》眼《コノ》前《ニ》現《ズルトキ》　願往生　白《ハク》汗《カン》流出《シ》手《テ》把《ニギル》空《ヲ》　無量樂
如《ノ》是《ノ》困苦誰《タレカ》能《ヨク》救《スクハム》　願往生　會《カナラズ》是《レ》知識彌陀《ノ》恩《ナリ》　無量樂

①芥　◎「芬ィ」と上欄註記

手《ニ》執《トテ》二香爐《ヲ》一教《エテ》懺悔《セシム》　願往生　教《エテ》令《シム》三合掌《シテ》念《ゼ》二彌陀《ヲ》一　無量樂
一聲《ノ》稱佛除《ノゾク》二衆苦《ヲ》一　願往生　五百萬劫《ノ》罪《ミ》消除《セリ》　無量樂
化佛・菩薩尋《テ》《タヅネテ》レ聲《ヲ》到《テ》　願往生　我《レ》故《ラニ》持《テ》レ華《ヲ》迎《ヘニ》レ汝《ヲ》來《ルト云》《イフ》　無量樂
行者見《テ》二佛《ノ》光明《ヲ》一喜《ブ》　願往生　即《チ》坐《シ》二七寶蓮華上《エニ》一　無量樂
佛從須臾還寶國　願往生　到即直入寶池中　無量樂
七七華開得見佛　願往生　觀音・大勢慈光照　無量樂
眼目晴明心得悟　願往生　合掌始發菩提心　無量樂
般舟三昧樂　願往生　得脱三塗知識恩　無量樂
若《シ》非《ズハ》二知識《ノ》教《エテ》稱《セシムルニ》レ佛《ヲ》　願往生　如-何《シテカ》得《エム》レ入《ルコトヲ》二彌陀《ノ》國《ニ》一　無量樂
下品中生《ノ》凡夫等　願往生　破戒・偸《チウ》-僧《ソウシテ》造《ツクリ》二衆罪《ヲ》一　無量樂
邪念①說法《シテ》無《シ》二慚愧一　願往生　破《シテ》二戒《ノ》因果《ヲ》一打《ウツ》二師僧《ヲ》一　無量樂
如《ノ》レ此《ノ》愚人臨《ノゾム》レ死《シニ》日　願往生　節《セツシ》節酸《サン》疼《トウシテ》錐《スイ》刀《タウヲモテ》刺《サスガゴトシ》　無量樂
地獄《ノ》猛火皆《ナ》來《タリ》逼《セム》　願往生　當《テ》レ時《ニ》即《チ》値《アハム》下善知識《ノ》　無量樂
發《シテ》二大慈悲《ヲ》一教《エテ》念佛《セシムルニ》上　願往生　地獄《ノ》猛火變《ジテ》レ風《ト》レ涼《シキ》　無量樂

①念　◎「命ィ」と右傍註記

天華旋《セン》轉《デンシテ》隨《テ》風《ニ》落《オツ》　願往生　化佛・菩薩《アテ》乘《ノル》華上《ニ》　無量樂

行者即《チ》坐《シテ》天華上《ニ》　願往生　從《テ》佛《ニ》須臾《ニ》入《ル》寶池《ニ》　無量樂

障重《ニシテ》華《ナ》開《ルコト》逕《フ》六劫《ヲ》　願往生　華《ナ》開《ケテ》始《メテ》發《ス》菩提心《ヲ》　無量樂

般舟三昧樂　願往生　碎《クダヒテ》身《ミヲ》慚謝《スベシ》釋迦《ノ》恩《ヲ》　無量樂

下品下生《ノ》凡夫等　願往生　十惡・五逆皆《ナ》能《ク》造《ル》　無量樂

如《ノ》此《ノ》愚人多《ク》造《テ》罪《ヲ》　願往生　經《シテ》歷地獄《ニ》無《ラム》窮《ムルコト》劫《ヲ》　無量樂

臨終《ニ》忽《チニ》遇《アハム》善知識《ノ》　願往生　爲《メニ》說《トイテ》妙法《ヲ》令《シムルニ》安穩《ナラ》　無量樂

刀風解《トク》時貪《ジテ》忍《バムコトヲ》痛《ヲ》　願往生　教《エテ》令《シムルニ》念佛《セ》不《ズ》能《アタハ》念《ズルコト》　無量樂

善友告《ツゲテ》言《ノタマハク》專《ラ》合掌《シテ》　願往生　正念《ニシテ》專《ラ》稱《スベシ》無量壽《ト》　無量樂

聲聲《ニ》連注《シテ》滿《ミテシム》①十方《ヲ》　願往生　念念《ニ》消除《ス》五逆《ノ》障《ヲ》　無量樂

謗法闡提行《ズレドモ》十惡《ヲ》　願往生　廻心念佛《スレバ》罪《ミ》皆《ナ》除《コル》　無量樂

病者《ノ》身心覺《シテ》醒《ウ》悟《ゴスレバ・ゴスレドモ》　願往生　眼前《ニ》即《チ》有《アリ》金華現《ズルコト》　無量樂

金華光明照《ニ》行者《ヲ》　願往生　身心歡喜《シテ》上《ノボル》華臺《ニ》　無量樂

乘《ジテ》華《ニ》一念《ニ》至《テ》佛國《ニ》　願往生　直《キニ》入《ル》大會佛前《ノ》池《ニ》　無量樂

---

①十方　◎「或本十念《ト云》」と上欄註記

殘《ザン》《ノコンノ》殃《アフ》《ツミ》未《ダ》《ズ》盡《ツキ》華《ナノ》中《ニ》合《ツボマル》　願往生
十二劫《ノ》後《ノチニ》始《メテ》華《ナ》開《ク》　無量樂

華内《ニ》坐《セル》時《キ》無《シ》微《スコシノ》苦《クルシミ》　願往生
超過《セリ》色界三禪《ノ》樂《ニ》　無量樂

般舟三昧樂　願往生
勉《マヌカレテ》入《イルコトヲ》地獄《ニ》坐《ザセヨ》金蓮《ニ》　無量樂

寧《ムシロ》合《シテ》金華《ヲ》百千劫《ナリトモ》　願往生
不《ジ》能《アタハ》地獄須臾《ノ》間《アヒダニ》　無量樂

觀音・大勢慈光《ヲモテ》照《ス》　願往生
徐《ヤウヤク》徐《トシテ》爲《タメニ》説《トク》安心《ノ》法《ヲ》　無量樂

行者得《エテ》聞《クコトヲ》希有《ノ》法《ヲ》　願往生
智慧《ノ》法眼豁《クワツ》然《ネントシテ》開《ヒラク》　無量樂

法眼開《ル》時《キ》見《テ》佛《ノ》會《エヲ》　願往生
即《チ》發《ス》無上菩提《ノ》心《ヲ》　無量樂

或《ハ》坐《シ》或《ハ》立《シ》遊行《シテ》觀《ミル》　願往生
到《ル》處《ニハ》唯《タヾ》聞《ク》説法《ノ》聲《ヲ》　無量樂

身心《ノ》毛孔皆《ナ》得《トク》悟《ゴス》　願往生
菩薩聖衆皆《ナ》充滿《セリ》　無量樂

自《ミ》作《シテ》神通《ヲ》入《ル》彼《ノ》會《ニ》　願往生
憶《スルニ》本《ヲ》娑婆知識《ノ》恩《ナリ》　無量樂

若《シ》非《ズハ》釋迦勸《メテ》念佛《セシムルニ》　願往生
彌陀《ノ》淨土何《ナニ、》由《ヨテカ》見《ミム》　無量樂

心《ニ》念《ジテ》香華《ヲ》遍《ネク》供養《ス》　願往生
長時長劫《ニ》報《ズ》慈恩《ヲ》　無量樂

普《ク》勸《ム》十方《ノ》生死界　願往生
同心《ニ》斷《ジテ》惡《ヲ》盡《ク》須《ラク》《ベシト》來《ル》　無量樂

一《タビ》入《ヌレバ》涅槃常住《ノ》國《ニ》　願往生
徹《トホシ》窮《シテ》《キワム》後際《ヲ》更《ラニ》何《イツレノ》憂《ウレエアラム》　無量樂

01「定散…夫位」化巻 194

792　1-726　791

念念時中《ニ》常《ニ》證悟《シテ》　願往生
十地《ノ》行願自然《ニ》成《ズ》　無量樂

地地《ノ》慈悲巧方便　願往生
以《モテ》佛《ヲ》爲《シテ》師《ト》無《ナク》錯《アヤマリ》悟《サトル》　無量樂

定善依《テ》經《ニ》十三觀　願往生
一一《ニ》具《モニ》説《トク》莊嚴《ノ》事《ヲ》　無量樂

行住坐臥《ニ》常《ニ》觀察《セヨ》　願往生
常《ニ》念《ズレバ》心眼《ニ》籠籠《トシテ》見《ミル》　無量樂

散善九品依《テ》經《ニ》讃《ズ》　願往生
一一廻向《スレバ》皆《ナ》得《ウ》往《ユクコトヲ》　無量樂

定善《ノ》一門《ハ》韋提請《ズ》　願往生
散善《ノ》一行《ハ》釋迦開《クト》　無量樂

01定散倶《トモニ》廻《スレバ》入《ル》寶國《ニ》　願往生
卽《チ》是《レ》如來《ノ》異《ノ》方便《ナリ》　無量樂

韋提《ハ》卽《チ》是《レ》女人《ノ》相《サウ》《カタチ》　願往生
貪瞋具足《シテ》凡夫《ノ》位《クラヰ也》　無量樂

厭捨娑婆《ヲ》求《モトムレバ》佛國《ヲ》　願往生
卽《チ》現《ズ》極樂莊嚴《ノ》界《ヲ》　無量樂

得《テ》見《コトヲ》極樂《ヲ》心歡喜《シ》　願往生
更《ニ》覩《ミ上テ》彌陀《ヲ》成《ズ》法忍《ヲ》　無量樂

五百女人同《ジク》白《サク》佛《ニ》　願往生
誓願《スラクハ》同生《ゼムト》安樂國《ニ》　無量樂

爾《ノ》時《ニ》世尊皆《ナ》印《ヰム》記《キシ下フ》　願往生
同《ジク》得《テ》往生《ヲ》證《セシム》三昧《ヲ》　無量樂

釋・梵・護世臨《ミテ》空《ニ》聽《キイテ》　願往生
亦《タ》同《ジク》發願《ス》生《ゼムト》安樂《ニ》　無量樂

普《ク》勸《ム》有縁常《ニ》念佛《スベシ》　願往生
觀音・大勢爲《ナル》同學《ト》　無量樂

02「白諸…絶也」信巻 98
03「淨土常居」末燈鈔 783 善性本 865 血脈集 883 意

793 1-727

若《シ》能《ク》念佛人《スルモノハ》中《ノ》上《ナリ》 願往生 願《ジテ》得《エテ》同《ジク》生《ズルコトヲ》諸佛《ノ》家《イエニ》 無量樂

長劫長時《ニ》佛《ノ》邊《ニシテ》證《ス》 願往生 道場《ノ》妙果豈《ニ》爲《セム》賒《ハルカナリト》 無量樂

02白《サク》諸《ノ》行者《ニ》、凡夫《ノ》生死不《ズ》可《ラ》貪《トムト》而《シテ》不《ザルハアル》厭《イトハ》、彌陀《ノ》淨土不《ズ》可《ラ》輕《カロク》而《シテ》不《ズハアル》忻《ネガハ》。厭《イトヘバ》則《チ》娑婆永《ク》隔《ヘダヽル》、忻《ヘバ》則《チ》03淨土《ニ》常《ニ》居《ス》。隔《ダヽレバ》則《チ》六道《ノ》因亡《バウジ》、淪廻之《ノ》果《ヲ》自《ラ》滅《ス》。因果既《デニ》亡《バウジヌレバ》、則《チ》形名頓絶《ス》也。仰《アオイデ》惟《オモンミレバ》同生《ノ》知識等、善《ク》自《ミ》思量《セヨ》。却《ソムイテ》推《オスニ》受生之無際《ナルコトヲ》、與《ト》空性同時《ナリ》。同時《ニ》而《シテ》有《アリ》心識。若《シ》不《ズシテ》與《ト》空界同時《ナラ》有《アリト》者《イハヾ》、一切衆生卽《チ》是《レ》無《ク》因而《シテ》始《メテ》出《イデタルナラム》也。心識若《シ》無《クシテ》本因有《アリト》者《イハヾ》、卽《チ》事同《ジカラム》木石《ニ》。若《シ》①同《ジトイハ》木石《ニ》者《バ》、則《チ》無《ナカラム》六道之因業也《ヤ》。因業若《シ》無《ナシト》者《イハヾ》、凡聖《ノ》苦樂因果誰《タレカ》覺《カクシ》誰《レカ》知《シラム》也《ヤ》。以《モテ》斯《コノ》道理《ヲ》推《オシ》勘《カムガウレ》者《バ》、一切衆生定《メテ》有《アリ》心識也《ヤ》。若《シ》有《アラバ》心識、卽《チ》與《ト》空際同時《ニ》有《アテ》有、若《シ》與《ト》空際同時《ニ》有《アリト》者《イハヾ》、卽《チ》唯佛與佛《ノミ》得《エム》知《ルコトヲ》本元《ヲ》也《ヤ》。行者等知《シル》自《ノ》身心《ヲ》、與《ト》空際同時《ニ》有《テ》乃至今身今日《マデ》、不《ハ》能斷惡除貪《ニ》。一切《ノ》煩惱唯《タヾ》覺《スベシ》增多《ナルコトヲ》。又使《シム》釋迦・諸佛同《ジク》勸《メテ》、專念《セシメ》彌陀《ヲ》想觀《シテ》極樂《ヲ》、盡《シテ》此《ノ》一身《ヲ》命斷《ニ》卽《チ》生《ゼ》安樂國《ニ》也。豈《ニ》非《ズヤ》長時《ノ》大益《ニ》。行者等努《ユ》力《メ》努《ユ》力《メ》勤《ツトメ》而《テ》行《ズベシ》之《ヲ》。常《ニ》懷《イダイテ》慚愧《ヲ》、仰《テ》謝《セヨ》佛《ノ》恩《ヲ》、應《シ》知《ル》。

①同 右◎「ハ」の下「ゞ」とあるを抹消 1-1007

794

般舟三昧行道往生讃　一巻

選擇集延書

〔概説〕

本書は、源空（法然）聖人撰述の『選択集』を延書したものであり、上下二巻からなる。『選択集』については本聖典第一巻「三経七祖篇」を参照されたい。

宗祖が元久二（一二〇五）年に源空聖人より『選択集』の見写を許されたことは、『教行信証』「後序」に自ら記されているが、このとき書写された本は現存せず、また宗祖真筆の延書本も現存しない。しかし、宗祖が書写した旨の奥書を有する延書本が、大谷大学禿庵文庫に上巻本、高田派専修寺に下巻本末が伝えられており、上巻本に「正元元歳九月朔日書之／愚禿親鸞八十七歳」、下巻末に「正元元歳九月十日書之／愚禿親鸞八十七歳」とある。これらのことから、本書は、正元元（一二五九）年、宗祖八十七歳の時に書写されたものを元にしたことが知られ、「正元本」とも呼ばれる。

本書の首題「選擇本願念佛集」の下には、上巻本に「假字上本」、下巻本に「假字下本」、下巻末に「假字下末」と細註があり、上下巻をそれぞれ二つに分けた四冊本であることがわかる。上巻本には第一二門章と第二二行章、下巻本には第八三心章より第十一讃嘆念仏章まで、下巻末には第十二念仏付属章より結勧までが収められている。なお、上巻末は現存しないが、第三本願章より第七摂取章までが収められていたと考えられる。

上巻本の特徴としては、まず、首題直下に「天台黑谷沙門源空作」という撰号を有している。次に、標宗の細註を「往生之業念佛を本とす」としている。これは、宗祖が『教行信証』「行文類」や「化身土文類」、『尊号真像銘文』に引用した文で、「往生之業念佛爲本」と記していることに通ずる。次に、第一二門章冒頭に「謹『安樂集』の上を按ずるに」と「謹按」の二字を冠したものを延書している。さらに、同章の『安楽集』引文において、「暴風駛雨」とあるのは、『選択集』諸本が「駃」とするのとは異なるが、『高僧和讃』道綽讃の文言と一致しており、宗祖の用字と通じている。

下巻本末の特徴としては、宗祖が用いた漢字の字体が多く見られることが挙げられ、また、宗祖の仮名遣いに基づいて書写されているともいわれている。たとえば、経文の引用を「のたまはく」、論疏の引用を「いはく」と使い分けており、宗祖の用例に準じている。また、第八三心章の「ほかには賢善精進の相を現ずることをえざれ、うちに虚假をいだければなり」は、『教行信証』「信文類」や『愚禿鈔』で用いられる宗祖独自の訓読に通じている。さらに、下巻末に「兼實博陸の高命をかぶれり」とあるのは、本書のみに見られる特徴であるが、『高僧和讃』（国宝本）源空讃に「兼實博陸」とあることなどから、宗祖が書き加えた文言とも考えられる。

このように本書は、宗祖の用字や字体、仮名遣いや訓読などをよく伝えている。また、上巻本・下巻本末を通して漢字に丁寧な振り仮名が加えられていることも、本書の特徴である。

ところで、『選択集』諸本については、古来より略本・広本の二本説や稿本・刪本・正本・広本の四本説など、諸説ある。稿本とは草稿本とされる廬山寺蔵本に関連の深いもの、略本や刪本とは九条兼実所覧本で當麻寺奥院蔵本（往生院本）や延応元年刊本に連なるもの、正本とは平基親の序文が付された建暦二年刊本、広本とは略本に名目等を加えたもので標宗の細註を「往生之業念佛爲本」とするものをさしており、龍谷大学蔵存覚上人相伝本（延書）がこれにあたると考えられている。

本書と他の諸本とを比較すると、本書には建暦本のような序文は見られない。また、標宗の細註を「先とす」ではなく「本とす」とし、第一二門章冒頭を「謹『安樂集』の上を按ずるに」とし、私釈のはじめに「ひそかにおもむみれば」とある点は広本と同じであるが、第二二行章の八蔵二十揵度の釈や第十二念仏付属章の三経説時の前後についての一節がないのは略本と同じである。さらに、本書上巻本首題下にある撰号は、広略両本に無い。こうしたことから、本書は広本・略本の中間に位置するものと考えられている。

なお、『選択集』の延書本には、本書のほかに、六冊本の系統がある。宗祖加点本をもって延書にしたという奥書を有する龍谷大学蔵暦応四年本（江戸時代初期転写）や滋賀県福田寺蔵乗専書写本（零本）、存覚上人が覚善に相伝したという龍谷大学蔵存覚上人相伝本などであり、暦応本には略本系の影響が、存覚上人相伝本には広本系の影響が見られるといわれている。また、『存覚上人袖日記』には、『和字選択集』西道所持本や念法房所持本についての調巻や丁数等を記されているが、ともに本末巻をさらに三つずつに分けた六冊本であり、冒頭には「普通本也非廣本」と示されている。本書は四冊本であるから、これらとは異なる系統のものと考えられる。

〔底本〕

本書は、大谷大学蔵禿庵文庫室町時代初期書写本（上巻本）、高田派専修寺蔵正安四年顕智上人書写本（下巻本末）を底本とした。

大谷大学蔵本は、上巻本のみの一冊本である。書写奥書等は無く、書写者については定かではない。表紙には、中央に「選擇本願念佛集上本」との外題、左下に「釋教智」との袖書がある。先述の宗祖による奥書の次に、七字程度の墨書の抹消跡がある。巻尾には別筆で「夫融通念佛者……□阿法師／御年六十八才書畢／應仁貳年十一月卅日／願求諸衆生往生極樂」と応仁二（一四六八）年の年紀をもつ記入があったが抹消され、「南無阿彌陀佛」のみが残されている。体裁は半葉六行、一行十九字内外である。

専修寺蔵本は、上巻は無く、下巻本末の二冊本である。宗祖による奥書に続いて、「正安第四壬寅十一月廿七日／書寫之畢」とあり、宗祖が書写したものをもとに、正安四（一三〇二）年に顕智上人が書写したものである。表紙見返にはそれぞれ「三巻」「四巻」と巻数を示しており、元は上本・上末と合わせて四冊であったことを窺わせる。包紙中央にはそれぞれ「選擇本願念佛集 假字下本」「選擇本願念佛集 假字下末」との外題があるが、本文とは別筆で、真慧上人の筆といわれている。表紙には、中央にそれぞれ「選擇本願念佛集 假字下本」「選擇本願念佛集 假字下末」との外題、左下に「釋慶性」との袖書があり、いずれも顕智上人の筆で書かれている。下巻本末の内題下と本文末には、それぞれ「高田専修寺」の黒印がある。体裁は半葉六行、一行二十字内外である。

〈底本〉
◎大谷大学蔵禿庵文庫室町時代初期書写本(上巻本)、高田派専修寺蔵正安四年顕智上人書写本(下巻本末)

選擇本願念佛集 假字 上本

天台黑谷沙門源空作

南无阿彌陀佛 往生之業《わうじやうのごふ》、念佛を本とす

①一 道綽禪師《だうしやくぜんじ》、聖道《しやうだう》・淨土《じやうど》の二門《もん》をたてゝ、聖道《しやうだう》をすてゝ正《まさしく》淨土《じやうど》に歸《くゐ》する文《もん》。

謹《つしんで》『安樂集《あんらくしう》』の上《じやう》を按《あん》ずるに謂《いはく》、「問云《とふていはく》、一切衆生《さいしゆじやう》みな佛性《ぶちしやう》あり。遠劫《おむごふ》よりこのかた多佛《たぶち》に遇《まうあふ》べし。なにゝよてか、今《いま》にいたるまでなほ自《みづから》生死《しやうじ》に輪廻《りんゐ》して火《くわ》宅《たく》をいでざるや。答《こたへて》いはく、大乘《だいじよう》の聖教《しやうげう》によるに、まことに二種《しゆの》勝法《しようぼふ》をえて、もて生死《しやうじ》を拂《はらは》ざるに依《よりて》也。爰《こゝを》もて火宅《くわたく》をいでざる也。何《なに》をか二つとする。一には謂《いはく》聖道《しやうだう》、二には謂《いはく》往生《わうじやう》淨土《じやうど》也。その聖道《しやうだう》の一種《しゆ》は、今《いまの》ときに證《しよう》しがたし。一にはもはら大聖《だいしやう》を去《さる》こと遙遠《えうおむ》なるによる。二に理《り》深《ふかく》悟《さとり》微《み》なるによる。このゆへに『大集《だいじふの》月藏經《ぐわちざうきやう》』にいはく、我《が》末法《まちぽふの》時《ときの》中《なかの》億々《おくおくの》衆生《しゆじやう》、行《ぎやう》をおこし道《だう》を修《しゆ》せむに、いまだ一人としてうるものあらじと。當今《たうこむ》は末法《まちぽふ》、これ五濁《ごぢよく》惡世《あくせ》也。たゞ淨土《じやうど》の一門《もん》のみあて通入《つにふ》すべきみち也。このゆへに『大經《だいきやう》』に云《いはく》、もし衆生《しゆじやう》あてたと

〈表紙〉◎中央「選擇本願念佛集上［本］」 左下「釋教智」

①一 ◎に無し

ひ一生悪《しやうあく》をつくらむに、命終《みやうじゆの》ときにのぞむで、十念相續《さふぞく》して我 名字《わがみやうじ》を稱《しよう》せむに、生《むまれ》ずといはゞ、正覺《しやうがく》とらじと。また一切衆生《しゆじやう》すべて自《みづから》はからず。もし大乘《だいじよう》によらば、眞如實相《しんによじちさう》・第一義空《だいゐちぎく》、かつていまだ心《しむ》におかず。もし小乘《せうじよう》を論《ろん》ぜば、見《けん》諦修道《たいしゆだう》に修入《しゆにふ》し、乃至《ないし》、那含《なごむ》・羅漢《らかん》、五下《ごか》を斷《だん》じ五上をのぞくこと、道俗《だうぞく》をとふことなく、いまだその分《ぶん》にあらず。たとひ人天の果報《くわほう》あれども、みな五戒《ごかい》・十《じふ》善《ぜんの》ためによくこの報《ほう》をまねく。しかも持《たもち》うるもの、はなはだ希《まれ》也。もし起悪造罪《きあくざうざい》を論《ろん》ぜば、なむぞ暴風駛雨《ぼふしう》にことならむ。爰以《こゝをもて》諸佛《しよぶち》の大悲《だいひ》、すゝめて淨土《じやうど》に歸《くゐ》せしむ。たとひ一形《ゐちぎやう》悪《あく》をつくれども、たゞよくこゝろをかけて專精《せんしやう》につねによく念佛すれば、一切の諸障《しよしやう》自然《じねむ》に消除《せうぢよ》して、さだめて往生することをう。何《なんぞ》思量《おもひはから》ずしてすべて去《さる》《ユク》こゝろなきや」。

私《わたくし》にいはく、ひそかにおもむみれば、それ立教《りふけう》の多少《たせう》、宗《しゆ》に順《したがひ》て不同《ふどう》也。しばらく有相宗《うさうしゆ》のごときは、三時教《じけう》をたてゝ一代《だい》の聖教《しやうげう》を判《はん》ず。謂《いわゆる》有《う》・空《く》・中《ちう》これ也。无相宗《むさうしゆ》のごときは、二藏教《にざうけう》を立《たてゝ》一代聖教《ゐちだいしやうげう》を判《はん》ず。謂《いわゆる》菩薩藏《ぼさちざう》・聲聞藏《しやうもんざう》これ也。華嚴宗《くゑごむしゆ》のごときは、五教《ごけう》を立《たてゝ》一切の佛教《ぶちけう》を攝《せふ》す。謂《いわゆる》小乘教《せうじようけう》・始《し》教《けう》・終教《じゆけう》・圓教《えんげう》これ也。法華宗《ほふくゑしゆ》のごときは、四教五味《しけうごみ》を立《たてゝ》もて一切の佛教《ぶちけう》を攝《せふす》。

四教《しけう》と云《いふ》は、謂《いわゆる》藏《ざう》・通《つ》・別《べち》・圓《えん》これ也。五味《ごみ》といふは、謂《いわゆる》乳《にふ》・酪《らく》・生《しやう》・熟《じゆく》・醍醐《だいご》これ也。眞言宗《しんごむしゆ》のごときは、二教《けう》を立《たて》ゝ一切を攝《せふ》す。謂《いわゆる》顯教《けんげう》・密教《みちけう》これ也。今《いま》この淨土宗《じやうどしゆ》は、もし道綽禪師《だうしやくぜんじ》のこゝろによらば、二門《もん》をたてゝ一切を攝《せふ》す。謂《いはゆる》聖道《しやうだう》・淨土門《じやうどもん》これなり。　問云《とふていはく》、それ宗《しゆ》の名《な》を立《たつる》ことは、もと華嚴《くゑごむ》・天台等《てんだいとう》の八宗《しゆ》・九宗《しゆ》にあり。いまだきかず、淨土家《じやうどけ》におひてその宗《しゆ》の名《な》を立《たつる》ことは。然《しかるに》いま淨土宗《じやうどしゆ》と號《がうする》、何《いづれ》の證據《しようこ》かあるや。答云《こたへていはく》、淨土宗《じやうどしゆ》の名《な》、その證《しよう》一にあらず。元曉《ぐわんげう》の『遊心安樂道《ゆしむあんらくだう》』にいはく、「淨土宗《じやうどしゆ》のこゝろ、もと凡夫《ぼんぶ》のためにし、かねては聖人《しやうにんの》ため也」と。また慈恩《じおむの》『西方要決《さいはうえうくゑち》』に云、「この一宗《しゆに》よる」と。また迦才《かざい》の『淨土論《じやうどろん》』(序)に云、「この一宗《しゆ》ひそかに要路《えうろ》たり」。その證《しよう》かくのごとし。疑端《ぎたん》にたらず。　たゞ諸宗《しよしゆ》の立教《りふけう》は、まさしく今《いまの》こゝろにあらず。しばらく淨土宗《じやうどしゆ》について略《りやく》して二門《もん》を明《あかさ》ば、一には聖道門《しやうだうもん》、二には淨土門《じやうどもん》也。初《はじめ》に聖道門《しやうだうもん》と云《いふ》は、これについて二あり。一には大乘《だいじよう》、二には小乘《せふじよう》。大乘《だいじよう》の中《なか》について顯密《けんみち》・權實等《ごむじちとう》の不同《ふどう》ありといへども、いまこの『集《しふ》』のこゝろは、たゞ顯大《けんだい》および權大《ごむだい》を存《ぞんず》。かるがゆへに歴劫《りやくこふ》迂《う》廻《ゑの》行《ぎやう》にあたれり。これになぞらへてこれをおもふに、密大《みちだい》および實大《じちだい》を存《ぞんず》べし。しかればすなわち、今眞言《いましんごむ》・佛心《ぶちしむ》・天台《てんだい》・華嚴《くゑごむ》・三論《さむろん》・法相《ほふさう》・地論《ぢろん》・攝論《せふろん》、これらの八家《け》のこゝろまさしくこれにあり、しるべし。次小乘《つぎにせうじやう》と云は、すべてこれ小乘經《せうじやうきやう》・律《りち》・論《ろん》の中《なか》に明《あかす》ところの聲聞《しやうもん》・縁覺《えんがく》、斷惡證理《だんあくしようり》、入聖得果《にふしやうとくくわ》の道《だう》也。大《だい》になぞらへて少《せう》を思《おもへば》、また倶舍《くしや》・成實《じやうじち》、諸部律宗《しよぶのりちしゆ》を攝《せふす》べし。凡《おほよそ》この聖道門《しやうだうもん》の大意《たいい》は、大《だい》乘《じよう》および小乘《せうじよう》を論《ろん》ぜず。この娑婆世界《しやばせかい》の中《なか》にして、四乘《しじよう》の道《だう》を修《しゆ》して四乘《しじよう》の果《くわ》をうる也。四乘《しじよう》と云は三乘《さむじよう》の外《ほか》に佛乘《ぶちじよう》をくわへたる也。次《つぎ》に往生淨土門《わうじやうじやうどもん》と云は、これについて二あり。一には正往生淨土《まさしくわうじやうじやうど》を明教《あかすけう》也、二には傍《かたはら》に往生淨土《わうじやうじやうど》を明教《あかすけう》也。始《はじめ》に正往生淨土《まさしくわうじやうじやうど》を明教《あかすけう》と云は、謂《いはく》三經《さむぎやう》一論《ろん》也。三經《ぎやう》と云は、一には『无量壽經《むりやうじゆきやう》』、二には『觀无量壽經《くわんむりやうじゆきやう》』、三には『阿彌陀經』也。一論《ろん》といふは、天親《てんじむ》の『往生論《わうじやうろん》』これ也。或はこの三經《ぎやう》をさして淨土《じやうど》の三部經《ぶきやう》と號《がう》する也。問云《とふていはく》、三部經《さむぶきやう》の名《な》またその例《れい》ありや。答云《こたへていはく》、三部經の名《な》その例《れい》一にあらず。一には法華《ほふくゑ》の三部《さむぶ》と云《いふ》は、『无量義經《むりやうぎきやう》』・『法華經《ほふくゑきやう》』・『普《ふ》賢經《げんぎやう》』これ也。二には大日《だいにち》の三部《さむぶ》、いはく『大日經《だいにちきやう》』・『金剛頂經《こむがうちやうきやう》』・『蘇悉地《そしちぢ》經《きやう》』これ也。三には鎭護國家《ちんごこくけ》の三部《ぶ》といふは、『法華經《ほふくゑきやう》』・『仁王經《にんわうきやう》』・『金光《こむくわう》明經《みやうきやう》』これ也。四には彌勒《みろく》の三部《ぶ》、謂《いはく》『上生經《じやうしやうきやう》』・『下生經《げしやうきやう》』・『成佛經《じやうぶちきやう》』

これ也。今《いま》はたゞこれ彌陀《みだ》の三部也。かるがゆへに淨土《じやうど》の三部《ぶ》經と名《なづくる》也。まさに知《しる》べし、彌陀《みだ》の三部經《ぶきやう》と云はこれ淨土《じやうど》の正依經《しやうえきやう》也。つぎに傍《かたはら》に往生淨土《じやうど》を明《あかす》教《けう》と云は、『華嚴《くゑごむ》』・『法華《ほふくゑ》』・『隨求《ずいぐ》』・『尊勝《そんしよう》』等《とうの》もろもろの往生淨土《わうじやうじやうど》を明《あかす》諸經《しよきやう》これ也。また『起信論《きしんろん》』・『寶性論《ほうしやうろん》』・『十住毘婆沙論《ぢゆびばしやろん》』・『攝大乘論《せふだいじようろん》』等《とう》のもろもろの往生淨土を明《あかす》諸論《しよろん》これ也。およそこの『集《しふ》』の中に聖道《しやうだう》・淨土《じやうど》の二門を立《たつる》こゝろは、聖道《しやうだう》をすてゝ淨土門《じやうどもん》にいらしめむがため也。これについて二のゆへあり。一には大聖《だいしやう》を去《さる》こと遙遠《えうおん》なるによる。二には理《り》ふかく證《さとり》微《み》なるによる。この宗《しゆ》の中に二門《もん》を立《たつる》ことは、獨道綽《ひとりだうしやく》のみにあらず。曇鸞《どむらん》・天台《てんだい》・迦才《かざい》・慈恩《じおむ》等《とう》の諸師《しよし》みなこのこゝろあり。しばらく曇鸞法師《どむらんほふし》の『往生論《わうじやうろん》の註《ちゆ》』(巻上)に云、「謹《つしんで》龍樹《りうじゆ》菩薩《ぼさち》の『十住毘婆沙《ぢゆびばしや》』を按ずるに云《いはく》、菩薩《ぼさち》、阿毘跋致《あびばちち》を求《もとむる》に、二種道《しゆのだう》あり。一には難行道《なんぎやうだう》、二には易行道《いぎやうだう》也。難行道《なんぎやうだう》と云は、いはく五濁《ごぢよく》の世《よ》、无佛《むぶち》のときにして阿毘跋致《あびばちち》を求《もとむる》を難《なん》とす。この難《なん》にすなわち多途《たづ》あり。ほゞ五三をいふてもて義《ぎ》のこゝろを示《しめさむ》。一には外道《ぐゑだう》の相善《さうぜん》、菩薩《ぼさち》の法《ほふ》をみだる。二には聲聞《しやうもん》の自利《じり》、大慈悲《だいじひ》をさふ。三には无《む》顧惡人《このあくにん》、他《た》の勝《しよう》德《とく》を破《はす》。四には顚倒《てんだう》の善果《ぜんくわ》、よく梵行《ぼんぎやう》をやぶる。五にはたゞこれ自力《じりき》にして

1189
他力《たりき》をまつなし。かくのごときらの事《じ》、目《め》にふるゝにみなこれ也。たとへば陸《ろく》路《ろ》を歩行《ぶぎやう》すればすなわち苦《くるしき》がごとし。易行道《いぎやうだう》と云は、いはくたゞ佛を信ずる因縁《いんえん》をもて淨土《じやうど》に生《しやう》ぜむと願《ぐわん》ず。佛の願力《ぐわんりき》に乘《じよう》じてすなわちかの清淨《しやうじやう》の土《ど》に往生することをう。佛力住持《ぶちりきぢゆぢ》して、すなわち大乘正定《だいじようしやうぢやう》の聚《じゆ》に入《いる》。正定《しやうぢやう》はすなわちこれ阿毗跋致《あびばちち》也。たとへば水路《しゐろ》に船《ふね》に乘《じようじ》てすなわち樂《たのしき》がごとし」。聖道《しやうだう》門《もん》也。易行道《いぎやうだう》と云は、すなわちこれ淨土門《じやうどもん》也。難行《なんぎやう》・易行《いぎやう》、聖道《しやうだう》・淨土《じやうど》、そのことばことなりといへども、そのこゝろこれおなじ。天台《てんだい》・迦才《かざい》これにおなじ、しるべし。また『西方要決《えうくゑち》』に云、「仰《あおひ》でおもむみれば、釋迦《しやか》、運《うん》ひらけて有縁《うえん》をひろく益《やくす》。教《けう》、隨方《ずいはう》にひらけて幷《ならび》に法潤《ほふにん》にうるおふ。親《したしく》聖化《しやうくゑ》にあふものは、道《だう》を三乘《じよう》に悟《さとり》き。福薄《ふくうすく》、因《いん》おろそかなるものをすゝめて淨土《じやうど》に歸《くゐ》せしむ。この業《ごふ》をなすものは、もはら彌陀《みだ》を念じ、一切の善根《ぜんごむ》をめぐらしてかのくにゝ生ず。彌陀《みだ》の本願誓《ほんぐわんちかひ》て娑婆《しやば》を度《ど》したまふ。上現在《かみげんざい》の一形《ぎやう》をつくし、下臨《しもりん》終《じゆ》の十念にいたるまで、共《ともに》よく決定《くゑちぢやう》してみな往生することをう」。またおなじき後序《ごじよ》に云、「それおもむみれば、生《むまれて》像季《ざうき》居《にこ》して、聖《しやう》を去《さる》ことこれはるか也。
1190
道《だう》、三乘《さむじよう》にあづかりて契悟《かいご》するに方《のり》なし。人天の兩位《りやうゐ》は躁動《さうどう》してやすからず。

1191

智《ち》ひろくこゝろひろくして、よくひさしく處《しよ》するにたえたり。もし識《しき》おろかに行《ぎやう》あさきものは、恐《おそらく》は幽塗《いふと》におぼれむことを。必ずすべからくあとを娑婆《しやば》にとおざかり、こゝろを淨域《じやうゐき》にすますべし」(西方要決)。已上　この中に三乘《じよう》と云はすなわちこれ聖道門《しやうだうもん》のこゝろ也。淨土《じやうどゝ》いふはすなわちこれ淨土門《じやうどもん》のこゝろ也。三《さむ》乘《じよう》・淨土《じやうど》、聖道《しやうだう》・淨土《じやうど》、そのなことなりといへども、そのこゝろまた同《おなじ》。淨《じやう》土《ど》宗《しゆ》の學者《がくしや》、まづすべからくこのむねをしるべし。たとひさきに聖道門《しやうだうもん》を學《がく》せる人なりと云とも、もし淨土門《じやうどもん》におひてそのこゝろざしあらむものは、すべからく聖道《しやうだう》をすてゝ淨土《じやうど》に歸《くゐ》すべし。例《れい》せば、かの曇鸞法師《どむらんほふし》は四論《しろん》の講説《かうせち》をすてゝ一向《かう》に淨土《じやうど》に歸《くゐ》し、道綽禪師《だうしやくぜんじ》は涅槃《ねちはん》の廣業《くわうごふ》をさしおきてひとへに西方の行《ぎやう》をひろめしがごとし。上古《こ》の賢哲《けんてつ》なほもてかくのごとし。末代《まちだい》の愚魯《ぐろ》寧《むしろ》これにしたがはざらむや。

問云《とふていはく》、聖道家《しやうだうけ》の諸宗《しよしゆ》におのおの師資相承《ししさうじよう》あり。謂《いわゆる》天台宗《てんだいしゆ》のごときは、惠文《ゑもん》・南岳《なんがく》・天台《てんだい》・章安《しやうあん》・智威《ちゐ》・惠威《ゑゐ》・玄朗《ぐゑんらう》・湛然《たんねむ》、次《し》第《だい》相承《さうじよう》せり。眞言宗《しんごむしゆ》のごときは、大日如來《だいにちによらい》・金剛薩埵《こむがうさちた》・龍樹《りうじゆ》・龍智《りうち》・金智《こむち》・不空《ふくう》、次第《しだい》相承《さうじよう》せり。自餘《じよ》の諸宗《しよしゆ》、またおのおの相承《さうじよう》の血脈《くゑちみやく》あり。しかるにいまいふところの淨土宗《じやうどしゆ》におひて、師資相承《ししさうじよう》の血脈《くゑちみやく》の譜《ふ》ありや。答云、聖《しやう》道家《だうけの》血《くゑち》脈《みやく》のごとく淨土宗《じやうどしゆ》にまた血《くゑち》脈《みやく》あり。たゞ淨土《じやうど》の一宗《しゆ》におひて諸家《しよけ》また不同《ふどう》也。門徒《もんと》一にあらず。謂《いわゆる》廬山《ろざん》の惠遠法師《えおむほふし》、慈愍三藏《じみむざふ》、道綽《だうしやく》・善道等《ぜんだうとう》これ也。今《いま》しばらく道綽《だうしやく》・善導《ぜんだう》の一家《け》によりて、師資相承《ししさうじよう》の血脈《くゑちみやく》を論《ろん》ぜば、これにまた兩説《りやうせち》あり。一には菩提流支三藏《ぼだいるしさむざう》・惠寵法師《ゑてうほふし》・道場法師《だうぢやうほふし》・曇鸞法師《どむらんほふし》・大海禪師《だいかいぜんじ》・法上法師《ほふじやうほふし》已上、出《たり》二『安樂集』《に》一。二には菩提流支三藏《ぼだいるしさむざう》・曇鸞法師《どむらん》・道綽禪師《だうしやくぜんじ》・懷感法師《ゑかんほふし》・少康法師《せうかうほふし》已上、唐宋《たうそう》出《いでたり》二兩傳《りやうでんに》一。

二　善導和尚《ぜんだうくわしやう》、正雜《しやうざふ》二行を立《たてゝ》、雜行《ざふぎやう》をすてゝ正行《しやうぎやう》に歸《くゐ》する文。

『觀經の疏《くわんぎやうのしよ》』の第四（散善義）にいはく、「行《ぎやう》について信《しん》を立《たつ》と云《いふ》は、しかも行に二種《しゆ》あり。一には正行《しやうぎやう》、二には雜行《ざふぎやう》。正行《しやうぎやう》と云は、もはら往生《わうじやう》の經《きやう》によて行《ぎやう》を行《ぎやう》ずるもの、これを正行となづく。なにものかこれや。一心にもはらこの『觀經《くわんぎやう》』・『彌陀經《みだきやう》』・『无量壽經《むりやうじゆきやう》』等《とう》を讀誦《どくじゆ》し、一心にもはら思想《しさう》をとゞめてかの國《くにの》二報莊《ほうしやう》嚴《ごむ》を觀察《くわんざち》・憶念《おくねむ》する也。もし禮《らい》するにはすなわち一心にもはらかの佛を禮《らい》し、もし口《くち》に稱《しよう》するにはすなわち一心にもはらかの佛を稱《しよう》し、もし讚嘆供養《さんだんくやう》せばすなわち一心にもはら讚嘆供養《さんだんくやう》す。これをなづけて正《しやう》とす。またこの正の中に、また二種《しゆ》あり。一にはもはら彌陀《みだ》の名號《みやうがう》を念じて、行住坐臥《ぎやうぢゆざぐわ》に時節《じせち》の久近《くごむ》をとわず念々にすてざるを、これを正定《しやうぢやう》の業《ごふ》となづく。かの佛の願《ぐわん》に順《じゆん》ずるがゆへに。もし禮誦等《らいじゆとう》によらばすなわち名《なづけ》て助業《じよごふ》とす。この正助《しやうじよ》二行《ぎやう》をのぞいて已外《いぐゑ》の自《じ》餘諸善《よのしよぜん》おば悉《ことごとく》雑行《ざふぎやう》となづく。もしさきの正助《しやうじよ》の二行を修《しゆ》するは、心つねに親《しん》近《ごむ》し憶念《おくねむ》たえず、なづけて无間《むけんと》する也。もしのちの雑行《ざふぎやう》を行ずるは、すなわち心《しむ》つねに間斷《けんだん》す。廻向《ゑかう》して生《しやう》ずることをうべしといへども、悉《ことごとく》疎雑《そざふ》の行《ぎやう》となづくるなり」。

私《わたくし》に云《いはく》、この文《もん》について二のこゝろあり。一には往生行相《わうじやうのぎやうさう》を明《あかす》。二には二行の得失《とくしち》を判《はん》ず。　始《はじめ》に往生《わうじやう》の行相《ぎやうさう》を明《あかす》といふは、善導和尚《ぜんだうくわしやう》のこゝろによらば、往生の行《ぎやう》多《おほし》といへども多《おほき》に分《わかち》て二とす。一には正行《しやうぎやう》、二には雑行《ざふぎやう》。始《はじめ》に正行《しやうぎやう》と云は、これについて開合《かいがふ》の二義《ぎ》あり。始《はじめ》に開《かい》して五種《ごしゆとす》、後《のち》には合《がふ》して二種《しゆ》とす。始《はじめ》に開《かい》して五種《ごしゆと》すと云は、一には讀誦正行《どくじゆしやうぎやう》、二には觀察《くわんざち》正行、三には禮拜《らいはい》正行、四には稱名《しようみやう》正行、五には讚嘆供養正行《さんだんくやうしやうぎやう》也。第《だい》一に讀誦正《どくじゆしやう》行《ぎやう》と云は、もはら『觀經《くわんぎやう》』等《とう》を讀誦《どくじゆ》する也。すなわち文《もん》にいはく、「一心にもはらこの『觀經《くわんぎやう》』・『彌陀經《みだきやう》』・『无量壽經《むりやうじゆきやう》』等《とう》を讀誦《どくじゆ》する」也。第二に觀察《くわんざち》正行と云は、專《もはら》かのくにの依正《えしやう》二報《ほう》を觀察《くわんざち》する也。すなわち文に云、「一心に思想《しさう》し専注《せんちゆ》しかのくにの二報荘厳《ほうしやうごむ》を観察《くわんざち》・憶念《おくねむ》する」これ也。第三に禮拜正行《らいはいしやうぎやう》と云は、もはら彌陀《みだ》を禮《らい》する也。すなわち文《もん》に云《いはく》、「もし禮《らい》せばすなわち一心《しむ》にもはらかの佛を禮《らい》する」これなり。第四に稱名正行《しようみやうしやうぎやう》と云《いふ》は、もはら彌陀《みだ》の名《みやう》號《がう》を稱《しよう》する也。すなわち文に云、「もし口《くち》に稱《しよう》せばすなわち一心にもはらかの佛を稱《しよう》する」これ也。第五に讚嘆《さんだん》供養《くやう》正行と云は、もはら彌陀《みだ》を讚嘆《さんだん》供養《くやう》する也。すなわち文《もん》に云、「もし讚嘆《さんだん》供養《くやう》せばすなわち一心にもはら讚嘆《さんだん》供養《くやう》す、これを名《なづけ》て正《しやう》とす」と云これ也。もし讚嘆《さんだん》と供養《くやう》とを開《かい》して二とするには、六種《しゆ》の正行《しやうぎやう》となづくべし。今合《いまがふ》の義《ぎ》によるがゆへに五種《ごしゆ》と云。つぎに合《がふ》して二種《しゆ》とすと云は、一には正業《しやうごふ》、二には助業《じよごふ》。始《はじめ》に正業《しやうごふ》と云は、上《かみ》の五種《ごしゆ》の中《なか》の第四《だいし》の稱名《しようみやう》をもて正定《しやうぢやう》の業《ごふ》とす。すなわち文に云、「一心にもはら彌陀《みだ》の名《みやう》號《がう》を念《ねむ》じて、行住坐臥《ぎやうぢゆざぐわ》時節《じせち》の久近《くごむ》をとはず念々《ねむねむ》にすてざるもの、これを正定《しやうぢやう》の業《ごふ》となづく。かの佛の願《ぐわん》に順《じゆん》ずるがゆへに」とこれなり。つぎに助業《じよごふ》と云は、第四の口稱《くしよう》を除《のぞいて》の外《ほかの》讀誦等《どくじゆとう》の四種《しゆ》をもて助業《じよごふ》とす。すなわち文に云、「もし禮誦等《らいじゆとう》によるおばすなわち名《なづけて》助業《じよごふ》とする」これ也。問云《とふていはく》、何《なんが》ゆへぞ五種《ごしゆ》の中《なか》に獨《ひとり》稱名《しようみやう》念佛をもて正定《しやうぢやう》の業《ごふ》とするや。答云、かの佛の願《ぐわん》に順《じゆん》ずるがゆへに。こゝろのいはく、稱名《しようみやう》念佛はこれかの佛の本願の行《ぎやう》也。かるがゆへにこれを修《しゆ》するものは、かの佛の願《ぐわん》に乘《じよう》じて必《かなら》ず往生をうる也。その本願《ほんぐわん》の義《ぎ》、下《しも》にいたりてしるべし。つぎに雑行《ざふぎやう》と云《いふ》は、すなわち文に云、「この正助《しやうじよ》二行を除《のぞき》ての外《ほかの》自餘《じよ》の諸善《しよぜん》を悉《ことごとく》雑行《ざふぎやう》となづくる」これ也。こゝろはいはく、雑《ざふ》行无量《ぎやうむりやう》也、つぶさにのぶるにいとまあらず。たゞいましばらく五種《ごしゆ》の正行を翻對《ほんたい》して、もて五種《ごしゆ》の雑行《ざふぎやう》を明《あかす》也。一に讀誦雑行《どくじゆざふぎやう》、二に觀察雑行《くわんざちざふぎやう》、三に禮拜《らいはい》雑行《ざふぎやう》、四に稱名雑行《しようみやうざふぎやう》、五に讃嘆供養雑行《さんだんくやうざふぎやう》也。第一に讀誦雑行《どくじゆざふぎやう》と云は、上の『觀經《くわんぎやう》』等《とう》の往生淨土《わうじやうじやうど》の經《きやう》を除《のぞい》て已外《いぐゑ》の大少乘顯密《だいせうじようけんみち》の諸經《しよきやう》を受持讀誦《じゆぢどくじゆ》するは、悉讀誦雑行《ことごとくどくじゆざふぎやう》となづく。第二に觀察雑行《くわんざちざふぎやう》と云は、上の極樂《ごくらく》の依正《えしやう》をのぞいてのほかの大小《だいせう》、顯密《けんみち》、事理觀行《じりのくわんぎやう》、悉觀察雑行《ことごとくくわんざちざふぎやう》となづく。第三に禮拜《らいはい》雑行《ざふぎやう》と云は、上の彌陀《みだ》を禮拜《らいはい》するをのぞきて外《ほか》の一切の諸佛《しよぶち》・菩薩等《ぼさちとう》およびもろもろの世天等《せてんとう》におひて禮拜恭敬《らいはいくぎやう》する、悉禮拜雑行《ことごとくらいはいざふぎやう》となづく。第四に稱《しよう》名雑行《みやうざふぎやう》と云は、上の彌陀《みだ》の名號《みやうがう》を稱《しよう》するを除《のぞき》てほかの自餘《じよ》の一切の佛《ぶち》・菩薩《ぼさち》等《とう》およびもろもろの世天等《せてんとう》の名號《みやうがう》を稱《しよう》するを、悉稱名雑行《ことごとくしようみやうざふぎやう》となづく。第五に讃嘆供養雑行《さんだんくやうざふぎやう》と云は、上《かみ》の彌陀佛《みだぶち》を除《のぞい》て已外《いぐゑ》の一切の諸餘《しよよ》の佛《ぶち》・菩薩等《ぼさちとう》およびもろもろの世天等《せてんとう》におひて讃嘆供養《さんだんくやう》するを、悉《ことごとく》讃嘆供養雑行《さんだんくやうざふぎやう》と名《なづく》。このほかにまた布施《ふせ》・持戒等《ぢかいとう》の无量《むりやう》の行《ぎやう》あり。みな雑行《ざふぎやう》のことばに攝盡《せふじむ》すべし。　つぎに二行の得失《とくしち》を判《はん》ぜば、「もしさきの正助二行《しやうじよぎやう》を修《しゆ》するは、心《しむ》つねに親近《しんごむ》して憶念《おくねむ》たへず、名《なづけて》无間《むけん》とする也。もしのちの雑行を行ずるは、すなわち心つねに間斷《けんだん》す。廻向《ゑかう》してうまるゝことをうべしといへども、悉《ことごとく》疎雑《そざふ》の行《ぎやう》となづく」、すなわちその文《もん》也。このこゝろを按《あん》ずるに、正雑二行《しやうざふぎやう》について五番《ごばん》の相對《さうたい》あり。一には親疎對《しんそたい》、二に近遠對《ごむおんたい》、三に无間有間對《むけんうけんたい》、四に不廻向廻《ふゑかうゑ》向對《かうたい》、五に純雑對《じゆんざふ》也。第一に親疎對《しんそたい》と云は、まづ親《しん》と云は、正助二行《しやうじよ》を修《しゆ》するものは阿彌陀佛におひてはなはだもて親昵《しんぢつ》《むつまじ》たり。かるがゆへに『疏《しよ》』（定善義）の上の文に云、「衆生《しゆじやう》 行《ぎやう》を立《たてゝ》 口《くち》につねに佛を稱《しよう》すれば、佛すなわちこれをきこしめす。身《み》につねに佛を禮敬《らいきやう》すれば、佛すなわちこれをみそなわす。心につねに佛を念《ねむ》ずれば、佛すなわちこれをしろしめす。衆生佛《しゆじやうぶちを》 憶念《おくねむ》すれば、佛衆《しゆ》生《じやう》を憶念《おくねむ》したまふ。彼此《ひし》の三業《さむごふ》あひ捨離《しやり》せず。かるがゆへに親縁《しんえん》と名《なづくる》也」。つぎに疎《そ》と云は雑行《ざふぎやう》也。衆生佛《しゆじやうぶち》を稱《しよう》せざれば、佛すなわちこれをきこしめさず。身《み》に佛を禮《らい》せざれば、佛すなわちこれをみそなはさず。心に佛を念ぜざれば、佛すなわちこれをしろしめさず。衆生佛《しゆじやうぶち》を憶念《おくねむ》せざれば、佛衆生《しゆじやう》を憶念《おくねむ》したまわず。彼此《ひし》の三業《ごふ》つねに捨離《しやり》するがゆへに疎行《そぎやう》となづくる也。第二に近遠對《ごむおんたい》と云は、まづ近《ごむ》と云は、正助《しやうじよ》二行を修《しゆ》するものは阿彌陀佛におひてはなはだもて隣近《りんごむ》たり。故《かるがゆへ》に『疏《しよ》』（定善義）の上の文に云、「衆生《しゆじやう》佛をみ奉《たてまつらむ》と欣《ねがへ》ば、佛《ほとけ》卽　念《すなわちねむ》に應《おう》じて現《げん》じてめのまへに在《まします》。故《かるがゆへ》に近縁《ごむえん》と名《なづくる》也」。つぎに遠《おん》と云はこれ雜行《ざふぎやう》也。衆生《しゆじやう》佛をみ奉《たてまつらん》と欣《ねがは》ざれば、佛卽　念《すなわちねむ》に應《おう》ぜず、めのまへに現《げん》じたまわず。故《かるがゆへ》に遠《おん》《トオシ》と名《なづくる》なり。たゞし親近《しんごむ》の義《ぎ》これ一ににたりといへども、善導《ぜんだう》のこゝろに分《わかち》て二とすと。その旨《むね》『疏《しよ》』の文《もん》にみへたり。故《かるがゆへ》に今《いま》引釋《ひきしやく》するところ也。第《だい》三に无間有間對《むけんうけんたい》と云は、まづ无間《むけん》と云は、正助《しやうじよ》二行を修《しゆする》ものは阿彌陀佛におひて憶念間斷《おくねむけんだん》せず。故《かるがゆへ》に「名《なづけ》て无間《むけん》とす」これ也。つぎに有間《うけん》と云は、雜行《ざふぎやう》を修《しゆ》するものは阿彌陀佛におひて憶念《おくねむ》つねに間斷《けんだん》するがゆへに「心《しむ》につねに間斷《けんだん》す」と云これ也。第四に不廻向廻向對《ふゑかうゑかうたい》と云は、正助二行《しやうじよにぎやう》を修《しゆ》するものは、たとひ別《べち》して廻向《ゑかう》を用《もちゐ》ざれども自然《じねむ》に往生の業《ごふ》となる。故《かるがゆへ》に『疏《しよ》』（玄義分）の上《かみ》の文に云、「今《いま》この『觀經《くわんぎやう》』の中《なかに》十聲佛《しやうぶち》を稱《しよう》すれば、すなわち十願《ぐわん》十行《ぎやう》具足《ぐそく》せり。いかゞ具足《ぐそく》する。南无《なも》と云《いふ》はすなわちこれ歸命《くゐみやう》、またこれ發願廻《ほちぐわんゑ》向《かう》の義《ぎ》也。阿彌陀佛と云は即《すなはち》これその行《ぎやう》也。この義《ぎ》をもてのゆへに必ず往生することをう」。已上 つぎに廻向《ゑかう》と云は、雑行《ざふぎやう》を修《しゆ》するものは、必ず廻向《ゑかう》を用《もちゐる》とき往生の因《いん》《タネ》となる。もし廻向《ゑかう》を用《もちゐ》ざるときは往生の因《いん》とならず。故《かるがゆへ》に「廻向《ゑかう》して生《むまるゝ》ことをうべしといへども」と云これ也。第五に純雑對《じゆんざふたい》と云は、まづ純《じゆん》と云《いふ》は、正助《しやうじよ》二行を修《しゆ》するは純《じゆん》也、これ極《ごく》樂《らく》の行《ぎやう》也。つぎに雑《ざふ》と云は、これ極《ごく》樂《らく》の行《ぎやう》にあらず。人天および三乗《さむじよう》に通《つ》ず、また十方淨土《じやうど》に通《つ》ず。故《かるがゆへ》に雑《ざふ》と云也。しかれば西方の行者《ぎやうじや》、須《すべからく》雑行《ざふぎやう》をすてゝ正行《しやうぎやう》を修《しゆ》すべき也。問云、この純雑義《じゆんざふのぎ》、經論中《きやうろんのなか》におひてその證據《しようこ》ありや。答云、大少乗《せうじよう》の經《きやう》・律《りち》・論《ろん》の中におひて純雑二《じゆんざふの》門《もん》を立《たつ》、その例《れい》一にあらず。大乗《だいじよう》には即《すなはち》八藏《ざう》の中におひて雑藏《ざふざう》を立《たつ》。正《まさ》にしるべし、七藏《ざう》はこれ純《じゆん》、一藏《ざう》はこれ雑《ざふ》也。小乗《せうじよう》には即四含《すなはちしごむの》中《なかに》おひて雑含《ざふごむ》をたつ。まさにしるべし、三含《さんごむ》はこれ純《じゆん》、一含《ごむ》はこれ雑《ざふ》也。律《りち》には即《すなはち》二十犍度《けんど》を立《たてゝ》もて戒行《かいぎやう》を明《あかす》。その中にさきの十九はこれ純《じゆん》、後《のちの》一は雑犍《ざふけん》度《ど》也。論《ろん》には即《すなはち》八犍度《けんど》を立《たて》、諸法《しよほふ》の性相《しやうさう》を明《あかす》。さきの七犍度《けんど》はこれ純《じゆん》、後《のちの》一はこれ雑犍度《ざふけんど》也。賢聖集《げんじやうしふの》中に、唐宋兩傳《たうそうりやうでん》に十科《くわ》の法《ほふ》を立《たてゝ》高僧《かうそう》の行徳《ぎやうとく》を明《あかす》。その中のさきの九はこれ純《じゆん》、後《のちの》一は雑科《ざふくわ》也。乃至《ないし》、『大乗義章《だいじようぎしやう》』に五聚法門《ごじゆのほふもん》あり。先四《さきのし》聚《じゅ》はこれ純《じゅん》、後一《のちの》はこれ雑聚《ざふじゅ》也。また顕教《けんげう》のみにあらず。密教《みちけう》の中に純雑《じゅんざふ》の法《ほふ》あり。山家《さんげの》『佛法血脈《ぶちぼふのくゑちみやく》の譜《ふ》』に云、一には胎藏界曼陀羅血脈《たいざうかいのまんだらのくゑちみやく》の譜《ふ》一首《ゐちしゅ》、二には金剛界《こむがうかい》の曼陀羅《まんだら》の血脈譜一首《くゑちみやくのふゐちしゅ》、三には雑曼陀羅血脈《ざふまんだらのくゑちみやく》の譜《ふ》一首《しゅ》。前《さきの》二首《しゅ》はこれ純《じゅん》、後《のちの》一首《しゅ》はこれ雑《ざふ》也。純雑義《じゅんざふのぎ》多《おほし》といへども、今略《いまりやく》して少分《せうぶん》をあぐ耳《ならくのみ》と。まさにしるべし、純雑《じゅんざふの》、法《ほふ》に順《したがふ》て不定《ふぢやう》也。これによりて今《いま》善導和尚《ぜんだうくわしやうの》こゝろに、しばらく浄土行《じやうどのぎやう》におひて純雑《じゅんざふ》を論《ろん》ず。またこの純雑《じゅんざふ》の義内典《ぎないてんのみ》に限《かぎら》ず、外典中《ぐゑてんのなかに》その例甚多《れいはなはだおほし》。茲《しげき》を畏出《おそれていださ》ず。たゞ往生《わうじやう》の行《ぎやう》におひて二行《ぎやう》を分《わかつ》ことは、善導《ぜんだう》一師《し》のみに限《かぎら》ず。もし道綽禪師《だうしやくぜんじの》こゝろによらば、往生の行多《ぎやうおほし》といへどもつかねて二とす。一には謂《いはく》念佛往生、二にはいはく萬行《まんぎやう》往生なり。もし懐感法師義《ゑかんほふしのぎに》よらば、往生の行多《ぎやうおほしと》いへどもつかねて二とす。一にはいはく念佛往生、二にはいはく諸行往生《しよぎやうわうじやう》惠心《ゑしむ》同レ之《おなじこれに》。かくのごときの三師《さむし》、各《おのおの》二行《ぎやう》を立《たてゝ》往生《わうじやうの》行《ぎやうを》攝《せふ》す。甚《はなはだ》その旨《むね》をえたり。自餘《じよ》の諸師《しよし》はしからず。行者《ぎやうじや》これをおもふべし。

『往生禮讃《わうじやうらいさんに》』云、「もしよく上《かみ》のごとく念々相續《ねむねむさうぞく》して、命終期《いのちおわるをごと》するものは、十は卽十生《すなわちじふながらしやう》ず、百は卽百《すなわちひやく》ながら生《しやう》ず。何《なにを》もてのゆへに。外雑縁《ほかのざふえん》なし、正念《しやうねむ》をえたるがゆへに。佛の本願《ほんぐわん》と相應《さうおう》するがゆへに。教《けう》に違《ゐせ》ざるがゆへに。佛語《ぶちご》に隨順《ずいじゆん》するがゆへ也。もし專《せん》をすてゝ雜業《ざふごふ》を修《しゆ》せむものは、百は時《とき》に希《まれに》一二をう、千は時希《ときにまれに》三五をう。何《なにを》もてのゆへに。雜縁亂動《ざふえんらんどう》す、正念《しやうねむ》を失《しち》するがゆへに。佛の本願《ほんぐわん》と相應《さうおう》せざるがゆへに。係念相續《けねむさうぞく》せざるがゆへに。憶想間斷《おくさうけんだん》せるがゆへに。廻願慇重眞實《ゑぐわんいんぢうしんじち》ならざるがゆへに。貪瞋《とむじん》・諸見《しよけんの》煩惱《ぼんなう》きたりて間斷《けんだん》するがゆへに。慚愧《ざんぐゐ》・悔過心《くゑくわのしむ》あることなきがゆへ也。また相續《さうぞく》してかの佛恩《ぶちおん》を報《ほう》ぜむことを念ぜざるがゆへに。心に輕慢《きやうまん》をなして、業行《ごふぎやう》をなすといへどもつねに名利《みやうり》と相應《さうおう》せるがゆへに。人《にん》我《が》自《みづから》おほふて同行善知識《どうぎやうぜんぢしき》に親《しん》近《ごむ》《シタシミチカヅク》せざるがゆへに。何《なに》をもてのゆへに。欣《ねがふ》て雜縁近《ざふえんにちかづき》て、往生の正行《しやうぎやう》を自《みづから》のおもさえ、人のおもさふるがゆへに。余《よ》、このごろ自《みづから》諸方《しよはうの》道俗《だうぞく》を見聞《けんもん》するに、解行《げぎやう》不同《ふどう》にして專雜《せんざふ》異《ことなる》ことあり。たゞこゝろを專《もはらに》してなすものは、十は卽《すなわち》十ながら生《しやうじ》、雜《ざふ》を修《しゆ》して心をいたさゞるものは、千《せん》が中に一《ひとり》もなし。この二行の得失《とくしち》、さきにすでに辯《べんずる》がごとし。仰願《あふぎねがはく》は、一切の往生人等《わうじやうにんとう》、よく自《みづから》思量《しりやう》せよ。すでによく今身《いまのみに》かの國《くにゝ》生《しやう》ぜむと願《ぐわん》ぜむものは、行住坐臥《ぎやうぢゆざぐわに》必《かなら》ず須《すべからく》心《しむ》をはげまし、己《おのれ》を剋《こく》して晝夜《ちうや》にすたるゝことなかれ。命終《いのちおわる》を期《ごと》して、上一形《かみゐちぎやう》にあて少苦《せうく》似《にたれ》ども、前念《ぜんねん》に命終《みやうじゆ》して後念《ごねむ》に卽《すなわち》かの國《くにゝ》生《しやう》じて、長時永劫《ぢやうじゐやうごふ》につねに无爲《むゐ》法樂《のほふらく》をうけ、乃至《ない》成佛《しじやうぶち》まで生死《しやうじ》をへず。あにたのしみにあらずや。應《べし》レ知《しる》」。

私云《わたくしにいはく》、この文をみて、彌《いよいよ》雜《ざふ》を捨《すてゝ》専《せん》を修《しゆす》べし。あに百卽百①生《ひやくそくひやくしやう》専修正《のせんじゆしやう》行《ぎやう》を捨《すてゝ》、かたく千中无一《せんちうむゐち》の雜行《ざふぎやう》を執《しふ》せむや。行者《ぎやうじや》よくこれを思量《しりやうせよ》。

選擇本願念佛集 假字 上本

正元元歲九月朔日書之

愚禿親鸞 八十七歲

①百　右◎ひやう
〈巻尾〉
◎「夫融通念佛者諸天善神の請たまうも我等が功德と成れり／然間百反唱れば億百反にあたる也この故にゆづうといへり／圓融念佛を／われ人のまどかにとをる法の道ひろき誓の御名をたのまん／依年來三千反奉請每日唱也此□□□諸尊持て／一人往生せば數萬人も往生極樂は不可□疑□阿法師／御年六十八才書畢／應仁貳年十一月卅日／願求諸衆生往生極樂」（別筆抹消）「南無阿彌陀佛」（別筆）

選擇本願念佛集 假字 下本

1232 1231

八　念佛の行者《ぎやうじや》かならず三心《しむ》を具足《ぐそく》すべき文《もん》。

『觀无量壽經《くわんむりやうじゆきやう》』にのたまはく、「もし衆生ありてかのくにゝむまれむとねがはむものは、三種《しゆ》の心《しむ》をおこしてすなわち往生す。なむらおか三とする。一には至《し》誠心《じやうしむ》、二には深心《じむしむ》、三には廻向發願心《ゑかうほちぐわんしむ》なり。三心を具《ぐ》すればかならずかのくにゝ生《しやう》《ウマル、ナリ》ず」。

同經《おなじきやう》の『疏《しよ》』（散善義）にいはく、「一には至誠心《しじやうしむ》。至《し》は眞《しん》なり。誠《じやう》は實《じち》なり。一切衆生の身口意業《しんくいごふ》の所修《しよしゆ》の解行《げぎやう》《サトリ》、かならず眞實心《しんじちしむ》の中になしたまへるをもちゐることをあかさむとおもふ。ほかには賢《けん》-善《ぜん》精《しやう》-進《じん》の相《さう》を現《げん》ずることをえざれ、うちに虛《こ》假《け》をいだければなり。貪《とむ》-瞋《じん》・邪《じや》-僞《ぐゐ》・奸《かん》-詐《さ》百-端《たん》《イツハリヘツラフコヽロモ、ハシアリトナリ》にして惡性《あくしやう》やめがたし、事《じ》《ヨロヅノコト》、蛇《じや》-蝎《かち》《ヘンビ ムシ》におなじ。三業《ごふ》をおこすといへども名《なづけ》て雜毒《ざふどく》の善《ぜん》とす、また虛假《こけ》の行となづく、眞實《しんじち》の業《ごふ》となづけず。もしかくのごとく安《あん》-心《じむ》・起《き》-行《ぎやう》をなさば、たとひ身《しん》心《しむ》を苦勵《くれい》して日夜《にちや》十二時《じ》に急《きふ》《イソギ》にもとめ急《きふ》になして頭燃《づねん》をはらふがごとくすとも、

〈表紙〉
◎包紙中央「選擇本願念佛集〔假字／下本〕」
表紙中央「選擇本願念佛集〔下／本〕」　左下「釋慶性」

すべて雜毒《ざふどく》の善《ぜん》となづく。この雜毒《ざふどく》の行を廻《ゑ》してかの佛の淨土に求生《ぐしやう》《モトメムマレムト》せむとおもはむものは、これかならず不可《ふか》なり。なにをもてのゆへに。まさしくかの阿彌陀佛の因中《いんちう》に菩薩の行を行じたまひしとき、乃至《ないし》一念一刹那《せちな》も、三業《ごふ》に修《しゆ》するところ、みなこれ眞實心《しんじちしむ》の中《なか》になしたまひしによてなり。おほよそ施《せ》したまふところ趣求《しゆぐ》をなす、またみな眞實《しんじち》なり。また眞實《しんじち》に二種《しゆ》あり。一には自利《じり》の眞實、二には利他《りた》の眞實《しんじち》なり。自利《じり》の眞實といふは、また二種《しゆ》あり。一には眞實心中《しんじちしむのうち》に、自他《じた》の諸惡《しよあく》および穢國《ゑこく》等《とう》を制捨《せいしや》して、行住坐臥《ぎやうぢゆざぐわ》に一切菩薩の諸惡《しよあく》を制捨《せいしや》するにおなじく、我《われ》もまたかくのごとくならむと。二には眞實心《しんじちしむ》の中《うち》に、自他《じた》の凡聖《ぼむしやう》等《とう》の善《ぜん》を勤修《ごむしゆ》するにおなじからむとおもふ。眞實心《しんじちしむ》の中の口業《くごふ》に、かの阿彌陀佛および依《え》正《しやうに》二報《ほう》を讚嘆《さんだん》し、また眞實心の中の口業《くごふ》に、三界六道等《とう》の自他《じた》の依《え》正《しやうに》二報《ほう》の苦惡《くあく》の事《じ》を毀厭《くゐえむ》し、また一切衆生の三業所爲《ごふしよゐ》の善《ぜん》を讚嘆《さんだん》せむ。もし善業《ぜんごふ》にあらずは敬《うやまうて》しかもこれをとおざかれ、また隨喜《ずいき》せざれ。また眞實心《しんじちしむ》の中《うち》の身業《しんごふ》に、合掌《がふしやう》禮敬《らいきやう》して、四事《しじ》等《とう》をもてかの阿彌陀佛および依《え》正《しやうに》二報《ほう》を供養《くやう》し、また眞實心《しんじちしむ》の中の身業《しんごふ》に、この生死《しやうじ》三界等の自他《じた》の依《え》正《しやうに》二報《ほう》を輕慢《きやうまん》し厭捨《えんしや》し、また眞實心《しんじちしむ》の中の意業《いごふ》に、かの阿彌陀佛および依《え》正二報《ほう》を思惟《しゆい》し觀察《くわんざち》し憶《おく》念して、目《め》のまへに現《げん》ずるがごとくにし、また眞實心《しんじち》の中《うち》の意業《いごふ》に、この生死《しやうじ》三界等《とう》の自他《じた》の依正二‐報《えしやうにほう》を輕賤《きやうせん》し厭捨《えむしや》せよ。不善《ふぜん》の三業《ごふ》おば、かならず眞實心《しんじちしむ》の中《うち》にすてたまへるをもちゐべし。また善《ぜん》の三業《ごふ》をおこさむものは、かならず眞實心の中になしたまへるをもちゐて、内《ない》‐外《ぐゑ》明闇《みやうあむ》をえらばず、みな眞實《しんじち》をもちゐるがゆへに、至誠心《しじやうしむ》となづく。二には深心《じむしむ》なり。深心《じむしむ》といふはすなわちこれ深信《じむしん》の心《しむ》なり。また二種《しゆ》あり。一には決定《くゑちぢやう》してふかく、自身《じしん》は現《げん》にこれ罪《ざい》‐惡生《あくしやう》‐死《じ》の凡《ぼむ》夫也《ぶなり》、曠劫《くわうごふ》よりこのかたつねに沒《もち》《シヅムトナリ》しつねに流轉《るてん》して、出離《しゆつり》の縁《えん》あることなしと信《しん》ず。二には決定《くゑちぢやう》してふかく、かの阿彌陀佛、四十八願をもて衆生を攝受《せふじゆ》《オサメトリタマフ》して、うたがひなくおもむぱかりなくかの願力《ぐわんりき》に乘《じよう》じてさだめて往生をうと信《しん》ず。また決定《くゑちぢやう》してふかく、釋迦《しやか》佛この『觀經《くわんぎやう》』の三‐福《ぷく》・九‐品《ぼん》の定‐散《ぢやうさん》二善《にぜん》を說《とき》て、かの佛の①依《え》‐正二‐報《ほう》を證讚《しようさん》して、人をして忻慕《ごんぼ》せしめたまふと信ず。また決定《くゑちぢやう》してふかく、『彌陀經《きやう》』の中の十方恆沙《ごうじや》の諸佛、證《しよう》して一切の凡夫《ぼむぶ》をすゝめて、決定《くゑちぢやう》してむまるゝことをうと信《しん》ず。またふかく信《しん》ずといふは、仰《あおい》でねがはくは、一切の行者等《ぎやうじやとう》、一心に佛語《ご》を唯信《ゆいしん》して身命《しんみやう》をかへりみず、決定《くゑちぢやう》してより行じて、佛のすてしめたまふおばすなわちすて、佛の行ぜしめたまふおばすなわち行じ、佛

①依　右◎に

のさらしめたまふところおばすなわちさる。これを佛教《けう》に隨順《ずいじゆん》し、佛意《い》に隨順《ずいじゆん》すと名《なづ》く。これを佛願《ぐわん》に隨順すとなづく。これを眞《しん》の佛弟子《でし》となづく。また一切の行者《ぎやうじや》、たゞよくこの『經《きやう》』によてふかく信《しん》じ行ずるものは、かならず衆生をあやまたざるなり。なにをもてのゆへに。佛はこれ滿足《まんぞく》大悲《ひ》の人なるがゆへに。實《じち》語《ご》なるがゆへに。佛をのぞいて已還《いぐゑん》は、智行《ちぎやう》いまだみたず。その學地《がくぢ》にあり、正習《しやうじふ》の二障《にしやう》《フタツノサワリトイフ》あていまだのぞかず、①果願《くわぐわん》いまだまどかならざるによりてなり。これらの凡聖《ぼむしやう》はたとひ諸佛の教意《けうい》を惻量《しきりやう》すれども、いまだよく決了《くゑちれう》することあたはず。平章《びやうしやう》ありといへども、かならずすべからく佛證《しよう》を請《しやう》《コフトイフ》じて定《ぢやう》とすべきなり。もし佛意《い》にかなえば、すなわち印可《いんか》して如是如是《によぜによぜ》とのたまふ。もし佛意《い》にかなはざれば、すなわちなむだちが所説《しよせち》この義《ぎ》かくのごとくならずとのたまひて、印《いん》したまはざれば、すなわち無記《むき》・无利《むり》・无益《むやく》の語《ご》におなじ。佛の印可《いんか》したまふは、すなわち佛の正教《しやうけう》に隨順《ずいじゆん》するなり。もし佛の所有《しよう》の言説《ごんせち》は、すなわちこれ正教《しやうけう》・正義《しやうぎ》・正行《ぎやう》・正解《げ》・正業《ごふ》・正智《ち》なり。もしは多《た》、もしは少《せう》、おほく菩薩・人天等《とう》をとはず、その是非《ぜひ》をさだめむや。もし佛の所説《しよせち》はすなわちこれ了《れう》教《けう》なり、菩薩等《とう》の説《せち》はことごとく不了教《ふれうけう》となづくるなり、しるべし。このゆへに

①か→◎か〔ら〕

いまの時、あおいで一切の有縁《うえん》の往生人等《とう》にすゝむ。たゞふかく佛語《ご》を信《しん》じて專《せん》-註奉《ちゆぶ》-行すべし。菩薩等《とう》の不相應《ふさうおう》の教《けう》を信用《しんよう》して、もて疑礙《ぎげ》《ウタガフコヽロ》をなし、惑《わく》《マドイ》をいだき、みづから迷《まどふ》て往生の大益《やく》を①廢失《はいしち》すべからざるなり。また深心《じむしむ》ふかく信《しん》ずといふは、決定《くゑちぢやう》して自心《じしむ》を建立《こんりふ》して、教《けう》に順《じゆん》じて修行《しゆぎやう》し、ながく疑錯《ぎしやく》《ウタガフコヽロ》をのぞいて、一切の別解《べちげ》・別行《べちぎやう》・異學《いがく》・異見《いけん》・異執《いしふ》のために、退《たい》-失《しち》傾《くゐやう》-動《どう》せられざるなり。問《とふて》いはく、凡夫《ぼむぶ》は智《ち》あさく、惑《わく》《マドフ》-障《しやう》《サワルコヽロ》ところふかし。もし解《げ》-行《ぎやう》おなじからざらむ人の、おほく經論《きやうろん》をひきたりてあひこのむで難證《なんしよう》して、一切の罪障《ざいしやう》の凡夫《ぼむぶ》往生することをえずといふにあはゞ、いかゞかの難《なん》を對治《たいぢ》して、信《しん》心を成就《じやうじゆ》し、決定《くゑちぢやう》して直《たゞちに》すゝむで、怯《かう》《ヨハキコヽロ》退《たい》《シリゾクコヽロ》を生《しやう》ぜざらむや。答《こたへて》いはく、もし人あて、おほく經論《きやうろん》の證《しよう》をひいて、むまれずといはゞ、行者《ぎやうじや》こたへていへ、仁-者《なむぢ》、經論《きやうろん》をもてきたり證《しよう》してむまれずといふといへども、我心《わがしむ》のごときは決定《くゑちぢやう》してなむぢが破《は》をうけじ。なにをもてのゆへに。しかも我《われ》また、これかの諸經論《しよきやうろん》を信《しん》ぜざるにはあらず。ことごとくみなあふいで信ず。しかるを佛《ほとけ》かの經を說《とき》たまふ時、ところ別《べち》に、時別《ときべち》に、對機別《たいきべち》に、利益別《りやくべち》なり。またかの經をときたまひし時、すなわち『觀經《くわんぎやう》』・『彌陀經《みだきやう》』等《とう》を說《と》く時にあらず。しかも佛の說教《せちけう》は、機《き》にそなえし時ま

①廢→◎癈

た不同《ふどう》なり。かれはすなわち通《つ》じて人天・菩薩の解《げ》行《ぎやう》を説《と》く。いまの『觀經《くわんぎやう》』の定《ぢやう》散《さん》二《に》善《ぜん》をとくは、たゞ韋提《ゐだい》および佛滅《めち》後《ご》の五濁《ぢよく》・五苦《く》等《とう》の一切の凡夫《ぼむぶ》のために、證《しよう》して生《しやう》ずることをうとのたまふ。この因縁《いんねん》のために、我《われ》いま一心にこの佛教によりて決定《くゑちぢやう》して奉行《ぶぎやう》す。たとひなむだち百千萬億《おく》むまれずといふとも、たゞ我《わが》往生の信心《しんじむ》を増長《ぞうぢやう》し成就《じやうじゆ》せむ。また行者《ぎやうじや》さらにむかひて説《とき》ていへ。仁者《きみ》よくきけ。我《われ》いまなむぢがためにさらに決定《くゑちぢやう》の信相《しんさう》を説《と》かむ。たとひ地前《ぢぜん》の菩薩《ぼさち》・羅漢《らかん》・辟支《びやくし》佛等《とう》、もしは一、もしは多《た》、乃至《ないし》十方に遍滿《へんまん》して、みな經《きやう》論《ろん》の證《しよう》をひきて生《しやう》ぜずといはゞ、我《われ》またいまだ一念の疑心《ぎしむ》をおこさじ。たゞ我《わが》清淨《しやうじやう》の信《しん》心を増長《ぞうぢやう》し成就《じやうじゆ》せむ。なにをもてのゆへに。佛語《ご》は決定《くゑちぢやう》成就《じやうじゆ》の了《れう》義《ぎ》にして、一切のために破壊《はゑ》せられざるによるがゆへに。また行者《ぎやうじや》よくきけ。たとひ初地《しよぢ》已《い》上《じやう》十地已《い》來《らい》、もしは一、もしは多《た》、乃至《ないし》十方に遍滿《へんまん》して、異《い》口同《くどう》音《おむ》にみな、釋迦《しやか》佛、彌陀を指讃《しさん》し、三界六道を毀呰《くゑし》し、衆生を勸勵《くわんれい》して、專心《せんしむ》に念佛せしめ、および餘《よ》の善《ぜん》を修《しゆ》して、この一身《しん》をおはりてのちに必定《ひちぢやう》してかのくにゝうまるといはゞ、これはかならず虚妄《こまう》なり、より信《しん》ずべからずとなり。我《われ》これらの所説《しよせち》をきくといふとも、また一念の疑心《ぎしむ》を生《しやう》ぜじ。たゞ我《われ》決《くゑち》定《ぢやう》して上上の信心《しんじむ》を増長《ぞうぢやう》し成就《じやうじゆ》せむ。なにをもてのゆへに。すなわち佛語《ご》は眞《しん》-實決《じちくゑち》-了《れう》の義《ぎ》なるによるがゆへに。佛はこれ實知《じちち》・實解《じちげ》・實見《じちけん》・實證《じちしよう》にして、これ疑惑《ぎわく》の心中の語《みこと》にあらざるがゆへに。また一切の菩薩の異見《いけん》・異解《いげ》のために破《は》壊《ゑ》せられず。もし實《じち》にこれ菩薩ならば、すべて佛教にたがはじ。またこの事を置《お》く。行者《ぎやうじや》まさにしるべし。たとひ化《くゑ》-佛・報《ほう》-佛、もしは一、もしは多《た》、乃至《ないし》十方に遍滿《へんまん》して、おのおの光《ひかり》をかゞやかして、みしたをはいて十方にあまねくおほふて、一々に說《とき》て、釋迦《しやか》の所說《しよせち》をあひほめて、一切の凡夫《ぼむぶ》を勸發《くわんぽち》して、專心《せんしむ》に念佛し、および餘善《よぜん》を修《しゆ》して、廻願《ゑぐわん》してかの淨土にむまるゝことをうといふは、これ虛妄《こまう》なり。さだめてこのことなきなりといふとも、我《われ》これらの諸佛の所說《しよせち》をきくといふとも、畢竟《ひちきやう》じて一念の疑退《ぎたい》のこゝろをおこして、かの佛國にむまるゝことをえざらむことをおそれじとなり。なにをもてのゆへに。一佛は一切佛也《なり》。所《しよ》-有《う》の知《ち》-見《けん》・解行《げぎやう》・證悟《しようご》・果位《くわゐ》・大悲《だいひ》、等《とう》-同《どう》にしてすこしの差《しや》-別《べち》なし。このゆへに一佛の制《せい》したまふところは、すなわち一切の佛おなじく制《せい》したまふ。前《ぜん》-佛の殺《せち》-生《しやう》・十惡等《あくとう》のつみを制斷《せいだん》したまふがごとく、畢竟《ひちきやう》じて犯《ぼむ》せず行ぜずは、すなわち十-善《ぜん》・十-行《ぎやう》、六度《ど》の義《ぎ》に隨順《ずいじゆん》すとなづく。もし後《ご》佛ましまして世《よ》にいでゝ、あにさきの十善《ぜん》をあらためて十惡《あく》を行《ぎやう》ぜしむべけむや。この道理《だうり》をもておしてかむがふるに、あきらかにしりぬ。諸佛の言行《ごんぎやう》はあひ違失《ゐしち》せず。たとひ釋迦《しやか》一切の凡夫《ぼむぶ》をおしえすゝめて、この一身《しん》をつくして專-念《せんねむ》し專-修《せんじゆ》して、いのちをすておはてのち、さだめてかのくにゝむまるといふは、すなわち十方の諸佛もことごとくみなおなじく讚《さん》じ、おなじくすゝめ、おなじく證《しよう》したまふ。なにをもてのゆへに。同體《どうたい》の大悲《ひ》のゆへに。一佛の所-化《しよくゑ》は、すなわち一切佛の化《くゑ》なり。一切佛の化《くゑ》は、すなわちこれ一佛の所化《しよくゑ》なり。すなわち『彌陀經《みだきやう》』の中に説《と》く、釋迦極樂《しやかごくらく》①の種種《しゆじゆ》の莊嚴《しやうごむ》を讚嘆《さんだん》し、また一切の凡夫《ぼむぶ》をすゝめて、一日七日、一心に彌陀佛の名號《みやうがう》を專念《せんねむ》して、さだめて往生することをう。次下《つぎしも》の文《もん》にいはく、十方におのおの恆河沙等《ごうがしやとう》の諸佛ましまして、おなじく釋迦《しやか》をほめて、よく五濁惡時《ぢよくあくじ》、惡世界《あくせかい》、惡衆生《あくしゆじやう》、惡煩惱《あくぼむなう》、惡邪《あくじや》、无信《むしん》のさかりなる時において、彌陀《みだ》の名號《みやうがう》を指讚《しさん》して、衆生をすゝめはげまして、稱念《しようねむ》すればかならず往生することをうといふこと、すなわちその證《しよう》なり。また十方の佛等《とう》、衆生の釋-迦《しやか》一-佛の所-説《しよせち》を信《しん》ぜざらむことを恐-畏《くゐ》《オソレオソル》して、すなわちともに同-心同-時《どうしむどうじ》におのおの舌相《ぜちさう》をいだして、あまねく三千世界におほふて、誠實《じやうじち》の言《ごん》をときたまふ。なむだち

①樂　右◎らくの

衆生、みなこの釋迦《しやか》の所說《しよせち》・所讃《しよさん》・所證《しよしよう》を信《しん》ずべし。一切の凡夫《ぼむぶ》、罪福《ざいふく》の多少《たせう》、時節《じせち》の久近《くごん》をとはず、たゞよく上《かみ》百年《ねん》をつくし、下《しも》一日七日にいたるまで、一心に彌陀の名號を專念《せんねむ》すれば、さだめて往生をうること、かならずうたがひなきなり。このゆへに一佛の所說《しよせち》は、すなはち一切の佛おなじくその事《じ》を證誠《しようじやう》したまふなり。これを人について信《しん》をたつとなづく。次《つぎ》に行について信《しん》をたつといふは、しかも行に二種《しゆ》あり。一には正行、二には雜行《ざふぎやう》なりといへり（さきの二行の中にひくところの如《ごと》し。しげきをおそれてのせず。みむ人こゝろうべし。）三には廻向發願心《ゑかうほちぐわんしむ》。廻向發願心といふは、過去《くわこ》および今生《こむじやう》の身口《しんく》意業《いごふ》に修《しゆ》するところの世出世《せしゆつせ》の善根《ぜんごん》、および他《た》の一切凡聖《ぼむしやう》の身口《しんく》意業《いごふ》に修《しゆ》するところの世出世《せしゆつせ》の善根《ぜんごん》を隨喜《ずいき》して、この自他《じた》の所修《しよしゆ》の善根《ぜんごん》をもて、ことごとくみな眞實《しんじち》のふかき信心《しんじむ》の中《うち》に廻向《ゑかう》して、かのくにゝ生《しやう》ぜむと願ずるがゆへに廻向發願心《ゑかうほちぐわんしむ》となづく。また廻向發願《ゑかうほちぐわん》して生《しやう》ずといふは、かならずすべからく決定《くゑちぢやう》の眞實心《しんじちしむ》の中《うち》に廻向《ゑかう》して、願じて得生《とくしやう》のおもひをなすべし。この心《しむ》ふかく信《しん》ずること、なほし金剛《こむがう》のごとくして、一切の異見《いけん》・異學《いがく》・別解《べちげ》・別行《べちぎやう》の人等《ひとら》のために動亂破壞《どうらんはゑ》せられず。たゞこれ決定《くゑちぢやう》して一心にとて、正直《しやうぢき》に進《すゝむ》で、かの人のことばをきゝて、すなはち進退《しんたい》することあて、心《しむ》に怯弱《かうにやく》《ヨハクヨハシ》を生《しやう》じて、廻顧《ゑこ》して道《だう》におちて、すなわち往生の大益《やく》をうしなふことをえざれとなり。　問《とふて》いはく、もし解《げ》‐行《ぎやう》不《ふ》‐同《どう》の邪雜《じやざふ》の人《ひと》‐等《ら》ありて、きたりてあひ惑《わく》‐亂《らん》して、あるいは種《しゆ》‐種《じゆ》の疑《ぎ》難《なん》を説《とき》て、往生することをえずといひ、あるいはいはむ、なむだち衆生、曠《くわう》‐劫《ごふ》よりこのかた今生《こむじやう》の身口《しんく》意業《いごふ》に、一切の凡聖《ぼむしやう》の身《み》のうえにおいてつぶさに十惡《あく》・五逆《ぐゐやく》・四重《ぢう》・謗法《はうぼふ》・闡提《せんだい》・破戒《はかい》・破見《はけん》等《とう》のつみをつくりて、いまだ除盡《ぢよじん》することあたはず。しかるにこれらのつみは三界惡《あく》‐道に繫屬《けぞく》せり。いかむぞ一生の修福《しゆふく》念佛にて、すなわちかの无《む》‐漏《ろ》无《む》‐生《しやう》の國《くに》にいりて、ながく不退《ふたい》のくらゐを證《しよう》悟《ご》することをえむや。答《こたへて》いはく、諸佛の敎行《けうぎやう》、かず塵沙《ぢんじや》にこえたり。稟識《ほむじき》《サトリヲウクル》の機《き》‐緣《えん》、心にしたがふて一にあらず。たとへば世間《せけん》の人の眼《まなこ》にみつべく信《しん》じつべきがごときは、明《みやう》のよく闇《あむ》を破《は》し、空《く》のよく有《う》をふくみ、地《ぢ》のよく載養《さいやう》し、水《みづ》のよく生潤《しやうにむ》し、火のよく成壞《じやうゑ》①するがごとし。これらのごときの事《じ》、ことごとく待對《たいたい》の法《ほふ》となづく。すなわち目《め》にみるべし。千‐差《じや》萬‐別《べち》なり。いかにいはむや、佛‐法不思議《ふしぎ》のちから、あに種種《しゆじゆ》の益《やく》なからむや。したがふて一門《もん》をいづれば、すなわち一煩惱《ぼむなう》の門《もん》をいづるなり。したがふて一門《もん》にいれば、すなわち一解脱智慧《げだちちゑ》の門《もん》にいるなり。これがために緣《えん》にしたがひ行をおこして、おのおの解脱《げだち》をもとむ。

①壞→◎破《ゑ》

なんぢ、なにをもてかすなわち有縁《うえん》の要《えう》にあらざる行をもて我《われ》を障惑《しやうわく》する。しかるに我愛《わがあい》するところは、すなわちこれ我有縁《わがうえん》の行也《ぎやうなり》。すなわちなんぢがもとむるところにあらず。なんぢが愛《あい》するところは、すなわちこれなんぢが有縁《うえん》の行なり。また我《わが》もとむるところにあらず。このゆへにおのおの所樂《しよげう》にしたがふて、しかもその行を修《しゆ》するものは、かならずとく解脱《げだち》をうるなり。行者《ぎやうじや》まさにしるべし。もし解《げ》をまなばむとおもはゞ、凡《ぼむ》より聖《しやう》にいたり、乃至《ないし》佛果《くわ》まで、一切さはりなくみなまなぶことをうるなり。もし行をまなばむとおもはゞ、かならず有《う》縁《えん》の法によて、すこしき功勞《くらう》をもちゐるにおほく益《やく》をうるなり。また一切の往生人等《にんとう》にまふさく、いまさらに行者《ぎやうじや》のために一の喩《たとえ》を説《とき》て、信心《しんじむ》を守護《しゆご》して、もて外邪異-見《ぐゑじやいけん》の難《なん》をふせがむ。なにものかこれや。たとえば、人あて西にむかふて百千里《り》をゆかむとするに、忽然《こちねん》《タチマチ》として中路《ちうろ》に二の河《かわ》あり。一にはこれ火《ひ》の河、南《みなみ》にあり。二にはこれ水《みづ》の河、北《きた》にあり。二の河《かわ》おのおのひろさ百歩《ぶ》、おのおのふかくしてそこなし、南北《なむぼく》にほとりなし。まさしく水火《しゐくわ》の中間《ちうげん》に一の白道《びやくだう》あり。ひろさ四、五寸《しゆん》ばかりなるべし。この道《だう》、東《ひむがし》の岸《きし》より西《にし》のきしにいたるまで、またながさ百歩《ぶ》、その水《みづ》の波浪《はらう》、まじわりすぎて道《だう》をうるおす。その火《ひ》のほのお、またきたりてみちをやく。水火《しゐくわ》あひまじはりてつねに休息《くそく》することなし。この人すでに空曠《くくわう》のはるかなるところにいたるに、さらに人物《にんもち》なくして、おほく群《ぐん》‐賊《ぞく》・悪《あく》‐獣《じゆ》のみあり。この人の單獨《たんどく》《ヒトリ》なるをみて、きたりてころさむとす。この人死《し》をおそれて直《ぢき》にはしりて、西にむかふ。忽然《こちねん》としてこの大①の河《かは》をみて、すなわちみづから念言《ねむごん》すらく、この河《かは》南北《なむぼく》に邊畔《へんぱん》をみず。中間《げん》に一の白道《びやくだう》をみる。きわめてこれ狹《けふ》‐少《せう》なり。二《ふたつ》の岸《きし》あひさることちかしといへども、なにゝよりてかゆくべき。死《し》せむことうたがはず。まさしくいたりかへらむとすれば、群《ぐん》‐賊《ぞく》・悪《あく》‐獣《じゆ》やうやくにきたりせむ。まさしく南北《なむぼく》にさりはしらむとすれば、悪《あく》‐獣《じゆ》《アシキケダモノ》・毒《どく》‐蟲《ちう》《ドクノムシ》きおひきたりて我《われ》にむかふ。まさしく西にむかふて道《だう》をたづねてさらむとすれば、またおそらくはこの水火《しゐくわ》の二河《が》におちむことを。時にあたて惶《くわう》《オソレ》怖《ふ》《オソル》することもまたいふべからず。すなわちみづから思念《しねむ》すらく、我《われ》いまかへるともまた死《し》し、住《ぢゆ》すとも死し、さるともまた死せむ。一種《しゆ》として死《し》をまぬかれざれば、むしろこの道《だう》をたづねてさきにむかふてさらむ。すでにこの道あり。かならずわたるべし。このおもひをなさむ時に、東《ひむがし》の岸《きし》にたちまちに人のすゝむるこゑをきく。仁《き》‐者《み》、たゞ決定《くゑちぢやう》してこの道をたづねてゆけ。かならず死《し》の難《なん》なかるべし。もし

①大→◎火《ひ》

住《ぢゆ》せばすなわち死《し》しなむ。また西の岸《きし》のうえに人ありて、喚《よばふ》ていはく、なんぢ一心に正念にて直《ぢき》にきたれ。我《われ》よくなんぢをまぼらむ。ことごとく水火《しゐくわ》の難《なん》におちむことをおそれざれ。この人すでにこゝにつかはし、かしこによばふをきゝて、すなわちみづからまさしく身心《しんしむ》にあたりて、決定《くゑちぢやう》して、道をたづねてたゞちにすゝむで疑《ぎ》-怯《かう》《ウタガフコヽロ》退《たい》-心《しむ》《ヨワキコヽロ》をなさゞれ。あるいはゆくこと一-分《ぶん》二-分するに、東《ひむがし》の岸《きし》に群賊《ぐんぞく》等《ら》よばふていはく、仁《き》-者《み》かへりきたれ。この道は嶮悪《けむあく》《ハゲシクアシキ》にしてすぐることえじ。かならず死《し》なむことうたがはず。われら、もろもろの悪心《あくしむ》をもてあひむかふことなしと。この人よばふこゑをきくといへども、またかへりみず。一心にたゞちに道を念じてゆけば、須臾《しゆゆ》にすなわち西のきしにいたりて、ながく諸難《しよなん》をはなれて、善友《ぜんう》《ヨキトモトイフ》あひみて慶樂《きやうらく》《ヨロコビタノシムト》することやむことなきが如《ごと》し。これはこれたとえなり。次《つぎ》にたとえを合《がふ》《アハスルナリ》せば、東《ひんがし》の岸《きし》といふは、すなわちこの娑婆世界《しやばせかい》の火宅《くわたく》《ヒノイヱ》にたとふるなり。西の岸《きし》といふは、すなわち極樂《ごくらく》の寶國《ほうこく》《ジヤウドナリ》にたとふる也《なり》。群《ぐん》-賊《ぞく》・悪《あく》-獣《じゆ》いつわりしたしむといふは、すなわち衆生の六根《こん》・六識《しき》・六塵《ぢん》・五陰《おむ》・四大にたとふるなり。无《む》-人《にん》-空《くう》-迥《くゐやう》の澤《さわ》といふは、すなわちつねに悪友《あくう》《アシキトモ》にしたがふて眞《しん》の善《ぜん》知識《ぢしき》にあはざるにたとふるなり。水火《しゐくわ》の二河《にが》といふは、すなわち衆生の貪愛《とむあい》は水のごとし、瞋憎《しんぞう》は火のごとくなるにたとふるなり。中間《げん》の白道《びやくだう》四、五寸といふは、すなわち衆生の貪瞋煩《とむじんぼむ》悩《なう》の中に、よく凊浄《しやうじやう》の願往生の心《しむ》の生《しやう》ずるにたとふるなり。すなわち貪瞋《とむじん》こはきによるがゆへに、すなわち水火《しゐくわ》のごとしとたとふ。善心《ぜんしむ》は微《み》《スクナシ》なるがゆへに、白道の如《ごとし》とたとふる也《なり》。また水波《しゐは》《ミツノナミ》つねに道をうるおすといふは、すなわち愛心《あいしむ》つねにおこりて、よく善心《ぜんしむ》を染汚《ぜむわ》《ソメケガスナリ》するにたとふるなり。また火焔《くわえむ》つねに道をやくといふは、すなわち瞋嫌《しんけむ》《イカリキラフコ、ロ》の心《しむ》よく功徳《くどく》の法財《ほふざい》をやくにたとふるなり。人道《ひとだふ》のうえをゆきてたゞちに西にむかふといふは、すなわちもろもろの行業《ぎやうごふ》を廻《ゑ》して、直《ぢき》に西方にむかふにたとふるなり。東《ひむがし》の岸《きし》に人のこゑあてすゝめつかはすをきゝて、道をたづねて①たちまちに西にすゝむといふは、すなわち釋迦《しやか》すでに滅《めち》して、のちの人みたてまつらず、なほ教法《けうぼふ》のみあてたづぬべきにたとふるなり。すなわちそれをこゑのごとしとたとふるなり。あるいはゆくこと一分《ぶん》二分するに群賊《ぐんぞく》等《ら》よびかへすといふは、すなわち別解《べちげ》・別行《べちぎやう》・悪見《あくけん》の人《ひと》等《ら》の、みだりに見解《けんげ》②してたがひにあひ惑亂《わくらん》《マドハシミダルコ、ロ》し、およびみづからつみをつくりて退失《たいしち》すと説《とく》に喩《たとふる》なり。西のきしのうえに人あてよばふといふは、すなわち彌陀の願意《ぐわんい》にたとふるなり。須臾《しゆゆ》に西の岸《きし》にいたりて善友《ぜんう》あひみてよろこぶといふ

①て→◎て(た)
②解 ◎「を」と右傍にあり

は、すなわち衆生ひさしく生死《しやうじ》にしづみて、曠劫《くわうごふ》より輪廻《りんゑ》し、迷倒《めいたう》《マドフタウル》してみづから纏《まとふ》《ボムナウニマトハルトナリ》て、解脱《げだち》するによしなきにたとふるなり。あおいで釋《しや》-迦《か》發《はち》-遣《けん》して、さして西方にむかへしむることをかうぶり、また彌陀の悲心《ひしむ》をもて招《てう》-喚《くわん》《マネキヨバセタマフ》したまふによる。いま二尊《そん》の心《おむこゝろ》に信《しん》-順《じゆん》して、水火《しゐくわ》の二河《が》をかへりみず、念念にわするゝことなかれ。かの願力《ぐわんりき》の道に乘《じよう》じて、いのちをすておはりてのち、かのくにゝ生《しやう》ずることをうるにたとふ。佛とあひみて慶喜《きやうき》《ヨロコビヨロコバセタマフ》すること、なんぞきはまらむや。また一切の行者《ぎやうじや》、行住座臥《ぎやうぢゆざぐわ》の三業《ごふ》に修《しゆ》するところ、晝《ちう》《ヒル》-夜《や》《ヨル》時《じ》《トキ》-節《せち》《トキ》をとふことなく、つねにこのさとりをなし、つねにこのおもひをなす。かるがゆへに廻向發願心《ゑかうほちぐわんしむ》となづく。また廻向《ゑかう》といふは、かのくにゝ生《しやう》じおはりて、かへて大悲《ひ》をおこして、生死《しやうじ》に廻《ゑ》入《カヘリイリテ》して衆生を教化《けうくゑ》す、また廻向《ゑかう》なり。三心《しむ》すでに具足《ぐそく》すれば、行《ぎやう》として成《じやう》ぜずといふことなし。願行《ぐわんぎやう》すでに成《じやう》じて、もし生《しやう》ぜずといはゞ、このことはりあることなけむ。またこの三心は、また通《つ》じて定善《ぢやうぜん》の義《ぎ》を攝《せふ》すと知《しる》べし」。『往生禮讃《らいさん》』にいはく、「問《とふて》いはく、いま人をすゝめて往生せしめむとおもはゞ、いまだしらず、いかゞ安《あん》-心《じむ》・起《き》-行《ぎやう》・作業《さごふ》して、さだめてかのくにゝ往生することをうるや。答《こたへて》いはく、かならずかの國土に生《しやう》ぜむとおもはゞ、『觀經《くわんぎやう》』に説《とく》がごときは、三心を具《ぐ》すればかならず往生をう。なにおか三とする。一には至《し》誠心《じやうしむ》、いはゆる身業《しんごふ》にかの佛を禮拜《らいはい》し、口業《くごふ》にかの佛を讃《さん》-嘆《だん》稱《しよう》-揚《やう》し、意業《いごふ》にかの佛を專《せん》念し觀察《くわんざち》する也《なり》。凡《おほよ》そ三業《ごふ》をおこすに、かならず眞實《しんじち》をもちゐるがゆへに至誠心《しじやうしむ》となづく。二には深心《じむしむ》、すなわちこれ眞實《しんじち》の信心《しんじむ》なり。自身《じしん》はこれ煩惱《ぼむなう》を具足《ぐそく》せる凡夫《ぼむぶ》、善《ぜん》-根《ごん》薄《はく》-少《せう》《ウスクスクナシ》にして三界《がい》に流轉《るてん》して、いまだ火宅《くわたく》《シヤバセカイヲイフ》をいでずと信知《しんち》す。いま彌陀の本弘誓《ぐぜい》-願《ぐわん》は、名號を稱《しよう》すること下十-聲《しやう》・一-聲等《とう》にいたるにおよぶまで、さだめて往生をうと信知《しんち》して、乃至《ないし》一念も疑心《ぎしむ》あることなし。かるがゆへに深心《じむしむ》となづく。三には廻《ゑ》向發願心《かうほちぐわんしむ》、所作《しよさ》の一切の善根《ぜんごん》ことごとくみな廻《ゑ》して往生せむと願ず。かるがゆへに廻《ゑ》向發《かうほち》願心となづく。この三心を具《ぐ》して、かならず往生をうるなり。もし一心かけぬれば、すなわちうまるゝことをえず。『觀經《くわんぎやう》』につぶさに説《とく》がごとし、知《しる》べし」。

私《わたくし》にいはく、ひくところの三心《しむ》といふは、これ行者《ぎやうじや》の至《し》-要《えう》なり。ゆへいかむとなれば、『經《きやう》』(觀經)にはすなわち、「三心を具《ぐ》すればかならずかの國に生《しやう》ず」といふ。あきらけし、しりぬ、三心を具《ぐ》してかならずむまるゝことをうべしと。釋《しやく》にはすなわち、「もし一心かけぬればすなわち生《しやう》ずることをえず」(禮讃)といふ。

あきらかにしりぬ、一心かけぬればこれさらに不可《ふか》なりと。これによりて極樂に生ぜむとおもはむ人、またく三心を具足《ぐそく》すべき也。その中に「至誠心《しじやうしむ》」といふはこれ眞實《しんじち》の心なり。その相《さう》、かの文《もん》のごとし。たゞ「ほかに賢善精進《けんぜんしやうじん》の相《さう》を現《げん》ずることをえざれ、うちに虚假《こけ》をいだければなり」、外《ぐゑ》は内《ない》に對《たい》することばなり。いはく外相《ぐゑさう》と内心《ないしむ》とゝのはらざる心なり。すなわちこれ外《ほか》は智《ち》、内《うち》は愚《ぐ》なり。賢《けん》は愚《ぐ》に對《たい》することばなり。いはく外《ほか》《グヱ》はこれ賢《けん》にして、内《うち》はすなわち愚《ぐ》なり。善《ぜん》、惡《あく》に對《たい》することば也《なり》。いはく外《ほか》《グヱ》はこれ善《ぜん》にして、内《うち》はすなわち惡《あく》也《なり》。精進《しやうじん》は懈怠《けだい》に對《たい》することば也《なり》。いはく外《ほか》には精進《しやうじん》の相《さう》をしめして、内《うち》にはすなわち懈怠《けだい》をいたす①心《しむ》なり。もしそれ外《ぐゑ》《ホカ》をひるがへして内《ない》《ウチニ》にたくはえば、まことに出要《しゆつえう》にそなえつべし。「内《うち》に虚假《こけ》をいだく」といふは、内《ない》は外《ぐゑ》に對《たい》することば也。いはく内心《ないしむ》と外相《ぐゑさう》と不調《ふでう》《トヽノオラザルコヽロナリ》のこゝろ也。すなわちこれ内《ない》はむなしく、外《ぐゑ》は實《まこと》たるもの也《なり》。虚《こ》といふは實《じち》に對《たい》することば也。いはく内《ない》は虚《こ》《ムナシキ》、外《ぐゑ》は實《じち》なるもの也。②假《け》といふは眞《しん》に對《たい》することば也。いはく内《ない》は假《け》にして、外《ぐゑ》は眞《しん》なり。もしそれ内《ない》をひるがへして外《ぐゑ》にほどこさば、また出要《しゆつえう》にたりぬべし。

次《つぎ》に「深心《じむしむ》」といふは、いはく深信《じむしん》《フカキシンナリ》の心《しむ》なり。まさにしるべし、生死《しやうじ》の家《いゑ》には

八一六

①す　◎「く歟」と右傍註記
②假　右◎こ

疑《うたがひ》をもてとゞまるところとす、涅槃《ねちはん》の城《みやこ》には信《しん》をもて能入《のう》《ヨクイルナリ》とす。かるがゆへに、いま二種《しゆ》の信心を建立《こんりふ》して、九品往生を決定《くゑちぢやう》するものなり。またこの中に「一切の別《べち》解《げ》・別行《べちぎやう》・異學《いがく》・異見《いけん》」等《とう》といふは、これ聖道門《しやうだうもん》の解《げ》・行《ぎやう》・學《がく》・見《けん》をさす也。その餘《よ》はすなわちこれ淨土門の心なり。文《もん》①にあてみるべし。あきらかにしりぬ、善導《ぜんだう》の心またこの二門《もん》をいでず。廻向發願心《ゑかうほちぐわんしむ》の義《ぎ》、別《べち》の釋《しやく》をまつべからず。行者《ぎやうじや》しるべし。この三心は、すべてこれをいはゞ、もろもろの行法《ぎやうほふ》に通《つ》ず。別《べち》してこれをいはゞ、往生の行にあり。いま通《つ》をあげて別《べち》を攝《せふ》す。こゝろすなわちあまねし。行者よく用心《ようじむ》して、あえて怱諸《こちしよ》せしむることなかれ。

九　念佛の行者四修《ぎやうじやししゆ》の法《ほふ》を行用《ぎやうよう》すべき文《もん》。

善導《ぜんだう》『往生禮讚《らいさん》』にいはく、「またすゝめて四修《しゆ》の法を行ぜしむ。なむらおか四とする。一には恭敬修《くぎやうしゆ》。いはゆるかの佛およびかの一切の聖衆等《しやうじゆとう》を恭敬《くぎやう》禮拜《らいはい》す。かるがゆへに恭敬修《くぎやうしゆ》となづく。いのちおはるを期《ご》としてちかひて中止《ちうし》《ナカニトヾマラザル》せざれ、すなわちこれ長時修《ぢやうじしゆ》なり。二には无餘修《むよしゆ》。いはゆるもはらかの佛の名《みな》を稱《しよう》し、彼《かの》佛およびー切聖衆等《しやうじゆとう》を專《せん》念・專想《せんさう》・專禮《せんらい》・專讃《せんさん》して、餘業《よごふ》をまじえず。かる

---

①あ　◎「在」と左傍註記

がゆへに无餘修《むよしゆ》と名《なづ》く。いのちおはるを期《ご》としてちかひて中止《ちうし》せざれ、すなわちこれ長時修《ぢやうじしゆ》なり。三には無間修《むけんしゆ》。いはゆる相續《さうぞく》して恭敬《くぎやう》し禮拜《らいはい》し、稱名《しようみやう》し讃嘆《さんだん》し、憶念《おくねむ》し觀察《くわんざち》し、廻向發願《ゑかうほちぐわんし》、心《しむ》-心相《しむさう》-續《ぞく》して餘業《よごふ》をもてきたしまじえず。かるがゆへに无間修《むけんしゆ》となづく。また貪《とむ》-瞋煩惱《じんぼむなう》をもてきたしまじえず。犯《ぼむ》するにしたがふて、したがて懺《さん》せよ。念をへだて時をへだて日をへだてずして、つねに清淨《しやうじやう》ならしめよ。また无間修《むけんしゆ》となづく。畢命《ひちみやう》を期《ご》としてちかひて中止《ちうし》せざれ、これ長時修《ぢやうじしゆ》なり」。

『西方要決《えうくゑち》』にいはく、「たゞ四修《しゆ》を修《しゆ》してもて正業《しやうごふ》とす。一には長時修《ぢやうじしゆ》。初發心《しよほちしむ》より乃至菩提《ないしぼだい》まで、つねに淨因《じやういん》をなしてついに退轉《たいてん》することなし。二には恭敬《くぎやう》修《しゆ》。これにまた五あり。一には有緣《うえん》の聖人《しやうにん》をうやまふ。いはく行住座臥《ぎやうぢゆざぐわ》に西方をそむかず、涕《てい》-唾便《だべん》-痢《り》、西方にむかはず。二には有緣《うえん》の像教《ざうけう》をうやまふ。いはく西方の彌陀《みだ》の像變《ざうへん》をつくるなり。ひろくつくることあたはずは、たゞ一佛二菩《ぼ》薩《さち》をつくる。また教《けう》をうといふは『彌陀經』等《とう》を五色《しき》の袋《ふくろ》に入れて、みづからよみ他《た》にもおしえよ。この經と像《ざう》と室《しち》の中《うち》に安置《あんち》して、六時《じ》に禮讃《らいさん》し、華香《はなかう》をもて供《く》-養《やう》し、ことに尊重《そんぢう》をなせ。三には有緣《うえん》の善知識《ぜんぢしき》をうやまふ。いはく淨土の教《けう》をのべむものは、もしは千由旬《ゆじゆん》・百由旬よりこのかたは、ならびにすべからく敬重《きやうぢう》し親近《しんごん》し供養《くやう》すべし。別學《べちがく》のものおばすべて敬心《きやうしむ》をおこせ。おのれとおなじからざるおば、たゞふかくうやまひをしれ。もし輕慢《きやうまん》をなさば、つみをうることきはまりなし。かるがゆへにすべからくすべてうやまふべし。すなわち行のさわりおばのぞくべし。四には同-縁《どうえん》の友《とも》をうやまふ。いはくおなじく業《ごふ》を修《しゆ》するもの、みづからはさはりおもしといへども、ひとり業《ごふ》は成《じやう》ぜず。かならず良朋《らうほう》によりてまさによく行をなせば、あやうきをたすけもろきをすくひ、ちからをたすけてあひたすけ、同伴《どうはん》の善縁深《ぜんえんふかく》あひ保重《ほうぢう》すべし。五には三寶《ぼう》をうやまふ。同-體《どうたい》・別-相《べちさう》ならびにふかくうやまふべし。つぶさに錄《ろく》することあたはず。淺行《せんぎやう》のものゝために、はたしてより修《しゆ》せざらむや。住持《ぢゆぢ》の三寶《ぼう》といふは、いまの淺識《せんしき》のためにおほきに因縁《いんねん》をなす。いまほゞ料簡《れうけん》す。佛寶《ぼう》といふは、いはく檀《だん》をゑり、綺《いろへ》繡《ぬい》、素《そ》-質《しち》《シロキカタチ》金容《きむよう》、玉《たま》をちりばめ、かむばたにうつし、石《いし》にみがき、土《つち》を削《けづり》、この靈像《れいざう》ことに尊承《そんじよう》すべし。しばらくかたちを觀《くわん》ずれば、つみきえて福《ふく》をます。もし小慢《まん》をなせば、惡《あく》をまし善《ぜん》を亡《ほろぼ》す。たゞし尊容《そんよう》をおもふに、まさに眞《しん》佛をみたてまつるべし。法寶《ほふぼう》といふは、三乘《じよう》の敎旨《けうし》、法界の所《しよ》流《る》なり。名句《みやうく》の詮《せむ》ずるところ、よくさとりを生《しやう》ずる縁《えん》なり。かるがゆへにすべからく珍仰《ちんがう》すべし。もて恵《ゑ》を發《ほち》するもとゐ也。尊經《そんぎやう》を抄寫《せうしや》してつねに淨室《じやうしち》に安《あん》ぜよ。箱篋《さうけう》《ハコ》にいれたくはえて、ならびに嚴敬《ごむきやう》すべし。讀誦《どくじゆ》の時は、身《み》も手《て》も清潔《しやうけち》《イサギヨク》せよ。僧寶《そうぼう》といふは、聖僧《しやうそう》・菩薩・破戒《はかい》のともがら等《ら》、心にうやまひをおこして、慢想《まんさう》を生《しやう》ずることなかれ。

三には无間修《むけんしゆ》。いはくつねに佛を念じて往生の心をなすなり。一切の時において心につねにおもひたくめ。たとえば人あて他《た》に抄掠《せうりやう》せられて、身下賤《みげせん》となりてつぶさに艱辛《かむしん》をうく。たちまちに父母をおもふて國《くに》にはしりかへらむとす。行《ぎやう》装《しやう》いまだ辨《べん》ぜず。なほ他鄕《たきやう》にありて、日夜《にちや》に思惟《しゆい》して、くるしきことたえしのばず。時としてしばらくもすてゝ耶孃《やじやう》《チヽハヽナリ》をおもはずといふことなし。はかりごとをなすことすでに成《じやう》じて、すなわちかへて達《たち》することをえて、父母に親近《しんごん》してほしきまゝに歡娯《くわんご》せむがごとし。行者《ぎやうじや》もまたしかなり。往因《わういん》の煩惱《ぼむなう》によて、善《ぜん》心を壞《ゑ》亂《らん》し、福智《ふくち》の珍財《ちんざい》ならびにみな散失《さんしち》す。ひさしく生死にめぐりて、制《せい》して自由《じゆ》ならず。つねに魔王《まわう》のために僕《ぼく》《ツカヒ》使《し》《ツカヒ》となりて、六道に驅馳《くち》して、身心《しんしむ》を苦切《くせち》す。いま善縁《ぜんえん》にあふて、たちまちに彌陀の慈父《じぶ》の弘願《ぐぐわん》にたがはず群生《ぐんじやう》を濟拔《さいばち》することをきゝて、日夜におどろきいそぎて、心をおこしてゆかむと願ず。このゆへに精《しやう》懃《ごむ》ものうからずして、まさに佛恩《おむ》を念ずべし。報《ほう》じつくるを期《ご》として、心につねにはかりおもふべし。四には无餘修《むよしゆ》。いはくもはら極樂をもとめて彌陀を禮《らい》念せよ。たゞ諸餘《しよよ》の業行《ごふぎやう》雑起《ざふき》せしめざれ。所有《しよう》の業《ごふ》、日別《べち》にすべからく念佛・誦《じゆ》經《きやう》を修《しゆ》すべし。餘課《よくわ》をとゞめざる而已《ならくのみ》」と。

私《わたくし》にいはく、四修《しゆ》の文をみるべし。しげきをおそれて解《げ》せず。たゞさきの文《もん》の中に、すでに四修《ししゆ》といふて、たゞ三修《しゆ》あり。もしその文をぬけるか、もしはその心あるか。さらに文をぬけるにはあらず。そのふかきこゝろあり。なにをもてかしることをえむ。四修《しゆ》といふは、一には長時修《ぢやうじしゆ》、二には慇重修《いむぢうしゆ》、三には無《む》餘修《よしゆ》、四には无間修《むけんしゆ》なり。はじめの長時《ぢやうじ》をもて、たゞこれ後《のち》の三修《しゆ》に通用《つよう》するなり。いはく慇重《いむぢう》もし退《たい》せば、慇重《いむぢう》の行すなわち成《じやう》ずべからず。无餘《むよ》もし退《たい》せば、无餘《むよ》の行すなわち成ずべからず。无間《むけん》もし退せば、无間の修《しゆ》行すなわち成ずべからず。この三種《しゆ》の行を成就《じやうじゆ》せしめむがために、みな長時《ぢやうじ》をもて三修《しゆ》に屬《ぞく》して、通《つ》じて修《しゆ》せしむるところ也。かるがゆへに三修《しゆ》の下《した》にみな結《けち》していはく、「畢命《ひちみやう》を期《ご》としてちかひて中止《し》せざれ」といへり。すなわちこれ長時修《ぢやうじしゆ》これなり。例《れい》せばかの精進《しやうじん》の餘《よ》の五度《ど》に通《つ》ずるが如《ごと》し而已《ならくのみ》と。

十　彌陀《みだ》の化《くゑ》佛來迎《らいかう》して、聞經《もんきやう》の善《ぜん》を讃嘆《さんだん》せずして、たゞ念佛の行を讃嘆《さんだん》する文。

『觀无量壽經《くわんむりやうじゆきやう》』にのたまはく、「あるいは衆生あてもろもろの惡業《あくごふ》をつくりて、方等經典《はうどうきやうてん》を誹謗《ひはう》せずといへども、かくのごときの愚人《ぐにん》、おほく衆惡《しゆあく》をつくりて慚愧《ざむぐゐ》あることなし。いのちおはらむとする時、善知識《ぜんぢしき》、ために大乘《じよう》十二部經《ぶきやう》の首《しゆ》題《だい》の名字《みやうじ》を讃《ほむる》にあはむ。かくのごときの諸經《しよきやう》の名《な》をきくことをもてのゆへに、千劫《ごふ》の極重惡業《ごくぢうのあくごふ》を除却《ぢよきやく》す。智者《ちしや》またおしえて、たなごゝろをあはせ手《て》をあざへて南无阿彌陀佛と稱《しよう》す。佛の名《みな》を稱《しよう》するがゆへに、五十億劫《おくこふ》の生死《しやうじ》のつみをのぞく。その時かの佛、すなわち化《くゑ》佛・化《くゑ》觀世音《くわんぜおむ》・化《くゑ》大勢至《せいし》をつかはして、行者のまへにいたらしめて、ほめていはく、善男子《ぜんなむし》、なんぢ佛の名《みな》を稱《しよう》するがゆへに諸《しよ》罪消滅《ざいせうめち》すれば、我《われ》きたりてなんぢをむかふ」と。

同經《おなじききやう》の『疏《しよ》』（散善義）にいはく、「所聞《しよもん》の化讃《くゑさん》、たゞ稱《しよう》佛の功《こう》をのべて、我來迎汝《がらいかうによ》といひ[1]て、聞經《もんきやう》の事《じ》を論《ろん》ぜず。しかも佛の願意《い》をのぞむには、たゞすゝめて正念にしてみなを稱《しよう》するに、往生の義《ぎ》、ときこと雜散《ざふさん》の業《ごふ》におなじからず。かくのごときの『經』および諸部《しよぶ》の中に、處々《しよしよ》にひろく嘆《たん》じて、すゝめて稱名《しようみやう》せしむるを、まさに要益《えうやく》とするなり、知《しる》べし」と。

①ひ　◎「ふ」と左傍註記

私《わたくし》にいはく、聞經《もんきやう》の善《ぜん》はこれ本願にあらず。雜業《ざふごふ》なるがゆへに化《くゑ》-佛讃《さん》ぜず。念佛の行はこれ本願正業《しやうごふ》なるがゆへに、化《くゑ》-佛讃嘆《さんだん》したまふ。しかのみならず、聞經《もんきやう》と念佛と滅罪《めちざい》の多少《たせう》不《ふ》同也《どうなり》。『觀經《くわんぎやう》の疏《しよ》』(散善義)にいはく、「問《とふて》いはく、なんがゆへぞ、經をきくこと十二部《ぶ》するには、たゞ罪《つみ》をのぞくこと千劫《せんごふ》、佛を稱《しよう》すること一聲《しやう》するには、すなわちつみをのぞくこと五百萬劫《ごふ》なるは、なにのこゝろぞや。答《こたへて》いはく、造罪《ざうざい》の人さわりおもくして、加《くわ》はるに死苦《しく》きたりせむるをもて、しばしば善《ぜん》-人《にん》多經《たきやう》を説《とく》といゑども、餐受《さんじゆ》のこゝろ浮散《ふさん》す。こゝろ散《さん》ずるによるがゆへに、つみをのぞくことやゝかろし。また佛名《みやう》はこれ一なり。すなわちよく散《さん》を攝《せふ》してもて心を住《ぢゆ》せしむ。またおしえて正念にしてみなを稱《しよう》せしむ。心おもきによるがゆへに、すなわちよく罪《つみ》をのぞくこと多劫《たこふ》なり」。

十二　雜善《ざふぜん》に約對《やくたい》して念佛を讃嘆《さんだん》する文。

『觀无量壽經《くわんむりやうじゆきやう》』にのたまはく、「もし佛を念ぜむものは、まさにしるべし、この人はこれ人中《にんちう》の分陀利華《ふんだりくゑ》なり。觀世《くわんぜ》音《おむ》菩薩《ぼさち》・大勢至《せいし》菩薩、その勝友《しようう》となりて、まさに道場《だうぢやう》に座《ざ》して諸佛の家《いゑ》に生ずべし」。

同經《おなじききやう》の『疏《しよ》』(散善義)にいはく、「若《にやく》念佛者《しや》といふより下《しも》、生諸《しやうしよ》佛家《け》にいたる已《この》-來《かた》は、まさしく念佛三昧《まい》の功能《くのう》超絶《てうぜち》して、實《まこと》に雜善《ざふぜん》を比類《ひるい》とすることをうるにあらざることをあらはす。すなわちそれに五あり。一にはもはら彌陀佛のみなを念ずることをあかす。二には能念《のうねむ》の人を讚《さん》ずることをあかす。三にはもしよく相續《さうぞく》して念佛するものは、この人ははなはだ希有《けう》なりとす。さらにものとしてこれにならぶべきことなきことをあかす。ゆへに分陀利《ふんだり》をひきて喩《たとひ》とす。分陀利《ふんだり》といふは、人中《にんちう》の好華《かうくゑ》となづく、また希有華《けうくゑ》となづく、また人中の上上花《くゑ》となづく、また人中の妙好華《めうかうくゑ》となづく。この花相《はなさう》‐傳《でん》して蔡華《さいくゑ》となづく。この念佛するひとは、すなわちこれ人中の好人《かうにん》なり、人中の妙好人《めうかうにん》なり、人中の上上人なり、人中の希有《けう》人《にん》なり、人中の最勝人《さいしよう》なり。四には彌陀の名《みな》を專《せん》念すれば、すなわち觀音《くわんおむ》・勢《せい》至《し》つねにしたがふて影護《やうご》したまふこと、また親《しん》‐友《う》知《ち》‐識《しき》のごとくなることをあかす。五には今生《こむじやう》にすでにこの益《やく》をかぶりて、いのちをすて、すなわち諸佛の家《いゑ》にいることをあかす。すなわち淨土これなり。かしこにいたりて長時《じやうじ》に法をきゝて歷《りやく》‐事《じ》供《く》‐養《やう》し、因《いん》‐圓《ゑん》果《くわ》滿《まん》す。道場《だうぢやう》の座《ざ》、あにはるかならむや」。

私《わたくし》に問《とふて》いはく、『經《きやう》』(觀經)に、「若《にやく》念佛者《しや》當《たう》知《ち》此《し》人《にん》」等《とう》のたまふは、たゞ念佛者《しや》に約《やく》してしかもこれを讚嘆《さんだん》す。釋《しやく》の家《いゑ》、なむのこゝろあてか、「實《じち》に雜善《ざふぜん》を比《ひ》

1257 類《るい》とすることとうるにあらず」といふて、雑善《ざふぜん》に相對《さうたい》してひとり念佛を嘆ずるや。
答《こたへて》いはく、文《もん》の中にかくれたりといへども、義《ぎ》のこゝろこれあきらかなり。
知《しる》ゆへは、この『經』にすでに定散《ぢやうさん》の諸善《しよぜん》ならびに念佛の行を說《とき》て、しかもそ
の中においてひとり念佛を標《へう》して芬陀利《ふんだり》にたとふ。雑善《ざふぜん》に待《たい》するにあらずは、
いかゞよく念佛の功《こう》、餘《よ》-善《ぜん》諸《しよ》-行《ぎやう》にこえたることをあらはさむ。しかればすな
わち、「念佛者《しや》はすなわちこれ人中《にんちう》の好人《かうにん》」といふは、惡《あく》に待《たい》してしかもほむる
ところなり。「人中の妙好人《めうかうにん》」といふは、これ麤惡《そあく》に待《たい》してしかも稱《しよう》するところ
也。「人中の上上人」といふは、これ下下に待《たい》してほむるところ也。「人中の希《け》
有人《うにん》」といふは、これ常有《じやうう》に待《たい》してしかもほむるところ也。「人中の最勝人《さいしようにん》」と
いふは、これ最劣《さいれち》に待《たい》してしかもほむるところ也。問《とふ》ていはく、すでに念佛
をもて上上となづくるは、なむがゆへぞ、上上品《ぼむ》の中に說《とか》ずして下下品にいた
りてしかも念佛を說《とく》や。答《こたへて》いはく、あにさきにいはずや。念佛の行はひろく九
品にわたるとは、すなわちさきにひくところの『往生要集《えうしふ》』(巻下)にいはく、「そ
の勝劣《しようれち》にしたがふて九品をわかつべし」といへるこれなり。しかのみならず下
1258 品下生はこれ五-逆-重-罪《ぐゑやくぢうざい》の人なり。しかもよく逆罪《ぐゑやくざい》を除滅《ぢよめち》すること、餘《よ》行の

たえざるところ也。たゞ念佛のちからのみあて、よく重罪《ぢうざい》を滅《めち》するにたえたり。かるがゆへに極《ごく》-惡《あく》最《さい》-下《げ》の人のために極《ごく》-善《ぜん》最《さい》-上《じやう》の法をとくところ也。例《れい》するに、かの无《む》-明《みやう》淵《えん》-源《ぐゑん》の病《やまひ》には、中-道《だう》府《ふ》-藏《ざう》の藥《くすり》にあらずはすなわち治《ち》することあたはざるがごとし。いまこの五逆《ぐゐやく》は重病《ぢうびやう》の淵源《えんぐゑん》なり。またこの念佛は靈藥《れいやく》の府藏《ふざう》なり。この藥《くすり》にあらずは、なむぞこの病を治《ち》せむ。かるがゆへに弘《こう》法大師《ぼふだいし》の『二教論《にけうろん》』（卷下）に、『六波羅蜜經《ぱらみちきやう》』をひきていはく、「第《だい》三の法寶《ほふぼう》といふは、いはゆる過《くわ》-去《こ》の无量の諸佛の所說《しよせち》の正法、および我《わが》いまの所說《しよせち》なり。いはゆる八萬四千のもろもろの妙法繦《めうほふまん》、乃《ない》-至《し》有《う》-緣《えん》の衆生《しゆじやう》を調《でう》-伏《ぶく》純《じゆん》-熟《じゆく》して、阿難陀等《あなんだとう》の諸《しよ》大弟子《でし》、ひとたび耳《みゝ》にきゝてみなことごとく憶持《おくぢ》せしむるを攝《せふ》して五分《ぶん》とす。一には素呾纜《そたんらん》、二には毗奈耶《びなや》、三には阿毗達磨《あびだちま》、四には般若波羅《はんにやはら》蜜多《みちた》、五には陀羅尼門《だらにもん》。この五種《しゆ》の藏《ざう》をもて有情《うじやう》を教化《けうくゑ》するに、度《ど》すべきところにしたがふて、しかもためにこれをとく。もしかの有情《うじやう》、ねがふて山林《さんりむ》に處《しよ》し、つねに閑寂《げんじやく》に居《こ》して靜慮《じやうりよ》を修《しゆ》せむには、しかもかれがために素呾纜藏《そたんらんざう》を說《とく》。もしかの有情《うじやう》、ねがふて威儀《ゐぎ》をならひ、正法を護持《ごぢ》し、一-味《み》和《わ》-合《がふ》して久《く》住《ぢゆ》することをえしむ。しかもかれがために毗奈耶藏《びなやざう》を說《とく》。もしかの有情《うじやう》、ねがひて正法をとき、性相《しやうさう》を分別《ふんべち》し、修《しゆ》-環《くわん》研《けん》-覈《きやく》して甚深《じむじむ》を究竟《くきやう》す。しかもかれがために阿毗達磨藏《あびだちまざう》を說《とく》。もしかの有情《うじやう》、ねがひて大-乘《じよう》眞《しん》-實《じち》智《ち》-慧《ゑ》をならひ、我《が》-法《ほふ》執《しふ》-著《ぢやく》の分別《ふんべち》をはなる。しかもかれがために般若波羅蜜多藏《はんにやはらみちたざう》を說《とく》。もしかの有情《うじやう》、契《かい》-經《きやう》と調伏《でうぶく》と對法《たいほふ》①と般若《はんにや》とを受持《じゆぢ》することあたはず。あるいはまた有情《うじやう》、もろもろの惡業《あくごふ》、四重《ぢう》・八重・五无間罪《むけんざい》・謗方等經《はうはうどうきやう》・一闡提等《せんだいとう》の種々《しゆじゆ》の重罪《ぢうざい》をつくりて銷滅《せうめち》することをえしむ。速《すみやか》に解脱《げだち》して、頓《とん》に涅槃《ねちはん》をさとる。かれがためにもろもろの陀羅尼藏《だらにざう》を說《とく》。この五藏《ざう》は、たとえば乳《にう》・酪《らく》・生蘇《しやうそ》および妙醍醐《めうだいご》のごとし。契經《かいきやう》は乳《にう》の如《ごと》し、調伏《でうぶく》は酪のごとし、對法《たいほふ》②の教《けう》はかの生蘇《しやうそ》の如《ごと》し、大乘般若《じようはんにや》は熟蘇《じゆくそ》のごとし、總持門《そうぢもん》といふはたとへば醍醐《だいご》のごとし。醍醐の味《あぢわい》、乳《にう》・酪《らく》・蘇《そ》の中に微《み》-妙第《めうだい》一なり。よく諸病《しよびやう》をのぞく。もろもろの有情《うじやう》をして身《しん》-心安《しむあん》-樂《らく》ならしむ。總持門《そうぢもん》といふは契經等《かいきやうとう》の中にもとも第《だい》一とす。よく重罪《ぢうざい》をのぞく。もろもろの衆生をして生死《しやうじ》を解脱《げだち》し、すみやかに涅槃安樂《ねちはんあんらく》の法身《ほふしん》を證《しよう》せしむ」。已上　この中の、五无間罪《むけんざい》といふはこれ五逆罪也《ぐゐやくざいなり》。すなわち醍醐《だいご》の妙藥《めうやく》にあらずは、五无間《むけん》の病《やまひ》はなはだ療《れう》しがたしとす。念佛もまたしかなり。往生の教《けう》の中には念佛三昧《まい》はこれ總持《そうぢ》のごとし、ま

①法→◎治《ち》
②法→◎治《ち》

た醍醐《だいご》のごとし。もし念佛三昧の醍醐の藥《くすり》にあらずは、五逆《ぐゐやく》深重《じむぢう》の病《やまひ》はなはだ治《ち》しがたしとす、知《しる》べし。問《とふて》いはく、もししからば下品上生はこれ十惡《あく》輕罪《きやうざい》の人なり。なにのゆへぞ念佛を説《とく》や。答《こたえて》いはく、念佛三昧は重罪《ぢうざい》なほ滅《めち》す。いはむや輕罪《きやうざい》おや。餘行《よぎやう》はしからず。あるいは輕《きやう》を滅《めち》して重《ぢう》を滅《めち》せざるあり。あるいは一を消《け》してしかも二をけさざるあり。念佛はしからず。輕重《きやうぢう》かねて滅《めち》す、一切あまねく治《ち》す。たとえば阿伽陀藥《あかだやく》のあまねく一切の病《やまひ》を治《ち》するがごとし。かるがゆへに念佛をもて王三昧《わうまい》とす。凡《おほよ》そ九品の配當《はいたう》はこれ一往《わう》の義也《ぎなり》。五逆《ぐゐやく》の廻心《ゑしむ》、上上に通《つ》ず。讀誦《どくじゆ》の妙行《めうぎやう》、下下に通《つ》ず。十惡《あく》の輕罪《きやうざい》、破戒《はかい》の次罪《しざい》、おのおの上下に通《つ》ず。第一義《だいぎ》をさとり、菩提心《ぼだいしむ》をおこす、また上下に通《つ》ず。一法《ぽふ》におのおの九品あり。もし品《ほむ》に約《やく》せば、すなわち九九八十一品《ぼむ》なり。しかのみならず迦才《かざい》のいはく、「衆生、行《ぎやう》をおこすにすでに千殊《じゆ》あり。往生して土《ど》をみるにまた萬別《べち》あり」(浄土論巻上)。一の文《もん》をみて封執《ふしふ》をおこすことなかれ。その中に念佛はこれすぐれたる行なり。かるがゆへに芬陀利《ふんだり》をひいて、そのたとえとす。喩《たとえ》の心《こゝろ》しるべし。しかのみならず念佛の行者おば、觀音《くわんおむ》・勢至《せいし》、かげとかたちとのごとくしばらくも捨離《しやり》したまはず。餘行《よぎやう》はしからず。

また念佛者①《しや》は、いのちをすておはりてのち決定《くゑちぢやう》して極樂世界に往生す。餘行《よぎやう》は不定《ふぢやう》なり。おほよそ五種《しゆ》の嘉譽《かよ》をながし、二尊《そん》の影護《やうご》をかぶる、これはこれ現益《げんやく》なり。また淨土に往生し、乃至《ないし》、佛になる、これはこれ當益《たうやく》なり。また道綽《しやく》禪師《ぜんじ》、念佛の一行において始終《しじゆ》の兩益《りやうやく》をたてたまへり。『安樂集《あんらくしふ》』（巻下）にいはく、「念佛の衆生おば攝取《せふしゆ》してすてざれば、いのちつきてかならず生ず。これを始益《しやく》となづく。終益《じゆやく》といふは、『觀音授記經《くわんおむじゆききやう》』によるに、阿彌陀佛、世《よ》に住《ぢゆ》したまふこと長久《ぢやうく》にして、兆《てう》-載《さい》-永《ゐやう》-劫《ごふ》にまた滅度《めちど》したまふことあり。般《はち》涅槃《ねちはん》の時、たゞ觀《くわん》-音《おむ》・勢《せい》-至《し》ましまして、安樂《あんらく》を住持《ぢゆぢ》し、十方を接引《せふいん》したまふ。その佛の滅度《めちど》また住世《ぢゆせ》と時《じ》-節《せち》等《とう》-同《どう》ならむ。しかもかの國の衆生、一切の佛を覩《と》-見《けん》するものあることなし。たゞ一向《かう》にもはら阿彌陀佛を念じて往生せるもののみあて、つねに彌陀現《げん》にましまして滅《めち》したまはずとみる。これはすなわちこれその終益《じゆやく》なり」。已上 まさにしるべし。念佛はかくのごときらの現《げん》-當《たう》二世《せ》の始《し》-終《じゆ》兩《りやう》-益《やく》あり、應《べしと》レ知《しる》。

①者　◎「は」と左傍註記

選擇本願念佛集 假字 下末

十二 釋尊《しやくそん》、定散《ぢやうさん》の諸行《しよぎやう》を付屬《ふぞく》せずして、たゞ念佛をもて阿難《あなん》に付屬《ふぞく》したまえる文《もん》。

『觀无量壽經《くわんむりやうじゆきやう》』にのたまはく、「佛、阿難《あなん》に告《つげたま》はく、なんぢよくこの語《ご》をたもて。この語《ご》をたもてといふは、すなわちこれ无量壽佛の名《みな》をたもてとなり」。

同經《おなじきやう》の『疏《しよ》』（散善義）にいはく、「佛告《がう》阿《あ》難《なん》汝《によ》好《かう》持《ぢ》是《ぜ》語《ご》といふより已下《いげ》は、まさしく彌陀の名號を付屬《ふぞく》して、遐代《かだい》に流通《るづ》することをあかす。上來《じやうらい》に定散《ぢやうさん》兩門《りやうもん》の益《やく》を説《とく》といへども、佛の本願をのぞまむには、こゝろ、衆生をして一向《かう》にもはら彌陀佛の名《みな》を稱《しよう》するにあり」と。

私《わたくし》にいはく、『疏《しよ》』の文《もん》を按《あん》ずるに二行《にぎやう》あり。一には定散《ぢやうさん》、二には念佛。はじめに定散《ぢやうさん》といふはまた分《わかち》て二とす。一に定善《ぢやうぜん》、二に散善《さんぜん》。はじめの定善《ぢやうぜん》について、それ十三あり。一には日想觀《にちさうくわん》、二には水想觀《しゐさうくわん》、三には地想《ぢさう》觀、四には寶樹《ほうじゆ》觀、五には寶池《ほうち》觀、六には寶樓《ほうろう》觀、七には華座《くゑざ》觀、八には像想觀《ざうさうくわん》、九

〈表紙〉
◎包紙中央「選擇本願念佛集〔假字／下末〕」
表紙中央「選擇本願念佛集〔下／末〕」　左下「釋慶性」

には阿彌陀佛観、十には観《くわん》音《おむ》観《くわん》、十一には勢《せい》至観《しくわん》、十二には普《ふ》往生観、十三には雑想観《ざふさうくわんなり》。つぶさには『經』に説《とく》がごとし。たとひ餘《よ》の行なしといへども、あるいは一、あるいは多《た》、そのたえたるところにしたがふて十三観《ぐわん》を修《しゆ》して往生をうべし。そのむね『經』にみえたり。あえて疑慮《ぎりよ》《ウタガフコヽロ》することなかれ。次《つぎ》に散《さん》善《ぜん》について二あり。一には三福《ぷく》、二には九品《ぼむ》。はじめに三福《ぷく》といふは、『經《きやう》』(観經)にのたまはく、「一には孝《けう》-養《やう》父《ぶ》-母《も》、奉《ぶ》-事《じ》師《し》-長《ちやう》、慈《じ》-心《しむ》不《ふ》-殺《せち》、修《しゆ》十善業《ぜんごふ》。二には受《じゆ》-持《ぢ》三-歸《くゐ》、具《ぐ》-足《そく》衆《しゆ》-戒《かい》、不《ふ》-犯《ぼむ》威《ゐ》-儀《ぎ》。三には發《ほち》菩《ぼ》提《だい》心《しむ》、深《じむ》-信《しん》因《いん》-果《ぐわ》、讀《どく》-誦《じゆ》大-乘《じよう》、勸《くわん》-進《じん》行《ぎやう》者《じやなり》」。已上經文 「孝《けう》-養《やう》父《ぶ》-母《も》」といふは、これについて二あり。一には世間《せけん》の孝養《けうやう》、二には出世《しゆつせ》の孝養なり。世間の孝養《けうやう》といふは『孝經《けうきやう》』等《とう》の説《せち》の如《ごと》し。出世《しゆつせ》の孝養といふは律《りち》の中の生縁《しやうえん》奉事《ぶじ》の法のごとし。「奉事《ぶじ》師長《しちやう》」といふは、これについてまた二あり。一には世間《せけん》の師長《しちやう》、二には出世《しゆつせ》の師長《しちやう》なり。世間《せけん》の師《し》といふは仁《じん》・義《ぎ》・禮《れい》・智《ち》・信等《しんとう》をおしふる師なり。出世《しゆつせ》の師《し》といふは聖《しやう》-道《だう》・淨《じやう》-土《ど》の二門等《にもんとう》をおしふる師なり。たとひ餘行《よぎやう》なしといへども、孝《けう》-養《やう》・奉《ぶ》-事《じ》をもて往生の業《ごふ》とするなり。「慈《じ》-心《しむ》不《ふ》殺《せち》修《しゆ》十善業《ぜんごふ》」といふは、これについて二の義《ぎ》あり。一には、はじめに「慈《じ》-心《しむ》不《ふ》-殺《せち》」といふは、四《し》无量《むりやう》心《しむ》をもて往生の業《ごふ》とするなり。次《つぎ》に「修《しゆ》十善業《ぜんごふ》」といふは、一に不殺生《ふせちしやう》、二に不偸盗《ふちうたう》、三に不邪婬《ふじやいん》、四に不妄語《ふまうご》、五に不綺語《ふきご》、六に不惡口《ふあくこう》《ク》、七に不兩舌《ふりやうぜち》、八に不貪《ふとむ》、九に不瞋《ふしん》、十に①不邪見《ふじやけん》なり。二には、「慈《じ》心不殺《しむふせち》」、「修《しゆ》十善業《ぜんごふ》」の二句《く》を合《がふ》して一句《く》とす。いはくはじめの「慈心不殺《じしむふせち》」といふは、これ四无量《むりやう》の中の慈《じ》无量にはあらず。これ十善《ぜん》のはじめの不殺《ふせち》をさす。かるがゆへにしりぬ、まさしくこれ十善《ぜん》の一句《く》なり。たとひ餘行《よぎやう》なしといへども、十善業《ぜんごふ》をもて往生の業《ごふ》とするなり。「受《じゆ》持《ぢ》三歸《くゐ》」といふは歸依《くゐえ》佛法僧《そう》なり。これについて二あり。一は大乘《じよう》の三歸《くゐ》、二は小乘《じよう》の三歸《くゐ》なり。「具足衆戒《ぐそくしゆかい》」といふは、これにまた二あり。一は大乘戒《じようかい》、二は小乘戒なり。「不犯威儀《ふぼむゐぎ》」といふは、これにまた二あり。一は大乘《じよう》にいはく八萬あり。二は小乘《じよう》にいはく三千あり。「發菩提心《ほちぼだいしむ》」といふは、諸《しよ》師《し》の心不同《こゝろふどう》なり。天台《だい》にはすなはち四教《けう》の菩提心《ぼだいしむ》あり。いはく藏《ざう》・通《つ》・別《べち》・圓《ゑん》これなり。つぶさに『止觀《しくわん》』に說《とく》がごとし。眞言《しんごん》にはすなはち三種《しゆ》の菩提心《ぼだいしむ》あり。いはく行願《ぎやうぐわん》・勝義《しようぎ》・三摩地《まぢ》これなり。つぶさに『菩提心論《ぼだいしむろん》』に說《とく》が如《ごと》し。華嚴《くゑごむ》にまた菩提心あり。かの『菩提心義《ぼだいしむぎ》』および『遊心安樂道』等の說のごとし。三論《ろん》・法相《ほふさう》におのおの菩提心《ぼだいしむ》あり。つぶさにかの宗《しゆ》の章疏等《しやうしよとう》の說《せち》のごとし。

①不　◎に無し

また善導《ぜんだう》の所釋《しよしやく》の菩提心《ぼだいしむ》あり。つぶさに『疏《しよ》』にのぶるがごとし。發菩提心《ほちぼだいしむ》、その言《ことば》一なりといへども、おのおのその宗《しゆ》にしたがふてその義不同《ぎふどう》なり。しかればすなわち、菩提《ぼだい》心の一句《く》ひろく諸經《しよきやう》にわたり、あまねく顯密《けんみち》をかねたり。意《い》-氣《き》博遠《はくおん》にして詮《せむ》《アラハス》-惻中《しきちう》-①邈《ばく》《カタチ》なり。ねがはくは、もろもろの行者、一を執《しふ》して萬《まん》を遮《しや》することなかれ。もろもろの往生をもとむる人、おのおのすべからく自宗《じしゆ》の菩提心《ぼだいしむ》をおこすべし。たとひ餘行《よぎやう》なしといへども、菩提心をもて往生の業《ごふ》とする也。「深《じむ》-信因《しんいん》-果《ぐわ》」といふは、これについて二あり。一には世間《せけん》の因《いん》果《ぐわ》、二には出世《しゆつせ》の因果《いんぐわなり》。世間の因果といふは、すなわち六道の因果なり。『正法念經』に說《とく》が如《ごと》し。出世《しゆつせ》の因果《いんぐわ》といふは、すなわち四聖《しやう》の因果なり。もろもろの大小乘《じよう》 經《きやう》に說《とく》がごとし。もしこの因果《いんぐわ》の二法《ほふ》をもてあまねく諸經《しよきやう》をおさめば、諸《しよ》-家《け》不《ふ》-同《どう》なり。しばらく天台《だい》によらば、いはく華嚴《くゑごむ》には佛・菩薩の二種《しゆ》の因果《いんぐわ》を說《とく》、阿含《あごむ》には聲《しやう》-聞《もん》・緣《えん》-覺《がくの》二乘《にじよう》の因果を說《とく》、方等《はうどう》の諸經《しよきやう》には四乘《じよう》の因果を說《とく》、般若《はんにや》の諸經《しよきやう》には通《つ》・別《べち》・圓《ゑん》の因果を說《とく》、法華《ほふくゑ》には佛-因《いん》佛-果《くわ》を說《とく》、涅槃《ねちはん》にはまた四乘《じよう》の因果を說也《とくなり》。しかればすなわち、深《じむ》-信因《しんいん》-果《ぐわ》の言《ことば》あまねく一代《だい》を該《かい》-羅《ら》《コメコムルナリ》するなり。もろもろの往生をもとむる人、たとひ餘行《よぎやう》なし

①邈　右◎こむ

といへども、深《じむ》-信因果《しんいんぐわ》をもて往生の業《ごふ》とすべし。「讀誦大乘《どくじゆじよう》」といふは、わかちてすなはちこれ五種法師《しゆほふし》の中に、轉《てん》-讀《どく》・諷《ふ》-誦《じゆ》の二師《にし》をあぐ、受《じゆ》-持等《ぢとう》の三師《し》をあらはすなり。もし十種《しゆ》の法行《ほふぎやう》に約《やく》せば、すなはちこれ披《ひ》-讀《どく》・諷《ふ》-誦《じゆ》の二種《しゆ》の法-行をあげて、書《しよ》-寫《しや》・供《く》-養等《やうとう》の八種《しゆ》の法行《ほふぎやう》をあらはすなり。「大乘《じよう》」は、小乘《じよう》をえらぶ言《ことば》なり。別《べち》に一-經《きやう》をさすにはあらず。通《つ》じて一切の諸《しよ》大乘《じよう》をさすなり。いはく一切といふは、佛意《い》ひろく一代《だい》の所説《しよせち》の諸《しよ》大乘　經《じようきやう》をさす。しかるを一代《だい》の所説《しよせち》において、已結集《いけちじふ》の經《きやう》あり、未結集《みけちじふ》の經あり。龍宮《りうぐ》にかくれて、人間《にんげん》に流布《るふ》せざる經《きやう》あり、あるいは天竺《ぢく》にとゞまりて、いまだ漢地《かんぢ》に來《らい》到《たう》せざる經あり。しかるをいま翻《ほむ》-譯《やく》將《しやう》-來《らい》の經についてしかもこれを論《ろん》ずれば、『貞元入藏《ていぐゑんにふざう》の錄《ろく》』の中に、『大般若經《はんにやきやう》』六百卷《くわん》よりはじめて『法常住經《ほふじやうぢゆきやう》』におはるまで、顯密《けんみち》の大乘　經《じようきやう》すべて六百三十七部《ぶ》二千八百八十三卷《くわん》なり。みなすべからく讀《どく》-誦《じゆ》大-乘《じよう》の一句《く》に攝《せふ》すべし。ねがはくは、西方の行者、おのおのその意樂《いげう》にしたがふて、あるいは法華《ほふくゑ》を讀誦《どくじゆ》してもて往生の業《ごふ》とし、あるいは華嚴《くゑごむ》を讀誦して往生の業《ごふ》とし、あるいは遮那《しやな》・教王《けうわう》および諸尊法等《しよそんほふとう》を受《じゆ》-持《ぢ》・讀《どく》-誦《じゆ》して往生の業とし、あるいは般《はん》-若《にや》・方《はう》-等《どう》および涅《ねち》-槃《はん》-等《とう》を解《げ》-説《せち》・書《しよ》-

寫《しや》してもて往生の業《ごふ》とす。これすなはち淨土宗《しゆ》の『觀无量壽經《くわんむりやうじゆきやう》』のこゝろ也。

問《とふて》いはく、顯密《けんみち》のむねことなり、なんぞ顯《けん》の中に密《みち》を攝《せふ》するや。答《こたへて》いはく、これは顯密《けんみち》のむねを攝《せふ》すといふにはあらず。『貞元《ていぐゑん》入藏《にふざう》の錄《ろく》』の中に、おなじくこれを編《あみ》《ヘン》してしかも大乘經《じようきやう》のかぎりにいれたり。かるがゆへに讀誦《どくじゆ》大乘《じよう》の一句《く》に攝《せふ》す。問《とふて》いはく、爾前《にぜん》の經《きやう》の中になんぞ『法華《ほふくゑ》』を攝《せふ》するや。答《こたへて》いはく、いまいふところの攝《せふ》といふは、權《ごん》-實《じち》・偏圓等《へんゑんとう》の義《ぎ》を論《ろん》ずるにはあらず。「讀《どく》-誦《じゆ》大乘《じよう》」のことば、あまねく前《ぜん》-後《ご》の大乘《じよう》の諸經《しよきやう》に通《つ》ず。前《ぜん》といふは『觀《くわん》-經《ぎやう》』已《い》-前《ぜん》の諸大乘經《しよじようきやう》これなり。後《ご》といふは王《わう》-宮《ぐ》已《い》-後《ご》の諸大乘經《しよじようきやう》これなり。たゞ大乘《じよう》といふて權實《ごんじち》をえらぶことなし。しかればすなはち、まさしく華嚴《くゑごむ》・方《はう》等《どう》・般若《はんにや》・法華《ほふくゑ》・涅槃等《ねちはんとう》の諸大乘經《しよじようきやう》にあたれり。「勸《くわん》-進《じん》行《ぎやう》-者《じや》」といふは、いはく定《ぢやう》-散諸《さんしよ》-善《ぜん》および念佛三昧《まい》を勸進《くわんじん》するなり。 次《つぎ》に九品といふは、さきの三福《ぷく》を開《かい》して九品の業《ごふ》とす。いはく上品上生の中に「慈《じ》-心《しむ》不《ふ》-殺《せち》」(觀經)といふは、すなはち上《かみ》の世福《せふく》の中の第《だい》三の句《く》にあたれり。次《つぎ》に「具諸戒行《ぐしよかいぎやう》」といふは、すなはち上《かみ》の戒福《かいふく》の中の第二《だいに》の句《く》の「具《ぐ》-足衆戒《そくしゆかい》」にあたれり。次《つぎ》に「讀《どく》-誦《じゆ》大-乘《じよう》」といふは、上《かみ》の行福《ぎやうふく》の中の第三の句《く》の「讀《どく》-誦《じゆ》大-乘《じよう》」にあたれり。次《つぎ》に

「修《しゆ》-行《ぎやう》六念《ねむ》」といふは、すなわち上《かみ》の第《だい》三の福《ふく》の中の第三の句《く》のこゝろなり。上品《ぼむ》中生《しやう》の中に「善《ぜん》解《げ》義《ぎ》趣《しゆ》」(観經)といふは、すなわちこれ上《かみ》の第三の福《ふく》の中の第二・第三のこゝろなり。上品下生の中に「深《じむ》-信《しん》因《いん》-果《ぐわ》・發《ほち》道《だう》心《しむ》」(観經)等《とう》といふは、すなわちこれ上《かみ》の第三の福《ふく》の第一・第二のこゝろ也。中品上生の中に「受《じゆ》持《ぢ》五戒《かい》」(観經)といふは、すなわち上《かみ》の第二の福《ふく》の中の第二の句《く》のこゝろなり。中品中生の中に「あるいは一日一-夜《や》受《じゆ》-持《ぢ》八戒《かい》齋《さい》」(観經)等《とう》といふは、また上《かみ》の第二の福《ふく》のこゝろにおなじき也。中品下生の中に「孝《けう》-養《やう》父《ぶ》-母《も》行《ぎやう》-世《せ》仁《にん》慈《じ》」(観經)等《とう》といふは、すなわち上《かみ》のはじめの福《ふく》の第一・第二の句《く》のこゝろ也。下品上生といふは、これ十悪《あく》の罪《ざい》人《にん》なり。臨《りむ》終《じゆ》の一念につみ滅《めち》してむまるゝことをう。下品中生といふは、これ破《は》戒《かい》の罪人なり。臨《りむ》終《じゆ》に佛の依《え》-正《しやう》の功《く》徳《どく》をきゝて、つみ滅《めち》してうまるゝことをう。下品下生といふは、これ五逆《ぐゐやく》の罪人《ざいにん》なり。臨《りむ》終《じゆ》に十念してつみ滅《めち》してうまるゝことをう。この三品《ぼむ》は、尋《じむ》-常《じやう》の時《ツネノトキヲイフ》たゞ悪業《あくごふ》をのみつくりて往生をもとめずといへども、臨《りむ》終《じゆ》の時はじめて善《ぜん》知《ぢ》識《しき》にあふてすなわち往生をう。もし上《かみ》の三福《ぷく》に准《じゆん》ぜば、第《だい》三の福《ふく》の大乘《じよう》のこゝろ也。定《ぢやう》-善《ぜん》・散《さん》-善《ぜん》、大《たい》-概《がい》かくのごとし。文《もん》に、すなわち「上來《じやうらい》雖《すい》說《せち》定《ぢやう》散《さん》兩《りやう》門《もん》之《し》益《やく》」といふこれ也。

次《つぎ》に念佛といふは、もはら彌陀佛の名《みな》を稱《しよう》するこれなり。念佛の義《ぎ》つねのごとし。しかもいま、「まさしく彌陀《みだ》の名號《みやうがう》を付屬《ふぞく》して遐代《かだい》に流通《るづ》することをあかす」といふは、おほよそこの『經』の中に、すでにひろく定散《ぢやうさん》の諸行《しよぎやう》を說《とく》といへども、すなわち定散《ぢやうさん》をもて阿難《あなん》に付屬《ふぞく》せずして後世《ごせ》に流通《るづ》せしめず。たゞ念佛三昧の一行《ぎやう》をもてすなわち阿難《あなん》に付屬《ふぞく》し遐代《かだい》に流通《るづ》せしむ。問《とふて》いはく、なむがゆへぞ、定散《ぢやうさん》の諸行《しよぎやう》をもて付《ふ》屬《ぞく》流《る》通《づ》せざるや。もしそれ業《ごふ》の淺深《せんじむ》によりてきらひて付屬《ふぞく》せずは、三福《ぷく》の業《ごふ》の中に淺《せん》あり深《じむ》あり。その淺業《せんごふ》といふは孝養《けうやう》父《ぶ》母《も》・奉《ぶ》事《じ》師《し》長《ちやう》なり。その深業《じむごふ》といふは具《ぐ》足衆《そくしゆ》戒《かい》・發菩提心《ほちぼだいしむ》・深信因《じむしんいん》果《ぐわ》・讀誦《どくじゆ》大乘《じよう》なり。すべからく淺業《せんごふ》《アサキ》をすてゝ深業《じむごふ》《フカキ》を付屬《ふぞく》すべし。もし觀《くわん》の淺《せん》深《じむ》によりてきらいて付屬《ふぞく》せずは、十三觀《ぐわん》の中に淺《せん》あり深《じむ》あり。その淺觀《せんくわん》といふは日想《にちさう》・水想《しゐさう》これなり。深觀《じむくわん》といふは地觀《ぢくわん》よりはじめて雜想觀《ざふさうくわん》におはるまで、すべて十一觀《くわん》これなり。すべからく淺觀《せんくわん》をすてゝ深觀《じむくわん》を付屬《ふぞく》すべし。なかづくに、第《だい》九は阿彌陀佛觀也《くわんなり》。すなわちこれ觀《くわん》佛三昧《まい》なり。すべからく十二觀《くわん》をすてゝ觀佛三昧を付屬《ふぞく》すべきなり。なかづくに、同《おなじ》『疏《しよ》』の「玄義分《ぐゑんぎぶん》」(意)の中にいはく、「この『經』は觀《くわん》佛三昧を宗《しゆ》とす、また念佛三昧を宗《しゆ》とす」。すでに二行をもて一經《きやう》の宗《しゆ》とす。なむぞ觀佛三昧を廢《はい》して念佛三昧を付屬《ふぞく》するや。答《こたえて》いはく、「佛の本願をのぞむには、こゝろ衆生をして一向《かう》にもはら彌陀佛の名《みな》を稱《しよう》するにあり」（散善義）といふ。定散《ぢやうさん》の諸《しよ》行は本願にあらざるがゆへにこれを付屬《ふぞく》せず。またその中において、觀《くわん》佛三昧《まい》は殊勝《しゆしよう》の行なりといへども、佛の本願にあらず。かるがゆへにこれを付屬《ふぞく》せず。「佛の本願をのぞむ」といふは、『雙卷經《さうくわんぎやう》』の四十八願の中の第《だい》十八の願をさすなり。「一向專稱《かうせんしよう》」といふは、同《おなじ》『經《きやう》』（大經卷下）の三輩《ぱい》の中の「一向專念《かうせんねむ》」をさすなり。本願の義《ぎ》、つぶさにさきに辯《べん》ずるがごとし。　問《とふて》いはく、もししからば、なんがゆへぞ直《ぢき》に本願の念佛の行を說《とか》ずして、わづらはしく本願にあらざる定散《ぢやうさん》の諸善《しよぜん》を說《とく》や。答《こたへて》いはく、本願の念佛の行は『雙卷經《さうくわんぎやう》』の中にくはしくすでにこれを說《とき》たまへるがゆへに、かさねて說《とか》ずならくのみ。また定散《ぢやうさん》を說《とく》ことは、念佛の餘善《よぜん》に超過《てうくわ》することをあらはさむがためなり。もし定散《ぢやうさん》なくは、なんぞ念佛のことに秀《ひで》たることをあらはさむ。例《れい》せば『法華《ほふくゑ》』の三說《せち》に秀《ひで》たるがごとし。上《かみ》にもし三說《せち》なくは、なむぞ『法華《ほふくゑ》』の第《だい》一なることをあらはさむ。かるがゆへにいま定散《ぢやうさん》は廢《はい》《スツルナリ》のためにしかも說《とく》、念佛三昧は立《りふ》《タテムガタメナリ》のためにしかも說《とく》。たゞし定散《ぢやうさん》の諸善《しよぜん》みなもてはかりがたし。おほよそ定善《ぢやうぜん》は、依《え》—正《しやう》の觀《くわん》、かゞみをかけてしかも照臨《せうりむ》す。往生の願、たなごゝろをさしてしかも速《そく》—疾《しち》《トキコトナリ》なり。あるいは一觀《くわん》のちから、よく多劫《たこふ》の罪《ざい》《ツミ》—愆《けん》《トガ》をしりぞく。あるいは具憶《ぐおく》の功《こう》、ついに三昧《まい》の勝利《しようり》をう。しかればすなわち、往生をもとむる人、よろしく定觀《ぢやうくわん》を修行《しゆぎやう》すべし。なかづくに、第《だい》九の眞身觀《しんしんくわん》はこれ觀《くわん》佛三昧《まい》の法なり。行《ぎやう》もし成就《じやうじゆ》すれば、すなわち彌陀《みだ》の身《ごしん》をみたてまつる。彌陀をみたてまつるがゆへに、諸《しよ》佛をみたてまつることをう。諸佛をみたてまつるがゆへに、現前《げんぜん》に授記《じゆき》せらる。この觀《くわん》の利益《りやく》もとも甚《じむ》深《じむ》なり。しかるにいま『觀經《くわんぎやう》』の流通分《るづぶん》にいたて、釋迦如來《しやかによらい》、阿難《あなん》に告命《がうみやう》して往生の要法《えうぼふ》を付《ふ》—屬《ぞく》・流《る》—通《づ》せしむるによりて、觀佛の法《ほふ》をきらひてなほ阿難《あなん》に付屬《ふぞく》せず、念佛の法をえらびてすなわちもて阿難《あなん》に付屬《ふぞく》す。觀《くわん》佛三昧の法、なほもて付屬《ふぞく》せず。いかにいはむや、日想《さう》・水想等《しゐさうとう》の觀《くわん》においてをや。しかればすなわち、十三の定觀《ぢやうくわん》はみなもて付屬《ふぞく》せざるところの行なり。しかるに世人《せにん》、もし觀《くわん》佛等《とう》をねがふて念佛を修《しゆ》せずは、とおくは彌陀の本願にそむき、またこれちかくは釋尊《しやくそん》の付屬《ふぞく》に違《ゐ》《タガフニ》するにあらずや。行者《ぎやうじや》よろしく商量《しやうりやう》《ハカラフベシ》すべし。次《つぎ》に散善《さんぜん》の中に、大小の持戒《ぢかい》の行あり。世《よ》みなおもへらく、持戒《ぢかい》の行者《ぎやうじやは》これ入眞《しん》の要《えう》なり。破戒《はかい》のものは往生すべからず。また菩提心《ぼだいしむ》の行あり。人みなおもはく、菩提心《ぼだいしむ》はこれ浄土の綱要《かうえう》なり。もし菩提心《ぼだいしむ》なくは、すなわち往生すべからず。また解《げ》第《だい》一義《ぎ》の行あり。これはこれ理観《りくわん》なり。人またおもはく、理《り》はこれ佛の源《みなもと》なり。理《り》をはなれては佛土《ど》をもとむべからず。もし理観《りくわん》なくは、往生すべからず。また讀誦《どくじゆ》大乗《じよう》の行あり。人みないふならく、大乗《じよう》を讀誦して往生すべし。もし讀誦《どくじゆ》の行なくは、往生すべからず。これについて二あり。一は持經《ぢきやう》、二は持呪《ぢしゆ》なり。持經《ぢきやう》といふは、般《はん》‐若《にや》・法華等《ほふくゑとう》の諸《しよ》大乗 經《じようきやう》をたもつなり。持呪《ぢしゆ》といふは隨求《ずいぐ》・尊勝《そんしよう》・光明《くわうみやう》・阿彌陀等《とう》のもろもろの神呪《じんじゆ》をたもつなり。おほよそ散善《さんぜん》の十一人、みなたふとしといへども、その中においてこの四箇《か》の行、當世《たうせい》の人ことに欲《よく》するところの行なり。これらの行をもてほとおと念佛をおさう。つらつら經《きやう》のこゝろをたづぬれば、この諸行《しよぎやう》をもて付《ふ》‐屬《ぞく》・流《る》‐通《づ》せず。たゞ念佛の一行をもて、すなわち後世《ごせ》に付《ふ》‐屬《ぞく》・流《る》‐通《づ》せしむ。しるべし、釋《しやく》尊《そん》の諸《しよ》‐行を付屬《ふぞく》せさせたまはざるゆへは、すなわちこれ彌陀の本願にあらざるがゆへなり。また念佛を付屬《ふぞく》するゆへは、すなわちこれ彌陀の本願のゆへなり。いままた善導和尚《ぜんだうくわしやう》、諸行《しよぎやう》を廢《はい》して念佛に歸《くゐ》するゆへは、すなわち彌陀の本願たるうえに、またこれ釋《しやく》-尊《そん》付《ふ》-屬《ぞく》の行なり。かるがゆへにしりぬ、諸行《しよぎやう》は機《き》にあらず、時を失《しち》《ウシナフ》せり。念佛往生は機《き》にあたりて、時をえたり。感應《かむおう》あにむなしからむや。まさにしるべし、隨他《ずいた》のまへにはしばらく定散《ぢやうさん》の門《もん》を開《ひらく》といへども、隨自《ずいじ》ののちにはかへりて定散《ぢやうさん》の門《もん》を閉《とづ》。ひとたびひらいてのちながくとぢざるは、たゞこれ念佛の一門《もん》なり。彌陀の本願、釋尊《しやくそん》の付屬《ふぞく》、こゝろこれにあり。行者《ぎやうじや》しるべし。またこの中に「遐代《かだい》」といふは、『雙巻經《さうくわんぎやう》』のこゝろによらば、とおく末《まち》-法《ぽふ》萬-年《ねん》ののち百歳《さい》の時をさすなり。これすなわち遠《おん》《トオキ》をあげて近《ごん》《チカキ》を攝《せふ》するなり。しかれば、法滅《ほふめち》ののちなほもてしかなり。いかにいはむや末法《まちぽふ》おや。末法すでにしかり。いはむや正-法・像《ざう》-法《ぼふ》おや。かるがゆへにしりぬ、念佛往生の道は正像末《ざうまち》の三時《じ》、および法《ほふ》-滅《めち》百歳《さい》の時に通《つ》ずといふことを。

十三　念佛をもて多善根《たぜんごん》とし、雜善《ざふぜん》をもて少善根《せうぜんごん》とする文。

『阿彌陀經』にのたまはく、「少《せう》-善《ぜん》-根《ごん》福《ふく》-徳《とく》の因縁《いんねん》をもて、かの國に生ずることうべからず。舍利弗《しやりほち》、もし善男子《ぜんなむし》・善女人《ぜんによにん》あて、阿彌陀佛を說《とく》をきゝて、名號《みやうがう》を執持《しふぢ》して、もしは一日、もしは二日、もしは三日、もしは四日、もしは五日、もしは六日、もしは七日、心《しむ》を一にしてみだらずは、その人命終《みやうじゆ》の時にのぞみて、阿彌陀佛もろもろの聖衆《しやうじゆ》と現《げん》じて、そのまへにまします。この人おはらむ時に心《しむ》-顚《てん》-倒《だう》せずして、すなわち阿彌陀佛の極樂國土に生《しやう》ずることをう」。善導《ぜんだう》この文《もん》を釋《しやく》していはく、「極樂无《はむ》爲《ゐ》涅槃《ねちはん》の界《さかひ》(クニ)なり、隨縁《ずいえん》の雜善《ざふぜん》はおそらくは生《しやう》じがたし。かるがゆへに如來、要《えう》-法《ぼふ》をえらむで、教《おし》へて彌陀を念ぜしむ。もはらにしてまたもはらにせよと。七日七夜《や》、心《しむ》にひまなかれ。長時《ぢやうじ》に行をおこすもますますみなしかなり。臨終《りむじゆ》に聖《しやう》-衆《じゆ》、花《はな》をもて現《げん》ず。身《しん》-心《しむ》踊《ゆ》-躍《やく》して金蓮《こむれん》に坐《ざ》す。坐《ざ》する時にすなわち无生忍《むしやうにん》をう。一念にむかえて佛前《ぜん》にまさにいたる。法-侶《りよ》衣《ころも》をもて、きおいきたりてきます。不退《ふたい》を證得《しようとく》して三賢《げん》に入る」(法事讃巻下)と。

私《わたくし》にいはく、「少善根福徳《せうぜんごんふくとく》の因縁《いんねん》をもて、かの國に生《しやう》ずることをうべからず」といふは、諸《しよ》-餘《よ》の雜行《ざうぎやう》はかのくにゝむまれがたし。かるがゆへに「隨縁雜善恐《ずいえんざふぜんく》難生《なんしやう》」といふ。「少善根《せうぜんごん》」といふは多善根《たぜんごん》に對《たい》することばなり。しかればすなわち、雜善《ざふぜん》はこれ少善根《せうぜんごん》なり、念佛はこれ多善根《たぜんごん》なり。かるがゆへに『龍舒《りうじょ》淨土文《もん》』(巻一)にいはく、「襄陽《じやうやう》の石《いし》に『阿彌陀經』をゑれり。すなわち隋《ずい》の陳《ちん》仁《じん》-稜《りよう》が書《しよ》するところなり。字《じ》-畫《ぐわ》淸《せい》-婉《ゑん》にして、人おほくねがひもてあそぶ。一-心不《ふ》-

1276 亂《らん》といふより下《しも》にいはく、專《せん》持《ぢ》名《みやう》號《がう》以稱《いしよう》 名故《みやうこ》諸《しよ》罪《ざい》消《せう》滅《めち》卽《そく》是《ぜ》多《た》善《ぜん》根《ごん》福《ふく》德《とく》因《いん》緣《えん》と。
いまの世《よ》にこの二十一字《じ》をぬけり」。已上 たゞ多少《たせう》の義《ぎ》あるのみに
あらず。また大小の義《ぎ》ありといへり。雜善《ざふぜん》はこれ小善根《ぜんごん》なり、念佛はこれ大善
根なり。また勝劣《しようれち》の義《ぎ》あり。いはく雜善《ざふぜん》はこれ劣善根《れちぜんごん》なり、念佛はこれ勝善《しようぜん》
根《ごん》なり。その義《ぎ》しるべし。

十四 六方恒沙《ごうじや》の諸佛餘行《よぎやう》を證誠《しようじやう》せず、たゞ念佛を證誠したまえる文。

善導《ぜんだう》『觀念法門《くわんねむぼふもん》』にいはく、「また『彌陀經』にのたまへるがごとし。六方におのお
の恒《ごう》河《が》沙《しや》等《とう》の諸佛ましまして、みなみしたをのべてあまねく三千世界におほいて、
誠實《じやうじち》の言《ごん》を說《とき》たまふ。もしは佛の在世《ざいせ》にまれ、もしは佛の滅後《めちご》にまれ、一切の
造罪《ざうざい》の凡夫《ぼむぶ》、たゞ心《しむ》を廻《ゑ》して阿彌陀佛を念じて、ねがふて淨土に生ず。上《かみ》百年を
つくし、下《しも》七日・一日、十聲《しやう》・三聲・一聲等《とう》にいたるまで、いのちおはらむとす
る時、佛、聖衆《しやうじゆ》とみづからきたりて迎接《かうせふ》して、すなわち往生をう。上《かみ》のごとき
六方等《とう》の佛、みしたをのべて、さだめて凡夫《ぼむぶ》のために證《しよう》をなしたまふ、つみ滅《めち》し
1277 て生ことをうと。もしこの證《しよう》によりて生ずることえずといはゞ、六方の諸佛のの
べたまへるみした、ひとたびみくちよりいでゝのち、ついにみくちにかへりいら

ずして、自然《じねん》に壞爛《ゑらん》せむ」と。

同《おなじく》『往生禮讃《らいさん》』に『阿彌陀經』をひきていはく、「東方恆河沙等《とうばうごうがしやとう》の諸佛、おのおの本國にして、その舌相《ぜちさう》をいだして、あまねく三千大千世界におほふて、誠實《じやうじち》のみことを說《とき》たまふ。なんだち衆生、みなこの一切の諸佛の護《ご》念したまふところの經を信《しん》ずべし。いかゞ護念《ごねむ》となづくる。もし衆生あて阿彌陀佛を稱《しよう》念して、もしは一日および七日、下《しも》十聲乃至《しやうないし》一聲《しやう》、一念等《とう》にいたるまで、かならず往生することをう。かるがゆへに護念經《ごねむぎやう》となづく」。

またいはく、「六方の如來みしたをのべて、もはら名號《みやうがう》を稱《しよう》して西方にいたることを證《しよう》したまふ。かしこにいたりてはなひらけて、妙法《めうほふ》をきゝて、十地《ぢ》願行自《じ》然《ねん》にあらはる」（禮讃）と。

おなじく『觀經《くわんぎやう》の疏《しよ》』（散善義）に『阿彌陀經』をひきていはく、「また十方の佛等《とう》、衆生の釋迦《しやか》一佛の所說《しよせち》を信《しん》ぜざらむことを恐畏《くゐ》《オソルナリ》して、すなわちともに同心同時《どうしむどうじ》に、おのおの舌相《ぜちさう》をいだしてあまねく三千世界におほふて、誠實《じやうじち》のみことを說《とき》て、なんだち衆生、みなこの釋迦《しやか》の所說《しよせち》・所讃《しよさん》・所證《しよしよう》を信《しん》ずべし。一切の凡夫《ぼむぶ》の罪《ざい》福《ふく》の多少《たせう》、時節《じせち》の久近《くごん》をとはず、たゞよく上《かみ》百年《ねん》をつくし、下《しも》一日七日にいたるまで、一心にもはら彌陀の名號を念ずれば、さだめて往生することをう。かならずうたがひなき也」。

同《おなじく》『法事讚《ほふじさん》』(巻下)にいはく、「心心《しむしむ》に佛を念じてうたがひをなすことなかれ、六方如來の證《しよう》むなしからず。三業專《ごふせん》心にして雜亂《ざふらん》せざれ、百寶《ぽう》の蓮花時《れんぐゑとき》に應《おう》じてみえむ」。

法照禪師《ほふせうぜんじ》の『淨土五會法事讚《ゑほふじさん》』(巻本)にいはく、「萬《まん》行の中に急要《きふえう》とす、迅速《じんそく》なること淨土門《もん》にすぎたるはなし。たゞ本師金《しこむ》口《く》の說《せち》のみにあらず、十方諸佛ともにつたえ證《しよう》し給ふ」と。

私《わたくし》に問《とふて》いはく、なむがゆへぞ、六方の諸佛證誠《しようじやう》して、たゞ念佛一行にかぎるや。答《こたへて》いはく、もし善導《ぜんだう》のこゝろによらば、念佛はこれ彌陀の本願なるがゆへにこれを證誠《しようじやう》す。餘《よ》行はしからず。かるがゆへにこれなし。問《とふて》いはく、もし本願によりて念佛を證誠《しようじやう》したまはゞ、『雙卷經《さうくわんぎやう》』・『觀經《くわんぎやう》』等《とう》に念佛を說《とき》たまふ時、なむぞ證誠《しようじやう》したまはざるや。答《こたへて》いはく、解《げ》するに二の義《ぎ》あり。一に解《げ》していはく、『雙卷《さうくわん》』・『觀經《くわんぎやう》』等《とう》の中に本願の念佛を說《とき》たまふといへども、かねて餘行《よぎやう》をあかす。ゆへに證誠《しようじやう》したまはず。この『經』は一向《かう》にもはら念佛を説《とき》たまふ。かるがゆへにこれを證誠《しようじやう》す。二に解《げ》していはく、『雙卷經《さうくわんぎやう》』等《とう》の中に證誠のみことなしといへども、この『經《きやう》』にすでに證誠あり。これに例《れい》してかれをおもふに、かれらの『經』の中において説《とき》たまふところの念佛に、また證《しよう》誠《じやう》あるべし。文《もん》はこの『經』にありといへども、義《ぎ》はかの『經』に通《つ》ず。かるがゆへに天台《だい》の『十疑論《ぎろん》』にいはく、「また『阿彌陀經』・『大无量壽經《むりやうじゆきやう》』・『鼓音聲陀羅尼經《くおむじやうだらにきやう》』等《とう》にのたまはく、釋迦《しやか》佛、この經を説《とき》たまひしに、十方世界におのおの恆河沙《ごうがしや》の諸佛ましまして、それ舌相《ぜちさう》をのべてあまねく三千世界におほふて、一切衆生の阿彌陀佛を念じて佛の本願大悲《ひ》願‐力に乘《じよう》ずるがゆへに、決定《くゑちぢやう》して極樂世界に生ずることをうと證誠《しようじやう》したまふ」と。

十五　六方の諸佛、念佛の行者を護《ご》念したまふ文。

『觀《くわん》念法門』にいはく、「また『彌陀經』に説《とき》たまふしがごとし。もし善男子《ぜんなむし》・善女人《ぜんによにん》あて、七日七夜および一生をつくして、一心に阿彌陀佛を專《せん》念して往生をねがふもの、この人つねに六方恆河沙等《ごうがしやとう》の佛、ともにきたりて護《ご》念したまふことをう。かるがゆへに護念經《ごねむぎやう》となづく。護念經のこゝろは、またもろもろの惡鬼神《あくくゐじん》をしてたよりをえしめず、また横《わう》‐病《びやう》、横《わう》‐死《し》、横《わう》に厄難《やくなん》あることなし。一切の災障《さいしやう》自然《じねん》に消滅《せうめち》す。心をいたさざるおばのぞく」と。『往生禮讃《らいさん》』にいはく、「もし佛を稱《しよう》して往生するものは、つねに六方恆沙等《ごうじやとう》の諸《しよ》佛のために護《ご》念せらる。かるがゆへに護《ご》念經となづく。いますでにこの增《ぞう》上の誓《せい》願《ぐわん》あり、たのむべし。もろもろの佛子等《とう》、なんぞこゝろをはげまさざらむや」。私《わたくし》に問《とふて》いはく、たゞ六方の如來のみましまして、行者《ぎやうじや》を護《ご》念したまふはいかむぞ。答《こたへて》いはく、六方の如來のみにかぎらず。彌陀・觀音等《くわんおむとう》またきたりて護《ご》念《ねむ》したまふ。かるがゆへに『往生禮讃』に云《いはく》、「『十往生經』にのたまはく、もし衆生あて阿彌陀佛を念じて往生をねがはゞ、かの佛すなわち二十五の菩薩をつかはして、行者を擁護《おうご》して、もしは行《ぎやう》、もしは坐《ざ》、もしは住《ぢゆ》、もしは臥《ぐわ》、もしは晝《ちう》《ヒル》、もしは夜《や》《ヨル》、一切の時、一切のところに、惡《あく》‐鬼《くゐ》・惡《あく》‐神《じん》をしてそのたよりをえしめず。また『觀經《くわん》』に言《のたまふ》がごとし。もし阿彌陀佛を稱禮念《しようらいねむ》して、かの國《くに》に往生せむとねがはゞ、かの佛すなわち无數《むしゆ》の化《くゑ》佛、无數の①化觀音《くゑくわんおむ》・勢至《せいし》菩薩をつかはして、行者《ぎやうじや》を護《ご》念したまふ。またさきの二十五の菩薩等《とう》と、百重《ぢう》千重行者を圍遶《ゐねう》して、行住坐臥《ぎやうぢゆざぐわ》をとはず、一切の時處《じしよ》、もしは晝《ちう》《ヒル》、もしは夜《や》《ヨル》、つねに行者をはなれず。いますでにこの勝益《しようやく》あり、たのむべし。ねがはくは、

①化　◎に無し

もろもろの行者、おのおのすべからく心をいたして往生をもとむべし」。また『觀念法門《くわんねむぼふもん》』に云《いはく》、「また『觀經《くわん》』の下《しも》の文《もん》のごとし。もし人あて、心をいたしてつねに阿彌陀佛および二菩薩を念《ねむ》ずれば、觀音・勢至つねに行人のために勝友《しようう》知識《ちしき》となりて隨《ずい》逐影《ちくやう》護《ご》したまふ」。またいはく、「また『般舟《はんじゆ》三昧《まい》經』の行品《ぎやうぼむ》の中に說《とい》て言《のたま》へるがごとし。佛ののたまはく、もし人もはらこの念《ねむ》阿彌陀佛三昧《まい》を行ずれば、つねに一切の諸天《しよてん》および四天大王・龍神《りうじん》八部《ぶ》の隨《ずい》逐影《ちくやう》護《ご》をう。あひみむことを愛樂《あいげう》して、ながくもろもろの惡《あく》鬼《くゐ》神《じん》、災《さい》障《しやう》・厄難《やくなん》をもて、橫《わう》に惱亂《なうらん》を加《か》することなし。つぶさに護持品《ごぢぼむ》の中に說《とけ》るがごとし」（觀念法門）。またいはく、「三昧《まい》道場《ぢやう》に入るをのぞきては、日別《べち》に彌陀佛を念ずること一萬して、いのちおはるまで相續《さうぞく》すれば、すなわち彌陀の加《か》念をかぶりて罪障《ざいしやう》をのぞくことをう。また佛、聖衆《しやうじゆ》とつねにきたりて護念《ごねむ》することをかぶる。すでに護念を蒙《かぶり》ぬれば、すなわち年《とし》をのべ命《いのち》を轉《てん》ずることをう」（觀念法門）と。

十六　釋迦如來《しやかによらい》、彌陀の名號をもて慇懃《おむごむ》に舍利弗《しやりほち》に付屬《ふぞく》する文。

『阿彌陀經』にのたまはく、「佛この經を說《とき》たまふことおはりて、舍利弗《しやりほち》およびもろもろの比丘《びく》、一切世間《せけん》の天・人・阿修羅等《あしゆらとう》、佛の所說《しよせち》をきゝて、歡喜《くわんぎ》信受《しんじゆ》して、禮《らい》をなしてしかもさりにき」。

善導《ぜんだう》『法事讃《ほふじさん》』（巻下）に、この文《もん》を釋《しやく》していはく、「世尊《せそん》の說法《せちぽふ》の時まさにおはりなむとして、ねむごろに彌陀の名《みな》を付屬《ふぞく》したまふ。五濁《ぢよく》增《ぞう》の時には疑《ぎ》-謗《はう》のものおほく、道俗《だうぞく》あひきらいてきくことをもちゐず。修行《しゆぎやう》するものあるをみては瞋毒《しんどく》をおこす。方便《はうべん》して破壞《はゑ》し、きおいてあだをなす①。かくのごとき生盲闡提《しやうまうせんだい》のともがら、頓《とん》-教《げう》を毀滅《くゐめち》してながく沈淪《ちんりん》す。大-地微《ぢみ》-塵《ぢん》-劫《ごふ》を超過《てうくわ》すとも、いまだ三途《づ》の身をはなるゝことをうべからず。大-衆《しゆ》同《どう》-心にみな、あらゆる破法《はほふ》のつみの因緣《いんねん》を懺悔《さんぐゑ》せよ」。

私《わたくし》にいはく、凡《おほよ》そ三經の心を按《あん》ずるに、諸行《しよぎやう》の中に念佛を選擇《せんぢやく》して、もて旨《し》歸《くゐ》とせり。　まづ『雙卷經《さうくわんぎやう》』の中に三の選擇《せんぢやく》あり。一には選擇《せんぢやく》本願、二には選擇讃嘆《さんだん》、三には選擇留敎《るけう》。一に選擇本願といふは、念佛はこれ法藏比丘《ほふざうびく》、二百一十億の中において選擇したまふところの往生の行なり。くわしきむね上《かみ》にみえたり。かるがゆへに選擇本願といふ。二に選擇讃嘆《せんぢやくさんだん》といふは、上《かみ》に三輩《ぱい》の中に菩提心等《ぼだいしむとう》の餘行《よぎやう》をあぐといへども、釋迦《しやか》すなわち餘行《よぎやう》を讃嘆《さんだん》せず、たゞ念佛において讃嘆《さんだん》して、「无上の功德」（大經巻下意）とのたまへり。かるがゆへに選擇

①なす　◎「なさむィ」と左傍註記

讚嘆《さんだん》といふ也。三に選擇留教《るけう》といふは、またかみに餘-行《よぎやう》・諸-善《しよぜん》をあぐといへども、釋-迦《しやか》選擇《せんぢやく》してたゞ念佛の一法《ぼふ》をとゞめたまへり。かるがゆへに選擇留《せんぢやくる》教《けう》といふ。次《つぎ》に『觀經《くわんぎやう》』の中にまた三の選擇あり。一には選擇攝取《せふしゆ》、二には選擇化讚《くゑさん》、三には選擇付屬《ふぞく》なり。一に選擇攝取《せふしゆ》といふは、『觀經』の中に定散《ぢやうさん》の諸《しよ》行をあかすといへども、彌陀の光明《くわうみやう》たゞ念佛の衆生をてらして、攝取《せふしゆ》してすてたまはず。かるがゆへに選擇攝取《せんぢやくせふしゆ》といふなり。二に選擇化讚《くゑさん》といふは、下品上生の人、聞《もん》經と稱《しよう》佛との二行ありといへども、彌陀の化佛、念佛を選擇して、「なんぢ佛名《みやう》を稱《しよう》するがゆへに諸罪消滅《しよざいせうめち》せり。我《われ》きたりて汝《なんぢ》をむかふ」（觀經）とのたまへり。かるがゆへに選擇化讚《くゑさん》といふなり。三に選擇付屬《せんぢやくふぞく》といふは、また定散《ぢやうさん》の諸行《しよぎやう》をあかすといへども、たゞひとり念佛の一行を付屬《ふぞく》したまへり。かるがゆへに選擇付屬《ふぞく》といふなり。次《つぎ》に『阿彌陀經』の中に一の選擇《せんぢやく》あり。いはゆる選擇證誠《せんぢやくしようじやう》なり。すでに諸經の中においておほく往生の諸行を說《とく》といへども、六方の諸佛かの諸行においてしかも證誠《しようじやう》せず、この『經』の中にいたて念佛往生を說《とき》たまふ時に、六方恆沙の諸佛、おのおのみしたをのべて大千におほいて、誠實《じやうじち》のみことを說《とき》て、しかもこれを證誠《しようじやう》したまふ。かるがゆへに選擇證誠《しようじやう》といふなり。しかのみならず『般舟《はんじゆ》三昧《まい》經』(一巻本問事品意)の中にまた一の選擇あり。いはゆる選擇我名《がみやう》なり。彌陀の自說《じせち》にのたまはく、「我國《わがくに》に來生《らいしやう》せむとおもはむものは、つねに我名《わがな》を念じて、休息《くそく》せしむることなかれ」と。かるがゆへに選擇我名《がみやう》といふなり。本願と攝取《せふしゆ》と我名《がみやう》と化讃《くゑさん》と、この四はこれ彌陀の選擇《せんぢやく》なり。讃嘆《さんだん》と留教《るけう》と付屬《ふぞく》と、この三はこれ釋迦《しやか》の選擇《せんぢやく》なり。證誠《しようじやう》は六方恆沙の諸佛の選擇なり。しかればすなわち、釋迦《しやか》・彌陀《みだ》および十方のおのおの恆沙等《ごうじやとう》の諸佛、同心《どうしむ》に念佛の一行を選擇《せんぢやく》したまへり。餘行《よぎやう》はしからず。かるがゆへにしりぬ、三經《ぎやう》ともに念佛を選擇《せんぢやく》して、もて宗致《しゆち》とすならくのみ。

はかりみれば、夫《それ》生死《しやうじ》をはなれむとおもはゞ、二[①]の勝《しよう》法の中に、しばらく聖《しやう》道門《だうもん》をさしおきてえらびて淨土門に入れ。淨土門にいらむとおもはゞ、正雜《ざふ》二行の中に、しばらくもろもろの雜《ざふ》行をなげすてゝえらびて正行に歸《くゐ》すべし。正行を修《しゆ》せむとおもはゞ、正助《じよ》二業《ごふ》の中に、なほ助業《じよごふ》をかたわらにしてえらびて正定《しやうぢやう》をもはらにすべし。正定《ぢやう》の業《ごふ》といふは、すなわちこれ佛の名《みな》を稱《しよう》する也。名《みな》を稱《しよう》すれば、かならず生ずることをう。佛の本願によるがゆへに。問《とふて》い

①二　◎「にしゆ」と右傍註記

はく、華嚴《くゑごむ》・天台《だい》・眞言《しんごん》・禪門《ぜんもん》・三論《ろん》・法相《ほふさう》の諸師《しよし》、おのおの淨土《じやうど》法門《ほふもん》の章《しやう》疏《しよ》をつくれり。なむぞかれらの師《し》によらずして、たゞ善導《ぜんだう》一師《し》をもちゐるや。答《こたへ》ていはく、かれらの諸師《しよし》みな淨土の章疏《しやうしよ》をつくれりといへども、しかも淨土をもて宗《むね》《シュ》とせず、たゞ聖道《しやうだう》をもてしかもその宗《しゅ》とす。かるがゆへにかれらの諸師《しよし》によらざる也。善導和尚《ぜんだうくわしやう》はひとへに淨土をもてしかも宗《むね》《シュ》として、聖《しやう》道をもて宗《しゅ》《ムネ》とせず。かるがゆへにひとへに善導一師によるなり。問《とふて》いはく、淨土の祖師《そし》そのかずまたおほし。いはく弘法寺《ぐほふじ》の迦才《かざい》、慈愍《じみん》三藏等《ざうとう》これなり。なむぞかれらの諸師《しよし》によらずして、たゞ善導一師をもちゐるや。答《こたへ》いはく、これらの諸師淨土を宗《むね》《シュ》とすといへども、いまだ三昧《まい》を發《ほち》せず。善《ぜん》導和尚はこれ三昧發得《ほちとく》の人なり。道《だう》においてすでにその證《しよう》あり。かるがゆへにしばらくこれをもちゐるなり。問《とふ》ていはく、もし三昧發得《まいほちとく》によらば、懷感禪師《ゑかむぜんじ》はまたこれ三昧發得の人なり。なむぞこれをもちゐざるや。答云《こたへていはく》、善導《ぜんだう》はこれ師《し》なり、懷感《ゑかむ》はこれ弟子也《でしなり》。かるがゆへに師によりて弟子《でし》によらざる也。いはむや師資《しし》の釋《しやく》、その相違《さうゐ》はなはだおほし。かるがゆへにこれをもちゐず。問《とふて》いはく、もし師《し》によりて弟子《でし》によらずは、道綽禪師《しやくぜんじ》はこれ善《ぜん》導和尚の師《し》なり。そもそもまた浄土の祖師《そし》なり。なむぞこれをもちゐざるや。答《こたへ》ていはく、道綽《しやく》禪師《ぜんじ》はこれ師《し》なりといへども、いまだ三昧《まい》を發《ほち》したまわず。かるがゆへにみづから往生の得否《とくふ》をしらずして、善導に問《とふて》いはく、道綽《しやく》念佛して往生をえてむやいなやと。導《だう》、一莖《きやう》の蓮花《れんぐゑ》を辨《べん》ぜしめて、これを佛前《ぜん》におきて、行《ぎやう》-道《だう》七-日せむに華《はな》萎《ゐ》-悴《すい》せずは、すなわち往生をえてむ。これによりて七日、果《くわ》-然《ねん》として萎《しぼみ》きばまず。綽《しやく》、嘆《たん》ずることはなはだし。まうでゝ請《しやう》によりて、入定《ぢやう》して觀《くわん》ずべし、生《しやう》ずることうべしやいなやと。導《だう》すなわち入《にふ》-定《ぢやう》して、須臾《しゆゆ》に報《ほう》じていはく、まさに三の罪《つみ》を懺《さん》して、まさに往生すべしと。一は師《し》、むかし佛の尊像《そんざう》を安《あん》じて、簷《ひさし》-牖の下《もと》において、みづからは深《ふかき》房《ばう》に處《しよ》せり。二は出家《しゆつけ》の人を驅《く》-使《し》《カリツカイ》・策《しやく》-役《やく》《ツカフ》す。三は屋宇《おくう》を營造《えいざう》して蟲《むし》の命《いのち》を損《そん》-傷《しやう》す。師《し》、よろしく十方の佛前《ぜん》にして第《だい》一のつみを懺《さん》し、四方の僧《そう》の前《まへ》にして第二の罪《つみ》を懺《さん》し、一切衆生の前《まへ》にして第三の罪《つみ》を懺《さん》すべしと。しづかにむかしのとがをおもふに、みなむなしからずといふ。こゝに心をあらひ、悔謝《くゑしや》しおはりて、導《だう》にみえてすなわちいはく、師《し》のつみ滅《めち》しぬと。のちにまさに白《しろき》光《ひかり》あて照燭《せうそく》すべし。これ師《し》の往生の相《さう》なりと。已上、『新修往生傳』　こゝにしりぬ。善導和尚は行《ぎやう》、三-昧《まい》を發《ほち》し、力《ちから》、師《し》の位《くらゐ》にたえたり。解《げ》-行《ぎやう》、凡《ぼむ》にあらず、まさにこれあきらけし。いはむや、また時の人諺《ことわざ》に云《いはく》、「佛-法東《ひむがし》にゆいてよりこのかた、いまだ禪師《ぜんじ》のごときの盛《せい》-徳《とく》《セイトク》①にあらず。絶《ぜち》倫《りん》の譽《ほまれ》、えて稱《しよう》すべからざるものか」。しかのみならず『觀經《くわんぎやう》の疏《しよ》』を條錄《でうろく》せしきざみ、すこぶる靈瑞《れいずい》を感《かむ》じて、しばしば聖化《しやうくゑ》にあづかる。すでに聖《しやう》《ジヨ》の冥加《みやうが》をかぶりて、しかも『經』の科文《くわもん》をつくる。世《よ》こぞてしかも證定《しようぢやう》の疏《しよ》と稱《しよう》す。人これをたうとむこと佛の經法のごとし。すなわちかの『疏《しよ》』の第《だい》四巻《くわん》《ノマキ》（散善義）の奥《おく》にいはく、「敬《うやま》て一切の有縁《うえん》の知識等《ちしきとう》にまうさく、余《よ》《ワレ》すでにこれ生死《しやうじ》の凡夫《ぼむぶ》なり。智《ち》-慧《ゑ》淺《せん》-短《たん》なり。しかも佛教は幽微《えうみ》なり。あえてたやすく異解《いげ》を生ぜず。ついにすなわち心を標《へう》し願を結《むすび》て、靈驗《れいげん》を請求《しやうぐ》して、まさにこゝろをいたすべし。盡虚空遍《じんこくへん》法界一切三寶《ぼう》、釋迦牟尼《しやかむに》佛・阿彌陀佛・觀音《くわんおむ》・勢至《せいし》、かの土《ど》の諸《しよ》菩薩大海衆《かいしゆ》および一切莊嚴相等《しやうごむさうとう》に南无し歸命《くゐみやう》したてまつる。某《それがし》、いまこの『觀經』の要義《えうぎ》を出《いだ》して、古今《ここむ》を楷定《かいぢやう》せむとおもふ。もし三世の諸佛・釋迦《しやか》佛・阿彌陀佛等の大悲《ひ》願のおむこゝろにかなはゞ、ねがはくは夢《ゆめ》の中において、かみのごときの所願《しよぐわん》の一切の境界諸相《きやうがいしよさう》をみることをえむ。佛像《ざう》の前《まへ》にして結《けち》願《ぐわん》し、おはりて日別《にちべち》に『阿彌陀經《きやう》』三遍《べん》を誦《じゆ》し、阿彌陀佛三萬遍《べん》を念じ、至《し》-心《しむ》

①に　◎「なるはィ」と左傍註記

發願《ほちぐわん》して、當夜《たうや》において西方の空《く》中をみるに、上《かみ》のごときの諸《しよ》‐相境《さうきやう》‐界《がい》ことごとくみな顯現《けんげん》す。雜色《ざふしき》の寶山《ほうせん》百‐重《ぢう》千‐重にして、種種《しゆじゆ》の光明《くわうみやう》あて、下《シモ》、地をてらす。地《ぢ》、金《こむ》‐色《じき》のごとし。中に諸佛・菩薩ましまして、あるいは坐し、あるいは立《りふ》し、あるいは語《ご》し、あるいは嘿《もく》し、あるいは身手《しんしゆ》をうごかし、あるいは住《ぢゆ》して動《どう》ぜざるものあり。すでにこの相《さう》をみて、合掌《がふしやう》して立《た》ちみることやゝひさしくして、すなわちさめぬ。さめおはりて欣喜《ごんき》するにたえず。すなわち義門《ぎもん》を條録《でうろく》す。これよりのち、毎夜《まいや》の夢《ゆめ》の中《うち》にひとりの僧《そう》あて、きたりて玄《ぐゑん》義《ぎ》を指授《しじゆ》す。科文《くわもん》すでにおはりて、さらにまたみえず。のちの時に本をぬきおはりぬ。またさらに心をいたして七日を要期《えうご》して、日別《にちべち》に『阿彌陀經』十遍《ぺん》を誦《じゆ》し、阿彌陀佛三萬遍《べん》を念ず。初《しよ》‐夜《や》・後《ご》‐夜《や》、かの佛の國土の莊嚴等《しやうごむとう》の相《さう》を觀《くわん》想《さう》して、誠心《じやうしむ》に歸命《くゐみやう》したてまつること、一《もはら》上《かみ》の法のごとし。當《たう》‐夜《や》にすなわちみらく、三具《ぐ》の磑輪《がいりん》みちのほとりにひとり轉《てん》ず。たちまちに一人あて、しろき駱駝《ろだ》《ラクダ》①に乗《じよう》じてまへにきたりて、みえてすゝむらく、師《し》、まさにゆめゆめ決《くゑち》定《ぢやう》して往生《わうじやう》すべし。退轉《たいてん》をなすことなかれ。この界《かい》は穢惡《ゑあく》にしておほくくるし。いたはしく貪樂《とむげう》せざれ。答《こたへて》まふさく、おほきに賢者《けんじや》の好心《かうしむ》の視誨《じぐゑ》をかうぶ

①駝　◎「駝」と下欄註記

りぬ。某《それがし》、畢《ひち》-命《みやう》を期《ご》として、あえて懈慢《けまん》のこゝろを生《しやう》ぜじと 云々。第《だい》二夜に阿彌陀佛をみたてまつるに、身眞《しん》-金《こむ》のいろにして、七寶樹下《ぽうじゆげ》の金蓮華《こむれんぐゑ》の上《うへ》にましまして座《ざ》したまへり。十-僧《そう》圍《ゐ》-繞《ねう》して、おのおの一の寶《ほう》-樹《じゆ》の下《もと》に坐《ざ》せり。佛樹《じゆ》の上《うへ》にはすなわち天-衣《え》あて、かゝりまつえり。面《おもて》をたゞしくし西《にし》にむかふて、合掌《がふしやう》して坐《ざ》してみる。第《だい》三夜《や》にみらく、兩《ふたつ》の幢《どう》-杆《かん》《ハタボコサホ》あり。大《おほき》に高《たか》くあらはれて、幡《はた》かゝりて五色《しき》なり。道《だう》-路《ろ》縱《じゆ》-横《わう》にして、人みることさわりなし。すでにこの相《さう》をえおはて、すなわち休息《くそく》して七日にいたらず。上-來所《らいしよ》-有《う》の靈《れい》相《さう》は、本心《ほんしむ》、ものゝためにす、己《こ》-身《しん》のためにせず。すでにこの相《さう》をかぶれり。あえて隱藏《おむざう》せず。謹《つゝしん》でもて義《ぎ》をのべあらはすのちに、末代《まちだい》にきこえられむ。ねがはくは、含靈《がむれい》をしてこれをきかしめて信《しん》を生《しやう》ぜしめむ。有識《うしき》のみむものをして西に歸《くゐ》せむ。この功徳をもて衆生に廻施《ゑせ》す。ことごとく菩提心《ぼだいしむ》をおこして、慈心《じしむ》をもてあひむかひ、佛眼《げん》をもてあひみて、菩提《ぼだい》までに眷屬《くゑんぞく》として眞《しん》の善《ぜん》知識《ぢしき》とならむ。おなじく淨國《じやうこく》に歸《くゐ》してともに佛道をならむ。この義《ぎ》すでに證《しよう》を請《こふ》てさだめおはりぬ。一-句《く》一-字加減《じかげん》すべからず。うつさむとおもはむもの、もはら經法のごとくすべし。知《し》るべし」。上已しづかにおもひみれば、善導《ぜんだう》の『觀經の疏《しよ》』はこれ西方の指南《しなむ》、行者《ぎやうじや》の目足《もくそく》なり。しかればすなわち西方の行人、かならずすべからく珍敬《ちんぎやう》すべし。なかづくに、毎夜《まいや》の夢《ゆめ》の中《うち》に僧《そう》あて、玄義《ぐゑんぎ》を指授《しじゆ》せり。僧《そう》といふはおそらくはこれ彌陀の應現《おうげん》なり。しかればいふべし、この『疏《しよ》』はこれ彌陀の傳說《でんせち》なり。いかにいはむや、大唐《だいたう》に相傳《さうでん》していはく、「善導《ぜんだう》はこれ彌陀の化身《くゑしん》なり」。しからばいふべし、またこの文はこれ彌陀の直說《ぢきせち》なり。すでにいへり、「寫《うつ》さむとおもはむものは、もはら經法の如《ごと》くすべし」と。この言《こと》まことなるかなや。仰《あお》いで本地《ほんぢ》をたづぬれば、四十八願の法王《ほふわう》なり。十劫《こふ》正《しやう》覺《がく》のとなえ、念佛にたのみあり。ふして垂迹《すいしやく》を訪《とぶら》へば、專修《せんじゆ》念佛の導師《だうし》なり。三昧《まい》正《しやう》受《じゆ》のみこと、往生にうたがひなし。本迹《ほんしやく》ことなりといへども、化道《くゑだう》これ一なり。こゝに貧道《ひんだう》、むかしこの典《てん》を披閲《ひえち》して、粗素意《ほゞそい》をさとれり。たち所《どころ》に餘行《よぎやう》をとゞめてこゝに念佛に歸《くゐ》す。それよりこのかた今日にいたるまで、自《じ》行化《ぎやうくゑ》他《た》たゞ念佛を綷《こと》とす。しかるあひだ、まれに津《みち》をとふものには、しめすに西方の通津《つしん》をもてす、たまたま行をたづぬるものには、おしふるに念佛の別行《べちぎやう》をもてす。これを信《しん》ずるものはおほく、信ぜざるものはすくなし。しるべし。淨土の敎《けう》、時機《じき》をたゝいてしかも行運《ぎやううん》にあたれる也。念佛の行、水月《しゐぐゑち》を感《かむ》じてしかも昇降《しようかう》をえたるなり。しかるにいま、はからざるに兼實博陸《けむじちはくりく》の高命《かうめい》をかぶれり。辭謝《じしや》するにところなし。よていまなまじゐに念佛の要文《えうもん》をあつめて、あまさへ念佛の要《えう》義《ぎ》を述《じゆつ》せり。たゞ命旨《めいし》をかへりみて不敏《ふびん》をかへりみず。これすなわち无《む》-慚《ざむ》无《む》-愧《ぐゐ》の甚《はなはだしきなり》也。こひねがはくは、ひとたび高覧《かうらむ》をへてのち、壁《かべ》のそこにうづみて、まどのまへにのこすことなかれ。恐《おそら》くは破法《はほふ》の人をして、悪道に墮《だ》せしめざらむため也。

選擇本願念佛集　假字下末

正元元歳九月十日書之

愚禿親鸞　八十七歳

正安第四壬寅十一月廿七日書寫之畢

西方指南抄

〔概説〕

本抄は、源空（法然）聖人の法語、伝記、消息、行状などを集成したものである。題号は『選択集』後述の「静以、善導『觀經疏』者是西方指南、行者目足也」において、善導大師の『観経疏』を指して「西方指南」とされたことに依るといわれている。

本抄の構成は、上・中・下の各巻をそれぞれ本・末に分冊した三巻六冊で、その内容は(一)法然聖人御説法事、(二)建保四年公胤夢告、(三)三昧発得記、(四)法然聖人御夢想記、(五)十八条法語、(六)法然聖人臨終行儀、(七)聖人御事諸人夢記、(八)七箇条起請文、(九)起請没後二箇条事、(一〇)源空聖人私日記、(一一)決定往生三機行相、(一二)鎌倉二品比丘尼への御返事、(一三)本願体用事(四箇条問答)、(一四)上野大胡太郎実秀の妻への御返事、(一五)上野大胡太郎実秀への御返事、(一六)正如房への御消息、(一七)故聖人の御房の御消息(光明房宛)、(一八)基親取信信本願之様、(一九)基親上書・法然聖人御返事、(二〇)或人念仏之不審聖人奉問次第(十一箇条問答)、(二一)浄土宗大意、(二二)四種往生事、(二三)法語(黒田聖への書)、(二四)法語(念仏大意)、(二五)九条殿北政所への御返事、(二六)熊谷入道への御返事、(二七)要義十三問答、(二八)武蔵津戸三郎への御返事、の二十八篇からなる。とくに(五)(一〇)(一一)(一三)(二一)(二二)の六篇は本抄のみにしか伝わらず、源空聖人に関する原資料として貴重である。そのうち(二一)などは、解説とみられる内容が宗祖の御消息にあり、宗祖自身の聞書であった可能性も指摘されている。さらには、醍醐本『法然上人伝記』や『黒谷上人語灯録』などと共通する内容が多く、その関係性も注目される（本巻末の付録「『西方指南抄』・『黒谷上人語灯録』・醍醐本『法然上人伝記』対照表」参照）。

本抄の成立については、大別して宗祖自らが編集した説と先行するものを転写した説との二説がある。編集説は、本抄では、源空聖人の敬称が「上人」ではなく「聖人」であり、また、本文に大幅な取捨選択や加筆訂正の跡が見られ、調巻が操作されている、など宗祖独自の筆格がうかがわれる点から主張される。転写説は、宗祖真筆本上本の内題である「西方指南抄上［本］」の「上」は、「曰」とあったのを抹消して上書訂正している点に注目する。この訂正前の文字について異なる見解もあるが、直弟本でも「曰」の訂正とみられ、「西方指南抄曰」とあったのなら内題というよりも引用書名を示したものと考えられ、真筆本に先行する『西方指南抄』の存在が主張される。また他にも宗祖の指示により本抄制作の元になる原資料を蒐集させ、仮に「西方指南抄」と名付けられた書があって、それに調巻の操作や加筆訂正がなされたのではないかという両説の折衷的な見解などがある。しかし、いずれの説とも定めがたく、今後の研究が待たれる。

本抄の成立年代については、先述のように宗祖の編集・転写の両説があることから厳密には確定できないが、最古の記録は真筆本の奥書であり、少なくとも康元元（一二五六）年から康元二（一二五七）年までの間に成立していたことは明らかである。真筆本各巻の奥書は次の通りである。

上本「康元元丁巳正月二日書之／愚禿親鸞八十五歳」

上末「康元元年丙辰十月十三日／愚禿親鸞八十四歳／書之」

「康元二歳正月一日／校之」

中本「康元元丁巳正月二日／愚禿親鸞八十五歳校了」
中末「康元元年丙辰十月十四日／愚禿親鸞八十四歳／書寫之」
下本「康元元丙辰十月卅日書之／愚禿親鸞八十四歳」
下末「康元元丙辰十一月八日／愚禿親鸞八十四歳書之」

なお、上本および中本の奥書にある「康元元年」は二年の誤りとみられている。このように上・中・下、本・末の順を前後して書写されており、本抄の分冊と書写の事情については、おおよそ以下のように考えられている。すなわち、宗祖は当初、三冊の予定で、上巻と中巻は康元元年十月十三日と十月十四日の一日の差で書写し終え、この時点では本・末に分けられていなかった。しかし、下巻は最初から本・末に分冊して書写された。その後、上巻校了の翌日に、中巻の校正を始めて中本・中末に分冊し、それとともに上巻を上本・上末の二冊に分けたために、上本・中本は同日の奥書が生じたのではないか、との見解である。また、このような見解は内題が、上末・中末になく、下本ではすべて一筆であるのに上本・中本では「本」の字は追筆とみられることとも一致する。また、『和語灯録』の成立が文永十二（一二七五）年であり、それより十八年も先行して成立した本抄は、現存最古の源空聖人に関する言行録という点において重要な位置付けにある。

〔底本・対校本〕

本抄は、高田派専修寺蔵康元元、二年親鸞聖人真筆本を底本とし、高田派専修寺蔵真仏上人・顕智上人書写本を対校本とした。

真筆本は、宗祖の代表的な筆とされる書写本であり、上末と下末には、本文と同じ料紙に宗祖が外題を記した旧表紙がある。とくに上末の左下には「釋眞佛」との袖書があり、真仏上人に与えられたものと考えられている。また、室町時代のものとみられる後補表紙が上本を除いた五冊にある。書写年時は先に述べた通りで、本文には、朱墨の筆を用いて右左訓・返点・声点（圏発点）・区切り点・註記等が全体にわたり精微に施されている。また、近年、修復の際に、現在の布表紙裏面に点糊止めされた宗祖真筆の「西方指南抄／釋正證」との断簡をはじめとした四点が発見されている。

真仏上人・顕智上人書写本は、前五冊を真仏上人、後一冊を顕智上人が真筆本をもとに書写したことで知られ、直弟本とも称される。各冊旧表紙中央には「西方指南抄上［本］」、左下には「釋覺信」などとあり、従来は「覚信本」と称されてきた。近年その筆跡は真仏上人であることが明らかにされており、真筆本の奥書を有し、続けて書写奥書が記される。ただし、真筆本の奥書とは下本のみが一致せず、また書写奥書は上末・下本にはない。真仏上人の書写年時は、康元二年の二月から三月の間であるが、真筆本と同様に書写の順は上本からではない。なお、後一冊の下末は顕智上人示寂の二年前である「徳治三歳戊申二月中旬第五」の書写奥書を有す。上末・中末・下末の内題は、通常の位置である本文の第一紙冒頭にはなく、その直前の表紙見返左端に記されている。また、上本の内題に同じ訂正跡が見られるように、直弟本と真筆本とは極めて近い関係にあると考えられている。

なお、本抄の刊本は、万治四（一六六一）年の開版本、元禄七（一六九四）年の刊記をもつ再治本が知られているが、その底本は真宗高田派第十二世堯慧上人による直弟本の転写本と考えられている。

〈底本・対校本〉
◎高田派専修寺蔵康元元、二年親鸞聖人真筆本
㊙高田派専修寺蔵真仏上人・顕智上人書写本

西方指南抄上①本

（一）

法然聖人御説法事

經證《きやうしよう》の中《なか》に、佛の功德《くどく》をとけるに无量《むりやう》の身《しん》あり。あるいは總《そう》じて一身《ゐちしん》をとき、あるいは二身《しん》をとき、あるいは②半三身《はんさむしん》をとき、乃至《ないし》『華嚴經《くゑごむぎやう》』には十身功德《しんのくどく》とけり。いま且《しばらく》眞身《しんしん》・化身《くゑしん》の二身《にしん》をもて、彌陀如來《みだによらい》の功德《くどく》を讃嘆《さんだん》したてまつらむ。この眞化二身《しんくゑにしん》をわかつこと、『雙卷經《さうくわんぎやう》』の三輩《さんぱい》の文《もん》の中にみえたり。まづ眞身《しんしん》といふは、眞實《しんじち》の身《しん》なり。彌陀如來《によらい》の因位《いんゐ》③のとき、世自在王佛《せじざいわうぶち》のみもとにして四十八願《ぐわん》をおこしてのち、兆載永劫《てうさいゐやうごふ》のあひだ、布施《ふせ》・持戒《ぢかい》・④忍辱《にんにく》・精進《しやうじん》等《とう》の六度《ど》萬《まん》行《ぎやう》を修《しゆ》して、あらはしえたまへるところは、修因感果《しゆいんかむくわ》の身《しん》なり。『觀經《くわんぎやう》』（意）にときていはく、「その身量《しんりやう》、六十萬億那由他恆河沙由旬《まんおくなゆたごうがしやゆじん》なり。眉間《みけん》の白毫《びやくがう》、右《みぎ》にめぐりて五須彌山《ごしゆみせん》のごとしと。その一須彌山《しゆみせん》のたかさ、出海《しゆつかい》《ウミヨリイデ》・⑤入海《にふかい》《ウミニイレルコト》おのおの八萬《はちまん》四千那由他《なゆ⑥た》なり。また青蓮慈悲《しやうれんじひ》の御《おむ》まなこは、四大海水《しだいかいしゐ》のごとくして淸白分《しやうびやくぶん》

〈表紙〉
(甲)左上「西方指南抄［上本］」（題簽）
旧表紙中央「西方指南抄上［本］」
左下「釋覺信」
①上本　◎「曰」を「上」と上書訂記
②は　◎右傍補記
③位　左(甲)クラヰ
④忍　右◎「く」を「ん」と上書訂記
⑤入海　左◎ウミニイレルコ□
⑥他　◎「多」を「他」と上書訂記→
(甲)多

明《みやう》なり。身《み》のもろもろの毛孔《もうく》より光明《くわうみやう》をはなちたまふこと、須彌山《しゆみせん》のごとし。うなじにめぐれる圓光《ゑんくわう》は、百億《ひやくおく》の三千大千《ぜんだいせん》世界《せかい》のごとし。かくのごとくして八《はち》萬四千《まんしせん》の相《さう》まします。一一《ゐち》の相《さう》におのおの八萬《はちまん》四千の好《かう》あり、一一《ゐち》の好《かう》にまた八《はち》萬《まん》四千の光明《くわうみやう》まします。その一一《ゐち》の光明《くわうみやう》、あまねく①十方《ぱう》世界《せかい》の念佛の衆生《しゆじやう》を攝取《せふしゆ》してすてたまはず。御身《ごしん》《オムミ》のいろは、夜摩天《やまてん》の閻浮檀金《えむぶだんごむ》のいろのごとし」といへり。これ彌陀《みだ》一佛にかぎらず、一切諸佛《しよぶち》はみな黄金《わうごむ》のいろなり。もろもろのいろの中《なか》には白色《びやくしき》をもて本《ほん》とすとまふせば、佛《ほとけ》の②御《おむ》いろも白色《びやくしき》なるべしといゑども、そのいろなほ損《そん》ずるいろなり。たゞ黄金《わうごむ》のみあて不變《ふへん》《カワラヌ》のいろなり。このゆへに、十方三世《ぱうさむぜ》の一切の諸佛《しよぶち》、みな常住不變《じやうぢゆふへん》の相《さう》をあらわさむがために、黄金《わうごむ》のいろを現《げん》じたまへるなり。これ『觀佛三昧經《くわんぶちざむまいきやう》』のこゝろなり。たゞし眞言宗《しんごんしゆ》③の中《なか》に五種《ごしゆ》の法《ほふ》あり。その本尊《ほんぞん》の身色《しんじき》、法《ほふ》にしたがふて各別《かくべち》なり。しかれども暫時《ざむじ》《シバラク》方便《はうべん》《ノトキトイフナリ》の化身《くゑしん》なり、佛《ほとけ》の本色《ほんじき》にはあらず。このゆへに、佛像《ぶちざう》をつくるにも、白檀《びやくだん》④の綵色《さいしき》なれども功徳《くどく》をえざるにあらずといへども、金色《こむじき》につくりつれば、すなわち決定往生《くゑちぢやうわうじやう》の業因《ごふいん》なり。即生《そくしやう》の功徳《くどく》、略《りやく》を存《ぞん》ずるにかくのごとし。「即生乃至《そくしやうないし》《スナワチワウジヤウ》三生《さむしやう》《スト》に⑤必得往生《ひちとくわうじやう》《カナラズワウジヤウヲウルトナリ》」といへり。これ彌陀如來《みだによらい》の眞身《しんしん》の功徳《くどく》、略《りやく》を存《ぞん》ずるにかくのご

①く　◎右傍補記
②御　◎右傍補記
③言　右◎「ご」と上書訂記
④の　〔甲〕に無し
⑤必得往生　左◎カナカラズワウジヤウヲウルトナリ

4-49

とし。

次《つぎ》に化身《くゑしん》といふは、①无而欻有《むにくつう》《カタチモナクシテイヅルヲイフ》を化《くゑ》といふ。すなはち機《き》にしたがふときに應《おう》じて身《しん》量《りやう》を現《げん》ずること、大小不同《ふどう》なり。『經《きやう》』（觀經）に、「あるいは大身《だいしん》を現《げん》じて虚空《こく》にみつ、あるいは小身《せうしん》を現《げん》じて丈六《ぢやうろく》、八尺《はちしやく》」といへり。化身《くゑしん》につきて多種《たしゆ》あり。まづ圓光《ゑんくわう》の化佛《くゑぶち》。『經《きやう》』（觀經）にいはく、「圓光《ゑんくわう》のなかにおいて、百萬億《ひやくまんおく》那由他《なゆた》《オホシトナリ》恆河沙《ごうがしや》の化佛《くゑぶち》まします。一一の化佛に衆多《しゆた》无數《むしゆ》の化菩薩《くゑぼさち》をもて、侍者《じしや》とせり」といへり。つぎに攝取不捨《せふしゆふしや》②の化佛《くゑぶち》。「光明偏照《くわうみやうへんぜう》、十方世界《じふぱうせかい》、念佛衆生《しゆじやう》、攝取不捨《せふしゆふしや》」（觀經）といふは、この眞佛《しんぶち》の攝取《せふしゆ》なり。このほかに化佛《くゑぶち》の攝取《せふしゆ》あり。卌六萬億《まんおく》の化佛《くゑぶち》、おのおの眞佛《しんぶち》とともに十方世界《ぱうせかい》の念佛衆生《しゆじやう》を攝取《せふしゆ》したまふといへり。次《つぎ》に來迎引接《らいかういんぜふ》の化佛《くゑぶち》。九品《くぼむ》の來迎《らいかう》におのおの化佛《くゑぶち》まします、品《ほむ》にしたがふて多少《たせう》あり。上品《じやうぼむ》上生《しやう》の來迎《らいかう》には、眞佛《しんぶち》のほかに无數《むしゆ》の化佛《くゑぶち》まします。上品中生《じやうぼむちうしやう》には、千《せん》の化佛《くゑぶち》まします。上品下生には、五百の化佛まします。乃至《ないし》かくのごとく次第《しだい》におとりて、下品上生《げぼむじやう》には、眞佛《しんぶち》は來迎《らいかう》したまはず、たゞ化佛《くゑぶち》と化觀音《くゑくわんおむ》・勢至《せいし》とをつかはす。その化佛《くゑぶち》の身量《しんりやう》、あるいは丈六《ぢやうろく》、あるいは八尺《はちしやく》なり。化菩薩《くゑぼさち》の身量《しんりやう》もそれにしたがふて、下品中《げぼむち》生《しやう》は、「天華《てんぐゑ》の上《うへ》に化佛《くゑぶち》・菩薩《ぼさち》③ましまして、來迎《らいかう》したま

①无而欻有　左（甲）—
②の化佛　◎「といふは」を「の化《くゑ》佛《ぶち》」と上書訂記
③ましま　◎「ましま」と上書訂記

5-17　5-18　5-19　5-20

4-50

ふ」(觀經意)といへり。下品下生は、「命終《みやうじゆ》《イノチオハルトナリ》してのち、金蓮華《こむれんぐゑ》をみる。①猶《ゆ》如《によ》日輪《にちりん》住《ぢゆ》其《ご》《ヒノゴトクシテソノヒトノ》人前《にんぜん》《マヘニアラワルトナリ》」(觀經)といへり。文《もん》のごとくは、化佛《くゑぶち》の來迎《らいかう》もなきやうにみえたれども、善《ぜん》導《だう》の御心《おむこゝろ》は、『觀經《くわんぎやう》の疏《しよ》』(散善義)の十一門《もん》の義《ぎ》によらば、第九門《だいくもん》に「命終《みやうじゆ》のとき、聖衆《しやうじゆ》の迎接《かうせふ》したまふ不同《ふどう》、去時《さるとき》の遲《ち》《オソキ》疾《しち》《トキ》をあかす」といへり。また「いまこの十一門《もん》の義《ぎ》は、九品《くぼむ》の文《もん》に約對《やくたい》せり。一一の品《ほむ》のなかに、みな②この十一《じふゐち》あり」といへり。しかれば、下品下生にも來迎《らいかう》あるべきなり。しかるを五逆《ごぐゐやく》の罪人《ざいにん》、そのつみおもきによりて、まさしく化佛《くゑぶち》・菩薩《ぼさち》をみることあたはず、たゞわが座《ざ》すべきところの金蓮華《こむれんぐゑ》ばかりをみるなり。あるいはまた文《もん》に隱顯《おむけん》あるなり。次《つぎ》にまた十方《ばう》の行者《ぎやうじや》の本尊《ほんぞん》のために、小身《せうしん》を現《げん》じたまへる化佛《くゑぶち》あり。天竺《てんぢく》の鷄頭摩寺《けいづまじ》の五《ご》通《つ》の菩薩《ぼさち》、神足通《じんそくつ》をして極樂世界《ごくらくせかい》にまうでて、佛《ほとけ》にまふしてまうさく、娑婆世界《しやばせかい》の衆生《しゆじやう》、往生《わうじやう》の行《ぎやう》を修《しゆ》せむとするに、その本尊《ほんぞん》なし。佛《ほとけ》、ねがわくは、ために身相《しんさう》を現《げん》じたまへと。佛《ほとけ》、すなわち菩薩《ぼさち》の請《しやう》におもむきて、樹《き》の上《うへ》に化佛《くゑぶち》五十體《たい》を現《げん》じたまへり。菩薩《ぼさ》、すなわちこれをうつして、よにひろめたり。鷄頭摩寺《けいづまじ》の五通《ごつ》の菩薩《ぼさち》の曼陀羅《まんだら》といへる、すなわちこれなり。また智光《ちくわう》の曼陀羅《まんだら》とて、世間《せけん》に流布《るふ》したる本尊《ほんぞん》あり。その因緣《いんねん》は人《ひと》つねにしりたることなり、つぶさにまふす

①猶如日輪住其人前　左㊙—
②な　◎「な」と上書訂記

5-21　5-22　5-23　5-24

4-51

べからず。『日本往生傳《にちぽんわうじやうでん》』をみるべし。また新生《しんしやう》の菩薩《ぼさち》を教化《けうくゑ》し、説法《せちぽふ》せむがために、化《くゑ》して小身《せうしん》を①現《げん》じたまへることとましけり。これはこれ、彌陀《みだ》②如來《にょらい》の化身《くゑしん》の功徳《くどく》、また略《りやく》してかくのごとし。

いまこの造立《ざうりふ》せられたまへる佛《ほとけ》は、祇園精舎《ぎおんしやうじや》の風《ふ》をつたへて三尺《じやく》の立像《りふざう》をうつし、最後終焉《さいごしうえん》のゆふべを期《ご》して來迎引接《らいかういんぜふ》につくれり。おほよそ佛像《ぶちざう》を造畫《ざうゑ》《ツクリカクナリ》するに種種《しゆじゆ》の相《さう》あり。あるいは説法講堂《せちぽふかうだう》の像《ざう》あり、あるいは池水沐浴《ちしゐもくよく》の像《ざう》あり、あるいは菩提樹下成等正覺《ぼだいじゆげじやうとうしやうがく》の像《ざう》あり、あるいは光明遍照攝取不捨《くわうみやうへんぜうせふしゆふしや》の像《ざう》あり。かくのごときの形像《ぎやうざう》を、もしはつくり、もしは畫《ゑ》《カクナリ》したてまつる。みな往生《わうじやう》の業《ごふ》なれども、來迎引接《らいかういんぜふ》の形像《ぎやうざう》は、なほその便宜《びんぎ》をえたるなり。かの盡虚《じんこ》③空界《くかい》の莊嚴《しやうごむ》をみ、轉妙法輪《てんめうほふりん》の音聲《おむじやう》をきゝ、七寶講堂《しちぽうかうだう》のみぎりにのぞみ、八功徳池《はちくどくち》のはまにあそび、おほよそかくのごとく種種微妙《しゆじゆみめう》の依正《えしやう》二報《ほう》をまのあたり視聽《しちやう》《ミル キク》せむことは、まづ終焉《しうえん》のゆふべに聖衆《しやうじゆ》の來迎《らいかう》にあづかりて、決定《くゑちぢやう》してかのくにに往生《わうじやう》してのうえのことに候《さふらう》。しかれば、ふかく往生極樂《わうじやうごくらく》のこゝろざしあらむ人《ひと》は、來迎引接《らいかういんぜふ》の形像《ぎやう》をつくりたてまつりて、すなわち來迎引接《らいかういんぜふ》の誓願《せいぐわん》をあおぐべきものなり。その來迎引接《らいかういんぜふ》の願《ぐわん》といふは、すなわちこの四十八願《ぐわん》の中《なか》の第《だい》十九の願なり。人師《にんし》こ

①現じ　◎右傍補記
②如　右◎「に」と上書訂記
③虚　右◎「こ」の下一字抹消

5-25　5-26　5-27　5-28

れを釋《しやく》するに、おほくの義《ぎ》あり。まづ臨終正念《りむじゆしやうねむ》のた①めに來迎《らいかう》したまへり。②お③もはく、④病苦《びやうく》みをせめて、まさしく死《し》《シヌル》せむとするときには、かな⑤らず⑥境界《きやうがい》・自《じ》體《たい》・當生《たうしやう》の三種《さむしゆ》の愛心《あいしむ》をおこすなり。しかるに阿彌陀《アミダ》如來《によらい》、大光明《だいくわうみやう》をはなちて行者《ぎやうじや》のまへに現《げん》じたまふとき、未曾有《みぞうう》の⑦事《じ》なるがゆへに、歸敬《くゐきやう》の心《しむ》のほかに他《た》念《ねむ》なくして、三種《しゆ》の愛心《あいしむ》をほろぼ⑧して、さらにおこることなし。かつはまた佛《ほとけ》、行者《ぎやうじや》にちかづきたまひて、⑨加持《かぢ》⑩護念《ごねむ》したまふがゆへなり。『稱讃淨土經《しようさんじやうどきやう》』（意）に「慈悲《じひ》⑪加祐《かゆ》して、こゝろをしてみだらざらしむ。すでに命《いのち》をすておはりてすなわち往生《わうじやう》をえ、不退轉《ふたいてん》に住《ぢゆ》す」と⑫いへり。『阿彌陀經《きやう》』に「阿彌陀佛、もろもろの聖《しやう》衆《じゆ》とそのまへに現《げん》ぜむ。この人おわらむとき、心顚倒《しむてんだう》せずして、すなわち阿彌陀佛國土《こくど》に往生をえむ」ととけり。「令心不亂《りやうしむふらん》」と「心不顚倒《しむぷてんだう》」とは、すなわち正念《しやうねむ》に住《ぢゆ》せしむる義《ぎ》なり。しかれば、臨終正念《りむじゆしやうねむ》なるがゆへに來迎《らいかう》したま⑬ふにはあらず、來迎《らいかう》したまふがゆへに臨終正念《りむじゆしやうねむ》なりといふ義《ぎ》、あきらかなり。在生《ざいしやう》のあひだ往生の行《ぎやう》成就《じやうじゆ》せむひとは、臨終《りむじゆ》にかならず聖衆來迎《しやうじゆらいかう》をうべし。來迎《らいかう》をうるとき、たちまちに正念《しやうねむ》に住《ぢゆ》すべしといふこゝろなり。しかるにいまのときの行者《ぎやうじや》、おほくこのむねをわきまえずして、ひとへに尋常《じむじやう》の行《ぎやう》においては怯弱《かうにやく》《ヨワクヨワキコヽロナリ》生《しやう》じて、

①めに　◎「めに」と上書訂記
②お　◎右傍補記
③も　◎「も」と上書訂記
④病苦　左(甲)ヤマウ　クルシミ
⑤ら　◎「か」を「ら」と左傍訂記
⑥境界　左(甲)サカイ　サカイ
⑦事　左(甲)コト
⑧し　◎右傍補記
⑨加持　左(甲)クワエタモツ
⑩護念　左(甲)マモル
⑪加祐　左(甲)クワエタスク
⑫いへり　◎右傍補記
⑬ふ→(甲)わざる

はるかに臨終《りむじゆ》のときを期《ご》して正念《しやうねむ》をいのる、もとも僻韻《へきゐん》《ヒガヰンノコヽロナリ》なり。しかれば、よくよくこのむねをこゝろえて、尋常《じむじやう》の行業《ぎやうごふ》において怯弱《かうにやく》《ヨワクヨワキコヽロ》のこゝろをおこさずして、臨終正念《りむじゆしやうねむ》において決定《くゑちぢやう》のおもひをなすべきなり。これはこれ、至要《しえう》の義《ぎ》なり。この臨終正念《りむじゆしやうねむ》のために來迎《らいかう》すといふ義《ぎ》は、靜《じやう》きかむ人《ひと》、こゝろをとゞむべし。この臨終正念《りむじゆしやうねむ》のために來迎《らいかう》すといふ義《ぎ》は、靜慮院《じやうりよゐん》の靜照法橋《じやうせうほふけう》の釋《しやく》なり。

次に道《みち》の先達《せんだち》のために來迎《らいかう》したまふといへり。あるいは『往生傳《わうじやうでん》』（往生淨土傳卷中）に、沙門志法《しやもんしほふ》が遺書《ゆいしよ》にいはく、

「我《が》《れ》在《ざい》《あて》二生《しやう》死《じ》海《かい》《に》一　幸《かう》《さいわいに》値《ち》《まうあへり》二聖《しやう》《の》船《せん》筏《ばち》《に》一　我《が》《れ》所《しよ》《の》レ顯《けん》《あらはす》眞《しん》聖《しやう》　來《らい》二迎《かう》《せむ》卑《ひ》穢《ゑ》《の》質《しち》《を》一

若《にやく》《し》忻《ごん》二求《ぐ》《せば》淨《じやう》土《ど》《を》一　必《ひち》《ず》造《ざう》二畫《ゑ》《すべし》形《ぎやう》像《ざう》《を》一　臨《りむ》終《じゆ》《に》現《げん》《じて》二其《ご》《その》前《ぜん》《まへに》一　示《じ》《しめさむ》二道《だう》路《ろ》《を》一　攝《せふ》《して》レ心《しむ》《を》

念《ねむ》念《ねむ》《すれば》罪《ざい》《つみ》漸《ぜむ》《やうやく》盡《じん》《つく》　隨《ずい》《したがふて》レ業《ごふ》《に》生《しやう》《ぜむ》二九《く》品《ほむ》《に》一　其《ご》《それ》所《しよ》《の》レ顯《けん》《あらはす》聖《しやう》衆《じゆ》　先《せん》《さきだちて》讚《さん》《ほむ》二新《しん》生《しやう》《の》輩《はい》《ともがらを》一

佛《ぶち》道《だう》樂《らく》増《ぞう》進《しん》」云云

これすなわち、この界《かい》にして造畫《ざうゑ》するところの形像《ぎやうざう》、先達《せんだち》となりて淨土《じやうど》におくりたまふ證據《しようこ》なり。また『藥師經《やくしきやう》』（玄奘譯）をみるに、淨土《じやうど》をねがふともがら、行業《ぎやうごふ》いまださだまらずして、往生《わうじやう》のみちに①まどふことあり。すなわち文《もん》にいはく、「よく受②《じゆ》二持《ぢ》《すること》八分齋戒《はちぶんさいかい》《を》一あらむ。あるいは一年《ねん》をへ、あるいはまた三月受持《さむぐわちじゆぢ》せ

① に　◎右傍補記
② 受　右◎じち

4-54

む。まなぶ①ところ、この善根《ぜんごん》をもて西方極樂《さいはうごくらく》世界《せかい》无量壽佛《むりやうじゆぶち》のみもとにむまれむと願《ぐわん》じて、正法《しやうぼふ》を聽聞《ちやうもん》すれども、いまださだまらざるもの、もし世尊藥師瑠璃《せそんやくしるり》光如來《くわうにょらい》の名號《みやうがう》をきかむ。命終《みやうじゆ》のときにのぞみて、八菩薩《はちぼさち》あて神通《じんづ》に乘《じよう》じてきたりて、その道路《だうろ》をしめさむ。すなわちかの界《かい》にして、種種《しゆじゆ》の雜色衆寶華《ざふしきしゆぼうくゑ》の中《なか》に自《じ》然《ねん》に化生《くゑしやう》す」といへり。もしかの八菩薩《ぼさち》その道《だう》《ヒロキミチセバキミチ》路《ろ》をしめさずは、ひとり往生《わうじやう》することえがたきにや。これをもておもふにも、彌陀如來《にょらい》もろもろの聖衆《しやうじゆ》とともに行者《ぎやうじや》のまへに現《げん》じてきたりて迎接《かうせふ》したまふも、みちびきて道路《だうろ》をしめしたまはむがためなりといふ義《ぎ》、まことにいはれたることなり。娑婆世界《しやばせかい》のならひも、みちをゆくにはかならず②先達《せんだち》といふものを具《ぐ》する事《こと》なり。これによて御廟《みめう》の僧《そう》正《じやう》は、③この來迎《らいかう》の願《ぐわん》おば現前導④生《げんぜんだうしやう》の願《ぐわん》となづけたまへり。

次《つぎ》に對治魔事《たいぢまじ》のために來迎《らいかう》すといふ義《ぎ》あり。道《だう》さかりなれば、魔《ま》さかりなりとまふして、佛道修行《ぶちだうしゆぎやう》するには、かならず魔《ま》の障難《しやうなん》のあひそふなり。眞言宗《しんごんしゆ》の中《なか》には、「誓心決定《せいしむくゑちぢやう》すれば、魔宮振動《まぐしむどう》す」（發菩提心論）といへり。天台《てんだい》『止觀《しくわん》』（巻八下意）の中には、「四種三昧⑤《しゆざむまい》を修行《しゆぎやう》するに、十種《しゆ》の境界《きやうがい》おこる中《なか》に魔事境來⑥《まじきやうらい》《キタル》」といへり。また菩薩《ぼさち》、三祇百劫《さむぎひやくこふ》の行《ぎやう》すでになりて正覺《しやうがく》をとなふるときも、第六天《だいろくてん》の魔王《まわう》きたりて種種《しゆじゆ》

①ぶとこ　◎「ぶとこ」と上書訂記
②ず　◎右傍補記
③こ→甲か
④導　◎「道」を「導」と上書訂記し、さらに「導」と上欄註記
⑤昧　右◎「まい」と上書訂記
⑥來　左甲—

5-40　5-39　5-38　5-37　5-36

に障导《しやうげ》せり。いかにいはむや、凡夫具縛《ぼむぶぐばく》の行者《ぎやうじや》、たとひ往生《わうじやう》の行業《ぎやうごふ》を修《しゆ》すといふとも、魔《ま》の障難《しやうなん》を對治《たいぢ》せずは、往生《わうじやう》の素懐《そくわい》をとげむことかたし。しかるに阿彌陀如來《によらい》、无數《むしゆ》の化佛《くゑぶち》・菩薩聖衆《ぼさちしやうじゆ》に圍繞《ゐねう》せられて、光明赫奕《くわうみやうかくやく》として行者《ぎやうじや》のまへに現《げん》じたまふときには、魔王《まわう》もこゝにちかづき、これを障导《しやうげ》することあたはず。しかればすなわち、來迎引接《らいかういんぜふ》は魔障《ましやう》を對治《たいぢ》せむがためなり。來迎《らいかう》の義《ぎ》、略《りやく》を存《ぞん》ずるにかくのごとし。これらの義《ぎ》につきておもひ候《さふらふ》にも、おなじく佛像《ぶちざう》をつくらむには、來迎《らいかう》の像《ざう》をつくるべきとおぼえ候なり。佛の功徳《くどく》、大概《たいがい》かくのごとし。

次《つぎ》に三部經《さむぶきやう》は、いま三部經《さむぶきやう》となづくることは、はじめてまふすにあらず、その證《しよう》これおほし。いはく大日三部經《だいにちのさむぶきやう》は、『大日《だいにち》①の經《きやう》』・『金剛頂經《こむがうちやうきやう》』・『蘇悉地經《そしちぢきやう》』等《とう》②これなり。彌勒《みろく》の三部經《ぶきやう》、『上生經《じやうしやうきやう》』・『下生經《げしやうきやう》』・『成佛經《じやうぶちきやう》』等《とう》これなり。鎭《ちん》護國家《ごこくけ》の三部經は、『法華經《ほふくゑきやう》』・『仁王經《にんわうきやう》』・『金光明經《こむくわうみやうきやう》』等《とう》これなり。法華《ほふくゑ》の三部經《きやう》、『无量義經《むりやうぎきやう》』・『法華經《ほふくゑきやう》』・『普賢經《ふげんぎやう》』等《とう》これなり。これすなわち、三部經《さむぶきやう》となづくる證據《しようこ》なり。いまこの彌陀の三部經《さむぶきやう》は、ある人師《にんし》のいはく、「淨土《じやうど》の教《けう》に三部あり。いはく『雙巻无量壽經《さうくわんむりやうじゆきやう》』・『觀无量壽經《くわんむりやうじゆきやう》』・『阿彌陀經《わみだきやう》』等《とう》これなり」。

①の　◎右傍補記
②等　◎右傍補記

これによて、いま淨土《じやうど》の三部經となづくるなり。あるいはまた彌陀の三部經ともなづく。またある師のいはく、「かの三部經《さむぶきやう》に『鼓音聲經《くおむじやうきやう》』をくわえて四部《ぶ》となづく」(慈恩小經疏意)といへり。おほよそ諸經《しよきやう》の中に、あるいは往生淨土《わうじやうじやうど》の法をとくあり、あるいはとかぬ經《きやう》あり。『華嚴經《くゑごむぎやう》』にはこれをとけり、すなわち『四十華嚴《くゑごむ》』の中の普賢《ふげん》の十願これなり。『大般若經《だいはんにやきやう》』の中にすべてこれをとかず。『法華經《ほふくゑきやう》』(巻六)の中にこれをとけり、すなわち「藥王品《やくわうぼむ》」の「卽往安樂世界《そくわうあんらくせかい》」の文《もん》これなり。『涅《ねち》槃經《はんぎやう》』にはこれをとかず。また眞言宗の中には、『大日經《だいにちきやう》』・『金剛頂經《こむがうちやう》』に蓮華部《れんぐゑぶ》にこれとくといゑども、大日《だいにち》の分身《ぶんしん》なり、①別《わき》てとけるにはあらず。もろもろの小《せう》乘經《じようきやう》にはすべて淨土《じやうど》をとかず。しかるに往生淨土《わうじやうじやうど》をとくことは、この三部經《さむぶきやう》にはしかず。かるがゆへに淨土《じやうど》の一宗《しゆ》には、この三部《さむぶ》經をもてその所縁《しよえん》②とせり。またこの淨土《じやうど》の法門《ほふもん》において宗《しゆ》の名《な》をたつること、はじめてまふすにあらず、その證據《しようこ》これおほし。少々《せうせう》これをいださば、元曉《ぐわんげう》の『遊心安樂道《ゆしむあんらくだう》』に、「淨土宗意《じやうどしゆい》《のこゝろ》、本《ほん》《もとは》爲《ゐ》《ためなり》二凡夫《ぼむぶ》《の》一、兼《けむ》《は》爲《ゐ》《ため》二聖人《しやうにん》《の》一也《や》《なり》」といへる、その證《しよう》なり。かの元曉《ぐわんげう》は華嚴宗《くゑごむしゆ》の祖《そ》師《し》なり。慈恩《じおん》の『西方要決《さいはうえうくゑち》』に、「③依此一宗《えしゐちしゆ》」といえるなり、またその證《しよう》なり。かの慈恩《じおん》は法相宗《ほふさうしゆ》の祖師《そし》なり。迦才《かざい》の『淨土論《じやうどろん》』(序)には、「④此一宗竊要路《しゐちしゆせちえうろ》たり」とい

①別　右◎「わき」と上書訂記
②縁　◎「縁」と上書訂記
③依　◎「依」と上書訂記
④此　左(甲)コノ

4-57

へる、またその證《しよう》なり。善導《ぜんだう》『觀經《くわんぎやう》の疏《しよ》』(散善義)に、「眞宗《しんしゆ》は叵《がたし》《ガタシ》レ遇《あひ》《アヒ》ぐ」といへる、またその證《しよう》なり。かの迦才《かざい》・善導《ぜんだう》は、ともにこの淨土《じやうど》一宗《しゆ》をもはらに信《しん》ずる人なり。自宗《じしゆ》・他宗《たしゆ》の釋《しやく》すでにかくのごとし。しかのみならず、宗《しゆ》の名《な》をたつることは、天台《てんだい》・法相《ほふさう》等《とう》の諸宗《しよしゆ》、みな師資《しし》相承《さうじよう》による。しかるに淨土宗《じやうどしゆ》に師《し》資《し》《タスク》①相承《さうじよう》血脈《くゑちみやく》次第《しだい》あり。いはく菩提流支《ぼだいるし》三藏《さむざう》・惠寵《ゑてう》法師《ほふし》・道場《だうぢやう》法師《ほふし》・曇鸞《どむらん》法師《ほふし》・法上《ほふじやう》法師《ほふし》・道綽《だうしやく》禪師《ぜんじ》・善導《ぜんだう》禪師《ぜんじ》・懷感《ゑかむ》禪師《ぜんじ》・小康《せうかう》法師《ほふし》等《とう》なり。菩提流支《ぼだいるし》より法上《ほふじやう》にいたるまでは、道綽《だうしやく》の『安樂集《あんらくしふ》』にいだせり。自他宗《じたしゆ》の人師《にんし》、すでに淨土《じやうど》一宗《しゆ》となづけたり。淨土宗《じやうどしゆ》の祖師《そし》、また次第《しだい》に相承《さうじよう》せり。これによて、いま相傳《さうでん》して淨土宗《じやうどしゆ》となづくるものなり。しかるを、このむねをしらざるともがらは、むかしよりいまだ八宗《はちしゆ》のほかに淨土宗《じやうどしゆ》といふことをきかずと難破《なんぱ》することも候へば、いさゝかまふしひらき候なり。おほよそ諸宗《しよしゆ》の法門《ほふもん》、淺《せん》《アサキ》深《じむ》《フカキ》あり、廣《くわう》《ヒロキ》狹《けう》《セバキ》あり。すなわち眞《しん》言《ごん》・天台等《てんだいとう》の諸大乘宗《しよだいじようしゆ》は、ひろくしてふかし。倶舍《くしや》・成實等《じやうじちとう》の小乘宗《せうじようしゆ》②は、ひろくしてあさし。この淨土宗《じやうどしゆ》は、せばくしてあさし。しかれば、かの諸宗《しよしゆ》は、いまのときにおいて機《き》と教《けう》と相應《さうおう》せず。教《けう》はふかし機《き》はあさし。教《けう》はひろくして機《き》はせばきがゆへなり。たとへば韻《ゐん》たかくしては、和《わ》することすく③なきがごとし。ま

①資　左(甲)—
②宗→(甲)衆
③く　◎右傍補記

5-49　5-50　5-51　5-52

4-58

たち①ゐさき器《うつはもの》に大《おほき》なるものをいるゝがごとし。たゞこの浄土《じやうど》の一宗《しゆ》のみ、機《き》と教《けう》と相應《さうおう》②せる法門《ほふもん》なり。かるがゆへにこれを修《しゆ》せば、かならず成就《じやうじゆ》すべきなり。しかればすなわち、かの不相應《ふさうおう》の教《けう》においては、いたはしく身心《しんしむ》《ミコヽロ》をついやすことなかれ。たゞこの相應《さうおう》の法《ほふ》に歸《くゐ》して、すみやかに生死《しやうじ》をいづべきなり。

今日《こむにち》講讃《かうさん》《ホムルナリ》せられたまへるところは、この三部《さむぶ》の中《なか》の『雙巻无量壽經《さうくわんむりやうじゆきやう》』と『阿彌陀經』となり。　まづ『无量壽經《むりやうじゆ》』には、はじめに彌陀如來《みだによらい》の因位《いんゐ》の本願《ほんぐわん》をとく、次《つぎ》にはかの佛《ほとけ》の果位《くわゐ》の二報莊嚴《ほうしやうごむ》をとけり。しかれば、この『經《きやう》』には阿彌陀佛《わみだぶち》の修《しゆ》因感果《いんかむくわ》の功徳《くどく》をとくなり。乃至　一一の本誓悲願《ほんぜいひぐわん》、一一の願成就《ぐわんじやうじゆ》の文《もん》にあきらかなり。③つぶさに釋《しやく》するにいとまあらず。その中に衆生往生《しゆじやうわうじやう》の因果《いんぐわ》をとくといふは、すなわち念佛往生の願成就《ぐわんじやうじゆ》の「諸有衆生聞其名號《しよ う しゆじやうもん ごみやうがう》」(大經巻下)の文《もん》、および三輩《さむぱい》の文《もん》これなり。もし善導《ぜんだう》の御こゝろによらば、この三輩《ぱい》の業因《ごふいん》について正雜《しやうざふ》の二行《ぎやう》をたてたまへり。正行《しやうぎやう》についてまた二あり、正定《しやうぢやう》・助業《じよごふ》なり。三輩《ぱい》ともに「一《ゐち》向專念《かうせんねむ》」(大經巻下)といへる、すなわち正定業《しやうぢやうごふ》なり、かの佛《ほとけ》の本願《ほんぐわん》に順《じゆん》《シタガフナリ》ずるがゆへに。またそのほかに助業《じよごふ》あり、雜行《ざふぎやう》あり。乃至　おほよそこの三輩《さむぱい》の中におのおの菩提《ぼだい》心等《しむとう》の餘善《よぜん》をとくといゑども、上《かみ》の本願《ほんぐわん》をのぞむには、もはら彌陀《みだ》の名號《みやうがう》を稱《しよう》

①ち　◎「ち」と上書訂記
②せる　◎右傍補記
③つぶさに　◎右傍補記　(甲)に無し

5-53　5-54　5-55　5-56

念《ねむ》せしむるにあり。かるがゆへに「一向專念《ゐちかうせんねむ》」といへり。上《かみ》の本願といふは、四十八願《ぐわん》の中《なか》の第《だい》十八の念佛往生の願《ぐわん》をさすなり。一向《かう》のことば、二、三向《かう》に對《たい》する義《ぎ》なり。もし念佛のほかにならべて餘善《よぜん》を修《しゆ》せば、一向《かう》の義《ぎ》にそむくべきなり。往生をもとめむ①人は、もはらこの『經《きやう》』によて、かならずこのむねをこゝろうべきなり。

次《つぎ》に『阿彌陀經』は、はじめには極樂《ごくらく》世《せ》界《かい》の依正《えしやう》二報《ほう》をとく、次《つぎ》には一日七日の念佛を修《しゆ》して往生することをとけり、のちには六方《ぱう》の諸佛《しよぶち》念佛の一行《ぎやう》において證誠護念《しようじやうごねむ》したまふむねをとけり。すなわちこの『經《きやう》』には餘行《よぎやう》をとかずして、えらびて念佛の一行《ぎやう》をとけり。乃至 おほよそ念佛往生は、これ彌陀如來《みだによらい》の本願《ほんぐわん》の行《ぎやう》なり、教主釋尊選要《けうしゆしやくそんせんえう》の法《ほふ》なり、六方諸《しよ》②佛證誠《しようじやう》の說《せち》なり。餘行《よぎやう》はしからず。そのむね、『經《きやう》』の文《もん》および諸師《しよし》の釋《しやく》つぶさなり。乃至

また經《きやう》を釋《しやく》するに、佛《ほとけ》の功德《くどく》もあらはれ、佛《ほとけ》を讚③《さん》ずれば、經《きやう》の功德もあらわるゝなり。また疏《しよ》は經のこゝろを釋《しやく》したるものなれば、疏《しよ》を釋《しやく》せむに、經《きやう》のこゝろあらはるべし。みなこれおなじものなり、まちまちに釋するにあたはず。乃至

いまこの『觀无量壽經《くわんむりやうじゆきやう》』に二のこゝろあり。はじめには定散《ぢやうさん》二善《ぜん》を修《しゆ》して往生《わうじやう》

① と　◎「め」を「と」と上書訂記
② 佛　◎右傍補記
③ 讚　左㊥ホム

4-61 することをあかし、つぎには名號《みやうがう》を稱《しよう》して往生することをあかす。乃至『清淨覺《しやうじやうがく》 5-61
經《きやう》』(巻四意)の信不信《しんふしん》の因緣《いんねん》の文《もん》をひけり。この文《もん》のこゝろは、「淨土の法門《ほふもん》をとく
をきゝて、信向《しんかう》してみのけいよだつものは、過去《くわこ》にもこの法門《ほふもん》をきゝて、いまか
さねてきく人なり。いま信ずるがゆへに、決定《くゑちぢやう》して淨土《じやうど》に往生すべし。またき
けどもきかざるがごとくにて、すべて信《しん》ぜぬものは、はじめて三惡道《さむまくだう》よりきたり 5-62
て、罪障《ざいしやう》いまだつきずして、こゝろに信向《しんかう》なきなり。いま信《しん》ぜぬがゆへに、ま
た生死《しやうじ》をいづることあるべからず」といへるなり。詮《せむ》ずるところは、往生人《わうじやうにん》のこ
の法《ほふ》おば信《しん》じ候なり。乃至
4-62 天台等《てんだいとう》のこゝろは、十三觀《ぐわん》の上《うへ》に九品《くぼむ》の三輩觀《さむぱいくわん》をくわへて、十六想觀《さうくわん》となづく。
この定散《ぢやうさん》二善《ぜん》をわかちて、十三觀《ぐわん》を定善となづけ、三福九品《さむぷくくぼむ》を散善《さんぜん》となづくる 5-63
ことは、善導《ぜんだう》一師《し》の御《おむ》こゝろなり。乃至
4-66 抑《そもそも》近來《きんらい》の僧尼《そうに》を、破戒《はかい》の僧《そう》、破戒尼《はかいに》といふべからず。持戒《ぢかい》の人《ひと》、破戒《はかい》を制《せい》する
ことは正法《しやうぼふ》・像法《ざうぼふ》のときなり。末法《まちぽふ》には無戒名字《むかいみやうじ》の比丘《びく》なり。傳教大師《でんげうだいし》『末法燈《まちぽふとう》
明記《みやうきに》』云《いはく》、「末法《まちぽふ》の中《なか》に持戒《ぢかい》の者《もの》ありといはば、これ怪異《くゑい》なり、市《いち》に虎《とら》あらむが 5-64
ごとし。たれかこれを信《しん》ずべき」といへり。またいはく、「末《まち》法の中には、たゞ言《ごん》

教《けう》のみあて行《ぎやう》證《しよう》なし。もし戒法《かいほふ》あらば破戒《はかい》あるべし。すでに戒法《かいほふ》なし、いづれの戒《かい》おか破《は》せむによて破戒《はかい》あらむ。破戒《はかい》なほなし、いかにいはむや持戒《ぢかい》おや」といへり。まことに受戒《じゆかい》の作法《さほふ》は、中國《ちうごく》《シムタンコクナリ》には持戒《ぢかい》の僧《そう》十人を請《しやう》じて戒師《かいし》とす。邊地《へんぢ》《ハクサイ》には五人《カウライトウヲヘンヂトイフ》を請《しやう》じて戒師《かいし》として、戒《かい》おばうくるなり。しかるにこのごろ①は、持戒《ぢかい》の僧一人《そうゐちにん》もとめいださむに、えがたきなり。しかれば、うけての上《うへ》にこそ破戒《はかい》とこともあれば、末代《まちだい》の近來《きんらい》は破戒《はかい》なほなし、たゞ无戒《むかい》の比丘《びく》なりとまふすなり。この『經《きやう》』に破戒《はかい》をとくことは、正像《しやうざう》②に約《やく》してときたまへるなり。乃至

次《つぎ》に名號《みやうがう》を稱《しよう》して往生《わうじや》することをあかすといふは、「佛《ほとけ》、阿難《わなん》につげたまはく、なんぢよくこの語《ご》をたもて。この語《ごを》たもてといふは、すなはちこれ无量壽佛《むりやうじゆぶち》のみなをたもてとなり」（觀經）とのたまへり。善導《ぜんだう》これを釋《しやく》していはく、「佛告阿難汝《ぶちがうわなんによ》好持是語《かうぢぜご》といふより已下《いげ》《シモトイフ》は、まさしく彌陀《みだ》の名號《みやうがう》を付屬《ふぞく》して、遐代《かだい》《ハルカナルヨマデ》に流通《るづ》することをあかす。かみよりこのかた、定散兩門《ぢやうさんりやうもん》の益《やく》をとくといゑども、佛《ほとけ》の本願《ほんぐわん》をのぞむには、こゝろ、衆生《しゆじやう》をして一向《かう》にもはら彌陀佛のみなを稱《しよう》するにあり」（散善義）とのたまへり。おほよそこの『經《きやう》』の中には、定散《ぢやうさん》の諸行《しよぎやう》をとくといゑども、その定散《ぢやうさん》をもては付屬《ふぞく》したまはず、たゞ念佛の一行《ぎやう》をもて阿難《わなん》に付屬《ふぞく》して、未《み》

①ご　◎下に「ゝ」とあるを抹消　ごろ→(甲)こゝろ
②像　右◎「う」と上書訂記

來《らい》に流通《るづ》するなり。「遐代《かだい》に流通《るづ》す」といふは、はるかに法滅《ほふめち》の百歳までをさす。すなわち末法萬年《まちぽふまんねん》ののち、佛法《ぶちぽふ》みな滅《めち》して三寶《ぽう》の名字《みやうじ》もきかざらむとき、たゞこの念佛の一行《ぎやう》のみとゞまりて百歳《ひやくさい》ましますべしとなり。しかれば、聖道門《しやうだうもん》の法《ほふ》文《もん》もみな滅《めち》し、十方浄土《ぱうじやうど》の往生もまた滅《めち》し、上生都率《じやうしやうとそち》もまたうせ、諸行往生《しよぎやうわうじやう》もみなうせたらむとき、たゞこの念佛往生《わうじやう》の一門《もん》のみとゞまりて、そのときも一念にかならず往生すべしといへり。かるがゆへにこれをさして、とおき世《よ》とはいふなり。これすなわち遠《おん》《トホキ》をあげて、近《ごん》《チカキ》を攝《せふ》《オサムトナリ》するなり。「佛《ほとけ》の本願《ほんぐわん》をのぞむ」といふは、彌陀如來《みだにょらい》の四十八願《ぐわん》の中《なか》の第《だい》十八の願《ぐわん》をおしふるなり。いま教主釋尊《けうしゆしやくそん》、定散《ぢやうさん》二善《ぜん》の諸行《しよぎやう》をすてゝ念佛の一行《ぎやう》を付屬《ふぞく》したまふことも、彌陀の本願《ほんぐわん》の行なるがゆへなり。「一向専念《ゐちかうせんねむ》」といふは、『雙巻經《さうくわんぎやう》』にとくところの三輩《さむぱい》のもん①の中の一向専念《かうせんねむ》をおしふるなり。一向《かう》のことば、餘《よ》をすつることばなり。この『經《きやう》』には、はじめにひろく定散《ぢやうさん》をとくといゑども、のちには一向《かう》に念佛を②えらびて付《ふ》屬《ぞく》し流通《るづ》したまへるなり。しかれば、とおくは彌陀の本願《ほんぐわん》にしたがひ、ちかくは釋尊《しやくそん》の付屬《ふぞく》をうけむとおもはゞ、一向《かう》に念佛の一行を修《しゆ》して往生をもとむべきなり。

①んの　◎右傍補記
②を　◎「を」と上書訂記し、さらに「を」と右傍註記

5-69　5-70　5-71　5-72

おほよそ念佛往生は諸行往生《しよぎやうわうじやう》にすぐれ[1]たること、おほくの義《ぎ》あり。一には、因《いん》位《ゐ》の本願《ほんぐわん》なり。いはく彌陀《みだ》如[2]來《によらい》の因位《いんゐ》、法藏《ほふざう》菩薩のとき、四十八の誓願《せいぐわん》をおこして、淨土《じやうど》をまふけて佛《ほとけ》にならむと願《ぐわん》じたまひしとき、衆生《しゆじやう》往生の行をたてゝえらびさだめたまひしに、餘行《よぎやう》おばえらびすてゝ、たゞ念佛の一行を選定《せんぢやう》して往生の行にたてたまへり。これを選擇《せんぢやく》の願《ぐわん》といふことは、『大阿彌陀經《だいわみだきやう》』の說《せち》なり。二には、光明攝取《くわうみやうせふしゆ》なり。これは阿彌陀佛因位《いんゐ》の本願《ほんぐわん》を稱《しよう》念して、相好《さうがう》の光《くわう》明《みやう》をもて念佛の衆生《しゆじやう》を攝取してすてたまはずして、往生せさせたまふなり。餘《よ》の行者《ぎやうじや》おば攝取《せふしゆ》したまはず。三には、彌陀みづからのたまはく、「これはこれ跋《ばち》陀和《だわ》菩薩《ぼさち》極樂《ごくらく》世《せ》界《かい》にまうでゝ、いづれの行《ぎやう》を修《しゆ》してかこのくにゝ往生し候べきと、阿彌陀佛《ぶち》にとひたてまつりしかば、佛《ほとけ》こたえてのたまはく、わがくにに生《しやう》ぜむとおもはゞ、わが名《な》を念じて休息《くそく》することなかれ《ヤムコトナカレトナリ》、すなわち往生することをえてむ」（一巻本般舟經問事品意）とのたまへり。餘行《よぎやう》おばすゝめたまはず。四には、釋迦《しやか》の付屬《ふぞく》にいはく、いまこの『經《きやう》』に念佛を付屬流通《ふぞくるづ》したまへり。餘行《よぎやう》おば付屬《ふぞく》せず。五には、諸佛證誠《しよぶちしようじやう》。これは『阿彌陀經《わみだきやう》』にときたまへるところなり。釋迦佛《しやかぶち》えらびて念佛往生のむねをときたまへば、六方《ぱう》の諸佛《しよぶち》おのおのおなじくほめ、おなじく[3]すゝめ

---

①れ　◎「る」を「れ」と上書訂記
②如　右◎「に」と上書訂記
③く　◎右傍補記

4-70

て、廣長《くわうぢやう》のみした①をのべて、あまねく三千大千世界《さむぜんだいせんせかい》におほふて證誠《しようじやう》したまへり。これすなはち一切衆生《さいしゆじやう》をして、念佛②して往生《わうじやう》することは決定《くゑちぢやう》してうたがふべからずと信《しん》ぜしめむ料《れう》なり。餘行《よぎやう》おばかくのごとく證誠《しようじやう》したまはず。六には、法《ほふ》滅《めち》の往生。いはく、「萬年《まんねん》《に》三寶滅《さむぼうめち》《せむに》、斯《し》《この》經《きやう》住《ぢゆ》《せむこと》　百年《ひやくねん》《せむ》。爾《に》《そのとき》時《じ》聞《もん》《きゝて》一念《せば》、皆《かい》當《たう》《みなまさに》《べシ》レ得《とく》《う》レ生《しやう》《を》　彼《ひ》《かしこに》」（禮讃）といふて、末法萬年《まちぽふまんねん》のゝち、たゞ念佛の一行のみとゞまりて、往生すべしといへることなり。餘行《よぎやう》はしからず。しかのみならず、下品下生《げぼむげしやう》の十惡《じふあく》の罪人《ざいにん》、臨終《りむじゆ》のとき聞經《もんきやう》と稱佛《しようぶち》と、二善《ぜん》をならべたりといゑども、化佛來迎《くゑぶちらいかう》してほめたまふに、「汝《によ》《なんぢ》稱《しよう》《する》二佛名《ぶちみやう》《を》一故《こ》《ゆへにもろもろのつみ》諸《しよ》罪消滅《ざいせうめち》《す》。我來《がらい》《れきたりて》迎《かう》《むかふ》レ汝《によ》《なんぢを》」（觀經）とほめて、いまだ聞經《もんきやう》の事《じ》おばほめたまはず。また『雙巻經《さうくわんぎやう》』に三輩往生《さむぱいわうじやう》の業《ごふ》をとく中に、菩提《ぼだい》心《しむ》および起立塔像等《きりふたうざうとう》の餘《よ》の行おもとくといゑども、流通《るづ》のところにいたりて、「其《ご》《それ》有《う》《あらむ》下得《とく》《えて》レ聞《もん》《きくことを》二彼《ひ》《の》佛《ぶち》《の》名號《みやうがう》《を》一、歡喜踊躍《くわんぎゆやく》《して》乃至《ないし》一念《ねむ》上。當《たう》《に》《べシ》レ知《ち》《しる》此人《しにん》《の》爲《ゐ》《す》レ得《とく》《うと》二大利《だいり》《を》一。則是《そくぜ》《ちれ》具《ぐ》二足《そく》《するなり》　无上功徳《むじやうくどく》《の》《を》一」（大經巻下）とほめて、餘行《よぎやう》をさして无上功徳《むじやうくどく》とはほめたまはず。念佛往生の旨要《しえう》をとるに、これにありと。

又云《いはく》、佛の功徳《くどく》③は百千萬劫のあひだ、④晝夜《ちうや》《ヒルヨル》にとくともきわめつくすべからず。これによて、教主釋尊《けうしゆしやくそん》、かの阿彌陀佛《ぶち》の功徳を稱揚《しようやう》したまふにも、要《えう》の中の要《えう》を

①た　◎下に一字抹消あり
②し　(甲)「し」と右傍註記
③は↓(甲)を
④晝夜　左(甲)—

5-81　5-80　5-79　5-78

とりて、略《りやく》してこの三部《ぶの》妙典《めうでん》①をときたまへり。佛すでに略《りやく》したまへり、當座《たうざ》の愚僧《ぐそう》いかゞくはしくするにたえむ。たゞ善根成就《ぜんごんじやうじゆ》のために、かたのごとく讚嘆《さんだん》したてまつるべし。阿彌陀如來の内證外用《ないしようぐゑゆ》の功徳《くどく》无量《むりやう》なりといゑども、要《えう》をとるに名號《みやうがう》の功徳《くどく》にはしかず。このゆへにかの阿彌陀佛《ぶち》も、ことにわが名號をして衆生《しゆじやう》を②濟度《さいど》し、また釋迦大師《しやかだいし》も、おほくかのほとけの名號《みやうがう》をほめて未來《みらい》に流《る》通《づ》したまへり。

しかれば、いまその名號《みやうがう》について讚嘆《さんだん》したてまつらば、阿彌陀といふは、これ天竺《てんぢく》の梵語《ぼむご》《コトバナリ》なり。こゝには翻譯《ほむやく》して无量壽佛《むりやうじゆぶち》といふ。③また无量《むりや》光《くわう》といへり。または无邊光佛《むへんくわうぶち》・无㝵光佛《むげくわうぶち》・无對《むたい》光佛・炎王《えむわう》光佛・清淨《しやうじやう》光佛・歡喜《くわんぎ》光佛・智慧《ちゑ》光佛・不斷《ふだん》光佛・難思《なんじ》光佛・无稱《むしよう》光佛・超日月《てうにちぐわち》光佛といへり。こゝにしりぬ、名號《みやうがう》の中に光明と壽《じゆ》命との二の義《ぎ》をそなえたりといふことを。かの佛の功徳《くどく》の中には、壽命《じゆみやう》を本《ほん》とし、光明《くわうみやう》をすぐれたりとするゆへなり。しかれば、また光《くわう》明《みやう》・壽命《じゆみやう》の二の④功徳《くどく》をほめたてまつるべし。

まづ光明《くわうみやう》の功徳《くどく》をあかさば、はじめに无量光《むりやうくわう》は、『經《きやう》』(觀經)にのたまはく、「无《む》量壽佛《りやうじゆぶち》に八《はち》萬四千の相《さう》あり。一一の相《さう》におのおの八萬四千の隨形好《ずいぎやうかう》あり。一一

①妙　◎「妙」と上書訂記
②濟　右◎さ□
③また　(甲)に無し
④功　右◎「く」と上書訂記

5-84　5-83　5-82

念佛《ぶち》の好にまた八萬四千《せん》の光明《くわうみやう》あり。一一の光明《くわうみやう》あまねく①十方世界《じふぱうせかい》をてらす。念佛《ぶち》の衆生《しゆじやう》を攝取《せふしゆ》して、すてたまはず」といへり。恵心《ゑしむ》、これをかむがへていはく、「一一の相《さう》の中におのおの七百五《しちひやくご》倶胝《くてい》六百萬の光明《くわうみやう》を具《ぐ》せり、熾然赫奕《しねんかくやく》たり《サカリニシテカヾヤクトナリ》」（要集巻中意）といへり。一相《さう》よりいづるところの光明《くわうみやう》かくのごとし、いはむや八萬四千の相《さう》おや。まことに算數《さんじゆ》のおよぶところにあらず。かるがゆへに无量光《むりやうくわう》といふ。　つぎに无邊《むへん》光といふは、かの佛の光明《くわうみやう》、そのかずかくのごとし。无量のみにあらず、てらすところもまた邊際《へんざい》あることなきがゆへに无邊《むへん》光といふ。つぎに无导光《むげくわう》は、この界《かい》の日月《にちぐわち》②燈燭《とうそく》等のごときは、ひとへなりといゑども、ものをへだてつれば、そのひかりとほることなし。もしかの佛の光明《くわうみやう》、ものに③さえらるれば、この界《かい》の衆生《しゆじやう》、たとひ念佛すといふとも、その光攝《くわうせふ》をかぶ④ることをうべからず。そのゆへは、かの極樂世界《ごくらくせかい》とこの娑婆世界《しやばせかい》とのあひだ⑤、十萬億《じふおく》の三《さむ》⑥千大千世界《ぜんだいせんせかい》をへだてたり。その一一の三千大千世界《さむぜんだいせんせかい》におのおの四重《しぢう》の鐵圍山《てちゐせん》あり。いはゆるまづ一四天下《してんげ》をめぐれる鐵圍山《てちゐせん》あり、たかさ須彌山《しゆみせん》とひとし。つぎに少《せう》千界《せんかい》をめぐれる鐵圍山《てちゐせん》あり、たかさ第《だい》六天《てん》にいたる。つぎに中千《ちうせん》界をめぐれる鐵《てち》圍山《ゐせん》あり、たかさ色界《しきかい》の初禪《しよぜん》にいたる。次《つぎ》に大千界をめぐれる鐵圍山《てちゐせん》あり、たか

①く　◎右傍補記
②燈燭　左(甲)トモシビ
③に　◎右傍補記
④ぶ　◎右傍補記
⑤だ→(甲)だ〔に〕
⑥三　◎「さむ」を「三《きむ》」と訂記→(甲)さむ〔「三」と左傍註記〕

さ第二禪《だいにぜん》にいたれり。しかればすなわち、もし无导光《むげくわう》にあたらずは一世界をすらなほとほるべからず。いかにいはむや、十萬億《おく》の世界《せかい》おや。しかるにかの佛の光《くわう》明《みやう》、かれこれそこばくの大小諸山《だいせうしよせん》をとほりてらして、この界《かい》の念佛衆生《しゆじやう》を攝取《せふしゆ》したまふに障导《しやうげ》あることなし。餘《よ》の十方《ぱう》世界《せかい》を照攝《①せうせふ》《テラシオサム》したまふことも、またかくのごとし。かるがゆへに无导光《むげくわう》といふ。次《つぎ》に清淨光《しやうじやうくわう》は、人師《にんし》釋《しやく》していはく、「无貪《むとむ》の善根《ぜんごん》より生《しやう》ずるところの②ひかりなり」（述文賛巻中意）。貪《とむ》に二あり、婬貪《③いむとむ》・財貪《④ざいとむ》なり。清淨《しやうじやう》といふは、たゞ汚穢《わゑ》不淨《ふじやう》を除却《⑤ぢよきやく》《ノゾクサグルトイフ》するにはあらず、その二の貪《とむ》を斷除《だんぢよ》するなり。貪《とむ》を不淨《ふじやう》となづくるゆへなり。もし戒《かい》に約《やく》せば、不《ふ》婬戒《⑥いむかい》と不慳貪戒《ふけむどむかい》とにあたれり。しかれば法藏比丘《ほふざうびく》、むかし不婬《ふいむ》・不慳貪所生《ふけむどむしよしやう》の光《ひかり》といふ。この光にふるゝものは、かならず貪欲《とむよく》のつみを滅《めち》す。もし人あて、貪欲《とむよく》さかりにして不《ふ》婬《いむ》・不慳貪《ふけむどむ》の戒《かい》をたもつことえざれども、こゝろをいたしてもはらこの阿彌陀佛の名號《みやうがう》を稱念《しようねむ》すれば、すなわちかの佛《ほとけ》、无貪清淨《むとむしやうじやう》の光《ひかり》をはなちて照觸攝取《せうそくせふしゆ》したまふゆへに、婬貪《いむとむ》・財貪《ざいとむ》の不淨のぞこる。无戒《むかい》・破戒《はかい》の罪《ざい》《ツミ》愆《⑦けん》滅《⑧めち》して、无貪善根《むとむぜんごん》の身《み》となりて、持戒清淨《ぢかいしやうじやう》の人《ひと》とひとしきなり。次《つぎ》に歡喜光《くわんぎくわう》は、これはこれ无《む》瞋善根所生《しんぜんごんしよしやう》の光《ひかり》。ひさしく不瞋恚戒《ふしんいかい》をたもちて、この光《ひかり》をえたまへり。かるが

①照攝　左㊥—
②のひかり　◎右傍補記
③婬貪　左㊥メオトコナリ
④財貪　左㊥タカラナリ
⑤除却　左㊥ノゾキサルトナリ
⑥婬　右◎「ん」を「む」と上書訂記
⑦愆　左㊥トガ
⑧滅　左㊥ホロボス

ゆへに无瞋《むしん》所生《しよしやう》の光《ひかり》といふ。この光《ひかり》にふるゝものは、瞋恚《しんい》のつみを滅《めち》す。しかれば、①憎盛《ぞうじやう》《ソネムコ、ロ》の人なりといふとも、もはら念佛を修《しゆ》すれば、かの歡喜光《くわんぎくわう》をもて攝取《せふしゆ》したまふゆへに、瞋恚《しんい》のつみ滅《めち》して、忍辱《にんにく》のひととおなじ。これまたさきの清淨光《しやうじやうくわう》の貪欲《とむよく》のつみ滅《めち》するがごとし。次《つぎ》に智慧光は、これはこれ无癡《むち》の善根所生《ぜんごんしよしやう》の光《ひかり》なり。ひさしく一切智慧《ちゑ》を②まなうで、愚癡《ぐち》の煩惱《ぼむなう》をたちつくして、この光《ひかり》をえたまへるがゆへに、无癡所生《むちしよしやう》の光《ひかり》といふ。この光はまた愚癡《ぐち》のつみを滅《めち》す。しかれば、无智《むち》の念佛者《しや》なりといふとも、かの智慧《ちゑ》の光《ひかり》をしててらし攝《おさめ》たまふがゆへに、すなわち愚癡《ぐち》の愆《とが》を滅《めち》して、智慧《ちゑ》は③勝劣《しようれち》《マサリオトル》あることなし。またこの光《ひかり》のごとくしりぬべし。かくのごとくして十二光《くわう》の名《な》ましますといふとも、要《えう》をとるにこれにあり。

凡《おほよそ》かの佛の光明功徳《くわうみやうくどく》の中には、かくのごときの義《ぎ》をそなえたり。④くはしくあかさば多種《たしゆ》あるべし。おほきにわかちて二《ふたつ》あり。一には常光《じやうくわう》、二には神通光《じんづくわう》なり。はじめに常光《じやうくわう》《ツネノヒカリ》といふは、諸佛《しよぶち》の常光《じやうくわう》、おのおの⑤意樂《いげう》《オムコ、ロニアリ》にしたがふて、遠近《おんごん》《トオキチカキ》・長《ちやう》《ナガキ》短《たん》《ミジカキ》あり。あるいは常光《じやうくわう》おもて、おのおの一尋相《じむさう》といへり。釋迦佛《しやかぶち》の常光《じやうくわう》のごとき、これなり。あるいは七尺《しやく》をてらし、あるいは一里《り》をてらし、あるいは一由《ゆ》

①憎　◎「憎」と上書訂記→(甲)増憎盛　左(甲)—
②ま　◎「ま」と上書訂記
③勝劣　左(甲)—
④くは　◎「くは」と上書訂記し、さらに「くは」と右傍註記
⑤意樂　左◎「コ、ロニ」と上書訂記

旬《じゆん》をてらし、あるいは二・三・四・五、乃至《ないし》百千《ひやくせん》由旬《ゆじゆん》をてらし、あるいは一四《し》天下《てんげ》をてらし①、あるいは一佛世界《ぶちせかい》をてらし、あるいは二佛・三佛、乃至《ないし》百千佛《ひやくせんぶち》の世界《せかい》をてらせり。この阿彌陀佛《ぶち》の常光《じやうくわう》は、八方上下《はちぱうじやうげ》无《む》央《あう》②數《しゆ》③の諸佛の國土《こくど》において、てらさずといふところなし。八方《ぱう》上下は、極樂《ごくらく》について方角《はうがく》《カタスミトイフ》をおしふるなり。この常光《じやうくわう》について異説《いせち》あり。すなわち『平等覺經《びやうどうがくきやう》』には、別《べち》して頭光《づくわう》をおしえたり。『觀經《くわんぎやう》』にはすべて身光《しんくわう》といへり。かくのごとき異説《いせち》あり、『往生要集《わうじやうえうしふ》』に勘《かむ》④がへたり、みるべし。常光《じやうくわう》といふは、長時不斷《ぢやうじふだん》にてらす光《ひかり》なり。次《つぎ》に神《じん》通光《づくわう》といふは、ことに別時《べちじ》にてらす光なり。釋迦如來《しやかによらい》の『法華經《ほふくゑきやう》』をとかむとしたまひしとき、東方萬《とうばうまん》八千の土《ど》をてらしたまふしがごときは、すなわち神通光《じんづくわう》なり。阿彌陀佛の神通光《じんづくわう》は、攝取不捨《せふしゆふしや》の光明《くわうみやう》なり。念佛衆生あるときはてらし、念佛の衆生《しゆじやう》なきときはてらすことなきがゆへなり。善導和尚《ぜんだうくわしやう》『觀經《くわんぎやう》の疏《しよ》』(定善義)にこの攝取《せふしゆ》の光明《くわうみやう》を釋《しやく》したまへるしたに、「光照《くわうせう》の遠近《おんごん》をあかす」といへり。この念佛衆生《しゆじやう》の居所《ごしよ》《ヰタルトコロ》の遠⑤《おん》近《ごん》《トオキチカキ》について、攝取《せふしゆ》の光明《くわうみやう》も遠近《おんごん》あるべしといふ義《ぎ》なり。たとひ一つゐのうちに住《ぢゆ》したりとも、東《ひむがし》によりてゐたらむ⑥人の念佛まふさむには、攝取《せふしゆ》の光明《くわうみやう》とおくてらし、西《にし》によりてゐたらむ人の念佛まふさむ⑦には、光

①てらし　◎右傍補記
②央　◎「央」と上書訂記
③數　◎右傍補記
④がへ　㊙に無し
⑤遠近　左㊙―
⑥む　◎右傍補記
⑦む　◎右傍補記

5-100　5-99　5-98　5-97

明ちかくてらすべし。これをもてこゝろうれば、一つ城《みやこ》のうち、一國《こく》のうち、一閻浮提《えむぶだい》のうち、三千世界《さむぜんせかい》の内《うち》、乃至他方各別《ないしたはうかくべち》の世界《せかい》まで、かくのごとしとしるべし。しかれば、念佛衆生《しゆじやう》について光照《くわうせう》の遠近《おんごん》ありと①釋《しやく》したまへる、まことにいわれたることとこそおぼえ候へ。これすなわち阿彌陀佛の神通光《じんづくわう》なり。諸佛《しよぶち》の功徳《くどく》はいづれの功徳もみな法界《ほふかい》に遍《へん》すといゑども、餘《よ》の功徳《くどく》はその相《さう》あらわるゝことなし。たゞ光明《くわうみやう》のみ、まさしく法界《ほふかい》に遍《へん》する相《さう》をあらわせる功徳《くどく》なり。かるがゆへに、もろもろの功徳の中には光明《くわうみやう》をもて最勝《さいしよう》なりと釋《しやく》したるなり。また諸佛《しよぶち》の光明《くわうみやう》の中には彌陀如來《によらい》の光明《くわうみやう》なほまたすぐれたまへり。このゆへに教主《けうしゆ》釋尊《しやくそん》ほめてのたまはく、「无量壽佛威神光明《むりやうじゆぶちのゐじんくわうみやう》、最尊第一《さいそんだいゐちにして》、諸佛光明《しよぶちのくわうみやうの》所《しよ　ところなり》レ不《ふ　ざる》レ能《のう　あたは》レ及《ぎふ　およぶこと》」（大經巻上）とのたまへり。またいはく、「我説《がせち　われとかむに》二无量壽佛光明威神巍巍殊妙《むりやうじゆぶちのくわうみやうのゐじんぐゐぐゐしゆめう　なることを》一、晝夜一劫《ちうやこふ　すとも》、尚未《しやうみ　なほいまだ》レ能《のう　あたは》レ盡《じん　つくすこと》ジト」（大經巻上）とのたまへり。これはこれ、かの佛の光明《くわうみやう》と餘の佛の光明《くわうみやう》とを相對《さうたい》してその勝劣《しようれち》を校量《けうりやう》せむに、彌陀佛におよばざる佛をかずえむに、よる・ひる一劫《こふ》すとも、そのかずをしりつくすべからずとのたまへるなり。かくの②ごとく殊勝《しゆしよう》の光をえたまふことは、すなわち願行《ぐわんぎやう》にこたへたり。いはく、かの佛《ほとけ》、法藏比丘《ほふざうびく》のむかし、世自在王佛のみもとにして、二百一十

①と↓㊥と〔しかれば念佛衆生について光照の遠近ありと〕
②の　◎右傍補記

億《おく》の諸佛《しよぶち》の光明《くわうみやう》をみたてまつりて、選擇思惟《せんぢやくしゆい》して願じていはく、「設《せち》《ひ》我《が》《れ》得《とく》《えむに》レ佛《ぶち》《を》、光明《くわうみやう》有《う》《て》二能《のう》《よく》限量《げんりやう》一、下《げ》《しも》至《し》《いたら》レ不《ふ》《ざるに》レ照《せう》《てらさ》二百千億那由他《おくなゆた》《の》諸佛國《しよぶちこく》《の》《を》一者《しや》①《ば》、不《ふ》《じと》レ取《しゆ》《とら》二正覺《しやうがく》《を》一」（大經巻上）とのたまへり。この願《ぐわん》をおこしてのち、兆載永劫《てうさいゐやうごふ》のあひだ積功累徳《しやくくるいとく》して、願行《ぐわんぎやう》ともにあらわして、この光《ひかり》をえたまへり。佛《ほとけ》の在世《ざいせ》に燈指比丘《とうしびく》といふ人ありき。生《むまれ》しとき、指《ゆび》より光《ひかり》をはなちて十里《り》をてらすことありき。のちに佛の御弟子《みでし》となりて、出家《しゆつけ》して羅漢果《らかんくわ》をえたり。指《ゆび》より光《ひかり》をはなつ因縁《いんねん》によりて、なづけて燈指《とうし》比丘《びく》といへり。過去《くわこ》九十一劫《こふ》のむかし、毘婆尸佛《びばしぶち》のときに、ふるき佛像《ぶちざう》の指《ゆび》の損《そん》じたまひたるを修理《しゆり》したてまつりたりし功徳《くどく》によりて、すなわち指《ゆび》より光をはな②つ報《ほう》をうけたるなり。また梵摩比丘《ぼむまびく》といふ人ありき。身《み》より光《ひかり》をはなちて一由《ゆ》旬《じん》③をてらせり。これ過去《くわこ》に佛に燈明《とうみやう》をたてまつりたりしがゆへなり。また佛の御《み》弟子《でし》阿《わ》那律《なりち》は、佛の説法《せちぽふ》の座《ざ》に睡眠《すいめん》したることありき。佛、これを種種《しゆじゆ》に彈呵《たんか》したまふ。阿那律《なりち》、すなわち懺悔《さむぐゑ》のこゝろをおこして睡眠斷《すいめんだん》ず。七日をへてのち、その目《め》開《ひらき》ながら、そのまなこみずなりぬ。これを醫師《いし》にとうに、醫《い》師こたえていはく、人は食《じき》をもて命《いのち》とす、眼はねぶりをもて食とす。もし人七日食せざらむに、命《いのち》あにつきざらむや。しかればすなわち、醫療《いれう》のおよぶところにあらず。命《いのち》つき

① 者 ◎「土《ど》」を「者《しやば》」と上書訂記
② は ㊙「は」と右傍註記
③ 旬 右◎「じ」と上書訂記

ぬる人に醫療《いれう》よしなきがごとしといへり。そのとき佛、これをあわれみて天眼《てんげん》の法《ほふ》をおしえたまふ。すなわちこれを修《しゅ》して、①かへりて天眼通《てんげんつ》をえたり。すなわち天眼第《てんげんだい》一阿《ゎ》那《な》律《りち》といへるこれなり。過去《くわこ》に佛のものをぬすまむとおもふて塔の中にいたるに、燈明《とうみやう》すでにきえ②なむとするをみて、弓《ゆみ》のはずを③もてこれをかきあぐ。そのときに、忽然《こちねん》として改悔《がいくゑ》のこゝろをおこして、あまさへ无上《むじやう》道心《だうしむ》をおこしたりき。それよりこのかた、生生《しやう》世世《せ》に无量《むりやう》の福《ふく》をえたり。いま釋迦《しやか》出世《しゆつせ》のとき、ついに得脱《とくだち》して、またかくのごとく天眼通《てんげんつ》をえたり。これすなわち、かの燈明《とうみやう》をかゝげたりし功德《くどく》によてなり。乃至

次《つぎ》に壽命《じゆみやう》の功德《くどく》といふは、諸佛壽命《しよぶちじゆみやう》、意樂《いげう》にしたがふて長④短⑤《ちやうたん》あり。これによて惠心僧都《ゑしむそうづ》、四句《しく》をつくれり。「あるいは能化《のうくゑ》の佛は命《いのち》ながく、所化《しよくゑ》の衆生《しゆじやう》は命《いのち》みじかきあり。華光《くゑくわ》如來《によらい》のごとし。佛の命《いのち》は十二小劫《せうこふ》、衆生《しゆじやう》の命《いのち》は八小劫《せうこふ》なり。あるいは能化《のうくゑ》の佛は命みじかく、所化《しよくゑ》の衆《しゆ》生は命ながきあり。月面如來《ぐゑちめんによらい》のごとし。佛の命《いのち》一日《にち》一夜《や》、衆生《しゆじやう》の命《いのち》は五十歳《さい》なり。あるいは能化《のうくゑ》・所化《しよくゑ》ともに命みじかきあり。釋迦如來《しやかによらい》のごとし。佛も衆生《しゆじやう》もともに八十歳なり。あるいは能化《のうくゑ》・⑥所《しよ》化《くゑ》ともに命ながきあり。阿彌陀如來のごとし。佛も衆生もともに无量⑦歳《むりやうさい》なり」

①か　◎「か」と上書訂記
②え　◎下に一字抹消あり
③もて　◎「もて」と上書訂記
④長　左㊙ナガキ
⑤短　左㊙ミジカキ
⑥所　◎「化」を「所」と上書訂記
⑦歳　◎「歳」と上書訂記

（小經略記意）。かるがゆへに『經《きやう》』（大經巻上）にのたまはく、「佛告《ぶちがう》二阿難《わなん》一、无量壽佛壽命《むりやうじゆぶちじゆみやう》長久《ぢやうく》不《ふ》レ可《か》二勝計《しようげ》一。汝寧《にょにやう》知《ち》乎《こ》、假《け》‐使《し》十方《じふぱう》世界《せかい》无量衆生《むりやうしゆじやう》皆得《かいとく》二人身《にんじん》一、悉《しち》令《りやう》三成《じやう》二‐就《じゆ》聲聞《しやうもん》・緣覺《えんがく》一、都《と》共《ぐ》推算計《すいさんげ》禪《ぜん》レ思《し》一心《ゐちしむ》竭《かち》二其智力《ごちりき》一於《お》二百千萬劫《ひやくせんまんごふ》一、悉《しち》共《ぐ》推算《すいさん》二計《げ》其壽命長遠之數《ごじゆみやうぢやうおんししゆ》一、不《ふ》レ能《のう》三窮盡《ぐじん》知《ち》二其限極《ごげんごく》一。聲聞《しやうもん》・菩薩《ぼさち》・①天人《てんにん》之衆壽命長短亦《ししゆじゆみやうちやうたんやく》‐復《ぶ》如《によ》レ是《ぜ》。非《ひ》三算數譬喩《さんじゆひゆ》所《しよ》二能知《のうち》一也《や》」とのたまへり。たゞもし神通《じんづ》の大菩薩等《だいぼさちとう》のかずへたまはむには、一大恆沙劫《だいごうじやこふ》なりと、『大論《だいろん》』のこゝろをもて、惠心勘《ゑしむかむがへ》たり。この數《かず》、二乘凡夫《じようぼむぶ》のかずへてしるべきかずにあらず。かるがゆへに无量《むりやう》とはいへるなり。すべて佛《ほとけ》の功德《くどく》を論《ろん》ずるに、能持《のうぢ》・所持《しよぢ》の二の義《ぎ》あり。壽命《じゆみやう》をもて能持《のうぢ》といひ、自餘《じよ》のもろもろの功德《くどく》おばことごとく所持《しよぢ》といふなり。壽命《じゆみやう》はよくもろもろの功德《くどく》をたもつ。一切《さい》の萬德《まんどく》、みなことごとく壽《じゆ》命《みやう》にたもたるゝがゆへなり。これは當座《たうざ》の導師《だうし》がわたくしの義《ぎ》なり。すなわちかの佛の相好《さうがう》・光明《くわうみやう》・説法《せちぽふ》・利生等《りしやうとう》の一切功德《さいくどく》、および國土《こくど》の一切莊嚴等《さいしやうごむとう》のもろもろの快樂《くゑらく》のことら、たゞかの佛の命《いのち》のながくましますがゆへの事《こと》なり。もし命《いのち》なくは、かれらの功德《くどく》・莊嚴等《しやうごむとう》なにゝよりてかとゞまるべき。しかれば、四十八願《ぐわん》の中にも、壽命无量《じゆみやうむりやう》の願《ぐわん》に自餘《じよ》の諸願《しよぐわん》おばおさめたるなり。たとひ第十

①天　◎上に「菩薩《ぼさち》」とあるを抹消

八の念佛往生の願《ぐわん》、ひろく諸機《しよき》を攝《せふ》して濟度《さいど》するにたりといゑども、佛の御《おむ》命《いのち》もしみじかくは、その願《ぐわん》なほひろまらじ。そのゆへは、もし百歳千歳《さいざい》、もしは一劫《こふ》二劫《こふ》にても①ましまさ②ましかば、いまのときの衆生《しゆじやう》はことごとくその願《ぐわん》にもれなまし。かの佛成佛《じやうぶち》してのち、十劫《こふ》をすぎたるがゆへなり。これをもてこれをおもへば、濟度《さいど》利生《りしやう》の方便《はうべん》は壽命《じゆみやう》の長遠《ぢやうおん》なるにすぎたるはなく、大慈大悲《だいじだいひ》の誓願《せいぐわん》も壽命《じゆみやう》の无量《むりやう》なるにあらわるゝものなり。これ娑婆世界《しやばせかい》の人も、命をもて第《だい》一のたからとす。七珍萬寶《しちちんまんぼう》をくらの内《うち》にみてたれども、綾羅錦繡《りようらきむしう》をはこのそこにたくわえたるも、命《いのち》のいきたるほどぞわが寶《たから》に③てもある、まなこ閉《とぢ》ぬるのちはみな人のものなり。しかれば、（乃至）彌陀如來《みだによらい》の壽命无量《じゆみやうむりやう》の願《ぐわん》をおこしたまひけむも、御身《おむみ》のため④長壽《ちやうじゆ》の果報《くわほう》をも⑤とめたまふにはあらず。濟度利生《さいどりしやう》のひさしかるべきために、また衆生《しゆじやう》をして忻求《ごんぐ》のこゝろをおこさしめむがためなり。一切衆《さいしゆ》生《じやう》はみな命《いのち》ながゝらむことをねがふがゆへなり。凡《おほよそ》かの佛の功德《くどく》の中には、壽《じゆ》命无量《みやうむりやう》の德《とく》をそなへたまふにすぎたることは候はぬなり。このゆへに『雙卷經《さうくわんぎやう》』の題《だい》にも「无量壽經《むりやうじゆきやう》」といへども、无量光經《むりやうくわうきやう》とはいはず。隋朝《ずいてう》よりさきの舊《く》譯《やく》には、みな經《きやう》の中に宗《しゆ》《ムネト》とあることをえらびて、詮《せむ》をぬき略《りやく》を存《ぞん》じてその題目《だいもく》と

---

①まし　◎「まし」と上書訂記
②ま　◎「ま」と上書訂記
③て　◎「て」と上書訂記
④長　◎「長」と上書訂記
⑤と　◎右傍補記

するなり。すなわちこの『經《きやう》』の詮《せむ》には、阿彌陀如來《によらい》の功德《くどく》をとけるなり。その功《く》德《どく》の中には、光《くわ》明无量《みやうむりやう》・壽命无量《じゆみやうむりやう》の二の義《ぎ》をそなへたり。その中にはまた壽《じゆ》①命《みやう》なを最勝《さいしよう》なるゆへに、「无量壽經《むりやうじゆきやう》」となづくるなり。また釋迦如來《しやかによらい》の功德《くどく》の中にも、久遠實成《くおんじちじやう》の宗《むね》をあらわせるをもて殊勝甚深《しゆしようじむじむ》のこととせり。すなわち『法《ほふ》華經《くゑきやう》』に「壽量品《じゆりやうぼむ》」とてとかれたり。廿八品《にじふぼむ》の中には、この品をもてすぐれたりとす。まさにしるべし、諸佛《しよぶち》の功德《くどく》にも壽命《じゆみやう》をもて第《だい》一の功德《くどく》とし、衆生《しゆじやう》のたからにも②命《いのち》をもて第《だい》一のたからとすといふことを。その命《いのち》ながき果報《くわほう》をうることは、衆生《しゆじやう》に飲食《おむじき》をあたへ、またものゝ命《いのち》をころさゞるを業因《ごふいん》とするなり。因《いん》と果《くわ》と相應《さうおう》することなれば、食はすなわち命《いのち》をつぐがゆへに、食《じき》をあたふるはすなわち命《いのち》をあたふるなり。不殺生戒《ふせちしやうかい》をたもつもまた衆生《しゆじやう》の命《いのち》をたすくるなり。かるがゆへに、飲食《おむじき》をもて衆生《しゆじやう》に施與《せよ》し、慈悲《じひ》に住《ぢゆ》して不殺生戒《ふせちしやうかい》をたもてば、かならず長命《ぢやうみやう》の果報《くわほう》③をえたり。しかるにかの阿彌陀如來《によらい》は、すなわち願行《ぐわんぎやう》あひたすけて、この壽命无量《じゆみやうむりやう》の德《とく》おば成就《じやうじゆ》したまへるなり。願《ぐわん》といふは、四十八願の中の第《だい》十三の願《ぐわん》にいはく、「設《せち》我《が》得《とく》えむにレ佛《ぶち》を、壽命《じゆみやう》有《う》あて二能《のう》よく限量《げんりやう》一、下《げ》しも至《し》いたら二百千億那由他《ひやくせんおくなゆた》劫《こふ》に一者《しや》④ば、不《ふ》じとレ取《しゆ》とら二正覺《しやうがく》を一」（大經巻上）とのたまへり。行《ぎやう》といふは、かの願をたてたまふての

①命　右◎「み」と上書訂記
②にも　◎「にも」と上書訂記
③果　右◎わう
④者　右◎「しや」と上書訂記

ち无央數劫《むあうしゆこふ》のあひだ、また不殺生戒《ふせちしやうかい》をたもてり。また一切《さい》の凡聖《ぼむしやう》において、飮《おむ》食《じき》・醫藥《いやく》を供養《くやう》し施與《せよ》したまへるなり。これは阿彌陀如來《にようい》の壽命《じゆみやう》の功德《くどく》なり。乃至かの佛、かくのごとく壽命无量《じゆみやうむりやう》なりといゑども、また涅槃隱沒《ねちはんおむもち》の期《ご》ましします。これについて、あわれなることこそ候へ。道綽禪師《だうしやくぜんじ》、念佛の衆生《しゆじやう》において始終《しじゆ》兩益《りやうやく》ありと釋《しやく》したまへる。その終益《じゆやく》をあかすに、すなわち『觀音授記經《くわんおむじゆききやう》』（意）をひきていはく、「阿彌陀佛、住世《ぢゆせ》の命《おむいのち》、兆載永劫《てうさいゐやうごふ》のゝち滅度《めちど》したまひて、たゞ觀音《くわんおむ》・勢至《せいし》、衆生《しゆじやう》を接引《せふいん》したまふことあるべし。そのときに、一向《かう》にもはら念佛して往生《わうじやう》したる衆生《しゆじやう》のみ、つねに佛をみたてまつる、①滅《めち》したまはぬがごとし。餘行《よぎやう》往生の衆生《しゆじやう》は、みたてまつることあらず」といへり。往生をえてむ上《うへ》に、そのときまでのことはあまりごとぞ、とてもかくてもありなむ②とおぼえぬべく候へども、そのときにのぞみては、かなしかるべきことにてこそ候へ。かの釋迦入滅《しやかにふめち》のありさまにても、おしはかられ候なり。證果《しようくわ》の羅漢《らかん》、深位《じむゐ》《フカキクラヰトイフ》の③大士《だいじ》も、非滅《ひめち》・現滅《げんめち》のことはりをしりながら、當時別離《たうじべちり》のかなしみにたえず、天《てん》にあおぎ地《ぢ》にふし、哀哭《あいこく》し悲泣《ひきふ》しき。いはむや未證《みしよう》の衆生《しゆじやう》おや、淺識《せんしき》の凡愚《ぼむぐ》おや、乃至《ないし》龍神八《りうじんはち》部《ぶ》も五十二類《るい》も、凡《おほよそ》涅槃《ねちはん》の一會《ゑ》悲歎《ひたん》のなみだをながさずといふことなし。しか

①滅　右◎めし
②む　◎下に「と」とあるを抹消
③大　右◎「だ」と上書訂記

5-130 のみならず、娑羅林《しやらりむ》のこずゑ、拔提河《ばちだいが》の水《みづ》、すべて山川《せんせん》《ヤマカワ》・溪谷《けいこく》《タニ》・草木《さうもく》・樹林《じゆりむ》も、みな哀傷《あいしやう》のいろをあらはしき。しかれば、過去《くわこ》をきゝて未來《みらい》をおもひ、穢土《ゑど》になずらへて淨土《じやうど》をしるに、かの阿彌陀佛《ぶち》の衆寶莊嚴《しゆぼうしやうごむ》の國土《こくど》をかくし、涅槃寂滅《ねちはんじやくめち》
5-131 の道場《だうぢやう》にいりたまひてのち、八萬四千の相好《さうがう》ふたゝび現《げん》①ずることなく、无量无《むりやうむ》邊《へん》の光明《くわうみやう》はながくてらすことなくは、かの會《ゑ》の聖衆人天等《しやうじゆにんでんとう》、悲哀《ひあい》のおもひ、戀慕《れんぼ》《コヒシタフトナリ》のこゝろざし、いかばかりかは候べき。七寶自然《しちぽうじねん》のはやしなりとも、八功如《くによ》意《い》の水《みづ》なりとも、名華《みやうくゑ》・②輭草《なんさう》《クサノナヽリ》のいろも、鳧鴈《ふがん》・鴛鴦《ゑんあう》のこゑも、いかゞそのときをしらざらむや。淨穢《じやうゑ》は土《ど》ことなりといゑども、世尊《せそん》の滅度《めちど》すでにことなること
5-132 なし。迷悟《めいご》《マドフサトル》はこゝろかわるといゑども、所化《しよくゑ》の悲戀《ひれん》なんぞかわることあらむや。この娑婆世界《しやばせかい》の凡夫《ぼむぶ》、具縛《ぐばく》の人の心事《しむじ》《コヽロトコト》、相應《さうおう》せず。③意樂各別《いげうかくべち》にて、つねに違背《ゐはい》《タガフソムク》し、
5-133 たがひに厭惡《えむあく》《イトイニクム》をするだにも、あるいは夫妻《ふさい》のちぎりおもむすび、あるいは朋友《ぼうう》《トモトナルトナリ》のことばおもなして、しばらくもなづさひ、また馴《なれ》ぬれば、④遠近《おんごん》《トオクチカク》のさかひをへだて、前後《ぜんご》の生《しやう》をあらため、かくのごとく生《しやう》おも死《し》⑤おもわかれをつぐるときには、なごりをおしむこゝろたちまちにもよおし、かなしみにたえず、なみだお
5-134 さへがたきことにてこそは候へ。いかにいはむや、かの佛、内《うち》には慈悲哀愍《じひあいみん》の

①ずる　◎右傍補記
②輭草　左㊙—
③意　◎「意」と上書訂記
④遠近　左㊙—
⑤お　◎「お」と右傍補記あるを抹消し、さらに「も」を「お」と上書訂記

こゝろをのみたくはへてましませば、なれたてまつるにしたがふて、いよいよむつまじく、外《ほか》には見者《けんじゃ》《ミタテマツルモノ》无厭《むえむ》《イトフコトナシトナリ》の徳《とく》をそなへてましませば、みまいらするごとに、いやめづらなるおや。まことに无量《むりやう》永劫《ゐやうごふ》があひだ、あさゆふに萬徳圓滿《まんどくゑんまん》のみかほをおがみたてまつり、晝夜《ちうや》に四《し》①辯《べん》无窮《むぐ》の御音《みこゑ》になれたてまつりて、恭敬瞻仰《くぎやうせむがう》し、隨《ずい》②逐《ちく》給仕《きふじ》して、すぎたらむここちに、ながくみたてまつらざらむことになりたらむばかり、かなしかるべきことや候べき。无有衆苦《むうしゆく》のさかひ、離諸妄想《りしよまうざう》のところなりといふとも、このこと一事《ゐちじ》は、さこそおぼへ候らめとぞおぼえ候。それにもとのごとくみたてまつりて、あらたまることなからむことは、まことにあはれにありがたきことゝこそおぼへ候へ。これすなわち、念佛一行、かの佛の本願なるがゆへなり。おなじく往生をねがはむ人は、專修念佛の一門よりいるべきなり。

康元元丁巳正月二日書之

愚禿親鸞 八十五歳

①辯　◎右傍補記
②逐　◎「逐」と上書訂記
〈奥書〉
㊙「康元元丁巳正月二日書之／愚禿親鸞［八十／五歳］」「康元二年　三月五日／書寫之」

5-137　5-136　5-135

西方指南抄上①　末

次《つぎに》『雙巻无量壽經《さうくわんむりやうじゆきやう》』。「淨土《じやうど》三部《さむぶ》經」の中《なか》には、この『經《きやう》』を根本《こんぽん》とするなり。其故《そのゆへ》は、一切《ゐちさい》の諸善《しよぜん》は願《ぐわん》を根本《こんぽん》とす。而《しかる》に此《この》『經《きやう》』には彌陀如來《みだによらい》の因位《いんゐ》の願《ぐわん》をときていはく、乃往過去久遠无量无央數劫《ないわうくわこくおんむりやうむあうしゆこふ》に佛ましましき、世自在王佛《せじざいわうぶち》とまふしき。そのとき一人《にん》の國王《こくわう》ありき。佛の説法《せちぽふ》をきゝて、无上道心《むじやうだうしむ》をおこして、國《くに》をすて王《わう》をすてゝ、家《いゑ》をいでゝ沙門《しやもん》となれり。なづけて法藏比丘といふ。すなわち世自在《せじざい》王佛《わうぶち》の所詣《みもとにまうで》て、右《みぎ》にめぐること三帀《さむざう》して、頂跪合掌《ちやうくゐがふしやう》して佛をほめたてまつりてまふしてまふさく、われ淨土《じやうど》をまうけて衆生《しゆじやう》を度《ど》せむとおもふ。②ねがわくは、わがために經法をときたまへと。そのとき③世自在王佛《せじざいわうぶち》、法藏比丘《ほふざうびく》のために二百一十億《おく》の諸佛《しよぶち》の淨土《じやうど》の人天《にんでん》の善惡《ぜんあく》、國土《こくど》の麤妙《そめう》をとき、また現《げん》じてこれをあたへたまふ。法藏比丘《ほふざうびく》、佛《ほとけ》の所説《しよせち》をきゝ、また嚴淨《ごむじやう》の國土《こくど》をことごとくみおはりてのち、五劫《ごこふ》のあひだ思惟《しゆい》し取捨《しゆしや》して、二百一十億《おく》の淨土の中よりえらびとりて、四十八の誓願《せいぐわん》をまふけたり。この二百一十億の諸佛《しよぶち》のくにの中より、善惡《ぜんあく》の中に

〈表紙〉
◎旧表紙一中央「西方指南抄上［末］」　左下「釋眞佛」
旧表紙二中央「西方指南抄上［末］」　左下「釋眞佛」
㊙左上「西方指南抄［上末］」（題簽）
旧表紙一中央「西方指南抄上［末］」　左下「釋覺信」
旧表紙二中央「西方指南抄上［末］」　左下「覺信」
①西方指南抄上末　◎に無し　㊙旧表紙二見返にあり
②「ね…と」一九字　◎右傍補記
③自　◎「自」と上書訂記

は悪《あく》をすてゝ善《ぜん》をとり、麤《そ》妙《めう》の中には麤《そ》①をすてゝ妙《めう》をとる。かくのごとく取捨《しゆしや》し選擇《せんぢやく》して、この四十八願《ぐわん》をおこせるがゆへに、この『經《きやう》』の同本異譯《どうほんいやく》の『大《だい》阿彌陀經《きやう》』には、この願《ぐわん》を選擇《せんぢやく》の願《ぐわん》ととかれたり。その選擇《せんぢやく》のやう、おろおろまふしひらき候はむ。

まづはじめの②无三惡趣《むさむあくしゆ》の願《ぐわん》は、かの諸佛《しよぶち》の國土《こくど》の中に、三惡道《さむまくだう》あるおばえらびすてゝ、三惡道《さむまくだう》なきおばえらびとりてわが願《ぐわん》とせり。次《つぎ》に③不更惡趣《ふきやうあくしゆ》の願《ぐわん》は、かの諸《しよ》佛《ぶち》のくにの中《うち》に、たとひ④三惡道《さむまくだう》なしといゑども、かのくにの衆生《しゆじやう》、また他方《たはう》の三《さむ》惡道《まくだう》におつることあるくにおばえ⑤らびすてゝ、すべて三惡道《さむまくだう》にかへらざるくにをえらびとりてわが願《ぐわん》とせるなり。次《つぎ》に⑥悉皆金色《しちかいこむじき》の願《ぐわん》、次《つぎ》に⑦无有好醜《むうかうしゆ》の願《ぐわん》、一一の願《ぐわん》みなかくのごとしとしるべし。第十八の念佛往生の願は、かの二百一十億《おく》の諸《しよ》佛《ぶち》の國土《こくど》の中に、あるいは布施《ふせ》をもて往生の行《ぎやう》とするくにあり、あるいは持戒《ぢかい》および禪定《ぜんぢやう》・智慧《ちゑ》等《とう》、乃至發菩提心《ないしほちぼだいしむ》、持經《ぢきやう》・持呪《ぢじゆ》等《とう》、孝養父母《けうやうぶも》・奉事師長《ぶじしちやう》等《とう》、かくのごときの種種《しゆじゆ》の行《ぎやう》をもて、おのおの往生《わうじやう》の行《ぎやう》とする⑧くにあり、あるいはまた、もはらそのくにの教主《けうしゆ》の⑨名號《みやうがう》を稱念《しようねむ》するをもて、往生の行とするくにもあり。しかるにかの法藏比丘《ほふざうびく》、餘行《よぎやう》をもて往生の行とする國《くに》おばえらびすてゝ、

①を　◎「を」と上書訂記
②无　㊙「一」と左傍註記
③不　㊙「二」と左傍註記
④ひ　◎下に抹消あり
⑤え　◎「え」と上書訂記
⑥悉　㊙「三」と左傍註記
⑦无　㊙「四」と左傍註記
⑧くに　◎「にく」を「くに」と訂記
⑨名　右◎「み」と上書訂記

たゞ名號《みやうがう》を稱念《しようねむ》して往生《わうじやう》の行とする國《くに》をえらびとりて、わが國土《こくど》の往生の行も、かくのごとくならむとたてたまへるなり。次《つぎ》に①來迎引接《らいかういんぜふ》②の願、次《つぎ》に係念定生《けねむぢやうしやう》の願、みなかくのごとくえらびとりて願じたまへり。凡《おほよそ》はじめ无三惡趣《むさむあくしゆ》の願《ぐわん》より、おはり得三法忍《とくさむぼふにん》の願《ぐわん》にいたるまで思惟《しゆい》し選擇《せんぢやく》するあひだ、五劫《ごこふ》おばおくりたるなり。かくのごとく選擇《せんぢやく》し攝取《せふしゆ》してのちに、佛《ほとけ》のみもとに詣《けい》《マウデ》して、一一にこれをとく。その四十八願ときおはりてのち、また偈《げ》をもてまふさく、「我《が》《われ》建《ごん》《たてつ》㆓超世《てうせ》《の》願《ぐわん》㆒、必《ひち》《かならず》至《し》《らむ》㆓无上道《むじやうだう》《に》㆒。斯《し》《この》願《ぐわん》不《ふ》《ずは》㆓滿足《まんぞく》《せ》㆒、誓《せい》《ちかふ》不《ふ》《じと》㆑成《じやう》《なら》㆓正覺《しやうがく》《を》㆒。乃至 斯《し》《この》願《ぐわん》若《にやく》《もし》剋果《こくくわ》《すべくは》、大千《だいせん》應《おう》《べし》㆓感動《かむどう》《す》㆒。虚空《こく》《の》諸《しよ》《の》天人《てんにん》、當《たう》《まさに》《ベシト》㆑雨《う》《ふる》㆓珍妙華《ちんめうくゑ》《のはなを》㆒」（大經巻上）と。かの比丘《びく》、この偈《げ》をときおはるに、ときに應《おう》じてあまねく地《ぢ》、六種《ろくしゆ》に震動《しむどう》し、天《てん》より妙華《めうくゑ》そのうえに散《さん》じて、自然《じねん》の音樂《おむがく》、空《そら》の中にきこへ、また空《そら》の中にほめていはく、「決定《くゑちぢやう》してかならず无上《むじやう》正覺《しやうがく》③なるべし」（大經巻上）と。しかれば、かの法藏比丘《ほふざうびく》の四十八願《ぐわん》は、一一に成就《じやうじゆ》して決定《くゑちぢやう》して佛になるべしといふことは、そのはじめ發願《ほちぐわん》のとき、世自在王佛《せじざいわうぶち》の御《み》まへにして、諸魔《しよま》・龍神《りうじん》八部《ぶ》、一切大衆《さいだいしゆ》の中にして、かねてあらわれたることなり。しかれば、かの世自在王佛《せじざいわうぶち》の法《ほふ》の中には、法藏菩薩《ほふざうぼさち》の四十八願《ぐわん》經《ぎやう》とて受《じゆ》持《ぢ》・讀誦《どくじゆ》しき。いま釋迦《しやか》の法《ほふ》の中《なか》なりといふとも、かの佛の願力《ぐわんりき》をあおぎて、

①來　(甲)「十九」と左傍註記
②接　右◎「ふ」と上書訂記
③正　◎右傍補記

かのくにゝむまれむとねがふは、この法藏菩薩《ほふざうぼさち》四十八願《ぐわん》の法門《ほふもん》にいるなり。すなわち道綽禪師《だうしやくぜんじ》・善導和《ぜんだうくわ》①尚《しやう》等《とう》も、この法藏菩薩《ほふざうぼさち》の四十八願法門《ぐわんほふもん》にいりたまへるなり。かの華嚴宗《くゑごむしゆ》の人は『華嚴經《くゑごむぎやう》』をたもち、あるいは三論宗《さむろんしゆ》の人は『般若經《はんにやきやう》』等《とう》をたもち、あるいは法相宗《ほふさうしゆ》の人は『瑜伽《ゆが》』・『唯識《ゆいしき》』をたもち、あるいは天台宗《てんだいしゆ》の人《ひと》は『法華《ほふくゑ》』をたもち、あるいは善无畏《ぜんむゐ》は『大日經《だいにちきやう》』をたもち、金剛智《こむがうち》は『金剛頂經《こむがうちやうきやう》』をたもつ。かくのごとく、おのおの宗《しゆ》にしたがふて、依經《えきやう》・依論《えろん》をたもつなり。いま浄土宗《じやうどしゆ》を宗《しゆ》とせむ人は、この『經《きやう》』によて四十八願法門《ほふもん》をたもつべきなり。この『經《きやう》』をたもつといふは、すなわち彌陀の本願《ほんぐわん》をたもつなり。彌陀の本願といふは、法藏菩薩《ほふざうぼさち》の四十八願法門なり。その四十八願の中に、第十八の念佛往生《わうじやう》の願《ぐわん》を本體《ほんたい》とするなり。かるがゆへに善導《ぜんだう》のたまはく、「弘誓多門《ぐぜいたもん》にして四十八なり。偏《へん》《ひとへに》標《べう》《して》二念佛一《を》最《さい》《も》爲《ゐ》《すと》レ親《しん》《と》《モトモオヤトストナリ》」（法事讃巻上）といへり。念佛往生といふことは、みなもとこの本願《ほんぐわん》よりおこれり。しかれば、『觀經《くわんぎやう》』・『彌陀經《みだ》』にとく②ところの念佛往生のむねも、乃至餘《ないしよ》の經《きやう》の中にとくところも、みなこの『經《きやう》』にとけ③るところの本願を④根本《こんぽん》とするなり。なにをもてかこれをしるとならば、『觀經』にとけるところの光明攝取《くわうみやうせふしゆ》を、善導釋《ぜんだうしやく》したまふに、「唯《ゆい》《たゞ》有《う》《て》二念佛一《のもの》蒙《む》《かぶる》二光攝《くわうせふ》《を》一、當《たう》《に》《ベシ》レ知《ち》《る》本願《ほんぐわん》最《さい》《もとも》爲《ゐ》《す》レ強《がう》《こわしと》」（禮讃）と

①和　右◎「くわ」と上書訂記
②と　◎右傍補記
③と　◎下に「く」とあるを抹消
④根　左㊥ネ

いへり。この釋《しやく》のこゝろ、本願《ほんぐわん》なるがゆへに光明《くわうみやう》も攝取《せふしゆ》すときこえたり。またおなじ①『經《きやう》』に、下品上生《げぼむじやうしやう》に聞經《もんきやう》と稱佛《しようぶち》とをならべてとくといゑども、化佛《くゑぶち》きたりてほめたまふには、たゞ稱佛《しようぶち》の功《こう》をのみほめて、聞經《もんきやう》おばほめたまはずといへり。善導《ぜんだう》釋《しやく》②していはく、「望《まう》《のぞま》二佛《ぶち》《の》本願《ほんぐわん》《の》意《い》《こゝろを》一者《しや》《ば》、唯《ゆい》《たゞ》勸《くわん》《すゝむ》二正念《しやうねむ》稱名《しようみやう》《を》一。往生《わうじやう》義《ぎ》《の》疾《しち》《ときこと》不《ふ》《ず》レ同《どう》《おなじから》二雜散《ざふさん》之《し》《の》業《ごふ》《に》一」（散善義）といへり。これまた本願なるがゆへに、稱佛おばほめたまふときこへたり。またおなじ『經《きやう》』の付屬《ふぞく》の文《もん》を釋《しやく》したまふにも、「望《まう》《のぞむには》二佛《ぶち》《の》本願《ほんぐわん》《の》意《い》《を》一、在《ざい》《ありと》三衆生《しゆじやう》《をして》一向《かう》《に》專《せん》《ら》稱《しよう》《するに》二彌陀佛《みだぶち》《の》名《みやう》《みなを》一」（散善義）といへり。これまた彌陀《み》の本願なるがゆへに、釋尊《しやくそん》も付屬《ふぞく》し、流通《るづ》せしめたまふときこへたり。また『阿彌陀經』にとけるところの一日七日の念佛を善導《ぜんだう》ほめたまふに、「直《ぢき》《に》爲《ゐ》《よて》二彌陀《みだ》《の》弘誓《ぐぜい》重《ぢう》《かさなれるに》一、致《ち》《いたす》レ使《し》《しむることを》二凡夫《ぼむぶ》念《じて》即《そく》《ち》生《しやう》《ぜ》一」（法事讃卷下）といへり。これまた一日七日の念佛も、彌陀の本願《ほんぐわん》なるがゆへに往生すときこえ③たり。乃至《ないし》『雙卷經《さうくわんぎやう》』の中にも、三輩《さむぱい》已下の諸《しよ》文はみなかみの本願《ほんぐわん》によるなり。凡《おほよそ》この「三部經《さむぶきやう》」にかぎらず、一切諸經《しよきやう》の中にあかすところの念佛往生は、みなこの『經《きやう》』の本願《ほんぐわん》をのぞむとてとけるなりと、しるべし。

抑《そもそも》法藏菩薩《ほふざうぼさち》、いかなれば餘行《よぎやう》をすてて、たゞ稱名《しようみやう》念佛の一行をもて本願《ほんぐわん》にた

①じ　◎右傍補記
②して　◎右傍補記
③え　◎「え」と上書訂記

てたまへるぞといふに、これに二《ふたつ》の義《ぎ》あり。一には念佛は殊勝《しゆしよう》の功德《くどく》なるがゆへに、二は念佛は行《ぎやう》じやすきによて諸機《しよき》にあまねき①がゆへに。はじめに殊勝《しゆしよう》の功德《くどく》なるがゆへにといふは、かの佛の因果《いんぐわ》、總別《そうべち》の一切《さい》の萬德《まんどく》、みなことごとく名號《みやうがう》にあらわるゝがゆへに、一《ひと》たびも南无阿彌陀佛ととなふるに、大善根《だいぜんごん》をうるなり。こゝをもて『西方要決《さいはうえうくゑち》』にいはく、「諸佛《しよぶち》《の》願行《ぐわんぎやう》《は》成《じやう》《ず》二此《し》《この》果名《くわみやう》《を》一、但《たん》《たゞ》能《のう》《よく》念《ねむ》《ずるに》レ號《がう》《みなを》具《ぐ》《つぶさに》包《はう》《かぬ》二衆德《しゆとく》《を》一、故《こ》《かるがゆへに》成《じやう》《なて》二大善《だいぜん》《と》一不《ふ》《ず》レ廢《はい》《せ》二往生《わうじやう》《を》一」といへり。またこの『經《きやう》』(大經巻下)に、すなわち一念をさして「无上功德《むじやうくどく》②」とほめたり。しかれば、殊勝《しゆしよう》の大善根《だいぜんごん》なるがゆへに、えらびて本願《ほんぐわん》としたまへるなり。③二《ふたつ》には修《しゆ》しやすきがゆへにといふは、南无阿彌陀佛とまふすことは、いかな④る愚癡《ぐち》のものも、おさなきも、老《おい》たるも、やすくまふさるゝがゆへに、平等《びやうどう》の慈悲《じひ》の御《おむ》こゝろをもて、その行《ぎやう》をたてたまへり。もし布施《ふせ》をもて本願《ほんぐわん》とせば、貧窮困乏《びんぐこむぼう》のともがら、さだめて往生《わうじやう》ののぞみをたゝむ。もし持戒《ぢかい》をもて本願とせば、破戒《はかい》・無戒《むかい》のたぐひ、また往生ののぞみをたつべし。もし禪定《ぜんぢやう》をもて本願とせば、散亂麤動《さんらんそどう》のともがら、往生すべからず。もし智慧《ちゑ》をもて本願とせば、愚鈍下智《ぐどんげち》のもの、往生すべからず。自餘《じよ》の諸《しよ》行《ぎやう》もこれになずらへてしるべし。しかるに布施《ふせ》・持戒等《ぢかいとう》の諸行《しよぎやう》にたえたるもの

①き　◎「く」を「き」と上書訂記
②德→(甲)能
③二　右◎「た」と上書訂記
④な　◎右傍補記

4-91

はきわめてすくなく、①貧窮《びんぐ》・破戒《はかい》・散亂《さんらん》・愚癡《ぐち》のともがらははなはだおほし。しかれば、かみの諸行《しよぎやう》をもて本願《ぐわん》としたまひたらましかば、往生をうるものはすくなく、往生せぬものはおほからまし。これによて法藏菩薩《ほふざうぼさち》、平等の慈悲《じひ》にもよおされて、あまねく一切を攝《せふ》せむがために、かの諸行《しよぎやう》をもては往生の本願とせず、たゞ稱名《しようみやう》念佛の一行をもてその本願《ぐわん》としたまへるなり。かるがゆへに法照《ほふせう》禪師《ぜんじ》のいはく、

「於《お》《おいては》二 未《み》來《らい》世《せ》《の》惡《あく》《の》衆生《しゆじやう》《に》一 稱《しよう》二‐念《ねむ》《せよ》西《さい》方《はう》《の》彌《み》陀《だ》《の》號《がう》《みなを》一

依《え》《よて》二 佛《ぶち》《の》本願《ほんぐわん》《に》一 出《しゆつ》《いづ》二 生死《しやうじ》《を》一 以《い》《もての》二 直心《ぢきしむ》《を》一 故《こ》《ゆへに》生《しやう》《ずと》二 極樂《ごくらく》《に》一」と云。

又（五會法事讚卷本）云、

「彼《ひ》《の》佛《ぶち》《の》因中《いんちう》《に》立《りふ》《たてたまへり》二 弘誓《ぐぜい》《を》一 聞《もん》《き丶て》レ 名《みやう》《みなを》念《ねむ》《ぜば》レ 我《が》《を》總《そう》《すべて》迎《かう》《むかへ》來《らい》《かへらしむ》

不《ふ》《ず》レ 簡《けん》《えらば》三 貧窮《びんぐ》《と》②將《しやう》《まさに》《トヲ》二 富貴《ふくゐ》一 不《ふ》レ 簡《けん》三 下智《げち》《と》與《よ》《とを》二 高才《かうざい》一

不《ふ》レ 簡《けん》三 多聞《たもん》《と》持《ぢ》《たもてるを》二 淨戒《じやうかい》《を》一 不《ふ》レ 簡《けん》二 破戒《はかい》《と》罪根《ざいこん》深《じむ》《ふかきとを》一

但《たん》《たゞ》使《し》《しむれば》二 廻心《ゑしむ》《して》多《た》《おほく》念佛《ねむぶち》《せ》一 能《のう》《よく》令《りやう》《しむと》二 瓦礫《ぐわりやく》《をして》變《へん》《じて》成《じやう》《なさ》レ 金《こむ》《こがねと》」と③。

かくのごとく誓願《せいぐわん》をたてたりとも、その願《ぐわん》成就《じやうじゆ》せずは、まさにたのむべきにあ

①貧　◎「貧」と上書訂記
②將　左㊙甲—
③と→㊙甲と〔云〕

5-168　5-167　5-166

らず。しかるにかの法藏菩薩《ほふざうぼさち》の願は、一一に成就《じやうじゆ》してすでに佛《ほとけ》になりたまへり。その中に、この念佛往生の願成就《ぐわんじやうじゆ》の文にいはく、「諸《しよ》有《う》衆生《しゆじやう》、聞《もん》二其《ご》名號《みやうがう》一、信《しん》心《じむ》歡喜《くわんぎ》、乃至《ないし》一念。至心《ししむ》廻向《ゑかう》。願《ぐわん》レ生《しやう》二彼國《ひこく》一、卽得《そくとく》二往生《わうじやう》一、住《ぢゆ》二不退轉《ふたいてん》一」(大經巻下)と云。次三輩《つぎにさむぱい》の往生はみな、「一向專念无量壽佛《ゐちかうせんねむむりやうじゆぶち》」(大經巻下)といへり。この中に菩提心等《ぼだいしむとう》の諸善《しよぜん》ありといゑども①、かみの本願をのぞむには、一向にもはらかの佛《ほとけ》の名號《みやうがう》を念ずるなり。例《れい》せばかの『觀經《くわんぎやう》の疏《しよ》』(散善義)に釋《しやく》せるがごとし。「かみよりこのかた、定散兩門《ぢやうさんりやうもん》の益《やく》をとくといゑども、佛《ほとけ》の本願《ほんぐわん》をのぞむには、衆生《しゆじやう》をして一向《かう》にもはら彌陀佛のみなを稱《しよう》②するにあり」といへり。「望佛本願《まうぶちほんぐわん》③」といふは、この三輩《さむぱい》の中の「一向專念《かうせんねむ》」をさすなり。次《つぎ》に流通《るづ》にいたて、「其有得《ごうとく》聞彼佛名號《もんひぶちみやうがう》、歡喜《くわんぎ》踊躍《ゆやく》乃至《ないし》一念。當知《たうち》此人《しにん》爲得大利《ゐとくだいり》。卽是具足无上功德《そくぜぐそくむじやうくどく》④」(大經巻下)といへり。善導《ぜんだう》の御《おむ》こゝろは、「上盡《じやうじん》一形下《ぎやうげ》至《し》一念」(禮讃意)、无上功德《むじやうくどく》なりと。餘師《よし》のこゝろによらば、たゞ少《せう》をあげて多《た》をあらはすなりといへり。次《つぎ》に「當來《たうらい》之世《しせ》經道滅盡《きやうだうめちじん》、我以《がい》二慈悲《じひ》哀愍《あいみん》⑤一、特《どく》留《る》二此經《しきやう》一止住《しぢゆ》百歲《ひやくさい》。其有《ごう》二衆生《しゆじやう》一値《ち》二此經《しきやう》一者《しや》、隨《ずい》二意所願《いしよぐわん》一皆可《かいか》二得度《とくど》一」(大經巻下)といへり。この末法萬年《まちぼふまんねん》ののち、三寶滅盡《さむぽうめちじん》のときの往生をおもふに、一向專念《かうせんねむ》の往生《わうじやう》の義《ぎ》をあかすなり。そのゆへは、菩提《ぼだい》

①と　◎下に一字抹消あり
②を　◎「を」と上書訂記
③望佛本願　左(甲)—
④卽→(甲)則
⑤愍　右◎「む」を「ん」と上書訂記

心《しむ》をときたる諸經《しよきやう》みな滅《めち》しなば、なに〻よてか菩提心《ぼだいしむ》の行相《ぎやうさう》おもしらむ。大小《だいせう》の戒經《かいきやう》みなうせなば、なに〻よてか二百五十戒《かい》おも、五十八戒《かい》おもたもたむ。佛《ぶち》像《ざう》あるまじければ、造像起塔《ざうざうきたう》の善根もあるべからず。乃至《ないし》、持經《ぢきやう》・持呪等《ぢじゆとう》もまたかくのごとし。そのときに、なほ一念するに往生すといへり。すなわち善導《ぜんだう》いはく、「爾時聞《にじもん》一念、皆當得生彼《かいたうとくしやうひ》」(禮讃)といへり。かれをもていまをおもふに、念佛の行者《ぎやうじや》はさらに餘《よ》の善根《ぜんごん》において一塵《ゐちぢん》も具《ぐ》せずとも、決定《くゑちぢやう》して往生すべきなり。しかれば、菩提心《ぼだいしむ》①をおこさずはいかでか往生すべき、戒《かい》をたも②たずしてはいかゞ往生すべき、智慧《ちゑ》なくてはいかゞ往生すべき、忘念《まうねむ》をしづめずしてはいかゞ往生すべきなむど、かくのごとくまふす人々候は、この『經《きやう》』をこゝろえぬにて候なり。懷感禪師《ゑかむぜんじ》この文《もん》を釋《しやく》せるに、「說戒《せちかい》・受戒《じゆかい》もみな成《じやう》ずべからず、甚深《じむじむ》の大乘《だいじよう》もしるべからず。さきだちて③隱《おむ》《カク》沒《もち》《カクル》しぬれば、たゞ念佛のみさとりやすくして、淺識《せんしき》の凡愚《ぼむぐ》なほよく修習《しゆじふ》して利益《りやく》をうべし」(群疑論巻三意)といへり。まことに戒法滅《かいほふめち》しなば、持《ぢ》戒《かい》あるべからず。大乘みな滅《めち》④しなば、發菩提心《ほちぼだいしむ》・讀誦大乘《どくじゆだいじよう》もあるべからずといふことあきらかなり。淺識《せんしき》の凡愚《ぼむぐ》といへり。しるべし、智慧《ちゑ》にあらずといふことを。かくの⑤ごときのともがらの、たゞ稱名《しようみやう》念佛の一行を修《しゆ》して、一聲《しやう》まで往生

①を　◎「を」と上書訂記
②た　◎右傍補記
③隱　左(甲)カクレ
④し　(甲)に無し
⑤ご　◎「ご」と上書訂記

4-93

すべしといへるなり。これすなわち彌陀《みだ》の本願《ほんぐわん》なるがゆへなり。すなわち、かの大悲本願《だいひほんぐわん》のとおく一切《ゐちさい》を攝《せふ》する義《ぎ》なり。

次《つぎ》に『阿彌陀經《きやう》』は、「不《ふ》ずレ可《か》べから下以《い》もて二少善根福德因縁《せうぜんごんふくとくいんねん》の一を得《とく》うレ生《しやう》を二彼國《ひこく》のに一。舍利弗《しやりほち》、若有《にやくう》して二善男《ぜんなむ》子《し》・善女人《ぜんによにん》一、聞《もん》きゝてレ說《せち》とくを二阿彌陀佛一、執《しふ》二持《ぢ》して名號《みやうがう》を一、若《にやく》もしは一日、乃至《ないし》七日」といへり。善《ぜん》導和尚《だうくわしやう》釋《しやく》にいはく、「隨縁雜善《ずいえんざふぜん》の恐《く》おそらくは難《なん》がたしレ生《しやう》れ。故使《こし》にしむ三如來《によらい》選《せん》えらば二要法《えうほふ》を一」（法事讚巻下）といへり。こゝにしりぬ、雜善《ざふぜん》をもては少善根《せうぜんごん》となづけ①、念佛をもて多善根《たぜんごん》②といふことを。この『經《きやう》』はすなわち、少善根《せうぜんごん》なる雜善《ざふぜん》をすてゝ、もはら多善根《たぜんごん》の念佛をとけるなり。ちかごろ唐《たう》よりわたりたる『龍舒淨土文《りうじよじやうどもん》』とまふす文候《ふみ》。それに『阿彌陀經《きやう》』の脫文《だちもん》とまふ③して、廿一《にじふ》字《じ》ある文《もん》をいだせり。「一心不亂《ゐちしむふらん》」の下《した》に、「專持《せんぢ》らて二名《みやう》號《がう》を一、以《い》の二稱名《しようみやう》を一故《こ》に諸罪消滅《しよざいせうめち》す、卽是《そくぜ》ちれ多善根福德因縁《たぜんごんふくとくいんねん》なりと」（龍舒淨土文巻一）といへり。すなわちかの文《④ふみ》にこの文《もん》をいだしていはく、「いまのよにつたわるところの本《ほん》に、この廿一《にじふ》字《じ》を脫《だち》ヌケリせり」（龍舒淨土文巻一）といへり。この脫文《だちもん》なしといふとも、たゞ義《ぎ》をもておもふに、多少《たせう》の義《ぎ》ありといゐども、まさしく念佛をさして多善根といへる文《もん》、まことに大《たい》切《せち》なり。　次六方如來《つぎにぱうにょらい》の證誠《しようじやう》をとけり。かの六方諸佛《しよぶち》の證誠《しようじやう》、たゞこの『經《きやう》』をのみかぎりて證誠《しようじやう》したまふににたれども、實《じち》をもて論《ろん》ずれば、この『經《きやう》』のみに

①け→㊞く
②と→㊞と〔なづく念佛をもて多善根と〕
③ま　◎「ま」と上書訂記
④文　右◎「ふ」と上書訂記

5-180　5-179　5-178　5-177

かぎらず。すべて念佛往生を證誠《しようじやう》するなり。しかれども、もし『雙巻經《さうくわん》』について證誠《しようじやう》せば、かの①經《きやう》に念佛往生の②本願《ぐわん》をとくといゑども、三輩《さむぱい》の中に菩提心等《ぼだいしむとう》の行あるがゆへに、念佛の一行證誠《しようじやう》するむねあらわるべからず。もし『觀經《くわんぎやう》』を證誠《しようじやう》せば、かの經《きやう》にえらむで念佛を付屬《ふぞく》すといゑども、まづは定散《ぢやうさん》の諸行《しよぎやう》をとくがゆへに、また念佛の一行にかぎるとみゆべからず。こゝをもて、たゞ一向《かう》にもはら念佛をときたるこの『經《きやう》』を證誠《しようじやう》したまふなり。たゞ證誠《しようじやう》のみことば、この『經《きやう》』にありといへども、證誠《しようじやう》の義《ぎ》はかの『雙巻《さうくわん》』・『觀經《くわんぎやう》』にも通《つ》ずべし。『雙巻《さうくわん》』・『觀經《くわんぎやう》』③のみにあらず、もし念佛往生のむねをとかむ經《きやう》おば、ことごとく六方如來《ぱうにょらい》の證誠《しようじやう》あるべしとこゝろうべきなり。かるがゆへに天台《てんだい》の『十疑論《じふぎろん》』にいはく、「『阿彌陀經《きやう》』・『大无量壽經《だいむりやうじゆきやう》』・『鼓音聲陀羅尼經《くおむじやうだらにきやう》』等《とう》にいはく、釋迦佛《しやかぶち》、經《きやう》をときたまふときに、④有《うましまして》二十方世界《じふぱうせかいに》各《かく》《オノオノ》⑤恒河沙諸佛《ごうがしやしよぶちの》一、舒《じよ》《のべて》二⑥其《ご》《その》舌相《ぜちさう》《を》一、遍覆《へんぷ》《あまねくおほふて》二三千《さむぜん》世界《せかいに》一、證《しよう》下誠《じやう》《したまへり》一切衆生《ゐちさいしゆじやう》、念《ねむ》《ずるが》二阿彌陀佛本願《ほんぐわん》《の》大悲願力《だいひぐわんりき》《を》一故《こ》《に》、決定《くゑちぢやう》《して》得《とく》《うと》上生《しやう》《を》二極樂《ごくらく》世界《せかいに》二」といへり。乃至

次《つぎ》に往生淨土《わうじやうじやうど》の祖師《そし》の五《いつゝ》の影像《えいざう》を圖繪《づゑ》したまふに、⑦おほくこゝろあり。まづ恩《おん》德《どく》を報《ほう》ぜむがため、次《つぎ》には賢《けん》をみてはひとしからむことをおもふゆへなり。天台《てんだい》

①の　◎右傍補記
②の　◎「の」と上書訂記
③のみ　◎「のみ」と上書訂記
④有　◎右傍補記
⑤各　左㊙―
⑥其　◎右傍補記
⑦お　◎「お」と上書訂記

宗《しゆ》を學《がく》せむ人は、南岳《なむがく》・天台《てんだい》を見《み》たてまつりて、ひとしからばやとおもひ、眞言《しんごん》をならはむ人は、不空《ふく》・善无畏《ぜんむゐ》をみては、ひとしからむとおもひ、華嚴宗《くゑごむしゆ》の人は、香像《かうざう》・惠遠《ゑおん》のごとくならむとおもひ、法相宗《ほふさうしゆ》の人は、玄奘《ぐゑんじやう》・慈恩《じおん》のごとくならむとおもひ、三論《さむろん》の學者《がくしや》は、浄影大師《じやうやうだいし》をもうらやみ、持律《ぢりち》の行者《ぎやうじや》は、道宣律師《だうせんりちし》5-185 おもとおからずおもふべきなり。しかれば、いま浄土《じやうど》をねがはむ人、その宗《しゆ》の祖《そ》師《し》をまなぶべきなり。しかるに浄土宗《じやうどしゆ》の師資《しし》相承《さうじよう》に二《ふたつ》の説《せち》あり。『安樂集《あんらくしふ》』のごときは、菩提流支《ぼだいるし》・惠寵法師《ゑてうほふし》・道場法師《だうぢやうほふし》・曇鸞法師《どむらんほふし》・齊朝法上法師《せいてうのほふじやうほふし》等《とう》の六祖《そ》5-186 をいだせり。今《いま》また五祖《そ》といふは、曇鸞《どむらん》法師・道綽禪師《だうしやくぜんじ》・善導禪師《ぜんだうぜんじ》・懷感禪《ゑかむぜん》師《じ》・小康法師《せうかうほふし》等《とう》なり。

曇鸞《どむらん》法師は、梁《りやう》・魏兩國《ぐゐりやうこく》《フタクニナリ》の无雙《ぶさう》《ナラビナシトナリ》の學生《がくしやう》也。はじめは壽長《いのちながく》して佛道《ぶちだう》を行《ぎやう》ぜむがた5-187 4-106 めに、陶隱居《たういむきよ》にあふて仙經《せんぎやう》をならふて、その①仙方《せんぽう》によて修行《しゆぎやう》せむとしき。のちに菩提流支三藏《ぼだいるしさむざう》にあひたてまつりて、佛法《ぶちぽふ》の中に長生不死《ちやうせいふし》の法《ほふ》の、この土《ど》の仙《せん》經《ぎやう》にすぐれたるや候とゝひたてまつりたまひければ、三藏唾《さむざうつわき》を吐《はき》てこたえたまふやう、とえることばをもていひならふべきにあらず。この土《ど》いづれのところにか長生《ちやうせい》の方《ほう》あらむ。命《いのち》ながくしてしばらくしなぬやうなれども、ついにかへ

①の　◎右傍補記

4-107

て三有《さむう》に輪廻《りんゑ》す。たゞこの經《きやう》によて修行すべし。すなわち長生不死《ちやうせいふし》の所《ところ》にいたるべしといふて、『觀經《くわんぎやう》』を授《さづけ》たまへり。そのときたちまちに改悔《がいくゑ》のこゝろをおこして、仙經《せんぎやう》を焼《やき》て、自行化他《じぎやうくゑた》、一向《かう》に往生《わうじやう》浄土《じやうど》の法をもはらにしき。『往《わう》生論《じやうろん》の註《ちゆ》』、また『略論安樂土義《りやくろんあんらくどぎ》』等《とう》の文造《ふみつくれる》也。幷州《へいしう》の玄①忠寺《ぐゑんちうじ》に三百餘人《さむびやくよにん》門徒《もんと》あり。臨終《りむじゆ》のとき、その門徒《もんと》三百餘人《よにん》あつまりて、自《みづから》は香呂《かうろ》をとりて西《にし》に向《むかふ》て、弟子《でし》ともに聲《こゑ》を等《ひとしく》して、高聲《かうしやう》念佛して命終《みやうじゆ》しぬ。そのとき道俗《だうぞく》、おほく空中《くちう》に音樂《おむがく》を聞《きく》といへり。

道綽禪師《だうしやくぜんじ》は、本《もと》は涅槃《ねちはん》の學生なり。幷州《へいしう》の玄忠寺《ぐゑんちうじ》にして曇鸞《どむらん》の碑文《ひもん》をみて、發《ほち》心《しむ》して云《いはく》、「かの曇鸞法師《どむらんほふし》、智徳②高遠《ちとくかうおん》なり。なほ講説《かうせち》をすてて浄土《じやうど》の業《ごふ》を修《しゆ》して、すでに往生せり。いはむやわが所解《しよげ》《サトルトコロ》、所知《しよち》《シルトコロ》おほしとするにたらむや」(迦才浄土論巻下意)と③云《いふ》て、すなわち涅槃《ねちはん》の講説《かうせち》をすてゝ、一向《かう》にもはら念佛を修《しゆ》して相續《さうぞく》してひまなし。つねに『觀經《くわんぎやう》』を講《かう》じて、人を勸《すゝめ》たり。幷州《へいしう》の晉陽《しむやう》・大原《たいぐゑん》・汶水《ぼちしゐ》の三縣《さむくゑん》の道《だう》俗《ぞく》、七歳《しちさい》已上《いじやう》④は悉《ことごとく》念佛をさとり往生をとげたり。又《また》人を勸《すゝめ》て、啼唾便利《ていだべんり》西方《さいはう》に向《むか》⑤はず、行住座臥《ぎやうぢゆざぐわ》西方を背《そむか》⑥ず。又《また》『安樂集《あんらくしふ》』二巻《くわん》これを造《つくれり》。凡《おほよそ》往生浄土《じやうど》の教《けう》-弘《ぐ》-通《づ》、道綽《だうしやく》の御力《おむちから》也。往生傳等《わうじやうでんとう》を見《みる》にも、多《おほく》 道綽《だうしやく》の勸《すゝめ》を受《うけ》て往生《わうじやう》をとげたり。

① 玄　右◎「ん」を「ん」と上書訂記
② 徳　◎「慧《ゑ》」を「徳《とく》」と上書訂記
③ と　◎右傍補記
④ 上→甲下
⑤ は　甲に無し
⑥ ず　甲に無し

5-188　5-189　5-190　5-191

善導《ぜんだう》もこの道綽《だうしやく》の弟子《でし》也。しかれば、修南山《しうなむざん》の道宣《だうせん》の傳《でん》に云《いはく》、「西方道教《さいはうのだうけう》の弘《ひろまる》ことは、これより起《おこる》」（續高僧傳巻二〇意）と云《いへ》り①。又曇鸞法師《またどむらんほふし》、七寶《しちぽう》の船《ふね》に乘《のり》て空中《くちう》に來《きたれる》をみる。又化佛《くゑぶち》・菩薩《ぼさち》空《そら》に住《ぢゆ》する事《こと》七日、そのとき天華《てんぐゑ》雨《ふり》て、來集《きたりあつまる》人々袖《そで》にこれをうく。かくのごとく不可思議《ふかしぎ》の靈瑞《れいずい》多《おほ》し②。終《おわり》のとき、白雲《しろきくも》西方より來《きたり》て、三《さむ》道《だう》の白光《しろきひかり》と成《なり》て房中《ばうちう》を照《てら》す。五色《ごしき》の光《ひかり》、空中《くちう》に現《げん》ず。又墓《またはか》③の上《うへ》に紫雲《しうん》④三度現《みたびげん》ずる事《こと》あり。

善導和尚《ぜんだうくわしやう》、いまだ『觀經《くわんぎやう》』をえざるさきに、三昧《さむまい》をえたまひたり⑤ける と覺《おぼえ》候。そのゆへは、道綽禪師《だうしやくぜんじ》にあふて『觀經《くわんぎやう》』をえてのち、この經《きやう》の所說《しよせち》、わが所見《しよけん》におなじとのたまへり。導《だう》和尚の念佛したまふには、口《くち》より佛出《ほとけいで》たまふ。曇省讃《どむしやうのさん》に云《いはく》、「善導《ぜんだう》念佛佛從口出《ぶちじゆくしゆつ》」といへり。同《おなじく》念佛をまふすとも、かまえて善導《ぜんだう》のごとく口《くち》より佛出《ほとけいで》たまふばかりまふすべきなり。「欲如善導妙在純熟《よくによぜんだうめうざいじゆんじゆく》」とまふして、誰《たれ》なりとも念佛をだにもまことに申《まふし》て、その功熟《こうじゆく》しなば、口《くち》より佛は出《いで》たまふべき也。道綽禪師《だうしやくぜんじ》は師《し》なれども、いまだ三昧《さむまい》を發得《ほちとく》せず。善導《ぜんだう》は弟子《でし》なれども、三昧《さむまい》をえたまひたりしかば、道綽《だうしやく》、わが往生は一定《ぢやう》か不定《ふぢやう》か⑥と佛にとひたてまつりたまへとのたまひければ、善導禪師《ぜんだうぜんじ》命《めい》をうけてすなはち定《ぢやう》に入《いり》て阿彌陀佛に

①り　(甲)に無し
②し　(甲)に無し
③墓　右◎はかの
④三度　左(甲)サムド
⑤り　◎「る」を「り」と上書訂記
⑥と　◎右傍補記

とひたてまつりしに、佛言《ほとけのたまはく》、道綽《だうしやく》に三《みつ》の罪《つみ》あり、すみやかに懺悔《さむぐゑ》すべし。その罪懺悔《つみさむぐゑ》して、定《さだめ》て往生すべし。一には、佛像《ぶちざう》・經巻《きやうくわん》おばひさしに安《おき》て、わが身《み》は房中《ばうちう》に居《こ》す。二には、出家《しゆつけ》の人をつかふ。三には、造作《ざうさく》のあひだ蟲《むし》の命《いのち》を殺《ころ》す①。十方《ぱう》の佛前《ぶちぜん》にして、第《だい》一の罪《つみ》を懺悔《さむぐゑ》すべし。諸僧《しよそう》の前《まへ》にして、第二の罪《つみ》を懺悔《さむぐゑ》すべし。一切衆生の前《まへ》にして、第《だい》三の罪《つみ》を懺悔《さむぐゑ》すべしと。善導《ぜんだう》すなわち定《ぢやう》より出《いで》て、このむねを道綽《だうしやく》につげたまふに、道綽云《だうしやくいはく》、しづかにむかしのとがをおもふに、これみな空《むなし》からずと云《いふ》て、こゝろを至《いたし》②て懺悔《さむぐゑ》すと云《いへり》。しかれば、師《し》に勝《まさり》たるなり。善導《ぜんだう》は、ことに火急《くわきう》の小聲《せうしやう》念佛を勸《すゝめ》て、數《かず》をさだめたまへり。一萬・二萬・三萬・五萬、乃至十萬と云《いへ》り③。

懐感禪師《ゑかむぜんじ》は、法相宗《ほふさうしゆ》の學生《がくしやう》也。廣經典《ひろくきやうてん》をさとりて、念佛おば信《しん》ぜず、善導《ぜんだう》に問《とふて》云《く》、念佛して佛を見《み》④たてまつりてむやと。導和尚答《だうくわしやうこたへ》て云《いはく》、佛の誠言《じやうごん》なむぞうたがはむや。懐感《ゑかむ》この事《こと》について忽《たちまち》⑤に解《さとり》をひらき、信《しん》を起《おこし》て道場《だうぢやう》に入《いり》て、高聲《かうしやう》に念佛して見《み》たてまつらむと願《ぐわん》ずるに、三七日までにその靈瑞《れいずい》をみず。そのとき感禪師《かむぜんじ》、自《みづから》罪障《ざいしやう》の深《ふかく》して佛をみたてまつらざることを恨《うらみ》て、食《しよく》を斷《だん》じて死《し》せむとす。善導《ぜんだう》、制《せい》してゆるさず。のちに『群疑論《ぐんぎろん》』七巻《くわん》を造《つくる》と云々《いへり》。感師《かむし》はことに高《かう》

①す　甲に無し
②至→甲至〔し〕
③り　甲に無し
④見　右◎「み」と上書訂記
⑤忽→甲たちまち（「忽」と左傍註記）

聲《しやう》念佛を①勸《すゝめ》たまへり。

小康法師《せうかうほふし》は、本《もと》は持經者《ぢきやうしや》也。年《とし》十五歳《さい》にして『法華《ほふくゑ》』・『華嚴《くゑごむ》』等《とう》の經《きやう》五部《ぶ》を讀覺《よみおぼへ》たり。これによて、『高僧傳《かうそうでん》』には讀誦篇《どくじゆのへん》に入《い》②れたれども、たゞ持經者《ぢきやうしや》のみにあらず、瑜伽唯識《ゆがゆいしき》の學生也。のちに白馬寺《はくばじ》に詣《まうで》て堂内《だうない》をみれば、光《ひかり》はなちたる物《もの》あり。これを採《さぐり》取《とり》て見《みれ》③ば、善導《ぜんだう》の西方化導《さいはうくゑだう》の文《ふみ》也。小康《せうかう》これをみて、こゝろ忽《たちまち》に歡喜《くわんぎ》して、願《ぐわん》を發《おこし》て云《いはく》、われもし浄土《じやうど》に縁《えん》あらば、この文再《ふみふたゝび》光《ひかり》を放《はなて》と。かくのごとく誓了《ちかひおはり》て見《みれ》④ば、重《かさね》て光《ひかり》を放《はなつ》。その光《ひかり》の中に、化佛《くゑぶち》・菩薩《ぼさち》ましします。歡喜《くわんぎ》やめがたくして、ついに又長安《ちやうあん》の善導和尚《ぜんだうくわしやう》の影堂《えいだう》に詣《けい》《マウデ》して善導《ぜんだう》の眞像《しんざう》を見《みれ》⑤ば、化《くゑ》して佛身《ぶちしん》となりて小康《せうかう》にのたまはく、汝《なんぢ》わ⑥が教《けう》によて衆生《しゆじやう》を利益《りやく》し、同浄《おなじくじやう》土《ど》に生《しやう》ずべし⑦と。これを聞《きゝ》て、小康《せうかう》、所證《しよしよう》あるがごとし。後《のち》に人を⑧勸《すゝめむ》とするに、人その教化《けうくゑ》にしたがはず。しかるあひだ、錢《せん》《ゼニ》をまうけて、まづ小童等《せうどうら》を勸《すゝめ》て、念佛一返《ぺん》に錢《せん》《ゼニ》一文《もん》をあたふ。のちに十遍《ぺん》に一文《もん》、かくのごとくするあひだ、小康《せうかう》の行《あるく》⑨に小童等《せうどうら》ついておのおの念佛す。又小童《せうどう》のみにあらず、老小男女《らうせうなむによ》をきらはず、みなことごとく念佛す。かくのごとくしてのち、浄土堂《じやうどだう》を造《つくり》て、晝夜《ちうや》に行道《ぎやうだう》して念佛す。所化《しよくゑ》にしたがふて道場《だうぢやう》に來集《きたりあつまる》輩《ともがら》、三千餘《さむぜんよ》人也。又小康《せうかう》、高聲《かうしやう》に念

①勸　◎「歡」を「勸」と上書訂記
②れ　甲に無し
③ば　甲に無し
④ば　甲に無し
⑤ば　甲に無し
⑥が　甲「が」と右傍註記
⑦と　◎右傍補記
⑧勸→甲勸〔めむ〕
⑨に　甲に無し

佛するを見《みれ》①ば、口《くち》より佛出《いで》たまふこと、善導《ぜんだう》のごとし。このゆへに、時《とき》の人、後《ご》善導《ぜんだう》となづけたり。淨土堂《じやうどだう》とは唐《たう》のならひ、阿彌陀佛をすえたてまつりたる堂《だう》おば、みな淨土堂《じやうどだう》となづけたる也。

五祖《そ》の御徳《おむとく》、要《えう》をとるにかくのごとしと。

又《また》『无量壽經《むりやうじゆきやう》』は、如來《によらい》の教《けう》をまうけ②たまふこと、みな濟度《さいど》衆生《しゆじやう》のためなり。かるがゆへに、衆生《しゆじやう》の機根《きこん》まちまちなるがゆへに、佛の經教《きやうけう》も又无量《むりやう》なり。しかるに今《いま》の『經《きやう》』は、往生《わうじやう》淨土《じやうど》のために衆生往生《しゆじやうわうじやう》の法《ほふ》を説《とき》③たまふ也。阿彌陀佛、修因感果《しゆいんかむくわ》の次第《しだい》、極樂淨土《ごくらくじやうど》の二報《ほう》莊嚴《しやうごむ》のありやうをくはしく説《とき》たまへるも、衆《しゆ》生《じやう》の信心《しんじむ》を勸《すゝめ》て忻求《ごんぐ》のこゝろをおこさせむがため也。しかるにこの『經《きやう》』の詮《せむ》にては、われら衆生の往生すべきむねを説《とき》たまへる也。たゞし④この『經《きやう》』を釋《しやく》するに、諸師《しよし》のこゝろ不同《ふどう》也。今《いま》しばらく善導和尚《ぜんだうくわしやう》の御《おむ》こゝろをもてこゝろえ候に、この『經《きやう》』はひとへに專修《せんじゆ》念佛のむねを説《とく》を衆生《しゆじやう》往生の業《ごふ》としたまへるなり。なにをもてこ⑤れをしるといふに、まづかの佛の因位《いんゐ》の本願《ほんぐわん》を説《とく》中に、「設我得佛《せちがとくぶち》、十方衆生《ぱうしゆじやう》、至心信樂《ししむしんげふ》、欲生我國《よくしやうがこく》、乃至《ないし》十念。若不生者《にやくふしやうじや》、不取正覺《ふしゆしやうがく》」(大經巻上)と云《いへり》。かの佛の因位《いんゐ》、法藏比丘《ほふざうびく》のむかし、世自在王佛《せじざいわうぶち》のみもとにして、二百一十億の諸佛《しよぶち》

①ば　甲に無し
②け　◎右傍補記
③説　右◎「とき」と上書訂記
④し　◎右傍補記
⑤れを　◎「の」を「れを」と上書訂記

妙土《めうど》の中よりえらびて四十八の誓願《せいぐわん》を起《おこし》て、浄土《じやうど》をまふけて佛になりて、衆生《しゆじやう》をしてわがくにに生《うまれ》さすべき行業《ぎやうごふ》をえらびて願《ぐわん》じたまひしに、また行《ぎやう》おばたてずして、たゞ念佛の一行をたてたまへる也。かるがゆへに『大阿彌陀經』には、すべてかの佛の願おば、選擇《せんぢやく》してたて①たまふゆへなり。『大阿彌陀經』、この經《きやう》は同本異譯《どうほんいやく》の經也。しかるに往生の行《ぎやう》は、われらがさかしくいまはじめてはからふべきことにあらず、みなさだめおける②ことなり。法藏比丘《ほふざうびく》、もし惡《あく》をえらびてたてたまはゞ、世自在王佛、なほさでおはしますべきかは。かの願どもとかせてのち、決定无上正覺《くゑちぢやうむじやうしやうがく》なるべしと授記《③じゆき》したまはむ。法藏菩薩《ほふざうぼさち》、かの願たてたまひて、兆載永劫《てうさいゐやうごふ》のあひだ難行《なんぎやう》・苦行《くぎやう》積功累德《しやくくるいとく》して、すでに佛になりたまひたれば、むかしの誓願《せいぐわん》一一にうたがふべからず。しかるに善導和尚《ぜんだうくわしやう》、この本願の文を引《ひき》てのたまはく、「若《にやく》《し》我《が》《れ》成佛《じやうぶち》《せむに》、十方衆生《ばうしゆじやう》《の》、稱《せむこと》二我《が》名號《がう》《を》一下《げ》《しも》至《し》《いたるまで》二十聲《じふしやう》《に》一、若《にやく》《し》不《ふ》《ず》レ生《しやう》《じや》者《は》、不《ふ》《じ》レ取《しゆ》《とら》二正覺《しやうがく》《を》一。彼佛今現在《ひぶちこむげんざい》《の》《いま④にましまして》成佛《じやうぶち》《したまへり》。當《たう》《べシ》レ知《ち》《る》本誓重願《ほんぜいぢうぐわん》不《ふ》《ず》レ虚《こ》《むなしから》、衆生《しゆじやう》稱念《しようねむ》《すれば》必得《ひちとく》《ずうと》二往生《わうじやう》《を》一」（禮讃）と云《いへり》。まことにわれら衆生、自力《じりき》ばかりにて往生をもとむるにとりてこそ、この行業《ぎやうごふ》は佛の御こゝろにかなひ⑤やす⑥らむ。またなにとも不審《ふしむ》にもおぼへ、往生も不定《ふぢやう》には候べき。念佛を申《まふ》⑦して往生を願《ねが》⑧はむ人は、自力《じりき》

①たてたまふ　◎「たてたまふ」と右傍訂記
②る　◎右傍補記
③授記　左㊙サヅケシルス
④現　◎「現」と上書訂記
⑤ひ　◎「ふ」を「ひ」と上書訂記
⑥す　◎下に挿入符号あり、「か」と右傍補記し、さらに抹消
⑦し　㊙に無し
⑧はむ　㊙に無し

にて往生すべきにはあらず、たゞ他力《たりき》の往生也。本《もと》より佛のさだめおきて、わが名號《みやうがう》をとなふるものは、乃至《ないし》十聲《しやう》・一聲までもむまれしめたまひたれば、十聲・一聲念佛にて一定《ぢやう》往生すべければこそ、その願成就《じやうじゆ》して成佛《じやうぶち》したまふと云《いふ》道理《だうり》の候へば、唯《たゞ》一向《かう》に佛の願力《りき》をあおぎて往生おば決定《くゑちぢやう》すべきなり。わが自《じ》力《りき》の強弱《がうにやく》《コワキヨワキ》をさだめて不定《ふぢやう》におもふべからず。かの願成就《じやうじゆ》の文《もん》、この『經《きやう》』（大經）の下巻《げくわん》にあり。その文云《にいはく》、「諸有衆生《しようしゆじやう》、聞其名號《もんごみやうがう》、信心歡喜《しんじむくわんぎ》、乃至《ないし》一念、至心廻《ししむゑ》向《かう》、願生彼國《ぐわんしやうひこく》、卽得往生《そくとくわうじやう》、住不退轉《ぢゆふたいてん》」と云《いへり》。凡《おほよそ》四十八願《ぐわん》、淨土《じやうど》を莊嚴《しやうごむ》せり。華《くゑ》・池《ち》・寶閣《ほうかく》、願力《ぐわんりき》にあらずと云《いふ》ことなし。その中《なか》にひとり、念佛往生の願《ぐわん》のみうたがふべからず。極樂淨土《ごくらくじやうど》もし淨土《じやうど》ならば、念佛往生も決定《くゑちぢやう》往生也。

次《つぎ》に往生《わうじやう》の業因《ごふいん》は念佛の一行定《ぢやう》と云《いふ》とも、行者の根性《こんじやう》にしたがふて上・中①・下あり。かるがゆへに三輩《さむぱい》の往生を說《とけり》。すなわち上輩《はい》の文《もん》云く②、「其《これ》上輩者《じやうはいしや》《は》、捨《しや》《すて》レ家《け》《いゑを》棄③《き》《すて》レ欲《よく》《をて》而作《さ》《なり》二沙門《しやもん》《と》一、發《ほち》《し》二菩提心《ぼだいしむ》《を》一、一向專念《かうせんねむ》《にらずと》二无量壽佛《むりやうじゆぶち》《を》一」（大經巻下）と云《いへ》り④。中輩《はい》の文云く⑤、「雖《すい》《いゑども》レ不《ふ》《ずと》レ能《のう》《あたは》下行《ぎやう》《じて》作《さ》《なり》二沙門《しやもん》《と》一大修《だいしゆ》《するに》中功德《くどく》《を》上、當《たう》《に》下發《ほち》《し》二无上菩提心《むじやうぼだいしむ》《を》一、一向《かう》《に》專《せん》《もはらして》レ意《い》《を》、乃至《ないし》十念念《ねむず》中无量壽佛《むりやうじゆ》《を》上」（大經巻下意）と云⑥へり⑦。當座《たうざ》の導師《だうし》、私《わたくし》⑧に一の釋《しやく》をつくり⑨候。この三輩《さむぱい》の文《もん》の中に、菩提心等《ぼだいしむとう》の餘行《よぎやう》あぐといゐども、上《かみ》の佛の本願を望《のぞむ》には、こゝ

①中　◎右傍補記
②く　甲に無し
③棄　◎「棄」と上書訂記
④り　甲に無し
⑤く　甲に無し
⑥云　右◎「いへり」とあるを抹消
⑦へり　甲に無し
⑧私　◎「私」と上書訂記
⑨く　◎右傍補記

4-113

ろ衆生《しゆじやう》をして①、もはら无量壽《むりやうじゆ》佛を念ぜしむるにあり。かるがゆへに「一向《かう》」と云《いふ》。又『觀念法門《くわんねむぼふもん》』に善導《ぜんだう》釋《しやく》して云《いはく》、「又《う》此《し》《の》『經《きやう》』《の》下卷《げくわん》《②の》初《しよ》《はじめに》云《うん》《く》、佛説《ぶちせち》《ときたまふに》二一切衆生《しゆじやう》《の》根《こん》性《じやう》不同《ふどう》《を》一、有《う》《り》二上《じやう》・中・下一。隨《ずい》《て》二其《ご》《の》根性《こんじやう》《に》一、皆《かい》《みな》勸《くわん》《すゝめて》專《せん》《ら》念《ねむ》《ぜしめたまへり》二无量壽佛《むりやうじゆぶち》《の》名《みやう》《を》一。其人《ごにん》《の》命《みやう》欲《よく》《ほする》レ終《じゆ》《らむと》時《じ》《とき》、佛《ぶち》與《よ》《と》二聖衆《しやうじゆ》一自《じ》《ら》來《らい》《て》迎接《かうせう》《して》、盡《じん》《ことごとく》得《とく》《えしむ》二往生《わうじやう》《を》一」と云《いへ》り③。この釋《しやく》のこゝろ、三輩《ぱい》ともに念佛往生也。まことに一向《ゐちかう》の言《ごん》は餘《よ》をすつる言《ことば》なり。例《れい》せば、かの五《ご》天竺《てんぢく》の三《みつ》の寺《てら》のごとし。一には一向大乘寺《ゐちかうだいじようじ》、二には一向小乘寺《せうじようじ》、三には大小兼《だいせうけむ》行寺《ぎやうじ》。かの一向《かう》大乘寺《じようじ》の中には、小乘《せうじよう》を學《がく》することなし。一向小乘寺には、大乘を學《がく》するものなし。大小兼行寺《けむぎやうじ》の中には、大乘《だいじよう》・小乘《せう》ともに兼學《けむがく》する也。大小の兩寺《りやうじ》はともに一向の言《ごん》をおく、二を兼《かね》たる寺《てら》には一向の言《ごん》をおかず。これをもてこゝろえ候に、今《いま》の『經《きやう》』の中に一向の言《ごん》もまたしかなり。もし念佛の外餘《ほかによ》行《ぎやう》をならぶれば、すなわち一向《かう》にあらず。かの寺《てら》になずらへば④、兼行《けむぎやう》と云《いふ》べし。すでに一向と云《いへ》り⑤。しるべし、餘行《よぎやう》をすつといふ事《こと》を。たゞこの三輩《ぱい》の文《もん》の中に餘行《よぎやう》を説《とく》について、三《みつ》の意《こゝろ》あり。一には、諸《しよ》行をすてゝ念佛に歸《くゐ》せしめむがためにならべて餘行《よぎやう》を説《とき》て、念佛において一向《かう》の言《ごん》をおく。二には、念佛の人をたすけむがために諸善《しよぜん》を説《とく》。三には、念佛と諸行《しよぎやう》とをならべて、ともに三品《ぼむ》の差別《しやべち》

①して　◎右傍補記
②巻→甲巻〔の〕
③り　甲に無し
④ば　◎「て」を「ば」と上書訂記
⑤り　甲に無し

5-217　5-218　5-219　5-220

をしめさむがために諸行《しよぎやう》を説《とく》。この三《みつ》の義《ぎ》の中には、たゞはじめの義《ぎ》を正《しやう》とす。のちの二《ふたつ》は①傍義《ばうぎ》也《カタワラゴトナリ》。

次《つぎ》にこの『經《きやう》』（大經巻下）の流通分《るづぶん》の中に説《とき》て云《いは》く②、「佛語彌勒《ぶちごみろく》、其有得聞彼佛名號《ごうとくもんひぶちみやうがう》、歡喜踊躍乃至《くわんぎゆやくないし》一念。當知此人爲得大利《たうちしにんゐとくだいり》。則是具足无上功德《そくぜぐそくむじやうくどく》」と云《いへ》り③。上《かみ》の三輩《ぱい》の文《もん》の中に、念佛のほかにもろもろの功德《くどく》を説《とく》といゑども、餘善《よぜん》おばほめず。たゞ念佛の一善《ぜん》をあげて、无上《むじやう》の功德《くどく》と讃嘆《さんだん》して未來《みらい》に流通《るづ》せり。念佛の功德《くどく》は、餘《よ》の功德に勝《すぐれ》たることあきらかなり。「大利《だいり》」と云は、小利《せうり》に對《たい》する言《ことば》なり。「无上《むじやう》」と云は、この功德《くどく》の上《うへ》する功德なしと云義《いふぎ》也。すでに一念を指《さし》て大利《だいり》と云《いふ》、又无上と云《いふ》。いはむや、二念・三念、④乃至《ないし》十念おや。いかにいはむや、百念・千念《せんねむ》、乃至萬念《まんねむ》おや。これ則《すなわち》、少を上《あげ》て多《た》を決《くゑち》する也。この文《もん》をもて餘行《よぎやう》と念佛と相對《さうたい》してこゝろうるに、念佛すなわち大利《だいり》也、餘善《よぜん》はすなわち小利《せうり》也。念佛は无上也、餘行《よぎやう》は又有《う》上也。すべては往生を願ぜむ人、なんぞ无上大利の念佛をすてて、有上小利の餘善《よぜん》を執《しふ》せむや。

次《つぎ》にこの『經《きやう》』（大經）の下巻の奥《おく》に云《いはく》、「當來之世經道滅盡《たうらいしせきやうだうめちじん》、我以慈悲哀愍《がいじひあいみん》、特留此《どくるし》經止住百歳《きやうしぢゆうひやくさい》。其有衆生値此經者《ごうしゆじやうちしきやうしや》、隨意所願皆可得度《ずいいしよぐわんかいかとくど》」と云《いへ》り。善導此文《ぜんだうこのもん》を釋《しやく》し

①傍義　左甲カタハラゴト
②く　甲に無し
③り　甲に無し
④乃至　甲に無し

て云く、①「萬年三寶滅《まんねんさむぼうめち》、此經住百年《しきやうぢゆひやくねん》、爾時聞《にじもん》一念、皆當得生彼《かいたうとくしやうひ》」（禮讃）といへり。釋尊《しやくそん》の遺法《ゆいほふ》に三時《さむじ》の差別《しやべち》あり、正法《しやうぼふ》・像法《ざうぼふ》・末法《まちぼふ》也。その正法《しやうぼふ》一千年《ねん》のあひだ、教行證《けうぎやうしよう》の三《みつ》ともに具足《ぐそく》せり、教《けう》のごとく行ずるにしたがふて證《しよう》えたり。像法《ざうぼふ》一千年《せんねん》のあひだは、教行《けうぎやう》はあれども證《しよう》なし。教《けう》にしたがふて行《ぎやう》ずといゐども、悉《しち》地《ぢ》をうることなし。末法萬年《まちぼふまんねん》のあひだは、教《けう》のみあて行證《ぎやうしよう》なし。わづかに教門《けうもん》はのこりたれども、教《けう》のごとく行ずるものなし、行ずれどもまた證《しよう》をうるものなし。その末②法萬年のみちなむのちは、如來《によらい》の遺教《ゆいけう》みなうせて、住持《ぢゆぢ》の三寶《さむぼう》ことごとく滅《めち》して、おほよそ佛像《ぶちざう》・經典《きやうてん》もなく、頭《かしら》を剃《そり》、衣《ころも》を染《そむる》僧《そう》もなし。佛法《ぶちぽふ》と云《いふ》こと、名字《みやうじ》をだにもきくべからず。しかるに、そのときまでたゞこの『雙巻无量壽經《さうくわんむりやうじゆきやう》』一部《ゐちぶ》二巻《くわん》ばかりのこりとゞまりて、百年《ひやくねん》まで住《ぢゆ》して衆生《しゆじやう》を濟度《さいど》したまふこと、まことにあはれにおぼえ候。『華嚴經《くゑごむぎやう》』も『般若經《はんにやきやう》』も『法華經《ほふくゑきやう》』も『涅槃經《ねちはんぎやう》』も、おほよそ大小權實《だいせうごんじち》の一切諸經《しよきやう》、乃至《ないし》『大日《だいにち》』・『金剛頂《こむがうちやう》』等眞言祕密《とうしんごんひみち》の諸經《しよきやう》も、みなことごとく滅《めち》したらむとき、たゞこの『經』ばかりとゞまりたまふことは、なに事にかとおぼえ候。釋尊《しやくそん》の慈悲《じひ》をもて、とゞめたまふことさだめてふかきこゝろ候らむ。佛智《ぶちち》まことにはかりがたし。たゞし阿彌陀佛の機縁《きえん》、この界

---

① く　(甲)に無し
② 末　◎「末」と上書訂記

の衆生《しゆじやう》にふかくましますゆへに、釋迦大師《しやかだいし》もかの佛の本願をとゞめたまふなるべし。

この文《もん》について按《あん》じ候に、四《よつ》のこゝろあり。①一には、聖道門《しやうだうもん》の得脱《とくだち》は機縁《きえん》あさく、淨土門《じやうどもん》の往生のみ機縁《きえん》ふかし。かるがゆへに三乘《さむじよう》・一乘の得脱《とくだち》をとける諸《しよ》經《きやう》はさきだちて滅《めち》して、たゞ一念・十念の往生をとけるこの『經《きやう》』ばかりひとりとゞまるべし。二には、往生につきて十方淨土《ぱうじやうど》は機縁《きえん》あさく、西方淨土《さいはうじやうど》は機縁《きえん》ふかし。か②るがゆへに、十方淨土《ぱうじやうど》を勸《すゝめ》たる諸經《しよきやう》はことごとく滅《めち》して、たゞ西方の往生勸《すゝめ》たるこの『經』ひとりとゞまるべし。三には、兜率《とそち》の上生《じやうしやう》は機縁《きえん》あさく、極樂《ごくらく》の往生は機縁《きえん》ふかきゆへに、『上生《じやうしやう》』・『心地《しむぢ》』等《とう》の兜率を勸《すゝめ》たる諸《しよ》經はみな滅《めち》して、極樂《ごくらく》を勸《すゝめ》たるこの『經』ひとりとゞまるべし。四には、諸行《しよぎやう》の往生は機《き》縁《えん》あさく、念佛の往生は機縁《きえん》ふかきゆへに、諸行《しよぎやう》を説《とく》諸經《しよきやう》はみな滅《めち》して、念佛を説《とけ》③るこの『經』のみひとりとゞまりたまふべし。この四の義《ぎ》の中に、眞實《しんじち》には第《だい》四《し》の念佛往生のみとゞまるべしと云義《いふぎ》の正義《しやうぎ》にて候也。④「特留此經止住百歳《どくるしきやうしぢゆひやくさい》」(大經下巻)ととかれたれば、この二軸《ぢく》の經典、ひとりのこるべきかときこえ候へども、まことには經巻《きやうくわん》はうせたまひたれども、たゞ念佛の一門《もん》ばかりとゞまりて、百

①一　◎「二」を「一」と訂記
②る　◎「る」と上書訂記
③る　㊙に無し
④特留此經止住百歳　左㊙コトニコノキヤウヲトヾメテシヂユスルコトヒヤクサイセム

5-233 年あるべきにやとおぼえ候。かの秦始皇《しむのしくわう》が、書《しよ》を焼《やき》、儒《じゆ》を埋《うづみ》しとき、『毛詩《もうし》』と申《まふ》す文《ふみ》ばかりはのこりたりと申《まふ》すこと候。それも文《ふみ》はやかれたれども、詩《し》はとゞまりて口《くち》にありと申《まふ》して、詩《し》おば人々そらにおぼへたりけるゆへに、『毛詩《もうし》』ばかりはのこりたりと申《まふ》すこと候をもてこゝろえ候に、この『經《きやう》』とゞまりて百年《ねん》ある
5-234 べしと云《いふ》も、經巻《きやうくわん》はみな隱滅《おんめち》したりとも、南无阿彌陀佛とまふすことは、人の口《くち》にとゞまりて百年《ねん》までもきゝつたへむずる事《こと》とおぼへ候。經《きやう》といふは、また説《とく》ところの法《ほふ》を申《まふ》すことなれば、この『經』はひとへに念佛の一法を説《とけ》り①。されば、
5-235 「爾時聞《にじもん》一念、皆當得生彼《かいたうとくしやうひ》」（禮讃）とは善導《ぜんだう》も釋《しやくし》②たまへる也。これ祕藏《ひざう》の義《ぎ》也、たやすく申《まふす》べからず。

4-117 すべてこの『雙巻无量壽經《さうくわんむりやうじゆきやう》』に、念佛往生の文《もん》七所《しよ》あり。一には本願の文《もん》、二は願成就《ぐわんじやうじゆ》の文、三には上輩の中に一向専念《かうせん》の文《もん》、四には中輩《はい》の中の一向専念の文、
5-236 五には下輩の中の一向専意《かうせんい》の文《もん》、六には无上功德の文、七には特留此經《どくるしきやう》の文《もん》也。この七所《しよ》の文《もん》をまた合《がふ》して三《みつ》とす。一には本願、これに二つを攝《せふ》す。はじめの發《ほち》願《ぐわん》、願成就《ぐわんじやうじゆ》也。二には三輩《ぱい》、これに三《みつ》を攝《せふ》す。上輩・中輩・下輩なり。この下輩について二類《るい》あり。三には流通《るづ》、これに二《ふたつ》を攝《せふ》す。无上功德《むじやうくどく》、特留此經《どくるしきやう》なり。

①り　甲に無し
②釋→甲釋〔し〕

本願は彌陀にあり。三輩已下《ぱいいげ》は釋迦《しやか》の自説《じせち》也、それも彌陀の本願《ほんぐわん》にしたがふて説《とき》たまへる也。三輩《ぱい》の文《もん》の中に、おのおの一向専念《かうせんねむ》と勸《すゝめ》たまへるも、流通《るづ》の中に无上功徳《むじやうくどく》と讃嘆《さんだん》したまへるも、特留此經《どくるしきやう》とゞめたまへるも、みなもと彌陀の本《ほん》願《ぐわん》に随順《ずいじゆん》したまへるゆへなり。しかれば、念佛往生とまふすことは、本願《ほんぐわん》を根《こん》本《ぽん》とする也。詮《せむ》ずるところ、この『經《きやう》』ははじめよりおはりまで、彌陀の本願を説《とく》とこゝろうべき也。『雙巻經《さうくわんぎやう》』の大意《たいい》、略《りやく》してかくのごとし。

次《つぎ》に『観无量壽經《くわんむりやうじゆきやう》』は、この大意《たいい》をこゝろえむとおもはゞ、かならず教相《けうさう》を知《しる》べき事也。教相《けうさう》を沙汰《さた》せねば、法門《ほふもん》の①浅《せん》深《じむ》《アサキフカキ》差別《しやべち》あきらかならざる也。しかるに諸《しよ》宗《しゆ》にみな立教②開示《りふけうかいじ》《ヒラキシメス》あり。法相宗《ほふさうしゆ》には三時教《さむじけう》をたてゝ一代《だい》の諸教《しよけう》を③攝《せふ》《オサムル》す。三論宗《さむろんしゆ》には二藏教《ざうけう》をたてゝ大小《だいせう》の諸教《しよけう》を攝《おさむ》《セフス》。華嚴宗《くゑごむしゆ》には五教《けう》をたて、天台宗《てんだいしゆ》には四教《けう》をたつ。いまわが淨土宗《じやうどしゆ》には、道綽禪師《だうしやくぜんじ》『安樂集《あんらくしふ》』に聖道《しやうだう》・淨土《じやうど》の二教《けう》をたてたり。

一代聖教《だいしやうげう》五千餘軸《よぢく》、この二門《もん》おばいでず。はじめに聖道門《しやうだうもん》は、三乘《さむじよう》・一乘《じよう》の得道《とくだう》也。すなわちこの娑婆世界《しやばせかい》にして、斷惑開悟《だんわくかいご》する道④なり。すべて分《わかて》ば二あり。謂《いはく》、大乘《だいじよう》の聖道《しやうだう》、小乘《せうじよう》の聖道《しやうだう》也。別《べち》して論《ろん》ずれば、四乘《しじよう》の聖道《しやうだう》あり。謂《いはく》、聲聞《しやうもん》乘《じよう》・縁覺乘《えんがくじよう》・菩薩乘《ぼさちじよう》・佛乘《ぶちじよう》也。淨土者《じやうどは》、まづこの娑婆穢惡《しやばゑあく》のさかひをいでゝ、

①浅深　左㊥ー
②開示　左㊥ー
③攝　左㊥ー
④道　左㊥ミチ

かの安樂不退《あんらくふたい》のくににむまれて、自然《じねん》に増進《ぞうしん》して佛道《ぶちだう》を證得《しようとく》せむともとむる道也。この二門《もん》をたつる事《こと》は、道綽《だうしやく》一師《し》のみにあらず。曇鸞法師《どむらんほふし》も龍樹菩薩《りうじゆぼさち》の『十住《じふぢゆ》毗婆沙論《ばしやろん》』を引《ひき》て、難行《なんぎやう》・易行《いぎやう》の二道《だう》をたてたまへり。「難行道《なんぎやうだう》は陸路《ろくろ》より歩行《ぶぎやう》するがごとし、易行道《いぎやうだう》は水路《しゐろ》を船《ふね》に乗《じよう》ずるがごとし」（論註巻上意）とたとへたり。この二道《だう》を立《たつる》事《こと》、曇鸞《どむらん》一師《し》にかぎらず。天台《てんだい》の『十疑論《ぎろん》』にもおなじく引《ひき》て釋《しやく》したまへり。また迦才《かざい》の『淨土論《じやうどろん》』にもおなじく引《ひけり》。かの難行道者《なんぎやうだうは》すなわち聖道門《しやうだうもん》也、易《い》行道者《ぎやうだうは》すなわち淨土門《じやうどもん》也①。しかのみならず、また慈恩大師《じおんだいし》云《いはく》、「親《まのあたり》逢《あふしもの》二聖《しやう》化《くゑに》一、道《だう》悟《さとりき》二三乘《さむじようを》一。福薄因疎《ふくうすくいんおろそかなるものはすゝめて》勸歸《くゐせしむ》二淨土《じやうど》一」（西方要決）と云り②。この中に三乘《さむじようといふは》者すなわち聖道門《しやうだうもん》也、淨土者《じやうどは》すなわち淨土門《じやうどもん》也。難行《なんぎやう》・易行《いぎやう》、三乘《さむじよう》・淨《じやう》土《ど》、聖道《しやうだう》・淨土《じやうど》、その言《ことば》ことなりといゑども、そのこゝろみなおなじ。凡《おほよそ》一代《だい》の諸教《しよけう》この二門《もん》をいでず。經論《きやうろん》のみこの二門《もん》に攝《せふ》③《オサムル》するにあらず、④乃至《ないし》諸宗《しよしゆ》の章疏《しやうしよ》みなこの二門おばいでざる也。天台宗《てんだいしゆ》には、正《まさしく》は佛乘《ぶちじよう》の聖道《しやうだう》をあかす、傍《かたわら》には往生淨土《じやうど》をあかす。「即往安樂」（法華經巻六藥王品）といへり。華嚴宗《くゑごむしゆ》にもまた天台宗《てんだいしゆ》のごとし。聖道《しやうだう》を修《しゆ》してえが⑤たくは、淨土《じやうど》に生《しやう》ずべしと云へり⑥。「願我臨《ぐわんがりむ》《はれて》下欲《よく》《ほする》二命終《みやうじゆ》《せむと》一時《じ》《に》上盡《じん》《ことごとく》除《ぢよ》《く》二一切諸障导《さいしよしやうげ》《のの》一、面《めん》《おもてに》見《けん》《みたてまつりて》二彼佛《ひぶち》《かの》阿彌陀《を》一即得《そくとく》《ち》三往《わう》《う》二生《じやう》安樂國《あんらくこく》《に》一」（般若譯華嚴經巻四〇行願品）

①也→㊙なり（「也」と左傍註記）
②り　㊙に無し
③攝　左㊙—
④乃　◎「乃」と上書訂記
⑤がた　◎「がた」と上書訂記
⑥へり　㊙に無し

と云《いへ》り①。しかるに今《いま》、この『經《きやう》』は往生浄土《わうじやうじやうど》の教《けう》也。即身頓悟《そくしんとんご》のむねおもあかさず、歴劫迂廻《りやくこふうゐ》②の行《ぎやう》おもとかず。娑婆《しやば》のほかに極樂《ごくらく》あり、わが身《み》のほかに阿彌陀佛ましますと說《とき》て、この界《かい》をいとひてかのくにに生《しやうじ》③て、无生忍《むしやうにん》おもえむと願ずべきむねを明《あかす》也。善導《ぜんだうのしやく》釋に云く④、「定散等《ぢやうさんとうひとしく》廻向《ゑかうしてすみやかに》、速《そく》證《しようせよ》二无生身《むしやうしんのを》一」（玄義分）といへり。

凡《おほよそ》この『經《きやう》』には、あまねく往生の行業《ぎやうごふ》を說《とけ》り⑤。すなわちはじめには定散《ぢやうさん》の二善を說《とき》て、總《そう》じて一切の諸機《しよき》にあたへ、次《つぎ》には念佛の一行を選《えらびて》、別《べち》して未來《みらい》の群《ぐん》生《じやう》に流通《るづ》せり。かるがゆへに『經《きやうに》』（觀經）云く⑥、「佛告《ぶちがうはく》二阿難《なんに》一、汝好持《なんぢによかうぢよくてと》二是語《ぜごのを》一」と等《ら》云《のたまへりと》⑦。善導これを釋《しやくして》云く⑧、「從《じゆより》二佛告阿難汝好持是語《ぶちがうによかうぢぜご》一已下《いげ》、正《しやう》明《みやうしく》丁付《ふすと》二屬《ぞくして》彌陀名《みやうの》號《がうを》一、流《る》丙通《づすることを》於《おに》乙遐代《かだいと》甲」（散善義）等《ら》云《いへ》り⑨。しかれば、この『經《きやう》』のこゝろによりて、今聖道《いましやうだう》をすてゝ浄土の一門に入《いる》也。その往生浄土《わうじやうじやうど》につきて、又その行《ぎやう》これおほし。これによて、善導和尚《ぜんだうくわしやう》專雜《せんざふ》二修《しゆ》を立《たて》、諸行《しよぎやう》の勝劣得失《しようれちとくしち》を判《はん》じたまへり。すなわちこの經《きやう》の『疏《しよ》』（散善義）に云く、「行につきて立《りふたつといふ》レ信《しんしやをは》者、就《じゆつきて》レ行《ぎやう》有《うにり》二二種《しゆ》一。一《には》正行《しやうぎやう》、二《には》雜行《ざふぎやう》」と云《いへ》り⑩。もはらかの正行《しやうぎやう》を修《しゆ》するを專修《せんじゆ》の行者《ぎやうじや》と云《いふ》、正行おば修《しゆ》せずして雜行《ざふぎやう》を修《しゆ》するを雜修の者《もの》と申《まふす》也。その專雜《せんざふ》二種《しゆ》の得失《とくしち》について、今《いま》

① り　㊙に無し
② 歴　◎「歴」と上書訂記
③ 生→㊙生〔じ〕
④ く　㊙に無し
⑤ り　㊙に無し
⑥ く　㊙に無し
⑦ 云　◎下に「へり」とあるを抹消
⑧ く　㊙に無し
⑨ り　㊙に無し
⑩ り　㊙に無し

4-123

①私《わたくし》に料簡《れうけん》するに、五《いつゝ》の義《ぎ》あり。一には親疎對《しんそたい》、二には近遠對《ごんおんたい》、三には有間無間對《うけんむけんたい》、四には廻向不廻向對《ゑかうふゑかうたい》、五には純雑對《じゆんざふたい》也。はじめに親疎對者《しんそたいは》、正行を修《しゆ》するは阿彌陀佛《ぶち》に親《したしく》、雑行《ざふぎやう》を修《しゆ》すればかの佛に疎《そ》なり。すなはち『疏《しよ》』(定善義)に云く、②「衆生《しゆじやう》起《き》レ行《ぎやう》、口《く》常《じやう》稱《しよう》レ佛《ぶち》、佛《ぶち》卽《そく》聞《もん》レ之《し》。身《しん》常《じやう》禮《らい》二敬《きやう》佛《ぶち》一、佛《ぶち》卽《そく》見《けん》③レ之《し》。心《しむ》常《じやう》念《ねむ》レ佛《ぶち》、佛《ぶち》卽《そく》知《ち》レ之《し》。衆生《しゆじやう》憶《おく》二念《ねむ》佛《ぶち》一者《しや》、佛《ぶち》亦《やく》憶《おく》二念《ねむ》衆生《しゆじやう》一。彼此《ひし》三業《さむごふ》不《ふ》二相《さう》捨離《しやり》一。故《こ》名《みやう》二親縁《しんえん》一」と云。その雑行《ざふぎやう》者は、口《くち》に佛を稱《しよう》せざれば、佛すなわち聞《きゝ》たまはず。身《み》に佛を禮《らい》せざれば、佛すなわち見《み》たまはず。心《しむ》に佛を念《ねむ》ぜざれば、佛しろしめさず。佛を憶念《おくねむ》せざれば、佛又憶念《おくねむ》したまはず。彼此三業常《ひしさむごふつねに》捨離《しやり》す、かるがゆへに疎《そ》となづくる也。次に近遠對者《ごんおんたいは》、正行《しやうぎやう》はかの佛に近《ちかづく》、雑行《ざふぎやう》はかの佛に遠《とおざかる》なり。『疏《しよに》』(定善義)又云く、④「衆生《しゆじやう》欲《よく》レ見《けん》レ佛《ぶち》、佛《ぶち》卽《そく》應《おう》レ念《ねむ》現《げん》在《ざい》二目前《もくぜん》一。故《こ》名《みやう》二近縁《ごんえん》一」と云り。⑤雑行者《ざふぎやうは》、佛を見《み》たてまつらむとねがはざれば、佛すなわち念《ねむ》に應《おう》じたまはず、目《め》の前《まへ》にも現《げん》じたまはず。かるがゆへに遠《おん》となづくる也。たゞ常《じやう》の義《ぎ》には親近《しんごん》と申《まふし》つれば、一事《つこと》のやうにこそは聞《きこゆ》⑥れども、善導和尚《ぜんだうくわしやう》は、親《しん》と近《ごん》とのごとしと、別《べち》しては釋したまへり。これによて、今《いま》又親近《しんごん》を分《わかち》て二とするなり。次《つぎ》に有間無間對者《うけんむけんたいは》、无間者《むけんは》⑦、正行《しやうぎやう》を修《しゆ》するには、かの佛《ほとけに》お

①私→㊙私〔し〕
②く　㊙に無し
③見　右◎「は」の下一字抹消し「す」と訂記
④く　㊙に無し
⑤り　㊙に無し
⑥れ　㊙に無し
⑦者→㊙は

5-252　5-251　5-250

いて憶念无間《おくねむむけん》[1]なるがゆへに、文《もんに》「憶念不斷《おくねむふだん》名爲无間《みやうゐむけん》」（散善義）と云《いへ》[2]る、これ也。有《う》間者《けんは》、雜行《ざふぎやう》のものは、阿彌陀佛にこゝろをかくる事間《ことひま》おほし。かるがゆへに文《もん》に「心常間斷《しむじやうけんだん》」（散善義）と云《いふ》、これ也。次《つぎ》に廻向不廻向對者《ゑかうふゑかうたいは》、正行《しやうぎやう》は廻向《ゑかう》をもちゐざれども、自然《じねん》に往生《わうじやう》の業《ごふ》となる。すなわち『疏《しよのだい》』第一（玄義分）に云く[3]、「今《いま》『觀經《くわんぎやうの》』中《に》十聲稱佛《しやうしようぶちすれば》、即《そくち》有《うあて》二十願《ぐわん》・十行《ぎやう》一具足《ぐそくす》。云《うん》一何《いかんぞが》具足《ぐそく》。言《ごんいふ》二南无《なも》一者《とは》即是《しやそくぜ》歸命《くゐみやうなり》、亦是《やくぜまたれ》發《ほち》願廻向《ぐわんゑかう》之義也《しのぎやなり》。言《ごんいふ》二阿彌陀佛一者《とは》即是《しやそくぜれ》其行《ごそのぎやうなり》。以《いの》二斯義《しのぎを》一故必得《こひちとくにずう》二往生《わうじやうを》一」。不廻向《ふゑかう》といふ。雜行《ざふぎやう》は、かならず廻向《ゑかう》をもちゐるとき、往生《わうじやう》の業《ごふ》となる。もし廻向《ゑかう》せざれば、往生の業《ごふ》とならず。かるがゆへに文《もん》に「雖《すいいゑども》レ可《かべしと》二廻向《ゑかうしてう》一得《とく》レ生《しやうを》」（散善義）と云《いへる》、これ也。次《つぎ》に純雜對者《じゆんざふたいは》、正行《しやうぎやう》は純《じゆん》に極樂《ごくらく》の行《ぎやう》也。餘《よ》の人天《にんでん》および三乘等《さむじようとう》の業《ごふ》に通《つ》[4]ぜず《カヨハヌナリ》、又十方淨土《ぱうじやうど》の業因《ごふいん》ともならず。かるがゆへに純《じゆん》となづく。雜行《ざふぎやう》は純《じゆん》に極樂の行《ぎやう》にはあらず。人天《にんでん》の業因《ごふいん》にも通《つ》じ、三乘《さむじよう》の得果《とくくわ》にも通《つ》じ、又十方淨土の往生の業因《ごふいん》ともなるがゆへに雜《ざふ》と云也。しかれば、この五の相對《さうたい》をもて二行を判《はん》ずるに、西方の往生をねがはむ人は、雜行《ざふぎやう》をすてゝ正行《しやうぎやう》を修《しゆ》すべき也。又善《ぜん》導和尚《だうくわしやう》『往生禮讃《わうじやうらいさん》』（意）の序《じよ》に、この專雜《せんざふ》の得失《とくしち》を判《はん》じたまへり。「專修《せんじゆ》の者《もの》は十即《そく》十生、百即《そく》百生《しやう》。雜修《ざふしゆ》の者《もの》は百に一二、千《せん》に五三」と云《い》[5]へり。「なに[6]をもてのゆ

①无　右◎け
②る　甲に無し
③く　甲に無し
④通ぜず　左甲—
⑤へり　甲に無し
⑥を　◎「を」と上書訂記

4-125

へに。専修《せんじゆ》の者《もの》は雑縁《ざふえん》なし、正念《しやうねむ》をえたるがゆへに、又彌陀の本願《ほんぐわん》に相應《さうおう》するがゆへに、又釋迦《しやか》の教《けう》にたがはざるがゆへに、佛語《ぶちご》に随順せるがゆへに」と云《い》へ①り。「雑修《ざふしゆ》の者《もの》は雑縁亂動《ざふえんらんどう》す。正念を失《しち》《ウシナフ》するがゆへに、又佛の本願《ぐわん》と相應《さうおう》せざるがゆへに、また佛語にしたがはざるがゆへに、釋迦の教に違《ゐ》するがゆへに、又係《け》念相續《ねむさうぞく》せざるがゆへに、廻願慇重眞實《ゑぐわんいんぢうしんじち》ならざるがゆへに、乃至《ないし》、名利《みやうり》と相應《さうおう》するがゆへに、又自《みづから》の往生を障《さふる》のみにあらず、他《た》の往生の正行《しやうぎやう》を障《さふる》がゆへに」と云②へり。しかのみならず、やがてその文《もん》のつゞきに、「余《よ》《ワレトイフ》、このごろ諸方《しよはう》の道俗《だうぞく》を見聞《けんもん》するに、解行不同《げぎやうふどう》にして専雑異《せんざふい》《コトナルコト》あり。しかるに専修《せんじゆ》の者《もの》は十は十ながら生《しやう》じ、雑修《ざふしゆ》の者《もの》は千《せん》が中に一もなし」とのたまへり。さきの義《ぎ》をもて判《はん》じ候に、千《せん》が中に五三とゆるしたまへりといゑども、今正見《いましやうけん》には一も③なしとのたまへる也。そのときの行者《ぎやうじや》だにも、雑行《ざふぎやう》にて往生する者《もの》なかりけるにこそ候なれ。まして、いよいよ時《とき》も機《き》もくだりたる當世《たうせい》の行者《ぎやう》、雑行《ざふぎやう》往生と云事はおもひす④つべき事也。たとひまた往生すべきにても、百が中に一二、千《せん》が中に五三の内《うち》にてこそ候はむずれ。きわめて不《ふ》定の事也。百人に九十九人は往生して、今《いま》一人すまじときかむだにも、もしその一人にあたる身《み》にてもやあるらむと、不審《ふしむ》に不定《ふぢやう》におぼえ

①へり　(甲)に無し
②へり　(甲)に無し
③も　◎「も」と上書訂記
④す　◎「た」を「す」と上書訂記

5-261　5-260　5-259　5-258

ぬべし。いかにいはむや、百が一二の内《うち》に一定入《ぢやういる》べしとおもはむ事《こと》、かたくぞ候はむずる。しかれば、百卽《そく》百生《しやう》の專修《せんじゆ》をすてゝ、千中无《せんちうむ》一の雜行《ざふぎやう》を執《しふ》すべからず。唯《たゞ》一向《かう》に念佛を修《しゆ》して、雜《ざふ》行をすつべきなり。これすなわち、この『經《きやう》』の大意《たいい》也。「望佛本願《まうぶちほんぐわん》、意在衆生《いざいしゆじやう》、一向專稱《ゐちかうせんしよう》、彌陀佛名《みだぶちみやう》」(散善義)と云り。①返《かへすがへす》も本願をあおぎて、念佛をすべき也と。

(二)

建保四年四月廿六日、園城寺長吏《おんじやうじちやうり》、公胤僧正之夢《こういんそうじやうのゆめ》に、空中《そらのなか》に告云《つげて》、源空本《げゑんくほん》地《ぢ》の身《しん》は大勢至菩薩《だいせいしぼさち》なり、衆生教化《しゆじやうけうくゑ》の故《こ》に來《らい》きたれること二此《し》の界《かい》に一②度度《どど》たびたびと。

かの僧正《そうじやう》の弟子《でし》大進公《だいしんのきみ》實名をしらず記之。

康元元年丙辰十月十三日

愚禿親鸞八十四歲書之

康元二歲正月一日校之

①り　㊙に無し
②度度　左㊙タビタビ
〈奥書〉
㊙「康元元年〔丙／辰〕十月十三日／愚禿親鸞〔八十／四歲〕／書之」「康元二歲〔丁／巳〕正月一日校之」

5-263　5-262

西方指南抄中本

（三）聖人《しやうにん》御在生之時《ございしやうのとき》記《き》《シルシ》二註《ちゆしたまへり》《タマヘリ》之《を》一　①外見《ぐわいけん》におよばざれ、祕藏《ひざう》すべしと。
　御生年《おむとし》六十有六　丑年《うしのとし》也。

建久《けんきう》九年《ねん》正月一日記《きす》《シルスナリ》。

一日、櫻梅《やまもゝ》の法橋敎慶《ほふけうけうけい》のもとよりかへりたまひてのち、未申《ひつじさる》の時《とき》ばかり、恆例《こうれい》②正月《しやう》七日念佛始行《しぎやう》せしめたまふ。一日、明③相④少《みやうさうすこし》これを現《げん》⑤じたまふ、自然《じねん》にあきらかなりと云云。二日、水想觀自然《しゐさうくわんじね》にこれを成就《じやうじゆ》したまふ⑥云云。總《そう》じて念佛七箇《か》日の内《うち》に、地想觀《ぢさうくわん》の中に琉璃《るり》の相少分《さうせうぶん》これをみたまふと。二月四日の朝《あした》、瑠璃地分明《るりぢぶんみやう》に現《げん》じたまふと云。六日、後夜《ごや》に琉璃《るり》⑦の宮殿《くでん》の相《さう》これを現《げん》ずと云。七日、朝《あした》にまたかさねてこれを現《げん》ず。すなわちこの宮殿《くでん》をもて、その相影現《さうやうげん》したまふ。總《そう》じて水想《しゐさう》・地想《ぢさう》・寶樹《ほうじゆ》・寶池《ほうち》・寶殿《ほうでん》の五《いつゝ》の觀《くわん》、始《はじめ》正月一日より二月七日にいたるまで、三十七箇《か》日のあひだ毎日《まいにち》七萬《まん》念佛、不退《ふたい》にこれを

〈表紙〉
◎旧表紙中央「西方指南抄中［本］」
　左下「釋眞佛」
㊙左上「西方指南抄［中本］」（題簽）
　旧表紙中央「西方指南抄中［本］」
　左下「釋覺信」
①外　右◎「く」を「わ」と上書訂記
②正　◎涅滅
③明　右◎み□□
④相　◎涅滅
⑤現　右◎「ん」と上書訂記
⑥ふ→㊙ふ［と］
⑦の　㊙に無し

つとめたまふ。これによ①て、これらの②相《さう》を現《げん》ずとのたまへり。

始《はじめ》二月廿五日より、あかきところにして目《め》をひらく。眼根《げんこん》より赤袋《あかきふくろ》琉璃《るり》の壷《つぼを》出生《しゆつしやう》す、これをみる。そのまへにして、目《め》を閉《とぢ》てこれをみる。目《め》を開《ひらけば》すなわち失《うす》と云り。

二月廿八日、病《やまう》によて念佛これを退《たい》す。一萬返あるいは二萬、右眼《みぎのまなこ》にそのゝち光明《くわう》あり、はなだ③なり。また光《ひかり》あり、はしあかし。また眼《まなこ》に琉璃《るり》あり、その形《かたち》琉璃《るり》の壷《つぼ》のごとし。琉璃《るり》に赤花《あかきはな》あり、寶形《ほうぎやう》のごとし。また日入《いり》てのちいでゝみれば、四方みな方《はう》ごとに赤青寶樹《あかくあおきほうじゆ》あり。その高《たかさ》さだまりな④し、高下《かうげ》こゝろにしたがふて、あるいは四《し》五丈《ごぢやう》、あるいは二三十丈《じふぢやう》と云。

八月一日、本《もと》のごとく、六萬返これをはじむ。九月廿二日の朝《あした》に、地想分明《ぢさうぶんみやう》に現《げん》ず、周圍《しゆゐ》《メグリ》七八段《だん》ばかり。そのゝち廿三日の後夜《ごや》ならびに朝《あした》にまた分明《ぶんみやう》にこれを現⑤《げんずと》 云々。

正治《しやうぢ》二年二月のころ、地想等《ぢさうとう》の五の觀《くわん》、行住坐臥《ぎやうぢゆざぐわ》こゝろにしたがふて、任運《にむうん》にこれを現ずと 云々。

建仁元年《けんにんぐわんねん》二月八日の後夜《ごや》に、鳥《とり》のこゑをきく、またことのおとをきく、ふえの

①よ　◎「こ」を「よ」と上書訂記
②の　◎湮滅
③な→㊙な〔は〕
④なし　◎右傍補記
⑤現　右◎「と」を「ずと」と上書訂記→㊙現〔ずと〕

4-129

おとらをきく。そのゝち、日にしたがふて自在《じざい》にこれをきく、しやうのおとらこれをきく。①さまざまのおと。正《しやう》月五日、三度《さむど》勢至菩薩《せいしぼさち》の御《おむ》うしろに、丈六ばかりの勢至《せいし》の御面像現《ごめんざうげん》ぜり。これをもてこれを推《すい》する、西《にし》の持佛堂《ぢぶちだう》にて勢至菩薩《せいしぼさち》の形《ぎやう》像《ざう》より丈《ぢやう》六の面《めん》を出現《しゆつげん》せり。これすなわちこれを推《すい》するに、この菩薩《ぼさち》すでにもて、念佛法門《ほふもん》の所證《しよしよう》のためのゆへに、いま念佛者《しや》のためにそのかたちを示現《じげん》したまへり、これをうたがふべからず。同《おなじき》六日、はじめて座處《ざしよ》《ホドコロ》より四方《はう》一段《だん》ばかり、青琉璃《しやうるり》《アオキ》の地《ぢ》なりと云々。②今《いま》においては、經釋《きやうしやく》によて往生うたがひなしと。地觀《ぢくわん》の文《もん》にこゝろうるに、うたがひなしといへるがゆへにといへり。これをおもふべし。

建仁《けんにん》③二年十二月廿八日、高畠小將《たかはたけのせうしやう》きたれり。持佛堂《ぢぶちだう》にしてこれに謁《えち》す。そのあひだ例《れい》のごとく念佛④を修《しゆ》したまふ。阿彌陀佛をみまいらせてのち、障子《しやうじ》よりすきとほりて佛の面像《めんざう》を現《げん》じたまふ、大《おほきさ》丈《ぢやう》六のごとし。⑤佛面《ぶちめん》すなわちまた隱《かくれ》たまひ了《おわりぬ》。廿八日午時《むまとき》の事也。

元久《ぐゑんきう》三年正月四日、念佛のあひだ三尊《ぞん》大身《しん》を現じたまふ。また五日、三尊《ぞん》大身《しん》を現じたまふ。

①さま　◎「さま」と上書訂記
②今→㊙いま（「今」と左傍註記）
③仁　右◎「に」と上書訂記
④佛　右◎抹消
⑤佛　右◎「め」を「ち」と上書訂記

5-274　5-275　5-276　5-277　5-278

聖人のみづからの御記文《ごきもん》なり。

(四) 法然《ほふねん》聖人《しやうにん》御《ご》①夢《む》想記《さうき》　善導《ぜんだう》御事

或《ある》夜《よ》夢《ゆめ》にみらく、一の大山《だいせん》あり、その峯《みね》きわめて高《たかし》、南北《なむぼく》ながくとおし、西方《さいはう》にむかへり。山《やま》の根《ね》に大河《たいが》あり、傍《かたわら》の山《やま》より出《いで》たり、北《きた》に流《ながれ》たり。南《みなみ》の河原《かわら》眇眇《べう》としてその邊際《へんざい》をしらず、林樹滋滋《りむじゆしげしげ》としてそのかぎりをしらず。こゝに源空《ぐゑんく》、たちまちに山腹《さんぷく》《ヤマノハラ》に登《のぼり》てはるかに西方をみれば、地《ぢ》より已上《いじやう》五十尺《しやく》ばかり上《かみ》に昇《のぼり》て、空《く》中《ちう》にひとむらの紫雲《しうん》あり。以レ爲《おもへらく》、何所《いづれのところ》に往生人のあるぞ哉《や》。こゝに紫雲《しうん》とびきたりて、わがところにいたる。希有《けう》のおもひをなすところに、すなわち紫雲《しうん》の中より孔雀《くじやく》・鸚鵡《あうむ》等《とう》の衆鳥《しゆてう》とびいでゝ、河原《かわら》に遊戯《ゆげ》《アソビタワブル》す、沙《いさご》をほり濱《はま》に戯《たわぶる》。これらの鳥《とり》をみれば、凡鳥《ぼむてう》にあらず、身《み》より光《ひかり》をはなちて、照曜《せうえう》きわまりなし。そののちとび昇《のぼり》て、本のごとく紫雲《しうん》の中《なか》に入了《いりおはりぬ》。こゝにこの紫雲《しうん》、このところに住《ぢゆ》せず、このところをすぎて②北《きた》にむかふて、山河《さんが》にかくれ了《おわりぬ》。また以レ爲《おもへらく》、山の東《ひむがし》に往生人のあるに哉《や》。かくのごとく思惟《しゆい》するあひだ、須臾《しゆゆ》にかへりきたりてわがま

①夢　右◎「む」と上書訂記
②て　◎「て」と上書訂記

へに住《ぢゆ》す。この紫雲《しうん》の中より、くろくそめたる衣著《ころもきたる》僧《そう》一人とびくだりて、わがたちたるところの下《しも》に住立《ぢゆりふ》す。われすなわち恭敬《くぎやう》のためにあゆみおりて、僧《そう》の足《あし》のしもにたちたり。この僧《そう》を瞻仰《せむがう》①すれば、身上半《しんじやうなかば》②は肉身《にくしん》、すなわち僧形《そうぎやう》也。身《み》よりしも半《なかば》は金色《こむじき》なり、佛身《ぶちしん》のごとく③也。こゝに源空《ぐゑんく》、合掌低頭《がふしやうていづ》して問《とふ》てまふさく、これ誰人《たれびと》の來《きたり》たまふぞ哉《や》④と。答《こたえて》曰《いはく》、われはこれ善導也と。また問《とふ》てまふさく、なにのゆへに來《きたり》たまふぞ哉《や》。また答《こたえてのたまはく》曰、余《よ》《ワレ》不肖《ふせう》なりといゑども、よく専修《せんじゆ》念佛のことを⑤言《まふす》。はなはだもて貴《たうとし》とす。ためのゆへにもて來《きたれる》也。また問《とふて》言《まふさく》、専修念佛の人、みなもて爲《す》二往生《を》一哉《やと》。いまだその答《たう》をうけたまはらざるあひだに、忽然《こちねん》として夢覺《ゆめさめ》了。

（五）或人《あるひと》念佛之不審《ふしむ》を、故聖人《こしやうにんに》奉《たてまつりて》⑥レ問《とひ》⑦曰《いはく》、第《だい》二十願《ぐわん》は大綱《たいまう》の願なり。「係念《けねむ》」（大經巻上）といふは、三生《しやう》の内《うち》にかならず果《くわ》遂《すい》《ハタシトグル》すべし。假令《けりやう》通計《つげ》するに、百年の内《うち》に往生すべき也云云。これ九品往生《くぼむわうじやう》の義《ぎ》、意釋《いしやく》《コヽロ》なり。極大遲者《ごくだいちしや》《キワメテオホキニオソキモノナリ》をもて三生《さむしやう》に出《いで》ざるこゝろ、かくのごとく釋《しやく》せり。

①瞻仰　左（甲）アヲギミタテマツル
②は　◎右傍補記
③く　◎「し」を「く」と上書訂記
④と　（甲）に無し
⑤言　右◎「ま」と上書訂記
⑥奉　右◎「る」を「りて」と上書訂記
⑦問　右◎と□

4-132

又『阿彌陀經』の「已發願《いほちぐわん》」等《とう》は、これ三生《さむしやう》之證《しよう》也と。

又云、『阿彌陀經《きやう》』等《とう》は浄土門《じやうどもん》の出世《しゆつせ》の本懐《ほんぐわい》なり、『法華經《ほふくゑきやう》①』者②《は》聖道門《しやうだうもん》の出世《しゆつせ》の本懐《ほんぐわい》なり云々。望《のぞむ》ところはことなり、疑《うたがふ》に足《たら》ざる者《もの》也。

又云、我安置《わがあんち》するところの一切經律論《きやうりちろん》は、これ『觀經《くわんぎやう》』所攝《しよせふ》《オサムルナリ》の法《ほふ》也。

又云、地藏等《ぢざうとう》の諸《よろづ》の菩薩《ぼさち》を③蔑如《べちじよ》《アナヅルコトナカレトナリ》すべからず。往生以後《わうじやういご》、伴侶《はんりよ》たるべきがゆへなりと。

又云、近代《きんだい》の行人《ぎやうにん》、觀法《くわんぼふ》をもちゐるにあたはず。もし佛像等《ぶちざうとう》を觀《くわん》ぜむは、運《うん》慶《けい》・康慶《かうけい》が所造《しよざう》にすぎじ。もし寶樹等《ほうじゆとう》を觀《くわん》ぜば、櫻梅《やうばい》・桃李之花菓等《たうりのくゑくわとう》にすぎじ。しかるに「彼佛今現在成佛《ひぶちこむげんざいじやうぶち》」(禮讃)等《とう》の釋《しやく》を信《しん》じて、一向《ゐちかう》に名號《みやうがう》を稱《しよう》すべき也と云り④。たゞ名號《みやうがう》をとなふる⑤、三心《さむしむ》おのづから具足《ぐそく》する也と云り⑥。

又云、念佛はやうなきをもてなり。名號《みやうがう》をとなふるほか、一切やうなき事⑦也と云り⑧。

又云、諸經《しよきやう》の中にとくところの極樂《ごくらく》の莊嚴等《しやうごむとう》は、みなこれ四十八願成就《ぐわんじやうじゆ》の文《もん》也。念佛を勸進《くわんじん》するところは、第《だい》十八の願成就文《ぐわんじやうじゆのもん》なり。『觀經《くわんぎやう》』の「三心《さむしむ》」、『小經《せうきやう》』の「一心不亂《しむふらん》」、『大經《だいきやう》』(巻下)の願成就《ぐわんじやうじゆ》の文《もん》の「信心歡喜《しんじむくわんぎ》」と、同流通《おなじきるづ》の

①經　◎「者」を「經」と上書訂記
②者　◎「者」と上書訂記
③蔑→㊙夢
④り　㊙に無し
⑤る→㊙る〔に〕
⑥り　㊙に無し
⑦事→㊙こと
⑧り　㊙に無し

4-133

「歡喜踊躍《くわんぎゆやく》」と、みなこれ至心信樂之心《ししむしんげうのしむ》也と云《いへ》り。これらの心《しむ》をもて、念佛の三心《しむ》を釋《しやく》したまへる也と云々。

又云、「玄義《ぐゑんぎ》」（玄義分意）に云く、「釋迦《しやか》要門《のえうもんは》定散《ぢやうさん》二善①《ぜんなり》。定者《じやうは》息《そく》《やめて》㆑慮《りよ》《おもんぱかりを》凝《ぎよう》《こらす》㆑心《しむ》《を》なり、散者《さんは》廢②《はい》《して》㆑惡《あく》《を》修《しゆ》《す》㆑善《ぜん》《を》なりと。弘願者《ぐぐわんは》如《によ》《し》㆓『大經《だいきやう》《の》』說《せち》《の》㆒。一切善惡凡夫《さいぜんあくぼむぶ》《の》得《とく》《う》㆑生《しやう》《を》」と③いへり。

予《よが》ごときはさきの要門《えうもん》にたえず、よてひとへに弘願《ぐぐわん》を憑《たのむ》也と云り④。

又云、導和尚《だうくわしやう》、深心《じむしむ》を釋《しやく》せむがため⑤に餘《よ》の二心《しむ》を釋《しやく》したまふ也。『經《きやう》』の文《もん》の三心《しむ》をみるに、一切行《ぎやう》なし。深心《じむしむ》の釋《しやく》にいたりて、はじめて念佛の行《ぎやう》をあかすところ也。

又云、往生《じやう》の業成就《ごふじやうじゆ》、臨終《りむじゆ》・平生《へいぜい》にわたるべし。本願《ほんぐわん》の文《もん》に別《べち》にえらばざるがゆへにと云り⑥。恵心《ゑしむ》のこゝろ、平生《へいぜい》の見《けん》にわたる也と云へり⑦。

又云、往生《じやう》の業成《ごふじやう》は、念をもて本《ほん》とす。名號《みやうがう》を稱《しよう》するは、念を成《じやう》ぜむがため也。もし聲《こゑを》はなるゝとき、念すなわち懈怠《けだい》するがゆへに、常恆《じやうがう》に稱唱《しようしやう》すればすなわち念相續《ねむさうぞく》す。心念《しむねむ》の業《ごふ》、生《しやう》をひくがゆへ也。

又云、稱名《しようみやう》の行者《ぎやうは》、常途《じやうづ》念佛のとき不淨《ふじやう》をはゞかるべからず、相續《さうぞく》を要《えう》とするがゆへに。如意輪《によいりん》の法《ほふ》は、不淨《ふじやう》をはゞからず、彌陀《みだ》・觀音一體不二《くわんおむゐちたいふに》也。これをお

---

①善→(甲)善（なり）
②廢→(甲)癈
③と　◎湮滅
④り　(甲)に無し
⑤め　◎「の」を「め」と上書訂記
⑥り　(甲)に無し
⑦へり　(甲)に無し

5-295　5-294　5-293　5-292

もふに、善導《ぜんだう》の別時《べちじ》の行《ぎやう》には、清浄潔齋《しやうじやうけちせい》をもちゐる、尋常《じむじやう》の行、これにことなるべき歟《か》。惠心《ゑしむ》の「不《ふざる》レ論《ろんぜ》二時處諸縁《じしよしよえんを》一」(要集巻下)之釋《のしやく》、永観《ゐやうくわん》の「不《ふざる》レ論《ろんぜ》二身浄不浄《しんじやうふじやうを》一」(往生拾因)之釋《のしやく》、さだめて存《ぞん》ずるところある歟《か》と云。

又云、善導《ぜんだう》は第十八の願、一向《かう》に佛號《ぶちがう》を稱《しよう》念して往生すと云り。①惠心《ゑしむ》のこゝろ、觀念《くわんねむ》・稱《しよう》念等みなこれを攝《せふ》すと云り。もし『要集《えうしふ》』のこゝろによらば、行者《ぎやうじや》においては、この名をあやまてらむ歟《か》と。

又云、第《だい》十九の願《ぐわん》は、諸行之《しよぎやうの》人を引入《いんにふ》して、念佛之願《ぐわん》に歸《くゐ》せしめむと也。

又云、眞實心《しんじちしむと》②いふは、行者願往生之《ぎやうはぐわんわうじやうの》③心《しむ》なり。矯飾《けうしよく》なく、表裏《へうり》なき相應《さうおう》の心《しむ》也。雜毒虚假等《ざふどくこけとう》は、名聞利養《みやうもんりやう》の心也。『大品經《だいぼむきやうに》』(巻一序品)云《いはく》、「捨《すてよと》二利養名聞《りやうみやうもんを》一。」文『大《だい》論《ろん》』に述《じゆつする》二此文《このもんを》一之下《したに》云《く》、「當《まさに》三《ベシトイフ》業《ごふに》捨《すつ》二雜毒《ざふどくを》一者《は》、一聲一念猶《なほ》具《ぐせば》レ之《これを》、④无《なき》二實心之《じちしむの》一相《さう》也。翻《ほむじて》レ内《ないを》矯《かざるといふ》レ外者《ぐゐをは》、假《け》一令外相不法《りやうぐゐさうふほふなれども》、内心眞實《ないしむしんじちにして》願《ぐわんずれ》二往生《を》一者《ば》、可《べき》レ遂《とぐ》二往生《を》一也《と》。」云云 深心《じむしむ》といふは、疑慮《ぎりよ》なき心《しむ》也。利他眞實《りたしんじちといふは》者、得生之後《とくしやうののち》利他門之相《りたもんのさう》也。よてくはしく釋《しやく》せずと。⑤『觀无量壽經《くわんむりやうじゆきやうに》』、「若有《もしあて》二衆生《しゆじやう》一願《ぐわんぜむ》レ生《むまれむと》二彼國《かのくにに》一者《もの》、發《おこせば》二三種心《さむしゆのしむを》一⑥即便往生《すなはちわうじやう》す。何等《なんらか》爲《する》レ三《みつと》。一《ひとつには》者⑦至誠心《しじやうしむ》、二《ふたつには》者深心《じむしむ》、三《みつには》者廻向發願心《ゑかうほちぐわんしむ》なり。具《ぐすれ》二三心《さむしむを》一者《ば》必《かならず》生《しやうずと》二彼國《かのくにに》一」⑧いへり。『往生禮《わうじやうらい》

---

①り　㊙に無し
②心→㊙心〔と〕
③之→㊙の
④无實心之相→㊙无《なき》二實《じち》心之《の》相《さう》一
⑤と　◎右傍補記
⑥即便　右◎「そくべん」を「すなはち」と上書訂記
⑦至　右◎「し」と上書訂記
⑧い→㊙〔と〕い

讃《さんに》』釋《しやくし》二三心《しむを》一畢《おはるにいはく》云、「具《ぐすれば》二此三心《このさむしむを》一必《かならず》得《うる》二往生《わうじやうを》一也《なり》。若《もし》少《かけぬれば》二一心《ゐちしむ》一、卽《すなわち》不《ずと》レ得《え》レ生《しやうを》。」然《しかれば》則《すなわち》尤《もとも》可《べき》レ具《ぐす》二三心《さむしむを》一也。一《ひとつに》至誠《しじやう》①心《しむといふは》者、眞實心《しんじちしむ》也。身《みに》行《ぎやうず》二禮《らい》拜《はいを》一、口《くちに》唱《となふ》二名號《みやうがうを》一、意《こゝろに》想《おもふ》二相好《さうがうを》一、皆《みな》用《もてせよとなり》二實心《じちしむを》一。總《そう》而《じて》言《いふに》レ之《これを》、厭《えむ》②離《り》穢土《ゑど》、忻《ごん》求淨土《ぐじやうど》、修諸行業《しゆしよぎやうごふ》、皆以《みなもて》二眞實心《しんじちしむを》一可《べし》三勤《ごむ》二修《しゆす》之《これを》一。外《ほかに》現《げんじ》二賢善精進《けんぜんしやうじん》之《の》相《さうを》一、内《うちに》懷《いだけり》二愚惡懈怠《ぐあくけだい》之《の》心《しむを》一。所修《しよしゆの》行業《ぎやうごふ》、日夜《にちや》十二時《じに》无《なく》レ間《ひま》行《ぎやうずれども》レ之《これを》、不《ず》レ得《え》二往生《わうじやうを》一。外《ほかに》顯《あらわし》二愚惡懈怠《ぐあくけだい》之《の》形《かたちを》一、内《うちには》住《ぢゆして》二賢善精進《けんぜんしやうじん》之《の》念《に》一、修《しゆ》二行《ぎやうせ》之《これを》一者《ば》、③雖《いゑども》二一時《じ》一念《と》一、其《その》行《ぎやう》不《ず》レ虛《むなしから》、必《かならず》得《えむ》二往生《わうじやうを》一。是《これを》名《なづく》二至誠心《しじやうしむと》一。二《ふたつに》深心《じむしむといふは》者、深信之心《フカクシンズルコ、ロナリ》《じむしんしむ》也。付《ついて》レ之《これに》有《あり》レ二《ふたつ》。一者《ひとつには》信《しんず》下④我《われは》是罪惡不善《これざいあくふぜん》之《の》身《みなり》、无《む》始《し》已《より》⑤來《このかた》輪《りん》二廻《ゑして》六道《どうに》一、无《なしと》中往生《わうじやうの》縁《えん》上。二《ふたつには》信《しんず》下雖《いゑども》二罪人《ざいにん》一、以《もて》二佛願力《ぶちぐわんりきを》一爲《すれば》二強緣《がうえん》一、得《うと》中往生《わうじやうを》上。无《なく》レ疑《うたがひ》无《なかれとなり》レ慮《おもむぱかり》。⑥付《ついて》レ此《これに》亦《また》有《あり》レ二《ふたつ》。一《ひとつには》就《ついて》レ人《にんに》立《たつ》レ信《しんを》、二《ふたつには》就《ついて》レ行《ぎやうに》⑦立《たつ》レ信《しんを》。就《ついて》レ人《にんに》立《たつといふ》レ信《しんを》者《は》、出離生死道《しゆつりしやうじのみち》雖《いゑども》レ⑧多《おほしと》、大《おほきに》分《わかて》有《あり》レ二《ふたつ》。一《には》聖道門《しやうだうもん》、二《には》淨土門《じやうどもんなり》。聖道門《しやうだうもんといふ》者《は》、於《して》二此娑婆世界《このしやばせかいに》一、斷《だんじ》二煩惱《ぼむなうを》一、證《しようする》二菩提《ぼだいを》一道《だう》也。淨土門《じやうどもんといふは》者、厭《いとうて》二此娑婆世界《このしやばせかいを》一、忻《ねがふて》二極樂《ごくらくを》一、修《しゆする》二善根《ぜんごんを》一門《もん》也。雖《いゑども》レ有《ありと》二二門《もん》一、閣《さしおきて》二聖道門《しやうだうもんを》一、歸《くゐするなり》二淨土門《じやうどもんに》一。然《しかるに》若《もし》有《あて》レ人《ひと》多《おほく》引《ひきて》二經論《きやうろんを》一、罪惡凡夫《ざいあくのぼむぶ》不《ずといはむ》レ得《え》二往生《わうじやうを》一、雖《いゑども》レ聞《きくと》二⑨此語《このことばを》一、不《ず》レ生《しやうぜ》二退心《たいしむを》一、彌《いよいよ》増《ます》二信心《しんじむを》一。⑩所‐以《ゆへ》者何《はいかんとなれば》、罪障凡夫《ざいしやうのぼむぶ》往《わう》二生《じやうするは》淨土《じやうどに》一、釋尊《しやくそんの》⑪誠言《じやうごん》⑫なり、非《あらず》二

①心　右◎「し」と上書訂記
②離　右◎湮滅
③雖　◎右傍補記
④我　右◎「が」を「れは」と上書訂記
⑤來　◎「以」を「來」と上書訂記
⑥付　右◎つい□
⑦立　右◎湮滅
⑧多　右◎おほ□□
⑨此　右◎「こ」と上書訂記
⑩所以　右◎「へ」の下「もて」とあるを抹消
⑪誠言　左㊙マコトノミコトバ
⑫なり　㊙に無し

5-303　5-302　5-301　5-300

凡夫《ぼむぶ》の①妄說《まうせちに》一。我已《われすでに》信《しんじて》二佛言《ぶちごんを》一、深《ふかく》忻《ごん》二求《ぐす》淨土《じやうどを》一。設《たとひ》諸佛《しよぶち》・菩薩《ぼさち》來《きたりて》、罪障《ざいしやうの》凡夫《ぼむぶ》言《のたまふとも》レ②不《ずと》レ生《むまれ》二淨土《じやうどに》一、不《ず》レ可《べから》レ信《しんず》レ之《これを》。何以《なにをもてのゆへに》③故。菩薩《ぼさち》佛《はぶち》弟子《でしなり》。若實是《もしまことにこれ》菩薩《ぼさちなら》者《ば》、不《ず》レ可《べから》レ乖《そむく》二佛說《ぶちせちに》一。然已《しかるにすでに》④違《ゐして》二佛說《ぶちせちに》一、言《のたまふ》レ不《じと》レ得《え》二往生《を》一。知《しりぬ》非《あらずといふことを》二眞《まことの》菩薩《ぼさちに》一。是故《このゆへに》不《ずと》レ可《べから》レ信《しんず》。また⑤佛《は》是《これ》同體《どうたいの》大悲《だいひなり》。實《まことに》是《これ》佛者《ならば》、不《ずと》レ可《べから》レ違《たがふ》二釋迦《しやかの》說《せちに》一。然則《しかればすなわち》『阿彌陀經《きやうに》』（意）說《とかく》、「一《ゐち》日七《しち》日念《ねむずれば》二阿彌陀佛《ぶちの》名號《みやうがうを》一、必《かならず》⑥得《うといへる》二往《わう》生《じやうを》一」者《は》、六方恆沙《ぱうごうじやの》諸佛《しよぶち》、同《おなじく》二釋迦佛《しやかぶちに》一不《ずと》レ虛《むなしから》證《しようじやう》二誠《したまへり》之《これを》一。然今《しかるにいま》背《そむきて》二釋《しや》迦說《かのせちに》一、云《いふ》レ不《じと》レ得《え》二往生《じやうを》一。故《かるがゆへに》知《しりぬ》⑦非《あらずと》二眞《まことの》佛《に》一。是《これ》天《てん》魔《まの》變《へん》⑧化《ぐゑなり》。以《もての》二是義《このぎを》一故《ゆへに》、不《ずと》レ可《べから》二依信《よりしんず》一。佛《ぶち》・菩薩說《ぼさちのせち》、尙以《なほもて》不《ず》レ可《べから》レ信《しんず》、何況《いかにいはむや》餘說《よのせち》哉《おや》。汝等《なんだちが》所《ところ》レ執《しふする》、雖《いゑども》二大小異《だいせうことなりと》一⑨同《おなじく》期《ごす》二佛果《ぶちくわを》一。穢土《ゑど》修行《のしゆぎやうは》聖道《しやうだう》意《のこゝろ》⑩なり。我等《われらが》所《ところの》レ修《しゆする》正雜《しやうざふ》不《ず》レ同《おなじから》、共《ともに》忻《ねがふ》二極樂《ごくらくを》一。往生《わうじやう》行業《のぎやうごふ》、淨土門《じやうどもん》意《のこゝろなり》。聖道《しやうだう》者《は》是《これ》汝《なんぢが》有《う》緣《えんの》行《ぎやう》⑪なり、淨土門者《じやうどもんは》我有緣《わがうえんの》行《ぎやう》⑫なり。不《ず》レ可《べから》二以《もて》レ此《これを》難《なんず》一レ彼《かれを》、不《ず》レ可《べから》二以《もて》レ彼《かれを》難《なんず》一レ此《これを》。如《ごとく》レ是《かくの》信《しん》⑬ずる、是《これを》名《なづく》二就《ついて》レ人《にんに》立《たつと》一レ信《しんを》。次《つぎに》就《ついて》レ行《ぎやうに》立《たつといふ》レ信《しんを》者《は》、往生極樂《わうじやうごくらく》⑭の行《ぎやう》、雖《いゑども》レ區《まちまちなりと》不《ず》レ出《いで》二二種《しゆを》一。一者《には》正行《しやうぎやう》、二者《には》雜行《ざふぎやう》⑮なり。正行者《しやうぎやうは》於《おいて》二阿彌陀佛《に》一之《の》⑯親行《しんぎやう》也、雜行者《ざふぎやうは》於《おいて》二阿彌陀佛《ぶちに》一之《の》⑰疎行《そぎやう》也。先《まづ》正行者《しやうぎやうといふは》、付《ついて》レ之《これに》有《あり》レ五《いつゝ》。⑱一《に》謂《いはく》讀誦《どくじゆ》、謂《いはく》⑲讀《よむ》二「三部經《さむぶきやうを》」一也。⑳二《には》謂《いはく》觀《くわんずる》二極樂依正《ごくらくのえしやうを》一也。三《には》禮拜《らいはい》、謂《いはく》禮《らいしたてまつる》二彌陀佛《みだぶちを》一

---

①の　甲に無し
②不　右◎「じ」を「ずと」と上書訂記
③故　右◎ゆ□□
④違　左甲タガフ
⑤佛→甲佛〔は〕
⑥得　右◎「り」を「る」と上書訂記
⑦非　◎上欄補記
⑧化→甲化〔なり〕
⑨同　右◎おな□□
⑩なり　甲に無し
⑪なり　甲に無し
⑫なり　甲に無し
⑬ずる　甲に無し
⑭の　甲に無し
⑮なり　甲に無し
⑯親　右甲シン反　左甲シタシ
⑰疎　左甲ウトキ
⑱一謂讀誦謂讀三部經也　◎上欄補記
⑲讀　右◎「どく」を「よむ」と上書訂記
⑳二→甲二〔者〕

也。四《には》稱名《しようみや□》、謂《いはく》稱《しようする》二彌陀名號《みだのみやうがうを》一也。五《には》讚嘆供養《さんだんくやう》、謂《いはく》讚《さん》二嘆《だんし》供《く》三養《やうしたてまつる》阿彌陀佛《ぶちを》一也。以《もて》二此五《このいつゝを》一合《がふして》爲《す》レ二《ふたつと》。一者《には》一心《ゐちしむに》專《せん》二念《ねむして》彌陀名號《みだのみやうがうを》、行住座臥《ぎやうぢゆざぐわ》不《ず》レ問《とは》二時節久近《じせちくごんを》一念念《ねむねむに》不《ざる》レ捨《すて》者《は》、是《これを》名《なづく》二正定之業《しやうぢやうのごふと》一、順《じゆんずるが》二彼佛願《かのぶちぐわんに》一故《ゆへに》。二者《には》先五中《さきのいつのなかに》、除《のぞきて》二稱名《しようみやうを》一已外《いぐゑの》禮拜《らいはい》・讀誦等《どくじゆとうは》、皆《みな》名《なづく》二助業《じよごふと》一。次雜行者《つぎにざふぎやうといふは》、除《のぞきて》二先①五種《さきのごしゆの》正助二行《しやうじよぎやうを》一已外《いぐゑの》諸《もろもろの》讀誦大乘《どくじゆだいじよう》・發菩提心《ほちぼだいしむ》・持戒《ぢかい》・勸進《くわんじんの》行等《ぎやうとう》②一切《のゐちさい》行《ぎやう》也。付《ついて》二此正雜《このしやうざふ》二行《ぎやうに》一、有《あり》二五種《ごしゆの》得失《とくしち》一。一《には》親疎對《しんそたい》、謂《いはく》正行《しやうぎやうは》親《しんなり》《シタシキ》二阿彌陀佛《に》一、雜行《ざふぎやうは》③疎《そなり》《ウトキ》二阿彌陀佛《に》一。二《には》近遠對《ごんおんたい》、謂《いはく》正行《しやうぎやうは》④近《ごんなり》《チカシ》二阿彌陀佛《に》一、雜行《ざふ》遠《はおんなり》《トオシ》二阿彌陀佛《に》一。三《には》⑤有《う》間《けん》⑥無《む》間對《けんたい》、謂《いはく》正行《しやうぎやうは》係念《けねむ》无《なし》レ間《ひま》、雜行《ざふぎやうは》係念《けねむ》⑦間《けん》⑧斷《だんす》。四《には》廻向不廻向對《ゑかうふゑかうたい》、謂《いはく》正行《しやうぎやうは》不《ざるに》レ用《もちゐ》⑨二廻向《ゑかうを》一自《おのづから》爲《なる》二往生業《わうじやうのごふと》一、雜行《ざふぎやうは》不《ざる》二廻向《ゑかうせ》⑩一時《ときは》不《ず》レ爲《なら》二往生《わうじやうの》業《ごふと》一。五《いつゝには》純雜對《じゆんざふたい》、謂《いはく》正行《しやうぎやうは》純《じゆんに》往生極樂《わうじやうごくらくの》業《ごふ》也、雜行《ざふぎやうは》不《ず》レ爾《しから》、通《つずる》二十方《じふぱう》淨土乃至人天業《じやうどないしにんでんのごふに》一也。如《ごとく》レ此《かくの》信者《しんずるは》、名《なづく》二就《ついて》レ行《ぎやうに》立《たつと》レ信《しんを》、是《これを》名《なづく》二深心《じむしむと》一。三《には》廻《ゑ》向《かう》發願心者《ほちぐわんしむといふは》、過去及今生《くわこおよびこむじやうの》身口意業《しんくいごふに》所《ところの》レ修《しゆする》一切善根《ゐちさいぜんごん》、以《もて》二眞實心《しんじちしむを》一廻《ゑ》二向《かうして》極樂《ごくらくに》一、⑪忻《ごん》二求《ぐする》往生《わうじやうを》一也。

又云《く》、善導《ぜんだうと》與《と》二惠心《ゑしむ》一相違《さうゐする》義事《ぎのこと》。善導《ぜんだうは》色相等《しきさうとうの》觀法《くわんぼふおば》⑫觀佛三昧《くわんぶちざむまい》と云《い》へり⑬、稱名《しようみやう》念佛おば念佛三昧《ざむまいと》⑭云へり。惠心《ゑしむ》は稱名《しようみやう》・觀法《くわんぼふをがふ》合して念佛三昧《まい》と云へり⑮。

①五種　右◎「ごしゆ」と上書訂記
②等　◎「等」と上書訂記
③行　右◎ぎやう□
④近　右◎ごん□□　左◎チカ□
⑤有間　左甲ヒマアリ
⑥無間　左甲ヒマナシ
⑦間　左甲ヒマ
⑧斷　左甲タエ
⑨用　◎上欄補記
⑩向　右◎「を」を「せ」と上書訂記
⑪忻求　左甲ネガヒモトム
⑫法　右◎「ぼ」と上書訂記→甲法〔おば〕
⑬へり　甲に無し
⑭味→甲味〔と〕
⑮へり　甲に無し

又云《く》、餘宗《よしゅ》の人《ひと》、淨土門《じやうどもん》にその志《こゝろざし》あらむには、先《まづ》『往生要集《わうじやうえうしふ》』をもてこれをおし①ふべし。そのゆへは、この書《しよ》はものにこゝろえて、難《なん》なきやうにその面《おもて》をみえて、初心《しよしむ》の人のためによき也。雖《いゑども》レ然《しかりと》　眞實《しんじち》の底《そこ》の本意《ほんい》は、稱名《しようみやう》念佛をもて專修專《せんじゆせん》念の②勸進《くわんじん》したまへり。善導《ぜんだう》と一同《ゐちどう》也。

又云《く》、餘宗《よしゅ》の人、淨土宗《じやうどしゅ》にそのこゝろざしあらむものは、かならず本宗《ほんしゅ》の意《こゝろ》を棄《すつ》べき也。そのゆへは、聖道《しやうだう》・淨土《じやうど》の宗義《しゅぎ》各別《かくべち》なるゆへ也とのたまへり。

（六）

法然聖人臨終《ほふねんしやうにんりむじゆの》　行儀《ぎやうぎ》

建暦元年《けんりやくぐわんねん》十一月十七日、藤中納言光親卿《とうちうなうごんみつちかのきやう》の奉《うけたまはり》にて、院宣《ゐんぜん》によりて、十一月廿日戌時《いぬのとき》に聖人宮《しやうにんみやこ》へかへり入《いり》たまひて、東山大谷《ひむがしやまおほたに》といふところにすみ侍③《はべるに》、同《おなじき》二年正月二日より、老病《らうびやう》の上《うへ》にひごろの不食《ふしよく》④、おほかたこの二三年《ねん》のほどおいぼれて、よろづものわすれなどせられけるほどに、ことしよりは耳《みゝ》もきゝこゝろもあきらかにして、としごろならひおきたまひけるところの法文《ほふもん》を、時時《ときどき》おもひいだして、弟子《でし》どもにむか⑤ひて談義《だんぎ》したまひけり。またこの十餘年《よねん》は、⑥耳《みみ》おぼ

①し→㊙も（「し」と右傍註記）
②の→㊙を
③侍　右◎「り」を「る」と上書訂記
④食　右◎「よ」と上書訂記
⑤か　◎湮滅
⑥耳　右◎み□

5-316　5-315　5-314　5-313

ろにして、さゝやき事《ごと》おばきゝたまはず侍《はべり》けるも、ことしよりは昔《むかし》のやうにきゝたまひて、例《れい》の人のごとし。世間《せけん》の事《こと》はわすれたまひけれども、つねは往生《わうじやう》の事《こと》をかたりて念佛をしたまふ。またあるいは高聲《かうしやう》にとなふること一時《ゐちじ》、あるいはまた夜《よ》のほど、おのづからねぶりたまひけるにも①、舌《した》・口《くち》はうごきて佛の御名《みな》をとなえたまふこと、小聲聞《せうしやうきこへ》侍《はべり》けり。ある時《とき》は舌《した》・口《くち》ばかりうごきてその聲《こゑ》はきこえぬ事も、つねに侍《はべり》けり。されば口《くち》ばかりうごきたまひけることおば、よの人みなしりて、念佛を耳《みゝ》にきゝける人、ことごとくきどく②のおもひ③をなし侍《はべり》けり。

また同《おなじき》正月《しやうぐわち》④三日戌《いぬ》⑤の時《とき》ばかりに、聖人看病《しやうにんかむびやう》の弟子《でし》どもにつげてのたまはく、われはもと天竺《てんぢく》にありて聲聞僧《しやうもんそう》にまじわりて頭陀《づだ》を行《ぎやう》ぜしみの、この日本《ぽん》にきたりて天台宗《てんだいしゆ》に入《いり》て、またこの念佛の法門《ほふもん》にあえりとのたまひけり。その時看《ときかむ》病《びやう》の人の中にひとりの僧《そう》ありて、とひたてまつりて申《まふ》すやう、極樂《ごくらく》へは往生《わうじやう》したまふべしやと申《まふし》ければ、答《こたえて》のたまはく、われはもと極樂《ごくらく》にありしみなれば、さこそはあらむずらめとのたまひけり。

又同《またおなじ》正月《しやうぐわち》十一日辰時《たつのとき》ばかりに、聖人《しやうにん》おきゐて合掌《がふしやう》して、高聲《かうしやう》念佛したまひ

①に　甲に無し
②く　◎湮滅
③を　◎右傍補記
④月　右◎「ゑ」を「わ」と上書訂記
⑤の　◎湮滅

けるを、聞人《きくひと》みななみだ①をながして、これは臨終《りむじゆ》の時《とき》かとあやしみけるに、聖《しやう》人看病《にんかむびやう》の人につげてのたまはく、高聲《かうしやう》に念佛すべしと侍《はべり》ければ、人々同音《どうおむ》に高《かう》聲《しやう》念佛しけるに、そのあひだ聖人ひとり唱《となへ》てのたまはく、阿彌陀佛《わあみだぶち》を恭敬供養《くぎやうくやう》したてまつり、名號《みやうがう》をとなえむもの、ひとりもむなしき事《こと》なしとのたまひて、さまざまに阿彌陀佛の功徳《くどく》をほめたてまつりたま②ひけるを、人々高聲《かうしやう》をとゞめてきゝ侍《はべり》けるに、なほその中に一人たかくとなへければ、聖人《しやうにん》いましめてのたまふやう、しばらく高聲《かうしやう》をとゞむべし、かやうのことは、時《とき》おりにしたが③ふべきなりとのたまひて、うるわしくゐて合掌《がふしやう》して、阿彌陀佛のおはしますぞ、この佛を供養《くやう》したてまつれ、たゞいまはおぼえず、供養《くやう》の文《もん》やある、えさせよと、たびたびのたまひけり。またある時《とき》、弟子《でし》どもにかたりてのたまはく、觀音《くわんおむ》・勢《せい》至菩薩《しぼさち》、聖衆《しやうじゆ》まへに現《げん》じたまふおば、なむだち、おがみたてまつるや④とのたまふに、弟子等《でしら》えみたてまつらずと申《まふし》けり。またそのゝち臨終《りむじゆ》のれうに⑤て、三尺《さむじやく》の彌陀《みだ》の像《ざう》をすゑたてまつりて、弟子等申《でしらまふす》やう、この御《おむ》佛をおがみまいらせたまふべしと申侍《まふしはべり》ければ、聖人《しやうにん》のたまはく、この佛のほかにまた佛おはしますかとて、ゆびをもてむなしきところをさしたまひけり。按内《あんない》をしらぬ人は、この⑥事《こと》を

①な　◎「な」と上書訂記
②た　◎「た」と上書訂記
③ふ　◎湮滅
④や　(甲)「か」と右傍註記
⑤に→(甲)に〔と〕
⑥事　◎「佛」を「事」と上書訂記

4-139

こゝろえず侍《はべり》。しかるあひだ、いさゝか由緒《ゆしよ》をしるし侍《はべる》①なり。

凡《おほよそ》この十餘年《よねん》より、念佛の功《こう》つもりて極樂《ごくらく》のありさまをみたてまつり、佛《ぶち》・菩薩《ぼさち》の御《おむ》すがたを、つねにみまいらせたまひけり。しかりといゑども、御意《おむこゝろ》ばかりにしりて、人にかたりたまはず侍《はべる》②あひだ、いきたまへるほどは、よの人ゆめゆめしり侍《はべら》ず。おほかた眞身《しんしん》の佛をみたてまつりたまひけること、つねにぞ侍《はべり》ける。また御弟子《おむでし》ども、臨終《りむじゆ》のれうの佛の③御手《みて》に五色《ごしき》のいとをかけて、このよしを申《まふし》侍《はべり》ければ、聖人《しやうにん》これはおほやうのことの④いはれぞ、かならずしもさるべからずとぞのたまひける。

又同《おなじき》廿日巳時《みのとき》に、大谷《おほたに》の房《ばう》の上《うへ》にあたりて、あやしき雲《くも》、西東《にしひむがし》へなおくたなびきて侍《はべる》中に、ながさ五六丈《ぢやう》ばかりして、その中にまろなるかたちありけり。そのいろ⑤五色《ごしき》にして、まことにいろあざやかにして、光《ひかり》ありけり。たとへば、繪像《ゑざう》の佛の圓光《ゑんくわう》のごとくに侍《はべり》けり。みちをすぎゆく人々⑥、あまたところにて、みあやしみておがみ侍《はべり》けり。

又同《おなじき》日午時《むまのとき》ばかりに、ある御弟子《みでし》申《まふし》ていふやう、この上《うへ》に⑦紫雲《しうん》たなびけり、聖《しやう》人《にん》⑧の往生《わうじやう》の時《とき》ちかづかせたまひて侍《はべる》かと申《まふし》ければ、聖人《しやうにん》のたまはく、あはれな

①な→甲け（「な」と右傍註記）
②侍　右◎「り」を「る」と上書訂記
③の　◎「の」と上書訂記
④の　◎「の」と上書訂記
⑤五色　左甲イツ、ノイロ
⑥々　◎右傍補記
⑦紫雲　左甲ムラサキグモ
⑧の　◎湮滅

5-325　5-326　5-327　5-328

る事かなと、たびたびのたまひて、これは一切衆生《ゐちさいしゆじやう》のためになどしめして、すなわち誦《じゆ》してのたまはく、「光明遍照《くわうみやうへんぜう》、十方世界《じふぱうせかい》、念佛衆生《ねむぶちしゆじやう》、攝取不捨《せふしゆふしや》」（観経）と、三返《さむべん》となへたまひけり。またそのひつじの時《とき》ばかりに、聖人《しやうにん》ことに眼《まなこ》をひらきて、しばらくそらをみあげて、すこしもめをまじろがず、西方《さいはう》へみおくりたまふこと五六度《ど》したまひけり。ものをみおくるにぞにたりける。人みなあやしみて、たゞ事にはあらず、これ證《しよう》①相《さう》②の現《げん》③じて、聖衆《しやうじゆ》のきたりたまふかとあやしみけれども、よの人はなにともこゝろえず侍《はべり》けり。おほよそ聖人《しやうにん》は、老病日《らうびやうひ》かさなりて、ものをくはずしてひさしうなりたまひけるあひだ、いろかたちもおとろえて、よはくなりたまふがゆへに、めをほそめてひろくみたまわぬに、たゞいまやゝひさしくあおぎて、あながちにひらきみたまふことこ④そ、あやしきこ⑤となりといひてのちほどなく、かほのいろもにわかに變《へん》じて死相《しさう》たちまちに現《げん》じたまふ時《とき》、御《おむ》弟子《でし》ども、これは臨終《りむじゆ》かとうたがひて、おどろきさわぐほどに、れいのごとくなりたまひぬ。あやしくも、けふ紫雲《しうん》の瑞相《ずいさう》ありつる上《うへ》に、かたがたかやうの事どもあるよと、御弟子《でし》⑥たち申《まふし》侍《はべり》けり。

又同《おなじき》廿三日にも紫雲《しうん》たなびきて侍《はべる》よし、ほのかにきこえけるに、同《おなじき》廿五日むま

①證　右(甲)シヨウ反　左(甲)サトル
②相　右(甲)セウ反　左(甲)カタチ
③現　左(甲)アラワル
④こ　◎「こ」と上書訂記
⑤き　◎「く」を「き」と上書訂記
⑥子　◎涅滅

の時《とき》に、また紫雲《しうん》おほきにたなびきて、西《にし》の山《やま》の水《みづ》の尾《お》のみねにみえわたりけるを、①樵夫《せうふ》《キコルモノトイフ》ども十餘人《よにん》ばかりみたりけるが、その中に一人まいりて、このよしくわしく申《まふし》ければ、かのまさしき臨終《りむじゅ》の午《むま》の時《とき》にぞあたりける。またうづまさにまいりて下向《げかう》しけるあまも、この紫雲《しうん》おばおがみて、いそぎまいりてつげ申侍《まふしはべり》ける。すべて聖人《しやうにん》念佛のつとめおこたらずおはしける上《うへ》に、正月《しやうぐわち》廿三日より廿五日にいたる②まで三箇日《さむが》のあひ③だ、ことにつねよりもつよく高聲《かうしやう》の念佛を申《まふし》たまひける事、或《あるい》④は一時《じ》、或は⑤半時《はんじ》ばかりなどしたまひけるあひだ、人みなおどろきさわぎ侍《はべる》。かやうにて、二三度《さむど》になりけり。

またおなじき廿四日の酉時《とりのとき》より、廿五日の巳時《みのとき》まで、聖人高聲《しやうにんかうしやう》の念佛をひまなく申《まふし》たまひければ、弟子《でし》ども番番《ばんばん》にかわりて、一時《じ》に五六人ばかりこゑをたすけ申《まふし》けり。すでに午時《むまとき》にいたりて、念佛したまひけるこゑ、すこしひきくなりにけり。さりながら、時時《ときどき》また高聲《かうしやう》の念佛まじわりてきこえ侍《はべり》けり。これをきゝて、房《ばう》のにわのまへにあつまりきたりける⑥結縁《けちえん》のともがら、かずをしらず。聖人ひごろつたへもちたまひたりける慈覺大師《じかくだいし》の九條《くでう》の御袈裟《おむけさ》をかけて、まくらをきたにし、おもてを西《にし》して、ふしながら佛號《ぶちがう》をとなへて、ねぶるがごとくして、正

①樵　左◎「ル」と上書訂記
②る　◎「る」と上書訂記
③ひ　◎湮滅
④は　（甲）に無し
⑤は　（甲）に無し
⑥け→（甲）た

月廿五日午時《むまの》のなからばかりに往生したまひけり。そのゝち、よろづの人々きおいあつまりて、おがみ申《まふす》ことかぎりなし。

(七)

一 聖人御事《しやうにんのおむこと》、あまた人々夢《ゆめ》にみたてまつりける事。

中宮大進兼高《ちうぐのだいしんかねたか》と申《まふす》人、ゆめにみたてまつるやう、或《ある》人もてのほかにおほきなるさうしをみるを、いかなるふみぞとたちよりてみれば①、よろづの人の臨終《りむじゆ》をしるせる文《ふみ》なり。聖人《しやうにん》の事やあるとみるに、おくに入《いり》て、「光明遍照《くわうみやうへんぜう》、十方《じふぱう》②世《せ》界《かい》、念佛衆生《しゆじやう》、攝取不捨《せふしゆふしや》」(觀經)とかきて、この聖人は、この文《もん》を誦《じゆ》して往生すべきなりとしるせりとみて、ゆめさめぬ。この事、聖人も御弟子《おむでし》どももしらずしてすぐすところに、この聖人《しやうにん》さまざまの不思議《ふしぎ》を現《げん》じたまふとき、やまひにしづみて、よろづ前後《ぜんご》もしらずといゑども、聖人この文《もん》を三返誦《さむべんじゆ》したまひけり。かの人のむかしのゆめにおもひあわするに、これ不思議《ふしぎ》といふべし。かの人ふみをもちて、かのゆめの事をつげ申《まふし》たりけるを、御弟子《おむでし》ども、のちにひらきみ侍《はべり》けり。件《くだん》の文《ふみ》、ことながきゆへに、これにはかきいれず。

---

①ば ◎湮滅
②世界 ◎「衆生」を「世界」と上書訂記

一　四條京極《でうきやうごく》にすみ侍《はべり》ける薄師《はくし》、字太郎《あざなたらう》まさいゐと申《まふ》すもの、ことしの正月十五日の夜《よ》、ゆめにみるやう、東山大谷《とうざんおほたに》の聖人の御房《おむばう》の御堂《みだう》の上より、むらさき雲《ぐも》たちのぼりて侍《はべり》。ある人のいふやう、あのくもおがみたまへ、これは往生の人のくもなりといふに、よろづの人々あつまりておがむとおもひて、ゆめさめぬ。あくる①日、そらはれて、みのときばかりにかの堂《だう》の上《うへ》にあたりて、そらの中に五色《ごしき》のくもあり。よろづの人々、ところどころにしてこれをみけり。

一　三條小川《でうこがは》に、陪從信賢《べいじゆのぶかた》が後家《ごけ》の尼《あま》のもとに、おさなき女子《によし》あり。まことに信《しん》心《じむ》ありて、念佛をまふし侍《はべり》けり。同《おなじき》廿四日の夜《よ》、ことにこゝろをすまして高聲《かうしやう》に念佛しけるに、乗願房《じようぐわんばう》と申《まふす》ひじり、あからさまにたちやどりてこれをきゝけり。夜《よ》あけてかの小女《せうによ》、この乗願房《じようぐわんばう》にかたりていはく、法然《ほふねん》聖人は、けふ廿五日にかならず往生したまふべきなりと申《まふし》ければ、この人申《まふ》さく、なに事《ごと》にてかやうにはしりたまへるぞとたづぬるに、この小女申《せうぢよまふす》やう、こよひのゆめに、聖人の御《おむ》もとにまい②りて侍《はべり》つれば、聖人のおほせられつるやう、われはあす往生すべきなり、もしこよひなむぢきたらざらましかば、われおばみざらまし、よくきたれりとのたまひつるなりと申《まふし》けり。しかるにわがみにとりては、いさゝかいたみお

①る　◎右傍補記
②い　◎湮滅

もふ事《こと》侍《はべ》り①。そのゆへは、われいかにしてか往生し侍《はべる》べきと、とひたてまつりしかば、聖人おしへたまふ事ありき。わがみにとりてたえがたく、かないがたき事どもありき。そのゆへは、まづ出家《しゆつけ》して、ながく世間《せけん》の事《こと》をすて〻、しづかなるところにて、一向《かう》に後世《ごせ》のつとめをいたすべきよしなりと侍《はべり》き。しかるにけふのむまの時《とき》に聖人《しやうにん》往生したまふべき事、このゆめにすでにかなへりと申《まふ》し侍《はべり》けり。

一　白河《しらかわ》に准后《じゆんごう》の宮《みや》の御邊《ごへん》に侍《はべり》ける三河《みかわ》と申《まふ》す女房《によばう》のゆめにみるやう、同《おなじき》廿四日の夜《よ》、聖人《しやうにん》の御《み》もとにまいりておがみければ、四壁《しへき》に錦帳《にしきのちやう》をひけり。色《いろ》さまざまにあざやかにして、ひかりある上《うへ》にけぶりたちみてり。よくよくこれをみれば、けぶりにはあらず。紫雲《しうん》といふなるものはこれをいふか、いまだみざるものをみつるかなどおもひて、不思議《ふしぎ》のおもひをなすところに、聖人《しやうにん》往生したまへるかとおぼえて、ゆめさめぬ。夜《よ》あけてあしたに、僧順西《そうじゆんせい》といふもの②にこの事どもをかたりてのち、けふのむまの時《とき》に聖人《しやうにん》往生したまひぬとき〻けり。

一　かまくらのものにて、來阿彌陀佛と申《まふす》あまの、信心《しんじむ》ことにふかく③て、仁和寺《にんわじ》にすみける。同《おなじき》廿四日の夜《よ》、ゆめにみるやう、よにたうときひじりきたれり。そのかたち、ゐざうの善導《ぜんだう》の御《おむ》すがたににたりけり。それを善導《ぜんだう》かとおもふほど

①り　甲に無し
②に　◎湮滅
③く↓甲く〔し〕

に、つけてのたまふやう、法然聖人《ほふねんしやうにん》はあす往生したまふべし、はやくゆきておがみたてまつれとのたまふと①みて、ゆめさめぬ。かのあま、やがておきゐで、あか月くゐものなどいとなみて、わりごといふものもたせて、いそぎいそぎいでたちて、聖人《しやうにん》の御もとへまいるところに、下人どもおのおの申《まふす》やう、けふはさしたる大事《だいじ》侍《はべり》、これをうちすてゝいづかたへありきたまふぞ。はやくけふは②とまりたまふべしといひけれども、かゝるゆめをみつれば、かの聖人《しやうにん》の往生《わうじやう》をおがみにまいらむとて、よろづをふりすてゝいそぐなり。さらにとゞまるべからずといひて、仁和寺《にんわじ》よりほのぼのにいでゝ、東山大谷《ひむがしやまおほたに》の房《ばう》にまいりてみたてまつれば、げにもその日のむまの時《とき》に往生《わうじやう》したまへり。このゆめは、聖人《しやうにん》いまだ往生のさきにきゝおよべる人々、あまた侍《はべり》けり。さら③にうたがひ④なきことなり。⑤返《かへす》がへすこの事《こと》ふしぎの事なり。おほよそ廿五日に、聖人の往生をおがみたてまつらむとてまいりあつまりたる人、さかりなる市《いち》のごとく侍《はべり》けり。その中にある人のいふやう、廿三日の夜《よ》のゆめにみるやう、聖人きたりて、われは廿五日のむまの時《とき》に往生《わうじやう》すべ⑥きなりとのたまふとおもひて、ゆめさめぬ。このことのまことをあきらめむとて、まいりたるよし申《まふし》けり。これならず、あるいはきのふの夜《よ》、このつげ

①み　◎「み」と上書訂記
②と→㊙と〔ど〕
③に　◎湮滅
④な　◎右傍補記
⑤返　右◎「ゑ」を「へす」と上書訂記　返がへす→㊙返々
⑥き　◎右傍補記

ありといふものもあり。あつまりたる人々の中に、かやうのことどもいふ人おほく侍《はべり》。くわしくしるし申侍《まふしはべ》らず。

一　東山《ひむがしやま》の一切經《ゐちさいきやう》の谷《たに》に、大進《だいしん》と申僧《まふすそう》の弟子《でし》に、歳《とし》十六なる兒《ちご》の袈裟《けさ》といふゆめに、同《おなじき》廿五日の夜《よ》みるやう、西東《にしひむがし》へすぐにとおりたるおほぢあり、いさごをちらして、むしろをみちの中にしけり。左右《さう》にものみる人とおぼしくて、おほくあつまれり。ゆゝしきことのあらむずるぞとおぼえて、それもともにみ侍《はべ》らむとて、みちのかたわらにたちよりて侍《はべる》ほどに、天童《てんどう》二人《にん》たまのはたをさして西《にし》へゆきたまへり。そのうしろにまた法服《ほふぶく》きたる僧《そう》ども①千萬人《せんまんにん》あつまりゆきて、左《ひだり》の手《て》に香呂《かうろ》をもち、右《みぎ》のてにはけさのはしをとりて、おなじく西《にし》へゆくを、ゆめの中《うち》にとふ②やう、これはいかなる人のおはしますぞといふに、ある人こたへていふやう、これは往生《わうじやう》の聖人《しやうにん》のおはしますなりといふを、またとふやう、聖人とはたれ人ぞととへば、これはおほたにの聖人なりとみて、ゆめさめぬ。この③兒《ちご》そのあか月《つき》、師《し》の僧《そう》にかたり侍《はべり》けり。この兒《ちご》、聖人の事おもしらず、また往生のよしおもきゝおよばざりけるに、そらにこのつげありけり。

一　建暦《けんりやく》二年二月十④三日《さむにち》の夜《よ》、⑤故惟方《ここれかた》の別當入道《べちたうにふだう》の孫《まご》、ゆめにみるやう、聖人《しやうにん》

①千　右◎「さ」を「せ」と上書訂記
②ふ　◎「ふ」と上書訂記し、さらに「ふ」と右傍註記
③兒　左(甲)ニ反
④三　◎「三」と上書訂記→(甲)五
⑤故惟方　◎「中納言《ちうなうごん》なり」と右傍註記　(甲)「中納言なり」と右傍註記

を葬送《さうそう》したてまつるをおがみければ、聖人清水《きよみづ》のたう①の中《うち》にいれたてまつるとみて、のちまた二日《ふつか》ばかりすぎて、ゆめにみるやう、となりの房《ばう》の人きたりていふやう、聖人の葬送《さうそう》にまいりあはぬことのゐこむに候《さふら》へども、おなじことなり、はかどころへまいりたまへと申《まふす》に、よろこびてかのはかどころへあひ共②《ぐ》してまいりぬとおもふほどに、八幡《まん》の宮《みや》とおぼしき社《やしろ》の、みとあくるところをみれば、御《ご》聖體《しやうたい》おはします。その時《とき》はかどころへまいるに、八幡《やはた》③の御聖體《ごしやうたい》とはなにおか申《まふ》すべきといふに④、かのとなりの人いふやう、この聖人の御房《おむばう》こそは御聖體《ごしやうたい》よといふあひだ、身《み》の毛《け》いよだちて、あせたりて、ゆめさめぬ。

4-147

一　同《おなじき》正月廿五日辰時《たつのとき》に、念阿彌陀佛と申《まふ》す⑤あまの、ゆめうつゝともなくてみるやう、はるかにうしとらのかたをみやれば、聖人すみぞめのころもをきて、そらにゐたまへり。そのかたはらにすこしさがりてしらさうぞくして、唐人《たうじん》のごとくなる人ゐたり。おほたにに⑥あたりて、聖人《しやうにん》と俗人《ぞく》と、南《みなみ》にむかひてゐたまへるほどに、俗《ぞく》のいふやう、この聖人は通事《つじ》にておはすといふとおもふほどに、ゆめさめぬ。

一　同《おなじき》廿三日卯時《うのとき》に、念阿彌陀佛、またゆめに、そらはれて西《にし》のかたをみれば、

①たう　◎「塔《たふ》」と右傍註記→甲塔《たふ》
②共　◎「共」と上書訂記
③幡　右◎「た」と上書訂記
④と　◎右傍補記
⑤す　甲に無し
⑥に　◎「に」と上書訂記

5-358　5-359　5-360　5-361　5-362

しろき光《ひかり》あり。あふぎのごとくして、すゑひろくもとせばくして、やうやくおほきになりて虚空《こく》にみてり。光《ひかり》の中に、わらだばかりなる紫雲《しうん》あり。光《ひかり》ある雲《くも》とおなじく東山《ひむがしやま》の大谷《おほたに》のかたにあたりて、参《さむじ》たる人々あまたこれをおがみけり。いかなる光《ひかり》ぞとゝふに、ある人のいふやう、法然聖人の往生したまふよと申《まふす》によりて、おがみたてまつれば、人々の中に、よにかうばしきかなといふ人もありとおもふて、これを信仰《しんかう》しておがむとおも①へば②、ゆめさめぬ。

一　聖人往生《しやうにんわうじやう》したまへる大谷《おほたに》の坊《ばう》の東《ひむがし》の岸《きし》③の上《うへ》に、たいらかなるところあり。その地《ち》を、建暦《けんりやく》二年十二月のころ、かの地主《ぢぬし》、聖人《しやうにん》にまいらせたりければ、その地《ち》を墓所《むしよ》とさだめて葬送《さうそう》したてまつり侍《はべり》けり。その地《ち》のきたに、また人の坊《ばう》あり。それにやどりゐたるあまの、先年《せんねん》のころゆめにみるやう、かのはかどころの地《ち》を、天童《てんどう》ありて行道《ぎやうだう》したまふとみ侍《はべり》けり。また同房主《おなじばうしゆ》、去年《きよねん》《コゾトイフ》十一月十五日の夜《よ》のゆめにみるやう、この南《みなみ》の地《ち》のはかどころに、青蓮華《しやうれんぐゑ》おいて④開敷《かいふ》せり。そのはなかぜにふかれて、すこしづゝこの房《ばう》へちりかゝるとみて、ゆめさめぬ。またおなじ房《ばう》に女《おむな》の侍《はべり》けるも、⑤去年《きよねん》の十二月のころみるやう、南《みなみ》⑥の地《ち》にいろいろさまざまの蓮華《れんぐゑ》さきひらけてありとみおはりてのち、ことしの正月十日、かの地《ち》を

①も　◎「も」と上書訂記
②ば　◎「ば」と上書訂記
③の　◎湮滅
④開　左(甲)ヒラク
⑤去年　左(甲)コゾトイフ
⑥の　◎湮滅

墓所《むしよ》とさだめて、穴《あな》をほりまうくるとき、この房主《ばうず》はじめておどろきていふやう、
5-367 ひごろのゆめどもの三度《みたび》までありしが、たゞいまおもひあはするに、あひたるよ
といひて、ふしぎがりけり。

一　建暦元年《けんりやくぐわんねん》のころ、聖人つのくにの勝尾《かちお》といふところにおはしける時《とき》、祇陀《ぎだ》
林寺《りむじ》の一和尚《わじやう》にて侍《はべり》ける西成房《さいじやうばう》といふ僧《そう》の、ゆめにみるやう、祇陀林寺《ぎだりむじ》の東《ひむがし》の
5-368 山《やま》にあたりて金色《こむじき》の光《ひかり》をさしたりけるを、あまた人これをみて、あやしみとひた
づねければ、そばなる人のいふやう、これこそ法然聖人《ほふねんしやうにん》の往生したまふよとい
ふとおもふほどに①、ゆめさめぬ。そのゝち聖人《しやうにん》、勝尾《かちお》より大谷《おほたに》にうつりゐたま
5-369 ふて往生したまひぬときゝて、この僧《そう》、人々にかゝりしゆめをこそみたりしかと
申《まふし》けり。

一　華山院《くわざんのゐん》の前右大臣《さきのうだいじん》の家《いゑ》の侍《さぶらひ》に、江内《かうない》といふものゝしたしき②女房、三日があ
ひだ、うちつゞき三度《ど》までゆめにみるやう、まづ正《しやう》月廿三日の夜のゆめに、西山《にしやま》
4-149 5-370 より東山《ひむがしやま》にいたるまで、五色《ごしき》の雲《くも》の一町《ちやう》ばかりになおくたなびきて侍《はべり》けり。大《おほ》
谷《たに》の聖人《しやうにん》の御房《おむばう》③にまいりておがみたてまつりければ、すみぞめのころも・けさ
をきたまへるが、袈裟《けさ》のおほはむすびたれて、如法経《によほふきやう》のけさのおのやうにて、

① に　甲に無し
② た　◎「く」を「た」と上書訂記
③ に　◎湮滅

4-150

請用《しやうよう》かとおぼえて、聖人いでたちたまふとみて、ゆめさめぬ。また同《おなじき》廿四日の夜《よ》みるやう、昨日《きのふ》の夜《よ》、五色《ごしき》の雲《くも》すこし①もちらずして、おほいかだのやうにおほまわりにまわりて、東《ひむがし》がしらなるくも、西《にし》がしらになりて、なほくたなびけり。聖人《しやうにん》もさきのごとくしておはしますとみて、ゆめさめぬ。又同《おなじき》廿五日にみるやう、件《くだん》の雲《くも》、西《にし》へおもむきて、聖人《しやうにん》七條《でう》の袈裟《けさ》をかけて、臨終《りむじゆ》の作法《さほふ》のやうにてかのくもにのりて、とぶがごとくして西《にし》へゆきたまひぬとみて、ゆめさめぬ。むねさわぎておどろきたるに、わがくちも、ころもゝ、あたりまでも、よにかう②ばしく侍《はべり》ける。よのつねの香《か》にもにず、よにめでたくぞ侍ける。

一　ある人、二月二日の夜のゆめにみるやう、聖人《しやうにん》往生したまひてのち、七日にあたりける夜《よ》のゆめに、ある僧《そう》きたりていふやう、聖人の御房《おむばう》は、往生の傳記《でんき》に入《いら》せたまひたるおば、しるやいなやととひ侍《はべり》ければ、この人いふやう、たれ人のいかなる傳《でん》に入《いり》たまへるにかと申《まふし》侍《はべり》ければ、ゆびをもちて、まへなるふみをさして、このふみに入《いら》せたまふなりとみて、ゆめさめぬ。そのゆびにてさしつる文《ふみ》をみれば、善導《ぜんだう》の『觀經《くわんぎやう》の疏《しよ》』なりけり。これは長樂寺《ちやうらくじ》の律師《りちし》隆寛《りうくわん》、一晝夜《ちうや》の念佛申《まふし》ける時《とき》のゆめなり。

①こ　◎「こ」と上書訂記
②ば　◎右傍補記

5-371　5-372　5-373　5-374

一　先年《せんねん》のころ、直聖房《ぢきしやうばう》といふ人、熊野《くまのへ》①②まいり侍《はべり》けるに、聖人いさゝかの事《こと》によりて、さぬきへくだりたまふときゝて下向《げかう》せむとするほどに、ことにふれて、はゞかりのみありて、やまひがちに侍《はべり》ければ、この事権現《ごんげん》にいのり申《まふし》侍《はべり》けるに、直聖房《ぢきしやうばう》がゆめにみるやう、なむぢいづべからず、臨終《りむじゅ》のときすでにちかしと侍《はべり》ければ、かの僧申《そうまふ》す③やう、聖人の事のきわめておぼつかなく候なり。はやく下向《げかう》し候て、子細《しさい》をうけたまはり候ばやとおもひたまふと申《まふし》ければ、権現《ごんげん》のしめしたまふやう、かの聖人は勢至菩薩《せいしぼさち》の化現《くゑげん》なり、なむぢ不審《ふしむ》すべからずと。みおわりてのち、いくほどをへずしてかの僧往生《そうわうじやう》し侍《はべり》ける事、めをおどろかさずといふ事なし。このありさま、よの人々みなしれり。

一　天王寺《てんわうじ》の松殿《まつどのゝ》　法印御坊《ほふいんおむばう》静尊《じやうそん》、高雄寺《たかおでら》にこもりゐて、ひごろ法然聖人といふ人④ありとばかりしりて、いまだ対面《たいめん》におよばず。しかるに正月廿五日午時《むまのとき》ばかりに、ある⑤貴所《くゐしよ》より『阿彌陀經』をあつらえて、かゝせらるゝ事ありて、出文机《いだしふんづくえ》にて書寫《しよしや》のあひだに、しばらく脇息《けふそく》によりかゝりて休息《くそく》⑥⑦するほどに、ゆめにみるやう、世間《せけん》もてのほかに、諸人《しよにん》のゝしるおとのするにおどろきて、えむのはしにたちいでゝそらをみあげたれば、普通《ふつう》ののりぐるまのわほどなる八輻輪《はちふくりん》の八方《ぽう》のさ

①野→甲野（ヘ）
②ま　◎「ま」と上書訂記
③す　甲に無し
④ふ　◎湮滅
⑤貴所　左甲タフトキトコロ
⑥休　左甲ヤミ
⑦息　左甲ヤム

きごとに雑色《ざふしき》の幡《はた》をかけたるが、東《ひむがし》より西《にし》①へとびゆくに、金色《こむじき》の光《ひかり》ありて四方《はう》②をてらすに、すべて餘《よ》のものみえずして、金色《こむじき》の光《ひかり》のみ天地《てんち》にみちみちて、日光《にちくわう》弊覆《へいふく》③せられたり④。これをあやしみて、人にこれをとふとおぼしきに、かたわらの人つげていはく、法然聖人往生《ほふねんしやうにんわうじやう》の相《さう》なりといふ。歸命渇仰《くゐみやうかちがう》のおもひをなすほどに、ゆめさめぬ。その〻ち、しらか⑤わの御《おむ》めのとのもとより、同《おなじき》廿七日に御ふみをおくらる〻ついでに、おととひ廿五日のむまの時《とき》にこそ、法然《ほふねん》聖人往生せられて候へと申《まふ》されたる時《とき》、夢想《むさう》すでに府合《ふがふ》して、いよいよ随喜《ずいき》のおもひをなしおはりぬと云り⑥。

一　丹後國《たむごのくに》しらふの庄《しやう》に、別所《べちしよ》の一和尙僧《ゐちわじやうそう》⑦ありけり。昔天台山《むかしてんだいさん》の學徒《がくと》、遁世之《とむせいの》後《のち》、聖人《にん》に歸《くゐ》した⑧てまつりて弟子《でし》になりけるほどに、丹後《たむご》よりのぼりて、京《きやう》に五條《でう》の坊門《ばうもん》、富小路《とみのこうぢ》なる所《ところ》に住《ぢゆ》しけり。或日《あるひ》ひるねしたるゆめに、空《そら》に紫雲《しうん》そびきたる中に、尼《に》《アマ》一人ありて、うちゑみて云く⑨、法然《ほふねん》聖人の御おしえによりて極樂《ごくらく》に往生し候ぬるを、仁和寺《にんわじ》に候つると⑩告《つげ》ける。その〻ち夢《ゆめ》さめて、聖人の九條《でう》におはしましけるに、やがてまいりて、妄想《まうざう》にてや候つらむ、か〻るゆめをみて候と申《まふし》ければ、聖人うちあむ⑪じて、さる人もあるらむとて、人を仁和寺《にんわじ》へつかはさ

①西　右◎「し」を「に」と上書訂記
②方　左甲ハウ
③覆　左甲オホフ
④た　◎「な」を「た」と上書訂記
⑤か　◎「か」と上書訂記
⑥り　甲に無し
⑦尙→甲尙［の］
⑧た　◎「た」と上書訂記
⑨く　甲に無し
⑩と　◎「と」と上書訂記
⑪む→甲ん

むとしけるが、日もくれければ、次《つぎ》の朝《あした》にかの所《ところ》へつかはして、便宜《びんぎ》になに事か候とたづぬべきよし、使《つかひ》におほせられけるに、件《くだん》の①尼公《にこう》は、昨日《きのふ》の午時《むまとき》に往生せられ候ぬと申《まふし》たりけるを、聖人まふされていはく、かの尼公《にこう》は『法華經《ほふくゑきやう》』千部《せんぶ》自②讀《どく》せむと願《ぐわん》をおこして候が、七百部《ぶ》ばかりはよみて候が、のこりをいかにしてはたしとぐべしともおぼへ候はぬと申《まふし》候しを、としよりたる御身《おむみ》に、めでたくよませたまひて候へども、のこりおば一向《かう》念佛にならせたまへかしとて、名號《みやうがう》の功《く》德《どく》をときゝかせられけるより、『經《きやう》』おばおきて一向專稱《ゐちかうせんしよう》して、とし月をへて往《わう》生極樂《じやうごくらく》の素懷《そくわい》をとげけるにやとぞ、おほせありけると。

康元元丁巳正月二日

愚禿親鸞 八十五歳 校了

①尼公　左(甲)アマギミ
②讀　左(甲)ヨムトナリ
〈巻尾〉
◎「愚禿親鸞［八十／五歳］／書之」
〈奥書〉
(甲)「康元二丁巳正月二日／愚禿親鸞［八十／五歳］校了」
「康元二年［丁／巳］二月廿七日書之」

西方指南抄中[1] 末

（八）

一　普《あまねく》告《つげたまはく》　于《に》予《わが》門人《もんにん》念佛上人等《とう》。

可《べき》停《ちやう》止《じす》未《いまだ》《ズ》窺《うかゞは》一句《の》文《を》奉《たてまつることを》破《はし》眞言・止觀《を》、謗《はうじ》餘佛《よぶち》・菩薩《ぼさちを》事《こと》。

右至《いたて》立《りふ》破《はするに》道《を》者《は》、學生《がくしやうの》之所《ところ》經《ふる》也、非《あらず》愚人《ぐにん》之境界《のきやうがいに》。加之《しかのみならず》、誹謗《ひはう》正法《しやうぼふ》免《めん》除《ぢよせられたり》　彌陀《み だ》願《ぐわんに》。其報《そのほう》當《まさに》《ベシ》墮《だす》那落《ならくに》。豈《あに》非《あらず》癡闇《ちあむ》之至《のいたりにや》哉。

一　可《べき》停《ちやう》止《じす》以《もて》无智身《むちのみを》對《むかひ》有智人《うちのに》、遇《あふて》別行《べちぎやうのともがらに》輩　好《このみて》致《いたすことを》諍論《じやうろんを》事《こと》。

右《みぎ》論《ろん》②義《ぎ》者《は》、是《これ》智者《ちしや》之有《のう》也《なり》、更《さらに》非《あらず》愚人《ぐにん》之分《のぶんに》。又《また》諍論《じやうろん》之處《のところは》諸《もろもろの》煩惱《ぼむなう》起《おこる》。智者《ちしや》遠離《おんりすること》之《これを》百由旬《ひやくゆじゆん》也《なり》。況《いはむや》於《おいて》一向念佛之行人《ぎやうにん》乎《にや》。

一　可《べき》停《ちやう》止《じす》對《むかふて》別解《べちげ》・別行《べちぎやうの》人《に》、以《もて》愚癡《ぐち》偏執《へんじふの》心《こゝろを》構《いふことを》　當《まさに》《ベシト》棄《き》置《ちし》本業《ほんごふを》、強《しゐて》嫌《けむ》《キラヒキラフ》喧《くわんす》之《これを》事《こと》。

右修道《みぎしゆだう》之習《のならひ》、各《おのおの》勤《つとむるに》敢《あえて》不《ず》遮《しやせ》餘行《よぎやうを》。『西方要決《さいはうえうくゑちに》』（意）云《いはく》、「別解《べちげ》・別行者《べちぎやうは》總《すべて》起《おこせ》敬心《きやうしむを》。若《もし》生《しやうぜば》輕慢《きやうまんを》、得《えむこと》罪《つみを》无《なしと》窮《きわまり》。」云云　何《なんぞ》背《そむかむ》此制《このせいを》哉《や》。

〈表紙〉
◎旧表紙中央「西方指南抄中［末］」
左下「□眞佛」
㊙左上「西方指南抄［中末］」（題簽）
旧表紙中央「西方指南抄中［末］」
左下「釋覺信」
①西方指南抄中末　◎に無し　㊙旧表紙見返にあり
②論　右◎「ろん」と上書訂記

4-154

一　可《べき》下停《ちやう》中止《じす》於《おいて》二念佛門《もんに》一、號《がうして》レ无《なしと》二戒行《かいぎやう》一專《もはら》勸《すゝめ》二婬《いむ》酒《しゆ》①食《しよく》②肉《にくを》③一、適《たまたま》守《まもる》二律儀《りちぎを》一者《ものを》

名《なづく》二雜行《ざふぎやうと》一、憑《たのむ》二彌陀本願《みだのほ□ぐわんを》一者《もの》、說《といて》勿《なかれといふことを》上恐《おそるゝこと》二造《ザウ》惡《あくを》一事《こと》。

右戒《みぎかいはこれ》是佛法大地《のだいぢ》也、衆行《しゆぎやう》雖《いゑども》④レ區《まちまちなりと》同《おなじく》專《もはらす》レ之《これを》。是以《これをもて》善導和尚《ぜんだうくわしやう》、擧《あげて》レ目《めを》

不《ず》レ見《み》二女人《によにんを》一。此行狀《このぎやうじやう》之趣《おもむき》、過《すぎたり》二本律制淨業之類《ほんりちのせいじやうごふのたぐひに》一。不《ず》レ順《じゆんぜ》レ之者《これには》、總《すべて》失《わすれたり》二

如來之遺教《によらいのゆいけうを》一、別《べちしては》背《そむく》二祖師之舊跡《そしのきうせきに》一。旁《かたがた》无《なき》レ據《よるところ》者《もの》歟《かと》。

一　可《べき》丁停《ちやう》丙止《じす》未《いまだ》レ辨《わきまへ》ズ二是非《ぜひを》一癡《ち》⑤人《にん》、離《はなれ》二聖教《しやうげうを》一非《あらずし》二師說《せちに》一、恐《おそらくは》述《じゆちし》二私義《わたくしのぎを》一妄《みだりに》

企《くわだて》⑥クワダテ二諍論《じやうろんを》一、被《る》レ笑《わらは》二智者《ちしやに》一迷乙亂《めいらんすることを》愚人《ぐにんを》甲事《こと》。

右无智大天《みぎむちのだいてん》⑦、此朝《このてうにさい》再誕《たむして》猥《みだりがわしく》述《じゆちす》二邪義《じやぎを》一。既《すでに》同《どうじ》二九十五種異道《しゆのいだうに》一、尤《もとも》可《べし》レ

悲《かなしむ》レ之《これを》。

一　可《べき》丁停《ちやう》丙止《じす》以《もて》二癡《ち》⑧鈍身《どんのみを》一殊《ことに》好《このみ》二唱⑨導⑩《しやうだうを》一、不《ずして》レ知《しら》二正法《しやうぼふを》一說《ときて》二種種邪法《しゆじゆのじやほふを》一、敎《けう》乙

化《くゑすることを》无智道俗《むちのだうぞくを》甲事《こと》。

右無《なくして》レ解《さとり》作《なるは》レ師《しと》、是《これ》『梵網《ぼむまう》』之制戒《のせいかい》也。黑闇之類《こくあむのたぐひ》欲《おもふて》レ顯《あらわさむと》二己才《おのれがさいを》一、以《もて》二淨土《じやうどの》

敎《けうを》一爲《して》二藝能《げいのうと》一、貪《とむじ》二名利《みやうりを》一望《のぞむ》二檀越《だんおちを》一。恐《おそらくは》成《なして》二自由《じゆ》之妄說《のまうせちを》一、狂⑪《わう》二惑《わくせむ》世間人《せけんの》⑫一《を》。誑法《わうぼふ》

之過《のとが》殊《ことに》重《おもし》。是輩《このともがらは》非《あらず》二國賊《こくぞくにや》クニノヌスビト、イフ一乎。

一　可《べき》丁停《ちやう》丙止《じす》自《みづから》說《ときて》下非《あらざる》二佛敎《ぶちけうに》一邪法《じやほふを》上爲《し》二正法《しやうぼふと》一、僞《いつわりて》號《がうすることを》乙師範《しはんの》說《せちと》甲事《こと》。

①酒　左㊙サケ
②食　左㊙ジキ
③肉　右◎「に」と上書訂記　左㊙シ、ムラ
④雖　◎右傍補記
⑤癡　右㊙チ反　左㊙オロカナリ
⑥企　右◎「くわ」と上書訂記　左㊙—
⑦天　㊙下に挿入符号あり、「魔ィ」と左傍註記
⑧癡鈍　左㊙オロカニブシ
⑨唱　左㊙オコナフ
⑩導→㊙道
⑪狂　◎「狂」と上書訂記
⑫間　右◎「の」と上書訂記

5-394　5-395　5-396　5-397

右各《みぎおのおの》雖《いゑども》二一人《なりと》一、說《とく》三所《ところ》レ積《つめる》爲《ためなりと》二予《わが》一身《の》一。衆惡《しゆあくをして》汚《けがす》二彌陀《だの》教文《けうもんを》一、揚《あぐ》二師匠《ししやうの》之惡《あく》
名《み□□を》一、不善《ふぜん》之甚《のはなはだしきこと》无《なき》レ過《すぎたること》レ之《これに》者也《ものなり》。
以前《いぜん》七箇條《かでう》甄錄《けんろく》如《ごとし》レ斯《かくの》。一分《ゐちぶん》學《まなばむ》二教文《けうもんを》一弟子《でし》等《ら》者《は》、頗《すこぶる》知《しりて》二旨趣《ししゆを》一年來《ねんらい》之間《あひだ》雖《いゑども》レ
修《しゆすと》二念佛《を》一、隨《ずい》二順《じゆんして》聖教《しやうげうに》一敢《あえて》不《ず》レ逆《たがは》二人心《にんしむに》一、无《なかれ》レ驚《おどろかすこと》二世聽《よきこへを》一。因《よて》レ茲《これに》于《に》レ今《いま》三十
箇年《かねん》无爲《ぶゐなり》。涉《わたり》二日月《じちぐゑちを》一而至《ていたるまで》二近王《ちかきわうに》一此《この》十箇年《かねんよりい》以後《ご》、无智《むち》不善《ふぜんのともがら》輩《ときどき》時時到來《たうらいす》。
非《あらず》三啻《たゞ》失《しちするのみに》二彌陀淨業《のじやうごふを》一、又《また》汚《わ》二穢《ゑす》釋迦《しやかの》遺法《ゆいほふを》一。何《なんぞ》不《ざらむ》レ加《くわへ》二炯誡《きやうかいを》一乎《や》。此《この》七箇條《しちかでう》之
內《うち》、不當《ふたう》之間《のあひだ》巨細《こさいのじ》事等《ら》多《おほし》。具《つぶさに》難《がたし》二註述《ちゆじゆちし》一。總《すべて》如《ごとき》①レ此《かくの》等《ら》之《の》無方《むはう》、愼《つゝしんで》不《ず》レ可《べから》レ犯《おかす》。
此上《このうへ》猶《なほ》背《そむく》二制法《せいはふを》一輩《ともがら》者《は》、是《これ》非《あらず》二予《よが》門人《もんにんに》一、魔眷屬《まのくゑんぞく》也。更《さらに》不《ず》レ可《べから》レ來《きたる》二草庵《さうあむに》一。自《じ》－
今以－後《こむいご》、各《おのおの》隨《したがふて》二聞《きゝ》②及《およばむに》一、必可《べし》レ被《らる》レ觸《ふれ》レ之《これを》。餘人《よにん》勿《なかれ》二相伴《あひともなうこと》一。若《もし》不《ず》レ然《しからは》者、是同《これどう》
意人《いのひと》也。彼過《かのとが》如《ごときの》レ作《なす》者《ものは》、不《ず》レ能《あたは》下瞋《いかり》二同法《どうほふを》一恨《うらむること》中師匠《ししやうを》上、自業自得《じごふじとく》③之理《のことわり》、只《たゞ》在《あり》二
己身《おのれがみに》一而－已《ならくのみと》。是故《このゆへに》今日《こむにち》催《もよおして》二四方行人《はうのぎやうにんを》一、④集《あつめて》二一室《ゐちしちに》一告－命《がうみやうすらく》、僅《わづかに》雖《いゑども》レ有《ありと》二
風聞《ふぶん》一慥《たしかに》不《ず》レ知《しら》二誰人《たれのひと》失《のとがと》一、據《よて》レ于《に》二沙汰《さた》一愁－歎《しうたんす》。遂《おくる》二年序《ねんじよを》一、非《あらず》レ可《べきに》二⑤默止《もだす》一。先《まづ》隨《したがふて》二
力及《ちからのおよぶに》一、所《ところ》レ廻《めぐらす》二禁遏《きむあち》之《の》計《はかりごとを》一也。仍《よて》錄《ろくして》二其趣《そのおもむきを》一示《しめす》二門葉等《もんえふらに》一之狀《じやう》、如《ごとし》レ件《くだんの》。

元久元年《ぐゑんきうぐわんねん》十一月七日

沙門源空

信空《しんく》　感聖《かむ》　尊西　⑥證空《しようく》　源智《ぐゑんち》　行西　聖蓮　見佛《けんぶち》　導亘《だうくわん》　導西　寂西《じやくせい》　宗慶《そうけい》

①如　右◎「ごと」と上書訂記
②及　右◎およばむ□
③得　右◎とう
④集　右◎湮滅
⑤默止　右◎一字抹消し「す」と訂記し、さらに右に「してとゞむ」とあるを抹消
⑥證空　右◎し□うく

4-156

西縁　親蓮《しんれん》　幸西《かうせい》　住蓮《ぢゆれん》　西意《さいい》　佛心　源蓮　蓮生《れんせい》　善信　行空　已上

已上二百餘人、連署《れんしよ》了。

(九)
起請《きしやう》　沒後《もちご》二箇條《かでうのこと》事。

一　葬家追善《さうけついぜん》事。

右《みぎ》葬家《さうけ》之《の》次第《しだい》、頗《すこぶる》有《あり》二其《その》採旨《さいし》一。有《あらむ》二籠居《ろうきよ》之志《こゝろざし》一遺弟《ゆいてい》・同法《どうほふら》等、全《またく》不《①る》レ可《べから》三群《ぐん》二會《ゑす》一所《しよに》一者也《ものなり》。其故《そのゆへ》何者、雖《いゑども》三復《また》似《にたりと》二和合《わがふするに》一、集《あつまれば》則《すなはち》起《おこす》二闘諍《とうじやうを》一。此言誠《このことばまことなる》哉《かな》、甚《はなはだ》可《べし》二謹愼《つゝしみつゝしむ》一。若然者《もししからば》我同法《わがどうほふら》等、於《おいて》二我沒後《わがもちごに》一各‐住各‐居《かくぢゆかく》《こして》不《じ》レ如《しか》レ不《ざるには》レ會《あは》。闘諍《とうじやうの》②之基《もとゐなる》由《ゆへは》、集會《しふゑ》之《の》故《ゆへ》也。羨《ねがはくは》我弟子《わがでし》・同法《どうほふら》等、各《おのおの》閑《しづかに》住《ぢゆし》二本在《ほんざい》之草庵《さうあむに》一、苦《ねむごろに》可《しと》レ祈《いのる》二我新生《わがしんしやう》之蓮臺《れんだいを》一。努々《③ゆめゆめ》群《ぐん》二居《④きよすとも》一所《しよに》一、莫《なかれ》下致《⑤いたし》二諍論《じやうろんを》一起《おこすこと》中忿怨《ふんゑんを》上。有《あらむ》レ知《しること》二恩志《おんしを》一之人《は》、毫末《がうまちも》不《ざる》レ可《べから》レ違《ゐす》者《もの》也。兼《かねて》又《はまた》⑥追善《ついぜん》之《の》次第《しだい》、亦深《またふかく》有《あり》二存《ぞんずる》旨《むね》一。圖佛《づぶち》・寫經等《しやきやうとうの》善《ぜん》、浴室《よくしち》・檀施等《だんせとうの》行《ぎやう》、一向《かうに》不《ず》レ可《べから》レ修《しゆす》レ之《これを》。若有《もしあらむ》二追善報恩《ついぜんほうおん》之志《のこゝろざし》一人は⑦、唯一向《かうに》可《べし》レ修《しゆす》二念佛之行《ぎやうを》一。平生之時《へいぜいのとき》、既《すでに》付《ついて》二自行化他《じぎやうくゑたに》一、唯《たゞ》局《かぎる》二念佛之一行《ぎやうに》一。殁沒《ざんもち》之《の》後《のち》、豈《あに》爲《ために》二報恩追修《ほうおんついしゆの》一、寧《むしろ》雜《まじえむ》二自餘《じよ》之衆善《しゆぜんを》一哉《や》。但《たゞ》於《おいて》二念佛行《のに》一

①不　右◎「ず」を「る」と上書訂記
②之　甲に無し
③努々→◎甲努々(々)
④居　◎「居」と上書訂記
⑤致　右◎「し」と上書訂記
⑥又　◎「又」と上書訂記
⑦は　甲に無し

5-403　5-404　5-405　5-406　5-407

尚《なほ》可《べし》レ有《ある》二用心《ようじむ》一。或《あるいは》眼《まなこ》閉《とぢて》之《の》後《のち》、一晝夜《ちうや》自《より》二即時《そくじ》一始《はじめよ》レ之《これを》。標《へうして》二誠至心《じやうしむを》一各《おのおの》可《べし》二念佛《す》一。中陰《ちういむ》之間《のあひだ》、不《ざれ》レ斷《たゝ》二念佛《を》一。動《やゝもすれば》生《しやうじて》二懈惓《けくゑんを》一①、各《おのおの》還《かへりて》②闕《かゝむ》二勇進《ゆしん》之行《のぎやうを》一。凡《おほよそ》沒《もち》後《ご》之次第《のしだい》、皆《みな》用《もて》二眞實心《しんじちしむを》一可《べし》レ棄《すつ》二虛假《こけ》行《のぎやうを》一。有《あらむ》レ志《こゝろざし》之倫《ともがら》、勿《なかれ》レ乖《そむくこと》二遺言《ゆいごんを》一而已《ならくのみと》。

（一〇）

源空聖人私日記

夫－以《それおもひみれば》、俗姓者《ぞくしやうは》美作國《みまさかのくにの》廳官《ちやうくわん》漆間時國《うるしまのときくに》之《の》息《そくなり》。同國《おなじくに》③の久米南條稻岡庄《くめのなむでういなおかのしやうは》誕《たむ》生《じやう》之地《ち》也。長承《ちやうしよう》二年癸《みづのと》丑《うし》聖人《しやうにん》始《はじめて》出《いでたまふ》二胎內《たいない》一之時、兩《ふたつの》幡《はた》自《より》レ天《てん》而降《してくだる》。奇異《きい》之瑞相《ずいさう》也。權化《ごんくゑ》之再誕《のさいたむ》也。見者《みるもの》合《あはせ》レ掌《たなごゝろを》、聞者《きくもの》驚《おどろかすと》レ耳《みゝを》云云。保延《ほうえん》七年辛《かのと》酉《とり》春比《はるのころ》、慈父《じふ》爲《ために》二夜打《ようちの》一被《られ》二殺害《せちがいせ》一畢《おはりぬ》。聖人生年《しやうにんしやうねん》九歲《さいにして》、以《もて》二破矯小《こ》箭《やを》一射《いる》二凶敵《くゐようてき》之目間《めのあひだを》一。以《もて》二件疵《くだんのきずを》一知《しる》二其敵《そのかたきを》一、卽《すなはち》其庄《そのしやうの》預所《あづかりしよ》明石源內武者《あかしのぐゑんないむしや》也。因《よて》レ茲《これに》逃隱《にげかくれ》畢《おはりぬ》。其時聖人《そのときしやうにん》、同國內《おなじきくにのうちの》菩提寺《ぼだいじの》院主《ゐんじゆ》觀覺《くわんがく》得業《とくごふ》之弟子《で》成給《しとなりたまふ》。天養《てんやう》二年乙《きのと》丑《うし》初《はじめて》登山《とうざん》之時《のとき》、得業觀覺《とくごふくわんがく》狀《じやう》云《にいはく》、進《しん》二上《じやうすと》大聖文殊像《だいしやうもんじゆのざう》一體《ゐちたいを》一。源《ぐゑん》④覺《がく》西塔北谷《たうのきただに》持法房《ぢほふばうの》禪下《ぜんか》、得業《とくごふ》⑤の消息《せうそく》見給《みたまふて》奇給《あやしみたまふに》小兒來《せうにきたれり》、聖人《しやうにん》十三歲《のとし》也。然《しかふして》後《のち》十七歲《さいにて》天台《てんだいの》六十卷《くわん》讀《よみ》二始《はじむ》之《これを》一。

①惓　◎「惓」と上書訂記
②還　右◎「り」と上書訂記
③の　㊙甲に無し
④源覺　◎上欄補記
⑤の　◎右傍補記

久安《きうあん》六年庚《かのえ》午《むま》十八歳《さいに》始《はじめて》師匠《ししやうに》乞《こち》二請《しやうして》暇《いとまを》一遁世《とんせいせむとす》。法華修行《ほふくゑしゆぎやうの》之時《ときは》普賢《ふげん》菩薩《ぼさち》眼前《がんぜんに》奉《たてまつる》レ拜《はいし》、『華嚴《くゑごむ》』①披《ひ》②覽《らん》之《の》時《とき》蛇《じや》出來《いできたる》。信空上人見《みて》レ之《これを》怖驚《おそれおどろき》給《たまふ》。其夜夢《そのよのゆめにみらく》、我《われ》者《は》此聖人《このしやうにん》夜《よる》經論《きやうろん》見《みたまふに》、雖《いゑども》レ無《なしと》二燈明《とうみやう》一室内《しちのうちに》有《あて》レ光《ひかり》如《ごとし》レ晝《ひるの》。信空（法蓮房也、聖人之同法《どうほふ》）同《おなじく》見《みらる》二其光《そのひかりを》一。修《しゆせむとして》二眞言教《しんごんけうを》一入《いりて》二道場《だうぢやうに》一觀《くわんず》二五相成身《ごさうじやうしん》之觀《くわんを》一、行《ぎやう》顯《あらはす》レ之《これを》。於《して》二上西門院《じやうせいもんゐんに》一説戒《せちかい》七箇《か》日之間《のあひだ》、小蛇來《せうじやきたりて》聽聞《ちやうもんす》。當《あたりて》二第《だい》七日《に》一於《して》二唐垣上《からがきのうへに》一其蛇死《そのじやしゝ》畢《おはりぬ》。于《に》レ時《とき》有《あて》二人人一見樣《みるやう》、其頭破《そのかしらわれて》中《なかより》或《あるいは》見《みる》二天人登《てんにんとのぼると》一、或《あるいは》見《みる》二蝶《てう》出《いづと》一。説戒聽聞《せちかいちやうもん》之故《ゆへに》、離《はなれて》二蛇道《じやだう》之《の》報《ほうを》一直《ぢきに》生《ずる》二天上《てんじやうに》一歟《か》。高倉天皇《たかくらのてんわうの》御宇《ぎように》得《えたまひき》レ戒《かいを》。其戒《そのかい》之相承《さうじよう》、自《より》二南岳大師《なむがくだいし》一所《ところ》レ傳《つたふる》于《に》レ今《いま》不《ず》レ絶《たえ》、世間《せけん》流布《るふ》之《の》戒是《かいこれ》也。聖人所學《しやうにんしよがく》之《の》宗宗《しゆしゆの》師匠《ししやう》四人、還《かへて》成《なり》二弟子《でし》一畢《おはりぬ》。誠《まことに》雖《いゑども》二大卷《だいくわんの》書《しよなりと》一三反《べん》披《ひ》二見《けんする》之《これを》一時《とき》、於《おいて》レ文《もんに》者《は》明明《めいめいにして》不《ず》レ暗《くらから》、義《ぎ》又分明《またぶんみやう》也。雖《いゑども》レ然《しかりと》以《もて》二廿餘《よ》之功《こうを》一、不《ず》レ能《あたは》レ知《しること》二一宗《しゆ》之《の》大綱《たいかうを》一。然《しかふして》後《のち》窺《うかゞふ》二諸宗《しよしゆ》之教相《けうさうを》一、悟《さとる》二顯密《けんみち》之《の》奥旨《あうしを》一。八宗《しゆ》之外《ほかに》明《あきらかなり》二佛心《ぶちしむ》・達磨《だるま》等《とうの》宗《しゆ》之玄旨《のぐゑんしに》一。爰《こゝに》醍醐寺《だいごじの》三論宗《ろんしゆ》之先達《せんだち》、聖人《しやうにん》往《ゆいて》レ于《に》二其③所《そのところ》一述《じゆちす》二意趣《いしゆを》一。先達《せんだち》總《そうじて》不《ずして》レ言《ものいは》起《たち》レ座《を》、入《いて》レ内《うちに》取《とり》二出《いだして》文函《ふんばこ》十餘合《よがふを》一云《く》、於《おいて》二我法門《わがほふもんに》一者《は》無《なく》二餘念《よのおもひ》一、永《ながく》令《せしむと》三付《ふ》屬《ぞくに》二于汝《なんぢ》一云云。此上《このうへ》稱美《しようび》讃嘆《さんだんするに》不《ず》レ遑《いとまあら》二羅《ら》④縷《るするに》一。又値《あふ》二藏《ざう》俊《しゆん》僧都《そうづに》一而《て》⑤談《だんぜし》二法相《ほふさうの》法門《を》一之時《とき》、藏俊《ざうしゆん》云く⑥、汝《なんぢ》方《まさに》非《あらず》二直人《たゞびとに》一、權者《ごんじやの》之化現《くゑげん》也。智《ち》

---

① 披　右甲ヒ反　左甲ヒラキ
② 覽　右甲ラン反　左甲ミル
③ 所　右◎「こ」の下一字抹消し「ろ」と訂記
④ 縷　右◎るす□□
⑤ 談　右◎□んぜし
⑥ く　甲に無し

慧《ゑ》深遠《じむおんなること》 形相炳焉《ぎやうさうへいえん》也。我《われ》一期之間《ごのあひだ》可《べき》レ致《いたす》二供養《くやうを》一之旨契約《むねけいやくせりき》。仍《よて》毎年《まいねんに》 贈《おくる》二供養《くやう》物《もちを》一、致《いたす》二懇志《こんしを》一。已《すでに》遂《とげ》二本意《ほんいを》一了《おはぬ》。宗之長者《しゆのちやうじや》、教之先達《けうのせんだち》、無《なし》レ不《ざるは》二随喜《ずいき》①信伏《しんぶくせ》一。②總《すべて》本朝《ほんてうに》 所《ところ》レ渡《わたる》之聖教《のしやうげう》乃至《ないし》傳記《でんき》・目録《もくろく》、皆《みな》被《られ》レ加《くわへ》二一見《けんを》一了《おはぬ》。雖《いゑども》レ然《しかりと》 煩《わづらいて》二 出《しゆつ》離《り》之道《のみちに》一 身心《しんしむ》不《ず》レ安《やすから》。抑《そもそも》始《はじめ》自《より》二曇鸞《どむらん》・道綽《だうしやく》・善導《ぜんだう》・懐感《ゑかむ》御作《のごさく》一至《いたるまで》レ 于《に》二楞嚴先《りようごむのせん》徳《どくの》『往生要集《えうしふ》』一、雖《いゑども》下 窺《うかゞふこと》二 奥旨《あうしを》一二反《へんすと》上、拝《はい》‐見《けんせし》之時《ときは》者往生猶《なほ》不《ず》レ易《やすから》。第三反《だいべんの》之時《とき》、亂想之凡夫《らんさうのぼむぶは》不《ず》レ如《しか》二稱名《しようみやう》之一行《ぎやうに》一、是則《これすなはちぢよくせのわれらがえ》濁世我等依怙《こなり》。末代衆生之出《まちだいしゆじやうのしゆつ》‐離《り》令《せしめ》二開悟《かいご》一訖《おはぬ》。況《いはむや》 於③《おいてを》二 自④身《じしんの》 得脱《とくだちに》一乎《や》。⑤然則《しかればすなはち》 為《ため》レ世《よの》為《ため》レ人《ひとの》 雖《いゑども》レ 欲《おもふと》レ 令《しめむと》三 弘《ぐ》二通《づせ》此行《このぎやうを》⑥一、時機《じき》難《がたし》レ量《はかり》、感應《かむおう》難《がたし》レ知《しり》。倩《つらつら》 思《おもひ》二此事《このことを》一、暫《しばらく》 伏寢《ふしていぬる》之處《ところに》 示《しめす》二夢想《むさうを》一。紫《し》雲《うん》廣《ひろく》 大《おほきに》 聳《そびきて》 覆《おほへり》二 日本國《にちぽんこくに》一。自《より》二雲中《くものなか》一出《いだす》二无量光《むりやうのひかりを》一、自《より》二光中《の》一百寶色鳥《ひやくぽうしきのとり》飛散《とびさんじて》、充《じゆ》二滿《まんせり》 虚空《こくに》一。于《に》レ時《とき》登《のぼりて》二 高山《かうざんに》一 忽《たちまちに》 拝《おがめば》二 生身《しやうじん》之善導《ぜんだうを》一、自《より》二御腰《おむこし》一下者《しもは》金色《こむじき》也、自《より》二御腰《おむこし》一上者《かみは》如《ごとし》レ常《つねの》。高僧《かうそうの》云《く》、汝《なんぢ》 雖《いゑども》レ為《たりと》二不肖《ふせう》之身《み》一、念佛興行《こうぎやう》満《みてり》レ于《に》二一天⑦《てん》一。稱名専修《しようみやうせんじゆ》 及⑧《およぼさむ》レ 于《に》二衆生一之故《がゆへに》、我《われ》來《きたれり》レ于《に》レ此《こゝ》。善導《ぜんだう》卽《すなわち》 我《われ》也《と》云云。因《よて》レ茲《これに》 弘《ひろむ》二此《この》法《ほふを》一。年年次第《ねんねんしだいに》 繁昌《はんじやうせむ》、無《なけむと》下 不《ざる》二流布《るふせ》一之所《ところ》上。

聖人《しやうにんの》云《く》、我師《わがし》肥後《ひごの》阿闍梨《じやりの》云《く》、人智《ひとち》慧深遠《ゑじむおん》也。然《しかるに》 倩《つらつら》 計《はかるに》二自身《しんの》 分際《ぶんざいを》一、此度《このたび》不《ずと》レ可《べから》三 出《しゆつ》二離《りす》 生死《しやうじを》一。若《もし》度度《たびたび》替《かへ》レ生《しやうを》 隔《へだつ》レ生《しやうを》、卽《すなわち》 妄妄《まうまうたるがゆへに》 故 定《さだめて》 妄《まうぜる》二佛法《ぽふを》一歟《か》。不《ずは》レ

① 喜　右◎「き」の下抹消
② 總　◎下に「て」とあるを抹消
③ 於　右◎「を」と上書訂記
④ 自　右◎「の」を「じ」と上書訂記
⑤ 然　右◎しかれ□
⑥ 行　右◎「を」と上書訂記
⑦ 天　右◎「てん」と上書訂記
⑧ 及　右◎「む」の下「が」とあるを抹消

5-420　5-419　5-418　5-417

如《しか》レ受《うけむに》二長命之報《ぢやうみやうのほうを》一、欲《おもふ》レ奉《たてまつらむと》レ値《まうあひ》二慈尊之出世《じそんのしゆつせに》一。依《よて》レ之《これに》我將《われまさに》レ受《うけむと》二大蛇身《だいじやのしんを》一。但《たゞし》住《ぢゆせ》二大海《だいかいに》一者《ば》、可《べし》レ有《ある》二中夭《ちうえう》一。如《ごとき》レ此《かくの》思定《おもひさだめて》、①遠江國《とおたうみのくに》笠原庄内《かさはらのしやうのうちに》櫻池《さくらいけ》云《といふ》所《ところを》、取《とて》二領家之放文《りやうけのはなちぶみを》一、住《ぢゆせむと》二此池《このいけに》一誓願《せいぐわんし》了《おはぬ》。其後《そののち》至《いたて》レ于《に》二死期時《ごのとき》一、乞《こふて》レ水《みづを》入《いれて》二掌中《たなごゝろのうちに》一死了《ししおはぬ》。而《しかるに》彼池《かのいけ》、風《かぜ》不《ざるに》レ吹《ふか》浪《なみに》俄《わかに》立《たて》、池中塵《いけのなかのちり》悉《ことごとく》拂上《はらひあぐ》。諸人《しよにん》見《みて》レ之《これを》、即《すなわち》注《しるして》二此由《このよしを》一觸《ふれ》二申《まふす》領家《りやうけに》一。期《ごす》二其日時《その を》一、彼《かの》阿闍梨《じやり》當《あたれり》二逝去日《せいきよのひに》一。所以《このゆへに》有《あるが》二智慧《ちゑ》一故《ゆへに》知《しる》レ難《がたきことを》レ出《いで》二生死《しやうじを》一、有《あるが》二道心《だうしむ》一之故《ゆへに》値《まうあはむと》二佛之出世《しゆつせに》一所《ところ》レ願《ぐわんずる》也。雖《いゑども》レ然《しかりと》未《いまだ》レ知《しら》二淨土法門《じやうど を》一之故《ゆへに》、如《ごとき》レ此《かくの》發《おこす》二惡願《あくを》一。我其時《われそのとき》、若此法尋得《もしこのほふたづねえたらば》、不《ず》レ顧《かへりみ》二信不《しんふ》信《しんを》一此法門《このほふもん》申《まふさまし》。而《しかるに》於《おいて》二聖道法《しやうだうのほふに》一者《は》、有《あら》二道心《だうしむ》一者《ば》期《ごし》二遠生之緣《おんしやうのえんを》一、無《なく》二道心《だうしむ》一者《は》併《しかしながら》住《ぢゆせむ》二名利《みやうりに》一。以《もて》二自力《じりきを》一輒《たやすく》可《べし》レ厭《いとふ》二生死《しやうじを》一之者《ものは》、是《これ》不《ざる》レ得《え》二歸依之證《くゐえのしようを》一也云云。

又聖人年來《またしやうにんねんらい》開《ひらく》二經論《きやうろんを》一之時《とき》、釋迦如來《しやかによらい》、罪惡生死凡夫《ざいあくしやうじのぼむぶ》依《よて》二彌陀稱名之行《みだしようみやうのぎやうに》一可《べしと》三往生《わうじやうす》二極樂《ごくらくに》一弘《ひろく》說《とき》二給《たまふ》之《これを》一。勘《かむがへ》二得《えて》教文《けうもんを》一、今《いま》修《しゆし》二念佛三昧《まいを》一立《たつ》二淨土宗《じやうどしゆを》一。其時《そのときなむ》南②都《と》・北嶺碩學達《ほくれいのせきがくたち》、共《ともに》誹謗嘲哢《ひはうてうろうすること》無《なし》レ極《きわまり》。然間《しかるあひだ》文治《ぶんぢ》二年之比《のころ》、天台座主中納《てんだいざしゆちうなう》言法印顯眞《ごんのほふいんけんしん》、厭《いとひ》二娑婆《しやばを》一忻《ねがふて》二極樂《ごくらくを》一、籠《ろう》二居《きよして》大原山《おほはらやまに》一入《いれり》二念佛門《もんに》一。其時弟子《そのときのでし》相模《さがみの》公《きみとまふすが》申云《く》、法然《ほふねん》聖人立《りふす》二淨土宗義《じやうどのしゆぎを》一、可《べしと》二尋聞食《たづねきこしめす》一。顯眞《けんしん》云《く》、尤《もとも》可《べしと》レ然《しかる》云云。但《たゞ》我《われ》一人《にんのみ》不《ず》レ可《べから》二聽聞《ちやうもんす》一、處處《しよしよの》智者《ちしや》請集定了《しやうじあつめさだめおはりて》而彼大原龍禪寺《かのおほはらのりうぜんじ》集會《にしふゑ》以後《していご》、

①遠江　右◎「と」と上書訂記
②納　右◎「む」を「う」と上書訂記

5-421　5-422　5-423　5-424

法然聖人《ほふねんしやうにん》請《しやうず》レ之《これを》。無二《なく》左右《さう》一①來臨《らいりむ》了《しおはぬ》。顯眞《けんしん》喜悅《きえち》無《なし》レ極《きわまり》。集會《しふゑ》之人々、

光明山《くわうみやうせん》僧都《のそうづ》明遍《みやうへん》　東大寺三論《とうだいじさむろん》宗《しゆのちやうじや》長者也

笠置寺《かさぎでら》解脫《のげだち》②上人《しやうにん》　侍從《じじゆの》已講《いかうじ》貞慶《やうけい》、法相宗《ほふさうしゆの》人也

大原山《おほはらやま》本成坊《のほんじやうばう》　此人人《このひとびと》問者《もんじや》也

東大寺《とうだいじ》勸進《のくわんじん》③上人《しやうにん》④修乘坊《しゆじようばう》　⑤重源《ちようぐゑん》

嵯峨《さが》往生院《のわうじやうゐん》念佛坊　天台宗《てんだいしゆ》人也

大原《おほはら》來迎院《のらいかうゐん》明定坊《みやうぢやう》蓮慶《れんけい》　天台宗《てんだいしゆ》人

菩提山《ぼだいせん》⑥長尾《なが》蓮光坊《おのれんくわう》　東大寺人

法印大僧都《ほふいんだいそうづ》智海《ちかい》　天台山東塔《てんだいさんとうだう》　西谷林泉坊《にしだにりむせんばう》⑦

法印權大僧都證眞　天台山東塔　東谷寶地坊《ほうち》

聽衆《ちやうしゆ》凡《おほよそ》三百餘人也。

其時《そのとき》聖人《しやうにん》淨土宗義《じやうどのしゆぎ》、念佛功德《のくどく》、彌陀本願之旨《ほんぐわんのむね》、明明《めいめいに》說《ときたまふ》レ之《これを》。其時《そのとき》⑧云《いはく》、口《くちに》被《らる》レ定《さだめ》本成房《ほんじやうばう》、默然《もくねんとして》而信伏了《しんぶくしおはぬ》。集會《しふゑの》人人悉《ことごとく》流《ながす》二歡喜之淚《くわんぎのなみだを》一、偏《ひとへに》歸伏《くゐぶくす》。自《より》二其時《そのとき》一彼聖人念佛宗興盛《しゆこうじやう》也。自《より》二法藏比丘《ほふざうびく》之昔《のむかし》一至《いたるまで》二彌陀如來之今《いまに》一、本願《ほんぐわん》之趣《おもむき》、往生之子細《しさい》不《ず》レ⑨昧《くらから》。說給《ときたまふ》之時、三百餘人、一人《として》無《なし》レ疑《うたがふこと》二聖道《しやうだう》・淨土⑩敎文《じやうどのけうもんを》一。

---

①來臨　左㊙キタリノゾム
②上　◎「坊」を「上」と上書訂記
③上　◎「改名今は南无阿彌陀と號せり」と左傍註記
上人　㊙に無し
④修　◎「或作俊字」と上欄註記
⑤重源　㊙「改名今は南无阿彌陀佛と號せり」と左傍註記
⑥山　左㊙サン反
⑦泉　右◎「せ」と上書訂記
⑧云　左㊙イヒ
⑨昧　右◎くらか□
⑩土　右◎ど□

玄旨《ぐゑんし》説《ときたまふし》レ之《これを》時《とき》、人人始《はじめて》向《むかうて》二虚空《こくに》一無《なし》下出《いだす》二言語《ごんごを》一之人上。集《しふ》會《ゑの》人人云《く》、見《みれ》レ
形《かたちを》者《ば》源空聖人、實者《じちは》彌陀如來《にょらいの》應迹《おうしやく》歟《か》定《さだめ》了《おはぬ》。仍《よて》集會之驗《しるしとて》、於《して》二件寺《くだんのてらに》一三晝《ちう》
夜《やの》不斷念佛勤行《ごむぎやう》了《おはぬ》。結願《けちぐわん》之朝《あした》、顯眞《けんしん》付《ついて》二『法華經』《ほふくゑきやう》之《の》文字《もんじの》員數《ゐんじゆに》一一人別《べちに》阿彌陀佛《の》
名《なを》付《つけよと》、彼《かの》教《けう》二訓《くんす》大佛《の》上人《を》一。自《より》二其時《そのとき》一南无阿彌陀佛之名《な》付給《つきたまへり》了《おはぬ》。
高倉院《たかくらのゐんの》御宇《ぎように》安元元年乙未聖人《しやうにんの》齢《よわい》自《より》二四十三一始《はじめて》①入《いりて》二淨土門《じやうどもんに》一閑《しづかに》觀《くわんじ》二淨土《どを》一給《たまふに》、
初夜《しよやに》寶樹現《ほうじゆげんず》、次夜《つぎのよ》示《しめする》二瑠璃地《りのぢを》一、後夜《ごや》者《は》宮殿《くでん》拜《はいす》レ之《これを》。阿彌陀《の》三尊《ぞん》常《つねに》來至《らいししたまふ》也。又
靈山寺《りやうぜんじにして》三七日不斷《ふだん》念佛之間《のあひだ》②、無《なきに》二燈明《とうみやう》一有《あり》二光明《くわう》一。第五夜《だいごやに》勢至菩薩《せいしぼさち》行道《ぎやうだうし》同烈《どうれちして》
立給《たちたまふ》。或人《あるひと》如《ごとくに》レ夢《の》奉《たてまつる》レ拜《はいし》レ之《これを》。聖人《の》曰《はく》、猿事侍覽《さるごとはべるらむや》。餘人更《さらに》不《ず》レ能《あたは》二拜見《はいけんに》一。
月輪禪定殿下《つきのわのぜんぢやうでんか》兼實《けむじち》 御法名《ごほふみやう》圓照《ゑんせう》、歸依《くゐえ》甚深《じむじむ》也。或日《あるひ》聖人參《さむ》二上《じやうしたまふ》月輪殿《つきのわどのに》一。退出《たいしゆつの》之
時《とき》、自《より》レ地《ぢ》上高《かみたかく》踏《ふみ》二蓮華《れんぐゑを》一而《て》歩《あゆみたまふ》。頭光③赫奕《かくやくたり》、凡《おほよそは》者勢至《せいし》菩薩《ぼさちの》化身《くゑしん》也《と》。如《ごときの》レ此《かくの》善《ぜん》
因《いん》令《しむるに》レ然《しから》業果《ごふくわ》惟《これ》新《あらたなる》之處《ところに》、南北《なむぼく》之《の》碩德《せきとく》、顯密《けんみち》之《の》法燈《ほふとう》、或《あるいは》號《がうし》レ謗《はうずと》二我宗《わがしゆを》一、
或《あるいは》稱《しようす》レ嫉《そねむと》二聖道《しやうだうを》一。寄《よせて》三事《ことを》於《に》二左右《さう》④一、求《もとむ》三咎《とがを》於《に》二縱橫《じゆわう》一。動《やゝもすれば》驚《おどろかし》二天聽《てんていを》⑤一諷《ふ》二
諫《かんする》門徒《もんとに》一之間《あひだ》、不慮《ふりよ》之外《ほかに》忽《たちまちに》蒙《かぶりて》二敕勘《ちよくかむを》一被《われ》レ行《おこなはる》二流刑《けいに》一了《おはぬ》。雖《いゑども》レ然《しかりと》⑥無《なく》レ程《ほど》歸《くゐ》
洛《らく》了《おはぬ》。權中納言藤原朝臣光親《ごんちうなうごんふぢはらのあそんみつちか》、爲《して》二奉行《ぶぎやうと》一被《る》レ下《くださ》二敕免《ちよくめん》之《の》宣旨《せんじを》一。去《いぬる》建暦《けんりやく》元年十
一月廿日、歸洛《くゐらくして》居《きよを》卜《しめて》二東山大谷《とうざんおほたに》之《の》別業《べちげふを》一、鎮《とこしなへに》待《まつ》二西方淨土《さいはうじやうど》之《の》迎接《かうせふを》一。同《おなじき》三年

①始　右◎「じ」と上書訂記
②間　右◎あひ□
③赫　◎「赫」と上書訂記
④右　右◎「う」の下「に」とあるを抹消
⑤聽　右◎□□を
⑥然　右◎「か」と上書訂記

4-162

正月三日、老病空《らうびやうそらに》期《ごす》二蒙昧《もうまい》之《の》臻《いたりを》一。所《ところ》レ待《まつ》所《ところ》レ憑《たのむ》寔悦哉《まことによろこばしきかな》、高聲念佛《かうしやうねむぶち》不退《ふたい》也。或時《あるとき》聖人相《あひ》二語《かたて》弟子《でしに》一云《く》、我昔《われむかし》有《あて》二天竺《てんぢくに》一、交《まじわりて》二聲聞僧《しやうもんそうに》一常《つねに》行《ぎやうじ》二頭陀《づだを》一。本《もと》者是《はこれ》有《あり》二極樂世界《ごくらくせかいに》一、今來《いまきたりて》レ于《に》二日本國《こく》一學《まなぶ》二天台宗《てんだいしゆを》一、又勸《すゝむ》二念佛《を》一。身心無《しんしむなし》二苦痛《くつう》一、蒙昧《もうまい》忽分明《たちまちにぶんみやうなり》。十一日辰時《たつのときに》、端座合掌《たんざしがふしやうして》念佛不《ず》レ絶《たえ》。即《すなわち》告《つげて》二弟子《でしに》一云《く》、高聲念佛各《おのおの》可《べしと》レ唱《となふ》。觀音《くわんおむ》・勢至菩薩《せいしぼさち》・聖衆《しやうじゆ》、現《げんじて》在《います》二此前《このまへに》一、如《ごとし》二『阿彌《み》陀經《だきやうの》』所說《しよせちの》一。隨《ずい》喜《きの》雨《ふる》レ涙《なみだを》、渇仰《かちがう》融《とほる》レ肝《きもに》。盡虛空界之莊嚴《じんこくかいのしやうごむは》遮《さいぎり》レ眼《まなこに》、轉妙法輪之音聲《てんめうほふりんのおむじやうは》滿《みてり》レ耳《みゝに》。至《いたるまで》レ于《に》二同《おなじき》廿日一、紫雲《しうん》聳《たなびき》二上方《に》一、圓圓雲《ゑんのくも》鮮《あざやかなり》二其中《そのなかに》一、如《ごとし》二圖繪佛像《づゑのぶちざうの》一。道俗貴賤《だうぞくくゐせん》、遠近緇素《おんごんしそ》、見者《みるもの》流《ながす》二感涙《かむるいを》一、聞者《きくもの》成《なす》二奇異《きいを》一。同日未時《おなじきひひつじのとき》、擧《あげ》レ目《めを》合《あはせて》レ掌《たなごゝろを》、自《より》二東方《とうばう》一見《みる》二西方《さいはうを》一事《こと》五六度《ど》、弟子《で》奇《しあやしみて》而問《とふて》云《く》、佛來迎《かうし》①たまふ歟《かと》。聖人答《こたえて》云《はく》、然也《しかなりと》。廿三、四日紫雲《しうん》不《ず》レ罷《やま》、彌廣大聳《いよいよひろくおほきにたなびく》。西山《にしやまの》賣《うりの》レ炭《すみ》老翁《らうおう》、荷《になふ》レ薪《たきゞを》樵夫《せうふ》、大小《だいせう》老若《らうじやく》《オイタルワカキモノ》見《みる》レ之《これを》。廿五日午時許《むまのときばかりに》、行儀《ぎやうぎ》不《ず》レ違《たがは》、念佛之聲《のこゑ》漸《やうやく》弱《よはし》②、見佛之眼《けんぶちのまなこ》如《ごとし》レ眠《ねぶるが》。紫雲《しうん》聳《③たなびく》レ空《そらに》、遠近《おんごん》④の人人來集《きたりあつまる》、異香《いきやう》薰《くんず》レ室《しちに》。見聞之諸人《けんもんのしよにん》仰信《あふでしんず》。臨終已到《りむじゆすでにいたりて》、慈覺大師《じかくだいし》之《の》九條袈裟《でうのけさ》懸《かけて》レ之《これを》向《むかふて》二西方《さいはうに》一唱《となへて》云《く》、「一一光明徧照十方世界《くわうみやうへんぜうじふぱうせかい》、念佛衆生攝取不捨《しゆじやうせふしゆふしやと》」（觀經）云云。停午《ていご》之正中《しやうちう》也。三春《さむしゆん》⑤何《いづれの》節哉《ときぞや》、釋尊《しやくそん》唱《となえたまふ》レ滅《めちを》、聖人《しやうにん》唱《となへたまふ》レ滅《めちを》。彼者《かれは》二月中旬《ちうじゆん》五日也、此者《これは》正月下旬《げじゆん》五日也。八旬何歲哉《いづれのとしや》、釋尊《しやくそん》

①たまふ　㊙に無し
②弱　右◎「よ」と上書訂記
③聳　右◎「く」と上書訂記
④の　㊙に無し
⑤春　◎「旾」を「春」と上書訂記

5-434　5-435　5-436　5-437

唱《となへたまふ》レ滅《めちを》、聖人《も》唱《となへたまふ》レ滅《めちを》。彼《かれも》八旬也、此《これも》八旬《しゆん》也。

園城寺長吏《おんじやうじのちやうり》①法務大僧正公胤《ほふむのだいそうじやうこういん》、爲《ために》二法事《ほふじの》一唱《しやう》二導《だうする》②之《これを》一時《とき》、其夜《そのよ》③告《つげて》レ夢《ゆめに》云《く》、

源空爲《ゐ》《タメニ》二教益《けうやく》一《の》　公胤《こういんの》能《う》《ヨク》説《せち》《トク》レ法《ほふを》　感即《かむそく》《スナワチ》不《ふ》《ズ》レ可《か》《ベカラ》レ盡《じん》《ツク》　臨終《りむじゆに》先《せん》《マツ》迎《かう》攝《せふ》《セムト》

源空《ぐゑんく》《ノ》本地身《ほんぢしん》《ハ》　大勢至菩薩《だいせいしぼさち》《ナリ》　衆生《しゆじやう》教化《けうくゑ》《ノ》故《こ》《ユヘニ》　來《らい》《キタルコト》二此界《しかいに》《コノ》一度度《どど》《タビタビ》

と。此故《このゆへに》勢至《せいしの》來《らい》《キタリ》見《けんを》《ミヘタマフ》名《なづく》二大師聖人《だいししやうにんと》一。所以《このゆへに》讃《ほめて》二勢至《せいしを》一言《いはまく》、无《む》邊光《へんくわう》、以《もて》二智慧光《ちゑくわうを》一普《あまねく》照《てらすが》二一切《を》一故《ゆへに》。嘆《たんじて》二聖人《を》一稱《しようす》二智慧第一《ちゑだいと》一、以《もて》二碩徳之用《せきとくのゆうを》一潤《うるほすが》二七道《だうを》一故《ゆへ》也。彌陀動《おごかして》二勢至《せいしを》一爲《したまへり》二濟度之使《さいどのつかひと》一、善導《ぜんだう》遣《つかわして》二聖人《を》一整《とゝのへたまへり》二順縁之機《じゆんえんのきを》一。定《さだめてしぬ》知十方三世无央數界《むあうしゆかいの》有情《うじやう》・無情《むじやう》、遇《あふて》二和尚《くわしやうに》一興《こうず》レ世《に》、初《はじめて》悟《さとる》二五乘濟入之道《じようさいにふのだうを》一。三界《がい》・虚《こ》空《く》・四禪《しぜん》・八定《はちぢやう》・天王《てんわう》・天衆《てんしゆ》、依《よて》二聖人誕生《のたむじやうに》一、忝《かたじけなく》拔《ぬく》二五衰退沒之苦《すいたいもちのくを》一。何況《いかにいはむや》末代惡世之衆生《まちだいあくせのしゆじやう》、依《よて》二彌陀稱名之一行《しようみやうのぎやうに》一悉《ことごとく》遂《とげむ》二往生素懷《のそくわいを》一、源空聖人傳説興《でんせちこう》行《ぎやうのゆへ》故也。仍《よて》爲《ためなりと》四來《きたれることは》レ之《こゝに》弘《ぐ》二通勸《づしすゝめむが》三之《これを》一。

南无釋迦牟尼佛《しやかむにぶち》　南无阿彌陀如來《わあみだによらい》

南无觀世音菩薩《くわんぜおむぼさち》　南无大勢至菩薩《だいせいしぼさち》

南无三部一乘妙典法界衆生平等利益《ぶゐちじようめうでんほふかいしゆじやうびやうどうりやく》④せむと。

①法　右◎「ふ」と上書訂記
②導→㊥道
③告　右◎「げて」と上書訂記
④衆　右◎「しゆ」と上書訂記

（一一）
和尚《くわしやう》の御釋《おむしやく》によるに、決定往生《くゑちぢやうわうじやう》の行相《ぎやうさう》に、三機《のき》のすぢわかれたるべし。第一《だい》に信心決定《しんじむくゑちぢやう》せる、第二《だい》に①信行《しんぎやう》ともにかねたる《シンヲモトメギヤウカネタルヒトナリ》、第三《だい》にたゞ行相《ぎやうさう》ばかりなるべし。第一に信心決定《しんじむくゑちぢやう》せる機《き》といふは、これにつきて又《また》二機《き》あり。一にはまづ精進《しやうじん》の機《き》といふ者《は》、又《また》これについて二機《き》あり。一には彌陀《みだ》の本願《ほんぐわん》を縁《えん》ずるに、一聲《しやう》に決定《くゑちぢやう》しぬと、こゝろのそこより眞實《しんじち》に、うらうらと一念《ゐち》も疑心《ぎしむ》なくして、決定心《くゑちぢやうしむ》をえてのうへに一聲《しやう》に不足《ふそく》なしとおもへども、佛恩《ぶちおん》を報《ほう》ぜむとおもひて、精進《しやうじん》に念佛のせらるゝなり。また②信《しん》えての上《うへ》には、はげまざるに念佛はまふさるべき也。この行者《ぎやうじや》の中《なか》には、信心えたりとおもふて、その③上《うへ》によろこぶ念佛とおもへども、いまだ信心決定《しんじむくゑちぢやう》せぬ人もあるべし。それおばわがこゝろに勘《かむがへ》しられぬべき事也。たとひ信心《しんじむ》はとゞかずとも、念佛ひまなきかたより往生《わうじやう》はすべし。二には上《かみ》にいふがごとく、決定心《くゑぢやうしむ》をえての上《うへ》に本願《ほんぐわん》によて往生《わうじやう》すべき道理《だうり》おばあおいでのち、わがかたよりわが信心《しんじむ》をさしゆるがして、かく信心《しんじむ》をえたりとおもひしらず、われ凡夫《ぼむぶ》なり、佛の知見《ちけん》のまへにはとゞかず④もあるらむと、こゝろかしこくおもふて、なほ信心《しんじむ》を決定《くゑちぢやう》せむがために念佛をはげむなり。決

①信行ともにかねたる　左(甲)—
②信→(甲)信〔心〕
③上→(甲)うへ（「上」と左傍註記）
④も　◎「も」と上書訂記

4-165

定心をえふせての上《うへ》にわがこゝろをうたがふは、またく疑心《ぎしむ》とはなるべからざる也。精進《しやうじん》の二類《るい》の機《き》、かくのごとし。これおば第二《だい》の信行《しんぎやう》ならべる行相《さう》の機《き》としるべし。

次《つぎ》に懈怠《けだい》の機《き》といふは、決定心《くゑちぢやうしむ》をえての上《うへ》によろこびて、佛恩《ぶちおん》を報《ほう》ぜむがために常《つねに》念佛せむとおもへども、あるいは世業衆務《せごふしゆむ》《ヨノイトナミ》①にもさえられ、また地體懈怠《ぢたいけだい》ののなるがゆへに、おほかた念佛のせられぬ也。この行者《ぎやうじや》は一向信心《ゐちかうしんじむ》をはげむべき也。はげむ機《き》につきて、また精進《しやうじん》・懈怠《けだい》のものあるべし。精進《しやうじん》といふは、常《つねに》本願《ほんぐわん》の縁《えん》ぜらるべき也。縁《えん》ずれば、また自然《じねん》にいさぎよき念佛も申《まふ》さるべし。この念佛は最上《さいじやう》の念佛也。これをあしくこゝろえて、この念佛の最上《さい》におぼゆれば、この念佛ぞ往生おもし、また願にも乗《じよう》ずらむとおもはむはわるし。そのゆへは、佛の御約束《おむやくそく》、一聲《ひとこゑ》もわが名《な》をとなえむものをむかえむといふ御《おむ》ちかひにてあれば、最初《さいしよ》の一念《ゐちねむ》こそ願《ぐわん》には乗《じよう》ずることにてあるべけれ。また常《つね》に本願の縁《えん》ぜらるれば、たのもしきこゝろもいでくべき也。その時《とき》このこゝろのよく相續《さうぞく》《アヒツグナリ》②のせらるればとて、それをもて往生すべしとおもふべからず。かくのごとくおもはゞ、疑惑《ぎわく》になるべきなり。こゝろのゆが③むときは、往生《わうじやう》の不定《ふぢやう》におぼゆべきがゆへ

①衆務　左㊥—
②相續　左㊥—
③が↓㊥るから

5-450　5-449　5-448　5-447

4-166

に、たゞおもふべきやうは、我《わが》かたより一分《ぶん》の功徳《くどく》もなく、本願の御約束《おむやくそく》にそなえしところの念佛の功徳《くどく》も瞋恚《しんい》のほむらにやけぬれども、かの願力《ぐわんりき》の不取正覺《ふしゆしやうがく》の本誓《ほんぜい》の、あやまりなきかたよりすくわれまいらせて往生はすべしと、返々《かへす》もおもふべき也。懈怠《けだい》のものといふは、①衆務《しゆむ》《ヨノイトナミ》にさまたげられもせよ、本願を縁《えん》ずる事のまれにあるべきなり。まれにはありといふとも、いさゝかも一念にとるところの信心《しんじむ》のゆるがずして、その時《とき》は又《また》決定心《くゑちぢやうしむ》のおこるべきなり。信心決定の中の二類《るい》の機《き》、かくのごとし。これは第一の信心決定《くゑちぢやう》せる機《き》としるべし。

今上《いまかみ》に②あぐるところの四人、眞實《しんじち》に決定心《くゑちぢやうしむ》をだにもえたらば、精進《しやうじん》にてもあれ懈怠《けだい》の機《き》にてもあれ、本願を縁《えん》ずるこゝろねは、たとへば黒雲《こくうん》《クロキクモ》のひまより、まれにてもつねにても、いでむところの満月《まんぐわち》の光《ひかり》をみむがごとくなるべし。信心の得《とく》不得《ふとく》おば、おのおのわがこゝろにてしりぬべし。事《こと》にふれて一念にとるところの信心ゆるがずは、假令《たとひ》よき信心としるべし。これもことわりばかりにて信心《しんじむ》あり、こゝろゆるぐべからずと、まじなひつけむ事は要《えう》あるべからず。散心《さんしむ》につけても、いさゝかにてもゆるぐこゝろあらば、信心《しん》よはしとしるべし。信心よはしとおぼえば、懈怠《けだい》の機《き》はなほ信《しん》をはげむで本願《ほんぐわん》を縁《えん》ずべき也。それになほかな

①衆務　左㊥—
②ぐ　◎「ぐ」と上書訂記

5-451　5-452　5-453　5-454

4-167

はずは、かまへて行相《ぎやうさう》におもむきてはげむべきなり。精進《しやうじん》の機《き》は、一向恆所造《ゐちかうがうしよざう》《ツネニツクル》の《トコロノ》行相《ぎやうさう》におもむきてはげむべきなり。行相《ぎやうさう》は正助《しやうじよ》二行《ぎやう》を、一向正行《ゐちかうしやうぎやう》にてもまた助業《じよごふ》をならべむとも、おのおの意樂《いげう》にまかすべきなり。

第《だい》三に行相《ぎやうさう》をはげむ機《き》といふは、上《かみ》にあぐるところの信精進解怠《しんしやうじんけだい》の機《き》の、我信《わがしん》心決定《じむくゑちぢやう》せるやうを、こゝろによくよくあむじほどく時《とき》、我信心決定《われしんじむくゑちぢやう》せず。やゝもすれば行業《ぎやうごふ》のおこるにつけ、信心の間斷《けんだん》するにつけて、往生《わうじやう》の不定《ふぢやう》におぼゆるまではなけれども、また決定往生《くゑちぢやうわうじやう》すべしともおぼえぬは、信心の決定せざるなりと勘《かむが》へて、一向行《かうぎやう》におもむきてはげむをいふなり。この機《き》は懈怠《けだい》のいでき、念佛のものうからむ時《とき》は、おどろきて行《ぎやう》をはげむべきなり。信心もよはく念佛もおろそかならば、往生不定《わうじやうふぢやう》のものなり。この人またあしくこゝろえて行《ぎやう》をはげむは、この行業《ぎやうごふ》をもて往生すべしとおもはゞ疑惑《ぎわく》になるべきなり。今《いま》念佛の行をはげむこゝろは、つねに念佛あざやかに申《まふ》せば、念佛よりして信心のひかれていでくる也[①]。信心いできぬれば、本願《ほんぐわん》を縁《えん》ずる也。本願を縁《えん》ずれば、たのもしきこゝろのいでくる也。このこゝろいできぬれば、信心の守護《しゆご》せられて決定往《くゑちぢやうわう》生《じやう》をとぐべしとこゝろうべし。

①也→㊙なり（「也」と左傍註記）

5-455　5-456　5-457　5-458　5-459

これにつきて、人うたがひていはく、念佛をはげみて信心を守護《しゆご》して往生をとぐべきならば、はげむところの念佛は自力《じりき》往生とこそなるべけれ。いかゞ他力《たりき》往生といふべきや。今《いま》自力《じりき》といふは、聖道《しやうだう》自力《じりき》にすべからず、いさゝかあたえていえるなるべし。答《こたえて》いはく、念佛を①相續《さうぞく》《アヒツグナリ》して、相續《さうぞく》より往生をするは、またく自力《じりき》往生にはあらず。そのゆへは、もとより三《さむ》心は本願《ほんぐわん》にあらず、これ自力《じりき》なり。三心《しむ》は自力《じりき》なりといふは、本願《ほんぐわん》のつなにおびかれて、信心《しんじむ》の手《て》をのべてとりつぐ分《ぶん》をさすなりとこゝろうべし。今《いま》念佛を相續《さうぞく》して信心を守護《しゆご》《マモルナリ》せむとするに、三心《さむしむ》の中の深心《じむしむ》をはげむ行者《じや》也。相續《さうぞく》の念佛の功徳をもちて、廻向《ゑかう》して往生を期《ご》せば、まことに自力《じりき》往生をのぞむものといはるべきなり。また念佛はすれども、常《つね》に信心もおこらず、願を縁《えん》ずる事《こと》のつねにもなければとて、往生を不定《ふぢやう》におもふべからず。そのこゝろなけれども、たゞ自力《じりき》を存《ぞん》ぜず、すべて疑惑《ぎわく》のこゝろなくして常《つね》に念佛すれば、我《わが》こゝろにはおぼえねども、信心のいろのしたひ②かりて相續《さうぞく》するあひだ、決定往生《くゑちぢやうわうじやう》をうるなり。しるべし、そのこゝろは、たとへば月のひかりのうすぐもにおほはれて、満《まん》月の體《たい》はまさしくみえずといゑども、月のひかりによるがゆへに、世間《せけん》くらからざるがごとし。

①相續　左㊙—
②ひ　◎「か」を「ひ」と上書訂記

5-464 行相の三機《さむき》のやう、かくのごとし。詮《せむ》ずるところ、信心よはしとおもはゞ、念佛
をはげむべし。決定心《くゑちぢやうしむ》えたりとおもふての上《うへ》になほこゝろかしこからむ人は、
よくよく念佛すべし。また信心いさぎよくえたりとおもひてのちの念佛おば、別《べち》
5-465 進奉公《しんほうこう》とおもはむにつけても、別進奉公《べちしんほうこう》はよくすべき道理《だうり》あれば、念佛をはげむ
べし。地體《ぢたい》は我《わが》こゝろをよくよく按《あん》じほどいて、行にても信にても、機《き》にしたが
ひてたえむにまかせてはげむべき也。かくのごとくこゝろをえてはげまば、往生
は決定《くゑちぢやう》はづるべからざる也。

（一二）

5-466 かまくらの二品《ぼむ》比丘《びく》尼、聖人《しやうにん》の御《おむ》もとへ念佛の功徳《くどく》をたづね申《まふ》されたりけるに
①御返事。
御《おむ》ふみくはしくうけたまはり候ぬ。念佛の功徳《くどく》は佛もときつくしがたしとのたま
5-467 へり。また智慧第一《ちゑだいゐち》の舍利弗《しやりほち》、多聞第《たもんだい》一の阿難《わあなん》も、念佛の功徳《くどく》はしりがたしとの
たま②ひし廣大《くわうだい》の善根《ぜんごん》にて候へば、まして源空《ぐゑんく》などは申《まふし》つくすべくも候はず。源空《ぐゑんく》、
4-169 この朝《てう》にわたりて候佛教《ぶちけう》を隨分《ずいぶん》にひらきみ候へども、浄土の教文《けうもん》、晨旦《しむたん》よりとり

①御　◎右傍補記
②ひし　(甲)「えり」と右傍註記

わたして候聖教《しやうげう》のこゝろをだにも、一年《ねん》二年《ねん》などにては申《まふし》つくすべくもおぼえ候はず。さりながら、おほせたまはりたることなれば①、申《まふし》のべ候べし。まづ念佛を信《しん》ぜざる人々の申《まふし》候なる事、くまがへの入道《にふだう》・つのとの三郎《らう》は無智《むち》のものなればこそ餘行《よぎやう》をせさせず、念佛ばかりおば法然房《ほふねんばう》はすゝめたれと申《まふし》候なる事《こと》、きわめたるひがごとにて候也。そのゆへは、念佛の行《ぎやう》は、もとより有智《うち》・無智《むち》をえらばず。彌陀のむかしのちかひたまひし大願《だいぐわん》は、あまねく一切衆生《さいしゆじやう》のため也。無智《むち》のためには念佛を願とし、有智のためには餘行《よぎやう》を願《ぐわん》としたまふ事なし。十方世界《ぱうかい》の衆生《しゆじやう》のためなり、有智《うち》・無智《むち》・善人《ぜんにん》・悪人《あくにん》・持戒《ぢかい》・破戒《はかい》・貴賤《くゐせん》・男女《なむによ》もへだてず。もとは②佛の在世《ざいせ》の衆生《しゆじやう》、もしは佛の滅後《めちご》の衆生、もしは釋迦末法《しやかまちぽ》萬年《まんねん》ののちに三寶《さむぼう》みなうせてのゝちの衆《しゆ》生まで、たゞ念佛ばかりこそ現當《げんたう》の祈禱《きたう》とはな《イノリトナルトナリ》り候へ。善導和尚《ぜんだうくわしやう》は彌陀の化身《くゑしん》にて、ことに一切の聖教《しやうげう》をかゞみて專修《せんじゆ》の念佛をすゝめたまへるも、ひろく一切衆生《しゆじやう》のため也。方便《はうべん》時《じ》節《せち》③末法《まちぽふ》にあたりたるいまの教《けう》これなり。されば無智《むち》の人の身《み》にかぎらず、ひろく彌陀の本願をたのみて、あまねく善導《ぜんだう》の御《おむ》こゝろにしたがひて、念佛の一門《もん》をすゝめ候はむに、いかに无《む》智《ち》の人のみにかぎりて、有智《うち》の人おばへだてて往生せさせじとはし候はむや。し

①たることなれば　◎抹消し「たることなれば」と右傍訂記
②と　㊙「し」と右傍註記
③節　右◎せん

からずは、大願《だいぐわん》にもそむき、善導《ぜんだう》の御こゝろにもかなふべからず。しかればすなわち、この邊《へん》にまうできて往生の道《みち》をとひたづね候にも、有智《うち》・無智《むち》を論《ろん》ぜず、ひとへに専修《せんじゆ》念佛をすゝめ候也。かまえてさやうに専修《せんじゆ》の念佛を申《まふし》とゞめむとつかまつる人は、さきの世《よ》に念佛三昧《ざむまい》の得道《とくだう》の法門《ほふもん》をきかずして、後世《ごせ》にまたさだめて三惡《さむまく》におつべきものゝ、しかるべくして①さやうに申候也。そのゆへは、聖教《しやうげう》にひろくみえて候。しかればすなわち、「修行《しゆぎやう》することあるをみては毒心《どくしむ》をおこし、方便《はうべん》してきおふて怨《あだを》なす。かくのごとくの生盲闡提《しやうまうせんだい》《ムマル、ヨリメシヒタリ》のともがら、頓教《とんげう》を毀滅《くゐめちして》《ソシリホロボス》②ながく沈淪《ちむりむ》す。大地微塵劫《だいぢみぢんごふ》を超過《てうくわ》すとも、いまだ三途《さむづ》の身《み》をはなるゝことをえず」（法事讃巻下）ととききたまへり。

「見《けん》《みては》レ有《う》《を》二修《しゆ》行《ぎやう》一起《き》《おこし》二瞋《しん》毒《どく》《を》一　方《はう》便《べん》《し》破《は》壞《ゑ》《して》競《きやう》《きおいて》生《しやう》《ぜむ》レ怨《おん》《あだを》
如《によ》《とき》レ此《し》《かくの》生《しやう》‐盲《まう》‐闡《せん》‐提《だい》《の》輩《はい》《ともがら》　毀《くゐ》二‐滅《めち》《して》頓《とん》教《げう》《を》一永《ゐやう》《ながく》沈《ちむ》淪《りむ》③《せむ》
超《てう》二‐過《くわ》《すとも》大《だい》地《ぢ》微《み》塵《ぢん》劫《ごふ》《を》一　未《み》《いまだ》《ズ》レ可《か》《ら》レ得《とく》《う》レ離《り》《はなるゝことを》二三《さむ》途《づ》《の》身《しん》《を》一
大《だい》衆《しゆ》同《どう》心《しむ》《に》皆《かい》《みな》懺《さむ》二悔《ぐゑ》《すべしと》　所《しよ》‐有《う》《の》破《は》法《ほふ》《の》罪《ざい》《の》因《いん》縁《ねん》④《を》二」（法事讃巻下）文⑤

この文《もん》の心《こゝろ》は、浄土《じやうど》をねがひ念佛を行ずる人をみては、毒心《どくしむ》をおこし、ひがごとをたくみめぐらして、やうやうの方便《はうべん》をなして専修《せんじゆ》の念佛の行《ぎやう》をやぶり、あだお⑥

①し　◎「て」を「し」と上書訂記
②滅→㊙滅〔して〕
③淪　◎淪《りむ》〔 〕
④縁　右◎ねん□
⑤文　◎湮滅
⑥お→㊙を

なして申《まふし》とゞむるに候也。かくのごとくの人は、むまれてより佛性《ぶちしやう》のまなこしひて、善《ぜん》のたねをうしなへる闡提人《せんだいにん》のともがらなり。この彌陀《みだ》の名號《みやうがう》をとなえて、ながき生死《しやうじ》をはなれて常住《じやうぢゆ》の極樂《ごくらく》に往生すべけれども、この教法《けうぼふ》をそしりほろぼして、この罪《つみ》によりてながく三惡道《さむまくだう》にしづむとき、かくのごときの人は、大地微《だいぢみ》塵劫《ぢんごふ》をすぐれども、ながく三途《さむづ》の身《み》をはなれむことあるべからずといふ也。しかればすなわち、さやうにひがごと申候らむ人おば、かへりてあはれみたまふべきもの也。さほどの罪人《ざいにん》の申《まふす》によりて、専修《せんじゆ》念佛に懈怠《けだい》をなし、念佛往生にうたがひをなし不審《ふしむ》①をおこさむ人は、いふかひなきことにてこそ候はめ。凡《おほよそ》縁《えん》あさく往生の時《とき》いたらぬものは、きけども信《しん》ぜず、念佛のものをみればはらだち、聲《こゑ》を聞《きゝ》ていかりをなし、惡事《あくじ》なれども經論《きやうろん》にもみえぬことを②申也。御こゝろえさせたまひて、いかに申とも御こゝろがはりは候べからず。あながちに信《しん》ぜざらむ人おば御《おむ》すゝめ候べからず。かゝる不信《ふしん》の衆生《しゆじやう》をおもへば、過去《くわこ》の父母《ぶも》《チヽハヽ》・兄《くゐやう》《アニ》弟《てい》《オトヽ》・親類《しんるい》也《シタシキモノト》とおもひ候にも、慈悲《じひ》をおこして、念佛かゝで申て極樂《ごくらく》の上品上生《じやうぼむしやう》にまいりてさとりをひらき、生死《しやうじ》にかへりて誹謗不信《ひはうふしん》の人おもむかへむと、善根《ぜんごん》を修《しゆ》してはおぼしめすべき事にて候也。このよしを御《おむ》こゝろえあるべきなり。

①審　左(甲)ツマビラカニ
②を　◎「と」を「を」と上書訂記

一　異解《いげ》の人々の餘《よ》の功徳《くどく》を修《しゆ》するには、財寶《ざいほう》あひ助成《じよじやう》《タスケテト》しておぼしめすべきやうは、我《われ》はこの一向専修《かうせんじゆ》にて決定《くゑちぢやう》して往生すべき身《み》なり、他人《たにん》のとおき道《みち》をわがちかき道①に結縁《けちえん》せさせむとおぼしめすべき也。その上《うへ》に専修《せんじゆ》をさまたげ候はねば、結番《けちばん》②せむにもとがなし。

一　人々の堂《だう》をつくり、佛をつくり、經《きやう》をかき、僧《そう》を供養《くやう》せむ事は、こゝろみだれずして慈悲《じひ》をおこして、かくのごときの雑善根《ざふぜんごん》おば修《しゆ》せさせたまへと御《おむ》すゝめ候べし。

一　このよのいのりに、念佛のこゝろをしらずして佛神《ぶちしん》にも申し③、經《きやう》おもかき、堂おもつくらむと。これもさきのごとく、せめてはまた後世《ごせ》のためにつかまつらばこそ候はめ。その用事《ようじ》なしとおほせ候べからず。専修《せんじゆ》をさえ④ぬ行にてもあらざりけりとも、おぼしめし候べし。

一　念佛申事《まふすこと》、やうやうの義《ぎ》は候へども、六字《じ》をとなふるに⑤一切をおさめて候也。心《こゝろ》には願《ぐわん》をたのみ、口《くち》には名號《みやうがう》をとなえて、かずをとるばかりなり。常《つね》に心《こゝろ》にかくるが、きわめたる決定《くゑちぢやう》の業《ごふ》にて候也。念佛の行《ぎやう》は、もとより行住座臥《ぎやうぢゆうざぐわ》・時《じ》處諸縁《しよしよえん》をえらばず、身口《しんく》の不浄《ふじやう》おもきらはぬ行《ぎやう》にて候へば、樂行《らくぎやう》往生とは申つ

①道　左(甲)ミチ
②番　(甲)「縁ィ」と上欄註記
③し　(甲)に無し
④え　◎「ら」を「え」と右傍訂記
⑤に　◎右傍補記

たえて候也。たゞしこゝろをきよくして申おば、第《だい》一の行と申候也。浄土をこゝろにかくれば、心浄《しむじやう》《コヽロキヨキ》の行法《ぎやうほふ》にて候也。さやうに御すゝめ候べし。つねに申たまひ候はむおば、とかく申べきやうも候はず。我身《わがみ》ながらもしかるべくて、このたび往生すべしとおぼしめして、ゆめゆめこのこゝろつよくならせたまふべし。

一　念佛の行を信《しん》ぜぬ人にあひて論《ろん》じ、あらぬ行《ぎやう》の異計《いけ》の人々にむかひて執論《しふろん》候べからず。あながちに異解《いげ》・異學《いがく》の人をみては、あなづりそしること候まじ。いよいよ重罪《ぢうざい》の人になし候はむこと不便《ふびん》に候。同心《どうしむ》に極樂《ごくらく》をねがひ念佛を申人おば、卑賤《ひせん》の人なりとも父母の慈悲《じひ》におとらずおぼしめし候べし。今生《こむじやう》の財寶《ざいほう》のともしからむにも、力《ちから》をくわへたまふべし。さりながらも、すこしも念佛にこゝろをかけ候はむおば、すゝめたまふべし。これ彌陀如來の御みやづかへとおぼしめすべく候也。如來滅後《によらいめちご》よりこのかた、小智小行《せうちせうぎやう》にまかりなりて候也。われもわれもと智慧《ちゑ》ありがほに申《まふす》人は、さとり候べし。せめては錄《ろく》の經教《きやうげう》おもきゝみず、いかにいはむや、錄《ろく》のほかのみざる人の智慧《ちゑ》ありがほに申は、井のそこの蛙《かへる》ににたり。随分《ずいぶん》に震旦《しむたん》・日本《にちぽん》の聖教《しやうげう》をとりあつめて、このあひだ勘《かむがへ》て候也。念佛信《しん》ぜぬ人は、前世《ぜんせ》に重罪《ぢうざい》をつくりて地獄《ぢごく》にひさしくありて、また地獄《ぢごく》にはやくかへる

5-491　5-490　5-489　5-488　5-487

5-492 べき人なり。たとひ千佛世《せんよ》にいでゝ、念佛よりほかにまた往生の業《ごふ》ありとおしえ
たまふとも信《しん》ずべからず。これは釋迦《しやか》・彌陀《みだ》よりはじめて、恆沙《ごうじや》の佛の證誠《しようじやう》せ
しめたまへることとなればとおぼしめして、御こゝろざし金剛《こむがう》よりもかたくして、
5-493 一向專修《かうせんじゆ》の御變改《ごへんがい》あるべからず。もし論《ろん》じ申《まふ》さむ人おば、これへつかはして、た
て申さむやうをきけと候べし。やうやうの證文《しようもん》かきしるしてまいらすべく候へ
ども、たゞこゝろこれにすぎ候べからず。また娑婆世界《しやばせかい》の人は、よの淨土《じやうど》をねが
5-494 はむことは、弓《ゆみ》なくして空《そら》の鳥《とり》をとり、足《あし》なくしてたかきこずゑの華《はな》をとらむが
ごとし。かならず專修《せんじゆ》の念佛は現當《げんたう》のいのりとなり候也。これ略《りやく》してかくのごと
5-495 し、これも經《きやう》の說《せち》にて候。①御中《みうち》の人々には九品《ぼむ》の業《ごふ》を、人のねがひにしたがひて、
はじめおはりたえぬべきほどに御すゝめ候べきなり。あなかしこ、あなかしこ。

（一三）

5-496 或人云、阿彌陀佛の慈悲《じひ》・名號《みやうがう》餘佛《よぶち》に勝《すぐれ》、并本願《ならびにほんぐわん》②の體用《たいゆう》の事。
「設我得佛《せちがとくぶち》、十方衆生《じふぱうしゆじやう》、至心信樂《ししむしんげう》、欲生我國《よくしやうがこく》、乃至《ないし》十念《ねむ》、若不生者《にやくふしやうじや》、不取正覺《ふしゆしやうがくと》。」
4-175 5-497 （大經巻上）云云「十方衆生《じふぱうしゆじやう》」と云は、諸佛《しよぶち》③教化《けうくゑ》にもれたる④常沒《じやうもち》の衆生《しゆじやう》也。この衆生《しゆじやう》をあ

①御　右◎「み」と上書訂記
②并→㊙并〔に〕
③佛→㊙佛〔の〕
④常沒の衆生也　左㊙ツネニシヅミタルシユジヤウナリ

われみおぼしめすかたに、諸佛《しよぶち》の御慈悲《おむじひ》も阿彌陀佛の御慈悲におなじかるべし。これは總願《そうぐわん》に約《やく》す。別願《べちぐわん》に約《やく》する時《とき》は、阿彌陀佛の御慈悲《おむじひ》は餘佛の慈悲《じひ》にすぐれたまへり。そのゆへは、この常沒《じやうもち》の衆生《しゆじやう》を十聲《しやう》・一聲《ゐちしやう》の稱名《しようみやう》の功力《くりき》を以《もて》、无《む》漏《ろ》の報土《ほうど》へ生《しやう》ぜしめむと云御願《いふごぐわん》によて也。阿彌陀佛の名號《みやうがう》の餘佛《よぶち》の名號《みやうがう》にすぐれたまへると云《いふ》も、因位《いんゐ》の本願にたてたまへる名號《みやうがう》なるがゆへに勝《すぐれ》たまへり。しからずは、報土《ほうど》の生因《しやういん》となるべからず、餘佛《よぶち》の名號《みやうがう》に同《どう》《オナジト》ずべし。

抑《そもそも》阿彌陀佛の本願《ほんぐわん》と云《いふ》はいかなる事ぞと云《いふ》に、本願と云は總別《そうべち》の願《ぐわん》に通《つ》ずといゑども、言總意別《ごんそういべち》《コトバミナトイフテコヽロハコトナルナリ》にて、別願《べちぐわん》をもて本願とはなづくる也。本願と云ことは、もとのねがひと①訓《くん》《オシヘナリ》ずる也。もとのねがひと云は、法藏菩薩《ほふざうぼさ□》の昔《むかし》、常沒《じやうもち》の衆生《しゆじやう》を、一聲《ゐちしやう》の稱名《しようみやう》のちからをもて稱《しよう》してむ衆生を我國《わがくに》に生《しやう》ぜしめむと云こと也。かるがゆへに本願《ほんぐわん》といふなり。

問《とふ》。本願《ほんぐわん》について體用《たいゆう》あるべし、その差別《しやべち》いかんぞ。答《こたふ》。本願《ほんぐわん》と云は、因位《いんゐ》に、われ佛になり②たらむときの名《な》をとなへむ衆生《しゆじやう》を、極樂《ごくらく》に生《しやう》ぜしめむとねがひたまへるゆへに、法藏菩薩《ほふざうぼさち》の御こゝろをもて本願《ほんぐわん》の體《たい》とし、名號《みやうがう》をもては本願の用《ゆう》とす。これは十劫正覺《じふこふしやうがく》のさき、兆載永劫《てうさいゐやうごふ》の修行《しゆぎやう》をはじめ、願《ぐわん》をおこしたま

①訓　右◎「し」を「ん」と上書訂記
②りた　◎右傍補記

へる時《とき》の法藏菩薩《ほふざうぼさち》に約《やく》して體用《たいゆう》を論《ろん》ずる也。今《いま》は法藏菩薩《ほふざうぼさち》は因位《いんゐ》の願成就《ぐわんじやうじゆ》して、果位《くわゐ》の阿彌陀佛となりたまへるがゆへに、法藏菩《ほふざうぼ》薩おはしまさゞれば、法藏菩薩に約《やく》して本願《ほんぐわん》の體用《たいゆ》を論《ろん》ずべきにあらず。たゞしあたえて云《い》へば、本願の體用《たいゆ》あるべし。體《たい》と云について、二《ふたつ》のこゝろあるべし。一には行者《ぎやうじや》をもて本願の體《たい》とし、二には名號《みやうがう》をもて本願の體《たい》とす。まづ行者《ぎやうじや》をもて本願の體《たい》とすと云は、法藏菩薩の本願に、成《じやう》佛したらむ時《とき》の名《な》、一聲《しやう》も稱《しよう》してむ衆生《しゆじやう》を極樂《ごくらく》に生《しやう》ぜしめむと願じたまへるがゆへに、今信《いましん》じて一聲《しやう》も稱してむ衆生はかならず往生すべし。この①能稱《のうしよう》の行者《ぎやうじや》の往生《わうじやう》するところをさして、行者をもて本願《ほんぐわん》の體《たい》とすとはこゝろうべきなり。

問《とふ》。我《われ》佛に成《なり》たらむ時《とき》の名《な》を稱《しよう》せむものを生《しやう》ぜしめむと本願《ほんぐわん》には立《たて》たまへるがゆへに、名號《みやうがう》を稱《しよう》する者《もの》をやがて本願の體《たい》ともこゝろうべしや。答《こたふ》。これについて與奪《よだち》の義《ぎ》あるべし。與《あたえ》《ヨ》て云へば、行者《ぎやうじや》の正《まさしく》蓮臺《れんだい》にうつりて往生するところをもて本願《ぐわん》の體《たい》とし、奪《うばふて》《ダチ》②云へば、往生《わうじやう》すべき行者《ぎやうじや》なるがゆへに、當體能稱《たうたいのうしよう》の者《もの》をさして本願の體《たい》とすべし。行者《じや》について本願の體《たい》と云時《とき》は、別《べち》に用《ゆう》の義《ぎ》なし。蓮臺《れんだい》に託《たく》して、往生已後《わうじやういご》の增進佛道《ぞうしんぶちだう》をもて用《ゆう》とす。これは極樂にての事なり。次《つぎ》

①能稱　左(甲)ヨクトナフ
②へば　(甲)に無し

5-502　5-503　5-504　5-505　5-506

に名號《みやうがう》をもて本願の體《たい》とすと云は、これも成佛の時《とき》の名《な》を稱《しやう》せむ衆生《しゆじやう》を生《しやう》ぜしめむと願《ぐわん》じたまへるがゆへに、信《しん》じて名《な》を唱《となへ》てむ衆生はかならず生ずべければ、名號をもて本願の體《たい》と云也。名號を唱《となへ》つる衆生の往生するは、名號《みやうがう》の用《ゆう》也。今《いま》名號をもて本願の體《たい》とすと云は、法藏菩薩《ほふざうぼさち》の御こゝろのそこをもて本願の體とすといひつる時《とき》は、用《ゆう》といはれつる名號《みやうがう》也。しかるを、今《いま》はまさしく名號をもては本願の體《たい》と云也。

體用《たいゆう》の義《ぎ》は事《こと》によりてかはるなり。喩《たとえば》ともしびのひかりをもてこゝろうべし。ともしびのあかくもえあがりたるは火《ひ》の體《たい》なり。燈《ともしび》によりて闇《あむ》《ヤミ》はれて、明《みやう》なる《アカクナル》ところの光《ひかり》は火《ひ》の用《ゆう》なり。この光《ひかり》の明《みやう》①なるをもて體《たい》とする時《とき》は、その明《みやう》の中《なか》に黑白《こくびやく》等《とう》の一切の色形《しきぎやう》のみゆるは明《みやう》の用《ゆう》なり。かくのごとく用《ゆう》をもて體《たい》とも云事、常《つね》の事《こと》なり、しるべし。行者の往生するをもて本願の體《たい》と云ことは、實《じち》には名號を稱《しやう》せずして往生すべき道理《だうり》なし、名號《みやうがう》によて往生すべし。しかりといゑども、かくのごときの事《こと》は、約束《やくそく》によりて云時《とき》は、行者《ぎやうじや》の往生をもて本願《ほんぐわん》の體《たい》ともいはるべし。名號《みやうがう》を本願の體《たい》と云時《とき》は、稱《しよう》する行者の往生するは名號の用《ゆう》なり。しかれば行者は、あるいは本願の體《たい》、あるいは名號の用《ゆう》にも決定《くゑちぢやう》すべきなり。この道《だう》

①明なる　左㊥アカクナル

理《り》によて、本願の體《たい》に約《やく》してこゝろうれば、本願《ほんぐわん》や行者《ぎやうじや》、行者や本願、本願や名號、名號や本願と、たゞ一《ひとつ》に混亂《こんらん》するなり。用《ゆう》に約《やく》してこゝろえつれば、名號や行者、行者や名號といはるべし。詮《せむ》ずるところは、體《たい》なくは用《ゆう》あるべからず、用《ゆう》は體《たい》によるがゆへに。本願と行者《ぎやうじや》、たゞ一ものにて、一としてはなれざるなり。

問《とふ》。法藏《ほふざう》菩薩《ぼさち》の本願《ほんぐわん》の約束《やくそく》は、十聲《しやう》・一聲なり。一稱《しよう》のゝちは、法藏菩薩の因位《いんゐ》の本誓《ぜい》に心《しむ》をかけて、名號《みやうがう》おば稱《しよう》すべからざるにや。答《こたふ》。無沙汰《ぶさた》なる人はかくのごとくおもひて、因位《いんゐ》の願を緣《えん》じて念佛おも申《まふ》せば、これをしえたるこゝちして、願を緣《えん》ぜざる時《とき》の念佛おば、ものならずおもふて念佛に善惡《ぜんあく》をあらするなり。これは無按内《ぶあんない》のことなり。法藏《ほふざう》菩薩《ぼさち》の五劫《こふ》の思惟《しゆい》は、衆生《しゆじやう》の意念《いねむ》を本《ほん》とせば、識揚《しきやう》《アガリ》神《じん》《タマシヒ》飛《ぴ》《トブ》のゆへ、かなふべからずとおぼしめして、名號《みやうがう》を本願《ほんぐわん》と立《たて》たまへり。この名號は、いかなる亂想《らんさう》①の中にも稱《しよう》すべし。稱《しよう》すれば、法藏《ほふざう》菩薩《ぼさち》の昔《むかし》の願《ぐわん》に心《しむ》をかけむとせざれども、自然《じねん》にこれこそ本願《ほんぐわん》よとおぼゆべきは、この名號なり。しかれば、別《べち》に因位《いんゐ》の本願を緣《えん》ぜむとおもふべきにあらず。

問《とふ》。本願《ほんぐわん》と本誓《ほんぜい》と、その差別《しやべち》いかんぞ。答《こたふ》。我成佛《わがじやうぶち》の時《とき》の名《な》を稱《しよう》せむ衆生《しゆじやう》を生《しやう》ぜしめむと云は、本願《ほんぐわん》也。もしむまるまじくは佛にならじと云は、本誓《ほんぜい》也。

①想　右◎「う」の上「そ」とあるを抹消し「さ」と訂記

総《そう》じて四十八願は法藏菩薩《ほふざうぼさち》のむかしの本願《ほんぐわん》也。この願《ぐわん》にこたへたまへる佛果圓《ぶちくわゑん》満《まん》の今《いま》は、第《だい》十九の來迎《らいかう》の願《ぐわん》にかぎりて化度衆生《くゑどしゆじやう》の御方便《ごはうべん》はおはしますべきなりと云なり。阿彌陀佛の名號《みやうがう》は餘佛《よぶち》の名號に勝《すぐれ》たまへり①、本願《ほんぐわん》なるがゆへなり。本願に立《たて》たまはずは、名號を稱《しよう》すとも无明《むみやう》を破《は》せざれば、報土《ほうど》の生因《しやういん》となるべからず、諸佛《しよぶち》の名號におなじかるべし。しかるを阿彌陀佛は「乃至十念《ないしじふねむ》、若不生《にやくふしやう》者《じや》、不取正覺《ふしゆしやうがく》」（大經巻上）とちかひて、この願成就《ぐわんじやうじゆ》せしめむがために兆載永劫《てうさいゐやうごふ》の修《しゆ》行《ぎやう》をおくりて、今已成佛《いますでにじやうぶち》したまへり。この大願業力《だいぐわんごふりき》のそひたるがゆへに諸佛《しよぶち》の名號《みやうがう》にもすぐれ、となふればかの願力《ぐわんりき》によりて決定往生《くゑちぢやうわうじやう》おもするなり。かるがゆへに如來《によらい》の本誓《ほんぜい》をきくに、うたがひなく往生すべき道理《だうり》に住《ぢゆ》して、南无阿彌陀佛と唱《となえ》てむ上《うへ》には、決定《くゑちぢやう》往生とおもひをなすべきなり。たとへば、たきもののゝにほひの薫《くん》ぜる衣《ころも》を身《み》にきつれば、みなもとはたきもののゝにほひにてこそありと云とも、衣のにほひ身《み》に薫《くん》ずるがゆへに、その人のかうばしかりつると云がごとく、本願薫力《ほんぐわんくんりき》のたきもののゝ匂《にほひ》は、名號《みやうがう》の衣《ころも》に薫《くん》じ、またこの名號の衣を一度《ど》南无阿彌陀佛とひきゝてむものは、名號の衣の匂身《にほひみ》に薫《くん》ずるがゆへに、決定往生すべき人なり。大願業力《だいぐわんごふりき》の匂《にほひ》と云は、往生の匂なり。大願業力《ごふりき》の往生の匂、

①り　◎「る」を「り」と右傍訂記

名號の衣よりつたわりて行者《ぎやうじや》の身《み》に薫《くん》ずと云道理《だうり》によりて、『觀經《くわんぎやう》』には「若《にやく》《もし》念《ねむ》佛者《ぶちしや》《のひとは》、當《たう》《に》レ知《ち》《る》《ベシ》、此《し》《の》人《にん》《は》是《ぜ》《れ》人中《にんちう》《の》分陀利華《ふんだりくゑ》《なり》」と說《とける》なり。念佛の行者を蓮華《れんぐゑ》に喩《たとふる》ことは、蓮《れん》華《ぐゑ》は不染《ふぜむ》《モノニソマラズトナリ》の義《ぎ》、本願の淸淨《しやうじやう》の名號《みやうがう》を稱《しよう》すれば、十惡《じふあく》・五逆《ごぐゐやく》の濁《にごり》にもそまらざるかたを喩《たとへ》たるなり。また「觀世音菩薩《くわんぜおむぼさち》・大勢至菩薩《だいせいし》、爲《ゐ》《す》二其《ご》《その》勝友《しようう》《と》一《ソノスグレタルトモトナルトナリ》」（觀經）と云①へり。文《もん》のこゝろは、これも往生の匂身《にほひみ》に薫《くん》ぜる行者《ぎやうじや》は、かならず往生すべし。これによて善導和尚《ぜんだうくわしやう》も、三心具足《さむしむぐそく》の者《ひと》おば極樂《ごくらく》の聖衆《しやうじゆ》に接《せふ》したまへり。極樂《ごくらく》の聖衆《しやうじゆ》と云は、因中說果《いんちうせちくわ》の義《ぎ》なり。聖衆《しやうじゆ》となる道理《だうり》あれば、當時《たうじ》よりして二菩薩《ぼさち》も肩《かた》をならべ、膝《ひざ》をまじえて勝友《しようう》となりたまふといふこゝろなり。命終《みやうじゆ》の已後《いご》は、往生して佛果菩提《ぶちくわぼだい》を證得《しようとく》すべきによて、「當《たう》《まさに》《ベシ》下座《ざ》《ざし》二道場《だうぢやう》《に》一生《しやう》《ず》中諸佛家《しよぶちけ》《のいゑに》上」（觀經）とときたまへり。かるがゆへに、一念に无上《むじやう》の信心《しんじむ》をえてむ人は、往生の匂《にほひ》の薫《くん》ぜる名號《みやうがう》の衣《ころも》②をいくえともなくかさねきむとおもふて、歡喜《くわんぎ》のこゝろに住《ぢゆ》して、いよいよ念佛すべしと云へり。

①へり　甲に無し
②衣　右◎「ろ」と上書訂記

5-522　5-523　5-524　5-525

西方指南抄中

康元元年丙辰十月十四日

愚禿親鸞八十四歳書寫之

〈奥書〉
㊙「康元元年[丙／辰]十月十四日／
愚禿親鸞[八十／四歳]書寫之」
「康元二年[丁／巳]三月廿日／
書寫之」

5-526

5-527

西方指南抄下本

（一四）

御ふみこまかにうけたまはり候ぬ。はるかなるほどに、念佛の事きこしめさむがために、わざとつかひをあげさせたまひて候、御念佛の御こゝろざしのほど、返々もあはれに候。

さてはたづねおほせられて候念佛の事は、往生極樂《わうじやうごくらく》のためには、いづれの行《ぎやう》といふとも、念佛にすぎたる事は候はぬ也。そのゆへは、念佛はこれ彌陀の本願《ぐわん》の行《ぎやう》なるがゆへなり。本願といふは、あみだ佛《ぶち》のいまだほとけにならせたまはざりしむかし、法藏菩薩《ほふざうぼさち》と申《まふし》しいにしへ、佛の國土《こくど》をきよめ、衆生《しゆじやう》を成就《じやうじゆ》せむがために、世自在王如來《せじざいわうによらい》と申佛の御《み》まへにして、四十八の大願《だいぐわん》をおこしたまひしその中に、一切《さい》衆生《しゆじやう》の往生のために、一《ひとつ》の願《ぐわん》をおこしたまへり。これを念佛往生の本願と申也。すなわち『无量壽經《むりやうじゆきやう》』の上卷《くわん》にいはく、「設《せち》《たとひ》我《が》《われ》得《とく》《えたらむに》レ佛《ぶち》《を》、十方衆《じふぱうしゆ》《の》生《じやう》、至《し》《いたし》レ心信樂《しむしんげう》《して》欲《よく》《おもふて》レ生《しやう》《と》二我《が》《わが》國《こく》《に》一、乃至十念《ないしじふねむ》《せむ》。若《にやく》《し》不《ふ》《ず》レ生《しやう》《むまれ》者《じや》《は》、不《ふ》《じ》レ取《しゆ》《とら》二正覺《しやうがく》《を》一」と云云。

〈表紙〉
◎旧表紙中央「西方指南抄下「本」」
　左下「釋眞佛」
㊙左上「西方指南抄「下本」」（題簽）
　旧表紙一中央「西方指南抄下
　「本」」　左下「釋覺信」
　旧表紙二中央「西方指南鈔下
　「本」」　左下「釋覺信」

善導和尚《ぜんだうくわしやう》この願を釋《しやく》して云《く》、「若我成佛《にやくがじやうぶち》《もしわれ》《せむに》、十方衆生《じふぱうしゆじやう》《の》、稱《しよう》二我名號《がみやうがう》一《せむこと》下至《げし》《しもまで》二十聲《じふしやう》一《に》、若《にやく》《もし》不《ふ》《ず》レ生者《しやうじや》《は》不《ふ》《じ》レ取《しゆ》《ら》二正覺《しやうがく》一《を》。彼《ひ》《かの》佛今現在《ぶちこむげんざい》《いまにましまして》成佛《じやうぶち》《したまへり》。當《たう》《に》レ《ベシ》知《ち》《しる》、本誓重願《ほんぜいぢうぐわん》不《ふ》《ず》レ虚《こ》《むなしから》、衆《しゆ》生《じやう》稱念《しようねむ》《すれば》必得《ひちとく》《うと》二往生《わうじやう》一《を》。」（禮讚）已上　念佛といふは、佛の法身《ほふしん》を憶念《おくねむ》するにもあらず、佛の相好《さうがう》を觀念《くわんねむ》するにもあらず、たゞこゝろをひとつにして、もはら阿彌陀佛の名號《みやうがう》を稱《しよう》念する、これを念佛とは申也。かるがゆへに「稱我名號《しようがみやうがう》」といふなり。念佛のほかの一切《さい》の行《ぎやう》は、これ彌陀の本願にあらざるがゆへに、たとひめでたき行《ぎやう》なりといふとも、念佛にはおよばず。おほかたそのくににむまれむとおもはむものは、その佛のちかひにしたがふべきなり。されば彌陀の淨土《じやうど》にむまれむとおもはむものは、彌陀の誓願《せいぐわん》にしたがふべきなり。本願の念佛と、本願にあらざる餘行《よぎやう》と、さらにたくらぶべからず。かるがゆへに往生極樂《わうじやうごくらく》のためには、念佛の行にすぎたるは候はずと申なり。往生にあらざるみちには、餘行《よぎやう》またつかさどるかたあり。しかるに衆生《しゆじやう》の生死《しやうじ》をはなるゝみち、佛のおしえやうやうにおほく候へども、このごろ人の生死《しやうじ》をはなれ三界《さむがい》をいづるみちは、たゞ極樂《ごくらく》に往生し候ばかりなり。このむね聖教《しやうげう》のおほきなることわりなり。

つぎに極樂《ごくらく》に往生するに、その行《ぎやう》やうやうにおほく候へども、われらが往生せむこと、念佛にあらずはかなひがたく候なり。そのゆへは、佛の本願《ほんぐわん》なるがゆへに、願力《ぐわんりき》にすがりて往生することはやすし。さればせむずるところは、極樂《ごくらく》にあらずは生死《しやうじ》をはなるべからず、念佛にあらずは極樂《ごくらく》へむまるべからざるものなり。ふかくこのむねを信《しん》ぜさせたまひて、ひとすぢに極樂《ごくらく》をねがひ、ひとすぢに念佛をして、このたびかならず生死《しやうじ》をはなれむとおぼすべきなり。また一一の願《ぐわん》のおはりに、「もししからずは正覺《しやうがく》をとらじ」とちかひたまへり。しかるに阿彌陀佛《ぶち》、ほとけになりたまひてよりこのかた、すでに十劫《じふこふ》をへたまへり。まさにしるべし、誓願《せいぐわん》むなしからず。しかれば、衆生《しゆじやう》の稱《しよう》念するもの、一人《ゐちにん》もむなしからず往《わう》生する事をう。もししからずは、たれか佛になりたまへることを信《しん》ずべき。三寶滅盡《さむぼうめちじん》の時《とき》なりといゑども、一念すればなほ往生《わうじやう》す。五逆深重《ごぐゐやくじむぢう》の人なりといゑども、十念すれば往生《わうじやう》す。いかにいはむや、三寶《さむぼう》の世《よ》にむまれて五逆《ごぐゐやく》をつくらざるわれら、彌陀《みだ》の名號《みやうがう》をとなえむに、往生うたがふべからず。いまこの願《ぐわん》にあえることは、まことにこれおぼ[①]ろげの縁《えん》にあらず。よくよくよろこびおぼしめすべし。たとひまたあふといゑども、もし信《しん》ぜざればあはざるがごとし。いまふかくこの願《ぐわん》を信《しん》ぜさせたまへり、往生うたがひおぼしめすべからず。かならずかならずふ

①ぼ　甲「ぼ」と右傍註記

4-184

たゞろなく、よくよく御《おむ》念佛候て、このたび生死《しやうじ》をはなれ①極樂《ごくらく》にむまれさせたまふべし。また『観无量壽經《くわんむりやうじゆきやう》』に云く、②「一一光明《くわうみやう》《の》偏《へん》《あまねく》照《ぜう》《てらす》二十方世界《じふぱうせかい》《を》一、念佛《の》衆《しゆ》生《じやう》《おば》攝取《せふしゆ》《して》不《ふ》《ず》レ捨《しや》《すてたまは》」と。上已 これは光明《くわうみやう》たゞ念佛《ぶち》の衆生《しゆじやう》をてらして、よの一切の行《ぎやう》おばてらさずといふなり。たゞし、よの行をしても極樂《ごくらく》をねがはゞ、佛のひかりてらして攝取《せふしゆ》したまふべし。いかゞたゞ念佛のものばかりをえらびて、てらしたまへるや。善導和尚《ぜんだうくわしやう》釋《しやく》してのたまはく、「彌陀《みだ》《の》③身色《しんじき》如《によ》《ごとし》二金山《こむぜん》《の》一。相好《さうがう》《の》光明《くわうみやう》照《せう》《てらす》二十方《じふぱう》《を》一。唯有《ゆいう》《て》二念佛《のもの》一蒙《む》《かぶる》二光攝《くわうせふ》《を》一。當《たう》《ベシ》《に》レ知《ち》《る》、本願《ほんぐわん》最《さい》《もとも》爲《ゐ》《す》レ強《がう》《こわしと》。」(禮讃)上已 念佛はこれ彌陀の本願《ほんぐわん》の行《ぎやう》なるがゆへ④に、成佛《じやうぶち》の光明《くわうみやう》つよく本地《ほんぢ》の誓願《せいぐわん》をてらしたまふなり。餘行《よぎやう》これ本願にあらざるがゆへに、彌陀の光明《くわうみやう》きらいててらしたまはざるなり。いま極樂《ごくらく》をもとめむ人は、本願の念佛を行《ぎやう》じて、攝取《せふしゆ》のひかりにてらされむとおぼしめすべし。これにつけても念佛大切《たいせち》に候、よくよく申させたまふべし。また釋迦如來《しやかによらい》、この『經《きやう》』の中に定散《ぢやうさん》のもろもろの行《ぎやう》をときおはりてのちに、まさしく阿難《あなん》に付屬《ふぞく》したまふときには、かみにとくところの散善《さんぜん》の三福業《さむぷくごふ》、定善《ぢやうぜん》の十三観《じふさむぐわん》おば付屬《ふぞく》せずして、たゞ念佛の一行《ぎやう》を付屬《ふぞく》したまへり。『經《きやう》』(観經)に云く、「佛告《ぶちがう》《はく》二阿《わ》難《なん》《に》一、汝《なむぢ》《によ》好《かう》《よく》持《ぢ》《たもて》二是語《ぜご》《この》《を》一。持《ぢ》《たもてといふ》二是語《ぜご》《この》《を》一者《しや》《は》、即《そく》《すなわち》是《ぜ》《この》持《ぢ》《たもてとなり》二无量壽佛《むりやうじゆぶち》《の》名《みやう》《みなを》一。」上已 善導和尚《ぜんだうくわしやう》

①極　◎「極」と上書訂記
②く　甲に無し
③身→甲眞
④へ　◎に無し(「へ歟」と右傍註記)

6-548　6-547　6-546　6-545　6-544

この文《もん》を釋《しやく》してのたまはく、「從《じゆ》《より》二佛《ぶち》告《がう》阿《わ》難《なん》汝《によ》好《かう》持《ぢ》是《ぜ》語《ご》一已《い》下《げ》、正《しやう》明《みやう》《しくす》丁付《ふ》二屬《ぞく》《して》彌《み》陀《だ》名《みやう》號《がう》《を》一、流《る》丙通《づ》《することを》於《お》乙遐《か》代《だい》。甲上《じやう》來《らい》《かみよりこのかた》雖《すい》《いゑども》レ説《せち》《とくと》二定散兩門《ぢやうさんりやうもん》之益《しやく》《を》一、望《まう》《のぞむには》二佛本願《ぶちほんぐわん》《の》《を》一、意《い》《こゝろ》在《ざい》《ありと》三衆生《しゆじやう》《をして》一向專《ゐちかうせん》《にもはら》稱《しよう》《するに》二彌陀佛名《みだぶちみやう》《のみなを》一。」（散善義）上已　この定散《ぢやうさん》のもろもろの行《ぎやう》は、彌陀《みだ》の本願《ほんぐわん》にあらず。かるがゆへに釋迦如來《しやかにようらい》、往生《わうじやう》の行《ぎやう》を付囑《ふぞく》したまふに、餘《よ》の定《ぢやう》①善《ぜん》・散善《さんぜん》おば付囑《ふぞく》②せずして、念佛はこれ彌陀《みだ》の本願なるがゆへに、まさしくえらびて本願《ほんぐわん》の行《ぎやう》を付屬《ふぞく》したまへるなり。いま釋迦《しやか》のおしえにしたがひて往《わう》生をもとむるもの、付屬《ふぞく》の念佛を修《しゆ》して、釋迦《しやか》の御《おむ》こゝろにかなふべし。これにつけてもまたよくよく御《おむ》念佛候て、佛の付屬《ふぞく》にかなはせたまふべし。また六方恆沙《ばうごうじや》の諸佛《しよぶち》、御《み》したをのべて、三千世界《さむぜんせかい》におほいて、もはらたゞ彌陀の名號《みやうがう》をとなへて往生すといふは、これ眞實《しんじち》也と證 誠《しようじやう》したまふなり。これまた念佛は彌陀《みだ》の本願《ほんぐわん》なるがゆへに、六方恆沙《ばうごうじや》の諸佛《しよぶち》、これを證 誠《しようじやう》したまふ。餘《よ》の行《ぎやう》は本願《ぐわん》にあらざるがゆへに、六方恆沙《ばうごうじや》の諸佛證 誠《しよぶちしようじやう》したまはず。これにつけてもよくよく御《おむ》念佛候べし。彌陀《みだ》の本願《ほんぐわん》、釋迦《しやか》の付屬《ふぞく》、六方《ばう》の諸佛《しよぶち》の證 誠護念《しようじやうごねむ》を、ふかくかう③ぶらせたまふべし。彌陀の本願《ほんぐわん》、釋尊《しやくそん》の付屬《ふぞく》、六方《ばう》の諸佛《しよぶち》の護念《ごねむ》、一一にむなしからず。このゆへに、念佛の行《ぎやう》は諸行《しよぎやう》にすぐれたるなり。また善導和 尚《ぜんだうくわしやう》は彌陀《みだ》の化身《くゑしん》なり。

①善　◎「散《さん》」を「善《ぜん》」と上書訂記し、さらに「善」と左傍註記
②囑→(甲)屬
③か　◎「か」と上書訂記

浄土《じやうど》の祖師《そし》おほしといへども、たゞひとへに善導《ぜんだう》による。往生の行おほしといゑども、おほきにわかちて二とし①たまへり。一には専修《せんじゆ》、いはゆる念佛なり。二には雑修《ざふしゆ》なり、いはゆる一切《ゐちさい》のもろもろの行《ぎやう》なり。上《かみ》にいふところの定散等《ぢやうさんとう》これなり。『往生禮讃《わうじやうらいさん》』に云《く》、「若《にやく》《もし》能《のう》《よく》如《によ》《ごとく》レ上《じやう》《かみの》念念《ねむ》相續《さうぞく》《して》、畢命《ひちみやう》為《ゐ》《をする》レ期《ご》《と》者《しや》《ものは》、十即《そく》《すなわち》十《ながら》生《しやう》《ず》、百《ひやく》《は》即《そく》《すなわち》百《ながら》生《しやう》《ず》」と云《いへ》り。専修《せんじゆ》と雑行《ざふぎやう》との得失《とくしち》なり。得《とく》といふは、往生する事②《こと》をうるといふ。いはく念佛するものは、すなわち十《じふ》は十人《にん》ながら往生し、百はすなわち百人ながら往生すといふ、これなり。失《しち》といふは、いはく往生の益《やく》をうしなえるなり。雑修《ざふしゆ》のものは、百人《にん》が中にまれに一二人往生する事をえてそのほかは生《しやう》ぜず、千人《せんにん》が中にまれに三五人《さむごにん》むまれてその餘《よ》はむまれず。専修《せんじゆ》のものはみなむまるゝことをうるは、なにのゆへぞと。阿彌陀佛《あみだぶち》の本願《ほんぐわん》に相應《さうおう》せるがゆへなり、釋迦如來《しやかによらい》のおしえに隨順《ずいじゆん》せるがゆへなり。雑業《ざふごふ》のものはむまるゝことのすくなきは、なむのゆへぞと。彌陀《みだ》の本願《ほんぐわん》にたがへるがゆへなり。念佛して浄土《じやうど》をもとむるものは、③二尊《そん》《ミダシヤカノ》の御こゝろにふかくかなへり。雑修《ざふしゆ》をして浄土《じやうど》をもとむるものは、二佛の御《おむ》こゝろにそむけり。善導和尚《ぜんだうくわしやう》、二行《ぎやう》の得失《とくしち》を判《はん》ぜること、これのみにあらず。『觀經《くわんぎやう》の疏《しよ》』と申すふみの中に、おほく得失《とくしち》をあげたり。しげき

①し　◎「し」と上書訂記
②事→(甲)こと（「事」と左傍註記）
③二尊　左(甲)—

がゆへにいださず。これをもてしるべし。

おほよそこの念佛は、そしれるものは地獄《ぢごく》におちて五劫苦《ごこふく》をうくることきわまりなし、信《しん》ずるものは淨土《じやうど》にむまれて永劫《ゐやうごふ》たのしみをうくることきわまりなし。なほなほいよいよ信心《しんじむ》をふかくして、ふたごゝろなく念佛せさせたまふべし。くはしき事、御ふみにつくしがたく候。この御つかひ申候べし。

（一五）上野《かうづけ》のくにの住人《ぢゆにん》おほごの太郎《たらう》と申もの、京へまかりのぼりたるついでに、法然《ほふねん》聖人《しやうにん》にあひたてまつりて、念佛のしさいとひたてまつりて、本國《ほんごく》へくだりて念佛をつとむるに、ある人申ていはく、いかなる罪《つみ》をつくれども、念佛を申せば往《わう》生《じやう》す、一向專修《ゐちかうせんじゆ》なるべしといふとも、ときどきは『法華經《ほふくゑきやう》』をもよみたてまつり、また念佛申さむもなにかはくるしからむと申ければ、まことにさるかたもありとて、法然聖人《ほふねんしやうにん》の御《おむ》もとへ、消息《せうそく》にてこのよしをいかゞと申たりける御返事、かくのごとし。件《くだん》の太郎《たらう》は、このすゝめによりて、めおとこ、ともに往生《わうじやう》してけり。

聖人《しやうにん》の御返事。

さきの便《びん》にさしあふ事候て、御ふみをだにみとき候ざりしかば、御返事こまかに申さず、さだめておぼつかなくおぼしめし候覧と、おそれおも①ふたま②へ候。さてはたづねおほせられて候こ③とゞもは、御《おむ》ふみなどにて、たやすく申ひらくべきことにても候はず。あはれまことに京にひさしく御《ご》とうりう候し時《とき》、よし水《みづ》の坊《ばう》にて、こまかに御《ご》さたありせばよく候なまし。おほかたは念佛して往生すと申ことばかりおば、わづかにうけたまはりて、わがこゝろひとつにふかく信《しん》じたるばかりにてこそ候へども、人までつばひらかに申きかせなどするほどの身《み》にては候はねば、ましていりたちたることゞも、不審《ふしむ》など、御《おむ》ふみに申ひらくべしともおぼえ候はねども、わづかにうけたまはりおよびて候はむほどの事を、はゞかりまいらせて、すべてともかくも御《おむ》返事を申《まふ》さざらむことのくちおしく候へば、こゝろのおよび候はむほどのことは、かたのごとく申さむとおもひ候也。

まづ三心具足《さむしむぐそく》して往生すと申事は、まことにその名目《みやうもく》《ナトイフ》ばかりをうちきくおりは、いかなるこゝろを申やらむと、ことごとしくおぼえ候ぬべけれども、善導《ぜんだう》の御こゝろにては、こゝろえやすきことにて候なり。もしならひさたせざらむ無智《むち》の

①ふ　(甲)「ひ」と右傍註記
②たま　(甲)「給歟」と右傍註記
③と　◎上書訂記

人、さとりなからむ女人《によにん》などは、え具《ぐ》せぬほどのこゝろばえにては候はぬなり。まめやかに往生せむとおもひて念佛申さむ人は、自然《じねん》に具足《ぐそく》しぬべきこゝろにて候ものを。そのゆへは、三心《さむしむ》と申は、『觀无量壽經《くわんむりやうじゆきやう》』にとかれて候やうは、「もし衆生あて、かのくにゝむまれむとねがはむものは、三種《さむしゆ》の心《しむ》をおこしてすなは①ち往生《わうじやう》すべし。なにおか三《みつ》とする。一には至誠心《しじやうしむ》、二には深心《じむしむ》、三には廻向發願《ゑかうほちぐわん》心《しむ》なり。三心《さむしむ》を具《ぐ》せるもの、かならずかのくにゝむまる」ととかれたり。しかるに善導《ぜんだう》和尚の御こゝろによらば、はじめの至誠心《しじやうしむ》といふは眞實心《しんじちしむ》なり。眞實といふは、うちにはむなしくして、外《ほか》にはかざるこゝろなきを申也。すなわち、『觀无量壽經《くわんむりやうじゆきやう》』を釋してのたまはく、「外《ほか》に賢善精進《けんぜんしやうじん》の相《さう》を現《げん》じて、内《うち》には虚假《こけ》をいだく事なかれ」（散善義）と。この釋《しやく》のこゝろは、内《うち》にはおろかにして、外《ほか》にはかしこき人とおもはれむとふるまひ、内《うち》には惡《あく》をつくりて、外《ほか》には善人《ぜんにん》のよしをしめし、内《うち》には懈怠《けだい》にして、外《ほか》には精進の相《さう》を現《げん》ずるを、實《じち》ならぬこゝろとは申也。内《うち》にも外《ほか》にもたゞあるまゝにてかざるこゝろなきを、至誠心《しじやうしむ》とはなづけたるにこそ候めれ。二には深心《じむしむ》とは、すなわちふかく信《しん》ずるこゝろなり。なに事をふかく信ずるぞといふに、もろもろの煩惱《ぼむなう》を具足《ぐそく》して、おほくのつみをつくりて、餘《よ》の

①は→(甲)わ

善根《ぜんごん》なからむ凡夫《ぼむぶ》、阿彌陀佛の大悲《だいひ》の願《ぐわん》をあふぎて、そのほとけの名號《みやうがう》をとなえて、もしは百年にても、もしは四、五十年《ねん》にても、もしは十、廿年乃至《ないし》一、二年《ねん》、すべておもひはじめたらむより臨終《りむじゆ》の時《とき》にいたるまで退《たい》せざらむ。もしは七日・一日、十聲《しやう》・一聲《しやう》にても、おほくもすくなくも、稱名《しようみやう》念佛の人は決定《くゑちぢやう》して往生すと信《しん》じて、乃至《ないし》一念もうたがふ事なきを、深心《じむしむ》と也。しかるにもろもろの往生をねがふ人も、本願《ほんぐわん》の名號《みやうがう》おばたもちながら、なほ内《うち》に妄念《まうねむ》のおこるにもおそれ、外《ほか》に餘善《よぜん》のす①くなきによりて、ひとへにわが②みをかろめて往生《わうじやう》を不定《ふぢやう》におもふは、すでに佛の本願をうたがふなり。されば善導《ぜんだう》は、はるかに未來《みらい》の行者《ぎやうじや》のこのうたがひをのこさむ③事をかゞみて、うたがひをのぞきて決定心《くゑちぢやうしむ》をすゝめむがために、煩惱《ぼむなう》を具《ぐ》してつみをつくりて、善根《ぜんごん》すくなくさとりなからむ凡夫《ぼむぶ》、一聲《しやう》までの念佛、決定《くゑちぢやう》して往生すべきことわりを、こまかに釋《しやく》してのたまへるなり。「たとひおほくの佛、そらの中にみちみちて、ひかりをはなち御《み》した④をのべて、つみをつくれる凡夫《ぼむぶ》、念佛して往生すといふ事はひがごとなり、信ずべからずとのたまふとも、それによりて一念もおどろきうたがふこゝろあるべからず。そのゆへは、阿彌陀佛《ぶち》いまだ佛になりたまはざりしむかし、もしわれ佛になりた

---

①く　◎右傍補記
②が　◎下に一字抹消あり
③事→㊙こと（「事」と右傍註記）
④を　◎「し」を「を」と上書訂記

らむに、わが名號《みやうがう》をとなふる事、十聲・一聲までせむもの、わがくににむまれずは、われ佛にならじとちかひたまひたりしその願《ぐわん》むなしからずして、すでに佛になりたまへり。しる①べし、その名號《みやうがう》をとなえむ人は、かならず往生すべしといふことを。また釋迦佛《しやかぶち》、この娑婆世界《しやばせかい》にいでゝ、一切衆生《さいしゆじやう》のために、かの阿彌陀佛の本《ほん》願をとき、念佛往生をすゝめたまへり。また六方《ぱう》の諸佛《しよぶち》は、その説《せち》を證誠《しようじやう》したまへり。このほかにいづれの佛の、またこれらの諸佛《しよぶち》にたがひて、凡夫《ぼむぶ》往生せずとはのたまふべきぞといふことわりをもて、佛《ほとけ》現じてのたまふとも、それにおどろきて、信心をやぶりうたがひをいたす事あるべか②らず。いは③むや、佛たちのゝたまはむお④や。いはむおや、辟支《びやくし》佛等《とう》おや」と、こまごまと釋《しやく》したまひて候也。いかにいはむや、このごろの凡夫《ぼむぶ》のいひさまたげむおや。いかにめでたき人と申とも、善導和尚《ぜんだうくわしやう》にまさりて往生のみちをしりたらむ事もかたく候。善導《ぜんだう》またゞの凡夫《ぼむぶ》にあらず、すなわち阿彌陀佛の化身《くゑしん》なり。かの佛わが本願をひろめて、ひろく衆生《しゆじやう》に往生せさせむれうに、かりに人とむまれて善導《ぜんだう》とは申なり。そのおしえ申せば佛説《ぶちせち》⑤にてこそ候へ。いかにいはむや、垂迹《すいしやく》のかたにても現身《げんしん》に三昧をえて、まのあたり淨土《じやうど》の莊嚴《しやうごむ》おもみ、佛にむかひたてまつりて、たゞちに

①る　◎「れ」を「る」と上書訂記
②か　◎「か」と上書訂記
③は　◎右傍補記
④お　◎「や」を「お」と上書訂記
⑤にて　◎右傍補記

佛のおしへをうけたまはりてのたまへることばどもなり。本地《ほんぢ》をおもふにも垂《すい》迹《しやく》をたづぬるにも、かたがたあふぎて信《しん》ずべきおしえなり。しかれば、たれだれも煩悩のうすくこきおもかへりみず、罪障《ざいしやう》のかろきおもきおもさたせず、たゞくちにて南无阿彌陀佛ととなえば、こゑにつきて決定《くゑちぢやう》往生のおもひをなすべし。決定心《くゑちぢやうしむ》をすなわち深心《じむしむ》となづく。その信心《しんじむ》を具《ぐ》しぬれば、決定して往生するなり。詮《せむ》ずるところは、たゞとにもかくにも、念佛して往生すといふ事をうたがはぬを、深心《じむしむ》とはなづけて候①なり。三には廻向發願心《ゑかうほちぐわんしむ》と申は、これ別《べち》のこゝろにては候はず、わが所修《しよしゆ》の行《ぎやう》を、一向に廻向《ゑかう》して往生をねがふこゝろなり。「かくのごとく三心《さむしむ》を具足《ぐそく》してかならず往生す。このこゝろひとへにかけぬれば往生せず」（禮讃意）と、善導は釋《しやく》したまへるなり。たとひまことのこゝろありて、うへをかざらずとも、佛の本願をうたがはゞ、深心《じむしむ》《フカクシンズルコヽロトイフナリ》かけたるこゝろなり。たとひうたがふこゝろなくとも、うへをかざりて、うちにまことに②おもふこゝろなくは、至誠心《しじやうしむ》かけたるこゝろなるべし。たとひまたこのふたつのこゝろを具《ぐ》して、かざりごゝろもなく、うたがふこゝろもなくとも、極樂《ごくらく》に往《わう》生せむとねがふこゝろなくは、廻向發願心《ゑかうほちぐわんしむ》すくなかるべし。また三心《さむしむ》とわかつおりは、かくのごとく別別《べちべち》にな

①候　◎「候」と上書訂記
②に　◎「の」を「に」と上書訂記

るやうなれども、詮《せむ》ずるところは、眞實《しんじち》のこゝろをおこして、ふかく本願《ほんぐわん》を信《しん》じて往生をねがはむこゝろを、三心具足《さむしむぐそく》のこゝろとは申べき也。まことにこれほどのこゝろをだにも具《ぐ》せずしては、いかゞ往生《わうじやう》①ほどの大事《だいじ》おばとげ候べき。このこゝろを申《まふ》せば、またやすきことにて候ぞかし。これをかやうにこゝろえしらね②ばとて、三心具《さむしむぐ》せぬにては候はぬなり。そのなをだにもしらぬものも、このこゝろおばそなえつべく、またよくよくしりたらむ人の中にも、そのまゝに具《ぐ》せぬも候ぬべきこゝろにて候なり。さればこそいふかひなき人のなかよりも、たゞひとへに念佛申ばかりにては往生したりといふことは、むかしより申つたえたることにて候へ。それはみなしらね③ども、三心《さむしむ》を具《ぐ》したる人にてありけりと、こゝろうる事にて候なり。

またとしごろ念佛申たる人の、臨終《りむじゆ》わるきことの候は、さきに申つるやうに、うへばかりをかざりて、たうとき念佛者《しや》など人にいはれむとのみおもひて、したにはふかく本願《ほんぐわん》おも信《しん》ぜず、まめやかに往生おもねがわぬ人にてこそは候らめとこそは、こゝろえら④れ候へ。さればこの三心《さむしむ》を具《ぐ》せぬゆへに、臨終《りむじゆ》もわるく、往生もえせぬとは申候也。かく申候へば、さては往生は大事《だいじ》にこそあむなれと、お

①ほ　◎「ほ」と上書訂記
②ね　◎「ね」と上書訂記
③ね　◎「ぬ」を「ね」と上書訂記
④ら　◎「て」を「ら」と上書訂記

ぼしめす事ゆめゆめ候まじ。一定《ぢやう》往生すべきぞとおもひとらぬこゝろを、やがて深心《じむしむ》かけて往生せぬこゝろとは申候へば、いよいよ一定《ぢやう》とこそおぼしめすべき事にて候へ。まめやかに往生のこゝろざしありて、彌陀《みだ》の本願《ほんぐわん》うたがはずして、念佛申さむ人は、臨終《りむじゆ》わるきことはおほかた候まじきなり。そのゆへは、佛の來迎《らいかう》したまふ事①は、もとより行者《ぎやうじや》の臨終正念《りむじゆしやうね》のためにて候なり。それをこゝろえぬ人は、みなわが臨終正念《りむじゆしやうねむ》にて念佛申たらむおりに、佛はむかへたまふべきとのみこゝろえて候ば、佛の願《ぐわん》おも信《しん》ぜず、經《きやう》の文《もん》おもこゝろえぬにて候なり。『稱《しよう》讃淨土經《さんじやうどきやう》』には、「慈悲《じひ》をもてくわえたすけて、こゝろをしてみだらしめたまはず」とかれて候也。たゞの時《とき》によくよく申おきたる念佛によりて、臨終《りむじゆ》にかならず佛②來迎《らいかう》《キタリムカフ》したまふ。佛のきたり現《ん》③じたまへるをみたてまつりて、正念《しやうねむ》には住《ぢゆ》すと申④しつたえて候なり。しかる⑤にさきの念佛おば、むなしくおもひなして、よしなき臨終正念《りむじゆしやうねむ》おのみいのる人などの候は、ゆゝしきひがゐむにいりたることにて候なり。されば佛の願《ぐわん》を信《しん》ぜむ人は、かねて臨終《りむじゆ》うたがふこゝろあるべからずとこそはおぼえ候へ。たゞたうじより申さむ念佛おぞ、いよいよもこゝろをいたして申候べき。いつかは佛の願《ぐわん》にも、臨終《りむじゆ》の時《とき》念佛申たらむ人おのみむかへむと

①事→㊙こと(「事」と左傍註記)
②來迎　左㊙—
③じた　◎「じた」と上書訂記
④し　◎右傍補記
⑤に　◎「に」と上書訂記

はたてたまひて候。臨終《りむじゆ》の念佛にて往生をすと申ことは、往生おもねがはず、念佛おも申さずして、ひとへにつみをのみつくりたる悪人《あくにん》の、すでに①しなむとする時《とき》に、はじめて善知識《ぜんぢしき》のすゝめにあひて、念佛して往生すとこそ、『觀經《くわんぎやう》』にもとかれて候へ。もとよりの行者《ぎやうじや》、臨終《りむじゆ》のさたはあながちにすべきやうも候はぬなり。佛の來迎一定《らいかうゐちぢやう》ならば、臨終正念《りむじゆしやう》はまた一定《ゐちぢやう》とおぼしめすべきなり。この御こゝろをえて、よくよく御こゝろをとゞめて、こゝろえさせたまふべきことにて候なり。

またつみをつくりたる人だにも念佛して往生《わうじやう》す、まして『法華經《ほふくゑきやう》』などよみて、また念佛申さむは、などかはあしかるべきと人々の申候らむことは、京へむにもさやうに申候人々おほく候へば、まことにさぞ候らむ。これは餘《よ》の宗《しゆ》のこゝろにてこそは候はめ。よしあしをさだめ申候べきことに候はず、ひがごとゝ申候はゞ、おそれあるかたもおほく候。たゞし淨土宗《じやうどしゆ》のこゝろ、善導《ぜんだう》の御釋《おむしやく》には、往生の行《ぎやう》をおほきにわかちて二とす。一には正行《しやうぎやう》、二には雜行《ざふぎやう》也。はじめの正行《しやうぎやう》といふは、それにまたあまたの行あり。はじめに讀誦《どくじゆ》の正行《しやうぎやう》、これは『大无量壽《だいむりやうじゆ》經《きやう》』・『觀无量壽經《くわんむりやうじゆきやう》』・『阿彌陀經《わあみだきやう》』等《とう》の「三部經《さむぶきやう》」をよむなり。つぎに觀察正行《くわんざちしやうぎやう》、

①に　◎「に」を「に」と上書訂記

これは極樂《ごくらく》の依正《えしやう》二報《ほう》のありさまを觀《くわん》ずるなり。つぎに禮拜正行《らいはいしやうぎやう》、これも阿彌陀佛を禮拜《らいはい》するなり。つぎに稱名正行《しようみやうしやうぎやう》、これは南无阿彌陀佛ととなふるなり。つぎに讃嘆供養正行《さんだんくやうしやうぎやう》、これは阿彌陀佛を讃嘆供養《さんだんくやう》したてまつるなり。これをさして五種《ごしゆ》の正《しやう》行となづく。讃嘆《さんだん》と供養《くやう》とを二にわかつには、六種《しゆ》の正行《しやうぎやう》とも申なり。また「この正行《しやうぎやう》につきてふさねて二種《しゆ》とす。一には一心《しむ》にもはら彌陀《みだ》の名《みやう》號《がう》をとなえて、たちゐ・おきふし、よるひる、わするゝことなく、念念にすてざ①るを、正定《しやうぢやう》の業《ごふ》となづく、かの佛の願《ぐわん》によるがゆへに」(散善義意)と申て、念佛をもてまさしきさだめたる往生の業《ごふ》にたてて、「もし禮誦等《らいじゆとう》によるおばなづけて助業《じよごふ》とす」(散善義)と申て、念佛のほかの禮拜《らいはい》や讀誦《どくじゆ》や觀察《くわんざち》や讃嘆供養《さんだんくやう》などおば、かの念佛者《しや》をたすくる業《ごふ》と申候なり。さてこの正定《しやうぢやう》の業《ごふ》と助業《じよごふ》とをのぞきて、そのほかの諸行《しよぎやう》おば、布施《ふせ》・持戒《ぢかい》・忍辱《にんにく》・精進等《しやうじんとう》の六度萬行《どまんぎやう》も、『法華經《くゑきやう》』おもよみ、眞言おもおこなひ、かくのごとくの諸行おば、みなことごとく雜行《ざふぎやう》となづく。さきの正行《しやうぎやう》を修《しゆ》するおば、專修《せんじゆ》の行者《ぎやうじや》といふ。のちの雜行《ざふぎやう》を修《しゆ》するを、雜修《ざふしゆ》の行者《ぎやうじや》と申也。この二行《ぎやう》の得失《とくしち》を判《はん》ずるに、「さきの正行《しやうぎやう》を修《しゆ》するには、こゝろつねにかのくにに親《しん》②近《ごん》《シタシクチカヅク》して憶《おく》念ひまなし。のちの雜行《ざふぎやう》を行《ぎやう》ずるには、こゝろ

①ざ　◎「ざ」と上書訂記し、さらに「ざ」と右傍註記
②親　左㋙シタシミ

つねに間斷《けんだん》《ヘダテタフルナリ》す、廻向《ゑかう》してむまるゝことをうべしといゑども、疎雑《そざふ》《ウトクマジワルト》の行《ぎやう》となづく」（散善義意）といひて、極樂《ごくらく》にはうとき行《ぎやう》とたてたり。また「専修《せんじゆ》のものは、十人《にん》は十人ながらむまれ、百人《にん》は百人ながらむまる。なにをもてのゆへに。外《ぐゑ》《ホカヨリ》の雑縁《ざふえん》なし、正念《しやうねむ》をうるがゆへに、彌陀《みだ》の本願《ほんぐわん》と相應《さうおう》するがゆへに、釋迦《しやか》のおしえにしたがふがゆへに、恆沙《ごうじや》の諸佛《しよぶち》のみことにしたがふがゆへに。雑修《ざふしゆ》のものは、百人《にん》に一二人《にん》、千人《せんにん》に四五人むまる。①なにをもてのゆへに。雑縁《ざふえん》亂動《らんどう》《ミダリオゴカスナリ》す②、正念《しやうねむ》をうしなふがゆへに、彌陀《みだ》の本願《ほんぐわん》に相應《さうおう》せざるがゆへに、釋迦《しやか》のおしへにしたがはざるがゆへに、諸佛《しよぶち》のみことにしたがはざるがゆへに、繋念相續《けねむさうぞく》せざるがゆへに、憶想間《おくさうけん》斷《だん》するがゆへに、名利《みやうり》と相應《さうおう》するがゆへに、自障《じしやう》《ワガコヽロヲサヘ》障他《しやうた》《ヒトヲサウルガ》するがゆへに、このみて雑縁《ざふえん》にちかづきて往生の正行《しやうぎやう》をさふるがゆへに」（禮讃意）と釋《しやく》せられて候めれば、善導和尚《ぜんだうくわしやう》をふかく信《しん》じて、淨土《じやうど》宗《しゆ》にいらむ人は、一向《かう》に正行《しやうぎやう》を修《しゆ》すべしと申事にてこそ候へ。そのうへに善導《ぜんだう》のおしえをそむきて、よの行《ぎやう》を修《しゆ》せむとおもはむ人は、おのおのならひたるやうどもこそ候らめ。それをよしあしとはいかゞ申候べき。善導《ぜんだう》の御《おむ》こゝろにて、すゝめたまへる行《ぎやう》どもをおきながら、すゝめたまはざる行《ぎやう》をすこしにてもくはふべきやうなしと申ことにて候なり。すゝめたまひつ

①なに　◎「なに」と上書訂記
②亂動　左◎ミダリオゴカスオリ

る正行《しやうぎやう》ばかりをだにもなほものうきみに、いまだすゝめた①まはぬ雑行《ざふぎやう》をくはへむ事は、まことしからぬかたも候ぞかし。またつみをつくりたる人だにも往生すれば、まして善《ぜん》なれば、なにかくるしからむと申候らむこそ、むげにけきたなくおぼえ候へ。往生おもたすけ候はゞこそは、いみじくも候はめ。さまたげになりならぬばかりを、いみじき事にてくはえおこなはむこと、なにかせむにて候べき。悪《あく》をば、されば佛の御《おむ》こゝろに、このつみつくれとやはすゝめさせたまふ。かまえてとゞめよとこそはいましめたまへども、凡夫《ぼむぶ》のならひ、當時《たうじ》のまどひにひかれて、悪《あく》をつくるちからおよばぬ事にてこそ候へ。まことに悪《あく》をつくる人のやうに、しかるべくて經《きやう》をよみたく、餘《よ》の行《ぎやう》おもくはへたからむは、ちからおよばず候。たゞし『法華經《ほふくゑきやう》』などよ②まむことを、一言《ごん》《ヒトコトバ》も悪《あく》をつくらむことにいひくらべて、それもくるしからねば、ましてこれもなど申候はむこそ、不便《ふびん》のことにて候へ。ふかきみのり③もあしくこゝろうる人にあひぬれば、かへりてものならずきこえ候こそ、あさましく候へ。これをかやうに申候おば、餘《よ》行の人々はらたつことにて候に、御《おむ》こゝろひとつにこゝろえて、ひろくちらさせたまふまじく候。あら④ぬさとりの人々のともかくも申候はむ事おば、

①ま　◎右傍補記
②ま　◎一字抹消し「ま」と右傍訂記
③も　◎「を」を「も」と上書訂記
④ぬ　◎右傍補記

きゝいれさせたまはで、たゞひとすぢに善導《ぜんだう》の御すゝめにしたがひて、いますこしも一定《ぢやう》往生する念佛のかずを申あはむとおぼしめすべく候。たとひ往生《わうじやう》のさわりとこそならずとも、不定《ふぢやう》往生《わうじやう》とはきこえて候めれば、一定《ぢやう》往生の行《ぎやう》を修《しゆ》すべし①。いとまをいれて、不定《ふぢやう》往生の業《ごふ》をくわえむ事は、損《そん》にて候はずや。よくよくこゝろうべきことにて候なり。たゞし、かく申候へば、難行《なんぎやう》をくわえむ人、ながく往生すまじと申にては候はず。いかさまにも餘《よ》の行人《ぎやうにん》なりとも、すべて人をくだし人をそしる事は、ゆゝしきとがおもきことにて候なり。よくよく御《おむ》つゝしみ候て、雑行《ざふぎやう》の人なればとて、あなづる御こゝろ候まじ。よかれあしかれ、人のうえの善悪《ぜんあく》をおもひいれぬがよきことにて候也。②またもとよりこゝろざしこの門《もん》にありて、すゝむべからむ人おば、こしらへ、すゝめたまふべく候。さとりたがひ、あらぬさまならむ人などに論《ろん》じあふ事は、ゆめゆめあるまじき事にて候なり。よくよくならひしりたまひたるひじりだにも、さやうの事おばつゝしみておはしましあひて候ぞ。ましてとのばらなどの御身《おむみ》にては、一定《ぢやう》ひが事にて候はむずるに候。たゞ御身《み》ひとつに、まづよくよく往生をもねがひ、念佛おもはげませたまひて、くらゐたかく往生して、いそぎかへりきたりて、人おもみちび

①し　甲「き」と左傍註記
②また　甲に無し

かむとおぼしめすべく候。かやうにこまかにかきつづ[1]けて申候へども、返々はゞかりおもひて候なり。あなかしこ、あなかしこ。

御《ご》ひろうあるまじ[2]く候。御《ご》らむじこゝろえさせたまひてのちには、とくとくひきやらせたまふべく候。あなかしこ、あなかしこ。

三月十四日　　源空

（一六）

しやう如《によ》ばうの御事こそ、返々あさましく候へ。そのゝちは、こゝろならずうときやうになりまいらせ候て、念佛の御信《ごしん》もいかゞと、ゆかしくはおもひまいらせ候つれども、さしたる事候はず。また申べきたよりも候はぬやうにて、おもひながら、なにとなくて、むなしくまかりすぎ候つるに、たゞれいならぬ御事大事《だいじ》にな[3]どばかりうけたまはり候はむ。いま一どはみまいらせたく、おはりまでの御念佛の事も、おぼつかなくこそおもひまいらせ候べきに、まして御こゝろにかけて、つねに御たづね候らむこそ、まことにあはれにもこゝろ[4]ぐるしくも、おもひまいらせ候へ。さうなくうけたまはり候まゝに、まい[5]り候てみまいらせたく候へども、

①づ　◎「づ」と上書訂記し、さらに「づ」と右傍註記
②じ　◎「ひ」を「じ」と上書訂記
③な　◎「な」と上書訂記
④ろ　◎一字抹消し「ろ」と右傍訂記
⑤い→㊙か

おもひきりてしばしいでありき候はで、念佛申候ばやとおもひはじめたる事の候を、やうにこそよる事にて候へ。これおば退《たい》してもまいるべきにて候にまたおもひ候へば、せむじては、このよの見參《けんざむ》はとてもかくても候なむ。かばねを①しよするまどひにもなり候ぬべし。たれとてもとまり②はつべきみちも候はず、われも人もたゞおくれさきだつかはりめばかりにてこそ候へ。そのたえまをおもひ候も、またいつまでかとさだめなきうえに、たとひひさしと申とも、ゆめまぼろしいくほどかは候べきなれば、たゞかまへておなじ佛のくににまいりあひて、はちすのうえにてこのよのいぶせさおもはるけ、ともに過去《くわこ》の因縁《いんねん》おもかたり、たがひに未來《みらい》の化道《くゑだう》おもたすけむことこそ、返々も詮《せむ》にて候べきと、はじめより申③おき候しが、返々も本願《ほんぐわん》をとりつめまいらせて、一念もうたがふ御こゝろなく、一こゑも④南无阿彌陀佛と申せば、わがみはたとひいかにつみふかくとも、佛の願力によりて一定《ぢやう》往生するぞとおぼしめして、よくよくひとすぢに御念佛の候べきなり。われらが往生はゆめゆめわがみのよきあしきにはより候まじ。ひとへに佛の御ちからばかりにて候べきなり。わがちからばかりにてはいかにめでたく⑤たうとき人と申とも、末法《まちぽふ》のこのごろ、たゞちに淨土《じやうど》にむまるゝほどの事はありがたくぞ

①を　◎「お」を「を」と右傍訂記
②り　◎「る」を「り」と上書訂記
③申　◎右傍補記
④も→申に
⑤く　◎「き」を「く」と上書訂記

候べき。また佛の御ちからにて候はむに、いかにつみふかく①おろかにつたなきみなりとも、それにはより候まじ。たゞ佛の願力《りき》を、信《しん》じ信《しん》ぜぬにぞより候べき。されば『観无量壽經《くわんむりやうじゆきやう》』にとかれて候。むまれてよりこのかた、念佛一遍《ぺん》も申さず、それならぬ善根《ぜんごん》もつやつやとなくて、あさゆふものをころしぬすみし、かくのごときのもろもろのつみをのみつくりて、とし月をゆけども、一念も懺悔《さむぐゑ》のこゝろもなくて、②あかしくらしたるものゝ、おはりの時《とき》に善知識《ぜんぢしき》のすゝむるにあひて、たゞひとこゑ③南无阿彌陀佛と申たるによりて、五十億劫《おくこふ》のあひだ生死《しやうじ》にめぐるべきつみを滅《めち》して、化佛《くゑぶち》・菩薩三尊《ぼさちさむぞん》の來迎《らいかう》にあづかりて、汝《なんぢ》佛のみなをとなふるがゆへにつみ滅《めち》せり、われきたりてなむぢをむかふとほめられまいらせて、すなわちかのくにに往生すと候。また五逆罪《ごぐゐやくざい》と申候て、現身《げんしん》にちゝをころし、はゝをころし、惡心《あくしむ》をもて佛をころしめ、諸僧《しよそう》を破《は》し、かくのごとくおもきつみをつくり、一念懺悔《さむぐゑ》のこゝろもなからむ、そのつみによりて无間地獄《むけんぢごく》におちて、おほくの劫《こふ》をおくりて苦《く》をうくべからむものゝ、おわりの時《とき》に、善知識《ぜんぢしき》のすゝめによりて、南无阿彌陀佛と十聲《じふしやう》となふるに、一こゑごとにおの④おの八十億劫《おくこふ》のあひだ生死《しやうじ》にめぐるべきつみを滅《めち》して、往生すとかれて候めれ。さほどの罪人《ざいにん》だに

①く　◎「き」を「く」と上書訂記
②あ　◎「か」を「あ」と上書訂記
③こ　◎「こ」と上書訂記
④おの　◎右傍補記

6-631　6-630　6-629　6-628　6-627

も十聲・一聲の念佛にて往生はし候へば、まことに佛の本願《ほんぐわん》のちからならでは、いかでかさること候べきとおぼへ候て、本願むなしからずといふことは、これにても信《しん》じつべくこそ候へ。これまさしき佛説《ぶちせち》にて候。佛のたまふみことばは、一言《ごん》もあやまたずと申候へば、たゞあふぎて信《しん》ずべきにて候。これをうたがはゞ、佛の御《おむ》そらごとゝ申にもなりぬべく、かへりてはまたそのつみ候ぬべしとこそおぼえ候へ。ふかく信ぜさせたまふべく候。さて往生はせさせおはしますまじきやうにのみ申きかせまいらする人々の候らむこそ、返々あさましくこゝろぐるしく候へ。いかなる智者《ちしや》めでたき人とおほせらるとも、それになほおどろかされ①おはしまし候ぞ。おのおののみちにはめでたくたうとき人なりとも、さとりあらず行《ぎやう》ことなる②ひとの申候ことは、往生浄土《わうじやうじやうど》のためは、中々ゆゝしき③退縁《たいえん》《シリゾキスツルエントナリ》・悪知識《あくちしき》とも申候ぬべき事どもにて候。たゞ凡夫《ぼむぶ》のはからひおばきゝいれさせおはしまさで、ひとすぢに佛の御ちかひをたのみまいらせさせたまふべく候。

さとりことなる人の往生いひさまたげむによりて、一念もうたがふこゝろあるべからずといふことわりは、善導和尚《ぜんだうくわしやう》のよくよくこまかにおほせられおきたることにて候也。「たとひおほくの佛、そらの中にみちみちて、ひかりをはなち御《み》し

①お　◎に無し
②るひと　◎「りとも」を「るひと」と上書訂記
③退縁　左㊥シリゾキスツルエントイフ

たをのべて、悪《あく》をつくりたる凡夫《ぼむぶ》なりとも、一念してかならず往生すといふことはひが事ぞ、信ずべからずとのたまふとも、それによりて一念もうたがふこゝろあるべからず。そのゆへは、阿彌陀佛のいまだ佛になりたまはざりしむかし、はじめて道心をおこしたまひし時《とき》、われ佛になりたらむに、わが名號《みやうがう》をとなふること十《じふ》聲・一聲までせむもの、わがくにゝむまれずは、われ佛にならじとちかひたまひたりしその願むなしからず、すでに佛になりたまへり。また釋迦《しやか》佛、この娑婆世界《しやばせかい》にいでゝ、一切衆生《しゆじやう》のために、かの本願《ほんぐわん》をとき①、念佛往生をすゝめたまへり。また六方恆沙の諸佛《しよぶち》、この念佛して一定《ぢやう》往生すと釋迦佛のときたまへるは決定《くゑちぢやう》なり、もろもろの衆生《しゆじやう》一念もうたがふべからず。ことごとく一佛のこらず、あらゆる諸佛《しよぶち》みなことごとく證誠《しようじやう》したまへり。すでに阿彌陀佛《ぶち》は願《ぐわん》にたて、釋迦佛《しやかぶち》その願をとき、六方の諸佛《しよぶち》その説《せち》を證誠《しようじやう》したまへるうえに、このほかにはなに佛の、またこれらの諸佛《しよぶち》にたがひて、凡夫往生《ぼむぶわうじやう》せずとはのたまふべきぞといふことわりをもて、佛現《げん》じてのたまふとも、それにおどろきて②信心《しんじむ》をやぶりうたがふこゝろあるべからず。いはむや、菩薩達《ぼさちたち》ののたまはむおや、上辟支《じやうびやくし》佛《ぶち》おや」と、こまごまと善導釋《ぜんだうしやく》したまひて候也。ましてこのごろの凡夫《ぼむぶ》のいかに

①き ◎「き」を「き」と上書訂記
②信 ◎「信」と上書訂記

も申候はむによりて、げにいかゞあらむずらむなど、不定《ふぢやう》におぼしめす御《おむ》こゝろ、
6-641 ①ゆめゆめあるまじく候。よにめでたき人と申とも、善導和尚《ぜんだうくわしやう》にまさりて往生のみ
ちをしりたらむこともかたく候。善導《ぜんだう》また凡夫《ぼむぶ》にはあらず、阿彌陀佛の化身《くゑしん》なり。
阿彌陀佛のわが本願《ほんぐわん》ひろく衆生《しゆじやう》に往生せさせむれうに、かりに人にむまれて善《ぜん》
6-642 導《だう》とは申候なり。そのおしへ申せば佛説《ぶちせち》にてこそ候へ。あなかしこ、あなかしこ。
うたがひおぼしめすまじく候。またはじめより佛の本願《ほんぐわん》に信《しん》をおこさせおはし
まして候し御こゝろのほど、みまいらせ候しに、なにしにかは往生《わうじやう》はうたがひ
6-643 おぼしめし候べき。經《きやう》にとかれて候ごとく、いまだ往生のみちもしらぬ人にとり
てのことに候。もとよりよくよくきこしめししたゝめて、そのうへ御念佛功《こう》つも
りたることにて候はむには、かならずまた臨終《りむじゆ》の善知識《ぜんぢしき》にあはせおはしまさずと
も、往生は一定《ぢやう》せさせおはしますべきことにてこそ候へ。中々あらぬすぢなる人
6-644 は、あしく候なむ。たゞいかならむ人にても、あま女房《によばう》なりとも、つねに御まへ
に候はむ人に、念佛まうさせて、きかせおはしまして、御こゝろひとつをつよく
4-205 おぼしめして、たゞ中々一向《かう》に、凡夫《ぼむぶ》の善知識《ぜんぢしき》をおぼしめしすてゝ、佛を善知識《ぜんぢしき》
6-645 にたのみまいらせさせたまふべく候。もとより佛の來迎《らいかう》は、臨終正念《りむじゆしやうねむ》のために

①ゆ　◎「ゆ」を「ゆ」と上書訂記

て候也。それを人の、みなわが臨終《りむじゆ》正念にして念佛申たるに、佛はむかへたまふとのみこゝろえて候は、佛の願《ぐわん》を信《しん》ぜず、經《きやう》の文《もん》を信《しん》ぜぬにて候也。『稱讚淨土經《しようさんじやうどきやう》』の文《もん》を信《しん》ぜぬにて候也。『稱讚淨土經《しようさんじやうどきやう》』には「慈悲《じひ》をもてくわへたすけて、こゝろをしてみだらしめたまはず」ととかれて候也。たゞのときによくよく申おきたる念佛によりて、佛は①來迎《らいかう》《キタリムカフト》したまふときに、正念《しやうねむ》には住《ぢゆ》すと申べきにて候也。たれも佛をたのむこゝろはすくなくして、よしなき凡夫《ぼむぶ》の善知識《ぜんぢしき》をたのみて、さきの念佛おばむなしくおもひなして、臨終正念をのみいのることどもにてのみ候が、ゆゝしきひがゐむのことにて候也。これをよくよく御こゝろえて、つねに御めをふさぎ、たなごゝろをあはせて、御こゝろをしづめておぼしめすべく候。ねがわくは阿彌陀佛の本願《ほんぐわん》あやまたず、臨終《りむじゆ》の時《とき》かならずわがまへに現《げん》じて、②慈悲《じひ》③をくわえたすけて、正《しやう》念に住《ぢゆ》せしめたまへと、御こゝろにもおぼしめして、くちにも念佛申させたまふべく候。これにすぎたる事候まじ。こゝろよわくおぼしめすことの、ゆめゆめ候まじきなり。かやうに念佛をかきこもりて申候はむなどおもひ候も、ひとへにわがみ一のためとのみは、もとよりおもひ候はず。おりしもこの御ことをかくうけたまはり候ぬれば、いまよりは一念ものこさず、ことご

①來迎　左㊙―
②慈悲　左㊙アハレミカナシビ
③を　◎右傍補記

とくその往生《わうじやう》の御たすけになさむと廻向《ゑかう》しまいらせ候はむずれば、かまへてかまへておぼしめすさまにとげさせまいらせ候はゞやとこそは、ふかく念じまいらせ候へ。もし①このこゝろざしまことならば、いかでか御たすけにもならで候べき、たのみおぼしめさるべきにて候。おほかたは申いで候しひとことばに御こゝろをとゞめさせおはしますことも、このよひとつのことにては候はじと、さきのよもゆかしくあはれにこそおもひしらるゝことにて候へば、うけたまはり候ごとく、このたびまことにさきだゝせおはしますにても、またおもはずにさきだちまいらせ候事になるさだめなさにて候とも、ついに一佛淨土《ゐちぶちじやうど》にまいりあひまいらせ候はむことは、うたがひなくおぼえ候。ゆめまぼろしのこのよにて、いま一《ゐち》どなどおもひ申候事は、とてもかくても候なむ。これおばひとすぢにおぼしめしすてて、いよいよもふかくねがふ御こゝろおもまし、御念佛おもはげませおはしまして、かしこにてまたむとおぼしめすべく候。返々もなほなほ往生をうたがふ御こゝろ候まじき②なり。五逆《ぐゐやく》・十惡《あく》のおもきつみつくりたる惡人《あくにん》、なを③十聲《じふしやう》・一《ゐち》聲《しやう》の念佛によりて、往生をし候はむに④、ましてつみつくらせおはします御事は、なにごとにかは候べき。たとひ候べきにても、いくほどのことかは候べき。この

①し　◎「し」と上書訂記
②き　◎「く」を「き」と上書訂記
③を　◎「と」を「を」と上書訂記
④に　◎「と」を「に」と上書訂記

6-650　6-651　6-652　6-653　6-654

經《きやう》にとかれて候罪人《ざいにん》には、いひくらぶべくやは候。それにまづこゝろをおこし、出家《しゆつけ》をとげさせおはしまして、めでたきみのりにも縁《えん》をむすび、ときにしたがひ日《ひ》にそえて、善根《ぜんごん》のみこそはつもらせおはしますことにて候はめ。そのうへふかく決定往生《くゑちぢやうわうじやう》の法文《ほふもん》①を信《しん》じて、一向専修《かうせんじゆ》の念佛にいりて、ひとすぢに彌陀《みだ》の本《ほん》願《ぐわん》をたのみて、ひさしくならせおはしまして候。なに事にかは、ひとことも往生をうたがひおぼしめし候べき。「専修《せんじゆ》の人は②百人は百人ながら、十人は十人ながら往生す」（禮讃）と善導《ぜんだう》のたまひて③候へば、ひとりそのかずにもれさせおはしますべきかはとこそはおぼえ候へ。善導《ぜんだう》おもかこち、佛の本願おもせめまいらせさせたまふべく候。こゝろよはくは、ゆめゆめおぼしめすまじく候。あなかしこ、あなかしこ。

ことわりをや申ひらき候とおもひ候ほどに、よくおほくなり候ぬる。さやうのおりふ④し、こちなくやとおぼえ候へども、もしさすがのび⑤たる御ことにてもまた候らむ。えしり候はねば、このたび申候はでは、いつおかはまち候べき。もしのどかにきかせおはしまして、一念も御《おむ》こゝろをすゝむるたよりにやなり候と、おもひ候⑥ばかり⑦にとゞめえ候はで、これほどもこまかになり候ぬ。機《き》嫌《げむ》《シュジヤウキラウト》をしり候

①文→(甲)門
②は　◎右傍補記
③て　◎「て」と上書訂記
④ふ　◎「ふ」と上書訂記
⑤び　◎右傍補記
⑥候　◎「候」と上書訂記
⑦り　◎「に」を「り」と上書訂記

はぬは、はからひがたくてわびしくこそ候へ。もしむげによはくならせおはしましたる御事にて候はゞ、これは①ことながく候べき②なり。要《えう》をとりてつたえまいらせさせおはしますべく候。うけたまはり候ままに、なにとなくあはれにおぼえ候て、おしかへしまた申候也。

（一七）

又故聖人《こしやうにん》の御坊《おむばう》の御消息《おむせうそく》。

一念往生の義《ぎ》、京中《きやうちう》にも粗流布《ほぼるふ》するところなり。おほよそ言語道断《ごんごだうだん》のことなり、まことにほとおど御問《ごもん》におよぶべからざるなり。詮《せむ》ずるところ③、『雙巻經《さうくわんぎやう》』（大經）の下に「乃至一念信心歡喜《ないしゐちねむしんじむくわんぎ》」といひ、また善導和尚《ぜんだうくわしやう》は「上盡《じやうじん》《かみつくし》二一形《ゐちぎやう》《を》一下至《げし》《しもいたるまで》二十聲《じふしやう》一聲等《しやうとう》《に》一、定《ぢやう》《さだめて》得《とく》《う》二往生《わうじやう》《を》一、乃至《ないし》一念無《む》《なかれと》レ有《う》《あること》二疑《ぎ》《うたがふこゝろ》心《しむ》一」（禮讃）といえる。これらの文《もん》をあしくぞみたるともがら、大邪見《だいじやけん》に住《ぢゆ》して申候ところなり。乃至《ないし》といひ下至といえる、みな上盡一形《じやうじんぎやう》をかねたることばなり。しかるをちかごろ愚癡《ぐち》・無智《むち》のともがらおほく、ひとへに十念・一念なりと執《しふ》して上盡《じん》一形《ぎやう》を④廢《はい》《スツルナリ》する條《でう》、无慚《むざむ》《ハヂナシ》・无愧《むぐゐ》《ハヂナシトナリ》のことなり。まことに十念・一念までも佛の大悲本願《だいひほん》、なほかならず引接《いんぜふ》したまふ

①は　◎「に」を「は」と上書訂記
②き　◎「き」と上書訂記
③こ　◎右傍補記
④廢→㊙癡

6-659　6-660　6-661　6-662

无上の功徳《くどく》なりと信《しん》じて、一期《ゐちご》不退《ふたい》①《シリゾキステザレトナリ》に行ずべき也。文證《もんしよう》おほしといゑども、これをいだすにおよばず、いふにたらざる事なり。こゝにかの邪見《じやけん》の人、この難《なん》をかぶりて、こたえていはく、わがいふところも、信《しん》を一念にとりて念ずべきなり。しかりとて、また念ずべからずとはいはずといふ。これまたことばゝ尋常《じむじやう》《ツネナルトイフ》なるににたりといゑども、こゝろは邪見《じやけん》をはなれず。しかるゆへは、決定《くゑちぢやう》の信心《しんじむ》をもて一念してのちは、また念ぜずといふとも、十悪《あく》・五逆《ごぐゐやく》なほさわりをなさず、いはむや、餘《よ》の少罪《せうざい》おやと信《しん》ずべきなりといふ。このおもひに任《ぢゆ》せむものは、たとひおほく念ずといはむ。阿彌陀佛の御こゝろにかなはむや、いづれの經論《きやうろん》・人師《にんし》の說《せち》ぞや。これひとへに懈怠《けだい》・無道心《むだうしむ》、不當《ふたう》・不善《ふぜん》のたぐひの、ほしいまゝに悪《あく》をつくらむとおもひてまた念ぜずは、その悪《あく》かの勝因《しよういん》をさえて、むしろ三途《さむづ》におちざらむや。かの一生造悪《しやうざうあく》のものゝ臨終《りむじゆ》に十念して往生する、これ懺悔《さむぐゑ》念佛のちからなり、この悪《あく》の義《ぎ》には混《こむ》②《ヒトコトニナルヲイフナリ》ずべからず。かれは懺悔《さむぐゑ》の人なり、これは邪《じや》見《けん》の人なり。なほ不可說《ふかせち》不可說の事也。もし精進《しやうじん》のものありといふとも、この義《ぎ》をきかばすなわち懈怠《けだい》になりなむ。まれに戒《かい》をたもつ人ありといふとも、この說《せち》を信《しん》ぜばすなわち無慚《むざむ》なり。おほよそかくのごときの人は、附佛法《ふぶちぽふ》《フブチポフトイフハブチポフニツキタルグヱダウナリ》の外道《ぐゑだう》なり、

①不退　左(甲)―
②混ず　左(甲)ヒトコトニナルヲイフ

4-210

師子のみの中《うち》の蟲《むし》なり。またうたがふらくは、天魔《てんま》波旬《はじゆん》のために、精進《しやうじん》の氣《け》《キ》をうばわるゝともがらの、もろもろの往《わう》生の人をさまたげむとするなり。あやしむべし、ふかくおそるべきもの也。①毎事《まいじ》筆端《ひちたん》につくしがたし《コトゴトニフデニアラワシガタシトナリ》。謹言。

これは越中國に光明房と申しひじり、②成覺房が弟子《でし》等《ら》、一念の義《ぎ》をたてゝ念佛の數返《しゆへん》をとゞめむと申て、消息《せうそく》をもてわざと申候。御返事をとりて、國の人々にみせむとて申候あひだ、かく③のごとくの御返事候き。

（一八）

④基親《もとちか》取《とて》レ信《しんを》　信《しんずる》二本願《を》一之様《やう》。

『雙巻《さうくわん》』（大經）上《じやうに》云《く》、「設《せち》《たとひ》我《が》《われ》得《とく》《えたらむに》レ　佛《ぶち》《を》、十方衆生《じふぱうしゆじやう》《の》、至《し》《いたし》レ心《しむ》《を》信《しん》一樂《げう》《して》　欲《よく》《おもふて》レ　生《しやう》《むまれむと》二　我《が》《わが》國《こく》《くにに》一、乃至《ないし》十念《じふねむ》《せむ》。若《にやく》《もし》不《ふ》《ず》レ生《しやう》者《じや》《れは》、不《ふ》《じと》レ取《しゆ》《とら》二正覺《しやうがく》《を》一。」

同《おなじ》（大經）下《げに》云《く》、「聞《もん》《きゝて》二　其《ご》《それ》名號《みやうがう》《を》一信心《しんじむ》歡喜《くわんぎ》《して》、乃至《ないし》一念《ゐち》《せむ》。至《し》《いたし》レ心《しむ》《を》廻向《ゑかう》《して》、願《ぐわん》《ぜむ》レ生《しやう》二彼《ひ》《かの》國《こく》《に》一。即《そく》

得《とく》《え》二往生《わうじやう》《を》一、住《ぢゆ》《せむと》二不退轉《ふたいてん》《に》一。」

『往生禮讚《わうじやうらいさんに》』云《く》、「今《こむ》《いま》信《しん》一知《ち》《す》⑤、彌陀《みだ》本《ほん》《の》弘誓《ぐぜい》願《ぐわん》《は》、及《ぎふ》《およぶまで》下　稱《しよう》《すること》二　名號《みやうがう》《を》一下《げ》至《し》十聲《じふしやう》一聲《ゐちしやう》等《とう》《に》上、

①也→(甲)なり（「也」と右傍註記）
②し　◎右傍補記
③く→(甲)た
④基親　◎「ひやうぶきやうさむゐとまふすひとなり」と右傍註記
⑤知　右◎「し」を「す」と上書訂記

6-671　6-670　6-669　6-668

定《ぢやう》《さだめて》得《とく》《う》二往生《わうじやう》《を》一、乃至《ないし》一念無《む》《なかれと》レ有《う》①《ること》二疑心《ぎしむ》。一」

『觀經疏《くわんぎやうのしよ》《に》』（散善義）云《く》、「一者《ゐちしや》《に》決定《くゐちぢやう》《して》深《じむ》《ふかく》信《しん》《ず》二自身《じしん》《は》現《げん》《に》是《ぜ》《これ》罪惡《ざいあく》生死《しやうじ》《の》凡夫《ぼむぶ》、曠劫《くわうごふ》《より》已來《いらい》《このかた》常《じやう》《つねに》沒《もち》《しづみ》常流轉《じやうるてん》《に》《して》、無《む》《なしと》レ有《う》《あること》二出離之緣《しゆつりしえん》。一二者《に》決定《しやくゐちぢやう》《して》深《じむ》《ふかく》信《しん》《ず》下彼《ひ》《かの》阿彌陀佛《あみだぶち》《の》四十八願《ぐわん》攝《せふ》二受《じゆ》《して》衆生《しゆじやう》《ヲ》一、無《む》《なく》レ疑《ぎ》《うたがひ》無《む》《なく》レ慮《りよ》《おもんぱかり》乘《じよう》《じて》二彼願力《ひぐわんりき》《の》《に》一、定得《ぢやうとく》《て》《うと》中往《わう》《ワウ》生《じやう》《を》上。」

これらの文《もん》を按《あん》じ候て、基親《もとちか》罪惡《ざいあく》生死《しやうじ》の凡夫《ぼむぶ》なりといゑども、一向《かう》に本願を信《しん》じて、名號《みやうがう》をとなえ候、毎日《まいにち》に五萬返《まんべん》なり。決定《くゐちぢやう》佛の本願に乘《じよう》じて上品《じやうぼむ》に往生すべきよし、ふかく存知《ぞんぢ》し候也。このほか別《べち》の料簡《れうけん》なく候。しかるに或《ある》人、本願《ぐわん》を信《しん》ずる人は一念なり、しかれば、五萬返無益《べんむやく》也、本願《ほんぐわん》を信《しん》ぜざるなりと申す。基親《もとちか》こたえていはく、念佛一聲のほかより、百返乃至《ぺんないし》萬返は、本願を信ぜずとい ふ文《もん》候やと申す。難者《なんじや》云く、②自力《じりき》にて往生はかなひがたし、たゞ一念信《ねむしん》をなしてのちは、念佛のかず無益《むやく》なりと申す。基親《もとちか》また申ていはく、自力《じりき》往生とは、他《た》の雜行等《ざふぎやうとう》をもて願《ぐわん》ずと申さばこそは、自力《じりき》とは申候はめ。したがひて善導《ぜんだう》の『疏《しよ》』（散善義）にいはく、「上盡百年下至《じやうじんねんげし》一日七日、一心專《しむせん》《に》二念《ねむ》《すれば》彌陀《みだ》《の》名號《みやうがう》《を》一、定得《ぢやうとく》《て》《う》二往生《わうじやう》《を》。一必《ひち》《かならず》無《む》《なし》レ疑《ぎ》《うたがひ》」と候めるは、百年念佛すべしとこそは候へ。また聖人《しやうにん》《の》御房《おむばう》七萬返

① 有　◎右傍補記
② く　甲に無し

6-672　6-673　6-674　6-675

4-212

をとなえしめまします。基親《もとちか》御弟子《おむでし》の一分たり①、よてかずおほくとなえむと存《ぞん》じ候なり、佛の恩《おん》を報《ほう》ずる也と申す。すなわち『禮讃』に「不《ふ》ざるが三相續《さうぞく》して念《ねむ》二報《ぼう》せ彼《ひ》かの佛恩《ぶちおん》を一故《こ》ゆへに、心生《しむしやう》にず二輕②慢《きやうまん》を一。雖《すい》いゑども作《さ》なすと二業行《ごふぎやう》を一、常《じやう》つねに與《よ》と二名利《みやうり》一相應《さうおう》するがゆへに故《こ》、人我《にんが》自《じ》おのづからおほふて覆《ふく》不《ふ》ざるが三親《しん》二近《ごん》せ同《どう》行《ぎやう》善知識《ぜんぢしき》に一故《こ》ゆへに、樂《げう》このみて近《ごん》ちかづきて二雜縁《ざふえん》に一、自《じ》二障《しやう》障《しやう》三他《た》するが往生正行《わうじやうしやうぎやう》のを一故《こ》ゆへにと。」云云　基親《もとちか》いはく、佛恩《ぶちおん》を報《ほう》ずとも、念佛の數返《しゆへん》おほく候はむ。

（一九）
兵部卿《ひやうぶきやう》三位《さむゐ》のもとより、聖人《しやうにん》の御房《おむばう》へまいらせらるゝ御文《おむふみ》の按《あん》。基親《もとちか》はたゞひらに本願《ほんぐわん》を信《しん》じ候て、念佛を申候なり。料簡《れうけん》も候はざるゆへなり。そのゝち何事候乎《なにごとさふらふや》。抑《そもそも》念佛の數遍《しゆへん》ならびに本願を信《しん》ずるやう、基親《もとちか》が愚按《ぐあん》かくのごとく候。しかるに難者《なんじや》候て、いわれなくおぼえ候。このおりがみに、御存知《ごぞんぢ》のむね、御自筆《ごじひち》をもてかきたまはるべく候、難者《なんじや》にやぶらるべからざるゆへなり。別解・別行の人にて候はゞ、みみにもきゝいるべからず候に、御弟子等《おむでしら》の說《せち》に候へば、不審《ふしむ》をなし候也。又《また》念佛者《しや》、女犯《によぼむ》はゞかるべからずと申あひて候、在家《ざいけ》は勿論《もちろん》《ロンナシトナリ》③なり。出家《しゆつけ》はこはく本願《ぐわん》を信《しん》ずとて、出家の人の女《によ》④にちかづき候條《でう》、いはれ

①た　◎「し」を「た」と上書訂記
②輕　右◎「し」を「き」と上書訂記
③勿論　左㊥—
④女　左㊥ニヨ反

なく候。善導《ぜんだう》は「目《め》をあげて女人をみるべからず」（龍舒浄土文巻五）とこそ候めれ。このことあらあらおほせをかぶるべく候。恐々謹言。

基親《もとちか》

聖人《しやうにん》御房《のおむばう》之《の》御返事《おむへんじ》の案《あん》

おほせのむね、つゝしむでうけたまはり候ぬ。御信心《ごしんじむ》とらしめたまふやう、おりがみつぶさにみ候に、一分《ぶん》も愚意《ぐい》に存《ぞん》じ候ところにたがはず候。ふかく随喜《ずいき》したてまつり候ところなり。しかるに近來《きんらい》一念のほかの數返《しゆへん》無益《むやく》なりと申義《ぎ》いできたり候よし、ほぼつたへうけたまはり候。勿論《ろんなく/もちろん》不《ず/ふ》レ足《たら/そく》レ言《まふすに/げん》の事か、文義《もんぎ》をはなれて申人すでに證《しよう》をえ候か、いかむ。もとも不審《ふしむ》に候。またふかく本願を信《しん》ずるもの、破戒《はかい》もかへりみるべからざる①よしの事、これまたとはせたまふにもおよぶべからざる事か。附佛法の外道、ほかにもとむべからず候。②おほよそは、ちかごろ念佛の天魔《てんま》きおいきたりて、かくのごときの狂言《わうごん/クルワスコトバナリ》いできたり候か。なほなほさらにあたはず候、あたはず候。恐々謹言《くゐよう つゝしてまふす》。

八月十七日

① ざ　◎「ず」を「ざ」と上書訂記
② お　◎「お」と上書訂記

（二〇）
或人《あるひと》念佛之不《ふ》審《しむ》聖人《しやうにん》に奉《たてまつる》レ問《とい》次第。

一　問《とふ》。八宗《しゆ》・九宗《しゆ》のほかに淨土宗《じやうどしゆ》の名《な》をたつることは、自由《じゆ》にまかせてたつること、餘宗《よしゆ》の人の申候おばいかゞ申候べき。答《こたふ》。宗《しゆ》の名《な》をたつることは佛説《ぶちせち》にはあらず、みづからこゝろざすところの經教《きやうけう》につきて、存《ぞん》じたる義《ぎ》を學《がく》しきわめて、宗義《しゆぎ》を判《はん》《コトワルナリ》ずる事也。諸宗《しよしゆ》のならひみなかくのごとし。いま淨土宗《じやうどしゆ》の名《な》をたつる事は、淨土《じやうど》の依正《えしやう》經《きやう》につきて往生極樂《ごくらく》の義《ぎ》をさとりきわめたまへる先達《せんだち》の、宗《しゆ》の名《な》をたてたまへるなり。宗《しゆ》のおこりをしらざるものゝ、さやうのことおば申也。

二　問《とふ》。法華《ほふくゑ》・眞言《しんごん》おば雜行《ざふぎやう》にいるべからずと、ある人申候おばいかむ。答《こたふ》。惠《ゑ》心《しむ》の先德《せんどく》、一代《だい》の聖教《しやうげう》の要文《えうもん》をあつめて『往生要集《わうじやうえうしふ》』をつくりたまへる中《なか》に十門をたてゝ、第《だい》九に往生の諸行《しよぎやう》の門《もん》に、法華《ほふくゑ》・眞言等《しんごんとう》の諸大乘《しよだいじよう》をいれたまへり。諸行《しよぎやう》と雜行《ざふぎやう》と、ことばはことに、こゝろはおなじ。いまの難者《なんじや》は惠《ゑ》心《しむ》の先德《せんどく》にまさるべから①ざ②るなり　云云。

三　問《とふ》。餘佛《よぶち》・餘經《よきやう》につきて善《ぜ》根《ごん》を修《しゆ》せむ人に、結緣助成《けちえんじよじやう》し候ことは雜行《ざふぎやう》にて

①ざ　◎右傍補記
②るなり　◎「るなり」と上書訂記

6-684　6-685　6-686　6-687　6-688

や候べき。答《こたふ》。我《わが》こゝろ、彌陀佛《みだぶち》の本願《ほんぐわん》に乘《じよう》じ、決定往生《くゑちぢやうわうじやう》の信《しん》をとるうえには、他《た》の善根《ぜんごん》に結縁《けちえん》し助成《じよじやう》せむ事、またく雑行《ざふぎやう》となるべからず、わが往生の助業《じよごふ》となるべき也。他《た》の善根《ぜんごん》を隨喜讃嘆《ずいきさんだん》せよと釋《しやく》したまへるをもて、こゝろうべきなり。

四 問《とふ》。極樂《ごくらく》に九品《ぼむ》の差別《しやべち》の候事は、阿彌陀佛のかまへたまへることにて候やらむ。答《こたふ》。極樂《ごくらく》の九品《ぼむ》は彌陀《みだ》の本願《ほんぐわん》にあらず、四十八願の中になし。これは釋尊《しやくそん》①の巧言《げうごん》《カマヘタマフミコトナリ》なり。善人《ぜんにん》・惡人一處《あくにんゐちしよ》にむまるといはゞ、惡業《あくごふ》のものども慢心《まんしむ》《ケウマンノコヽロ》をおこすべきがゆへに、品位差別《ほむゐしやべち》をあらせて、善人《ぜんにん》は上品にすゝみ、惡人《あくにん》は下品にくだるな②ど、ときたまふなり。いそぎまかり③てみるべし 云云。

五 問《とふ》。持戒《ぢかい》の行者《ぎやうじや》の念佛の數返《しゆへん》のすくなく候はむと、破戒《はかい》の行人《ぎやうにん》の念佛の數返のおほく候はむと、往生ののちの淺深《せんじむ》いづれかすゝみ候べき。答《こたふ》。ゐておはしますたゝみを④さゝえてのたまはく、このたゝみのあるにとりてこそ、やぶれたるかやぶれざるかといふことはあれ。つやつやとなからむたゝみおば、なにとかは論《ろん》ずべき。「末法《まちぽふ》の中には持戒《ぢかい》もなく、破戒《はかい》もなし、無戒《むかい》もなし。たゞ名字《みやうじ》の比《び》丘《く》ばかりあり」と、傳教大師《でんげうだいし》の『末法燈明記《まちぽふとうみやうき》』にかきたまへるうへは、なにと持《ぢ》

①尊　㊙「尊」と上欄註記
②な　㊙「りィ」と右傍註記
③か→㊙い
④を　◎「を」と上書訂記

戒《かい》・破戒《はかい》のさたはすべきぞ。かゝるひら凡夫《ぼむぶ》のためにおこしたまへる本願なればとて、いそぎいそぎ名號《みやうがう》を稱《しよう》すべしと 云云。

六　問《とふ》。念佛の行者等《ぎやうじやら》、日別《にちべち》の所作《しよさ》において、こゝろをたてゝ申人も候、こゝろに念じてかずをとる人も候、いづれおかよく候べき。答《こたふ》。それは口《くち》にも名號《みやうがう》をとなへ、こゝろにも名號《みやうがう》を念ずることなれば、いづれも往生の業《ごふ》にはなるべし。たゞし佛の本願の稱名《しようみやう》の願なるがゆへに、こゑをあらわ①すべきなり。かるがゆへに『經《きやう》』(觀經意)には「こゑをたえず、十念せよ」ととき、釋《しやく》には「稱我名號下至十聲《しようがみやうがうげしじふしやう》」(禮讃)と釋《しやく》したまへり。わがみみにきこゆるほどおば、高聲《かうしやう》念佛にとるなり。さればとて、譏嫌《きげむ》《ソシリキラウトナリ》をしらず、高聲《かうしやう》なるべきにはあらず、地體《ぢたい》はこゑをいださむとおもふべきなり。

七　問《とふ》。日別《にちべち》の念佛の數返《しゆへん》は、相續《さうぞく》にいるほどはいかゞはからひ候べき。答《こたふ》。善導《ぜんだう》の釋《しやく》によらば、一萬已上は相續《さうぞく》《アヒツグトナリ》にてあるべし。たゞし一萬返《べん》をいそぎ申て、さてその日《ひ》をすごさむ事はあるべからず。一萬返なりとも、一日《にち》一夜《や》の所作《しよさ》とすべし。總《そう》じては一食《じき》のあひだに三度《さむど》ばかりとなえむは、よき相續《さうぞく》にてあるべし。それは衆生《しゆじやう》の根性《こんじやう》不《ふ》同《どう》なれば、一准《じゆん》《ナライト》なるべからず。こゝろざしだにもふかければ、

①わ　◎右傍補記

自然《じねん》に相續《さうぞく》はせらるゝ事なり。

八　問《とふ》。『禮讚《らいさん》』の深心《じむしむ》の中には「十聲《しやう》一聲《しやう》必《ひち》《かならず》得《とく》《う》二往生《わうじやう》一《を》、乃至《ないし》一念《ゐちねむ》無《む》《なかれ》レ有《う》《こと》二疑《ぎ》心《しむ》《うたがふこゝろ》一」と釋《しやく》し、また『疏《しよ》』（散善義）の中の深心《じむしむ》には「念念《ねむ》不《ふ》《に》《る》レ捨《しや》《すて》者《しや》《は》、是《ぜ》《これを》名《みやう》《なづく》二正定之業《しやうぢやうしごふ》一《と》」と釋《しやく》したまへり。いづれかわが分《ぶん》にはおもひさだめ候べき。答《こたふ》。十聲《しやう》・一聲《しやう》の釋《しやく》は、念佛を信《しん》ずるやうなり。かるがゆへに、信おば一念に生《むま》[1]るととり、行《ぎやう》おば一形《ぎやう》をはげむべしとすゝめたまへる釋《しやく》也。また大意《たいい》《オホゴヽロナリ》は、一發心已後《ゐちほちしむいご》の釋《しやく》を本《ほん》とすべし。

九　問《とふ》。本願《ほんぐわん》の一念は、尋常《じむじやう》《ツネノトキ》の機《き》、臨終《りむじゆ》の機《き》に通《つ》ずべく候歟《か》。答《こたふ》。一念の願《ぐわん》は、二念におよばざらむ機《き》のためなり。尋常《じむじやう》の機《き》に通《つ》ずべくは、上盡《じん》一形《ぎやう》の釋《しやく》あるべからず。この釋《しやく》をもてこゝろうべし。かならず一念を佛の本願といふべからず。「念念不捨者《ふしやしや》、是名 正 定之業《ぜみやうしやうぢやうしごふ》、順彼佛願故《じゆんぴぶちぐわんこ》」（散善義）の釋《しやく》は、數返《しゆへん》つもらむおも本願とはきこえたるは、たゞ本願《ほんぐわん》にあふ機《き》の遲《ち》《オソキトキ》速不同《そくふどう》なれば、上盡《じやうじん》一形下至《ぎやうげし》一念とおこしたまへる本願なりとこゝろうべきなり。かるがゆへに念佛往生の願とこそ、善導《ぜんだう》は釋《しやく》したまへと。

十　問《とふ》。自力《じりき》・他力《たりき》の事は、いかゞこゝろうべく候らむ。答《こたうらくは》[2]、源空《ぐゑんく》は殿[3]上へまいるべききりやうにてはなけれども、上《かみ》よりめせば二度《ど》まいりたりき。これわが

①る　㊙に無し
②答　右◎「え」を「う」と上書訂記
　↓㊙答〔らくは〕
③「殿…は」一五字　◎右傍補記

6-702　6-701　6-700　6-699　6-698

まいるべきしきにてはなけれども、上《かみ》の御ちからなり。まして阿彌陀佛の佛力に
て、稱名《しようみやう》の願にこたえて來迎《らいかう》せさせたまはむ事おば、なむの不審《ふしむ》かあるべき。
6-703 自身《じしん》の罪《つみ》のおもく无智《むち》なれば、佛もいかにしてすくひましまさむとおもはむもの
は、つやつや佛の願おもしらざるものなり。かゝる罪人どもを、やすやすとたす
けすくはむれうに、おこしたまへる本願の名號《みやうがう》をとなえながら、ちりばかりも疑《ぎ》
心《しむ》あるまじきなり。十方衆生《ぱうしゆじやう》の願のうちに、有智《うち》・無智《むち》、有罪《うざい》・無罪《むざい》、善人《ぜんにん》・
6-704 惡人《あくにん》、①持戒《ぢかい》・破戒《はかい》、男子《なむし》・女人《によにん》、三寶滅盡《さむぼうめちじん》ののち百歳《さい》までの衆生《しゆじやう》、みなこもれ
るなり。かの三寶滅盡《さむぼうめちじん》の時《とき》の念佛者《しや》、當時《たうじ》のわ御坊《おむばう》たちとくらぶれば、わ御房《おむばう》た
6-705 ちは佛のごとし。かの時《とき》は人壽《にんじゆ》十歳《さい》の時《とき》なり。戒定慧《かいぢやうゑ》の三學《さむがく》、なをだにもきか
ず、いふばかりなきものどもの來迎《らいかう》にあづかるべき道理《だうり》をしりながら、わがみの
すてられまいらすべきやうおば、いかにしてかあむ②じいたすべき。たゞし極樂《ごくらく》の
4-218 6-706 ねがはしくもなく、念佛のまうされざらむ事こそ、往生のさわりにてはあるべけ
れ。かるがゆへに他力《たりき》の本願ともいひ、超世《てうせ》の悲願《ひぐわん》ともいふなり　云々。
十一　問《とふ》。至誠等《しじやうとう》の三心《さむしむ》を具《ぐ》し候べきやうおば、いかゞおもひさだめ候べき。答《こたふ》。
三心《さむしむ》を具《ぐ》する事は、たゞ別《べち》のやうなし。③阿彌陀佛の本願に、わが名號を稱念《しようねむ》せ

①持戒　◎「戒持」を「持戒」と訂記
②む→(甲)ん
③「阿…を」一三字　◎左傍補記

よ、かならず來迎《らいかう》せむとおほせられたれば、決定《くゑちぢやう》して引接《いんぜふ》せられまいらせむずるとふかく信《しん》じて、心念口稱《しむねむくしよう》にものうからず、すでに往生したることゝちしてたゆまざるものは、自然《じねん》に三心具足《さむしむぐそく》するなり。また在家《ざいけ》のものどもはかほどにおもはざれども、念佛を申ものは極樂《ごくらく》にうまるなればとて、念佛をだにも申せば、三心《さむしむ》は具足《ぐそく》するなり。さればこそ、いふにかひなきやから①どもの中にも、神妙《しんべう》なる往《わう》生《じやう》はする事にてあれと 云々。

(二一)

また淨土宗《じやうどしゆ》の大意《たいい》《オホゴヽロ》とて、おしえさせたまひしやうは、三寶滅盡《さむぼうめちじん》の時《とき》なりといふとも、十念すればまた往生す。いかにいはむや、三寶流行《さむぼうるぎやう》のよにむまれて、五逆《ごぐゐやく》おもつくらざるわれら、彌陀《みだ》の名號《みやうがう》を稱念《しようねむ》せむに、往生うたがふべからず。またいはく、淨土宗《じやうどしゆ》のこゝろは、聖道《しやうだう》・淨土《じやうど》の二門《もん》をたてゝ、一代《だい》の諸教《しよけう》をおさむ。聖道門《しやうだうもん》といふは、娑婆《しやば》の得道《とくだう》《ネチハンノサトリナリ》なり。自力斷惑出離生死《じりきだんわくしゆつりしやうじ》の教《けう》なるがゆへに、凡夫《ぼむぶ》のために修《しゆ》しがたし、行《ぎやう》じがたし。淨土門《じやうどもん》といふは、極樂《ごくらく》の②得道《とくだう》《ネチハンノサトリヲジヤウドニシテヒラクナリ》なり。他力斷惑《たりきだんわく》往生淨土門《わうじやうじやうどもん》なるがゆへに、凡夫《ぼむぶ》のためには修《しゆ》しやすく、行《ぎやう》じやすし。その行と

①ら　◎「ら」と上書訂記
②得道　左◎ネンハンノサトリヲジヤウドニシテヒラクナリ

いふは、ひとへに凡夫《ぼむぶ》のためにおしえたまふところの願行《ぐわんぎやう》なるがゆへなり。總《そう》じてこれをいへば、五説《ごせち》の中には佛説《ぶちせち》也、四土《ホフシンホウジンオウジンクヱノドナリ》の中には①報《ほう》土也、三身《さむしん》の中には二身《しん》也、三寶《さむぼう》の中には佛寶《ぼう》也、四乘《じよう》《シヤウモンエンガクボサチブチジヨウナリ》の中には佛乘《ぶちじよう》なり、二教《けう》の中には頓教《とんげう》也、二藏《ざう》《シヤウモンザウボサチザウナリ》の中には菩薩藏《ぼさちざう》也、②二行の中には正行《しやうぎやう》なり、③二超《てう》の中には横超《わうてう》也、二縁《えん》の中には有縁《うえん》の行なり、二住《ぢゆ》の中には④止住《しぢゆ》《ヨゲウハカクレテコノホフハトヾマルトイフコヽロナ□》也、思不思《しふし》《カシギハホトケノホカノヨノモノヽコヽロナリ》の中には不思議《ふしぎ》なり。またいはく、聖道門《しやうだうもん》の修行《しゆぎやう》は、智慧《ちゑ》をきわめて生死《しやうじ》をはなれ、浄土門《じやうどもん》の修行《しゆぎやう》は、愚癡《ぐち》にかへりて極樂《ごくらく》にむまると 云々。

康元元丙辰十月卅日書之

愚禿親鸞 八十四歳

①報　左㊙ムクウ　コタフ
②也→㊙なり（「也」と右傍註記）
③二超　左㊙シュテウワウテウナリ
④止　◎「正」を「止」と訂記→㊙正
　止住　左◎「ゲ」の下一字抹消し「ウ」と訂記　左㊙—
〈奥書〉
㊙「康元二歳［丁／巳］二月五日書之／愚禿親鸞［八十／四歳］」

西方指南抄下[①] 末

（二二）
四種往生事《しゆわうじやうのこと》。
一　正念《しやうねむ》念佛往生　『阿彌陀經《わあみだきやうのせちなり》』説
二　狂亂《くゐやうらん》念佛往生　『觀无量壽經《くわんむりやうじゆきやうのせちなり》』説
三　無記心《むきしむ》往生　『群疑論《ぐんぎろんのせちなり》』説　懷感作
四　意念往生《いねむわうじやう》　『法鼓經《ほふくきやうのせちなり》』説
『法鼓經《ほふくきやうにのたまはく》』言、「若人命終之時《にやくにんみやうじゆしじ》不《ふ》《ずは》レ能《のう》《あたは》レ作《さ》《なすに》レ念《ねむ》《を》、②但《たん》《たゞ》知《ち》《しりて》二彼《ひ》《かの》方《はう》《に》有《う》《ましますと》レ佛《ぶち》作《さ》《なせば》二往生《わうじやう》意《い》《のこゝろを》一、亦得《やくとく》《うるなり》二往生《わう》《を》一。」云々

（二三）
末代《まちだい》の衆生《しゆじやう》を往生極樂《わうじやうごくらく》の機《き》にあてゝみるに、行《ぎやう》すくなしとてうたがふべからず、一念・十念たりぬべし。罪人《ざいにん》なりとてうたがふべからず、罪根《ざいこん》ふかきおもきらわ

〈表紙〉
◎旧表紙中央「西方指南抄」
(甲)左上「西方指南抄［下末］」（題簽）
旧表紙中央「西方指南抄下［末］」
左下「釋□□」
①西方指南抄下末　◎に無し　(甲)旧表紙見返にあり
②但　◎但《たゞ》

4-221
ずといへり。時《とき》くだれりとて①うたがふべからず、法滅已後《ほふめちいご》の衆生《しゆじやう》なほ往生すべし、 6-719
いはむや近來《きんらい》《コノゴロトイフ》おや。わが身《み》わるしとてうたがふべからず、自身《じしん》はこれ煩惱《ぼむなう》を具足《ぐそく》
せる凡夫《ぼむぶ》なりといへり。十方《じふぱう》に淨土《じやうど》おほけれども、西方《さいはう》をねがふ十惡《あく》・五逆《ごぐゐやく》の衆《しゆ》 6-720
生《じやう》むまるゝがゆへなり。諸佛《しよぶち》の中に彌陀《みだ》に歸《くゐ》したてまつるは、三念・五念にいた
るまで、みづからきたりてむかへたまふがゆへに。諸佛《しよぶち》の中に念佛をもちゐるは、
かの佛の本願《ほんぐわん》なるがゆへに。いま彌陀の本願に乘《じよう》じて往生しなむには、願とし 6-721
て成《じやう》ぜずといふ事あるべからず。本願に乘《じよう》ずる事は、たゞ信心《しんじむ》のふかきによるべ
し。うけがたき人身《にんじん》をうけて、あひがたき本願にまうあひ、おこしがたき道心《だうしむ》を
おこして、はなれがたき輪廻《りんゑ》の里《さと》をはなれ、むまれがたき淨土《じやうど》に往生せむことは、 6-722
よろこびの中のよろこびなり。罪《つみ》は十惡《あく》・五逆《ぐゐやく》のものむまると信じて、少罪《せうざい》おも
おかさじとおもふべし。罪人《ざいにん》なほむまる、いはむや善人《ぜんにん》おや。行《ぎやう》は一念・十念む
なしからずと信《しん》じて、无間《むけん》《ヒマナク》に修すべし。一念なほむまる、いかにいはむや多念お
や。阿彌陀佛は、不取正覺《ふしゆしやうがく》の御《み》ことば成就《じやうじゆ》して現《げん》にかのくににましませば、さ 6-723
だめて命終《みやうじゆ》には來迎《らいかう》したまはむずらむ。釋尊《しやくそん》は、よきかなや、わがおしえにし
たがひて、生死《しやうじ》をはなれむと知見《ちけん》したまはむ。六方《ばう》の諸佛《しよぶち》は、よろこばしきかな、

①て　◎右傍補記

われらが證誠《しようじやう》を信《しん》じて、不退《ふたい》の淨土《じやうど》に生《しやう》ぜむとよろこびたまふらむ。天《てん》をあふぎ地《ぢ》にふしてよろこぶべし。このたび彌陀の本願《ほんぐわん》にまうあえる事を、行住座臥《ぎやうぢゆうざぐわ》にも報《ほう》ずべし。かの佛の恩德《おんどく》を、たのみてもなほたのむべきは①乃至十念の御言《みことば》、信《しん》じてもなほ信ずべきは必得往生《ひちとくわうじやう》の文《もん》なり。　黒谷聖人源空

(二四)末代惡世《まちだいあくせ》の衆生《しゆじやう》の往生のこゝろざしをいたさむにおきては、また他《た》のつとめあるべからず、たゞ善導《ぜんだう》の釋《しやく》につきて一向專修《かうせんじゆ》の念佛門《もん》にいるべきなり。しかるを一向《かう》の信《しん》をいたして、その門《もん》にいる人きわめてありがたし。そのゆへは、或《あるい》は他《た》の行にこゝろをそめ、或《あるい》は念佛の功能《くのう》をおもくせざるなるべし。つらつらこれをおもふに、まことしく往生淨土《わうじやうじやうど》のねがひふかきこゝろをもはらにする人、ありがたきゆへか。まづこの道理《だうり》をよくよくこゝろうべきなり。すべて天台《てんだい》・法相《ほふさう》の經《きやう》論《ろん》・聖教《しやうげう》も、そのつとめをいたさむに、ひとつとしてあだなるべきにはあらず。たゞし佛道修行《ぶちだうしゆぎやう》は、よくよく身《み》をはかり、時《とき》をはかるべきなり。佛の滅後第《めちごだい》四の五百年《ねん》にだに、智慧《ちゑ》をみがきて煩惱《ぼむなう》を斷《だん》ずる事かたく、こゝろをすまして禪《ぜん》

①は　◎「也」を「は」と上書訂記

定《ぢやう》をえむ事かたきゆへに、人おほく念佛門《もん》にいりけり。すなわち道綽《だうしやく》・善導等《ぜんだうとう》の淨土宗《じやうどしゆ》の聖人《しやうにん》、この時《とき》の人なり。いはむや、このごろは第五の五百年《ねん》、闘諍《とうじやう》堅固《けんご》の時《とき》なり、他《た》の行法《ぎやうほふ》さらに成就《じやうじゆ》せむ事かたし。しかのみならず、念佛におきては、末法《まちぽふ》ののちなほ利益《りやく》あるべし。いはむや、いまのよは末法萬年《まちぽふまんねん》のはじめなり、一念彌陀《みだ》を念ぜむに、なむぞ往生をとげざらむや。たとひわれら、そのう①つわものにあらずといふとも、末法《まちぽふ》のすゑの衆生《しゆじやう》には、さらににるべからず。かつはまた釋尊在世《しやくそんざいせ》の時《とき》すら、即身成佛《そくしんじやうぶち》におきては、龍女《りうによ》のほか、いとありがたし。たとひまた即身成佛《そくしんじやうぶち》までにあらずとも、この聖道門《しやうだうもん》をおこなひあひたまひけむ菩薩《ぼさち》・聲聞達《しやうもんたち》、そのほかの權者《ごんじや》・ひじり達《たち》、そのゝちの比丘《びく》・比丘尼等《びくにとう》いまにいたるまでの經論《きやうろん》の學者《がくしや》、『法華經《ほふくゑきやう》』の持者《ぢしや》、いくそばくぞや。こゝにわれら、なまじゐに聖道《しやうだう》をまなぶといふとも、かの人々にはさらにおよぶべからず。かくの②ごときの末代《まちだい》の衆生《しゆじやう》を、阿彌陀佛《ぶち》かねてさとりたまひて、五劫《ごこふ》があひだ思《し》惟《ゆい》して四十八願をおこしたまへり。その中の第十八の願にいはく、「十方の衆生、こゝろをいたして信樂《しんげう》して、わがくににむまれむとねがひて、乃至《ないし》十念せむに、もしむまれずといはゞ、正覺《しやうがく》をとらじ」（大經巻上）とちかひたまひて、すでに正覺《しやうがく》な

①つ　◎「わ」を「つ」と上書訂記
②ごと　◎「と」を「ごと」と上書訂記

りたまへり。これをまた釋尊《しやくそん》ときたまへる經《きやう》、すなはち『觀無量壽《くわんむりやうじゆ》』等《とう》の「三部《さむぶ》經《きやう》」なり。かの經《きやう》はたゞ念佛門《もん》なり。たとひ惡業《あくごふ》の衆生等《しゆじやうとう》、彌陀《みだ》のちかひばかりに、なほ信《しん》をいたすといふとも、釋迦《しやか》これを一一にときたまへる「三部經《さむぶきやう》」、あに一言《ゐちごん》もむなしからむや。そのうへまた、六方《ばう》・十方《じふばう》の諸佛《しよぶち》の證 誠《しようじやう》、この『經《きやう》』等《とう》にみえたり。他《た》の行《ぎやう》におきては、かくのごときの證 誠《しようじやう》みえざるか。しかれば、ときもすぎ、身《み》にもこたふまじからむ禪定《ぜんぢやう》・智慧《ちゑ》を修《しゆ》せむよりは、利益現在《りやくげんざい》にして、しかもそこ①そばくの佛たちの證 誠《しようじやう》したまへる彌陀の名號《みやうがう》を稱念《しようねむ》すべき也。そもそも後世者《ごせしや》の中に、極樂《ごくらく》はあさく彌陀《みだ》はくだれり、期《ご》するところ密嚴《みちごむ》・華藏《くゑざう》等《とう》の世界《せかい》也とこゝろをかくる人もはべるにや、それはなはだおほけなし。かの土《ど》は、斷无明《だんむみやう》の菩薩《ぼさち》のほかはいることなし。また一向專修《かうせんじゆ》の念佛門《もん》にいるなかにも、日別《にちべち》に三萬返《べん》、もしは五萬乃至《ないし》十萬返といふとも、これをつとめおはりなむのち、年來受持讀誦《ねんらいじゆぢどくじゆ》こ②うつもりたる諸經《しよきやう》おもよみたてまつらむ事、つみになるべきかと不審《ふしむ》をなして、あざむくともがらもまじわれり。それ罪《つみ》になるべきにては、いかでかはべるべき。末代《まちだい》の衆生《しゆじやう》、その行 成就《ぎやうじやうじゆ》しがたきによりて、まづ彌陀の願《ぐわん》力《りき》にのりて、念佛の往生をとげてのち、淨土《じやうど》にて阿彌陀如來《によらい》・觀音《くわんおむ》・勢至《せいし》にあ

①そ　甲に無し
②う　◎「ふ」を「う」と上書訂記

ひたてまつりて、もろもろの聖教《しやうげう》おも學《がく》し、さとりおもひらくべきなり。また末《まち》代《だい》の衆生《しゆじやう》、念佛をもはらにすべき事、その釋《しやく》おほかる中に、かつは十方恆沙《ぱうごうじや》の佛證誠《しようじやう》したまふ。また『觀經疏《くわんぎやうのしよ》』の第《だい》三(定善義)に善導《ぜんだう》云《く》、「自餘衆行《じよしゆぎやう》雖《すい》レ名《みやう》二是《ぜ》善《ぜん》一、若《にやく》比《ひ》二念佛一者《しや》全《ぜむ》非《ひ》二比校《ひけう》一也《や》。是故《ぜこ》①諸經中處處《しよきやうちうしよしよ》廣讚《くわうさん》二念佛功能《くのう》一。如《によ》二『无量壽經《むりやうじゆきやう》』四十八願中《ぐわんちう》一、唯明《ゆいみやう》下專《せん》二念彌陀名號《みだみやうがう》一得《とく》上レ生《しやう》。又如二『彌陀經《きやう》』中《ちう》一、一日七日專《せん》二念《ねむ》彌陀《みだ》名號《みやうがう》一得《とく》レ生《しやう》。又《う》十方《じふぱう》恆沙《ごうじや》諸佛《しよぶち》證誠《しようじやう》不《ふ》レ虚《こ》也《や》。又此《し》『經《きやう》』中《ちう》定散《ぢやうさん》文《もん》中《ちう》、唯標《ゆいへう》下專《せん》二念《ねむ》名號《みやうがう》一得《とく》上レ生《しやう》。此例《しれい》非《ひ》レ一《ゐち》也《や》。廣顯《くわうけん》二念佛三昧《まい》一竟《きやう》」とあり。また善導《ぜんだう》②の『往生禮讚《わうじやうらいさん》』(意)ならびに專修淨業《せんじゆじやうごふ》の文等《もんとう》にも、「雜修《ざふしゆ》のものは往生をとぐる事、萬《まん》が中に一二なほかたし。專修《せんじゆ》のものは、百に百ながらむまる」といへり。これらすなわち、なに事もその門《もん》にいりなむには、一向にもはら他《た》のこゝろあるべからざる③ゆへなり。たとえば今生《こむじやう》にも主君《しゆくん》につかへ、人をあひたのむみち、他《た》人《にん》にこゝろざしをわくると、一向にあひたのむと、ひとしからざる事也。たゞし家《いゑ》ゆたかにして、のりもの、僮僕《どうぼく》《ツブネヤツコヲイフ》もかなひ、面面《めんめん》にこゝろざしをいたすちからもたえたるともがらは、かたがたにこゝろざしをわくといゑども、その功《こう》むなしからず。かくのごときのちからにたえざるものは、所所《しよしよ》をかぬる④あひだ、身《み》はつか

①諸　右◎「や」を「よ」と上書訂記
②の　◎右傍補記
③ざ　◎「ず」を「ざ」と上書訂記
④ぬ　◎「ね」を「ぬ」と上書訂記

るといゑども、そのしるしをえがたし。一向《かう》に人一人《ひとゐちにん》をたのめば、まづ①しきものも、かならずそのあわれみをうるなり。すなわち末代悪世《まちだいあくせ》の無智《むち》の衆生《しゆじやう》は、かのまづしきものゝごときなり。むかしの權者《ごんじや》は、いゑゆたかなる衆生のごときなり。しかれば、無智《むち》のみをもちて智者《ちしや》の行をまなばむにおきては、貧者《ひんじや》の徳人《とくにん》をまなばむがごときなり。またなほたとひをとらば、たかき山《やま》の、人かよふべくもなからむがむせきを、ちからたえざらむものゝ、石《いし》のかど木《き》のねにとりすがりてのぼらむとはげまむは、雑行《ざふぎやう》を修《しゆ》して往生をねがわ②むがごとき也。かの山《やま》のみねより、つよきつなをおろ③したらむにすがりてのぼらむは、彌陀の願力《ぐわんりき》をふかく信《しん》じて、一向《かう》に念佛をつとめて、往生せむがごときなるべし。

また一向專修《かうせんじゆ》には、④ことに三心《さむしむ》を具足《ぐそく》すべき也。三心といふは、一には至誠心《しじやうしむ》、二には深心《じむしむ》、三には廻向《ゑかう》發願心也。至誠心といふは、餘佛《よぶち》を禮せず彌陀を禮し、餘行を修せず彌陀を念じて、もはらにしてもはらならしむ⑤る也。深心《じむしむ》といふは、彌陀の本願《ほんぐわん》をふかく信《しん》じて、わがみは无始《むし》よりこのかた罪悪生死《ざいあくしやうじ》の凡夫《ぼむぶ》、一度《ど》として生死《しやうじ》をまぬかるべきみちなきを、彌陀の本願不可思議《ふかしぎ》なるによりて、かの名號《みやうがう》を一向に稱《しよう》念して、うたがひをなすこゝろなければ、一念のあひだに八十

①づ　◎「し」を「づ」と上書訂記
②わ→㊥は
③ろ　◎「わ」を「ろ」と上書訂記
④ことに　◎右傍補記
⑤む　◎「む」と上書訂記

億劫《おくこふ》の生死のつみを滅《めち》して、最後臨終《さいごりむじゆ》の時《とき》、かならず彌陀の來迎《らいかう》にあづかる也。廻向發願心《ゑかうほちぐわんしむ》といふは、自他《じた》の行を眞實心《しんじちしむ》の中に廻向發願《ゑかうほちぐわん》する也。この三心《さむしむ》ひとつもかけぬれば、往生をとげがたし。しかれば、他《た》の行《ぎやう》をまじえむによりてつみにはなるべからずといふとも、なほ念佛往生を不定《ふぢやう》に存《ぞん》じていさゝかのうたがひをのこして、他事《たじ》をくわふるにて侍《はべる》べき也。たゞしこの三心の中に、至誠心《しじやうしむ》をやうやうにこゝろえて、ことにまことをいたすことを、かたく申①しなすともがらも侍《はべる》にや。しか②らば、彌陀の本願の本意《ほんい》にもたがひて、信心はかけぬるにてあるべきなり。いかに信力《しんりき》をいたすといふとも、かゝる造惡《ざうあく》の凡夫《ぼむぶ》のみの信力《しんりき》にて、ねがひを成就《じやうじゆ》せむほどの信力は、いかでか侍《はべる》べき。たゞ一向に往生を決定《くゑちぢやう》せむずればこそ、本願《ぐわん》の不思議《ふしぎ》にては③侍《はべる》べけれ。さやうに信力《しんりき》もふかく、よか④らむ人のためには、かゝるあながちに不思議《ふしぎ》の本願おこしたまふべきにあらず、この道《だう》理《り》おば存《ぞん》じながら、まことしく專修《せんじゆ》念佛の一行にいる人いみじくありがたきなり。しかるを道綽禪師《だうしやくぜんじ》は決定《くゑちぢやう》往生の先達《せんだち》也、智慧《ちゑ》ふかくして講說《かうぜち》を修《しゆ》したまひき。曇鸞法師の三世已下《さむぜいげ》の弟子《でし》也。「かの鸞師《らんし》は智慧高遠《ちゑかうおん》《タカクフカシ》なりといゐども、四論《ろん》の講《かう》說《ぜち》をすてゝ、念佛門《もん》にいりたまはむや、わが⑤しるところさ⑥わるところ、なむぞお

①し　◎右傍補記
②ら→甲ら〔ず〕
③侍　右◎「れ」を「る」と上書訂記
④ら　◎「む」を「ら」と上書訂記
⑤しる　◎右傍補記
⑥わ　甲「と歟」と右傍註記

ほしとするにたらむや」(迦才浄土論巻下)とおもひとりて、涅槃《ねちはん》の講說《かうぜち》をすてゝ、ひとへに往生の業《ごふ》を修《しゆ》して、一向《かう》にもはら彌陀を念じて、相續无間《さうぞくむけん》《アヒツヾキテヒマナクシテトイフ》にして、現《げん》に往生したまへり。かくのごとき道綽《だうしやく》は、講說《かうぜち》をやめて念佛を修《しゆ》し、善導《ぜんだう》は雜修《ざふしゆ》をきらいて專修《せんじゆ》をつとめたまひき。また道綽禪師《だうしやくぜんじ》のすゝめによりて、并州《へいしう》《クニノナヽリ》の三縣《さむくゑん》《シンヤウタイグヱンミトコロ》の人、七歳《さい》《ナリ》以《い》後《ご》一向に念佛を修《しゆ》すといへり。しかれば、わが朝《てう》の末《まち》法の衆生《しゆじやう》、なむぞあながちに雜修《ざふしゆ》をこのまむや。たゞすみやかに彌陀如來《みだによらい》の願《ぐわん》、釋迦《しやか》如來の說《せち》、道《だう》綽《しやく》・善導《ぜんだう》の釋《しやく》をまもるに、雜行《ざふぎやう》を修《しゆ》して極樂《ごくらく》の果《くわ》を不定《ふぢやう》に存《ぞん》ぜむよりは、專修《せんじゆ》の業《ごふ》を行じて、往生ののぞみを決《くゑ》定《ぢやう》すべき也。①またかの道綽《だうしやく》・善導等《ぜんだうとう》の釋《しやく》は、念佛門の人々の事なれば、左右におよぶべからず。法相宗《ほふさうしゆ》においては、專修《せんじゆ》念佛門、ことに信向《しんかう》せざるかと存《ぞん》ずるところに、慈恩大師《じおんだいし》の『西方要決《さいはうえうくゑち》』に云く、「末《まち》法萬年《ぽふまんねん》《には》餘經《よきやう》悉《しち》《ことごとく》滅《めち》《せむ》。彌陀《みだ》《の》一教利《けうり》レ《すること》物《もち》偏《へん》《ひとへにまさらむ》增《ぞう》」と釋《しやく》したまへり。また同『書』《おなじきしよ》(西方要決意)にいはく、「三空九斷之文《さむくくだんしもん》、十地《ぢ》・五修之訓《しゆしくん》《おしへ》、生期分役死終非運《しやうごぶんやくしじゆひうん》、不《ふ》レ《ず》如《によ》《しか》三暫《ざむ》《シバラクヤメニハ》二|息《そく》《せむには》 多聞之廣學《たもんしくわうがく》一《を》、專《せん》二《もはらせよと》念佛之單修《たんしゆ》一《を》」といへり。しかのみならず、また『大《だい》聖竹林寺《しやうちくりむじ》の記《き》』にいはく、「五臺山竹林寺《ごだいさんちくりむじ》の大講堂《だいかうだう》の中《うち》にして、普賢《ふげん》・文殊《もんじゆ》東西《とうざい》②に對座《たいざ》《ムカヒヰタマヘリ》して、もろもろの衆生《しゆじやう》のために妙法《めうほふ》をときたまふとき、法照禪師《ほふせうぜんじ》ひざま

①またかの　㊙に無し
②東西　◎「西東」を「東西」と訂記

づきて、文殊《もんじゆ》にとひたてまつりき。未來惡世《みらいあくせ》の凡夫《ぼむぶ》、いづれの法《ほふ》をおこないてか、ながく三界《さむがい》をいでゝ淨土《じやうど》にむまるゝことをうべきと。文殊《もんじゆ》こたえてのたまはく、往生淨土《じやうど》のはかり事、彌陀の名號にすぎたるはなく、頓證菩提《とんしようぼだい》の道《だう》、たゞ稱《しよう》念の一門にあり。これによりて、釋迦《しやか》一代《だい》の聖教《しやうげう》にほむるところみな彌陀にあり。いかにいはむや、未來惡世《みらいあくせ》の凡夫《ぼむぶ》おやとこたへたま①へり」。かくのごときの要文《えうもん》等《ら》、智者《ちしや》たちのおしへをみても、なほ信《しん》心なくして、ありがたき人界《にんがい》をうけて、ゆきやすき淨土《じやうど》にいらざらむ事、後悔《こうくわい》なにごとかこれにしかむや。かつはまた、かくのごときの專修《せんじゆ》念佛のともがらを、當世《たうせい》にもはら難《なん》をくはへて、あざけりをなすともがらおほくきこゆ。これまたむかしの權者達《ごんじやたち》、かねてみなさとりしりたまへること也。

善導《ぜんだうの》『法事讃《ほふじさんに》』（巻下）云《く》、

「世尊《せそん》說《せち》《ときたまふ》レ法《ぼふ》《を》時《じ》《とき》將《しやう》《まさに》レ了《れう》《おはらむと》　慇懃《おんごん》《ネムゴロニ》付《ふ》二囑《ぞく》②《したまへり》彌陀《みだ》名《みやう》《のみなを》一

五濁《ごぢよく》增《ぞう》《まさらむ》時《じ》《ときは》多《た》疑《ぎ》《おほくうたがひ》謗《はう》《そしらむ》　道俗《だうぞく》相《さう》《あひ》嫌《けむ》《きらて》不《ふ》《じ》レ用《よう》《もちゐん》レ聞《もん》《きくことを》

見《けん》《みては》レ有《う》《あるを》二修行《しゆぎやう》《することを》一起《き》《おこさむ》二瞋毒《しんどく》《を》一　方便《はうべん》《して》破《は》《ヤブリ》壞《ゑ》《し》競《きやう》《きほひて》生《しやう》《ぜむ》レ怨《おん》《あだを》

如《によ》《ごとき》レ此《し》《かくの》生《しやう》③盲《まう》《ムマル、ヨリメシヒタルナリ》闡提《せんだい》輩《はい》《のともがら》　毀《くゐ》二滅《めち》《ソシリホロボシテ》《して》頓《とん》教《げう》《を》一永《ゐやう》《ながく》沈淪《ちむりん》《せむ》

①まへ　㊙に無し
②囑→㊥屬
③生盲　左㊥ムマレテヨリメシヰタルナリ

超《てう》二過《くわ》すとも大《だい》地《ぢ》微《み》塵《ぢん》劫《ごふ》を一　未《み》だレ可《か》からレ得《とく》うレ離《り》るゝことを二　三《さむ》途《づ》の身《しん》を一
大《だい》衆《しゆ》同《どう》心《しむ》に皆《かい》懺《さむ》二悔《ぐゑ》せよ　所《しよ》有《う》の破《は》法《ほふ》の罪《ざい》の因《いん》縁《ねん》を一」

また『平等覺經《びやうどうがくきやう》』(巻四意)にいはく、「①若《もし》善男子《ぜんなむし》・善女人《ぜんによにん》ありて、かくのごときらの淨土《じやうど》の法文《ほふもん》をとくをきゝて、悲喜《ひき》《カナシミヨロコブ》をなして身《み》の毛《け》よだつことをなしてぬきいだすがごとくするは、しるべし、この人《ひと》過去《くわこ》にすでに佛道《ぶちだう》をなしてきたれる也。もしまたこれをきくといふとも、すべて信樂《しんげう》せざらむにおきては、しるべし、この人はじめて三惡道《さむまくだう》のなかよりきたれるなり」。しかれば、かくのごときの謗難《ばうなん》《ソシル》のともがらは、さうなき罪人《ざいにん》のよしをしりて、論談《ろんだん》にあたふべからざる事也。また十善《ぜん》かたくたもたずして、忉利《たうり》・都率《とそち》をねがはむ事、きわめてかなひがたし。極樂《ごくらく》は五逆のもの念佛によりてむまる。いはむや、十惡《あく》におきてはさわりとなるべからず。また慈尊《じそん》の出世《しゆつせ》を期《ご》せむにも、五十六億《おく》七千萬歳《ざい》、いとまちどおなり、い②まだしらず。他方《たはう》の淨土《じやうど》そのところどころにはかくのごときの本願なし、極樂《ごくらく》はもはら彌陀の願力《ぐわんりき》はなはだふかし、なむぞほかをもとむべき。またこのたび佛《ぶち》法《ぽふ》に縁《えん》をむすびて、三生《さむしやう》・四《し》生に得脱《とくだち》せむとのぞみをかくるともがらあり、このねがひきわめて不定《ふぢやう》なり。大通結縁《だいつけちえん》《ホフクヱシユノコヽロ》の人、信樂慚愧《しんげうざむぐゐ》のこころものうらに、一乗无《じようむ》

①若　右◎「にやく」を「もし」と上書訂記
②まだ　◎「まだ」と上書訂記し、さらに「まだ」と右傍註記

價《げ》の玉《たま》をかけて、隔生《きやくしやう》①即亡《そくまう》して、三千②の塵點《ぢんでむ》があひだ六趣《しゆ》に輪廻《りんゑ》せしにあらずや。たとひまた、三生《さむしやう》・四生に縁《えん》をむすびて、必定得脱《ひちぢやうとくだち》すべきにても、それをまちつけむ輪轉《りんでん》のあひだのくるしみ、いとたえがたかるべし、いとまちどおなるべし。またかの聖道門《しやうだうもん》においては、三乘《さむじよう》・五乘《ごじよう》の得道《とくだう》なり、この行《ぎやう》は多百千劫《たひやくせんごふ》なり。こゝにわれら、このたびはじめて人界《にんがい》の生《しやう》をうけたるにてもあらず、世世《せせ》生生《しやうしやう》をへて、如來《によらい》の教化《けうくゑ》にも、菩薩《ぼさち》の弘經《ぐきやう》にも、いくそばくかあひたてまつりたりけむ。たゞ不信《ふしん》にして教化《けうくゑ》にもれきたるなるべし。三世《さむぜ》の諸佛《しよぶち》、十方の菩薩、おもへばみなこれむかしのともなり。釋迦《しやか》も五百塵點《ぢんでむ》のさき、彌陀《みだ》も十劫《こふ》のさきは、かたじけなく父母《ぶも》・師弟《してい》ともたがひになりたまひけむ。佛は前佛《ぜんぶち》の教《けう》をうけ、善知識《ぜんぢしき》のおしえを信《しん》じて、はやく發心修行《ほちしむしゆぎやう》したまひて、成佛《じやうぶち》してひさしくなりたまひにけり。われらは信心《しんじむ》おろかなるがゆへに、いまに生死《しやうじ》にとまれるなるべし。過去《くわこ》の輪轉《りんでん》をおもへば、未來《みらい》もまたかくのごとし。たとひ二乘《じよう》の心《しむ》おばおこすといふとも、菩提心《ぼだいしむ》おばおこしがたし。如來《によらい》は勝方便《しようはうべん》《スグレ》にしておこないたまへり。濁世《ぢよくせ》の衆生《しゆじやう》、自力《じりき》をはげまむには、百千億劫難行苦《おくこふなんぎやうく》行をいたすといふとも、そのつとめおよぶところにあらず。またかの聖道門《しやうだうもん》は、よく清淨《しやうじやう》にして、そのう

①生　◎右傍補記
②の　◎右傍補記

つわものにたれらむ人のつとむべき行なり。懈《け》怠《だい》不《ふ》信《しん》にしては、中々行ぜしめむよりも、罪《ざい》業《ごふ》の因《いん》となるかたもありぬべし。念佛門においては、行《ぎやう》住《ぢゆ》座《ざ》臥《ぐわ》ねてもさめても持《ぢ》念《ねむ》するに、そのたよりとがなくして、そのう①つわものをきらはず、ことごとく往生の因《いん》となる事うたがひなし。

「彼《ひ》の佛《ぶち》の因《いん》‐中《ちう》に立《りふ》てたまへり二 弘《ぐ》誓《ぜい》を一　聞《もん》きゝてレ 名《みやう》を念《ねむ》ぜばレ 我《が》を總《そう》すべて迎《かう》むかへ來《らい》きたらしめむと

不《ふ》ずレ 簡《けん》きらは三 貧《びん》窮《ぐ》と將《しやう》とを二 富《ふ》貴《くゐ》一　不《ふ》ずレ 簡《けん》きらは三 下《げ》智《ち》と與《よ》とを二 高《かう》才《ざい》一

不《ふ》ずレ 簡《けん》きらは三 多《た》聞《もん》と持《ぢ》てるとを二 淨《じやう》戒《かい》を一　不《ふ》ずレ 簡《けん》きらは二 破《は》戒《かい》と罪《ざい》根《こん》深《じむ》ふかきとを一

但《たん》たゞ使《し》しむれば二 廻《ゑ》してレ 心《しむ》を多《た》おほく念《ねむ》佛《ぶち》せ一　能《のう》よく令《りやう》しむと二 瓦《ぐわ》礫《りやく》を變《へん》じて成《じやう》なさレ 金《こむ》」（五會法事讃卷本）

といへり。またい②みじき經《きやう》論《ろん》・聖《しやう》教《げう》の智《ち》者《しや》といゑども、最《さい》後《ご》臨《りむ》終《じゆ》の時《とき》、その文《もん》を暗《あむ》誦《じゆ》するにあたはず。念佛においては、いのちをきわむるにいた③るまで、稱《しよう》念するにそのわづら④ひなし。また佛の誓《せい》願《ぐわん》の⑤ためしをひらかむにも、藥《やく》師《し》の十二の誓《せい》願《ぐわん》には不《ふ》取《しゆ》正《しやう》覺《がく》の願《ぐわん》なく、千《せん》手《じゆ》の願、また不《ふ》取《しゆ》正《しやう》覺《がく》とちかひたまへるも、いまだ正《しやう》覺《がく》なりたまはず。彌《み》陀《だ》は不《ふ》取《しゆ》正《しやう》覺《がく》の願をおこして、しかも正《しやう》覺《がく》なりて、すでに十劫《こふ》をへたまへり。かくのごときの彌陀のちかひに信《しん》をいたさざらむ人は、また他《た》の法《ほふ》文《もん》⑥おも信《しん》仰《かう》《アオグ》するにおよばず。しかれば、返々も一《ゐち》向《かう》專《せん》修《じゆ》の念佛に信を

①つ　◎右傍補記
②み　◎「み」と上書訂記
③る　◎右傍補記
④ひ　◎「ひ」と上書訂記
⑤た　◎下に一字抹消あり
⑥お　◎「を」を「お」と上書訂記し、さらに「お」と右傍註記

いたして、他《た》のこゝろなく、日夜《にちや》朝暮①《てうぼ》《アシタユウベ》、行住座臥《ぎやうぢゆざぐわ》に、おこたる事なく稱《しよう》念すべき也。専修《せんじゆ》念佛をいたすともがら、當世《たうせい》にも往生をとぐるきこえ、そのかずおほし。雑修《ざふしゆ》の人におきて、そのきこえきわめてありがたき也。そもそもこれをみても、なほよこさまのひがゐむにいりて、もの難《なん》ぜむとおもはむともがらは、さだめていよいよいきどほりをなして、しからば、むかしより佛のときおきたまへる經論《きやうろん》・聖教《しやうげう》、みなもて無益《むやく》のいたづらものにて、うせなむとするにこそなど、あざけり申さむずらむ。それは天台《てんだい》・法相《ほふさう》の本寺《ほんじ》・本山《ほんざん》に修學《しゆがく》をいとなみて、名《みやう》利《り》おも存《ぞん》じ、おほやけにもつかへ、官位《くわんゐ》おものぞまむとおもはむ人におきては、左右《さう》におよぶべからず。また上根利智《じやうこんりち》の人は、そのかぎりにあらず。このこゝろをえてよく了見《れうけん》《サトリミル》する人は、あやまりて聖道門《しやうだうもん》をことにおもくするゆへと存《ぞん》ずべき也。しかるを、なほ念佛にあひかねてつとめをいたさむ事は、聖道門《しやうだうもん》をすでに念佛の助行《じよぎやう》にもちゐるべきか。その條《でう》こそ、かへりて聖道門《しやうだうもん》をうしなふにては侍《はべり》けれ。たゞこの念佛門は、返々もまた他心《たしむ》なく後世《ごせ》をおもはむともがらの、よしなきひがゐむにおもむきて、時《とき》おも身《み》おもはからず、雑行《ざふぎやう》を修《しゆ》して、このたびたまたまありがたき人界《にんがい》にむまれて、さばかりまうあひがたかるべき彌陀の

①暮　左㊥ユウ

ちかひをすてゝ、また三途《さむづ》の舊里《きうり》《フルキサト》《み》①にかへりて、生死《しやうじ》に輪轉《りんでん》して、多百千劫《たひやくせんごふ》をへむかなしさをおもひしらむ人の身のためを申すなり。さらば、諸宗《しよしゆ》のいきどほりにはおよぶべからざる事也。

（二五）九條殿《でうどのゝ》北政所《きたのまどころの》御返事《おむかへりごと》。

かしこまりて申上《あげ》候。さては御念佛申《まふ》②させおはしまし③候なるこそ、よにうれしく候へ。まことに往生の行は、念佛がめでたきことにて候也。そのゆへは、念佛は彌陀《みだ》の本願《ほんぐわん》の行《ぎやう》なればなり。餘《よ》の行は、それ眞言《しんごん》・止觀《しくわん》《ホフクヱシユナリ》のたかき行法《ぎやうほふ》なりといゐども、彌陀の本願《ぐわん》にあらず。また念佛は、釋迦《しやか》の付屬《ふぞく》④の行なり。餘行《よぎやう》は、まことに定散兩門《ぢやうさんりやうもん》のめでたき行なりといゐども、釋尊《しやくそん》これを付囑《ふぞく》⑤したまはず。また念佛は、六方の諸佛《しよぶち》の證誠《しようじやう》の行也。餘《よ》の行は、たとひ顯密事理《けんみちじり》のやむごとなき行也と申せども、諸佛《しよぶち》これを證誠《しようじやう》したまはず。このゆへに、やうやうの行おほく候へども、往生のみちにはひとへに念佛すぐれたることにて候也。しかるに往生のみちにうとき人の申やうは、餘《よ》の眞言《しんごん》・止觀《しくわん》の行《ぎやう》にたえざる人の、やすきま

①の→㊙を
②さ　◎「せ」を「さ」と上書訂記
③し　◎「す」を「し」と上書訂記
④屬　右◎「ふ」を「ぞ」と上書訂記
⑤囑→㊙屬

まのつとめにてこそ念佛はあれと申は、きわめたるひがごとに候。そのゆへは、彌陀の本願《ほんぐわん》にあらざる餘行《よぎやう》をきらひすてゝ、また釋尊《しやくそん》の付屬《ふぞく》にあらざる行おばえらびとどめ、また諸佛《しよぶち》の證誠《しようじやう》に①あらざる行《ぎやう》おばやめおさめて、いまはたゞ彌陀の本願にまかせ、釋尊《しやくそん》の付囑《ふぞく》②により、諸佛《しよぶち》の證誠《しようじやう》にしたがひて、おろかなるわたくしのはからひをやめて、これらのゆへ、つよき念佛の行をつとめて、往生おばいのるべしと申にて候也。これは惠心《ゑしむ》の僧都《そうづ》の『往生要集《えうしふ》』(巻中)に、「往生の業《ごふ》、念佛を本《ほん》とす」と申たる、このこゝろ也。いまはたゞ餘行《よぎやう》をとゞめて、一向《かう》に念佛にならせたまふべし。念佛にとりても、一向專修《ゐちかうせんじゆ》の念佛也。そのむね三昧《さむまい》發得《ほちとく》の善導《ぜんだう》の『觀經《くわんぎやう》の疏《しよ》』にみえたり。また『雙巻經《さうくわんぎやう》』(大經巻下)に、「一向專念无量《ゐちかうせんねむむりやう》壽佛《じゆぶち》」といへり。一向《かう》の言《ごん》は、二向《かう》・三向に對《たい》して、ひとへに餘《よ》の行《ぎやう》をえらびて、きらひのぞくこゝろなり。御いのりのれうにも、念佛がめでたく候。『往生要《わうじやうえう》集《しふ》』にも、餘行《よぎやう》の中に念佛すぐれたるよしみえたり。また傳教大師《でんげうだいし》の七難消滅《なんせうめち》の法《ほふ》にも、「念佛をつとむべし」(七難消滅護國頌)とみえて候。おほよそ十方《ぱう》の諸佛《しよぶち》、三界《さむがい》の天衆《てんしゆ》、妄語《まうご》したまはぬ行《ぎやう》にて候へば、現世《げんぜ》・後生《ごしやう》の御つとめ、なに事かこれにすぎ候べきや。いまたゞ一向專修《ゐちかうせんじゆ》の但《たん》念佛者《しや》にならせおはしますべく候。

①あ　◎「さ」を「あ」と右傍訂記
②囑→㊙屬

（二六）

御ふみくはしくうけたまはり候ぬ。かやうにまめやかに、大事《だいじ》におぼしめし候。返々あり①がたく候。まことにこのたび、かまへて往生しなむと、おぼしめしきるべく候。うけがたき人身《にんじん》すでにうけたり、あひがたき念佛往生の法門《ほふもん》にあひたり。娑婆《しやば》をいとふこゝろあり、極樂《ごくらく》をねがふこゝろおこりたり。彌陀の本願《ぐわん》ふかし、往生はたゞ御こゝろにあるたびなり。ゆめゆめ御念佛おこたらず、決定《くゑちぢやう》往生のよしを存《ぞん》ぜさせたまふべく候。なに事もとゞめ候ぬ。

九月十六日　　源空

（二七）

まことにこの身《み》には、道心《だうしむ》のなき事と、やまひとばかりや、なげきにて候らむ。世《よ》をいとなむ事なければ、四方に馳《ち》《ハシル》騁《ちやう》《ハシル》せず、衣食《えじき》ともにかけたりといゑども、身命《しんみやう》をおしむこゝろ切《せち》ならぬは、あながちにうれへとするにおよばぬ。こゝろをやすくせむためにも、すて②候べきよにこそ候めれ。いはむや、无常《むじやう》のかなしみはめのまへにみてり、いづれの月日《つきひ》おかおはりのときと期《ご》せむ。さかへあるものも

①り　◎一字抹消し「り」と右傍訂記
②て　◎「て」と上書訂記

ひさしからず、いのちあるものもまたうれえあり。すべていとふべきは六道《だう》生《しやう》死《じ》のさかひ、ねがふべきは浄土菩提《じやうどぼだい》なり。天《てん》上にむまれてたのしみにほこるとゐども、五衰退没《ごすいたいもち》《シリゾキオツルナリ　イルトモイフ》のくるしみあり。人間《にんげん》にむまれて國王《こくわう》の身《み》をうけて、一四天下《ゐちしてんげ》を①おばしたがふといゐども、生《しやう》《ムマル》老《らう》《オイタル》病《びやう》《ヤマウ》死《し》《シヌル》・愛別離苦《あいべちりく》《ワカレハナル、クルシミ》・怨憎會苦《おんぞうゑく》《ウラミソネムクルシミ》の一事《じ》もまぬかるゝ事なし。たとひこれらの苦《く》なからむすら、三悪道《さむまくだう》にかへるおそれあり。こゝろあらむ人は、いかゞいとはざるべき。うけがたき人界《にんがい》の生《しやう》をうけて、あひがたき佛教《ぶちけう》にあひ、このたび出離《しゆつり》をもとめさせたまへ。

一　問《とふ》。おほかたは、さこそはおもふことにて候へども、かやうにおほせらるゝことばにつきて、さうなく出家《しゆつけ》をしたりとも、こゝろに名利をはなれたる事もなし。持戒清　浄《ぢかいしやうじやう》なる事《こと》なく、无道心《むだうしむ》にて人に謗《はう》をなされむ事、いかゞとおぼえ候。②答《こたふ》。それも在家《ざいけ》にありておほくの輪廻《りんゑ》の業《ごふ》をまさむよりは、よき事にてや候べき。③たわぶれに尼《アマ》のころもをき、さけにゑいて出家《しゆつけ》をしたる人、みな佛道《ぶちだう》の因《いん》となりにきと、ふるきものにもかきつたえられて候。『往生の十因《いん》』(意)と申ふみには、「④勝如聖人《しようによしやう》《ツノクニカチヲデラノシヤウニンニテオハシマスナリ》の父母《ぶも》ともに出家せし時《とき》、男《おとこ》はとし四十一、妻《さい》《オメ》は卅三なり。修行《しゆぎやう》の僧《そう》をもちて師としき。師ほめていはく、衰老《すいらう》にもいたらず、病患《びやうぐゑん》《ウレエ》にものぞまず、

①お→㊙を(「お」と右傍註記)
②答　右◎「こたふ」と上書訂記
③わ　◎「ま」を「わ」と上書訂記し、さらに「わ」と右傍註記
④勝如聖人　左㊙ツノクニカチデラノシヤウニンニテオハシマスナリ

いま出家《しゆつけ》をもとむ、これ最上《さいじやう》の善根《ぜんごん》なり」とこそはいひけれ。釋迦如來《しやかによらい》、當來導《たうらいだう》師彌勒慈尊《しみろくじそん》に付屬《ふぞく》したまふにも、「破戒《はかい》・重惡《ぢうあく》のともがらなりといふとも、頭《かしら》をそり、衣《ころも》をそめ、袈裟《けさ》をかけたらむものは、みな汝《なんぢ》につく」とこそはおほせられて候へ。されば破戒《はかい》なりといゐども、三會得脱《さむゑとくだち》なほたのみあり。ある經《きやう》の文《もん》には、「在家《ざいけ》の持戒《ぢかい》には、出家《しゆつけ》の破戒《はかい》はすぐれたり」とこそは申候へ。まことに佛法流布《ぶちぽふるふ》の世《よ》にむまれて、出離《しゆつり》①②の道をえて、解脱幢相《げだちどうさう》のころもを肩《かた》にかけ、釋子《しやくし》につらなりて、佛法修行せざらむ。まことに寶《たから》の山《やま》にいりて、手《て》をむなしくしてかへるためしなり。

二　問《とふ》。まことに出家《しゆつけ》などしては、さすがに生死《しやうじ》をはなれ、菩提《ぼだい》にいたらむ事をこそは、いと③なみにて候べけれ。いかやうにかつとめ、いかやうにかねがひ候べき。『安樂集《あんらくしふ》』(巻上意)に云く、「大乘《だいじよう》の聖教《しやうげう》によるに、二種《しゆ》の勝法《しようぼふ》あり。一には聖道《しやうだう》、二には往生淨土《じやうど》也」。穢土《ゑど》の中《なか》④にして、やがて佛果《ぶちくわ》をもとむるは、みな聖道《しやうだう》門《もん》なり。諸法《しよほふ》の實相《じちさう》を觀《くわん》じて證《しよう》をえむと、法華三昧《ほふくゑざむまい》を行《ぎやう》じて六根淸淨《こんしやうじやう》をもとめ、三密《さむみち》の行法《ほふ》をこらして卽身《そくしん》に成佛せむとおもふ。あるいは四道《だう》の果《くわ》をもとめ、また三明《さむみやう》六通《つ》をねがふ、これみな難行道《なんぎやうだう》なり。往生淨土門《わうじやうじやうどもん》といふは、まづ淨土《じやうど》

①出　右◎「しゆつ」と上書訂記
②離　◎「家」を「離」と上書訂記
③と　◎「ま」を「と」と右傍訂記
④中　右◎「なか」と上書訂記

にむまれて、かしこにてさとりおも①ひらき、佛にもならむとおもふなり、これは
易行道《いぎやうだう》といふ。生死《しやうじ》をはなるゝみちみちおほし、いづれよりもいらせたまへ。
三　問《とふ》。さればわれらがごときのおろかなるものは、浄土《じやうど》をねがひ候べきか、い
6-804 かに。答。『安樂集《あんらくしふ》』(巻上意)に云く、「聖道《しやうだう》の一種《しゆ》は、いまの時《とき》には證《しよう》しがたし。
一には大聖《だいしやう》をされる事はるかにとおきによる。二には理《り》はふかくして、さとり
はすくなきによる。このゆへに『大集 月藏經《だいじふのぐわちざうきやう》』にいはく、わが末法のときの中
の億億《おくおく》の衆生《しゆじやう》、行《ぎやう》をおこし道《だう》を修《しゆ》するに、一人《ゐちにん》もうるものはあらず。まことにい
6-805 ま末法《まちぽふ》五濁惡世《ごぢよくあくせ》なり。たゞ浄土の一門のみありて通入《つにふ》すべきなり。こゝをもて
諸佛《しよぶち》の大悲《だいひ》、浄土《じやうど》に歸《くゐ》せよとすゝめたまふ。一形惡《ぎやうあく》をつくれども、たゞよく
こゝろをかけて、まことをもはらにして、つねによく念佛せよ。一切《ゐちさい》のもろもろ
4-238 6-806 のさはり、自然《じねん》にのぞこりて、さだめて往生をう。なむぞおもひは②からずして、
さるこゝろなきや」といふ。永觀《ゐやうくわん》のたまはく、「眞言《しんごん》・止觀《しくわん》は、理《り》ふかくして
さとりがたく、三論《さむろん》・法相《ほふさう》は、みちかすかにしてまどひやすし」(往生拾因)なむど候。
6-807 まことに觀念《くわんねむ》もたえず、行法にもいたらざらむ人は、浄土《じやうど》の往生をとげて、一
切《さい》の法門《ほふもん》③おもやすくさとらせたまはむは、よく候なむとおぼえ候。

① お　◎「お」と上書訂記
② は　◎「か」を「は」と上書訂記
③ お　◎「の」を「お」と上書訂記

四　問《とふ》。十方《ぱう》に浄土《じやうど》おほし、いづれお①かねがひ候べき。兜率《とそち》の上生《じやうしやう》をねがふ人もおほく候、いかゞおもひさだめ候べき。答《こたふ》。天台大師《てんだいだいし》ののたまはく、「諸教《しよけう》《に》所《しよ》《ところ》㆑讃《さん》《むる》多《た》《く》在《ざい》《いますが》㆓彌《み》陀《だ》《に》㆒故《こ》《ゆへに》、以《い》㆓西方《さいはう》《を》㆒而《に》爲《ゐ》《すと》㆓一順《ゐちじゆん》《と》㆒」（輔行巻二）と。また顯密《けんみち》の教法《けうぼふ》②の中に、もはら極樂《ごくらく》をすゝむる事は、稱計《しようげ》すべからず。惠心《ゑしむ》の『往生要集《わうじやうえうしふ》③』に、十方《ぱう》に對《たい》して西方《さいはう》をすゝめ、兜率《とそち》に對《たい》しておほくの勝劣《しようれち》をたて、難易相違《なんいさうゐ》の證據《しようこ》をひけり、たづね御覽《ごらむ》ぜさせたまへ。極樂《ごくらく》この土《ど》に縁《えん》ふかし、彌陀《みだ》は有縁《うえん》の教主《けうしゆ》なり、宿因《しういん》のゆへ、本願のゆへ。たゞ西方をねがはせたまふべきとこそお④ぼえ候へ。

五　問《とふ》。まことにさては、ひとすぢに極樂《ごくらく》をねがふべきにこそ候なれ、極樂をねがはむには、いづれの行《ぎやう》かすぐれて候べき。答《こたふ》。善導《ぜんだう》釋《しやく》してのたまはく、「行に二種《しゆ》あり。一には正行《しやう》、二には雜行《ざふ》なり⑤。正の中に五種《しゆ》の正行あり。一には禮拜《らいはい》の正行《しやう》、二には讃嘆供養《さんだんくやう》の正行、三には讀誦《どくじゆ》正行、四には觀察《くわんざち》正行、五には稱《しよう》名《みやう》の正行なり。一に禮拜《らいはい》の正行といふは、禮《らい》せむには、すなわちかの佛を禮して餘禮《よらい》をまじえざれ。二に讃嘆《さんだん》供養の正行といふは、讃嘆供養《やう》して餘《よ》の讃嘆供養《さんだんくやう》をまじえざれ。三に讀誦《どくじゆ》の正行といふは、讀誦《どくじゆ》せむには、『彌陀經《みだきやう》』等《とう》の三部《さむぶ》經を讀《どく》誦《じゆ》して餘《よ》の讀誦《どくじゆ》をまじえざれ。四に觀《くわん》察《ざち》《ミソナハスカヾミルトナリ》の正行といふは、憶念觀察《おくねむくわんざち》せむには、

①お　◎「お」と上書訂記
②法　◎「法」と上書訂記
③集　右◎「い」を「し」と上書訂記
④お　◎「お」と上書訂記
⑤なり　㊙に無し

かの土《ど》の二報荘嚴《ほうしやうごむ》等《とう》を觀察《くわんざち》して餘《よ》の觀察《くわんざち》をまじえざれ。五に稱名《しようみやう》の正行といふは、稱《しよう》せむには、すなはちかの佛を稱して餘《よ》の稱名《しようみやう》をまじえざれ。この五種《しゆ》を往生の正行とす。この正行の中にまた二《ふたつ》あり。一には正《しやう》、二には助《じよ》。稱名をもては正とし、禮誦《らいじゆ》等《とう》をもちては助業《じよごふ》となづく。この正助二行をのぞきて、自餘《じよ》の衆善《しゆぜん》はみな雜行《ざふぎやう》となづく」(散善義意)。また釋《しやく》していはく、「自餘《じよ》の衆善《しゆぜん》は、善《ぜん》となづくといゑども、念佛にくらぶれば、またく①比校《ひけう》《ナラブルト》にあらず」(定善義)とのたまへり。淨土をねがはせたまはゞ、一向《かう》に念佛を②こそはまふさせたまはめ。

六　問《とふ》。餘《よ》行を修《しゆ》して往生せむことは、かなひ候まじや。されども『法華經《ほふくゑきやう》』(巻六 藥王品)には「即往安樂世界《そくわうあんらくせかい》阿彌陀佛」といひ、密教《みちけう》の中にも、決定《くゑちぢやう》往生の眞言《しんごん》、滅罪《めちざい》の眞言《しんごん》あり。諸教《しよけう》の中に、淨土《じやうど》に往生すべき功力《くりき》をとけり、また穢土《ゑど》の中にして佛《ぶち》果《くわ》にいたるといふ。かたき德《とく》をだに具《ぐ》せらむ教《けう》を修行《しゆぎやう》して、やすき往生極樂《ごくらく》に廻向《ゑかう》せば、佛果《くわ》にかなうまでこそかたくとも、往生はやすくや候べきとこそおぼえ候へ。またおのづから聽聞《ちやうもん》などにうけたまはるにも、法華《ほふくゑ》と念佛ひとつものと釋《しやく》せられ候。ならべて修《しゆ》せむに、なにかくるしく候べき。答《こたふ》。『雙巻經《さうくわんぎやう》』(大經 巻下)に三輩《さむぱい》往生の業《ごふ》をときて、ともに「一向專念《ゐちかうせんねむ》无量壽佛」とのたまへり。『觀无量壽《くわんむりやうじゆ》

①比　左甲ナラブルナリ
②こそ　◎「こそ」と上書訂記

經』に、もろもろの往生の行をあつめてときたまふおはりに、阿難《わあなん》に付囑《ふぞく》①したまふところには、「なむぢこのことばをたもて」といふは、无《む》量壽佛《りやうじゆぶち》のみなをたもてとなり」②とときたまふ。善導《ぜんだう》『觀經《くわんぎやう》』を釋《しやく》してのたまふに、「定散兩門《ぢやうさんりやうもん》の益《やく》をとくといゑども、佛の本願《ほんぐわん》をのぞむには、一向《かう》にもはら彌陀の名號を稱《しよう》せしむるにあり」(散善義)といふ。同《おな》じ『經《きやう》』(觀經)の文《もん》に、「一一の光明《くわうみやう》、十方《ぱう》世《せ》界《かい》の念佛の衆生《しゆじやう》をてらして、攝取《せふしゆ》してすてたまはず」ととけり。善導釋《ぜんだうしやく》してのたまふには、「論《ろん》ぜず、餘《よ》の雜業《ざふごふ》のものをてらし攝取《せふしゆ》す」(觀念法門)といふことお③ばとかず候。餘行《よぎやう》のものふつとむまれずとはいふにはあらず、善導《ぜんだう》も「廻向《ゑかう》してむまるべしといゑども、もろもろの疎雜《そざふ》の行となづく」(散善義)とこそはおほせられたれ。『往生要集《えうしふ》』(巻上)の序《じよ》にも、「顯密《けんみち》の教法《けうぼふ》、その文《もん》ひとつにあらず。事理《じり》の業因《ごふいん》、その行これおほし。利智精進《りちしやうじん》の人は、いまだかたしとせず。予《よ》がごときの頑《ぐわん》カタクナ嚕《ろ》ワシ反のもの、たやすからむや。このゆへに、念佛の一門《もん》によりて、經論《きやうろん》の要《えう》文《もん》をあつむ。これをひらき、これを修《しゆ》するに、さとりやすく行《ぎやう》じやすし」といふ。これらの證據《しようこ》あきらめつべし。教《けう》をえらぶにはあらず、機《き》をはからふなり。わがちからにて生死《しやうじ》をはなれむ事、はげみがたくして、ひとへに他力《たりき》の彌陀《みだ》の本願を

①囑→㊙屬
②て　◎「つ」を「て」と上書訂記
③お　◎「は」を「お」と上書訂記

たのむ也。先徳《せんどく》たちおもひはからひてこそは、道綽《だうしやく》は聖道《しやうだう》をすてゝ浄土《じやうど》の門《もん》にいり、善導《ぜんだう》は雑行《ざふぎやう》をとゞめて一向《ゐちかう》に念佛して三昧《さむまい》をえたまひき。浄土宗《じやうどしゆ》の祖師《そし》、次第《しだい》にあひつげり、わづかに一両《ゐちりやう》をあぐ。この朝《てう》にも恵心《ゑしむ》・永観《ゐやうくわん》などいふ、自《じ》宗《しゆ》・他宗《たしゆ》、ひとへに念佛の一門《もん》をすゝめたまへり。専雑《せんざふ》二修《しゆ》の義《ぎ》、はじめて申におよばず、浄土宗《じやうどしゆ》のふみおほく候、こまかに御覧《ごらむ》候べし。また即身得道《そくしんとくだう》の行、往生極楽《ごくらく》におよばざらむやと候は、まことにいわれたるやうに候へども、なかに①も宗と申ことの候ぞかし。善導の『観經の疏《しよ》』（玄義分意）にいはく、「般若經《はんにやきやう》のごときは、空慧《くゑ》をもて宗《しゆ》とす、『維摩經《ゆいまきやう》』のごときは、不思議解脱《ふしぎげだち》をもちて宗《しゆ》とす。いまこの『観經《くわんぎやう》』は、観佛三昧《くわんぶちざむまい》をもちて宗とし、念佛三昧をもちて宗《しゆ》とす」といふがごとき。『法華《ほふくゑ》』は、眞如實相平等《しんによじちさうびやうどう》の妙理《めうり》を観《くわん》じて證《しよう》をとり、現身《げんしん》に五品《ぼむ》・六根《こん》の位《くらゐ》にもかなふ、これをもちて宗《しゆ》とす。また眞言《しんごん》には、即身成佛《そくしんじやうぶち》をもちて宗とす。『法華《ほふくゑ》』にもおほくの功力《くりき》をあげて經《きやう》をほむるついでに、「即往安楽《そくわうあんらく》」（法華經巻六薬王品）ともいひ、また「即往兜率天上《そくわうとそちてんじやう》」（法華經巻七勧發品）ともいふ。これは便宜《びんぎ》の説《せち》なり、往生を宗《しゆ》とするにはあらず。眞言《しんごん》もまたかくのごとし。法華《ほふくゑ》・念佛ひとつなりといひて、ならべて修《しゆ》せよといはゞ、善導和尚《ぜんだうくわしやう》は『法華《ほふくゑ》』・『維摩《ゆいま》』等《とう》を讀誦《どくじゆ》しき。浄土《じやうど》の一

①に　◎「き」を「に」と上書訂記

門《もん》にいりにしよりこのかた、一向に念佛して、あえて餘《よ》の行《ぎやう》をまじふる事なかりき。しかのみならず、淨土宗《じやうどしゆ》の祖師《そし》あひつぎて、みな一向に名號《みやうがう》を稱《しよう》して餘業《よごふ》をまじへざれとすゝむ。これらを按《あん》じて專修《せんじゆ》の一行にいらせたまへとは申すなり。

七　問《とふ》。淨土《じやうど》の法門《ほふもん》に、まづなになにをみてこゝろつき①候なむ。答《こたふ》。經《きやう》には『雙《さう》卷《くわん》』・『觀无量壽《くわんむりやうじゆ》』・『小阿彌陀經《せうわあみだきやう》』等《とう》、これを淨土《じやうど》の三部經《さむぶきやう》となづく。文《ふみ》には善《ぜん》導《だう》の『觀《くわん》經の②疏』・『六時禮讚』・『觀念法門』、道綽《だうしやく》の『安樂集』、慈恩の『西方要《えう》決《くゑち》』、懷感《ゑかむ》の『群疑論《ぐんぎろん》』、天台《てんだい》の『十疑論《ぎろん》』、わが朝《てう》の人師《にんし》惠心《ゑしむ》の『往生要集《えうしふ》』なむ③どこそは、つねに人《ひと》のみるものにて候へ。たゞなにを御覽《ごらむ》ずとも、よく御こゝろえて念佛申させたまはむに、往生なにかうたがひ候べき。

八　問《とふ》。こゝろおば、いかやうにかつかひ候べき。答。三心《しむ》を具足《ぐそく》せさせたまへ。その三心と申は、一には至誠心《しじやうしむ》、二には④深心《じむしむ》、三には廻向發願《ほちぐわん》心なり。一に至《し》誠《じやう》心といふは、眞實の心《しむ》なり。善導釋《ぜんだうしやく》してのたまはく、「至《し》といふは眞《しん》⑤の義《ぎ》、誠《じやう》といふは實の義《ぎ》。眞實《しんじち》のこゝろの中に、この自他の依正《えしやう》二報《ほう》をいとひすてゝ、三《さむ》業《ごふ》に修するところの行業《ごふ》に、かならず眞實をもちゐよ。ほかに賢善精進《けんぜんしやうじん》の相を現じて、うちに虚假《こけ》をいだくものは、日夜《にちや》十二時《じ》につとめおこなう⑥こと、かうべ

①つ　◎「に」を「つ」と上書訂記
②の　◎「と」を「の」と上書訂記
③むど　◎「むど」と上書訂記
④に　㊙に無し
⑤の　◎「なり」を「の」と上書訂記
⑥う→㊙ふ

の火《ひ》をはらふがごとくにすれども、往生をえずといふ。たゞ内外明闇《ないぐゑみやうあむ》①おばえらばず、眞實《しんじち》をもちゐるゆへに、至誠心《しじやうしむ》となづく。二に深心といふは、ふかき信なり。決定《くゑちぢやう》してふかく信《しん》ぜよ、自身《じしん》は現にこれ罪惡生死《ざいあくしやうじ》の凡夫なり。曠劫《くわうごふ》よりこのかた、つねにしづみつねに流轉《るてん》して、出離《しゆつり》の縁《えん》あることなし。また決定してふかく信ぜよ、かの阿彌陀佛の四十八願をもて、衆生《しゆじやう》をうけおさめて、うたがひなくうらもひなく、かの願力《りき》にのりてさだめて往生すと。あふぎてねがはくは、佛のみことおば信ぜよ。もし一切の智者《ちしや》百千萬人《にん》きたりて、經論《きやうろん》の證《しよう》をひきて、一切の凡夫《ぼむぶ》念佛して往生する事をえずといはむに、一念の疑《ぎ》退《たい》《ウタガフシリゾクナリ》のこゝろをおこすべからず。たゞこたえて②いふべし、なむぢがひくところの經論《きやうろん》を信ぜざるにはあらず。なむぢが信《しん》ずるところの經論《きやうろん》は、なむぢが有縁《うえん》の教《けう》、わが信ずるところは、わが有縁《うえん》の教、いまひくところの經論は、菩薩・人・天等《てんとう》に通《つ》じてとけり。この『觀經《くわんぎやう》』等《とう》の三部《さむぶ》は、濁惡不善《ぢよくあくふぜん》の凡夫《ぼむぶ》のためにときたまふ。しかれば、かの『經《きやう》』をときたまふ時《とき》には、對機《たいき》も別《べち》に、所《ところ》も別《べち》に、利益《りやく》も別《べち》なりき。いまきみがうたがひをきくに、いよいよ信心《しんじむ》を増長《ぞうぢやう》《マシマストナリ》す。もしは羅漢《らかん》・辟支佛《びやくし》、初地《しよぢ》・十地の菩薩、十方にみちみち、化佛・報佛ひかりをかゞやかし、虚空《こく》にみしたをは

①お　◎「お」と上書訂記→㊙を（「お」と右傍註記）
②え→㊙へ

きて、むまれずとのたまはゞ、またこたえていふべし、一佛の説《せち》は一切の佛説《せち》に
おなじ、釋迦《しやか》如來のときたまふ教《けう》をあらためば、制止《せいし》したまふところの殺生《せちしやう》十惡《じふあく》
等《とう》の罪《つみ》をあらためて、またおかすべからむや。さきの佛そらごとしたまはゞ、の
ちの佛もまたそら事したまふべし。おなじことならば、たゞ信じそめたる法《ほふ》おば、
あらためじといひて、ながく退《たい》する事なかれ。かるが①ゆへに深心《じむしむ》なり。三に廻向《ゑかう》
發願心《ほちぐわんしむ》といふは、一切の善根《ぜんごん》をことごとくみな廻向して、往生極樂のためとす。
決定眞實のこゝろの中に廻向して、むまるゝおもひをなすなり。このこゝろ深信《じむしん》
なる事、金剛《こむがう》のごとくにして、一切《さい》の異見《いけん》・異學《いがく》・別解《べちげ》・別行《べちぎやう》の人等《にんとう》に、動亂《どうらん》
し破壞《はゑ》せられざれ。いまさらに行者のためにひとつのたとひをときて、外邪《ぐゑじや》・異《い》
見《けん》の難《なん》をふせがむ。人ありて西《にし》にむかひて百里《ひやくり》・千里《せんり》をゆくに、忽然《こちねん》《タチマチニ》として中路《ちうろ》
にふたつの河《かわ》あり。一にはこれ火《ひ》の河《かわ》、南《みなみ》にあり。二にはこれ水《みづ》の河《かわ》、北《きた》にあり。
②各《おのおの》ひろさ百歩《ひやくぶ》《モ、アユミ》、ふかくしてそこなし、南北《なむぼく》にほとりなし。まさに水火の中間《ちうげん》に
一の白道《びやくだう》あり、ひろさ四五寸ばかりなるべし。この道《みち》東《ひむがし》の岸《きし》より西《にし》の岸《きし》にいた
るに、ながさ百歩《ひやくぶ》、その水の波浪《はらう》《オナミコナミトイフ》まじわりすぎて道《みち》をうるおす、火炎《くわえむ》またきたり
て道《みち》をやく。水火あひまじわりてつねにやむ事なし。この人すでに空曠《くくわう》《ムナシクハルカナリ》のはるか

①るが ◎「ならず」を「るが」と上書訂記
②各→(甲)おのおの

なるところにいたるに、人《ひと》なくして群賊《ぐんぞく》①・悪獣《あくじゅ》あり。このひとひとりありくをみて、きおいきたりてころさむとす。この人死《し》をおそれてたゞちにはしりて西にむかふ。忽然《こちねん》としてこの大河《が》をみるに、すなわち念言すらく、南北《なむぼく》にほとりなし、中間《ちうげん》に一の白道《びゃくだう》をみる、きわめて狭少《けちせう》《セバクセバシ》なり。ふたつの岸《きし》あいさる事ちかしといゑども、いかゞゆくべき。今日さだめて死せむ事うたがひなし。まさしくかへらむとおもへば、群賊《ぐんぞく》②・悪獣《あくじゅ》やうやくにきたりせむ。南北《なむぼく》にさりはしらむとおもへば、悪獣《あくじゅ》・毒蟲《どくちう》きおひきたりてわれにむかふ。まさに西にむかひてみちをたづねて、しかもさらむとおもへば、おそらくはこのふたつの河《かわ》におちぬべし。この時《とき》おそるゝ事いふべからず、すなわち思《し》念すらく、かへるとも死《し》し、またさるとも死《し》しなむ、一種《しゅ》としても死をまぬかれざるものなり。われむしろこのみちをたづねて、さきにむかひてしかもさらむ。すでにこのみちあり、かならずわたるべしと。このおもひをなす時《とき》に、東《ひむがし》の岸《きし》にたちまちに人のすゝむるこゑをきく。きみ決定してこのみちをたづねてゆけ、かならず死《し》の難《なん》なけむ。住せば、すなわち死《し》しなむ。西の岸《きし》の上《うへ》に人ありてよばひていはく、なむぢ一心にまさしく念じて、身心いたりて、みちをたづねて直《ぢき》にすゝみて、疑怯退心《ぎかうたいしむ》をなさず。あるいは一分《ぶん》二分《ぶん》ゆく

①賊　右◎ぞん
②賊悪　◎右傍補記

に、群賊等《ぐんぞくら》よばいていはく、きみかへりきたれ、このみちはけあしくあしきみちなり、すぐる事をうべからず、死《し》しなむことうたがひなし、われらが衆《しゅ》あしきこゝろなし。このひとあひむかふに、よばふこゑをきくといゑどもかへりみず。直《ぢき》にすゝみて道を念じてしかもゆくに、須臾《しゅゆ》にすなわち西の岸《きし》にいたりて、ながくもろもろの難《なん》をはなる。善友《ぜんう》あひむかひてよろこびやむ事なし。これはこれたとひなり。次《つぎ》に喩《たとひ》を合《がふ》すといふは、東の岸《きし》といふは、すなわちこの娑婆《しゃば》の火宅《くわたく》にたとふるなり。群賊《ぐんぞく》・悪獣《あくじゅ》いつわりちかづくといふは、すなわち衆生の六根《こん》・六識《しき》・六塵《ぢん》・五陰《おむ》・四大なり。人なき空曠《くくわう》の澤《さわ》といふは、すなわち悪友《あくう》にしたがひて、まことの善知識《ぜんぢしき》にあはざるなり。水火の二河といふは、すなわち衆生の貪愛《とむあい》は水のごとく、瞋憎《しんぞう》は火《ひ》のごとくなるにたとふるなり。中間《げん》の白道《びやくだう》四五寸といふは、衆生の貪瞋煩悩《とむじんぼむなう》の中に、よく清浄《しやうじやう》の願往生の心をなすなり。貪瞋《とむじん》こはきによるがゆへに、すなわち水火のごとしとたとふるなり。水波《しゐは》つねにみちをうるおすといふは、愛心《あいしむ》つねにおこりて善心を染汚《ぜむわ》するなり《ソメケガストナリ》。また火炎《くわえむ》つねにみちをやくといふは、すなわち瞋嫌《しんけむ》のこゝろよく功徳《どく》の法財《ほふざい》《ノリノタカラ》をやくなり。人みちをのぼるに直《ぢき》に西にむかふといふは、すなわちもろもろの行業《ごふ》をめぐらして、直《ぢき》に西に

4-247
6-851 むかふにたとふるなり。東《ひむがし》の岸《きし》に人のこゑのすゝめやるをきゝて、みちをたづね
て直《ぢき》に西《にし》にすゝむといふは、すなわち釋迦はすでに滅《めち》したまひてのち、人みたて
まつらざれども、なほ教法《けうぼふ》ありてすなわちたづぬべし。これをこゑのごとしとた
6-852 とふるなり。あるいは一分《ぶん》二分するに群賊《ぐんぞく》等《ら》よばひかへすといふは、別解《べちげ》・別《べち》
行《ぎやう》・悪見人《あくけんにん》等《ら》みだりに見解《けんげ》をときてあひ惑亂《わくらん》し、およびみづから罪《つみ》をつくりて①退《たい》
失《しち》するなり。西の岸《きし》の上《うへ》に人ありてよばふといふは、すなわち彌陀の願のこゝろ
6-853 にたとふるなり。須臾《しゆゆ》にすなわち西の岸《きし》にいたりて善友《う》あひみてよろこぶといふ
は、すなわち衆生のひさしく生死にしづみて、曠劫《くわうごふ》より輪廻《りんゑ》し、迷《めい》倒《たう》《マドフタウル、トナリ》し、身《み》づ
6-854 から迷《まどふ》て解脱《げだち》するによしなし。あふぎて發遣《はちけん》《シヤカノス、メツカハストナリ》して、西方にむかえしめたまふ。彌
陀の悲心《ひしむ》まねきよばひたまふに、二尊の心《おむこゝろ》に信順《しんじゆん》して、水火の二河をかへりみ
ず、念念にわするゝ事なく、かの願力に乗じて、このみちにいのちをすておはり
6-855 てのち、かのくにゝむまるゝ②事をえて、佛とあひみて、慶樂《きやうらく》《ヨロコビタノシマム》する事きわまりな
からむ。行者、行住座臥の三業に修《しゆ》するところ、晝夜時節《ちうやじせち》をとふことなく、つね
にこのさとりをなし、このおもひをなすがゆへに廻向發願心といふ。また廻向と
6-856 いふは、かのくにゝむまれおはりて、大悲をおこして生死にかへりいりて、衆生

①退　右◎たち
②ゝ　甲に無し

を教化《けうくゑ》するを廻向となづく。三心すでに具《ぐ》すれば、行の成ぜざることなし。願行すでに成じて、もしむまれずといはゞ、このことわりある事なけむ」(散善義意)と。已上善導の釋の文なり。

九　問《とふ》。『阿彌陀經』の中に、「一心不亂《しむふらん》」と候ぞかしな。これ阿彌陀佛を申さむ時《とき》、餘事《よじ》をすこしもおもひまぜ候まじきにや。一聲念佛①申さむほど、ものをおもひまぜざらむ事はやすく候へば、一念往生にはもるゝ人候はじとおぼえ候。またいのちのおはるを期《ご》として、餘念《よねむ》なからむ事は、凡夫《ぼむぶ》の往生すべき事にても候はず。この義《ぎ》いかゞこころえ候べき。答《こたふ》。善導この事を釋《しやく》してのたまはく、ひとたび三心を具足《ぐそく》してのち、みだれやぶれざる事金剛《こむがう》のごときにて、いのちのおはるを期《ご》とするを、なづけて一心といふと候。阿彌陀佛の本願の文に、「設《たとひ》我《われ》得《えむに》レ佛《を》、十方《の》衆生、至《いたし》レ心《を》信樂《して》、欲②《ふて》レ生《と》二我國《わがくにに》一、乃至十念《せむ》。若《し》不《ず》レ生者《は》、不③《じと》レ取《ら》二正覺《を》一」(大經巻上)といふ。この文に「至心」といふは、『觀經』にあかすところの三心の中の至誠心にあたれり。「信樂」といふは、深心にあたれり。これをふさねて、いのちのおはるを期《ご》として、④みだれぬものを一心とは申なり。このこゝろを具せ⑤らむもの、もしは一日もしは二日、乃至一聲・十聲に、かならず往生する事をうといふ。いかでか

①佛→(甲)佛〔を〕
②欲　右◎「く」を「ふ」と上書訂記
③不　右◎「と」と上書訂記
④み　◎「た」を「み」と上書訂記
⑤せ→(甲)せ〔ざ〕

凡夫のこゝろに、散亂《さんらん》なき事候べき。さればこそ易行道とは申ことにて候へ。『雙《さう》巻　經《くわんぎやう》』（大經巻下）の文には、「横截《にきる》㆓五悪趣《を》㆒、悪趣自然閉《にとづ》、昇《のぼるに》㆑道無《になし》㆓窮極㆒。易《く》㆑往《ゆき》而《して》無《なし》㆑人《と》」ととけり。まことにゆきやすき事、これにすぎたるや候べき。劫をつみてむまるといはゞ、いのちもみじかく、みもたえざらむ人、いかゞとおもふべきに、本願に「乃至十念」（大經巻上）といふ、願成就《じやうじゆ》の文《もん》に「乃至一念もかの佛を念じて、こゝろをいたして廻向すれば、すなわちかのくににむまるゝ事をう」（大經巻下意）といふ。造《ざう》悪《あく》のものむまれずといはゞ、『観經』の文に、五逆の罪人むまるるとゝく。もしよもくだり、人のこゝろもおろかなる時《とき》は、信心うすくしてむまれがたしといはゞ、『雙巻　經《さうくわんぎやう》』（大經巻下）の文《もん》に、「當來之世《たうらいしせ》《よに》經道滅盡《きやうだうめちじん》《せむに》、我以《がい》《われて》㆓慈悲哀愍《じひあいみむ》《を》㆒、特《どく》《ことに》留《る》《とゞめて》㆓此經《しきやう》《のを》㆒止《し》住《ぢゆ》《こと》百歳《さい》《せむ》。其有《ごう》《それて》㆓衆生㆒値《ち》《まうあはむ》㆓此經《し》《のに》㆒者《もの》、隨《ずい》《したがて》㆓意所願《いしよぐわん》《のに》㆒皆可《みなべし》㆓得度《とくど》《す》㆒。」云々その時《とき》の衆生は三《さむ》寶《ぼう》の名《な》をきく事なし、もろもろの聖教《しやうげう》は龍宮《りうぐ》にかくれて一巻《くわん》もとゞまることなし。たゞ悪邪无信《あくじやむしん》のさかりなる衆《しゆ》生のみあり、みな悪道《あくだう》におちぬべし。彌陀の本願をもちて、釋迦《しやか》の大悲《だいひ》ふかきゆへに、この教《けう》をとゞめたまひつる事百年なり。いはむや、このごろはこれ末法のはじめなり。萬年のゝちの衆生におとらむや。かるがゆへに「易往《いわう》」といふ。しかり①といゐども、この教《けう》にあふものはかたく、ま

①り　◎「り」と上書訂記

6-865　6-864　6-863　6-862　6-861

たおのづからきくといゑども、信《しん》ずる事かたきがゆへに、しかれば、「無人《むにん》」といふ、まことにことわりなるべし。『阿彌陀經』(意)に、「もしは一日もしは二日、乃至七日、名號《みやうがう》を執持《しふぢ》して一心不亂《ゐちしむふらん》なれば、その人命終《みやうじゆ》の時《とき》に、阿彌陀佛もろもろの聖衆《しやうじゆ》と現《げん》にその人のまへにまします。おはる時《とき》、心不顚倒《しむぷてんだう》《タフレタフル、コトナシトナリ》①して、阿彌陀佛の極樂國土《ごくらくこくど》に往生する事をう」といふ。この事をときたまふ時《とき》に、釋迦《しやか》一佛の所《しよ》說《せち》を信ぜざらむ事をおそれて、「六方の如來、同心同時《どうしむどうじ》におのおの廣長《くわうぢやう》の舌相《ぜちさう》②をいだして、あまねく三千大千世界《さむぜんせかい》におほいて、もしこの事そらごとならば、わがいだすところの廣長《くわうぢやう》の舌《した》やぶれたゞ③れて、くちにかへりいる事あらじ」(觀念法門)とちかひたまひき。經《きやう》の文《もん》、釋《しやく》の文《もん》あらはに候、たゞよく御こゝろえ④候へ。また大《だい》事《じ》を成《じやう》じたまひしときは、みな證明《しようみやう》ありき。法華《ほふくゑ》をときたまひしときは、多寶《たほう》一佛證明《ゐちぶちしようみやう》し、般若《はんにや》をときたまひし時は、四方四佛證明《しようみやう》したまふ。しかりといゑども、一日七日の念佛のごときに證誠《しようじやう》のさかりなる事はなし。佛もこの事をことに大事《だいじ》におぼしめしたるにこそ候めれ。

十　問《とふ》。信心《しんじむ》のやうはうけたまはりぬ、行の次第《しだい》いかゞ候べき。答。四修《しゆ》をこそは本とする事にて候へ。一には長時修《ぢやうじしゆ》、二には慇重修《いんぢうしゆ》、また恭敬修《くぎやうしゆ》となづく、

①不顚倒　左◎「レ」と上書訂記
②舌　右◎「ち」と上書訂記
③た　◎「た」と上書訂記
④え→㊥へ（「え」と右傍註記）

三には无《む》間修《けんしゆ》、四には无《む》餘修《よしゆ》なり。一に長時修《ぢやうじしゆ》といふは、慈恩《じおん》の『西方要決《さいはうえうくゑち》』（意）にいはく、「初《①しよ》發《ほち》心《しむ②》よりこのかた、つねに退轉《たいてん》なきなり」。善導は、「いのちのおはるを期《ご》として、誓《ちかふ》て中にとゞまらざれ《ステズウシナハヌナリ》」（禮讃）といふ。二に恭敬修《くぎやうしゆ》といふは、極《ごく》樂《らく》の佛法僧寶《そうぼう》において、つねに憶《おく》念して尊重《そんぢう》をなすなり。『往生要集《えうしふ》』にあり。また『要決《えうくゑち》』（意）にいはく、「恭敬修《くぎやうしゆ》、これにつきて五あり。一には有縁《うえん》の聖人をうやまふ、二には有縁の像《ざう》と教とをうやまふ、三には有縁の善知識《ぜんぢしき》をうやまふ、四には同縁《どうえん》の伴《とも》をうやまふ、五には三寶《ぼう》をうやまふ。一に有縁《うえん》の聖人《しやうにん》をうやまふといふは、行住座臥《ぎやうぢゆうざぐわ》西方をそむかず、涕唾《ていだ》便利《べんり》《ツワキハキダイベン》西方にむかはざれ③といふ。二に有縁《うえん》の像《ざう》と教《けう》とをうやまふといふは、彌陀の像《ざう》をあまねくつくりもかきもせよ。ひろくする事あたはずは、一佛二菩薩をつくれ。また教《けう》をうやまふといふは、『彌陀經《みだきやう》』等《とう》を五色《ごしき》の袋《ふくろ》にいれて、みづからもよみ他《た》をおしえてもよませよ。像《ざう》と經《きやう》とを室《しち》のうち《イエノウチナリ》に安置《あんち》して、六時に禮讃《らいさん》し、香華供養《かうぐゑくやう》すべし。三に有縁の善知識《ぜんぢしき》をうやまふといふは、浄土の教《けう》をのべむものおば、もしは千由旬《せんゆじゆん》よりこのかた、④ならびに敬重《きやうぢう》し親近《しんごん》し供養《くやう》すべし。別學のものおも總《そう》じてうやまふこゝろをおこすべし。もし輕慢《きやうまん》をなさば、つみをうる事きわまりなし。すゝめても衆生のため

①初　右◎「し」と上書訂記
②心　右◎「し」と上書訂記
③ざ　◎「ず」を「ざ」と上書訂記
④な　◎「な」と上書訂記

に善知識となりて、かならず西方に歸《くゐ》する事をもちゐよ。この火宅《くわたく》に住《ぢゆ》せば、退《たい》《シリゾキ》沒《もち》《シヅム》ありていでがたきがゆへなり。火界《くわかい》の修道《しゆだう》はなはだかたきがゆへに、すゝめて西方に歸《くゐ》せしむ。ひとたび往生をえつれば、三學《がく》自然に勝進《しようしん》しぬ。萬行ならびにそなわるがゆへに、彌陀の淨國《じやうこく》は造惡《ざうあく》の地《ぢ》なし。四に同緣《どうえん》の伴《とも》をうやまふといふは、おなじく業《ごふ》を修《しゆ》するものなり。みづからはさとりおもくして獨業《ひとりごふ》は成《じやう》ぜりといゐども、かならずよきともによりて、まさに行をなす。あやうきをたすけ、あやうきをすくふ事、同伴《どうはん》の善緣《ぜんえん》なり、ふかくあひたのみておもくすべし。五に木《き》のかたぶきたるが、たうるゝには、まがれるによるがごとし。ことのさわりありて、西にむかふにおよばずは、たゞ西にむかふおもひをなすにはしかず」。三に无間修《むけんしゆ》といふは、『要決《えうくゑち》』(意)に云《いはく》、「つねに念佛して往生のこゝろをなせ。一①切《さい》の時《とき》において、こゝろに②つねにおもひたくむべし。たとへばもし人他《た》に抄掠《せうりやう》《トラレカスメ》せられ《ラレテ》て、身下賤《みげせん》《イヤシキモノト》となりて艱辛《かむしむ》《カラキメヲミル》をうく。たちまちに父母《ぶも》をおもひて、本國《ほんごく》にはしりかへらむとおもふて、ゆくべきはかりごと、いまだわきまへずして他鄕《たきやう》にあり、日夜《や》に思惟《しゆい》す。苦《くるしみ》たえしのぶべからず、時《とき》としても本國《ほんごく》をおもはずといふことなし。計《はかりごと》をなすことをえて、すでにかへりて達《たち》することをえて、父母《ぶも》に親近《しんごん》《シタシミチカヅクナリ》して、

① 切　◎「切」と上書訂記
② に　(甲)に無し(「に」と右傍註記)

ほしきまゝに歡娯《くわんご》《ヨロコブ》するがごとし。行者またしかなり。往因《いん》の煩悩に善心を壞亂《ゑらん》《ヤブラレミダ》①せられて《ラル、ナリ》、福智《ふくち》の珍財《ちんざい》《メヅラシキタカラ》ならびに散失《さんしち》《チラシウシナフ》して、ひさしく生死にしづみて、六道に驅馳《くち》《カリツカワレ》して《ハシル》、苦身心《くるしみ》をせむ。いま善縁《ぜんえん》にあひて、彌陀の慈父《じふ》をきゝて、まさに佛恩《ぶちおん》を念じて、報盡《ほうじん》《ムクヒツキテト》を期《ご》として、こゝろにつねにおもふべし。こゝろにあひつぎて餘業《よごふ》をまじえざれ」。四に无餘修《むよしゆ》といふは、『要決《えうくゑち》』にいはく、「もはら極樂をもとめて禮《らい》念《ねむ》するなり。諸餘《しよよ》の行業を雜起《ざふき》《マジヘオコサズ》せざれ。所作《しよさ》の業《ごふ》は日別に念佛すべし」。善導ののたまはく、「專《もはら》かの佛の名號を念じ、專禮《もはら》し、もはらかの佛およびかの土の一切の聖衆等《とう》をほめて、餘業《よごふ》をまじえざれ。專修のものは百はすなわち百ながらむまれ、雜修《ざふしゆ》のものは百が中にわづかに一二なり。雜縁《ざふえん》にねがひつきぬれば、みづからもさえ、他《た》の往生の正行おもさうるなり。なにをもてのゆへに。われみづから諸方《しよはう》をみきくに、道俗解《さとり》《ゲ反》行《ぎやう》不同《ふどう》にして、專雜《せんざふ》ことなり。たゞこゝろをもはらになさば、十はすなわち十ながらむまる。雜修《ざふしゆ》のものは、一もえず」(禮讃意)といふ。また善導釋《しやく》してのたまはく、「西方淨土の業《ごふ》を修《しゆ》せむとおもはむものは、四修おつる事なく、三業まじわる事なくして、一切の諸願を廢《はい》《ステツ》して、たゞ西方の一行と一願とを修《しゆ》せよ」(群疑論巻四意)とこそ候へ。

①壞亂　左◎「ダ」の下「サ」を「ラ」と上書訂記

十一 問。一切の善根は魔王《まわう》のためにさまたげらる。これはいかゞして對治《たいぢ》《ムカヘタスクル》し候べき。答《こたふ》。魔界《まかい》といふもの①は、衆生をたぶろかすものなり。一切の行業《ぎやうごふ》は、自力をたのむがゆへ也。念佛の行者は、みおば罪悪《ざいあく》生死の凡夫とおもへば、自力をたのむ事なくして、たゞ彌陀の願力にのりて往生せむとねがふに、魔縁《まえん》たよりをうる事なし。觀慧《くわんゑ》をこらす人にも、なほ空界《くかい》の魔事《まじ》ありといふ。彌陀の一事には、もとより魔事《まじ》なし、觀《くわん》人清淨なるがゆへにといへり。佛をたぶろかす魔縁《まえん》なければ、念佛のものおばさまたぐべからず、他力をたのむによるがゆへに、百丈《ぢやう》の石《いし》をふねにおきつれば、萬里《り》の大海をすぐといふがごとし。または念佛の行者のまへには、彌陀・觀音《くわんおむ》つねにきたりたまふ。廿五の菩薩《ぼさち》、百重《ぢう》千重《ぢう》護念《ごねむ》したまふに、たよりをうべからず。

十二 問《とふ》。阿彌陀佛を念ずるに、いかばかりの罪《つみ》おか滅《めち》し候。答《こたふ》。「一念によく八十億劫《おくこふ》の生死の罪《つみ》を滅す」(觀經意)といひ、また「但聞《たんもん》佛名二菩薩名《みやう》、除《ぢよ》無量《むりやう》億劫《おくこふ》生死《しやうじ》之罪《しざい》」(觀經)など申候ぞかし。

十三 問。念佛と申候は、佛の色相《しきさう》・光明を念ずるは、觀《くわん》佛三昧なり。報身《ほうじん》を念じ同體《どうたい》の佛性を觀ずるは、智《ち》あさくこゝろすくなきわれらが境界《きやうがい》にあらず。②答《こたふ》。

①も ◎「は」を「も」と上書訂記
②答 ◎右傍補記

善導《ぜんだう》ののたまはく、「相《さう》を観《くわん》ぜずして、たゞ名字《じ》を稱《しよう》せよ。衆生障《さわり》重《おもく》して、観《くわん》成《じやう》ずる事かたし。このゆへに大聖《シヤカ佛ナリ》あはれみて、稱名をもはらにすゝめたまへり。こゝろはかすかにして、たましひ十方にとびちるがゆへなり」(禮讃意)といふ。本願の文を、善導釋《しやく》してのたまはく、「若我《もしわれ》成佛《せむに》、十方《の》衆生願《じて》レ生《と》二我《が》國《に》一、稱《すること》二我《が》名號《を》一、下《しも》至《るまで》二十聲《に》一、乘《じて》二我《が》願力《に》一、若《し》不《ず》レ生者《は》、不《じと》レ取《ら》二正覺《を》一。彼佛《の》今《いま》現在《にましまして》成佛《したまへり》。當《シ》レ知《る》、本誓重願不《ず》レ虛《むなしから》、衆生稱念《せば》必《ず》得《えむと》二往生《を》一」(禮讃)とおほせられて候。とくとく安樂の淨土に往生させ①おはしまして、彌陀・観音を師《し》として、法華《ほふくゑ》の眞如實相平等《しんによじちさうびやうどう》の妙理《めうり》、般若《はんにや》の第《だい》一義《②ぎ》空《く》、眞言《しんごん》の卽身《そくしん》成佛、一切の聖教《しやうげう》、こゝろのまゝにさとらせおはしますべし。

(二八)

御ふみくはしくうけたまはり候ぬ。たづねおほせたびて候事ども、おほやうしるし申候。くまがやの入道《にふだう》・つのとの三郎は、無智《むち》のものなればこそ、念佛おばすゝめたれ、有智《うち》の人にはかならずしも念佛にかぎるべからずと申よしきこえて候覧《らむ》、きわめたるひが事に候。そのゆへは、念佛の行は、もとより有智・無智に

①せ　◎「せ」と上書訂記
②義　甲に無し

かぎらず、彌陀のむかしちかひたまひし本願も、あまねく一切衆生のため也。無智のためには念佛を願じ、有智のためには餘のふかき行を願じたまへる事なし。十方衆生のために、ひろく有智《うち》・无智《むち》、有罪《うざい》・无罪《むざい》、善《ぜん》人・悪人、持戒《ぢかい》・破戒《はかい》、たふと①きもいやしきも、男《おとこ》も女《おむな》も、もしは佛在世《ぶちざいせ》、もしは佛滅後《ぶちめちご》の近來《きんらい》の衆生、もしは釋迦《しやか》の末法萬年《まちぽふまんねん》ののち三寶みなうせての時《とき》の衆生まで、みなこもりたる也。また善導和尚の、彌陀の化身として専修念佛をすゝめたまへるも、ひろく一切衆生のためにすゝめて、无智のものにかぎる事は候はず。ひろき彌陀の願をたのみ、あまねき善導のすゝめをひろめむもの、いかでか無智の人にかぎりて、有智の人をへだてむや。もししからば、彌陀の本願にもそむき、善導の御こゝろにもかなふべからず。さればこの邊《へん》にまうできて、往生のみちをとひたづね候人には、有智・無智を論《ろん》ぜず、みな念佛の行ばかりを申候也。しかるにそらごとをかまへて、さやうに念佛を申とゞめむとするものは、このさきのよに、念佛三昧、淨土の法門をきかず、後世にまた三悪道にかへるべきもの、しかるべくして、さやうの事おばたくみ申候事にて候なり。そのよし聖教に③みなみえて候也。

「見《みては》レ有《あるを》二修行《すること》一起《おこし》二瞋毒《しんどくを》一　方便《して》破壞《し》競《きおふて》生《なさむ》レ怨《あだを》

①と　◎「と」と上書訂記
②みな　(甲)に無し

如《ごとき》レ此《かくの》①生②盲《まう》《ムマル、ヨリメシヒタルモノ》闡《せん》提輩《のともがら》毀《くゐ》二滅《して》頓教《を》一永《ながく》沈《ちむ》《シヅミシヅム》淪《りんせむ》
超二過③《すとも》大地微《み》塵《ぢん》劫《ごふを》一未《いまだ》《ズ》レ可《べから》レ得《う》レ離《はなるゝことを》二三途身《のを》一」（法事讃巻下）

と申たる也。この文《もん》のこゝろは、浄土をねがひ念佛を行ずるものを④⑤みては、瞋《いかり》をおこし毒心をふうみて、はかり事をめぐらし、やうやうの方便をなして、念佛の行を破《やぶり》て、あらそひて怨《あだ》をなし、これをとゞめむとするなり。かくのごときの人は、むまれてよりこのかた、佛法のまなこしひて、佛の種《たね》をうしなへる闡提《せんだい》の輩《ともがら》なり。この彌陀の名號をとなえて、ながき生死をたちまちにきりて、常住《じやうぢゆ》の極樂に往生すといふ頓教《とんげう》⑥の法をそしりほろぼして、この罪《つみ》によりて、ながく三悪《さむまく》にしづむといえるなり。かくのごときの人は、大地微塵劫《ぢみぢんごふ》をすぐとも、むなしく三悪道のみをはなるゝ事をうべからずといえるなり。さればさやうに妄語《まうご》をたくみて申候覽《らむ》人は、かへりてあはれむべきものなり。さほどのものゝ申さむによりて、念佛にうたがひをなし、不審《ふしむ》をおこさむものは、いふにたらざるほどの事にてこそ候はめ。おほかた彌陀に縁あさく、往生に時⑦いたらぬものは、きけども信ぜず、行ずるをみては腹《はら》をたて、いかりを含《ふうみ》て、さまたげむとすることにて候也。そのこゝろをえて、いかに人申候とも、御こゝろばかりはゆるがせたまふべから

---

①生盲　左㊙ムマル、ヨリメシヰタルモノ
②盲　◎「妄」を「盲」と上書訂記
③過　右◎「すと」と上書訂記
④を　◎右傍補記
⑤み　◎「は」を「み」と上書訂記
⑥の　◎「を」を「の」と上書訂記
⑦い　㊙に無し

ず。あながちに信ぜざらむは、佛なほちからおよびたまふまじ。いかにいはむや、凡夫《ぼむぶ》①ちからおよぶまじき事也。かゝる不信の衆生のために、慈悲をおこして利益せむとおもふにつけても、とく極樂へまいりてさとりひらきて、生死にかへりて誹謗《ひはう》不信《ふしん》のものをわ②たして、一切衆生あまねく利益《りやく》せむとおもふべき事にて候也。このよしを御こゝろえておはしますべし。

一　一家の人々の善願《ぜんぐわん》に結縁《けちえん》助成《じよじやう》せむこと、この條左右《でうさう》におよび候はず、尤《もとも》しかるべく候。念佛の行をさまたぐる事をこそ、専修の行に制《せい》したる事にて候へ。人々のあるいは堂《だう》おもつくり、佛おもつくり、經《きやう》おもかき、僧《そう》おも供養《くやう》せむには、ちからをくわへ縁《えん》をむすばむが、念佛をさまたけ、専修をさふるほどの事は候まじ。

二　一　この世③《よ》のいのりに、佛にも神《かみ》にも申さむ事は、そもくるしみ候まじ。後世の往生、念佛のほかにあらず、行をするこそ念佛をさまたぐれば、あしき事にて候へ。この世《よ》のためにする事は、往生のためにては候はねば、佛・神《しん》《カミ》のいのり、さらにくるしかるまじく候也。

三　一　念佛を申させたまはむには、こゝろをつねにかけて、口《くち》にわすれずとな

①夫→㊥夫〔の〕
②わ　◎「わ」と上書訂記
③世　◎「世」と上書訂記

ふるが、めでたきことにては候なり。念佛の行は、もとより行住座臥・時處諸縁をきらわざる行にて候へば、たとひみもきたなく、口《くち》もきたなくとも、こゝろをきよくして、わすれず申させ①たまはむ事、返々神妙《しんべう》に候。ひまなくさやうに申させたまはむこそ、返々ありがたくめでたく候へ。いかならむところ、いかならむ時《とき》なりとも、わすれず申させたまはゞ、往生の業にはかならずなり候はむずる也。そのよしを御こゝろえて、おなじ②こゝろならむ人には、おしえさせたまふべし。いかなる時にも申さざらむをこそ、ねうじてまふさばやとおもひ候べきに、申されむをねうじて申させたまはぬ事は、いかでか候べき、ゆめゆめ候まじ。たゞいかなるおりもきらはず申させたまふべし。あなかしこ、あなかしこ。

四　一　御佛おほせにしたがひて、開眼《かいげん》してくだしまいらせ候。阿彌陀の三尊つくりまいらせさせたまひて候なる、返々神妙《しんべう》に候。いかさまにも、佛像《ざう》をつくりまいらせたるは、めでたき功徳《くどく》にて候也。

五　一　いま一いふべき事のあるとおほせられて候は、なに事にか候覽《らむ》、なむ條《でう》はゞかりか候べき、おほせ候べし。

六　一　念佛の行あながちに信ぜざる人に論じあひ、またあらぬ行ことさとりの

①さ　◎右傍補記
②じ　◎右傍補記

人にむかひて、いたくしゐておほせらるゝ事候まじ。異學《いがく》・異解《いげ》の人をえては、これを恭敬《くぎやう》してかなしめ、あなづる事なかれと申たることにて候也。されば同心に極樂をねがひ、念佛を申さむ人に、たとひ塵刹《ぢんせち》《ヨノクニトイフ》のほかの人なりとも、同行のおもひをなして、一佛淨土にむまれむとおもふべきにて候なり。阿彌陀佛に緣なくて、淨土にちぎりなく候はむ人の、信もおこらず、ねがはしくもなく候はむには、ちからおよばず。たゞこゝろにまかせて、いかなる行おもして、後生たすかりて、三惡道をはなるゝ事を、人のこゝろに①したがひて、すゝめ候べきなり。またさわ候へども、ちりばかりもかなひ候②ぬべからむ人には、彌陀佛をすゝめ、極樂をねがふべきにて候ぞ。いかに申候とも、このよの人の極樂にむまれぬ③事は候まじき事にて候也。このあひだの事おば、人のこゝろにしたがひて、はからふべく候なり。いかさまにも人とあらそふことは、ゆめゆめ候まじ。もしはそしり、もしは信ぜざらむものをば、ひさしく地獄《ぢごく》にありて、また地獄《ぢごく》へかへるべきものなりとよくよくこゝろえて、こわがらで、こしらふべきにて候か。またよもとはおもひまいらせ候へども、いかなる人申候とも、念佛の御こゝろなむど、たぢろぎおぼしめす事あるまじく候。たとひ千《せん》の佛世《よ》にいでゝ、まのあたりおしえさせたまふ

①に　甲「に」と右傍註記
②候　甲に無し
③ぬ　◎右傍補記

とも、これは釋迦・彌陀よりはじめて、恆沙《ごうじゃ》の佛の證誠《しょうじゃう》せさせたまふ事なればとおぼしめして、こゝろざしを金剛《こむがう》よりもかたくして、このたびかならず阿彌陀佛の御まへにまいりなむとおぼしめすべく候也。かくのごときの事、かたはし申さむに、御こゝろえて、わがため人のためにおこなはせたまふべし。あなかしこ、あなかしこ。

九月十八日　源空

つのとの三郎殿御返事

つのとの三郎といふは、武藏國《むさしのくに》の住人也。おほご・しのや・つのと、この三人は聖人根本の弟子なり。つのとは生年八十一にて自害《じがい》して、めでたく往生をとげたりけり。故聖人往生のとしとてしたりける。もし正月廿五日などにてやありけむ、こまかにたづね記《き》すべし《シルスベシ》。

康元元丙辰十一月八日

愚禿親鸞（八十／四歳）書之

〈奥書〉
㊙「草本云／康元元丙辰十一月八日／愚禿親鸞「八十／四歳」書寫之」「德治三歳「戊／申」二月中旬「第／五」／「書寫之」」

三部經大意

上段　真仏本
下段　良聖本

〔概説〕

本書は、源空（法然）聖人が「浄土三部経」の大意を講述した際の筆記録であるとされる。

本書は、大経釈・観経釈・小経釈の三段で構成されており、各段でそれぞれの経の要文について解説されている。

大経釈では、初めに阿弥陀仏の四十八願の中、称名念仏による衆生の往生が誓われた第十八願（本願）が殊勝であり、濁世の衆生が生死を出離するにはこの本願によるほかはないことを述べる。そして、本願文には「乃至十念」とあるが、成就文には「乃至一念」とあることから、本願の成就は正しく一念にあるという。次に往生の業について、「一向専念无量壽佛」と三輩に共通して説かれるのは、阿弥陀仏の本願によるからであるとする。また、この本願の力用を「往観偈」にある「其佛本願力」以下四句を挙げて明らかにしている。最後に、弥勒付属の文を引用して、「乃至一念」をもって大利を得ることこそ、この経の肝要であると示している。

観経釈では、他の二経に比して分量が多く割かれている。その内容は、『観経』には定散二善が説かれるが、主眼は阿難付属の念仏にあることを述べてはじまる。そして、第九真身観の「光明遍照、十方世界、念佛衆生、攝取不捨」の文について、光明の縁と名号の因が和合することで、念仏の衆生は摂取不捨の利益を蒙るのであるとする。次に善導大師の文に依拠して、『観経』の三心（至誠心・深心・回向発願心）を釈している。至誠心釈では、この心を定善・散善・弘願の三門にわたって理解すべきであるとし、総別の二義を立てている。総の義とは自力をもって定散二善を修して往生を願うこと、別の義とは他力によって往生を願うことで、自力を翻して他力弘願に乗じるべきであることを勧めている。深心釈では、「阿彌陀」の三字について、この名号はあらゆる功徳を具しており、真言の阿字本不生、天台の三諦一理等の教説をも含むと説明するのが特徴的である。回向発願心釈では、浄土往生に九品の差別があるとし、下品、中品、上品の順に往生行を明かす。そして、菩提心について、その理解は諸宗様々であるが、浄土宗においては阿弥陀仏の浄土に往生することを願う心を指すのであると述べている。

小経釈では、『小経』に浄土の依正二報の功徳が説かれるのは衆生に願生心を発させるためであるとし、往生の行は阿弥陀仏の名号を執持すること、すなわち称名念仏であることを明かす。そして、『小経』の内容は六方の諸仏が証誠するところであり、これを信じることは、阿弥陀仏の本願のみならず、釈尊の所説、ひいては一切の諸仏・菩薩を信じることとなり、その信は広大の信心であると結ばれている。

本書には、高田派専修寺に蔵される真仏上人書写本と、神奈川県称名寺に蔵される良聖書写本の二本の書写本が現存する。この両書写本を比較すると、前者は全体的に和文体であるが、後者は漢文体の面影を残しており、本書の原初形態が漢文であったことを彷彿とさせる。特に、専修寺蔵本には『往生礼讃』の「彼佛今現在世成佛」の文を「彼佛今現在成佛」とし、『観経疏』「散善義」の「不得外現賢善精進之相内懐虚假」の文を「外賢善精進の相を現ずることをえざれ、うちに虚假をいだければなり」と訓読するなど、宗祖の著作にみる表現と同様の特徴がみられる。これより、真仏上人が宗祖の訓読を基調として本書を書写したことが窺える点、貴重な書写本であるといえる。

本書の成立については、源空聖人が文治六（一一九〇）年に東大寺で「浄土三部経」を講説される以前とする説や、『選択集』執筆の以後とする説等があり、いまだ定説をみない。

また、源空聖人には本書以外にも、先述の東大寺での講説を記録したものや、『西方指南抄』上本・上末の「法然聖人御説法事」、『漢語灯録』第七巻の「逆修説法」など、「浄土三部経」を解説したものが多く伝えられる。その中、『和語灯録』第一巻には本書と同内容の「三部経釈」と題する一書が収録されているが、その書の至誠心釈は簡潔にまとめられており、その文言は本書と大きく相異している。

なお、本書には源空聖人の真撰か否かの議論がある。それは、仏回向を説いていること、光明・名号を因縁とすること、至誠心を総別の二義に配して自力と他力とに分類すること等、本書特有の教説によって惹起されたものである。

〔底本〕

上段は、高田派専修寺蔵正嘉二年真仏上人書写本を底本とした。また下段は、神奈川県称名寺蔵（神奈川県立金沢文庫管理）建長六年良聖書写本を底本とした。

《上段》

専修寺蔵本は、真仏上人による書写本である。旧表紙一中央には「三部經大意」との外題がある。左下には伝持者を記した袖書があったと推定されるが、抹消されている。なお、この旧表紙一は、同じく高田派専修寺に蔵される真仏上人書写「法然聖人御消息」の旧表紙一と筆致などに類似する点が認められる。次に旧表紙二中央には「三部經大意」との外題、左下に「釋慶信」との袖書があり、本文と同筆で記されている。また、巻尾には「正嘉二歳戊午八月十八日書寫之」との奥書があり、真仏上人による書写年時を記したものとされる。この奥書にある「八月」の「八」の字については判読に諸説あり、「一」や「二」などと読む説もある。なお、内題の下と本文末尾には「高田専修寺」の黒印がある。体裁は半葉七行、一行十八字内外である。

《下段》

称名寺蔵本は、良聖による書写本である。表紙中央には「三部經大意」との外題があり、右下に「良聖（花押）」との袖書がある。良聖とは、浄土宗鎮西派第三祖良忠の講義を多数筆録していることから、その門弟であると考えられている。称名寺には良忠の講義録である『定善義聞書』等、良聖書写の奥書を有する多くの書写本が蔵せられ、それらは花押も含めて当本と同筆である。「浄土三部經大意」との内題があり、その下には湮滅があるものの「金澤稱名寺」と記されている。また、尾題の下には「源空撰」とある。「建長六年甲寅五月十五日於／平針郷新善光寺／書了」との奥書から、建長六（一二五四）年に書写された現存最古の書写本であることが知られる。体裁は半葉八行、一行十六字内外である。

三部經大意

〈上段底本〉
◎高田派専修寺蔵正嘉二年真仏上人書写本
〈下段底本〉
◎神奈川県称名寺蔵建長六年良聖書写本

三部經大意

『雙巻經《さうくわんぎやう》』・『觀无量壽經《くわんむりやうじゆきやう》』・『阿彌陀經《わあみだきやう》』、これを浄土の三部《ぶ》經といふなり。

『雙巻經《さうくわんぎやう》』には、まづ阿彌陀佛の四十八願をとき、つぎに願の成就《じやうじゆ》をあかせり。その四十八願といふは、法藏比丘《ほふぞうびく》、世自在王《じざいわう》佛のみまへにして菩提心をおこして、浄佛國土・成就衆生の願をたてたまへり。おほよその四十八願は、あるいは無《む》三惡趣《あくしゆ》ともたて、不更惡道《ふきやうあくだう》ともとき、或《あるい》は悉皆金《しちかいこむ》色《じき》ともいひ、無有好醜《むうかうしゆ》ともちかふ。みなこれかの國《くに》の莊嚴《しやうごむ》、往生ののちの果報《くわほう》なり。この中に衆

〈表紙〉◎旧表紙一中央「三部經大意」左下「冂山」（抹消）旧表紙二中央「三部經大意」左下「釋慶信」

浄土三部經大意①

『雙巻經』・『觀經』・『阿彌陀』、是を浄土の三部經と云。

『雙巻經』には、先阿彌陀佛の四十八願を說き、次に願成就を明せり。其四十八②願と云は、法藏比丘、世自在王佛の御所にして菩提心を發して、浄佛國土・成就衆生の願を立給へり。凡そ其の四十八願は、或は无三惡趣とも立て、不更惡とも說き、或は悉皆金色とも云ひ、无有好醜とも誓。皆是彼國莊嚴、往生後の果報也。此中に衆生彼國に生ずべき行を立給へる願を、第十八の願とするなり。

〈表紙〉◎中央「三部經大意」右下「良聖（花押）」　①意　◎下に「金澤□名寺」（別筆）とあり　②八　◎に無し

生の彼國《かのくに》にむまるべき行をたてたまへる願を、第十八の願とするなり。「設我得佛《せちがとくぶち》、十方衆生、至心信樂《しゝむしんげう》、欲生我國《よくしやうがこく》、乃至十念《ないしじふ》、若不生者《にやくふしやうじや》、不《ふ》取正覺《しゆしやうがく》、唯除五逆《ゆいぢよぐゐやく》誹謗正法《ひはうしやうぼふ》」(大經巻上)と云々。おほよそ四十八願の中に、この願ことにすぐれたりとす。そのゆえは、かの國《くにゝ》むまるゝ衆生なく①は、悉《しち》皆金色《かいこむじき》の願も、無有好醜《むうかうしゆ》の願《ぐわん》も、なにゝよりて成《じやう》就《じゆ》せむ。往生する衆生のあるにつけてこそ、身《み》のいろも金色《こむじき》に、好醜《かうしゆ》あることもなく、五通《ごつ》おもえ、三十二相おも具すべけれ。これによりて、善導《ぜんだう》釋《しやく》してのたまはく、「法藏比丘四十八願をたてたまひて、一一の願にみな、若我得佛《にやくがとくぶち》、十方衆生《しゆじやう》、稱我名號下至《しようがみやうがうげし》十聲《しやう》、若不生者不取正覺《にやくふしやうじやふしゆしやうがく》」(玄義分意)と云々。おほよそ諸佛の願といふは、上求菩提《じやうぐぼだい》・下《げ》化衆生《くゑしゆじやう》のこゝろなり。ある大乘經《じようきやう》にいはく、

「設我得佛、十方衆生、至心信樂、欲生我國、乃至十念、若不生者、不取正覺、唯除五逆誹謗正法」(大經巻上)と云。凡四十八願の中に、此願殊に勝たりとす。其故は、彼國に若生るゝ衆生なくゆは、悉皆色の願も、無有好醜等の願も、何によりてか成就せむ。往生する衆生のあるにつけて、身の色ろも金色に、好醜ある事もなく、五通をもえ、三十二相をも具すべし。是によりて、善導釋して言はく、「法藏比丘四十八願を立給て、一□の願に皆な、若我□佛、十方衆生、稱我名號願生我國下□十念、若不生者不取正覺」(玄義分意)と云。四十八願に一々に皆此心《ろ》あり。凡諸佛の願と者、上求菩提・下化衆生の心なり。ある大乘經に云く、「菩薩の願に二種あり、一は上求菩提、二は下化衆生の意也。上求菩提の本意は、衆生を濟度しやすか

「菩薩《ぼさち》の願《ぐわん》に二種《しゆ》あり、一には上求菩提《じやうぐぼだい》、二には下化《げくゐ》衆生なり。その上求《ぐ》菩提《ぼだい》の本意《ほんい》は、衆生を濟度《さいど》しやすからむがためなり」と 云々。しかれば、たゞ本意《ほんい》下化《げくゐ》衆生のこゝろにあり。いま彌陀如來の淨土を莊嚴《しやうごむ》したまひしも、衆生を引攝《いんぜふ》しやすからむがためなり。すべからくいづれの佛も、成佛ののちは内證外用《ないしようぐゑゆう》の功德《くどく》、濟度利生《さいどりしやう》の誓願《せいぐわん》、いづれもふかくして、勝劣《しようれち》あることなけれども、行《ぎやう》菩薩道《だう》の時《とき》の善巧方便《ぜんげうはうべん》のちかひ、みなこれまちまちなり。彌陀如來は因位《いんゐ》のとき、もはら我名《わがな》をとなえむ衆生をむかへむとちかひたまひて、兆載《てうさい》永劫《ゐやうごふ》の修行《しゆぎやう》を衆生に廻向《ゑかう》したまふ。濁世《ぢよくせ》の我等《われら》が依怙《ゑこ》、生死《しやうじ》の出離《しゆつり》これにあらずは、なにおか期《ご》

①く→◎ら

らむが爲也」と云へり。然ば、只《だ》本意下化衆生の願①にあり。今《ま》彌陀如來の國土を莊嚴し給しも、衆生を引攝しやすかんが爲也。總て何の佛も、成佛の後は内證外用の功德、濟度利生の誓願、何れも何れも深くして、勝劣ある事なけれども、菩薩の道を行じ給ひし時の意巧方便の誓ひは、皆是區なる事也。彌陀如來は因位の時、專ら我名を念ぜむ者を迎□と誓給ひて、兆載②永劫の修行を衆生に廻向し給。濁世の我等が依怙、末代の衆生の出離是にあらずは、何にをか期せむ。是にありて、彼の佛は我《れ》世に超たる願を立つとなのり給へり。三□の諸佛も、いま□如《の》レ此願をば發し給わず。十方の薩埵も、いまだ是等□誓はましまさず。「此の

①願 ◎「心」と右傍註記 ②載→◎戴

4-783

せむ。これによりて、かの佛はわれよにこえたる願をたつとなのりたまへり。三世の諸佛も、いまだかくのごときの願おばおこしたまはず。十方の薩埵《さちた》も、いまだかゝるちかひはましまさず。「この願もし剋果《こくくわ》すべくは大千感動《かむどう》すべし、虚空《こく》の諸天まさに珍妙《ちんめう》の華《はな》をふらすべし」(大經卷上)とちかひしかば、大地《ぢ》六種《しゆ》に振動《しむどう》し、天よりはなふりて、なむぢまさに正覺《しやうがく》をなるべしとつげき。法藏比丘いまだ佛になりたまはずとも、この願うたがふべからず。いかにいはむや、成佛ののち十劫になりたまへり、信ぜずはあるべからず。「彼佛今現在《ひぶちこむげんざい》成佛、當知《たうち》本誓重願不《ぜいぢうぐわんふ》虛《こ》、衆生稱念必得往生《しゆじやうしようねむひちとくわうじやう》」(禮讃)と釋《しやく》したまへる、これなり。「諸《しよ》有《う》衆生聞其《もんご》名號《みやうがう》、信心歡喜《しんじむくわんぎ》、乃至《ないし》一念至心廻向《ししむゑかう》、願生彼《ぐわんしやうひ》國《こく》、即得《そくとく》往生、住不退轉《ぢゆふたいてん》、唯除五逆誹謗正法《ゆいぢよごぐゐやくひはうしやうぼふ》」

願若剋果すべくは大千感動すべし、虚空の諸天まさに珍妙の花を雨すべし」(大經卷上)と誓ひ給しかば、大地六種に振動し、天より花ふりて、汝《ぢ》まさに正覺をなるべしと告げき。法藏比丘いまだ佛に成給はずとも、此願疑ふべからず。何況、成佛已後十劫になり給へり、信ぜずはあるべからず。善導和尙の「彼佛今現在世成佛、當知本誓重願不虛、衆生稱念必得往生」(禮讃)と釋し給へる、是なり。「諸有衆生聞其名號、信心歡喜《くわむ》、乃至一念至心廻向、願生彼國、即得往生、住不退轉、唯除五逆誹謗正法」(大經卷下)と云へる、是は第十八の願成就の文也。願には「乃至十念」(大經卷上)と說と云へども、正く願の成就する事は一念にありと明せり。次に三輩往生の文あり。是は第十九の臨終現前の願成就の文也。發菩提心等の業をもて三輩をわかつと云とも、

（大經巻下）といへり。これは第十八の願成就の文なり。願には「乃至十念」（大經巻上）ととくといへども、まさしくは願の成就することは一念にありとあかせり。次《つぎ》に三輩《ぱい》往生の文あり。これは第十九の臨終現前《りむじゆげんぜん》の願成就の文なり。發菩提心等《ほちぼだいしむとう》の業《ごふ》をもて三輩《ぱい》をわかつといへども、往生の業《ごふ》は通《つ》じてみな「一向專《せん》念无量壽佛《むりやうじゆぶち》」（大經巻下）といへり。これすなわちこの佛の本願なるがゆへなり。「其佛本願力《ごぶちほんぐわんりき》、聞名《もんみやう》欲《よく》往生、皆悉到彼國《かいしちたうひこく》、自致不退轉《じちふたいてん》」（大經巻下）といふ文あり。漢朝《かんてう》に玄通律師《ぐゑんつりちし》といふものありき、小乘《せうじよう》戒《かい》をたもつものなり。遠行《ゑんかう》して野《の》に宿《しゆく》したりけるに、隣房《りんばう》《トナリノバウ》に人ありてこの文を誦《じゆ》しき。玄通《ぐゑんつ》これをきゝて、一兩返誦《りやうへんじゆ》してのちに、おもひいづるこ

往生の業は通じて皆「一向專念無量壽佛」（大經巻下）と云□り。是則彼の佛本願なるが故也。「其佛本願力、聞名欲往生、皆悉到彼國、自致不退轉」（大經巻下）と云文あり。漢朝に玄通律師と云者ありき、小乘戒を持つ者也。遠行して野に宿したりけるに、隣房に人ありて此文を誦しき。玄通是を聞て、一兩返誦して後に、思出事もなくして忘れにき。其後この玄通律師、戒を破て、其の罪にありて炎魔の廳にいたる。其時に炎魔王云はく、汝佛法流布の所に生たりき。所覺①の法あらば、速に說べしとて、高座に登せ給ひし時に、玄通、高座に登て思ひまはすに、總□て心に覺《をぼゆる》悟事無し。昔し野宿にて聞し文ありき、是を誦てんと思ひ出て、「其佛本願

①覺 ◎「學歟」と右傍註記

ともなくしてわすれにき。そのゝち玄通律師《ぐゑんつりちし》、戒《かい》をやぶりて、そのつみによりて閻魔《えむま》の廳《ちやう》にいたる。そのときに閻魔法王《ゑむまほふわう》ののたまはく、なむぢ佛法流布《ぶちぼふるふ》のところにむまれたりき。所學《しよがく》の法《ほふ》あらば、すみやかにとくべしと、高坐《かうざ》においのぼせられしときに、玄通《ぐゑんつ》、高坐《かうざ》にのぼりておもひまわすに、すべてこゝろにおぼゆることなし。むかし野宿《のじゆく》にてきゝし文ありき、これを誦《じゆ》してむとおもひいでゝ、「其佛本願力」といふ文を誦《じゆ》したりしかば、閻魔《えんま》王、たまのかぶりをかたぶけて、これはこれ西方極樂《さいはうごくらく》の彌陀如來の功德《くどく》をとく文なりといひて、禮拜《らいはい》したまふと 云々。願力《ぐわんりき》の不思議《ふしぎ》なること、この文にみえたり。「佛語彌勒《ぶちごみろく》、其有得聞彼佛名號《ごうとくもんひぶちみやうがう》、歡喜踊躍乃至《くわんぎゆやくないし》一念、當知此人爲得大利《たうちしにんゐとくり》、則是具足无上功德《そくぜぐそくむじやうくどく》」（大經卷下）といへり。彌勒菩薩《みろくぼさち》にこの『經《きやう》』を付《ふ》

力」と云文を誦したりしかば、炎魔法王、玉の冠を傾て、是は此西方極樂の彌陀如來の功德を説く文なりとて、禮拜し給と云へり。願力不思議なる事、此文に見へたり。「佛語彌勒、其有得聞彼佛名號、歡喜踊躍乃至一念、當知此人爲得大利、即是具足無上功德」（大經卷下）と云へり。此『經』を彌勒菩薩に付屬し給には、乃至一念するをもて大利無上の功德と云へり。『經』の大意、此文に明なる者歟。

屬《ぞく》したまふには、乃至一念するをもちて大利《り》无上の功徳《くどく》とのたまへり。『經《きやう》』の大意《い》、この文にあきらかなるものか。

次《つぎ》に『觀經《くわんぎやう》』には定善《ぢやうぜん》・散善《さんぜん》をとくといへども、念佛をもちて阿難尊者《わなんそんじや》に付屬《ふぞく》したまふ。「汝好持《によかうぢ》是語《ぜご》」（觀經）といへる、これなり。第九《だいく》の眞身觀《しんしんくわん》に「光明遍照《くわうみやうへんぜう》、十方世界《せかい》、念佛衆生、攝取不捨《せふしゆふしや》」（觀經）といふ文あり。濟度衆生《さいどしゆじやう》の願《ぐわん》は平等《びやうどう》にしてあることなれども、縁《ゑん》なき衆生は利益《りやく》をかぶる事あたはず。このゆへに、彌陀善逝《ぜんぜい》、平等《びやうどう》の慈悲《じひ》にもよをされて、十方世界にあまねく光明《くわうみやう》をてらして、轉《うたゝ》一切衆生にことごとく縁《ゑん》をむすばしめむがために、光明无量《くわうみやうむりやう》の願《ぐわん》をたてたまへり。第《だい》十二

次『觀經』には定善・散善を說と云へども、念佛をもて阿難尊者に付屬し給ふ。「汝好持是語」（觀經）と云へる、是也。第九眞身觀に「光明遍照、十方世界、念佛衆生、攝取不捨」（觀經）と云へる文有り。濟度衆生の願は平等にして差別有る事なけれども、無《き》レ縁衆生は利益をかほる事あたはず。此故に、彌陀善逝、平等慈悲に催されて、十方世界に遍く光明を照して、一切衆生に悉く縁を結ばしめんがために、光明無量の願を立給へり。第十二の願是也。次に名號を以て因として、衆生を引攝せむが爲に、

の願これなり。つぎに名號《みやうがう》をもて因《いん》として、衆生を引攝《いんぜふ》せむがために、念佛往生の願をたてたまへり。第十八の願これなり。その名《みな》を往生の因としたまへることを、一切衆生にあまねくきかしめむがために、諸佛稱揚《しようやう》の願《ぐわん》をたてたまへり。第十七の願これなり。このゆへに、釋迦如來《しやかによらい》のこの土《ど》にしてときたまふがごとく、十方におのおの恆《ごう》河沙《がしや》の佛ましまして、おなじくこれをしめしたまへるなり。しかれば、光明《くわうみやう》の縁《ゑん》あまねく十方世《せ》界《かい》をてらしてもらすことなく、名號の因《いん》は十方諸佛稱讃《しようさん》したまひてきこえずといふことなし。「我《が》至成佛道《しじやうぶちだう》、名聲《みやうしやう》超十方、究竟靡所聞《くきやうみしよもん》、誓不成《せいふじやう》正覺《しやうがく》」（大經巻上）とちかひたまひし、このゆへなり。しかればすなわち、光明《くわうみやう》の縁《えん》と名號の因《いん》と和合《わがう》せば、攝取不捨《せふしゆふしや》の益《やく》をかぶらむことうたがふべか

念佛往生の願を給へり。第十八の願是也。其の名號を往生の因とし給へる事を、一切衆生に遍く聞かしめんが爲に、諸佛稱揚の願を立給へり。第十七の願是也。第十七願に「十方世界の無量の諸佛、悉く咨嗟して、我が名を稱せずと云はゞ、正覺を不《と》レ取」（大經巻上）云願を立□へり。次第十八願に「乃至十念、若不生者、不取正覺」（大經巻上）と立給へる。此の故によりて、釋迦如來此土にして說給がごとく、十方に各恆河沙の佛ましまして、同是をしめし給へるなり。然ば、光明の緣は遍く十方世界を照して漏《もらす》事なく、名號の因は悉く十方無量諸佛稱揚し給ひて聞へずと云事なし。「我至成佛道、名聲超十方、究竟靡所聞、誓不成正覺」（大經巻上）と誓ひ給ひし、此故也。然ば卽、光明の緣と名號の因と和合せば、攝取不捨の益を蒙らむ事不レ可レ疑《ふ》。是故

らず。そのゆへに『往生禮讃《らいさん》』の序《じよ》にいはく、「諸佛の所證《しよしよう》は平等《びやうどう》にしてこれひとつなれども、もし願行《ぐわんぎやう》をもてきたしおさむれば、因縁《いんえん》なきにあらず。しかも彌陀世尊、もと深重《じむぢう》の誓願《せいぐわん》をおこして、光明・名號をもて十方を攝取《せふしゆ》したまふ」といへり。又この願《ぐわん》ひさしくして衆生を濟度《さいど》せむがために、壽命无量《じゆみやうむりやう》の願《ぐわん》をたてたまへり。第十三の願これなり。しかれば、光明无量《くわうみやうむりやう》の願《ぐわん》、横《わう》《ヨコサマ》に一切《さい》衆生をひろく攝取《せふしゆ》せむがためなり。壽命无《じゆみやうむ》量《りやう》の願は、竪《たゝさま》に十方世界をひさしく利益《りやく》せむがためなり。かくのごとく因縁和合《いんえんわがう》すれば、攝取不捨《せふしゆふしや》の光明《くわうみやう》つねにてらしてすてたまはず。この光《くわう》明《みやう》にまた化佛・菩薩《ぼさち》ましまして、この人を攝護《せふご》し

『往生禮讃』序云、「諸佛所證平等にして是一つなれども、若願行を以て來し收むれば、因縁無きにあらず。然も彌陀《だ》世尊、本深重誓願を發して、光明・名號を以て十方を攝化し給」と云へり。又此願久して衆生を濟度せむが爲に、壽命無量の願を立給へり。第十三願是也。然ば、光明無量の願は、横に十方の衆生を廣く攝取せむが爲也。壽命無量の願は、竪に三世を久く利益せむが爲也。如レ此因縁和合すれば、攝取不捨の光明常に照して捨給ず。此光明又化佛・菩薩ましまして、この人を攝護して百重・千重圍繞し給に、信心彌《よ》增長し、衆苦悉消滅す。臨終の時には、佛《け》自來て迎へ給に、諸の邪業繫よく㝵る者《の》なし。是は衆生の命《ち》終る時

て百重《ぢふ》・千重《ぢふ》圍遶《ゐねう》したまふに、信心いよいよ増《ぞう》長《ぢやう》し、衆苦《しゆく》ことごとく消滅《せうめち》す。臨終《りむじゆ》の時《とき》には、佛みづからきたりてむかへたまふに、もろもろの邪《じや》業繫《ごふけ》よくさうるものなし。これは衆生いのちおはる時にのぞみて、百苦《く》きたりせめて身心《しんしむ》やすきことなく、悪縁《あくゑん》ほかにひき、妄《まう》念うちにもよをして、境界《きやうがい》・自體《じたい》・當生《たうしやう》の三種《しゆ》の愛《あい》心きおいおこりて、第《だい》六天の魔王《まわう》も、この時にあたりて威勢《ゐせい》をおこしてさまたげをなす。かくのごときの種種《しゆじゆ》のさはりをのぞかむがために、しかも臨終《りむじゆ》の時《とき》にはみづから菩薩聖衆《ぼさちしやうじゆ》と圍遶《ゐねう》して、その人のまへに現《げん》ぜむといふ願《ぐわん》をたてたまへり。第《だい》十九の願これなり。これによりて、臨終《りむじゆ》のときにいたりぬれば、佛來《らい》迎《かう》したまふ。行者《ぎやうじや》これをみて、こゝろに歡喜《くわんぎ》をなして禪定《ぜんぢやう》にいるがごとくして、たちまちに觀《くわん》

に臨て、百苦來□逼て身心やすき事なく、悪縁外にひき、妄念内にもよをして、境界・自體・當生の三種の愛心きをい起り、第六天の魔王、此時に當りて威勢を起て妨をなす。如レ此種々の礙を除が為に、しかし臨終の時にみづから菩薩聖衆《じゆ》圍繞して、其人の前に現ぜむと云ふ願を建て給へり。第十九の願是也。是によりて、臨終の時にいたれば、佛來迎し給ふ。行者是を見て、心に歡喜をなして禪定に入が如くにして、忽に觀音の蓮臺に乘りて、安養の寶刹に至るなり。此等の益あるが故に、「念佛衆生攝取不捨」(觀經)と云へり。

音《おむ》の蓮臺《れんだい》にのりて、安養《あんやう》の寶刹《ほうせち》にいたるなり。これらの益《やく》あるがゆへに、「念佛衆生《しゆじやう》攝取《せふしゆ》不《ふ》捨《しや》」（觀經）といへり。

そもそもこの『經』（觀經）に「具《ぐ》二三心一者必生彼《しやひちしやうひ》國《こく》」ととけり。一には至誠心《しじやうしむ》、二には深心《じむしむ》、三には廻《ゑ》向《かう》發願心《ほちぐわんしむ》なり。三心まちまちにわかれたりといゑども、要《えう》をとり詮《せむ》をえらびてこれをいへば、深心《じむしむ》ひとつにおさまれり。善導和尚《ぜんだうくわしやう》釋《しやく》してのたまはく、「至《し》といふは眞《しん》なり、誠《じやう》といふは實《じち》なり。一切《さい》衆生《しゆじやう》の身口《しんく》意業《いごふ》に修《しゆ》するところの解行《げぎやう》、かならず眞實心《しんじちしむ》の中《なか》になすべきことをあかさむとす。ほかには賢善精進《けんぜんしやうじん》の相《さう》を現《げん》じ、うちには虚假《こけ》をいだくことをえざれ」（散善義）といへる。その「解行《げぎやう》」と

抑又此『經』（觀經）に「具二三心一者必生彼國」と說けり。一は至誠心、二は深心、三廻向發願心也。三心は區に分れたりと云へども、要を取り詮を撰て是をいへば、深心一にをさまれり。善導和尙釋て言はく、「至と者眞、誠と者實也。一切衆生身口意業に修る所の解行、必眞實心の中に作すべき事をあかさんとす。外に賢善精進の相を現じて內に虛假を懷[①]こととえざれ。貪瞋・邪僞・奸詐百端にして、惡性侵しがたく、事蛇蝎に同。雖《も》レ起《と》二三業《を》一名《て》爲《す》二雜毒《の》善《と》一、亦虛假《け》の行となづく。眞實の業となづけ

①懷→◎壞

いふは、罪惡《ざいあく》生死《しやうじ》の凡夫、彌陀の本願によりて、十聲《しやう》・一聲《しやう》決定《くゑちぢやう》してむまると、眞實《しんじち》にさとりて行ずる、これなり。ほかには本願《ほんぐわん》を信《しん》ずる相《さう》を現《げん》じて、うちには疑心《ぎしむ》をいだく、これは不《ふ》眞實《しんじち》のさとりなり。ほかには精進《しやうじん》の相《さう》を現《げん》じて、うちには懈怠《けだい》なる、これは不《ふ》眞實《しんじち》の行なり、虚假《こけ》の行なり。「貪瞋《とむじん》・邪僞《じやぐゐ》・奸詐《かんさ》百端《ひやくたん》にして、惡性《あくしやう》やめがたし、事蛇蝎《じじやかち》におなじ。三業《ごふ》をおこすといゐども、なづけて雑毒《ざふどく》の善《ぜん》とす、また虚假《こけ》の行《ぎやう》となづく。眞實《しんじち》の業《ごふ》となづけず。もしかくのごとく安心《あんじむ》・起《き》行《ぎやう》をなすものは、たとひ身心《しんしむ》を苦勵《くれい》《ネムゴロニハゲムトイフ》して、日夜《にちや》十二時《じ》に急走急作《きふそうきふさ》して、頭燃《づねん》をはらふがごとくするものは、おほく雑毒《ざふどく》の善《ぜん》となづく。この雑毒《ざふどく》の善《ぜん》をめぐらしてかの佛《ぶち》の淨土《じやうど》にむまれむともとめむものは、これかならず不可《ふか》なり。なにをもてのゆざるなり。若如レ此安心・起行を作す者は、たとひねむごろに身心をはげまして、日夜十二時に急に走り急に作て、炙二頭燃《を》一ごとくにするものは、もろもろに雑毒の善と名く。此雑毒の行を廻して彼の佛の淨土に生るゝことを求めむと欲するものは、これ必ず不可なり。何以ての故に。正く彼阿彌陀佛因中に菩薩の行を行じ給し時《き》、乃至一念も一刹那も、三業に所レ修、皆是眞實心の中に作によりてなり。凡所レ施趣き求るが爲に、亦皆眞實なり。又眞實に二種有り。一者自利眞實、二者利他眞實なり。自利眞實と者《は》、復二種あり。一者眞實心の中に、自他の諸惡及穢國等を制捨して、一切の菩薩と同く諸惡を捨て諸善を修し、眞實心の中□なすべし」(散善義)と云へり。此外多くの釋有り、頗ぶる我等が分にこえたり。

へに。彼阿彌陀佛《かのわあみだぶち》の因中《いんちふ》に菩薩《ぼさち》の行《ぎやう》を行じたまひし時《とき》、乃至《ないし》一念一刹那《せちな》も、三業《ごふ》に修《しゅ》するところ、みなこれ眞實心《しんじち》の中《なか》になす。おほよそ施爲《せゐ》・趣求《しゅぐ》するところ、またみな眞實なるによる。又眞實に二種あり。一には自利《じり》の眞實、二には利他《りた》の眞實なり。眞實に、自他《じた》の諸惡及穢國等《およびゑこくとう》を制捨《せいしゃ》して、一切菩薩《ぼさち》とおなじく諸惡《しょあく》をすて諸善《しょぜん》を修《しゅ》し、眞實の中《なか》になすべし」（散善義意）といへり。このほかおほくの釋《しやく》あり、すこぶるわれらが分にこえたり。たゞしこの至誠心《しじやうしむ》は、ひろく定善《ぢやうぜん》・散善《さんぜん》・弘願《ぐぐわん》の三門《もん》にわたりて釋《しやく》せり。これにつきて總別《そうべち》の義《ぎ》あるべし。總《そう》といふは、自力《じりき》をもて定散等《ぢやうさんとう》を修《しゅ》して往生をねがふ至誠心なり。別といふは、他力

但此至誠心は、ひろく定善と散善と弘願との三門にわたりて釋せり。是につきて總別の義あるべし。總者、自力を以て定散等を修して往生を願ふ至誠心也。別者、他力に乘て往生を願ずる至誠心也。

に乗《じよう》じて往生をねがふ至誠心なり。そのゆへは、『疏《しよ》』の「玄義分《ぐゑんぎぶん》」の序題《じよだい》の下《した》にいはく、「定《ぢやう》はすなわちおもひをとゞめてこゝろをこらし、散《さん》はすなわち悪《あく》をとゞめて善《ぜん》を修《しゆ》す。この二善《ぜん》をめぐらして往生をもとむるなり。弘願《ぐぐわん》といふは『大經』にとくがごとし。一切善悪《ぜんあく》の凡夫《ぼむぶ》むまるゝことをうるは、みな阿彌陀佛の大願業力《ぐわんごふりき》に乗《じよう》じて増上縁《ぞうじやうゑん》とせずといふことなし」といへり。自力をめぐらして他力に乗《じよう》ずることあきらかなるものか。しかれば、はじめに「一切衆生の身口意業《しんくいごふ》に修《しゆ》するところの解行《げぎやう》、かならず眞實心の中になすべし。外《ほかに》賢善精進《けんぜんしやうじん》の相《さう》を現《げん》ずることをえざれ、うちに虚《こ》假《け》をいだければなり」(散善義)。その「解行《げぎやう》」といふは、罪悪生死《ざいあくしやうじ》の凡夫《ぼむぶ》、彌陀の本願《ほんぐわん》に乗《じよう》じて十聲・一聲決定してむまるべしと、眞實心に信ずべしとな

其故は、『疏』の「玄義分」の序題の下たに云く、「定は卽慮をやめて以て心をこらし、散は卽悪を廢《はいして》①以て善を修す。此の二善を廻して往生を求也。弘願者『大《だい》經』に説が如し。一切の善悪の凡夫生るゝ事を得は、皆阿彌陀佛の大願業力に乗じて増上縁とせずと云事なし」といへり。自力を廻て他力に乗る事は明なるものか。しかれば、初に「一切衆生の身口意業に修る所の解行、必眞實心の中になすべし。外に賢善精進の相□現じて内に虚假を懷②く事えざれ③」(散善義)と云へる。其「解行」と者、罪悪生死の凡夫、彌陀の本願に乗じて十聲・一聲に決定して生るべしと、眞實にさとりて行ずる是也。外には本願を信ずる相を現じて、内には疑心を懷く、是は不眞實《しむ》の心也、虚假の心也。次外には賢善精進の相を現じて、内には懈怠なる、是は

り。外《ほか》には本願を信ずる相を現《げん》じて、内《うち》には疑《ぎ》心を懐《いだく》、これは不眞實の心なり。次に「貪《とむ》瞋《じん》・邪《じや》僞《ぐゐ》・奸《かん》詐《さ》百《ひやく》端《たん》にして、惡《あく》性《しやう》やめがたし、事《じ》蛇《じや》蝎《かち》におなじ。三業《ごふ》をおこすといへどもなづけて雜《ざふ》毒《どく》の善《ぜん》とす、また虛《こ》假《け》の行となづく。眞《しん》實《じち》の善《ぜん》となづけず」(散善義)といふなり。自《じ》他《た》の諸《しよ》惡《あく》をすて三界《がい》六《ろく》道《だう》毀《くゐ》厭《えむ》して、みな專《もはら》眞《しん》實《じち》なるべし。かるがゆへに至《し》誠《じやう》心となづくといふ。これらはこれ總《そう》の義《ぎ》なり。ゆへはいかむとなれば、深《じむ》心《しむ》の下《した》に「罪《ざい》惡《あく》生《しやう》死《じ》の凡《ぼむ》夫《ぶ》、曠《くわう》劫《ごう》よりこのかた出《しゆつ》離《り》の緣《えん》あることなしと信ずべし」(散善義)といへり。もしかの釋《しやく》のごとく、一切の菩薩とおなじく、諸《しよ》惡《あく》をすて行《ぎやう》住《ぢゆ》座《ざ》臥《ぐわ》に眞實をもちゐるは惡人にあらず、煩《ぼむ》惱《なう》を

不眞實の行也、虛‐假の行也。「貪瞋・邪僞・奸詐百端にして、惡性をかしがたし、事蛇蝎に同じ。雖《ども》レ起《すと》二三業《を》一名て雜毒の善とす、又虛假の行と名く。眞實の善と不《と》レ名」(散善義)云へり。自他の諸惡をすて三界六道を毀厭して、皆《な》すべからく眞實なるべし。故に至誠心と名くと云は、是總□義也。故如何と者、深心の下に「罪惡生死の凡夫、曠劫より以來出離の緣ある事なしと信ずべし」(散善義)と云へり。若此の釋の如く、一切の菩薩と同く、諸惡をすて行住坐臥に眞實をもちゐば惡人にあらず、煩惱をはなれたる物なるべし。彼の分段生死はなれ初果證したる聖者、なを貪瞋癡等の三毒を起す。何況、一分の惑をも斷ぜざらむ罪惡生死の凡夫、

①廢→◎癈　②懷→◎壞　③ざ　◎「ざ」と右傍註記

はなれたるものなるべし。かの分段生死《ぶんだんしやうじ》をはなれ初果《しよくわ》を證《しよう》したる聖者《しやうじや》、なほ貪瞋癡《とむじんち》等《とう》の三毒《どく》をおこす。いかにいはむや、一分《ぶん》の惡《あく》おも斷《だん》ぜざらむ罪惡《ざいあく》生死《しやうじ》の凡夫《ぼむぶ》、いかにしてかこの眞實心を具すべきや。このゆへに、自力《じりき》にて諸行《しよぎやう》を修《しゆ》して至誠心《しじやうしむ》を具《ぐ》せむとするものは、もはらかたし。千が中に一人もなしといへる、これなり。すべてこの三心、念佛《ねむぶち》および諸行《しよぎやう》にわたりて釋《しやく》せり。文《もん》の前後《ぜんご》によりてこゝろえわかつべし。例《れい》せば、四修《しゆ》の中《なか》の無間修《むけんしゆ》を釋《しやく》していはく、「相續《さうぞく》して恭《く》敬禮拜《ぎやうらいはい》、稱名讚嘆《しようみやうさんだん》、憶念觀察《おくねむくわんざち》、廻向發願《ゑかうほちぐわん》して、心心相續《さうぞく》して餘業《よごふ》をもてきたしへだてず。かるがゆへに無間修《むけんしゆ》となづく。又貪瞋煩惱《とむじんぼむなう》をもてきたしへだてず。隨《したがふ》て犯《ぼむ》せば隨《したがふて》懺《さむ》して、念をへだて、時《とき》をへだて、月をへだてず、つねに淸淨《しやうじやう》ならし

いかにしてか此眞實心を具すべきや。此故に、自力にて諸行を修て至誠心を具せむとするものは、專らかたし。千が中に一人もなしと云へる、是也。すべて此の三心は、念佛及諸行にわたりて釋せり。文の前後によりて心得《え》わかつべし。例ば、四修の中の無間修を釋して云く、「相續して恭敬禮拜、稱名讚嘆、憶念觀察、廻向發願して、心々相續して餘業《ゴウ》を以てきたし不レ間。故名《く》二無間修《と》一。又以二貪瞋煩惱《を》一不二來間《しへだて》一。隨て犯せば隨て懺して、念を隔《へだて》、時をへだて、日をへだてず、常に淸淨ならしむるを、又无間修と名」（禮讚）と云へり。是も念佛・餘行をわかちて釋せり。初釋は貪瞋等をばいわず、餘行を以てきた□へだてざる无間修也。後釋は行の正雜をばいわず、貪瞋等の煩惱を以てきたしへだてざる無間修也。しかのみならず、①二行

む、又無間修《むけんしゆ》となづく」（禮讚）といへり。これも念佛と餘行《よぎやう》とわかて釋《しやく》せり。はじめの釋《しやく》は貪瞋等《とむじんとう》おばいはず、餘行をもてきたしへだてざる無間修《むけんしゆ》なり。後《のち》の釋《しやく》は行《ぎやう》の正雜《しやうざふ》おばいはず、貪瞋等《とむじんとう》の煩《ぼむ》惱《なう》をもてきたしへだてざる無間修《むけんしゆ》なり。しかのみならず、『往生禮讚《らいさん》』（意）の二行の得失《とくしち》を判《はん》じて、「上《かみ》のごとく念念相續《さうぞく》して、いのちおわるを期《ご》とするものは、十はすなわち十ながらむまる。なにをもてのゆへに。佛の本願と相應《さうおう》するがゆへに、慚愧《ざむぐゐ》・懺悔《さむぐゑ》の心あることあるがゆへに」といへり。この中に「貪瞋《とむじん》・諸見《しよけん》の煩惱《ぼむなう》きたり間斷《けんだん》するがゆへに」（禮讚）といへるは、ひとり雜行《ざふぎやう》の失をいだせり。爰《こゝに》しりぬ、餘行《よぎやう》においては貪瞋《とむじん》等の煩惱をお

の得失を判じて云く、「上のごとく念々相續して、命《ち》をわるを期とする物は、十は卽十ながら生れ、百は卽百ながら生る。何を以ての故に。佛の本願と相應するが故、□《へ》教に違せざるが故に、佛語に隨順するが故に。若專を捨てゝ雜業を修するものは、百が時にまれに一二を得《へ》、千の時にまれに三五を得。何を以の故に。雜緣亂動して正念を失が故に、佛の本願と相應せざるが故□、教と相違するが故に、佛語に隨はざるが故に、係念相續せざるが故に、憶想間斷するが故に、廻願慇《みむ》重眞實ならざるが故に、慚愧・懺悔の心あることなきが故へに」（禮讚）等を云へり。此中に「貪瞋・諸見の煩惱きたり間斷するが故に」（禮讚）と云へる等は、ひとり雜

①み　◎「み」と右傍註記

こさずして行ずべしといふことを。これに順《じゆん》じてこれをおもふに、貪瞋等《とむじんとう》をきらふ至誠心《しじやうしむ》は餘行《よぎやう》にありとみえたり。いかにいはむや、廻向發願《ゑかうほちぐわん》の釋《しやく》は水火《しゐくわ》の二河《にが》のたとひをひきて、愛欲《あいよく》・瞋恚《しんい》つねにやき、つねにうるほして止事《とゞまること》なけれども、深信《じむしん》の白道《びやくだう》たゆることなければ、むまるゝことをうといへり。

次《つぎ》に「深信《じむしん》は深信の心なり。決定《くゑちぢやう》してふかく自身《じしん》はこれ罪惡生死《ざいあくしやうじ》の凡夫《ぼむぶ》なり、曠劫《くわうごう》より已來《このかた》つねに流轉《るてん》して、出離《しゆつり》の緣《ゑん》あることなしと信じ、決定してふかくかの阿彌陀佛の四十八願をもて衆生を攝受《せふじゆ》したまふに、うたがひなくうらもゐなく、かの願力に乘じてさだめて往生することをうと信ずべし」（散善義意）といへり。はじめに、まづ「罪惡生死の凡夫、曠劫よりこのかた出離の緣あることなし

行の失を出せり。こゝに知ぬ、餘行にをひては貪瞋等の煩惱を發さずして行ずべしと云事を。是になずらえて思に、貪瞋等をきらう至誠心は餘行にありと見へたり。何に況、廻向發願心の釋は水火の二河の喩を引て、愛欲・瞋恚の水火、常にうるをし、常にやきてやむことなけれども、深心の白道たゆることなければ、生るゝ事をうといへり。

次に「深心は深信の心なり。決定して深く自身は現に是罪惡生死の凡夫也、曠劫已來常に沒し常に流轉して、出離の緣ある事なしと信じ、決定して深く彼阿彌陀佛の四十八願を以て衆生を攝受し給ふ。無レ疑無レ慮《くして》、彼の願力に乘れば定て往生することを得と信」（散善義意）と云へり。初に、先づ「罪惡生死の凡夫、曠劫より已來出離の緣ある事なしと信ぜよ」と云へる、是卽斷善の闡提の如きの物な

と信ぜよ」といへる、これすなわち断善《だんぜん》の闡提《せんだい》のごときのものなり。かゝる衆生の一念・十念すれば、无始《むし》より已來《このかた》生死《じ》輪《りん》廻《ゑ》をいでゝ、極樂《ごくらく》世《せ》界《かい》の不退《ふたい》の國土に生ずといふによりて、信心はおこるべきなり。佛の別願《べちぐわん》の不思議《ふしぎ》は、たゞ心のはかるところにあらず、たゞ佛と佛とのみよくしりたまへり。阿彌陀佛の名號をとなふるによりて、五逆《ぐゐやく》・十惡《あく》ことごとくむまるといふ別願《べちぐわん》の不思議力《ふしぎりき》のまします、たれかこれをうたがふべきや。善導《ぜんだう》の『疏《しよ》』(散善義)にいはく、「或人《あるひと》、なむだち衆生、曠劫《くわうごふ》よりこのかたおよび今生《こむじやう》の身口意《しんくい》業《ごふ》に、一切《さい》の凡聖《ぼむしやう》の身《み》のうえにおきて、つぶさに十惡《あく》・五逆《ごぐゐやく》・四重《しぢう》・謗法《はうぼふ》・闡提《せんだい》・破戒《はかい》・破見《はけん》

り。かゝる衆生の一念・十念すれば、無始已來の生死輪廻を出でゝ、彼極樂世界、不退の國土に生ると云によりて、信心は發るべきなり。凡佛の別願の不思議は、たゞ心のかはる所にあらず、唯佛與佛のみよく知り給へり。阿彌《み》①陀

①陀　◎改行せず、「いかんぞ…(一〇九四頁)」に続く

等《とう》のつみをつくりて、いまだ除盡《ぢよじん》することあたはず。しかもこれらの罪《つみ》は三界の三惡《まく》に繋屬《けぞく》す。いかむぞ、一生《しやう》修福《しゆふく》の念佛をもちてすなわち无《む》漏《ろ》无生のくにゝいりて、ながく不退《ふたい》の位《くらゐ》を證悟《しようご》する事をえむやといはゞ、こたえていふべし。諸佛の教行《けうぎやう》は、かず塵沙《ぢんじや》にこえ、稟識《ほむじき》の機緣《きえん》、心《こゝろ》にしたがひてひとつにあらず。世間の人のまなこにみつべし、信じつべきがごときは、明《みやう》のよく闇《あん》を破《は》し、空《く》のよく有《う》をふうみ、地《ぢ》のよく載養《さいやう》し、水《みづ》のよく生閏《しやうにむ》し、火《ひ》のよく成壞《じやうえ》するがごとし。かくのごときの事《こと》はことごとく待對《たいたい》の法となづく。すなわち目《め》にみつべし、千差萬別《せんじやまんべち》なり。いかにいはむや、佛法《ぶちぽふ》不思議《ふしぎ》のちからをや、あに種種《しゆじゆ》の益《やく》なからむや」といへり。極樂《ごくらく》世界《かい》に水鳥《しゐてう》・樹林《じゆりん》、微妙《みめう》の法《ほふ》をさえづるも不思議《ふしぎ》なれども、これおば

「△いかんぞ、一生の修福念佛を以て卽彼無漏無生の國に入りて、永く不退の位を證悟る事を得むやといわば、答て云べし。諸佛の教行は、數《かず》塵沙にこえたり。稟識の機緣、心ろに隨て一にあらず。喩へば世間の人の眼に見つべく、信じつべきが如は、明□よく闇を破し、空はよく有を含み、地はよく載①養し、水はよく生潤し、火はよく成壞するが如し。如ㇾ此等の事悉く待對の法と名づく。卽目に見べし、千差萬別也。何に況や、佛法不思議の力、豈《に》②種々の益なからんや」（散善義）と云へり。極樂世界に水鳥・樹林の、微《み》妙の法を囀も不思議なれども、是をば佛の願力なればと信じて、何ぞ只第十八の「乃至十念」（大經巻上）と云ふ願をのみ可ㇾ疑哉。

佛の願力《ぐわんりき》なればと信《しん》じて、なむぞたゞ第《だい》十八の「乃至十念」（大經卷上）といふ願をのみうたがふべきや。すべて佛説《ぶちせち》と信《しん》ぜば、これも佛説《せち》なり。華嚴《くゑごん》の三無差別《むしやべち》、般若《はんにや》①の盡淨虚融《じんじやうこゆ》、法華《ほふくゑ》の實相皆如《じちさうかいによ》、涅槃《ねはん》の悉有佛性《しちうぶちしやう》、たれか信《しん》ぜざらむ。これも佛説《せち》なり、かれも佛説《せち》なり。いづれおか信じ、いづれおか信ぜざらむや。これ三字《じ》の名號《みやうがう》はすくなしといへども、如來所有《によらいしよう》の内證《ないしよう》外用《ぐゑゆう》の功德《くどく》、萬德《まんどく》恆沙《ごうじや》の甚深《じむじむ》の法門《ほふもん》を、この名號の中におさめたる。たれかこれをはかるべき。『疏《しよ》』の「玄義分《ぐゑんぎぶん》」（意）にこの名號《みやうがう》を釋《しやく》していはく、「阿彌陀佛といふは、これ天竺《てんぢく》の正音《しやうおむ》。こゝには翻《ほむ》じて无量壽覺《むりやうじゆかく》といふ。無量壽《むりやうじゆ》といふはこれ法《ほふ》なり、覺《かく》といふはこ

①若 右◎しや

總じて佛の説を信は、此も佛説也。花嚴《ごむ》三无差別、般若の盡淨虚融、法花の實相眞如、涅槃の悉有佛性、たれか不《らむ》レ信《ぜ》。是も佛説なり、彼も佛説也。何をか信じ、何をか信ぜざらむや。夫三字の名號は少しと云へども、如來の所有の内證外用の功德、萬德恆沙の甚深の法門を、此の名號の中にをさまれる。誰か是を量るべき。『疏』の「玄義分」（意）に此名號を釋て云、「阿彌陀佛と者、是天竺③《ぢく》の正音也。こゝには翻じて無量壽覺と云。无量《りやう》壽者是法、覺者是人也。人法ならびてあらはす。故阿彌陀佛と云。人法者所觀の境なり。これに付て依報あり、正報あり」と云へり。然ば、彌陀如來・觀音・勢至・普賢・文殊・地藏・龍樹よりはじめて、乃至

①載→◎戴　②種→◎種〔の〕　③竺→◎笠

れ人なり。人法《にんぼふ》ならびにあらはす。かるがゆへに①阿彌陀佛《わあみだぶち》といふ。人法といふは所觀《しよくわん》の境也《さかいなり》。これにつきて依報《えほう》あり、「正報《しやうぼう》あり」といへり。しかれば、彌陀《みだ》如來《によらい》・觀音《くわんおむ》・勢至《せいし》・普賢《ふげん》・文殊《もんじゆ》・地《ぢ》藏《ざう》・龍樹《りうじゆ》よりはじめて、乃至《ないし》かの土《ど》の菩薩《ぼさち》・聲《しやう》聞等《もんとう》のそなへたまへるところの事理《じり》の觀行《くわんぎやう》、定《ぢやう》慧《ゑ》の功力《くりき》、内證《ないしよう》の實智《じちち》、外用《ぐゑゆう》の功德《くどく》、すべて萬《まん》德《どく》无漏《むろ》の所證《しよしよう》の法門、みなことごとく三字《さむじ》の中《なか》におさまれり。すべて極樂世界《ごくらくせかい》にいづれの法門かもれたるところあらむ。しかるを、この三字《じ》の名《みやう》號《がう》おば、諸宗《しよしゆ》おのおの我宗《わがしゆ》に釋《しやく》しいれたり。眞《しん》言《ごん》には②阿字本不生《わあじほんふしやう》の義《ぎ》、八萬四千《まんしせん》の法門《ほふもん》、③阿字《わあじ》より出生《しゆつしやう》せり。一切の法は阿字をはなれたることなし。かるがゆへに功德甚深《くどくじむじむ》の名號《みやうがう》なりといへり。天台《てんだい》には空《く》・假《け》・中《ちう》の三諦《たい》、性《しやう》・緣《えん》・了《れう》の三

彼の土の菩薩・聲聞等に至るまでそなへ給へる所の事理の法門①、定惠の□力、内證の實智、外用の功德、總じて萬德無漏の所證の法門、悉く三字の中に收まれり。總じて極樂世界に何れの法門か漏れたる所あらむ。而を、此三字の名號をば、諸宗各我宗に釋し入たり。眞言には阿字本不生の義、八萬四千の法門、四十二字の阿字より出生せり。一切の法は阿字をはなれたる事なし。故に功德甚深の名號なりと云へり。天台には空・假・中の三諦、性・了・緣の三の義、法・報・應の三身、如來所有の功德是をいでず。故に功德甚深也と云。如レ此諸宗各我が存る所の法につひて、阿彌陀の三字を釋せり。今此宗の心は、眞言の阿字本不生の義も、天台の三諦一理の法も、三論の八不中道の旨も、法相の五重唯識の心も、總て森羅の萬法

法義《ぎ》、法《ほふ》・報《ほう》・應《おう》の三身如來《しんにょらい》なり。所有《しょう》の功徳《くどく》莫《ばく》大なりといふ。かくのごとく諸宗《しょし》おのおのわが存《ぞん》ずるところの法《ほふ》につきて、阿彌陀の三字《さむじ》を釋《しゃく》せり。いまこの宗《しゅ》のこゝろは、眞言《しんごん》の阿字本不生《わじほんふしゃう》の義《ぎ》おも、天台《てんだい》の三諦《たい》一理《り》の法も、三論《ろん》の八不中道《ぷちうだう》のむねも、法相《ほふさう》の五重唯識《ごぢうゆいしき》のこゝろも、すべて一切の萬法《まんぽふ》ひろくこれにおさむとならふ。極樂世界《ごくらくせかい》にもれたる法門《ほふもん》なきがゆへなり。たゞしいたく彌陀《みだ》の願のこゝろは、かくのごとくさとれとにはあらず。たゞふかく信心をいたしてとなふるものをむかへむと也。耆婆《ぎば》・扁鵲《へんじゃく》が萬病をいやす藥《くすり》は、萬草《まんさう》諸藥《しょやく》をもて合藥《がふやく》せりといへども、その藥草《やくさう》なむぷん和合《わがう》せりとしらねども、これを服《ぶく》するに萬病《まんびやう》

①阿　右◎あわ　②阿　右◎あわ　③阿　右◎あわ

廣く是に攝習《ヲサムト》ふ。極樂世界に漏たる法門なきが故也。但し今彌陀の願意は、如レ此さとれと□はあらず。唯《だ》深く信心を至て唱る者《の》を迎むとなり。耆婆・篇鵲が萬病《びやう》をいやす藥は、萬草諸藥を以て合藥せりと云へども、病者是をさとりて其の藥種何分、其の藥草何兩和合せり□不レ知。然而《ども》、是を服するに萬病悉くいゆるが如し。但し恨むらくは、此藥を信ぜずして、我病は極めて重し、何が此藥にて②癒《いゆ》る事あらむと疑て服せずは、耆婆が藥術も、扁鵲祕方も、空くして其益あるべから③ざる事を。彌陀の名號も又如レ此。我《れ》煩惱惡《あく》業病は、極て重し、いかゞ此名號を唱て生る事あらむと疑て是を信ぜずは、彌陀の誓願も、釋尊の所説も、むなし

①法門　◎「觀行」と右傍註記　②癒→◎喩　③ら→◎ら〔ず〕

ことごとくいゆるがごとし。たゞしうらむらくは、この藥《やく》を信《しん》ぜずして、我病《わがやまう》はきわめておもし、いかゞこの藥《くすり》にていゆることあらむとうたがひて服《ぶく》せずは、耆婆《ぎば》が醫術《いじゆち》も、扁鵲《へんじやく》が祕方《ひほう》も、むなしくてその益《やく》あるべからざることを。彌陀《みだ》の名《みやう》號《ごう》もかくのごとし。わが煩惱惡業《ぼむなうあくごふ》のやまう、きわめておもし、いかゞこの名號をとなへてむまるゝことあらむとうたがひてこれを信ぜずは、彌陀の誓願《せいぐわん》、釋尊《しやくそん》の所説《しよせち》も、むなしくて驗《げむ》あるべからざるものか。たゞあふいで信《しん》ずべし、良藥《らうやく》をもて服《ぶく》せずして死《し》《シヌトイフ》することなかれ。崑崙《こんろん》の山《やま》にゆきて玉《たま》をとらずしてかへり、栴檀《せんだん》の林《はやし》に入《いり》て枝《えだ》をおらずしていでなむ、後悔《こうくわい》いかゞせむ、みづからよく思量《しりやう》すべし。

そもそも我等曠劫《われらくわうごふ》よりこのかた、佛《ぶち》の出世《しゆつせ》にも

くして其驗あるべからざるものか。唯仰て信ずべし、良藥を得て服せずして死する事なかれ。崑崙《こむ》山に行て玉を不レ取して返り、旃檀の林に入て枝を不レ折《ら》して出でなば、後悔如何せむ、自らよく思量すべし。

抑我等曠劫より已來《た》、佛の出世にも遇けむ、菩薩

あひけむ、菩薩《ぼさち》の化導《くゑだう》にもあひけむ。過去《くわこ》の諸佛《しよぶち》も、現在《げんざい》の如來《によらい》も、みなこれ宿世《しうせ》の父母《ぶも》なり、多《た》生《しやう》の朋友《ほうう》なり。これにいかにしてか菩提《ぼだい》を證《しよう》したまへるぞ、われらはなにゝよりて生死《しやうじ》にとゞまれるぞ、はづべし、はづべし。しかるに本師釋迦如《ほんししやかによ》來《らい》、大罪《だいざい》の山《やま》にいり、邪見《じやけん》の林《はやし》にかくれて、三業《ごふ》放逸《はふいち》に六情《ろくじやう》またからざらむ衆生を、わがくにゝとりおきて教化度脱《けうくゑどだち》せしめむとちかひたまひたりしかば、そもそもいかにしてかゝる諸佛《しよぶち》のこしらへかねたまへる衆生おば度脱《どだち》せしめむとはちかひたまへるぞとたづぬれば、阿彌陀如來の因位《いんゐ》の時《とき》、無淨《むじやう》①念王とまふしゝよに、菩提心《ぼだいしむ》をおこして生死《しやうじ》を過度《くわど》せしめむとちかひたまひしに、釋迦如來《しやかによらい》は

の化道にも値けむ。過去の諸佛も、現在の如來も、皆是宿世の父母也、多生の朋友也。かれはいかにして菩提を證し給へるぞ、我等は何によりて生死にとゞまれるぞ、慚《はづべし》々《し》、悲《べし》々《し》。而を本師釋迦如來、大罪の山に入、邪見林にかくれて、三業放逸に六情またからざらん衆生を、我國土には取置て教化度脱せしめむと誓ひ給へりき。抑何にしてかゝる諸佛のこしらへかね給へる衆生をば度脱せしめんとは誓ひ給へるぞと尋ぬれば、阿彌《み》陀如來因位の時、無諍念王と申せし時、菩提心を發て生死を過度せしめむと誓給ひしに、釋迦如來は寶海梵士□申しき。無諍念王、因位をすて菩提心を發し、攝取衆生の願を立て、我佛に成じらん時、十

①淨　◎「靜歟」と上欄註記

寶海梵士《ほうかいぼんじ》とまふしき。無淨《むじやう》念王、菩提心《ぼだいしむ》をおこし、攝取衆生《せふしゆしゆじやう》の願をたてゝ、われ佛になれらむとき、十方三世の諸佛もこしらへかねたまひたらむ惡業《あくごふ》深重《じむぢふ》の衆生《しゆじやう》なりとも、我名《わがな》をとなへばみなことごとくむかへむとちかひたまひしを、寶海梵士《ほうかいぼんじ》きゝおはりて、われかならず穢惡《ゑあく》の國土《こくど》にして正《しやう》覺《がく》をとなへて、惡業深重《あくごふじむぢう》、輪轉《りんでん》①無際《むさい》の衆生等《しゆじやうとう》にこのことをしめさむ。衆生これをきゝてとなへば、生死《しやうじ》を解脱《げだち》せむことはなはだやすかるべしとおぼしめして、この願をおこしたまへり。曠劫《くわうごふ》よりこのかた、諸佛よにいでゝ、緣《えん》にしたがひ、機《き》をはかりて、おのおの群萠《ぐんまう》を化したまふこと、かず塵沙《ぢんじや》にすぎたり。あるいは大乘《じよう》をとき小乘をとき、或《あるい》は實敎《じちけう》をひろめ權敎《ごんけう》をひろむ。機緣純熟《きえんじゆんじゆく》すればみなことごとくその益《やく》をう。こゝに釋尊《しやくそん》、

方三世の諸佛もこしらへかね給たらむ惡業深重の衆生なりとも、我名を唱へば皆悉く迎むと誓ひ給ひしを、寶海梵士聞畢て、我必穢惡の國土にして正覺を唱て、惡業深重にして輪廻无際な□む衆生等に此事を示□む。衆生是を聞て唱へば、生死《シ》を解脱せむ事甚だ易すかるべしとをぼして、此願を發し給へり。曠劫より已來《た》、諸佛の世に出でゝ、緣に隨ひ、機をはかりて、各衆生を度脱せしめ給ふ事、かず塵沙にすぎたり。或は大乘を說き少乘を說き、或は實敎をひろめ權敎をひろむ。機緣純熟すれば皆悉く其の益を得。爰に釋尊、八相を五濁惡世に唱へて、放逸邪見の衆生の出離、其期なきことを哀て、此より西方に極樂世界あり、佛まします、阿彌陀と名けたてまつる。彼の佛は「乃至十念、若不生者、不取正覺」(大經巻上)と誓給て、已

八相成道《さうじやうだう》を五濁世《ごぢよくせ》にとなへて、放逸邪見《はういちじやけん》の衆生の出離《しゆつり》、その期《ご》なきことをあはれみて、これより西方《さいはう》に極樂《ごくらく》世《せ》界《かい》あり、佛まします、阿彌陀《わみだ》となづけたてまつる。かの佛「乃至《ないし》十念、若不生者《にやくふしやうじや》、不《ふ》取正覺《しゆしやうがく》」(大經巻上)とちかひて、すでに佛になりたまへり。すみやかにこれを念ぜよ。出離生死《しゆつりしやうじ》の道《みち》おほしといゑども、惡業煩惱《あくごふぼむなう》の衆生の、とく生死を解《げ》脱《だち》すべきこと、これにすぎたることなしとおしへたまひて、ゆめゆめこれをうたがふことなかれ。六方恆沙の諸佛も、みなおなじく證誠《しようじやう》したまへるなりと、ねむごろにおしへたまひて、われもひさしく穢土《ゑど》にあらば、邪見《じやけん》・放逸《はふいち》の衆生、われをそしり我《われ》をそむきて、かへりて惡趣《あくしゆ》におちなむ。

①轉　右◎ゑ

に佛に成り給へり。速に是①を念ぜよ。出離生死の道多と云へども、惡業煩惱の衆生の、とく生死を解脱すべきこと、これに過たる事なしと教給ひて、努々是を疑事なかれ。六方恆沙の諸佛も、皆同く證誠し給へるなり。ねんごろに教へ給て、我もし久く穢土にあらば、邪見・放逸の衆生、我をそしり我をそむきて、かへりて惡趣に墮せむ。我世に出る事は、本意唯《だ》彌陀の名號を衆生に令《が》レ聞ためなりとて、阿難尊者にむかひて、汝好く此事を持て遐代に流通せよ□、ねむごろに約束しをきて、跋提河のほとり、沙羅林の下にして、八十の春の天、二月十五の夜半に、頭北面西にして涅槃に入り給にき。其の時に、日月光を失ひ、草木色を變

①是　◎「彼」と右傍註記

われよにいづることは、本意《ほんい》たゞこのことを衆《しゆ》生《じやう》にきかしめむがためなりとて、阿難尊者《あなんそんじや》にむかひて、汝《なむぢ》よくこのことをとおきよに流通《るづ》せよと、ねむごろにやくそくしおきて、拔提河《ばちだいが》のほとり、沙羅林《しやらりん》のもとにて、八十の春《はる》の天《てん》、二月十五《じふご》の夜《や》半《はん》に、頭北面西《づほくめんさい》にして涅槃《ねちはん》にいりたまひにき。そのときに、日月ひかりをうしなゐ、草木色《さうもくいろ》を變《へん》じ、龍神《りうじん》八部《ぶ》、禽獸《きむじゆ》・鳥類《てうるい》にいたるまで、天《てん》にあふぎてなき、地《ぢ》にふしてさけぶ。阿難《あなん》・目連等《もくれんとう》の諸大《しよだい》弟子《でし》、悲涙《ひるい》のなみだをおさへて相議《あひぎ》していはく、われら釋尊《しやくそん》の恩《おん》になれたてまつりて八十年《ねん》の春《しゆん》秋《じう》をおくり、化縁《くゑゑん》こゝにつきて、黄金《わうごむ》のはだえ、たちまちにかくれたまひぬ。あるいは我等釋尊《われらしやくそん》にとひたてまつるに、こたえたまふこともありき、あるいは釋尊《しやくそん》みづからつげたまふこともありき。

じて、龍神八部、禽獸・鳥類にいたるまで、天に仰てなげき、地に臥て叫ぶ。爰に阿難・目連等の諸大弟子、悲涙のなみだを抑て相議して云はく、我等釋尊の恩になれたてまつり、八十の春秋を送り迎へし間、或は我等釋尊に奉《に》レ問、答給もありき、或は自らねんごろに告給事もありき。而に化縁爰に盡て、黄金の膚、忽にかくれ給ひぬ。濟度利生の方便、今は誰に向てか問奉るべき。須く如來の御詞をしるし置て、未來にも傳へ、御かたみともせんと云て、多羅葉《えう》を拾ひて悉く是を注し置き、三藏たち是を譯て晨旦に渡し、本朝に傳ふ。諸宗に各つかさどるところの一代聖教是也。而を阿彌陀如來、善導和尚となのりて、唐土に出て云はく、

「如來出現於五濁　隨宜方便化群萌

濟《さい》度《ど》利生《りしやう》の方便《はうべん》、いまはたれにむかひてかとひたてまつるべき。すべからく如來《によらい》の御《み》ことばをしるしおきて、未來《みらい》にもつたへ、御《おむ》かたみにもせむといひて、多羅葉《たらえふ》をひろいてことごとくこれをしるしおきて、三藏達《さむざうたち》これを譯《やく》《シルス》して振旦《しむたん》にわたし、本朝《ほんてう》につたへ、諸宗《しよしゆ》につかさどるところの一代聖教《ゐちだいしやうげう》これなり。しかるを阿彌陀如來《わみだによらい》、善導和尚《ぜんだうくわしやう》となのりて、唐土《たうど》にいでゝのたまはく、

「如來出現於五濁《によらいしゆつげんおごぢよく》　隨宜方便化群萌《ずいぎはうべんくゑぐんまう》
或①說多聞而得度《わくせちたもんにとくど》　或②說少解證三明《わくせちせうげしようさむみやう》
或③教福慧雙除障《わくけうふくゑさうぢよしやう》　或④教禪念坐思量《わくけうぜんねんざしりやう》
種種法門皆解脫《しゆじゆほふもんかいげだち》　無過念佛往西方《むくわねんぶちわうさいはう》
上盡《じやうじん》一形至《ぎやうし》十念　三念《ねむ》五念佛來迎《ねむぶちらいかう》

或說多聞而得度　或說小解證三明
或教福惠雙除障　或教禪念坐思量
種々法門皆解脫　無過念佛往西方
上盡一形至十念　三念五念佛來迎
直爲彌陀弘誓重　致使凡夫念卽生」(法事讚卷下)

とをせられき。釋尊出世の本懐①、唯此事に有と云べし。「自信教人信、難中轉更難、大悲傳普化、眞成報佛恩」(禮讚)と云へり。釋尊の恩を報ず、是誰が爲ぞや、偏に我等がためにあらずや。今度空くして過なば、出離何の時をか期せむとする。速に信心を發して生死を過-度すべし。

①或→◎惑　②或→◎惑　③或→◎惑　④或→◎惑

①懐→◎壊

「直爲《ぢきゐ》彌陀《みだ》弘誓《ぐぜい》重《ぢう》　致使《ちし》凡夫《ぼむぶ》念卽《ねむそく》生《しやう》」（法事讃卷下）

釋尊《しやくそん》出世《しゆつせ》の本懷《ほんぐわい》、たゞこのことにありといふべし。「自信《じしん》教人信《けうにんしん》、難中轉更難《なんちうてんきやうなん》、大悲傳普化《ひでんぶくゑ》、眞《しん》成報佛恩《じやうほうぶちおん》」（禮讃）といへり。①釋迦《しやか》の恩《おん》を報《ほう》ずる、これたれがためぞや、ひとへに我等《われら》がためにあらずや。このたびむなしくてすぎなば、出離《しゆつり》いづれのときをか期《ご》せむとする。すみやかに信心をおこして生死《しやうじ》を過度《くわど》すべし。

次《つぎ》に廻向發願心《ゑかうほちぐわんしむ》は人ことに具《ぐ》しやすきことなり。國土《こくど》の快樂《くゑらく》をきゝて、たれかねがはざらむや。そも、かのくにゝ九品《くぼむ》の差別《しやべち》あり、われらいづれの品《ほむ》おか期《ご》すべき。善導和尙《ぜんだうくわしやう》の御こゝろに、「極樂《ごくらく》の彌陀は報佛《ほうぶち》・報土《ほうど》なり。未斷惑《みだんわく》の凡夫《ぼむぶ》はすべてむまるべからずといへども、彌陀の別願《べちぐわん》の不思《ふし》議《ぎ》にて、罪惡生死《ざいあくしやうじ》の凡夫の、一念・十念してむ

次に廻向發願心は人ことに具しやすき事也。國土の快樂を聞て、誰か願はざらんや。抑、彼國土に九品の差別あり、我等何れの品をか期すべき。善導和尙の御心《ろ》、「極樂彌陀は報佛・報土也。未斷或の凡夫は總じて生ずべからずと云へども、彌陀の別願の不思議にて、罪惡生死の凡夫、一念・十念して生ず」（玄義分意）と釋し給へり。而を上古より已

まる」（玄義分意）と釋《しやく》したまへり。しかるを上古《じやうこ》《カミトイフ》よりこのかた、おほくは下品《げぼむ》といふともたむぬべしなむどいひて、上品をねがはず。これは惡業《あくごふ》のおもきにおそれて心を上品にかけざるなり。もしそれ惡《あく》業《ごふ》によらば、すべて往生すべからず。願力《ぐわんりき》によりてむまれば、なむぞ上品にすゝまむことをのぞみがたしとせむや。すべて彌陀の淨土をまうけたまふことは、願力の成就《じやうじゆ》するゆへなり。しからば、また念佛の衆生のまさしくむまるべき國土《こくど》なり。「乃至十念、若不生者《にやくふしやうじや》、不取正覺《ふしゆしやうがく》」（大經巻上）とたてたまへり。この願によりて感得《かむとく》したまへるところの國土《こくど》なるがゆへなり。いま又《また》『觀經《くわんぎやう》』の九品《くぼむ》の業《ごふ》をいはゞ、下品《げぼむ》は五逆《ぐゐやく》・十惡《あく》の罪人《ざいにん》、命終《みやうじゆ》

①釋迦　右◎しやくそん

來、多□下品と云とも可レ足《ぬ》なんど云て、上中品を欣はず。是は惡業の重に恐て心を上品にかけざるなり。若夫《れ》惡業よらば、總じて往生すべからず。願力によりて生ぜり、何ぞ上品にすゝまむ事を望みがたしとせむや。總て彌陀の淨土を儲給事は、願力の成就する故《ゆえ》也。然らば、又念佛の衆生の正くは生ずべき國土也。「乃至十念、若不生者、不取正覺」（大經巻上）と立給て、此願によりて感得し給へる所の國土なるが故なり。今又『觀經』の九品の業をいはゞ、下品は五逆・十惡の罪人、命終の時に臨みて、はじめて善知識の勸によりて、或は十聲、或は一聲稱念して、生事をえたり。我等惡業ふかしと云へども、未レ造二五逆《を》一行業疎そかなりと云

の時《とき》にのぞみて、はじめて善知識《ぜんぢしき》のすゝめにより
て、或《あるいは》十聲、あるいは一聲《しやう》稱《しよう》して、むまるゝこ
とをえたり。われら罪業《ざいごふ》おもしといゑども、五《ご》
逆《ぐゐやく》をつくらず。行業《ぎやうごふ》おろかなりといゑども、一
聲《しやう》・十聲《しやう》にすぎたり。臨終《りむじゆ》よりさきに彌陀の誓《せい》
願《ぐわん》をきゝえて、隨分《ずいぶん》に信心をいたす。しかれば、
下品《げぼむ》まではくだるべからず。中品は小乘《じよう》の持戒《ぢかい》の
行者《ぎやうじや》、孝養《けうやう》、仁《にん》《ジン》・義《ぎ》・禮《れい》・智《ち》・信等《しんとう》の行人なり。
これ中々《なかなか》むまれがたし。小乘《じよう》の行人にあらず、た
もちたる戒《かい》もなし、われらが分にあらず。上品は
大乘《じよう》の凡夫《ぼむぶ》、菩提心等《ぼだいしむとう》の行者なり。菩提心《ぼだいしむ》は諸宗《しよしゆ》
おのおのふかくこゝろえたりといへども、浄土宗《じやうどしゆ》
のこゝろは、浄土にむまれむと願《ぐわん》ずるを菩提心《ぼだいしむ》と
いへり。念佛はこれ大乘《じよう》の行なり、無上《むじやう》の功徳《くどく》也。
しかれば、上品の往生、てをひくべからず。又本《またほん》

とも、念佛一聲・十聲に過たり。臨終より前に彌
陀誓願を聞得て、隨《ずい》分に信心を至たす。然ば、下
品まではくだるべからず。中品は小乘持戒の行者、
孝養父母、仁・儀・禮・智・信等の世善の行人也。
是又中々生れがたし。小乘の行人にあらず、持た
る戒もなし、我等が分にあらず。上品は大乘の凡
夫、菩提心等の行也。菩提心は諸宗各《の》得《たり》レ意云と
も、浄土宗の心は、浄土に生れむと願るを菩提心
と云へり。念佛は是大乘行也、無上功徳也。然ば、
上品の往生、手をひくべからず。又本願に「乃至二
十念一」(大經巻上)と立給ひて、臨終現前の願に「大衆圍
繞して其人の前に現ぜむ」(大經巻上)と立給へり。中品
は聲聞衆來迎す。下品は化佛の三尊、或は金蓮臺
等來迎すと云へり。而を大衆と圍繞して現ぜむと
立給へり。本願意趣、上品の來迎をまうけ給へる

願《ぐわん》に「乃至《ないし》十念」（大經巻上）とたてたまひて、臨終現前《りむじゆげんぜん》の願《ぐわん》に「大衆《しゆ》圍遶《ゐねう》してその人のまへに現《げん》ぜむ」（大經巻上）とたてたまへり。①下品は化佛の三尊《ぞん》、あるいは金《こむ》蓮華等來迎《れんぐゑとうらいかう》すといへり。しかるを大衆と圍遶《ゐねう》して現《げん》ぜむとたてたまへり。大願の意趣《いしゆ》、上品の來迎《らいかう》をまうけたまへり。なむぞあながちにすまはむや。又《また》善導和尚、「三萬已上は上品の業《ごふ》」（觀念法門意）とのたまへり。數返《すへん》によりて上品にむまるべし。又《また》三心につきて九品あり。信心によりても上品に生ずべきか。上品をねがふこと、わがみのためにあらず。かのくにゝむまれおはりて、とく衆生を化《くゑ》せむがためなり。これ佛の御心《おむこゝろ》にかなはざらむや。

次《つぎ》に『阿彌陀經』は、まづ極樂《ごくらく》の依正《ゑしやう》二報《ほう》の功德《くどく》を

①下→◎中

物也。何ぞ強に是をすまわむや。又善導和尚、「三萬已《い》上は上品往生の業也」（觀念法門意）と云へり。數遍によりても上品に生ずべし。又三心について九品あるべし。信心によりて上品に生ずべき歟。上品を欣は、事我身の爲にあらず。彼の國に生れをわりて、かへりて疾く衆生を化せむが爲也。是佛の御心にかなはざらんや。

次『阿彌陀經』は、先極樂の依正二報の功德を說。

とく。衆生の願樂《ぐわんげう》の心をすゝめむがためなり。のちに往生の行をあかす。「少善根《ぜんごん》をもてはかのくにゝむまるゝことをうべからず。阿彌陀佛の名《みやう》號執持《がうしふぢ》して、一日七日すれば往生す」(小經意)とあかせり。衆生《しゆじやう》のこれを信ぜざらむことをおそれて、六方におのおの恆沙《ごうじや》の諸《しよ》佛ましまして、大千に舌《ぜち》相《さう》をのべて證誠《しようじやう》したまへり。善導釋《ぜんだうしやく》してのたまはく、「この證によりてむまるゝことをえずは、六方《ばう》の如來《によらい》ののべたまへるみした、ひとたびくちよりいでゝ、かへりいらずして、自然《じねん》にやぶれたゞれしめむ」(觀念法門)とのたまへり。しかるを、これをうたがふものは、たゞ彌陀《みだ》の本願《ほんぐわん》をうたがふのみにあらず、釋尊《しやくそん》の所說《しよせち》をうたがふなり。釋尊《しやくそん》の所說《しよせち》をうたがふは、六方恆沙《ごうじや》の諸佛の所《しよ》說《せち》をうたがふなり。これ大千にのべたまへる舌相《ぜちさう》

衆生願樂の心を勸めんが爲也。後に往生の行をあかす。「小善根を以ては彼國に生るゝ事を不レ可レ得。阿彌陀佛の名號を執持して、一日七日すれば往生する事を得」(小經意)とあかせり。衆生是を信ぜざらむ事を恐て、六方に各恆沙の諸佛ましまして、舌相を大千にのべて證誠し給へり。善導釋して云はく、「此證によりて生るゝ事をえずは、六方の如來の舒給へる舌、一《た》度《び》口より出で畢て、永く口に返り入らずして、自然にやぶれたゞれむ」(觀念法門)とのたまへりしかば、これを疑ふ者は、只彌陀の本願をうたがうのみにあらず、釋尊の所說をも疑なり。釋尊の所說を疑は、六方恆沙の諸佛の所說を疑也。卽此大千にのべ給へる舌相をやぶりたゞらかすなり。若又是を信は、彌陀の本願を信る《せち》のみにあらず、釋迦の所說を信ずるなり。釋迦

をやぶりたゞらかすなり。もしまたこれを信《しん》ずれば、たゞ彌陀の本願《ほんぐわん》を信《しん》ずるのみにあらず、①釋《しや》迦《か》の所説《しよせち》を信《しん》ずるなり。釋迦《しやか》の所説《しよせち》を信《しん》ずるは、六方恆沙《ごうじや》の諸佛の所説《しよ》を信ずるなり。一切諸佛を信ずれば、一切菩薩《さいぼさち》を信ずるになり。この信ひろくして廣大《くわうだい》の信心《しんじむ》也。

南无阿彌陀佛

①釋　右◎しやく

の所説を信は、六方恆沙の諸佛の所説を信る也。一切諸佛を信ずれば、一切法を信るになる。一切の法を信れば、一切の菩薩を信るになる。此信ひろくして廣大の信心也。

「爲斷凡夫疑見執　皆舒舌相覆三千
共證七日稱名號　又表釋迦言說眞」(法事讃卷下)

「六方如來舒舌證　專稱名號至西方
到彼花開聞妙法　十地願行自然彰」(禮讃)

「心々念佛莫生疑　六方如來證不虛
三業專心无雜亂　百寶蓮花應時現」(法事讃卷下)

『法事讃』(卷上)云、

正嘉二歳戊午①八月十八日書寫之

「人天善惡、皆得往生、到彼无殊、齊同不退。」

「他方凡聖、乘願往來、到彼无殊、齊同不退。」(法事讃卷上)

三部經大意

源空撰

建長六年甲寅五月十五日於平針郷新善光寺書了

①八　◎「一」「二」等と読む説あり

法然聖人御消息

親鸞聖人真筆　一通

真仏上人書写　一通

〔底本・概説〕

「法然聖人御消息」は、高田派専修寺に蔵される、宗祖真筆と真仏上人書写の源空（法然）聖人の書簡である。

源空聖人が書かれた消息は、今日およそ四十通が伝わっており、それらのほとんどが『指南抄』や『和語灯録』などの集成本、あるいは『九巻伝』や『四十八巻伝』などの源空聖人の伝記類に収載されている。とりわけ、京都府清凉寺蔵五月二日付熊谷直実宛書状一通および奈良県興善寺蔵正行房宛書状断簡三通は、源空聖人の自筆消息とされており、数少ない源空聖人の筆を伝えるものとして大変貴重である。本巻では、宗祖に関連するものとして重要な二通を収録した。

宗祖真筆消息

本消息の内容は、本願を信じて念仏すべき旨が述べられ、短文ながら浄土法門の最要が示されている。同内容の消息は、同じく専修寺所蔵の宗祖真筆『指南抄』、および鎮西派の了慧道光編集になる『和語灯録』第二巻にも収載されている。本消息と『指南抄』所収の消息とを比べると、内容は一致しているが、一部に文体や振り仮名の有無という相異がある。『和語灯録』所収の消息についても、内容には大きな相異はない。しかし、『指南抄』所収の消息には宛所が見られないのに対し、本消息では「九條殿北政所御返事」の宛所が、『和語灯録』所収の消息には「熊谷入道へつかはす御返事」との見出しが付されており、三本間で大きく相異が見られる。つまり、成立時代を極端に隔てない古本三本が、それぞれ異なる形態を伝えていることになる。

この宛所については、日付・署名・宛所まで具備した本消息が、消息の形態として原状に近いとされる。対して、『和語灯録』所収の消息は見出しの後に本文があるのみで、編集の色が濃いと見られることから、本消息の方が史料的価値は高いと考えられてきた。一方で、文体としては、短文で明確に言い切っている点から女性に宛てた消息ではない印象を受け、それは『指南抄』所収の消息と比較した時に顕著である。すなわち、『指南抄』所収の消息では、丁寧な表現に加えて冒頭の書き出しが「かしこまりて申上候」と相手に敬意を払った文言であるのに対し、本消息は「御ふみくはしくうけたまはり候ぬ」と、同輩もしくは目下の者に対する言葉遣いになっている。これらのことから、今日では熊谷入道に宛てたものと考えられている。そして、『指南抄』所収の消息に宛所がないのは、宗祖が同じ北政所宛として書写した際、先述した点に疑問を抱いて省略したものと推定されている。

本消息は、様々な筆跡の断簡九紙を寄せ集めて一冊に綴じた『疏頌抄出』（外題「憬興師云」）と称する一冊の、三番目に収録されている。当初、九紙のうちの最初の「憬興師云」と二番目の「四依供佛略頌」とが、『経釈文聞書』の一部と一致し、筆跡も酷似していることから真仏上人書写と判定され、その他七紙も鎌倉時代に遡るものと考えられていた。しかし、後に宗祖真筆の『指南抄』と筆跡が近似していることが指摘され、今日では宗祖の真筆と考えられている。しかし、近年、宗祖の真筆とすることに疑問も呈されており、今後の研究が待たれる。体裁は半葉七行、一行十八字内外である。

真仏上人書写消息

本消息の内容は、極楽に往生するには念仏、すなわち本願の行より他にない旨を、『大経』・『礼讃』・『観経』・「散善義」・『小経』を引用しながら示される。同内容の消息は、『指南抄』や『和語灯録』第二巻などに収載されているが、それら諸本と比較してみると、本消息とは大きな相異が見られる。たとえば、本消息では「しかればすなわち、彌陀の浄土にむまれむことは、かならず本願にあり。餘行はこれたくらぶべからず」とあるのが、『指南抄』所収の消息では「されば彌陀の浄土にむまれむとおもはむものは、彌陀の誓願にしたがふべきなり。本願の念佛と、本願にあらざる餘行と、さらにたくらぶべからず」となっている点などである。このような相異は、写伝の間に発生したというよりも、意識的に表現を改めたと考えるべき異同であると言われている。また、本消息は他に類本がないことから孤本とも評され、その史料的価値は高い。

このように、本消息と余所に収載される消息とを比べた際に著しい相異が生じていることについては、この消息が法語に近い内容であることから、原案が作成された後に推敲を行った結果の相異、つまりは草稿系と正本系の相異であると考えられている。具体的には、差出月日や署名、宛所など、書状としての形態が調っているか否かが基準とされる。すなわち、『和語灯録』所収の消息などでは、差出月日や署名に加え、「わたくしにいはく、この御文は正治元年己未御つかひは蓮上房尊覺なり」との註記も付されている点から正本系とされる。一方で本消息は、「あなかしこ」の書留と「僧源空」の署名を有するものの、差出月日を欠いていることに加え、「大子女房御返事」の外題は敬称を用いていない上に署名の前行に記されていることから宛所と見ることはできず、書状の形態が調っていない点より草稿系とされる。そして、このことが、『指南抄』に草稿系の本消息と同内容ではなく、異本である正本系が収録された理由として考えられている。

この消息の原本は、『和語灯録』所収の消息に付される註記から、正治元（一一九九）年、源空聖人六十七歳までには成立していたと考えられる。そして、本消息は、「建長乙卯五月廿三日書之」との奥書から、建長七（一二五五）年に書写されたことが知られる。

本消息は、「法然聖人御消息　上野大子女房御返事」と題する一冊で、二種類の表紙を有している。旧表紙一は、中央に「法然聖人御消息」、右下に「上野大子女房御返事」との外題が、左下には「釋慶信」との袖書があり、これらは宗祖の真筆とする説がある。なお、宗祖の真筆と見た場合、題号の「法」を「灋」の字体で記している点は珍しく、名号裏書など用例は限定されている。旧表紙二は、中央に「法然聖人御消息」、右下に「上野大子女房／御返事」との外題が、左下には「釋願行」との袖書があり、本文と同筆で記されている。

本消息の書写者について、当初は旧表紙二の袖書にある「願行」なる人物と考えられていた。しかし、専修寺に蔵される国宝本『浄土和讃』・『高僧和讃』の大部分、あるいは『三部経大意』などと同筆であることから、今日では真仏上人が願行なる人物へ書き与えた後、事情は定かでないが宗祖の手元に置かれ、慶信へ譲渡したものと推定されている。体裁は半葉五行、一行十六字内外である。

法然聖人御消息[①]

（一）

御ふみくはしくうけたまはり候ぬ。かやうにまめやかに、大事《だいじ》におぼしめし候。返々ありがたく候。まことに[②]このたび、かまへて往生しなむと、おぼしめしきるべく候。うけがたき人身《にんじん》すでにうけたり、あひがたき念佛往生の法門《ほふもん》にあひたり。娑婆《しやば》をいとふこゝろあり、極樂をねがふこゝろおこりたり。彌陀の本願□□□□□たゞ御こゝろにあるたひなり。ゆめゆめ御念佛おこたらず、決定《くゑちぢやう》往生のよしを存ぜさせたまうべく候。なに事もとゞめ候ぬ。

九月十六日　　源空

九條殿《でうどの》 北政所《きたのまどころの》 御返事《おむかへりごと》

---

①法然聖人御消息　◎に無し
（一）
〈底本〉◎高田派専修寺蔵親鸞聖人真筆
②と　◎右傍補記

（二）

法然聖人御消息

上野《かうづけ》のおほごの女房《にょばう》の御返事《おんへんじ》

御ふみくはしくうけたまはり候ぬ。まづはるかなるほどに、念佛の事きこしめさむために、わざと御つかひをのぼせさせたまひて候條《でう》、まことに念佛の御こゝろざしのほど、かへすがへすあはれにこそ候へ。たづねおほせ候念佛の事、往生極樂のためには、たとひいかなる行なりといふとも、念佛にすぎたることは候はざるなり。そのゆへは、念佛はこれ彌陀の本願の行なるがゆへなり。本願とまふすは、阿彌陀佛のいまだ佛になりたまはざりしむかし、法藏比丘とまふしゝいにしへ、佛の國土《こくど》をきよめ、衆生を成就《じやうじゆ》せしめむがために、世自在王如來とまふしゝ佛のみまへにして、四十八の大願をおこしたまひしそのなかに、一切衆生を往生せしめむがために、一の願をおこしたまひける。これを念佛往生の大願とは申候なり。すなわち『无量壽經』上巻云《じやうくわんにいはく》、「設我《たとひわれ》得《えたらむに》レ佛《を》、十方《の》衆生、至《いたし》レ心《を》信樂《して》欲《おもひて》レ生《むまれむと》二我國《に》一、乃至十念《せむ》。若《もし》不《ず》レ生《むまれ》者《は》、不《じと》レ取《とら》二正覺《を》一。」文

（二）〈底本〉◎高田派専修寺蔵真仏上人書写〈表紙〉◎旧表紙一中央「法然聖人御消息」右下「上野大子女房御返事」左下「釋慶信」旧表紙二中央「法然聖人御消息」右下「上野大子女房／御返事」左下「釋願行」

善導和尚《ぜんだうくわしやう》この願を釋《しやく》して云《いはく》、

「若我成佛《もしわれじやうぶちせむに》、十方衆生《の》、稱《しようすること》二我《わが》名號《を》一下《しも》至《いたるまで》二十聲《しやうに》一、若《し》不《ず》レ生《むまれ》者《は》不《と》レ取《ら》二正覺《を》一。彼《の》佛今現《いまげんにましまして》在　成佛《したまへり》。當《まさに》レ知《しる》ベシ、本誓重願《ぜいぢう》不《ず》レ虚《むなしから》、衆生稱念《すれば》必《ず》得《えむと》二往生《を》一。」（禮讚）文

念佛は、佛の法身《ほふしん》を觀ずるにもあらず、佛の相好《さうがう》を觀ずるにもあらず、たゞ心をひとつにして、もはら彌陀の名號を稱《しよう》するを、これを念佛とは申なり。かるがゆへに稱名《しようみやう》とはなづけて候なり。念佛のほかの一切《さい》の行は、これ彌陀の本願にあらず。かるがゆへに、たとひたえなる行なりといふとも、念佛にはおよび候まじきなり。おほかたそのくにゝむまれむとおもはむものは、その佛の誓願《せいぐわん》にしたがふべきものなり。しかればすなわち、彌陀の淨土にむまれむことは、かならず本願にあり。餘《よ》行はこれたくらぶべからず。かるがゆへに往生極樂のためには、念佛の行にすぎたることはさらに候はず。往生のみちにあらざる餘《よ》行、またおのおのかたどるかたもあり。しかるに衆生の生死をはなるゝみちは、佛の御おしへやうやうに候といへども、このごろのひとの三界《がい》をいで生死をはなるゝみちは、たゞ往生極樂ばかりなり。この宗《しゆ》のおほきなるこゝろなり。極樂に往生するに、その行やうやうにおほく候へども、われらが往生せむことは、たゞ念佛にあらず

はかなひがたく候なり。そのゆへは、念佛はこれ彌陀の本願の行なるがゆへに、本願にすがりて往生することいとやすく候。しかればすなわち、念ずるところ、極樂にあらずは生死をはなるべからず、念佛にあらずは極樂にむまるべからざるものなり。しかれば、ふかくこのむねを信じたまひて、一向に極樂をねがひ、ひとすぢに念佛を修して、このたび生死をはなれ極樂にむまれむとおぼしめすべきなり。また一一の願のおはりに、「若《にやく》不《ふ》爾《に》者《しや》不《ふ》取《しゆ》正覺《しやうがく》」とちかひたまへり。しかるに阿彌陀佛は成佛《じやうぶち》したまひてよりこのかた、すでに十劫《こふ》をへたまへり。まさにしるべし、本願むなしからず、みなことごとく成就《じやうじゆ》したまへり。その中に念佛往生の大願、ひとりむなしかるべからず。しかればすなわち、衆生稱念すれば一人もむなしからず、みなかならず往生す。たれか成佛したまえること、信ぜざるべき。三寶滅盡《ぼうめちじん》のときなりといへども、一念すればかならず往生す。五逆深《ぎやくじん》重《ぢう》の人なりといへども、十念すればまた往生す。いかにいはむや、三寶《ぼう》のましますよにむまれて、五逆《ぐゐやく》おもつくらず。われら彌陀の名號をとなえむに、往生うたがふべからず。この願にあひたてまつることは、おぼろげの緣《ゑん》にあらず。たとひあえりといへども、信ぜざればまたあはざるがごとし。いまふかくこの願を信ぜしめたまはゞ、往生のうたがひおぼしめすべからず。かならずかならず二心《しむ》なく、よくよく御念佛候て、このたび生死をはなれ極樂にむまれむとおぼしめすべし。また『觀无量壽經《くわんむりやうじゆきやう》』云《にいはく》、「光明偏照《へんぜう》、十方世界《せかい》、念佛衆生、攝取不捨《せふしゆふしや》」とは、この彌陀の光明《くわうみやう》、念佛のひとをのみてらして、餘《よ》の一切の行人おばてらさずといふなり。よの人のいはく、たゞし、餘《よ》行なりといふとも極樂をねがはむものおば、佛の光明《くわうみやう》てらして攝取したまふべきに、なんぞたゞ、かならずしも念佛の人ばかりをてらしたまはむや。善導《ぜんだう》和尙ののたまはく、

「彌陀《の》眞色《じきは》如《し》二金山《こがねのやまの》一　相好《さうがうの》光明《は》照《てらしたまふ》二十方《を》一
唯《たゞ》有《あて》二念佛《のもののみ》一　蒙《かぶる》二光攝《を》一　當《まさに》レ《ベシ》知《しる》本願最《もともと》爲《かたしと》レ強」（禮讚）文

念佛はこれ彌陀の本願の行なるがゆへに、成佛《じやうぶち》の光明かへて本地誓願《ほんぢのせいぐわん》を信ずる眞實信心をえたる信者《しんじや》をてらしたまふなり。餘《よ》行はまた本願にあらざるがゆへに、彌陀の光明きらふててらしたまはず。かるがゆへに、いま極樂をもとめむ人は、本願の念佛を行じて、攝取の光明にてらされむとおもふべし。これにつけても念佛大切《たいせち》①に候、よくよくまふしたまふべし。また釋迦如來、この行の中の定散《ぢやうさん》の諸行《しよぎやう》をときてのち、まさしく阿難《わあなん》に付囑《ふぞく》したまふしときは、かみにとくところ

①切→◎切

の散善《さんぜん》三福《ぷく》の業《ごふ》、定善《ぢやうぜん》十三觀《ぐわん》おば付囑《ふぞく》したまはずして、たゞ念佛の一行を付《ふ》囑《ぞく》したまへり。『經』(觀經)云、

「佛告《つげたまはく》二阿難《わあなんに》一、汝好《なんぢよく》持《たもて》二是語《このことばを》一。持《てと》二是語《このことばを》一者《いふは》、即《すなわち》是《これ》持《たもてとなり》二无量壽《じゆ》佛名《のみなを》一。」文

善導この文を釋《しやくして》云《いはく》、「佛告《がう》阿難《わあなん》汝《によ》好《かう》持《ぢ》是《ぜ》語《ご》已《よりい》-下《げは》、正《まさしく》明《あかす》丁付《ふ》二-囑《ぞくして》彌陀《の》名號《を》一、流《る》丙通《づうせることを》於《に》乙遐代《かだい》甲。上《かみより》-來《このかた》雖《いゑども》レ說《とくと》二定《ぢやう》-散《さん》兩《りやう》-門《もん》之《の》益《やくを》一、望《のぞむには》二佛《の》本願意《のこゝろを》一、在《ありと》三衆生《をして》一向專《にもはら》稱《しようする》二彌陀佛《の》名《を》一。」(散善義)文

この定散《ぢやうさん》の諸行《しよぎやう》は、彌陀の本願にあらざるがゆへに、釋迦如來、往生の行を付《ふ》囑《ぞく》したまふしとき、餘《よ》の定善《ぢやうぜん》・散善《さんぜん》おば付囑《ふぞく》したまはずして、念佛はこれ彌陀の本願の行なるがゆへに、まさしくえらびて付囑《ふぞく》したまふしなり。いま釋迦のおしえにしたがふて往生をもとめむもの、付囑《ふぞく》の念佛を修して、釋迦の御こゝろにかなふべし。これにつけてもまたよくよく御念佛候て、佛の本願にかなひたまふべし。また六方恆沙《ごうじや》の諸佛、みしたをのべて、三千大千世界《せかい》におほひて、もはらたゞ彌陀の名號をとなえて往生すといふは、これ眞實なりと證誠《しようじやう》したまふなり。これまた念佛は彌陀の本願なるがゆへに、六方恆沙《ごうじや》の諸佛も證誠したまへり。餘《よ》行は本願にあらざるがゆへに、諸佛證誠《しようじやう》したまはざるなり。これにつけてもな

ほなほよくよく御念佛候いて、六方の諸佛の護《ご》念をかぶりたまふべし。彌陀の本《ほん》願、釋迦の付囑《ふぞく》、六方の護《ご》念、一一にむなしからず。このゆへに、念佛の行は諸行にすぐれたり。善導和尚《ぜんだうくわしやう》は彌陀の化身《くゑしん》なり。淨土の祖師《そし》おほしといへども、三昧發得《まいほちとく》す。それおほきにわかちて二とす。一には專修《せんじゅ》、いはゆる念佛なり。二には雑修《ざふしゅ》、いはゆる一切の諸行なり。かみにいふところの定散等《ぢやうさんとう》これなり。『往生禮讃《らいさんに》』云《いはく》、「若《もし》能《よく》如《ごとく》レ上《かみの》念念相續《さうぞくして》畢命《ひちみやうを》爲《する》レ期《ごと》者《ものは》、十《は》即《ち》十《ながら》生《ず》、百《は》即《ち》百《ながら》生《ず》。何以《なにをもての》故《ゆへに》。无《なし》二外《ほかの》雑縁《ざうゑん》一。得《うるが》二正念《を》一故《ゆへに》、與《と》二佛《の》本願一得《うるが》二相應《を》一故《に》、不《ざるが》レ違《ゐせ》レ教《けうに》故《に》、隨《ずい》二順《じゅんするが》佛語《ごに》一故《に》。若《もし》欲《する》三捨《すてゝ》レ專《せんを》修《しゅせむと》二雑業《ざふごふを》一者《は》、百《は》時希《にまれに》得《う》二一二《を》一、千《は》時希《にまれに》得《う》二三五《を》一。何以《なにをもての》故《に》。乃《いまし》由《よるが》三雑《ざふ》‐縁《ゑん》亂《らん》‐動《どうす》、失《しちするに》二正《しやう》念《を》一故《に》、與《と》二佛《の》本願一不《ざるが》二相應《さうおうせ》一故《に》、與《と》レ教《けう》相《さう》‐違《ゐするが》故《に》、不《ざるが》レ順《じゅんぜ》二佛語《ごに》一故《に》、係念《①けねむ》不《ざるが》二相續《せ》一故《にと》。」文

これは專修《せんじゅ》と雑修《ざふしゅ》との得失《とくしち》なり。得《とく》といふは、往生することをうるなり。いはゆる念佛のひとは、十はすなわち十ながら生じ、百は百ながら生ずるこれなり。失《しち》といふは、いはゆる往生をうしなふなり。雑修《ざふしゅ》のものは、百人の中にまれに一二人往生することをう。その餘《よ》は千人の中にわづかに五人むまる、のこりはむまれず。專修《せんじゅ》はみなむまる、なんがゆへぞ。彌陀の本願に相應《さうをう》するがゆへに、釋迦の

①係　右◎けむ

おしえに随順《ずいじゆん》するがゆへなり。雑業《ざふごふ》のものはむまるゝことのすくなきは、なんがゆへぞ。彌陀の本願にあひたがふがゆへに、釋迦のおしえにしたがはざるゆへなり。念佛を修して淨土をもとむるものは、釋迦・彌陀の御こゝろにあひかなへり。雑業《ざふごふ》を修《しゆ》して淨土をもとむるものは、釋迦・彌陀の御こゝろにそむけり。善導和《ぜんだうくわ》尚《しやう》、得失《とくしち》を判《はん》ずること、これのみにあらず。『觀經《くわんぎやう》の疏《しよ》』とまふす文《ふみ》のなかに、おほく得失《とくしち》をあげたり。おほくしげきがゆへにいださず。これをもちてしるべし。おほよそ念佛を謗《はう》ずるものは地獄《ぢごく》におちて五劫苦《こふく》をうくることきわまりなし、念佛を信ずるものは淨土にむまれて无量《りやう》劫樂《こふらく》をうくることきわまりなし。このむねをふかく信じたまふて、二心なく御念佛を申させたまふべきものなり。くわしきことは、御ふみにまふして候うへ、この御使《つかい》申あげ候べし。あなかしこ、あなかしこ。

南无阿彌陀佛

大子女房御返事

僧源空

建長乙卯五月廿三日書之

付録

底本・対校本一覧

各聖教校異の冒頭にも、底本・対校本が掲げてある。なお詳細については解説を参照されたい。

（注） 大谷大学所蔵の資料については、既刊刊行物写真、資料あるいはマイクロフィルムからの複写物、閲覧時の手控えによる。

聖教等標題	底本	対校本
観無量壽經註	本派本願寺蔵親鸞聖人真筆本	
阿彌陀經註	本派本願寺蔵親鸞聖人真筆本	
佛説無量壽經延書	兵庫県毫摂寺蔵貞和三年乗専書写本	
佛説観無量壽經延書	龍谷大学蔵（勝福寺旧蔵）康応元年書写本（末）	
往生論註（親鸞聖人加点）	本派本願寺蔵建長八年親鸞聖人加点本	
善導大師五部九巻（親鸞聖人加点）		
観經疏	高田派専修寺蔵親鸞聖人加点本	
法事讃	高田派専修寺蔵親鸞聖人加点本	
観念法門	高田派専修寺蔵親鸞聖人加点本	
往生禮讃	高田派専修寺蔵親鸞聖人加点本	

般舟讃	高田派専修寺蔵親鸞聖人加点本	
選擇集延書	大谷大学蔵禿庵文庫 室町時代初期書写本（上巻本） 高田派専修寺蔵 正安四年顕智上人書写本（下巻本末）	
西方指南抄	高田派専修寺蔵康元元、二年親鸞聖人真筆本	高田派専修寺蔵真仏上人・顕智上人書写本
三部經大意	（上段） 高田派専修寺蔵正嘉二年真仏上人書写本 （下段） 神奈川県称名寺蔵建長六年良聖書写本	
法然聖人御消息	高田派専修寺蔵親鸞聖人真筆 高田派専修寺蔵真仏上人書写	

収録聖教書誌一覧

凡　例

一、本書誌一覧は、原則として本巻に収録した底本・対校本諸本の表紙や奥書等の書誌をまとめて収載したものである。
二、収録した書誌は、本巻の収録聖教順序にしたがい、同一聖教内における収載順は、底本、対校本の順とした。
三、記載項目は、所蔵者名から①巻数・写刊の別②写刊年代・筆者③装丁④表紙等⑤奥書刊記⑥備考という配列で載せているが、各項目に該当するものがないときは何も記さなかった。

観無量寿経註・阿弥陀経註

一、本願寺（京都府）
①二巻二軸　写本　②鎌倉時代　親鸞　③巻子装
⑥『観無量寿経註』巻頭に「豊後國大□供奉聲／八幡大菩薩納受之／聲也」等の四声点図あり（本派本願寺蔵正平六年書写『観無量寿経』旧表紙見返の四声点図とおなじ内容）。昭和十九（一九四四）年、元の一巻から二巻に改装された。

仏説無量寿経延書

一、毫摂寺（兵庫県）
①二巻四冊　写本　②貞和三年　乗専　③粘葉装
④上巻本：左上「無量壽經上　本」　右下「釋空善」、上巻末：左上「無量壽經上　末」　右下「釋空善」、下巻本：左上「無量壽經下　本」　右下「釋空善」、下巻末：左上「無量壽經下　末」　右下「釋空善」
⑤上巻本：「貞和三歳〔丁／亥〕林鐘中旬候以聖人御點祕／本延寫于假名令授與之訖／願主空善」、上巻末：「貞和三歳〔丁／亥〕林鐘中旬候以聖人御點祕／本延寫于假名令授與之訖／願主空善」、下巻本：「貞和三歳〔丁／亥〕林鐘中旬候以聖人御點／祕本延寫于假名令授與之訖／願主空善」、下巻末：「貞和三歳〔丁／亥〕林鐘中旬候以聖人御點祕／本延寫于假名令授與之訖／願主空善」
⑥上巻末裏表紙見返に「毫攝寺」、下巻本巻尾に「毫」とあり。

仏説観無量寿経延書

一、龍谷大学（京都府）
①一巻一冊（末のみ）　写本　②康応元年　③粘葉装
④左上「觀無量壽經〔末〕」（題簽）

⑤「康應元年〔己／巳〕八月三日　以聖人／御點祕書寫之訖」
⑥兵庫県勝福寺旧蔵。表紙題簽の右下に「綽如上人御筆」の貼紙あり。裏表紙見返に「天保〔辛／卯〕黄鐘當御正忌改／装以遺後代見住□□／總紙數廿六枚」（別筆）とあり。

往生論註（親鸞聖人加点）

一、本願寺（京都府）
①二巻二冊　刊本　②建長八年　親鸞加点　③粘葉装
④上巻：左上「淨土論註巻上」、下巻：左上「淨土論註巻下」
⑤下巻：「釋《ノ》曇鸞法師者并州汶水縣《ノ》人也魏末《ノスヱ》／高齊《セイノ》之初猶《ナホ》在《テ》二神智高遠《ヱンニシテ》　三國《ニ》一知-聞《セラル》　洞《ホカラカニ》／曉《キラカニシテ》二衆經《ニ》一獨《ヒトリ》出《タリ》二人外《ニ》一梁國《ノ》天子蕭《サウ反》《セウ反》王恆《ニ》向《テ》レ北《ニ》／禮《ツル》二鸞菩薩《ト》一註二解《シテ》往生論《ヲ》一裁成《テス》二兩卷《ト》一／事出《タル》二釋《ノ》迦才《ノ》三卷《ノ》淨土論《ニ》一也」
「建長八歳丙辰七月廿五日　〔愚禿親鸞〔八十／四歳〕／加點了」〕（朱書）
⑥鎌倉時代刊本に宗祖真筆で朱書及び墨書による訓点や註記、跋・奥書等が加えられたもの（宗祖加点本）。

善導大師五部九巻（親鸞聖人加点）

一、専修寺（三重県）
①九巻九冊　刊本　②鎌倉時代　親鸞加点　③粘葉装
④「玄義分」：中央「觀經玄義分巻第一」、「序分義」：中央「觀經序分義巻第二」、「定善義」：中央「觀經正宗分定善義巻第三」、「散善義」：中央「觀經正宗分散善義巻第四」、『法事讃』上巻：中央「法事讃上」、『法事讃』下巻：中央「法事讃下」、『觀念法門』：中央「觀念法門」、『往生礼讃』：中央「往生禮讃」、『般舟讃』：中央「般舟讃」
⑥鎌倉時代刊本に宗祖・顕智上人ら複数人によって加点したもの。各巻包紙にそれぞれ「玄義分」：中央「玄義分一」　左下「釋顯智」、「序分義」：中央「序分義二」　左下「釋顯智」、「定善義」：中央「定善義三」　左下「釋顯智」、「散善義」：中央「散善義四」　左下「釋顯智」、『法事讃』上巻：中央「法事讃上」　左下「釋顯智」、『法事讃』下巻：中央「法事讃下」　左下「釋顯智」、『觀念法門』：中央「觀念法門」　左下「釋顯智」、『往生礼讃』：中央「往生禮讃偈一巻」　左下「釋顯智」、『般舟讃』：中央「般舟三昧」　左下「釋顯智」とあり。　各巻首題の下に「高田専修寺」の黒印あり。

選択集延書

一、大谷大学（京都府）

①一巻一冊（上巻本のみ）　写本　②室町時代初期　③粘葉装
④中央「選擇本願念佛集上［本］」　左下「釋教智」
⑤「正元元歳九月朔日書之／愚禿親鸞［八十／七歳］」
⑥禿庵文庫本。奥書の年時から正元本といわれる。巻尾に別筆で「夫融通念佛者諸天善神ノ請タマウモ我等カ功徳ト成レリ／然間百反唱レハ億百反ニアタル也コノ故ニユツウトイヘリ／圓融念佛ヲ／ワレ人ノマトカニトヲル法ノ道ヒロキ誓ノ御名ヲタノマン／依年來三千反奉請毎日唱也此□□□諸尊持テ／一人往生セハ數萬人モ往生極樂ハ不可□疑□阿法師／御年六十八才書畢／應仁貳年十一月卅日／願求諸衆生往生極樂」とあるも抹消され、「南無阿彌陀佛」のみ残されている。

二、専修寺（三重県）
①一巻二冊（下巻本末のみ）　写本　②正安四年　顕智　③粘葉装
④下巻本：中央「選擇本願念佛集［下／本］」　左下「釋慶性」、下巻末：中央「選擇本願念佛集［下／末］」　左下「釋慶性」
⑤下巻末：「正元元歳九月十日書之／愚禿親鸞［八十／七歳］」「正安第四［壬／寅］十一月廿七日／書寫之畢」
⑥奥書の年時から正元本といわれる。
各冊包紙にそれぞれ下巻本：中央「選擇本願念佛集［假字／下本］」、下巻末：中央「選擇本願念佛集［假字／下末］」とあり。各冊表紙見返左上にそれぞれ下巻本：「三巻」、下巻末：「四巻」とあり。各冊首題の下と巻尾に「高田専修寺」の黒印あり。

西方指南抄

一、専修寺（三重県）
①三巻六冊　写本　②康元元、二年　親鸞　③袋綴
④上巻末：旧表紙一中央「西方指南抄上［末］」　左下「釋眞佛」　旧表紙二中央「西方指南抄上［末］」　左下「釋眞佛」、中巻本：旧表紙中央「西方指南抄中［本］」　左下「釋眞佛」、中巻末：旧表紙中央「西方指南抄中［末］」　左下「□眞佛」、下巻本：旧表紙中央「西方指南抄下［本］」　左下「釋眞佛」、下巻末：旧表紙中央「西方指南抄」（左下の袖書は欠落）
⑤上巻本：「康元元《（ママ）》丁巳正月二日書之／愚禿親鸞［八十／五歳］」、上巻末：「康元元年［丙／辰］十月十三日／愚禿親鸞［八十／四歳］／書之」「康元二歳正月一日／校之」、中巻本：「康元元《（ママ）》丁巳正月二日／愚禿親鸞［八十／五歳］校了」、中巻末：「康元元年［丙／辰］十月十四日／愚禿親鸞［八十／四歳］／書寫之」、下巻本：「康元元丙辰十月卅日書之／愚禿親鸞［八十／四歳］」、下巻末：「康元元丙辰十一月八日／愚禿親鸞［八十／四歳］書之」
⑥上巻本・中巻本は康元二（一二五七）年書写。上巻末旧表紙一及び下巻末旧表紙の外題・袖書は宗祖真筆。表紙・裏表紙に封入された宗祖真筆を含む断簡に、それぞれ下巻本：「西方指南抄／釋正證」（表紙裏面に点糊止め、原表紙か）、中巻末：「釋覺信」（裏表紙見返裏面に点糊止め、旧表紙か）、下巻末：「正嘉二歳戊午十

一月日」（裏表紙見返裏面袖側に点糊止め）、下巻末：「信一念行一念事」（裏表紙見返裏面中央に点糊止め）とあり。下巻末裏表紙裏面に宝永五（一七〇八）年十月八日付修理目録の料紙あり。

中巻本巻尾に「愚禿親鸞［八十／五歳］／書之」の宗祖真筆奥書あり（高田派専修寺蔵宗祖真筆『唯信鈔文意』康元二年正月十一日本の奥書が挿入されたものか）。

二、専修寺（三重県）

①三巻六冊　写本　②鎌倉時代末期　真仏・顕智　③上巻本・上巻末・中巻本・中巻末・下巻本：綴葉装、下巻末：粘葉装

④上巻本：左上「西方指南抄［上本］」（題簽）　旧表紙中央「西方指南抄上［本］」　左下「釋覺信」、上巻末：左上「西方指南抄［上末］」（題簽）　旧表紙一中央「西方指南抄上［末］」　左下「釋覺信」　旧表紙二中央「西方指南抄上［末］」　左下「覺信」、中巻本：左上「西方指南抄［中本］」（題簽）　旧表紙中央「西方指南抄中［本］」　左下「釋覺信」、中巻末：左上「西方指南抄［中末］」（題簽）　旧表紙中央「西方指南抄中［末］」　左下「釋覺信」、下巻本：左上「西方指南抄［下本］」（題簽）　旧表紙一中央「西方指南抄下［本］」　左下「釋覺信」　旧表紙二中央「西方指南鈔下［本］」　左下「釋覺信」、下巻末：左上「西方指南抄［下末］」（題簽）　旧表紙中央「西方指南抄下［末］」　左下「釋□□」

⑤上巻本：「康元元丁巳正月二日書之／愚禿親鸞［八十／五歳］」「康元二年　三月五日／書寫之」、上巻末：「康元元年［丙／辰］十月十三日／愚禿親鸞［八十／四歳］／書之」「康元二歳［丁／巳］正月一日校之」、中巻本：「康元二丁巳正月二日／愚禿親鸞［八十／五歳］校了」（「元年」を抹消し「二丁」と上書訂記、さらに「丁」と右傍註記）「康元二年［丁／巳］二月廿七日書之」、中巻末：「康元元年［丙／辰］十月十四日／愚禿親鸞［八十／四歳］書寫之」「康元二年［丁／巳］三月廿日／書寫之」、下巻本：「康元二歳［丁／巳］二月五日書之／愚禿親鸞［八十／四歳］」、下巻末：「草本云／康元元丙辰十一月八日／愚禿親鸞［八十／四歳］書寫之」「徳治三歳［戊／申］二月中旬［第／五］／［書寫之］」（下に別筆で「六十／五歳」とあるを抹消）

⑥直弟本。上巻本末・中巻本末・下巻本は真仏上人書写、下巻末は顕智上人書写。上巻末・中巻末・下巻末の内題は、表紙見返にあり。各冊の巻頭・巻末に「高田専修寺」の黒印あり。上巻本旧表紙・上巻末旧表紙一・中巻本旧表紙・中巻末旧表紙・下巻本旧表紙一・下巻末旧表紙に寛文四（一六六四）年に改装された旨を記す貼紙あり。

三部経大意

一、専修寺（三重県）

①一巻一冊　写本　②正嘉二年　真仏　③袋綴

④旧表紙一：中央「三部經大意」　左下「□□」（抹消）、旧表紙二：中央「三部經大意」　左下「釋慶信」

⑤「正嘉二歳戊午八月十八日書寫之」
⑥首題下と巻尾に「高田専修寺」の黒印あり。旧表紙一右上に「墨付三拾九枚［寛文四年辰六月十八日ニ改ル］」（貼紙）とあり。

二、称名寺（神奈川県）
①一巻一冊　写本　②建長六年　良聖　③綴葉装
④中央「三部經大意」　右下「良聖（花押）」
⑤「建長六年［甲／寅］五月十五日於／平針郷新善光寺／書了」
⑥神奈川県立金沢文庫管理。首題下に「金澤□名寺」（別筆）とあり。

法然聖人御消息

一、専修寺（三重県）
①一帖一冊のうち　写本　②鎌倉時代　親鸞　③袋綴
⑥高田派専修寺蔵で「憬興師云」との外題（真慧上人筆）を有する要文集『疏頌抄出』のうち、第三丁裏から第四丁表にかけての見開き二頁分に書かれた宗祖真筆部分（他の部分には真仏上人筆が多いとされる）。

二、専修寺（三重県）
①一帖一冊　写本　②鎌倉時代　真仏　③袋綴
④旧表紙一：中央「法然聖人御消息」　右下「上野大子女房御返事」　左下「釋慶信」、旧表紙二：中央「法然聖人御消息」　右下「上野大子女房／御返事」　左下「釋願行」
⑤「建長［乙／卯］五月廿三日書之」
⑥旧表紙一の外題・袖書は宗祖真筆とされ、旧表紙二の外題・袖書は本文と同筆。巻尾に「高田専修寺」の黒印があったが、抹消されている。本文十二丁裏に「誓願名號同一事」の押紙あり（他の文書の押紙が紛れ込んだもの）。

『観無量寿経註』・『阿弥陀経註』対応表

凡　例

一、本表は、『観無量寿経註』・『阿弥陀経註』の表書と裏書とが対応するものを抽出して経文順に並べたものである。上段には、表書の経文（科段・頁・本文）と註文（本文・出拠）、下段には、対応する裏書の註文（頁・本文・出拠）を示した。表書と裏書との対応については、理解の便を図るために、裏書本文頁の該当する校異番号「①②③…」を示したので、本文校異と併せて参照されたい。

二、経文（表書）と註文（裏書）には本巻の収録頁を、科段・出拠については本聖典第一巻「三経七祖篇」の該当頁を適宜示した。

三、同一の経文に複数の註文（裏書）が対応するものは、欄を破線で区切った上で経文（本文）冒頭に「※」を付した。

四、註文（表書）の原本位置については、本文の最後に〈右傍〉〈左傍〉〈上欄〉〈下欄〉などと示した。

観無量寿経註

経文（表書）科段	経文（表書）頁	経文（表書）本文	註文（表書）本文	註文（表書）出拠	註文（裏書）頁	註文（裏書）本文	註文（裏書）出拠
序分 発起序 化前序 77	12	與大比丘衆	明佛徒衆就此衆中郎分爲二一者聲聞衆〈右傍〉就聲聞衆中郎有其九初言與者佛身兼衆故名爲與二者總大三者相大四者衆大五者耆年大六者數大七者尊宿大八者内有實德大九者果證大　問曰一切經首皆有此等聲聞以爲猶置有何所以答曰此有別意云何別意此等聲聞多是外道如賢愚經說〈下欄〉問曰此衆中亦有非外道者何故總標答曰如經中說此諸外道常隨世尊不相捨離然結集之家簡取外德故有異名是外道者多非者少　又問曰未審此等外道隨常佛後有何意也答曰解有	序分義 684	191 ①	就聲聞衆中	序分義 684
		※與大比丘衆千二百五十人倶			191 ②	如賢愚經說優樓頻螺迦葉領五百弟子修事邪法伽邪迦葉領二百五十弟子修事邪□□提迦葉領二百五十弟子修事邪法總有一千皆受佛□得羅漢道其二百五十者郎是舍利目連弟子共領一處修事邪法亦受佛化皆得道果此等四衆合爲一處故有千二百五十人也	序分義 684

			二義一就佛解二就外道解就佛解者此諸外道邪風久扇非是一生雖入眞門氣習由在故使如來知覺不令外化畏損衆生正見根芽惡業增長此世後世不收果實爲此因縁攝令自近不聽外益此卽就佛解竟次就外道解者迦葉等意自惟曠劫久沈生死循還六道苦不可言愚癡惡見封執邪風不値明師永流於苦海但以宿縁有遇得會慈尊法澤无私我曹蒙潤尋思佛之恩德碎身之極惘然致使親事靈儀无由暫替此卽就外道解竟　又問曰此等尊宿云何名衆所知識答曰德高曰尊耆年曰宿一切凡聖知彼内德過人識其外相殊異故名衆所知識〈下欄〉	685			
	12	菩薩三萬二千文殊師利法王子而爲上首	二者菩薩衆〈右傍〉	序分義 684	191 ③	次解菩薩衆就此衆中卽有其七一者標相二者標數三者標位四者標果五者標德六者別顯文殊高德之位七者總結	序分義 685
禁父縁 77	14	爾時王舍大城	總明起化處〈左傍〉言起化處者卽有其二一謂闍王起惡卽有禁父母之縁因禁則厭此娑婆願託无憂之世界二則如來赴請光變爲臺影現靈儀夫人卽求生安樂又傾心請行佛開三福之因正觀卽是定門更顯九章之益爲此因縁故名起化處也〈下欄〉	序分義 686 687	191 ④	此明往古百姓俱城中造舍卽爲天火所燒若是王家舍宅悉无火近後時百姓共奏於王臣等造宅數爲天火所燒但是王舍悉无火近不知有何所以王告奏人自今以後卿等造宅之時但言我今爲王造舍奏人等各奉王敕歸還造舍更不被燒因此相傳□□□□□大城者此城極大居民九億故導王舍大城也	序分義 686
	14	太子	正明闍王悦忽之間信受惡人所悞〈右傍〉	序分義 687	190 ③	彰其位也	序分義 687
	14	阿闍世	又阿闍世者乃是西國正音此地往翻名未生怨亦名折指〈右傍〉	序分義 687	190 ④	顯其名也	序分義 687
	14	父王頻婆娑羅	正明父王爲子幽禁此明闍世取提婆之惡計頓捨父子之情非直失於罔極之恩逆響因茲滿路忽掩王身曰收既得不捨曰執故名收執也〈左傍・右傍〉	序分義 692	190 ②	言父者別顯親之極也王者彰其位也頻婆者彰其名也	序分義 692
	14	國大夫人名韋提	此明最大也　標其位也　彰其名也〈右傍〉	序分義	190 ①	問曰諸臣奉敕不許見王未審夫人門家不制放令得入者有何意也	序分義

	15	希恭敬大王澡浴清淨以□蜜和□用塗□□瓔珞中盛蒲桃漿密以上王	此明夫人既見王身被禁門戸極難音信不通恐絶王身命〈右傍〉	692		答曰諸臣身異復是外人恐有情通致使嚴加重制又夫人者身是女人心无異計與王宿縁業重久近夫妻別體同心致使人无外慮是以得入與王相見	693
	15	願興慈悲授我八戒	此明父王敬法情深重人過己若未逢幽難奉請僧佛不足爲難今既被囚无由致屈是以但請目連受於八戒也〈右傍・左傍〉	序分義 693	189②	問曰父王遙敬先禮世尊及其受戒卽請目連有何意也答曰凡聖極尊无過於佛傾心發願卽先禮大師戒是小緣是以唯請目連來受然王意者貴存得戒卽是義周何勞迂屈世尊也　問曰如來戒法乃有无量父王唯請八戒不請餘也答曰餘戒稍廣時節長遠恐畏中間失念流轉生死其八戒者如餘佛經說在家人持出家戒此戒持心極細極急何意然者但時節稍促唯限一日一夜作法卽捨云何知此戒用心行細如戒文中具顯云佛子從今旦□□□一日一夜如諸佛不殺生能持不答言能持第二又云佛子從今旦至明旦一日一夜如諸佛不偸盜不行婬不妄語不飮酒不得脂粉塗身不得歌舞唱伎及往觀聽不得上高廣大牀此上八是戒非齊不得過中食此一是齊非戒此等諸戒皆引諸佛爲證何以故唯佛與佛正習俱盡除佛已還惡習等由在是故不引爲證也是以得□□戒用心起行極是細急又此戒佛說有八種勝法若人一日一夜具持不犯所得功德超過人天二乘境界□□□說有斯益故致使父王日日受之	序分義 693,694 695
	15	日日如是授王八戒	此明父王延命致使目連數來受戒〈右傍〉	序分義 695	188⑤	問曰八戒既言勝者一受卽足何須日日受之答曰山不厭高海不厭深刀不厭利日不厭明人不厭善罪不厭除賢不厭德佛不厭聖然王意者既被幽閉囚禁更不蒙進止念念之中畏人喚殺爲此晝夜傾心仰馮八戒望欲積善增高擬資來業	序分義 695
	15	世尊亦遣尊者富樓那爲王說法			189①	□□世尊慈悲意重愍念王身忽遇囚勞恐生憂悴然富樓那者於聖弟子中最能說法善有方便開發人心爲此因緣如來發遣爲王說法以除憂惱	序分義 695
禁母縁 78	17	□□是賊與賊爲伴	正明世王瞋怒此明闍王既聞門家分疏已卽於夫人心起惡怒口陳惡辭又起三業逆三業惡罵父母爲賊名口業逆罵沙門者名□業惡執劍殺母名身業逆身口所爲以心爲主卽名意業逆又	序分義 697	188④	□□□出惡辭云何罵母爲賊賊之伴也但闍王元心致怨於父恨不早終母乃和爲進糧故令不死是故罵言我母是賊賊之伴也	序分義 697,698
	17	沙門惡人幻惑呪術令此惡王多日			188③	此明闍世瞋母進食復聞沙門與王來去致使更發瞋心故云有何□術而令□王多日不死	序分義 698

厭苦縁

	不死	復前□便爲惡□□□爲逆〈右傍・左傍〉	
17	時有一臣名曰月光聰明多智及與耆婆爲王作禮白言大王臣聞毗陀論經説劫初已來有諸惡王貪國位故殺害其父一萬八千未曾聞有無道害母王今爲此殺逆之事汚刹利種臣不忍聞是栴陀羅不宜住此時二大臣説此語竟以手按劍却行而退 ※月光 ※未曾聞有無道害母 ※臣不忍聞 ※是栴陀羅 ※以手按劍却行而退	正明二臣切諫不聽〈右傍〉 言時者當闍王欲殺母時也〈左傍〉 彰其德也〈右傍〉 亦是父王之子奈女之兒忽見家兄於母起逆遂與月光同諫〈右傍・左傍〉 此明廣引古今書史歷帝之文記古人云言不關典君子所慚今既諫事不輕豈可虚言妄説〈右傍・左傍〉 彰其時也〈左傍〉 此明總標非禮暴逆之人也〈左傍〉 此明非意所貪奪父坐處也〈右傍〉 此明既於父起惡不可久留故須斷命也〈左傍〉 此明王今殺父與彼類同也〈右傍〉 言刹利者□□□□元王者之種代代相承豈同凡碎〈右傍・左傍〉 即有二義一者王今造惡不存風禮寓邑神州豈遣旃陀羅爲主也此即擯出宮城意二者王雖在國損我宗親不如遠擯他方永絶无聞之地故云不□住此也〈右傍・左傍〉 此明二臣直諫功語極麤廣引古今望得王心開悟〈左傍〉	序分義 698 699 700
20	時韋提希被幽閉	正明□□□□幽禁此明夫人雖勉死難更閉在	序分義

188②	此明二臣乃是國之輔相立政之綱紀望得萬國揚名八方昉習忽見闍王起於勃逆執劍欲殺其母不忍見斯惡事遂與耆婆犯顔設諫也	序分義 698
188①	彰其名也	序分義 698
187③	此明自古至今害父取位史籍良談貪國殺母都无記處若論劫初已來惡王貪國但殺其父不加慈母此則引古異今大王今者貪國殺父則有位可貪可使類同於古母即无位可求横加逆害是以將今異昔也	序分義 699
187②	見王起惡損辱宗親惡聲流布我之性望恥慚无地	序分義 699
187①	乃是四姓之下流也此乃性懷凶惡不閑仁義雖著人皮行同禽獸王居上族押臨萬基之主今既起惡加恩與彼下流何異也	序分義 699, 700
186②	臣自按手中劍也　問曰諫辭麤惡不避犯顔君臣之義既乖何以不廻身直去乃言却行而退也答曰麤言雖逆王望息害□□□□恐瞋毒未除繫劍无已是以按劍自防却行而退	序分義 700
186①	問曰夫人既得勉死入宮宜應訝樂何因反更愁憂也答曰即有三義	序分義

78		已愁憂憔悴	深宮守當極牢无由得出唯有念念懷憂自然憔悴傷嘆曰禍哉今日苦遇値闍世喚利刄中間結復置深宮難〈左傍・右傍〉	701		不同一明夫人既自被閉更无人進食與王王又聞我在難轉更愁憂今既无食加憂者王之身命定應不久二明韋提既被囚難何時更見如來之面及諸弟子三明夫人奉敎禁在深宮内官守當水泄不通旦夕之間唯愁死路有斯三義切逼身心得无憔悴也	701 702
	20	世尊威重无由得見	此明夫人内自卑謙歸尊於佛弟子穢質女身福因尠薄佛德威高无由輕觸願遣目連等與我相見〈右傍・左傍〉	序分義 702	187④	言世尊威重无由得見者　問曰如來卽是化主應不失宜時夫人何以不三加致請乃喚目連等有何意也答曰佛德尊嚴小緣不敢輒請但見阿難欲□□□世尊佛知我意復使阿難傳佛之語指授於我以斯義故願見阿難	序分義 702 703
欣浄縁 79	24	願我未來不聞惡聲不見惡人	此明三界六道不同種類恆沙隨心差別經云業能莊識世世處處各趣隨緣受果報對面不相知〈左傍〉	序分義 706	181③	言願我未來已下此明夫人眞心徹到厭苦娑婆欣樂无爲永歸常樂但无爲之境不可輕爾卽階苦惱娑婆无由輒然得離自非發金剛之志永絕生死之元若不親從慈尊何能勉斯長歎然願我未來不聞惡聲惡人者此明如闍王調達殺父破僧及惡聲等願亦不聞不見但闍王既是親生之子上於父母起於殺心何況疎人而不相害是故夫人不簡親疎總皆頓捨	序分義 706
80	28	敎我思惟敎我正受	正明夫人請求別行此明韋提既選得生處還修別行勵己注心必望往益〈右傍〉	序分義 708	181②	言敎我思惟者卽是定前方便思想憶念彼國依正二報四種莊嚴也言敎我正受者此明因前思想漸漸微細覺想俱亡唯有定心與前境合名爲正受此中略已料簡至下觀門更當廣辨應知	序分義 708
散善顯行縁	28	有五色光從佛口出	正明光益父王此明如來以見夫人願生極樂更請得生之行稱佛本心又顯彌陀願意因斯二請廣開淨土之門非直韋提得去有識聞之皆往有斯益故所以如來微笑也〈右傍・左傍〉	序分義 709	180②	此明一切諸佛心口常威儀法爾凡所出光必有利益	序分義 709
80	28	一一光照頻婆娑羅頂			180③	正明口光不照餘方唯照王頂然佛光隨身出處必皆有益佛足下放光卽照益地獄道若光從膝出照益畜生道若光從陰藏出照益鬼神道若光從齊出照益修羅道若光從心出照益於人道若光從口出照益二乘之人若光從眉間出照益大乘人今明此光從口出直照王頂者卽授其小果若光從眉間出卽從佛頂入者卽授菩薩記也如斯義者廣多无量不可具述	序分義 709
	29	阿彌陀佛去此不遠	正明標境以注心卽有其三〈左傍〉	序分義 710	180①	一明分齊不遠從此超過十萬億剎卽是彌陀之國二明道里雖遙去時一念卽到三明韋提等及未來有緣衆生注心觀念定境相應行人自然常見有斯三義故云不遠也	序分義 710
	30	孝養父母	正明勸修三福之行此明一切衆生機有二種一者定二者散若依定行卽攝生不盡是以如來方	序分義 710, 711	178④	又父母者世間福田之極也佛者卽是出世福田之極也然佛在世時遇値時年飢儉人皆餓死白骨縱横諸比丘等乞食難得於時世尊待	序分義 711, 712

科段	番号	頁	経文	観経註（上）	序分義	番号	観経註（下）	序分義
				便顯開三福以應散動根機〈右傍・左傍～下欄〉 言欲生彼國者標指所歸也言當修三福者總標行門也云何名三一者孝養父母卽有其四一言孝養父母者此明一切凡夫皆籍緣而生云何籍緣或有化生或有濕生或有卵生或有胎生此四生中各各復有四生如經廣說但是相因而生卽有父母既有父母卽有大恩若无父者能生之因卽闕若無母者所生之緣卽乖若二人俱无卽失託生之地要須父母緣具方有受身之處既欲受身以自業識爲內因以父母精血爲外緣因緣和合故有此身以斯義故父母恩重母懷胎已經於十月行住坐臥常生苦惱復憂產時死難若生已經於三年恆常眠屎臥尿被衣服皆亦不淨及其長大愛婦親兒於父母處反生憎嫉不行恩孝者卽與畜生无異也〈上欄〉			比丘等去後獨自入城乞食從旦至十門門喚乞无與食者佛還空鉢而歸明日復去又還不得後日復去又亦不得忽有一比丘道逢見佛顏色異常似有飢相卽問佛言世尊今已食竟也佛言比丘我經三日已來乞食不得一匙我今飢虛无力能共汝語比丘聞佛語已悲淚不能自勝卽自念言佛是无上福田衆生覆護我此三衣賣却買取一鉢飯奉上於佛今正是時也作是念已卽買得一鉢飯急將上佛佛知而故問言比丘時年飢儉人皆餓死汝今何處得此一鉢純色飯來比丘如前具白世尊佛又言比丘三衣者卽是三世諸佛之幢相此衣因緣極尊極重極恩汝今易得此飯與我者大領汝好心我不消此飯也比丘重白佛言佛是三界福田聖中之極尙言不消者除佛已外誰能消也佛言比丘汝有父母也不答言有汝將供養父母去比丘言佛尙言不消我父母豈能消也佛言得消何以故父母能生汝身於汝有大重恩爲此得消佛又問比丘汝父母有信佛心不比丘言都无信心佛言今有信心見汝與飯大生歡喜因此卽發信心先敎受三歸依卽能消此食也時比丘既受佛敎愍仰而去以此義故大須孝養父母又佛母摩耶生佛經七日已卽死生忉利天佛後成道至四月十五日卽向忉利天一夏爲母說法爲報十月懷胎之恩佛尙自收恩孝養父母何況凡夫而不孝養故知父母恩深極重也	713
		30	深信因果讀誦大乘勸進行者			178③	四言深信因果者卽有其二一明世間苦樂因果若作苦因卽感苦果若作樂因卽感樂果如似以印印泥印壞文成不得疑也言讀誦大乘者此明經敎喩之如鏡數讀數尋開發智慧若智慧眼開卽能厭苦欣樂涅槃等也言勸進行者此明苦法如毒惡法如刀流轉三有損害衆生今既善如明鏡法如甘露鏡卽照正道以歸眞甘露卽注法雨如无竭欲使含靈受潤等會法流爲此因緣故須相勸	序分義 714,715
定善示観縁	80	33	告阿難	正明敕聽許說此明韋提前請願生極樂又請得生之行如來已許今就此文正欲開顯正受之方便此乃因緣極要利益處深曠劫希聞如今始說爲斯義故致使如來總命二人〈右傍・左傍〉	序分義 715	178①	言告阿難者我今欲開說淨土之門汝好傳持莫令遺失	序分義 715
		33	及韋提希			178②	言告韋提者汝是請法之人我今欲說汝好審聽思量諦受莫令錯失	序分義 715
	81	33	爲煩惱賊之所害	但如來臨化偏爲常沒衆生今既等布慈雲望欲普沾未潤〈左傍〉	序分義 716	177⑥	言爲煩惱賊害者此明凡夫障重妄愛迷深不謂三惡火坑闇在人之足下隨緣起行擬作進道資糧何其六賊知聞競來侵奪今既失此法	序分義 716

33	說清淨業		
33	佛語	正明勸勸說此法深要好須流布此明如來前則總告令安心聽受此文則別敕阿難受持勿忘廣多人處爲說流行 **〈右傍〉**	序分義 716
34	以佛力故當得見彼清淨國土	正明勸修得益之相此明如來欲爲夫人及未來等顯觀方便注想西方捨厭娑婆貪欣極樂 **〈右傍・左傍〉**	序分義 716
34	如執明鏡自見面像見彼國土極妙樂事		
34	佛告韋提希汝是凡夫心想羸劣未得天眼不能遠觀諸佛如來有異方便令汝得見	正明夫人是凡非聖由非聖故仰惟聖力冥加彼國雖遙得覩 **〈右傍・左傍〉** 由是凡故曾无大志也 **〈右傍〉** 此明夫人肉眼所見遠近不足爲言況淨土彌遙云何可見 **〈左傍〉** 此明若依心所見國土莊嚴者非汝凡能普悉歸功於佛也 **〈右傍〉**	序分義 717
35	時韋提希白佛言世尊如我今者以佛力故見彼國土	明其夫人重牒前恩欲生起後問之意 **〈右傍〉**	序分義 718
35	濁惡不善五苦所逼云何當見阿彌陀佛極樂世界	正明夫人悲心爲物同己往生永逝娑婆長遊安養此明如來期心運度徹窮後際而未休但以世代時移群情淺促故使如來滅永生之壽泯長劫以類人年攝憍慢以示无常化剛強同歸於磨滅故云若佛滅後也言諸衆生者此明如來息化衆生无處歸依蠢蠢周慞縱橫走於六道 **〈右傍・左傍〉**	序分義 718

	財何得无憂苦也	
177⑤	此明如來以見衆生罪故爲說懺悔之方欲令相續斷除畢竟永令清淨又言清淨者依下觀門專心念佛注想西方念念罪除故清淨也	序分義 716
177④	言佛語者此明如來曠劫已除口過隨有言說一切聞者自然生信	序分義 716
177③	此明衆生業障觸目生盲指掌謂遠他方隔行莫卽踰之千里豈況凡夫分外諸佛境內闚心自非聖力冥加彼國何由得覩	序分義 716, 717
177②	此明夫人及衆生等入觀注心凝神不捨心境相應悉皆顯現當境現時如似鏡中見物无異也	序分義 717
177①	此明如來恐衆生愚惑謂言夫人是聖非凡由起疑故卽自生怯弱然韋提現是菩薩假示凡身我等罪人无由比及爲斷此疑故言汝是凡夫也	序分義 717
176①	此明夫人領解佛意如上光臺所現謂是已能向見世尊開示始知是佛方便之恩若爾者佛今在世衆生蒙念可使得見西方佛若涅槃不蒙加備者云何得見也	序分義 718
175⑥	言濁惡不善者此明五濁也一者劫濁二者衆生濁三者見濁四者煩惱濁五者命濁言劫濁者然劫實非是濁當劫減時諸惡加增也言衆生濁者劫若初成衆生純善若劫末時衆生十惡彌盛也言見濁者自身衆惡總變爲善他上无非見爲不是也言煩惱濁者當今劫末衆生惡性難親隨對六根貪瞋競起也言命濁者由前見惱二濁多行殺害无慈恩益既行斷命之苦因欲受長年之果者何由可得也然濁者體非是善今略指五濁義竟言五苦所逼者八苦中取生苦老苦病苦死苦愛別苦此名五苦也更加三苦卽成八苦一者五陰盛苦二者求不得苦三者怨憎會苦總名八苦也此五濁五苦八苦等通六道受未有	序分義 718 719

区分		経文	観経註	
正宗分 定善 日観 81	36	佛告韋提希汝及衆生應當專心繫念一處想於西方	正明總告總勸此明韋提前請彌陀佛國又請正受之行如來當時卽許爲說但以機緣未備顯行未周更開三福之因以作未聞之益〈左傍〉	定善義 720
		※佛告韋提希汝及衆生		
		※應當專心繫念一處想於西方		
	36	凡作想者	正明牒所觀事此明諸衆生等久流生死不解安心雖指西方不知云何作意故使如來爲生反問	定善義 721
	36	一切衆生	遣除疑執以示正念之方〈左傍～下欄〉其利根者一坐卽見明相現前當境現時或如錢	722
	36	自非生盲有目之徒皆見日沒	大或如鏡面大於此明上卽自見業障輕重之相一者黑障猶如黑雲障日二者黃障如黃雲障日三者白障如似白雲障日此日猶雲障故不得朗然顯照衆生業障亦如是障蔽淨心之境不能令心明照行者若見此相卽須嚴飾道場安置佛像清淨洗浴著淨衣又燒名香表白諸佛一切賢聖向佛形像現在一生懺悔无始已來及身口意業所造十惡五逆四重謗法闡提等罪極須悲涕雨淚深生慚愧內徹心髓切骨自責懺悔已還如前坐法安心取境境若現時如前三障盡除所觀淨境朗然明淨此名頓滅障也或一懺卽盡者名利根人也或一懺但除黑障或一懺得除黃白等障或一懺但除白障此名漸除不名頓滅也旣自識業相如是唯須勤心懺悔日夜三時六時等但憶得卽懺者最是上根上行人也譬如湯火燒身亦	723

	无者常逼惱之若不受此苦者卽非凡數攝也言云何當見已下此明夫人擧出苦機此等罪業極深又不見佛不蒙加備云何見於彼國也	
175④	又如來重告勸發流通此法難聞廣令開悟	定善義 720
175③	言佛告韋提汝及衆生者此明告勸若欲等出塵勞求生佛國者宜須勵意也	定善義 720
175⑤	此明衆生散動識劇猿猴心遍六塵无由蹔息但以境緣非一觸目起貪亂想安心三昧何容可得自非捨緣託靜相續注心直指西方簡餘九域是以一身一心一廻向一處一境界一相續一歸依一正念是名想成就得正受此世後生隨心解脫也	定善義 720, 721
175①	此明總牒前意顯後入觀之方便	定善義 721
175②	總擧得生之類	定善義 721
173③	言自非生盲已下此明簡機堪與不堪言生盲者從母胎中出眼卽不見物者名曰生盲此人不得教作日觀由不識日輪光相故除生盲以外遇緣患者教作日觀盡得成就由未患眼時識其日輪光明等相今雖患目但令善取日輪等相正念堅持不限時節必得成就　問曰韋提上請願見極樂之境及至如來許說卽先教住心觀日有何意也答曰此有三意一者欲令衆生識境注心指方有在不取冬夏兩時唯取春秋二際其日正東出直西沒彌陀佛國當日沒處直西超過十萬億刹卽是二者欲令衆生識知自業障有輕重云何得知由敎注心觀日初欲注心時教令跏趺正坐乃至又想身之五大皆空唯有識大湛然凝住猶如圓鏡內外明照朗然清淨作此想時亂想得除心漸凝定然後徐徐轉心諦觀於日乃至三者欲令衆生識知彌陀依正二報種種莊嚴光明等相內外照曜超過此日百千萬億倍行者等若不識彼境光相者卽看此日輪光明之相若行住坐臥禮念憶想常作此解不久之間卽得定心見彼淨土之事快樂莊嚴爲此義故世尊先教作日想觀也	定善義 721, 722, 723, 724

観	番号	経文	註	出典	番号	疏文	出典
			覺卽却豈容徒待時待處待緣待人方始除也				
	37	既見日已閉目開目皆令明了	〈下欄〉辨觀成相此明標心見日制想除緣念念不移淨相了然而現又行者初在定中見此日時卽得三昧定樂身心內外融液不可思議當見此時好須攝心令定不得上心貪取若起貪心心水卽動以心動故淨境卽失或動或闇或黑或青黃赤白等色不得安定見此事時卽自念言此等境相搖動不安者由我貪心動念致使淨境動滅卽自安心正念還從本起動相卽除靜心還現既知此過更不得起增上貪心也〈右傍・左傍〉	定善義 724	173②	已下諸觀邪正得失一同此也觀日見日心境相應名爲正觀觀日不見日乃見餘雜境等心境不相應故名邪也斯乃娑婆之闇宅觸事无以比方唯有朗日舒輝寄想遠標於極樂	定善義 724
水観 81	38	次作水想見水澄清亦令明了无分散意既見水已當起冰想見冰映徹作瑠璃想此想成已見瑠璃地內外映徹	總標地體〈左傍〉	定善義 725	171①	問曰前敎觀日爲知業相等故令觀日今此觀中又敎觀水有何以答曰日輪常照以表極樂之長暉復恐彼地不平類此穢國之高下但以娑婆闇宅唯日能明此界丘坑未无高下之處欲取能平之者无過於水示斯可平之相況彼瑠璃之地也　問曰此界之水濕而且輭未審彼地亦同此水也答曰此界之平水以對彼地等无高下又轉水成冰者對彼瑠璃之地內外映徹也此明彌陀曠劫等行无偏正習俱亡能感地輪之映徹　又問曰既敎想水以注心轉水以成冰轉冰以成瑠璃地者云何作法而令境現答曰若住身威儀一同前日觀中法又欲觀水以取定心者還須對相似之境而觀卽易可得定行者等於靜處取一椀水著牀前地上好滿盛之自身在牀上坐當自眉間著一白物如豆許大低頭臨面水上一心照看此白處更莫異緣又水初在地波浪不住臨面觀之不見面像爲觀不休漸漸面現初時面相不住乍長乍短乍寬乍狹乍見不見此相現時更須極細用心不久之間水波微細似動不動面相漸得明現雖見面上眼耳鼻口等亦未須取亦不須妨但縱身心知有勿取也唯取白處了了觀之正念守護勿令失意異緣當見此時心漸得住水性湛然也又行者等欲識知自心中水波浪不住者但觀此水動不動之相卽知自心境現不現明闇之相也又待水靜時取一米許當水上信手投之水中其水波卽動遍於椀內自面臨上觀之其白者卽動更著豆許投之水波更大面上白者或見不見	定善義 725 726

						乃至棗等投之於水其波轉大面上白者及自身頭面總皆隱沒不現猶水動故也言椀者卽喩身器也言水者卽喩自心水也言波浪者卽喩亂想煩惱也言漸漸波浪息者卽是制捨衆縁住心一境也言水靜境現者卽是能縁之心无亂所縁之境不動内外恬怕所求之相顯然又細想及麤想水卽動心水既動靜境卽失又細塵及以麤塵投之寂靜水中其水波浪卽動又行者等但看此水動不動相卽識自心住不住也又境現失不失邪正等一同前日觀也又天親讃云觀彼世界相勝過三界道究竟如虛空廣大无邊際此卽總明彼國地之分量也	727
82	40	瑠璃地上以黄金繩雜廁間錯以七寶界分齊分明	正明地上莊嚴顯標殊勝此明依持圓淨七寶池林等是能依瑠璃寶地是所依地是能持池臺樹等是所持此由彌陀因行周備致使感報圓明明淨之義卽无漏爲體也〈右傍〉 正明黄金作道狀似金繩也〈左傍〉 行者等莫言但有金道而无餘寶作道也〈左傍〉	定善義 728	173 ①	讃云寶地莊嚴无比量處處光明照十方寶閣華臺皆遍滿雜色玲瓏難可量寶雲寶蓋臨空覆聖衆飛通互往來寶幢幡蓋隨風轉寶樂含輝應念迴帶惑疑生華未發合掌籠籠喩處胎内受法樂无微苦障盡須臾華自開耳目精明身金色菩薩徐徐授寶衣光觸體得成三忍卽欲見佛下金臺法侶迎將入大會瞻仰尊顏讃善哉	定善義 728
地観 82	42	此想成時一一觀之極令了了閉目開目不令散失唯除睡時恆憶此事如此想者名爲粗見極樂國地若得三昧見彼國地了了分明不可具説	正明結前生後〈左傍〉 正明辨觀成相卽有其六　一明心標一境不得總雜觀之　二明既專一境境卽現前既得現前必令明了　三明境既現心閉目開目守令莫失四明身四威儀晝夜常念唯除睡時憶持不捨五明凝心不絶卽見淨土之相此名想心中見猶有覺想故　六明想心漸微覺念頓除正受相應證於三昧眞見彼境微妙之事何由具説斯乃地廣无邊寶幢非一衆珍曜彩轉變彌多是以勸物傾心恆如對目〈左傍・右傍〉	定善義 730	170 ③	往生禮讃云若入觀及睡眠時應發此願若坐若立一心合掌正面向西十聲稱阿彌陀佛觀音勢至諸菩薩清淨大海衆竟弟子某甲現是生死凡夫罪障深重淪六道苦不可具云今日遇善知識得聞彌陀本願名號一心稱念求願往生願佛慈悲不捨本弘誓願攝受弟子不識彌陀佛身相光明願佛慈悲示現弟子身相觀音勢至諸菩薩等及彼世界清淨莊嚴光明等相導此語已一心正念卽隨意入觀及睡或有正發願時卽得見之或有睡眠時得見除不至心此願比來大有現驗	礼讃 957
	45	作是觀者名爲正觀若他觀者名爲邪觀			170 ②	正明辨觀邪正邪正義者前日觀中已説	定善義 731, 732
宝樹観 83	46	一一樹高八千由旬	正明樹之體量此明諸寶林樹皆從彌陀无漏心中流出由佛心是无漏故其樹亦是无漏也讃云正道大慈悲出世善根生淨光明滿足如鏡日月	定善義 732	170 ①	言量者一一樹高三十二萬里亦无老死者亦无小生者亦无初生漸長者起卽同時頓起量數等齊何意然者彼界位是无漏无生之界豈有生死漸長之義也	定善義 732, 733

			輪〈左傍・右傍〉				
宝楼観 84	52	一一界上			167②	正明寶樓住處地界遍於彼國樓亦无窮也	定善義 737
	52	有五百億			167③	正顯其數一界之上既然遍滿彼國亦皆如是應知	定善義 737
	52	其樓閣中有无量諸天作天伎樂			167④	正明閣内莊嚴	定善義 737
	52	有樂器懸處虚空如天寶幢不鼓自鳴			167①	正明樓外莊嚴寶樂飛空聲流法響晝夜六時如天寶幢无思成自事也	定善義 738
華座観 84	54	説是語時	正明娑婆化主爲物故住想西方安樂慈尊知情故則影臨東域斯乃二尊許應无異直以隱顯有殊正由器朴之類差致使互爲郢匠〈右傍・左傍〉	定善義 739	166①	言説是語時者正明此意中卽有其七一明告勸二人時也二明彌陀應聲卽現證得往生也三明彌陀在空而立者但使廻心正念願生我國立卽得生也　問曰佛德尊高不可輒然輕擧既能不捨本願來應大悲者何故不端坐而赴機也答曰此明如來別有密意但以娑婆苦界雜惡同居八苦相燒動成違返詐親含笑六賊常隨三惡火坑臨臨欲入若不擧足以救迷業繫之牢何由得勉爲斯義故立撮卽行不及端坐以赴機也四明觀音勢至以爲侍者表无餘衆也五明三尊身心圓淨光明踰盛也六明佛身光明朗照十方垢障凡夫何能具覩七明佛身无漏光亦同然豈將有漏之天今比方之也	定善義 739
85	55	於七寶地上作蓮華想	正明教觀方便〈左傍〉	定善義 740	165③	問曰衆生盲闇逐想增勞對目冥若夜遊遠標淨境何由可悉答曰若望衆生惑障動念徒自疲勞仰憑聖力遙加致使所觀皆見云何作法住心而令得見也欲作法者諸行者等先於佛像前至心懺悔發露所造之罪極生慚愧悲泣流淚悔過既竟又心口請釋迦佛十方恆沙等佛又念彼彌陀本願言弟子某甲等生盲罪重障隔處深願佛慈悲攝受護念指授開悟所觀之境願得成就今頓捨身命仰屬彌陀見以不見皆是佛恩力導此語已更復至心懺悔竟已卽向靜處面向西方正坐跏趺一同前法既住心已徐徐轉心想彼寶地雜色分明初想不得亂想多境卽難得定唯觀方寸一尺等或一日二日三日或四五六七日或一月一年二三年等无問日夜行住坐臥身口意業常與定合唯萬事俱捨由如失意聾盲癡人者此定必卽易得若不如是三業隨緣	定善義 740 741

							轉定想逐波飛縱盡千年壽法眼未曾開若心得定時或先有明相現或可先見寶地等種種分明不思議者有二種見一者想見猶有知覺故雖見淨境未多明了二者若內外覺滅卽入正受三昧所見淨境卽非想見得爲比校也	
86	57	如於鏡中自見面像		定善義 743	165 ②	往生禮讃云彌陀本願華王座一切衆寶以爲成臺上四幢張寶縵彌陀獨座顯眞形眞形光明徧法界蒙光觸者心不退晝夜六時專想念終時快樂如三昧	礼讃 949	
	58	此想成者滅除五萬劫生死之罪必定當生極樂世界	正明結觀成相〈右傍〉一明除罪益〈右傍〉二明得生益〈右傍〉	定善義 743				
像観 86	59	入一切衆生心想中	正明諸佛大慈應心卽現有斯勝益故勸汝想之問曰韋提上請唯指彌陀未審如來今總擧諸佛有何意也答曰欲顯諸佛三身同證悲智果圓等齊无二端身一坐影現无方意赴有縁時臨法界〈右傍～下欄〉	定善義 743 744	165 ①	乃由衆生起念願見諸佛佛卽以无㝵智知卽能入彼想心中現但諸行者若想念中若夢定中見佛者卽成斯義也	定善義 744	
	59	是故汝等心想佛時是心卽是三十二相八十隨形好是心作佛是心是佛諸佛正徧知海從心想生	正明結勸利益〈右傍〉佛相既現衆好皆隨也此正明如來教諸想具足觀也〈右傍〉此明諸佛得圓滿无障㝵智作意不作意常能遍知法界之心但能作想卽從汝心想而現似如生也〈右傍〉	定善義 744 745	164 ⑤	此明標心想佛但作佛解從頂至足心想不捨一一觀之无暫休息或想頂相或想眉間白毫乃至足下千輪之相作此想時佛像端嚴相好具足了然而現乃由心縁一一相故卽一一相現心若不縁衆相不可見但自心想作卽應心而現故言是心卽是三十二相也	定善義 744	
		※是心作佛	或有行者將此一門之義作唯識法身之觀或作自性清淨佛性觀者其意甚錯絕无少分相似也		164 ③	依自信心縁相如作也	定善義 744	
		※是心是佛	既言想像假立三十二相者眞如法界身豈有相而可縁有身而可取也然法身无色絕於眼對更无類可方故取虛空以喩法身之體也又今此觀門等唯指方立相注心而取境總不明无相離念也如來懸知末代罪濁凡夫立相住心尚不能得何況離相而求事者如似无術通人居空立舍也〈下欄〉		164 ④	心能想佛依想佛身而現卽是心佛也離此心外更无異佛者也	定善義 744,745	

	60	想彼佛者	定所観境〈右傍〉	定善義 745	164②	牒前生後	定善義 745
	60　61	閉目開目見一寶像如閻浮檀金色坐彼華上見像坐已心眼得開了了分明見極樂國七寶莊嚴寶地寶池寶樹行列諸天寶縵彌覆其上衆寶羅網滿虚空中見如此事極令明了如觀掌中	正明辨觀成相〈右傍〉　又觀像注心之法一如前説從頂一一想之面眉間毫相眼鼻口耳咽項肩臂手指又抽心向上想胸腹齊陰脛膝膞足十指千輪等一一想之從上向下名順觀從下千輪向上名逆觀如是逆順注心不久必得成也又佛身及華座寶地等必須上下通觀然十三觀中寶地寶華金像等觀最要若欲教人卽教此法但此一法成者餘觀卽自然了也〈上欄〉	定善義 745,746	164①	往生禮讃云彌陀身心遍法界影現衆生心想中是故勸汝常觀察依心起想表眞容眞容寶像臨華座心開見彼國莊嚴寶樹三尊華遍滿風鈴樂響與文同	礼讃 949,950
	62	是爲像想名第八觀	總結〈右傍〉	定善義 747	163①	註論云問曰觀无量壽經言諸佛如來是法界身入一切衆生心想中心想佛時是心卽是三十二相八十隨形好是心作佛是心是佛諸佛正偏知海從心想生是義云何答曰身名集成界名事別如眼界緣根色空明作意五因緣生名爲眼界是眼但自行己緣不行他緣以事別故耳鼻等界亦如是言諸佛如來是法界身者法界是衆生心法也以心能生世間出世間一切諸法故名心爲法界法界能生諸如來相好身亦如色等能生眼識是故佛身名法界身是身不行他緣是故入一切衆生心想中心想佛時是心卽是三十二相八十隨形好者當衆生心想佛時佛身相好顯現衆生心中也譬如水淸則色像現水之與像不一不異故言佛相好身卽是心想也是心作佛者言心能作佛也是心是佛者心外无佛也譬如火從木出火不得離木也以不離木故則能燒木木爲火燒木卽是火也諸佛正遍知海從心想生者正偏知者眞正如法界而知也法界无相故諸佛无知也以无知故无不知也无知而知者是正偏知也是知深廣不可測量故譬海也	論註 473,474　474
散善 上上品 三心	86	一者至誠心二者深心三者廻向發願心具三心者必	正明辨定三心以爲正因卽有其二　一明世尊隨機顯益意蜜難知非佛自問自徵无由得解二明如來還自答前三心之數〈右傍〉	散善義 761	145①	經云一者至誠心至者眞誠者實欲明一切衆生身口意業所修解行必須眞實心中作不得外現賢善精進之相内懷虚假貪瞋邪僞奸詐百端惡性難侵事同蛇蝎雖起三業名爲雜毒之善亦名虚假之行不	散善義 761

92

生彼國

146

名眞實業也若作如此安心起行者縱使苦勵身心日夜十二時急走
急作如炙頭燃者衆名雜毒之善欲廻此雜毒之行求生彼佛淨土者
此必不可也何以故正由彼阿彌陀佛因中行菩薩行時乃至一念一
刹那三業所修皆是眞實心中作凡所施爲趣求亦皆眞實又眞實有

147

二種一者自利眞實二者利他眞實言自利眞實者復有二種一者眞實心中制捨自他諸惡及穢國等
行住坐臥想同一切菩薩制捨諸惡我亦如是也二者眞實心中勲修自他凡聖等善眞實心中口業讚
762
嘆彼阿彌陀佛及依正二報又眞實心中口業毀厭三界六道等自他依正二報苦惡之事亦讚嘆一切
衆生三業所爲善若非善業者敬而遠之亦不隨喜也又眞實心中身業合掌禮敬以四事等供養彼阿
彌陀佛及依正二報又眞實心中身業輕慢厭捨此生死三界等自他依正二報又眞實心中意業思想
觀察憶念彼阿彌陀佛及依正二報如現目前又眞實心中意業輕賤厭捨此生死三界等自他依正二
報不善三業必須眞實心中捨又若起善三業者必須眞實心中作不簡内外明闇皆須眞實故名至誠
心二者深心言深心者卽是深信之心也亦有二種一者決定深信自身現是罪惡生死凡夫曠劫已來
常沒常流轉无有出離之緣二者決定深信彼阿彌陀佛四十八願攝受衆生无疑无慮乘彼願力定得
往生又決定深信釋迦佛說此觀經三福九品定散二善證讚彼佛依正二報使人欣慕又決定深信彌
763
陀經中十方恆沙諸佛證勸一切凡夫決定得生又深信者仰願一切行者等一心唯信佛語不顧身命
決定依行佛遣捨者卽捨佛遣行者卽行佛遣去處卽去是名隨順佛教隨順佛意是名隨順佛願是名
眞佛弟子又一切行者但能依此經深信行者必不悞衆生也何以故佛是滿足大悲人故實語故除佛
已還智行未滿在其學地由有正習二障未除果願未圓此等凡聖縱使測量諸佛教意未能決了雖有
平章要須請佛證爲定也若稱佛意卽印可言如是如是若不可佛意者卽言汝等所說是義不如是不
印者卽同无記无利无益之語佛印可者卽隨順佛之正教若佛所有言說卽是正教正義正行正解正

148

業正智若多若少衆不問菩薩人天等定其是非也若佛所說卽是了教菩薩等說盡名不了教也應知
是故今時仰勸一切有緣往生人等唯可深信佛語專注奉行不可信用菩薩等不相應教以爲疑导抱
764
惑自迷廢失往生之大益也又深心深信者決定建立自心順教修行永除疑錯不爲一切別解別行異
學異見異執之所退失傾動也　問曰凡夫智淺惑障處深若逢解行不同人多引經論來相好難證云
一切罪障凡夫不得往生者云何對治彼難成就信心決定直進不生怯退也答曰若有人多引經論證
云不生者行者卽報云仁者雖將經論來證導不生如我意者決定不受汝破何以故然我亦不是不信
彼諸經論盡皆仰信然佛說彼經時處別時別對機別利益別又說彼經時卽非說觀經彌陀經等時然
佛說教備機時亦不同彼卽通說人天菩薩之解行今說觀經定散二善唯爲韋提及佛滅後五濁五苦
等一切凡夫證言得生爲此因緣我今一心依此教決定奉行縱使汝等百千萬億導不生者唯增長成

149

就我往生信心也又行者更向說言仁者善聽我今爲汝更說決定信相縱使地前菩薩羅漢辟支佛等

765
若一若多乃至遍滿十方皆引經論證言不生者我亦未起一念疑心唯增長成就我淸淨信心何以故
由佛語決定成就了義不爲一切所破壞故又仁者善聽縱使初地已上十地已來若一若多乃至遍滿
十方異口同音皆云釋迦佛指讃彌陀毀呰三界六道勸勵衆生專心念佛及修餘善畢此一身後必定
生彼國者此必虛妄不可依信也我雖聞此等所說亦不生一念疑心唯增長成就我決定上上信心何
以故乃由佛語眞實決了義故佛是實知實解實見實證非是疑惑心中語故又不爲一切菩薩異見異
解之所破壞若實是菩薩者衆不違佛敎也又置此事仁者當知縱使化佛報佛若一若多乃至徧滿十
方各各輝光吐舌徧覆十方一一說言釋迦所說指讃勸發一切凡夫專心念佛及修餘善廻願得生彼
150
淨土者此是虛妄定无此事也我雖聞此等諸佛所說畢竟不起一念疑退之心畏不得生彼佛國也何
766
以故一佛一切佛所有知見解行證悟果位大悲等同无少差別是故一佛所制卽一切佛同制如似前
佛制斷殺生十惡等罪畢竟不犯不行者卽名十善十行隨順六度之義若有後佛出世豈可改前十善
令行十惡也以此道理推驗明知諸佛言行不相違失縱令釋迦指勸一切凡夫盡此一身專念專修捨
命已後定生彼國者卽十方諸佛悉皆同讃同勸同證何以故同體大悲故一佛所化卽是一切佛化一
切佛化卽是一佛所化卽彌陀經中說釋迦讃歎極樂種種莊嚴又勸一切凡夫一日七日一心專念彌
陀名號定得往生次下文云十方各有恆河沙等諸佛同讃釋迦能於五濁惡時惡世界惡衆生惡見惡
煩惱惡邪无信盛時指讃彌陀名號勸勵衆生稱念必得往生卽其證也又十方佛等恐畏衆生不信釋
迦一佛所說卽共同心同時各出舌相遍覆三千世界說誠實言汝等衆生皆應信是釋迦所說所讃所
151
證一切凡夫不問罪福多少時節久近但能上盡百年下至一日七日一心專念彌陀名號定得往生必
767
无疑也是故一佛所說卽一切佛同證成其事也此名就人立信也　次就行立信者然行有二種一者
正行二者雜行言正行者專依往生經行行者是名正行何者是也一心專讀誦此觀經彌陀經无量壽
經等一心專注思想觀察憶念彼國二報莊嚴若禮卽一心專禮彼佛若口稱卽一心專稱彼佛若讃歎
供養卽一心專讃歎供養是名爲正又就此正中復有二種一者一心專念彌陀名號行住坐臥不問時
節久近念念不捨者是名正定之業順彼佛願故若依禮誦等卽名爲助業除此正助二行已外自餘諸
善悉名雜行若修前正助二行心常親近憶念不斷名爲无間也若行後雜行卽心常間斷雖可廻向得
生衆名疎雜之行也故名深心三者廻向發願心言廻向發願心者過去及以今生身口意業所修世出
世善根及隨喜自他一切凡聖身口意業所修世出世善根以此自他所修善根悉皆眞實深信心中廻
152
768
向願生彼國故名廻向發願心也又廻向發願生者必須決定眞實心中廻向願作得生想此心深信由
若金剛不爲一切異見異學別解別行人等之所動亂破壞唯是決定一心捉正直進不得聞彼人語卽
有進退心生怯弱廻顧落道卽失往生之大益也　問曰若有解行不同邪雜人等來相惑亂或說種種
疑難導不得往生或云汝等衆生曠劫已來及以今生身口意業於一切凡聖身上具造十惡五逆四重
謗法闡提破戒破見等罪未能除盡然此等之罪繫屬三界惡道云何一生修福念佛卽入彼无漏无生

153

之國永得證悟不退位也答曰諸佛教行數越塵沙稟識機緣隨情非一譬如世間人眼可見可信者如明能破闇空能含有地能載養水能生潤火能成壞如此等事悉名待對之法卽自可見千差萬別何況佛法不思議之力豈无種種益也隨出一門者卽出一煩惱門也隨入一門者卽入一解脫智慧門也爲此隨緣起行各求解脫汝何以乃將非有緣之要行障惑於我然我之所愛卽是我有緣之行卽非汝所求汝之所愛卽是汝有緣之行亦非我所求是故各隨所樂而修其行者必疾得解脫也行者當知若欲學解從凡至聖乃至佛果一切无㝵皆得學也若欲學行者必籍有緣之法少用功勞多得益也又白一切往生人等今更爲行者說一譬喩守護信心以防外邪異見之難何者是也譬如有人欲向西行百千之里忽然中路在二河一是火河在南二是水河在北二河各闊百步各深无底南北无邊正水火中間有一白道可闊四五寸許此道從東岸至西岸亦長百步其水波浪交過濕道其火焰亦來燒道水火相交常无休息此人既至空曠迥處更无人物多有群賊惡獸見此人單獨競來欲殺此人怖死直走向西

769

154

忽然見此大河卽自念言此河南北不見邊畔中間見一白道極是狹少二岸相去雖近何由可行今日定死不疑正欲到廻群賊惡獸漸漸來逼正欲南北避走惡獸毒蟲競來向我正欲向西尋道而去復恐墮此水火二河當時惶怖不復可言卽自思念我今廻亦死住亦死去亦死一種不勉死者我寧尋此道向前而去既有此道必應可度作此念時東岸忽聞人勸聲仁者但決定尋此道必无死難若住卽死又西岸上有人喚言汝一心正念直來我能護汝衆不畏墮於水火之難此人既聞此遣彼喚卽自正當身心決定尋道直進不生疑怯退心或行一分二分東岸群賊等喚言仁者廻來此道嶮惡不得過必死不疑我等衆无惡心相向此人雖聞喚聲亦不廻顧一心直進念道而行須臾卽到西岸永離諸難善友相見慶樂无已此是喩也次合喩者言東岸者卽喩此娑婆之火宅也言西岸者卽喩極樂之寶國也言群賊惡獸詐親者卽喩衆生六根六識六塵五陰四大也言无人空迥澤者卽喩常隨惡友不値眞善知識也言水火二河者卽喩衆生貪愛如水瞋憎如火也言中間白道四五寸者卽喩衆生貪瞋煩惱中能生清淨願往生心也乃由貪瞋強故卽喩如水火善心微故喩如白道又水波常濕道者卽喩愛心常起能

770

155

染汚善心也又火焰常燒道者卽喩瞋嫌之心能燒功德之法財也言人行道上直向西者卽喩廻諸行業直向西方也言東岸聞人聲勸遣尋道直西進者卽喩釋迦已滅後人不見由有教法可尋卽喩之如聲也言或行一分二分群賊等喚廻者卽喩別解別行惡見人等妄說見解迭相惑亂及自造罪退失也言西岸上有人喚者卽喩彌陀願意也言須臾到西岸善友相見喜者卽喩衆生久流生死曠劫淪廻迷倒自纏无由解脫仰蒙釋迦發遣指向西方又籍彌陀悲心招喚今信順二尊之意不顧水火二河念念无遺乘彼願力之道捨命已後得生彼國與佛相見慶喜何極也又一切行者行住坐臥三業所修无問晝夜時節常作此解常作此想故名廻向發願心又言廻向者生彼國已還起大悲廻入生死教化衆生亦名廻向也　三心既具无行不成願行既成若不生者无有是處也又此三心亦通攝定善之義應知

771

阿弥陀経註

経文（表書）科段	経文（表書）頁	経文（表書）本文	註文（表書）本文	註文（表書）出拠	註文（裏書）頁	註文（裏書）本文	註文（裏書）出拠
序分 105	195	如是	安樂行道轉經願生淨土法事讚下云願往生願往生諸佛大悲心无 二方便化門等无殊捨彼莊嚴无勝土八相示現出閻浮或現眞形無 利物或同雜類化凡愚分身六道无停息變現隨宜度有流有流見解 心非一故有八萬四千門門門不同亦非別別別之門還是同同故即 是如來致別故復是慈悲心悲心念念緣三界人天四趣罪根深過現 諸佛皆來化无明業障不相逢慚愧釋迦弘誓重不捨娑婆十惡聚希 遇道場聞淨土騰神永逝出煩籠衆等傷心共悲歎手執香華常供養 〈上欄・行間〉 願往生願往生釋迦如來成正覺四十九載度衆生五天竺國皆行化 邪魔外道盡歸宗天上天下无過佛慈悲救苦實難逢或放神光遍六 道蒙光觸者起慈心或住或來皆盡益三塗永絕斷追尋或震大地山 河海爲覺萠冥信未深或自說法教相勸展轉相將入法林法林即是 彌陀國逍遙快樂不相侵〈下欄〉 願往生願往生如來教法元無二正爲衆生機不同一音演說隨緣悟 不留殘結證生空或現神通或說法或服外道滅魔蹤自利一身雖免 縛悲心普益絕无功灰身滅智无餘證二萬盡復生心生心覺動身還 現諸佛先教發大乘〈下欄〉 願往生願往生菩薩大衆无央數文殊師利最爲尊發大慈悲行苦行 不違弘願度衆生或現上好莊嚴相或現上好莊嚴身含靈覩見皆生 喜爲說妙法入眞門十方佛國身皆到助佛神光轉法輪〈下欄〉 與佛聲聞菩薩衆同旂舍衞住祇園願閉三塗絕六道開顯无生淨土 門人天大衆皆來集瞻仰尊顏聽未聞見佛聞經同得悟畢命傾心入 寶蓮誓到彌陀安養界還來穢國度人天願我慈悲无齊限長時長劫 報慈恩〈下欄〉	法事讃 巻下 830, 831 832 833	238 ②	照師云古云指法之辭即指正宗所說法門契理 曰如離非曰是信故聞持名信成就	元照小 経義疏
	195	我聞			238 ③	阿難自言親從佛聞非他傳告即聞成就	元照小 経義疏

正宗分 依正段 106	199	曼陀羅華	願往生願往生彌陀佛國最爲勝廣大寛平實是精天樂音聲常遍滿黄金爲地間奇珍晝夜六時華自散法音常說自然聞彼國衆生更无事衣裓盛華詣十方一一親承修供養塵勞垢習永消亡種種隨心皆稱意无不利益是眞常欻爾飛騰還本國飯食經行七寶臺衆等傾心皆願往手執香華常供養〈上欄・行間〉	法事讃 巻下 836	237 ④	又照云曼陀羅華者此云適意言其美也又云白華取其色也	元照小経義疏
	199	其土衆生			238 ①	通名九品	元照小経義疏
因果段 108	204	不可以少善根福德因緣得生彼國	願往生願往生釋迦如來告身子即是普告苦衆生娑婆六道非安處冥冥長夜闇中行聖化同居不相識動生瞋毒鬪无明爲此无明繫六道愛憎高下何時平既無善業排生死由貪造罪未心驚服此人皮裏髗骨三塗自入不須淨我等聞之心髓痛誓願頓捨世間榮普願廻心生淨土〈上欄・行間〉願往生願往生娑婆極苦非生處極樂无爲實是精九品俱廻得不退阿鞞跋致卽无生非直初生無限極十地已下劫難窮如此大海塵沙劫有緣到者入其中四種威儀常見佛行來進止駕神通六識縱橫自然悟未籍思量一念功普勸同生善知識專心專注往西方〈下欄〉	法事讃 巻下 842	229 ①	又曰生彼佛土諸有情類成就无量无邊功德非少善根諸有情類當得往生无量壽佛極樂世界清淨佛土又舍利子若有淨信諸善男子或善女人得聞如是无量壽佛无量无邊不可思議功德名號極樂世界功德莊嚴聞已思惟	称讃浄土経 391
	205	其人臨命終時阿彌陀佛與諸聖衆現在其前是人終時心不顚倒卽得往生阿彌陀佛極樂國土	願往生願往生極樂无爲涅槃界隨緣雜善恐難生故使如來選要法教念彌陀專復專七日七夜心无間長時起行倍皆然臨終聖衆持華現身心踊躍坐金蓮坐時卽得无生忍一念迎將至佛前法侶將衣競來著證得不退入三賢〈上欄〉願往生願往生彌陀侍者二菩薩號曰无邊觀世音一切時中助佛化分身六道起慈心念念隨機爲說法惛惛難悟罪根深百計千萬數出世萬中無一出煩籠念汝衆生長劫苦諸佛對面不相逢人天少善尚難辨何況无爲證六通雖得見聞希有法麤心懈怠益無功縱使連年放脚走趁得貪瞋滿內胸貪瞋卽是身三業何開淨土裏眞空寄語同生善知識念佛慈悲入聖聚〈下欄〉照云或披教典或遇知識聞必生信信故持名〈右傍・左傍〉	法事讃 巻下 843 844 元照小経義疏	228 ②	稱讃云臨命終時无量壽佛與其无量聲聞弟子菩薩衆俱前後圍繞來住其前慈悲加祐令心不亂既捨命已隨佛衆會生无量壽極樂世界清淨佛土	称讃浄土経 391
	205	舍利弗我見是利故說此言若有衆生聞是說者應當發願生彼國土			228 ①	稱讃云又舍利子我觀如是利益安樂大事因緣說誠諦語若有淨信諸善男子或善女人得聞如是无量壽佛不可思議功德名號極樂世界淨佛土者一切皆應信受發願如說修行生彼佛土	称讃浄土経 392

付漢字対照

凡　例

一、本表は、『観経註』『小経註』と本聖典第一巻「三経七祖篇」所収の各聖教を対照し、漢字の相異を示したものである。

二、『観経註』は、『観経』、『論註』、『観経疏』(「玄義分」・「序分義」・「定善義」・「散善義」)、『観念法門』、『礼讃』の順に、『小経註』は、『小経』、『称讃浄土経』、『法事讃』(巻上・巻下)の順に、それぞれ対照した。

三、上段には『観経註』『小経註』の本巻所収頁・行数と本文、下段には「三経七祖篇」の本文と頁数を示した。

四、『観経註』『小経註』と「三経七祖篇」との漢字の相異のうち、「无→無」「嘆→歎」「辨→辯」については相異が一様であり、原則として一々示さなかった。ただし、次のような例外がある。

観経註　『論註』　「无」(一六三・一六四頁の五例)　→「无」(「三経七祖篇」四七四・四七五頁)

小経註　『称讃浄土経』　「无邊」(二二九頁九行目)　→「无邊」(「三経七祖篇」三九一頁)

観無量寿経註

観経

頁	行	観経註	三経七祖篇	頁
七	二	無量壽觀經一巻	觀無量壽經	七七
七	二	畺良邪舎	畺良耶舎	七七
一五	五	大目揵連	大目犍連	七七
一五	一〇	目揵連	目犍連	七七
一五	一四	逕三七日	經三七日	七七
二〇	二	燋悴	憔悴	七八
二一	六	大目揵連	大目犍連	七九
二六	六	頗梨	玻瓈	七九
四七	四	頗梨	玻瓈	八三
四七	四	馬腦	碼碯	八三
四七	四	車渠	硨磲	八三
四七	四	車渠	硨磲	八三
四七	五	虎魄	琥珀	八三
四七	一二	在其中	在中	八三
四八	九	諸菓	諸果	八三
四八	九	幢幡	幢旛	八三
四八	一二	華菓	華果	八三
五〇	五	底砂	底沙	八四
五五	一四	一一脈有	脈有	八五
五六	一〇	遍覆	偏覆	八五
五六	一二	甄升迦寶	甄叔伽寶	八五
五七	二	有寶縵	寶幔	八五
五七	五	金光遍	金色徧	八五
六〇	九	阿羅呵	阿羅訶	八六
六一	一	寶縵	寶幔	八六
六一	一三	作金色	放金光	八六
六二	三	金光	光明	八七
六三	一二	宛轉	婉轉	八七
六三	一二	淸白	青白	八七
六四	一一	遍照	徧照	八七
六六	二	其光	其光明	八七
六七	六	當見	當現	八八
六八	一	遍觀	徧觀	八八
七二	七	色身相	色身想	八九
七六	一一	振動	震動	九〇
七八	一二	色身相	色身想	九〇
七八	一四	无量劫	無數劫	九〇
七九	二	作此觀	作是觀	九一
八四	五	雜觀想	雜想觀	九二
九一	二	逕須臾	經須臾	九二

頁	行	観経註	三経七祖篇	頁
九二	一二	圍遶	圍繞	九三
九三	一四	卽開	則開	九三
九五	一	遍至	偏至	九三
一〇〇	三	圍遶	圍繞	九四
一〇三	六	七寶池	在寶池	九五
一〇五	一三	屈申	屈伸	九五
一〇九	二	遍滿	偏滿	九六
一一三	九	觀世	當華敷時觀世	九七
一二三	五	目揵連	目犍連	九九
一二三	一四	諸天龍及	諸天及龍	九九
一二六	八	無量壽觀經一卷	觀無量壽經	九九

論註

頁	行	観経註	三経七祖篇	頁
一六三	三	心想佛	是故汝等心想佛	四七四
一六三	四	正徧知海	正遍知海	四七四
一六三	六	如是言言諸佛	如是言諸佛	四七四
一六四	一	卽是	卽爲	四七四
一六四	一	正徧知	正遍知	四七四
一六四	三	正徧知	正遍知	四七五

玄義分

頁	行	観経註	三経七祖篇	頁
七	八	釋其名	釋名	六五八
七	九	此云名覺	此土名覺	六五八
八	二	隱障	隱彰	六五八
八	四	謨者是命	無者是命	六五八
八	六	覺者人	覺者是人	六五八
八	八	匹丈	疋丈	六六〇
八	八	其文用	其丈用	六六〇
一二七	七	菩薩等	菩提尊	六五五
一二七	七	无㝵	無礙	六五五
一二八	二	大悲	使大悲	六五六
一二八	六	籍此	藉此	六五七
一二八	一二	癈惡	廢惡	六五七
一二九	二	懃奉法	勤心奉法	六五七
一三〇	六	二善出	二出	六六一
一三〇	一〇	別有二義	則有二義	六六二
一三〇	一一	阿彌陀佛	彌陀佛	六六二
一三一	七	定善	定散	六六二
一三一	一一	我教觀	教我觀	六六三
一三一	一三	請所	請處	六六三
一三二	一二	籍韋提	藉韋提	六六四
一三二	一三	上下者言	上下者上言	六六四
一三二	一三	種姓	種性	六六四

頁	行	観経註	三経七祖篇	頁
一三三	五	籍韋提	藉韋提	六六五
一三三	九	籍韋提	藉韋提	六六五
一三三	一二	定善又三輩	定善及三輩	六六九
一三四	一	籍善	藉善	六六九
一三四	一	致彼	到彼	六六九
一三四	三	霑九品	沾九品	六六九
一三四	六	准義	準義	六七〇
一三四	八	十八句	十句	六七〇
一三四	八	韋提希	韋提	六七〇
一三五	一	言佛告韋提	佛告韋提	六七〇
一三五	九	十八句	十句	六七一
一三五	一一	一者論云	一論云	六七一
一三五	一二	言菩提者乃	言菩提乃	六七一
一三六	一	善才	善財	六七一
一三六	六	二者論中	二論中	六七二
一三六	九	如此	如是	六七二
一三六	九	爲遠生	與遠生	六七二
一三七	四	願往生	欲往生	六七三
一三七	一〇	可爲皆	所爲皆	六七三
一三八	四	投他	投化	六七四
一三八	六	壞疑	懷疑	六七四
一三九	一三	无㝵解	無礙智	六七五
一四〇	七	我等	何等	六七六

頁	行	観経註	三経七祖篇	頁
一四一	五	如此	如斯	六七七
一四一	五	闕其理	闕理	六七七
一四一	一二	且不簡	亦不簡	六七七
一四二	三	義也	義者	六七八
一四二	四	即往生	願往生	六七八
一四二	四	妨导	妨礙	六七八
一四二	一三	上文説	上文中説	六七八
一四三	五	證日	證曰	六七九

序分義

頁	行	観経註	三経七祖篇	頁
九	八	卽標	卽總標	六八一
一〇	八	證成	證誠	六八二
一一	二	年月日時	年月四時	六八二
一一	九	祇闍	耆闍	六八三
一一	一〇	祇闍	耆闍	六八三
一二	一	遊祇山	遊耆山	六八三
一二	二	出家之家	出家之衆	六八三
一二	三	不捨大慈	不捨大悲	六八三
一三	三	隨常佛後	常隨佛後	六八四
一三	六	後世	後生	六八五
一三	七	自惟	自唯	六八五
一五	八	奉請僧佛	奉請佛僧	六九三

頁	行	観経註	三経七祖篇	頁
一六	二	以戒法因資	以戒法内資	六九六
一七	一四	二臣切諌	二臣切諌	六九八
一八	一三	寓邑神州	京邑神州	七〇〇
一八	一四	城意	城意也	七〇〇
一九	二	直諌功	直諌切	七〇〇
一九	四	是弟者	是我弟者	七〇〇
二〇	四	闍世	闍王	七〇一
二〇	九	意有所諌	意有所陳	七〇二
二〇	一〇	祇闍	耆闍	七〇二
二一	四	自惟罪重	自唯罪重	七〇三
二一	五	叩頭	叩頂	七〇三
二一	一〇	自來起	自來赴	七〇三
二二	一〇	一心念	心念	七〇三
二二	八	遙喰	遙餐	七〇三
二三	四	立踊身	立從立踊身	七〇四
二三	七	醒始	惺始	七〇四
二三	一三	在二	有二	七〇五
二四	二	問佛云何	問佛云	七〇五
二四	四	釋麞男	釋魔男	七〇五
二五	五	皆通有	皆遍有	七〇六
二七	一	任彼所	信彼所	七〇七
二七	七	彼爲憂	彼爲優	七〇八
二九	三	正明益	正明答	七一〇

頁	行	観経註	三経七祖篇	頁
二九	四	默然	嘿然	七一〇
二九	八	以注心	以住心	七一〇
三〇	七	皆籍緣	皆藉緣	七一一
三〇	八	云何籍緣	云何藉緣	七一一
三〇	一四	被衣服	牀被衣服	七一一
三一	一	憎嫉	憎疾	七一一
三一	一〇	以應	次應	七一三
三二	一	有小分	有少分	七一四
三二	三	此明戒	此名戒	七一四
三二	六	我身同	我身身同	七一四
三二	六	衆生界	衆生性	七一四
三三	八	未潤	來潤	七一六
三三	一二	勸勸説	勸持勸説	七一六
三四	八	方時應	方應	七一七
三五	七	安養	安樂	七一八
一七六	一	若劫末	劫若末	七一八
一七六	四	慈恩益	慈恩養	七一九
一七六	一三	所現	所見	七一八
一七七	二	愚惑	置惑	七一七
一七七	五	觀注心	觀住心	七一七
一七七	七	行莫	竹簣	七一六
一七八	一一	如无竭	而無竭	七一五
一七九	二	從旦至十	從旦至中	七一二

頁	行	観経註	三経七祖篇	頁
一七九	一三	父母也不	父母已不	七一二
一七九	一三	尙言	尙云	七一二
一八一	一	從齊出	從臍出	七〇九
一八一	一	若光從	光從	七〇九
一八二	四	必當爲王	必當與王	六八七
一八二	一〇	一國之王	一國之主	六八七
一八三	九	不絕令使唯	不斷唯	六八八
一八三	一一	凶猛	匈猛	六八八
一八三	一二	多持供養	多將供養	六八九
一八三	一四	華妓樂	華伎樂	六八九
一八四	一	語云仁者	語言人者	六八九
一八五	九	籍此	藉此	六九一
一八五	一一	答云	答曰	六九一
一八五	一二	知不也	知不	六九一
一八六	二	力故雖命	力故命	六九一
一八六	四	爾也不	爾已不	六九一
一八六	八	韋提	夫人	七〇一
一八六	一〇	忉逼	切逼	七〇二
一八七	二	无己	危己	七〇〇
一八七	三	凶惡	匈惡	六九九
一八七	一一	不失宜時	不失時宜	七〇二
一八八	三	綱紀	綱記	六九八
一八九	一	被幽閉囚禁	被囚禁	六九五

頁	行	観経註	三経七祖篇	頁
一八九	二	仰馮	仰憑	六九五
一八九	八	來受	來授	六九四
一八九	九	稍廣時	稍寬時	六九四
一九一	二	伽邪迦葉	伽耶迦葉	六八四
一九一	九	倶城	但城	六八六
一九一	一三	故導王舍	故道王舍	六八六

定善義

頁	行	観経註	三経七祖篇	頁
三五	一三	法定	法定者	七二〇
三六	一三	如黃	又如黃	七二三
三七	二	及身口	乃身口	七二三
三七	三	懺愧	慚愧	七二三
三七	一二	注心	住心	七二四
三九	九	千光周	千光光周	七二七
三九	一三	永爲	永爲常	七二七
四一	一〇	如華	如華又如星月者	七二九
四二	四	諸佛	佛諸	七二九
四四	六	報眞	眞報	七三〇
四五	一〇	提携將	携將	七三一
四六	八	馬腦	碼碯	七三二
四七	七	焰熾	炎熾	七三三
四七	八	掛遶	挂遶	七三三

頁	行	観経註	三経七祖篇	頁
四七	九	見眞形	見形	七三三
四九	一	宮殿	空殿	七三五
四九	一二	通滿	流遍滿	七三五
五一	一	擧動	覺動	七三六
五二	一二	成想	成相	七三八
五四	七	勸修	觀修	七三九
五四	一一	類差	類萬差	七三九
五九	六	心徧	心遍	七四四
五九	六	身徧	身遍	七四四
五九	七	障导	障礙	七四四
五九	七	心故故言	心故言	七四四
五九	一三	諸想	諸想者	七四四
五九	一四	障导	障礙	七四五
六〇	六	注心	住心	七四五
六一	四	注心	住心	七四六
六一	四	眉間毫相	眉毫相	七四六
六一	五	腹齊陰	腹臍陰	七四六
六一	五	膝膊足	膝蹲足	七四六
六一	七	注心	住心	七四六
六一	八	寶地	此寶地	七四六
六五	一〇	能导	能礙	七四八
六五	一四	證成	證誠	七四八
六六	五	明廣莊嚴	明莊嚴	七四八

頁	行	観経註	三経七祖篇	頁
六七	一	大悲	大慈	七四九
六八	四	邪正	觀邪正	七四九
七一	一一	色八萬	色有八萬	七五〇
七五	一〇	智惠光	智慧光	七五二
七六	八	完髻	肉髻	七五二
七七	八	觀音	觀音相	七五三
八二	四	作佛想	作化佛想	七五五
八三	二	則皆	明皆	七五六
八三	三	无导	無礙	七五六
八三	四	二如	二者如	七五六
八三	七	或現大	或現大身	七五六
八三	七	或現小	或現小身	七五六
八四	七	總世尊	總明世尊	七五六
八四	一二	座彼	坐彼	七五七
一六四	一一	无蹔	無暫	七四四
一六五	四	无导	無礙	七四四
一六五	一〇	仰馮聖	仰憑聖	七四〇
一六六	一三	此意中	就此意中	七三九
一六七	八	天今	天金	七三九
一七一	一	何以	何所以	七二五
一七一	四	問曰	又問曰	七二五
一七一	八	以注心	以住心	七二五
一七二	一二	麤想水	麤想心水	七二六

頁	行	観経註	三経七祖篇	頁
一七四	五	境注心	境住心	七二一
一七四	八	教注心	教住心	七二二
一七四	八	欲注心	欲住心	七二二
一七四	一二	千萬億倍	千萬倍	七二三
一七五	七	猿猴心	猨猴心	七二〇
一七五	七	由蹔息	由暫息	七二一

散善義

頁	行	観経註	三経七祖篇	頁
八七	一二	報法	執法	七七二
八八	五	念佛	念諸佛	七七三
八八	八	等難行	此等難行	七七三
八八	一二	福惠	福慧	七七三
八九	八	盡廻	廻盡	七七四
九〇	七	重明	明重	七七四
九〇	七	勢至	勢志	七七四
九〇	一一	見臺	見乘臺	七七四
九一	五	一初聞	一者初聞	七七四
九一	六	二須臾	二者須臾	七七四
九一	七	三本國	三者本國	七七四
九一	一二	是大	即是大	七七五
九二	六	怛然	坦然	七七五
九二	一〇	三明	四明	七七五

頁	行	観経註	三経七祖篇	頁
九四	一〇	衆聖	衆聲	七七六
九六	九	明上	明已上	七七七
九九	一二	得有犯	不得有犯	七七九
九九	一四	時亦	此時亦	七八〇
九九	一四	毀犯者也	毀犯也	七八〇
一〇一	一二	无著也	無著	七八〇
一〇二	一二	皆同	此三品戒皆同	七八一
一〇五	二	凡夫也	凡夫人也	七八二
一〇五	四	受法	授法	七八二
一〇六	六	得妙法	得聞妙法	七八三
一〇六	一一	逕七日	經七日	七八三
一〇八	一一	有何意	何意	七八四
一一二	五	云以諸惡	云諸惡	七八六
一一三	四	羅烈	羅列	七八六
一一五	八	報焉能	報烏能	七八七
一一五	一四	周章	周憧	七八八
一一八	八	皆雲	如雲	七八九
一二二	一	不獲益	不獲證	七九一
一二二	七	分陀利華	分陀利	七九一
一二四	一三	徧法界	遍法界	七九三
一二四	一三	勢志	勢至	七九三
一二五	四	三萬徧	三萬遍	七九三

頁	行	観経註	三経七祖篇	頁
一二五	一四	樹下	樹下金蓮華上坐十僧圍遶亦各坐一寶樹下	七九四
一二五	一四	桂繞	挂繞	七九四
一二六	一	幢軒	幢杆	七九四
一二六	二	蹤横	縱横	七九四
一二六	四	覩看	覩者	七九四
一四六	八	以四事等	四事等	七六二
一四八	三	疑㝵	疑礙	七六四
一四八	六	相好難	相妨難	七六四
一四八	一三	依此教	依此佛教	七六四
一四九	二	辟支佛	辟支	七六四
一四九	四	仁者	行者	七六五
一四九	一一	仁者	行者	七六五
一四九	一一	徧滿	遍滿	七六五
一四九	一二	徧覆	遍覆	七六五
一四九	一二	指讃	相讃	七六五
一五一	二	證成	證誠	七六六
一五一	一二	随喜自他	隨喜他	七六七
一五一	一四	發願生者	發願願生者	七六七
一五二	一一	即自可見	即目可見	七六八
一五三	二	无㝵	無礙	七六九
一五三	三	必籍	必藉	七六九

頁	行	観経註	三経七祖篇	頁
一五三	五	中路在二河	中路見有二河	七六九
一五三	一一	狭少	狹小	七六九
一五四	二	此道	此道行	七七〇
一五四	八	極樂之寶國	極樂寶國	七七〇
一五五	五	久流	久沈	七七一
一五五	六	又籍	又藉	七七一

観念法門

頁	行	観経註	三経七祖篇	頁
六八	七	徧照	遍照	八八三
六八	七	徧照	遍照	八八三
一六八	二	此經云證	此經證	八八七
一六八	三	三力外	三昧力外	八八八
一六九	一	發菩提	發菩提心	八九三

礼讃

頁	行	観経註	三経七祖篇	頁
六八	一一	蒙光接	蒙光攝	九五〇
六八	一二	六方	十方	九五〇
一五六	七	必得往生	必得生	九一二
一五八	一三	卒何	乖何	九一五
一五九	二	圓具	果圓	九一五
一五九	五	接化	攝化	九一五

頁	行	観経註	三経七祖篇	頁
一六〇	六	逕生死	經生死	九一六
一六〇	八	號爲阿彌陀	號阿彌陀	九一七
一六〇	九	障㝵	障礙	九一七
一六〇	一三	三途	三塗	九一七
一六一	六	徧照	遍照	九一八
一六一	七	如是	如此	九一八
一六一	一二	若住若坐	若坐若住	九五七
一六二	二	可馮	可憑	九五八
一六二	四	現在成佛	現在世成佛	九五八
一六二	八	見此利	見是利	九五八
一六二	一〇	徧覆	遍覆	九五八
一六二	一三	證成	證誠	九五八
一六三	一	可馮	可憑	九五九
一六三	一	意者也	意去也	九五九
一六五	七	獨座	獨坐	九四九
一六五	七	徧法界	遍法界	九四九

阿弥陀経註

小経

頁	行	小経註	三経七祖篇	頁
一九五	二	羅什譯	羅什奉詔譯	一〇五
一九五	四	目揵連	目犍連	一〇五
一九五	五	拘絺羅	倶絺羅	一〇五
一九五	五	周梨般他	周利槃陀	一〇五
一九五	七	阿㝹樓駄	阿㝹樓駄	一〇五
一九五	八	乾陀呵提	乾陀訶提	一〇五
一九八	三	圍遶	圍繞	一〇六
一九八	一三	金砂	金沙	一〇六
一九八	一三	頗梨	玻瓈	一〇六
一九八	一四	頗梨	玻瓈	一〇六
一九八	一四	車渠	硨磲	一〇六
一九八	一四	馬腦	碼碯	一〇六
一九九	七	六時雨天	六時而雨	一〇六
一九九	八	其土	其國	一〇六
二〇〇	二	白鶴	白鵠	一〇六
二〇二	一一	障閡	障礙	一〇七
二〇六	四	功德之利	功德	一〇八
二〇六	六	遍覆	徧覆	一〇八
二〇七	七	遍覆	徧覆	一〇八
二〇八	二	遍覆	徧覆	一〇九
二〇八	八	難俎佛	難沮佛	一〇九

頁	行	小経註	三経七祖篇	頁
二一〇	一二	善女人等	善女人	一一〇

称讃浄土経

頁	行	小経註	三経七祖篇	頁
二一〇	七	稱揚	稱楊	三九五
二一〇	九	發誠	說誠	三九五
二一二	一	如是經	聞是經	三九六
二一二	一	信解	信解生信解已	三九六

法事讃巻上

頁	行	小経註	三経七祖篇	頁
二二一	八	惠照	慧照	八〇一
二二一	八	未明	未期	八〇一
二二一	九	修還	循還	八〇一
二二一	九	誓水	逝水	八〇一
二二一	一〇	遇勝	遇勝緣	八〇一
二二一	一四	道牙	道芽	八〇二
二二二	二	華玲籠	華玲瓏	八〇二
二二二	三	聖衆居	聖衆同居	八〇二
二二二	四	無㝵	無礙	八〇二
二二三	一二	實難逢	實難逢 無量樂	八〇四
二二四	二	請高座 願往生	請高座 往生樂	八〇五
二二四	三	說尊經 無量樂	說尊經 往生樂	八〇五

頁	行	小経註	三経七祖篇	頁
二二四	八	三塗因 往生樂	三塗因 往生樂 難思議 往生樂 雙樹林下 往生樂 難思 往生樂	八〇五
二二六	一	清華	精華	八〇七
二二七	四	菩提牙	菩提芽	八一〇
二二七	七	惺悟	得惺悟	八一一
二二七	一三	利物	物利	八一一
二二八	八	精懃	精勤	八一二
二三〇	一四	白豪光	白毫光	八一四
二三一	三	四禪醬	四禪漿	八一四
二三一	五	寶相	實相	八一四
二三二	一二	華間	華開	八一八
二三三	八	無意想	無異想	八一九
二三四	三	焰焰	炎炎	八二〇
二三四	三	泥梨	泥犂	八二〇
二三四	四	泥梨	泥犂	八二〇
二三四	一三	一大劫	盡一大劫	八二三

法事讃巻下

頁	行	小経註	三経七祖篇	頁
一九五	一二	眞形無利物	眞形而利物	八三一
一九六	四	十惡聚	十惡叢	八三一
一九六	五	悲歎	悲嘆	八三一
一九六	一三	二萬盡	二萬劫盡	八三二
一九七	五	同斿	同遊	八三二
一九七	八	齊限	際限	八三三
一九七	一二	圍繞	圍遶	八三三
一九八	九	殊羅	珠羅	八三四
一九九	四	金砂	金沙	八三五
一九九	五	瑪瑙	碼碯	八三五
二〇一	一〇	彌陀師	阿彌師	八三八
二〇三	七	難作能	難作能作	八四〇
二〇三	一二	臨見佛	臨終見佛	八四一
二〇三	一三	塵砂	塵沙	八四一
二〇三	一四	聖人聚	聖人叢	八四一
二〇四	九	服此人	狂此人	八四二
二〇四	九	不須淨	不須爭	八四二
二〇四	一三	塵沙劫	塵恆沙	八四二
二〇四	一四	未籍	未藉	八四二
二〇六	二	入聖聚	入聖叢	八四四
二〇六	九	恆砂	恆沙	八四四
二〇七	一〇	恆砂	恆沙	八四五

頁	行	小経註	三経七祖篇	頁
二〇七	一二	及生眞	反生瞋	八四五
二〇八	一三	隨機	隨緣	八四七
二〇九	六	恆砂	恆沙	八四八
二一〇	一	恆砂	恆沙	八四九
二一三	一二	福惠	福慧	八五一
二一五	一四	周障	周憧	八五八
二一六	二	虛花	虛華	八五八
二一六	五	无　衆	無漏眞復眞衆	八五九
二一七	五	斷根蹄	斷根源	八五九
二一七	五	歸去來	去來	八五九
二一七	六	歸本家	歸家	八五九
二一八	一	自度	自慶	八六〇
二一八	六	應時現	應時見	八六一
二一九	三	請佛	諸佛	八六二
二一九	四	心道佛	心送佛	八六二
二一九	一〇	歌歎	彌歌	八六三

『西方指南抄』・『黒谷上人語灯録』・醍醐本『法然上人伝記』対照表

凡　例

一、本対照表は『西方指南抄』と『黒谷上人語灯録』・醍醐本『法然上人伝記』との篇目を対照したものである。

二、篇目については、原則として『西方指南抄』は本巻所収本文の柱書に付されている一連のものを用い、『黒谷上人語灯録』は大谷大学蔵江戸時代後期恵空所持本転写本（『漢語灯録』）、滋賀県甲賀市水口図書館蔵（大徳寺旧蔵）元禄十五年恩哲書写本（『拾遺漢語灯録』）、龍谷大学蔵元亨元年刊本（『和語灯録』）の表記に従った。また便宜上、通番号を付し、『黒谷上人語灯録』のうち『漢語灯録』は「漢」、『和語灯録』は「和」、『拾遺漢語灯録』は「拾漢」と、それぞれ略称を用いて示した。なお、『拾遺和語灯録』については『西方指南抄』と対応するものがみられないため示さなかった。

三、『黒谷上人語灯録』・醍醐本『法然上人伝記』の篇目について、特に説明を要するものは適宜（　）の中に補った。

四、対応する箇所が篇目の前半部あるいは後半部である場合は、通番号に適宜「前」「後」を付して理解の便をはかった。

五、本対照表の作成にあたっては、佛教大学総合研究所編『シンポジウム・法然と親鸞』（法藏館、一九九七年）、梯實圓『西方指南抄序説』（西本願寺、一九八六年）等を参照した。

『西方指南抄』		『黒谷上人語灯録』		醍醐本『法然上人伝記』	
通番号	篇目	通番号	篇目	通番号	篇目
一	法然聖人御説法事	漢一一	逆修説法		
二	建保四年公胤夢告			四	別伝記（末尾のみが対応）
三	三昧発得記	拾漢一前	三昧発得記	六	三昧発得記
四	法然聖人御夢想記	拾漢一後	御夢記		
五	十八条法語	和五	三心義（十八条法語第十五条に対応）		
六	法然聖人臨終行儀	拾漢二後	臨終日記	五	御臨終日記
七	聖人御事諸人夢記				

八	七箇条起請文	漢一七	七箇条起請文		
九	起請没後二箇条事	漢一六前	没後起請文(葬家追善事)		
一〇	源空聖人私日記				
一一	決定往生三機行相				
一二	鎌倉二品比丘尼への御返事	和一〇	鎌倉の二位の禅尼へ進ずる御返事		
一三	本願体用事(四箇条問答)				
一四	上野大胡太郎実秀の妻への御返事	和一三	大胡の太郎実秀が妻室のもとへつかはす御返事		
一五	上野大胡太郎実秀への御返事	和一二	大胡太郎実秀へつかはす御返事		
一六	正如房への御消息	和一八	正如房へつかはす御文		
一七	故聖人の御房の御消息(光明房宛)	和一七	越中国光明房へつかはす御返事		
一八	基親取信信本願之様	漢二一	基親取信信本願之様		
一九	基親上書・法然聖人御返事	漢二〇	遣兵部卿基親之返報		
二〇	或人念仏之不審聖人奉問次第(十一箇条問答)	和二〇	十二の問答	二	禅勝房との十一箇条問答
二一	浄土宗大意				
二二	四種往生事				
二三	法語(黒田聖への書)	和一六	黒田の聖人へつかはす御文		
二四	法語(念仏大意)	和七	念仏大意		
二五	九条殿北政所への御返事	和九	九条殿下の北政所へ進ずる御返事		
二六	熊谷入道への御返事	和一四	熊谷の入道へつかはす御返事		
二七	要義十三問答	和一一	要義問答		
二八	武蔵津戸三郎への御返事	和一五	津戸の三郎入道へつかはす御返事		

年表

凡例

一、本年表は、源空（法然）聖人誕生の長承二（一一三三）年から親鸞聖人示寂に至る浄土真宗の教学の流れを概観することを目的として、本聖典の底本・対校本に用いた聖教の製作書写年時等、聖教関係の記事を中心に構成した。また、参考事項として源空聖人・親鸞聖人の生涯、及び教学・教団史上における重要な事項を二字下げで記載した。

一、表記については、敬称も含め主として『本願寺年表』に準じた。

一、年号・西暦・歴代宗主の年齢・事項を月日順に列記し、月日不詳の場合はその年の最後に○印を付し、この年の意を示した。また源空聖人の年齢を（ ）で示した。

一、閏月は○の中に数字で月を記した。

一、他派に関する事項は次の記号で示した。

真宗大谷派　㊅　　真宗高田派　㊔　　真宗仏光寺派　㊋

年号	西暦	宗主年齢	事項
長承 二	一一三三	(一)	4・7 源空、美作国久米南条稲岡に誕生（私日記）。
保延 四	一一三八	(六)	12・― 某、『往生論註』を写す（大阪府金剛寺蔵保延四年書写本奥書）。
永治 元	一一四一	(九)	春 源空の父漆間時国、明石定明の夜襲に遭い傷死。源空、この年に菩提寺の観覚の室に入る（私日記）。
承安 三	一一七三	宗祖 一	○ 宗祖、日野有範の子として誕生（出自は親鸞伝絵。誕生年は尊号真像銘文、唯信鈔文意など宗祖真筆奥書から逆算）。
安元 元	一一七五	宗祖 三 (四三)	春 源空、専修念仏に帰入し、浄土宗を開宗する（私日記・四十八巻伝・拾遺古徳伝）（承安四年の異説あり）。
養和 元	一一八一	宗祖 九	○ 宗祖、慈円の坊舎で出家得度、範宴と号する（親鸞伝絵）。
寿永 元	一一八二	宗祖一〇	○ 恵信尼（宗祖内室）、誕生（恵信尼消息八から逆算）。
文治 二	一一八六	宗祖一四 (五四)	秋 源空、大原で諸宗の僧と対論（四十八巻伝）。大原問答。
建久 元	一一九〇	宗祖一八 (五八)	2・1 源空、重源の求めに応じて、この日より東大寺で「浄土三部経」を講説する（漢語灯録）。
八	一一九七	宗祖二五 (六五)	○ 源空、九条兼実の要請を承けて『選択集』を著し始める（九巻伝）。
九	一一九八	宗祖二六 (六六)	1・1 源空、この日より別時念仏を行い三昧発得する（三昧発得記）。 ○ 源空、『選択集』を著す（選択要決、選択伝弘決疑鈔）（元久元年の異説あり）。
正治 元	一一九九	宗祖二七 (六七)	○ 弁長、この年に『選択集』を付属される（聖光上人伝）。
建仁 元	一二〇一	宗祖二九	○ 宗祖、比叡山を下り、六角堂に参籠。聖徳太子の示現にあずかり、源空の門に入って専修念仏に帰す（教行信証・恵信尼消息三・親鸞伝絵）。

元久 元	一二〇四	宗祖三二（七二）	○	宗祖、源空門下で研鑽を積まれていた頃（二九歳〜三五歳）、『観無量寿経註』『阿弥陀経註』を著す（本願寺蔵）。
			1下旬	『無量寿経』を刊行する（愛知県祐誓寺蔵建仁四年刊本刊記）。
			3・14	隆寛、『選択集』を付属される（明義進行集）。
			11・―	源空、比叡山衆徒の専修念仏弾圧に対し、誓文を山門に送り、門弟に七箇条制誡を示す。
			11・8	宗祖、源空の七箇条制誡に「僧綽空」と連署（二尊院文書）。
			11・28	某、『選択集』を写す（奈良県當麻寺奥院蔵元久元年書写本〈往生院本〉奥書）。
二	一二〇五	宗祖三三（七三）	4・14	宗祖、源空から『選択集』を付属され、同日、源空の影像を図画する（教行信証）。
			⑦・29	先に図画した影像に源空が讃銘を書く。同日、宗祖、綽空の名を改める（教行信証）。
			10・―	興福寺衆徒、専修念仏について九失をあげて停止を訴える（興福寺奏状）。
建永 元	一二〇六	宗祖三四（七四）	2・―	興福寺衆徒、再び藤原良経に念仏停止を訴える（三長記）。
承元 元	一二〇七	宗祖三五（七五）	2上旬	宗祖、専修念仏停止により越後国府に流罪となる。源空は土佐（実際は讃岐）、他の門弟四人も配流、また西意・性願・住蓮・安楽は斬首される（教行信証・親鸞伝絵・拾遺古徳伝）。承元の法難。
建暦 元	一二一一	宗祖三九（七九）	3・3	信蓮房（宗祖息男）誕生（恵信尼消息五から逆算）。
			11・17	宗祖、流罪を赦免される（親鸞伝絵・拾遺古徳伝）。
			11・―	源空、流罪を赦免され、入京して東山大谷に住む（教行信証・四十八巻伝）。
二	一二一二	宗祖四〇（八〇）	1・23	源空、源智に『一枚起請文』を授ける（京都府金戒光明寺蔵奥書・龍谷大学蔵元亨元年刊和語灯録所収本奥書）。
			1・25	源空示寂（教行信証・高僧和讃・西方指南抄・法然上人伝法絵・拾遺古徳伝）。
			9・―	『選択集』を刊行する（選択決疑抄見聞）。
			11・23	明恵房高弁、『摧邪輪』を著して源空を批判する（奥書）。

年号	西暦	宗主年齢	事項
建暦 三	一二一三	宗祖四一	6・22 高弁、『摧邪輪荘厳記』を著して重ねて源空を批判する（奥書）。
建保 二	一二一四	宗祖四二	○ 宗祖、上野佐貫で「浄土三部経」の千部読誦を発願。やがて中止して、常陸へ行く（恵信尼消息五）。
承久 元	一二一九	宗祖四七	②・8 専修念仏停止の宣下くだる（高祖遺文録）。
三	一二二一	宗祖四九	8・14 聖覚、『唯信鈔』を著す（本願寺蔵宗祖真筆本奥書・専修寺蔵宗祖真筆本奥書）。
元仁 元	一二二四	宗祖五二	8・5 延暦寺衆徒の訴えにより専修念仏停止（皇代暦）。 ○ 宗祖、『教行信証』に仏滅年代算定基準としてこの年をあげる（草稿本成立の年とする説あり）。
嘉禄 三	一二二七	宗祖五五	○ 覚信尼（宗祖息女）、誕生（恵信尼消息四から逆算）。 ○ 定照、『弾選択』を著して隆寛へ送り、『選択集』を批判する。隆寛、『顕選択』を著して反駁するも、比叡山衆徒の怒りを買う（隆寛律師略伝）。 6・24 延暦寺衆徒、大谷の源空の墳墓を破却する（百練抄・法然上人伝法絵・拾遺古徳伝）。嘉禄の法難。 6・― 隆寛・幸西・空阿を遠流に処し、ついで専修念仏を停止する（明月記）。 10・― 延暦寺衆徒、『選択集』の版木を焼却する（金綱集）。
安貞 二	一二二八	宗祖五六	1・25 源空の遺弟ら、源空の遺骸を移して荼毘に付す（四十八巻伝）。
寛喜 二	一二三〇	宗祖五八	5・25 宗祖、『唯信鈔』を写す（本願寺蔵宗祖真筆本奥書・専修寺蔵宗祖真筆本奥書）。
三	一二三一	宗祖五九	4・4 宗祖病臥。夢中に建保二年の「浄土三部経」千部読誦の発願と中止を想い、反省（恵信尼消息五・同六）。
貞永 元	一二三二	宗祖六〇	○ 『般舟讃』を刊行する（貞永元年刊本刊記）。 ○ この頃、宗祖帰洛（反故裏書）（関東在住二十年とする古説や『口伝鈔』一切経校合の伝承によると文暦・嘉禎の六二、三歳の頃か）。帰洛後しばらく五条西洞院に居住（親鸞伝絵）。

嘉禎 元	一二三五	宗祖六三	6・19	宗祖、『唯信鈔』（平仮名本）を写す（専修寺蔵宗祖真筆本奥書）。
			○	如信（宗祖孫　善鸞息男）、誕生（本願寺蔵如信寿像裏書から逆算）。
延応 元	一二三九	宗祖六七	○	『選択集』を刊行する（京都府法然院蔵延応元年刊本刊記）。
仁治 元	一二四〇	宗祖六八	5・14	延暦寺衆徒、専修念仏の停止を幕府に請う（高祖遺文録）。
二	一二四一	宗祖六九	10・14	宗祖、『唯信鈔』を写す（大阪府真宗寺蔵奥書）。
			10・19	宗祖、『唯信鈔』を写す（京都府常楽寺蔵奥書・真宗法要本校異）。
三	一二四二	宗祖七〇	9・21	定禅、入西の求めにより宗祖の影像を描く（親鸞伝絵）。
			○	この頃、醍醐寺本『法然上人伝記』成る。
寛元 元	一二四三	宗祖七一	12・21	宗祖、「いや女譲状」を書く（本願寺蔵宗祖真筆）。
四	一二四六	宗祖七四	3・14	宗祖、『唯信鈔』を写す（専修寺蔵顕智書写本奥書・真宗法要校異）。
			3・15	宗祖、『自力他力事』を写す（大谷大学蔵恵空書写本奥書）。
宝治 元	一二四七	宗祖七五	2・5	尊蓮、『教行信証』を写す（大谷大学蔵奥書・龍谷大学蔵奥書・寛永版奥書）。
二	一二四八	宗祖七六	1・21	宗祖、『浄土和讃』『浄土高僧和讃』を著す（専修寺蔵国宝本奥書）。
建長 二	一二五〇	宗祖七八	10・16	宗祖、『唯信鈔文意』を著す（岩手県本誓寺蔵奥書）。
三	一二五一	宗祖七九	7・―	『選択集』を刊行する（本願寺蔵建長三年刊本刊記）。
			⑨・20	宗祖、常陸の門弟に「有念無念の事」を書く（古写消息四・末灯鈔一）。
四	一二五二	宗祖八〇	2・24	宗祖、常陸の門弟に書状を書く（末灯鈔二〇・御消息集一）。
			3・4	宗祖、『浄土文類聚鈔』を著す（専修寺蔵真智書写本奥書）。
			3・4	宗祖、『入出二門偈頌』を著す（茨城県聖徳寺蔵奥書）。
六	一二五四	宗祖八二	2・―	宗祖、『唯信鈔』を写す（滋賀県真念寺蔵奥書・大谷大学蔵恵空写伝本校異）。
			5・15	良聖、『三部経大意』を写す（神奈川県称名寺蔵奥書）。
			9・16	宗祖、『後世物語聞書』を写す（真宗法要本校異）。
			11・18	宗祖、二河白道の譬喩を延書にする（茨城県照願寺旧蔵奥書）。

年号	西暦	宗主年齢	事項
建長　六	一二五四	宗祖八二	12・― 宗祖、『浄土和讃』を写す（反故裏書）。
			○ 恵信尼、すでに越後に還住する（恵信尼消息二）。
七	一二五五	宗祖八三	4・23 宗祖、『一念多念分別事』を写す（大谷大学蔵奥書・大阪府光徳寺蔵奥書）。
			4・26 宗祖、『浄土和讃』を写す（専修寺蔵顕智書写本奥書）。
			5・23 真仏、『法然聖人御消息』を写す（専修寺蔵奥書）
			6・2 宗祖、『尊号真像銘文』（建長本）を著す（福井県法雲寺旧蔵宗祖真筆本奥書）。
			6・22 専信、『教行信証』を写す（専修寺蔵「宝暦十二壬午年六月三日御目録」）
			7・14 宗祖、『浄土文類聚鈔』を写す（真宗大谷派蔵奥書・滋賀県小松福田寺蔵奥書）。
			8・6 宗祖、『浄土三経往生文類』（略本）を著す（本願寺蔵宗祖真筆本奥書）。
			8・27 宗祖、『愚禿鈔』を著す（専修寺蔵顕智書写本奥書・京都府常楽寺蔵存覚書写本奥書）。
			10・3 宗祖、「かさまの念仏者のうたがひとはれたる事」を書く（真筆消息一・古写消息五・末灯鈔二・血脈文集一）。
			11・晦 宗祖、『皇太子聖徳奉讃』七十五首を著す（専修寺蔵真仏書写本奥書・専修寺蔵顕智書写本奥書・真宗大谷派蔵覚如書写本奥書）。
			12・10 宗祖、火災にあう（真筆消息二・恵信尼消息一・同二）。
			12・15 宗祖、真仏に書状を書く（真筆消息二）。
			冬 真仏・顕智、『教行信証』を相伝する（顕正流義鈔）。
			○ 朝円、宗祖影像（安城御影）を描く（存覚袖日記）。
			○ 宗祖、十字の名号本尊に銘を書く（専修寺蔵宗祖真筆銘）。
康元　元	一二五六	宗祖八四	2・9 蓮位、聖徳太子が宗祖を阿弥陀仏の化身として礼する夢想を得る（親鸞伝絵・口伝鈔）。
			3・23 真仏、『入出二門偈頌』を写す（専修寺蔵真仏書写本奥書）。

正嘉 元	一二五七	宗祖八五	3・24	宗祖、『唯信鈔文意』を写す（大阪府光徳寺蔵奥書）。
			4・13	宗祖、「念仏者疑問」を写す（古写消息五）。
			4・13	真仏、「四十八誓願」を写す（専修寺蔵奥書）。
			5・28	宗祖、覚信に書状を書く（真筆消息三・末灯鈔一一・御消息集一四）。
			5・29	宗祖、善鸞（宗祖息男）を義絶（古写消息三）。同日、その旨を性信に報じる（血脈文集二）。
			6・27	善鸞、義絶状を受け取る（古写消息三）。
			7・25	宗祖、『往生論註』に加点する（本願寺蔵宗祖加点本奥書）。
			10・13	宗祖、『西方指南抄』（上末）を、翌日、同（中末）を写す（専修寺蔵宗祖真筆本奥書）。
			10・13	真仏・顕智・専信等、三河薬師寺にて念仏をはじめ、次いで上京、顕智滞京して年末三河に行き念仏をひろめる（三河念仏相承日記）。
			10・25	宗祖、十字・八字の名号本尊を書く（専修寺蔵宗祖真筆裏書）。
			10・28	宗祖、六字・十字の名号本尊を書く（本願寺蔵宗祖真筆銘・愛知県妙源寺蔵宗祖真筆銘）。
			10・30	宗祖、『西方指南抄』（下本）を写す（専修寺蔵宗祖真筆本奥書）。
			11・8	宗祖、『西方指南抄』（下末）を写す（専修寺蔵宗祖真筆本奥書）。
			11・29	宗祖、『往相回向還相回向文類（如来二種回向文）』を著す（愛知県上宮寺蔵奥書）。
			1・1	宗祖、『西方指南抄』（上末）を校合する（専修寺蔵宗祖真筆本奥書）。
			1・2	宗祖、『西方指南抄』（上本）を写す。同日、同（中本）を校合する（専修寺蔵宗祖真筆本奥書）。
			1・11	宗祖、『唯信鈔文意』を写す（専修寺蔵宗祖真筆本奥書）。
			1・27	宗祖、『唯信鈔文意』を写す（専修寺蔵宗祖真筆本奥書）。
			2・5	真仏、『西方指南抄』（下本）を写す（専修寺蔵真仏書写本奥書）。
			2・9	宗祖、夢中に和讃を感得する（専修寺蔵国宝本「正像末法和讃」）。
			2・17	宗祖、『一念多念文意』を著す（真宗大谷派蔵宗祖真筆本奥書）。

年号	西暦	宗主年齢	事項
正嘉 元	一二五七	宗祖八五	2・27　真仏、『西方指南抄』（中本）を写す（専修寺蔵真仏書写本奥書）。 2・30　宗祖、『大日本国粟散王聖徳太子奉讃』百十四首を著す（真宗遺文纂要所収本奥書）。 3・2　宗祖、『浄土三経往生文類』（広本）を写す（興正寺蔵奥書）。 3・5　真仏、『西方指南抄』（上本）を写す（専修寺蔵真仏書写本奥書）。 3・20　真仏、『西方指南抄』（中末）を写す（専修寺蔵真仏書写本奥書）。 ③・1　宗祖、さる二月九日の夢告の和讃を記す（専修寺蔵国宝本「正像末法和讃」）。 ③・2　宗祖、書状に視力等の衰えを記す（末灯鈔八）。 ③・21　真仏、『如来二種回向文』を写す（専修寺蔵奥書）。 5・11　宗祖、『上宮太子御記』を写す（本願寺蔵奥書）。 6・4　宗祖、『浄土文類聚鈔』を写す（大谷大学蔵奥書）。 8・6　宗祖、『一念多念証文（文意）』を写す（龍谷大学蔵奥書・大谷大学蔵恵空書写本奥書・真宗法要本奥書）。 8・19　宗祖、『唯信鈔文意』を写す（専修寺蔵顕智書写本奥書・群馬県妙安寺蔵奥書・真宗法要本奥書）。 10・10　宗祖、性信に書状を書く（末灯鈔三・善性本五・血脈文集六）、同じく真仏に書状を書く（末灯鈔四・善性本六）。
二	一二五八	宗祖八六	3・8　真仏示寂（五〇）（正統伝後集・専修寺蔵「顕智聞書」）。 6・28　宗祖、『尊号真像銘文』（正嘉本）を著す（専修寺蔵宗祖真筆本奥書）。 8・18　真仏、『三部経大意』を写す（専修寺蔵奥書）。 9・24　宗祖、『正像末法和讃』を著す（専修寺蔵顕智書写本奥書）。 10・29　蓮位、宗祖の返書に添えて覚信の上京・示寂の報を慶信に伝える（真筆消息四・末灯鈔一四・善性本一・同三）。

			12・―	顕智、三条富小路善法坊で宗祖から「獲得名号自然法爾」の法語を聞書する（古写消息六・末灯鈔五）。
正元 元	一二五九	宗祖八七	9・1	宗祖、『選択集』延書（上本）を写し、九月十日、同（下）を写し終る（大谷大学蔵奥書・専修寺蔵奥書）。
文応 元	一二六〇	宗祖八八	⑩・29	宗祖、高田入道に書状を書く（真筆消息五）。
			11・13	宗祖、乗信に書状を書く（末灯鈔六）。
			12・2	宗祖、『弥陀如来名号徳』を写す（長野県正行寺蔵奥書）。
			○	宗祖、『正像末和讃』を補訂する（文明五年蓮如開版本奥書）。
弘長 二	一二六二	如信二八	11・28	宗祖、未刻、善法坊にて示寂（九〇）（本願寺蔵教行信証奥書・存覚袖日記）、一説に午刻（専修寺蔵真仏書写教行信証奥書・福井県浄得寺蔵教行信証奥書・親鸞伝絵）。覚信尼・益方（宗祖息男）等これに侍す（恵信尼消息三）。
			11・29	宗祖を東山鳥辺野にて荼毘に付す（福井県浄得寺蔵教行信証奥書）。
			11・30	拾骨（福井県浄得寺蔵教行信証奥書）。
			12・1	覚信尼、恵信尼に宗祖の訃報を送る（恵信尼消息三）。
三	一二六三	如信二九	2・10	恵信尼、覚信尼に宗祖の回顧を伝える（恵信尼消息五）。
文永 五	一二六八	如信三四	3・12	恵信尼（八七）、病により往生の近いことを覚信尼に伝える（恵信尼消息一〇）。
七	一二七〇	如信三六	12・28	覚如（覚恵息男）、誕生（慕帰絵・最須敬重絵詞）。
九	一二七二	如信三八	冬	宗祖の遺骨を吉水の北に移し、大谷廟堂を建立する（親鸞伝絵・専修寺文書）。
一一	一二七四	如信四〇	4・27	小野宮禅念、大谷北地を覚信尼に譲る（本願寺文書）。
			12・8	了慧、『漢語灯録』を編纂する（奥書）。
建治 元	一二七五	如信四一	1・25	了慧、『和語灯録』を編纂する（奥書）。
			○	某、『教行信証』を写す（福井県浄徳寺蔵奥書）。
弘安 六	一二八三	如信四九	2・2	明性、『教行信証』（坂東本）を相伝する（真宗大谷派蔵宗祖真筆本奥書）。
			8・3	寂忍、『上宮太子御記』を写す（本願寺蔵奥書）。

年号	西暦	宗主年齢	事項
正応 二	一二八九	如信五五	11・6 覚如、『愚禿鈔』を写す（和歌山県眞光寺蔵奥書）。
三	一二九〇	如信五六	9・16 顕智、『浄土和讃』を写す（専修寺蔵顕智書写本奥書）。 9・25 顕智、『正像末法和讃』を写す（専修寺蔵顕智書写本奥書）。
四	一二九一	如信五七	5～8上旬 性海、『教行信証』を開版するという（専修寺蔵教行信証奥書・中山寺蔵教行信証奥書）。
永仁 元	一二九三	如信五九	10・6 顕智、『愚禿鈔』を写す（専修寺蔵顕智書写本奥書）。
四	一二九六	如信六二	12・14 顕智、『法然上人伝法絵』詞書を写す（専修寺蔵奥書）。
正安 三	一三〇一	覚如三二	12・5 覚如、羽前長井道信のために『拾遺古徳伝絵詞』を著す（本願寺蔵奥書・存覚一期記）。
乾元 元	一三〇二	覚如三三	6・21 「浄土三部経」「五部九巻」を刊行する（刊記）。 11・27 顕智、『選択集』延書を写す（専修寺蔵奥書）。
嘉元 元	一三〇三	覚如三四	④・15 顕智、宗祖の書状（覚信房御返事）を写す（専修寺蔵奥書）。
二	一三〇四	覚如三五	8・29 覚如、『浄土文類聚鈔』を写す（大谷大学蔵延書奥書）。
三	一三〇五	覚如三六	7・27 顕智、宗祖の善鸞義絶状を写す（古写消息三）。
徳治 二	一三〇七	覚如三八	4・7 道顕、『皇太子聖徳奉讃』を写す（京都常楽寺蔵奥書）。 10・6 覚如、三河造岡道場で『上宮太子御記』を披見し、和田宿房で写す（本願寺蔵奥書）。 12・26 顕智、『一念多念文意』を写す（専修寺蔵顕智書写本奥書）。
延慶 元	一三〇八	覚如三九	1・27 顕智、「五巻書」を写す（三重県上宮寺蔵奥書）。 2・15 顕智、『西方指南抄』（下末）を写す（専修寺蔵奥書）。 ○ 覚如、『浄土文類聚鈔』を宗祖加点本により校合する（大谷大学蔵奥書）。
二	一三〇九	覚如四〇	1・20 某、『浄土文類聚鈔』を写す（滋賀県光延寺蔵奥書）。
応長 元	一三一一	覚如四二	5・9 覚如、存覚を従え越前へ赴き、大町如道に『教行信証』を授ける。この時、覚如、鏡御影に識語を記す（本願寺蔵鏡御影裏書・存覚一期記）。

文保 二	一三一八	覚如四九	6・14 光珠丸（従覚）、『皇太子聖徳奉讃』を写す（真宗大谷派蔵奥書）。 12・26 某、『弥陀如来名号徳』を写す（長野県正行寺蔵奥書）。 9・8 覚如、『皇太子聖徳奉讃』を写す（真宗大谷派蔵奥書）。 9・― 存覚（覚如息男）、前年三月より『観無量寿経註』『阿弥陀経註』を写す（専修寺蔵奥書）。 11・26 覚如、宗祖自筆『自力他力事』を写す（大谷大学蔵奥書）。
元亨 元	一三二一	覚如五二	7・8 『和語灯録』を刊行する（刊記）。
三	一三二三	覚如五四	11・12 正空、『拾遺古徳伝絵詞』を写させる（茨城県常福寺蔵奥書）。
正中 元	一三二四	覚如五五	6・14 明源（道信）、『拾遺古徳伝絵詞』を写す（大阪府願得寺蔵奥書）。 11・28 存覚、『教行信証』を写し終わる（京都府常楽寺蔵奥書）。
嘉暦 三	一三二八	覚如五九	1・28 明願、『観無量寿経』延書（本）を安置する（大阪府真宗寺蔵奥書）。
元徳 元	一三二九	覚如六〇	11・― 善最、明年にわたり『拾遺古徳伝絵詞』を写す（本願寺蔵奥書）。
元弘 三 正慶 二	一三三三	覚如六四	4上旬～下旬 乗専、『教行信証』を写す（大谷大学蔵奥書）。 4・25 従覚（覚如息男）、『末灯鈔』を編集する（龍谷大学蔵奥書）。
建武 元	一三三四	覚如六五	2・4 某、『末灯鈔』を写す（大谷大学蔵奥書）。
延元 元 暦応 元	一三三八	覚如六九	6・26 従覚、『末灯鈔』を写す（新潟県浄興寺蔵奥書）。 7・3 従覚、『末灯鈔』を再治する（龍谷大学蔵奥書）。
興国 元 暦応 三	一三四〇	覚如七一	4・23 某、『浄土文類聚鈔』延書を写す（和歌山県真光寺蔵奥書）。 12・25 存覚、『愚禿鈔』（下）を写す（京都府常楽寺蔵奥書）。
興国 二 暦応 四	一三四一	覚如七二	④・6 覚如、『愚禿鈔』を写す（新潟県浄興寺蔵奥書）。 ④・14 乗専、『唯信鈔文意』を写す（兵庫県毫摂寺蔵奥書）。 5・14 乗専、唯仏のため『選択集』を延書にする（滋賀県福田寺蔵奥書・龍谷大学蔵奥書）。 12・― 某、『教行信証』を写す（大谷大学蔵奥書）。

年号	西暦	宗主年齢	事項
興国三 康永元	一三四二	覚如七三	7・12 乗専、『末灯鈔』を写す（大阪府願得寺蔵奥書）。
			9・11 存覚、『愚禿鈔』（上）を写させる（京都府常楽寺蔵奥書）。
興国四 康永二	一三四三	覚如七四	5・17 存覚、乗智のために『教行信証』を延書にする（龍谷大学蔵奥書）。
興国五 康永三	一三四四	覚如七五	2・11 乗専、『末灯鈔』を写す（滋賀県慈敬寺蔵奥書）。
			3・11 某、『浄土文類聚鈔』を延書にする（大谷大学蔵奥書）。
興国六 貞和元	一三四五	覚如七六	1・晦 乗専、慶如のために『唯信鈔文意』を写す（大阪府願得寺蔵奥書）。
正平元 貞和二	一三四六	覚如七七	2・28 源覚、『教行信証』延書を写す（真宗大谷派蔵奥書）。
			6・11 存覚、『無量寿経』を写す（本願寺蔵奥書）。
正平二 貞和三	一三四七	覚如七八	6・10 存覚、『観無量寿経』を写す（本願寺蔵奥書）。
			6中旬 乗専、空善のために『無量寿経』延書を写す（兵庫県毫摂寺蔵奥書）。
			9・3 存覚、『観無量寿経』に加点する（本願寺蔵奥書）。
正平三 貞和四	一三四八	覚如七九	10・5 存覚、『大無量寿経』下に加点する（本願寺蔵奥書）。
正平五 観応元	一三五〇	覚如八一	5・28 覚如、『法然上人法語』を写す（愛知県聖徳寺蔵奥書）。
正平六 観応二	一三五一	善如一九	11・28 存覚、『阿弥陀経』を写す（本願寺蔵奥書）。
			11下旬 存覚、『観無量寿経』に加点する（本願寺蔵奥書）。
			12・15 存覚、『大無量寿経』上に加点、12・17同（下）に加点する（本願寺蔵奥書）。
正平一一 延文元	一三五六	善如二四	6・28 存覚、『選択集』を覚善に付与する（龍谷大学蔵奥書）。
正平一五 延文五	一三六〇	善如二八	1・22 善如（従覚息男）、『教行信証』延書を写す（本願寺蔵善如書写本奥書）。
			④・― 覚念、『教行信証』を写す（大谷大学蔵零本奥書）。

正平一六 康安元	一三六一	善如二九	11・17	常楽台巧覚、覚忍尼から『無量寿経』・『和語灯録』を付属される（龍谷大学蔵奥書）。
正平一七 貞治五	一三六二	善如三〇	5・26	存覚、善如のために『浄典目録』を著す（本願寺蔵奥書）。
正平二四 応安二	一三六九	善如三七	10・―	尊理、先年書写の『教行信証』に加点する（大谷大学蔵零本奥書）。
文中二 応安六	一三七三	善如四一	1・―	覚善、『選択集』延書を専妙尼に授ける（龍谷大学蔵奥書）。
元中五 至徳二	一三八五	善如五三	11・28	某、『観無量寿経』（本）延書を写す（龍谷大学蔵奥書）。
元中六 康応元	一三八九	綽如四〇	8・3	某、『観無量寿経』延書を写す（龍谷大学蔵奥書）。
応永八	一四〇一	巧如二六	11・28	巧如、『教行信証』延書を写す（大阪府妙琳坊蔵奥書）。
三二	一四二五	巧如五〇	10・28	某、『教行信証』を写す（新潟県真宗寺蔵奥書）。
			○	応永年中、巧如、信濃浄興寺芸範に『教行信証』を授ける（新潟県浄興寺蔵奥書）。
永享六	一四三四	巧如五九	2・13	存如、信濃浄興寺周観に『愚禿鈔』を写させる（新潟県浄興寺蔵奥書）。
八	一四三六	巧如六一	8中旬	蓮如、京都金宝寺教俊に『三帖和讃』を授ける（本願寺蔵奥書）。
九	一四三七	巧如六二	9・25	存如、加賀専光寺に『三帖和讃』を授ける（石川県専光寺蔵奥書）。
文安三	一四四六	存如五一	1中旬	蓮如、『愚禿鈔』を写す（本願寺蔵奥書）。
四	一四四七	存如五二	2・晦	蓮如、『末灯鈔』を写す（大谷大学蔵蓮如書写本奥書）。
宝徳元	一四四九	存如五四	5・6	越前醍の源通、『教行信証』（証巻）を写す（大谷大学蔵奥書）。
			5・28	蓮如、加賀木越光徳寺性乗に『三帖和讃』を授ける（本願寺蔵奥書）。
三	一四五一	存如五六	8・16	存如、加賀木越光徳寺性乗に前年蓮如書写の『教行信証』を授ける（本願寺蔵奥書）。
享徳二	一四五三	存如五八	11・22	蓮如、近江手原道場に『三帖和讃』を授ける（滋賀県円徳寺蔵奥書）。
三	一四五四	存如五九	7・8	蓮如、越前円金に『教行信証』延書を授ける（大阪府願泉寺蔵貼紙）。
康正元	一四五五	存如六〇	1・晦	存如、『阿弥陀経』を写す（石川県法性寺旧蔵奥書）。
長禄二	一四五八	蓮如四四	2・4	蓮如、京都金宝寺教俊に『三帖和讃』を授ける（本願寺蔵奥書）。

年号	西暦	宗主年齢	事項
寛正二	一四六一	蓮如四七	7・— 蓮如、近江安養寺浄性に『教行信証』延書を授ける（本願寺蔵蓮如書写本奥書）。
文明五	一四七三	蓮如五九	3・— 蓮如、『正信偈和讃』を刊行する（刊記）。
一五	一四八三	蓮如六九	2・24 真慧、『三帖和讃』を写す（中山寺蔵奥書）。(高)
延徳元	一四八九	実如三二	10・20 蓮如、『教行信証』延書を写す（愛知県蓮成寺蔵奥書）。
明応五	一四九六	実如三九	1・11 蓮如、『法然聖人御詞』を写す（大阪府光徳寺蔵奥書）。
永正一七	一五二〇	実如六三	9・23 実悟、『聖教目録聞書』を著す（富山県善徳寺蔵奥書）。
天文五	一五三六	証如二一	6・8 証如、『法然上人伝』を抄出する（本願寺蔵奥書）。
一〇	一五四一	証如二六	7・15 実悟、『日野一流系図』を作る（大阪府願得寺蔵奥書）。
二〇	一五五一	証如三六	5・21 証如、「和讃」の版木を彫らせる（私心記）。 12・15 『正信偈和讃』を再版する（私心記）。
二二	一五五三	証如三八	7・12 某、『教行信証』延書を写す（龍谷大学蔵奥書）。 11・20 色紙の『和讃』を刷る（私心記）。
弘治元	一五五五	顕如一三	12・5 慶寿院、『教行信証』延書を写す（私心記）。
天正七	一五七九	顕如三七	2・10 実悟、『末灯鈔』を抄出する（本願寺蔵奥書）。
慶長四	一五九九	准如二三	11・— 教如、『正信偈三帖和讃』四帖を刊行する（刊記）。
七	一六〇二	准如二六	12・— 准如、『文類聚鈔』を刊行する（刊記）。
寛永元	一六二四	准如四八	3・18 一雄、『真宗正依典籍集』を著す（龍谷大学蔵奥書）。
一三	一六三六	良如二五	○ 中野市右衛門、『教行信証』を刊行する（寛永版）（刊記）。
一九	一六四二	良如三一	3・— 『正信偈和讃』を刊行する（刊記・家譜・大谷本願寺通紀）。
正保三	一六四六	良如三五	○ 中野是誰、寛永版『教行信証』を改訂する（正保版）（刊記）。
明暦三	一六五七	良如四六	9・— 『三帖和讃』等を初めて刊行する（刊記）。(高) ○ 丁子屋九郎衛門、『教行信証』を刊行する（明暦版）（刊記）。

寛文	八	一六六八	寂如一八	6・28 『正信偈和讃』を刊行する（刊記・大谷本願寺通紀）。
	九	一六六九	寂如一九	○ 河村利兵衛、『教行信証』を刊行する（寛文版）（刊記）。
元禄	九	一六九六	寂如四六	1・25 義山、『選択集』を刊行する（刊記）。
享保	六	一七二一	寂如七一	○ 恵空、この頃までに『仮名聖教目録』を編録する。(大)
	一二	一七二七	住如五五	①・29 敬誓、『大日本粟散王聖徳太子奉讃』を写す（大谷大学蔵奥書）。
	一四	一七二九	住如五七	○ 月筌、この頃までに『月筌聖教目録』を編録する。
寛保	元	一七四一	法如三五	5・― 先啓、『浄土真宗聖教目録』を編録する（序）。(大)
寛延	三	一七五〇	法如四四	9・15 僧鎔、『真宗法彙目録及左券』を編録する（序）。
宝暦	九	一七五九	法如五三	12・― 憲栄・僧樸、『真宗法要』編集に着手する（大谷本願寺通紀）。
明和	二	一七六五	法如五九	7・25 『真宗法要』完成する（跋・大谷本願寺通紀）。
	三	一七六六	法如六〇	夏 『真宗法要』を本願寺蔵版として刊行する（校補真宗法要典拠）。
	四	一七六七	法如六一	⑨・― 慧琳、『和語聖教目録』を編録する（大谷大学蔵奥書）。(大)
				○ 『蔵外真宗法要』刊行、後に本願寺蔵版となる（真宗聖教刊行年表）。
	五	一七六八	法如六二	11・26 随慧、『浄土真宗正依経論釈偈讃法語刊定目録』を編録する（奥書）。(大)
安永	元	一七七二	法如六六	1・― 玄智、『大谷校点浄土三部経』を校刻する（浄土真宗教典志）。
	二	一七七三	法如六七	○ 玄智、『浄土三経字音考』を刊行する（刊記）。
	五	一七七六	法如七〇	○ 本願寺、明暦版『教行信証』を蔵版とする（本典六要版木買上始末記）。
				○ 真宗大谷派、寛永版『教行信証』を蔵版とする（本典六要版木買上始末記）。(大)
	七	一七七八	法如七二	5・― 玄智、『浄土真宗教典志』（三巻本）を著す（緒言）。
	九	一七八〇	法如七四	○ 了正、『三部妙典』を刊行する（真宗典籍目録一）。
天明	四	一七八四	法如七八	1・― 仰誓、『真宗法要典拠』を刊行する（刊記）。
	七	一七八七	法如八一	9・13 玄智、『大谷本願寺通紀』を刊行する（刊記）。
				12・― 玄智、『真宗法彙』を刊行する（大谷本願寺通紀）。

年号	西暦	宗主年齢	事項
寛政 七	一七九五	文如五二	○ 高田派専修寺円遵、『尊号真像銘文』（広本）を開版し専修寺蔵版とする（刊記）。（高）
一一	一七九九	本如二二	5・― 大坂長円寺崇興、『七祖聖教』を刊行する（本願寺蔵版奥書）。
文化 八	一八一一	本如三四	○ 『大谷校点浄土三部経』を本願寺蔵版『校点浄土三部経』として再刻する。
			○ 『真宗仮名聖教』を刊行する（刊記）。（大）
文政 九	一八二六	広如二九	○ 長円寺所蔵『七祖聖教』版木を本願寺蔵版とする。
一〇	一八二七	広如三〇	○ 本願寺、明暦版『教行信証』を改刻する。
天保 三	一八三二	広如三五	○ 琢成、『真宗仮名聖教関典録』を著す（緒言）。（大）
八	一八三七	広如四〇	5・― 安永九年版『三部妙典』を再版する（刊記）。
			○ 本願寺、明暦版『教行信証』（小本）を刊行する。
九	一八三八	広如四一	11・1 小本『正信偈和讃』（章譜付）を開版する（刊記）。
一一	一八四〇	広如四三	春 真宗大谷派、寛永版『教行信証』を改刻する（刊記）。（大）
弘化 元	一八四四	広如四七	8・― 仏光寺派、『教行信証』を刊行する（寛文版を改訂）（渋谷歴世略伝）。（仏）
嘉永 二	一八四九	広如五二	○ 『七祖聖教』（真宗大谷派依用十行本）を刊行する（刊記）。（大）
安政 三	一八五六	広如五九	5・12 『校補真宗法要典拠』を刊行する（序）。
明治一一	一八七八	明如二九	9・― 小本『真宗法要』『標註浄土三部経』を本願寺蔵版として刊行する（刊記・本山日報）。
昭和 八	一九三三	勝如二二	4・2 『正信偈和讃』を改譜刊行する（刊記）。
一六	一九四一	勝如三〇	11・25 『真宗聖教全書』を刊行する（刊記）。
四二	一九六七	勝如五六	5・21 本願寺蔵版『教行信証』を改版する（刊記）。
六〇	一九八五	即如四〇	5・21 『浄土真宗聖典（原典版）』を刊行する（刊記）。
六三	一九八八	即如四三	1・16 『浄土真宗聖典（註釈版）』を刊行する（刊記）。
平成 四	一九九二	即如四七	3・20 『浄土真宗聖典七祖篇（原典版）』を刊行する（刊記）。
八	一九九六	即如五一	3・20 『浄土真宗聖典七祖篇（註釈版）』を刊行する（刊記）。

一六	二〇〇四	即如五九	5・21	『浄土真宗聖典（註釈版第二版）』を刊行する（刊記）。
一七	二〇〇五	即如六〇	9・1	『浄土真宗聖典（註釈版第二版分冊）』を刊行する（刊記）。
二三	二〇一一	即如六六	3・25	『浄土真宗聖典全書』を刊行開始する（刊記）。

『日野一流系図』（抄出）

大谷一流
自大織冠十五代 □□（抹消）

- **宗光**
  - 康治二年十月廿三日薨七十四歳
  - 大内記
  - 策 大學頭「從四位上」（抹消）
  - 藏 右大辨 右衞門權佐
  - 式 式部權大輔 正四位上 □□（抹消）
  - 母同實光卿
  - **經尹**
    - 文 阿波權守
    - 策 從四位下
    - 母
    - **範綱**
      - 詞花千載集等作者
      - 號六條三位
      - 若狹守
      - 策 從三位 正四位上
      - 本章―
      - 元―房ィ
      - 出家法名觀眞
      - 母
      - **清綱**
        - 從五位下
      - **女子**
        - 右兵衞佐
        - 宣陽門院女房
        - 綱子
        - 母
      - **信綱**
        - 三事 上野介 宮内卿
        - 策 從三位 出家
        - 法名尊蓮
        - 爲家督儀
        - 母
        - 叔父宗業卿爲子
        - 號堀川三位入道
        - **廣綱**
          - 號宮内少輔入道
          - 左衞門權佐
          - 策 宮内少輔 正五位下
          - 出家
          - 法名宗綱
          - 母
    - **宗業**
      - 後鳥羽院御宇四儒之其一人也
      - 藏策 勘解由長官 文章博士
      - 式部大輔 從三位
      - 出家
      - 法名定綱
      - 母
      - 號嵯峨三位入道
      - **業茂**
        - 從四位下
        - 木工權守
        - **遠業**
          - 大膳大夫正四下
          - 業行弟也
          - **光遠**
            - 宮内少輔 正五下
        - **業行**○
          - 藏 彈正大弼
          - 正四下
          - **光綱**○
            - 三津淵祖也
            - 武家祇候
        - **基業**
          - 藏 右馬助
          - 加賀守
          - 正五下
          - 鞠足
          - **業宣**○
            - 內藏權頭 從四下
    - **有範**
      - 策 藏 皇太后宮權大進「從五下」（抹消）
      - 正五位下
      - 出家
      - 號三室戸大進入道
      - 母
      - 龜山院敕願寺
      - 本願寺者自龜山院以來代々敕願寺也
      - 將軍等持院贈相國以來代々祈願所也
      - 高倉院御宇承安三誕生 俗典初學伯父季部爲師
      - 青蓮院慈鎭和尚弟子出家九歳天台宗碩學養和元年戒師鎭和尚
      - 廿九歳遁世法然上人上足門弟淨土宗嫡流相承善信房綽空
- **資光**○
  - 二男
  - 策 中宮大進
  - 藏 大學頭 正五下
  - 五藏 使
  - 早世

大谷本願寺
開山 ●
越後國淨光寺
同國圓德寺
開山

山 **範宴**
依夢告改**親鸞**「[ ]也」（抹消）
少納言 上人 童名――
元忠安イ
母
本願寺開基
伯父範綱卿爲子
弘長二壬戌十一月廿八日入滅
滿九十歲 天親菩薩
曇鸞和尚化身云々

山 **尋有**
號善法院僧都
大輔 權少僧都
東塔東谷善法院々主中堂
執行兼常行堂檢校

寺 **兼有**
聖護院―――門人
侍從 權律師
三室戸號萱房律師
範綱卿爲子

山 **有意**
三位 阿闍梨 法眼

寺 **行兼**
刑部卿 權律師
聖護院―――門人
兼有律師弟子
猶子
範綱卿爲子

寺 **範意**
阿闍梨
大貳 遁世改印信
母後法性寺攝政兼實公女「[ ]」（抹消）
月輪殿也

女子
號小黑女房
母兵部大輔三善爲教女
法名惠信[ ]（抹消）

善鸞
宮内卿 遁世 號慈信房
母同上 「信」（抹消）
「依上人不孝無相續義」（抹消）

明信
號栗澤信蓮房
母

有房
號益方大夫入道
叙爵 從五位下
母 出家法名道性

女子
號高野禪尼
母

女子
號右兵衛督局
母各同
壯年之時堀河右大臣忠親家女房 [ ]（抹消）
又
其時小野宮禪念房室也產唯善房云々
久我太政大臣通光公家女房 [ ]（抹消）
左衛門佐廣綱室
宗惠阿闍梨母
出家法名覺信

● 山 **如信**
法流之義從親鸞上人相承
上人 本願寺
母
正安二（三イ） 正月四日入滅
六十二歲「於奥州大網也」（抹消）
伏見院敕願寺申

有宗
藏人
母 風雅集作者

如圓

淨如

女子

如慶

範昭
宮内卿
母同

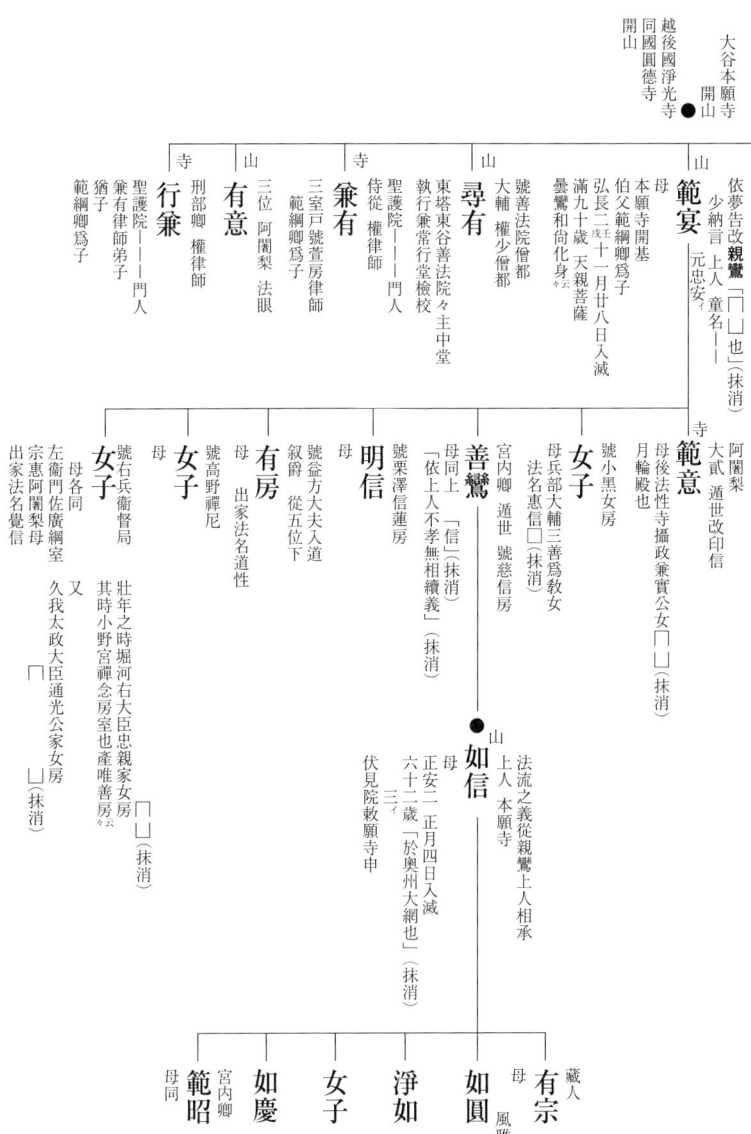

刊行にあたって

一、聖典の刊行について

浄土真宗本願寺派では、昭和五十七（一九八二）年より、第二期宗門発展計画を起点として浄土真宗聖典の編纂事業を進め、すでに昭和六十（一九八五）年五月に『浄土真宗聖典（原典版）』を、昭和六十三（一九八八）年一月に『浄土真宗聖典（註釈版）』を刊行し、『浄土真宗聖典七祖篇（原典版・註釈版）』、「浄土真宗聖典（現代語版）」などの「浄土真宗聖典」シリーズを随時編纂して、現代における伝道・領解に重要な役割を担ってきた。

この度、平成二十三（二〇一一）年の親鸞聖人七百五十回大遠忌を記念して、浄土真宗本願寺派総合研究所では平成十七（二〇〇五）年度から『浄土真宗聖典全書』（全六巻）の編纂を推進している。この編纂は、平成三十（二〇一八）年度まで、およそ十五年にわたって展開されるもので、まさに浄土真宗聖典の集大成といえる一大事業である。平成二十二（二〇一〇）年度には、その嚆矢として第二巻「宗祖篇上」を刊行し、平成二十四（二〇一二）年度には第一巻「三経七祖篇」を刊行、平成二十五（二〇一三）年度には第五巻「相伝篇下」を刊行、また平成二十七（二〇一五）年度には第四巻「相伝篇上」を刊行した。今回は第三巻にあたる「宗祖篇下」を上梓する運びとなった。

本願寺における聖典の刊行は、第八代宗主蓮如上人によって文明五（一四七三）年に開版された「正信偈和讃」

にはじまり、第十代宗主証如上人によって天文六（一五三七）年ごろ『御文章』が刊行されている。さらに宝暦十一（一七六一）年の親鸞聖人五百回大遠忌には、親鸞聖人から蓮如上人までの和語聖教を網羅した『真宗法要』六帙三十一帖の刊行が企画され、真偽を簡別して所依となる真宗聖教の統一を図って、明和二（一七六五）年に刊行された。爾来、大遠忌の記念事業として、御影堂や阿弥陀堂などの諸堂の再建・修復と共に、聖教に関する書籍の刊行が行われてきた。昭和三十六（一九六一）年の七百回大遠忌には、「聖典意訳」として真宗所依の聖教（『浄土三部経』・『七祖聖教』・『教行信証』）の現代語訳化が企画され、昭和三十九（一九六四）年に刊行されている。

この度の『浄土真宗聖典全書』（以下、本聖典）は、これまでに浄土真宗本願寺派で編纂されてきた聖典の精神を受け継ぐと共に、浄土真宗の聖典における集大成を期して、新たな編纂方針を設けて行われたものである。本聖典の基本方針の一つは、学界等で高い資料的評価を得ている善本を翻刻することである。したがって、底本・対校本を選定するにあたっては、常に学界の動静を見据えながら、資料を収集し善本のみを採用した。本聖典は、和漢の聖教、及び史資料に至るまで計百六十を超える聖教等を収録したものであり、『真宗法要』刊行以来、実に二百五十年ぶりとなる大事業といえる。

今回上梓した「宗祖篇下」は、「宗祖篇上」とあわせて現在学界で認知されている親鸞聖人の真筆を網羅し、加えて聖人が加点した内容を伝える聖教等も編入した。すなわち、親鸞聖人の壮年期の経典研鑽を伝える『観無量寿経註』『阿弥陀経註』と、源空（法然）聖人の伝記や法語・消息等をまとめた『西方指南抄』、並びに親鸞聖人が加点された『往生論註』「善導大師五部九巻」を収録した。また、親鸞聖人や聖人面授の直弟が書写した源空聖人の御消息と、親鸞聖人の加点本をもとにした延書と伝えられる『仏説無量寿経延書』『仏説観無量寿経延書』及び

『選択集延書』、そして「浄土三部経」の大意を述べられた源空聖人の『三部経大意』も編入して、聖典としてだけでなく史資料としての完成度も高めた。この他、収録聖教書誌一覧や『観無量寿経註』『阿弥陀経註』対応表（付漢字対照）、『西方指南抄』・『黒谷上人語灯録』・醍醐本『法然上人伝記』対照表、そして年表や系図等の付録も充実させ、版面にも工夫をこらして、聖典拝読のために万全を期した。

本聖典を編纂するに当たって、諸聖教の善本を網羅するには、宗派を超えた協力が不可欠であり、それらを所蔵する寺院や個人、及び関係学校に多大なる協力を賜った。ここに甚深の謝意を表する。

二、聖典の拝読について

仏の教えは、それが現実の社会のなかで説かれ、伝えられる以上、その時代、その社会の人々の思想や生活と無関係に説かれたものはない。その意味で、伝承されてきた聖教には、それぞれ成立した当時の時代背景や思想との深い関わりがあり、少なくともその表現には歴史的、社会的な影響があるといえる。我々は、時代を超えて人々に真実を知らしめ、苦悩からの救済を教示してきたものが聖教であるという認識のもとに、そうした特異性に埋没することなく、それがあらわそうとしている本旨を正しく捉えるように留意しなければならない。

親鸞聖人が聖教の拝読についてとられた姿勢は、聖教の文言を重んじながらも、根源的には「依義不依文（義に依って文に依らず）」という大乗仏教の基本姿勢にならわれたものである。それは聖教の言葉、文章を大切にし、あくまでその文に立脚しながらも、単にその言語表現の表相だけに止まらず、如来大悲の心を体して、義に依って文を読み、文に込められた深い義理を領解するように努め、選択本願の仏意をより明らかにされたのである。我々が聖教を拝読する際にも、聖人のこの姿勢を尊重すべきであろう。

ここで、聖典を拝読し理解する上で注意すべき重要な点がある。それは、聖典に表れている言葉や考え方のなかには、それが成立した時代と社会の特異性が反映された部分に関して、現代の考え方から見れば、そのままでは受容できない表現も少なからず存在するということである。たとえば、聖典の中には、貧富や貴賤に関するもの、あるいは性別や心身障がいに関して、それが本人の前世の業によるものとして示される場合がある。かつては、我々はこうした宿命論的、かつ固定的な因果論を正当なものとして、現実社会の差別を是認、あるいは助長してきた過去を持っており、現在にあってもこうした考えは過去のものであると否定できない現実が存する。釈尊が、古代インドの社会にあって、こうした差別的な考え方を否定し、一切のものの平等を説き、一人ひとりの人間の行為に注目されたことはよく知られている。また、仏陀の教説であり浄土の絶対平等性をあらわした聖典によって、差別的な社会通念を破り、救いをもたらそうとしたこともまた事実である。しかしながら長い歴史のなかで、社会的にだけでなく仏教の上でもこうした譬喩や誤った業・宿業理解がなされてきた歴史があり、それらの表現に対して何の配慮もないまま聖典を拝読することは、差別を肯定し助長していくことに他ならない。

したがって聖典を拝読するとき、その中に示されている表現や考え方について、すべてが現代においても通じるものであると無批判に受け入れることがあってはならない。また現代においては不適当であるとして単に言い替えたり、抹消したり、あるいは過去のものとして否定するだけでよいというものでは決してない。むしろ、聖典が成立した時代と社会背景をよく踏まえながら、これらの綿密な検討を通して浄土真宗の教えを正しく学び取っていくことが、現代に生きる我々の責務であり、また聖典を真に尊重することとなる。

その意味で、本聖典は原文を忠実に翻刻して編纂しているが、これらの問題に対しては、すでに『浄土真宗聖典（註釈版）』（第二版）の補註（用語解説）において特記すべき事項として示しており、また本聖典の第六巻として刊行が予定されている「補遺篇」において、改めて補註を加え、浄土真宗の本義を明らかにする所存である。

聖典を編纂するということは、刊行をもって終了するというものではない。本聖典がより多くの方々に拝読されることによって、ひろく諸賢のご批判、ご助言をいただきながら、より完全なものにしていくのが聖典編纂のつとめであると考える。本聖典の拝読を通して、真実に喚びさまされ、生死を超えていく大きな力を得られるように念願してやまない。

平成二十九（二〇一七）年三月二十七日

浄土真宗本願寺派総合研究所
教学伝道研究室〈聖典編纂担当〉

浄土真宗聖典全書(三)

宗祖篇 下

二〇一七年三月三十一日 初 版 第一刷発行

編 纂 浄土真宗本願寺派総合研究所
教学伝道研究室〈聖典編纂担当〉

発行者 浄土真宗本願寺派
総 長 石 上 智 康

発行所 本願寺出版社
〒六〇〇―八五〇一
京都市下京区堀川通花屋町下ル
浄土真宗本願寺派宗務所
電話(〇七五)三七一―四一七一番

印刷所 株式会社 図書印刷 同 朋 舎

ISBN978-4-89416-811-4 C3015 ¥5500E BD02-SH1-①30-71